KB060179

국제건설에너지법

이론과 실무 제2권

정홍식 · 김갑유 · 김규진 · 김세연 · 김승현 · 김채호 · 류권홍 · 박경애
신지연 · 오정환 · 우재형 · 이 훈 · 임정주 · 전동옥 · 전호정 · 한민오

석광현 감수

박영사

국제건설에너지법연구회의 운영과 아울러 본 책자의 발간은 GS건설과 삼성물산의 후원에 의한 것이었음을 밝히며,
각사의 후원관계자에게 깊이 감사의 말씀을 전합니다.

축 사

우리나라는 그동안 세계 7위의 무역량을 차지하는 주요 국제무역국가로 성장하였고 건설분야에서도 해외에 진출하여 많은 성과를 거두고 있습니다. 세계무역질서 속에서 현재의 지위에 이르기까지 여러 산업분야에서 각 경제주체가 경제발전을 위하여 노력해온 자랑스러운 결과라고 생각됩니다. 여러 나라의 경제가 서로 밀접하게 연결되어 있는 상황에서 우리나라가 향후 나아갈 방향도 국제거래를 증진시켜 지속적인 발전을 추구하여야 할 것으로 생각됩니다. 국제거래가 다양화되고 빈번해지면서 국제거래관련 분쟁 또한 다양한 형태로 증가하여 그 해결에 전문적인 경험과 지식이 필요하게 되었습니다.

국제건설관련 분쟁이 발생하면 당사자 사이에 원만한 해결에 이를 수 있으면 바람직할 것이나 당사자가 위치한 문화가 서로 다른 국제거래에 있어서 원만한 합의에 이르지 못하는 경우도 많을 것입니다. 당사자 사이에 원만한 합의에 이르지 못하는 경우에는 국제소송이나 국제중재에 의하여 분쟁을 해결하게 됩니다. 국제소송이나 국제중재에 의하여 분쟁을 해결함에 있어 분쟁에 적용되는 준거법의 확정이 문제됩니다.

국제건설이 활성화되면서 빈번하게 발생하는 국제건설분쟁에 관한 국제거래법 전문가가 양적으로 질적으로 우리나라가 국제무역에서 차지하는 비중에 부합할 만큼 충분히 양성되어 있는지 돌아보아야 합니다. 우리나라 당사자가 관련된 국제건설분쟁이 우리나라가 국제소송의 법정지나 국제중재의 중재지로 해결되는 경우는 상대적으로 많지 않습니다. 또한 준거법 역시 우리나라법이 준거법으로 되어 분쟁이 해결되는 경우가 그리 많지는 않습니다. 국제무역에서 7위라는 지위를 이룬 경제주체에 비하면 우리나라 국제거래법 실무계는 향후 더 성장할 여지가 있다고 생각됩니다. 더욱이 국제거래법을 연구하는 학자는 법과대학이나 법학전문대학원을 모두 살펴보아도 많지 않고 국제거래법을 전공으로 연구하는 학자는 더욱 제한적입니다.

이러한 어려운 상황에서 "국제건설에너지법－이론과 실무, 제2권"을 출간하는 것은 큰 의미를 가지지 않을 수 없습니다. 국제거래법학회에 소속된 연구회 중 활발하게 운영되어 온 국제건설법연구회의 활동의 마땅한 연구결과라고 생각합니다. 국제거래법학회 회장으로서 항상 연구회 회장으로 열성적으로 일해 오신 정홍식 교수님의 기여에 큰 박수를 보내고 싶습니다. 국제거래법학회로서는 국제건설법연구회의 학술적 업적이 항상 자랑스러웠는데 이번에 단행본을 출간하게 되어 국제거래법학회 전체의 기쁨입니다. 이번 두 번째 단행본은 제1편에서 해외 인프라 투자개발이라는 제목 하에 개괄적인 접근을 하고, 제2편에서는 국제 프로젝트 파이낸스를 담아내고 있으며, 제3편에서는 국제건설계약의 법리에 대하여 계약의 해석, 효력, 사례와 판례 연구에 이르기까지 다양한 분석을 하고 있고, 제4편에서는 해외자원개발에 관한 법적 분석을 시도하고 있습니다.

이번 단행본의 발간은 국제건설실무에 비하여 확충되어야 할 국제건설에너지법 영역에서의 학자와 실무가가 양성될 수 있는 단초가 될 것으로 기대합니다. 국제건설법연구회에서의 연구활동이 더욱 활성화되고 그 연구결과가 이번 단행본과 같이 지속적으로 집적되어 확산되어 가는 과정이 반복되면 국제건설에너지법에 경쟁력 있는 전문성을 지닌 학자와 실무가가 배출될 것으로 희망해 봅니다.

다시 한 번 이번 단행본의 발간을 위하여 어려운 조율을 담당하신 정홍식 교수님과 바쁜 시간을 내서서 귀한 기여를 해 주신 저자 여러분들께 축하의 말씀을 드립니다. 여러분의 학술적, 실무적 기여는 우리나라 국제건설에너지법 전문가들이 경쟁력을 가지고 활동하는 데 초석이 될 것으로 확신합니다.

2019. 1.
국제거래법학회 회장
김 인 호
이화여자대학교 법학전문대학원 교수

감수자의 변

저는 2017년 1월 "국제건설에너지법 – 이론과 실무"라는 제목의 단행본에 쓴 감수자의 변 말미에서 "국제건설법연구회의 단행본이 이것으로 끝나지 않고 후속 저작들이 꾸준히 간행되기를 기대한다는 말씀을 드리면서 감수자의 변을 마치고자 합니다."라고 적은 바 있습니다. 이제 2년 만에 그런 희망이 실현되어 "국제건설에너지법 – 이론과 실무" 제2권을 위한 감수자의 변을 쓰게 된 것을 매우 기쁘게 생각합니다. 우선 제1권을 간행한 뒤에도 국제건설·에너지법연구회가 꾸준히 활동하면서 금번에 제2권을 간행하게 된 것을 축하합니다. 제2권이 간행될 수 있도록 애써주신 모든 공저자들은 물론이고 대표편저자인 정홍식 교수님의 노고를 치하하고 감사의 말씀을 드립니다. 제1권과 마찬가지로 제2권도 한국의 법학계와 법률 및 건설 분야 실무가들이 국제건설계약 기타 국제계약의 실무와 법리에 관심을 가지고 공동 연구한 결과를 단적으로 보여주는 증거입니다.

감수자로서 저의 역할은 제1권에서와 같습니다. 여러 공저자들께서 집필하신 논문들이 당초의 초안보다 질적으로 조금이나마 향상된 논문이 될 수 있도록 합리적 비판의식을 가지고 코멘트를 하고자 노력하였습니다. 감수 과정에서 공저자분들께 불편함과 번거로움을 초래하였다면 공저자분들께서 혜량하여 주실 것을 부탁드립니다.

제1권과 비교할 때 제2권에 담은 글들의 분야가 국제건설은 물론이고 해외 인프라 투자개발, 국제 프로젝트 파이낸스와 해외자원개발 등으로 확대된 점은 매우 바람직한 일입니다. 사실 우리 기업이 관여하는 실상에 비추어 보면 그 대상은 더욱 다양하게 확대되어야 하고, 국제건설·에너지법연구회에 참여하는 인력풀도 사내변호사들과 기타 관련 업무를 담당하시는 분들을 더 넓게 아우를 수 있도록 확대되어야 한다고 생각하며 앞으로 그렇게 될 것으로 기대합니다.

다만 이와 관련하여 한 가지 아쉬움을 토로하고자 합니다. 이 책에서 다루는 거의 모든 주제들이 국제계약을 대상으로 하는데 국제계약의 경우 영미법이 준거법이 되고 분쟁해결을 영미에서 하는 사례가 많다보니 거의 모든 공저자들이 영미법, 특히 영미계약법을 다루지 않으면 아니 된다는 것이 엄연한 현실입니다. 그러나 종래 우리 법학계에 민사법 관련 학회는 물론 비교법과 관련된 학회도 여럿 있지만 대체로 영미계약법은 단편적으로 다루는 탓에 체계적인 연구가 이루어지지 않고 연구성과도 빈약한 것이 사실입니다. 그런 이유로 공저자들이 각자 영미계약법을 연구하고 그의 기본적인 논의를 불완전한 형태로 반복해야 하는 어려움이 있습니다. 장래에는 영미계약법, 특히 그중에서도 국제거래에서 의미를 가지는 부분에 대해서만이라도 우리나라에서 체계적이고 조직적인 연구성과가 축적되어 국제건설계약을 다루는 분들이 그러한 연구성과를 활용하여 더욱 깊이 있는 연구로 나아갈 수 있게 되기를 기대합니다.

제 개인적으로 아쉬운 것은, 제1권에서와 달리 제2권에서는 저는 감수자의 역할만 하였을 뿐이고 논문을 수록하지 못한 점입니다. 장래 간행될 후속 저작에는 공저자의 1인으로 이름을 올릴 수 있도록 노력하고자 합니다.

장래에도 국제건설에너지법연구회가 논의 대상을 점차 확대해 나가고 그에 상응하여 후속 저작들이 꾸준히 간행되기를 기대합니다.

2019년 1월
관악산 자락에서
서울대학교 법학전문대학원 교수 석 광 현

머 리 말

2017년 1월 "국제건설에너지법－이론과 실무" 제1권의 발간 이후, 그때 생각보다 조금 빠르게 정확히 2년 만에 제2권을 발간하게 되었다. 이번에도 열다섯 분의 훌륭하신 공저자와 같이하게 되었고, 제1권에 이어 서울대 석광현 교수님이 흔쾌히 감수를 맡아주셨다. 그리하여 저자들이 수정의 수정을 더한 결과, 그 내용의 깊이를 더하게 되었다. 지난 2018년은 우리 국제건설에너지법연구회가 출범한 지 5주년을 맞는 뜻깊은 해이기도 해서 소박하게나마 작년 9월 5주년 기념 세미나도 개최하였다. 불과 얼마 전에는 벌써 34번째 정기세미나도 개최한 바 있다.

이러한 연구회의 비약적 성장은 많은 회원들의 열정과 애정이 함께 했기에 가능했다. 건설・에너지・금융업계의 전문가들과 내로라하는 국내외 로펌 변호사들이 자신의 지식과 경험을 공유하고자 천금 같은 시간을 쪼개어 좋은 발표문을 준비해주었다. 참석회원들도 각자가 보유한 경험을 바탕으로 보다 의미 있는 토론에 임해주어 알게 모르게 큰 시너지가 발현되었다고 본다. 그리하여 연구회에 대한 좋은 평가가 이어지면서 현재도 꾸준히 새로운 전문가들의 발걸음이 이어지고 있다. 그리고 GS건설의 임병용 사장님과 삼성물산의 강선명 부사장님의 후원도 연구회 성장에 커다란 밑거름이 되었다. 여기 지면으로나마 제2권에 참여해주신 공저자 분들과, 감수자, 연구회원들 및 후원자들께 진심어린 감사의 말씀을 드리고 싶다.

이번 제2권에서는 제1권에서와 조금 다르게 기존 국제건설계약 부문과 국제 프로젝트 파이낸스에 더해 해외 인프라 투자개발과 해외 자원개발 분야로 폭을 넓히게 되었다. 해서 편제를 Part Ⅰ 해외 인프라 투자개발, Part Ⅱ 국제 프로젝트 파이낸스, Part Ⅲ 국제건설계약, 그리고 Part Ⅳ 해외자원개발로 나누어 보았고, 총 17개의 장으로 구성되어 있다.

해외 인프라 투자개발은 대부분 민관협력(public－private partnership, PPP)의 사업방식으로 이루어지기에, 이 파트에서는 해외 PPP의 전반적인 법률적・실무적 쟁점들의 고찰에 이어 다양한 자금조달 방안, 중국의 일대일로 추진에 따른 중국 PPP 법제 검토 후, 민자발전 프로젝트(IPP)에서 가장 근간이 되는 전력구매계약(PPA)과 IPP 사업의 지분인수 M&A 관련 쟁점을 자세히 들여다보았다.

허나 이 파트에서는 앞으로 다루어져야 할 부분이 너무 많다. 우선 교통(도로, 철도, 공항, 항만 등), 발전, 상하수도, 신도시개발 등 각 세부 부문별로 개별 거래구조, 수반되는 고유한 위험들과 그것의 경감방안 및 각 실시협약의 주요 쟁점들이 다루어져야 한다. 발전 부문에도 신재생(태양광, 풍력, 조력, 지열 등), 원전, LNG−to−Power, 수력 등 각각의 거래구조와 각 전력구매계약의 고유한 쟁점들이 다루어져야 한다. 그리고 우리가 진출하고자 하는 주요 국가들의 PPP 법제에 대한 연구도 동시에 이루어져야 한다.

국제 프로젝트 파이낸스 파트에서는 금융계약서상 채무불이행의 사유와 효과에 대해 다루어 보았다. 하지만 이 파트에서 하나의 장 밖에 싣지 못한 것은 못내 아쉽다. 앞으로 다뤄져야 할 프로젝트 파이낸스의 세부 쟁점들이 많기에, 해당 분야 전문가들의 연구가 이어지기를 기대해 본다.

국제건설계약 파트에서는 제1권에서 미처 다루지 못했던 여러 중요한 쟁점들인 독립보증에서의 부당한 청구, 공사변경에서 공사범위의 계약해석, 시공자의 하자담보책임, 불가항력, 공기지연 분석방법, NEC3 표준계약조건 소개, 건설분쟁 사례연구 및 최근 영국판례 동향들을 망라해 다루어 보았다. 그럼에도 여전히 이 파트에서는 아직 손도 대지 못하는 영역들이 많이 있다. 대표적으로 중동의 이슬람법이 건설계약의 준거법인 경우 주요 쟁점들이 영국법과 달리 어떻게 해석되어야 하는지 여부, 플랜트 사업에서 주요 기자재 구매에 따른 쟁점 및 시공자가 부담하는 발주자의 목적적합성 보장의무의 해석 등이다.

마지막으로 해외자원개발 파트에서는 석유·가스 자원의 탐사·개발·생산을 위한 다양한 계약형태 및 최신 경향, 광구의 공동운영계약상 비운영자의 이익 보호 및 최근 발전용 연료로서 각광을 받고 있는 LNG 공급계약의 주요 쟁점을 다루고 있다. 앞으로 자원개발 영역에서도 다각도로 그 연구범위가 확대되어야 할 것이다.

최근 해외건설 산업분야의 급격한 부침과 변동 그리고 해외 인프라투자개발 분야에 대한 관심 고조와 실제 추진되는 사업규모의 확대 등에 힘입어 앞으로 우리 연구회는 상기 네 개의 주요 파트를 균형 있게 다루어 보고자 한다. 그러기 위해서는 뜻있는 분들이 발표를 자원해주어야 가능하다. 관련 분야 전문가들에게 상당 기간 축적한 자신의 역량과 경험을 사장시키지 말고 이를 정리해 밖으로 표출해보기를 권해보고 싶다. 더불어 국제거래법이라는 학문영역과 국제거래 실무의 핵심이 여기 네 가지 파트로 수렴되고 있음을 목도하기에, 이 분야에서 여러 신진 연구자들이 속속 나오기를 바라마지 않는다.

끝으로 우리 연구회가 5년이라는 기간을 넘어 지속할 수 있었던 데는 뒤에서 묵묵히 역할을 다해주고 있는 연구회 간사들이 있었기에 가능했다. 현재 간사직을 맡고 있는 이한

희, 류나연 간사와, 바로 이전 간사였던 유재승, 김소민 간사에게 깊은 감사의 말을 전하고
싶다.

2019년 1월
대표 편저자 정 홍 식
중앙대 법학전문대학원 교수
국제건설에너지법연구회 회장

주요 목차

PART Ⅳ　해외자원개발

세부 목차

PART Ⅳ   **해외자원개발**

[제1권] 주요 목차

PART I 국제건설계약

PART Ⅱ 프로젝트금융과 해외 민자발전프로젝트

PART I

해외 인프라 투자개발

[1] 해외 민관협력(PPP)의 주요 법률적·실무적 쟁점

정 홍 식

I. 서　론

　　2016년~2030년 동안 전 세계적으로 사회기반시설의 수요가 폭증하여 연간 3.3조 달러 (한화로 대략 3,500조원), 총 49조 달러에 달하는 투자가 필요하다는 통계[1]가 있다. 이 금액은 실로 어마어마해서 규모를 짐작하기조차 어렵다. 투자가 가장 많이 필요한 사회기반시설 부문은 교통(도로·철도·항만·공항)과 전력시설이며, 2016년~2030년 동안 두 부문의 필요투 자액은 각각 18.7조 달러, 14.7조 달러로 전체 수요 중 각각 38.1%와 29.9%를 차지한다.[2]

　　지역별로는 사회기반시설 투자의 60%가 신흥시장에 필요하고, 아시아 시장은 전체의 절반을 차지할 것으로 예측된다. 2000년~2015년 동안 사회기반시설에 투자한 금액 중 신흥 국이 차지하는 비중이 절반정도(48%)였으나, 2016년~2030년에는 60% 수준으로 증가할 전 망이다. 그중 중국이 가장 많은 29%를 차지하고, 인도와 기타 아시아 신흥국, 아시아 선진 국까지 포함하면 아시아 시장 비중이 48%에 달한다고 한다.[3]

　　이처럼 세계 인프라개발 시장은 그 수요의 폭증으로 급속히 성장할 것으로 예측됨에도 불구하고, 대부분의 국가들은 부족한 국가재정으로 인해 자국의 사회기반시설 투자 수요를 충족하지 못하고 있다. 2008년 글로벌 금융위기 이후 사회기반시설 투자 감소로 2016 년~2030년 동안 총 5.2조 달러, 연 평균 3,500억 달러의 재원이 부족하며, UN의 지속가능 발전목표(SDGs)[4] 달성까지 감안하면 재원부족이 3배까지 늘어난다는 전망이 있다.[5] 더구

---

　*　이 장은 국제거래법연구, 제27집 제1호 (2018. 7.)에 게재된 논문을 수정·보완한 것임을 밝힌다.
　1) McKinsey Global Institute (2016. 6.), *Bridging Global Infrastructure Gap*, pp. 1-5. (이 보고서에 따르면 전 세계는 GDP의 3.8%, 평균적으로 연간 3.3조 달러의 인프라 투자를 해야만 목표한 경제성장률(전세 계 평균 3.3% 가정) 달성을 위한 인프라 수요를 충족할 수 있다고 한다).
　2) *Ibid.*
　3) 한국수출입은행 보고서, "AIIB와 아시아·CIS 인프라 개발", (2017. 6.), 26면.
　4) Sustainable Development Goals(http://sustainabledevelopment.un.org 참조). 인프라 관련 목표는 "(목표 6) 모두를 위한 식수와 위생시설 접근성 및 지속가능한 관리 확립, (목표7) 모두에게 지속가능한 에너 지 보장, (목표9) 건설한 인프라 구축, 포용적이고 지속가능한 산업화 진흥 및 확산"이다.
　5) 한국수출입은행 보고서, 27면.

나 아시아개발은행(ADB)에 따르면 2010년부터 2020년까지 아시아 사회기반시설 수요(신설 및 기존 시설의 증설 및 개량 포함)는 약 8조 달러(매년 7,300억 달러)로 추산되지만 이를 재정으로 충당하기 어려운 것이 아시아 국가들이 현실이다.

2004년부터 2013년까지 아시아 지역의 사회기반시설 개발을 위해 조달된 양자 및 다자간 개발자금은 총 2,360억 달러에 이르고, 아시아개발은행이 아시아 사회기반시설 개발에 연간 약 120억 달러(2010~2013년 평균)의 자금을 지원하고 있으나 그 수요와 공급 간의 불균형은 심각한 실정이다.[6] 이로 인해 사회기반시설 개발의 수요가 높은 아시아 개발도상국들은 공급 부족분을 민간자본의 활용이 요체인 소위 '민관협력(public-private partnership, "PPP")' 사업으로 해결하려 한다.[7]

PPP 사업의 수요가 비단 개발도상국에만 국한된 것은 아니다. 최근 미국 트럼프 정부는 전국적으로 노후화된 사회기반시설에 대한 대대적인 투자를 공약하고 있다. 2016년부터 2025년 동안 노후 공공인프라 개·보수 및 신설을 위해 총 3조 3천억 달러가 필요하나, 정부가 조달할 수 있는 재원은 1조 8천억 달러에 그쳐 최소 1조 4천억 달러의 투자부족이 발생할 것으로 전망된다.[8] 따라서 인프라 개보수 및 신설에 있어 정부재정사업만으로는 한계에 부딪칠 수밖에 없고 민간자본을 끌어들어야 하는 상황이다.

PPP 사업은 아시아 지역뿐만 아니라 전 세계적으로 계속 확대될 것으로 전망된다. 이에 발맞추어 우리 기업들도 해외 PPP 사업 추진을 도모하고 있다. 우선 국내 유수의 공기업들은 국내 시설투자가 포화상태에 이르러 국내는 단순 운영으로 역할이 한정되기에, 현재 조직을 유지하기 위해서는 적극적인 해외진출이 필요한 실정이다. 그러나 해외 시장진출에 대한 정부정책 변화, 재정건정성 확보, 건설 및 금융파트너 구성의 어려움 등으로 인해 사업추진이 쉽지 않은 상황이다.

건설사들은 해외건설 시장이 단순 도급형 사업에서 투자개발형 사업으로 변동되고 있어 건설뿐 아니라 출자 및 금융을 수반하는 PPP 사업의 참여를 모색하고 있다. 그러나 해외 PPP 사업에 대한 정보 및 해당국의 네트워크 부족, 운영실적 부족, 국내 금융기관의 위험회피적인 성향은 사업추진에 걸림돌로 작용하고 있다. 또한 기존의 단순 도급형 사업에 익숙해진 건설사의 체질개선이 일순간에 이루어지기 쉽지 않은 탓도 있다. 한편 투자유치국 정부의 PPP에 대한 인식부족 및 정치적 위험은 사업추진에 큰 장애요인이 되고 있다. 아시아 국가들은 대부분 개도국으로서 PPP 제도의 수준이 낮고 관련 기관의 중복 및 정책의 비일

---

6) 한국개발연구원 보고서, "해외 인프라 수주전략 연구", (2016. 12), 1면.
7) 우리나라에서는 '사회기반시설에 대한 민간투자법'과 동법 시행령 그리고 그에 근거한 '민간투자사업 기본계획'에 따라 이루어진다. 그리고 우리나라에서는 'PPP'를 '민간투자제도'라도 칭하기도 한다.
8) KOTRA Global Market Report, "트럼프 시대의 미국 공공인프라 시장", (2017), 4면.

관성, 공무원들의 전문성 부족 등으로 인해 사업추진이 원활하지 못하다.[9]

이에 이 장은 해외 PPP의 전반적인 법률적·실무적 쟁점을 개괄적으로 살펴본다는 취지하에서, PPP의 정의, 다양한 사업방식의 정립, 실시협약의 법적성격과 관련한 쟁점, PPP 사업의 법적체계 및 PPP 사업의 시행절차에 따른 각 단계마다 주요 법률적·실무적 쟁점을 살펴본다.

II. PPP의 개요 및 일반사항

1. PPP의 정의

가. 외국에서의 PPP 정의

PPP라는 용어는 처음 미국에서 교육프로그램에 필요한 재원을 민관이 공동으로 조달하는 상황에서 쓰였다가 1950년대에 전기·수도를 조달하기 위한 재원마련 그 자체를 지칭하였고, 1960년대 들어서 도시재생을 위한 민관합작(public−private joint venture)을 가리키는 용어로 널리 사용되었다고 한다.[10] 또한 국제개발의 범주에서는 PPP가 저개발국가에 에이즈나 말라리아와 같은 질병퇴치 및 농사기법을 전수하거나, 또는 경제개발을 증진하기 위해 관련 정부, 원조기구 및 민간부문이 공동으로 협력하는 것을 언급할 때도 사용되었다.[11] 그러나 PPP의 이러한 정의의 기원은 본고가 주안점을 두고 있는 사회기반시설(혹은 인프라) 개발에 민간자본을 유치하는 방식에 들어맞지 않는다.

특정 국가의 PPP 정책방침(Policy) 혹은 법령에서 PPP를 정의하고 있다면 그 국가의 PPP 사업에는 그 정의대로 따를 일이다. 사회기반시설 개발을 목적으로 하는 PPP의 정의는 국제적으로 통일되거나 정립된 기준이 없다. 많은 나라들은 제각각 그 용어를 사용함으로 말미암아 외국 민간자본 유치 시 혹은 PPP의 경험을 국제적으로 비교하고 공유할 때 적지 않은 혼란이 야기되고 있다. 그런데 세계은행이 2017년 개정하여 발표한 'PPP Reference Guide'에서는 나름 PPP의 정의를 체계적으로 정립하고 있다. 그 PPP Reference Guide에 따르면, "PPP란 공공시설 혹은 공공서비스를 제공하기 위해 사업시행자와 주무관청간 맺은 장기계약이고, 그 계약에서 사업시행자는 여러 주요 위험과 관리운영책임을 부담하여 그에 따른 대가는 사업시행자의 이행여부에 증감이 있을 수 있다."[12]

---

9) 한국개발연구원 보고서, 1-2면.

10) E.R. Yescombe, *Public-Private Partnerships － Principles of Policy and Finance*, Elsevier Finance (2007) (이하, "Yescombe"라 칭함), p. 2.

11) *Ibid.*

12) "PPP is defined as a long-term contract between a private party and a government entity, for providing a public asset or service, in which the private party bears significant risk and management responsi−

이러한 PPP의 정의는 신규 시설의 건설뿐 아니라 기존 시설의 증설·개량 및 운영을 포괄하며, 사업시행자는 그 모든 대가를 대상시설 이용자로부터 직접 지급받거나 아니면 행정주체가 그 대가의 일부 혹은 전부를 지급하는 방식을 띤다. 또한 이러한 PPP 사업의 시설과 제공되는 공공 서비스는 공공재의 성격을 띠고, 장기 계약의 성격을 띠는 여러 가지 유형의 부문(sector)을 포괄한다.13) 필자는 세계은행이 어느 특정 국가의 PPP의 정의에 한정하지 않고, 대부분의 PPP를 포괄할 수 있는 일반적이면서도 보다 구체적인 정의를 내리고 있어 바람직하다고 본다.

2007년 Yescombe이 내린 PPP의 정의는 세계은행의 정의와 거의 비슷하나, 사업시행자의 역할을 구체적으로 인프라 시설의 설계, 시공, 금융 및 운영을 담당하는 것으로 한정하고 있다.14) 그러나 사업시행자의 역할은 여러 가지 다양한 방식으로 진행되기에 Yescombe의 정의만으로는 최근의 PPP 사업을 포괄하기에는 한계가 있어 보인다. 또한 Yescombe은 정부가 해당 사회기반시설의 소유권을 갖거나 아니면 PPP 사업의 양허기간 만료 후 정부에 귀속되는 것도 PPP 정의의 일부로 보고 있다.15) 그러나 이는 소위 BOT 혹은 BOOT 방식만을 규정하고 있고, 그 밖에 BOO, BTO, BTL 등의 방식을 포함하지 않기 때문에 Yescombe의 PPP 정의로는 최근의 사업방식을 모두 설명하기에는 협소하다.

Delmon은 2016년 개정판 저서에서 PPP는, "사회기반시설을 신설하거나 확장하는데 주안점을 둔 행정주체와 사인간 계약적 관계 혹은 법률관계를 의미"하는 것으로 폭넓게 정의하는데 그친다.16) 이러한 정의는 틀리다고 볼 수는 없지만 상당히 포괄적이고 추상적으로 규정하고 있기에 조금 아쉬운 감이 없지 않다.

나. 국내에서의 PPP 정의

국내에서 PPP의 정의는 광의로 "행정주체가 일단 공적 역무를 민간과의 협력을 통하여 수행하는 제 방식"17) 또는 좀 더 좁은 의미로 "행정주체가 사회기반시설의 설립을 위해 사인으로부터 재원을 조달하는 한편, 재원을 조달한 사인에게 해당시설의 운영권 등을 부여하는 사업"18)이라고 한다. 좁은 의미의 PPP 사업의 개념요소로는, 첫째 민간자본 유치는 행

---

bility and remuneration is linked to performance", World Bank, *Public-Private Partnerships Reference Guide*, version 3 (2017) (이하, "PPP Reference Guide"라 칭함), p. 1.

13) *Ibid.*

14) Yescombe, p. 3.

15) *Ibid.*

16) Jeffrey Delmon, *Private Sector Investment in Infrastructure*, 3rd ed. Wolters Kluwer (2016)(이하, "Delmon"이라 칭함), p. 3.

17) 김해룡, "PPP에 있어서의 법적 과제", 법학논고 제35집, 경북대학교 법학연구원 (2011. 2), 152면.

18) 김대인, "행정기능의 민영화와 관련된 행정계약 — 민관협력계약과 민간위탁계약을 중심으로 —" 행정법연구, 2005년 하반기 행정법이론실무학회 (2005), 361면.

정주체가 그 주체가 되고, 둘째 그 목적은 사회기반시설의 건설과 운영을 통하여 국민의 생존을 배려하며, 셋째 사인으로부터 공공시설의 건설과 운영에 필요한 재원을 조달하고, 사인은 투자한 자본회수를 위하여 일정한 범위 내에서 해당시설의 운영권이나 수익권을 갖는 것이다.[19]

또 다른 정의에서는 "전통적으로 국가작용의 범주에 속했던 도로·항만·철도·시설환경 등 사회간접자본시설 및 교육·문화·복지 등의 사회기반시설 등 공공시설의 건설과 운영을 민간자본의 유치를 통하여 민간부문을 참여시켜 국민에게 공공서비스(public service)를 제공하는 제도"로서 PPP를 '민간투자제도'로 명시하고 있다.[20]

다. 소   결

상기 PPP에 대한 여러 가지 정의를 감안할 때, 이를 국문으로 '민관합작'이라 지칭한다면 조금 어색해 보인다. 무릇 '합작'이라 함은 계약형합작(contractual joint venture) 이외에는 '합작법인'이 설립되고 합작주체의 출자가 이루어지는 것이 보통인데, 모든 유형의 PPP에 행정주체의 출자가 이루어지는 것은 아니기 때문이다. 물론 일부 PPP사업의 경우 행정주체가 일부 지분을 가지는 경우나,[21] 해당 국가의 PPP 관련 법제에서 의무적으로 지분을 갖도록 명시하는 곳이 있기는 하다. 그러나 모든 경우가 그러한 것은 아니다.

PPP에 대한 다른 국문 명칭으로 '민간투자제도'가 있다. 당연히 민간부문의 투자가 필수적이기에, PPP를 '민간투자제도'라고 칭하는 것에 큰 문제는 없어 보인다. 그럼에도 불구하고 어떠한 방식의 PPP 사업이건 한 가지 공통인 것은 행정주체가 PPP 사업에 민간자본을 유치하면서, 그 사업이 성공적으로 운용될 수 있도록 여러 가지 형태의 지원과 협력을 제공하고 일정 정도의 위험을 부담한다는 점이다. 또한 정부조달계약과 달리 PPP 사업의 계약기간(사업기간)은 장기간이어서 그 사이에 발생할 수 있는 모든 상황에 대해서 구체적이고 세밀한 규정을 담아 계약을 체결하기 어렵고, 장기간의 상호 신뢰와 협력에 의존하는 특수성이 있다. 이러한 점에서 볼 때, 필자는 PPP의 국문번역은 '민관협력'으로 하는 것이 여러 다양한 방식의 사업을 모두 포괄할 수 있고 그 취지와 목적에 가장 부합하는 개념인 것으로 본다. 다만 본 장에서는 국문명칭과는 별도로 'PPP' 혹은 'PPP 사업'으로 지칭한다. 또한 필

---

19) 김성수, "공공부문과 민간부문간의 협력을 위한 법적 과제―한국에서의 민자유치론을 중심으로", 공법연구, 제24집 제5호, 한국공법학회 (1995), 267-271면.
20) 홍성필·윤성철, 민간투자사업분쟁관계법, 법과교육 (2014)(이하, "홍성필·윤성철"이라 칭함), 3면.
21) 그러한 경우 '민관합동법인'이라 칭하기도 한다. 황창용, "민관협력사업에 있어서 행정주체의 사업위험분담", 원광법학 제27권 제4호 (2011. 12), 355-356면. 여기에서 저자는 민관협력사업의 유형은 행정주체가 출자자로서 민간부문과 함께 참여하여 사업시행법인을 설립하여 사업을 시행하는 '민관합동법인 형식의 민관협력사업'과 행정주체와 민간부문이 구체적 사업시행조건에 대하여 계약형식으로 체결한 사업을 시행하는 '계약형식의 민관협력사업'으로 구분하고 있다.

자는 PPP가 하나의 계약으로만 간주하기 어렵고, 포괄적인 제도로 봐야 한다는 입장을 견지한다.

2. PPP의 필요성[22]

PPP의 필요성으로 보통 사회기반시설 수요의 확대, 세대간 및 사용자부담원칙, 정부위험의 민간이전, 민간의 창의와 효율의 도입, 국가자본시장 및 금융기법 등의 선진화 효과 등을 들 수 있다.[23]

첫째, 사회기반시설에 대한 투자수요는 점차 확대되는 반면 투자재원 확보의 곤란 현상이다. 지속적인 경제성장과 국가경쟁력 확보 및 국민들의 복지수준 향상 요구 등 재정수요의 증대현상이 발생하는 반면에 새로운 세원의 부족과 국민들의 조세저항, 인구증가 등으로 인하여 만성적으로 사회기반시설의 공급에 필요한 투자재원 부족에 시달리는 현상이 나타났다.

둘째, 사회기반시설에 대한 민간자본유치를 통하여 세대 간 투자비용의 분담 및 사용자 부담원칙을 실현할 수 있다. 사회기반시설 투자비를 현세대가 모두 부담하는 것은 현세대에게 소비와 복지에 있어 과도한 희생을 강요하게 되고 이것은 곧 소비위축으로 이어져 경기가 침체되고 결과적으로는 후세대가 현세대의 경제적 성과를 향유할 수 없게 되는 효과로 귀결된다.

셋째, 정부가 부담해야 할 위험을 민간에 분담시켜 위험을 분산하는 효과가 있다. 대부분의 PPP 사업에는 대주가 제한된 상환청구권(limited recourse financing)을 가지는 프로젝트 파이낸스 방식으로 재원을 조달한다. 따라서 사회기반시설의 건설, 운영, 유지보수과정에서 정부가 부담해야 할 건설비용 및 운영비용의 초과, 불가항력 등 각종 위험을 PPP 사업을 통하여 사업시행자에게 분산 내지 이전시킬 수 있다.

넷째, 민간의 창의와 효율을 공공부문에 도입할 수 있다. 경제규모가 확대되고 민간기업의 능력이 향상되어 설계와 시공능력의 향상을 통한 사업비의 감축, 시설의 유지·보수 및 관리운영에 있어서도 효율성을 가지게 되어 이를 공공부문에서 활용할 수 있다.

다섯째, 긍정적 외부효과(externalities)의 창출이다. 대규모 민간자본을 PPP 사업에 유치하면, 자본구조가 취약한 개발도상국의 경우에는 당해 국가의 자본시장과 금융기법이 성장·발전하는 효과와 사업추진과정에서의 사업능력의 향상 및 각종 불합리한 규제 등을

---

22) 여기 내용은 Delmon, pp. 12-14 내용을 정리한 것임을 밝힌다.
23) 여기 다섯 가지 항목에 대한 설명은 송병록 외 5인, "민간투자사업추진의 효율성·투명성 제고를 위한 업무수행지침 작성연구", 국토연구원 민간투자지원센터 (2004), 4-5면 참조. PPP의 필요성에 대한 근거와 보다 상세한 설명은 PPP Reference Guide, p. 15 이하를 참조.

완화하거나 철폐할 수 있는 계기를 만드는 긍정적 외부효과가 나타난다.

결국 PPP 사업은 정부의 재정압박 완화와 민간부문의 창의와 효율 활용, 민간부문의 역량개발이라는 목적을 가지고 추진되는 사업이므로 본 제도가 성공하기 위해서는 정부와 민간의 협력이 가장 중요한 성공의 요소이고, 기본적으로 합리적인 제도, 정부와 사업시행자의 적극적이고 창의적이며 효율적인 협력관계의 형성, 경쟁과 성과중심의 사업추진이라는 4가지 요소들이 갖추어져 각자 기능할 수 있어야 한다. 또한 PPP 사업의 다른 본질은 해당 사업에 참여하는 사업시행자에게 일정한 수익모델을 제시하면서 사업에 참여하게 하는 구조를 가질 수밖에 없다. 그럼 국가는 왜 정부재정사업으로 추진할 수 있음에도 불구하고 당해 사업의 구체적인 실행을 PPP 관련법을 통한 PPP 사업으로 추진하는지가 설명되어야 하는 바, 그 핵심은 '효율적 우월성'에서 찾아야 한다. '효율적 우월성'이란 정부재정사업보다 PPP 사업으로 진행하는 것의 상대적 우월성을 말하는데, 이러한 우월성에 대한 실무적 검토단계가 소위 PPP 사업의 '적격성'(value for money, VFM) 판단이라고 할 수 있다.[24]

3. PPP 사업의 법적 주체

PPP 사업의 실질적·법적 주체는 주무관청(contracting agency or public authority)과 사업시행자이다. 국내 민간투자법상 주무관청이란 "관계법령에 의하여 당해 사회기반시설사업의 업무를 관장하는 행정기관의 장"을 의미한다(동법 제2조 제4호). 따라서 민간투자법 제2조 제1호 각목의 개별 법률에 규정된 각 시설들의 관리청이 원칙적으로 주무관청이 된다. 이러한 주무관청은 보통 PPP 사업의 추진 여부를 결정하고 이를 시행하는 행정행위의 주체가 된다.

그러나 구체적인 사례에 있어서 주무관청이 어디인지를 판단하기가 쉽지 않은 경우가 많다. 국내에서 주문관청 여부를 판단하기 위해서는 첫째, 우선 당해 사회기반시설사업의 업무를 관장하는 행정기관이 어디인지 살펴보고, 둘째, 당해 행정청[25]의 지위가 위임을 받은 수임기관인지 보조기관인지 여부에 따라 주무관청의 지위가 달라진다. 주무관청으로부터 그 업무를 위탁받은 자는 주무관청의 지위를 가지나, 행정청의 보조기관은 주무관청의 지위를 갖기 어렵다고 한다.[26] 다른 나라의 경우에도 관련 법규에서 규정된 기준에 따라 PPP 사업의 실질적·법적 주체가 되는 주무관청을 찾아야 할 것이다.

한편 사업시행자와 '실시협약(implementation agreement)' 혹은 '양허계약(concession agree-

---

24) 홍성필·윤성철, 8-9면.
25) 행정청이라 함은 행정기관의 의사를 결정하고 표시할 수 있는 권한을 가진 기관이라 한다. 이를 법률 규정에서는 '행정청' 또는 '행정기관의 장', '주무관청' 등으로 표현하고 있다. 홍성필·윤성철, 472면.
26) 위임기관의 주무관청 인정사례와 보조기관의 주무관청 인정불허의 사례에 대해서는 홍성필·윤성철, 473-475면의 사례들을 참조.

ment)'을 체결하는 주체는 주무관청이 아니고, 주무관청을 통하여 행위하는 국가 또는 지방자치단체가 될 것이다. 왜냐하면 주무관청은 행정행위의 주체는 될 수 있으나 법인격이 없기에 계약당사자 내지 계약 주체가 될 수는 없기 때문이다.

사업시행자란 국내 민간투자법상 공공부문 외의 자로서 이 법에 따라 사업시행자의 지정을 받아 민간투자사업을 시행하는 법인을 말한다. 즉 민간투자법상의 사업시행자는 공역무의 제공을 할 목적으로 설립된 '사법인'이다.[27]

해외 PPP 사업에서 사업시행자 지정 방식은 보통 다음과 같이 이루어진다. '투자개발자(developer)' 혹은 '사업주(sponsor)'라고도 불리는 자들이 투자유치국에 PPP 사업의 추진을 목적으로 일정 자본금을 출자하여 프로젝트회사(project company)를 설립한다. 이 프로젝트회사는 해당 국가와 실시협약 혹은 양허계약을 체결하면서 사업시행자로 지정되는 방식이 있다. 아니면 사업주가 먼저 해당 국가와 실시협약이나 양허계약을 체결하면서 사업시행자로 지정된 후, 추후 설립하는 프로젝트회사에게 그 사업권을 계약이전(contract transfer)으로 넘기는 방식도 있다. 즉 어떤 방식이든 사업시행자의 지정은 자세히 후술할 실시협약 혹은 양허계약의 체결을 통해 이루어진다.

4. PPP 사업방식 혹은 유형

PPP의 정의뿐 아니라 PPP 사업방식 및 유형에 대해서도 국제적으로 통일된 기준이 있는 것이 아니다. 각국은 PPP 사업방식 혹은 유형을 제각각 구분하고, 더구나 PPP의 부문마다 혹은 구체적인 사업마다 그 방식 혹은 유형이 달라 많은 혼란이 야기된다. 또한 각국의 PPP는 국가별 법적체계 등 그 국가별 특수성에 따라 제도의 운영과 내용이 조금씩 다르고, PPP 사업으로 추진하는 주요 사업방식 역시 차이를 보이고 있다.[28] 어떤 나라에서는 PPP를 특정 방식 및 유형만으로 한정하고, 제정한 PPP법령이나 정책방침으로 규율하고 있다.

예컨대 브라질은 사회기반시설 이용의 대가지급 주체가 누구냐에 따라 각기 다른 법이 규율한다. 만일 사업시행자가 제공하는 시설의 사용료를 이용자가 지급하는 것만을 수령하는 것으로 그치면 'Concessions Law'가 적용되어 이를 규율하고, 그 밖에 다른 방식(정부가 지급하거나 아니면 혼합방식)으로 대가를 지급하는 PPP 사업에 대해서는 'PPP Law'가 적용되

---

27) 국내에서 사업시행자는 민간투자법과 실시협약이라는 공법상 계약에 의거해 당해 민간투자사업의 시행에 있어서는 국가·공공단체의 지휘·감독을 받게 되기에 '공기업'의 성질을 가진다. 여기서 말하는 공기업적 성격은 공공기관의 운영에 관한 법률에 따른 형식적 의미가 아닌 민간투자사업을 시행하는 사업시행법인이 담당하는 기능적 성격 측면에서 공공기관 내지 공기업적 성격을 부인할 수 없다고 한다. 따라서 민간투자법상의 사업시행자는 법인격상 '사법인'이지만 강학상 공법적인 법적 성격의 면에서는 '특허기업'인 동시에 '공기업'으로 볼 수 있다. 홍성필·윤성철, 486-487면.
28) Delmon, p. 10.

도록 이원화하고 있다.[29)]

프랑스에서 PPP라는 용어는 PPP 법에 따라 정부가 그 대가를 지급하는 사업에 대해서만 사용하고 있고, 사용자가 그 대가를 지급하는 사업에 대해서는 'concession'이라 칭하고 있다.[30)]

영국에서는 신규 사회기반시설에 대해 정부가 그 대가를 지급하는 사업은 'Private Finance Initiative(PFI)'라 칭하고, 현존하는 시설을 증설·개량하는 사업에 대해서는 'franchises'라고 칭하고 있다.[31)]

그러나 칠레에서는 모든 방식의 PPP 사업을 'concessions'라 칭하고, 'Concessions Law'에 근거해 실시한다고 한다.[32)]

이렇듯 각국의 다양한 PPP 사업방식으로 인하여 이를 통일적으로 기준화하기는 어렵다. 그럼에도 불구하고 세계은행은 2017년에 내린 PPP의 정의에 따라 PPP의 사업방식 혹은 유형을 적절히 구분하기 위한 시도를 하고 있고, 이를 위해 세 가지 고려요소를 꼽고 있다:

(1) 공급되는 사회기반시설이 신규건설인지 아니면 기존 시설의 증설·개량인지 여부;
(2) 사업시행자가 주무관청으로부터 위임받아 맡게 된 역할이 무엇인지 여부;
(3) 대가의 지급주체가 정부인지 아니면 이용자인지 여부에 따라 달리 구분하도록 하고 있다.[33)34)]

각 고려요소별로 검토하면 아래와 같다.

가. 신규 사회기반시설 건설 혹은 기존 시설의 증설·개량이냐에 따른 구분

PPP 형식으로 공급되는 사회기반시설이 신규인 경우는 소위 'greenfield project'라 부른다. 대표적으로 영국의 PPP 프로그램인 'Private Finance Initiative(PFI)'는 보통 사업시행자가 신규 사회기반시설을 건설하기 위한 재원조달, 시공, 관리하는 것을 일컬으며 그 자산은

---

29) PPP Reference Guide, p. 9. (따라서 전자의 경우 이용자가 그 사용료를 지급하는 PPP 사업을 'concession'이라고 칭한다).
30) 상동.
31) 상동.
32) 상동.
33) PPP Reference Guide, p. 6.
34) Delmon은 이와 비슷하지만 추가로 2가지를 더해 5가지 정도의 요소를 고려하고 있다. 그 추가 두 가지는 민간재원 조달은 프로젝트 파이낸스 방식으로 한다는 점과 아울러, 인프라 서비스 제공이 대규모로 이루어지는 경우(예컨대 전력) 아니면 개별 사용자에게 제공하는 경우를 구분한다. pp. 10-11. 그러나 전자는 모든 PPP에 공통으로 수반되는 것이기에 구분의 기준이 되기는 어렵고, 후자는 대금지급 메카니즘에 맞물리기 때문에 결국은 PPP Reference Guide와 거의 비슷하다고 본다.

학교나 병원부터 방위시설까지 다양하다.[35] 반면 기존 시설의 증설·개량(rehabilitate)의 경우는 소위 'brownfield project'라 칭한다.

나. 사업시행자가 위임받은 역할에 따른 구분

(1) 사업시행자가 위임받은 역할에 따른 유형

주무관청으로부터 위임받아 사업시행자가 맡게 된 역할(혹은 기능)은 그 내용이 아주 다양할 수 있고, 또한 사회기반시설이 신규인지 아니면 증설·개량인지 여부에 따라 다르다. 사업시행자가 맡게 되는 역할은 보통 설계(design), 건설(build)(또는 증설·개량(rehabilitate)), 금융조달(finance), 운영(operate), 관리(maintain)를 들 수 있다. 만일 특정 PPP 사업이 'DBFOM'으로 지칭되면, 사업시행자는 '설계·건설·금융조달·운영·관리'의 모든 책임을 맡게 됨을 의미한다. 물론 사업시행자가 이 중 일부만을 위임받아 맡을 수도 있다.

'설계'라 함은 사업시행자가 보통 사회기반시설의 기본설계와 구체적인 성능요건을 정하는 것이다. 사업시행자는 추후 시공자와 EPC계약을 체결하면서 상세설계를 맡기게 된다. '건설'은 대부분 신규 사회기반시설을 건설하는 사업을 지칭하게 되고, 노후화된 기존 시설을 '증설·개량'하는 사업에는 그에 상응하는 '증설·개량'이라는 용어로 대체된다.[36] 따라서 '건설'과 '증설·개량'이 하나의 사업에서 같이 쓰이는 경우는 드물다.

'금융조달'은 사업시행자가 PPP 사업에 수반되는 재원의 전부 혹은 일부를 조달한다. 이는 정부재정사업과 가장 두드러진 차이점이다. 금융조달에는 대주의 상환청구권이 아예 없거나 제한된 상환청구권만 인정되는 프로젝트 파이낸스 형식으로 이루어지며, 보통 총사업비의 70~80%의 재원이 마련된다.

사업시행자의 '운영' 책임은 아주 다양한데, 사회기반시설이 신규냐 현존하는 시설의 증설·개량이냐에 따라 다르다. 예를 들어, 사업시행자가 상하수도 플랜트의 기술적 운영을 맡아 관련 서비스를 정부에 제공하는 경우가 있고, 아니면 상수도공급시스템의 기술적 운영을 맡아 관련 서비스를 정부가 아닌 이용자에게 제공하는 경우도 있다. 또한, 학교 자체의 공공서비스를 이용자에게 제공하는 것은 행정주체의 책임이나, 사업시행자는 학교 건설을 위한 PPP 사업에서 부가적인 청소서비스를 제공하는 형식도 있다.[37]

'관리'는 민간투자자가 양허기간 동안 사회기반시설을 특정 성능과 기준 이상으로 유지할 의무를 부담함을 의미한다. 사업시행자의 이러한 관리의무는 PPP의 근본적인 특징이라 할 것이다. 한편 민감한 군사적인 용도의 항만시설의 경우에는 해외 사업시행자에게 '운

---

35) PPP Reference Guide, p. 6.
36) 이 경우라면 'ROT(Rehabilitate-Operate-Transfer)'라 칭할 수 있다.
37) PPP Reference Guide, pp. 6-8.

영' 책임을 부여하지는 않고, 단지 '관리' 책임만 부여하는 사업방식도 있을 수 있다.

(2) 사회기반시설의 소유권과 통제여부에 따른 유형화

PPP 사업이 'BOT', 'BOOT', 'BTO'라 지칭되는 경우는 사회기반시설의 법적소유권과 통제권을 누가 가지느냐에 중점을 둔 것이다. 이러한 방식으로 지칭하는 PPP 사업은 신규 사회기반시설에 해당하는 경우가 대부분이다. BOT(build, operate, transfer) 방식에서 사업시행자는 양허기간이 만료되어 정부에 이전할 때까지 그 시설에 대한 소유권을 보유하면서 시설을 관리·운영한다. BOOT(build, own, operate, transfer) 방식의 경우는 종종 BOT 개념과 동일한 의미로 사용된다.[38] BTO(build, transfer, operate) 방식은 사회기반시설이 준공되자마자 일단 그 소유권은 행정주체에 이전되고 사업시행자는 관리운영할 수 있는 권리를 부여받아 시설운영을 담당한다.[39]

이렇듯 사회기반시설은 공공주체의 소유이거나 사업시행자의 소유일 수 있다. 그러나 PPP 사업인지 여부를 결정하는 요소는 어느 당사자가 시설의 소유권을 가지고 있느냐가 아니고, 누가 그 시설을 개발하여 관리운영할 권리를 보유하느냐가 중요하다. 그런 면에서 보았을 때 BOT나 BTO의 구분은 PPP 사업인지 아닌지에 대한 판단에는 큰 영향을 미치지 않는다.[40] 예를 들어, 프랑스에서 국유지는 절대 매각될 수 없고 관계 당국이 점유하고 있는 것이기에, 공유지에 세워진 사회기반시설은 사업시행자에게 특별한 형태의 경제적 권리가 부여된다고 하더라도 공적기관에 속한다고 한다.[41] 따라서 소유권은 PPP 사업의 회계나 통계상 중요한 요소는 아니라고 하며, 국제공적영역회계기준(International Public Sector Accounting Standards, IPSAS)은 사회기반시설이 정부의 대차대조표(balance sheet)에 통합되어야 하는지 여부를 결정하는 데는 어느 당사자가 그 시설을 소유하는 것이 아닌, 누가 그 시설의 사용을 통제할 수 있는지에 주안점을 둔다.[42]

BOO(build, own, operate)는 사업시행자가 양허기간이 종료되어도 시설물을 계속 소유하는 것을 의미한다. 양허기간 종료 후 사업시행자는 재계약을 하거나 아니면 이를 매각하기도 한다. 본 방식에 따른 사업은 시설의 특성상 상업성 등으로 인하여 민간이 소유하고

---

38) Yescombe, p. 12.
39) 우리나라 민간투자법 제27조에서는 관리운영할 수 있는 권리를 물권으로 보고 있으며, 이는 민법에서 정한 물권 이외에 민간투자법에 의해 창설된 물권이다. 국내법상 관리운영권을 설정받은 사업시행자는 사회기반시설을 무상으로 사용·수익할 수 있는 기간 동안 해당 시설을 유지·관리하고 시설사용자로부터 사용료를 징수할 수 있다는 점에서 민법이 정한 개별 물권과는 다른 특별법상의 특수한 물권이다. 홍성필·윤성철, 661-662면.
40) PPP Reference Guide, p. 9.
41) *Ibid.*
42) PPP Reference Guide, pp. 9-10.

운영하는 것이 적절할 것으로 평가되는 사업이 주 대상이라 할 수 있다.

그럼 상기 BOT나 BTO 등의 사업방식에서 사업시행자가 행정주체로부터 위임받은 역할들은 무엇인가? 대부분은 신규 시설에 대한 'DBFOM'의 역할을 하게 된다. 다만 BOT나 BTO에는 간혹 사업시행자의 금융조달 역할을 포함하지 않는 경우도 있으나, BOOT에는 반드시 금융조달의 역할이 포함된다고 한다.[43]

한편 앞서 살펴본 'DBFOM'의 경우 누가 시설물의 소유권을 보유하는지는 표면상 드러내지 않는데, 보통의 경우 행정주체가 보유한다.[44] 따라서 'DBFOM' 유형과 여기 'BOT' 부류의 사업유형은 모두 PPP 사업방식이기는 하나, 사업시행자가 위임받은 역할에 중점을 두는지 아니면 누가 시설의 소유권과 통제를 갖는지에 대해 중점을 두는지 여부에 따른 차이라고 본다.

다. 투자비 회수방식에 따른 구분

PPP 사업에서 투자비 회수 방식은 사업시행자들에게 가장 중요한 사항이다. 사업시행자의 투자비 회수방식은 사회기반시설과 관련 서비스를 제공하는 대가로 ① 실제 이용자에게 그 사용료(fee)를 직접 징구하여 투자비를 회수하는 방안, ② 순전히 공적주체[45]로부터 지급받는 방안(tariff의 형식), 아니면 ③ 이 두 가지가 혼합된 방안이 있을 수 있다.

①의 방안에서는 사회기반시설에 대한 수요가 예상치보다 낮을 위험이 있기에 이에 대한 대비가 필요하다. 예컨대 유료도로(toll road)의 경우 사업시행자는 도로서비스를 이용자들에게 제공하고 이용자들로부터 사용료를 직접 거두는데, 만일 예측수요량보다 이용이 저조하게 되면 매출이 줄어들게 되고 이는 대출금 상환과 투자금 회수에 지장을 초래하게 된다. 사업시행자는 이러한 위험에 대비하기 위한 여러 가지 방안을 강구해야 한다.

②의 방안은 공적주체가 사회기반시설이 미리 약정된 성능과 조건을 충족하는 한, 그 시설의 이용량에 관계없이 고정된 대가를 지급하는 방식이다. 이러한 대가를 소위 'availability payment'라고 부른다.

③의 방안은 상기 두 가지 방식이 혼합된 형태의 대가지급이 존재할 수 있는데, 공적주체가 사업시행자에게 제공하는 '최소운영수익보장(minimum revenue guarantee, MRG)'이 그 예이다.

---

43) *Ibid.*, p. 7.
44) Yescombe, p. 12.
45) 여기서 '공적주체'라 함은 산출물 혹은 서비스를 구매하는 단일 혹은 몇 개의 규모가 큰 공기업 혹은 공공기관을 총칭한다. 예컨대, 발전프로젝트에서는 국영전력회사(power purchaser or offtaker)를 의미한다.

라. 'Concession'의 의미

'concession'이라는 용어는 다양한 목적으로 사용된다. 어떤 국가에서는 'concession'이 특정 방식의 계약을 의미하는 반면, 다른 국가에서는 좀 더 폭넓은 의미로 사용된다.[46] PPP 의 범주에서 'concession'은 대개 사업시행자가 사회기반시설 이용의 대가를 이용자에게 직접 징구하여 지급받는 사업방식을 의미한다.

앞서 살펴본 대로 브라질에서는 사업시행자가 사용자로부터 그 대가를 직접 수령하는 사업이면 'Concessions Law'가 적용되어 이를 규율하고, 그 밖에 다른 방식(정부가 지급하거나 아니면 혼합방식)으로 대가를 지급하는 사업에 대해서는 'PPP Law'가 적용되는 이원화 구조를 띤다. 한편 'concession'은 때로는 모든 방식의 PPP 사업을 포괄하는 용어로 사용되기도 한다. 칠레의 경우가 그러하다. 따라서 'concession'의 다양한 의미를 포괄하는 국문용어를 찾기 어렵다. 국내 민간투자법에서는 '관리운영권'이라는 용어를 사용하고, 보통은 '양허'라는 표현을 많이 쓰는데, 민간투자법 관련 다른 문헌들에서는 이를 '특허'로 번역하여 사용하기도 한다.[47]

결국 'concession'이라는 용어는 상황에 맞게 그 의미를 파악해야 할 것으로 보이며, 이 장에서는 '양허'라는 용어를 사용하도록 하겠고, 보통은 이용자에게 시설 사용료를 직접 징구하는 형태의 PPP 사업에 해당하는 것으로 이해한다.

마. 국내의 PPP 사업방식

국내에서는 1998년 외환위기 이후 정부는 PPP 사업을 통한 사회기반시설의 건설을 통하여 경제활성화를 도모하고자 하였고, 이에 따라 BTO 사업을 중심으로 하는 '수익형' PPP 사업에 대하여 민간투자법 및 민간투자사업기본계획을 통하여 이른바 '최소운영수입보장' 제도를 도입하여 PPP 사업을 활성화시켰다. 이러한 BTO 방식은 도로, 철도, 항만 등 교통

---

46) 'concession'의 의미에 대해 다양한 국가들의 사례에 대해서는 Jeffrey Delmon, "Understanding Options for Public-Private Partnerships in Infrastructure: Sorting out the forest from the trees: BOT, DBFO, DCMF, concession, lease . . ." *Policy Research Working Paper* (World Bank, 2010), p. 9, Box 1 참조.
47) 김대인, "민간투자법상 실시협약의 효력 - 변경 및 해지가능성과 보상문제를 중심으로", 유럽헌법연구 제17호 (2015. 4.), 644-645면 (김대인 교수에 따르면 유럽연합의 EU Green Paper상 민관협력은 크게 두 가지로 나누어진다고 한다. '순수하게 계약적인 성격을 갖는 민관협력'(PPP of a purely contractual nature)과 '기구로서의 성격을 갖는 민관협력'(PPP of an institutional nature)이 그것이다. 그리고 전자는 다시 공공계약(public contract)과 특허(concession)로 나누어진다. 공공계약과 특허의 차이는 개발에 대한 비용보전과 같은 '개발 및 이와 관련된 부수적인 권리'(right of exploitation and its corollary)의 귀속주체, 개발과 관련한 위험의 귀속주체에 있다고 보고 있다. 즉, 개발에 대한 비용보전을 공적주체로부터 받고 개발에 따른 위험도 공적주체가 지는 경우를 공공계약으로 보고, 개발에 대한 비용보전을 주로 이용자인 일반시민으로부터 받고 개발에 따른 위험를 사업시행자가 지는 경우를 특허로 구분한다고 한다).

부문에 대한 민간투자에 주로 활용되었다.

이후 2005년도에 기존의 사회기반시설 위주의 PPP 사업에서 문화시설, 학교시설 등 소위 생활기반시설에까지 PPP 사업의 분야는 다변화하는 동시에 '임대형'(build, transfer, lease: BTL) PPP 사업[48]을 중심으로 한 새로운 사업방식 내지 사업구조를 도입하였다. 그러나 2008년 민간투자사업기본계획의 개정을 통해 BTO 사업을 중심으로 하는 민간제안사업에 대하여 최소운영수입보장제도를 폐지하고, 다시 2009년에는 정부고시사업에서까지 동 제도를 폐지하면서 BTO 사업에 대한 투자는 급격히 감소하였다. 또한 BTL 정부고시사업 역시 2010년대에 들어오면서 고시물량이 크게 감소하여 PPP 사업은 과거에 비해 크게 위축되었다.[49]

전통적인 BTO와 BTL 이외에도 일부는 BOT, BOO 방식으로 추진되어 왔지만 민간투자법은 이러한 방식에 한정하지 않고 다양한 방식의 가능성을 열어놓고 있다. 즉 민간투자법 제4조는 민간부문이 상기와 다른 방식을 제안하거나 주무관청이 고시한 민간투자시설사업기본계획상 방식을 변경하는 내용을 민간이 제시하는 경우에도 주무관청이 타당하다고 인정하여 채택하면 이러한 방식 역시 가능하다. 나아가 주무관청이 민간투자시설사업기본계획을 통하여 얼마든지 다양한 방식을 고시할 수 있도록 규정하고 있다.[50]

바. 소 결

상기의 여러 가지 PPP 사업의 방식 및 유형을 하나로 정리하면 하기와 같다.

PPP 사업방식	개요	시설의 구분	사업시행자가 위임받은 역할	대가 지급
DBFOM, DBFO, DBFM	사업시행자에게 위임된 역할 및 기능에 중점을 둔 것임. 간혹 "M"은 생략되고 DBFO로만 표현하며 "O"에 "M"의 기능이 포함되기도 함. 다른 경우는 사업시행자에게 "O"를 위임하지 않고, "M"만 맡기는 경우도 있음	신규 시설	PPP 사업 유형에 그대로 나타남	정부지급 혹은 이용자 지급
BOT, BOOT, BTO	인프라 시설의 법적 소유권과 통제권을 강조하는 개념	신규 시설	보통 DBFOM	정부지급 혹은 이용자 지급

---

48) BTL 방식에서 사업시행자는 사회기반시설의 건설에 필요한 재원조달을 승인받고 시설이 완공되면 당해 시설을 공적주체에 일정 기간 동안 임대한다. 시설의 완공과 동시에 또는 임대기간이 끝난 후 시설에 대한 소유권은 자동적으로 공적주체에 이전되는 바, 투자비 회수는 BTO 방식과 같이 최종 이용자로부터 회수하지 않고, 대신 공적주체로부터 임대료와 운영비로 구성된 정부지급금을 통해 회수한다. 홍성필·윤성철, 162면.
49) 홍성필·윤성철, 서론 xxxi-xxxii.
50) 상동, 159면.

ROT[51]	상기 DBFOM에서 "R"이 "B"를 대체하는 개념	기존 시설	ROT	정부지급 혹은 이용자 지급
Concession		신규 혹은 기존 시설	DBF(또는 R)OM — 보통 이용자들에게 서비스를 제공하는 경우	보통 이용자 지급
PFI	영국의 PPP 유형으로서 보통 신규 사회기반시설 및 서비스를 제공하는 형태	신규 시설	DBFM(이용자들에게 직접 서비스를 제공하지는 않음)	정부지급

5. PPP 방식이 활용되는 사업부문(sectors) 및 대상시설

PPP 사업방식은 다양한 유형의 사회기반시설 및 서비스 제공에 활용된다. PPP가 활용되는 부문은 국가마다 다르지만 크게 교통, 상하수도, 발전, 교육, 보건, 감옥, 도시재생 등으로 나눌 수 있다.[52] 교통에는 도로, 터널, 교량, 철도, 도시철도, 항만 및 공항 등의 시설이 있어 그 폭이 상당히 넓다. 상하수도에는 수도 및 중수도, 하수도, 공공하수처리시설, 분뇨처리시설 등이 있다. 발전에는 석탄화력발전, LNG복합화력발전, 신재생에너지 설비, 송배전시설 등이 있다. 교육에는 여러 유형의 학교시설이 있고, 보건에는 병원, 복지시설 등이 있다. 그리고 도시재생에는 공공임대주택 및 신도시 개발 등이 있을 수 있다. 보통 PPP 방식이 적용되는 대상시설로 지정되기 위해서는 각 국가의 PPP 관련법이나 정책방침에서 정한 유형에 포함되어야 한다.

6. PPP 사업으로 간주되지 않는 방식 및 유형

상기에 살펴본 PPP의 정의와 사업방식에서 조금 벗어나 PPP 대상사업이라고 하기에는 어려운 유형의 사업을 구분하는 것은 의미가 있다. 왜냐하면 PPP 관련 법제를 두고 있는 국가에서는 나름의 적용대상 사업을 구분하고 있고, 그러한 방식의 사업이 아니면 해당 법제

---

51) ROT 방식은 공적주체 소유의 기존시설을 증설·개량 또는 확장한 사업시행자에게 일정기간 해당 시설에 대한 운영권을 인정하고, 그 기간의 만료시 시설 소유권이 공적주체에 귀속되는 방식이다. 이와 유사하게 국내에서 사용되는 RTL(rehabilitate, transfer, lease) 방식은 공적주체 소유의 기존시설을 증설·개량 또는 확장한 후 해당 시설의 소유권이 공적주체에 귀속되며, 사업시행자에게 일정기간의 시설관리운영권을 인정하되 그 시설을 공적주체 등이 협약에서 정한 기간 동안 임차하여 사용·수익하는 방식이 있다.

52) 국내 민간투자법에 따르면 12개 부문 49개 유형의 시설을 제한적·열거적(positive) 방식으로 나누고 있다. 자세한 내용은 홍성필·윤성철, 114면 이하를 참조.

의 규율을 받지 않기 때문이다. 그렇다고 PPP 사업방식이 아니라고 해서 그것이 비효율적이라는 의미는 아니다. 어떤 경우에는 PPP 방식이 아닌 사업이 훨씬 효율적일 수도 있다. 다만 PPP로 구조화된 사업이 실패했을 때, 그 원인은 PPP의 변형 형태로 추진되어 실패한 경우가 많기에 이러한 유형이 무엇인지 살펴보고 구분할 필요가 있다.

세계은행은 상기 PPP의 정의와 사업방식에 비추어 볼 때, 행정주체가 민간부문과 체결하는 수많은 계약들 중 일부 PPP의 성질을 나타내나(예컨대, 장기계약, 산출물 또는 성능에 기반한 특성) 궁극적으로 PPP로 볼 수 없는 유형의 계약들로서 4가지를 꼽는다. 그것은 '관리계약'(management contract), '임대차계약'(affermage contract), '설계-시공(design-build) 또는 턴키계약', '금융리스계약'(financial lease contract)이 그것이다.

첫째, 관리계약은 PPP에서 요구하는 것과 유사한 성능요건 지표가 포함되나, PPP에서와 같이 장기간의 약정, 사업시행자의 상당한 규모의 자본투자 그리고 오랜 기간 동안 약정한 성능의 유지와 같은 요건은 존재하지 않는다. 예를 들어 계약기간이 짧고 민간부문의 투자가 수반되지 않는 일반적인 운영관리계약(operation & maintenance)계약이나 성능요건이 부과된 관리계약이 그것이다.53)

둘째, 임대차계약은 행정주체가 공적서비스의 관리를 민간회사에 약정한 대가를 받고 임대해 주는 계약을 의미한다. 예를 들어 상수도 부문에서 민간회사의 대가는 판매된 상수도 단위별로 책정되나, 인플레이션과 민간회사의 역량에 따라 그 대가금액은 조정되는 형식이다. 임대차계약에는 민간회사의 투자는 존재하지 않기에 PPP라고 할 수는 없으나, 민간회사의 투자여력이나 유인이 낮거나 아니면 행정주체가 공적자금을 투자할 여력이 있을 때 사용하기 좋은 방식이다. 이러한 임대차계약은 위의 관리계약과 비슷하기는 하나, 민간회사가 부담하는 위험이 관리계약과 비교하여 조금 더 큰 경우라 볼 수 있다.54)

셋째, 설계-시공계약 혹은 EPC 턴키계약이 PPP 사업방식이 될 수 없는 것은 자명하다. 민간부문의 관리운영책임이 없는 단기간의 건설계약이기 때문이다.

넷째, 금융리스계약은 공공시설을 제공하는 장기간의 계약이기는 하나, 민간부문에 PPP 사업에 상응하는 정도의 관리책임과 성능요건을 부과하지 않고 행정주체가 PPP에서보다 훨씬 많은 위험을 부담하기에 PPP 사업방식이라고 할 수 없다.55)

상기 네 가지 유형의 공통점은 행정권한의 위탁을 받은 민간부문에서 행정의 보조자역할을 수행하는 것이다. 즉 공적역무를 수행하는 권한과 의무는 여전히 행정주체가 보유하면서도 해당 역무 수행하는 과정에서 전문적인 지식과 경험을 보유한 민간부문의 도움을

---

53) PPP Reference Guide, pp. 10-11.
54) 상동, p. 11.
55) PPP Reference Guide, p. 11.

정 홍 식 19

받는 경우로 소위 '기능적 민영화'에 가깝다고 할 수 있다. 따라서 이러한 유형에는 해당 국가의 PPP 관련 법제에 저촉되지 않는다.

Ⅲ. PPP와 실시협약의 법적 성격과 관련 쟁점

PPP 사업에서 행정주체와 사업시행자간에 법률관계는 공법적 관계인지 아니면 사법적 관계인지 의문이다. 더불어 국가나 지방자치단체가 사업시행자와 체결하는 실시협약(혹은 양허계약)은 공법상 계약인가 아니면 사법상 계약인가? 두 가지 질문에 대해서는 실시협약의 법적성격에 따라 첫 번째 질문도 해결할 수 있다.

실시협약이라 함은 국내에서는 민간투자법에 의하여 국가나 지방자치단체와 PPP 사업을 시행하고자 하는 자간에 사업시행의 조건들, 즉 총사업비 및 사용기간 등 여러 가지 사업시행 조건에 관하여 체결하는 계약을 말한다. 실시협약이 공법상 계약인지 아니면 사법상 계약인지 여부의 구분은 대륙법계 법제에서는 아주 중요하다. 그 이유는 공법상 계약의 경우에는 사법상 계약과 다른 법원칙이 적용되고, 분쟁해결 방식도 달라지기 때문이다.

실시협약의 준거법은 투자유치국 법 이외에 다른 법이 준거법으로 합의되는 것을 상정하기 어렵다. 설사 준거법 합의가 없다고 하더라도 투자유치국 법이 가장 밀접한 관련이 있는 법임은 부인하기 어렵다. 따라서 투자유치국 법의 적용가능성이 아주 높기에 투자유치국에서 실시협약이 공법상 계약인지 아니면 사법상 계약으로 간주되는지 여부에 대한 판단은 중요하다.

주지하다시피 대륙법계 국가인 독일, 프랑스, 일본은 공법과 사법을 구분하고 있고, 자연히 우리나라 역시 공법과 사법을 구분하는 이원적 체계를 기초로 하고 있다. 이러한 구분은 그 사회와 국가의 성질에서 비롯된 것으로서 선험적인 것으로 볼 수 있다.[56] 반면 보통법 체계에서는 공법과 사법의 구분이 명확하지 않다. 이는 보통법의 전통에 기인하는 측면도 있지만, 특히 미국의 경우 19세기말과 20세기에 들어오면서 정부의 공권력이 확대되고 복지국가가 실현되는 현실에서 이분법적 공·사법 구별론이 실제적인 문제해결을 어렵게 하는 한계에 도달했기 때문이다. 그리하여 최근에는 공·사법의 분리보다는 통합적 적용의 양상을 보여준다고 한다.[57] 아래에서는 실시협약의 법적 성격에 대해 대륙법 및 보통법계 국가들로 나누어 살펴보고, 실시협약이 공법상 계약으로 간주되는 경우의 효과에 대해 파악해 본다.

---

56) 공법과 사법 구분의 기원 및 당위성에 대한 자세한 설명은 김용욱, "공법과 사법 구분의 기원·변천 및 당위체계에 관한 연구", 저스티스 통권 150호 (2015. 10), 172면 이하를 참조.
57) 정하명, "미국법에서의 공법과 사법의 구별", 공법연구 제37집 제3호 (2009), 77-79면.

1. 실시협약의 법적 성격

가. 대륙법계

먼저 대륙법계에서 말하는 '행정계약'과 '공법상 계약' 및 '사법상 계약'에 대한 개념부터 정리할 필요가 있다. 행정은 계약적 수단이 아닌 일방적 행위에 의해 행해지는 경우가 보통이다. 그런데 계약의 방식이 사용되는 경우 이를 광의의 개념인 '행정계약'이라 칭하고, 이는 행정주체가 체결하는 공법상 계약과 사법상 계약을 아우르는 개념이다. 행정계약은 행정작용형식의 일종이라는 점에서 공법적 측면을 가지는 한편, 사법상의 대표적인 법형식인 계약의 형태를 띤다는 점에서 사법적 측면을 동시에 가지고 있다.[58]

국내에서는 행정계약과 공법상 계약의 개념이 대체로 다음과 같이 구분된다. 행정계약은 공법상 계약과 사법상 계약을 포괄하는 개념으로서, '행정주체 상호간에 또는 행정주체와 국민 사이에 행정목적을 수행하기 위하여 체결되는 계약'이라고 정의한다.[59] 즉 계약당사자 중 행정주체가 존재하면 그 성격에 관계없이 광의의 행정계약으로 지칭하는 것이다. 행정계약 중 공법상 계약은 '공법적 효과의 발생을 목적으로 하는 복수의 당사자 사이의 반대방향의 의사의 합치에 의하여 성립되는 공법행위'로 정의하는 것[60]이 일반적이다.

반면 행정주체가 사경제주체로서 체결하는 계약은 '사법상 계약'이다. 공법상 계약과 사법상 계약 두 가지는 모두 '계약'이라는 개념 자체에 대해 '당사자 의사의 합치'와 '법적 구속력'이라는 개념요소를 요한다는 점에서 공통적이고, 이는 학설이나 판례에서 큰 다툼이 없는 것으로 보인다.[61] 그러나 실제 소송에 있어서 공법상 계약은 행정소송, 특히 공법상 당사자소송의 대상이 되는 것인 반면, 사법상 계약은 민사소송의 대상이 된다는 점에서 구분된다.[62] 이러한 차원에서 두 개념의 구분에 중요한 실익이 있다.

국가(혹은 지방자치단체)와 사업시행자간에 체결되는 실시협약은 공법상 계약인지 아니면 사법상 계약인지 여부는 국가마다 다를 것임은 분명한데, 대체로 공·사법의 분리를 명확히 하고 있는 대륙법계 국가에서는 공법상 계약으로 분류하는 것으로 보인다.

우선 프랑스에서는 '행정계약'(contrat administratif)의 뜻을 행정주체가 체결하는 계약 중 공법적인 성격의 것으로 한정하고 있다.[63] 행정계약의 유형으로는 '공공서비스특허계

---

58) 김대인, 행정계약법의 이해, 경인문화사 (2008)(이하, "김대인, 행정계약법의 이해"라 칭함), 16면.
59) 김동희, 행정법 I, 박영사 (2005), 211면.
60) 김남진/김연태, 행정법 I, 법문사 (2005), 333면. 이러한 공법상 계약의 정의에 대해 김대인 교수는 이를 '협의의 행정계약'으로 칭하는 것이 타당하고, 협의의 행정계약은 '행정주체가 체결하는 계약 중 계약전체의 공법적 특수성으로 인해 공법상 당사자소송의 대상이 되는 계약'으로 재정의 할 수 있다는 견해를 피력하고 있다. 김대인, 행정계약법의 이해, 43면.
61) 김대인, 행정계약법의 이해, 39면.
62) 상동, 41면.

약'과 '정부공사계약'이 존재한다. '특허계약'은 행정(concédant)이 자신이 임의로 선정한 사인(concessionaire)에게 일정 기간 동안 공공서비스를 수행할 임무를 부여하는 계약을 의미하고, 이때 사인은 스스로 비용을 조달하고 위험을 감수하며 계약에서 정하는 바에 따라 공공서비스를 이용하는 자로부터 직접 요금을 징수해서 수익한다. 프랑스에서 공공서비스는 프랑스법상 공공복리를 실현하는 행정서비스를 말하고, 이러한 행정서비스는 사인에게 위탁될 수 있는바 특허는 계약의 방식으로 위탁하는 것이다.[64] '정부공사계약'이란 공익을 위한 목적으로 공공부문의 계산하에 이루어지는 공공토목공사 내지는 공공서비스 제공이라는 목적의 실현을 위하여 공공부문에 의하여 수행되는 공사로 정의할 수 있다.[65] 이러한 공공서비스특허계약과 정부공사계약은 전형적인 행정계약, 즉 공법상의 계약이다.[66]

독일에서 민관협력으로서의 PPP 사업의 계약형태는 전부가 공법상 계약의 형태는 아닐지라도 징수권이라는 강제권의 부여 등에서 그 맥락을 같이 한다고 한다.[67] 공법상 계약의 경우 1977년 시행된 독일연방행정절차법 제54조 이하에서 규정하고 있는데, 제54조에서는 "공법의 영역에서 법령에 위반되지 않는 한 공법상의 법률관계는 계약을 통하여 성립, 변경, 소멸될 수 있다"고 규정하고 있다. 독일의 PPP의 유형은 특히 도로건설과 관련하여 두 가지로 나눌 수 있다. 재원조달, 건설단계까지를 민간에 위임하는 '특허방식'과 재원조달, 건설, 관리(통행료 징수 포함)까지 전체적인 사업을 민간에 위임하는 '경영자방식'으로 나눈다.[68] 이 중 우리나라의 민간투자 방식에 비추어 본다면 특허방식은 BTL 방식과 경영자방식은 BOT 및 BTO 방식과 유사한 것으로 보인다.

우리나라의 민간투자법에 기초하여 추진되는 PPP 사업은 국가와 사업시행자 사이에

---

63) 서순성·김기식, 사회기반시설에 대한 민간투자법 이론과 실무해설, 삼일인포마인 (2016)(이하, "서순성·김기식"이라 칭함), 60면.

64) 송시강, "행정법상 특허 개념 의 연혁과 현황", 홍익법학 제10권 제1호 (2009), 293면. (계약의 방식으로 위탁이 이루어지는 특허 유형으로는 독립관리, 책임관리, 단순관리가 있다고 한다. 독립관리는 사인이 일정한 기간 공공서비스를 수행하면서 이용자로부터 직접 요금을 징수하고 이를 수익하는 한편, 계약에서 정해진 일정한 부담금(redevance)을 행정주체에게 지급하는 방식을 말한다. 책임관리는 사인이 일정한 기간 독립성 없이 행정의 지시에 따라 공공서비스를 수행하고, 행정이 사인의 수행실적을 평가해서 그 결과에 따라 금전적인 대가를 지급한다. 단순관리는 사인이 기타 행정보조자로서 공공서비스를 수행하는 경우를 말한다).

65) 홍성필·윤성철, 78면.

66) 이 두 가지 계약은 전형적인 행정계약으로서의 특징을 보여주는데, 먼저 계약형식에 있어서 행정주체가 일방적으로 조건명세서를 통하여 행정계약의 계약조건을 일방적으로 결정한다는 특징을 가지고 있고, 계약의 이행에 있어서 행정계약의 공공서비스 활동이라는 성격으로 인하여 행정주체에 대한 여러 가지 특권(행정주체의 감독·명령권, 제재권, 일방적 변경권 등)을 부여하고 있으며, 행정계약 체결 후에 이행과 관련하여 사정변경이 생긴 후에 공공서비스의 계속성을 담보하기 위한 '불가항력 이론'과 '왕자의 행위이론' 등이 있다. 이에 대한 자세한 설명은 홍성필·윤성철, 65면 이하를 참조.

67) 홍성필·윤성철, 87면

68) 두 가지 모델에 대한 자세한 설명은 홍성필·윤성철, 87-89면 참조.

구체적인 사업시행조건이 포함되어 체결되는 실시협약에 따라 진행된다. 국내에서도 이러한 실시협약은 공법상 계약으로 보고 있다. 이는 실시협약이라는 공법상 계약의 체결 및 성립과 동시에 민간제안자에게 사업시행자의 지위를 부여하는 처분의 성질을 가지는 '이중효과'를 수반하는 행정계약이다. 우리나라에서 공법상 계약과 사법상 계약의 구별실익은 실시협약에 적용되는 법규정 및 법원리와 아울러 행정소송법상 당사자소송의 대상이 되는지 여부에 차이가 생긴다는 점에 있다.[69] 그리고 우리 중재법상 중재의 대상을 사법상의 분쟁에 한정한다면(이 점은 논란의 여지가 있지만), 실시협약상의 분쟁은 중재가능성(arbitrability)이 존재하지 않는다고 볼 수 있다.

나. 보통법계

보통법계에서는 공법과 사법의 구분이 명확하지 않기에 PPP 사업에서 주무관청과 사업시행자간에 체결되는 실시협약이 공법상 계약인지 여부에 대한 논의 자체가 미미하다. 실시협약과 같은 행정계약의 해석 및 분쟁해결에 있어 계약체결의 일방 주체가 국가 등 행정주체라 하더라도 일반적인 민사법의 법리적용 및 분쟁해결에 있어서도 사인간의 해결과 동일하게 취급하고 있는 것으로 보인다.

영국에서는 행정실무에서 계약을 통한 기법이 너무나 만연한 나머지 계약이 '행정의 패러다임으로서의 명령 및 통제를 대체하고 있다'는 지적이 나타나고 있고, '계약에 의한 행정(government by contracts)' 및 '공공계약(public contract)'이라는 표현은 영국의 현대 행정법 문헌에서 흔히 볼 수 있는 표현이다.[70] 다만 양자의 개념이 사용되는 맥락에는 차이가 있다. 즉 '계약에 의한 행정작용'의 경우 그 법적 성질이 공법적인지, 사법적인지를 크게 구별하지 않고 사용되는 반면, '공공계약'은 그 소송형식에 있어서 사법상 계약과 구별되는 계약의 개념으로 주로 사용된다.[71] 따라서 행정계약이 공법의 확고한 영역을 이루고 있는 프랑스와는 달리 영국법상으로는 전통적으로 일반 사인간의 계약에 적용되는 법리가 정부계약(government contract)에도 적용된다는 입장이다.[72]

미국도 영국과 마찬가지로 공사법의 구별이 없이 보통법의 일원적 체계를 가지고 있다. 공법이라는 개념이 있기는 하지만 이는 단지 헌법상의 기본권이 적용되는 영역이라는 의미일 뿐 보통법과 구별되는 별도의 법영역으로 파악되지 않는다. 따라서 보통법소송과 독립된 행정소송이 존재하지 않기 때문에 행정소송의 대상이 되는 공법상 계약의 개념을

---

69) 김대인, 행정계약법의 이해, 71면.
70) 이현수, "영국법상 정부계약과 법치주의", 일감법학 제30호 (2015. 2), 185면.
71) 김대인, 행정계약법의 이해, 30면.
72) 그러나 최근에는 정부계약의 법적 규율은 공법의 특수성에 의해 개편되어야 한다는 주장도 나타나고 있다고 한다. 이현수, 188면.

정립해야 할 실익은 매우 약하다73).

　　이처럼 보통법계 국가에서는 공법상 계약이라는 개념이 거의 존재하지 않기에 주무관청과 사업시행자 사이 체결되는 실시협약에 아주 세부적인 당사자 간 권리의무 관계를 규정한다. 실시협약에는 몇 가지 상황에 따른 계약해지 시 주무관청이 사업시행자에게 지급해야 하는 해지시지급금(termination payment)의 산정기준을 아주 상세하게 담는다. 사업시행자 입장에서는 계약상대방이 주권면제(sovereign immunity)를 주장할 수 있는 국가 혹은 정부이기에 이러한 주권면제를 포기하는 조문을 담을 필요가 있고, 주무관청 입장에서도 실시협약을 행정계약이 아닌 사적계약의 일환으로 간주하는 것으로 보인다.

2. 공법상 계약으로서의 실시협약의 독특한 효과

　　실시협약이 공법상 계약 혹은 협의의 행정계약으로 간주될 때, 사법상 계약과 달리 나타날 수 있는 효과는 다음과 같다.

　　첫째 행정주체가 공익적 사유를 내세워 일방적으로 실시협약을 해지하거나 계약조건을 변경할 수 있는 권한을 주요 국가의 법제에서 공통적으로 인정하고 있다는 점이다. 이는 사법상 계약에서 허용되지 않는 공익상 이유로 인한 계약해지를 인정함으로써 계약의 구속력을 완화시키는 것이다.74) 즉 실시협약상 약정에 의한 해지사유가 아니더라도 공익적 사유에 의한 일방적 계약해지가 가능하다는 점이다. 다만 여기에서 '공익적 사유'의 인정범위에 관련해서는 각국마다 차이가 존재한다. 대륙법계에서 허용하는 주무관청의 일방적인 실시협약의 변경권 및 해지권은 강행규정이기에 이를 포기하는 합의 자체는 대체로 유효하지 않다.75)

　　두 번째 효과로는 행정주체가 이를 공익적 사유로 실시협약을 해지할 경우, 사업시행자에게 적절한 보상을 해야 한다는 점이다. 각각의 효과에 대해서 자세히 살펴본다.

가. 실시협약의 일방적 변경권 및 해지권

　　대표적으로 EU 특허지침 제43조(계약기간 중 계약의 변경)76)에 따르면 특허계약의 조건

---

73) 김대인, 행정계약법의 이해, 67면.
74) 김대인, "민간투자법상 실시협약의 효력 – 변경 및 해지가능성과 보상문제를 중심으로", 유럽헌법연구 제17호 (2015. 4.)(이하, "김대인, 유럽헌법연구"라 칭함), 658면. 반면, 사업시행자 귀책으로 인한 해지는 민법상 채무불이행으로 인한 계약의 해지, 손해배상, 손해배상액의 예정의 성격으로서 사법적 성격을 지니기에 본고에서는 다루지 않는다.
75) 세계은행의 'PPP in Infrastructure Resource Center(PPPIRC)'의 자료, http://ppp.worldbank.org/public-private-partnership/legislation-regulation/framework-assessment/legal-systems/common-vs-civil-law
76) EU Directive 2014/23/EU, Article 43 (EU에서는 공공계약에 관해서는 별도의 지침(공공조달에 관한 Directive 2004/18/EC, 공익산업조달에 관한 Directive 2004/17/EC 등)을 두고 있었지만, 특허에 대해서

변경이 가능한 경우는 크게 다섯 가지이다: (1) 특허계약서에 미리 정해진 변경사유가 발생한 경우, (2) 추가적인 공사나 서비스가 필요하게 된 경우, (3) 주무관청이 예견하지 못하는 상황이 발생한 경우, (4) 새로운 사업시행자가 원래 사업시행자의 법적 지위를 승계한 경우, (5) 계약의 현저한 변경을 가져오지 않는 경우이다. 다만 (1), (3)의 경우에는 계약의 변경이 특허의 전체적인 성격을 바꾸지 않는 한에서 유효하다. 위와 같은 다섯 가지 사유 중 '교통수요량이 과다예측된 상황에서 최소운영수입보장(MRG) 제공으로 인한 정부재정 부담을 줄이고자 하는 경우'가 (3) '주무관청이 예견하지 못하는 상황이 발생한 경우'에 해당하는지 여부가 문제된다.

이에 관해 2014년 특허지침의 전문(recital)에서는 "예측불가능한 상황이라는 것은 주무관청이 가용한 수단, 특정사업의 성격과 특성, 해당분야의 모범사례, 그리고 낙찰을 준비하기 위해서 사용된 자원과 그의 예측가능한 가치간의 적절한 관계를 보장하기 위한 필요 등을 고려하여 최초 낙찰을 합리적이고 성실하게 준비하였음에도 불구하고 예측하는 것이 불가능했던 상황을 의미한다"고 설명하고 있다.[77] 따라서 교통수요량 예측이 잘못되었다는 점만으로 당연히 예측불가능한 상황으로 보는 것은 아니며, 주무관청이 최초의 낙찰을 합리적으로 성실하게 준비했음에도 불구하고 예측하는 것이 불가능했어야 한다. 또한 계약의 변경이 특허의 전체적인 성격을 바꿀 수는 없도록 하고 있다.

EU 특허지침은 계약해지에 관해 제44조가 규율하고 있는데, 계약해지의 경우 중 하나는 제43조에 따라 새로운 낙찰절차를 거쳐야 하는 특허계약의 변경이 발생한 경우에 특허의 해지가 가능하도록 하고 있다.[78] 예를 들어 합리적이고 성실한 주무관청이 예견하지 못한 상황이 발생하여 변경의 필요성이 있고, 계약의 변경이 특허의 전체적인 성격을 바꾸는 경우에는 특허계약의 해지가 가능하다.

프랑스의 경우 행정주체가 공익상 사유로 인해 실시협약의 '일방적 해지권(pouvoir de résiliation unilatéral)'과 '일방적 계약변경권(pouvoir de modification unilatéral)'을 허용하고 있다. 프랑스 판례는 일관되게 모든 행정계약에 대해서 공익상의 사유로 행정주체가 계약을 해지하는 것이 가능하다고 보고 있다. 이러한 공익상의 이유로 인한 계약해지는 공역무 수행의 필요성에 따른 것이어서, 이 권한을 행정주체가 스스로 포기하는 것은 불가능하다. 다만 이 권한은 법률에 의해서 폐지하는 것은 가능하다고 한다.[79] 실시협약의 일방적인 계약해지권

는 별도의 지침을 두지 않고 있었다. 그러던 중 2014년에 특허(concession)에 관해서도 공사특허와 서비스특허를 모두 포괄하여 규율하는 별도의 지침인 Directive 2014/23/EU를 제정했다고 한다. 김대인, 유럽헌법연구, 645면).

77) EU Directive 2014/23/EU Recital (76) (김대인, 유럽헌법연구, 648면에서 재인용).

78) EU Directive 204/23/EU, Article 44(a).

79) 김대인, 유럽헌법연구, 650면.

이 인정되는 공익적 사유로는 사업 자체를 포기하게 된 경우, 법규명령의 변경이 발생한 경우, 공역무가 재조직되거나 지방자치단체가 정책을 변경한 경우에 인정될 수 있다. 다만 재정적 사유로 인한 경우 항상 계약해지가 가능한 것은 아니다. 예컨대 지방자치단체가 더 나은 재정적 조건하에 새로운 사업시행자를 선정하기 위해서 기존의 실시협약을 해지하는 것은 논란의 여지가 있다고 한다.[80]

프랑스에서 공익상 사유로 인한 계약변경은 공역무의 필요에 의해서 인정되고 있다. 이처럼 공역무 법리에 의해서 공익상 사유로 인한 계약변경이 인정되기 때문에 공익상 사유로 인한 계약변경을 위해서 계약서 상 이에 관한 조항이 존재할 필요도 없으며, 행정주체는 계약을 통해서 이러한 변경권을 포기하는 것도 불가능하다.[81] 이는 강행규정이기 때문에 그러할 것이다. 그렇다고 공익상 사유로 인한 계약변경이 무제한으로 인정되는 것은 아니고, 계약의 특정조항에 대해서만 인정된다. 즉, 계약변경의 취지가 드러나는 공역무의 수행 그리고 그 필요성의 충족과 관련된 계약조항만이 변경가능하다.[82]

미국의 경우 공법·사법의 구별이 상대적으로 불분명함에도 불구하고 정부조달계약(government contract)이 다른 일반적인 계약과 가장 차이가 나는 점으로 '편의적 계약해지(termination for convenience)'가 인정되는 점을 든다.[83] 편의적 계약해지란 '정부의 이익을 위해서 계약상 의무의 이행을 전적으로 또는 부분적으로 종료시키는 정부의 권리행사'[84]를 의미한다. 그런데 이러한 '정부의 이익'에 해당하는 경우가 구체적으로 어느 경우인지에 대해서는 연방정부조달규정(federal acquisition regulation)에서 특별히 규정하고 있지 않다. 다만 연방정부조달규정에서는 다음의 세 가지 요건이 모두 충족되는 경우에는 편의적 계약해지를 하는 대신에 조달공급자와 '추가 비용이 들지 않는 선에서 화해(no cost settlement)'를 허용하고 있다. 첫째, 조달공급자가 화해제안을 수락할 것이 알려지고, 둘째, 정부의 자산이 제공되지 않으며, 셋째, 별도로 지급할 금액이나 정부가 부담해야 할 채무 기타 계약상 다른 채무가 존재하지 않아야 한다.[85]

정부의 이익에 기반한 편의적 계약해지는 정부가 신의칙에 반하거나 재량권을 남용하는 경우에는 허용되지 않는다. 그리고 연방항소법원 판례에서는 편의적 계약해지를 하는데 있어 사정변경(change of circumstances)이 없다고 하더라도 이를 인정하는 추세이다.[86] 또한

80) 상동, 651면.
81) 상동, 652면.
82) 상동.
83) John Cibinic et al., *Administration of Government Contracts*, 4th ed., Wolter Kluwer (2006), p. 1049 (김대인, 유럽헌법연구, 653면에서 재인용).
84) Federal Acquisition Regulation, §2.101.
85) Federal Acquisition Regulation, §49.101(b).
86) *Krygoski Construction Co. v. United States*, 94 F.3d 1537 (Fed. Cir. 1996), cert. denied, 520 U.S. 1210

매우 중요한 정부정책(paramount government policies)에 반하는 것을 피하기 위한 경우에도 편의적 계약해지는 인정된다.[87]

　우리나라 법제하에서 실시협약의 해지 또는 변경은 민간투자법상 명시적인 규정이 없고, 행정계획 형식인 민간투자사업기본계획(기획재정부 공고 2017-99호) 제33조의2에서 특정 사유의 경우, 예컨대 최소운영수입보장 약정 또는 사용료 미인상분 보전 등으로 인해 과도한 정부재정부담이 발생하는 경우 등에 사업시행 조건을 조정하도록 하고 있다.[88] 그러나 강제성이 없는 민간투자사업기본계획[89]만을 근거로 하여 발주청이 사업시행자의 동의가 없이 일방적으로 실시협약 해지나 변경을 하기는 어렵다고 본다. 그렇다면 민간투자법 제47조(공익을 위한 처분)가 실시협약의 해지 또는 변경의 근거로 활용될 수 있다고 보고 있다.[90]

나. 행정주체의 실시협약 해지시 적절한 보상제공

　실시협약이 공법상 계약으로 간주될 때 나타나는 두 번째 효과로는 행정주체가 이를 공익적 사유로 해지할 경우 사업시행자에게 적절한 보상을 해야 한다는 점이다. 이는 각국의 법제에서 공통적으로 인정되고 있다. 다만 구체적인 보상의 범위와 관련해서는 각국마다 차이가 있다.

　먼저 EU 특허지침에서는 보상에 대한 특별한 규정을 두고 있지는 않은데, 이는 보상이 이루어질 필요가 없다는 태도를 취하는 것이 아니라 이 부분에 대해서는 각국의 법제에 맡기고 있기 때문이다.[91] 프랑스에서는 주무관청이 공익적 사유로 실시협약을 해지하기 위해

(1997).

87) *Helium Corp. v. Morton*, 455 F.2d 650 (10th Cir. 1971).

88) 민간투자사업기본계획 제33조의2(사업 시행조건 조정), ① 수익형 민간투자사업이 다음 각 호에 해당하는 경우 주무관청과 사업시행자는 상호 합의를 통하여 해당 사업의 위험 분담방식, 사용료 결정방법 변경 등 사업 시행조건을 조정할 수 있다. 1. 최소운영수입보장 약정 또는 사용료 미인상분 보전 등으로 인해 과도한 정부재정부담이 발생하는 경우 ... [시행 2017. 7. 17.][기획재정부공고 제2017-99호].

89) 보통 행정계획 중의 하나로 보는 민간투자사업기본계획의 법적 성질에 대해 다수의 견해는 주무관청의 내부 기준에 불과하고 대외적인 법적 구속력이 없는 것으로 본다. 홍성필·윤성철, 264면; 서순성·김기식, 138면도 동지. 즉 민간투자사업기본계획은 민간투자제도 정책 추진방향 및 투자계획, 민간투자사업 추진 일반지침을 정한 것으로서, 민간투자사업에 관한 장기발전방향 및 지침을 제시하는 종합계획으로 볼 수 있다.

90) 김대인, 유럽헌법연구, 661-662면 참조 (김대인 교수는 민간투자법 제47조에 의한 사업시행자의 지정 취소는 실시협약의 해지를 당연히 내포하는 것으로 보기 때문에, 동법 제47조를 근거로 하여 실시협약의 해지가 가능하다고 보고 있다. 또한 실시협약 변경의 경우에도 사업시행자의 지위에 현저한 변경을 가져오는 협약내용의 일방적 변경이라고 한다면 '행정처분'으로서의 성격을 갖는다고 보아야 하므로 제47조를 근거로 실시협약의 변경 또한 가능하다고 한다. 다만 이러한 민간투자법상의 공익처분이나 민간투자사업기본계획의 관련 조항들만으로는 실시협약의 변경이나 해지에 충분한 법적 근거를 제공해준다고 보기 힘들다는 입장이어서, 법령상 근거규정을 마련해주는 것이 필요하다고 주장한다).

91) 김대인, 유럽헌법연구, 649면.

서는 사업시행자에게 발생한 손실의 전체를 보상해주어야 할 의무가 있다. 사업시행자는 주무관청의 계약해지(혹은 재매수(rachat))로 인해 입은 손실, 기투자 금액은 물론 장래 기대수익의 손실분(gain manqué)에 대해서도 보상을 청구할 권리를 갖는다.[92]

한편 미국의 경우 앞서 설명한 편의적 계약해지시 '정당한 보상(fair compensation)'이 이루어져야 한다는 원칙이 정립되어 있는 것으로 보인다. 그러나 어느 정도가 정당한 보상에 해당하는지에 대해서 연방정부조달규정은 명확한 지침을 제공하지 않는다. 다만 선험적으로 기 이행된 공사와 아울러 계약해지된 부분을 위한 준비행위에 들어간 비용－여기에는 합리적인 기대수익도 포함－을 보상하도록 하고 있다. 그리고 정당한 보상은 판단의 문제이며 정확하게 측정하는 것이 불가능하다고 보고 있다.[93] 한편 판례에서는 미이행된 계약부분으로부터 발생할 기대수익에 대해서는 국가나 지방자치단체가 이를 지급할 의무가 없다고 보고 있다.[94] 이러한 점에서 정부의 채무불이행으로 인한 계약해지시의 지급과 차이가 있다.

우리나라 민간투자법 제47조 제2항에서는 공익처분으로 인하여 손실을 입은 사업시행자가 있는 경우에는 행정주체는 당해 손실에 대하여 정당한 보상을 하여야 하며, 이 경우 손실보상에 관하여는 행정주체와 사업시행자가 협의하여야 하며, 협의가 성립되지 아니하거나 협의할 수 없는 경우에는 관할 토지수용위원회에 재결을 신청할 수 있다고 규정하고 있다. 그리고 구체적인 보상범위에 대해서는 민간투자사업기본계획 제37조에서 해지시지급금 산정에 대한 상세한 규정을 두고 있다.

3. 실시협약과 정부조달계약의 구분

PPP 사업의 실시협약과 정부조달계약(government procurement contract)은 양자 모두 행정영역에서 행정목적의 달성을 위하여 상대방의 동의를 전제로 하여 계약의 형식을 통한 공행정작용을 한다는 점에서 동일하다. 따라서 양자 모두 광의의 행정계약이다.

그러나 국내법상 조달계약은 행정주체가 사인에게 공법관계의 불평등한 지위에서가 아닌 평등한 지위에서 직접 대가의 형식을 지불하고 반대급부의 이행을 구하는 합의라고 정의될 수 있다.[95] 대법원도 정부조달계약의 법적 성질과 관련하여 "지방재정법에 의하여 준용되는 국가계약법에 따라 지방자치단체가 당사자가 되는 이른바 공공계약은 사경제의 주체로서 상대방과 대등한 위치에서 체결하는 사법상의 계약으로서 그 본질적인 내용은 사

---

92) 상동, 651면.
93) FAR § 49.201.
94) *Diary Sales Corp. v. United States*, 219 Ct. Cl. 431, 593 F.2d 1002 (1979).
95) 홍성필·윤성철, 239면.

인 간의 계약과 다를 바가 없으므로, 그에 관한 법령에 특별한 정함이 있는 경우를 제외하고는 사적자치와 계약자유의 원칙 등 사법의 원리가 그대로 적용된다고 할 것이다"라고 하여 일관되게 사법상의 계약으로 판시하고 있다.[96]

따라서 정부조달계약은 광의의 행정계약중 사법상 계약이라 할 것이고, 일반적인 민사법의 적용을 받으며 국가와 계약상대방 사이의 다툼은 민사소송의 형식을 취하게 된다. 이 점에서 정부조달계약은 공법상 계약인 실시협약과 구분된다. 독일에서도 정부조달계약을 원칙적으로 사법상의 계약으로 보고 있다.[97]

Ⅳ. PPP 사업의 법적체계

대부분의 국가에서는 PPP 사업이 바람직한 방향으로 추진되고 보다 긍정적인 성과를 내오도록 어떤 형식으로든 법적체계(legal framework)를 갖추고 있다. PPP 사업의 전반적 법적체계는 이러한 사업을 직접적으로 규율하는 관련 법규범, 행정주체가 제시한 강제력이 덜한 정책방침(policy), PPP 사업추진 절차와 관련 기구의 책임, 공적재정운용의 접근방식 및 그 밖의 다른 운용방식을 아우르는 개념이다. 해당 국가가 어떠한 방식의 PPP 체계를 갖는지는 그 국가의 법제나 정부정책 등에 따라 다르다. 크게 두 가지로 구분해 보면 다음과 같다.

첫째, 보통법 체계를 가지는 선진국들은 PPP 사업추진의 근간이 되는 법을 제정하는 것보다, PPP 제도의 필요성/목적, 사업대상범위 및 시행원칙들을 정책방침(policy)이라는 문서에 담아 대내외적으로 공포하는 형식을 취한다. 대표적인 국가들로 영국과 호주 및 싱가포르를 들 수 있다.

둘째, 대륙법 체계의 국가들은 대체적으로 PPP 사업의 근간이 되는 법률과 하위 규정들을 통해 PPP 사업을 시행한다. 관련 법률과 하위규정에는 PPP 사업의 목적과 대상사업 시행을 위한 기본원칙과 아울러 상세한 절차를 담고 있고, 주무기관의 역할 및 여러 가지 관련 규정을 포함한다. 우리나라를 비롯하여 일본, 독일, 프랑스, 칠레 등 많은 대륙법계 국가들이 그러하다. 그러나 이러한 법률이 부재한 국가에서는 기존에 존재하는 유사한 법률과 하위 규정들을 PPP 제도에 적용할 수 있도록 다소 변경하기도 한다.[98]

한편 몇몇 보통법계 국가들도 앞서 설명한 정책방침의 형식보다 구속력 있는 법적체계

96) 대법원 2001. 12. 11. 선고 2001다33604 판결.
97) 그러나 이러한 통설에 대해서 정부조달계약이 중소기업진흥책 등 공익적인 정책의 관점에서 체결되는 경우에는 공법상의 계약으로 보아야 한다는 비판이 있다. Schlette, Die Verwaltung als Vertragspartner, S. 149 (김대인, 행정계약법의 이해, 53면에서 재인용).
98) PPP Reference Guide, p. 67.

를 취하고 있다.[99] 최근의 미국과 남아프리카공화국이 이에 해당한다. 이렇듯 대륙법계인
지 아니면 보통법계인지에 따라 PPP의 전반적인 체계가 명확히 이원화된다고 할 수 없음에
유의해야 한다.[100] 아래에서는 두 가지 구분에 대해 좀 더 자세히 살펴본다.

1. PPP 정책방침(policy)

PPP 정책방침(policy)이라 함은 "행정주체가 공공서비스를 제공함에 있어 PPP 사업방식
을 활용하겠다는 것과 아울러 PPP 사업시행을 위한 제반 원칙을 담은 의사의 표시"이다. 이
러한 의사의 표시를 담은 문서에는 PPP 사업의 필요성/목적과 시행원칙을 잘 실현하기 위
한 상세한 절차나 행정주체의 역할 및 여러 가지 관련 규정들을 담고 있다.[101] 앞서 설명한
대로 몇몇 보통법 체계를 갖는 선진국이 취하는 방식이다.

PPP 정책방침(policy)은 우리나라에서는 행정계획[102] 중의 하나로 간주하는 법적구속력
이 없는 '민간투자사업기본계획'과 유사한 형태로 볼 수 있을 것이다. 만일 그러하다면 PPP
정책방침 그 자체는 사업시행자에 대한 구체적인 권리·의무관계에 직접적인 영향을 미치
지는 않으며, PPP 사업을 시행함에 있어 사업시행자와 실시협약 체결을 위한 행정주체의
내부기준을 제시하는 것에 불과하다. 때문에 원칙적으로는 행정주체와 관련 기관만을 구속
하는 대내적 구속력만 가질 뿐 처분성은 인정되지 않는다고 보아야 할 것이다.

그렇다면 사업시행자 입장에서는 실시협약의 협상과정에서 해당 국가의 PPP 정책방침
과 다소간 달리 합의하여 실시협약을 체결하더라도 당해 협약의 유효성에 문제를 야기한다
고 볼 수 없다. 즉 행정주체가 정책방침의 내용을 벗어나 실시협약을 체결할 수 없다는 입
장과 주장에 대한 반박은 충분히 가능하다. 다만 이 부분은 개별 국가의 PPP 정책방침에 대
한 구체적인 법적성격을 정확히 파악한 이후에 판단할 문제이다.

일단 PPP의 정책방침에서는 그 국가가 추구하는 PPP 제도의 필요성/목적을 살펴보아
야 한다. 또한 PPP 제도의 필요성/목적은 각국의 사정마다 다르고, 여러 가지 목적들 중 우
선순위가 서로 다르기에 투자개발자들은 이 점을 유의해서 살펴보아야 한다.[103]

---

99) PPP Reference Guide, p. 61.
100) PPP in Infrastructure Resource Center에는 30여 개 국가의 PPP 법제도를 간략히 소개하고 있다. http://
 ppp.worldbank.org/public-private-partnership/legislation-regulation/laws/ppp-and-concession-laws 를 참조.
101) PPP Reference Guide, p. 61.
102) 전통적으로 행정계획은 '행정주체가 일정한 행정활동을 위한 목표를 설정하고, 상호 관련성 있는 행정
 수단의 조정과 종합화의 과정을 통하여 그 목표로 정한 장래의 시점에 있어서 보다 좋은 질서를 실현
 할 것을 목적으로 하는 활동기준 또는 그 설정행위'로 정의된다. 홍정선, 행정법특강, 제5판, 박영사
 (2006), 157면.
103) 호주, 인도네시아, 브라질 및 멕시코에서 PPP 사업의 목적에 대한 간략한 설명과 그 근거에 대해서는,
 PPP Reference Guide Table 2.1 (p. 62)에서 참조.

　　그 다음 PPP 사업대상 범위에 대한 구분인데. 각국은 보통 사업방식, 사업부문(sector) 이나 사업규모(project size)에 따라 이를 구분한다.104) 만일 특정 국가가 PPP 사업대상을 지정하는데 사업방식의 기준에 따라 정한다면, 투자개발자는 해당 사업방식 중 PPP 제도 목적의 우선순위에 부합하는 사업방식이 무엇인지 잘 파악해서 그것을 집중 공략해야 한다. PPP 사업대상 지정의 다른 기준으로 여러 부문(sector) 중 투자가 긴요한 부문으로만 제한하는 경우도 있으니, 그 국가에서 가장 필요로 하는 부문이 무엇인지 파악해 공략해야 한다.105) 한편 많은 국가들은 PPP 대상사업으로 지정되기 위해서는 최소한의 사업규모 이상이어야 한다는 제한을 두기도 한다.106) 소규모 사업에도 적지 않은 거래비용이 수반되기에 PPP 제도로 시행할 만한 실익이 적기 때문이다.

　　PPP 정책방침은 또한 해당 사업을 시행하기 위한 여러 제반 원칙(principles)들을 담고 있다. 이러한 원칙들은 PPP 사업을 주관하는 기관이 준수해야 하는 기준과 아울러 견지해야 하는 핵심 키워드를 담고 있다.107) 각국이 제시하는 기본 원칙들에는 공통적인 요소들이 있기는 하나 각기 제각각이다. 예컨대, 호주의 연방 PPP 정책방침에서는 9가지의 원칙을 제시하고 있으나, 인도네시아는 4가지만을 제시하고 있다.108) 따라서 투자개발자들은 투자유치국이 어떠한 시행원칙들에 비중을 두는지 파악하고, 그 원칙에 부합하는 방향으로 입찰제안서를 준비하거나 사업제안을 해야 할 것이다.

　　영국은 PPP 제도를 규율함에 있어 정책방침을 제시하는 대표적 국가인데, 1992년 Private Finance Initiative(PFI) 모델을 제시하였다. 2012년에는 기존 PFI의 약점들을 보완하여 이를 대체하는 모델로서 'Private Finance 2'109)라는 정책방침을 내놓게 되었다. 이러한 PFI와 PF2 모델로 1992년부터 2016년 3월까지 총 716개의 PPP 사업들을 수행했다고 한

---

104) 참고로 호주는 사업규모에 따른 구분을, 브라질은 사업방식과 사업규모에 따른 구분을 혼용하고 있고, 칠레는 사업방식에 따른 구분을, 인도네시아는 사업부문에 따른 구분만을 하고 있다. 해당 국가들에 대한 간략한 설명과 그 근거규정에 대해서는, PPP Reference Guide Table 2.2 (p. 63)에서 참조.
105) 싱가포르의 경우 PPP 정책방향에서 다른 유사한 국가들이 PPP 제도로 성공을 이미 입증한 사업부문으로만 제한하고 있고, 다른 나라들에서는 수자원, 교육 또는 헬스와 같이 국가적으로 민감부문은 PPP 사업대상에서 제외하고 있기도 하다. PPP Reference Guide, pp. 62-63.
106) 싱가포르의 경우 최소 사업규모로 5천만 달러로 제한하고 있고, 브라질의 경우 PPP 법에 따라 사업을 시행하기 위해서는 2004년 시점에 7백만 달러 이상이 되도록 하고 있다. PPP Reference Guide, p. 63.
107) PPP Reference Guide, pp. 63-64.
108) 호주 연방정부의 PPP 정책방향의 9가지 기본원칙은 적격성(value for money), 공공이익(public interest), 위험할당(risk allocation), 결과지향(output-orientation), 투명성(transparency), 설명가능(accountability), 금융조달(modified funding and financing), 지속인인 장기계약, 시장수요의 부합(engaging the market) 이 그것이다. 반면 인도네시아는 투명성, 공정한 보상, 경쟁 및 쌍방간 호혜적인 거래구조를 원칙으로 제시한다. 그 외 브라질, 상파울루주, 콜롬비아, 자메이카, 페루의 기본원칙들에 대해서는 PPP Reference Guide, p. 64를 참조.
109) PF2 모델에 관한 자세한 설명과 관련 자료들은 https://www.gov.uk/government/collections/public-private-partnerships#policy 에서 찾을 수 있다.

다.110) 1999년에는 PPP 사업을 총괄하기 위한 공공기관으로 PPP 사업추진 및 운용에 전문성을 보유한 'Partnerships UK'를 설립하기도 하였다. 한편 영국에서는 정부가 체결하는 계약을 규율하는 '공공계약규정(The Public Contract Regulations)'이라는 행정관청의 규정111)이 존재하는데, 이는 포괄적인 정부조달계약을 규율하기 위해 만들어진 것이지 PPP 유형인 PFI/PF2 사업을 직접적으로 규율한다고 보기는 어렵다. 다만 일부 규정에 있어 PFI/PF2 사업을 구속할 수는 있으나 그 관계는 다소 불분명하다.112)

호주는 연방정부와 주정부 그리고 부속영토 모두가 승인한 'National PPP Policy and Guideline' 하에 PPP 사업을 추진하고 있다.113) 호주에서는 뉴사우스웨일즈州와 빅토리아州가 도로를 중심으로 하는 교통 관련 PPP 사업을 활발하게 전개하고 있다고 한다.114) 캐나다의 브리티시콜럼비아州는 영국에서 설립되어 PPP 사업을 총괄하는 'Partnerships UK' 기관의 모형을 본떠서, 2002년 'Partnerships BC'라는 기관을 설립하여 해당 기관에게 PPP 사업추진에 따른 제반 권한을 위임하였다고 한다.115)

2. PPP 제도의 법적체계

PPP 제도를 법제화하고 있는 국가에서 'PPP 제도의 법적체계(legal framework)'란 PPP 대상사업 선정부터 사업시행자 선정, 건설 및 운영기간 종료까지의 PPP 제도 전반을 규율하는 모든 법률과 하위규정을 일컫는다. 대부분의 대륙법계에서는 실시협약이 공법상 계약으로 간주되기에 PPP 제도를 규율하는 행정법 등의 법제가 실시협약 당사자인 행정주체와 사업시행자의 권리의무를 규정한다. 만일 이러한 법제가 실시협약상 기술된 당사자들의 권리의무와 충돌하면 그 법제가 우선적으로 적용되고, 충돌하지 않는 범위 내에서 실시협약상 조문들과 민사법이 같이 작용하면서 당사자의 권리의무를 규율하게 된다.

전술했듯이 대부분의 대륙법계의 PPP 법제는 주무관청의 일방적인 계약조건 변경과

110) HM Treasury, "Private Finance Initiative and Private Finance 2 Projects: 2016 Summary Date" (December 2016), p. 5 (이 문서는 아래 사이트에서 찾아볼 수 있다. https://www.gov.uk/government/uploads/system/uploads/attachment_data/file/579271/PFI_and_PF2_projects_2016_summary_data.pdf)
111) 영국에서 판례법 이외에 제정법으로는 의회가 제정한 법률과 행정부(또는 지방자치단체)가 제정한 위임입법이 존재한다. 위임입법은 의회가 아닌 정부기관이 의회로부터 입법권을 위임받아 제정된 하위법령을 말하는데, 위임입법 중 각 행정관청이 제정하는 규칙·명령(statutory rules and orders)이 있다. 이상윤, 영미법, 박영사 (2009), 77면. 여기 공공계약규정은 행정관청의 규칙을 의미하는 것으로 보인다.
112) 오준근, "영국법상 사회기반시설에 대한 민간투자사업과 공공계약규정의 관계에 관한 연구", 토지공법연구 제42집 (2008. 11), 413면 이하를 참조.
113) 해당 문서는 여기 사이트에서 찾아볼 수 있다. https://infrastructure.gov.au/infrastructure/ngpd/index.aspx#anc_public-private
114) 호주의 PPP 사업전개에 관한 개괄적인 내용은 David W. Gaffey, "Outsourcing Infrastructure: Expanding the Use of Public-Private Partnerships in the United States", 39 Pub. Cont. L.J. 351 (2010), p. 363를 참조.
115) Gaffey, pp. 363-364.

계약해지를 허용하며, 사업시행자 선정절차와 주무관청의 역할 및 실시협약의 분쟁해결까지 규정한다.116) 따라서 실시협약 그 자체는 보통법계에서 체결되는 실시협약에 비해 상대적으로 간단하게 작성될 수 있다.

반면 보통법계 체계에서는 PPP를 규율하는 법적체계를 둔다고 하더라도 대륙법계에서처럼 그 규정들이 포괄적이고 상세하지 못하다. 그리고 보통법계에서 체결되는 실시협약은 그 법적성질이 사법상 계약으로 간주됨은 전술한 바와 같다. 이러한 이유로 보통법계에서 체결되는 실시협약은 가급적 당사자들의 권리의무 관계를 아주 상세하고 구체적으로 규정하기에 대륙법계에서의 실시협약보다 상당히 길다. 또한 보통법계에서는 실시협약이 구체적으로 기술되지 않는 경우, 대륙법계에서처럼 해석을 위해 기댈 수 있는 관련 법조문이 미비한지라 해석의 명료함과 분쟁을 최소화하기 위해서라도 실시협약이 구체적일 필요가 있다. 투자개발자들은 이러한 차이점을 유념하고 주무관청과 실시협약의 협상에 임할 필요가 있다.

한편 대륙법계와 보통법계에는 공통적으로 PPP 제도에 적용되는 관련 법률이나 하위 규정이 있을 수 있다. 첫째, PPP 사업에 수반되는 계약들은 달리 규정하지 않는 한 해당 국가의 정부조달법과 규정에 부합하도록 체결되어야 한다. 따라서 투자개발자들은 해당 국가의 정부조달법과 관련 규정들이 PPP 사업과 어떤 관련성이 있고 영향을 미치는지 잘 살펴보아야 한다.

둘째, 국가재정운영에 관한 법률이나 관련 규정을 살펴보아야 한다. 왜냐하면 PPP 사업에는 해당 국가의 공적자금이 투여될 수 있고 그렇다면 이를 규율하는 법률이나 관련 규정에 구속되기 때문이다. 여기에서는 특정 PPP 사업을 추진하는데 있어 승인을 구해야 하는 요건이나, 정부재정투입의 제한요건, 예산승인절차 및 보고요건들을 포함하는 것이 보통인데, 모두가 궁극적인 사업수주를 위해 필수적으로 검토되어야 하는 사항들이다.

셋째, 경우에 따라서는 특정 부문(sector)만을 규율하는 별도의 법률이나 규정이 존재할 수 있기에 이 또한 잘 파악해 두어야 한다.

넷째, PPP 사업에 수반되는 여러 계약들과 특수목적법인의 운영에 영향을 미치는 다른 수많은 법률이나 규정이 존재한다.117) 예컨대, 환경, 부지인수나 소유권, 인허가, 조세, 파산, 외환규제, 노동법, 보험 등과 관련한 법률과 관련 규정들이 그러하다. 이에 투자개발자들은 투자대상 국가에 대해 정밀하고 포괄적인 사전 법률실사를 통해 법률적 위험을 잘 파악하고 이를 경감하기 위한 방안을 모색해야 한다.118)

---

116) PPP Reference Guide, p. 66.
117) PPP Reference Guide, pp. 66-67.
118) PPP 사업추진을 위해 필요한 법률실사 항목들이나 관련 쟁점들에 대한 자세한 설명은 'PPP in Infra-structure Resource Center'의 다음 사이트를 참조. http://ppp.worldbank.org/public-private-partnership/legislation-regulation/framework-assessment

한편 많은 국가들은 정부의 PPP 사업을 위한 정책방향과 관련 법제를 뒷받침하기 위한 참고자료(guidance materials)를 제공한다. 예컨대, PPP 사업 매뉴얼이나 편람(안내서) 및 기타 도구를 활용하니 이 부분도 잘 파악해야 한다.

한편 유엔산하의 국제상거래법위원회(UNCITRAL)에서는 회원국들로 하여금 PPP 법률제 정을 지원하기 위해 2000년 입법가이드인 'Legislative Guide on Privately Financed Infra-structure Projects'를 제시하였다. 그 후 국제상거래법위원회는 2003년 이를 보완하는 모델 입법조문인 'Model Legislative Provisions on Privately Financed Infrastructure Projects'를 발 간하기도 하였다.[119] 그러나 어떤 국가들이 이러한 입법가이드에 따라 자국의 PPP 제도를 만들고 있는지에 대해서는 국제상거래법위원회 차원에서 파악하고 있지 않은 듯하다.

3. 소   결

투자개발자는 먼저 대상국가의 PPP 제도를 규율하는 전반적인 법적체계가 어떠한지 면밀히 조사할 필요가 있다. 그로 인해 실시협약의 법적성격이 어떠한지도 파악할 수 있고, 그 결과는 실시협약상 사업시행자의 권리의무관계를 결정하는 지표가 되기에 각각의 상황 에 맞추어 대응방안을 모색해야 한다. 또한 투자개발자는 해당 국가의 PPP 제도를 규율하 는 세부적인 법규범 혹은 정책방침을 정확히 파악함으로써 사업수주의 가능성을 높일 수 있을 뿐 아니라 사업추진 과정에서 자신의 권리와 이익을 보호받을 수 있는 근거로 삼을 수 있다.

V. PPP 사업 개발 및 시행절차상의 주요 쟁점

1. 정부재정사업과의 구분 및 PPP 사업의 추진절차에 따른 구분

PPP 사업은 당연한 얘기지만 전통적인 정부재정사업과 구분된다. 정부재정사업은 정 부가 처음부터 사업계획을 수립하고 예산을 배정받은 후 민간사업자에게 건설사업을 발주 하고 공사를 감독한다. 그리고 사회기반시설의 준공 후에는 스스로 소유권을 취득하고 관 리운영까지 담당한다. 정부재정사업에서 단지 건설에만 참여하는 민간사업자는 사회기반시 설물의 하자보증기간과 하자에 따라 소를 제기할 수 있는 소멸시효기간 또는 제척기간 도 과 이후, 그 시설물의 성능에 대해서는 책임을 면한다.[120] 이러한 정부재정사업에서는 정부 조달과 관련한 법규정들이 규율하게 된다. 즉 정부재정사업은 정부조달계약의 방식으로 이

---

119) 입법가이드와 모델 입법조문에 대한 설명은 Seungwoo Son, "Legal Analysis on Public-Private Partnerships Regarding Model PPP Rules", 국제거래법연구 제22집 제2호 (2013), 121면 이하를 참조.

120) Yescombe, p. 4.

루어진다. 이 장에서는 정부재정사업을 다루지 않는다.

한편 PPP 사업은 추진절차에 따라 정부고시사업과 민간제안사업으로 나뉜다. 정부고시사업 추진은 주무관청이 PPP 사업방식으로 추진하려는 대상사업을 지정한 후, 해당 국가의 PPP 정책방침 혹은 법제에 따른 절차대로 추진된다. 반면 민간제안사업(unsolicited proposal)은 민간부문이 아직 대상사업으로 지정되지 아니한 사업에 대해 PPP 방식으로 추진할 것을 행정주체에게 제안하는 것이다. 본고에서는 정부고시사업의 추진절차를 중심으로 살펴본다.

2. 정부고시사업 추진절차에 따른 PPP 사업의 라이프 사이클[121)]

세계은행에서 제시하는 PPP 사업의 라이프 사이클은 크게 다음과 같이 나눌 수 있다:

① 우선적으로 추진해야 할 PPP 대상사업들의 선별작업→
② 선별된 대상사업들에 대한 검토와 평가를 통한 대상사업 지정→
③ 대상사업의 구조화→
④ 대상사업에 수반될 실시협약 초안 작성→
⑤ 입찰절차를 통한 사업시행자 선정/실시협약 체결→
⑥ 건설/운영단계에서 대상사업의 계약관리[122)]

물론 이와 다른 추진절차를 따르는 국가가 있을 수 있다. 여기 나열된 단계들은 각기 분리되어 구분될 수도 있지만 일부는 중첩될 수 있다. 또한 이 절차는 PPP 사업을 추진하는 정부 입장에서 바라본 추진절차이고, 사업을 개발하는 투자개발자/사업주 입장에서는 다른 여러 가지 단계가 추가될 수 있을 것이다. 가령, 투자개발자 입장에서는 상기 ⑤와 ⑥ 사이에 아주 중요한 프로젝트 파이낸스 방식에 따른 금융계약체결과 금융종결을 포함하게 된다.

가. 우선적으로 추진해야 할 PPP 사업들의 선별

사회기반시설은 국가의 기반을 이루는 시설로서, 국민의 복지 및 국가재정에 중대한 영향을 미치므로, 그 설치 및 운영은 전국가적인 관점에서 국토의 균형개발과 산업의 경쟁력 강화를 위해 조정·통제될 필요가 있다. 따라서 개별적인 PPP 사업 운용은 국가의 중·장기계획 및 국가투자사업의 우선순위에 부합하여야 한다. 그리고 민간부문의 참여가 가능할

---

121) 여기 PPP사업의 라이프 사이클에 대해서는 주로 세계은행이 발간한 PPP Reference Guide, p. 113 이하의 내용을 정리한 것임을 밝힌다.

122) 이러한 순서를 좀 더 쉽게 이해하기 위해서는 PPP Reference Guide, Figure 3.1 PPP Development and Implementation Process 도표를 참조.

정도의 수익성이 있는 사업이어야 한다. 그렇지 않으면 역량 있는 민간주체가 참여하지 않기 때문에 PPP 대상사업으로 지정할 실익이 없게 된다. 이러한 요건을 감안하여 우선적으로 추진해야 할 PPP 대상사업들의 선별작업이 이루어져야 한다. 그러한 선별작업은 각 부문별 광범위한 수요조사를 함으로써 이루어질 수 있고, 때로는 민간제안사업의 검토에 따라서도 이루어질 수 있다.

나. 선별된 대상사업들에 대한 검토와 평가를 통한 PPP 대상사업 지정

선별된 잠재적인 PPP 대상사업들이 PPP 사업으로 지정되기 위해서는 이들에 대한 면밀한 검토와 평가가 이루어져야 한다. 세계은행에서는 PPP 대상사업으로 지정을 위해 모두 충족해야 할 요건으로 아래 다섯 가지를 꼽는다.

첫째, 대상사업의 전반적인 타당성(feasibility)이 확보되어야 하는데, 여기에는 세 가지 요소가 포함된다.

① 정부의 중장기계획과 국가투자우선순위 그리고 해당 부문의 개발계획에 부합할 정도의 타당성이 확보되어야 한다. 그리고 해당 사업에 사용될 기술이 시장에서 검증되었는지 그리고 수월하게 확보할 수 있는지 여부도 확인되어야 한다.

② 해당 PPP 사업이 비용·편익 분석에 따라 어느 정도 경제성(economic viability)을 확보해야 한다. 경제성의 확보란 해당 사업이 사회 전체에 가져다 줄 편리함과 유익함이 그 사업의 경제적 비용을 초과해야 함을 의미한다. 여기에서 경제적 비용의 의미는 그 사업에 투여된 사업비를 의미하는 것은 아니고, 환경영향까지도 고려하여 지불해야 할 경제적 비용을 의미한다.[123]

③ 해당 PPP 사업이 그 지역의 환경 및 사회에 미치게 될 부정적인 영향(environmental & social(E&S) impact)보다 그 사업이 가져다 줄 편익이 더 커야 한다. 다자간개발은행(MDB)은 이러한 환경·사회영향 평가에 따라 수반되는 위험을 경감하거나 효과적으로 관리할 수 있음이 입증된 사업에 한해서만 참여하고 있다. 때문에 다자간개발은행의 참여를 원하는 투자개발자는 다자간개발은행이 설정한 환경·사회영향 평가 관련 기준[124]을 반드시 충족해야 한다.

둘째, 보다 역량 있고 경험 많은 투자개발자와 대주들이 사업에 참여할 수 있도록 민간부문이 합리적인 수준의 수익을 취하고 적정한 위험부담을 할 정도의 전반적인 사업성

---

123) PPP Reference Guide, p. 123.
124) 세계은행의 'Environmental and Social Framework' 규칙에 따르면 10가지 관련 기준을 제공하고 있다. 이 10가지 기준에 대한 내용과 설명에 대해서는 http://www.worldbank.org/en/programs/environmental-and-social-policies-for-projects/brief/the-environmental-and-social-framework-esf 을 참조.

(commercial viability)이 확보되어야 한다.[125] 이를 위해서는 대상사업의 재무 분석이 수반되어야 하는데, 이 부분은 결국 투자개발자가 면밀히 따져야 할 부분이다. 만일 사업성이 기대에 미치지 못한다면 사업에 참여하지 않거나 참여하더라도 투자유치국 정부로부터 그것을 만회할 정도의 여러 가지 지원, 예컨대 최소운영수익보장(MRG)과 같은 지원을 이끌어 내야 한다.

셋째, 해당 사업이 PPP 사업으로서의 적격성(value for money, VFM)을 가져야 한다. 적격성 여부의 판단은 해당 사업을 정부재정사업 방식으로 추진하는 경우와 PPP 사업방식으로 추진하는 경우 양자를 정량적 및 정성적 차원에서 비교 분석한 후, 정부재정사업보다 PPP 사업방식이 더 적격하다고 판명되면 PPP 대상사업으로 지정할 수 있는 중요한 근거가 된다.[126]

넷째, 상기 세 가지 모든 요건이 충족된다고 하더라도 정부가 해당 PPP 사업에 대해 정부재정지원 규모를 산출하고 이를 감당할 수 있는 여력이 되어야 추진가능하다.[127] 이러한 정부재정지원 규모에 대한 정확한 산출 없이 해당 사업의 실시협약을 체결하게 되면, 차후 정부는 예정에 없던 막대한 공적자금을 투여해야 할 상황에 직면할 수도 있다. 만일 정부가 공적자금을 투여할 여력이 없게 되면 전체 사업에서 여러 분쟁이 발생하게 된다. 따라서 정부는 정부재정 여건을 고려하여 PPP 대상사업으로의 지정 여부를 결정해야 한다.

정부재정지원의 형태는 직접 약정한 지급금액과 우발채무에 따라 지급해야 하는 금액으로 나눌 수 있다. 전자의 경우는 정부가 지급을 약정한 건설보조금이나 대상시설이 이용 가능하다면 사업시행자에게 무조건 지급하기로 한 'availability payment'[128]가 있을 수 있다.[129] 후자인 우발채무의 경우는 예컨대 도로사용량이 예상보다 저조하여 사업시행자에게 최저수익을 보전해주기로 한 최저운영수입보장 금액을 지급하는 경우나 정부가 실시협약의 중도 해지권 행사로 말미암아 사업시행자에게 지급하는 해지시지급금(termination payment) 등이 있다. 이러한 재정지원의 규모나 가능성은 미리 파악하여[130] 이를 정부차원에서 감당할 수 있는 수준이어야 PPP 대상사업으로의 지정이 가능하다. 투자개발자 입장에서도 투자유치국 정부가 이러한 정부재정지원의 여력이 있는지 여부를 면밀히 파악한 후, 입찰에 참

---

125) PPP Reference Guide, p. 127. 구체적인 정량적 및 정성적 분석도구에 대한 설명은 여기 Reference Guide, pp. 129-132를 참조.
126) PPP Reference Guide, p. 129.
127) 상동, p. 132.
128) 이는 대상시설이 공중에게 제공되고 이를 사용할 수 있도록 유지하는 한, 그 이용량의 정도와 관계없이 정부가 사업시행자에게 지급하기로 약정한 금액을 의미한다. 따라서 사업시행자 입장에서는 대상시설의 수요에 대한 위험이 회피되었다고 볼 수 있다.
129) PPP Reference Guide, p. 132.
130) 선별된 대상사업들의 평가 및 검토단계에서는 이러한 지원규모의 정확한 파악은 어려울 수 있고, 보다 정확한 지원규모 하기 사업의 구조화(structuring) 단계에서 가능할 것이다.

여할지 여부를 결정해야 한다.

다섯째, 이 요건은 반드시 들어가는 것은 아니지만 중요한데, 이는 과연 행정주체가 PPP 사업의 입찰과 시행 및 계약관리를 수행할 수 있는 충분한 역량을 가지고 있느냐 여부이다. 행정주체의 역량과 경험이 뒷받침되지 않고서는 성공적인 사업추진이 불가능하기 때문이다. 특히 개발도상국이나 저개발국가의 행정주체가 그러한 역량이 있는지에 대해서는 많은 우려가 있을 수 있고, 수주과정에서 직간접적으로 요구되는 뇌물 등의 부적절한 행태에 대해 어떻게 대응해야 할지도 관건이다.

이러한 검토와 평가절차를 거치게 되면 향후 몇 년 동안 추진될 PPP 대상사업들의 지정(PPP pipeline)이 이루어지게 되고, 투자개발자는 해당 국가에서 PPP 대상사업으로 지정된 목록을 파악하여 참여 가능한 사업에 대해 사전준비를 하는 것은 필수적이다.

많은 국가들은 선별된 대상사업들에 대한 검토와 평가를 수행하는 PPP 전담기구(PPP Unit)를 둔다. 우리나라에는 한국개발원(KDI) 산하의 공공투자관리센터(PIMAC)가 그 역할을 수행하면서 주무관청의 요청에 따라 상기와 같은 (예비)타당성 조사를 수행하고, 대상사업들에 대한 검토와 평가를 통해 그 사업을 PPP 대상사업으로 지정할 수 있는지 여부에 대한 근거자료를 제공한다.

다. PPP 사업의 구조화

PPP 사업을 구조화(structuring)한다는 의미는 해당 사업을 추진하는데 수반되는 수많은 위험을 파악하여 이를 우선 민간부문과 행정주체 사이에 적절히 할당하거나 경감하고, 그러한 위험할당 및 경감조치를 관련 계약서에 권리와 의무 형태로 반영하는 것을 말한다.[131] 성공적인 PPP 사업이 되기 위해서는 적절한 사업 구조화가 필수적인데, 이는 행정주체 입장뿐 아니라 투자개발자 및 대주 모두에게 공통적으로 중요하다. 행정주체 입장에서는 보다 역량 있는 사업시행자를 유치하기 위해서도 그러하거니와, 투자개발자 입장에서도 총 사업비의 70~80%를 프로젝트 파이낸스 방식으로 조달하기에 사업의 구조화를 기해야 한다.

대주는 해당 사업에서 미래에 창출될 현금흐름을 기초로 하여 상환청구권이 없거나 아니면 제한된 상환청구권만을 보유한 채(즉 대출금액에 상응하는 담보가 없이), 막대한 규모의 금융지원을 하기 때문에 사업 전반의 금융지원타당성(bankability)[132]을 확보해야 한다. 만일

---

131) PPP Reference Guide, p. 140.
132) 금융지원타당성이라는 개념은 자금의 조달 가능성, 사업의 성격이 기관별 내부규정상 지원대상에 포함되는지 여부, 사업의 정상적인 완공 및 운영을 통한 원리금 상환 가능성 등을 종합적으로 고려한 개념이다. 이에 대한 자세한 설명은 김채호, "해외 프로젝트 파이낸스(PF)의 금융지원타당성(bankability) 확보방안", 정홍식 외, 국제건설에너지법-이론과 실무, 제1권, 박영사 (2017)(이하, "김채호 집필 부분"이라 칭함), 559면 이하를 참조.

사업이 사업시행자의 귀책에 따라 건설단계 후반부에 좌초하게 되면 시업시행자는 출자한 자본금과 제공한 담보 정도까지만 손실을 부담하지만, 대주는 확보한 담보권 행사 이외에 투자개발자나 투자유치국 정부를 상대로 상환청구권을 행사할 수 없게 된다. 따라서 PPP 사업에서 가장 큰 위험은 대주에게 있다고 볼 수도 있고, 그렇다면 결국 대주의 사업이라고 부를 수도 있다. 즉 사업의 금융지원타당성이 확보되지 않으면 대주는 사업 참여를 꺼리게 될 것이고, 아무리 해당 사업의 취지가 좋아도 사업추진은 무산될 수밖에 없다. 결국 사업의 구조화는 궁극적으로 대주의 '금융지원타당성'이 확보되도록 짜는 것이나 다름없다.

　　사업 구조화를 위한 첫 번째 단계는 해당 사업에 수반될 모든 위험들을 파악하여 정리하는 것이다. 위험에는 대부분의 PPP 사업부문에 공통적으로 작용하는 것들이 있고, 해당 부문이나 특정 국가 혹은 지역에만 작용하는 고유한 위험들이 존재한다. 또한 사업이 시행되는 국가나 사업 그 자체의 본질 및 제공될 시설 유형에 따라 그 위험의 정도가 다를 수 있다. 일단 공통적인 위험들은 사업주(투자개발자) 신용위험, 현장위험, 건설위험, 원재료공급위험, 운영위험, 수요위험, 인프라위험, 정치적 위험, 환경·사회위험 등이 있다.[133]

　　투자개발자는 이러한 위험들을 파악하면 발생가능성 정도를 평가하고 경중을 따져 구분해야 한다. 어떤 위험들은 다른 것들에 비해 그 발생가능성과 사업에 미치는 영향이 상대적으로 클 수 있기에 이러한 위험들을 우선적으로 잘 관리해야 하기 때문이다.[134] 위험파악과 정리가 되면 입찰에 부치기 전에 행정주체 차원에서 우선 할 수 있는 위험경감 조치를 취할 수 있다.

　　그런 다음 위험을 적절히 할당해야 한다. 위험할당(risk allocation)이란 그 위험이 발생함으로써 사업에 미친 영향으로 말미암은 변화, 즉 비용의 증가에 대해 어느 당사자가 이를 부담하느냐 여부이다. 적절한 위험할당은 PPP 사업의 적격성을 달성할 수 있는 아주 중요한 요소이기도 하다. 위험할당의 주요 목적은 우선 위험부담을 한 당사자가 그 위험을 잘 관리함으로써, 사업의 편익을 증진하고 비용을 줄인다면 그에 상응하는 보상을 제공하기 위함이다. 다른 목적으로는 사업위험에 수반되는 전반적인 비용을 감소하는 것이다.[135]

　　세계은행은 적절한 위험할당을 위해 견지해야 할 원칙으로 다음을 들고 있다:

---

133) 대주가 바라보는 이러한 위험들에 대한 자세한 설명은 김채호 집필 부분, 570면 이하를 참조; PPP Reference Guide, p. 142에서는 PPP 사업의 위험분류를 제공하고 있다.

134) 위험의 평가와 경중을 따지는데 있어 여러 가지 정량적 및 정성적인 기술방식이 사용된다. 이러한 기술적 방식에 대해서는 ADB, *Handbook for Integrating Risk Analysis in the Economic Analysis of Projects*, Manila: Asian Development Bank (2002), pp. 9-28을 참조.

135) Elizabetta Iossa, et al., *Best Practices on Contract Design in Public-Private Partnerships*, Washington DC: World Bank (2007), p. 20.

① 각각의 위험은 그 위험이 발생할 가능성(likelihood)을 잘 통제할 수 있는 당사자가 부담하도록 한다.
② 발생한 위험이 사업에 미칠 영향(impact)을 잘 통제할 수 있는 당사자가 부담하도록 한다.
③ 만일 위험의 발생가능성이나 그 영향이 통제될 수 없다면 가장 낮은 비용으로 그 위험을 흡수할 수 있는 당사자가 부담하도록 하는 것이다.

①번 원칙의 예로 건설위험에 있어서는 민간부문(즉 사업시행자)이 그 영역에 대한 전문성과 경험을 보유하고 있기 때문에 민간부문이 그 위험을 부담하는 것이다. 따라서 공기지연의 발생이나 공사비 초과가 발생하게 되면 그로 인한 추가 비용에 대해서는 민간부문이 떠안게 됨을 의미한다. 물론 사업시행자는 이러한 건설위험을 EPC계약에 의해 EPC계약자에게 백투백(back-to-back)으로 이전(transfer)하게 된다.
②번 원칙의 예로는 어느 당사자도 지진의 위험을 떠안을 수 없지만 민간부문이 설계책임을 진다면 지진이 발생하더라도 손실을 줄일 수 있는 공법을 사용하도록 하는 것이 있다.136) 이러한 위험할당의 원칙에 따라 공적부문과 민간부문 사이에 합리적인 수준의 위험할당이 이루어져야 한다.
공적부문이 어떤 위험을 부담할지 정하게 되면, 그 외 대부분의 위험은 민간부문이 부담하게 된다. 공적부문이 부담하는 위험의 유형들은 대개 민간부문이 그 위험의 발생가능성이나 그 위험발생으로 인해 야기된 영향을 전혀 통제할 수 없는 위험들이다. 투자유치국 내에서 발생할 수 있는 정치적 불가항력(political force majeure)이나 법규변동(change in law) 등이 그러한 예이다. 반대로 민간부문이 부담하는 위험의 유형들은 민간부문이 그 위험의 발생가능성이나 그 위험발생으로 인해 야기된 영향을 통제할 수 있거나 혹은 적어도 공적부문보다는 더 잘 통제할 수 있는 위험들이다. 건설위험, 운영위험 등이 그러한 예이다.
다만 어떤 경우에는 공적부문과 민간부문이 특정 위험을 공유(share)하여 부담하기도 한다. 이는 민간부문이 위험발생의 가능성을 통제할 수는 없지만, 일단 위험이 발생하여 야기될 영향에 대해서는 공적부문보다 더 나은 통제가 가능한 경우이다. 또한 위험발생을 예상하기 어렵지만 그 위험을 민간부문에게 이전하는 것이 과도한 비용을 야기하는 경우에는 양측의 위험부담 공유가 필요하다.137) 예컨대 대상시설에 대한 수요를 파악하기 어려운 상황에서 민간부문이 어느 한도까지의 위험을 부담하고 그 한도를 넘는 수요부족이 발생하면

---

136) Timohy C. Irwin, *Government Guarantees: Allocating and Valuing Risk in Privately Financed Infrastructure Projects*, Washington DC: World Bank (2007), pp. 56-62.
137) Iossa et al., pp. 3-4.

공적부문이 부담하여 양측이 위험부담을 공유하기도 한다.

효과적인 위험할당을 위해서는 파악된 위험의 목록을 분야별로 정리하고 어느 당사자가 그 위험을 부담하는지, 경감방안과 아울러 정부의 지원방안 등을 매트릭스 형태로 작성하는 것이 좋은 방법이다. 위험할당에 대한 매트릭스 작성이 마무리되면 이러한 위험들은 공적부문과 민간부문간의 법률관계를 규율하는 실시협약138)에 반영되게 된다.

실시협약과 전력구매계약상 사업시행자는 자신이 부담하기로 한 위험들에 대해 프로젝트 회사를 통해 다른 관련 당사자들, 즉 EPC계약자, 운영관리자, 연료공급자 등과 각각 EPC계약서, 운영관리계약서 및 연료공급계약서와 같은 프로젝트 계약서(project documents)들을 체결하면서 '백투백(back-to-back)'으로 상당 부분의 위험들을 관련 당사자들에게 이전하게 된다. 프로젝트 회사가 부담하는 위험은 가급적 최소화하도록 하는 것 또한 원칙이다. 왜냐하면 대주는 차주로서의 프로젝트 회사가 과도한 위험을 부담하여 원리금상환에 지장이 발생하는 것을 원치 않기 때문이다. 따라서 사업시행자들은 실시협약 협상시 금융기관이 수용하지 않을 위험을 떠안아서는 안 된다. 만일 금융기관이 수용하지 않을 위험을 떠안게 되면 금융기관들은 그 계약조건의 수정을 요구할 수 있고, 그로 인해 사업추진이 계속 지연될 수 있다.

라. 실시협약 초안의 작성

행정주체는 지정된 PPP 사업을 입찰에 부치기 전에 실시협약의 초안을 작성하고, 이 초안을 입찰제안요청서(request for proposal, RFP)에 포함시킨다. PPP 사업은 장기간의 계약기간을 갖고, 수많은 예견할 수 없는 위험을 수반하며 여러 관련자들이 복잡하게 얽히는 관계로, 실시협약 그 자체가 미래에 발생할 수 있는 상황을 완벽히 예상하여 작성되기 어려운 측면이 있다. 그렇기 때문에 실시협약은 그러한 사건들이 발생하면 이를 계약서 내에서 해결할 수 있도록 보다 유연한 계약조건을 둘 필요가 있다. 그렇지 않으면 계약조건에 대한 재협상 혹은 조기 계약해지로 이어질 수밖에 없게 된다.139)

세계은행은 실시협약의 가장 중요한 계약조건 5가지를 다음과 같이 꼽는다: ① 준공된 대상시설이 갖추어야 할 요건들과 아울러, 그 요건에 부합하지 못할 경우 주무관청이 구할 수 있는 구제, ② 민간부문에 대한 보상체계, ③ 계약조건의 조정, ④ 분쟁해결절차, ⑤ 중도 계약해지권 행사 및 해지시지급금 산정을 포함한 그 효과.

실시협약에는 앞서 설명한 것처럼 해당 사업에 채택된 위험할당이 잘 반영되어야 한

---

138) 민자발전프로젝트(IPP)의 경우에는 실시협약 이외에 다른 공적주체인 국영 전력구매자와 사업시행자간 체결하는 아주 중요한 전력구매계약(power purchase agreement)이 존재한다. 세계은행에서는 이 경우 소위 'PPP 계약(PPP Contract)'이라고 해서 실시협약과 전력구매계약을 포괄하는 개념을 쓰기도 한다.
139) PPP Reference Guide, p. 148.

다. 실시협약을 표준계약 형식으로 제공하는 나라도 있는데, 우리나라와 일본이 그러하다.[140] 세계은행도 2017년 몇 가지 주요 실시협약에 대한 표준안을 발표한바 있다.[141] 상기 5가지 계약조건에 대해 간단히 살펴보면 아래와 같다.

(1) 대상시설의 요건 및 미충족시 구제수단

실시협약에서는 대상시설의 상업운전일(commercial operation date)이 달성되기 위해 갖추어야 할 여러 요건들, 즉 행정주체가 민간부문으로부터 기대하는 부분들 및 대상시설이 구현해야 할 목표성능 등에 대해 상세히 기술해야 한다. 투자개발자 입장에서는 이러한 목표성능은 구체적으로 특정되어야 하고, 측정가능하며, 기한 내 현실적으로 달성할 수 있는 정도이어야 한다.[142]

만일 준공이 지연되거나 준공시점에서 대상시설의 목표성능이 구현되지 않거나 최소기준보다 미달되면, 그에 따라 행정주체가 구할 수 있는 구제의 범위는 어떠한지에 대해서도 상세히 기술할 필요가 있다. 그러한 구제에는 준공지연에 따른 손해배상예정액이나 성능미달에 따른 손해배상예정액을 둘 수 있을 것이다. 이 부분은 하기 (2) 민간부문에 대한 보상체계 관련 조문들과 연계된다. 만일 준공이 상당 기간 지연되는 경우와 최저기준의 성능도 달성하지 못하는 경우에는 대주가 개입권(step-in right)을 행사하여 제3의 업체를 끌어들여 준공하도록 할 수 있으며, 경우에 따라서는 계약해지로 연결될 수도 있다. 그렇기에 행정주체 입장에서는 목표성능이 구현될 수 있도록 착공 이후 철저한 관리감독과 계약관리를 수행해야 한다.

(2) 민간부문에 대한 보상체계

PPP 사업에서 기본적인 보상체계는 크게 ① 민간부문이 대상시설 이용자에게 직접 사용료를 징구하여 보상받는 방식(user charges), ② 정부가 민간부문에게 지급하는 방식, 그리고 ③ 민간부문에게 대상시설의 목표성능 달성 여부에 따라 기존 보상액에 보너스와 페널티를 가미하는 방식이 포함된다. 이 세 가지 방식의 일부가 중복되거나 혹은 경우에 따라서는 세 가지 모두가 보상체계에 활용될 수도 있다. 특히 보너스와 페널티 가미는 정부가 민

---

140) 한국개발원의 공공투자관리센터는 도로사업에 대한 '수익형 민간투자사업(BTO) 표준실시협약안'과 '임대형 민간투자사업(BTL) 표준실시협약안'을 제공하기도 하였고, 일본도 PFI 민간투자사업에서 한국의 실시협약에 해당하는 '사업계약'안을 제공하고 있기도 하다.

141) World Bank, *Guidance on PPP Contractual Provisions*, PPP in Infrastructure Resource Center (2017).

142) Edward Farquharson, et al., *How to Engage with the Private Sector in Public−Private Partnerships in Emerging Markets*, Washington DC: World Bank (2011), pp. 34-36 (Farquharson은 이러한 요건을 'SMART'라고 표현하는데, 그 의미는 'specific', 'measurable', 'achievable', 'realistic' and 'timely'를 포함하는 개념이다).

간부문에게 지급하는 방식에 대부분 연계되어 활용된다.

　　한편 상기 두 번째 방식인 정부가 민간부문에게 지급하는 방식에는 사용량에 비례하여 지급(usage-based payment)하는 것과, 사용량과 관계없이 대상시설이 미리 설정한 이용가능한 수준으로 제공되는 한 지급하는 방식(availability payment), 그리고 초기 보조금(upfront subsidies) 지급 방식으로 세분화 할 수 있다.143)

　　이 중 어떠한 보상체계를 취할 것인지 여부는 공적부문과 민간부문이 수요위험(demand risk)을 어떻게 할당하느냐에 따라 달라질 수 있다. 민간부문이 수요위험을 완전히 부담한다면 보상체계는 이용자에게 직접 사용료를 징구하는 방식(user charges)144)이 될 것이고, 그 반대로 공적부문이 수요위험을 완전히 부담한다면 대상시설의 사용량과 관계없이 대상시설이 미리 설정한 이용가능한 수준으로 제공되는 한 지급하는 방식(availability payment)이 될 것이다. 그러나 공적부분과 민간부문이 그 수요위험을 공유(share)하는 경우라면 보상체계는 이용자의 사용량에 비례하여 지급하는 방식(usage-based payment)145)이 될 것이다.146)

(3) 계약조건의 조정방식

　　PPP 사업은 아주 장기간에 걸쳐 이루어지에 초기에 예견할 수 없었던 사정변경(change of circumstances)이 발생할 수밖에 없다. 그런 사정변경이 발생하는 경우를 대비하여, 이를 실시협약 내에서 계약조건의 조정(adjust)이나 변경이 가능할 정도로 유연하게 체결될 필요가 있다. 그렇지 않으면 계약조건에 대한 당사자들간의 재협상으로 이어지거나 혹은 재협상이 불발되면 중도 계약해지로 이어질 수 있기 때문이다. 그러한 조정방식은 그 조정의 범위나 내용 및 결정방식을 명확히 특정해야 할 것이다.147) 조정범위나 내용은 예컨대 대상시설이 갖추어야 할 요건이나 목표성능의 조정, 요금의 조정, 시장상황의 변경에 따라 수반되는 비용의 조정 또는 자금재조달(refinancing) 등이 있을 수 있다.

(4) 분쟁해결방식

　　여러 당사자들의 이해관계가 실타래처럼 복잡하게 얽혀있는 여러 프로젝트 계약서들이 수반되는 장기간의 실시협약은 그 본질상 양허기간 중 어떤 식으로든 당사자간 이견이나 분쟁이 수반될 가능성이 높다. 그런데 대상시설은 대중이 이용하는 것이기에 분쟁이 계

---

143) PPP Reference Guide, p. 151; Iossa, pp. 18-32에서 이에 관한 설명과 해당 사업의 예시를 제공하고 있다.
144) 방식에서 핵심 사항은 그 사용요금(tariff)의 확정과 아울러 이후 요금의 조정을 언제 어떤 방식으로 할 수 있느냐를 정하는 것이다.
145) 이 방식은 도로부문에서 소위 'shadow tolls'이라 불리기도 한다.
146) 이러한 세 가지 경우와 예시 사업들에 대한 자세한 설명은 Iossa, pp. 18-31을 참조.
147) PPP Reference Guide, p. 153.

약해지로 이어지지 않는 한, 대상시설에 대한 대중의 이용에 심각한 지장을 초래하지 않으면서 장기간 당사자들 사이의 원만한 계약관계가 유지될 필요도 있다. 따라서 신속하고 효과적인 분쟁해결이 뒷받침되어야 한다. 또한 고정된 사회기반시설에 대규모 자금을 투자한 외국 투자자로서 적정한 투자자보호도 담보되어야 한다. 따라서 실시협약상 분쟁해결방식을 고안함에 있어서는 이러한 사항들을 고려해야 한다.

우선 앞서 살펴본 실시협약의 법적 성격에 따라 그 분쟁해결의 방식이 달라질 수 있다. 만일 실시협약이 공법상 계약으로서 간주되는 국가에서 당해 계약으로부터 파생되는 분쟁은 행정법원이 전속적인 관할을 갖는다고 법률상 명문화되어 있다면 중재로 분쟁해결이 어려워질 수 있다. 실제 터키에서는 실시협약은 공법상 계약이기에 행정법원이 전속적인 관할권을 갖는다는 헌법재판소의 판결이 있기도 했다.[148] 그렇다면 그러한 국가에서는 실시협약으로부터 파생되는 분쟁은 중재가능성(arbitrability)이 없는 것으로 봐야 하지 않을까 생각된다. 물론 중재가능성의 준거법이 해당 국가의 법으로 결정되는 경우일 것이나, 투자유치국 법이 그 중재가능성을 판단하는 준거법으로 결정될 소지가 크다.

중재가능성이 없는 때에는 설사 중재합의가 존재하더라도 그 합의는 무효로 간주된다. 설사 중재절차가 진행되어 중재인이 중재판정을 내리더라도 중재판정의 취소사유가 될 수 있고, 뉴욕협약상 중재판정이 승인 및 집행의 거부사유가 될 수 있다.[149] 그렇다면 사업시행자는 아래 후술할 국제투자중재를 제기하는 경우가 아니라면, 그 국가의 행정법원을 통한 구제 이외에는 다른 분쟁해결방법을 찾기 어려울 것으로 보인다.

실시협약이 사법상 계약으로 간주되는 국가에서는 실시협약의 분쟁해결방식으로 중재합의조항을 넣어 제3국에서 국제상사중재 절차를 거치는 것이 여러 가지 면에서 사업시행자에게 바람직하다. 왜냐하면 대부분의 사업시행자는 해당 국가 법원의 관할에 복속하기를 원치 않기 때문이다. 한편 실시협약의 분쟁해결조항에서는 분쟁을 마지막 단계인 중재에 회부하기 전, 협상과 아울러 독립적인 제3의 전문가 결정 단계를 거치도록 하는 다단계 분쟁해결 방식을 채택하기도 한다.[150] 제3의 전문가 결정사항은 예컨대 장기간의 실시협약 이행과정에서 반복적으로 발생할 수 있는 사용료 조정에 대한 이견을 해결하도록 한다.

한편 실시협약의 법적 성격이 공법상 계약이든 사법상 계약이든 관계없이 외국투자자

148) Michael Kerf et al., *Concessions for Infrastructure—A Guide to their Design and Award*, World Bank Technical Paper No. 399 (1998), p. 97.
149) 분쟁이 당사자간 이해관계를 넘어 공익에 관련되는 경우, 특히 국가가 특정유형의 분쟁에 관하여 특별한 분쟁해결제도를 두고 있는 경우 통상적인 중재가능성은 부정되는데, 그 이유는 국가가 그러한 분쟁의 해결에 대하여 특별한 국가적 이익(special national interest)을 가지기 때문이다. 석광현, 국제상사중재법연구, 제1권, 박영사 (2007), 27면.
150) 이에 관해서는 정홍식, 국제상사계약 체결에서 중재합의조항에 관한 실무적 고려사항", 통상법률 통권 115호 (2014. 2)를 참조.

보호의 관점에서 사업시행자는 투자유치국 정부를 상대로 국제투자중재를 제기할 수도 있다. 이러한 국제투자중재는 실시협약상 별도의 중재합의조항이 있는 경우에도 그것과 무관하게 가능하다. 외국투자자는 분쟁대상이 투자유치국의 사법, 행정, 입법 등과 같은 정부조치로 인해 투자재산의 손해가 발생할 경우 투자유치국 정부를 직접 상대로 권리구제를 구할 수 있는데, 이러한 수단을 일컬어 투자자─국가간 분쟁해결(investor─state dispute settlement, ISDS)절차라고 한다. 대부분의 투자자─국가간 분쟁해결절차는 투자자의 국적국과 투자유치국 양자간 사이에 체결된 '양자투자협정(bilateral investment treaties, BIT)' 및 '자유무역협정(free trade agreement, FTA)'상의 중재동의조항151)에 근거를 두고 진행된다. 이러한 특성으로 인해 투자자─국가간 분쟁해결절차는 '국제투자협정중재(international investment treaty arbitration)' 또는 '국제투자중재(international investment arbitration)'라고 일컫는다.152)

구체적인 국제투자중재를 진행하는 방식에 관해서는 관련 투자보장협정에서 구체적으로 명시되어 있다. 가장 대표적인 방식은 '워싱턴협약(ICSID 협약)'에 따라 ICSID 기관에 중재를 제기하는 방식이다.153) ICSID 중재판정에 대해서는 ICSID 협약가입국에 한하여 '외국중재판정의 승인 및 집행에 관한 협약(뉴욕협약)'에 따른 집행절차가 필요하지 아니하다. 이는 ICSID 협약 가입국의 경우에는 ICSID 중재판정을 이행할 의무를 부담하기 때문인데, 이로 인해 투자자는 투자유치국 정부로 하여금 ICSID 중재판정을 곧바로 이행하도록 강제할 수가 있다.154) 그러나 외국정부의 재산에 대한 주권면제(sovereign immunity) 관련 의무는 그대로 지켜져야 한다.155) 한편 투자자의 국적국 내지 투자유치국이 워싱턴 협약의 가입국이 아닌 경우에는 투자보장협정에 명시된 다른 중재방식을 선택할 수 있다. 예컨대, UNCITRAL 중재규칙 등에 따른 비기관중재(ad hoc arbitration)를 선택할 수 있도록 투자보장협정에서 규정하는 경우도 있다.

ICSID 중재의 경우에는 개별 투자협정에 포함된 중재동의조항 이외에 ICSID 협약의 관할조항이 적용된다. 관할요건에는 물적관할과 인적관할 모두가 충족되어야 한다. 우선 물적

---

151) '중재동의조항'이란 개별 국가들이 다양한 투자보장협정을 체결하면서 해당 협정 당사국에 소재한 외국투자가가 직접 투자유치국을 상대로 (국내 법원이나 상사중재 등의 권리구제절차를 거치지 않고) 곧바로 국제중재를 제기하는 것을 수용하는 조항을 말한다. 따라서 투자유치국과 외국투자자간의 개별적인 실시협약(양허계약)이 아닌, 외국투자자의 국적국과 투자유치국이 투자보장협정을 체결하여 세계은행 내에서 창설된 중재기관인 국제투자분쟁해결센터(International Centre for Settlement of Investment Disputes, ICSID)에 의한 중재에 합의하는 식이다. 김갑유 외, 개정 중재실무강의, 박영사 (2016), 13면.

152) 김갑유 외, 7면.

153) ICSID 협약에 의한 투자협정중재에 대한 보다 자세한 내용은 신희택, "국제분쟁해결의 맥락에서 본 국제투자중재-ICSID 협약에 의한 투자협정중재를 중심으로" 서울대학교 法學, 제55권 제2호 (2014)(이하, "신희택"이라 칭함), 193면 이하를 참조.

154) Lucy Reed et al., *Guide to ICSID Arbitration*, 2nd ed., Kluwer Law International (2010), pp. 180-181.

155) 신희택, 김세진 편, 국제투자중재와 공공정책, 서울대학교 출판문화원 (2014), 43면.

관할을 충족하기 위해서는 '투자와 직접적으로 관련되어 제기된 법적 분쟁'이어야 한다. ICSID 협약에서는 '투자'에 대한 정의를 내리지 않으나 상당수의 ICSID 중재판정부는 Salini 사건의 판정부가 제시하고 있는 자본의 투입, 어느 정도의 기간, 위험의 부담 및 투자유치국의 경제적 발전에의 기여를 투자의 구성요소로 인정하고 있다.156) PPP 사업은 사회기반시설의 건설 및 운영을 위해 외국투자자의 직접투자가 이루어지기에 Salini 사건의 판정부가 제시한 투자의 구성요소를 충족하는데 별 이견이 없을 것으로 본다.

인적관할을 충족하기 위해서는 당사자 일방은 중재동의를 한 투자유치국이며, 다른 당사자는 당해 투자협정에서 보호의 대상으로 규정하고 있는 '투자자'이다. 투자자의 범위는 자연인과 법인으로 나뉜다. 자연인의 경우 두 가지 요건이 있는데 적극적 요건으로는 ICSID 협약 체약국의 국적을 가져야 하고, 소극적 요건으로는 분쟁당사국의 국민이 아니어야 한다.

법인은 또 두 가지로 나뉜다. 첫째, 분쟁 당사국이 아닌 다른 체약국의 국적을 가진 법인이다. 둘째, 외국인이 지배하고 있는 투자유치국에 설립된 외국법인, 즉 PPP 사업의 경우 프로젝트 회사를 의미할 것이다. 단 당사자들이 이러한 프로젝트 회사를 중재 목적상 외국인으로 취급하겠다고 합의한 경우에만 가능하다.157) 그렇다면 실시협약 체결시 기 설립되었거나 앞으로 설립될 프로젝트 회사를 외국인으로 취급하겠다는 명시적인 문구를 포함하는 것이 바람직할 것으로 보인다.

국제투자중재의 핵심적인 쟁점은 투자유치국의 국내법에 따른 공권력 행사가 국제규범인 투자협정에 위반되어 국가의 손해배상책임을 야기하는가의 여부이다. 몇 가지 구체적인 유형은 다음과 같다.158) 첫째, 가장 흔한 유형은 외국투자자가 투자한 재산 또는 기업을 투자유치국이 국유화하거나 수용하면서 투자협정상의 조건을 따르지 아니하거나 보상을 하지 아니한 경우이다. 둘째, 법률적으로는 소유권이나 지배가 외국투자자에게 남아있어서 직접수용에 해당한다고는 볼 수 없으나, 투자유치국이 채택한 일련의 규제조치의 결과 사실상 그 재산에 대하여 국유화나 수용이 된 것과 같이 투자자의 재산가치가 박탈되거나 박탈된 것과 다름이 없는 정도의 손해를 입게 된 경우이다. 소위 간접수용(indirect expropriation) 또는 점진적 수용(creeping expropriation)의 문제이다. 마지막 유형은 정부의 조치가 직접수용이나 간접수용에 해당하지는 않더라도 외국투자자가 투자협정에서 약속된 공정하고 공평한 대우(fair and equitable treatment) 또는 완전한 보호와 안전(full protection and security)한 대우를 받지 못하여 외국투자자 재산에 침해가 있었다고 주장하는 경우이다. 이러한 쟁점들은 PPP

---

156) *Salini Costuttori S.p.A. and Italstrade S.p.A. v. Kingdom of Morocco*, ICSID Case No. ARB/00/4, Decision on Jurisdiction, 23 July 2001. 이러한 네 가지 기준을 통상 *Salini* 테스트라 부른다 (신희택, 205면에서 재인용).

157) 신희택, 206-207면.

158) 상동, 200-201면.

사업에서도 빈번하게 발생할 수 있는 것이기에 사업시행자는 이상과 같은 문제들이 발생하게 되면 국제투자중재 절차를 통해 보호를 받을 수 있다.

이렇듯 투자자 보호를 위해 국제투자중재 제기의 가능성이 확보되어 있지만, 실시협약상의 분쟁이 모두 투자중재의 대상이 되지 않을 수도 있다. 가령 당해 실시협약의 위반 여부 및 그로 인한 손해액의 산정이 핵심 쟁점이 될 때이다. 그 경우 실시협약상의 분쟁은 당사자 일방이 국가라는 점 외에는 통상적인 국제상사중재와 별로 다른 점이 없다. 그 경우를 대비하여 실시협약에서는 상사중재에 통용되는 유효하고 명확한 중재합의 조항이 필요한 것이다. 그 상사중재합의로 인해 사업시행자는 국가를 상대로 일반적인 상사중재를 제기할 수 있다. 물론 별도의 국제투자중재 제기가능성도 상존함은 전술한 바와 같다.

(5) 중도 계약해지 및 해지시지급금

실시협약은 양허기간의 만료에 의해 종료하면서 대상시설의 소유권 귀속에 관한 약정 내용에 따라 소유권이전 여부가 결정된다. 그러나 실시협약 당사자는 양허기간의 만료 이전에 협약상 허용된 사유에 따라 실시협약을 중도 해지하여 이를 종료시킬 수도 있다. 실시협약의 해지는 장래에 대하여 실시협약의 효력을 잃게 만드는 의사표시로서, 해지권을 가지는 당사자 일방의 권리행사에 의하여 실시협약 해지의 효력이 발생하는 것이 보통이다. 실시협약에서는 당사자 약정에 의한[159] 계약해지 사유에 관해 상세한 규정을 두는데, 주무관청에 의한 해지, 사업시행자에 의한 해지 그리고 불가항력 등 기타 사유로 인한 해지(정치적 불가항력과 천재지변 등의 비정치적 불가항력 포함)로 구분하고 있다.

각각의 해지사유에 따라 중도해지(early termination)시 정부가 사업시행자에게 지급해야 할 해지시지급금(termination payment)의 규모도 달리 정하고 있다. 즉 PPP 사업은 민간부문이 사회기반시설 설치비용을 선투입하고, 그 후 대상시설의 사용에 따른 대가(수익)를 통하여 투자비를 회수하는 구조이다. 그런데, 실시협약이 중도에 해지될 경우 사업시행자가 기투입한 자본을 회수할 수 없게 되므로, 실시협약 해지시 사업시행자에게 투자비를 지급하되 사업시행자 혹은 행정주체의 귀책사유 여부에 따라, 그리고 건설기간중 아니면 운영기간중의 해지 여부에 따라 해지시지급금의 산정과 그 범위를 달리 정하는 것이다. 설사 사업시행자의 귀책에 따라 협약이 해지되어도 그러하다. 그 이유는 사업시행자와 대주가 막대한 사업비를 선투입하였던 점과 아울러 정부입장에서는 입찰과정에서 보다 역량 있는 사업참가자를 끌어들이기 위한 의도에서 해지시지급금을 보장하는 것이다.[160] 이런 이유로 해

---

159) 당사자 약정이 아닌 법률에 규정된 사유 혹은 계약의 준거법에 따라 계약의 기초가 되었던 객관적인 사정의 현저한 변경이 있는 경우에도 인정될 가능성이 있다.
160) World Bank, *Guidance on PPP Contractual Provisions*, 2017 ed., p. 61.

지시지급금 산정은 위험할당과 아울러 금융지원가능성이라는 측면에서 아주 중요한 요소가 된다.

해지시지급금의 법적근거로는 사업소재국의 PPP 법률에서 일반적·추상적 원칙을 정하거나, 정책방침(policy)에서 권장기준을 마련하는 경우가 있다. 그러나 대외적·법적 구속력있는 사업소재국 정부의 해지시지급금 지급의무는 개별 실시협약에서 그 지급요건과 산정기준을 명확히 규정함으로써 확보되는 것이 일반적이다. 즉 PPP 법률에 구체적·개별적 근거가 있는 경우라 할지라도, 다양한 국적의 사업주와 대주가 참여하는 국제적인 PPP 사업의 경우 사업실사의 편의를 위해서라도 관련 법률 내용이 실시협약에 빠짐없이 상세히 규정되도록 하여야 한다.[161]

해지시지급금 산정기준의 유형은 크게 장부가치 보상방식(book value approach), 시장가치 보상방식(market value approach), 대출원리금 보상방식(debt approach)의 세 가지로 분류할 수 있다.[162] 장부가치 보상방식은 실제 해지시점까지 투자금액에 기초하는 방식으로 프로젝트 시설의 가치에 기초한다. 반면 시장가치 보상방식은 중도해지시 프로젝트 회사에게 실시협약 재입찰을 통해 결정된 해지시점에서의 PPP 사업권의 잔여가치 상당 금액만을 보상하는 방식이다. 대출원리금 보상방식은 중도해지시 미상환 선순위 대출원리금액에 기초하는 방식으로 금융조달이 어려운 개발도상국 PPP 사업에서 가장 널리 활용되는 방식이다. 동 방식은 대주의 대출원리금 회수의 확실성과 금융지원타당성을 제고하는 장점이 있으며, 실제로도 대주들이 선호하는 방식이다.

실시협약 중도해지의 사유와 시기에 따라 세계은행이 권장하는 실시협약조항에서의 해지시지급금 산정기준은 다음과 같다. 첫째, 사업시행자 귀책사유에 따른 중도 해지시, 대출원리금 보상방식에 따라 미상환 선순위 대출원리금(outstanding senior debt)의 일정 비율을 합의하여 보상하도록 규정하고 있다. 미상환 선순위 대출원리금에는 대출원리금 조기 상환시 사업시행자가 선순위금융약정(senior finance documents)에 따라 대주에게 지급해야 하는 조기상환수수료(prepayment charges)와 기타 헤징계약 중도 파기·청산비용(breakage costs, winding-up costs) 등을 포함하고 있다. 그러나 프로젝트 회사 계좌 잔여금액 및 질권 설정된 보험금 등 대주가 별도 회수할 수 있는 금액은 차감하도록 하고 있다.

둘째, 비정치적 불가항력사유에 따른 중도 해지시에는 특정 당사자의 귀책사유에 기인하지 않는 바, 대출원리금 보상방식에 따라 미상환 선순위 대출원리금액 전부와 기 납입자

---

161) 황성현, "실시협약 중도해지시 대주의 이익보호방안-해지시지급금(termination payment) 산정기준 및 이에 대한 대주의 직접적 권리확보 방법을 중심으로", 국제건설에너지법연구회 제31회 정기세미나 (2018년 7월 9일) 자료집, 8면
162) 이러한 세 가지 방식의 차이에 대한 구체적인 설명은 황성현, 9-10면 참조.

본금 및 미상환 후순위 대출원리금액의 일정 비율, 프로젝트 회사 직원 퇴직비용, 프로젝트 관련 계약파기 비용을 보상하도록 규정한다.

셋째, 정치적 불가항력과 정부귀책사유에 따른 중도 해지시 또한 대출원리금 보상방식에 따라 미상환 선순위 대출원리금액 및 프로젝트 회사 직원 퇴직비용, 프로젝트 관련 계약파기 비용을 보상하고, 이에 더하여 지분투자 사업주 및 후순위채권자의 기대수익을 보상한다.163)

한편, 실시협약의 해지권 행사와 관련하여 대주는 계약당사자는 아니지만 그 상황에 지대한 이해관계를 갖는다. 왜냐하면 해지시지급금 청구권은 원칙적으로 대주가 아닌 프로젝트 회사가 실시협약 상대방인 사업소재국 정부에 대해 갖는 권리이기 때문이다. 따라서 대주는 프로젝트 회사의 해지시지급금 청구권에 대해 직접적 권리를 확보하는 것이 관건이다. 대주가 프로젝트 회사의 해지시지급금 청구권에 대해 직접적 권리를 확보하기 위한 수단으로 보통 담보목적을 위한 채권의 양도(security assignment)(우리 법상의 양도담보에 상응한다) 또는 기타 채권에 대한 담보권(우리 법상의 채권질권에 상응한다)을 활용한다.164)

또한 대주는 사업시행자(차주인 프로젝트 회사)의 귀책에 따른 행정주체의 실시협약의 해지권 행사를 제한하기 위한 다양한 형태의 개입권(step-in rights)을 확보하고자 한다. 개입권의 형태로는 (i) 사업시행자 귀책에 따른 해지사유 발생에 대한 정보요구권, (ii) 행정주체의 계약해지권 행사를 일정 기간 동안 제한하는 형태, (iii) 대주가 직접 또는 제3자를 끌어들임으로써 프로젝트 회사의 귀책사유 치유권, (iv) 사업시행자(프로젝트 회사)가 실시협약상 보유한 권리에 대해 대주에게 양도담보한 것에 대한 행정주체의 승인, (v) 대주의 프로젝트 회사 교체권 등이 있을 수 있다.

대주는 이러한 개입권 확보를 위해 실시협약 당사자들과 대주가 직접 당사자가 되는 3자간 '직접계약(direct agreement)'을 체결하면서 그러한 개입권을 확보한다. 직접계약에서 사업시행자는 실시협약상 자신의 모든 권리를 대주에게 양도하며, 행정주체는 대주가 해당 사업의 자산과 관리운영 권리 등에 대해 설정한 담보권을 인정하고 동의하는 형식을 취한다. 만일 사업시행자의 채무불이행이 발생하면 대주는 '계약이전(transfer of contract)' 방식으로 사업시행자(프로젝트 회사)의 실시협약상 모든 권리와 의무 일체를 이전받아 자신이 직접 계약당사자가 되어 채무불이행을 치유하고 계약을 유지할 수 있도록 한다.165) 계약이전이란 계약당사자 일방이 일체로서 계약관계의 동일성을 유지한 채 제3자에 이전하는 것을 말

---

163) 황성현, 13-18면.
164) 상동, 21면.
165) 정홍식, "해외 민자발전프로젝트에서 전력구매계약의 주요 쟁점과 관련 계약서들에 미치는 영향", 통상법률 통권 139호 (2018. 2), 56면.

한다. 계약인수, 계약상의 지위의 양도라고도 한다.[166] 그러나 대주인 은행이 계약이전을
통해 PPP 사업을 직접 수행한다는 것은 비현실적이거나 불가능할 것으로 본다. 예컨대 각
국의 은행법이 이를 허용하지 않을테고, 은행의 정관상으로도 이런 목적의 사업을 할 수 없
을 것이기 때문이다. 그렇다면 현실적으로는 대주가 PPP 사업을 수행할 제3자에게 계약이
전을 하는 방안을 취할 가능성이 높다.

대주가 확보한 개입권을 행사하여도 치유하기 어려운 상황이거나 대주가 개입권 행사
를 포기하게 되면 앞서 설명한 대로 구분된 사유에 따라 계약해지권 행사가 가능하고, 해지
시지급금 산정 및 지급이 이루어진다.

마. PPP 사업시행자 지정을 위한 입찰절차와 금융종결

특정 PPP 사업을 수행할 사업시행자를 지정하기 위해서는 정부고시사업 방식의 경우
정해진 입찰절차를 거치게 된다. 대부분의 국가는 관련 법령이나 정책방침에서 규정한 경
쟁입찰 방식을 통해 보다 경쟁력 있는 사업시행자를 투명한 절차를 통해 선정하려 하고, 이
를 통해 PPP 사업의 적격성을 확보하려고 한다. 입찰에 부치기 전에 행정주체는 대상사업
입찰에 참여할 의사가 있을만한 역량 있는 잠재적 응찰자들에게 대상사업을 마케팅 해야
한다. 특정 국가의 PPP 사업에 참여하려면 해당 국가가 일련의 PPP 사업들의 마케팅을 어
떻게 하는지 파악할 필요가 있다. 투자개발자는 각 국가별로 PPP 대상사업에 대한 고시가
이루어지는 경로를 잘 파악해야 한다.

입찰절차에서 협상대상자 선정이 완전경쟁방식이 아닌 제한경쟁방식으로 이루어진다
면 사전에 입찰에 참가할 대상자를 정하는 단계(pre-qualification)를 거칠 것이다. 그 이후 본
입찰 절차에 들어가 미리 규정된 선정기준[167]에 부합하는 응찰자들 중 통상 2인의 응찰자
가 협상대상자로 지정되면서, 그중 우선협상대상자(preferred bidder)와 실시협약상의 계약조
건을 협상하게 된다. 이러한 협상과정(post-bid negotiation)에서는 입찰제안요청서(RFP)와 실
시협약 초안에서 불명확하거나 투자개발자 및 대주가 수용할 수 없는 조건들에 대한 협의
나 조정이 가능할 수 있다.[168] 이 과정을 통해 실시협약의 최종안 합의에 이르게 되면 실시
협약을 체결하면서 사업시행자로 지정되게 된다.

사업시행자는 그 후 PPP 사업의 재원조달을 위해 대주와 금융계약(finance document)을

---

166) 이에 관한 보다 자세한 설명에 대해서는 상동, 56면 이하를 참조.
167) 선정기준은 응찰자가 제시한 정량적인 재무기준에만 의하든지 아니면 재무기준과 기술적 기준의 조합
   에 의하든지 하는 방법이 있다.
168) 그러나 경우에 따라서는 이러한 사후협상과정에서 당초 계약조건의 조정을 허용하지 않는 국가도 있
   다. 이 과정에서 사업시행자 지정의 투명성 원칙이 훼손되거나 뇌물 등의 부정행위가 발생할 수 있음
   을 우려하기 때문이다.

맺어야 한다.[169] 금융계약은 주로 당해 사업에 적용될 금융구조와 차주, 사업시행자 및 대주단의 책임사항 및 현금흐름의 사용순서 등을 규정하는 계약들이다. 대표적인 금융계약으로는 대주단, 사업시행자(사업주), 프로젝트회사 등 대부분 참여자가 당사자가 되며 공통으로 적용되는 금융조건을 규정한 공통금융조건계약(common terms agreement), 개별 대주와 프로젝트회사 간의 개별대출계약(facility agreement), 대주간의 권리의무 우선순위, 이해관계 상충시 의결방법 등 대주간의 권리의무를 규정하는 대주간계약(intercreditors agreement) 등이 있다.[170] 이러한 금융계약 체결 후 일정 기간 동안 대주가 계약상 규정한 선행조건(conditions precedent)[171]이 모두 충족되면 '금융종결(financing closing)'이 달성되면서 대주가 확약한 대출금의 집행이 이루어진다.

금융종결이 이루어지면 기 체결된 실시협약을 포함한 다른 프로젝트 계약서들의 효력이 발생하게 된다. 또한 그 즉시 건설단계로 넘어가면서 사업시행자는 그 대출금과 자신이 투자한 자본금으로 건설계약상 EPC계약자에게 선급금을 지급한다. 이후 행정주체는 예정대로 상업운전일(commercial operation date)이 달성되도록 효과적인 실시협약 관리를 해야 한다. 또한 사업시행자는 상업운전일의 달성을 위해 보다 효과적인 EPC계약 관리를 해야 할 것이다.

VI. 결   론

아직 해외 PPP에 대한 연구가 거의 부재한 상황이기에, 이 장에서는 이에 대한 주요 법률적·실무적인 쟁점들을 개괄적으로 살펴보는데 의의가 있다. 세부 쟁점들에 대한 추가 연구들이 활성화되기를 기대한다. 그리고 해외 PPP 사업개발이 활성화되기 위한 방안을 피력하면서 결론으로 갈음하고자 한다.

우리나라는 사회기반시설의 운영을 모두 관련 공기업들이 담당해 왔고, 세계적 수준의 운영실적과 노하우를 쌓았다. 앞으로 국내에는 더 이상의 신규시설 수요가 그리 많지 않다. 따라서 공기업들은 큰 장이 서고 있는 해외시장에 민간기업들과 동반 진출하여 후방효과를 극대화해야 한다. 동반 진출할 수 있는 민간기업들로는 건설사와 종합상사 및 금융권 등이

---

169) 사업시행자는 입찰서류의 일부로서 자국의 수출입은행이나 무역보험공사와 같은 공적수출신용기관 (export credit agency, ECA)으로부터 금융지원의사(letter of interest)가 있음을 확인받아 관련 서를 제출하기도 한다.
170) 김채호 집필부분, 569면.
171) 여기 선행조건은 금융계약상의 선행조건에 더하여 프로젝트 관련 선행조건이 추가된다. 그 선행조건은 대출금집행 이전에 사업시행자가 사업위험의 경감을 위한 여러 방안들을 의미하고 이러한 방안들이 모두 충족되어야 한다. 또한 여러 가지 프로젝트 계약서들인 실시협약, EPC계약서, 운영관리계약서, 원료공급계약서 등의 계약조건들이 대주의 검토와 승인하에 체결되어야 한다.

가능하다. 건설사는 기존 도급위주의 사업방식에서 벗어나 투자개발 사업의 비중을 확대하고자 하나, 국내시설의 운영 실적이 부족하기에 단독 사업권 수주에는 어려움이 많다. 건설회사들은 자기자본 투자뿐 아니라, 시설을 건설함으로써 협력업체와의 동반진출 및 고용창출 등의 후방효과를 높일 수 있다. 금융권에서는 유동성이 풍부하고 저금리 기조로 인해 수익성이 높은 해외 인프라 시설의 투자의지가 높다. 또한 공기업들은 사회기반시설의 장기간 운영을 통해 안정적인 수익을 낼 수 있다.

그런데 공기업이 해외 민관협력 사업을 추진하는데 장애요인들이 많다. 우선 공기업이 해외출자를 하는 경우 주무기관의 장뿐 아니라 기획재정부와 사전 서면협의를 받도록 되어 있다. 또한 공기업이 500억 원 이상 투자하는 경우, 기획재정부의 예비타당성 심사를 거쳐야 하는 것도 장애로 지목된다. 사회기반시설의 사업규모를 감안하여 훨씬 높은 금액까지 공기업이 재량으로 투자를 결정할 수 있도록 해주고, 협의절차도 간소화되어야 한다. 또한 공기업의 잦은 순환보직 체계는 장기간의 해외사업 추진을 어렵게 할 뿐 아니라, 민관협력 사업의 전문인력을 배출하기도 어렵다. 그리고 해외사업을 추진하는 인력들에 대해 어느 정도의 인센티브가 부여되어야 한다. 그렇지 않으면 고용이 보장된 공기업 직원들이 어렵고 힘든 해외사업에 투신할 이유가 부족하다. 무엇보다 공기업 수장이 이러한 취지를 잘 이해하고 적극 지원하고 독려해야 한다.

우수한 역량을 보유하고 있는 공기업은 국내의 안정적인 사업에 안주하지 말고, 큰 장이 서고 있는 해외시장에서 새로운 활로를 개척해야 한다. 정부는 그러한 여건이 되도록 각종 규제를 완화하고, 해외 민관협력 전문인력 양성에도 힘을 쏟아야 한다. 다행히 전력부문은 활발하게 해외사업을 추진해오고 있다. 그리고 국토교통부가 2018년 6월 설립하여 출범시킨 '한국해외인프라도시개발지원공사'(KIND)에 관심이 쏠리고 있다. KIND는 해외투자개발사업 발굴, 개발, 시공, 운영, 금융 전반에 걸친 지원을 하고, 적극적인 해외 PPP 시장진출을 통해 양질의 사업정보 제공과 발굴, 국내 인프라 공기업과 시공사, 국내외 금융기관과의 전략적 협업을 추구한다고 하니 그 역할을 기대해 볼 만하다.

이제는 기존 해외자원개발 트라우마에서 벗어날 때가 되었다. 해외 민관협력 사업의 성공가능성은 해외자원개발에 비해 높은 편이고, 어느 정도 안정적인 수익이 담보되기에 적극 추진되어야 한다. 대한민국은 앞으로 새로운 먹거리를 찾아야 하는데, 국내에서 이를 찾기란 무척이나 어렵다. 우리가 잘 할 수 있는 분야에서 큰 장이 서고 있고 중국이나 일본 기업들이 이 분야를 독점하고 있는 상황인데, 우리가 뒷짐만 지고 방관할 수는 없는 노릇이다.

[2] 해외 PPP 사업의 다양한 자금조달 방안

박 경 애

I. 서　론

　글로벌 금융위기 이후 해외 인프라 시장은 공적 재원으로 인프라를 공급하는 일반도급형 방식[1]보다는 민간의 재원을 활용하는 Public-Private Partnership(이하 'PPP') 방식으로 변화하고 있다. 즉, 시장 참여자가 금융을 제공하는 방식으로 사업이 추진되고 있다. 하지만, 국내 기업의 해외 건설 수주 형태를 살펴보면, 여전히 전체 수주 금액 대비 일반도급형 사업이 80% 이상을 차지하고 있으며 투자개발형사업의 비중은 전체의 3~4% 수준에 지나지 않는다. 수익성을 높이기 위해서 해외 선진기업과 같이 사업의 개발·계획부터 운영에 이르기까지 전 과정에 참여하여 고부가가치를 창출하는 것이 필요하지만 우리 기업의 경우에는 부가가치가 낮은 상세설계, 구매, 시공 단계(EPC)에 머물러 있는 상황이라고 볼 수 있다. 또한, 중국, 터키 등 후발 참여국들의 공격적인 수주활동으로 인해 일반도급형 사업에서 우리나라 기업의 수주 경쟁력은 저하되고 있다.

　국내 건설사들은 국내 민자시장에서 축적한 기술력과 사업 추진 경험을 바탕으로 해외 민자시장 진출을 도모하고 있다. PPP 사업은 민간사업자가 설계, 시공, 운영, 자금조달을 하나의 패키지로 추진함에 따라 이를 담당하는 회사들은 컨소시엄 형태로 사업에 참여하거나 투자자가 전체 사업을 주도하고 개별 부분은 각기 입찰을 통해 위탁사업자를 선정하고 위탁하는 형태로 추진될 수 있다.

　국내 건설사가 PPP 사업을 추진함에 있어서 가장 어려운 점은 자금조달이라고 할 수 있다. 특히 같이 참여하는 국내 금융기관의 높은 금리와 위험회피적인 성향은 사업 추진 경쟁력에 걸림돌로 작용하고 있다. 어느 것이 먼저인지 그 인과관계는 모호하지만 낮은 금리와 높은 신용도를 갖춘 자금을 조달하면 사업의 성공 가능성은 매우 높아진다.

　본 장은 해외 PPP 사업에서 우리 기업의 경쟁력에 기여할 수 있는 자금조달 방안을 다각도로 모색하려고 한다. 해외원조 프로그램, 공적수출신용기관(Export Credit Agency, 이하

---

1) 발주자가 금융 등 전반을 담당하고 건설사는 단순시공 또는 설계·시공 등을 담당한다.

- 53 -

'ECA'), 해외투자 정책성 펀드, 다자개발은행(Multilateral Development Bank, 이하 'MDB') 및 공기업의 활용방안 등을 통해 자금조달의 다양화 및 효율화를 모색한다.

해외원조 프로그램의 활용에서는 일본 공적개발원조(ODA)의 전략적 추진 사례를 살펴본 후 우리의 원조프로그램 중 PPP 사업에서 활용할 수 있는 대외경제협력기금(Economic Development Cooperation Fund, 이하 'EDCF')의 활용방안을 제시하려고 한다. 공적금융기관의 활용 방안에서는 한국수출입은행(KEXIM)과 한국무역보험공사(K-SURE)를 중심으로 공적수출신용기관(Export Credit Agency, 이하 'ECA')의 출자 및 대출 방안을 제시한다. 해외투자 정책성 펀드의 활용에서는 대표적 펀드인 글로벌인프라펀드(GIF), 한국해외인프라펀드(Korea Infrastructure Fund)의 내용을 살펴보고 정책성 펀드의 투자 확대 방안을 설명한다. MDB의 활용에서는 MDB의 역할, 세계은행 등 주요 MDB의 PPP 지원 활동을 파악하고 PPP 사업에서 MDB 투자 확대 방안을 제시한다. 마지막으로 해외 PPP 사업에서 공기업의 강점과 이들의 투자 확대 방안을 제시한다.

Ⅱ. PPP 사업의 자금조달

1. PPP 사업의 자금조달 구조

PPP 사업의 고유 특성은 다음과 같이 요약될 수 있다. 첫째 PPP 사업은 영속적이 아닌 한정적인 수명을 갖는다. 일반적인 기업은 청산 전까지 계속 운영되는 계속 기업을 전제로 하지만 PPP 사업을 운영하는 법인은 사업이 시작되기 전에 관리운영기간이 정해지고 그 기간에만 존속하게 된다. 둘째 PPP 사업은 정부[2]가 부여한 독점적인 운영권을 바탕으로 생기는 사업 고유의 현금흐름에 기반하여 수익성이 결정되며 그 현금흐름을 담보로 투자가 이루어진다. 최저 또는 최고의 수익률이 협상을 통해 정해지고 그 권리는 운영기간에 독점적으로 보호되는 것이 일반적이다. 셋째 인프라사업은 공공재이므로 정부의 보호가 수반된다. 공공발주처의 안정적인 구매계약, 최소운영수입보장, 해지시지급금 등의 제도적 또는 계약적 보호 조치를 통해 투자자의 수요 위험은 경감되고 일반적으로 선순위 대출의 상환은 보장되도록 사업 구조가 설계된다. 넷째 PPP 사업은 해당국의 재정 부족을 이유로 시행되므로 대규모 사업을 대상으로 하는 경우가 많다.

이러한 사업 특성을 반영하여 PPP 사업의 자금조달 구조는 프로젝트 파이낸스 구조를 따르게 되고 정부의 보호 및 관리감독을 통해 고위험, 고수익 구조라기보다는 중위험, 중수익 또는 저위험, 저수익 구조를 갖추게 된다.

---

2) 중앙정부, 지자체, 공기업, 공공기관 등 인프라사업을 발주하는 공공부문을 총괄하여 칭한 것이다.

프로젝트 파이낸스 구조는 사업의 현금흐름에 기반한 비 소구(non recourse) 또는 제한적 소구(limited recourse) 형태를 갖춘다. 이로 인해 그 사업만을 수행하는 특수목적법인(이하 SPC, special purpose company)이 설립되고 그 법인이 사업 시행의 주체가 된다. 이에 따라 주주나 정부 입장에서 해당 투자가 그들의 신용도에 영향을 주지 않는 부외(off-balance sheet) 금융이 되고 사업 위험을 대주단에게 이전시키고 대주의 상환청구권(recourse)은 사업 자산으로 한정된다. 그러나 정부 보장이나 수요 위험 회피 조치가 완벽하지 않을 경우 일부 투자 위험은 주주에게 전가되고 주주가 건설사 또는 운영사인 경우에는 사업에 수반되는 건설위험과 운영위험을 부담하기도 한다.

안정적인 현금흐름과 정부의 보호 조치로 인하여 대주에 대한 제한적 소구권이 가능한 구조는 자기자본 비율을 대폭 낮추어 높은 레버리지 효과를 추구하게 된다. 투자비 중 자기자본이 차지하는 비율은 사업 위험, 사업의 수익률, 해당 사업이 속한 시장의 특성, 주주의 특성 등을 고려하여 결정되며 주주를 포함하는 사업시행법인과 대주간 협상을 통해 결정된다. 이 비율은 5%에서 40%까지 다양하며 우리나라3)와 같이 해당 정부에서 최소 자기자본 비율을 규제하기도 한다.

프로젝트 파이낸스는 투자자들이 레버리지를 최대화하고 부채비율을 높여 투자자금의 원가인 WACC(weighted average cost of capital)을 낮추는데 기여한다.

[그림 1] 프로젝트 파이낸스의 특징

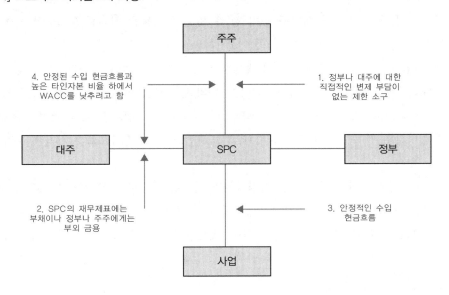

출처 : Jeffrey Delmon(2009), p. 60

3) 우리나라는 민간투자사업기본계획에서 최소 자기자본비율을 15%로 규제하고 있다.

WACC은 사업시행법인의 자금조달 비용을 측정하기 위해 사용된다. WACC는 자본요소별 비용에 그 비중을 고려하여 산정된다. 타인자본에 부과되는 이자율이 자기자본 수익률보다 훨씬 저렴하여 주주는 타인자본을 늘여 자본 수익을 증가시킨다. 이는 자기자본과 타인자본 각각에 대하여 사업시행법인이 지불하는 총 금액이 전체 자기자본으로 조달되는 것보다 낮아 주주에게 남겨진 몫을 키워 주주의 수익률(ROE, return on equity)을 증가시킨다[4].

사업시행법인이 얻게 되는 실제 수익률은 다음 사항들에 영향을 받는다[5].

ㅇ 부채에 적용되는 환율과 환율변동 위험

ㅇ 시장 여건: 이자율, 만기, 요구되는 DSCR[6], 민간부문 대주들이 요구하는 금융조건, 민간 금융기관들의 대출의사

ㅇ 국제기구(양자, 다자), 수출 신용, 정부의 자금지원 가능성

ㅇ 사업시행법인이 조달할 수 있는 레버리지 효과

ㅇ 사업에 적용되는 세무 회계 기준: 감가상각, 부외금융, 이자비용 처리 등에 세무 회계기준

가. 자기자본

자기자본은 주식과 주주차입금 등과 같이 주주가 제공하는 투자금을 말한다. 자기자본은 사업 해지 또는 파산 시에 변제권에서 가장 후순위의 권리를 갖게 되므로 투자위험이 가장 커서 가장 높은 수익률을 요구하게 된다. 자기자본 투자자들은 사업의 참여자, 지역 투자자, 정부기관, 금융기관, 국제기구 등이 될 수 있는데 이들은 최대한 투자금을 줄이고 대출을 늘리는 것과 동시에 사업비용을 줄이고 수익을 늘리려고 한다.

PPP 사업의 주식 지분은 해당 사업에 참여하기 위하여 지불하는 대가로도 보인다. PPP 사업의 사업시행자는 건설사, 운영사, 금융사 등의 컨소시엄 형태로 사업을 제안하고 사업시행자로 확정된 후 지분 참여를 통해 해당 사업의 시공권, 운영권, 대출 권리를 획득하게 된다. 우리나라의 경우 건설사와 금융기관, 인프라펀드 등을 중심으로 자기자본 투자가 이루어지고 있다.

주주가 제공하는 후순위 대출은 자기자본과 선순위 대출 사이에 위치해 있으며 선순위 대출보다는 후순위이며 자기자본보다는 선순위이다. 후순위 대출 금리는 후순위 대출의 성격에 따라 다음과 같이 달리 설정될 수 있다. 첫째 자기자본 투자자가 재무적 투자자인 경우 후순위 대출의 금리는 후순위 대출 단독으로 결정되는 것이 아니라 자본금까지 고려한

---

4) Jeffrey Delmon, *Private Sector Investment in Infrastructure*, second ed., Wolters Kluwer (2009), p. 60.
5) Ibid., paras. 5.59.
6) debt service coverage ratio.

주주의 전체 ROI[7]를 극대화할 수 있는 수준에서 결정된다. 둘째, 투자 목적이 아닌 사업의 재무적 안정성을 제고하기 위하여 대주가 요구하여 후순위 대출이 도입되기도 한다. 즉, 건설사 또는 운영사 등의 주주들이 공사비 초과 위험이나 운영 초기의 자금 부족(cash short-fall)에 대비하여 후순위 대출을 도입하는 경우이다. 이 때 적용되는 이자율은 투자위험에 상응하는 수준보다는 자금조달 비용을 충당하는 수준으로 결정된다. 셋째 선진국의 사례와 같이 제3자가 단순투자 목적으로 투자하는 경우도 있다.

주주 입장에서 후순위 대출은 레버리지 효과를 크게 만들고 세제 혜택을 얻을 수 있어 도입의 인센티브가 강하다. 후순위 대출로 자금을 조달하면 그 이자비용을 세법상 손금으로 인정하여 법인세를 절감하는 효과를 누릴 수 있다. 또한 주주는 후순위 대출 이자를 통해 장기간 안정적인 수익과 투자금의 조기 회수가 가능하다.

나. 타인자본

선순위 대출은 상업적 기관 투자자, 수출신용기관, 국제기구, 채권투자자들, 정부 등의 다양한 투자 자금으로 조달될 수 있다. 선순위 대출 상환은 고정 또는 변동 이자율과 정해진 상환 일정에 따라 이루어진다. 사업 해지 또는 파산 시 선순위 대출은 가장 선순위 변제권을 가진다.

PPP 사업의 제한적인 소구권과 고도의 레버리지로 인해 선순위 대주들이 사업 위험의 상당부분을 부담하게 된다. 이로 인해 대주들은 위험 회피적 성향이 되며 사업에 대한 실사를 강화하게 되고 실사 결과를 기준으로 투자를 결정하게 된다. 선순위 대주들은 자기자본이 가장 먼저 또는 총투자에 비례하여 투입되기를 선호하고 투자금에 대하여 은행이나 제3의 지급보증이 이루어지길 바란다. 주주에 대하여 배당제한조건을 부과하여 선순위 대출의 상환 재원을 먼저 확보하기도 한다. 국가에 따라서는 대주(사채권자 즉 bondholders 포함)와 정부 및 차주간 직접계약(direct agreement)을 체결하여 파산이나 해지 시 대주의 사업 개입권을 보장하기도 한다.

2. PPP 사업의 투자 위험

PPP 사업은 프로젝트 파이낸스 구조이므로 위험의 관리가 중요하다. 사업을 추진하기 위해서는 다양한 계약들이 체결되어야 하고 이 계약들의 주요 내용은 해당 계약과 관련된 위험을 파악하고 계약 당사자들간 그 위험을 가장 합리적으로 분배하며, 위험이 제대로 관리되지 않을 경우 어떻게 처리하느냐를 규정하는 것이다. 계약 상대방의 위험 부담 의사는

---

7) return on investment의 약자로서 주주의 총 투자수익률을 의미한다. 자본금뿐 아니라 후순위 대출, 선순위 대출 등 주주가 투자한 모든 재원에 대한 수익률을 의미한다.

위험배분의 중요한 고려사항이 되며 이는 계약에서 청구하는 프리미엄에 반영되어 있다. 위험보유의사는 다음 사항과 밀접하게 관련되어 있다.[8]

    ○ 위험에 대한 태도

    ○ 위험과 수익의 상쇄관계에 대한 인식

    ○ 위험의 결과를 감수할 수 있는 능력

    ○ 위험을 관리하고 영향을 경감시킬 수 있는 능력

    ○ 시장에서 계약자의 상대적인 지위

    ○ 사업권을 획득해야 하는 필요성

    사업 위험에 대한 이해가 부족하면 위험의 결과를 제대로 관리할 수 없어 투자 위험이 커질 수 있다. 사업 추진자들의 경쟁과 사업의 수익성은 계약자들에게 가격을 낮추게 유도할 수 있을 뿐 아니라 일반적으로 회피되는 위험을 투자자들이 부담하게 만들 수도 있다.

    그러나 위험을 상대방에게 모두 전가하는 것이 능사는 아니다. 위험관리의 원칙은 가장 효율적으로 관리할 수 있는 주체가 위험을 보유하고 관리하는 것이다. 주무관청이 관리할 능력이 있고 위험의 효과를 회피할 수 있는 예방수단을 알고 있다면 위험을 보유하는 것이 위험 배분의 최상 전략이 될 수 있다. 협약 당사자간 최종 협상을 통해 위험배분은 결정된다.

가. PPP 사업의 위험 배분[9]

    PPP 사업은 1-5년간의 건설기간과 15년 이상의 운영기간으로 이루어진다. 15년 이상 사업이 장기화되지만 협약 당사자들은 그들이 직면하는 위험을 파악하여 그 위험들의 배분 내용을 사전에 협약을 통해 확정하게 된다. 따라서 사전적으로 확정되는 위험의 배분 내용은 자금조달 및 사업의 성패에 큰 영향을 주게 된다.

    PPP 사업을 많이 추진하고 있는 영국, 일본, 우리나라 PPP 사업의 위험배분 내용을 통해 정부와 민간의 일반적인 위험 배분 내용을 살펴보려고 한다. 영국 PFI(private finance initiative)는 재무부 및 보건부에서 활용하고 있는 위험매트릭스 및 분담가이드의 내용을 분석하였고, 일본 PFI는 서비스 구매형 사업 사례인 조화학교시설사업의 위험분담표를 분석하였다. 우리나라의 경우 BTO사업과 BTL사업의 실시협약 표준(안)의 위험분담 내용을 분석하였다. 위험 분담 내용은 사업별, 국가별, 시기별로 달라질 수 있다. 본 장에서는 위험 분담의 구체적이고 세부적인 내용을 분석하기보다는 PPP 사업의 중요 위험이 무엇이며 이를 누

---

8) 심상달 외 7인, 사회기반시설 민간투자사업의 위험관리방안, 한국개발연구원 (2007), 6면.

9) 상동, 184-187면 내용 중 필요부분을 발췌 인용한 것이다.

가 부담하고 있는 지를 전체적으로 파악하기 위하여 본 내용을 제시하였다.

(1) 건설 단계 위험분담

인프라 사업을 추진함에 있어 부지 확보는 선행되어야 할 과제이다. 부지 및 부지 관련 민원 위험 등에 대해서는 정부가 부담하거나 정부와 민간이 위험을 분담하는 것으로 나타났다. 일본은 정부에서 이를 부담하는 데 반하여, 영국은 정부와 민간의 공동 분담을 원칙으로 한다.

일반적인 공사기간의 연장, 공사비 증가 위험은 3개국 모두 사업시행자가 전적으로 보유하고 있다. 인허가 책임에 대해서는 우리나라와 일본의 경우 분담을 원칙으로 하고 있으나, 영국 PFI의 경우 사업시행자가 책임을 지도록 하고 있다.

사업에 중대한 영향을 미치는 법령 제·개정의 경우 우리나라와 일본은 정부 책임을 원칙으로 하나, 영국 PFI에서는 해당 법령 개정이 주무관청 사업에 특정한 것이 아닐 경우 분담을 원칙으로 한다. 정치적 불가항력 위험에 대해서는 3개국 공히 공통 분담하되 정부가 대부분의 위험을 부담하고 있었다.

[표 1] 설계·건설위험

위험 내용	영국 PFI[10]	일본 PFI[11]	한국		비 고
			BTO협약	BTL협약	
1. 부지매수	공통	-	정	정	
2. 사업부지 및 영업보상 관련 민원 제3자의 권리 및 이익침해 민원	공통	정	정/공통	정	공통: 정치적 불가항력
3. 시공민원	사	사	사	사	
4. 출자자의 출자지연 및 출자 능력 부족	사	사	사	사	
5. 대주의 대출 지연 및 기피	사	사	사	사	
6. 인력, 자재 등의 애로 및 가격 인상 (현저한 물가변동 중 주무관청이 인정)	사	사 (정)	사 (정)	사	협약에 제시 물가는 정부지원
7. 시공자의 부도, 시공 능력 부재	사	사	사	사	
8. 부적절한 설계	사	사	사	사	
9. 부적절한 공법의 사용	사	사	사	사	
10. 건설중 법규, 감리, 감독규정의 변경 (주무관청이 인정)	정	정	정	정	
11. 주무관청이 요구한 총사업비 증액	정	정	정	정	설계 변경 포함

12. 건설기간중 인허가 책임 (인허가 관련 지원)	사	정	공통	공통	
13. 민간투자사업에 중대한 영향을 미치 는 법령의 제·개정	공통	정	공통	정	정치적 불가항력
14. 국가 지불정지 및 유예: 정치적 불 가항력	공통	정	공통	–	정치적 불가항력
15. 건설기간중의 전쟁, 내란	공통	공통	공통	공통	정치적 불가항력
16. 환전 및 해외송금 통제	공통	공통	공통	공통	정치적 불가항력
17. 부지 내 문화재 발굴, 위험물 처리, 핵 폐기물, 방사능에 의한 부지의 오염	공통	공통	공통	공통	비정치적 불가항력
18. 건설기간중의 자연재해	공통	공통	공통	공통	비정치적 불가항력
19. 전국적인 파업	공통	공통	공통	공통	비정치적 불가항력

주: 정부가 부담할 경우는 '정', 사업자가 부담할 경우는 '사', 공통부담일 경우는 '공통'으로 명기한다.

(2) 운영단계 위험분담

운영 및 유지관리에 관련된 위험은 대부분 사업시행자가 부담하는 것으로 나타났다. 예상을 초과하는 운영비 증가, 성과요구수준에 못 미칠 위험 등에 대해 사업시행자가 보유하고 있다.

[표 2] 운영 및 유지관리 위험

위험 내용	영국PFI	일본PFI	한국		비고
			BTO협약	BTL협약	
1. 가격(사용료)결정권의 제약 : 시세와 비교하 여 과도한 수준이 되어서는 안됨.	–	정	정	–	
2. 예상을 초과하는 과다한 운영관리비 소요 (정책 변경, 주무관청 요구, 총사업비의 변 경에 따른 운영비 변경, 세법 변경)	사 (정)	사 (정)	사 (정)	사 (정)	
3. 요구수준 부적합 및 이에 따른 손실 (보증수질 준수, 관련 법규에 의한 유지관 리, 협약상의 대수선 등)	사	사	사	사	
4. 부대사업 및 부속사업 운영/유지관리	–	–	사	사	

---

10) 영국 PFI: Technical Notes, Treasury taskforce 2001(NHS Risk Matrix).
11) 일본 PFI: 조화소학교(PFI).

일본과 우리나라 BTL사업은 시장 위험에 대하여 원칙적으로 정부가 모든 책임을 지고 있다. 영국과 우리나라의 최소운영수입보장이 있는 BTO 사업은 시장위험의 일부를 정부와 사업시행자가 분담하고 있다. 최근에 추진 중인 우리나라 BTO 사업은 최소운영수입보장이 폐지되어 수요 위험을 모두 사업시행자가 보유하고 있다.

[표 3] 시장 위험

위험 내용	영국 PFI	일본 PFI	한국		비고
			BTO협약	BTL협약	
1. 예기치 못한 시장수요 감소(증가), 사용료 하락	공통	정	공통/사	정	

(3) 환율 변동 위험

사업 추진 과정에서 외화 차입이나 외국 기자재 수입 등이 있을 경우 환율변동 위험에 노출될 수 있다. 특히 외국 자본이 PPP 사업의 주요 투자자가 되는 개도국에서 환율변동 위험은 투자 위험에 큰 비중을 차지하고 있다. 영국과 일본의 협약에는 환율변동 위험의 분담과 관련된 내용이 없으며 우리나라의 경우에도 외자 유치가 감소함에 따라 관련 내용이 삭제되었다.

그러나 2005년 이전에는 우리나라도 환율변동 위험을 정부와 사업자가 분담한 바 있으며 이를 제도적으로 보장하였다. 환율변동 위험을 분담할 수 있는 경우는 정부에 기부채납되는 귀속시설에 한정되고 그 분담 내용은 다음과 같다. 일정 수준 이상의 환율변동으로 인하여 사업시행자가 타인자본으로 조달하는 건설자금용(운영자금 제외) 외화차입금에 대한 환차손 또는 환차익이 발생한 경우 사용료 등을 조정하거나 국가 또는 지방자치단체의 재정지원으로 환차익의 환수가 가능하다. 환율변동의 범위가 ±20%이하의 경우 사업시행자가 환율변동 위험을 부담하지만 20%를 초과하여 상승하거나 하락하는 경우는 재정지원이나 사용료 등의 조정을 통해 정부가 50% 범위 내에서 분담할 수 있다. 환차손(익) 발생 시 환차손 보장 및 환차익 환수와 관련된 보장방법·시기·절차 등의 세부사항은 실시협약으로 정하도록 하고 있다.

(4) 기타 위험의 분담

'조세 및 금융제도의 변화' 위험은 우리나라와 일본의 경우 정부가 보유함이 원칙이나 영국에서는 법인세 변화 등에 대해서 원칙적으로 사업시행자가 책임지도록 하고 있다. 보험 부보 내용이나 잔존가치 위험에 대하여는 대부분 사업시행자가 부담하고 있었다. 일본의 경우 자금차입계약과 관련된 위험은 사업자가 모두 부담하고 있다.

[표 4] 기타 위험

위험 내용	영국PFI	일본PFI	한국 BTO협약	한국 BTL협약	비고
1. 정부에 의한 시설의 몰수	정	–	정	정	
2. 조세 및 금융제도의 변화	사	정	정	정	법인세법의 변경
3. 경제환경의 급격한 변동으로 자금차입계약이 어렵거나 수익성에 현저한 악영향을 끼침(이자율, 환율의 변동 등)	공통	사	공통	공통	비정치적 불가항력
4. 보험 부보내용의 부적정 및 미가입	사	사	사	사	
5. 잔존가치 위험	사	–	사	사	

나. PPP 사업의 위험 관리 원칙

PPP 사업에서 사업 위험은 사업의 파산 및 부도 위험으로 연결될 수 있다. 프로젝트 파이낸스 구조는 비 소구 또는 제한적 소구가 적용되므로 일반 기업과 달리 주주는 자기자본 손실로 위험이 한정되어 사업 위험의 관리는 사업의 성패를 좌우한다고 볼 수 있다.

따라서 주주와 대주를 포함한 투자자들은 자신들이 보유하기 어려운 사업 위험에 대하여는 정부의 지원을 요청하게 된다. 정부는 사업의 성공적 추진을 위하여, 사업자에게 지급하는 재정 지원을 줄이거나 이용자가 부담하는 사용료를 적정 수준으로 유지하기 위하여 다양한 지원을 제공하고 이를 통해 사업 위험을 분담한다.

PPP 사업은 재정 사업과 달리 정부와 민간이 위험을 균형있게 배분함으로써 재정 사업 대비 비용 효율성(value for money)을 달성하게 된다. 일반적으로 위험을 상대방에게 이전할 때는 위험프리미엄을 부담할 수 있으며 이는 비용 증가를 수반한다. 부담하게 되는 비용과 위험은 상쇄 관계에 있어 두 가지가 균형을 이루는 최적점을 선택하는 것이 필요하다. 위험을 이전할 때에는 누가 가장 적은 비용으로 위험을 통제할 수 있는가를 확인하는 것이 필요하다. PPP 사업의 위험 배분에 기본이 되는 원칙은 위험을 가장 잘 관리하고, 위험의 가격을 평가할 수 있는 주체가 부담해야 한다는 것이다.

개별 사업 특성에 따라, 계약이 체결되는 시기 또는 국가에 따라 다소 차이는 있으나 위험을 가장 잘 관리할 수 있는 주체가 위험을 부담하는 것이 가장 경제적인 해법이라 할 수 있다. 건설과 운영에 직접적으로 관련된 위험은 사업시행자가 보유하고, 사업 환경과 관련된 위험은 정부가 보유하는 것이 사업의 비용을 줄이는 효율적인 위험분담원칙이라 할 수 있다. 사업시행자가 위험을 많이 보유할수록 요구 수익률이 높아져 정부 또는 이용자가 부담하는 사용료는 높아질 수밖에 없다. 정부가 다양한 지원을 통해 투자 위험을 분담하게 되면 사업자의 요구 수익률도 낮아진다. 수익률과 정부의 위험 분담 균형점을 찾는 것이 PPP 사업을 효율적으로 추진하는 방법이라고 할 수 있다.

3. 정부 지원을 통한 투자 위험 저감

가. 운영수입의 보장

PPP 사업의 투자비는 민간에서 자기자본과 타인자본으로 조달된다. 자기자본은 출자자의 요구수익률이 반영되며 타인자본은 은행 등 금융기관의 요구수익률이 반영된다. 이와 같이 민간 재원은 일정 수준의 수익률을 요구하고 수익률은 투자비 회수 위험에 비례하여 설정된다.

인프라 사업은 공공재 특성상 사업 자체가 수익성을 갖기는 어려우므로 투자를 유치하려면 정부 또는 공공기관이 일정 수익을 보장하는 체계를 마련하는 것이 필요하다. 특히 국내 금융기관의 경우 정부의 보장 여부를 국내외 PPP 사업 투자의 잣대로 활용하기도 한다.

도로사업 등의 최소운영수입보장(minimum revenue guarantee, MRG) 또는 전력사업의 PPA(power purchase agreement) 계약은 운영수입을 보장함으로써 투자비 회수와 일정 수익률 확보를 가능하게 한다. 터키 유라시아 해저터널의 경우 정부가 MRG를 제공하였고, 라오스 Xe Pian 수력발전 사업에서는 발전량의 90%를 태국전력청이 구매하는 PPA 계약을 통해 운영수입을 보장받은 바 있다. 운영수입이 보장되어 사업수익률이 보장될 경우 투자자 유치와 금융조달 모두 유리해져 사업 추진이 용이해진다.

나. 환율 변동 위험 저감 대책

해외 사업의 투자에서 크게 부각되는 위험은 환율변동 위험이다. 운영수입이 안정적으로 획득되어도 운영수입으로 받는 통화, 대주에게 상환하는 통화, 자국의 통화간 차이와 그 변동성이 크다면 수입의 안정성은 대폭 떨어진다. 특히 운영수입을 현지 통화로 받는 경우 환율변동 위험은 커지게 된다.

해외 PPP 사업의 성공 사례 대부분은 환율변동 위험에 대한 저감 대책을 갖고 있다. 가장 좋은 것은 해당국 정부가 환율 위험을 보장하는 것이다. 우리나라도 민자사업 초기에 환위험을 보장하는 제도를 운영한 바 있다. 정부의 환위험 보장 제도가 없다면 현지 통화보다는 US 달러와 같이 안정된 통화로 수입을 받는 것이 유리하며 현지 통화로 받을 경우에는 현지 금융기관의 차입금을 활용하여 현지 통화로 차입금을 상환하는 구조를 도입하는 것이 환율변동 위험의 완화에 도움이 된다. 이외에도 각종 환율변동 위험을 저감하는 계약 등이 필요하다.

다. 해당국 정부의 다양한 지원

인프라 사업을 PPP 방식으로 추진하려면 해당국 정부의 다양한 지원이 요구된다. 해당국 정부의 PPP 사업에 대한 지원은 다음과 같이 다양하다.[12]

○ 보조금 지급

○ 대출이나 지분 참여

○ 보증 제공: 채무이행보증, 환보장, 수요보장, 해지시지급금 등

○ 정부기관이 보유한 악성부채(또는 대손금)에 대한 면책을 제공

○ 이용자들에게 요금 보조금 지급

○ 비용이나 공과금을 감면, 면세나 감세

○ 일부 또는 전체 이용자들이 지급하는 사용료의 일부를 지원

○ 직접 현물 투자나 고정자산을 제공

우리나라도 PPP 사업을 활성화하기 위하여 다양한 정부 지원책을 마련한 바 있다. 최소운영수입보장이 가장 대표적인 지원책이었으며 이 외에도 건설보조금, 해지시지급금, 용지보상비 지급 또는 용지 보상 업무 대행, 산업기반신용보증기금를 통한 차입금 상환 보증, 인허가 업무 등이 그것이다. 해당국 정부가 PPP 사업에 강한 정책 의지를 갖고 다양한 투자 지원책을 마련하여 이에 대한 혜택을 투자자들에게 준다면 투자 위험은 상당부분 경감될 수 있을 것이다.

정부 지원이 가능하려면 해당국 정부가 그와 관련된 자금을 확보해야 한다. 우리가 진출하려는 개도국의 경우 재정 부족을 타개하기 위하여 PPP 사업을 하는 경우가 많다. 이러한 상황에서 자금으로 활용되는 것이 원조자금이다. 중국, 일본의 경우 다양한 원조 프로그램을 통해 자국 기업의 투자를 지원하고 있다. 원조 자금으로 해당국 인프라 사업의 투자비를 지원하고 원조국 기업들에 한정하여 시공 등의 입찰 기회를 부여하도록 하는 것이 그 대표적인 예이다.

Ⅲ. 자금조달 방안의 다양화 및 효율화[13]

1. 공적개발원조의 활용

공적개발원조(Official Development Assistance, 이하 'ODA')는 한 국가의 공공기관이나 원조

---

12) *Ibid.*, paras. 5.62
13) 박경애 외 3인, "해외 민간투자시장 진출방안 연구―아시아 PPP 시장을 중심으로―", 한국개발연구원(2017)의 연구 내용을 발췌 정리한 것이다.

집행기관이 개발도상국의 경제개발과 복지증진을 위해 개발도상국이나 국제기구에 제공하는 자금을 의미한다. ODA의 목표는 매우 광범위하고 포괄적이어서 하나로 말하기 어려우나 국제개발협력기본법에 따르면 국제개발협력은 다음 사항을 달성하는 것을 목표로 하고 있다.

- ☐ 개발도상국의 빈곤감소 및 삶의 질 향상
- ☐ 개발도상국의 발전 및 이를 위한 제반 제도·조건의 개선
- ☐ 개발도상국과의 우호협력관계 및 상호교류 증진
- ☐ 국제개발협력과 관련된 범 지구적 문제 해결에 대한 기여

PPP 사업을 활성화하려면 민간투자자의 투자 위험을 저감하는 것이 필요하다. ODA는 원조 자금이므로 일부 투자 손실이 생겨도 수원국의 국가발전을 위해 필요하고 상기 목적을 달성할 수 있다면 PPP 사업에의 투자 자금으로 사용될 수 있을 것이다. 또한 유상원조의 경우에도 장기 저리 자금이므로 해당국 정부와 사업 시행자 모두에게 유리한 투자 자금이 될 수 있다. 일본이나 중국은 대규모 ODA 자금을 PPP 사업의 지원군으로 활용하고 있다. ODA 자금은 무상원조와 유상원조 자금을 모두 포함한다.

가. 일본 공적개발원조(ODA)의 전략적 추진

일본은 ODA 원조금액 측면에서 미국, 영국, 독일, 프랑스와 함께 세계 5대 공여국 지위를 지속적으로 유지하고 있다. 일본은 2015년 개발협력대강을 개정하였는데, 대강은 누구나 분쟁, 테러, 재난, 환경파괴, 전염병, 가난, 사회적 서비스의 결핍으로부터 안전하고 인간적인 삶을 살 수 있도록 보장받는다는 것을 목표로, 다음과 같은 다섯 가지 사항을 주요 주제로 다루고 있다.

① 질적 성장 및 불평등의 완화
② 평화구축 지원과 보편적 가치의 공유
③ 전 세계적 쟁점사안에 대한 실제적 개입 강화
④ 전략적 파트너십의 확산 및 강화
⑤ 개발도상국 여성의 사회·경제적 지위 향상 지원

이 중 네 번째 주제인 전략적 파트너십의 확산 및 강화는 개발효과를 극대화하기 위하여 민간기업, 지방정부, 연구기관, 시민사회 등 다양한 단체와 파트너십을 확대하고 강화하는 것을 의미한다. 일본은 수원국의 개발협력을 일본의 경제성장과 연계하는 한편 일본 기업의 해

외진출을 위한 교두보 확보 등의 ODA의 전략적 추진을 명시적으로 제시하고 있다.14)

　일본은 2008년 新 JICA(Japan International Cooperation Agency, 이하 'JICA')라는 이름으로 일본의 유, 무상 원조를 통합하였다. 新 JICA는 '질 높은 인프라 파트너십 구축'이라는 방침 하에 지원을 확대하고 있다. 물론 이전에도 민간 연계 원조사업이 추진되었지만 민간과의 협력분야가 법제도의 개선, 기술지원, 교육지원 등 소프트웨어에 한정되어 자국의 경제적 이익과 직접적으로 연결되기는 어려웠다. 新 JICA는 민간기업을 지원하기 위하여 엔 차관을 비롯한 해외투융자를 활용하는 포괄적 지원 방침을 마련하였다. 2015년 개발협력대강의 개정은 일본 개발협력의 유, 무상 원조에서 더 나아간 민간기업 해외진출과의 연계 정책을 포함하고 있다.

　일본 정부는 해외 교통·도시개발사업 지원기구(Japan Overseas Infrastructure Investment Corporation for Transport and Urban Development, 이하 'JOIN')도 설립하였는데 JOIN은 2014년 『주식회사 해외 교통·도시개발사업 지원기구법』을 근거법으로 설립된 주식회사이며, 출자금은 2016년 1월 기준 209.45억 엔이다. JOIN은 민간과 공동으로 출자 외에도 ① 정부와 함께 대상국과의 협상을 통해 자국 기업 투자 위험을 개선하고, ② 일본의 기술과 경험을 대상국 국민에게 전수해 인프라 사업을 자체적으로 운영할 수 있는 인재 육성을 도모하는 역할을 한다. 단순히 금융투자뿐 아니라 일본 기업과 협력하여 사업 추진을 담당하는 실질적 업무를 수행하는 인프라 조직이다.15)

나. 우리 EDCF의 활용

　해외 PPP 사업에서 이용할 수 있는 우리 원조 프로그램은 EDCF가 있다. 한국수출입은행의 EDCF는 개발도상국의 산업화와 경제발전을 지원하고 우리나라와 개도국간의 경제교류를 증진하기 위해 1987년 설치된 정책기금이다. EDCF는 주로 개도국의 경제·사회인프라 건설을 지원하며, 원리금을 상환받는 양허성 차관(concessional loan)16)이다. EDCF의 운용 주체는 기획재정부로서 차관사업에 대한 지원 방침 결정을 포함한 모든 업무를 총괄하고 있으며, 한국 수출입은행이 정부의 위탁을 받아 EDCF의 운용, 관리 업무를 대행하고 있다.

　EDCF의 주요 사업은 개발도상국 정부 또는 법인에 대한 차관, 민자사업법인에 대한 출자, 집합투자기구에 대한 출자, 협력사업 채무보증으로 분류된다. EDCF의 PPP 사업에 대한 활용방안은 다음과 같다.

---

14) 일본의 ODA 대강 개정에 관한 내용은 각종 언론보도 및 ODA Watch(http://www.odawatch.net/), (재)한일산업·기술협력재단(http://www.kjc.or.kr/) 등을 인용하였다.
15) JOIN 홈페이지(http://www.join-future.co.jp).
16) 일반적으로 이자율, 상환기간, 거치기간 등 3요소를 고려, 시중의 일반자금 융자와 비교하여 차입국에 유리한 조건에 의한 차관을 지칭한다.

(1) 자기자본 투자

PPP 사업의 자기자본은 투자위험이 높다. 원조자금을 자본금으로 활용하면 투자위험을 감소시켜 사업의 성공률을 높일 수 있다. EDCF 차관을 이용하여 PPP 사업의 출자자로 참여하는 방안에는 크게 두 가지가 있다. 첫째 수원국 정부가 출자자로 참여하는 사업에 EDCF 차관을 지원하는 것이다. 이와 같은 사례는 라오스 Xe Pian 수력발전 사업이 있다. 라오스 정부는 PPP 사업 추진 시 출자를 통해 사업에 대한 감독 권한을 갖기를 원하였고 이에 따라 정부 출자금이 EDCF 차관으로 지원된 바 있다. 수원국 정부의 우선 순위 사업에 대하여 수원국 정부가 출자 의사가 있을 경우 EDCF 자금을 출자 재원으로 활용할 수 있을 것이다. 이 경우 민간투자자는 투자 부담을 줄일 수 있고 수원국 정부는 사업에 대한 관리 감독을 강화할 수 있다.

둘째 EDCF 차관을 이용하여 민간사업자가 사업시행법인에 직접 출자하거나 후순위 대출을 제공하는 것이다. 우리 기업이 추진하는 PPP 사업의 경우 건설사 또는 운영사가 사업 개발을 주도하고 있으며 이들이 사업시행법인의 출자자가 되는 경우가 많다. 하지만 건설사들은 자본 여력이 부족하여 재무적투자자(financial investor) 또는 전략적투자자(strategic investor; SI)[17])의 참여를 원하고 있다.

사업시행법인에 EDCF 자금을 직접 출자하는 방법은 PPP 사업의 시행주체와 EDCF 자금을 직접 연계하는 이상적인 구도이다. 하지만 현실적으로 민간사업자가 EDCF 자금을 지원받기 위해서는 개도국 정부의 지급 보증이 필요하며, 민간사업자의 도산 시 우리나라 정부도 그 상환 의무를 개도국 정부와 함께 부담하게 된다. 따라서 본 사업 구도는 EDCF 차관 지원 대상사업으로서 개도국 정부와 민간사업자가 함께 추진하는 국가 숙원사업이나 중대한 국책사업에 한정하여 추진하는 것이 필요하다. 수원국 정부가 운영수입에 대한 보증을 제공하거나 PPA 계약 등을 통해 수요 위험이 제거된 사업의 경우 EDCF 차관을 활용하여 사업시행법인에 출자 또는 후순위 대출의 제공이 가능할 것이다.

EDCF 운용관리규정이 정의하고 있는 "민간투자사업법인"은 사업시행자로서 PPP 사업의 시행을 위해 별도로 설립된 법인을 말한다. 즉 사업시행자로 지정된 경우에 한해 출자가 가능할 것이다. 국내 민간 기업이 수원국의 PPP 사업에 EDCF 차관의 출자 참여를 요청한 경우 조건부 투자확약서 등을 발행하여 참여 의사를 표명한 후 사업시행자로 지정된 후 출자자 또는 후순위대출자로 참여할 수 있을 것이다. 다만, OECD 수출신용협약 상 상업성이 있는 사업의 경우 타이드(tied)[18]) 형태의 지원은 불가하므로, 수원국과의 협의 하에 입찰 공

---

17) 주로 운영사를 말한다.
18) 자국물품 및 용역으로 개발원조를 실시하여 자국의 수출 등을 촉진시켜 경제적 이익을 추구하는 것을 말한다.

고 시 수원국의 주무관청이 EDCF 차관의 사업시행법인 출자를 사업조건으로 제시하는 방안도 검토할 수 있다. 이 경우 입찰결과에 따라 국내업체가 참여하지 않은 사업법인이 사업시행자로 지정될 수도 있음을 감안해야 할 것이다. EDCF 운용관리규정 제21조의4에 의하면 출자한도는 민간투자사업법인이 필요로 하는 수권 자본금의 백분의 50미만으로 정해져 있다. 민간투자사업법인에 대한 출자는 사업시행법인과 개도국 정부의 사업개발계약, 투자자간 컨소시엄 MOU, 판매계약(PPA), 투자자간 지분계약서 등 전반적인 사업 구상이 완료되어야 이루어질 수 있다.

(2) 타인자본 투자

해외 PPP 사업 추진 시 국내 기업에게 가장 어려운 부분은 금융조달이다. 해외 민간투자사업에서 국내기업이 취할 수 있는 금융조달 방식은 국내 조달, MDB와 해외 상업은행을 통한 제3국 조달, 해당국의 정부, 기금, 상업은행 등을 통한 현지조달이 있다.

국내기업이 MDB 또는 제3국을 통해 금융을 조달하기에는 국제시장에서 인지도가 낮아 어려우며 개도국의 경우 장기금융시장이 발달되어 있지 않아 현지 금융 조달은 제3국 조달보다 더 어렵다. 따라서 대부분의 국내 기업은 국내 금융조달에 의존하고 있다. 하지만 국내 금융기관은 개도국의 국가 위험을 높게 평가하고 있으며 사업에 대한 위험 분담에 매우 소극적으로 대응함에 따라 경쟁력 있는 금융조건을 제시하지 못하고 있다. 수출입은행이 EDCF 차관을 통해 사업시행법인에 금융을 제공하면 사업 추진에 큰 도움이 될 것이다.

[그림 2] EDCF 보증 형태

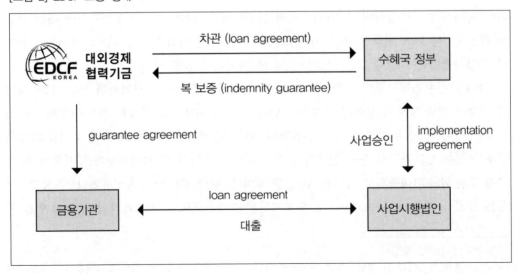

사업비와 자금조달 비용이 낮으면 민간투자사업의 수주 가능성은 높아진다. 특히 EDCF 차관은 장기 저리의 자금을 제공할 수 있어 국내 기업의 수주 가능성을 높일 수 있다. 수원국 입장에서도 낮은 금융비용으로 사용료를 인하할 수 있어 긍정적일 것으로 판단된다.

　EDCF 차관은 국내 상업은행 대출에 대한 보증도 제공할 수 있다. 보증은 국내 상업은행에 대한 원리금 상환을 보장하게 되어 국내 상업은행의 대출을 원활하게 할 수 있다. 개발도상국의 경제사회개발에 기여하는 사업에 대해 자금을 제공하는 금융기관을 대상으로 보증을 제공할 수 있다. 2013년부터 보증제도가 도입되었으며 보증 제공은 수혜국 정부의 복 보증을 전제로 한다. EDCF의 보증은 개도국의 낮은 국가신용도나 정치적 위험 등으로 인한 민간 부문의 투자위험을 경감할 수 있는 방안으로 판단된다.

(3) EDCF 투자 확대 방안

　EDCF는 해외 PPP 사업에서 사업시행법인의 지분 투자 및 대출 재원으로 활용될 수 있는데, 그 재원의 규모가 적고 수원국 정부의 보증 사업에만 참여가 가능하며 MDB의 참여 등 안정성이 보장된 사업에 한해 참여가 제한되는 단점이 있다. 즉 주어진 역할에 비해 그 규모나 보수적인 심사 기준으로 인해 적극적으로 활용되는 데에 한계가 있다.

　EDCF를 해외 PPP 사업에 적극적으로 활용하기 위해서는 규모를 확대하는 것이 필요하고 확대하지 않는다면 전략국과 전략 사업 등을 선정하여 투자를 집중하는 것이 필요하다. 또한 장기적인 관점에서 수원국 정부의 복보증, 즉 EDCF가 보증채무 이행으로 손실을 입을 경우 그것을 전보해주기로 하는 보증이나 MDB의 참여에 무조건 의존하기보다는 수출입은행의 사업 심사 기능을 PF 금융과 같이 보다 강화하는 것이 필요하다.

　특히 재정의 한계 및 수원국의 개발수요 확대 등을 감안하여 보증을 적극적으로 활용하는 것이 필요하다. 보증은 충당금을 쌓아야 하지만 우발성이므로 재정의 직 투입보다는 적은 부담으로 사업의 신용을 보강할 수 있다. 이외에도 수출입은행이 시장에서 자금을 조달하여 수원국에 차관으로 제공하고, 금리 차이(시장재원 조달금리와 개도국 차관금리 사이의 차이)를 정부가 보전하는 개발금융을 활용하는 것도 적은 자금으로 신용 보강 효과를 누릴 수 있다.

　이러한 사례는 외국에서도 발견되는데 독일은 양허성 차관의 3분의 2를 시장에서 조달하여, 양허성·저양허성·시장성 차관 등으로 활용하고 있으며, 프랑스는 양허성 차관의 전액을 시장에서 조달하여 시장성 차관, 보증 등으로 활용하고 있다. 보증이나 개발금융 등의 금리 차이 보전은 보다 적은 정부지원으로 투자위험을 줄일 수 있어 민간의 참여를 유도할 수 있으며 원조 자금의 레버리지 효과도 얻을 수 있다.

2. 한국 공적수출신용기관(ECA[19])의 활용

국내 금융기관 중 해외 PPP 사업에 참여도가 가장 높은 기관은 한국수출입은행과 한국무역보험공사이다. 이들은 상업금융보다는 국내 기업의 수출 증진을 위해 조달되는 수출금융 형태로 사업에 참여하고 국내 상업은행의 대출금을 보증하기도 한다.

이들 ECA는 국제적으로 신용도가 높고 유동성이 풍부하며 저 비용으로 장기의 자금을 조달할 수 있다. 하지만 OECD 수출신용협약[20]을 준수하여야 하며 국내 인력·자재 등 '코리아 콘텐츠'가 들어가는 사업에만 대출 및 보증이 가능하다.

가. 한국수출입은행

한국수출입은행의 PPP 사업 참여 형태는 지분 투자(직접 출자), 우회 출자(지분 증권 취득으로 주로 펀드 형태로 참여), 대출로 구분할 수 있다.[21]

(1) 자기자본 투자

수출입은행은 해외 투자개발형 사업의 지분 출자 및 펀드 투자(수익증권 투자), 채무증권의 매입 등이 가능하다.

　□ 출자

한국 기업체가 참여하는 사업시행법인의 주식을 취득할 수 있다. 해외사업에서 수출입은행의 주식 투자는 수출입은행의 대출 또는 보증이 수반되는 경우에 한해 가능하다. 수출입은행의 지분 취득 한도는 자본금의 15% 이내에서 가능하다.[22]

---

19) export credit agency.
20) OECD 회원국들은 1992년 2월 수출신용협약 개정안을 의결하였으며 1997년 6월 이를 재개정하여 타이드 지원 등에 대한 조건을 강화하였다. 이는 타인드 지원으로 인한 무역질서 왜곡 현상과 선진국의 자본재 수출 과당 경쟁 등을 방지하는 목적을 갖고 있다.
21) 한국수출입은행, https://www.koreaexim.go.kr/site/homepage/menu/viewMenu?menuid=0010020002001003001.
22) http://www.fss.or.kr/fss/kr/law/explanation/lawcase_view.jsp?seqno=630.
　　은행은 다른 회사의 의결권 있는 발행주식(출자지분)의 100분의 15를 초과하여 주식을 보유할 수 없다. 다만 금융감독원이 정하는 업종에 속하는 회사로서 다음 중 하나에 해당하는 경우에는 의결권 있는 발행주식의 100분의 15를 초과하는 주식을 보유할 수 있다. 첫째 은행이 의결권 있는 발행주식의 100분의 15를 초과하는 주식을 보유하는 회사(자회사)에 대한 총 합계액이 은행 자기자본의 100분의 15에 해당하는 금액을 초과하지 아니하는 경우, 둘째, 금융기관의 경영상태, 금융기관이 이미 출자한 자회사의 경영상태, 자회사 출자의 총한도 등 금융감독위원회가 정하는 다음의 요건을 충족하는 경우이다.
　　1. 당해 금융기관의 경영상태는 최근 경영실태평가 결과가 1등급 또는 2등급이어야 하고, 다음의 요건을 충족하여야 한다.
　　　가. 전년 말 현재 위험가중자산에 대한 자기자본비율이 100분의 8 이상
　　　나. 전년 말 원화유동성비율이 100분의 100 이상
　　2. 당해 금융기관이 이미 출자한 자회사의 경영상태는 최근 회계연도의 자회사 경영실태평가 결과가

[그림 4] 지분 투자 구조

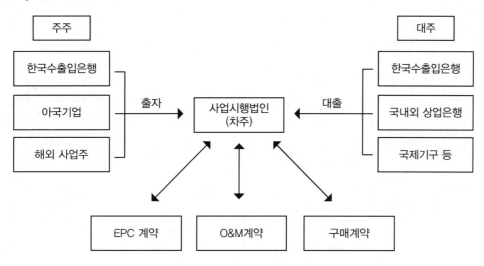

[표 5] 지분 투자 조건

구 분	내 용
대상사업	• 한국수출입은행 대출이나 보증 연계 • 대한민국 국민이 직간접적으로 전체 지분의 100분의 10 이상 투자하는 사업 • 한국수출입은행이 대한민국 국민 중 최대주주가 되지 않는 사업 • 수주가능성 제고, 투자개발형 사업 촉진, 민간의 자금유입 촉진 등 한국수출입은행의 정책적 지원효과가 뚜렷한 사업
투자금액	• 투자대상기업 자본금의 15% 이내
투자형태	• 보통주, 우선주등
투자통화	• 원화 또는 외화

□ 수익증권 투자

국내외 모두, 펀드를 통한 PPP 사업의 참여가 증가하고 있다. 펀드도 PPP 사업의 출자자가 될 수 있다. 수출입은행은 수출입, 중소·중견기업의 해외진출, 해외투자, 해외사업 및 해외자원개발 등을 위해 조성된 펀드에 공동 투자할 수 있다. 수익증권은 blind형 펀드와 project형 펀드가 있다. blind형 펀드는 사업을 특정하지 않고 해당 사업 분야에 참여하기 위하여 목표수익률을 정해 수익자를 모집하는 방식이고 project형 펀드는 특정 사업에 대하여 펀드 수익자를 모집하는 것이다. 한국수출입은행이 주관사로 참여하는 경우 펀드투자자

1등급 내지 3등급이어야 한다.
3. 자회사 출자의 총 합계액은 취득가액을 기준으로 하여 당해 금융기관 자기자본의 100분의 30 이내이어야 함. 다만, 법령의 규정에 따라 출자하는 경우와 금감위가 불가피한 것으로 인정하는 경우는 예외

모집에 용이한 이점이 있지만 내부 심사가 까다로운 단점이 있다.

[그림 5] 수익증권 투자 구조

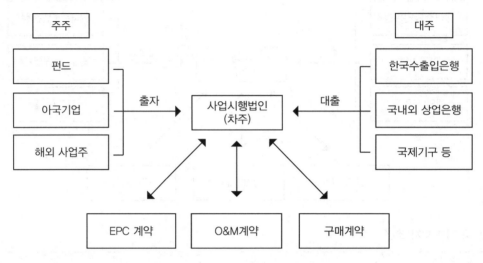

[표 6] 수익증권 투자 조건

구분	내용
투자대상	• 대한민국 국민이 공동투자하거나 운용하는 펀드 • 다른 공적수출신용기관(ECA)이나 국제금융기구(MDB)와 공동투자하는 경우 • 수주가능성 제고, 투자개발형 사업 촉진, 민간의 자금유입 촉진 등을 위해 조성된 프로젝트펀드
투자목적	• 수출촉진 및 수출경쟁력 제고 • 해외투자, 해외사업, 해외자원개발 촉진 • 중견기업의 해외진출 • 기후변화 대응
투자금액	• 펀드 조성액의 25% 이하
투자통화	• 원화 또는 외화

(2) 타인자본 투자

□ 대 출

한국수출입은행에서 취급하는 해외사업 관련 대출상품은 해외투자자금, 해외사업자금, 현지법인 사업자금, 해외사업활성화자금이 있다. 간접 대출상품으로는 전대금융, 해외온랜딩 등이 있다. 해외투자자금은 국내기업이 외국법인에 자본금을 출자하거나 국내기업이 출자한 외국법인에 자금을 대여하는데 필요한 자금을 지원하는 대출이다.

[표 7] 해외투자자금 개요

구분	내 용
대상	• 해외투자를 추진하는 투자예정업종에 대한 사업경력 3년 이상인 국내기업
용도	• 해외 직접투자 • 국내모기업의 해외자회사에 대한 대출기간 1년 미만의 대출
대출금액 한도	• 소요자금의 80% 이내 - 중소·중견기업, 산업통상자원부 고시 첨단기술습득을 위한 대출의 경우 90%, 자원개발 사업의 경우 100% 이내
대출기간	• 최초 대출취급일로부터 30년 이내
상환방법	• 연 1회 이상 정기분할상환 • 거치기간 3년(대출기간이 7년 이상인 경우 5년, 10년 이상인 해외자원개발사업의 경우 7 년) 이내

　　해외사업자금은 국내기업이 해외에 현지법인의 설립 없이 외국에서 사업을 영위할 경우에 필요한 설비의 신설·확충 또는 운영에 필요한 자금을 지원하는 대출이다.

[표 8] 해외사업자금 개요

구분	내 용
대상	• 해외에서 사업(해외투자 제외)을 영위하는 국내기업
용도	• 시설자금 • 운영자금 • 기타 사업수행에 필요한 자금
대출금액 한도	• 소요자금의 80% 이내 - 중소·중견기업, 산업통상자원부 고시 첨단기술습득을 위한 대출의 경우 90%, 자원개발 사업의 경우 100% 이내
대출기간	• 운영자금 : 최초 대출취급일로부터 3년 이내 • 그 외 자금 : 최초 대출취급일로부터 30년 이내
상환방법	• 연 1회 이상 정기분할상환 • 거치기간 3년(대출기간이 7년 이상인 경우 5년, 10년 이상인 해외자원개발사업의 경우 7년) 이내

　　현지법인사업자금은 국내 모기업의 해외 자회사가 해외에서 사업을 영위하는 데 필요한 시설·투자 또는 운영자금 등을 지원한다.

[표 9] 현지법인사업자금 개요

구분	내용
대상	• 국내기업의 해외자회사(현지법인)
용도	• 시설자금 • 직접투자자금 • 운영자금 • 기타 사업수행에 필요한 자금
대출금액 한도	• 소요자금의 90% 이내 - 자원개발사업의 경우 100% 이내 - 운영자금은 설립 5년 이상 대기업 매출액의 30%, 5년 미만 설립초기 및 중소중견기업은 한도 우대
대출기간	• 운영자금 : 최초 대출취급일로부터 3년 이내 • 그 외 자금 : 최초 대출취급일로부터 30년 이내
상환방법	• 연 1회 이상 정기분할상환 • 거치기간 3년(대출기간이 7년 이상인 경우 5년, 10년 이상인 해외자원개발사업의 경우 7년) 이내

해외사업활성화자금은 국내기업, 해외자회사 등이 추진하는 해외사업과 관련하여 거래
상대방 등 해외사업활성화에 기여하는 자에게 시설·운영자금 등을 지원한다.

[표 10] 해외사업활성화자금 개요

구분	내용
대상	• 국내기업이 추진하는 해외사업, 해외투자의 활성화에 기여하는 국내기업, 외국정부 또는 외국인
용도	• 시설자금 • 운영자금 • 기타 사업수행에 필요한 자금
대출금액 한도	• 소요자금의 90% 이내 - 외국정부 또는 외국인 대상의 간접대출방식 지원, 국내기업의 해외자회사로부터 지원대 상물품 등을 구매 또는 납품하는 거래에 대한 결제자금의 경우 100% 이내
대출기간	• 운영자금 : 최초 대출취급일로부터 3년 이내 • 그 외 자금 : 최초 대출취급일로부터 30년 이내
상환방법	• 연 1회 이상 정기분할상환 • 거치기간 3년(대출기간이 7년 이상인 경우 5년, 10년 이상인 해외자원개발사업의 경우 7 년) 이내

□ 간접대출 : 전대금융[23]

해외사업 전대금융은 현지법인사업자금대출과 해외사업활성화자금대출로 나누어진다.
현지법인사업자금대출은 해외에 진출한 국내 법인이 출자지분의 10% 이상을 출자한 법인
(한국계 법인)에 시설·투자·운영자금을 지원하는 금융상품이며, 해외사업활성화자금대출은
한국계 법인과 거래하는 해외 현지기업의 구매자금을 지원하는 금융상품이다.

전대금융은 수출입은행이 해외 현지은행과 신용공여한도(credit line) 계약을 체결하고,
현지은행은 이를 활용하여 우리 기업의 현지법인 앞으로 시설·운영·투자 등 필요 자금을
대출해 주는 간접금융 상품이다. 수출입은행이 해외은행 리스크를, 해외은행이 현지기업/사
업 리스크를 부담하므로, 우리 기업은 대금 회수에 대한 위험을 부담하지 않고 현지 영업에
전념할 수 있고, 수출입은행·해외은행간 신용한도 약정을 바탕으로 금융이 신속하게 되는
장점이 있다.

해외사업 전대금융 이용 시 금융조건(untied loan)을 탄력적으로 이용할 수 있다. 즉 우
리나라의 수출거래에 연계되지 않는 대출로서 대출조건이 비교적 탄력적인 장점이 있다.
현지 아국 법인은 다양한 용도(시설, 투자, 운영, 구매 등)로 자금을 지원받을 수 있다. 또한
거래 파트너와의 제휴관계를 강화할 수 있다.

현재 수출입은행이 전대은행에 제시하는 대출 금리는 수출입은행의 조달금리, 수입국
의 국가위험도, 전대은행의 신용도, 대출금액 및 대출기간 등을 고려하여 결정되며, 전대은
행은 이 금리에 수입자의 신용도를 감안하여 수입자가 부담하는 최종 금리를 결정한다. 수
출거래 전대금융(장기)의 상환기간의 경우, OECD 신용협약에서 정하는 바에 따라 수출품목
및 거래 특성 등을 고려하여 결정되고 해외사업 전대금융의 경우는 최종수혜자 및 자금의
용도에 따라 달리 정한다.

[표 11] 해외사업 전대금융 대출조건

구분	현지 아국법인 앞 대출 (KRC loan)	현지기업 앞 대출 (TC loan)
최종 수혜자	현지 아국 법인	현지 기업
자금용도	시설/투자/운영자금	현지 아국법인과의 구매/시설/운영/기타 사업수행자금
대출기간	• 시설·투자자금 : 거래 특성에 따라 결정 • 운영자금 : 3년 이내	• 거래 특성에 따라 결정 • 운영자금: 3년 이내
원금상환방법	연 2회 이상 정기분할상환 (대출기간 2년 이하인 경우, 만기일시상환 가능)	

---

23) 한국수출입은행의 "우리 기업의 수출 및 해외진출을 위한 전대금융활용가이드"를 인용하여 정리하였
   다. https://www.koreaexim.go.kr/site/homepage/menu/viewMenu?menuid=001002002004001001.

그러나 운영자금대출은 현지 아국법인 앞 대출 중 3년까지만 가능하다. 수출거래 전대금융의 경우, 전대은행의 신용에 기반하여 진행되기 때문에 수출자에게 별도의 담보를 요구하지 않으며, 수출자가 수출이행의무를 성실히 이행하였을 경우 수입자의 대출금 상환 불이행 시에도 상환 책임은 없다.

□ 채무증권의 인수

한국수출입은행의 대출을 받을 수 있는 자가 차입 등을 대신하여 회사채, 기업어음증권 등을 발행하고 한국수출입은행이 이를 인수하여 자금을 조달하는 방식이다.

[표 12] 채무증권 인수 조건

구분	내용
투자대상	• 수출입은행 대출 기준에 부합하는 사업을 영위하는 기업 - 수출입은행 대출·보증 연계 조건이 없음
투자형태	• 전환사채, 신주인수권부사채, 교환사채 등
투자금액	• 채무증권 발행목적에 부합하는 대출종류의 대출가능금액 범위 내
투자통화	• 원화 또는 외화

□ 보   증

한국수출입은행의 보증 프로그램은 채무보증과 이행성 보증 상품이 있다. 채무보증인 해외사업금융보증상품은 차주의 채무 불이행 시 수출입은행이 해외사업 관련 거래에 자금을 대출한 국내외 금융기관에 해당 금융기관의 대출금 상환을 보증하는 보험상품이다.

[표 13] 해외사업금융보증

구분	내용
대상기업	• 해외사업관련대출의 지원대상이 되는 기업
보증수혜자	• 주채무자와 거래관계에서 대출을 취급하는 자, 채무증권을 인수하는 자, 기타 계약상의 채권자
보증금액	• 보증대상채무의 원금과 그 이자를 합한 금액 이내
보증기간	• 보증대상채무의 채무기간에 60일을 가산한 기간 범위 내

수출입은행의 해외사업이행성보증상품은 반드시 차주의 채무불이행을 전제로 하지 않고 일정한 금액의 이행을 보증하는 것으로서 해외사업 이행에 필요한 입찰보증, 선수금환급보증, 계약이행보증, 유보금보증 및 하자보수보증 등이다. 사업을 추진하는 회사의 신용도를 기준으로 지원 여부를 결정한다.

[표 14] 이행보증 내용

구분	내용
입찰보증 (bid bond)	• 입찰시 제출하는 보증서로 입찰 관련 규정 위반시 이에 대한 손해를 보상
선수금환급보증 (advance payment bond)	• 선수금을 받기 위해 제출하는 보증서로 수출자의 귀책사유로 계약조건이 이행되지 못한 경우에 이에 대한 손해를 보상
계약이행보증 (performance bond)	• 수출자의 귀책사유로 계약조건이 이행되지 못한 경우에 계약서 등에서 정한 일정비율 만큼의 손해를 보상
유보금보증 (retention bond)	• 사업주 또는 발주자가 하자보수 등을 위하여 유보해 놓은 대금을 받기 위해 제출하는 보증서로 유보금에 대한 계약조건을 이행하지 못한 경우에 이에 대한 손해를 보상
하자보수보증 (warranty bond)	• 수출이행 후 하자보수기간에 발생한 사업주 또는 발주자의 손실을 보상

나. 한국무역보험공사

한국무역보험공사는 해외 PPP 사업 대출에 대해 해외사업금융보험으로 지원할 수 있다. 해당국의 정치적 위험(political risk)과 차주의 신용위험(commercial risk)으로 인해 대출원리금을 회수하지 못하여 입게 되는 손실을 보상한다. PPP 사업 지분 투자에 대하여 해외투자보험으로 지원할 수 있는데 이 보험은 해당국 국가위험으로 인해 발생되는 손실을 보상한다. 해외투자보험(주식, 대출금, 보증채무, 투자금융, 부동산에 대한 권리)은 결제기간에 대한 제한이 없으나 통상 중장기거래와 관련하여 이용되는 경우가 많다.

[표 15] 해외투자 지원 보험종목 비교

구분	해외투자보험 (투자금융)	해외사업 금융보험	자원개발 펀드보험	해외투자보험(PR)
대상거래	국내금융	해외금융	국내금융/해외금융	해외투자
대주/투자자	국내외 금융기관	국내외 금융기관	국내펀드	국내투자자 금융기관
차주/투자자	국내 투자자	외국법인 외국정부	국내법인 외국법인	외국법인
담보위험	국가위험＋사업위험	국가위험＋사업위험	국가위험＋사업위험	국가위험
보상범위	연불원리금	연불원리금	투자원금 연불원리금	투자원금 연불원리금
기타	기업금융 투자자앞 구상	PF금융 구상 없음	PF금융 구상 없음	구상 없음

다. ECA의 투자 확대 방안

(1) 현행 기준의 개선

해외 PPP 사업에서 국내 건설사 등이 EPC로 참여할 때 수출입은행은 수출 금융을 조달하거나 국내 기업이 출자자로 참여한 경우 현지법인사업자금대출을 제공하고 있다. 무역보험공사는 해외 PPP 사업의 대출에 대해 해외사업금융보험으로 지원하고 지분투자에 대하여 해외투자보험으로 지원하고 있으나 해외사업금융보험이 차지하는 비중이 크다.

해외 PPP 사업에서 국내 금융의 경쟁력은 낮은 수준이다. 금리 면에서도 경쟁력이 크지 않으며 사업을 평가하는 능력도 해외 금융에 비해 뒤진 것이 현실이다. 이러한 상황에서 ECA가 국가 신용도를 바탕으로 국내 금융의 역할을 수행하고 있다. 하지만 이들은 참여 조건이 까다롭고 이들만으로 시장의 수요를 충족하기에는 한계가 있다.

해당 국가의 신용도가 높거나 높은 수익이 보장된 사업의 경우 이미 선진국의 경쟁사들이 시장을 선점하고 있어 진입하기가 쉽지 않아 우리 기업들은 국가신용도는 낮으나 수익성이 보장되는 개발도상국의 발전 사업 등을 중심으로 PPP 사업에 참여하고 있다. 그러나 수출입은행과 무역보험공사는 국가신용도를 대출 또는 보증의 기준으로 삼고 있어 기업들의 불만이 높다. 해외 PPP 전략 국가의 경우 국가 신용도가 낮더라도 사업성이 보장되면 금융이 가능하도록 심사 기준을 설정하는 것이 필요하다.

(2) 국내 상업은행의 참여 유도

해외 PPP 사업이 대규모화되어 많은 자금이 요구되어 funding Gap을 해소하기 위해서는 국내 상업은행의 참여가 필요하다. 수출입은행은 우선상환제, 개발금융 등 다양한 방식의 대출 구조를 활용하여 시중은행의 참여를 독려하려고 한다. 우선상환제는 수출입은행이 국내 시중은행 자금에 원리금 상환보증을 해주는 동시에 시중은행이 먼저 원금을 상환받을 수 있도록 하여 상환 위험과 금리부담을 해소하는 제도이다. 수출입은행은 개발금융[24]을 통해 지원을 강화하려고 한다. 개발금융은 시장차입 자금(수출입은행 채권)을 주요 재원으로 하여 차입금리보다 낮은 금리[25]로 지원하고, 조달금리와 지원금리간 금리 차이를 정부 재원으로 보전하는 제도를 말한다. 이 같은 자금운영 사례는 독일 KfW(재건은행), 프랑스 AFD(국제개발청) 등에서도 찾아볼 수 있다. 차입금으로 운영되는 점을 감안하여, 리스크 관리를 위해 일정 신용등급 이상의 국가를 중심으로 운영되며 ODA 규범[26] 준수를 위해 비구속성(untied, 우리 기업 수주와 무관)으로 지원하는 것을 원칙으로 한다.

---

24) 신흥국 경협증진자금을 약칭 개발금융이라고 한다.
25) EDCF 금리와 수출금융 금리의 중간수준이다.
26) OECD 규정상 구속성 지원은 ① 시중금리를 준수하는 수출금융과 ② 저소득국의 상업성 없는 사업에 대한 고양허성 지원에만 가능하다.

[표 16] 개발금융과 수출금융, EDCF의 비교

구 분	EDCF (EDCF법)	개발금융 (한국수출입은행법 제18조 제5항, EDCF법 제7조 5호)	수출금융 (한국수출입은행법 제18조 제2항)
운영주체	정 부	수출입은행	수출입은행
지원목적 (지원방식)	개도국 경제협력 (구속성)	신흥국 경제협력 및 해외진출 기반 제고(비구속성)	수출지원 (구속성)
승 인	정 부	수출입은행 운영위원회	수출입은행
재 원	정부재정	민간재원(정부 이차보전)	민간재원

무역보험공사도 보증부 대출을 통해 Funding Gap을 해소하려고 한다. 2015년 무역보험공사와 6대 시중은행 간 체결된 해외 SOC PF 21억불 대출 협약은 보증부 대출을 활용한 사례라고 볼 수 있다.

[표 17] K-ECA 보증부 대출 주요 사례(2012년~2015년)

연도	사업 명	보증기관	참여기관
2013	콜롬비아 보고타 교통시스템	수출입은행	우리, 신한
2014	인도 Reliance 반도체 설비	수출입은행	우리, 농협, KEB하나
2015	인도네시아 동기-세노로LNG	수출입은행	우리, 농협, KEB하나
2015	미국 Sabinepass 가스액화시설	수출입은행, 무역보험공사	우리, 농협, KB, KEB, 하나, 신한
2015	투르크메니스탄 화학플랜트	수출입은행, 무역보험공사	우리, 농협, KB, KEB, 하나, 신한

자료: 임호열·이현태·김홍원·김준영, "AIIB 가입 계기 아시아 인프라금융시장 진출 활성화 방안". 대외경제정책연구원(2015)

(3) 수출입은행 해외투자금융의 활용

수출입은행의 해외투자금융을 PPP 사업에 이용할 수 있다. 해외투자금융의 이자율은 EDCF 차관보다 높으나 일반 상업은행의 금융보다는 장기 자금이다. EDCF 차관과 수출입은행의 해외투자금융을 혼합할 경우 사업의 금융 지원 규모는 확대될 수 있다. 이와 같은 혼합방식은 수원국 정부에 유리한 금융조건을 제시할 수 있으며, EDCF 자금만으로는 추진이 어려웠던 대규모 개발사업에 적용할 수 있을 것이다. EDCF 차관을 이용하는 PPP 사업에 해외투자금융을 같이 활용하는 방안은 효율적일 수도 있으므로 수출입은행의 해외투자금융을 담당하는 부서와 EDCF를 담당하는 부서간의 상호 업무 연계가 필요할 것이다.

EDCF 차관과 수출입은행의 해외투자금융을 이용하려면 수원국 정부의 보증이 선행되어야 할 것이다. 최소수익 또는 최소 구매량을 보장하거나 구매처(대부분 공공기관)의 대금

지급 불가시 해당국가의 재무부 또는 중앙은행에서 대신 지급할 수 있는 계약조건이 필요하다.

3. 해외 투자 정책성 펀드의 활용

해외 인프라 사업의 자금조달을 위하여 국내 금융기관들을 중심으로 펀드가 조성되어 있다. 조성된 펀드는 해외 인프라 사업의 지분 투자에 주로 활용되며 대출로도 그 역할을 확대할 예정이다.

가. 글로벌인프라펀드(GIF)

GIF는 3,500억 원 규모로 조성된 펀드이다. 정부가 400억 원, 공공기관이 1,600억 원, 민간이 1,500억 원을 조성하였다. 펀드 투자자는 한국도로공사 등 국토교통부 산하 7개 공공기관과 정책금융인 산업은행이며, 민간금융기관은 신한은행과 우리은행 등이 있다. 투자분야는 해외 사회기반시설 관련 투자개발사업, 즉 도로, 철도, 상수도, 발전 등 인프라시설과 산업단지, 도시개발 등 우리나라의 사회기반시설에 대한 민간투자법 제2조(정의)와 따른 시설과 제21조(부대사업의 시행)에 따른 부대사업 등과 관련된 해외공사이다. 특수목적법인의 주식 또는 대출 등에 투자할 수 있으며, 투자기간은 펀드설정일로부터 15년까지이며 1회에 한해 연장할 수 있다.

GIF는 2009년에 최초로 조성되었고 당초 자본금과 대출 모두에 투자할 예정이었다. 그러나 국내 원화 재원으로 인프라 사업의 낮은 금리와 주로 달러로 투자되는 대출에 참여하기 어려운 현실을 반영하여 투자 대상에서 선순위 대출을 제외하였다. 선순위 대출을 투자대상에서 제외하여 투자규모를 4천억 원으로 조정하였고 정부 및 공공기관이 50%, 민간금융기관이 50%의 투자하는 구조로 펀드를 조성하였다. 펀드의 투자 대상은 우리 기업이 기획, 건설, 운영, 투자 등의 형태로 참여하는 해외 인프라 사업의 자본금, 후순위 대출 등이다. 정책적인 효과를 높이기 위해 블라인드 캐피탈 콜 방식[27]을 채택하였다.

GIF는 사업성이 양호한 사업을 직접 발굴하고 조성된 펀드에서 자본금 또는 후순위대출 등에 투자하는 구조이다. 위험이 큰 후순위 대출과 자본금에 투자하여 민간금융기관의 대출 참여를 유도하고, 국내금융기관의 참여가 저조한 해외투자개발사업에 선도적으로 투자하여 투자 촉매제 역할을 수행하려고 한다. GIF 제1호 및 2호 펀드의 구성은 다음과 같다.

---

27) 투자처를 특정하지 않고 자금을 모아 투자처를 정할 때마다 자금을 지원한다.

[표 18] GIF의 구성

1호 펀드	2호 펀드
- 운영사: KDB인프라 자산운용 - 조성액: 1.5천억 원(공공1천억 원, 민간 5백억 원) - 투자자(공공 50%, 민간 50%) • 공공: LH, 도로공사 등 • 민간: 산업은행, 우리은행 - 조성일: 2014년 6월	- 운영사: 신한BNPP자산운용 - 조성액: 2천억 원(공공 1천억 원, 민간 1천억 원) - 투자자(공공 50%, 민간 50%) • 공공: LH, 도로공사 등 • 민간: 신한은행, 동부저축은행 등 - 조성일: 2010년 7월

자료: 국토교통부

GIF는 파키스탄 파트린드 수력발전사업 등 4건의 사업에 1,600억 원을 투자하였다.

[표 19] GIF의 투자실적

사 업 명	터키 키리칼레 가스복합발전	파키스탄 수력발전	포르투갈 태양광 발전	요르단 타필라 풍력발전
펀 드	1호펀드 (KDB인프라자산운용)	2호펀드 (신한BNPP자산운용)		
투자대상	후순위 대출	전환사채(CB)	자본금, 대출	자본금, 대출
약 정 일	'15.7	'11.7.29	'12.5.15	'15.12
투 자 액	대출채권 : 450억 원	대출채권 : 391억 원	자본금: 667,000유로 대출채권: 23,852,684유로	자본금, 대출: 400억 원
예상수익률	12%	15.17%	8.41%	10%

자료: 국토교통부

나. 한국해외인프라펀드(Korea Infrastructure Fund)

기획재정부는 한국투자공사(Korea Investment Corporation, 이하 'KIC')에 위탁한 해외진출 공동 투자자금 50억 달러 가운데 20억 달러를 한국해외인프라펀드(Korea Infrastructure Fund, 이하 'KOIF')로 설정하였다. KOIF는 자본시장법상 펀드가 아니고 KIC가 운영하는 외환보유고에서 해외 인프라 사업에 대한 자본투자를 목적으로 조성된 국토교통부와의 협력 투자자금이다. KIC는 국토교통부의 사업 발굴 지원제도를 활용하거나 직접 투자대상 해외 인프라 사업을 발굴하고 국토교통부 내 '투자자문위원회'의 투자 추천과 자체 심의를 거쳐 결정된 투자대상사업에 대하여 투자한다.

KIC의 투자 대상은 해외기업의 인수 합병과 해외 인프라 사업, 해외 부동산 매입 개발 사업인데, KOIF는 이 중 해외 인프라 사업에 투자를 목적으로 조성되었다. 목표수익률은 G7국 인플레이션+400bp 이상을 기준으로 설정된다. 동 기금은 미화로 조성되어 환율 변동 성에 대해 탄력적인 대응이 가능하고, 중·대규모 사업의 투자가 가능하며 투자사업이 발굴 될 경우 투자의사 결정이 원활한 장점을 가지고 있다.

KOIF는 국토교통부가 지원하는 타당성조사를 통해 검증된 사업, MDB와의 공동 진출 사업, 순방 외교를 통해 발굴된 사업 등에 투자한다. 특히 우리 기업이 사업개발·건설·시 설운영·기자재 공급 등에 참여하는 해외 인프라 사업에 우선적으로 투자한다. 기업에서 KOIF 투자를 받기 위해서는 사업계획을 수립하고 투자운영사를 선정하고 투자운영사를 통해 사 업 내용을 국토교통부에 신청하고 금융투자 추천을 받아 KIC와 투자 협상을 시행한다.

다. 정책성 펀드의 투자 확대 방안

정책성 펀드는 다음과 같은 장점이 있다. 건설단계 블라인드펀드로서 조성 규모가 크 고 건설단계와 운영단계의 펀드가 존재하여 사업의 흐름에 따른 리스크 배분이 가능하다. 또한 일부 펀드는 달러화 투자, 사업발굴을 위한 지원제도가 존재하며 선순위 대출과 연계 성이 높다.

반면 단점은 정부, 정책자금 이외 민간자금이 함께 투자되어 투자조건이 까다롭고 기 존 투자방식 대비 혁신적인 변화를 기대하기 어렵다는 점, 일부 펀드는 사업발굴지원 제도 가 없으며 민간자금 유치를 위한 인센티브가 부족하다는 점이다.

정부 주도로 조성된 정책성 펀드는 해외 인프라 사업의 지분 투자 자금으로서 장기 투 자자 역할을 수행할 수 있어 우리 기업의 PPP 사업 투자에 긍정적인 역할을 수행할 수 있 다. 하지만 KIC, 국내 금융기관 등 펀드 수익자의 보수적인 투자 성향과 사업 평가 능력 부 족으로 인해 사업 투자에 매우 소극적이어서 자금 규모에 비해 투자 실적이 매우 적다. 이 러한 펀드가 지분투자자로서 제 역할을 수행하기 위해서는 사업 투자에 대한 인식 전환과 더불어 사업 평가에 대한 전문적 능력을 보유하는 것이 필요하다. 전 세계적으로 장기 저리 의 자금이 풍족한 상황에서 투자자로서의 평가 능력을 보유하고 장기적인 투자 수익률 확 보를 위해 단기적 손실을 감내할 수 있는 투자 구조가 필요하다. 위험 수준별 포트폴리오 즉, 저 위험부터 고 위험까지 다양한 포트폴리오의 구성이 필요하다고 보인다.

[표 20] 정부 주도 펀드의 장단점 분석

펀드명 항목	코리아해외 인프라펀드	글로벌인프라 펀드	글로벌에너지 인프라펀드	외화 인프라펀드	글로벌 코퍼레이션
투자조건	△ 투자자가 결정	△ 보증, MRG	○ 특별한 조건×	△ 투자자가 결정	
투자화폐	○ USD	× 원화	× 원화	× 원화	○ USD
투자대상	○ 인프라 개발	○ 인프라 개발	○ 인프라 개발	○ 운영중인 자산	× 일반산업 인수
펀드투자 자	○ KIC 단독	△ 정부＋정책＋민간	× 정책＋민간	× 정책＋민간	× 정책＋민간＋외국
투자 의사결정	○ KIC	△ 자산운용사	△ PE운용	미정	△ PE운용
투자기간	○ 15년	○ 15년	△ 10년, 최대12년	× 3년, 최대 5년	
사업발굴 지원제도	○ 국토부 지원	○ 국토부 지원	△ K－EXIM 지원사업	없음	없음
펀드방식	○ Blind 펀드	○ Blind 펀드	○ Blind 펀드	○ Blind 펀드	○ Blind 펀드

자료: 국토교통부

4. MDB의 활용

MDB는 ODA 또는 출자, 대출 등을 통해 인프라 사업에 참여하고 있다. 이들이 참여한 사업에서 자금조달의 어려움은 대폭 감소되어 민간투자자들은 MDB의 사업 참여를 선호하고 있다. 가장 대표적인 MDB인 세계은행은 PPP 사업을 활용하는 이유를 다음과 같이 제시하고 있다.

① "improve access to basic services": 예산의 적기 투입, 일반적인 공사기간 단축, 정기적인 보수 및 개선 등을 통해 양질의 서비스 제공
② "increase efficiency": 고품질의 서비스 기준 적용, 적절한 위험 분담(특히 재무, 기술 또는 운영상 위험을 민간에서 부담), 우수 사례 및 민간의 전문성에 대한 접근이 용이하여 효율성 제고
③ "mobilize capital": 우수한 자금조달 능력, 자금흐름을 촉진할 수 있는 현물 출자, 재무상 효율성 등을 통해 자금 조달에 유리

MDB는 개도국의 경제 개발과 빈곤 퇴치를 지원하기 위해 회원국의 출연금을 주요 재원으로 대규모의 펀드를 조성하고, 수원국에서 필요한 인프라 구축 및 기술 지원에 이 펀드를 활용하고 있다. 특히 PPP 사업은 MDB가 중점적으로 지원하는 분야이다.

MDB는 개도국 PPP 사업에서 금융을 선도하고 있다. MDB는 막대한 자금과 네트워크를 갖고 있으며 공익적인 역할에 기반하며 해당국 정부에 큰 영향력을 행사할 수 있다. 특히 원조자금과 상업자금을 동시 활용하여 개도국의 PPP 사업을 주도하고 있다.

MDB가 참여하면 국내 금융기관들이나 현지 금융기관들의 금융조달은 매우 유리해 진다. 국내 금융기관들은 MDB가 참여한 사업을 선호한다. MDB가 참여한 사업의 경우 MDB의 사업 관련 실사 결과의 신뢰도가 높고 MDB의 채무를 불이행하면 국가 차원에서 불이익을 받게 되므로 채무 불이행 위험이 매우 낮기 때문이다.

가. MDB의 역할

개도국과 저개발국에서 MDB의 참여는 PPP 사업의 투자위험을 낮추는 데 큰 역할을 한다. 이들 국가들은 국가신용도가 매우 낮아 예상치 못한 정치적 위험 등에 노출되는 경우가 많은데 MDB의 참여는 가장 안전한 방어 수단이 될 수 있다. 전쟁 혹은 쿠데타 등으로 인해 진출국이 모라토리움과 같은 국가비상사태를 선언하더라도 MDB가 참여한 사업에서 채무불이행이 발생하거나 원금을 회수하지 못한 사례는 극히 드문 것으로 알려져 있다. 왜냐하면 국제기구의 지원금을 상환하지 않는다면 해당국은 향후 국제사회에서 고립될 수 있기 때문이다. 또한 MDB들은 무디스나 S&P 등 국제신용평가기관으로부터 통상적으로 AAA 신용 등급을 받게 되므로 이들이 사업에 참여한다는 의미는 사업성 내지는 안정성 측면에서 최고 등급을 받는 것과 유사하다.

PPP 사업과 관련하여 MDB의 역할은 크게 세 가지로 구분될 수 있다. 첫째 자문, 정책 조정, 기술 원조 등을 통해 PPP 제도 및 정책을 지원한다. 특히 개발도상국이 PPP 사업을 추진할 수 있도록 제도나 정책을 수립하거나 특정 PPP 사업에 관련된 기술 자문을 수행하는 것이다. PPP 관련 교육, 세미나 등을 주최하여 해당국 정부와 민간의 참여를 독려하는 노력도 기울이고 있다.

둘째 MDB는 보증(guarantee)을 통해서 PPP 사업을 지원한다. 개발도상국은 정치적으로 안정되지 못한 국가들이 많아 MDB는 해당국의 정치적 위험 등을 보증한다. 보증 방식은 정부 보증부(sovereign guaranteed)와 비 정부 보증부(non-sovereign guaranteed) 방식이 있다. 정부 보증부는 주로 개발도상국 정부에 대하여 보증 업무를 수행하고, 비 정부 보증부는 PPP 사업에 참여한 민간 기업에 대해 보증 업무를 수행한다. 비 정부 보증부 방식은 프로젝트 파이낸스에 대한 보증(guarantees for project finance)과 만기연장에 대한 보증(guarantees for extending loan maturities)으로 구분된다.

　셋째, MDB가 출자자 또는 대주로서 PPP 사업에 직접 참여한다. 사업시행법인인 특수
목적회사(special purpose company, 이하 SPC)에 출자하거나 타 금융기관과 함께 협조 융자
(co-financing)를 하는 것이다. 2008년에 ADB는 2010년부터 2020년까지의 사업 전략으로
PPP 사업을 실행 계획(action plan)에 포함시켰고, 2013년 연차총회[28]에서는 2020년까지 추
진할 사업의 50%를 민간 부문에 지원할 것임을 재차 강조하였다. 또한, 프로젝트 파이낸스
의 디벨로퍼(developer) 역할을 강화할 것이라고 표명하였다.

나. 주요 MDB의 PPP 지원
(1) 세계은행

　다음 그림은 세계은행의 PPP 사업에 대한 지원 구조를 보여주고 있다. 세계은행은 PPP

[그림 5] 세계은행의 PPP 지원 구조

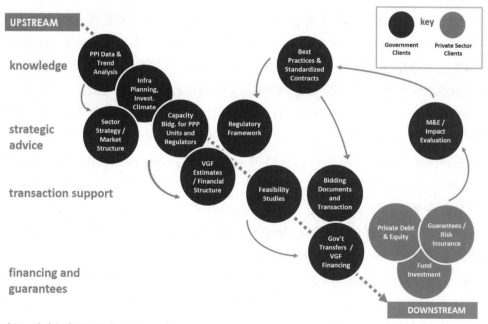

　자료: 세계은행(World Bank Group).

---

28) 연차총회에서 2020년까지 추진 전략에 대한 중간 점검(Midterm Review of Strategy 2020: Meeting the
　　Challenges of a Transforming Asia and Pacific)을 수행하였다.

사업에 있어 지식공유, 자문, 계획 등의 상향식 지원과 거래 지원, 금융 및 보증 등의 하향식 지원을 포함한 전 방위적 지원을 제공하고 있으며 이를 위해 그룹 내 기구들은 각기 고유 역할을 수행하고 있다.

사업 초기에 세계은행은 해당국 정부를 대상으로 교육, 자문을 통해 PPP 사업에 대한 이해도(knowledge)를 제고하며 사업 추진 제도의 기반(regulatory framework)을 조성하고 사업 추진 전략을 수립한다. 특정 사업에 대하여는 재정지원(VGF, validity gap funding)을 포함한 사업의 재무구조(financial structure)를 만들고, 타당성분석(feasibility studies)을 수행하며 입찰 절차와 서류를 만드는데 기여한다. 사업 추진 단계에서는 민간을 대상으로 지분 및 대출 투자, 보증 등을 통해 사업에 직접 관여하기도 한다.

세계은행은 IBRD(국제부흥개발은행, International Bank for Reconstruction and Development), IDA(국제개발협회, International Development Association), IFC(국제금융공사, International Finance Corporation), MIGA(국제투자보증기구, Multilateral Investment Guarantee Agency), ICSID(국제투자분쟁해결본부, International Centre for Settlement of Investment Disputes)의 5개 기구로 구성된다.[29]

IBRD는 중 소득 개도국에 중장기 개발 자금을, IDA는 저 소득 개도국에 양허성 자금을 주로 지원한다. IBRD 사업은 전 세계를 아우르며, 농림 어업, 교육, 보건, 기타 사회 서비스 분야부터 에너지·광업, 교통, 수자원 관리까지 거의 전 분야를 포함한다. 주로 1인당 GNI 6,000 달러 이하 중·저소득 국가를 대상으로 차관, 협조 융자, 지급 보증 등을 제공하고 있다. IDA는 저소득 국가에 대한 대출을 주 업무로 하고 있으며, 2016년부터 1인당 GNI가 1,215 달러(2014년 기준) 이하인 최빈 개발도상국에 융자를 제공하고 있다.

IFC는 민간 기업에게 금융을 제공하고 직접 사업에 투자한다. 세계은행의 다른 기관으로부터 금융을 지원받을 경우 정부 보증이 필요하지만 IFC로부터 금융을 지원받는 경우에는 정부 보증을 필요로 하지 않는다. 또한 IFC는 자문 업무(advisory service)를 통해 PPP 사업의 구조화(structuring)에 기여하고 있으며 투자부문 심사, 사업 수행, 계약 체결 등에서 중요한 역할을 수행하고 있다. MIGA는 보증을 제공하여 투자위험을 저감시키고 있다. 이전 위험, 권리 박탈 위험, 계약 위반 위험, 전쟁 및 내란 위험 등 개도국의 비 상업적 위험을 보증한다. ICSID는 국제투자분쟁을 해결하는 역할을 수행하고 있다.

세계은행 내에는 민관 인프라 자문기금인 PPIAF도 있는데, 2015년에는 기술적 원조로 약 1,700만 달러를 투자하였고 2016년에는 2,300만 달러를 투자하였다. PPIAF는 주로 상향식의 정책 개선이나 제도 수립 등에서 중요한 역할을 수행하고 있다.

---

29) 'World Bank Group' 전체를 일컬어 '세계은행'이라고 칭하였다.

[표 21] 승인사업의 자금조달 구조 (단위: 백만 달러)

사업명	기간	투자 규모	기관	액수	비중 (%)	AIIB 참여 형태
파키스탄 M-4 고속도로	2016.6 ~ 2020.6	273	AIIB	100	36.6	국가신용대출
			ADB	100	36.6	
			영국 국제개발부	34	34.0	
			파키스탄 정부	39	39.0	
타지키스탄 두샨베·우즈베키스탄 국경도로 개선	2016.12 ~ 2020.12	105.9	AIIB	27	26.0	국가신용대출
			EBRD	63	59.0	
			타지키스탄 정부	15.9	15.0	
방글라데시 배전 시스템 개선 및 확장	2016.7 ~ 2019.6	262.3	AIIB	165	62.9	국가신용대출
			방글라데시 정부	79.4	30.3	
			사업 시행기관	17.9	6.8	
인도네시아 슬럼가 개선	2016.11 ~ 2021.6	1,743	AIIB	216.5	12.4	국가신용대출
			세계은행	216.5	12.4	
			인도네시아 정부	1310	75.2	
파키스탄 Tarbela5 수력발전소 증설	2017.1 ~ 2022.3	823.5	AIIB	300	36.4	국가신용대출
			세계은행	390	47.4	
			파키스탄 정부	133.5	16.2	
미얀마 가스터빈 복합화력발전소	2016.4 ~ 2018.4	250	AIIB	19	7.6	비국가 신용대출
			ADB	41	16.4	
			IFC	37	14.8	
오만 철도시스템 준비사업(컨설팅 사업)	2016.11 ~ 2021.6	60	상업은행	153	61.2	국가신용대출
			AIIB	36	60	
오만 Duqm항 터미널 및 운영지역 개발 (항만 기반시설 건설)	2017.1 ~ 2020.12	353.33	OGLG	24	40	국가신용대출
			AIIB	265	75	
			Duqm 경제특구청	88.33	25	

(2) ADB(Asian Development Bank)

ADB는 아시아 개발에 집중하는 지역형 MDB로서 동남아시아, 남아시아, 중앙아시아를 중심으로 활발하게 사업을 수행하고 있다. 1966년에 설립되어 현재는 3,000여 명이 넘는 직원이 근무하고 있으며 사업 분야는 경제, 사회 전 분야이며, 최근에는 에너지, 금융부문까지 확대되고 있다. 사업방식은 회원국의 출자금, 차입금 등을 바탕으로 한 일반 재원(Ordinary Capital Resources, 이하 OCR)의 투융자, 아시아개발기금(Asian Development Fund, 이하 ADF)의 융자, 기술원조, 협조융자 등이 있다.

ADB는 연간 약 140억 달러의 융자 규모를 200억 달러까지 확대할 것이라고 밝혔다. 또한 8개 민간은행과 PPP 사업 개발 및 금융 자문 협정을 체결하여 민간 금융회사와 협력을 강화하는 동시에 신규 출범한 AIIB와도 교류협력 양해각서를 체결하여 협력을 확대해 나갈 예정이다.

(3) AIIB(Asian Infrastructure Investment Bank)

AIIB는 중국 주도로 설립된 다자개발은행이다. AIIB는 교통, 통신, 물류, 에너지, 전력, 수자원, 도시개발 사업 분야에 대한 투자를 통해 아시아 개발도상국 및 역내 경제 성장에 주력하고 장기적으로는 스마트시티, 헬스 케어, 교육 및 환경으로 사업 범위를 확대할 예정이다. AIIB는 2016년 세 차례의 이사회를 통해 총 8건의 사업, 11.4억 달러의 투자를 승인하였다.

AIIB는 설립 초기이므로 타 MDB와의 협조 융자 사업이 많을 것으로 전망된다. 지원 대상은 회원국의 정부, 공공기관, 기업 등이며 2016~2018년에는 정부 또는 공공기관이 보증한 공공 부문 사업에 재원 투입이 집중될 것이나(공공부문 70~80%, 민간부문 20~30%), 향후 민간부문 사업에도 재원 투입이 늘어날 것으로 전망된다.[30]

다. MDB 투자 확대 방안

글로벌 금융위기 이후 대규모 국제적인 금융기관들의 투자는 위축된 반면 MDB들은 PPP 사업의 확대를 천명함에 따라 PPP 사업에서 MDB 역할은 더욱 중요해지고 있다.

(1) MDB의 특성 파악 및 네트워크 구축

MDB를 활용하기 위해서는 개별 MDB의 특성을 파악하고 MDB 활용 방안을 수립하는 것이 필요하다. 세계은행과 ADB는 사업 목적과 지역에 다소 차이가 있고 사업 추진 방식도

---

30) 이현태·김준영, "AIIB 발전 전망과 정책적 시사점", 오늘의 세계경제, 대외경제정책연구원 (2016).

[그림 6] 세계은행 그룹의 기관별 규모 (회계연도 2012~16년 기준)

	2012	2013	2014	2015	2016
World Bank Group					
Commitments[a]	51,221	50,232	58,190	59,776	64,185
Disbursements[b]	42,390	40,570	44,398	44,582	49,039
IBRD					
Commitments	20,582	15,249	18,604	23,528	29,729
Disbursements	19,777	16,030	18,761	19,012	22,532
IDA					
Commitments	14,753	16,298	22,239	18,966	16,171
Disbursements	11,061	11,228	13,432	12,905	13,191
IFC					
Commitments[c]	9,241	11,008	9,967	10,539	11,117
Disbursements[d]	7,981	9,971	8,904	9,264	9,953
MIGA					
Gross Issuance	2,657	2,781	3,155	2,828	4,258
Recipient Executed Trust Funds					
Commitments	3,988	4,897	4,225	3,914	2,910
Disbursements	3,571	3,341	3,301	3,401	3,363

참고: MIGA, Annual Report, 2016

다소 상이하다. 세계은행은 저개발국, 개발도상국의 빈곤 감축과 경제 발전을 목적으로 전 세계를 아우르는 MDB라고 한다면, ADB는 아태지역의 경제성장 및 협력 촉진, 역내 개발도 상국 발전 촉진을 목표로 한다.

　세계은행 그룹에서 IBRD, IDA, IFC, MIGA 순으로 사업 규모가 가장 크고, IBRD와 IDA 모두 대출 사업이 가장 큰 부분을 차지한다. IBRD와 IDA는 세계은행 그룹의 총 사업 규모 에서 50% 이상의 사업을 차지하는 핵심 기구로서, 대출 업무를 비롯한 협조 융자, 지분 투자, 기술 지원, 원조, 보증 등을 수행하고 있다. 2016년 세계은행 그룹은 총 642억 달러의 대출, 원조, 지분투자, 보증 사업을 회원국 및 민간 사업 부문을 대상으로 수행하였다. IBRD는 297억 달러를 지원하였는데 글로벌 금융위기 이후 최대 지원 규모이며 IDA는 162 억 달러를 최빈국에 지원하였다. 민간부문에 대한 지원은 IFC가 담당하는데 IFC는 총 188억 달러의 사업에 참여하였고, 특히 분쟁지역에 10억 달러를 투자하여 전년도 대비 투자규모 가 50% 이상 상승하였다. MIGA는 43억 달러의 사업을 수행하였고, 이 금액 중 IDA의 자격

요건을 갖춘 국가에 45%, 분쟁지역에 10%가 투자되었다.

ADB의 경우 대출 사업과 협조 융자를 활발하게 수행하고 있다. 향후 ADB는 인프라 개발을 위해 대출 규모를 늘리고, 사업 지원의 효율성을 개선하는 등 경쟁력 강화에 집중할 계획이다. 8개 민간은행과 PPP 사업 개발 및 금융 자문 협정을 체결하는 등 민간 금융회사와의 협력도 강화하고 AIIB와도 협조융자 등도 타진 중이다.

AIIB는 신생기구로서 인력 및 조직 역량에서 사업의 자체 발굴은 어려우므로 회원국이 제안한 사업이나 타 MDB가 검토했던 사업의 추진을 고려할 것이다. AIIB는 운영 초기라 우리 정부 및 기업이 선제적으로 신뢰 관계와 네트워크를 구축하는 것이 필요하다. 우리 기업은 AIIB 회원국과 협력 가능한 사업을 적극적으로 발굴 및 제안하여 AIIB에 다각적인 참여를 제안하는 것이 필요하다.

우리 정부는 우리 기업들이 MDB 들과의 소통 채널과 네트워크를 형성할 수 있도록 지원해 주어야 한다. 사업자는 안정적인 사업구조를 만들 필요가 있고 정부는 현지국 정부, MDB 등과 안정적인 사업구조를 만들기 위한 정책적, 국제적인 협력관계를 유지하도록 노력하여야 한다.

(2) MDB 투자 확대 방안

최근에는 펀딩 갭(Funding Gap) 해소를 위해 MDB와 각국의 ECA 혹은 상업금융기관들 간 협조 융자가 점차 확대되고 있다. MDB와 ECA 혹은 상업금융기관들간 공조가 강화되는 것은 저개발, 고위험 국가의 사업이 증가되고 있기 때문이다. 특히 국내 ECA 등이 수용하지 못하는 국가들의 정치적 위험에 대하여는 MIGA(국제투자보증기구)의 보증[31]을 활용하고 있다.

[표 22] MIGA의 보증범위

지분투자 (Equity)	최고 90% 까지 보증
차입금 (Debt)	최고 95% 까지 보증 (예외적으로 99% 까지도 Cover 가능)

수출입은행, 무역보험공사 등 한국 ECA(K-ECA)는 MDB의 금융 파트너가 되도록 노력해야 한다. K-ECA는 PPP 시장에서 보다 적극적으로 주간사(arranger)역할을 수행하며 MDB와 협조 융자 등을 통해 네트워크를 구축할 필요가 있다. 민간 금융기관도 장기적으로 MDB와 협력하는 방안을 고려해 볼 필요가 있다.

---

31) MIGA의 보증은 주로 민간의 해외직접투자(foreign direct investment)를 도모하기 위해 개발도상국의 정치적 위험을 완화하기 위해 제공하는 상품이다.

5. 공기업의 투자 활용

PPP 사업은 초기 사업 개발 비용이 크고 장기간 운영을 통해 사업 개발 비용과 투자비를 회수하므로 건설사보다는 운영사 또는 금융사에 적합한 사업구조를 갖고 있다.

우리나라의 공기업들은 국내 인프라 사업을 독점적으로 건설하고 운영해 왔다. 하지만 국내 인프라 사업은 포화 상태에 이르러 투자 소요가 감소함에 따라 공기업의 역할은 운영에 한정되고 있다. 공기업들은 그간 축적된 사업관리 및 운영 노하우를 갖고 해외 인프라 사업 진출을 도모하게 되었고 해외 진출에 가시적인 성과도 거두고 있다. 국내 공기업 중 해외 인프라 사업에 적극적으로 참여하고 있는 공기업은 한국전력과 그 자회사들, 한국수자원공사가 있다. 이들은 화력, 수력 발전을 중심으로 개도국의 발전 사업에 지분 투자 및 운영을 담당하고 있다.

가. 공기업의 장점

우리나라의 발전, 교통, 수자원 등의 국가기반시설은 공기업에 의해 운영되어 왔다. 공기업은 수십 년간 쌓은 경험을 바탕으로 해당 부문의 사업 관리 능력과 안정적인 운영 능력을 보유하고 있다. 주요 공기업의 사업 내용을 살펴보면 다음과 같다.

[표 23] 주요 공기업의 사업 내용

구분	주요 사업 내용
한국전력공사	전력공급사업, 원자력사업, 화력사업, 송배전사업, 신재생에너지사업
한국석유공사	유전개발사업, 석유비축사업, 석유개발사업
한국수력원자력	원자력사업, 원전연료공급사업, 원전플랜트 운영 및 정비, 방사성폐기물관리사업
한국공항공사	공항 및 항로시설 관리 및 운영사업, 공항시설 건설 및 투자사업
한국가스공사	가스공급사업, 가스개발사업
한국도로공사	고속도로관리사업, 고속도로유지관리사업
한국철도공사	여객사업, 광역철도사업, 종합물류사업, 자산개발사업

자료: 감사보고서, 각 공기업 홈페이지, 알리오 참고

공기업의 신용도는 국가 신용도와 동일하게 평가되어 자금조달비용이 민간기업에 비해 적게 소요된다. 2016년의 한국전력공사 등의 신용 등급 및 대출 이자율(정책금리 제외)을 조사해 보면 다음 표와 같다. 이는 2016년에 발표된 우리나라의 신용등급과 유사함을 알 수 있다. 우리나라의 신용등급은 무디스의 경우 Aa2, S&P의 경우 AA 등급이다.

[표 24] 공기업의 국제신용평가사 신용 등급 및 이자율

구분	국제신용평가사 신용 등급	이자율
한국전력공사	무디스 : Aa2, S&P : AA	1.62~2.12%
한국수자원공사	무디스 : Aa2, Fitch : AA-	2.00~3.75%
한국남부발전	무디스 : Aa2, S&P : AA	1.75%

자료: 감사보고서, 각 공기업 홈페이지, 알리오 참고

대주단 입장에서는 사업 참여자의 신용 등급과 운영능력을 중요 평가 요소로 고려한다. 신용도 높은 운영사가 해당 사업의 출자와 운영을 담당한다면 사업의 안정적인 운영이 가능하여 원리금 상환도 안정적이라 평가하게 된다. IFC 등의 MDB들도 공기업의 참여를 선호한다.

공기업은 민간기업에 비해 상대적으로 목표 수익률이 높지 않으며 단기 수익 구조보다는 장기 수익 구조를 추구한다. 또한 수십억 원에 이르는 초기 사업 개발비용을 부담할 수 있다. 자금조달 비용도 상대적으로 저렴하고 공공성을 추구하므로 민간 기업보다는 단기적인 성과에 집착하는 성향이 덜 한 것으로 판단된다. 이러한 기업 특성은 장기 사업인 PPP 사업에 적합하고 출자자 및 사업 개발자로서 역할을 수행하기에도 적합하다.

국내 인프라 사업 개발 및 운영 실적이 있는 공기업은 사업의 지분 투자, 운영 및 관리를 담당하고, 건설사를 중심으로 한 민간 기업은 사업 발굴, 지분 투자, 설계, 구매, 건설을 담당하고, 협력기업은 기자재 공급 등을 담당하고, 금융기관은 지분출자, 대출 및 보증 등을 통해 사업에 참여할 수 있다. 서로의 장점을 활용하여 해외 PPP 시장에 진출하는 경우, 민간기업은 해외 개발사업의 실적과 EPC 업체로서 설계, 구매, 시공 실적을 확보하고, 공기업은 운영 실적을 확보할 수 있을 것이다. 해외 인프라 사업에 전·후방 사업의 가치 사슬을 확장하여 국내 기업의 사업 포트폴리오를 확장하는 계기가 될 수 있을 것이다.

나. 공기업 투자 확대 방안

해외 인프라 사업에 대한 공기업의 투자는 경쟁력 확보 측면에서 중요한 의미를 갖지만 이를 위해서는 다음 요인들을 개선하는 노력이 필요하다.

공기업이 사업시행법인에 대해 지배력이 있다고 판단되는 경우 한국채택 국제회계기준(K-IFRS)에 따른 연결재무제표 상 사업시행법인의 부채는 공기업의 부채로 인식되어, 공기업의 지분 참여를 어렵게 만들고 있다. MDB, ECA 등은 사업 추진의 안정성 측면에서 공기업의 지분 참여를 요청하고 있으며 해외 사업의 수익성 제고를 위해서도 지분 참여는 필요하다. 특히, 해외 인프라 사업의 규모가 커짐에 따라 MDB에서는 국내 공기업에 1,000억

원 이상의 지분 투자를 요구하고 있으나 공기업은 부채감축계획 등으로 인해 지분 투자에 어려움이 크다.

이에 따라 공기업 부채 관리 시 부채에 대한 보증 등 안전장치가 있는 경우 해외사업 시행법인의 부채에 대해서는 예외 규정을 마련하는 것이 필요할 것이다. 또한 "공공기관의 운영에 관한 법률" 제51조의2와 이와 관련된 업무절차안내(기재부 2016.12)에 따르면 공기업이 출자를 할 경우 주무기관의 장의 서면협의를 받고 그 공문을 첨부하여 기획재정부에 사전 서면협의를 받도록 되어 있다. 해외사업에 1원이라도 투자하기 위해서는 이 규정을 따라야 한다. 공기업들은 일정한도까지는 공기업의 자체 재량으로 결정하는 방안을 요구하고 있다.

공공기관이 해외사업을 적극적으로 수행할 수 있는 유인체계를 마련하기 위하여 해외사업에서 발생된 이익 중 일부는 해외사업에 재투자하여 우선 사용할 수 있도록 하는 것도 고려할 수 있다. 이 외에도 산자부가 운영하고 있는 "공기업 등의 해외사업 촉진에 관한 규정"(2008.2 제정)을 보면 에너지관련 공기업은 고의 또는 중과실이 아닌 사유로 중단 또는 실패한 경우 해당사업 추진한 책임자의 성실한 직무수행 노력 등을 참작하여 그 책임을 면제 또는 경감한다는 조항이 있으나 교통 관련 공기업들은 이 규정을 적용받을 수 없어 이러한 규정의 확대 적용도 고려할 수 있을 것이다.

공기업의 해외진출 시 정부부처의 사전협의 절차를 완화하는 것이 필요하다. 현재 공공기관이 해외사업을 추진하는 경우, 주무부처의 장관 및 기재부장관과 사전 협의가 필요하다. 정부 내(부처 간, 부처 내)에서 해외 사업 추진에 대한 입장 차이가 존재하고 정부 부처 협의에 상당한 시간이 소요되어 이에 대한 개선이 필요하다.

공기업은 정부 정책의 영향을 많이 받는다. 정부가 시류에 따라 해외 진출 확대라는 긍정적인 정책과 공기업 부채 감축이라는 부정적인 정책을 선별적으로 적용함에 따라 해외 인프라 사업의 참여는 표류할 수 있으며 사업의 내용보다는 절차와 규정에만 치우친 감사도 투자의 어려움을 가중시키고 있다. 또한 잦은 순환보직과 CEO 변동도 전문성을 갖고 장기적 관점에서 추진이 필요한 해외사업에 장애가 되고 있다.

IV. 결 론

PPP 사업은 자금조달을 수반하고 자금조달은 투자 위험을 동반한다. PPP 사업은 프로젝트 파이낸스 구조를 채택하게 되므로 소수의 자기자본과 다수의 타인자본으로 조달된다. 자기자본은 배당 또는 사업에 수반되는 계약을 확보하려는 목적으로 조달되므로 재무투자자, 시공사, 운영사 등을 통해 조달된다. 자기자본은 투자위험이 가장 높은 재원이므로 사업의 현금흐름이 양호하여 사업성이 높고 사업의 규모가 큰 경우 서로 투자하려고 하지만 사업성이 담보되지 않을 경우 가장 조달이 어려운 재원이기도 하다. 타인자본은 투자위험이 낮고 사업성이 좋으며 자기자본 투자자의 신용도가 높을 경우 조달이 용이하다. 해당국 정부의 지원 또는 보증은 투자위험을 낮추는데 큰 도움이 된다.

우리 정부의 ODA 자금인 EDCF 자금을 PPP 사업의 출자금으로 활용하거나 대출금으로 활용할 수 있다. 이 경우 개도국 정부의 지급 보증이 필요하며, 우리 정부가 상환 의무를 져야 하므로 중대한 국책사업에 한정하여 추진하거나 국내 공기업(한전, 도공, 수공 등)이 참여하고 수요 위험이 적은 사업에 적용하는 것이 적절할 것이다. 그러나 EDCF와 같은 ODA 사업은 그 규모가 적어 효율적으로 활용하는 것이 필요하다. PPP 사업의 추진 가능성이 높은 국가를 중점 협력국으로 지정하여 중점 협력국에 대한 중장기적 지원 전략과 원조 확대 계획을 토대로 중점부문별, 원조형태별로 체계적으로 자금을 지원하는 것이 요구된다. 또한 원조자금의 레버리지를 크게 하기 위해 수원국의 필요 사업을 대상으로 민간 차입금에 대한 보증을 지원하는 것도 고려할 수 있다. 원조 자금의 효율적 지원을 위해서는 유·무상 원조 간 연계도 필요하다.

PPP 사업을 추진하기 위해서는 대규모, 장기, 저리 자금을 조달하는 것이 필요하다. 우리 기업이 조달원으로 활용할 수 있는 금융기관에는 공적금융기관인 ECA(Export Credit Agency)가 있다. ECA인 한국수출입은행과 한국무역보험공사는 저비용의 장기 자금의 조달이 가능하여 국내 기업의 해외 PPP 금융에서 주도적인 역할을 수행하고 있다. 한국수출입은행과 한국무역보험공사는 투자대상 국가의 신용도를 대출 또는 보증의 기준으로 삼고 있는데 해외 PPP 전략 국가의 경우 국가 신용도가 낮더라도 사업성이 보장될 경우 금융이 가능하도록 심사 기준을 설정하는 것이 필요하다.

자금조달원을 다양화하기 위해서는 국내 민간 금융기관들의 참여도 필요하다. 수출입은행의 우선상환제, 개발금융 등은 민간 금융기관들의 참여를 확대하기 위하여 활용될 수 있다. 우선상환제는 수출입은행이 국내 시중은행 자금에 원리금 상환을 보증해 주는 동시에 시중은행이 먼저 원금을 상환 받을 수 있도록 하는 것이고 개발금융은 시장에서 조달한 자금을 개도국 PPP 사업에 더 낮은 금리로 지원하고 해당 금리 차이를 EDCF로 보전하는 제도이다. 이외에 수출입은행의 대외채무보증 한도를 늘리는 것도 민간 금융조달을 용이하게 할 수 있다. 현재는 수출입은행이 지원하는 대출금액 및 보증금액을 합한 금액 중 대출금액이 차지하는 비율이 50퍼센트를 초과해야만 보증이 가능한 구조인데 대출 비중을 줄이거나 대출 없이도 보증이 가능하도록 하는 것이 필요하다. EDCF 차관과 수출입은행의 해외 투자금융을 혼합할 경우 금융 지원 규모는 확대될 수 있다.

공적금융기관 이외 출자 및 대출에 활용할 수 있는 재원은 글로벌인프라펀드(GIF), 한국해외인프라펀드(KOIF)와 같은 정부 주도로 설립된 해외투자 정책성 펀드이다. 정부주도 펀드는 해외 인프라 사업의 지분 투자 자금으로서 장기 투자자의 역할을 수행할 수 있으나 보수적 투자 인식과 사업 평가에 대한 전문 인력 부족으로 인해 투자 참여가 예상보다 활발하지 못하다. 장기적인 사업수익률 확보를 위해 단기적 손실을 감내하는 투자 구조와 저 위험 자산부터 고 위험 자산까지 포함하는 다양한 포트폴리오의 구성이 필요하다.

투자 자금 다양화를 위해서는 WBG, ADB, AIIB와 같은 MDB를 활용하는 방안도 모색할 수 있다. WBG의 IFC는 개발도상국의 민간사업을 지원하고, MIGA는 투자자와 대주에게 정치적 위험에 대한 보험 또는 보증을 제공하고 있다. ADB는 동남아시아, 남아시아, 중앙아시아를 중심으로 활발하게 PPP 사업을 추진하고 있다. AIIB도 인프라 사업 및 도시개발 사업 분야에 대한 투자를 통해 아시아 개발도상국 및 역내 경제 성장에 주력하고 있다. 개도국과 저개발국의 PPP 사업에서 MDB는 투자 위험을 낮추는 데 큰 역할을 하고 있다. MDB를 활용하기 위해서는 MDB의 사업 분야, 조직 구성, 입찰 절차 등을 충분히 이해하고 장기적인 협력관계 강화를 통해 사업 수주에 접근하고 개별 MDB의 특성을 파악하여 MDB 활용 방안을 수립하는 것이 필요하다.

PPP 사업에서 민간사업자는 사업 개발부터 운영에 이르기까지 사업의 전 과정에 참여한다. 우리나라의 경우 발전, 교통, 수자원 등의 국가기반시설은 공기업에 의해 운영되어 공기업은 사업 관리 능력과 안정적인 운영 능력을 보유하고 있다. 또한 공기업의 신용도는 국가 신용도와 동일하게 평가되어 자금조달비용이 민간기업에 비해 적게 소요된다. PPP 사업은 사업개발비용이 크고 장기간 운영을 통해 사업개발비용과 투자비를 회수하게 되므로 건설사보다는 운영사 또는 금융사에 적합한 사업구조이다. 공기업은 PPP 사업에 장기간 출자와 운영을 담당할 수 있다.

공기업의 동반 진출을 위해서는 해외 사업 추진으로 인한 부채에 대한 예외 규정을 두는 것이 필요하다. 즉, 공기업 부채 관리 시 보증 등 안전장치가 있는 경우 해외사업시행법인의 부채에 대해서는 예외 규정이 필요하다. 해외사업에서 발생된 이익 중 일부는 해외사업에 재투자하여 우선 사용할 수 있도록 하여 해외사업 수행의 유인체계를 마련하는 것도 필요하다. 공기업 측면에서 보면 국내 시장이 성숙 단계에 들어서 유휴인력의 활용과 지속적인 성장을 위해 적극적인 해외시장의 개척이 필요하다. 국가 경제적 측면에서도 공기업의 해외진출은 국내 민간기업의 해외 진출 기회를 확대하고 국익 및 국가 이미지 제고 등에 기여할 수 있을 것이다.

상기 제시된 다양한 자금조달 방안을 모색하는 것과 더불어 우리 기업들의 경쟁력을 강화하는 것도 필요하다. 현재 우리 건설사의 가격 경쟁력은 후발국인 인도, 중국에 뒤지고 있으며 국내 인건비 등을 고려하면 이러한 상황은 더욱 악화될 수 있다. 현재 아시아 시장에서 우리는 중국 등 후발국보다는 기술 수준이 높고 유럽, 미국 등 선진국보다는 가격 경쟁력이 있어 시장 참여가 가능하지만 이 시장도 점차 좁아지고 있어 우리 기업의 경쟁력 확보는 해결되어야 할 과제이다. 해외 PPP 시장을 선점하기 위해서는 다양한 자금조달방안의 마련에 앞서 Global Practice에서 요구하는 기술, 가격 수준을 맞추기 위한 국내 기업, 공기업, 금융기관의 자체 노력이 우선되어야 할 것이다.

[3] 중국 일대일로 추진에 따른 PPP 관련 법제

신 지 연

I. 서   론

1. 중국 일대일로 구상과 PPP

중국의 일대일로 구상(一帶一路, Belt and Road Initiative)에 대한 전 세계의 관심이 날로 높아지고 있다.[2] 일대일로 정책의 핵심 중 하나는 바로 연선(沿線)국가 간 경제권 연결을 위한 "인프라건설"이며, 중국은 이를 통해 무역 증대와 국가 간 연계를 강화하여 새로운 성장 동력을 발굴하겠다는 계획이다. 특히 일대일로를 위한 도로, 철도, 항만 등 수송 관련 인프라 대부분은 중국을 통하고 있으므로 현재 중앙정부의 각 부처와 지방정부들은 일대일로 정책의 일환으로 중국 내 관련 사회기반시설(혹은 인프라)사업을 시행하고 있다. 일대일로 정책이 해를 거듭할수록 구체화되어지고 그 협력분야도 정책, 무역, 금융, 문화, 교육 등 매우 광범위해지면서 현재는 중국 내 다양한 분야의 인프라 수요를 촉진시키고 있다. 중국 재정부 보고에 따르면 2018년도 1분기 기준, 시행중인 사업은 총 7,420건(준비, 입찰, 집행, 이전단계 사업 총합)이고, 그중 집행이 확정된 사업은 3,324건, 착공에 들어간 사업은 총 1,375건으로 그 집행률과 착공률은 각각 44.8%, 41.4%이며 투자총액은 11조 위안(한화 약 1,800조원)이 넘는다.[3]

---

* 이 장은 필자가 법학논총(한양대학교 법학연구소 발간) 제34집 3호(2017.9)에 게재한 논문을 수정·보완한 것임을 밝힌다.

2) 일대일로는 중국 시진핑 주석이 2013년 카자흐스탄과 인도네시아 방문 때 내놓은 국가정책으로 중국 서부지역과 중앙아시아와 유럽을 잇는 육상 실크로드 경제벨트 '일대(一帶)'와 동남아시아부터 서남아시아, 유럽, 아프리카로 이어지는 해상 실크로드 '일로(一路)'를 합친 합성어로서 해당 60여 개국, 44억 인구의 경제권역에 인프라건설을 통한 물리적 연결을 넘어서 경제공동체, 나아가 운명공동체로 통합·발전하고자 하는 중국의 대외전략을 말한다. 『推动共建丝绸之路经济带和21世纪海上丝绸之路的愿景与行动』, 2015. 3. 28 참조.

3) CPPPC, "2018年第1期季报", http://www.cpppc.org/zh/pppjb/6795.jhtml (검색일: 2018.5.1). 중국은 재정부의 종합정보플랫폼인 PPP센터(China Public Private Partnerships Center, CPPPC)를 통해 사업선별 단계에 있는 '예비사업목록(项目储备清单)'과 사업준비(타당성평가 완료), 입찰(사업시행자 선정 및 계약), 집행, 이전(권리변경) 단계에 있는 'PPP관리DB(database)사업'(PPP管理库项目)을 고시하고 있다. 2018년 1분기 기준 아직까지 이전단계의 사업은 등록되어 있지 않다. 집행률 산정방법은 PPP관리DB 사업 중 예비사업목록의 선별단계 사업을 뺀 합계를 분모로 놓고 집행과 이전단계 사업의 합계를 분자로 하여 계산한다. 재정부는 「政府和社会资本合作(PPP)综合信息平台信息公开管理暂行办法」에서 본 플

- 97 -

전통적으로 대부분의 사회기반시설사업 비용은 민간투자자들을 배제하고 해당국 정부 또는 은행에서 조달되었다. 그러나 최근 민관협력(Public-Private Partnership)[이하 "PPP"라고 함]방식의 사회기반시설건설이 확대되고 있으며 중국정부 역시 해당 방식으로의 민간참여 를 장려하고 있다.[4] 이는 공공부문과 민간부문이 협력하여 여러 위험을 분산시킬 수 있고, 전 방위적 투자 및 융자를 진행함으로써 다양한 경로의 자금유입이 가능하다는 PPP의 이점 외에 중국이 당면하고 있는 지방정부의 막대한 부채문제 해소, 급속한 도시화와 산업화에 따른 사회기반시설 부족문제 해결 등을 위해서도 필요한 방식이기 때문이다. 중국정부는 AIIB, 실크로드 기금, 정부보조 등 각종 지원을 통해 중국기업의 대규모 국내 및 해외 PPP 사업 추진을 촉구하고 있어 현재 중국에서 PPP방식의 프로젝트는 기하급수적으로 늘고 있 는 실정이다.[5]

GIH(Global Infrastructure Hub)의 보고서에 따르면 2016년부터 2040년까지 50개국의 인프 라 투자규모는 연간 약 3.7조 달러(한화 약 3,900조원), 누적 투자규모 총 93.7조 달러가 필요 한 것으로 나타났다. 그중 아시아 지역이 글로벌 투자수요의 약 54%를 차지하여 가장 큰 비중을 나타냈으며, 거기서 약 30%가 중국에서 발생하는 수요로 조사되었다.[6] 또한 중국 재정부는 PPP프로젝트 관련 재정지출을 해당년도 공공예산지출 비중의 10%한도로 허용하 는 내용의 지침을 발표하였는데, 이는 2017년 기준 연간 약 2조 달러의 사업추진이 가능한

랫폼에 등록되지 않은 사업에 대해서는 정부재정지원이 불가함을 규정하고 있다.
4) 사회기반시설 개발을 목적으로 하는 PPP에 대해 국제적으로 통일된 정의는 없다. 그러나 세계은행은 *Public-Private Partnerships Reference Guide(2017)*에서 PPP를 "공적 자산과 서비스를 제공하기 위하여 민간기업과 정부기관 간 이루어지는 장기계약이며 민간기업은 상당한 수준의 위험과 관리책임을 부담 하며 그 대가는 (사업)이행성과(performance)에 따른다"로 나름의 체계적인 정의를 내리고 있다. 국내 에서도 PPP에 대해 "행정주체가 일단 공적 역무를 민간과의 협력을 통하여 수행하는 제 방식" 또는 "행정주체가 사회기반시설의 설립을 위해 사인(私人)으로부터 재원을 조달하는 한편, 재원을 조달한 사인에게 해당시설의 운영권 등을 부여하는 사업" 등 다양한 광의 또는 협의의 정의를 정립하고 있다. 아래에서 설명할 중국 PPP 역시 나름의 정의를 규정하고 있지만 대체적으로 세계은행의 정의와 크게 다르지 않다. 정홍식(2018)은 세계은행의 정의를 특정 국가의 PPP 정의에 한정하지 않고 대부분의 PPP를 포괄할 수 있는 일반적 정의로 보고 있다. 정홍식, "해외 민관협력(PPP)의 주요 법률적·실무적 쟁점", 국제거래법연구, 제27집 1호(2018), 287-289면.
5) AIIB(Asian Infrastructure Investment Bank, 아시아인프라투자은행)는 2016년 1월 중국의 주도하에 한국 을 포함한 러시아, 인도, 독일, 영국 등 57개 창립 회원국의 참여로 설립된 다자개발은행이다. 이름이 뜻하는 바와 같이, 아시아 지역의 인프라 개발 자금을 지원하기 위해 설립되었으며 주로 중국 일대일 로 정책의 실행을 위한 실크로드 인접국 중심의 투자를 수행하고 있다. AIIB 자금 외 중국정부지원의 예로, 지방정부가 기존 추진 중인 토목건설 사업을 PPP방식으로 전환할 경우 사업 규모에 따라 보조금 지급하거나, 지방정부 사업 중 우수 사업을 선정하여 PPP방식 전환으로 경감된 부채규모의 일부를 인 센티브로 지급하기도 한다.
6) GIH(2017.7), *Global Infrastructure Outlook*, pp23-25. 본 보고서는 50개국을 대상으로 2007년부터 2015 년까지 인프라 투자실적을 바탕으로 2016-2040년까지 필요한 인프라 투자수요 및 투자 부족규모를 7 개 부문 ―도로, 철도, 공항, 항만, 발전, 수자원, 통신― 으로 나누어 전망하고 있다.

것으로 추산된다.[7] 이처럼 중국 PPP시장은 규모면에서나 정부지원측면에서 그 발전가능성이 높으며, 향후 일대일로 정책의 확장으로 인해 중국에서의 사업경험이 일대일로 주변국 진출에도 긍정적 영향을 미칠 것임을 감안할 때, 우리나라도 사업기회 확보를 위한 노력을 계속해야 할 것이다.

2. 중국 PPP의 문제

중국에서 PPP의 핵심 주체인 민간기업들의 참여율을 보면 일대일로 추진에 따른 PPP사업 확대의 실질에 의문을 가질 수밖에 없다. 2016년부터 2018년도 1분기까지 재정부 정보플랫폼에 공개된 분기보고서에 따르면, PPP사업 참여기업 수 기준 50% 이상이 국영기업이며, 민간기업의 PPP사업 참여율은 30%대를 유지하고 있다.[8] 전체 사업 수 기준으로는 민간기업의 점유율이 40%대로 올라가고 있지만 수주 총액을 비교하면 아직까지 국영기업보다 낮은 수준을 보이고 있다. 이에 대해 학계와 실무계에서 꼽고 있는 공통된 원인은 현재 중국의 PPP관련 제도의 안정성 및 통일된 규범의 부재와 권리보호에 대한 법적 강제력 미흡 등으로 민간자본의 참여율을 끌어올리지 못했다는 점이다.[9] 실제로 이러한 제도개선에 대한 요구는 중국정부 차원에서도 오래전부터 인지해 왔으며 이를 보완하기 위해 각종 정책문건과 통지, 방법, 해석 등 각종 규범성 문건을 시시각각 발표했지만, 이러한 산발적 규범과 정책위주의 제도운영이 오히려 민간자본 참여율 저조의 한 원인으로 작용하였다.[10] 그러므로 일대일로, 중국제조2025[11] 등 정책의 핵심인 인프라 건설사업을 국가경제 발전을 견인하는 중요한 과

---

7) 이는 영국의 경우, 정부 총지출 대비 PPP 관련 지출을 1%대로 설정하고 있음을 감안할 때, 중국정부의 투자가 상당함을 알 수 있다. 포스코경영연구원(2018.6), 중국PPP시장 전망과 시사점, 1면; KDB산업은행 미래전략연구소(2017.1), 외자기업의 중국 민관협력사업 기회 및 리스크 요인 분석, 19면.

8) 참여기업이란, 공공부문과 계약을 끝내고 사업을 확정했거나 이미 집행단계에 접어든 기업을 말한다. 민간기업에는 홍콩, 대만, 마카오 기업과 해외기업을 제외한다. 같은 보고서에 따르면 참여기업수 기준 홍콩, 대만, 마카오 기업의 참여율은 2-3%내외, 외자기업은 1-2%내외를 나타낸다.

9) 新浪财经, http://finance.sina.com.cn/stock/t/2016-12-15/doc-ifxytqec0912708.shtml, (검색일 2017.4.1); 财政部PPP中心, http://www.cpppc.org/zh/pppyw/4765.jhtml, (검색일 2017.04.01.); 喩文光, "PPP规则中的立法问题研究─基于法政策学的视角", 当代法学, No.2(2016), pp77-78; 冯建友·张红亮, "我国PPP模式的发展现状及对策分析", 中国市场, No.52(2016), pp56-57. 그 외에 정보공개 투명성 결여, 다양한 자본조달 제도 미비, 민간자본 참여 조건의 까다로움 등을 문제로 들고 있다.

10) 규범성 문건이란, 국가행정기관 또는 그 권한의 위임을 받은 조직이 법정권한과 절차에 따라 제정한 것으로 공민(국민)이나 법인 또는 기타조직에 대하여 보편적인 구속력을 가지는 법률, 행정법규, 규장 이외의 규범성 문건을 가리킨다. 이는 중국에서 정식의 입법행위를 거치지 않으며, 행정입법에도 속하지 않지만 현실적으로 정식의 입법이나 행정입법에 비하여 더욱 보편적이고 직접적으로 중국인의 생활에 영향을 미치고 있다. 중국 「국가행정기관공문처리판법」에서는 결정, 명령, 지시, 공고, 통고, 통지, 보고 등의 명칭을 예시로 들고 있다. 보통 법률, 행정법규 및 규장(規章)의 집행에 필요하거나 각급 행정기관이 당해 지역이나 당해 부문의 사정을 고려하여 제정하는 것이 대부분이다.

11) 「중국제조2025(中国制造2025)」는 중국 국무원이 지난해 발표한 정책으로 토목공사에 국한된 설비를 넘어 원자력발전·인프라 건설·해양플랜트 등 차세대 산업 발전의 기초가 되는 대형 설비 산업 육성

제로 인식하고 있는 현 중국정부 입장에서는 민간자본 투입 확대를 위한 PPP관련 제도의
법적 효력 강화와 통일법제 마련에 적극적일 수밖에 없다. 중국 국무원이 매년 발표하는
「국무원 입법업무계획」에서도 2017, 2018년 연속으로 PPP관련 법률 제정을 "국가개혁을
위해 조속히 추진해야 할 입법과제"로 인식하고 관련 부처－발전개혁위(国家发展和改革委员
会), 재정부(财政部), 법제판공실(法制办公室)－의 법률 제정을 촉구한 바 있다.

　　산재(散在)한 PPP관련 정책 및 각종 개별규범들의 통일 및 정리를 위해 해당 정책의 실
행과 감독을 전담하고 있는 발전개혁위를 중심으로 기타 5개 행정부문이 공동으로 2015년
「기반시설과 공공사업 특허경영관리 판법」(基础设施和公用事业特许经营管理办法)[이하 "특허경
영법"이라고 함]을 제정해서 현재 시행중에 있다. 이듬해 2016년 재정부는 「정부와 사회자본
합작법 입법예고안」(政府和社会资本合作法-征求意见稿)[이하 "PPP법안"이라고 함]을 발표하여 특
허경영법의 한계와 문제점들을 보완하고자 했다. 하지만 의견수렴절차 이후 수정안 또는
시행에 대한 공식입장이 발표되지 않고 있으며 오히려 기관 간, 법규 간 주도권 경쟁으로
번져 PPP입법에 대한 혼란을 가중시켰다. 이어서 2017년에는 국무원이 발전개혁위와 재정
부간 PPP사업에 대한 권한을 명확히 하고, 기존 두 법규 간 충돌문제의 해결을 목적으로
「기반시설과 공공서비스 영역의 정부와 사회자본 합작 조례 입법예고안」(基础设施和公共服
务领域政府和社会资本合作条例-征求意见稿)[이하 "PPP조례안"라고 함]을 발표하였다. 그러나 이
역시 입법예고 이후 현재까지 시행여부에 대한 공식적 내용이 발표되지 않고 있으며, 법안
의 일부 내용은 주관부처 간 권한을 더 복잡하게 만들고 있다는 비판도 있다. 이 때문에 생
겨난 제도공백과 위험부담이 고스란히 민간기업에게 전가되고 있는 실정이다.[12]

　　이 장에서는 우선 중국 PPP의 연혁과 제도화를 위한 정책들을 살펴보면서 중국 PPP의
전반적인 특징과 제도수립 과정을 알아본다. 이어서 중국 PPP사업의 주관기관인 발전개혁
위가 제정하여 시행중인 특허경영법과 재정부가 제출한 PPP법안의 입법배경과 특징 및 비
교연구를 통해 PPP해석에 대한 차이와 주요 쟁점사안들에 대해 분석한다. 다음으로 국무원
에서 발표한 PPP조례안의 내용을 살펴보고 특히, 이전 법규들과의 차이점 및 보완내용들을
통해 중국 PPP관련 입법의 방향과 메커니즘을 이해하고자 한다. 끝으로 본 연구를 바탕으
로 향후 한국기업의 중국 PPP사업 진출을 위한 몇 가지 제언으로 마무리 하고자 한다.

　　을 통해 제조 강국으로 나아가기 위한 전략을 담고 있다. 기존 일대일로 전략과 맞물려 중장비와 주
　　요 기계 설비 산업 발전 및 수출을 위한 대형 공사 프로젝트 수행을 장려하기 위한 정책으로 풀이된
　　다. 人民网. "李克强见全球圆桌峰会CEO代表吹了什么风", http://politics.people.com.cn/n/2015/0622/
　　c1001-27190022.html (검색일: 2016.10.3)
12) PPP조례안은 국무원이 제정한 법안으로 행정법규에 해당하는 반면, PPP법안은 재정부가 제정한 부문
　　규장에 해당한다. 법률효력 층면에서 본다면 국무원 산하기관인 재정부가 제정한 법안보다 국무원이
　　제정한 PPP조례안이 더 상위법이라고 할 수 있다.

Ⅱ. 중국 PPP 연혁과 제도화를 위한 정책

1. 중국 PPP 의의 및 발전 연혁

중국에서는 PPP를 '정부와 사회자본 합작(政府和社會資本合作)'이라 지칭하고, 그 의의를 "정부가 특허경영권, 가격결정, 정부보조 등 사전에 공개적인 수익약정규칙을 통해 사회자본이 도시기반시설 등 공익성 사업에 대한 투자와 운영에 참여하게 하고, 그 수익공유와 위험분담을 특징으로 공공부문과 민간부문이 시너지를 발휘하여 공공재화와 서비스의 질과 공급의 효율을 높이는 것"으로 설명하고 있다.[13] 하지만 공유(公有)경제와 비공유경제가 결합되어 있는 "사회주의 시장경제"체제를 채택하고 있는 중국의 PPP는 민간부문, 즉 사회자본이라고 일컫는 "Private"의 의미가 일반적 개념과는 조금 다르다.

중국 재정부와 발전개혁위가 각각 발표한 「정부와 사회자본 합작 방식 시행지침(政府和社會資本合作模式操作指南)」과 「정부와 사회자본 합작사업 표준계약지침(政府和社會資本合作項目通用合同指南)」에서 규정하고 있는 사회자본의 범위를 보면, 전자는 "법에 따라 설립된 유효한 법인자격을 갖춘 기업으로 민영기업, 국유기업, 외국기업과 외상투자기업을 포함한다. 단, PPP사업을 주관하는 지방정부 산하의 투융자회사 및 이를 지배하는 기타 국유기업(상장회사는 제외)은 사회자본으로서 해당 지방정부 PPP사업에 참여할 수 없다."고 밝히고 있으며, 후자는 "사회자본은 조건에 부합하는 국유기업, 민영기업, 외상투자기업, 혼합소유제기업 또는 기타 투자 및 경영 주체"이며, 그 조건으로는 명칭, 주소, 법으로 정한 대표(法定代表人)가 있어야 하고, 사업기간 동안 그 자격과 조건을 유지하는 것이다. 현재 시행중인 특허경영법에서는 역내 법인 또는 기타조직을 사회자본으로 보고 있다.

각 기관별로 사회자본의 범위에 대한 규정에 약간의 차이가 있지만 일반적으로 중국에서 사회자본의 범위는 법인형태의 국영기업, 민영기업, 혼합소유제기업, 외국기업과 외상투자기업 등 각종 기업형태를 포함한다. 즉, 중국은 일반적으로 PPP에서 "Private"이 강조하는 공공부문과 협업하는 주체가 '민간경제(혹은 민간자본)'라는 특성을 강조하지는 않는다는 것이다.[14] 이는 중국이 아직까지 개혁개방 이전 공유제하의 국유기업들을 민영화 내지 구조조정하기 위한 '국유기업개혁' 작업을 진행 중이며, 실제로 국유기업 내지 국유지주회사의 비중이 높다는 현실을 감안하면 중국 특색의 PPP 정의로 이해될 수 있다.

13) PPP에 대한 중국 정부의 공식적인 정의로 2015年 「정부업무보고」(政府工作報告)약어주해(注解)에서 다음과 같이 설명하고 있다: "政府和社會資本合作 (PPP, Public-Private-Partnership的縮寫) 模式：指政府通過特許經營權, 合理定價, 財政補貼等事先公開的收益約定規則, 引入社會資本參與城市基礎設施等公益性事業投資和運營, 以利益共享和風險共擔爲特征, 發揮雙方優勢, 提高公共産品或服務的質量和供給效率." 中國政府網, http://www.gov.cn/xinwen/2015-03/13/content_2833362.htm (검색일: 2017.7.11.)
14) 溫來成,宋樊君, "我國 PPP法律制度建設現狀, 問題及對策建议", 財政監督, No.4 (2017), p.11.

중국은 개혁개방정책을 채택한 80년대 중후반에 이르러 사회기반시설 사업에 PPP방식을 도입하기 시작했다. 당시 중국은 경제 불황을 타개하기 위해 도시화와 산업화를 위한 사회기반시설 확충이 필요했지만 지방과 중앙정부의 재정 건전성은 악화되어 있었다. 그러므로 이 시기에는 주로 외자기업들이 대부분의 출자의무를 지는 BOT(Build-Operate-Transfer)방식으로 PPP사업을 수행했고, 관련 규범이 전무했기 때문에 사업은 별도의 입찰절차 없이 계약당사자 간의 협의로 진행되었다. 사업에 대한 관리감독 역시 사업을 시행하는 해당 지방정부의 재량에 맡겨져 중앙의 통제를 거의 벗어나 있었다. 1995년에 이르러 국가계획위(現 발전개혁위), 전력부(电力部), 교통부가 공동으로 「외상투자특허권사업에 대한 심사비준 관리 시범운영 관한 문제의 통지」(关于试办外商投资特许权项目审批管理有关问题的通知)를 발표하여 2000년도 초반까지 관련 사업에 대한 법적 근거로 활용되었다.[15] 이후 중국의 시장경제체제가 자리를 잡게 되면서 PPP 운영에 있어서도 시장화의 특징―사업자 선정을 위한 공개입찰절차 도입 등―이 나타나게 되었고, 경제성장에 따라 다수의 PPP사업들이 계획 및 시행되었다.[16] 하지만 2008년 글로벌 금융위기로 인해 PPP를 주도하던 외자기업들의 투자능력이 약화되고, 중국 민간경제 부문의 신용도가 하락하면서 은행으로부터의 자금조달이 어려워져 상대적으로 신용도가 높은 국유기업으로 은행자금이 몰리게 되었다. 이에 따라 외자기업이 주도하던 중국 PPP가 국유기업 위주로 전환되고, 민영기업과 외자기업들이 공정한 경쟁을 기대하기 힘든 환경으로 변모했다.[17]

그러나 2013년 이후 중국의 일대일로 정책 확산과 함께 도시화가 급속히 진행되는 가운데 지방정부의 부채문제가 악화되고, 경제성장률이 하락하기 시작하면서 기존의 속도 위주의 외향적 경제성장 방식에서 안정적이고 질적인 성장을 추구하는 내수 위주의 구조로 전환하기 위한 정책이 마련되었다.[18] 이에 따라 빈부격차 해소와 민간경제 회복을 통한 내수 진작의 효과를 위해 투자의 다양성을 확보하는 문제가 대두되면서 PPP방식으로의 경제발전에 주목하기 시작했다.[19] 특히 2013년 중국 공산당 18기 중앙위원회 3중전회(三中全会)

---

15) 冯建友, 张红亮, 위의 글, pp.55-56.
16) 국제무역연구원, "중국 민관협력사업 추진 전망 및 진출시 고려사항", *Trade Focus*, No.5 (2016), p.3.
17) 사실 이전부터 입찰(사업자 선정)관련 제도의 미비, 그리고 지방정부와 기업들 간의 관행―예를들어 '꽌시'문화―이 온존하고 있다는 비판을 받아왔고, 이에 법적 안정성 문제가 끊임없이 제기되어 왔다. 彭涛, "论公私合作伙伴关系在我国的实践及其法律框架构建", *政法论丛*, No.6 (2006), pp.80-87; 정하영, "중국의 정부조달제도: 조달행정과 관례의 현황 및 문제점을 중심으로", 한국정책연구, 제5권 2호 (2005), 171-188면 참고.
18) 2014년 9월 국무원이 발표한 「关于加强地方政府性债务管理的意见」과 재정부의 「地方政府存量债务纳入预算管理清理甄别办法」 등이 지방정부의 부채관리강화를 위한 방안으로 PPP를 장려하는 내용을 담고 있다.
19) 대외경제정책연구원, 최근 중국의 민관협력사업(PPP) 추진 현황 및 평가와 전망, KIEP 북경사무소 브리핑, 2017년 1월, 3-5면.

를 통해 "전면적인 개혁심화(全面深化改革)" 즉, 각종 국가 개혁과제들의 전면적인 추진과
발전에 대한 내용을 발표하고, 그중 도시-농촌 간의 균형발전을 위한 도시화 사업에서 민
간자본의 참여를 촉진하기 위한 정부의 대책마련을 촉구하는 내용을 포함시켰다.[20] 당시
PPP사업 수주에서 국유기업이 상대적으로 유리한 입지를 가지고 있어 민간기업의 사업진
출 의지를 꺾고 있었고, 실제로 경쟁에서 밀리는 사례가 속출했다.[21] 이에 국유기업과 민간
기업 간 공평한 경쟁이 가능한 환경을 만들어 주는 것이 중국정부의 PPP제도 확립의 주요
목표 중 하나가 되었고, 재정부와 발전개혁위 등 관련 기관이 본격적인 PPP제도 개혁 작업
에 착수하기 시작했다.[22] 그 구체적 내용들을 아래에서 살펴보도록 하겠다.

2. 현행 중국 PPP관련 법령

　중국의 현행 PPP관련 법령들을 살펴보면 다음과 같다. 그 효력을 기준으로 최상위의
헌법과 그 아래 법률로서 정부조달법(政府采购法), 입찰법(招标投标法), 건축법, 도로법 등 각
종 시설관리법과 그 외 계약법, 민법통칙, 회사법, 민사소송법, 행정소송법 등 법률이 PPP
에 적용될 수 있지만 직접 PPP를 규제하는 법률은 없다. 법률 아래로는 행정법규, 부문규장
(部門規章) 및 기타 규범성 문건 등 하위 법원(法源)들이 존재하며, 지방의 경우 각급 인민정
부에서 제정하는 지방성법규와 지방성규장이 있다.[23] 현재 대부분의 PPP사업들은 국무원
의 정책문건과 행정법규, 지방정부의 자치법규와 정책의견, 각 부처(발전개혁위, 재정부, 건설
부, 환경부, 교통부 등)와 국책금융기관(인민은행, 국가개발은행, 은행관리감독위원회 등)의 부문규
장 및 정책의견 등을 통해 운영되고 있다. 현행 특허경영법과 2016년 제출된 PPP법안 역시
발전개혁위와 재정부가 각각 그 제정 주체로 되어 있으므로 모두 부문규장에 속한다고 할
수 있다. PPP제도 수립과 그 집행은 국무원을 중심으로 그 산하 기관인 재정부, 발전개혁위
가 각각 주도적 역할을 하고 있어 현행 PPP를 직접 규율하고 있는 관련 법령은 이 두 부문
이 제정한 부문규장이 대부분이다. 하지만 중국의 입법법(立法法) 제89조에 따르면 지방성

---

20) 「中共中央关于全面深化改革若干重大问题的决定」의 '健全城乡发展一体化体制机制' 부분 참고.
21) 财政部PPP中心, "简述PPP模式下民资, 国资公平竞争的问题", http://www.cpppc.org/zh/plt/3705.jhtml
　　(검색일: 2017.6.28)
22) 温来成·宋樊君, 앞의 글, 14면.
23) 중국 법원(法源)은 최고의 규범적 효력을 가지는 헌법을 시작으로 법률, 행정법규, 지방성법규, 자치조
　　례와 단행조례, 부문규장과 지방정부규장 등의 순으로 효력이 발생한다. 그 제정주체에 따라 전국인민
　　대표대회 및 그 상무위원회가 제정한 경우 법률에 속하며, 전국인민대표대회 상무위원회의 법률해석
　　도 법률의 범위에 들어간다. 국무원 및 지방의 전국인민대표대회에서 제정한 경우 각각 행정법규와 지
　　방성법규에 속한다. 국무원의 각 부·위원회 및 중국인민은행과 행정권한을 가진 직속기구는 그 권한
　　의 범위 안에서 법률과 국무원의 행정법규·결정·명령에 근거하여 헌법·법률 또는 행정법규보다 그
　　효력의 순위가 낮은 규장(規章)을 제정·공포할 수 있는데, 이를 부문규장(部門規章) 또는 부위규장(部
　　委規章)이라고 한다.

법규(또는 자치법규)는 지방정부규장의 상위법이라고 규정하고 있으며, 동법 제91조에는 중
앙의 부문규장과 지방정부규장의 효력이 같다고 규정하고 있다. 이는 즉, 부문규장이 지방
성법규나 지방정부규장과 불일치할 수 있고, 이로 인해 지방정부의 계약경시 등의 문제가
발생가능하며, 실제로도 이같은 일이 일어나고 있다는 것이다. 부문규장보다 법적 효력이
강한 행정법규 내지 법률의 형태로 제정하여 민간이 보다 안정적으로 PPP사업에 참여할 수
있는 법적기반을 마련해야 한다는 목소리가 강하다.

　　물론 규범성 문건이나 부문규장 등은 그 발효절차가 법률보다 간소하여 신속한 시행을
가능케 하지만 현재와 같은 두 기관 간 경쟁적 법규제정은 관할 부처 지정과 정책 간, 또는
규범 간의 충돌 및 혼선을 피할 수 없다.[24] 이러한 규제방식에 내재하는 위험성은 고스란히
PPP사업 주체들에게 전가되고 있는데, 특히 시행주체의 양 축인 정부와 민간사업자 중 본
사업의 특성상 민간부문의 위험부담이 훨씬 높을 수밖에 없다.

3. 현행 PPP제도의 구축과 관련된 규범성 문건과 통일입법을 위한 정책

　　2013년 이후 중앙정부 차원에서 PPP방식의 기반시설사업을 적극 장려하면서 다수의
PPP관련 정책문건과 행정법규가 쏟아져 나왔다.[25] 그중 대표적 문건을 살펴보면, 우선
2014년 국무원이 발표한 「중점 영역 투융자체제 혁신을 통한 사회투자 촉진에 관한 지도의
견」(关于创新重点领域投融资机制鼓励社会投资的指导意见)[国发(2014)60号]이 있다. 이는 PPP정책
의 구체화 및 제도화와 PPP사업 확대를 위한 거시적 정책목표를 제시한 최초의 정책문건이
라 할 수 있다. 공공서비스, 자원과 환경, 생태보호, 기초시설 등의 영역에서 PPP 추진을 적
극 지지하고 PPP사업 참여주체 간 협력관계와 수익보장의 규범화, 위험분담과 감독체계 및
기업퇴출제도 정비 등을 위한 정책구상과 부처별 업무분담계획을 담고 있다.

　　2015년 국무원은 다시 「공공서비스영역의 정부와 사회자본 합작 형식 확대에 관한 지도
의견」(关于在公共服务领域推广政府和社会资本合作模式的指导意见)[国办发(2015)42号]을 발표했는데,
国发(2014)60号 문건과 함께 PPP를 통한 효율적이고 양질의 공공서비스 제공 확대와 공공이
익의 최대화를 위한 정책과제를 담고 있다. 두 문건은 국무원이 발표한 중앙정부 차원의
PPP촉진 정책의 방향을 제시하고 있어 산하 부처들과 지방정부의 구체적 PPP제도의 수립
과 시행에 있어서 중요한 의의를 가진다고 할 수 있다. 国办发(2015)42号는 공공서비스 분야
에서 PPP형식의 사업 비중을 점차적으로 높여나가야 하며, 사업선별, 준비, 입찰(사업자 선

---

24) 李明超, "PPP中政府多重角色冲突及其他化解的法律机制研究", 福建行政学院学报, No.6 (2016), pp.24-
　　25.
25) PPP研究中心, "许昆林 : 确保民营企业真正敢投资PPP项目", http://www.pppcenter.org.cn/llyj/zcjd/201703/
　　165317cp4.html (검색일: 2017.7.1)

정 및 계약), 집행, 이전 등 PPP사업 각 단계별 이행과 그 과정을 명확히 하여 민간자본의 참여를 촉진해야 한다고 명시하고 있다. 또한 재정관리, 사업관리감독, 가격조정, 법규체제 등에서의 개선사항들을 열거하고 있다.[26] 특히 PPP사업 참가 기업에게 세제혜택을 주고, 금융감독관리 부처가 PPP사업 참가 기업에게 다양한 융자 플랫폼을 제공할 것과 정책성 금융기관의 해외 PPP사업에 대한 적극적 지원을 촉구하고 있다. 기존 国发[2014]60号의 정책기조와 더불어 민영기업들의 PPP참여율 저조와 관련하여 가장 큰 문제로 지적되고 있는 다양한 자금 확보 수단의 마련과 금융기관들의 지원, 계약보호, 합법적 권익보장을 위한 법률제도 개선 등을 다시 한 번 강조하고 있는 것이다.

국무원이 큰 틀에서 PPP제도 마련을 촉구했다면 그 산하 재정부는 2014년 「정부와 사회자본 합작(PPP)방식의 운영 확대에 관한 문제점의 통지」(关于推广运用政府和社会资本合作模式有关问题的通知)를 발표하여 PPP계약의 표준화, 투자와 조정체계, 분쟁해결절차 등을 포함한 PPP 전문(專門) 입법과 기존 관련 법률의 개정추진을 예고했다. 같은 해 12월 발전개혁위도 国发(2014)60号 정책에 근거하여 「정부와 사회자본 합작 확대에 관한 지도의견」(关于开展政府和社会资本合作的指导意见)[发改投资(2014)2724号]을 발표하고 PPP운영에 관한 원칙 - 계약당사자 권익보호, 정보공개, 합리적 위험분담 등 - 과 PPP사업 범위, 부처 간 사업검증 연계, 계약자 선정, 가격관리, 사업성평가 및 계약보호 등 사업관리에 대한 요구사항과 원칙들을 명시하였다. 특히 PPP 표준계약서와 사업진행에 관한 월말보고서 작성지침을 붙임 문서로 포함하여 참고하도록 하였다. 이를 바탕으로 이듬해인 2015년 특허경영법을 공포하여 현재까지 PPP관련 최상위 법령으로서 시행되고 있다.[27] 하지만 중국은 중앙 외 지방법규까지 상당수의 PPP관련 정책들이 쏟아져 나오고 있으며 시행법인 특허경영법과의 충돌도 상당부분 발생하고 있어 그 적용에 있어 일관성이 떨어지는 문제점이 있다.[28]

성문법 국가인 중국에서 입법을 통해 PPP를 규율하고 제도운영의 명확성 및 확실성을 보장하고, 법적 위험을 해소하며 정부기관의 책임권한을 분명히 하는 것은 제도 확립을 위해 필수불가결한 요소이다. 물론 PPP제도의 복잡성과 중국에서 중앙부처의 규범성문건과 정책문건이 법적 강제력을 가진다는 점을 감안하면, 정책문건은 향후 입법을 위한 중요한 도구이며 정식 법률 공포 후에는 정책문건이 반대로 추상적이고 경직된 법률해석을 보조해줄 도

---

26) 본 문건 11항의 법규체계 개선(完善法律法规体系)에서 정부출자에 대한 법적 근거와 출자의 성질, 정부와 사회자본간의 권리와 책임관계를 명확히 해야 한다고 명시하고 있다.

27) 法制日报: "特许经营立法加速 或在今年三季度上报国务院: 为推动PPP改革提供法律保障", http://epaper. legaldaily.com.cn/fzrb/content/20160419/Articel10002GN.htm (검색일: 2018.7.20)

28) 지방법규의 예로 중국 샨시성(山西省)의 경우, 山西省政府投资项目竣工验收管理办法(샨시성 정부투자사업 준공 검수관리 판법), 山西省人民政府办公厅关于推进城市地下综合管廊建设的实施意见(샨시성 인민정부판공청의 도시지하 종합 배관망 건설 촉진에 관한 실시의견) 등이 있으며 각 지방마다 구체적 PPP사업에 대한 상당수의 지방법규 및 자치조례 등을 마련해 두고 있다.

구로 쓰일 수 있다.[29] 하지만 현재 중국의 경우 중앙정부의 각 부처에 대한 수권내용 자체도 명확하지 않으며 중첩된 정책문건 발표는 정책시행 부처들 간의 책임소재와 각각의 입법내용에 있어서도 차이를 가져와 결국 법집행기관과 이행주체들 간의 혼란을 가중시키고 있다.[30]

Ⅲ. 특허경영법과 PPP법안 제정 배경과 특징

1. 발전개혁위의 특허경영법 제정 배경

발전개혁위는 재정부와 함께 중국 PPP제도의 확립과 사업집행을 담당하는 중앙의 주축기관 중 하나이다. 중국 개혁개방 초기인 1980년도부터 시작된 중국의 PPP사업은 외국자본과 정부의 BOT 또는 BOO(Build-Own-Operate) 형태의 PPP사업이 주를 이루었다.[31] BOT와 BOO처럼 주로 사업시행자가 재정부담까지 전담하는 투자개발형식의 PPP를 '특허경영'이라 칭하고 발전개혁위에서 해당 사업의 시행과 관리를 주관해왔다. 최근에는 민간기업의 투자환경 개선, PPP분야 확대, 민간기업의 수익보장제도 강화 등을 위한 정책을 주로 발표면서 민간 참여율 확대에 주력하고 있다.[32] 2015년 4월 국무원과 그 산하 부처의 기존 정책을 바탕으로 PPP의 통일규범 마련을 위해 발전개혁위를 중심으로 재정부 등 5개 부처가 공동으로 특허경영법을 제정하였다. 특히 본 법의 "특허경영협의"[이는 한국의 실시협약에 상응하는 것이므로 이하 '실시협약'이라고 함]의 내용은 발전개혁위가 2014년에 발표했던 发改投资[2014]2724号 붙임2의 「정부와 사회자본 합작 사업 통용계약지침」 내용을 일부 수용한 것이다.[33]

발전개혁위가 특허경영의 개념을 차용한 데 대해서는 30여 년 동안 행해진 PPP사업에서 기본적으로 사용되었던 개념이며 중앙과 지방의 대다수 정책과 규범은 이 특허경영을 그 적용대상으로 정하고 있으므로 기존의 개념을 사용함으로써 정책의 일관성과 연속성을

---

29) 규범성 문건에 대한 설명은 본 장 각주 9 참고.

30) 중국정법대학교 민상경제법학원 교수 菅晓峰는 한 회의(PPP法治建设国际研讨会)에서, PPP관련 법원(法原)이 많을수록 규제하는데 더 불리하게 작용될 것이라고 지적했다. 또한 현재 중국의 PPP관련 법원은 이미 충분하므로 이들의 개정 및 수정을 진행하면 될 것이지 다시 새로운 체계를 만들 필요는 없다고 밝혔다. 해당 회의관련 http://www.cpppc.org/zh/pppyw/3078.jhtml (검색일: 2018.7.24).

31) BOO(Build-Own-Operate)의 경우 BOT와 동일하지만 계약기간 만료 후에도 민간이 사업에 대한 권리를 계속 확보하는 것이다. 이처럼 민간이 재정부담까지 하는 BOT와 BOO형식이 전체 사업의 79%를 차지하고 있다. 국제무역연구원, 앞의 글, 5-13면.

32) 민간기업 PPP참여 촉진을 위한 정책 소개는 PPP研究中心, http://www.pppcenter.org.cn/llyj/zcjd/201703/165317cp4.html (검색일: 2017.4.1.) 참고.

33) 특허경영협의(特许经营协议)는 한국의 사회기반시설에 대한 민간투자법이 규정하고 있는 실시협약으로 볼 수 있으며 이하에서는 비교분석과 이해의 편의를 위해 '실시협약'으로 지칭한다. 发改投资[2014]2724号의 내용은 본고 Ⅱ.3. 내용 참고.

유지하고 집행하는 데 유리하기 때문이라고 밝혔다.[34] 본 법은 총 8장 59개의 조문으로 되어 있으며, 제1장 총칙을 시작으로 실시협약 체결, 실시협약 이행, 실시협약 변경과 해지, 감독관리와 공공이익 보장, 분쟁해결, 법률책임, 부칙으로 구성되어 있다.

2. 재정부의 PPP법 입법예고안

재정부는 중국이 90년대 외자기업을 통한 사회기반시설 건설 때부터 관련 사례와 국내외 입법 자료들을 수집하여 PPP 제도화를 위한 연구를 전개해 왔다. 하지만 PPP 제도화를 위해 본격적으로 나선 것은 발전개혁위와 마찬가지로 일대일로 정책을 중심으로 한 도시화 사업이 경제발전의 핵심과제로 인식되고 있는 시진핑 정권에 들어와서 부터이다. 2014년 제도화를 위한 공식적인 테스크포스(TF)를 구성하여 각계 전문가의 의견수렴 작업을 거쳐 입법초안을 작성하였다. 이후 영국 재정부, 호주 재정부, 캐나다 PPP센터, 세계은행 등과의 교류를 통해 PPP 선행입법과 사업경험, 발전방향 등을 모색하고, 특히 2014년 이후 실행된 다수의 PPP사업에 대한 지도 및 감독을 통해 지방정부와 사업시행자들로부터 의견 수렴과 정을 거쳐 2016년 6월 입법예고안을 발표하기에 이르렀다. PPP법안은 총 7장 59개의 조문으로 되어 있으며 제1장 총칙을 시작으로 정부와 사회자본 합작사업의 수립, 정부와 사회자본 합작 협의, 정부와 사회자본 합작사업의 시행, 관리감독과 분쟁해결, 법률책임, 부칙으로 구성되어 있다.

3. 제정기관의 성격과 제정법규의 특징

발전개혁위 특허경영법의 경우 기존 중국특색의 PPP형식을 계수하는데 집중했다면 재정부의 입법안은 해외 관련 기관들과의 협력을 통해 최근 전 세계 PPP의 추세와 국제적으로 형성되어 있는 규범을 도입하는데 집중했다고 할 수 있다.

또한 집행기관의 방향성과 성격을 보면 발전개혁위의 경우, 중국의 경제성장 실현을 위원회의 최고목표로 두고 있으므로 PPP사업의 수량과 전개속도에 더 집중하고 있다. 그 정책문건을 보면 안정적인 경제성장을 추진하면서 PPP적용 대상사업을 노인복지, 의료, 공공서비스, 철도, 공공주택, 도시 순환도로 등으로 확대하고 다양한 플랫폼 형성과 PPP사업에 대한 금융혜택 제공을 위한 금융부문의 지지를 촉구하고 있다.[35] 반면 재정부의 경우 PPP의 절차와 운영과정의 규범화에 초점을 맞추어 재정위험 방지와 PPP사업의 건전성, 사

34) 발전개혁위의 특허경영법 공표에 대한 기자간담회 내용은 http://www.china.com.cn/zhibo/2015-05/05/content_35481964.htm?show=t(검색일: 2017.05.23.)참고.

35) 관련 문건으로 「关于鼓励和引导社会资本参与重大水利工程建设运营的实施意见」, 「关于开展重大市政工程领域政府和社会资本合作(PPP)创新工作的通知」, 「关于运用政府和社会资本合作模式推进林业建设的指导意见」, 「关于推进农业领域政府和社会资本合作的指导意见」 등이 있다.

업성 및 재정평가 등에 집중하고 있으며, 지방정부의 채무관리 및 통제, 자금지출 그리고 정보공개를 통한 PPP사업 관리 강화에 집중하고 있음을 알 수 있다.[36] 특히 특허경영법의 가능성평가(可行性评估)[특허경영법상의 적격성평가]에 있어서도 필요시 재정부의 가치평가(物有所值评价)[PPP법안상의 적격성평가]와 재정건전성평가를 차용할 수 있는 근거조항을 마련함으로써 재정관리 부분에서는 재정부의 역할이 더 강하다는 것을 알 수 있다.

Ⅳ. PPP관련 법령 비교 및 주요 쟁점: 특허경영법, PPP법안, PPP조례안 비교

본 장에서는 우선 PPP법안과 특허경영법의 비교를 통해 법률속성 및 PPP에 대한 해석, PPP사업 범위, PPP사업 평가, 사업시행자 선정, 분쟁해결에 대한 내용과 쟁점사안들을 살펴본다. 이를 바탕으로 두 번째 법안인 PPP조례안에서 수정 및 보완된 사안들을 살펴보고 향후 중국 PPP입법의 방향에 대해 논의해 본다.[37]

1. 법률의 속성과 PPP 해석에 있어서의 상위(相違)

PPP법 입법예고안(2016년 6월)	특허경영법
제1조 정부와 사회자본 간의 합작을 규범화하고, 공공 재화 및 서비스의 공급방식을 혁신시키며, 사회자본의 공공 재화 및 서비스 제공 사업에 대한 참여 확대와 해당 공공 재화 및 서비스의 질과 효율을 향상시키기 위해 본 법을 제정한다.	**제1조** 사회자본의 기반시설 건설과 공공사업 운영에 대한 참여를 독려하고 공공 서비스의 질과 효율 향상과 사업시행자의 합법적 권익과 공공의 이익 및 안전을 보장하여 경제사회의 지속가능한 발전을 촉진시키기 위해 본 법을 제정한다.
제3조 본 법에서 "정부와 사회자본 합작(政府和社會資本合作)"이란, 정부와 사회자본 간 협력계약(合作协议)의 방식으로 공공 재화와 서비스를 제공하는 행위를 말한다.	**제3조** 본 법에서 "특허경영(特许经营)"이란, 정부가 중화인민공화국 역내외 법인 또는 기타 조직에게 경쟁방식을 통해 법적 권한을 부여하여, 협의를 통해 권리의무와 위험분담을 명확히 정하고, 일정 기한과 범위 내 기반시설과 공공사업의 건설운영(建设运营)에 대한 투자와 수익을 약정하여 공공 재화 또는 서비스를 제공하도록 하는 것을 말한다.

* PPP법과 특허경영법의 규정을 저자가 번역하여 정리한 것임.
** 한국의 민간투자법을 기준으로 번역하되, 원어가 필요할 경우 괄호에 병기함(이하 동일함).

---

36) 新浪财经, "解读中国式PPP十大痛点：主管机构交叉　权责利界限难分", http://finance.sina.com.cn/china/gncj/2016-06-13/doc-ifxszkzy5213693.shtml (검색일: 2017.7.28.).

37) 본문에서의 'PPP조례'는 행정법규의 범주에 들어가므로 자치법규로 분류되는 한국의 조례와는 그 성질과 법적효력이 다르다. 중국에서는 제정주체에 따라 같은 '조례'라도 그 법적효력이 다르다. 중국 국무원이 제정하는 행정법규는 조례(条例), 규정(规定), 판법(办法) 등의 명칭으로 헌법과 법률에 근거하여 제정되는 것이 일반적이다. 물론 한국과 같은 자치법규로서의 자치조례와 단행조례 등도 존재한다.

PPP는 재정부와 발전개혁위에서 각각 '정부와 사회자본의 합작'과 '특허경영'으로 지칭되고 있다. 재정부와 발전개혁위는 국무원 산하기관으로서 그 상하관계에 있어서는 동급기관이며, 이들이 제정하는 법규는 부문규장의 효력을 가진다.[38] 각 법이 규정하는 PPP의 정의와 해당 협력계약의 성격을 구체적으로 살펴보면, PPP법안의 실시협약(또는 계약)은 정부와 민간부문이 체결하는 것으로 그 이행단계에서 정부와 민간부문이 평등한 계약당사자로서의 지위를 가지고 각자의 권리와 의무를 부담하는 쌍무계약의 성격을 가진다. 즉, PPP 법안에서는 실시협약을 통해 사업시행자의 투자 및 회수를 기준으로 사용료, 수익률, 수익기간, 위험분담 등 사업시행조건을 정하여 사업시행자 출연의 동일가치를 보장해주기 위한 규정들을 삽입해 놓고 있다. 또한 계약당사자간 분쟁에 있어 민사소송 또는 중재를 통한 해결을 규정하고 있으므로 계약에서 달리 규정하지 않는 한 그 계약은 사법적 성격이 강하다고 할 수 있다.

반면 특허경영법에서 규정하는 '특허경영'의 경우, PPP의 대표적 형식인 BOT방식을 기본으로 발전된 개념으로서 정부의 허가를 전제로 민간이 재원을 투자하고 사업을 운영하며 정부는 협의사항의 준수여부를 점검하게 되므로 일부 행정적 성격을 가지게 된다. 그러므로 특허경영법상의 계약은 공법상 계약의 성질이 더 강하다고 볼 수 있다. 이와 같은 PPP 개념에 대한 상이한 해석은 현 중국 PPP관련 법제의 혼란을 가져온 주요원인 중 하나로 볼 수 있다. 분쟁해결 부분에 있어서도 이러한 공법과 사법의 구분이 법률 적용과 집행에 있어서 문제를 야기하고 있다.[39]

한편, 특허경영법상의 '특허경영'의 정의가 PPP법안의 'PPP'의 정의보다 비교적 구체적이고 운영형태의 특징과 '경쟁'을 통한 사업자 선정 과정도 잘 강조하고 있다고 볼 수 있다. 하지만 이에 대해 국무원은 PPP를 공공서비스 제공시스템의 커다란 혁신으로 보고, "정부가 경쟁을 통해 투자, 운영 및 관리능력이 있는 민간자본을 선택하고, 평등협상원칙에 따라 계약을 체결하여 그 권리관계를 명확히 하여 해당 민간자본은 공공서비스를 제공하고, 정부는 그 운영성과에 대한 평가를 통해 대가지불 및 합당한 수익을 보장해 주는 것"이라고 정의함으로써 재정부가 정의한 PPP에 더 가까운 입장을 취하고 있다.[40] 실제로도 중국 PPP 사업에 있어서 BOT와 BOO형태가 절대다수였던 과거와는 달리 최근 5년 간 TOT(Transfer-Operate-Transfer), 위탁운영, BLT(Build-Lease-Transfer) 등 다양한 형태의 PPP가 증가하고 있어 이러한 현 상황을 반영한다면 향후 중국 PPP법제에 있어서도 특허경영의 개념이 확대될

---

38) 그러나 부문규장이 국무원의 비준을 거치면 행정법규과 같은 효력을 갖는다. 중국의 법률체계와 관련해서는 각주 22 참고.
39) 분쟁해결에 대한 내용은 본절 5.에서 다시 살펴보도록 한다.
40) 관련내용은 国办发[2015]42号 '정부와 사회자본 합작형식(政府和社会资本合作模式)'의 정의 부분 참고.

것임이 분명하다.[41)]

2. 대상 사업범위의 충돌: 사회기반시설과 공공서비스의 경계 모호

PPP법 입법예고안(2016년 6월)	특허경영법
제2조 중화인민공화국에서 행해지는 정부와 사회자본 합작(PPP)에 본 법을 적용한다. **제10조** PPP사업은 기반시설 분야의 사업과 공공서비스 분야의 사업을 포함한다. 기반시설 분야의 사업은 도로, 철로, 항구, 공항, 도시순환교통, 수도공급, 난방, 매연과 폐수처리 등을 포함하고; 공공서비스 분야의 사업은 환경보호, 대기오염처리, 교육, 공공의료와 보건위생, 노인복지서비스, 공공주택, 행정사업단위의 시설유지보수 등을 포함한다.	**제2조** 중화인민공화국에서 행해지는 자원, 교통운수, 수로, 환경보호, 시정(市政)토목 등의 기반시설과 공공사업 분야의 특허경영활동에 본 법을 적용한다.

위 비교에서 특허경영법 제2조에서 설정하고 있는 사업범위가 PPP법안 제2조의 범위보다 넓고 포괄적이며 모든 PPP사업에 유동적으로 적용될 수 있어 보인다.[42)] 그러나 중국정부는 이와 관련한 몇 가지 정책문건을 추가로 발표하면서 그 법 해석에 있어 혼선을 초래하고 있다.

우선 사업범위 설정과 관련한 정책으로 발전개혁위는 2016년 「기반시설 분야의 정부와 사회자본 합작의 효과적 시행 관련 업무에 대한 통지」(关于切实做好传统基础设施领域政府和社会资本合作有关工作的通知)를 발표했다. 여기에는 각 지방의 발전개혁부문은 자원, 교통운수,

---

41) TOT(Transfer-Operate-Transfer)란, 정부가 기존 시설의 권리를 민간에게 양도하여 계약기간동안 운영, 서비스 제공 등을 책임지면서 운영권을 보유하다가 계약기간 만료 후 사업에 대한 권리를 공공에게 이전하는 것이다. BLT(Build-Lease-Transfer)는 사업 시행자가 사회 기반 시설을 준공한 후 일정 기간 타인에게 임대하고 임대 기간 종료 후 시설물을 국가 또는 지방자치단체로 이전하는 방식으로 운영은 정부 규제 하에 수행된다.

42) 참고로 한국이나 기타 여러 나라에서는 PPP적용대상 사업의 범위를 규정하는데 있어서 열거주의를 채택하고 있는데, 이는 PPP 범위를 지나치게 넓게 잡아 공공부문의 채무를 늘릴 필요가 없을뿐더러 PPP의 목적은 공공재화와 서비스 제공의 효율성을 제고시키는 것이므로 그 목적을 달성할 수 없는 사업까지 확장할 필요성이 없기 때문이다. 喩文光 역시 그의 논문에서 완전 공익성 사업은 수익창출을 목표로 하고 있지 않으므로 민간자본은 결국 정부의 재정적 지원이나 서비스 구매로부터 투자금을 회수하게 되고, 또한 완전 시장화된 분야는 이미 시장경쟁체제가 구축되어 있어 시장주체들 간의 공평한 경쟁을 통해 시장진입이 가능하다. 그러므로 이 같은 사업에 대한 PPP적용은 정부재정 관리 및 효율성 증대와는 거리가 있다는 견해를 밝히고 있다(喩文光, 앞의 글, 90면). 결국 특허경영법보다 PPP법안의 규정이 오히려 더 효과적인 규제방식이라고 보는 것이다. 그러나 열거주의를 취하고 있는 한국에서는 현재 민자투자 대상사업의 범위규정(민간투자법 제2조)을 포괄주의 규정으로 변경하여 대상사업의 범위를 더 확대해야 한다는 움직임도 일부 있다(박용석, "2015 민자시장 과제", 글로벌 건설리더스, 한국건설경영협회, 1월호 (2015), 7-11면).

수로, 환경보호, 농업, 임업 및 시정토목공사 등 각 분야의 해당 주무부처와 함께 기반시설 영역에서 PPP사업을 지지해야 한다고 명시하고 있다. 이와 함께 상기한 7개의 기반시설 분야 중 PPP형태로 시행되어야 할 백여 개의 사업목록을 첨부하였는데 이는 모두 시설공사를 지칭하고 있다.

반면 몇 달 뒤 재정부는 「공공서비스 분야의 정부와 사회자본 합작 촉진을 위한 업무에 관한 통지(关于在公共服务领域深入推进政府和社会资本合作工作的通知)」를 발표하고 재정부가 공공서비스 분야의 PPP관련 업무를 종합적으로 추진해야 한다고 규정했다. 또한 공공서비스사업 및 산업발전과 관련한 사업, 에너지, 교통운수, 토목, 농업, 임업, 수로, 환경보호, 공공주택건설, 보건위생, 노인복지, 교육, 과학, 문화, 체육, 관광 등 공공서비스분야에서 PPP사업의 안정적 시행을 위한 업무를 수행해야 한다고 명시하고 있다. 여기서 문제는 공공서비스와 기반시설의 명확한 구분이 힘들다는 것이다. 예를 들면 복지시설, 교육시설 등과 같은 기반시설은 보통 공공서비스를 제공하고 있어 양자 간의 구분이 힘들다. 또한 재정부 관할 사업분야는 발전개혁위의 사업분야를 모두 포함하고 있고 이후에 발표된 규범과 정책문건 역시 이 같은 모호한 구분을 기준으로 작성되어 결국, 주관부처 간의 책임소지와 업무분장에 있어 혼란을 가중시키고 있다.[43] 이 문제는 지방정부의 관련 부처들에게도 그대로 이어지고 있는 실정이다.[44] 현재는 사업성질에 따른 구분보다는 어느 부처가 주관하는 사업인가에 따라 관련법을 적용받고 있다고 할 수 있지만, 이 역시도 일관성이 없어 논란이 되고 있다.

3. 사업평가와 검증 및 위험분담에 대한 약정에 있어서의 상위

PPP법 입법예고안(2016년 6월)	특허경영법
제12조 PPP지도목록(政府和社会资本合作指导目录)* 내 사업은 반드시 가치평가(物有所值评价)와 재정수용능력논증(财政承受能力论证)을 통과해야 한다. **제28조** 정부는 가치평가와 재정수용능력논증 내용과 결부하여 사회자본의 합당한 수익을 보장하기 위해 실시협약에서 토지사용, 불필요한 동종 경쟁사업 건설 방지, 필요한 합리적 비용의 지출, 해당 사업과 연관된 공공서비스 또는 기반시설의 제공 등의 내용을 약정할 수 있으며, 그 자금지출과 관련해서는 정부예산에 산입하여 관리한다.	**제11조** 발주기관은 경험과 전문성을 갖춘 제3의 기관에 위탁하여 특허경영사업의 가능성평가(可行性评估)를 진행하고 사업실시계획(特许经营项目实施方案)을 수정할 수 있다. 정부가 재정투입 또는 가치평가(物有所值评估)를 진행해야 되는 경우에는 재정부문이 맡아서 진행한다. 구체적 방법은 국무원 재정부문이 정한다. **제21조** 정부는 실시협약에서 불필요한 동종 경쟁사업 건설 방지, 필요한 합리적 재정보조, 해당 사업과 연관된 공공서비스 또는 기반시설의 제공 등

---

43) 발전개혁위의 「传统基础设施领域实施政府和社会资本合作项目工作导则」과 재정부의 「政府和社会资本合作项目财政管理暂行办法」 등도 업무분담에 관한 같은 맥락의 내용을 담고 있다.

44) 中证网, "PPP模式部委分工首次明确 部门职责还需进一步划分", http://www.cs.com.cn/ssgs/hyzx/201704/t20170420_5250268_1.html (검색일: 2017.05.24)

제29조 실시협약은 반드시 사업의 위험에 대한 합리적인 위험분담의 내용을 포함해야 하며, 원칙적으로 대상사업의 설계, 건설, 재무와 운영유지 등 상업위험(商業风险)은 사회자본이 부담하고, 법률, 정책, 최저요구(最低需求)** 등의 위험은 정부가 부담하며, 불가항력 등의 위험은 정부와 사회자본 쌍방이 합리적으로 부담한다.	의 내용을 약정할 수 있지만, 고정투자수익에 대한 약정과 기타 법률과 행정법규에서 금지된 사항에 대해서는 그러하지 아니하다.

 * PPP지도목록은 한국의 시설사업기본계획과 유사함.
 ** "최저요구"는 동종사업 건설을 통한 불필요한 경쟁을 차단하는 것을 의미함.

　　PPP는 장기계약 사업으로서 그 시행과 운영기간 중 정책, 법률, 운영관리, 시장수급상황, 불가항력 등으로 인해 예기치 못한 위험이 발생할 수 있다. 그러므로 필요시 실시협약에서 주무관청이 사업시행자의 투자위험을 일부 분담할 수 있으며, 주무관청의 투자위험 분담수준, 분담비율, 투자위험 분담부분에 대한 수익률, 운영비용 등을 정할 수 있도록 하고 있다. 이러한 위험 분담을 정하기 위해서는 우선 대상사업에 대한 평가와 검증이 이루어지는데, 일반적으로 타당성평가와 적격성평가를 통해 검증하게 된다. 타당성평가란 사업의 비용·편익 분석 등을 통한 경제적 타당성 및 정책적 타당성을 분석하여 사업자체의 타당성을 판단하는 것이고, 적격성평가는 민간투자의 적격성을 검증하는 것이다. 적격성평가를 통해 재정사업으로 추진할 경우 대비한 비용 및 재무적 측면의 우월성 분석 등을 통해 민간투자사업으로 추진하는 것이 적합한지 여부를 판단하게 된다.[45] 이 단계에서 투자가치성 (Value For Money, VFM) 분석방법을 통해 평가를 진행하게 되기 때문에 적격성평가는 VFM평가로도 불리고, 중국 PPP법안에서는 "가치평가(物有所值評价)", 특허경영법에서는 "가능성평가(可行性評估)"로 지칭하여 각각 관련 내용을 규정하고 있다. 중국 PPP법안 제12조에서 PPP지도목록 내 사업은 반드시 가치평가와 재정수용능력논증(財政承受能力论证)을 통과해야 한다고 규정하고 있다.[46] 특히 2015년 재정부에서 「PPP 가치평가지침시행안」(PPP物有所值評价指引(试行))과 「PPP 재정수용능력논증 요령」을 공포하여 사업평가를 위한 준비사항, 정성평가와 정량평가 기준 및 평가보고서 작성 등에 관한 내용을 규정하고 있다.

---

45) KDI 공공투자관리센터, BTO 민간투자사업 투자위험분담형 "타당성분석" 및 "적격성조사" 세부요령, 2015. 06, 12-14면; 이동훈, "실시협약을 통한 민간투자사업에서의 합리적인 위험배분", 고대법학, 제80호 (2016), 196-199면.
46) 「정부와 사회자본 합작사업 재정수용능력논증 요령」(政府和社会资本合作项目财政承受能力论证指引) 제2조에서 규정하는 재정수용능력논증이란, PPP사업의 각 항목별 재정지출 책임의 구분 및 측정을 말하며, PPP시행이 사업 당해 연도와 이후 재정지출에 미치는 영향을 과학적으로 평가하여 PPP사업의 재정관리를 위한 근거로 이용되는 분석자료를 뜻한다. 동법 제3조는 "PPP사업 재정수용능력논증의 수행은 정부의 계약의무 이행에 대한 중요한 보장으로, PPP사업의 재정지출관리를 용이하게 하고, 원활한 사업진행 및 재정위험의 효과적인 방지와 통제를 통해 PPP의 지속가능한 발전을 실현한다."고 규정하고 있다. 즉, 정부의 PPP사업 관련 재정이행계획과 재무구조를 분석하는 보고서이다.

그러나 특허경영법 제11조에서는 가치평가가 필요할 경우 재정부문을 통해 진행할 수 있다고 규정하여 임의규정의 형태를 띠고 있어 PPP법 규정과는 차이가 있으며, 재정수용능력논증에 대한 내용은 아예 없어 그 이행여부에 대해서도 논란이 되고 있다.[47] 대신 가능성평가(可行性評估)를 수행할 것을 규정하고 있는데, 가능성평가와 가치평가는 사업적격성을 평가한다는 목적은 같지만 평가항목 및 방법에 있어 차이가 있다.

사실 중국의 적격성평가 분석방법이 정식으로 도입된 것은 재정부가 PPP법 초안 마련과 함께 2015년 그 분석방법에 대한 시행안을 제정한 이후이다. 하지만 중국이 특허경영이라는 이름으로 PPP사업을 수행한 역사가 약 30여 년 이므로 그동안 발전개혁위의 가능성평가(可行性研究)가 가치평가와 재정수용능력논증을 대신했다고 할 수 있다.[48] 적격성평가는 경제성분석이고 재정수용능력논증은 재무구조분석의 영역으로 볼 수 있는데, 가능성평가는 이 두 가지를 모두 포함하고 있다.[49] 결국 본질적으로 같은 평가에 대해 각기 다른 정부기관이 각각의 명칭과 평가방법 및 절차를 규정하고 있어 해당 평가를 준비해야하는 민간부문의 혼란을 가중시키고 있는 것이다. 게다가 사업평가와 관련된 정책문건이나 시행안 등은 사업 초기인 선별단계와 준비(계약)단계에서 필요한 평가를 위주로 규정하고 있고, 중간보고를 언급하는 일부 문건이 있지만 구체적 내용은 정해진 바가 없다. 이에 따라 프로젝트 후반기 또는 종료 후 제대로 된 위험관리 및 권리보호가 어려워 문제가 발생하기도 한다.[50]

4. 사업시행자 선정절차에 있어서의 상위

PPP법 입법예고안(2016년 6월)	특허경영법
제18조 주무관청은 수립된 사업실시계획에 따라 정부조달과 관련한 법률제도가 정하는 절차에 따라 사회자본을 선정하고 이를 공시한다. 사회자본의 선정과 관련한 구체적 방법은 국무원 재정부문이 관련 부처들과 같이 제정한다.	**제15조** 주무관청은 수립된 사업실시계획에 따라 반드시 일반입찰, 2단계 입찰(竞争性谈判) 등 경쟁방식을 통해 사업시행자를 선택한다. 특허경영사업 건설운영 표준과 감독요건이 명확하고 해당 사업영역의 시장경쟁이 충분히 형성되어 있는 경우 반드시 입찰방식으로 사업시행자를 선정해야 한다.

중국은 PPP사업자 선정에 있어서 정부조달법(政府采购法)과 입찰법(招标投标法)의 입찰방법 및 낙찰자결정 절차를 준용하고 있다. 입찰법은 법적 제한이 없는 모든 법률행위 주체의 입찰활동에 적용되며, 그와 관련한 이해관계인의 민사책임을 강조한다. 반면 정부조달법

47) 温来成·宋樊君, 앞의 글, 12면.
48) 타당성평가의 내용은 특허경영법 제12조 참조.
49) 일각에서는 적격성 평가와 재정수용능력논증을 시행역사가 비교적 긴 타당성평가로 일원화시켜 혼란을 방지해야 한다고 주장한다. 中国经济报道, "PPP物有所值评价并不神秘 应回归可行性研究框架体系", http://www.ceh.com.cn/cjpd/2016/04/913786.shtml (검색일: 2017.8.3.).
50) 谭臻, 呂汉阳, 政府和社会资本合作核心政策法规解读与合同体系解析, 法律出版社 (2018), pp.142-147.

은 공공주체의 구매행위에 국한되어 적용되며, 구매자인 공공부문의 행정책임이 강조된다. 그러므로 양자는 일반법과 특별법의 관계로 이해할 수 있다. 하지만 입찰법과 정부조달법의 양립 자체와 각 법률에 관한 산발적 하위법규 제정은 중복규제와 일관성 및 집행효력을 저해한다는 비판을 받고 있다.

우선, 특허경영법 제15조에서는 일반입찰, 2단계 입찰 등 경쟁방식을 통해 사업시행자를 선택한다고 규정하고 있지만, 그 선정절차에 있어서 정부조달법이나 입찰법 적용 여부에 대한 직접적 언급은 없다.[51] 이는 특허경영법 제정 이전부터 일반적으로 모든 시공·건설 사업의 사업자선정에 입찰법이 적용되어 왔기 때문에 방법론적 규정만 삽입했다고 볼 수 있다. 반면 PPP법 제18조의 경우, 사업시행자 선정에 있어서 "정부조달과 관련한 법률제도"를 적용한다고 특정하고 있으며 그 이유로는: ① PPP 방식으로 공공서비스를 제공하는 사업은 일종의 특수한 조달사업으로 볼 수 있으며, 정부조달법이 규정하고 있는 용역(服務)의 범위(물품과 시설공사 이외의 기타 조달대상)에 포함될 수 있으며, ② 입찰법의 경우 일반경쟁과 지명경쟁 두 가지 방식만을 한정적으로 규정하고 있어 복잡한 PPP사업에 대한 적용에 한계가 있지만, 정부조달법의 경우 수의계약, 최저가 입찰(询价) 및 기타 국무원이 인정한 방식까지 포함하고 있어 반복적 협상과정을 거쳐야 하는 PPP에 적용하기 더 적합하다는 것이다. 그러나 정부조달법 제2조에 따르면 정부조달사업은 반드시 ① 각급 국가기관, 사업단위 및 단체조직이 주체가 되어야 하고; ② 재정성 자금(정부예산에 포함되는 자금)을 사용하여; ③ 조달품목리스트 內 또는 조달제한액기준 이상의 물품, 시설공사 및 용역을 조달해야 한다고 규정하고 있다. PPP사업의 경우 일반적으로 ①의 기준은 충족하지만 ②와 ③의 기준을 반드시 충족할 수는 없다.[52] 그러므로 모든 PPP사업에 정부조달과 관련한 법을 적용시킬 수 없는 모순이 생긴다.[53]

다음으로 PPP사업 낙찰자의 하도급계약과 관련한 문제이다. PPP사업을 특수목적법인(SPC)을 설립하여 진행하는 경우에 보통 낙찰된 사업시행자가 세부 공정과 관련하여 다시 하

---

51) 중국 입찰법 및 정부조달법에서 규정하는 경쟁성담판(竞争性谈判) 혹은 경쟁적 반복협상(竞争性磋商)은 미리 적절한 규격 등의 작성이 곤란하거나 기타 계약의 특성상 필요하다고 인정되는 경우의 입찰방법으로서 입찰자가 제출한 제안서를 평가하여 셋 이상의 적격자를 선정한 후, 해당 적격자들에게 다시 가격입찰서를 제출하게 하여 최저가격으로 입찰한 자를 낙찰자로 결정하는 것으로 한국의 2단계 및 기술·가격 분리입찰에 해당한다. 하지만 중국 재정부는 양자를 다시 구분하여 1단계 적격자 선정 과정은 같지만 2단계 가격경쟁 단계에서 담판은 최저가 입찰자를, 반복협상은 가격을 포함한 종합적 평가를 통해 낙찰자를 선정한다는 차이가 있다고 설명한다. 중국의 2단계 입찰 절차 및 정의는「정부조달 경쟁적 반복협상 조달방식 관리 시범 판법」(政府采购竞争性磋商采购方式管理暂行办法) 참고.

52) 정부조달법 제2조 원문은 "在中华人民共和国境内进行的政府采购适用本法。本法所称政府采购，是指各级国家机关、事业单位和团体组织，使用财政性资金采购依法制定的集中采购目录以内的或者采购限额标准以上的货物、工程和服务的行为……"

53) 谭臻, 吕汉阳, 위의 책, pp.49-51.

도급계약을 진행하게 된다. 이때 2차 입찰 진행여부가 문제가 되는데, 입찰법실시조례 제9조 1항 3호에 따르면 이미 입찰방식으로 선정된 특허경영사업자가 법에 따라 건설, 생산 또는 공급을 자체적으로 수행하는 경우 2차 입찰 과정을 거치지 않도록 규정하고 있다. 그러나 실무에서는 각 지방의 PPP진행 절차가 상이하고, 특히 일부 지방의 경우 특허경영사업만을 입찰법실시조례의 적용대상으로 삼고 있어 PPP사업이 특허경영 범위에 속한다는 사실을 증명하지 못하면 낙찰된 사업시행자는 하도급 계약 시 다시 2차 입찰을 진행해야한다.

사업시행자 선정에 정부조달법을 준용하고 있는 재정부도 「공공서비스영역의 PPP사업 적극 추진에 관한 통지」(关于在公共服务领域深入推进政府和社会资本合作工作的通知)를 통해 입찰법실시조례 제9조를 준용한다고 규정하고 있지만 공공서비스영역 외 PPP사업에 대한 2차 입찰 문제에 대해서는 명확한 해석이 나와 있지 않다.[54] 중국 대부분의 지방정부는 2차 입찰을 단행하지 않으면 1차 PPP낙찰자가 하도급계약을 수행하는 과정에서 가격조정 등을 통해 정부재정 부담을 늘리는 결과를 낳을 수 있다는 명목으로 지방정부 차원에서 2차 입찰을 요구하는 경우가 많다. 하지만 상당수의 입찰을 지명경쟁방식으로 진행함에도 불구하고 지명과정의 투명성을 담보하는 제도는 미흡하여 그 과정에서 정경유착에 따른 비리, 불공정한 사업자 선정 등의 문제가 발생하기도 하여 입찰결과의 신뢰성이 떨어진다는 비판을 받고 있다.

5. 분쟁해결절차의 불명확성

PPP법 입법예고안(2016년 6월)	특허경영법
제49조 PPP를 진행하면서 사회자본과 주무관청 간의 실시협약 이행에 분쟁이 발생하여 협상을 통한 해결이 어려울 경우, 법에 따라 민사소송 또는 중재를 제기할 수 있다.	**제49조** 주무관청과 사업시행자 간 실시협약 이행에 관한 분쟁이 발생할 시 협의를 통해 해결해야 한다. 합의가 이루어지면 보충협약을 체결하여 이를 이행한다. **제51조** 사업시행자가 행정기관의 행정처분이 그 합법적 권익을 침해했다고 여길 경우 진술과 항변의 권리가 있고, 법에 따라 행정심판 또는 행정소송을 제기할 수 있다.

현재 중국의 PPP관련 법규들은 사업이행 측면에 초점이 맞춰져 있고, 절차상 문제에 대해서는 모호하거나 명확히 규정하고 있지 않다. 이는 감독기관의 재량권을 확대하여 감독업무의 공백을 가져올 수 있고, 감독행위에 대한 효과적인 규제가 어려워 결국 사업 참여

---

54) 人民大学律师学院, "政府和社会资本合作模式(PPP)中的几个法律问题", http://lawyer.ruc.edu.cn/html/lvshijie/ 20150424/3643.html (검색일: 2017.8.3.); 赵双双, "PPP项目社会资本方选择和二次招标问题分析", *中国政府采购*, No.2 (2017), pp.62-66.

자의 합법적 이익과 공공이익의 보장에도 문제가 생길 수 있다. 특허경영법 제49조 규정을 보면, 계약 이행에 있어서 분쟁이 발생할 시 협의를 통해 해결할 것을 규정하고 있다. 그러나 협의에 실패할 경우 법률구제방안에 대해서는 아무런 규정이 없다. 이는 公적 계약과 私적 계약의 구분이 불명확한 특성을 감안하여 규정하지 않았을 수도 있으며, 2014년 11월 개정된 행정소송법에서 특허경영협의(특허경영법上 실시협약)를 행정계약으로 보고, 행정소송의 범주에 포함시켰기 때문일 수도 있다.[55] 그러나 이러한 규제의 공백은 PPP분쟁 처리에 있어서 불확실성을 높이는 요소로 작용될 수 있다.

반면 PPP법안의 경우 분쟁해결을 위한 협의에서 합의가 어려울 경우 민사소송을 제기하거나 중재를 신청할 수 있도록 규정하고 있다. 하지만 이는 다시 행정소송법의 규정과 모순되며, 이에 대한 재정부의 명확한 입장설명도 없는 상황이다. 상술한 PPP계약의 복잡성과 계약의 성질에 대한 구분이 명확하지 않은 상태에서 효과적인 분쟁해결과 행정목적 달성을 위해 다양한 분쟁해결방안을 제시하는 것은 필요할 것이다. 그러나 입법자는 법률의 일관성과 명확성을 위해 이 같은 모순을 바로 잡아야 할 것이며 'PPP법제 통일화'라는 중국의 국가적 목표 달성을 위해서도 이 같은 규정 간 충돌은 개선되어야 할 것이다.

6. 정부와 사회자본 합작 조례(2017년 7월)

특허경영법과 PPP법안 간의 쟁론이 분분한 가운데 국무원은 2017년 7월, PPP조례 입법안을 만들어 의견수렴절차를 완료했다.[56] 국무원은 재정부와 발전개혁위의 PPP사업에 대한 주도권 경쟁을 종결시키고 일원화된 PPP법제 형성을 위해 본 조례안을 작성했다고 설명했다. 아직 정식 공포되지는 않았으며 일부 수정절차에 들어가 있다고 알려져 있다. 본 조례안은 제1장 총칙을 시작으로 PPP사업의 제안, PPP사업의 실시, 감독관리, 분쟁해결, 법률책임 등 총7장 50개의 조문으로 구성되어 있다. 전체적으로 PPP법과 특허경영법의 내용을 상호 보완하고 해석의 차이를 좁히는 방향으로 수정하여 제정됐다고 볼 수 있다. 상술한 기존 두 법규의 쟁점사안인 PPP 정의, 적용범위, 사업평가, 사업시행자 선정, 분쟁해결에 대해 본 조례의 내용과 비교하여 그 차이와 개선내용을 알아본다.

우선 PPP정의를 살펴보면, 특허경영법은 경쟁의 방식으로 사업시행자를 선정하여 旣약정된 내용에 따라 공공재화 또는 서비스를 제공하도록 법적권한을 부여하는 것이라고 했

---

55) 喻文光, 위의 글, p.90; 于安, "我国PPP合同的几个主要问题," *中国法律评论*, No.1 (2017), p.42.중국 행정소송법 제12조 제소범위에서 특허경영협의(特许经营协议) 해제를 포함하고 있다. 중국법상 조례의 지위와 관련하여 각주 11, 36 참고.

56) 본절의 내용은 재정부가 PPP조례 입법예고안과 함께 발표한 입법설명자료(关于「基础设施和公共服务领域政府和社会资本合作条例(征求意见稿)」的说明)를 참고하여 작성함.

다면 PPP법안은 협력계약을 통해 공공재화와 서비스를 제공하는 행위라고 규정했다. PPP조례안은 특허경영법의 '경쟁'을 강조한 사업시행자 선정방식과 PPP법안이 강조한 '협력계약'이라는 방식에 '권리의무 관계를 명확하게 한다'는 내용과 민간자본 측의 수익방식에 대한 내용을 추가하여 기존 두 법규의 PPP정의를 포괄함과 동시에 다양한 형태의 PPP에 대한 가능성을 열어놓고 있다. PPP조례안 제2조는 "정부와 사회자본 합작(PPP)은 정부가 경쟁방식으로 민간자본을 선택하고, 쌍방은 각자의 권리와 의무를 명확히 하는 협력계약을 체결하여 민간자본측은 기반시설과 공공서비스사업의 투자, 건설, 운영을 책임지고, 사용자지급, 정부지급 또는 정부보조 등의 형식을 통해 합당한 수익을 얻는 활동"으로 정의하고 있다.

둘째, PPP법 적용범위를 규정하는 방법이 기존 열거주의에서 일정 조건에 부합하는 모든 사업을 대상으로 하는 포괄주의로 바뀌었다. 기존 PPP법안 제10조에서는 기반시설분야로 도로, 철도, 항구 등을, 공공서비스 영역은 교육, 공공의료 등으로 구체적 종류를 열거하고 있다. 특허경영법 제2조도 비슷한 방법으로 특정 사업분야를 한정적으로 열거하고 있다. 반면 PPP조례안 제3조에서는 기반시설과 공공서비스사업이 다음 3가지 요건을 충족하면 PPP방식을 적용할 수 있다고 규정하고 있다. 해당 요건은 ① 정부가 제공책임을 지고, ② 장기간 안정적으로, ③ 민간자본이 책임지기 적절한 사업이다. 또한 기존 성급(省級)인민정부 재정부문과 발전개혁위부문이 PPP방식이 가능한 사업지도목록을 제정하게 했으나 PPP조례안은 국무원 유관부문으로 그 제정주체를 바꾸고 수시로 해당 목록의 조정이 가능하게끔 규정하였다. 이러한 PPP적용범위 규정의 변화에 대해 국무원은 PPP사업의 무분별한 확대를 막고 다양한 형태의 PPP를 포괄하고자 했다고 설명했다.

셋째, 사업의 적격성평가 부분에 있어서 "가치평가(物有所值評价)" 또는 "가능성평가(可行性評估)"라는 표현 대신 "PPP사업의 필요성과 합리성에 대한 평가를 실시한다"라고 규정하고, 정부재정지출사업에 대해서는 반드시 재정부의 재정수용능력논증을 실시하게 함으로써 기본적으로 재정부의 입장을 크게 벗어나지는 않았다. 다만 평가주체에 있어서 PPP법안이 규정한 "현급(縣級)이상 인민정부의 재정부문과 기타 유관부문이 연계하여 평가"하는 것이 아닌 주무관청이 발전개혁위 및 재정관련 부문과 연계하여 평가한다는 내용으로 수정하였다. 즉, 物有所值評价는 재정부가 지칭하는 적격성평가로 그 평가수행에 있어서도 각급 정부의 재정부문이 주도한다고 할 수 있었다. 하지만 PPP조례안에서는 이 같은 표현들을 배제하여 사업평가에 있어서 발전개혁위와 재정부 간 역할의 균형을 맞추고 관련 기관 및 부처들이 연계하여 평가(联合評审)해야 한다는 기존 정책기조를 살리는 방향으로 규정했다. 또한 기존 PPP법안 제12조가 PPP지도목록 내 사업에 한해 가치평가와 재정수용능력논증을 수행하도록 규정했다면, PPP조례안은 그 평가대상을 PPP방식으로 진행될 모든 사업으로 확대시켜 특허경영사업 등 다양한 형태의 PPP까지 포괄하였다.

넷째, 사업시행자 선정에서 PPP법안은 정부조달 관련 법규 적용을, 특허경영법은 입찰법을 적용함으로써 PPP관련 법규 간의 모순뿐 만 아니라 각각이 준용하고 있는 정부조달법과 입찰법 간의 불일치로 혼란을 야기했다. 이에 PPP조례안 제13조는 이 둘을 조합하여 제1항에서 "입찰, 2단계 입찰 등 경쟁적 방법으로 사업시행자를 선정하고 이를 공시한다" 고 규정하고, 제2항에서 "법률, 행정법규 등에서 사업자선정에 대해 다른 정함이 있으면 해당 법규를 따른다"고 덧붙였다. 마지막으로 제3항에서 "주무관청이 PPP사업의 특성 및 그 건설, 운용의 필요에 의해 각종 소유제 형태의 민간자본의 평등한 참여와 장기간 안정적 사업 운영, 시설(또는 서비스)의 질적 제고 및 효율 증대를 보장한다는 원칙하에 사업시행자의 자격, 조건, 일반입찰, 2단계 입찰 등 심사 기준을 합리적으로 정한다"고 규정하였다. 결국 PPP법안과 특허경영법의 사업시행자 선정 절차 및 준용 법규를 모두 포괄하는 방향으로 제정한 것이지만, 입찰방법론적 측면에서는 입찰 외 수의계약 및 기타 국무원이 정하는 모든 사항을 포함하는 PPP법안과 그 맥락을 같이 한다고 볼 수 있다.

문제가 되었던 2차 입찰에 대해서는 PPP사업 시행에서 하도급이 필요한 사안에 대해 이미 충분한 평가를 통해 선정된 사업시행자가 관련법에 따라 자체적으로 건설, 생산 및 공급이 가능한 경우 자체적으로 수행하도록 기존 PPP법안과 특허경영법이 준용했던 입찰법 실시조례의 내용을 PPP조례안에 그대로 삽입하였다(조례안 제24조). 하지만 결국 내용적 측면에서 변화가 없으므로 그 적용에 있어서는 여전히 많은 논란이 예상된다.

다섯째, 분쟁해결과 관련해서는 특허경영법의 내용 즉, 협의를 통한 분쟁해결을 원칙으로 하되 공공부문의 행정행위가 민간사업자의 합법적 권익을 침해한다고 여겨질 경우 항변의 권리가 있고 법에 따라 행정심판 또는 행정소송을 제기할 수 있으며, 기술문제와 관련하여 분쟁이 발생한 경우 전문가를 선임하여 그 의견을 청취하도록 한 내용을 그대로 규정하였다. 거기에 PPP법안에서 규정하고 있던 중재신청 또는 민사소송을 제기할 수 있도록 한 내용을 추가로 삽입하되 기존 "민사소송"이라는 표현을 "법원에 소를 제기할 수 있다"로 변경하였다. 이는 소송종류를 특정함으로써 발생한 논쟁을 잠재우고 다양한 구제수단을 제공하고자 한 의도로 보인다. 이와 함께 PPP조례안에서는 주무관청과 주관기관의 책임을 묻는 사유를 기존 3가지에서 7가지로 증설하고 정부 및 유관기관의 법률책임 관련 규정(제45조)을 신설하는 등 공공부문의 법률책임을 강화하였다.

그 외 민간사업자가 PPP시행을 위해 설립한 SPC의 주식과 중요 자산의 양도 및 사업과 관련된 권리(토지사용권, 수익권 등)의 담보제공에 대해 기존에는 법률 또는 실시협약에서 다른 정함이 없는 한 해당 행위를 할 수 없도록 규정하였다. 하지만 PPP조례안에서는 이에 대해 건설단계에서는 금지하되 운영단계에서는 시설(또는 서비스)제공의 안정성과 지속성을 해치지 않는다는 전제하에 주무관청이 관할 인민정부의 동의를 받은 후 민간사업자의 SPC 주식을 양도할 수 있도록 새롭게 규정했다.

또한 PPP법안에서는 법률 또는 계약에서 다른 정함이 없는 한 사업기간 만료 전 일방 당사자가 일방적으로 계약을 해제(解除)할 수 없다고 되어있었으나, PPP조례는 실시협약에서 약정하였거나 본 조례에서 정한 계약해지(終止) 사유가 발생한 경우 해당 계약을 조기에 해지할 수 있다고 규정했다.[57] 조례에서 규정한 계약해지 사유로는 ① 불가항력으로 인해 사업을 지속할 수 없는 경우; ② 민간자본 측의 심각한 계약 위반 또는 공공의 이익을 해친 경우; ③ 법에 따라 PPP사업관련 재산이 강제수용(征收) 또는 징용(征用)됐을 경우이다.[58] ①과 ②의 경우는 특허경영법에서도 제시됐던 계약 조기해제 사유이지만 ③의 경우 이번 조례에서 신설된 사항이다. 또한 계약기간 만료 후 새로운 사업시행자 선정 시 입찰자 모두가 동일한 조건을 충족한다면 기존 사업시행자를 우선 선정하도록 규정한 것도 새로운 점이다.

이처럼 PPP조례안는 기존 PPP법안과 특허경영법 간의 쟁론이 분분했던 부분을 보완하고 공공부문의 책임이나 실시협약 체결 및 이행 과정에서의 투명성 강화를 위해 절차적 요건을 강화했다는 점에서 기존보다 진일보했다고 평가할 수 있다.

V. 결   론

지난 2013년 시진핑 주석이 일대일로 구상을 전 세계에 정식으로 공표한 이후, 중국의 PPP사업은 기하급수적으로 늘어났다. 하지만 오랜 기간 국영(또는 국유)기업이 대부분의 PPP사업을 이끌고 있었던 만큼 관(官)과의 관계, 자금조달, 사업경력 등의 측면에서 민간기업보다 유리한 입지를 차지하고 있어 민간자본의 PPP사업 낙찰이 쉽지 않았다. 중국의 PPP사업은 단순히 도시화 확대 및 인프라 확충의 목적뿐 만 아니라 중국정부의 과도한 부채를 감소시키고 경제의 질적 성장을 위한 민간경제 활성화의 한 축으로도 이해할 수 있다. 그러므로 중국정부는 민간의 참여율을 높이기 위해 각종 정책 및 행정수단을 동원하여 민영기업과 국영기업 간의 공정한 경쟁 및 다양한 자본조달수단을 마련해 주기위해 노력했다.

하지만 지난 5년여 기간 동안 중앙과 지방의 관련기관 및 주무부처에서 동시다발적으

---

57) 중국법에서 일반적으로 계약해제는 '解除'라는 표현을, 해지는 '终止'라는 표현이 사용된다. 소급효 발생 여부를 포함한 그 내용과 의미는 한국법과 같다.

58) 징용은 공공이익의 필요에 의해 집체소유 등의 토지를 국가에서 사용료를 지급하고 강제로 사용 후 반환하는 것을 뜻한다. 참고로 현재 중국의 토지제도는 국가소유제와 농촌 공동 집체소유제로 나뉘어져 이원적 구조이다. 국가와 집체는 국민이 점유하고 있는 토지에 대한 처분권, 경영권, 관리권 등을 행사하고 개인이나 기업은 사용권만 취득할 수 있도록 하고 있다.

로 PPP제도 개선을 위한 정책 및 법규를 쏟아냈고, 이는 중복규제, 관할권 및 관리책임 모호, 기관 간 주도권 경쟁 등의 문제로 이어졌다. 기본적으로 주관기관별로 PPP 속성에 대한 이해가 다르고, 그 상위에 대한 구분이 명확하지 않아 PPP이행당사자들의 혼란을 가중시켰다. 또한 정부고시사업 자체도 발전개혁위와 재정부가 각각 다른 플랫폼을 통해 정보공개를 하고 있어 일각에서는 두 종류의 PPP가 존재한다는 평가까지 나온다.[59]

PPP조례안 발표 전까지 재정부 주도의 사업성평가기준과 정보공개플랫폼 마련을 위한 제도설계가 이루어지고 있었고, 국무원이 발표한 国办发[2015]42号 문건의 제23항 조직강화 부분에서도 재정부가 관련부처들과 함께 정책협의와 정보교류를 강화하여 PPP제도를 개선해 나가야 한다고 명시함으로써 PPP관리감독에서 재정부의 역할이 더 강화되고 있는 모습이었다. 그리하여 재정부가 제정한 PPP법안으로의 통일이 예상된다는 의견이 있었지만 연이어 발표된 국무원 주도의 PPP조례안에 대한 의견수렴 절차도 완료되어 특허경영법과 PPP법안을 통일하는 새로운 방안으로 제시되고 있다.[60]

특허경영법이 기존 '특허경영'제도의 관행 및 절차를 유지하고 정리하는 데 주안점을 뒀다면, 재정부의 PPP법안은 PPP의 속성을 세계은행을 비롯한 대부분의 나라에서 정의하는 '장기계약'으로 이해하고 계약당사자의 권리·의무를 명확히 하기 위한 시도를 했다는 점에서 가장 큰 차이가 있을 것이다. 또한 재정부 주도로 작성된 만큼 적격성평가 등 사업평가 부분을 보다 구체적으로 규정하고 관련 하위법규를 제정하여 정부재정 관리를 강화하려고 한 것도 주목할 만한 점이다. 특히 재정부는 사업성평가와 관련하여 정량평가 항목을 늘리고 중복된 평가절차 및 구비서류를 재정비하여 평가의 공정성과 효율성을 높이는 방향으로 나아갈 것임을 시사한 바 있다.

PPP조례안의 경우, 특허경영법과 PPP법안 간의 충돌 및 쟁점사안들을 해결하고, 주로 민간자본의 법률책임 및 의무를 강조했던 이전과는 달리 공공부문의 책임을 강화하기 위한 규정을 신설한 점이 눈에 띈다. 기존 특허경영법하의 PPP는 일종의 행정관리 대상으로 여겨져 중국의 정치적 특성과 맞물려 정부와 민간 측의 위험분담을 효과적으로 약정하기에는 어려움이 따랐다. 위험분담 약정에 대한 법적 기반이 약할수록 그 정책 및 법률변경에 대한 위험과 자의적 해석 가능성이 높아져 민간자본의 위험부담을 높이는 요소로 작용했던 것이다. 하지만 이번 PPP조례안을 통해 일방 당사자의 경제적 손실이 상대방으로부터 그에 상응하는 급부를 통해 보상되도록 하고, 사업시행자의 출연의 동일가치를 보장해주기 위한

59) 财经网, "财政及发改委两套PPP项目操作细则有不同 引市场担忧", http://economy.caijing.com.cn/2016 1027/4191496.shtml (검색일: 2017.5.23.); 中国采购信息网, "[律动PPP]发改委´ 财政部PPP项目库比较", http://www.caigou2003.com/shouye/shouyeyaowen/2384738.html (검색일: 2017.8.15)

60) 国务院法制办公室, 国务院法制办关于《基础设施和公共服务领域政府和社会资本合作条例 (征求意见稿)》 公开征求意见的通知, http://www.chinalaw.gov.cn/art/2017/7/21/art_33_205768.html (검색일: 2017.8.1)

방편들이 마련된 것은 고무적인 일이다. 또한 사업선정과 시행, 종료 등 전 과정에서 '대외공시(社会公布)'를 강제하는 내용이 일부 추가되었다. 이는 재정부의 PPP관련 정보공개플랫폼 마련으로 정보공개의 편의성과 체계적 관리가 가능해짐으로써 PPP사업 전 과정을 공개하여 이의제기의 기회를 제공하고 제도의 투명성을 높이기 위함일 것이다.

하지만 현재까지 PPP법안과 PPP조례안 중 어떤 법안이 정식으로 공포될지는 알려진 바가 없다. 의견수렴절차에서 양 법안 모두 상당수의 쟁점사안들이 거론되었기 때문에 일부 수정은 불가피할 것이며 둘 중 어떤 법이 수정되어 최종적으로 채택될지는 미지수다. 하지만 중국 PPP관련 입법들을 살펴보면서 전체적인 규제방향과 중국 정부차원에서 주안점을 두고 개선하고자 하는 내용들은 명확해 졌으므로 중국 진출을 염두에 둔 기업들은 이에 대한 대비가 필요할 것이다.

Ⅵ. 중국 PPP진출을 위한 한국의 전략

중국 PPP에 참여함에 있어서 민간투자자의 어려움은 외국기업에게도 그대로 적용된다. 한국의 경우 중국 PPP사업 진출에 대한 가능성을 높게 평가하고 있지만 그 참여에 있어서의 어려움, 특히 법률위험과 정책변동위험에 대해 공통적으로 인식하고 있다.[61] 하지만 침체되어 있는 국내 건설시장에서 중국 PPP가 돌파구가 될 수 있다는 것은 부정할 수 없는 현실이다. 몇 년 전부터 국내 해외건설 및 엔지니어링 기업의 아시아지역 인프라 프로젝트 수주 가능성이 커질 것이라는 예측이 나오고 있다.[62] 이미 국내 몇몇 기업들은 중국의 건설회사들과 양해각서를 체결하고 중국 및 제3국 투자개발사업에 공동 참여할 계획을 발표하기도 했다.[63] 중국 스스로도 PPP진입문턱을 낮추고 있는 만큼 중국 진출에 대한 한국의 대비는 계속되어야 할 것이다. 현재 중국의 PPP제도 확립 과정에서 한국기업은 다음과 같은 사안들을 고려할 수 있다.

---

61) 국제무역연구원, 위의 글, 5면; 국토교통부, 중국건설시장 진출전략 연구, 2015년 11월, 139면.

62) 이봉걸, 송송이, "AIIB출범과 우리기업의 아시아 인프라시장 진출방안". *Trade Focus*, 한국무역협회, 제14권 52호 (2015), 14-15면. 같은 글 15면의 <우리 건설 및 엔지니어링 기업의 경쟁력 현황>표를 보면 정유, 건축, 전력, 산업건설, 제조업건설, 하수처리건설 분야에서 한국 기업이 전 세계 10위권 내에 포진하고 있음을 볼 수 있다.

63) 그 예로 2015년 12월 한국의 SK건설이 중국 최대 국영건설회사인 중국건축공정총공사(CSCEC)와 양사 해외사업과 주력 사업 분야에 관한 포괄·전략적 협력에 합의하는 양해각서(MOU)를 체결해 앞으로 SK건설이 중국은 물론 글로벌 시장에서 자금조달 능력을 갖춘 CSCEC와 해외 투자개발 사업에 적극적으로 공동참여 할 계획을 밝혔다. 또한 2016년에는 한중 경제장관회의에서 논의된 한중간 제3국 공동 진출 시범사업의 협력을 위해 두산중공업과 중국기계설비가 매칭기업으로 선정되기도 했다. 관련기사는, 매일경제: "SK건설, 중국 최대 국영건설社 CSCEC와 양해각서 체결", 2015.12.16.; 연합뉴스: "韓中, 동북3성 중심 일대일로-유라시아 이니셔티브 연계 강화", 2016.5.27.

첫째, 한국은 발전개혁위고시사업보다 재정부고시사업에 더 주목할 필요가 있다. 앞서 언급한 바와 같이 중국PPP의 자금조달 수단과 협력방식의 다양화 및 적격성평가기준 수립, 국가 전체 PPP사업 통합 관리 등을 위한 부수적 규제 대부분을 재정부가 주로 담당하여 제정하고 있다. 또한 본 논문 Ⅳ.3.의 내용과 같이 PPP사업성 평가에서 재정부는 별도의 하위법규를 통해 발전개혁위보다 그 평가요건을 체계적으로 마련하고, 국제기준에 부합하는 요소들을 요구함으로써 관(官)의 개입여지를 더 축소시켜 사업성에 대한 공정한 평가가 이루어지도록 하고 있다. 중국은 2015년 재정부가 「PPP가치평가지침」에서 VFM개념과 함께 그 평가모형을 도입하여 사업평가에 활용하고 있지만 시행역사가 짧고 관련 전문인력이 부족한 탓에 현재 대부분의 주무관청이 제3의 전문기관에 위탁하여 평가를 진행하고 있다. 또한 아직까지 주로 정성평가를 기준으로 결과를 도출하다보니 평가자체가 유명무실해지거나 평가업무를 수탁 받은 PPP자문기관의 권한과 자의성이 커져버리는 문제가 발생하기도 한다. 재정부 역시 이러한 부분에 대해 인식과 위험분담의 효율성을 높이기 위해 이를 정량화 하는 적격성평가 기준을 높이고 정량평가항목을 늘릴 것임을 시사한 바 있다.[64] 또한 재정부를 통해 정보공개 절차나 플랫폼의 체계적 관리가 이루어지고 있으므로 사업에 대한 공정한 평가와 제도적 안정성을 기하기에 더 유리할 수 있다. 하지만 공정경쟁에 대한 기대가 커짐에 따라 진입장벽도 그만큼 높아짐으로 더 철저한 대비가 필요할 것이다.

둘째, 지방성 법규(地方性法規)와 정책문건의 중요성을 인식해야 한다.[65] 앞서 언급한 중국 PPP법제에 대한 문제점과 더불어 중국은 PPP계약의 표준화가 이루어지지 않았으며 중앙의 각 부문 또는 부처간 정책충돌 및 책임소재에 대한 문제로 인해 일관된 문제해결이 어렵다. 이런 가운데 지방정부마다 각각의 PPP관련 지방법규와 정책문건들이 존재하고, 본문 Ⅳ.4.에서 언급한 2차 입찰 문제 등 중앙법규의 부재에서 오는 지방정부의 재량권이 크다. 또한 지방별로 PPP방식으로의 추진을 장려하는 업종과 관련 혜택을 별도로 규정하고 있으므로 이에 대한 파악을 위해서도 자치법규와 정책문건은 중요하다.

셋째, 일반적 토목, 건설 분야로의 단독참여보다는 현지기업과의 합작을 통한 기술 집약형 공사로의 접근을 시도해야 한다. 본문 Ⅱ.1.에서 언급한 바와 같이, 2008년 외환위기 이후 외자기업이 주도하던 중국 PPP시장이 국영기업으로 전환된 후 외자기업의 진출이 계속 저조한 실정이다.[66] 외환위기 이전까지 외자기업이 중국 PPP를 주도할 수 있었던 주요

---

64) 재정부 关于印发《PPP物有所值评价指引 (试行)》的通知와 PPP物有所值评价指引 (试行) 제5조 참조.
65) 중국의 지방성법규는 한국의 자치법규에 해당하며 지방성법규(地方性法規)와 지방정부규장(地方政府規章)을 포함한다.
66) 우리나라 경우 2003년과 2011년 각각 한국 수자원공사가 삼성엔지니어링, 코오롱워터 등과 함께 지방정부의 정수장 프로젝트에 참여한 경험이 있으나 고정수익률 보장 철회, 요금인상의 어려움, 경험부족 등으로 성과를 보이지 못했다. KDB산업은행 미래전략연구소, 앞의 글, 36면.

이유는 기술 우위와 자국기업으로의 기술이전을 위한 중국정부의 호혜적 정책 때문이었다.[67] 그러나 현재는 중국기업의 기술 축적이 상당하고, 외자기업에 대한 배타적인 정책과 법률위험까지 더해져 중국기업이 수행할 수 없는 특수기술 공사 외에는 외자기업의 진입이 어렵다. 하물며 특수기술 공사에서도 기술 축적을 목적으로 주로 중국기업측이 시공을 담당하고 있어 외자기업의 시공부문 참여는 매우 제한적이다.[68] 그러므로 직접참여보다는 현지기업과의 합작을 통해 들어가는 방법을 적극 모색해 봐야 한다. 또한 본 연구에서 지적한 바와 같이 정책변동 및 법적 위험성이 큰 현 시점에서 굳이 직접 중국시장에 진출하여 막대한 리스크를 부담할 필요성은 적다. 게다가 일부 사업은 중국 내 공사 실적을 요구하고 있으므로 한국기업 중 단독으로 참여할 수 있는 회사도 많지 않다. 그러므로 현지기업과의 협력이 중국 진출 가능성을 높일 수 있는 방법이 될 수 있다.

넷째, 중국정부의 대외개방사업 확대에 주목하고, 빠른 시장진출을 위한 지속적인 모니터링이 필요하다. 2017년 1월, 중국 국무원은 외자기업의 진출이 제한되었거나 금지된 분야의 개방을 결정하는 문건을 발표했다.[69] 특히 눈에 띄는 것은 '중국제조2025'정책의 이행을 위해 외자기업 진입을 적극 유치하고 그들에 대한 내국민대우를 약속한다는 내용이다. 중국제조2025의 핵심 중 하나는 원자력발전·인프라건설·해양플랜트 등 차세대 산업 발전의 기초가 되는 대형 설비 산업 육성이다. 앞서 언급한 특수기술 공사가 이에 해당한다고 볼 수 있다. 또한 외자기업 참여 확대를 위해 정부조달에 있어서 내·외자기업 간의 평등한 참여기회 보장과 투명성 제고를 위한 노력을 지속적으로 할 것을 산하 기관에 주문했다. 정부조달 관련 규정은 재정부의 사업시행자 선정에 준용되고 있다. 하지만 입찰법과 정부조달법의 이원적 구조에서 오는 충돌과 제도미비로 인한 주관적 평가 비중이 높아 실제로 사업시행자 선정 과정에서 외자기업들이 불분명한 사유로 낙찰되지 못한 경우가 많다.[70] 그러므로 정부조달법의 투명성 제고는 외자기업의 중국 진출을 위해 상당히 중요한 부분이다. 한 가지 낙관적인 사실은 현재 중국이 WTO 정부조달협정(GPA)에서 단순히 참관자(observer)로 활동하고 있지만 정식 가입에 대한 협상은 현재까지도 진행 중이고 중국도 언제까지 그 가입을 미룰 수만은 없는 상황이다. 중국이 가입을 확정하면, 글로벌 기준에 맞게 조달 관련 법규를 정비하고 관리감독체제 개선에 더 박차를 가할 수밖에 없다. 특히 외자기업의 공평한 정부조달 참여를 위한 조달정보공개, 위법행위 처벌 및 단속 강화, 외자기업 정부조달 참여 수속절차 완화 등 조달 프로세스 투명성 확보와 중국측 조달참여자에 비

67) 人民网, "金台房评 : 外资为何"缺席"PPP盛宴？", http://house.people.com.cn/n1/2016/0808/c164220-28617606.html (검색일: 2017.9.3)
68) 국토교통부, 위의 글, 120면.
69) 2017년 1월 국무원이 발표한 「关于扩大对外开放积极利用外资若干措施的通知」(国发[2017]5号) 참고.
70) 국제무역연구원, 위의 글, 15면.

해 까다로운 참여조건 등이 개선될 것으로 기대되며, 중국 정부 역시 지속적으로 관련법을 개정하고 있다. 중국 PPP사업 대부분이 정부 제안 사업으로 정부조달 영역에 속한다는 측면에서 보면 정부조달시장 개방여부는 중요하다.[71] 한국의 경우 한중 FTA를 통해 중국 조달시장에 대한 개선을 요구할 수 있는 여지도 남아 있으므로 이를 위한 정부차원의 대비가 필요할 것이다.[72]

　기존 외자기업 진입이 제한된 분야의 개방이 시시각각 이루어지고 있고 외자기업의 시장진출환경 역시 개선되고 있다. 이에 향후 중국 PPP시장에서 타국 기업과의 경쟁 내지 국내 기업 간 과당 경쟁도 예상되므로 적시 진출을 통한 최대의 효과를 거두기 위해 충분한 모니터링이 필요하다. 2018년 6월 우리정부의 국토교통부가 중심이 되어 '한국해외인프라도시개발지원공사(KIND)'를 출범시켜 우리기업의 해외 투자개발사업 진출을 적극 지원하기로 했다. 이를 통해 중국을 비롯한 주요국가·지역 인프라 분야 진출전략을 수립하고 해외인프라도시개발사업의 발굴과 추진을 위한 정보제공의 구심점이 되길 기대해 본다.

---

71) 2014년 재정부가 제정한 「정부와 사회자본합작 사업 정부조달관리 판법(政府和社會資本合作項目政府采購管理办法)」 제2조에서 "정부가 권리의무의 평등과 타당한 PPP계약의 성립을 위해 공개, 공평, 공정 및 신의성실원칙을 준수하여 관련법에 따라 PPP사업 선별과 준비 등의 작업을 거쳐 사업시행자(社會資本合作者)를 선정하는 과정"을 PPP사업조달(PPP項目采購)로 정의하고, PPP사업 주관기관은 그 사업시행자를 선정할 시 본 법을 적용해야 한다고 규정하고 있다. 또한 이듬해 재정부에서 발표한 「2015년 정부조달업무요점(政府采購工作要点)」에서 명시된 중점업무에서도 PPP사업을 정부조달관리업무에 포함시켜야 한다는 내용을 포함했다. 즉, 정부조달과 PPP는 분명한 차이 — 출자자, 재원, 사업 범위, 근거법, 계약성질 등 — 를 보임에도 불구하고 전통적 의미의 정부조달은 아니지만 광의의 정부조달 범위에 포함시켜 그 PPP사업시행자 선정에 있어서 정부조달법을 준용할 것을 명시하고 있다.
72) 한국은 FTA 체결 시 BOT 등 민간이 참여하는 공공사업을 포함한 정부조달 시장 개방을 주요 목적으로 했으나 중국은 이에 대해 소극적인 태도를 견지했다. 하지만 중국이 GPA 가입시 정부조달챕터를 위한 협상을 시작하도록 하는 추후 협상 조항을 규정하고 있다는 점은 우리나라가 중국 조달시장의 개선을 요구할 수 있는 가능성이 열려 있음을 시사하는 것이다. 다만, 한중FTA 발효로 중국 하수서비스 시장은 전면 개방되어 타국 경쟁업체에 비해 유리한 상황이다. 한중FTA, http://www.fta.go.kr/cn/qna/1/ (검색일: 2018.8.13); KDB산업은행 미래전략연구소, 위의 글, 22면.

[4] 해외 민자발전사업에서 전력구매계약의 주요 쟁점과 관련 계약서들에 미치는 영향

정 홍 식

I. 서 론

해외 민자발전사업(independent power project, IPP)은 대부분 개발도상국의 전력생산 및 공급을 위해 민간발전사업자가 투자유치국과 실시협약(implementation agreement 혹은 concession agreement)을 체결하여 전력생산 시설의 건설 및 운영에 투자하는 사업을 말한다.[1] 투자유치국은 자국 내 부족한 전력의 공급확대를 위해 국내외 민간자본을 유치하는 형식의 사업이다. 대규모의 재원이 필요한 민자발전사업에서 프로젝트 회사는 총 사업비의 70~80%를 타인자본으로 충당하는데, 부채조달은 프로젝트 파이낸스(project finance, PF) 기법을 활용한다. 프로젝트 파이낸스는 금융기법의 일종으로 "미래의 현금흐름을 주요 상환재원으로 하고 프로젝트의 자산, 권리 등을 담보로 하여 제공되는 금융"[2]을 말한다.

프로젝트 파이낸스에서는 대주의 안정적인 원리금 상환이 가장 큰 관건이기에 전체 프로젝트 구조나 관련 계약들이 대주 입장에서 볼 때 금융지원이 타당한 형태로 체결되어야 한다. 이렇게 금융지원이 타당한 상황을 소위 '금융지원타당성(bankability)'이 확보되었다고 칭한다. 프로젝트 파이낸스에서는 대주가 대출을 심사할 때 발전사업자의 신용 또는 자산에 기초하여 평가하는 것이 아니라, 프로젝트가 장래 창출하게 되는 예상현금흐름에 기반하여 심사하므로 프로젝트의 위험분석 및 적절한 경감방안 마련을 통한 '금융지원타당성' 확보가 대출 의사결정의 중요한 근거가 된다.[3]

---

* 이 장은 법무부가 발간하는 통상법률, 통권 139호, 법무부 (2018. 2), 8면 이하에 게재된 논문을 수정·보완한 것임을 밝힌다.

1) Henrik M. Inadomi, *Independent Power Projects in Developing Countries*, Kluwer Law International (2009), p. 3. 선진국에서는 대부분 전력시장이 민영화되어 발전사업자가 생산한 전력은 완전경쟁을 통해 판매하는 전력시장(이를 소위 'merchant market' 혹은 'pool market'이라 칭함)이다. 반면 개발도상국의 전력시장은 국가가 관리하는 체제이기 때문에 전력구매 당사자가 단독인 경우가 대부분이어서 전력구매계약 형태의 계약체결이 가능하기에 민자발전사업자가 선호한다.

2) 김채호 집필, "해외 프로젝트 파이낸스(PF)의 금융지원타당성(Bankability) 확보방안", 정홍식 외, 국제건설에너지법 ─ 이론과 실무, 제1권, 박영사 (2017) (이하, "김채호 집필부분"), 559면.

3) 김채호 집필부분, 559-560면 (금융지원타당성을 좀 더 간략하게 설명하면 PF 대주단의 입장에서 프로

　　이렇게 프로젝트 파이낸스가 수반되는 민자발전사업에서는 보통 20년 이상 장기간의 전력구매계약(power purchase agreement, PPA)이 가장 핵심계약이며, 금융조달의 근간이 된다. 전력구매계약상 전력구매자가 지급하는 전력요금으로부터 연료비를 포함한 전체 발전소 운영비용을 충당하고, 대부분 건설비용으로 충당되었던 대출원리금을 상환할 뿐 아니라 발전사업자들의 기대수익을 포함한 투자금 회수가 이루어진다.[4] 전력구매계약의 주요 계약조건이 결정됨에 따라 동일 사업에 수반되는 건설계약서(engineering, procurement & construction contract, 이하 "EPC계약"), 연료공급계약서 및 발전소의 운영관리계약서(operation & maintenance agreement, 이하, "O&M계약")의 계약조건도 결정된다. 이들 계약서들은 서로 간에 복잡한 상호작용이 이루어지면서 영향을 주고받기 때문에 계약조건들이 상충되지 않게 체결되어야 한다.

　　대출원리금의 상환재원이 전력구매계약의 원활한 이행과정에서 발생하기 때문에, 대주는 자신의 이익보호를 위해 전력구매계약 이행과정에서 커다란 문제가 발생할 경우 차주인 프로젝트 회사를 대신하여 전력구매계약의 계약당사자가 될 수 있는 권리를 요구한다. 이를 대주의 프로젝트 개입권(step-in right)이라 한다. 대주는 전력구매계약상 당사자가(특히 전력구매자가) 계약해지권을 행사하기 이전에 자신이 개입권을 행사할 수 있도록 전체 계약들을 구조화한다. 대주는 사업 자산 및 전력구매계약을 포함하여 프로젝트 회사가 체결한 각종 프로젝트 계약상의 모든 권리에 대하여 담보권을 설정함으로써 프로젝트 계약에 대한 개입권을 확보한다.[5]

　　이 장에서는 민자발전사업의 핵심계약인 전력구매계약의 주요 조건들이 무엇인지 자세히 살펴보면서, 그 조건들이 관련 계약들인 EPC계약, 석탄공급계약 및 O&M계약에 어떠한 영향을 주고받는지에 대해 상호접점이 되는 부분들을 실무적인 관점에서 보다 입체적으로 살펴보고자 한다. 단일 계약에 한정해 평면적으로 고찰하기보다 이러한 입체적인 분석은 그 의미가 크다고 본다. 또한 대주가 자신들의 이익보호를 위해 확보하는 개입권에 대해서도 그 내용 및 효과에 대해 살펴보고자 한다.

　　이 장의 내용을 효과적으로 기술하기 위해 최근 중동 및 아프리카에서 입찰방식으로 발주된 전통적인 석탄화력발전 사업을 예로 들어 설명하고자 한다.[6] 그리고 이 장에서 설

　　젝트의 제반조건이 대출의사를 결정하기에 만족스러운 PF 구조를 갖추고 있는지 여부를 의미한다. 이는 확고하게 정립된 개념이 아니라 시장의 변화에 따라 변화하는 유동적 개념이며 거래의 특성에 따른 차이도 심한 편이라고 한다). 대주가 바라보는 '금융지원타당성'의 여러 가지 요건들에 대한 자세한 설명은 Jeffrey Delmon, *Private Sector Investment in Infrastructure*, 3rd ed., Wolters Kluwer (2016)(이하, "Delmon"이라 칭함), pp. 77-104을 참조.

　4) 이승교, 해외 IPP사업 프로젝트의 이해, ㈜휴머스미디어 (2015)(이하 "이승교"라 칭함), 55면.
　5) John Dewar, et al. (ed.), *International Project Finance*, 2d ed., Oxford University Press (2015), para. 6.145.
　6) 따라서 이 장에서 설명하는 내용이 다른 지역 및 국가에서는 그 방식이 다를 수 있고, 석탄화력발전이

명하는 전력구매계약의 내용은 모든 민자발전사업에 동일하게 적용되는 것은 아닐 수 있으며, 최근의 대표적인 경향이라는 것을 밝힌다.

Ⅱ. 민관협력(PPP)과 민자발전사업 일반론

1. 민관협력의 정의 및 민관협력 사업의 한 부문으로서의 민자발전사업

투자유치국의 전력청은 해당 국가의 경제성장에 따른 전체 전력수급계획을 감안하여 민관협력(public-private partnership, PPP)의 사업방식을 규율하는 관련 민간투자법 및 시행령 등에 기초하여 정부고시사업의 형식을 취하는 것이 보통이다. PPP의 정의는 국제적으로 통일되어 있지 않았다. 그런데 세계은행이 2017년 개정하여 발표한 PPP 참고가이드(Reference Guide)에 따르면 PPP의 정의를 이렇게 세우고 있다: "PPP란 공공재 혹은 공공서비스를 제공하기 위해 민간투자자와 행정주체간 맺은 장기계약이고, 그 계약에서 민간투자자는 여러 주요 위험과 운영책임을 부담하여 그에 따른 대가지급은 민간투자자의 이행에 연계된다".[7] 민관협력이라고 하면 마치 민간투자자와 행정주체가 공동으로 출자를 하는 듯한 인상을 주는데, 행정주체가 일부 출자를 하는 경우는 더러 있으나 대부분은 그렇지 않고 실시협약을 통하여 행정주체가 협력한다는 취지로 이해한다.

이러한 PPP의 정의는 신규 사회간접시설의 건설뿐 아니라 기존 시설의 증설·개량 및 운영을 포괄하며, 민간투자자는 그 모든 대가를 대상시설 이용자로부터 직접 지급받거나 아니면 주무관청이 그 대가의 일부 혹은 전부를 지급하는 방식을 띤다.[8] 필자는 세계은행이 정립한 PPP의 정의 및 범위가 전 세계적으로 진행되고 있는 인프라 투자개발과 상당히 부합하는 것으로 본다.

민관협력 사업의 부문들로는 교통(도로·교량·터널·철도·공항), 발전, 상하수도, 도시개발, 감옥, 병원, 학교 등 다양하다. 향후 15년 동안 전 세계적으로 인프라 수요가 폭증하여 2016~2030년 동안 연간 3.3조 달러(한화로 대략 3,400조 원), 총 49조 달러의 인프라 투자가 필요하다는 통계[9]가 있다. 이러한 금액은 실로 어마어마해서 그 규모를 짐작하기조차 어

아닌 LNG 복합화력발전이나 다른 신재생에너지발전의 경우와도 다를 수 있음은 당연하다.
7) "PPP is defined as a long-term contract between a private party and a government entity, for providing a public asset or service, in which the private party bears significant risk and management responsibility and remuneration is linked to performance", World Bank, *Public—Private Partnerships Reference Guide*, version 3 (2017) (이하, "PPP 참고가이드"라 칭함), p. 1.
8) *Ibid.*
9) McKinsey Global Institute, *Bridging Global Infrastructure Gap* (2016. 6.), pp. 1-5. (이 보고서에 따르면 전 세계는 GDP의 3.8%, 평균적으로 연간 3.3조 달러의 인프라 투자를 해야만 목표한 경제성장률(전 세계 평균 3.3%) 달성을 위한 인프라 수요를 충족할 수 있다고 한다).

렵다. 그 수요 중 교통(도로·철도·항만·공항)과 전력 인프라 투자가 가장 많이 필요하며, 2016~2030년 동안 두 분야의 필요투자액은 각각 18.7조 달러, 14.7조 달러로 전체 수요 중 각각 38.1%와 29.9%를 차지한다.[10] 따라서 민관협력의 주요한 사업부문으로서 민자발전사업의 중요성은 대단히 크다.

또한 발전분야는 민관협력 사업구조와 프로젝트 파이낸스를 통한 민간투자를 유치하는데 그 성격상 가장 최적화되어 있고, 다른 분야들보다 상대적으로 안정적이다.[11] 그래서 우리 기업들의 해외 민관협력 사업 중 지금까지 성공적으로 진행되어온 분야가 발전분야이다.[12]

2. 민자발전사업의 방식

민자발전사업의 방식은 BOT(build-operate-transfer), BOOT(build-own-operate-transfer), BTO (build-transfer-operate), BOO(build-own-operate), BTL(build-transfer-lease) 등 다양하다. 민자발전사업의 방식은 대부분 BOT와 BOO라고 한다.[13] 두 가지 개념의 가장 큰 차이는 전력구매계약 계약기간이 종료된 후, 발전사업자가 발전소의 자산에 대해 취할 수 있는 선택의 차이이다. BOT는 계약종료와 함께 전력구매자 혹은 투자유치국 정부에 발전소를 무상으로 이전하는 개념이다. 반면 BOO는 계약기간이 종료되더라도 발전사업자가 발전소를 계속 소유하는 개념이다. 아시아 국가들은 BOT가 많은 편이나, 중동은 BOO가 대부분이라 한다.[14] BOO 사업에서 계약기간 종료 후, 발전사업자가 행사할 수 있는 선택은 다음과 같다. 전력구매자와 협의하여 전력구매계약 계약기간 연장을 협의하거나, 계속 발전소를 가동하여 생산한 전력을 자유경쟁시장(merchant market)에 판매하거나, 아니면 발전소를 철거하고 사용가능한 기자재를 유상처분하는 방안이다.[15] 결국, 두 가지 사업방식의 차이는 발전소 설계수명과 잔존가치에 차이가 있을 뿐, 제안된 사업기간 내 자본회수를 달성하도록 경제적 가치를 산정하면 되는 것이기에 발전사업자에게 사업방식은 크게 중요하지는 않다.

3. 민자발전사업의 추진유형에 따른 차이

민자발전사업은 추진유형에 따라 크게 입찰형 사업(solicited project)과 발전사업자 제안

---

10) *Ibid.*
11) Delmon, p. 361.
12) 우리 기업들이 추진했던 해외 발전사업의 사례에 대해서는 한국개발연구원 보고서, "해외 인프라사업 수주 전략 연구" (2016. 12), 26면 이하를 참조.
13) 김희택, 발전사업 개발 입문, ((사)해외인프라개발협회, 2016)(이하 "김희택"이라 칭함), 169면.
14) 상동.
15) 상동, 169-170면.

형 혹은 비입찰형 사업(unsolicited project) 두 가지로 나눌 수 있다.

가. 입찰형 사업

투자유치국의 행정주체(contracting agency)는 포괄적인 타당성조사를 먼저 거쳐서 사업 타당성이 확보되었다면, 아주 상세한 입찰 제안요청서(request for proposal, RFP)를 작성하여 예비자격심사를 거쳐 선정된 발전사업자들에게 이를 제공한다. 대개 행정주체는 입찰형 방식으로 진행하는 것을 선호하는데, 그 이유는 응찰자들간 경쟁을 유도하여 보다 낮은 전력요금을 확보할 수 있고, 거래과정의 투명성을 확보할 수 있기 때문이다.[16)]

입찰 제안요청서에는 (i) 응찰자들을 위한 여러 상세한 지침들과 아울러 입찰과 관련하여 충족해야 할 여러 일반적인 요건들, (ii) 응찰자가 최소한 충족해야 할 여러 기술적인 요건들, (iii) 응찰시 기입하여 제출해야 할 다양한 양식들, (iv) 보통 전력구매계약 초안과 아울러 EPC계약과 O&M계약에 필수적으로 들어가야 하는 주요 계약조건들 및 석탄공급의 기본방향들이 제공된다.

이 장에서 소개할 2014년 한 중동 국가에서 발주된 1,200MW 대규모 석탄화력발전(이하, "X 사업")의 입찰 제안요청서는 실무계에서 최근의 표준경향으로 간주하는데 그 양이 상당히 방대하다. 행정주체 역시 법률, 기술, 환경, 재무 자문사와 협업으로 신뢰성과 시장성 있는 입찰 제안요청서 작성에 많은 노력을 들였다.

응찰자들은 입찰 제안요청서에 기재된 정보를 바탕으로 필요시 전문가들의 자문을 받아 사업제안서를 작성 후 제출하게 되고, 행정주체는 이를 바탕으로 내부평가를 거쳐 우선협상자를 선정하게 된다. 우선협상자 선정기준의 가장 중요한 요소는 응찰자가 제시하는 전력요금지표(levelized electricity costs, LEC)의 경쟁력이다.[17)] 즉, 응찰자들은 개발자의 입장에서 적정 수익률 범위 내에서 가장 낮은 전력요금지표를 만들어내야 한다. 우선협상자는 행정주체와 실시협약의 협상을 진행하여 쌍방간 합의가 이루어지면 낙찰자로 결정되고 그 합의대로 실시협약을 체결하게 된다. 그 후 낙찰자는 프로젝트 파이낸스를 일으키기 위해 금융협상을 진행하며, 환경영향평가 등의 제반 인허가를 획득하는 등 사업을 추진한다.

이러한 입찰형 방식을 채택하는 대표적인 지역은 중동이며, 중남미와 일부 동남아(인도네시아)와 일부 아프리카(남아공이나 보츠와나 등) 국가들이 채택하는 것으로 보인다. 특히 중동에서 발주되는 사업의 전력구매계약은 세계 표준형식으로 간주된다.

---

16) Mahamed Badissy *et. al*, *Understanding Power Purchase Agreements*, version 1.3, published under the Creative Commons Attribution-Noncommerical-Share Alike 4.0 (2014), p. 26. (이 전자책의 pdf 파일이나 EPUB 에디션은 http://go.usa.gov/FBzH 에서 구할 수 있다).
17) 김희택, 36면.

나. 사업자 제안형 혹은 비입찰형 사업

사업자 제안형 혹은 비입찰형 사업의 경우는 자유경쟁시장(merchant market)[18]이 형성된 국가나, 아니면 국가신용도가 투자등급에 미치지 못해 입찰에 참여하려는 투자개발자 폭이 아주 좁은 경우에 사용된다. 이러한 사업추진 유형에서는 투자개발자가 현장부지 조성이나 현장에 거주하는 거주자의 이주, 연료의 조달자체를 전적으로 책임지는 등 그만큼 개발에 필요한 인적 자원과 아울러 상당한 시간이 소요된다. 또한 재무부, 환경부, 에너지부, 법무부 등 관련 정부기관들을 모두 찾아다니며 설득해야 하는 것도 큰 부담으로 작용한다. 즉 개발위험이나 기간이 입찰형보다 상대적으로 훨씬 크고 길며, 그에 따라 개발비용 또한 입찰형 대비 2~10배까지 소요될 수 있다.[19]

이러한 사업자 제안형 혹은 비입찰형 사업방식은 주로 북미, 남미, 유럽, 아프리카 일부 지역과 베트남, 미얀마 같은 아시아 국가들이 채택하고 있다.[20] 한편 이러한 방식은 전력수급에 비상이 걸렸거나 대규모 전력수급의 불일치가 발생한 나라에서 아주 신속히 대응하기 위해 사용되기도 한다는 견해도 있다.[21]

4. 민자발전사업 개발의 시간대별 진행 및 전체 거래구조

민자발전사업 개발의 시간대별 진행상황은 개발단계, 금융단계, 건설단계 그리고 운영단계로 크게 나누어 볼 수 있다.[22] 다만 상황에 따라 개발단계와 금융단계는 중첩될 수 있다. IPP 사업의 전체 거래구조를 평면적으로 나타내면 하기 [그림 1]과 같다.[23]

---

18) 선진국의 경우는 민자발전사업자들이 전력을 생산하여 자유경쟁을 통해 시장에 전기를 판매하기에 특정된 전력구매자가 존재하지 않아 전력구매자가 일정 정도의 전력구매를 보장하는 전력구매계약 형식으로 계약을 체결하지 않는다. 그럼에도 불구하고 충분한 수요가 존재한다는 신뢰할만한 보고서를 기반으로 금융지원타당성이 확보될 경우 대주의 참여가 가능하다고 한다. Badissy, p. 38.
19) 발전사업자 자체 개발의 경우에는 많은 시간과 노력이 들기에 개발비에 대한 부담이 크며, 프로젝트에 따라 정도의 차이는 있겠지만 통상 수천만 달러가 소요된다. 만일 투자개발자가 금융종결을 달성하지 못하면 선 투입된 개발비를 회수할 수 없게 되기에 개발 자체에 대한 위험부담이 커진다. 따라서 대형 개발업체들은 개발위험 부담이 적은 입찰형 방식을 선호하는 경향이 있으며, 입찰 예비자격 심사 기준에 미달하는 중소형 개발회사들이 사업자 자체개발 방식으로 진행하는 것이 일반적이다. 김희택, 36면.
20) 김희택, 37면.
21) Badissy, p. 26.
22) 개발단계에 대한 자세한 설명은 Delmon, pp. 72-76을 참조.
23) 이 장을 보다 정확히 이해하기 위해서는 민자발전사업의 전체 거래구조와 관련 계약서들의 주요 쟁점들에 대한 이해가 필수적으로 선행되어야 하는데, 이에 대해서는 정홍식 집필 "해외 민자발전프로젝트 거래구조 및 각 계약별 핵심쟁점", 정홍식 외, 국제건설에너지법-이론과 실무, 제1권, 박영사 (2017) (이하, "정홍식 집필부분"이라 칭함), 651-691면을 참조.

[그림 1] 민자발전사업의 평면적 거래구조

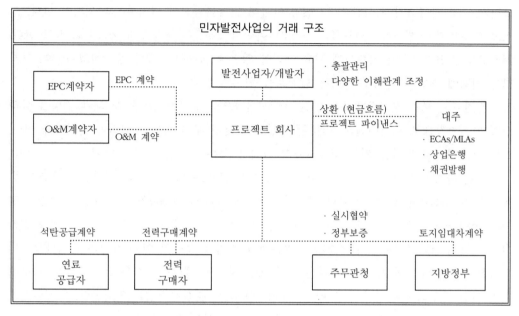

III. 전력구매계약의 전체 개요

1. 전력생산의 원천과 전력공급 체계

전기는 크게 두 가지 유형의 에너지원에 의해 생산되는 것으로 구분된다. 하나는 재생가능한 에너지원(renewable sources)이고, 다른 하나는 재생불가한 에너지원(non-renewable sources)이다. 전자의 에너지원에는 태양열, 풍력, 수력, 바이오매스 및 지열을 포함하고, 후자는 다시 열병합(thermal) 방식과 원자력으로 나뉜다. 이산화탄소를 기반으로 하는 열병합 에너지원은 석유, 가스 그리고 석탄이 있다.[24]

최근 우리나라를 비롯한 다른 나라들은 석탄화력발전소가 야기하는 환경오염 문제에 천착하여 석탄발전의 비중을 점차 줄이고 가격이 낮아지고 있는 LNG와 여러 신재생에너지원을 활용한 발전비율을 높일 것으로 보인다. 그러나 석탄화력은 그 비율이 조금은 줄어들지언정 주된 발전원으로서는 의심의 여지가 없어 보인다.[25] 그렇기에 석탄화력발전 사업에 대한 고찰은 여러 가지 면에서 의의가 있다.

대부분의 국가에서 석탄화력발전은 기저부하(base load)인데, 기저부하란 해당 국가에

---

24) Badissy, p. 15.
25) Dewar, *para.* 6.120.

서 필요한 전력생산을 위해 가장 먼저 가동하는 발전소에 해당하는 것을 말한다.[26] 석탄 연료비가 가장 저렴하기에 석탄화력발전과 아울러 원자력발전이 기저부하의 역할을 한다. 그리고 연료비가 비싼 LNG 연료를 사용하는 복합화력발전은 첨두부하(peak load)라고 한다. 첨두부하는 전력수요의 성수기에 필요 전력을 일단 기저부하로 모두 충당하고 난 후, 모자라는 전력에 대한 공급역할을 하는 발전소를 의미한다.[27]

전기[28]는 보통 전력구매자가 발전소에서 대량으로 구매한 후, 송전선과 배전망을 통해 산업체나 가정으로 보내어진다. 이러한 과정에서 몇 차례의 소유권 이전이 발생하게 된다. 그렇다면 생산된 전력을 최종 소비자에게 가져다 주는 책임은 누가 지는가?

이는 나라마다 다르고 또 발전소마다 다르나, 대개는 해당 국가의 전력산업 구조가 통합시스템(bundled system)인지 아니면 개별시스템(unbundled system)인지 여부에 달려있다. 전자는 전력구매, 송전 및 배전 모두를 하나의 주체인 전력구매자가 담당하는 시스템을 말한다. 이 경우 전력구매자는 발전소가 상업운전의 준비가 끝나면 이를 자신의 전력계통망에 연결할 의무를 부담한다. 반면 후자는 상기 세 가지 역할 중 하나 혹은 그 이상을 전력구매자가 아닌 별도의 송전업자 혹은 배전업자가 담당하는 분산시스템을 의미한다.[29] 개별시스템은 관련 당사자 복수이기에 그에 비례해 관리해야 하는 위험이 늘어나기 때문에 이러한 구분을 잘 파악해야 한다. 그래야 전체 사업구조를 효과적으로 구조화할 수 있게 된다.

2. 전력구매자의 입찰발주 전 검토/결정사항

행정주체는 발주 전에 여러 가지 중요한 사항들을 검토/결정하여야 한다. 첫째, 무엇보다도 향후 전력수요의 증가예측 및 발전소 건립의 필요성이 있는지 면밀히 검토하여야 한다. 둘째, 새로운 전력공급이 필요하다고 확신하면 어떤 에너지원을 활용할지도 결정해야 한다. 대개 이러한 결정은 전력구매자의 지불능력 및 예산수준에 달려있고, 발전소에 장착될 기술수준에 달려있다. 채택되는 기술수준 여하에 따라 감당해야 할 비용의 증감이 발생하기 때문이다. 셋째, 발전소의 부지를 결정해야 하는데, 이는 전력수요가 있는 지역

---

26) Delmon, p. 364.

27) *Ibid.*

28) 하나의 발전소가 전기를 생산할 수 있는 용량은 메가와트(MW)로 매긴다. 1메가와트는 1백만 와트이고, 1킬로와트(kW)는 1천 와트를 가리킨다. 여기에서 'kWh'는 한 시간 동안 계속해서 사용되는 전기의 1천 와트와 동일한 의미이고, 'MWh'도 한 시간 동안 계속해서 사용되는 전기의 1백만 와트와 동일한 의미이다. 예를 들어, 하나의 발전소가 1,000MW 용량을 가진 것으로 측정되면, 그 발전소는 어느 시간동안에도 최대 1,000MW까지의 전기를 생산할 수 있는 것이다. 따라서 1,000MW 발전소가 한 시간 동안 최대 용량으로 가동된다면, 1,000,000kWh의 전기를 생산하게 되는 것이다. 만일 전력요금(tariff)이 1kWh당 US$0.10 라면, 그 한 시간 동안 US$100,000 가치의 전기를 생산하게 됨을 의미한다.

29) *Ibid.*, p. 17. (물론 이러한 두 가지 구분에 들어맞지 않는 형태도 존재하는데, 전력시장이 완전 자유경쟁에 따르는 시장(merchant market)에서 그러하다).

이면서 되도록 변전소 및 연결할 송전선로에 가까운 곳이어야 할 것이다. 또한 발전 에너지원과의 근접성도 확보되어야 하고, 부지가 위치할 지역에 미치는 사회환경영향도 고려되어야 한다.[30]

석탄화력발전의 경우 대부분 연료의 수입 혹은 현지탄 수송을 전제로 한 것이 일반적인 사업형태이다. 중동의 X 사업은 인도네시아 석탄의 수입을 전제로 한 사업이었고, 2016년 남아프리카 지역에서 발주된[31] 대규모 석탄화력발전 사업(이하, "Y 사업")은 발전소 부지 근처에 대규모 석탄광구가 존재하여 그곳에서 연료를 공급받는 형태였다. 그 외 다른 유형으로서는 석탄광구 개발의 일환으로 발전소가 건립되어 광구개발에 필요한 전력을 공급하는 것이 주된 역할이고, 남은 전력은 다른 구매자와 전력구매계약을 체결하거나 아니면 자유경쟁시장에서 매매하게 되는 형태(소위 'mine mouth' 사업방식이라 칭함)가 있다. 그러나 그 경우 2차연료(back-up fuel) 확보의 불확실성, 환경평가, 광구개발 비용조달 분담 등 복잡한 문제로 프로젝트 파이낸스에 굉장히 어려운 사업이다.

LNG 복합화력발전은 (석탄화력발전의 경우도 마찬가지이지만) 연료수송의 편의성과 해수를 이용한 냉각시스템, 부지확보의 용이성 및 LNG공급을 위한 파이프라인이 개설되어야 하기에 해안가에 인접해 건설되는 것이 일반적이다. 그리고 태양광 및 풍력과 같은 신재생에너지의 경우는 에너지 생산을 위한 최적 입지(일조량, 풍량)에 따라 그 부지를 선정하는 것이 보통이다.

3. 입찰방식의 민자발전사업에서 전력구매계약 체결 절차와 계약당사자

상기 [그림1]에서 전력구매계약의 계약당사자는 발전사업자가 출자하여 설립한 프로젝트 회사와 전력구매자간 체결되는 것으로 되어 있고, 이것이 일반적인 경향이다. 그러나 낙찰되는 시점에 낙찰자인 발전사업자가 아직 프로젝트 회사를 설립하지 않았다면, 우선 발전사업자가 전력구매자와 전력구매계약을 체결하고 나서 그 이후 설립된 프로젝트 회사에게 계약상의 모든 권리양도와 의무이전을 한꺼번에 이전하는 계약이전(transfer of contract)을 하게 된다. X 사업의 입찰 제안요청서에 포함된 전력구매계약 초안에서도 이렇게 낙찰된 발전사업자와 전력구매자간에 체결되는 것으로 되어 있다.

전력구매계약을 체결하는 개발도상국에서 전력구매자는 정부소유의 공기업 또는 송변전 설비회사인 경우가 대부분이다. 그 외 전력구매자로는 민간이 보유하고 있는 전력회사

---

30) *Ibid.*, pp. 24-25.
31) 해외 민자발전사업 실무가들에 따르면 아프리카는 발전사업자에게 가장 우호적으로 진행된다고 한다. 반면 동남 아시아쪽의 사업은 그 반대로 발전사업자에게 상당히 불리하게 구조화되는 편이라고 한다. 중동은 그 중간쯤에 해당한다.

또는 배전회사가 될 수 있으며, 또는 특정 지역 내에서 직접 전력을 구매하여 소비자에게 전력을 판매하는 자로 나눌 수 있다.[32]

　　한편 비입찰형 방식의 경우라면 때론 발전사업자가 전력구매계약 초안을 제시하는 경우도 있고, 전력구매계약 체결 이전에 상호간에 핵심 조항들만을 담은 법적구속력이 없는 양해각서를 먼저 체결한 후 전력구매계약의 세부조항들에 대한 협상을 벌여 전력구매계약을 체결하기도 한다.

4. 전력구매계약의 법적 성격 및 CISG의 적용가능성

　　X 사업의 전력구매계약은 외국 발전사업자와 투자유치국의 전력구매자간 체결되는 전력매매계약이기에 당사자의 영업소 소재지 기준으로는 각 당사자가 서로 다른 국가에 소재하기에 국제계약임은 분명하다. 그러나 전력구매계약에 당사자간 별도의 합의가 없는 한, 국제물품매매협약(CISG)의 적용은 배제된다. 왜냐하면 CISG 제2조에서는 CISG가 적용되지 않는 매매유형으로 전력의 매매를 명시하고 있기 때문이다. 그럼에도 불구하고 양 당사자가 CISG의 명시적인 적용을 합의하면 전력구매계약에도 CISG의 적용은 가능하다. 그러나 CISG에 대한 명시적인 적용합의가 없이 계약의 준거법을 지정한다면, 그 준거법 소속국법상 CISG 이외의 다른 민상사법이 적용될 것이다.[33] 이는 분쟁해결방식에 관계없이 그러하다.

　　만일 준거법에 대한 합의가 없다면 분쟁해결방식에 따라 준거법의 결정은 달라질 수 있다. 소송에 의하는 경우 소가 제기된 법정지의 국제사법 규칙에 의해 결정되는 준거법이 적용된다. 중재에 의하는 경우 당사자가 합의한 중재규칙이 중요한데, 주요 국제중재기관의 중재규칙에 따르면 국제사법의 개입없이 중재인이 적절하다고 판단되는 준거법을 결정하도록 하고 있다.[34]

　　그럼 상기 X 사업과 같은 과정이 아닌 발전사업자가 투자유치국에 출자하여 설립한 프로젝트 회사와 전력구매자간 곧바로 체결되는 전력구매계약은 국제계약인가? CISG에 근거하여 검토하자면 제1조의 국제성 요건은 엄밀하게 당사자의 영업소 기준이기 때문에 전력구매자와 프로젝트 회사(특수목적법인 형태)가 동일 국가에 설립되었을 뿐 아니라 그곳에 영업소를 두는 것으로 보이기에 국제성 요건이 충족되었다고 보기는 어렵다. 따라서 CISG상 국제계약이라고 하기는 어렵고, 국내계약이라고 본다.

---

32) 이승교, 58면.
33) CISG의 적용범위에 대해서는 석광현, 국제물품매매계약의 법리, 박영사 (2010), 27면 이하를 참조.
34) ICC 중재규칙 제21조, SIAC 중재규칙 제31.1조가 그러하다.

5. 계약당사자들간 위험의 배분

전력구매계약에서 발전사업자의 주요 목적은 자신이 부담하는 위험들을 적절히 관리하여 최대의 투자이익을 거두는 것이다. 반면 전력구매자는 발전사업자가 계약상 의무이행을 충실히 한다면 약정한 전력요금을 지불하고 안정적인 전력 수급을 통해 전체 전력시장의 안정화를 꾀하는 것이다.

입찰방식에서 전력구매계약 초안이 제공되는 경우 응찰자들은 기본적인 위험배분이 어떻게 구성되어 있는지 그리고 그러한 위험배분이 수용가능한 정도인지 파악해 볼 수 있다. 위험배분의 기본원칙은 전력구매계약에 내재된 여러 가지 위험들이 그 위험들을 회피하거나 최대한 경감할 수 있을 정도로 적절하게 당사자들간 배분되는 것이다. 그러나 통상적으로 떠안는 위험이 아닌 위험을 부담한다면 그 당사자는 그에 따른 추가 반대급부를 요구할 것이다. 전력구매자가 그 당사자라면 전력요금을 좀 더 낮추려 할 것이고, 반면 발전사업자라면 기대되는 내부수익률을 좀 더 높이고자 할 것이다.[35] 그리고 각자가 그 위험을 직접 효과적으로 관리할 수 없다면 이를 가장 잘 관리할 수 있는 제3자가 부담하도록 위험을 이전해야 한다. 여기에서 제3자는 발전사업자 입장에서는 대부분 실제 발전소의 운영관리자가 될 것이다.

전력구매계약상 발전사업자나 전력구매자는 각자 자신의 과실여부에 관계없이 발생할 수 있는 위험을 배분하여 떠안도록 합의한다. 전력구매계약의 준거법이 영미법이라면 이러한 위험의 배분은 자연스럽고, 설사 대륙법계라고 하더라도 당사자자치 원칙에 따라 문제될 것은 없다고 본다.

먼저 발전사업자가 부담하는 일반적인 위험들은 보통 발전소의 건설위험을 들 수 있는데, 이는 착공개시의 지연위험, 예정된 상업운전일(commercial operation date)[36] 달성실패로 인한 지연위험, 요구된 용량의 미충족 위험, 공사비용 초과비용 등을 포함한다. 그러나 이러한 위험들이 전력구매자의 작위 또는 부작위의 결과로서 발생하는 경우라면, 발전사업자는 면책되어야 하고 상업운전일 연장 그리고/또는 직간접 경제적 손실을 보상받도록 협상해야 한다. 또한 발전사업자는 발전소의 운영 및 유지보수에 관한 위험을 부담하는 것이 보통이다.

전력구매계약상 전력구매자가 부담하는 대표적인 위험은 전력수요가 예상보다 낮은 경우 발생하는 시장위험이다. 비록 전력수요가 낮다고 하더라도 전력구매자는 발전소의 용

---

35) Badissy, p. 88.
36) '상업운전일'이라 함은 전력구매계약과 EPC계약상 발전소 준공을 위한 각종 시험을 모두 통과하고 난 후, 본격적으로 전기를 생산하여 전력구매자에게 공급하여 전력요금을 지급받게 되는 시점을 의미한다.

량요금에 대해 무조건적으로 지불해야 하는 위험을 떠안는다. 이에 관해서는 자세히 후술한다. 그리고 전력구매자가 부담하는 위험들은 여러 가지 형태의 불가항력(즉, 정치적 불가항력(political force majeure), 조세변동을 포함한 법규변동(change in law), 천재지변(natural force majeure) 포함)의 발생 및 건설도중 현장에서 문화재가 발견될 가능성에 대한 위험 등을 부담한다. 만일 이러한 위험사유가 건설기간 동안 발생하면 발전사업자는 그 기간 동안 면책되고 건설기간이 연장되며, 발생 사유에 따라 전력구매계약 계약기간 연장 또는 경제적 손실에 대한 보상(전력요금 조정 등)을 받도록 합의한다. 또한 장기간의 전력구매계약을 감안하여 인플레이션에 따른 전력요금 인상위험과 아울러 환율변동에 따른 위험도 전력구매자가 부담하는 것이 보통이다.

6. 금융지원타당성을 확보하는데 있어 전력구매계약의 역할

전력구매계약은 대주의 금융지원타당성(bankability)[37] 확보 여하에 가장 결정적인 역할을 한다. 민자발전사업에서 매출의 원천은 오직 전력구매계약상 전력구매자의 전력요금 지급에서만 나오기 때문이다. 전력구매자의 요금지불에 문제가 생기면 발전사업자는 대주의 원리금상환에 막대한 지장을 초래하게 된다. 따라서 전력구매계약의 위험배분이 적절히 잘 되어 있어야 프로젝트의 금융지원타당성이 높아져 대주의 금융지원이 가능하게 된다.

7. 전력구매계약의 주요 이행내역

전력구매자의 주된 의무는 생산된 전력을 사용하는지 여부와 관계없이 전력요금 지급시기에 맞춰 이를 제때 지급하는 것이다.[38] 발전사업자의 의무사항은 프로젝트 파이낸스를 성사시켜 금융종결(financing closing)[39] 이후 발전소를 적기에 건설하여 예정된 상업운전일을 달성해야 하며, 발전소 운영 및 보수를 최적화하여 전력구매자의 급전지시에 따라 최대용량까지의 전력을 공급할 수 있도록 항시 준비되어 있어야 한다.[40]

그 외 추가적인 의무들로는 전력구매자는 전력요금의 지급보증서(payment guarantee)를, 발전사업자는 이행보증서(performance security)를 서로 맞교환하는 것이 보통이다. 또한 발전사업자는 정부의 각종 동의, 허가서, 승인 및 면허를 취득해야 하고 (대신 전력구매자는 이를 위해 협력해야 하며), 부지에 대한 사용권을 확보해야 하고, 또한 송변전을 위한 전력계통망

---

37) 대주 입장에서 bankable한 의미가 무엇인지에 대한 자세한 설명은 김채호 집필 부분, 559면 이하를 참조.
38) Delmon, pp. 59-60.
39) '금융종결'이라 함은 프로젝트 파이낸스에서 금융계약 체결 후 자금조달 업무의 마감이 이루어지기 위한 여러 가지 금융계약상 나열된 선행조건(conditions precedent)들이 모두 충족되어 대출금이 차주인 프로젝트회사에 지급되기 시작하는 시점을 의미한다. 정홍식 집필부분, 657면.
40) Delmon, p. 60.

(grid)에 연결토록 해야 하고, 여러 가지 필요한 보험을 구비해야 한다. 반면 전력구매자는 공사부지 접근을 위한 도로망 확보, 발전소 건설중에 필요한 전력공급 및 송변전 설비를 확충해야 한다.

8. 전력구매계약의 전체 주요 마일스톤(milestone) 및 중요 고려시기

전력구매계약 계약기간 동안 시간상 흐름에 따라 달성해야 할 주요 마일스톤을 'X 사업'에 기초하여 기술하면 다음과 같다.

① 전력구매계약체결 → ② 발전사업자의 이행보증서 제공 → ③ 예정된 금융종결 달성(계약체결 후 6개월 이내 혹은 설정된 최대허용기간(long-stop date)(3개월 추가) 이내) → ④ EPC계약자에게 착공지시 → ⑤ 2차 연료 검침시스템 건설 및 이에 대한 잠정적인 승인일 → ⑥ 석탄건조저장시설의 준공 및 이에 대한 잠정적인 승인일 → ⑦ 발전소 성능검사/신뢰도검사 등(예정 상업운전일까지 통과하지 못하면 전력구매자에게 지연손해금 배상) → ⑧ 상업운전일 달성(설정된 최대허용기간 이내에 달성) → ⑨ 운영자에 의한 초기신뢰용량검사 → ⑩ 운영/보수개시 → ⑪ 원리금 상환 → ⑫ 원리금 상환 종결 → ⑬ 전력구매계약 계약기간 종료

전력구매계약에서는 양당사자가 모두 중요하게 고려해야 할 여러 다양한 시한/시기 등이 있는데 다음과 같다. 아래의 다양한 시한/시기들은 서로 적절히 맥락있게 선후를 고려하여 배치되도록 확인해야 한다. 예컨대, 전력계통 연결시점과 연료공급 개시 일자는 상업운전일 이전에 발생해야 한다.

- 전력구매계약의 효력발생일 및 선행조건
- 금융종결 달성을 위한 여러 가지 선행조건들의 충족 시한
- 상업운전일 달성을 위한 시운전 및 갖가지 시험 시한
- 전력계통 연결을 위한 송변전 설비들의 완공 시한
- 발전소에 연료공급을 위한 접속(connection) 시한
- 연료공급 개시 시기
- 발전소의 운영계약자 개입 시기
- 전력요금 청구서 제출 및 지급 시기
- 매년 용량요금 지급을 위한 신뢰용량 검사 시기
- 계약위반 발생시 치유기한

- 계약해지 통지 제공 시한
- 단계적 분쟁해결방식 사용시 상위단계로 이동 시한 등

Ⅳ. 전력구매계약의 주요 계약조항과 관련 계약서들에 미치는 영향

이 장에서는 전력구매계약의 주요 계약조항들을 검토하고 동시에 관련 계약서들인 EPC계약, 석탄공급계약, O&M계약 및 금융계약들에 미치는 영향과 그 접점에 대해 좀 더 입체적으로 그리고 시간대별로 살펴보겠다. 좀 더 이해를 돕고자 'X 사업'상 입찰 제안요청서의 내용을 먼저 정리해 본다.

1. X 사업의 입찰절차 및 응찰자의 기본요건

중동의 표준 민자발전사업이라 할 수 있는 X 사업에서 입찰절차의 주요 마일스톤은 다음과 같다.

① 예비자격심사를 거친 응찰자들에게 입찰 제안요청서 발부→② 입찰 제안요청서 확인기간 개시→③ 응찰자 컨퍼런스[41]→④ 확인기간 종료→⑤ 입찰제안서 제출(입찰보증서 첨부)→⑥ 입찰제안서 공개→⑦ 입찰제안서 평가 및 확인기간→⑧ 우선협상대상자 선정→⑨ 프로젝트 계약서 협상 및 서명→⑩ 최종 금융종결일

X 사업(BOO 방식)에서 상기 절차의 처음부터 프로젝트 계약서 서명까지는 9개월 정도를 잡고 있었고, 금융종결일까지는 1년 정도의 기간을 제시하였다. 물론 이러한 일정이 그대로 지켜지리라 볼 수는 없지만, 사업자 제안형보다 훨씬 짧은 기간 내에 수주가 가능하다는 점은 확실하다. X 사업은 다른 발전소에서 최소한 3년 동안은 상업운전이 되었던 검증된 기술을 사용해야 하는 석탄화력발전이었고, 발전소는 두 개의 동일한 유닛(unit)으로 구성되어야 하며, 계약용량(contracted capacity)은 총 1,200MW로 각 유닛 당 600MW였다. 그리고 합의된 계획정지(scheduled outage)[42] 시간 이외에 우발정지(forced outage)[43]는 거의 허용하지

---

41) 응찰자 컨퍼런스의 목적은 전력구매자가 제공한 프로젝트 계약서들 초안에 대한 응찰자들의 이해를 돕고, 입찰제안서의 구성과 제출절차 및 전력구매자의 평가 절차를 알려주는데 있다.
42) 계획정지 시간은 발전소 설비 및 장비의 주기적인 보수를 위해 발전소 가동을 멈출 수 있는 연간 허용된 시간을 의미한다.
43) 우발정지 시간은 상기 계획정지 시간 이외에 갑작스럽게 발전소 유닛의 가동이 정지된 시간을 의미하며, 계약상 연간 허용되는 우발정지 시간이 부여되지 않으면 이러한 상황 발생에 대해서는 발전사업자가 책임을 부담한다.

않아 발전소의 높은 가동대기율(availability)[44]을 요구하고 있었다.

연료는 청정석탄(clean coal)과 2차 연료로 천연가스를 사용하도록 되어 있으나, 2차 연료는 발전소 유닛의 시동을 거는데(start-up) 사용하도록 하고 있다. 발전사업자는 발전소뿐 아니라 석탄건조저장시설(coal and dry bulk handling facilities) 및 2차 연료 검침시스템을 설계, 개발, 금융, 조달, 보험, 시공, 시운전 및 검사할 의무를 부담하도록 되어 있다. 그러나 검침 시스템은 완공 후 전력구매자에게 소유권을 이전해야 하며 그 후 이 검침기의 운영과 보수는 전력구매자가 맡도록 되어 있다. 발전소 주변에 변전소(switching station)를 세우고 송전시스템으로의 연결은 전력구매자의 책임으로 하고 있다.

발전소 가동대기율은 입찰제안서에 응찰자로 하여금 제안토록 하고 있고, 열효율(heat rate)[45] 또한 그러하다. 연료공급은 전적으로 발전사업자의 책임이다. 그러나 2차 연료의 공급 및 2차 연료 공급을 위한 파이프라인의 설치는 전력구매자의 책임으로 하고 있다. 변전소의 설치는 전력구매자의 몫이다.

응찰자는 입찰제안서 제출 시 EPC계약자와 체결할 주요 EPC 계약조건만을 정리한 내역을 제출해야 한다. 앞으로 체결될 EPC 계약조건은 입찰 제안요청서에서 제공된 EPC계약의 기본원칙에 부합하여 체결되어야 하고 그 원칙에 벗어나야 한다면 전력구매자의 사전승인을 득해야 한다. 발전소 설계 검토 및 승인과 공사감독, 조사, 검사 및 시운전은 프로젝트 회사의 엔지니어(EPC계약에서 발주자의 대리인(owner's engineer를 의미))에 의해 이루어져야 한다.

응찰자는 입찰제안서 제출 시 발전소 운영자(응찰자 자신이 될 수도 있음)에 관한 정보를 제공해야 하며, 운영자와 맺은 주요 O&M 계약조건만을 정리한 내역 또한 같이 제출해야 하는데 그 내역 또한 여기 입찰 제안요청서에서 제공된 O&M계약의 기본원칙에 부합해야 한다. 만일 그 원칙에서 벗어나야 하는 경우 전력구매자의 사전승인을 득하도록 한다. 석탄 건조저장시설의 별도 운영자와의 계약체결도 가능하다. 또한 응찰자는 5~6년 단위로 이루어지는 발전소 주기기의 대대적인 보수(major overhaul) 작업을 포함한 상세한 발전소 운영계획을 제출해야 한다.

X와 Y 사업 모두는 입찰방식에 의한 것이었는데, 전력구매계약은 전력구매자와 발전사업자간 정식으로 체결되면서 효력이 발생하게끔 하고 있다. X 사업의 계약기간은 상업운전일(혹은 간주 상업운전일) 이후 25년 동안(추가 연장 가능)이다. 전력구매계약을 체결한 발전사업자는 곧 프로젝트 회사를 설립하면서 주주간계약서를 체결하는데, 전력구매자가 51%의 지분을 그리고 나머지 49%의 지분을 발전사업자(혹은 컨소시움 당사자들)가 보유하도록 한다. 이사회 이사 숫자는 7명이고, 그중 4명은 전력구매자가 지명하고 나머지 3명은 발전

---

44) 가동대기율에 대한 자세한 설명은 후술한다.
45) 열효율이란 전기 1kWh를 생산하는데 필요한 연료의 양을 의미한다. Delmon, p. 470.

사업자가 지명한다. 동시에 발전사업자는 전력구매계약상의 모든 권리와 의무를 프로젝트 회사에게 계약이전 방식으로 양도한다. 중동에서는 이처럼 전력구매자가 프로젝트에 직접 주주로서 참여하는 것이 특징인 듯하다.

전력구매계약에서는 전력구매자에게 최소한의 급전지시(dispatch instruction) 의무를 부과하고 있는데, 이는 발전사업자가 석탄공급자와의 석탄공급계약시 석탄공급량 및 대금지급의 범위를 확정해주기 위함이다. 전력구매계약상 전력구매자가 보장해야 하는 가장 최소한의 급전지시는 연간 4,000시간을 초과하지 않도록 하며, 만일 발전사업자가 그 이상의 시간을 요구하는 경우 입찰제안서에 적시하도록 하고 있다. 이 발전소는 신뢰할만한 기저부하(base load) 형태로 설계될 것을 요구하고 있다. 투자유치국 정부는 전력구매계약상의 전력구매자의 전력요금 지급보증을 위한 지급보증서를 제공하도록 되어 있다. 따라서 X 사업에서는 투자유치국의 행정주체와 발전사업자(혹은 프로젝트회사)간 체결되는 별도의 실시협약이 존재하지 않는다.

주주간계약서는 프로젝트 개발비용(development costs)의 한도를 두도록 하고 있다. 이 개발비용은 추후 금융종결 후 첫 번째 대출금의 인출이 이루어지면 그 금액에서 약정된 개발비용을 발전사업자에게 지급하여 보전해주도록 할 예정이다. 주주간계약서에서는 건설기간 동안 프로젝트 회사가 부담해야 하는 여러 비용들에 대해서도 한도를 두고 있다. 그 한도 내에서는 전력구매자와 발전사업자간 지분비율에 따라 부담할 예정이다. 그러나 그 한도를 초과하는 개발비용에 대해서는 전적으로 발전사업자가 부담하도록 되어 있다. 또한 건설기간 동안 프로젝트 회사가 EPC계약의 발주자로서 부담해야 할지도 모르는 건설공사비 초과비용에 대해 한도를 두도록 하고 있다. 그 한도 내에서는 지분비율에 따라 부담할 예정이다. 그러나 정해진 한도를 초과하는 공사비에 대해서는 그 역시 전적으로 발전사업자가 부담하도록 하고 있다.

이는 결국 민관협력 중 민관합작법인 형식의 민관협력 사업에 전력구매자가 참여하면서 민자발전의 비용집행과 운영을 합리적으로 통제하기 위한 것이다. 즉 전력구매자가 지분을 보유하지 않는 순수 계약형식의 민관협력 사업의 약점을 보완하려는 의도에서 제한된 범위내 경영참여와 통제권 행사를 목적으로 한다.

2. 전력요금 체계

전력구매계약상 전력요금(tariff)은 크게 용량요금(capacity charge)과 에너지요금(energy charge)으로 나눌 수 있고, 전력요금은 이 두 가지를 합산한 금액이다. 각각의 요금에 관해 자세히 설명하면 아래와 같다.

가. 용량요금

용량요금은 발전소 운전여부 혹은 전력구매자 급전지시에 따른 전력생산과 관계없이 매년 시험을 통해 정해지는 발전소의 신뢰용량(dependable capacity)에 근거하여 발생하는 요금이다.[46] 이는 발전사업자가 입찰시 제시하여 낙찰된 kWh당 요금에 신뢰용량을 kWh로 환산하여 곱한 금액이다. 국내외 문헌에서는 이러한 요금체계를 소위 '무조건인수지급(take or pay)' 요금이라 부른다. 그러나 이러한 용어가 용량요금이 내포하는 의미를 적절히 포괄하는지는 의문이다. 왜냐하면 연간 측정된 신뢰용량에 대해서는 전력구매자가 전혀 급전지시를 하지 않아도 용량요금을 지급하도록 되어 있기 때문이다.

대부분 개발도상국에서 활용되는 전력구매계약의 용량요금은 이러한 방식을 취하고 있는데, 그렇지 않으면 어떠한 외국 투자자도 그 나라에 투자하지 않을 것이기 때문이다. 이는 다른 유형의 민관협력 사업에서 최소매출보장(minimum revenue guarantee)을 제공하여 투자를 유치하는 것보다, 자본투자비용 회수를 보장하는 개념으로서의 용량요금 설정방식이 보다 합리적인 절충안으로 시장에서 널리 도입되고 있으며, 대주의 금융지원타당성을 충족하기 위해서는 필수요건이다.

용량요금은 개발 및 건설기간 중에 발생한 투자비를 회수하는 개념의 '투자금회수비 (investment recovery charge)'와 인건비 등 운전기간 중 고정적으로 발생하는 비용을 보전하는 '고정운영관리비(fixed operation & maintenance charge)'로 구분된다. 첫째, '투자금회수비'는 투자자의 자기자본 투자액에 대하여 일정 수익률의 투자수익을 포함한 자본회수액과 프로젝트 파이낸스를 통한 차입금에 대한 원리금 상환액으로 구성된다. 투자금회수비는 전력구매계약 기간 동안 물가상승률이나 기타 지수에 연동되지 않고 고정적이다. 그러나 전력요금이 현지통화가 아니라 미화 등의 제3국 통화를 기준으로 산정되는 경우, 실제 지급 시점의 환율에 따라 환율변동 효과를 반영하여 계약하는 것이 대부분이라고 한다.[47]

둘째, '고정운영관리비'는 발전소 운전여부와 상관없이 고정적으로 발생하는 비용, 즉 프로젝트 회사의 인건비, 보험료, 관리비, 제세공과금(법인세 및 부가세는 제외) 등의 고정운영관리비용을 말한다.[48] 고정운영관리비는 실제 지급시 물가변동으로 인한 고정운영비용 변동분이 반영되어 지급되며, 전력구매계약의 전력요금 지급과 고정운영관리비 지급통화 간의 환차를 고려한다고 한다.[49] 즉 이러한 물가변동 및 환율변동에 따른 고정운영관리비의 증가위험은 전력구매자에게 전가된다.

---

46) Delmon, P. 304. 발전 이외의 다른 민관협력 사업에서는 'availability payment(charge)'라고도 부른다.
47) 김희택, 18면.
48) 상동, 15면.
49) 상동, 19면.

용량요금 계산 시 용량을 결정하는 두 가지 개념이 존재하는데, 하나는 전력구매계약 상의 계약용량(contracted capacity)이고, 다른 하나는 신뢰용량(dependable capacity)이다. 계약 용량은 발전소 건설 시에 설계에 근거하여 생산할 수 있는 설계용량을 의미하며, 신뢰용량 은 운전 중 매년 또는 정기적으로 신뢰용량시험(dependable capacity test)에 의하여 전력구매 자가 인증하는 용량을 의미한다. 전력구매계약은 계약용량으로 체결되나, 실질적인 용량요 금은 신뢰용량에 근거해 지급된다.[50] 그런데 설사 신뢰용량이 계약용량보다 높게 나와도 계약용량을 초과하여 전력요금이 지불되지 않는다는 조항이 포함되는 것이 보통이고, X와 Y 사업에서도 그러하다.

나. 에너지요금

에너지요금은 운영기간 중의 '변동운영관리비(variable Operation & Maintenance charge)'와 전력생산을 위해 소요되는 연료비(fuel charge)를 포함하는 요금이다. 따라서 에너지요금은 실 제 발전량(kWh)에 의해 결정되기에, 용량요금과 달리 실제 생산되고 공급된 발전량에 대해 전력구매자가 에너지요금을 지급하게 된다. 단 전력구매계약상의 발전량은 순발전량임에 비 해 변동비는 총 발전량에 비례하는 바, 설계상 고려된 효율보다 좋은 효율로 전력을 생산하 는 경우에는 그만큼 발전사업자에게 이득이 되고, 그 반대가 되는 경우 손해가 된다.[51]

변동운영관리비는 프로젝트 회사의 관리 및 운영을 위해 발생하는 비용과 전력생산을 위한 화학처리, 용수비, 그리고 시운전비 등 변동운영관리비에 대한 요금이다. 이 요금 역 시 고정운영관리비와 동일하게 물가변동 및 환율변동에 따른 변동운영관리비의 변동위험이 전력구매자에게 전가된다. 연료비는 석탄, 가스 등의 주연료 구입비용과 이를 보조하는 2차 연료 구입비용이 포함된다.[52]

3. 상업운전일 이전 단계(개발단계, 건설단계)의 주요 마일스톤 미달성 및 효과

가. 개발기간 및 금융종결 달성

X 사업에서 전력구매계약의 효력발생일은 계약체결일과 동일하도록 하고 있다. 효력 발생일 이후 일주일 내 발전사업자는 전력구매자에게 이행보증서의 일종인 개발보증서 (development security)를 제출하도록 되어 있다. 개발보증서는 보충성 및 부종성이 없는 형태 인 독립적 은행보증(independent bank guarantee)으로서 전력구매계약상 약정한(혹은 최대허용 기간) 일자까지 발전사업자가 프로젝트 개발을 위해 필요한 모든 사항들과 금융종결 및 착

---

50) 상동, 16면.
51) 상동, 20면.
52) 상동, 21면.

고를 위한 그 밖의 모든 선행조건을 충족하지 못한 경우, 보증인은 전력구매자에게 보증금을 지급한다는 확약을 담고 있다.

공을 위한 그 밖의 모든 선행조건을 충족하지 못한 경우, 보증인은 전력구매자에게 보증금을 지급한다는 확약을 담고 있다.

전력구매계약 체결 후 가장 중요한 마일스톤은 발전사업자가 필요한 프로젝트 재원 마련을 위해 프로젝트 파이낸스를 일으켜 금융종결을 달성하는 것이다. 전력구매계약상 이러한 개발기간을 6개월 부여하고 있고, 발전사업자는 추가로 최대 3개월까지의 최대허용기간(long-stop date)을 개발기간으로 활용할 수 있으나53), 그 기간 내에 금융종결이 이루어지지 않으면 전력구매자는 계약을 해지하고, 제공된 개발보증서상의 보증금을 청구할 수 있다.54) 보증인은 보증서상 합치하는 보증금 청구에 대해서는 무조건 보증금을 지급해야 한다. 만일 발전사업자가 상업운전일을 달성하게 되면 전력구매자는 개발보증서를 반환해야 한다.

나. 건설기간의 지연 및 그 효과

금융종결이 이루어지고 난 후 착공을 하게 되면 X 사업에서 발전사업자는 발전소, 2차 연료 검침기 및 석탄건조저장시설의 건설책임을 부담한다. 전력구매자도 특정 시설에 대해서는 건설의무를 부담할 수 있는데, 예컨대 X 사업에서는 변전소, 송전시스템, 2차 연료 파이프라인 및 검침기의 건설책임을 부담하고 있다. 그 외 건설책임은 발전사업자가 부담하는데, 발전사업자는 자신의 건설책임을 EPC계약자 및 관련 시공업체들과 EPC계약을 맺어 이들에게 건설위험을 모두 전가한다. 그렇기 때문에 발전사업자는 턴키방식의 EPC 계약대금을 총액확정(fixed lump sum), 확정기한(fixed time)으로 정하고, 특별한 경우를 제외하고 공사대금의 증가 및 공기연장을 허용하지 않으려 한다.55)

그런데 착공이 발전사업자가 부담하는 위험사유가 아니면서 EPC계약자가 부담하는 위험사유로 지연되는 경우는 어떠한가? 그렇다 하더라도 발전사업자는 전력구매자에게 착공지연에 따른 책임을 부담해야 할 것이고(별도의 책임부과가 없다면 건설기간의 연장이 불허되기에 결과적으로 건설기간이 줄어드는 효과가 발생함), 이어 발전사업자는 EPC계약자에게 EPC계약상 책정된 지체상금을 부과하여 책임을 물을 수 있다. 만일 착공지연이 계약상 허용된 기간을 상당히 초과하게 된다면 전력구매계약과 EPC계약 모두 계약해지 사유가 되고, 전력구매자는 발전사업자에게 그리고 발전사업자는 EPC계약자에게 그로 인해 발생한 손해를 각

---

53) 이러한 추가 3개월의 개발기간을 활용하기 위해서는 예정된 6개월의 개발기간이 종료되기 전에 발전사업자는 단기 금융조달을 하고 EPC계약자에게 착공지시서를 발부하고, EPC계약자가 실제 착공에 들어가 있어야 한다.

54) 또한 착공 이후 발전사업자가 건설기간이 지연되어 예정된 상업운전일을 맞추지 못하게 되면 전력구매자에게 지체상금을 물도록 하고 있다. 만일 발전사업자가 지체상금을 지급하지 않으면 전력구매자는 개발보증서상의 보증금을 청구할 수 있도록 하고 있다. 또한 상업운전일 달성 이전에 발전사업자가 만일 건설중인 발전소를 포기(abandon)하면, 전력구매자는 보증금 청구가 가능하다.

55) Delmon, pp. 257-259.

각의 계약에 근거하여 청구하게 될 것이다.

　　반면 착공지연이 불가항력이나 전력구매자가 부담하는 위험사유로 야기된다면, 당연히 그 기간 동안에는 발전사업자와 EPC계약자는 각 계약상 면책되고 전력구매계약 기간 및 건설기간이 연장되는 효과를 누리거나 그리고/또는 손실금액을 직접 보상받도록 각 계약에 반영해야 한다. 이러한 면책사유와 그 계약내용이 전력구매계약과 EPC계약 양쪽에 동일하면서도 일맥상통하게 반영되어야 한다.

(1) 공사변경(variation)

　　전력구매계약상의 건설기간 동안 전력구매자가 발전사업자에게 발전소의 설계나 성능기준 등을 변경하기 위한 지시를 내리면, 발전사업자는 제한된 범위 내에서(가령, 전력구매자가 제시한 설계의 업그레이드를 위한 경우) 이를 따르도록 의무화하고 있다. 그럼 발전사업자는 EPC계약에 들어가 있는 공사변경권(right of variation)[56]을 통해 그 변경내역을 그대로 EPC계약자에게 지시하게 된다. 이때 전력구매자의 공사변경 지시에 대해서는 전력구매계약상 그에 상응하는 상업운전일의 연장과 아울러 추가공사비 보상이 이루어지도록 해야 한다. 그래야 발전사업자는 EPC계약상 시공자에게 동일한 공기연장을 부여할 수 있고 추가공사비 보상을 백투백(back-to-back)으로 지급할 수 있게 된다. 전력구매계약의 건설기간 동안 법규변동으로 인해 야기된 공사비 증가의 경우에도 법규변동의 위험을 전력구매자가 부담하고 있다면 동일한 원칙이 적용된다.

　　그런데 만일 전력구매계약상 전력구매자가 지급해야 할 추가공사비의 보상을 한꺼번에 건설기간내 지급하지 않고 용량요금이나 에너지요금의 조정을 통해서 반영하도록 하려는 경우, EPC계약상 시공자에게 지급하는 추가공사비는 그러지 못하고 일시불로 지급해야 하기 때문에 문제가 된다. 그 경우 발전사업자는 추가 출자금 혹은 별도의 금융조달을 통해서 이를 해결할 수도 있을 것이나,[57] 이러한 상황을 대비해 일정비율의 예비비 등을 설정하였다면 새로운 재원조달 없이 사업비 증액분을 흡수할 수 있다. 또한 대출원리금 상환 및 발전사업자 기대수익 증대로 환수될 수 있도록 화폐의 시간가치를 고려하여 용량요금을 재산정하는 방안이 있을 수 있다. 다만 설정비율 이상의 예비비를 초과하는 추가공사비는 전력구매자와 재원조달을 재협의해야 할 것이다.

---

56) 공사변경은 건설계약상 당사자들 간 합의에 의해 공사도중 발주자가 일방적으로(unilateral) 공사변경권을 행사할 수 있도록 하는 조항이다. 이에 관한 자세한 내용은 정홍식 집필 "FIDIC 표준건설계약조건에서 발주자 일방의 공사변경권", 정홍식 외, 국제건설에너지법－이론과 실무, 제1권, 박영사 (2017), 259-287면을 참조.

57) 이 경우 확정된 용량요금에는 추가 출자금에 대한 수익이 반영되지 않은 상태이고, 별도 금융조달에는 새로운 이자부담이 들어가기에 발전사업자에게 손해가 발생하는 문제를 말한다.

한편 의문이 드는 점은 이러한 건설기간 중 공사변경에 대해 대주는 어떤 입장을 취할 것인지이다. 아무래도 공사변경의 백투백 지시로 인해 상업운전일 연기가 발생하게 되면 대주의 원리금상환 일정에 차질이 생기기 때문에 특별한 공사변경 상황이 아니라면 대주는 공사변경을 허용하려 하지 않을 가능성이 크다고 본다. 그러나 원리금 회수가 확실하다면 대주가 특별히 반대할 이유는 없고, 필요시 후순위채권에 의한 추가 대주 모집도 가능하다고 본다.

(2) 상업운전일 달성의 지연

공사가 마무리되면 발전사업자는 상업운전일 달성을 위해 필요로 하는 여러 가지 시험을 진행하고 이를 통과하여야 한다.[58] 이러한 시험들은 후술하겠지만 시운전 테스트, 신뢰도 시험(reliability test), 유해가스배출시험(emission test), 성능시험(performance test)이 있다.[59] 이러한 시험들 대부분은 EPC계약상 EPC계약자가 발전사업자 및 전력구매자 관계자들 앞에서 수행하게 된다. 만일 이러한 시험들을 통과하지 못하게 되면 준공이 이루어지지 않게 되고, 상업운전일이 지연된다.

이를 대비해 전력구매자 및 대주는 전력구매계약상 지체상금 조항을 두어 상업운전일 지연에 따른 전력수급계획 차질로 인해 입게 될 손해를 전보받으려 한다. 그러나 상업운전일 달성 지연에 따라 발전사업자에게 무한정 지체상금만 물릴 수는 없다. 예컨대 3개월 혹은 6개월가량의 최장허용기간을 두는 것이 보통이고, 그 기간 내에 미준공으로 상업운전일이 달성되지 못하면 전력구매자는 전력구매계약을 해지한다. 전력구매계약이 해지되면 발전사업자 또한 EPC계약을 해지할 수 있도록 해야 하고, EPC계약자에게 그에 따른 손해배상 청구를 해야 한다.[60] 모든 건설위험은 EPC계약자가 부담하기 때문이다.

그렇다면 EPC계약상 발전사업자가 EPC계약자에게 물리는 지체상금은 전력구매계약상의 그것과 동일한가? 그렇지 않다. EPC계약상 EPC계약자가 부담하는 위험사유들로 인해 발생한 공기지연에 따라 발전사업자가 입게 되는 손해는 전력구매계약상 전력구매자가 입게 되는 손해와는 차원이 다르다. 왜냐하면 예정된 기간 내에 완공되어 상업운전일을 달성하였으면 발전사업자는 예상수입이 발생하여 대주에게 원리금상환을 하고 제반 발전소 운영비를 충당한 후 투자수익금 환수가 가능하였을 것이기 때문이다. 그러나 공기지연 기간 동안 그것이 불가능하게 되어 발전사업자에게 막대한 손해가 초래되기에 발전사업자는 이

---

58) 금융계약서상 대주가 생각하는 상업운전일은 전력구매계약상의 그것과 조금 다르다. 대주의 상업운전일은 전력구매계약상의 상업운전일 요건을 모두 충족해야 할 뿐만 아니라, 대주가 금융계약서상 요구하는 선행조건들 또한 모두 충족되어야 함을 의미한다.
59) 여러 가지 시험에 대한 자세한 설명은 Delmon, pp. 264-265를 참조.
60) Badissy, p. 92.

를 모두 배상받으려 한다.

EPC계약상 발전사업자가 EPC계약자에게 물리는 지체상금은 크게 세 가지로 구분할 수 있다:[61] (ⅰ) 발전사업자의 수입감소를 보전하기 위해 매 지연일수에 따라 기 책정된 용량요금($/kWh)에 24시간을 곱하고; (ⅱ) 발전사업자가 전력구매계약상 전력구매자에게 지급해야 하는 지체상금액이 더해지고; (ⅲ) 크지는 않지만 공기지연 기간 동안 건설 관련 보험료 증가분이 반영되어야 한다.

첫 번째 항목 (ⅰ)의 경우 예를 들어 1,000MW 발전소 건설에 용량요금이 $0.03/kWh로 책정되었다면, 지체상금은 1,000,000kW×$0.03/kWh×24시간으로 계산해서 하루 지연에 $720,000이 나오게 된다.[62] 만일 30일 공기지연이 발생하면 EPC계약자는 지체상금으로 $21,000,000이라는 엄청난 금액을 물어내야 한다. 결론적으로 공기지연으로 말미암아 전력구매계약상 전력구매자가 입게 되는 손해와 EPC상 발전사업자의 손해는 많은 차이가 나고, EPC계약자가 부담하는 위험사유로 인한 공기지연으로부터 발생하는 모든 손해를 EPC계약자가 떠안게 되는 구조이다.

전력구매계약상의 상업운전일 지연의 최장허용기간은 EPC계약에도 직접적인 영향을 미치는데, EPC계약상 EPC계약자에게 물리는 지체상금의 상한액을 결정하기도 한다. 보통 EPC계약상 지체상금의 상한은 계약대금의 최대 15~20% 선 사이에서 정하고, 아래에서 설명할 성능미달에 따른 손해배상예정액의 상한은 계약대금의 10~15%로 정하나, 이 두 가지를 더한 손해배상예정액의 총 상한은 계약대금의 20~25% 사이에서 정하는 것이 보통이다.[63]

EPC계약상 지체상금 상한의 결정은 발전사업자가 계약해지권을 행사할 수 있는 지연의 최장허용기간에 따라 결정되는데, 이는 전력구매계약상의 상업운전일 지연의 최장허용기간과 동일하게 가져갈 수밖에 없다. 따라서 최장허용기간이 완공예정일로부터 180일이고 EPC계약자가 180일 동안 지연하게 되면, 책정된 하루당 지체상금을 지연 일수로 계산하여 산정된다.[64] 그럼에도 그 기간 동안 완공되지 못하면 발전사업자는 EPC계약을 해지하고, 별도의 손해배상청구를 하게 되는데, EPC계약상 EPC계약대금의 100%까지로 책임제한을

61) 이 세 가지 구분에 대해서는 김희택, 88면 참조.
62) 그러나 이와는 달리 최근 해외 민자발전사업에서 EPC계약의 지체상금 책정방식은, (ⅰ) 원리금 상환소요 재원과 발전사업자의 기대수익 손실분을 현재가치화하고 이를 시간당 단가로 재재산한 단위금액과, (ⅱ) 전력구매계약상 전력구매자에게 지급해야 하는 지체상금액을 더하여 계산된다는 실무가의 견해가 존재한다.
63) 산술적으로 이 두 가지 상한을 더하면 총 상한은 25~35%가 되어야 하나, 그것보다 적게 총 한도를 설정하는 이유는 지체상금과 성능미달에 따른 손해배상예정액을 물리는 두 가지 상황이 같이 겹쳐 발생하는 경우는 극히 드물기 때문이라고 한다. 김희택, 90면.
64) 최장허용기간이 길수록 EPC계약자 입장에서는 발전사업자가 계약해지하기 전에 완공할 수 있는 시간적 여유를 상대적으로 많이 갖기는 하나, 그 여유만큼 지체상금은 당연히 증가할 것이고, 이를 커버하기 위해 발전사업자에게 제출하는 이행보증서의 보증금액도 올라갈 것이다. 김희택, 90면.

두는 것이 보통이다. 그러나 여기 100%에는 그동안 EPC계약자가 지불한 지체상금을 포함하지 않는다.

(3) 상업운전일의 연기

X 사업의 전력구매계약상 마일스톤 일자의 연기는 제한적으로 인정하고 있는데, (ⅰ) 전력구매자의 채무불이행, (ⅱ) 고고학유물의 발견,[65] (ⅲ) 전력구매자의 여러 가지 불이행으로 말미암은 완공시험의 지연, (ⅳ) 여러 불가항력 사유발생의 경우가 그것이다. 이러한 연기사유가 발생하면 발전사업자는 특정 기한 내에 그 사유를 통지하고 마일스톤 일자의 연기신청을 해야 한다. 그렇지 않고 그 기한을 놓치게 되면 그와 관련한 권리를 모두 상실하는 소위 '기간도과권리상실(time-bar)' 조항을 두고 있다. 그렇다면 발전사업자는 EPC계약상 동일한 유형의 조항[66]을 두면서 일맥상통하게 그 계약내용을 구성해야 한다.

그런데 마일스톤 일자의 연기가 무한정 이루어질 수는 없고, 합의된 어느 특정 시점에 가서는 보통 '간주준공(deemed completion)'이라는 개념이 존재한다. 즉 전력구매자가 부담하는 여러 위험사유들로 인해 어느 시점까지 완공되지 못하는 경우에 완공된 것으로 간주하는 개념이다. 간주준공으로 인정되면 발전사업자는 전력구매계약상 약정된 계약용량에 근거한 잠정적인 용량요금을 지급받기 시작한다. 간주준공이 인정되는 시점은 금융계약상 원리금상환이 이루어지기 시작해야 하는 시점이다.

그러나 아래에서 설명할 여러 가지 성능시험을 하여 최소성능기준(minimum performance criteria)을 넘기는 했으나 도출된 실제 용량이 계약용량에 미치지 못하는 경우, 기 지급된 용량요금에서 그 차이(계약용량-실제용량)에 해당하는 금액을 전력구매자에게 반환하도록 한다.[67] 그런데 그 성능시험에서 아예 최소보증용량(최소성능기준)도 넘지 못해 검사를 통과하지 못하게 되면 간주준공의 효력을 잃고 원상회복해야 된다. 즉 전력구매자는 더 이상 용량요금을 지급하지 않을 뿐 아니라, 오히려 기 지급한 용량요금 전체를 이자까지 합산해 반환받으려 한다. 그리고 시험을 통과하지 못하여 예정된 상업운전일 달성을 이루지 못하여 마

---

65) 고고학적 유물의 발견뿐만 아니라 현장부지 그 자체의 적합성(예컨대 지반 아래 환경오염이 심각한 경우) 여부에 대해 어느 당사자가 위험을 부담하느냐는 상당히 중요한 문제이다. 여기 X 사업에서는 고고학적 유물의 발견가능성에 대한 위험을 전력구매자가 부담하고 있는데, 그 이유는 사업발주가 입찰방식으로 이루어졌기 때문에 전력구매자가 맨 처음 그 부지를 선택한 탓이다. 그러나 사업자 제안형 방식으로 이루어져 부지선정을 발전사업자가 한 경우라면, 현장부지의 위험은 발전사업자가 부담하도록 할 것이다. Badissy, p. 95. 물론 그 경우라도 발전사업자는 EPC계약상 EPC계약자에게 현장조사를 벌이도록 하여 그 위험을 떠안도록 전가하는 것이 빈번하다.
66) 건설계약에서 공기연장 클레임 통지의무와 기간도과권리상실(time-bar) 조항에 대한 설명으로 정홍식 외, 제1권, 정홍식 집필부분, 101면 이하를 참조.
67) Badissy, p. 93.

일스톤 지연이 발생하면, 발전사업자는 상기 설명한 지체상금을 물어야 한다.

다. 전력계통망 연결을 위한 인프라 구축

발전소 그 자체의 건설뿐 아니라 상업운전일 전 시운전 및 필수 검사를 위해서는 발전소가 전력계통망에 연결되어야 한다.[68] 우선 송전선의 건설책임은 누가 부담할 것인지 정해져야 한다. X 사업에서는 송전선의 건설책임은 전력구매자가 부담하도록 하고 있다. 이러한 책임을 발전사업자가 지는 경우는 드물지만, 만일 송전선 건설을 발전사업자가 담당한다면 그 건설비용은 전력요금에 반영되어야 한다. 그리고 발전사업자가 접속분기점 이전까지의 송전선 건설, 금융조달 및 운영 일체를 위임받는 것이 일반적이다. 전력구매자가 송전선 건설을 위한 자금이 부족하거나 시운전 전까지 완공할 수 없다면 발전사업자에게 맡기기도 한다. 그렇지 않고 전력구매자가 책임지도록 하였으나 시운전 이전까지 완공되지 않으면 준공된 것으로 간주하여 전력구매자는 계약용량에 해당하는 용량요금을 예정되었던 상업운전일부터 발전사업자에게 지급하도록 하고 있다.

라. 상업운전일 달성 여부를 위한 필수 시험

발전소 시운전 및 상업운전일 달성 여부를 위해 거쳐야 하는 여러 가지 시험에 필요한 연료공급은 누가 할 것이지 합의해야 한다. X 사업에서는 발전소와 석탄건조저장시설의 검사를 위해 필요한 석탄연료는 발전사업자가 공급하고 비용도 부담하도록 하고 있다. 반면 2차 연료 검침기의 검사를 위해 필요한 2차 연료는 전력구매자가 공급하고 그 비용도 어느 한도까지로 제한하여 전력구매자가 부담하나, 그 이상 소요되는 2차 연료 비용에 대해서는 발전사업자로 하여금 부담하게 하고 있다. 결국 그 한도까지 2차 연료를 소비하여 시운전 및 검사를 통과해야 하는데, 그러지 못해 재검사가 이루어지는 경우를 상정하였던 것이다. 한편 시운전을 하면서 생산되는 전력에 대한 요금은 전력구매자가 지불하도록 하고 있다.

X 사업에서는 발전소 최소보증용량(최소성능기준)을 계약용량의 95%로 설정하였고(2차 연료를 사용하는 경우도 동일), 열효율(heat rate)은 계약상 열효율의 105%까지로 설정되었다(2차 연료의 경우도 동일).[69] 시험유형은 다양한데, 시운전시험, 신뢰도시험, 유해가스배출시험, 성능시험 등이 있다. 이러한 시험을 통해 발전소의 출력(output) 및 열효율을 측정하고, 유해가스 배출량 및 기타 환경기준에 부합하는지 여부를 측정하여 상업운전의 가능여부를 결정한다.

---

68) Delmon, p. 365.
69) 열효율이 높으면 필요한 연료가 적어지게 되고, 열효율이 낮으면 더 많은 연료가 필요하기에 추가 연료비가 발생한다.

시험순서는 먼저 시동시험(start-up test)을 통과하면 최소 24시간 동안 다양한 조건하에서 시운전(trial run)을 하게 된다. 시운전의 기준을 통과하게 되면 그 다음 석탄연료가 투입되어 약 15일 동안 발전소를 장기간 다양한 조건하에서 가동하면서 신뢰도시험을 거친다. 그리고 2차 연료를 투입하여 24시간 가량 신뢰도시험도 수행한다. 신뢰도시험은 일정 기간 동안 발전소 운전이 예상치 못한 일로 정지하거나 작동오류가 없는지 증명하는 시험이다. 장기간 동안 운전시험을 하며, 각종 부하시험 등을 포함하여 운전신뢰도를 확인하는 것이다. 유해가스배출시험(emission test)은 발전소의 유해가스 배출량이 환경기준 및 허용치에 부합한다는 것을 보여주기 위해 시행된다. 이러한 유해가스배출시험을 예정된 완공일까지 통과하지 못하면 아예 완공이 이루어지지 못하여 지연이 되고, 그 결과 지체상금이 부과될 수 있다.

성능시험은 계약상 보증된 발전소의 출력(용량)과 열효율이 나오는지 여부를 측정하는 시험이다. 성능시험에서 초기신뢰용량시험(initial dependable capacity test)을 같이 하게 되며[70], 이는 용량요금의 지불대상이 되는 발전소 용량을 결정하는 시험이다. 신뢰용량시험은 일정 시간 (예컨대 24시간) 동안 발전소를 최고의 출력으로 운전한 후 나온 총 출력량(MWh)을 시간 수로 나눈 값이다.[71] 측정되는 신뢰용량은 어떤 경우라도 계약용량을 초과할 수 없어, 설사 계약용량 이상이 나온다고 하더라도 지급받게 되는 용량요금은 계약용량에 해당하는 금액이 최대일 수밖에 없다.

전력구매계약상 보증한 정도의 용량과 열효율이 나오지 않으나, 계약상 책정된 최소성능조건을 넘어서면 성능시험을 통과하게 된다. 물론 최소성능조건의 용량과 열효율이 나오지 않으면 성능시험을 통과하지 못한 것이 되고, 발전사업자는 재차 성능시험을 받아야 한다. 그러한 성능시험이 예정된 상업운전일까지 통과되지 못하면 마일스톤 지연이 발생하는 것이다. 그로 인한 효과는 앞서 설명하였다.

상기 시험들은 전력구매계약상 발전사업자가 전력구매자에게 보여주는 것이지만, 실상은 EPC계약자의 책임하에 수행하는 것이기에 EPC계약의 시험절차와 내용이 일치되어야 한다. 그러나 EPC계약자가 발전소 시운전 경험이나 역량이 부족할 경우, 발전사업자는 운영자에게 시운전을 의뢰하기 위해 O&M계약상 운영자의 용역범위에 포함시키기도 한다. 또한 EPC계약자가 운영자와 시운전계약을 체결하여 EPC계약에 포함되어 있는 시운전 업무를 운영자에게 의뢰하여 대신 수행하기도 한다.[72]

---

70) 다른 사례에서는 초기신뢰용량시험은 상업운전일 달성 이후 곧바로 발전소 운영자가 이 시험을 맡도록 하는 경우도 있다.

71) 김희택, 74면. 이러한 신뢰용량시험은 매년 수행하게 되며, 그 결과치로 전력구매자가 발전사업자에게 용량요금을 지불한다.

72) 손송이 집필, "해외 민자발전프로젝트 운영관리계약의 구조와 주요 쟁점", 정홍식 외, 국제건설에너지

이러한 검사들이 모두 통과되고 그 밖의 다른 부가 조건들이 충족되면 상업운전일이 달성되게 된다. 상업운전일이 달성되면 비로소 전력구매계약상의 용량요금 및 에너지요금이 지급되어 발전사업자는 매출이 발생하게 되고, 대출원리금 상환이 가능하게 되며 수익을 포함한 투자금의 회수도 가능해진다. 또한 연료공급자는 석탄공급계약에 따라, 그리고 발전소 운영자는 O&M계약에 따라 매출이 발생하게 된다. 상업운전일이 달성되고 난 후, 매년 운영자는 O&M계약상 신뢰용량시험을 통해 신뢰용량을 발전사업자에게 보고하고 발전사업자는 이를 전력구매자에게 보고하여 해당 연도의 용량요금이 결정된다.

마. 전력구매계약상 계약보증용량 미달에 따른 효과

(1) 전력구매계약상 성능미달에 따른 손해배상예정액 조항

EPC계약에서는 성능시험에서 성능미달에 따른 손해배상예정액을 책정해 EPC계약자에게 부과하는 것이 보통이다. 그러나 전력구매계약에서는 성능미달에 따른 손해배상예정액이 존재하지 않는다는 견해와, 그 반대의 견해가 있다. 이러한 견해 차이는 어느 한쪽이 옳고 그름의 문제는 아니고 상황에 따라 모두 옳다고 본다. 참고로 X사업의 전력구매계약에서는 성능미달에 따른 손해배상예정액을 두고 있지 않았다.

전자의 견해에 대한 근거는 발전소 성능이 미달되더라도 그만큼 운영기간중 전력구매자가 지불하는 용량요금 액수는 줄어들고 발전사업자의 수익 또한 감소하기 때문에, 발전소의 성능이 최소성능기준보다 높이 나오는 한 전력구매자에게는 별도의 손해가 발생하지 않는다는 입장이다.[73] 전력구매자가 전체 전력수급계획에 따라 해당 발전소의 성능이 미달되어도 별도의 손해가 존재함을 입증하지 못하는 한, 성능미달에 따른 손해배상예정액은 부과될 수 없다. 만일 그럼에도 불구하고 성능미달 손해배상예정액을 부과한다면, 이는 위약벌(penalty)의 성격을 갖는다.

위약벌은 실손해의 배상이 아니라 계약위반에 대한 제재로서 지급하도록 하는 기능을 띠기 때문이다. 즉 위약벌은 이행확보 기능만을 가진다. 반면 손해배상의 예정은 이행확보

법-이론과 실무, 제1권, 박영사 (2017)(이하 "손송이 집필부분"이라 칭함), 715면. 운영자가 시운전 의무를 EPC계약자 대신 수행하는 경우, 시운전 중 발생한 기기 또는 설비 손상에 대한 복구비용은 누가 부담할 것인지는 협상을 통해 결정하고 운영관리계약서에 명시하게 된다. 보통 시운전은 발전소 설비가 새로 설치된 직후에 진행된다. 시운전 중 설비에 손상이 발생했다면, 운영자의 고의적인 행위(intentional misconduct)나 중과실(gross negligence)로 인한 손상 이외에는 설비하자인 경우가 대부분이다. 설비하자로 인한 것이 증명된다면, 그 설비를 구매하고 설치한 EPC계약자가 복구비용을 부담하게 될 것이다. 그러나 시운전 중 기기손상 시 원인규명이 어려운 경우가 많다. 디자인 결함, 설치 결함, 운전 결함 또는 전기쇼크와 같은 외부적인 원인이 있을 수 있어 원인 규명에 많은 시간이 소요되고 원인이 불명확할 경우 분쟁의 소지가 많다.

73) 김희택, 77면.

기능과 배상적 기능(또는 손해전보기능)을 가진다. 이렇듯 그 금액이 벌을 과하거나 징벌적인 경우에 해당한다면, 계약의 준거법이 영미법인 상황에서 위약벌은 무효이다.[74] 그러나 그것이 손해의 진정한 예측이라면 유효하다. 중요한 것은 명칭이 아니라 계약체결시를 기준으로 그 금액이 계약의 위반으로부터 발생할 가능성이 있는 손해와 비교하여 금액상 지나치고 비양심적인가의 여부이다.[75] 그렇다면 발전사업자는 전력구매자가 부과하려는 손해배상액의 예정이 진정한 손해의 예측인지 위약벌인지 그 성격을 파악해야 하고 계약의 준거법에 따라 달리 대응할 필요가 있어 보인다.

반면 후자의 견해는 전력구매계약상 성능미달에 따른 손해배상예정액을 합의한 상태에서 최소성능기준 이상이 입증되었다면, 전력구매자는 일단 발전소를 인수하고 성능미달분에 대해서는 손해배상예정액을 물릴 수 있다고 본다.[76] 그렇다면 발전사업자 입장에서는 전력구매계약 협의시 전력구매자가 성능미달에 따른 손해배상예정액을 물리려 한다면 전력구매자에게 손해내역이 무엇인지 요구할 필요가 있어 보인다. 전력구매자가 합리적인 수준의 손해내역을 제공한다면 전력구매계약상 손해배상예정액 조항은 타당하다. 그러나 그렇지 못하다면 아예 이 조항은 전력구매계약에서 제외되어야 할 것이다. 물론 전술한 대로 계약의 준거법 체계에 따라 위약벌 조항이 유효하고 전력구매자가 이러한 조항을 위약벌로서 기능하도록 하여 발전사업자로 하여금 가급적 계약보증용량과 거의 일치하게 시공하도록 강제할 수 있을 것이다. 따라서 전자와 후자의 견해 차이는 옳고 그름의 문제는 아니고 주어진 상황에 따라 판단할 일이다.

(2) EPC계약상 성능미달에 따른 손해배상액 책정

EPC계약상 성능미달의 경우에 발전사업자가 입게 되는 손해는 상당히 크기 때문에, EPC계약에서는 성능미달에 따른 손해배상예정액을 둔다. 물론 EPC계약상 보증용량[77]보다 미달하지만 최소성능기준을 초과한다는 전제에서 가능하다. 실제 출력이 계약상 보증 출력보다 떨어지면 그 차이만큼 발전사업자가 전력구매자로부터 받을 수 있었던 용량요금이 줄

[74] 석광현 집필, "FIDIC 조건을 사용하는 국제건설계약의 준거법 결정과 그 실익" 정홍식 외, 국제건설에너지법-이론과 실무, 제1권, 박영사 (2017), 27면.
[75] 상동. 그러나 2015. 11. 4. 영국 대법원은 *Cavendish Square Holding BV v El Makdessi* 사건과 *Parking Eye Ltd v Beavis* [2015] UKSC 67; [2015] WLR (D) 439 사건을 함께 판단하면서 기존 태도를 변경하고 새로운 기준을 도입하였다. 이에 따르면 손해의 진정한 예측이라는 개념은 도움이 되지 않고, 진정한 잣대는 문제된 손해배상조항이 당사자들의 일차적 의무와 관계없이 과다한 이차적 책임을 부과하는지 여부라고 하였다. 따라서 예측가능한 손해를 넘는 손해배상조항도 당사자의 정당한 이익을 위한 것이라면 유효할 수 있다. 그러나 판례의 변경이 건설계약에 미칠 영향은 두고 보아야 할 것이다.
[76] 이승교, 62면도 동지.
[77] EPC계약상의 보증용량은 전력구매계약의 계약용량보다 조금 더 많게 정하는데, 그 이유는 전력구매자에게 판매하지 않고 발전소 가동 그 자체에 필요한 전력(소내전력, auxiliary power) 소비를 위해서이다.

어드는 결과로 이어진다. 이는 발전소 운전기간 내내 오랜 동안 발전사업자의 수입감소로 이어지게 된다. 발전사업자는 EPC계약자로부터 운전기간 내내 그러한 손해배상액을 수령하는 것은 비현실적일 뿐 아니라 그 위험 또한 크다. 따라서 발전사업자가 지급받는 용량요금의 상당부분이 대출 원리금 상환을 위한 것임에 착안하여 매년 생기는 수입감소에 상당하는 원금을 계산하여 그 원금을 손해배상예정액으로 EPC계약자에게 부과하여 대출금의 조기 상환에 쓴다.

그 계산절차는 다음과 같다: (ⅰ) 출력 1kW 미달시에 줄어드는 1년간의 수입을 계산한다. 이는 용량요금에 24시간과 365일을 곱하면 계산된다; (ⅱ) 이들 값의 상업운전일 기준 순현재가치(net present value)[78]의 합을 구한다.[79] 순현재가치 계산시 적용되는 할인율(discount rate)은 대출계약상의 실제 이자율을 사용한다. 보통 대주는 금융계약상 발전사업자가 성능미달에 따른 손해배상예정액을 수령하는 경우, 해당 금액을 별도의 보상계좌(compensation account)로 이체토록 하고 대주의 원리금과 기타비용을 먼저 상환하도록 한다.

성능시험시 열효율 감소(또는 열소비율의 증가) 또한 같은 개념을 적용하여 열효율 감소에 따른 손해배상예정액을 계산할 수 있다. 실제 열효율이 떨어지면(또는 열소비율이 보증된 열소비보다 올라가면) 그 차이만큼 연료소비가 증가하게 된다. 그러한 추가 연료비는 출력 미달시와 마찬가지로 운전기간 내내 발생하게 된다. 단 그 추가 연료비의 지급에 대해 전력구매자가 에너지요금을 증액해주지 않으면, 결국 발전사업자의 다른 수입으로 충당할 수밖에 없다. 이는 용량요금의 감소와 유사한 효과를 갖기 때문에 용량미달의 경우와 마찬가지로 매년 생기는 추가 연료비에 상당하는 원금을 계산하여 그 손해배상예정액을 받아 대출원금 자체를 줄일 필요가 있다.

그 계산 절차는 다음과 같다: (ⅰ) 열소비율 1kcal/kWh 증가 시에 드는 1년간의 추가 연료비를 계산하고, 연료비는 물가상승을 반영한 값을 사용한다; (ⅱ) 이들 값의 상업운전일 기준 순현재가치의 합을 구하는데, 이때 적용되는 할인율 또한 실제 지불하게 되는 이자율을 사용한다.[80][81]

---

78) 순현재가치(net present value)의 정의는 "the discounted value of an investment's cash inflows minus the discounted value of its cash outflows"이다. 투자가가 수익을 내기 위해서는 순현재가치는 '0'을 초과해야 한다. Delmon, p. 481.

79) 김희택, 88-89면. 그러나 이러한 분석과는 달리 최근 해외 IPP사업상 EPC계약상의 성능미달에 따른 손해배상예정액은, (ⅰ) 에너지요금(energy charge) 중 연료비에 영향을 준 효율저하분 만큼을 성능미달에 따른 손해배상액으로 계산하고, (ⅱ) 전력구매자에게 물어야 할 성능미달에 따른 손해배상액(이것이 존재한다면)을 합산하여 산정한다는 다른 실무가의 견해도 존재한다.

80) 김희택, 89면.

81) 그러나 이와는 달리 (ⅰ) 열소비율 1kcal/kWh 증가 시에 드는 1년간의 추가 연료비, 수송비, 하역비 등 제반 비용을 계산(현재가치 반영)하고, (ⅱ) 전력구매자에 지급할 지체상금을 더하여 계산한다는 다른 견해도 존재한다.

EPC계약상 성능미달과 열효율 저하에 따른 손해배상예정액도 지체상금과 같이 상한을 정하는데, 그 상한은 최소성능기준에 따라 결정된다. 예컨대 최소성능보증이 계약보증치의 95%라면, 5% 부족분에 대한 성능미달 손해배상액을 계산하여 그 숫자가 성능미달에 따른 손해배상예정액의 상한이 된다.[82] 그리고 그 상한이 EPC 계약대금 대비 비율에 따라 EPC 계약상 성능미달에 따른 손해배상예정액의 상한선을 결정할 수 있게 된다. 보통 EPC계약대 금의 10-15% 사이에서 정한다. 열효율 저하의 경우도 마찬가지이다.

4. 상업운전일 달성 이후 운영단계의 주요 쟁점

가. 발전사업자의 운영관리 의무

발전사업자는 기본적으로 발전소 및 부대시설을 전력구매계약의 계약기간이 종료될 때까지 계약조건, 전력산업의 관행 및 관련 법규에 따라 운영, 보수 및 수리할 의무를 부담 한다. 발전사업자는 이러한 운영관리 의무를 자신 스스로가 이행하기도 하지만 대부분은 별도 발전소 운영자와 O&M계약을 통해 위임한다.[83] 전력구매계약 계약기간 동안 발전소 의 운영 및 관리가 적절히 수행되지 않았을 때(그리하여 약정된 용량, 열효율 및 가동대기율이 유지되지 않으면), 프로젝트회사의 현금흐름에 막대한 영향을 미친다. 따라서 O&M계약은 프로젝트의 장기적인 성공을 위해 발전사업자에게는 물론 금융지원타당성을 고려해야 하는 대주에게도 아주 중요한 계약이다.

프로젝트회사와 O&M계약을 맺는 운영자는 발전소가 완공되기 이전 적절한 시점부터 운영관리 준비에 돌입해야 한다. O&M계약에서는 소위 '준비기간(mobilization)'이라고 해서 시운전 일정과 발전소 인수기간을 감안하여 미리 준비기간을 운영자에게 부여하고 그에 따 른 대가를 지급한다. 그런데 상업운전일이 발전사업자가 부담하는 위험사유로 인해 지연되 는 경우, 발전사업자는 지연기간 만큼 운영자에게 준비기간의 대가를 지불해야 한다. 운영 자는 발전소 운영준비를 위해 만만의 준비를 하면서 비용을 선투입하였지만 발전사업자가 예정된 기일에 발전소를 운영자에게 인계하지 못하기 때문이다. 그러나 만일 EPC계약자의 지연이나 전력구매자가 부담하는 위험사유로 인해 상업운전일이 지연되는 경우, 발전사업 자는 EPC계약자에게 물리는 지체상금이나 전력구매자로부터 보상받는 금액에서 운영자에 게 지급할 추가 준비기간 대가까지 감안하여 이를 반영할 수 있겠다.

전력구매계약과 O&M계약과의 상호접점이 되는 일부 주요 쟁점만 설명하면 다음과 같다.

---

82) 김희택, 90면.
83) 발전소 운영관리를 수행하는 대표적인 다섯 가지 방법에 대한 설명은 손송이 집필부분, 696면 이하를 참조. 발전사업자가 스스로 발전소 운영관리를 하는 소위 'self O&M'의 경우, 주기기 (스팀터빈, 가스 터빈 등)의 정비는 제작사와 장기 정비용역 계약을 별도로 체결하여 설비운영의 안정성을 도모하는 경 우가 많다.

(1) 가동대기율

발전사업자는 전력수요 비수기 때 허용되는 발전소의 계획정지 시간 동안 주기적인 설비 보수를 해야 하고, 우발정지를 최소화해야 한다. 즉 발전사업자는 연간 총 시간(8,760시간)에서 전력구매계약상 허용되는 계획정지 시간과 예외적으로 허용되는 우발정지 시간을 합산한 시간을 제외한 나머지 시간 동안에는 항상 전력구매자의 급전지시에 응할 수 있도록 준비되어 있어야 한다. 이러한 개념을 소위 '가동대기율(availability)'이라 부르는데, 전력구매계약상 합의되어야 한다.[84] 예컨대 가동대기율 90%라는 의미는 연간 8,760시간 중 90%에 해당하는 최소 7,884시간 동안은 발전소가 항시 급전지시에 응할 준비가 되어 있어야 한다는 의미다.

X 사업에서 전력구매자는 전적으로 자신의 재량하에 발전사업자가 주기적으로 선언한 가동대기율 내에서 급전지시를 할 수 있도록 하고 있으나, 발전사업자는 자신이 선언한 가동대기율 범위를 벗어나는 정도의 급전지시에 응할 의무는 없도록 하고 있다. 전력구매계약상 합의된 시간 동안의 가동대기율을 유지하지 못하면 그에 따른 손해배상예정액을 두고, 일정 기간 동안 계속 유지하지 못하는 경우 전력구매자는 계약을 해지할 수 있기도 하다. 한편 발전사업자 입장에서는 전력구매자가 예정한 연간 최소급전지시를 내리지 않아 발전소를 가동하지 않으면서, 전력구매자로부터 약정한 용량요금만 받는 것이 최상의 시나리오이다. 급전지시에 따라 발전소를 가동하면 주기기 성능이 저하되고 발전소 운영관리비용만 증가되기 때문이다. 어차피 발전사업자는 용량요금을 통해 모든 수익보전이 가능하다는 점에서 그러하다.

발전사업자는 전력구매계약상 가동대기율을 맞추지 못해 전력구매자에게 지급해야 하는 손해배상예정액을 O&M계약의 운영자에게 백투백으로 전가한다. 때문에 전력구매계약상 가동대기율 관련 조문과 O&M계약의 관련 규정이 상충하지 않고 일맥상통하게 연결되어야 한다. 그래야 발전사업자는 전력구매계약상 약정한 가동대기율을 유지하지 못해 전력구매자에게 지급해야 하는 손해배상예정액을 O&M계약상의 운영자로부터 지급받아 변제할 수 있다.

(2) O&M계약의 운영자에게 위험 이전 및 인센티브 부여

발전사업자는 전력구매계약상 약정한 출력(용량), 열효율 및 가동대기율을 유지해야 하는데, 이는 O&M계약상 운영자의 효율적인 발전소 운영관리 여부에 달려있다. 따라서 발전

---

84) Badissy, pp. 102-103. 필자의 이전 문헌과 다른 문헌에서도 'availability'를 '가동률'로 번역하고 있으나, '가동률'이라는 문구의 의미가 연간 발전소가 실제 가동하는 비율로 해석될 수 있는데 이는 본문의 설명을 정확히 반영하는 번역이 아니어서 '가동대기율'로 정정하고자 한다.

사업자는 O&M계약에서 여러 가지 계약조건을 고안하여 운영자로 하여금 이를 달성하도록 강제해야 한다. 그런데 문제는 O&M계약자가 지급받는 순수 용역대가는(O&M에 수반되는 비용을 제외한) 상대적으로 아주 적기 때문에, 운영자로서는 자신의 운영관리 미숙으로 발전사업자가 입은 손해를 배상하는데 있어 책임제한 조항을 두려고 한다는 점이다. 협상에 따라 달라지겠지만 운영자가 지급받는 용역대가의 50~100% 선까지 제한하는 것이 보통이다. O&M계약에서 이러한 책임제한을 두지 않으면 운영자는 발전사업자가 입게 되는 손해를 전혀 감당할 수 없게 된다. 그러나 이러한 정도의 책임제한에 따른 금액은 발전사업자가 입게 되는 손해를 커버하기에는 턱없이 부족하다. 때문에 발전사업자 입장에서는 아주 역량 있고 검증된 운영자를 선정해야 할 뚜렷한 이유가 존재한다.

발전사업자는 O&M계약 체결시 운영자가 전력구매계약상 약정한 출력, 열효율 및 가동대기율을 잘 유지할 수 있도록 적정하고 의미있는 보상을 해 주어야 한다. 이는 O&M 용역대금의 책정방식을 통해서 이루어질 수 있다. O&M의 용역대금을 책정하는 방식은 다양하게 고안될 수 있으나, 크게 두 가지 형태인 (ⅰ) 확정금액 계약방식, (ⅱ) 확정금액 플러스 비용방식이 존재한다.[85] 운영자에게 지급하는 용역대금 중 순수 O&M 비용은 발전사업자가 전력구매자로부터 지급받는 전력요금에 반영되어 있는데, 용량요금에 포함된 고정운영관리비와 에너지요금에 포함된 변동운영관리비가 그것이다. 발전사업자는 이러한 O&M비용을 전력구매자로부터 지급받아 O&M계약상의 용역대금으로 충당하게 된다.

(ⅰ) 확정금액 계약방식(fixed price)은 운영자가 고정금액을 수령하는 것이 일반적이나, 물가상승률이나 산업지수(industry index) 등을 주기적으로 반영하여 용역대금을 재조정하기도 한다. 이 방식은 발전소 운영경비 추가 발생 부분이 충분히 반영되지 않을 수 있어 운영자에게 부담이 될 수 있다.

(ⅱ) 확정금액 플러스 비용방식(cost plus fee)은 운영자가 운영관리에 대한 대가를 주로 확정된 용역대금으로 지급받고, 발전소 운영관리에 들어가는 모든 비용은 발전사업자의 승인하에 집행되도록 하여 발전사업자가 비용을 통제할 수 있도록 하는 방식이다. 이 방식은 발전사업자가 가격상승 위험이 있는 운영관리비용의 변동위험을 부담하고, 운영자는 적정 수익을 보장받게 되는 방식이기에 운영자가 선호한다. 때문에 이 방식을 채택한다 하더라도 발전사업자는 여러 가지 제한장치를 두려고 한다.

이러한 두 가지 방식에는 보통 포상금(bonus or incentive) 및 위약금(penalty) 조항을 포함한다. 이 조항들은 성능요건 충족여부, 연료소비량 절감 또는 증가분 그리고 연간 운영예산 충족여부에 따라 포상금 또는 위약금을 정하여 운영자에게 지급하거나 부과한다. 이는

---

85) 두 가지 용역대금 지급방식 각각의 특징과 장단점에 대해서는 손송이 집필부분, 708-710면 참조.

운영자로 하여금 충분한 성능을 내고 효율적으로 발전소를 운영·관리하도록 동기부여를 제공하기 위한 목적이다. O&M계약의 포상금과 위약금 설정은 전력구매계약상 발전사업자가 전력구매자로부터 지급받는 용역대금과 아울러 지급해야 하는 손해배상예정액을 감안하여 적절히 책정되어야 할 것이다. 물론 O&M계약에도 불가항력 사유 및 운영자가 부담하지 않는 위험들이 들어가기에 그 위험사유들이 발생하는 경우, 운영자는 면책되며 그로 인한 결과는 발전사업자가 그리고 궁극적으로는 전력구매자가 부담하는 구조가 된다.

　　운영자의 책임사유로 인해 발전소의 가동대기율 미달, 고장정지, 보증성능, 출력 및 열효율 미달 등이 발생하더라도, 발전사업자는 전력구매계약상 전력공급의무를 위반하게 된다. 전력구매계약상 발전사업자가 전력구매자에게 물어야 하는 손해배상예정 조항을 둔다면, 이러한 손해가 운영자가 야기한 것이라면 발전사업자는 이를 O&M계약에 백투백으로 이전하려 할 것이다. 그러나 전술하였듯이 O&M계약 운영자의 보상수준이 상대적으로 적기 때문에 운영자에게 물릴 수 있는 손해배상예정액이 제한될 수밖에 없는 문제가 있다. 발전사업자 입장에서는 이를 얼마만큼 적절히 확보하여 전력구매계약상 부담하는 위험을 운영자에게 전가하느냐가 관건이 될 것이고, 반면 운영자 입장에서는 합리적인 선에서 책임제한이 책정되도록 해야 할 것이다. 그럼에도 불구하고 어느 정도의 차이가 발생하기에 발전사업자는 그 차이를 메꾸기 위한 용도의 보험을 활용하여야 한다.

　　한편 용역대금 지급방식 중 어떤 것을 취하더라도 주기적으로(대략 5~6년 간격) 또는 가동시간에 따라 발생하는 발전소 주기기의 대규모 정비(major overhaul)에 수반되는 비용을 어떻게 처리할 것인지 다뤄져야 한다. 발전사업자 입장에서는 그 비용을 운영자가 요구하는 만큼 무제한 지급할 수 없을 것이고, 운영자 입장에서는 어느 정도까지 해당 비용을 확보하려 할 것이다. 대주는 발전사업자가 앞으로 있을 대규모 정비비용을 충당하느라 그 시점의 원리금상환에 지장을 초래할 수 있기 때문에 이를 대비하여 금융계약상 '보수비용유보계좌(maintenance reserve account, MRA)'를 개설하도록 하여 전력구매계약상 매출의 일정금액을 미리 적립하여 5~6년 주기의 대규모 정비비용을 충당하도록 하고 있다.[86]

(3) O&M 운영자와 EPC계약자간 책임의 불분명 및 경합

　　상업운전일이 달성되어 운영자가 발전소를 인수하여 운전하는 초기 2년과 EPC계약에서 완공 후 2년 정도의 하자통지기간(defect notification period)이 겹치게 된다. 이 기간 동안에 발생하는 발전소의 어떤 결함이 EPC계약자의 책임인지 아니면 운영자의 책임인지 여부가 명확하지 않을 수 있다. 그 경우 발전사업자가 EPC계약자 혹은 운영자에게 책임을 물을

---

86) Dewar, paras 8.101-8.105.

수 없다면 이를 발전사업자가 모두 떠안아야 하는 상황이 발생할 수 있기에 이에 대한 분명한 처리가 요구된다. 또한 운영자가 발전소를 점유하여 통제하고 있는 와중에 EPC계약자가 하자수리를 하는데 있어 발전소 운영에 지장을 초래할 수도 있기에 이러한 부분을 매끄럽게 해결할 수 있도록 해야 한다.[87]

나. 발전사업자의 석탄 공급

민자발전사업의 실무에서 연료공급의 책임은 전력구매자가 지는 경우가 보통이지만, 경우에 따라서는 발전사업자가 부담할 수도 있다. 발전사업자가 연료공급 위험을 지게 되면 금융지원타당성에 큰 위협요인이 된다. 때문에 전력구매자는 입찰의 흥행을 위해서도 자신이 부담을 떠안는 형식을 취한다고 한다. 설사 발전사업자가 연료공급을 책임진다 하더라도, 연료비 부담은 전력구매자가 전적으로 부담하는 방식[88]을 전제로 하고, 그 연료비는 전력구매자가 지급하는 에너지요금에 포함된다.

장기간의 전력구매계약 동안 필요한 적절한 수량의 석탄 및 가격을 유지하는 것은 민자발전사업의 성공을 위해 대단히 중요한 요소이다. 석탄공급과 관련한 위험배분은 여러 가지 요소에 따라 결정이 된다. 일단 전력구매자와 발전사업자 중 누가 더 석탄공급을 유리한 조건에서 수행할 수 있는지가 관건이다. 그리고 석탄공급자의 재정능력, 2차 연료가 존재하는지 그리고 2차 연료의 접근성이 확보되었는지 등을 고려해야 한다.

석탄은 물품(goods)이기 때문에 매도인과 매수인의 영업소가 서로 다른 국가에 소재하고 있는 상황, 즉 석탄공급자가 매수인인 프로젝트회사의 소재지와 다른 국가에 소재하면서 석탄공급계약이 맺어진다면 CISG가 적용되어 규율할 가능성이 높다. 물론 CISG의 직접적용 혹은 간접적용의 경우에 해당되어야 그러하다.[89]

석탄공급자와의 석탄공급계약 주체가 전력구매자인지 아니면 발전사업자인지 여부에 따라 두 가지 다른 유형이 존재한다.

(1) 전력구매자가 석탄공급계약의 주체인 경우(tolling arrangement)

이 경우 전력구매자는 석탄공급자와 별도의 석탄공급계약을 맺어 석탄공급/조달에 대한 책임을 전적으로 지게 되고, 발전사업자는 그 공급자로부터 제공받은 석탄을 연료로 생산한 전력을 전력구매자에게 공급하되 전력구매계약상 합의된 열효율 달성의 책임을 부담

---

87) Delmon, p. 284.
88) 이를 소위 'full pass-through'라고 한다.
89) 어느 경우에 CISG가 적용되는지 그리고 일반적인 물품매매계약 체결과정에서 실무적인 고려사항은 정홍식, "국제물품매매협약(CISG) 적용하에서 매매계약 체결에 관한 실무적 고려사항", 통상법률 통권 제94호 (2010. 8) 1면 이하 참조.

158 [4] 해외 민자발전사업에서 전력구매계약의 주요 쟁점과 관련 계약서들에 미치는 영향

하는 구조이다. 이러한 형식을 소위 'tolling arrangement'라 부른다.[90] 즉 석탄공급계약의 주체는 전력구매자이고, 전력구매자가 자신의 석탄공급자와 별도의 계약하에 석탄을 발전사업자에게 공급하도록 하는 형식이다. 이 경우 실제 연료 사용량과 전력구매계약상 보증된 열효율에 근거한 이론적인 연료 사용량에서 차이가 발생한다고 한다. 보증한 수치에 비해 열효율이 떨어지는 경우 당연히 연료 소모가 증가하므로 그 증가분에 대해서는 발전사업자가 부담해야 한다. 따라서 전력구매자는 전력구매계약상 열효율 미달에 따른 손해배상 예정액을 책정하여 발전사업자로 하여금 물게 한다. 반면 실제 열효율이 보증치보다 높은 경우에는 일정 전력을 생산하는데 필요한 연료 소모가 적어지므로 그 차액만큼 발전사업자가 혜택을 볼 여지는 있으나, 실무에서는 거의 보상이 없거나 있어도 1% 한도 정도로 인센티브를 제한한다. 즉 발전사업자가 열효율을 높여서 필요한 연료 소모가 적어진다고 하더라도 발전사업자의 이익창출과는 별 관계가 없다.

(2) 발전사업자와 석탄공급자간 체결하는 석탄공급계약

발전사업자가 석탄조달의 책임을 부담한다면 석탄공급자와 (프로젝트회사를 통하여) 별도의 석탄공급계약을 체결하여 발전소에 필요한 양의 석탄을 장기간 동안 안정적으로 공급받도록 해야 한다. 그러나 필요 이상의 혹은 사용할 수 없는 양의 석탄을 구매하지 않도록 하는 것이 중요하다. 그렇지 않으면 발전사업자는 전력생산에 사용되지 않는 석탄을 구매하기 위해 불필요한 대금을 지급하는 상황이 되기 때문이다.[91]

발전사업자는 공급자가 보유한 광구에 충분한 석탄 매장량이 들어있는지 확인하는 것이 중요하다. 또한 그 매장량에서 해당 발전사업자가 필요로 하는 양의 석탄을 공급하겠다는 약정을 확보해야 한다. 만일 공급자가 특정 광구의 석탄 매장량의 충분성이나 전속적인 공급약정을 제공하지 못하면, 발전사업자는 다른 석탄수급 대안을 감안해야 한다. 그리고 석탄공급계약의 계약기간은 가능한 대출 원리금상환 기한 정도까지는 맞추어서 대주의 우려를 해소해 주어야 한다. 그러나 그 정도의 장기간 동안 공급하겠다는 공급업체를 찾기가 어려워, 실무에서는 5~6년 단위의 장기공급계약을 하고 합의에 의해 갱신하는 구조를 갖추는 것이 보통이다.

발전사업자 입장에서 석탄공급계약상 중요하게 검토하고 반영해야 할 요소들은 다음과 같다.[92] 첫째, 공급자로 하여금 계약된 석탄량을 공급하겠다는 구속력 있는 장치를 확인

---

90) Badissy, p. 104. (이 경우 전력구매자가 발전사업자와 체결하는 전력구매계약을 'tolling agreement' 혹은 'energy conversion agreement'라 부르기도 한다); 이승교, 85면도 동지.
91) Badissy, p. 106.
92) Badissy, pp 106-107.

해야 한다. 둘째, 전력구매자의 급전지시가 나오지 않는 상황을 감안하여 월별 및 연간 석탄공급량의 적절한 조절이 가능하도록 할 필요가 있다. 셋째, 계약상 확정된 사양에 부합하지 않는 석탄이 공급되는 경우 그로 인하여 증가되는 비용에 대해서는 석탄공급자가 부담하도록 손해배상예정액을 두도록 해야 한다. 넷째, 석탄공급의 차질로 인해 전력구매계약상 가동대기율를 맞추지 못하는 경우 발전사업자가 부담해야 하는 여러 가지 책임을 공급자에게 전가할 수 있도록 해야 한다. 다섯째, 석탄공급 시기가 시운전과 성능시험 시점에 제때 맞추어 이루어질 수 있도록 해야 한다. 그렇지 않으면 석탄이 필요하기도 전에 발전사업자는 석탄공급계약에 따라 미리 대금지급을 해야 할 수도 있기 때문이다.

석탄공급자는 계약체결시 공급량에 대해 확정해줄 것을 요구하나, 발전사업자 입장에서는 장기간의 석탄공급계약상 주문량을 조기에 확정하기 어렵다. 주문하게 될 석탄수량은 전력구매자의 연간 급전지시 시간에 따라 달라질 수밖에 없기 때문이다. 그래서 절충안으로 발전사업자는 석탄공급자에게 연간 최소수량구매의무를 부담하고, 발전사업자는 최소수량구매의무를 전력구매계약에 그대로 반영하여 동일 메카니즘으로 전력구매자에게 그 책임을 전가하고 최소수량구매에 따른 연료비를 지급받으려 한다. 이에 발전사업자는 전력구매자로부터 받은 연료비로 석탄공급자와 약정한 최소수량구매의무에 따른 석탄대금을 지급할 수 있게 된다.

석탄의 가격산정 기준을 중량에 따라 결정하는 경우 고려해야 할 요소가 있다. 석탄공급이 발전소와 인접한 지역에서 공급받는 것이 아니고 원거리 해상운송에 의해 공급받는 경우라면, 선적시점의 무게와 바다를 건너오게 되면서 습기를 머금게 되어 무게가 늘어나 야적장에서 재는 무게가 달라지게 된다. 또한 발전소 내 석탄건조처리시설에 최소 30일 정도 있다가 보일러에 투입되기 때문에 그 기간 동안 무게가 가벼워진다. 따라서 석탄가격의 산정기준을 중량에 따른다면 어떤 기준을 토대로 석탄의 중량을 결정해 금액을 결정해야 할지도 관건이다. 이러한 결정이 석탄가격 산정에 있어 중요한 요소가 되며, 실무에서는 아주 복잡한 공식이 사용되는 것 같다.

(3) X 사업 및 Y 사업의 사례

X 사업에서는 전력구매자가 입찰 제안요청서에서 제공한 석탄공급의 주요 방침에 부합하는 계약체결을 요구하고 있다. 또한 발전사업자가 체결하려는 석탄공급계약서에 대해 전력구매자가 이를 사전에 검토하고 승인할 수 있는 권리를 확보하고 있다. 그리고 체결된 석탄공급계약에 대해 전력구매자의 승인 없이 무단으로 계약조건을 변경하거나 계약을 해지하는 것을 허용하지 않고 있다. 이는 석탄공급의 중요성을 단적으로 보여주는데, 전력구매자가 연료비를 궁극적으로 지급하는 주체이기 때문이다. 전력구매계약상 전력구매자는

발전사업자로 하여금 발전소 내 석탄건조처리시설에 최소 수량의 석탄비축을 의무화하고 있다. 만일 발전소가 지속적인 석탄공급 실패로 인해 연료가 없어 전력생산이 불가능하게 되면, 전력구매자는 그 기간 동안 용량요금을 지급하지 않도록 하고 있다. 때문에 끊임없는 석탄공급은 발전사업자에게 대단히 중요한 요소로 작용한다. 그러나 전력구매자는 재량에 따라 2차연료를 사용하여 전력을 생산하도록 하는 급전지시를 할 수는 있고, 그 경우 2차연료 사용에 따라 산정되는 별도의 용량요금을 지급한다.

X 사업의 입찰 제안요청서에서 전력구매자가 발전사업자에게 제공한 석탄공급의 주요 방침은 다음과 같았다. 첫째, 석탄공급자가 석탄가격을 자의적으로 정하지 못하고, 석탄가격과 그 계산방식은 전력구매자에게 사전 고지하고 동의를 득하게 되어 있다.

둘째, 필요한 석탄량의 공급에 있어 연중 전력수요의 성수기(4월 1일부터 11월 30일까지)와 비수기(12월 1일부터 3월 31일)를 나누어 각 기간 당 사전 통지를 통해 석탄공급자가 전량 공급한다는 보증을 제공하도록 하고 있다. 예컨대 성수기에는 계약용량의 100% 전력생산을 위해 필요한 석탄을 30일의 사전 통지에도 불구하고 전량 공급한다는 보증, 그리고 비수기에는 계약용량의 50% 전력생산을 위해 필요한 석탄을 60일의 사전 통지로 공급한다는 보증이었다.

셋째, 전력구매계약상 전력구매자가 연간 부담하는 최소급전지시의무(minimum dispatch obligation)를 충족하기 위해 연간 필요한 석탄량을 초과해서 발전사업자가 석탄을 구매해야 한다면, 전력구매자는 그 초과분에 대한 연료비를 지불하지 않아도 된다. 왜냐하면 이는 발전소의 열효율이 떨어지는 것이기 때문이다. 그리고 발전사업자가 연간최소구매의무를 부담하여 석탄대금을 이미 지불하였으나 실제 모든 석탄을 사용하지 못한 경우, 이를 향후 2년 내에 사용할 수 있는(make-up) 권리를 보유하도록 하고 있다.

넷째, 발전사업자가 연간 최소수량구매의무를 부담하기 때문에, 석탄공급자는 어떠한 경우에도 자신의 다른 고객들보다 여기 발전사업자에게 우선적으로 해당 최소수량의 석탄을 공급한다는 확약을 하고 있다.

Y 사업의 경우 전력구매자가 석탄공급자를 발전사업자에게 알선해준 경우이다. 발전사업자가 석탄조달의 책임을 부담한다 하더라도 실무상 전력구매자 혹은 현지 정부가 충분한 석탄매장량을 보유한 광구나 공급업자를 연결해주지 않는 경우에는 민자발전사업의 추진이 어렵다고 한다. 석탄공급자는 내륙에 소재한 석탄광산개발업체로서 Y 사업이 진행되는 것과 보조를 맞추어 석탄채굴을 하여 발전소에 공급하는 구조였다. 2차연료를 활용하기 어려운 구조였기 때문에, 충분한 석탄량의 확보가 필요하였다. 만일 다른 곳에서 2차연료를 구해야 한다면 20% 이상의 추가 비용이 발생하기에 사업진행이 어려웠고, 따라서 석탄매장량이 충분한지 여부나 제때 공급하지 못하는 경우를 대비해 정부나 전력구매자로부터 보증

을 확보한 프로젝트였다.

다. 전력인도장소 및 전력손실위험

발전사업자는 전력구매자의 급전지시에 따라 생산한 전력을 지정된 인도지점(delivery point)에서 인도할 의무를 부담한다. 발전사업자는 가급적이면 그 인도지점을 발전소와 최대한 가까운 곳으로 해야만 송전손실을 줄일 수 있다. 실제 생산된 전력의 인도지점은 전력구매자가 책임을 부담하는 송전망에 연결되는 지점으로 정하는 것이 보통이다. 그 지점에서 전력이 인도된 이후 발생할 수 있는 전력손실위험은 전력구매자가 전적으로 부담한다. 즉 그 인도지점이 발전사업자와 전력구매자간 전력매매의 위험분기점과 비용분기점으로 작용한다. 한편 이러한 인도장소가 전력의 소유권이전의 분기점까지 되는 것은 아니다. 소유권이전은 계약조건 및 계약의 준거법에 의해 정해지기보다, 물권의 준거법에 의하여 별도로 정해지기 때문이다. 우리 국제사법 제19조에 따르면 물권의 준거법은 물건의 소재지법에 의하도록 하고 있다.

라. 전력구매자의 최소급전지시

전력구매자는 연간 최소한도의 급전지시를 내릴 것을 확약하는데, 발전사업자는 이에 맞추어 필요한 연간 최소석탄구매량을 확정할 수 있고 그에 대한 연료비 지급을 석탄공급자에게 확약하게 된다. 그러나 전력구매자가 그러한 확약을 하지 않고, 그 연간 최소한도의 급전지시를 하도록 '노력한다' 라는 정도에 그치는 경우도 있다. 물론 발전사업자 입장에서는 전자의 경우가 바람직하다. X 사업에서 최소한도의 연간 급전지시는 4,000시간을 넘지 않도록 하고 있다. 그러나 전력구매자가 그 연간 정해진 시간동안 반드시 급전지시를 할 것을 확약하지 않고 있고, 쌍방간 매년 회기연도가 끝나기 60일 전에 급전지시량에 대한 회의를 하도록 하고 있다. 그 회의에서 아직 모자란 급전지시 시간과 그로 인해 발생한 사용되지 않고 남게 될 연료의 처리 방향에 대해 협의하는 것이다. 발전사업자에게 그리 우호적이지는 않다.

5. 불가항력

전력구매계약상 불가항력 조항은 다른 관련 계약들의 불가항력 조항들과 밀접한 관련이 있고 그 형식에 있어 유사하지만 그렇다고 완전히 동일하지 않다. 전력구매계약의 불가항력 조항은 백투백으로 관련 계약들인 EPC계약, 연료공급계약 및 O&M계약과 상충되지 않고 매끄럽게 연결되어야 한다. 다만 전력구매계약상의 불가항력은 관련 계약들에서 고유하게 발생할 수 있는 불가항력의 사유들을 포괄하여 그 효과에 대해서까지 규정해야 한다.

예컨대 석탄공급계약상 석탄공급이 정치적 불가항력이나 천재지변에 의해 제대로 이뤄지지 못하는 경우를 들 수 있다. 석탄공급계약서상 불가항력 사유로 인한 경우 책임이 없다고 규정되어 있다면 석탄공급자는 석탄공급의 불이행에 따른 손해배상의 책임을 면하게 되나, 만일 전력구매계약에서는 동일한 불가항력 사유가 포함되지 않으면 발전사업자만 전력구매자에게 그에 따른 책임을 부담하게 되고 석탄공급자에게 이러한 책임을 물을 수 없게 되는 상황이 발생한다.[93]

X 사업에서 전력구매계약상 불가항력 사유의 정의는 다음과 같다. 일방 당사자의 통제 범위를 벗어나 있으며, 그러한 당사자가 적절히 대비하거나 회피할 수 없었고, 그 당사자가 모든 합리적인 조치와 주위의무를 기울였으며, 그러한 사유가 해당 당사자의 계약위반이나 귀책사유가 아닌 것으로 정의하고 있다. 그리고 불가항력의 유형은 크게 세 가지로 나누고 있는데, (ⅰ) 전력구매자가 부담하는 위험 사유들(offtaker risk event, 이하 "ORE"); (ⅱ) 전력구매자가 부담하는 위험 사유들 이외의 일반적인 불가항력 사유들(force majeure event, 이하 "FME"); 그리고 (ⅲ) 호르무즈 해협 사유(strait of hormuz event, 이하 "Hormuz")가 그것이다.[94]

첫째, ORE가 부담하는 위험사유들은 소위 말하는 투자 유치국 내외에서 발생하는 많은 유형의 정치적 불가항력들을 포괄하고, 법규변동(change in law) 및 정치적 불가항력으로 인해 야기되는 송전망의 미작동과 석탄공급의 중단, 석탄건조처리시설의 미작동을 포함한다. 그리고 상기 사유들로 인해 발전사업자의 EPC계약자나 운영자 등에게 영향을 미치는 경우까지 아울러 포함하고 있다. 둘째, FME는 일반적인 천재지변, 전염병, 폭발 혹은 화학오염, 발전소 주변 해상오염 및 파업(관련 당사자, 여러 계약자 및 관계사 근로자들만의 파업은 제외)을 포함하고 있다. 그리고 상기 사유들에 의해 야기되는 송전망의 미작동과 석탄공급 중단, 석탄건조처리시설의 미작동도 포함한다. 셋째, Hormuz는 호르무즈 해협[95]의 폐쇄 혹은 봉쇄는 외국에서 발생한 것이라 하더라도 전력구매계약상의 채무이행에 중요한 악영향을 미치기 때문에 포함된 것으로 본다. 해상운송으로 해외에서 들여오는 석탄의 공급에 커다란 차질이 빚어지기 때문이다.

---

93) Badissy, p. 125.
94) 일반적으로 전력구매계약상 불가항력 사유는 크게 (ⅰ) 전력구매자가 부담하는 위험사유들인 정치적 불가항력(political force majeure), (ⅱ) 그 외 자연적 불가항력(natural force majeure)으로 나누고 있다. 전자는 법규변동(change in law)을 포함하여 상기 X 사업의 ORE에 해당하는 사유들이고, 후자는 상기 X 사업의 FME에 해당하는 사유들이다. 따라서 X 사업의 경우 일반적인 전력구매계약의 불가항력 내용은 아닌 것으로 본다.
95) 호르무즈 해협은 이란과 아라비아 반도 사이에 페르시아만과 오만만을 잇는 좁은 해협이다. 북쪽으로는 이란과 접하며, 남쪽으로는 아랍에미리트에 둘러싸인 오만의 비지(飛地, 다른 나라의 영토 안에 있는 땅으로 월경지라고도 함)이며 너비는 약 50km이다. 이 해협은 세계적인 산유국인 사우디, 이란, 쿠웨이트의 중요한 석유 운송로로 세계 원유 공급량의 30% 정도가 영향을 받는 곳이기도 하다.

X 사업에서 불가항력 사유 발생의 효과는 다음과 같았다.[96] 첫째, 일단 상기의 어떠한 불가항력 사유 발생이 건설단계에서 상업운전일 달성에 영향을 미쳐 준공이 지연된다면, 상업운전일의 연기가 가능하도록 하고 있다. 그렇다면 EPC계약에서도 이러한 공기연장이 가능하도록 전력구매계약상의 불가항력 정의와 그 사유들은 EPC계약상의 불가항력[97] 정의와 사유들과 상충되지 않고 매끄럽게 연결되도록 해야 한다. 즉 발전사업자는 전력구매계약의 불가항력 조항을 참고하여 EPC계약의 불가항력 조항의 내용을 별도 협상해야 할 것이다. 그러나 X 사업에서는 이러한 불가항력 사유, 특히 ORE가 발전사업자의 상업운전일 달성에 영향을 미치는 경우, 예정된 상업운전일이 달성된 것으로 간주하고 '간주된 용량요금 (deemed capacity payment)'을 지급한다는 내용은 없었다. 이 부분은 발전사업자가 가능한 확보해야 할 사안이라고 본다. 그렇지 않으면 발전사업자는 대출원리금 상환에 차질을 빚게 될 것이다. 한편 어떠한 불가항력 사유가 운영단계에서 발생한다면 그 사유에 영향받은 당사자의 이행은 면책된다. 그렇다면 O&M계약과 석탄공급계약에도 이러한 불가항력 사유에 대한 면책조항이 서로 간에 상충되지 않고 매끄럽게 잘 반영되어야 한다.

둘째, ORE의 발생으로 인해 발전사업자에게 추가비용을 야기했다면 발전사업자는 통지요건을 준수하여 클레임을 제기하는 한 보상을 받을 수 있도록 하고 있다. 그러나 보상방식은 상당히 복잡하게 기술되어 있다. 건설기간 동안 ORE로 인해 발생한 추가비용은 금융계약상 대출금 인출로 충당하도록 하고, 상업운전일 이후 운영기간 동안 ORE로 인해 발생한 추가비용에 대해 발전사업자는 그 비용충당을 위해 추가 자본금을 출자하여 충당하도록 한다. 그 대신 전력구매자는 전체적인 상황을 감안하여 용량요금 그리고/또는 에너지요금의 증액, 그리고/또는 전력구매계약 계약기간 연장 등의 방안을 제안하여 쌍방간 협의토록 한다. 즉 전력구매자의 보상이 즉시 이루어지기보다 장기간 동안의 용량요금 증액이나 전력구매계약 계약기간을 연장하여 연장된 기간만큼 용량요금의 추가 지급을 통해 보상이 이루어지도록 하는 방안이다. 전력구매자에게는 유리하나 발전사업자에게는 불리한 구조이나, 앞서 Ⅳ. 3. 나에서 전술한 대로 발전사업자는 이를 해결하기 위한 여러 방안을 마련해야 한다.

만일 이러한 방안이 협의되지 않으면 분쟁해결절차 중 첫 단계인 독립적인 전문가가 내리는 '구속력은 있지만 최종적이지 않은'(binding but not final) 결정에 의해 해결하도록 하

---

96) 하기에서 설명한 불가항력 사유발생의 효과에 대해서는 여러 가지 다양한 형식으로 구성할 수 있기에 반드시 이와 같이 않을 수 있음은 당연하다. 보통의 전력구매계약에서는 전력구매계약 기간 연장, 간주준공 및 손실에 대한 직접보상 방법이 있고, 또한 건설기간 및 운영기간에 발생한 불가항력 사유의 효과를 달리 취급하기도 한다.
97) FIDIC 표준계약조건의 불가항력에 관한 분석에 대해서는 김승현, 국제건설계약의 법리와 실무, 박영사, (2015)(이하, "김승현"이라 칭함), 196면 이하를 참조.

고 있다. 이러한 독립적인 전문가에 의한 분쟁해결 방식은 FIDIC 표준건설계약상의 분쟁재정위원회(dispute adjudication board)[98]에 의한 것과 유사하다.

셋째, (ⅰ) 운영기간 동안에 발생한 FME가 발전사업자의 신뢰용량(dependable capacity)을 유지하는데 영향을 미치거나 혹은 전력구매자의 계약상 이행에 영향을 미치는 경우, 혹은 (ⅱ) 운영기간 동안에 발생한 ORE가 발전사업자의 신뢰용량을 유지하는데 전혀 영향을 미치지 않지만 실제 생산한 전기를 전력구매자에게 인도하는데 영향을 미치거나 혹은 전력구매자의 계약상 이행에 영향을 미치는 경우, 전력구매자는 용량요금을 계속해서 지급하도록 하고 있다. 또한 운영기간 동안에 발생한 ORE나 Hormuz가 발전사업자의 신뢰용량 유지에 영향을 미치는 경우, 전력구매자는 용량요금을 계속 지급해야 한다.[99]

한편 다른 전력구매계약에서는 운영기간 중에 발생한 천재지변에 해당하는 불가항력의 경우, 단순히 의무면제만이 인정되고 용량요금의 보상은 주어지지 않는 경우도 있다. 이는 발전사업자가 천재지변에 대비하여 소위 '발전소 시동지연(delay in start-up)' 혹은 '사업방해(business interruption)'와 같은 보험에 부보하여 대출금 상환과 투자금 회수가 가능하도록 하였기 때문에 별도의 용량요금 보상이 주어지지 않는 것이다.[100]

6. 채무불이행과 계약해지

전력구매계약은 장기간 동안의 계약이기에 계약기간 동안 여러 가지 사정과 변수로 인해 계약해지 사태로까지 이어질 수 있다. 때문에 계약해지 사유의 적시와 그 효과가 보다 명확히 합의되어야 한다. 전력구매계약의 계약해지는 다른 관련 계약서의 해지로 이어지고, 그 반대의 경우인 다른 관련 계약서인 예컨대 EPC계약의 해지는 전력구매계약의 해지도 가능하다. 따라서 전력구매계약에서의 계약해지는 다른 관련 계약의 해지사유가 되도록 하고, 반대로 다른 관련 계약의 해지는 전력구매계약의 계약해지로 이어지도록 해야 한다.

일단 전력구매계약 기준으로 보았을 때, 건설단계 혹은 운영단계에의 계약해지로 시간대별 구분을 할 수 있고, 각 당사자의 중대한 채무불이행에 따른 계약해지 사유를 명확히

---

98) 분쟁재정위원회(DAB)에 의한 분쟁해결은 FIDIC 표준건설계약조건에 들어가 있는데, DAB 절차는 중재에 앞서 거치도록 하는 분쟁해결절차이다. DAB가 구성되어 결정을 내리면 추후 중재판정에 의해 그러한 결정이 변경되기 전까지는 양 당사자를 구속하기에 당사자들은 이러한 결정에 따라야 한다. 즉 DAB 결정도 '구속력은 있지만 최종적이지 않은'(binding but not final) 성질을 취하고 있다. 만일 일방 당사자가 이러한 DAB 결정에 따르지 않으면 타방당사자는 그 이행의 강제를 구하는 중재신청을 해야 한다. 즉 DAB 결정 그 자체가 집행력을 가지는 것은 아니다. DAB에 대한 자세한 설명은 김승현, 327면 이하를 참조.

99) 그래야 발전사업자는 대출원리금 상환이 가능하고, O&M계약자에게 용량요금에 포함되어 있는 고정 O&M비를 계속 지급할 수 있을 것이다.

100) 이승교, 76-77면.

정 홍 식 165

적시해야 한다. 각 당사자의 채무불이행 사유는 대략 다음과 같이 정리할 수 있으나, 모든 전력구매계약에서 그러한 것은 아니다.

전력구매자의 중대한 채무불이행 사유로 들 수 있는 것은 (ⅰ) 전력요금을 포함한 기타 지급해야 할 금전채무 불이행; (ⅱ) 파산; (ⅲ) 전력구매자 책임의 설비(전력계통망 구축 등) 건설 실패; (ⅳ) 법규변동으로 인해 전력구매자의 중대한 확약의 미이행; (ⅴ) 상대방 동의 없이 전력구매계약상 자신의 권리나 의무를 제3자에게 양도하거나 이전하는 행위; (ⅵ) 기타 중대한 전력구매계약상의 계약위반 등이 있다. 이러한 사유가 발생하면 전력구매자로 하여금 계약상 정해둔 기일까지 치유할 기회를 부여하는 것이 보통이다.

발전사업자의 중대한 채무불이행 사유로 들 수 있는 것은 (ⅰ) 금융종결 미달성; (ⅱ) 파산; (ⅲ) 예정된 기간 내에 공사착공 실패; (ⅳ) 상업운전일 달성 실패; (ⅴ) 발전소 포기 (abandonment); (ⅵ) 각종 요구되는 보험구비 위반; (ⅶ) 다양한 정부허가, 동의, 승인 등의 유지 실패; (ⅷ) 약정 가동대기율 유지 실패; (ⅸ) 발전용량의 성능미달과 해당 기간의 지속; (ⅹ) 상대방 동의 없이 전력구매계약상 자신의 권리나 의무를 제3자에게 양도하거나 이전하는 행위; (ⅺ) 기타 중대한 전력구매계약상의 계약위반 등이 있다. 이러한 사유가 발생하면 발전사업자로 하여금 계약상 정해둔 기일까지 치유할 기회를 부여하는 것이 보통이다.

제3의 다른 유형으로는 양 당사자의 귀책 없이 발생하는 정치적 불가항력이나 천재지변과 같은 자연적 불가항력 사유가 계약상 최대허용기간(prolonged(extended) period)을 넘어서 지속되면 계약을 해지할 수 있도록 하는 유형이다.

이러한 세 가지 유형의 채무불이행이나 계약해지 사유가 발생하였다고 해서 상대방이 그 즉시 전력구매계약을 해지할 수 있는 것은 아니다. 발전사업자 입장에서는 기존의 전력구매자 이외에 제3의 구매자를 찾을 수 없다면 생산되는 전력의 수요처가 없는 문제가 발생하고, 이는 대출원리금 상환이 불가능해짐을 의미한다. 그리고 '무상환청구권(no recourse)' 혹은 '제한된 상환청구권(limited recourse)'만을 가지는 대주입장에서도 전력구매계약상 매출이 더 이상 발생하지 않을 상황을 방치할 수는 없는 노릇이다. 따라서 발전사업자나 대주는 전력구매자의 채무불이행 사유 발생이나 불가항력 사유지속의 최대허용기간 도달의 경우, 전력구매계약을 해지하더라도 전력구매자가 발전사업자의 프로젝트 회사에 대한 지분을 전량 매입할 것을 의무화하는 방안이 있다.

반대로 전력구매자 입장에서는 전력을 계속 공급받아야 하는 상황이라면, 전력구매계약을 해지하면서 발전사업자의 프로젝트 회사 지분을 전량 매수하는 편이 나을 것이다.[101] 이렇게 상반되는 계약해지 상황에서는 지분매입을 위한 지분가치 산정의 계산방식을 달리

---

101) Badissy, p. 150.

정할 수 있다.

그럼 계약해지 비용의 산정은 어떻게 하는가? 각 전력구매계약의 상황마다 고유한 방식을 정하겠지만 대략 크게 두 가지 유형으로 구분된다. 첫째, 전력구매자의 채무불이행 사유 발생 및 불가항력 사유가 최대허용기간까지 지속되는 경우, 전력구매자는 다음의 비용을 산정해 발전사업자에게 지불하고 그의 지분을 모두 매입한다: 미상환된 대출원금과 이자, 기타 금융비용(financing costs), 발전사업자의 투자금 및 예정된 수익금, 그리고 발전사업자가 프로젝트회사에 대한 후순위대출(subordinated loans)을 하였다면 원금과 이자를 모두 포함해야 할 것이다. 둘째, 발전사업자의 채무불이행 발생의 경우, 전력구매자는 다음의 비용을 산정해 발전사업자에게 지불하고 그의 지분을 모두 매입한다: 미상환된 대출원금과 이자, 기타 금융비용만이 인정될 수 있다.

한편 대주의 입장에서는 각 채무불이행 발생 후 계약상 허용된 치유기간이 소진되고 계약해지 비용 산정 체계가 잘 갖추어진 프로젝트인 상황이라면, 곧바로 전력구매계약이 해지되도록 한 후 전력구매자가 정산한 해지비용으로부터 현금화하는 것을 원할 것이다. 그러나 대주는 추가로 자신이 직접 개입해 치유하거나 아니면 제3의 발전사업자를 끌어들여 프로젝트를 정상화시키려 할 수도 있다. 해서 대주는 전력구매계약상 채무불이행이 발생할 때마다 자신에게도 통지하도록 하는 요건을 의무화하고, 치유기간 동안 제대로 치유가 이루어지지 않으면 발전소 운영에 개입(step-in)하여 자신이 혹은 제3자로 하여금 치유할 권리를 추가로 보유하려고 한다. 그 방식은 아래에서 후술할 전력구매자, 발전사업자(프로젝트 회사) 및 대주와의 별도 3자 계약(direct agreement)에 의해서 이루어진다.

V. 전력구매자, 프로젝트회사 및 대주와의 별도 3자 계약(direct agreement)

전력구매계약상 대주는 계약당사자가 아니기에 전력구매계약의 이행여부에 절대적인 이해관계를 갖는다 하더라도 제3자로서 별도의 계약상 권리를 가질 수 없다. 영국법상으로도 계약의 직접 당사자들만이 당해 계약으로부터 발생하는 권리와 의무를 가지며 제3자는 계약상의 권리를 가질 수 없고 제3자에게 계약상의 의무를 부과할 수도 없는 것이 원칙이다. 이는 실질적으로 계약의 당사자가 아닌 제3자는 계약과 관련한 소를 제기할 수 없다는 의미를 갖는다.102) 영국법상 이를 프리비티(privity) 원칙이라 한다.

프로젝트 파이낸스의 본질상 발전사업자에 대해 무상환청구권 혹은 제한된 상환청구권만을 갖는 대주 입장에서는 전력구매계약상 중대한 채무불이행이 발생하여 계약해지에

---

102) Ewan Mckendrick, *Contract Law*, Oxford University Press (2014), p. 946.

이르는 것을 좌시할 수 없다. 막대한 원리금상환의 재원이 사라지게 되기 때문이다. 그리하여 전력구매계약 당사자들과 대주는 사전에 직접계약이라는 형식으로 3자간 계약을 체결하여 대주 이익보호 차원에서 계약상 허용하는 범위 내에서 개입권을 행사할 수 있도록 한다. 이렇게 계약당사자들이 원하는 경우 제3자에게 계약조항을 실행할 수 있는 권리를 부여할 수 있다고 규정하는 것은 영국의 「The Contracts (Rights of Third Parties) Act 1999」에서 명시적으로 허용된다. 물론 프리비티 원칙의 예외로서 작용하며, 프리비티 원칙은 여전히 계약법상 본질적인 원칙으로 인정된다.

전력구매계약상에는 계약체결 시 제3자인 대주에게 '직접계약' 형식으로 개입권을 부여한다는 명시적 합의를 포함한다. 그렇다면 전력구매계약은 일부 제3자를 위한 계약(third party beneficiary contract)의 성격을 띤다고 볼 수 있다. 왜냐하면 제3자를 위한 계약은 계약(전력구매계약)이 성립할 당시부터 제3자(수익자)에게 계약으로부터 발생하는 권리를 부여하기로 약정하는 것이 가능하기 때문이다.[103] 그럼 제3자인 대주는 의도된 수익자(beneficiary)의 지위에 놓이게 되고, 대주는 개입권을 행사한 후 전력구매자의 주된 이행을 청구할 수 있는 권리, 즉 전력요금청구권을 갖게 된다.

'직접계약'에서 발전사업자는 전력구매계약상 자신의 모든 권리를 대주에게 양도하며, 전력구매자는 전력요금이 입금되는 역외계좌, 정부의 허가, 기술적인 특허 등에 대해 대주 앞으로 설정된 담보권을 인정하고 동의한다. 만일 프로젝트 회사(차주)의 채무불이행이 발생하면 대주는 '계약이전(transfer of contract)' 방식으로 프로젝트 회사의 전력구매계약상 모든 권리와 의무 일체를 이전받아 자신이 직접 계약당사자가 되어 채무불이행을 치유하고 계약을 유지할 수 있도록 한다.[104]

계약이전이란 계약당사자 일방이 일체로서 계약관계의 동일성을 유지한 채 제3자에게 이전하는 것을 말한다. 계약인수(übernahme), 계약상의 지위의 양도(assignment of contractual position)[105]라고도 한다. 이는 권리나 의무 중 어느 하나만을 이전하는 양도(assignment) 또는 위임과는 개념상 구별된다. 영미법상 일반적으로 양도는 권리의 이전(transfer of right)이나 의무의 이전(transfer of duty)을 의미하는 용어로 사용된다.[106] 이러한 직접계약은 대주가 전력구매계약 계약당사자들과 별도의 3자 계약을 체결하기에 영국법 상의 프리비티 원칙에

---

103) 김영주, "미국 계약법상 의무이행의 위임(Delegation of Performance of Duty)과 우리 민법에의 시사점" 외법논집 제40권 제4호 (2016), 146면.
104) 김채호 집필부분, 586면.
105) 양창수·권영준, 민법 Ⅱ. 권리의 변동과 구제, 박영사 (2011), 216면. 또는 간단히 계약양도(cession de contrat)라고도 한다.
106) *Murray on Contracts*, (LexisNexis, 2011), p. 889; Brian A. Blum, *Contracts*, (Wolters Kluwer, 2013), p. 778 (김영주, 144면에서 재인용).

부합한다. 또한 국내법에 비추어 볼 때에도 민법에는 계약이전을 정면으로 규율하는 규정
이 없더라도, 학계에서는 세 당사자가 명시적으로 동의한 경우 계약이전은 가능하다는 입
장으로 일치되고 있어[107] 직접계약은 유효하다.

　이러한 직접계약을 통한 계약이전은 경개(更改)와 비교해 볼 수 있다. 미국 계약법상
경개(novation)란 계약의 당사자를 제3자로 교체하는 대체계약(substituted contract)의 한 유형
이다.[108] 그리고 대체계약은 채권자가 원래 계약상 급부와 다른 급부의 약속을 변제로 수령
하는 것을 의미하며,[109] 이에 따른 원래의 급부와 다른 급부가 이루어지는 것을 대체이행
(substituted performance)이라 한다.[110] 경개는 본래의 계약에서 경개를 허용하였거나 채권자
의 구속력 있는 명시적인 의사표시(binding manifestation)에 기한 동의가 있는 경우에 한해 허
용되고 세 당사자 이상이 개입되는 계약이다.[111] 미국에서 경개는 거의 대부분 채무자 교체
의 경우라고 하는데, 그 경우 교체된 새로운 채무자가 계약의 당사자가 되고, 그 결과 구채
무자는 계약상의 의무를 부담하지 않게 된다.[112] 그러나 상기 직접계약에 의한 계약이전의
경우는 채무의 이전뿐 아니라 제3자에게 권리의 양도까지 모두 한꺼번에 이전된다는 점에
서 경개와 구분된다고 본다.

　직접계약의 주된 내용은 전력구매계약 계약상의 권리 양도에 대한 채무자의 동의, 동
계약상의 채무불이행 사유 발생시 대주에게 통지의무, 대주에게 채무불이행 사유 치유권
보장, 동 계약의 수정, 변경에 대한 대주의 사전동의 필요, 대주의 계약이전 등 사항을 규정
하게 된다.[113] 개입권을 행사하는 경우 대주는 차주인 프로젝트 회사를 대신하여 전력구매
계약상의 당사자가 되어 제3자에게 매각하거나(이 방안이 더 현실적으로 보인다), 혹은 채무불

---

107) 학계의 입장을 정리한 자세한 내용은 이동진, "계약이전의 연구 – 상대방의 동의 요건의 기능과 위치를
　　중심으로", 서울대학교 법학, 제53권 제1호 (2012. 3), 670면 이하를 참조.
108) Restatement of Contract Second, §280에서는 "A novation is a substituted contract that includes as a
　　party one who was neither the obligor nor the obligee of the original duty"라고 규정하고 있다. 영국
　　에서의 개념정의도 동일하고, 이에 관해서는 Mckendrick, pp. 978-979 참조.
109) Restatement of Contract Second, §279(1).
110) Restatement of Contract Second, §278 comment b.
111) Restatement of Contract Second, §280 comment a.
112) 다만 채무자 교체 혹은 제3자에 의한 채무의 이행이 *채권자의 동의없이* 이전되는 경우는 '의무이행의
　　위임(delegation of performance of duty)에 해당한다. Restatement of Contract Second, §318. 그렇다고
　　채무자가 더 이상 계약상의 의무를 부담하지 않게 된다는 것을 의미하지는 아니하며, 따라서 의무이행의
　　위임은 의무의 인수(assumption)과 개념상 구별된다. 채무자가 계약상 의무의 이행을 위임하는 경우
　　본래의 채무자(obligor)는 위임자(delegator), 의무의 이행을 이전받은 자는 수임자(delegatee)의 지위에
　　놓이게 된다. 여기에서 수임자의 법적지위는 유상 또는 무상의무를 이행하는 자이거나, 의무이행을 위
　　임한 채무자의 대리인이 될 수도 있으며, 기타 다른 유형의 제3자일 가능성도 열려 있다. 또한 수임자
　　는 위임자에게 의무를 이행하겠다고 약속을 한 자일 수도 있고 그러한 약속이 존재하지 않는 경우일
　　수도 있다. 이에 관한 자세한 설명은 김영주, 144면 이하를 참조.
113) *The Book of Jargon, Project Finance* 2d ed., Latham & Watkins LLP, p. 20.

이행 사유를 치유하여 발전소 운영이 정상화되면 다시금 발전사업자로 하여금 운영하도록 하게 할 수 있다. 반면 경우에 따라서는 채무불이행을 치유하지 않고 전력구매계약이 해지 되도록 하여 프로젝트를 종료시킬 수도 있다.[114]

VI. 결   론

이 장에서는 민관협력의 한 유형으로서 민자발전사업의 근간이 되는 전력구매계약의 주요 쟁점과 다른 관련계약서들에 미치는 영향과 그 접점에 대해 입체적으로 살펴보았다. 민자발전사업 그 자체는 국제거래에서 발생하는 대부분의 계약유형이 하나의 사업에 총 망 라되어 들어가기에 상당히 매력적인 분야이다. 그러나 이 사업에는 프로젝트 파이낸스가 수반되기에 대주의 이해관계뿐 아니라, 발전사업자, 전력구매자 그리고 다른 관련 계약서의 당사자들의 이해관계가 서로 복잡하게 얽히게 되어 상호간에 상충되지 않고 잘 연계될 수 있도록 구조화하는 것이 대단히 중요하다.

발전사업자는 매출이 발생하는 근간이 되는 전력구매계약의 정확한 이해뿐만 아니라 다른 관련 계약서들과 어떻게 연계가 되어야 하는지 종합적으로 검토하여 협상하는 것이 대단히 중요하다. 즉 계약서 각각에 대해 시차를 두고 단편적으로 검토하고 협상하는 것은 계약서 상호간에 상충될 소지가 대단히 크기 때문에 이를 유의하여야 한다. 아무쪼록 이 장 이 전력구매계약의 주요 쟁점에 대한 이해와 아울러 다른 관련 계약서들과 일맥상통하도록 구조화가 이루어져야 한다는 인식에 조금이나마 도움이 되기를 바란다.

---

114) 김채호 집필부분, 586면.

[5] 해외 민자발전프로젝트의 지분 인수를 둘러싼 법률적·실무적 쟁점

- 실사, 주식인수계약 및 주주간계약을 중심으로 -

전 호 정

I. 서   론

발전 사업은 지난 수십 년간 가장 활발히 성장하고 있는 에너지 소비 시장 중 하나라 할 수 있다. 미국의 에너지부 산하 에너지 정보국(US EIA)에 따르면 전 세계 전력 생산량이 2012년 21.6조 kWh에서 2020년에는 25.8조 kWh, 2040년에는 36.5조 kWh로 약 69%가 성장할 것으로 예상된다.[1]

특히, 2015년부터 현재까지 이어지는 LNG 가격의 하락[2]으로 전 세계적으로 가스 발전소의 신규 개발 또는 기존 설비의 확충 확대 개발이 활발히 이루어지고 있으며 향후에도 이러한 추세가 당분간 지속될 것으로 예상된다.[3] 이런 추세를 바탕으로 미국 에너지 정보국은 미국에서 LNG 발전소의 전력 생산량이 2012년부터 2040년까지 연간 2.7% 성장할 것으로 예상하며, 2012년 현재 전체 전력 생산량의 22%였던 LNG 발전소가 2040년에는 28%까지 성장할 것으로 전망하고 있다.[4]

일본에서는 전력 시장의 개편 및 자율화로 전력 생산, 송배전, 소매 판매의 전 시장이 단계적으로 개방되어, 각 지역의 독점 전력 회사뿐만이 아니라 타 민영 기업도 얼마든지 전력 시장에 참여할 수 있게 되었다.[5] 이로 인하여 기존에 각 지방에서 독점적으로 전력을 공

) International Energy Outlook 2016, U.S. Energy Information Administration(EIA), https://www.eia.gov/outlooks/ieo/electricity.cfm.
2) United States Federal Energy Regulatory Commission(FERC), World LNG Estimated Landed Prices, 2014년 9월 https://www.ferc.gov/market-oversight/mkt-gas/overview/2014/10-2014-ngas-ovr-archive.pdf; 2016년 4월 https://www.ferc.gov/market-oversight/mkt-gas/overview/2016/05-2016-ngas-ovr-archive.pdf; 2016년 12월 https://www.ferc.gov/market-oversight/mkt-gas/overview/ngas-ovr-lng-wld-pr-est.pdf.
3) International Energy Outlook 2016, U.S. EIA, https://www.eia.gov/outlooks/ieo/electricity.cfm.
4) *Id.*
5) 2018년 11월 일본 자원에너지청에 따르면 현재 530개의 소매전기사업자가 등록하였고, 이 중에는 외국 회사도 포함되어 있다 (http://www.enecho.meti.go.jp/category/electricity_and_gas/electric/summary/re-

171 -

급하던 전력 회사 10개[6]가 해외에서의 경쟁력 확보를 위하여 해외 발전 시장에 눈을 돌림으로써, 일본 내수에만 의존하는 것이 아니라 해외의 다양한 발전 프로젝트의 지분(전통적인 수력·화력 발전 및 신재생에너지 포함)을 인수하거나 현재 보유하고 있는 해외 발전 지분을 재편(restructuring)[7]하는 등 다각도로 해외 발전 투자 사업을 진행하고 있다.

본고에서는 이러한 전 세계 전력 시장의 역동적인 상황 속에서 한국 기업이 운영단계의 해외 발전 프로젝트[8]를 소유하고 있는 비상장 프로젝트 회사에 소수 지분 투자를 하는 경우 사업주(스폰서) 및 투자자로서, 또한 특수목적회사의 소수주주로서 주의해야 할 사항에 대하여 중점적으로 다루도록 한다. 본고는 다른 분야에서도 동일하게 적용될 수 있는 일반적인 회사법상의 쟁점도 다루고 있는 바, 발전 프로젝트 지분 인수에 특이하게 적용되는 사항은 해당 항목에서 상세히 논의하도록 한다.

II. 해외 민자발전프로젝트의 지분인수 개요

한국 기업이 해외 발전 시장에 참여할 수 있는 투자개발사업은 민자발전사업(independent power project, IPP)이 가장 대표적이고 이에 대한 논의 또한 활발하게 진행되고 있다. 민자발전사업은 전력 생산 및 공급을 위해 민간 기업(외국 투자자 포함)이 정부 또는 전력구매자와 계약을 체결하여 전력생산시설의 건설 및 운영에 참여하는 사업을 의미한다. 개발도상국의 경우에는 자국 내에 부족한 전력의 공급확대를 위하여 민간 자본을 유치하는 경우가 흔하며,[9] 발전 시장이 민간 발전 사업자에게 전면 개방되어 있는 국가(미국, 호주 등)의 경우에는

---

tailers_ list/ 및 http://www.shimbun.denki.or.jp/news/main/20161114_03.html 참고).
6) 도쿄 전력, 중부 전력, 호쿠리츠 전력, 간사이 전력, 큐슈 전력, 홋카이도 전력, 오키나와 전력, 토호쿠 전력, 시코쿠 전력, 추코쿠 전력 주식회사가 10개의 전력회사이다.
7) 필자가 restructuring에 직접 참여하였고 2015년 일본 에너지 시장에서 가장 큰 화제가 되었던, 도쿄전력과 중부전력의 해외발전사업 합병(2015년 4월 JERA라는 JV회사 설립)이 대표적인 예이다. 발전·에너지 시장에서 실적이 월등한 두 개의 메가 전력 회사가 전세계에 흩어져 있는 발전 사업(총 600만 kWh로 추정됨)을 통합하여 하나의 회사로 일괄 관리하고, 새로운 발전 사업을 발굴·개발하고 LNG 구매 역시 담당하고자 하는 것이 JERA의 설립 목적이다 (http://www.tepco.co.jp/fp/companies-ir/press-information/press/2016/1286693_8623.html 및http://ma-times.jp/35587.html 참고). 이로 인한 여파로 현재 일본 에너지 사업자들은 JERA에 대항하는 경쟁력을 기르고자 다각적인 노력을 하고 있고, 해외 사업 인수가 가장 대표적인 방안 중 하나이다.
8) 프로젝트 파이낸스에서 쓰이는 용어로, 기 개발되어 운용되고 있는 프로젝트를 Brownfield Project라 칭하며 보통 용량이나 생산량 증가를 위한 설비의 추가 개발이나 확장 사업을 의미한다. 본고에서는 Brownfield Project를 운영단계의 프로젝트로 칭하며 운영단계의 프로젝트 회사의 지분을 인수하는 것을 중점적으로 검토한다. 한편, 미개발 또는 개발 초기 단계(주로 건설 공사를 시작하여고 하는 단계)의 프로젝트를 Greenfield Project라 칭하며, 본고에서는 개발 단계 프로젝트로 칭한다. Glossary (Brownfield, Greenfield), Practical Law 참고.
9) 정홍식, "해외 민자발전프로젝트(independent power project) 거래구조 및 각 계약별 핵심쟁점", 국제

정부 주도의 발전사업보다는 민자발전사업이 일반화되어 있다.

　매우 단순화한 민자발전사업을 예로 들자면, 통상 사업주들이 설립(주주간계약에 의거)한 프로젝트 회사(특수목적회사)가 차주가 되는 프로젝트 금융(금융계약서에 의거)이 수반되고, 이 프로젝트 회사가 시공자, 운영자(operator), 연료공급자, 전력구매자와 발전소의 건설계약, 운영관리계약, 연료공급계약, 전력구매계약을 각각 체결한다.[10] 이렇게 다양한 이해관계자가 관련되어 있고 그에 상응하는 계약서 및 관련 문서가 매우 복잡, 방대하며 각각의 문서가 지니고 있는 리스크 또한 다양하다. 따라서, 프로젝트 회사의 지분을 인수하는 경우 해당 국가의 발전 시장 상황 및 각종 규제를 검토함은 물론이고 민자발전사업의 전반적인 거래구조를 이해하고, 입수 가능한 최대한의 문서(또는 주요 문서 위주)를 검토하여 인수 대상 기업을 최대한 심도 있게 파악하는 것이 필요하다. 이는 투자 여부의 결정 전 단계 및 due diligence(실사) 단계에서 이루어져야 할 작업이다.

　운영단계의 프로젝트 회사의 지분 인수거래 관련자를 단순화하자면 아래 [표 1]과 같다. 인수 대상 프로젝트 회사의 경우 단 하나의 발전소만을 소유, 운영하고 있는 경우가 있는 반면, 아래 표와 같이 지주회사(Holding Company)가 여러 개의 프로젝트 회사(발전소)를 소유, 운영하는 경우도 흔하다. 이 경우 실사의 대상은 단순히 지주회사뿐만이 아니라, 그 하단의 각각의 프로젝트 회사(발전소) 역시 면밀한 실사의 대상이다.

　지분 인수거래와 관련한 계약 문서를 중심으로 시간 순으로 살펴보자. 가장 먼저, 지분 매수인과 매도인 사이에 최초로 인수 대상 기업에 대한 실사 및 정보 공개에 동의하는 인수 의향서[11]를 체결한다. 의향서에는 종종 주식인수계약의 매우 기본적이고도 중요한 계약 조건을 첨부하기도 한다. 실사가 진행되면서 점차 인수 대상 기업에 대한 투자가 확실시되는 단계에서는 매수인과 매도인이 지분 인수를 위한 주식인수계약(share purchase agreement, SPA)을 체결하고, 주식인수계약의 서명과 동시에 또는 직전·후에 매수인(새로운 주주)과 기존의 타 주주들([표 1] 상의 other equity members)이 프로젝트 회사에 대한 주주간계약(shareholders agreement, SHA)을 체결한다.

　매수인이 지분 인수 대금을 차입을 통하여 조달하는 경우[12]에는 매수인 측의 대주가 존재할 것이며, 대주는 프로젝트 회사의 현금 흐름을 상세히 살필 것이다. 이는 매수인의

　건설에너지법 이론과 실무, 박영사 (2017), 652면.

　10) 상동, 659면.

　11) 소위 letter of intent라 칭한다.

　12) 일반적으로 기업인수에 필요한 자금을 조달하는 금융을 인수금융(acquisition financing)이라 칭하며, 차입(loan), 사채 발행 또는 신주의 발행을 의미한다고 볼 수 있다. 차입은 인수금융의 한 종류로서 인수 대상 기업의 이윤이나 주식으로 대주에게 대출금을 상환하는 것이 통상적 구조이다. 윤여균, 우동석, "해외금융의 사례와 법적 쟁점", 국제거래법연구, 제20집 제2호 (2011. 12), 116면.

신용도 및 자금현황은 물론이고, 전력구매계약서 상의 지급 조건, 프로젝트 회사의 기존 대출금 및 상환 기한, 프로젝트 자산이 기존 대출금의 담보로 제공되어 있는지 여부 등의 검토가 주를 이룬다.

[표 1] Typical Acquisition Deal Structure

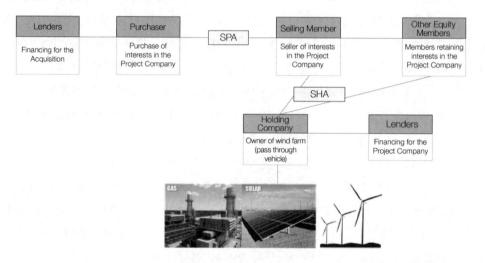

　　상기의 일련의 계약(특히, 주식인수계약)이 체결되고 나면, 정부의 각종 인허가(전력 관련, 국가 보안, 기업결합신고, 환경 등)를 취득하고, 차입을 통하여 매매대금을 지불하는 경우에는 금융계약의 클로징을 행한다. 또한, 이 밖의 주식인수계약 상에 정해진 거래 완료를 위한 선행 조건을 수행한다. 인수거래가 종결되면 인수 후 통합(post-acquisition integration)을 진행하는데, 이 시기에 진술 및 보장(representations and warranties) 조항의 위반이 발견되면 주식인수계약에 의거하여 매수인이 매도인을 상대로 사후손실보전(indemnification) 청구를 제기하는 경우도 있다(표2 참고).

[표 2] Typical Deal Timeline

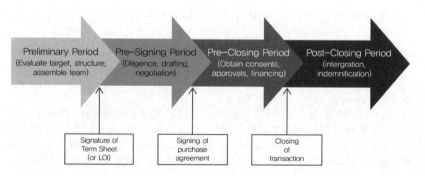

아래에서는 지분 인수의 핵심 단계인 실사와 주식인수계약 및 주주간계약에 대하여 간략히 살펴보고 각 단계에서 소수주주가 숙지하여야 할 사항에 대하여 논의하도록 한다. 해외 민자발전프로젝트의 인수에는 프로젝트 회사 설립지, 발전소 소재지, 타 주주의 주된 사무소 소재지, 각종 계약의 준거법 등 다양한 법역의 법과 정부 규제가 복잡하고 상호유기적으로 적용될 수 있다. 이렇듯 해외 민자발전프로젝트 인수거래의 특수한 성격으로부터 파생되는 각종 법적 쟁점을 이해하는 것이 바로 인수거래를 성공으로 이끄는 핵심이다.

Ⅲ. 실사(Due Diligence, DD)

1. 실사의 목적 및 방식

지분의 인수에 있어서는 인수 대상 기업이 매수인이 구입하는 상품이므로 이 상품을 정확히 파악하기 위해 사업 자체, 재무, 법무 실사 등이 필요하다. 사업 실사는 통상 매수인 회사[13]의 전략기획실이나 전문 컨설팅업체에서 담당하며 재무는 회계법인이, 법무는 법무법인이 담당한다. 아래 표3(Due Diligence Participants)은 이렇게 복잡하고도 다양한 실사 관계자와 그들 간의 관계를 도식적으로 보여준다.

[표 3] Due Diligence Participants

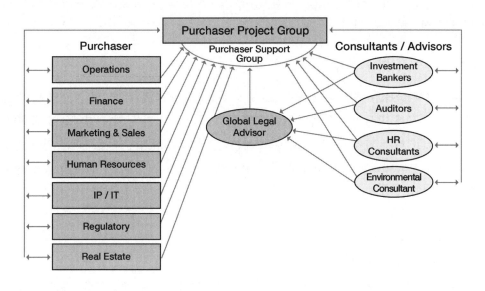

___

13) 매수인 회사는 통상 영어로는 purchaser 또는 buyer라고 칭하며, 매수인 또는 인수인으로 번역되기도 한다. 본고에서는 매수인이라 칭한다.

특히 법무 실사는 회사의 현황을 파악하여 가격, 진술 및 보장, 클로징 선행 조건14) 등 주식인수계약에 포함될 내용을 정하고, 인수 대상 기업을 인수함에 있어서 수반되는 리스크를 주식인수계약 또는 주주간계약 상에서 최소화하기 위하여 반드시 필요한 작업이다. 법무 실사 시 고려하여야 할 사항은 클로징(pre-closing) 전, 클로징 시(at closing) 및 클로징 후(post-closing)를 망라한다. 좀 더 상세히 살펴보자면, 매수인은 실사를 통하여 매수 목적물에 대한 정확한 파악, 부채, 세무 및 법적 책임을 파악·평가한 후 어떻게 이러한 리스크를 회피할 것인지, 무엇이 가장 적절한 가격인지, 클로징 전에 매도인이 치유(remedy)하여야 할 이슈 및 클로징의 단계와 클로징 선행 조건을 파악하고 결정한다. 또한 클로징 후의 계획, 즉 어떻게 매수인의 기존 사업에 새로 매수한 사업이 원활하게 통합(post-acquisition integration)될 것인지, 매수한 사업과 관련하여 향후 발생할지도 모르는 환경 또는 공공 보건 등의 각종 위험 요소에 어떻게 대처할 것인지를 파악하고, 매도인과 협의하거나 매수인 사내의 내부적인 협의 및 결정을 하는 것 역시 실사 단계에 포함된다.

실사는 직접 매수 대상 회사에 방문하여 필요 문서를 검토하는 경우도 있지만 최근에는 매도인이 온라인상의 데이터베이스를 설치하여 관련 문서를 업로드하면 실사 담당자가 이를 다운로드하여 검토하는 것이 일반적이다. 이와 병행하여, 매수인이 확인하고자 하는 구체적이고 특정한 사항이나 데이터베이스에서 명확히 확인되지 않은 사항의 목록을 작성하여 이를 매도인에게 직접 송부 후 매도인의 답변을 요청하는 Q&A과정을 진행하는 것이 보통이다. 경우에 따라서는 발전소 현장 답사, 프로젝트 회사 경영진 및 현장 책임자 등과의 면담을 실시하기도 한다.

2. 주요 실사 대상 항목

세부 실사 항목은 매우 다양하며, 조사 및 검토가 요구되는 서류 및 자료의 양이 대단히 방대하다. 국제 거래의 경우에는 특히 외국인 투자와 관련된 규제나 항목들이 꼼꼼히 조사되어야 한다. 하기 가항에서는 대부분의 지분인수거래의 실사에서 검토되는 일반적 실사 항목을 먼저 살펴보고, 나-마항에서 발전 프로젝트에 있어서 특수한 실사 항목을 상세히 다루도록 한다.

가. 일반적 실사 항목
(1) 법인 조직 및 지배 구조
인수 대상 기업, 인수 대상 기업의 그룹사, 보증인(주로 인수 대상 기업의 모회사)이 합법

---

14) Closing conditions, 통상 conditions precedents, CP라고 칭한다. 본고에서는 클로징 선행 조건으로 칭한다.

적으로 설립되어 유지되고 있는지, 프로젝트나 그 외 동산 또는 부동산의 주요 자산을 보증 목적물로 제공·등기하였는지 등을 실사한다. 또한, 매도인과 관련된 각 기업이나 대표자가 내부 규정(정관, 규칙, 주주간계약 등)에 의거하여 지분 매도를 할 수 있는 적법한 권한이 있는지, 지분의 구조, 지분 이전에 관한 제한, 내부 승인이 있었는지의 확인이 필요하다. 물론, 재무적·회계적 장부 및 기록의 검토 역시 필수적이다.

(2) 노동문제 및 복리 후생

소수 지분 인수의 경우에는 기존의 노무 관계를 따르는 것이 보통이므로 크게 문제가 되지 않으나, 기존 종업원의 해고, 이동이나 유지, 노동조합과의 관계, 해고 시 발생 가능한 제 문제 및 분쟁을 파악하여야 한다. 더불어, 기존 근로 계약(특히 임원 등의 주요 인사)의 검토, 기존 복리 후생 정책이 매수 후에도 그대로 유지되어야 하는지 여부 및 유지하는 경우 예상되는 비용, 기존 복리 후생 정책을 매수인 회사에 새롭게 수립 적용해야 하는 경우에는 이에 소요되는 비용 및 시간 등의 검토가 필요하다.

(3) 소송 또는 분쟁

매도인이 기 진행 중인 분쟁에서 패소할 경우 직접적으로 프로젝트 회사의 운영에 어떠한 금전적 영향을 미칠 것인지를 파악하여야 한다. 이를 위하여, 관련 소송 문서를 검토하고 해당 소송의 담당 변호사 또는 관련 임원과의 면담을 진행하는 것이 일반적이다. 인수 대상 기업에 대하여 상습적으로 제기되는 특정 소송이 있는지, 있다면 그 숫자와 분쟁 금액 등도 검토되어야 한다.

특히 발전 프로젝트의 경우에는 지역 주민과의 분쟁, 건설시공자 또는 운영자와의 분쟁, 주요부품 공급자와의 분쟁, 특수목적회사인 경우 파트너사와의 분쟁 등을 상세히 파악하여야 한다. 이러한 분쟁은 현재 진행 중인 분쟁뿐만이 아니라 과거에 있었던 주요 분쟁과 향후 예측 가능한 분쟁 역시 검토하는 것이 바람직하다.

(4) 기   타

이 밖에 환경, 지적재산권, 세금, 보험 등도 실사의 대상이나, 각 항목은 별도의 전문가가 실사를 수행하는 것이 보통이고, 각 실사전문가가 파악한 리스크는 법무자문사가 종합 정리하여, 법무적으로 헤지(hedge)하거나 매수인과 매도인 중 적합한 당사자가 부담하도록 합의하여 이를 인수계약서에 반영한다. 이는 실무에서 법무자문사의 역할이 지분인수계약에서 얼마나 중요한지를 단적으로 보여준다.

세금을 제외하고 위에서 언급된 사항들은 정도의 차이는 있지만, 소수의 지분을 인수하는 매수인의 입장에서는 주식인수계약 상에 강력한 진술 및 보장, 매도인의 정보 공개 (disclosure), 또는 사후손실보전(indemnification[15]) 조항을 삽입하고 이에 의존하는 것으로 리스크를 매도인에게 전가하는 것이 바람직하다.

나. 정부 규제 및 허가

대부분의 국가에서 전력 생산 및 판매는 국가 기반 산업으로 분류되어 다양하고 복잡한 규제가 적용된다. 최근에는 특히 전력 관련 회사의 인수거래에 공정거래/독점금지 당국, 조세 당국이 큰 영향력을 행사하는 경향이 있다. 이들을 일컬어 흔히 '보이지 않는 주주 또는 이해관계자'라고도 한다. 이들 정부 기관은 인수거래를 지연시키거나 금지할 수 있는 권한을 가지며, 최근 미국이나 유럽, 중국, 아프리카 국가 등에서 특히 적극적으로 인수거래를 심사하고 있다. 예를 들어, 유럽연합은 2016년 한 해 동안 2008년 이후 가장 높은 비율인 약 7%의 인수합병거래를 금지하거나 과징금 부과 또는 시정조치를 강구했다. 일부 아프리카 국가(탄자니아, 카메룬, 모잠비크, 우간다, 이베라)의 세무 당국은 매수인이 자회사를 통하여 현지 회사의 지분을 간접적으로 인수한 사안에 대하여 면밀한 심사를 바탕으로 세금을 징수한 사례가 있었다.[16]

본고에서는 필자의 미국 발전프로젝트 지분 인수의 경험을 바탕으로 미국의 예를 간략하게 살펴보도록 한다. 미국의 발전프로젝트 지분 인수에 대한 규제는 타 국가에 비하여 발전되어 있으며 많은 국가에서 미국의 규제를 참고하여 자국 규제를 정립하거나 수정하고 있다. 특히 트럼프 정부 출범 이후 외국인 투자자에 대한 더욱 강력한 규제를 적용하여야 한다는 논의가 주목을 받고 있고, 대부분의 국가에서도 정도의 차이는 있더라도 비슷한 유형의 규제를 적용하거나 도입을 논의하고 있으므로 검토의 의미가 있다 하겠다. 타 국가에서도 적용되거나 최근 이슈가 되고 있는 쟁점 및 규제에 대해서는 각 항목에서 별도로 언급

15) Indemnity/indemnification은 국내에서 용어가 명확하게 정립되지 않은 것으로 보인다. 한국 민법상의 보상에 가까운 의미를 지닌다는 의미에서 보상 청구라고 칭하기도 하며(김태진, "M&A계약에서의 진술 및 보장 조항 및 그 위반", 저스티스 113호 (2009. 10), 37면 참고), 실무자들은 사후손실보전이라는 용어를 사용하기도 한다(손영진, "Principal Issues in M&A from Acquiror's Perspective", 국제거래법학회 제20집 제2호 (2011. 12), 49면 이하 참고). 또한, 손해배상 또는 매도인의 면책 조항이라는 용어를 혼환하여 사용하기도 한다(서완석, "미국의 진술 및 보장 조항에 관한 최근 동향", 선진상사법률연구 67호 (2014. 7), 102, 117-119면 참고). 이는 Indemnity/indemnification가 영미법 상의 개념으로 대륙법 상에 정확히 일치하는 용어가 없기 때문으로 보인다. Indemnity/indemnification은 실무상 계약 종료 이후 진술 및 보장 조항의 위반이 확정되고 이로 인하여 매수인에게 손실이 발생한 경우, 매도인이 매수소인이 입은 손해액을 그대로 보전해 주는 장치이다. 따라서 필자는 '사후손실보전'이라는 용어가 좀 더 명확하고 쉽게 Indemnity/indemnification의 의미를 전달하는 것으로 생각하며, 본고에서는 Indemnity/indemnification을 사후손실보전이라 칭한다.

16) Tom Young, "Kraft Heinz/Unilever shows rise of invisible stakeholder", IFLR.com (Feb. 22, 2017).

하도록 한다.

미국 회사의 지분 인수는 인수 대상 기업의 설립준거법(회사 설립지 해당주의 입법 및 보통법을 의미하며 통틀어 주법이라 칭한다)을 따르는 것이 보통이다. 주법과 더불어 지분 인수와 관련하여 연방정부의 승인을 필요로 하는 연방법이 있다. 그러한 연방법 상의 규제에는 독점금지 및 공정거래법, 외국인의 국가 기반시설 투자 및 소유와 관련된 법, 규제 산업에 적용되는 법, 에너지법, 환경법 및 통신법 등에 의거한 심사/인허가가 포함된다. 상기의 규제는 각각 별도의 제도로서, 각각의 해당 입법 상의 신고 또는 승인 취득의 의무를 지는 당사자가 그 의무를 이행하여야 한다. 아래에서 각 제도를 순서대로 살펴보기로 한다.

(1) 독점금지 및 공정거래법(HSR Act[17])

HSR Act는 합병, 주식/자산 인수, 합작 또는 독점 라이센스계약의 거래를 통하여 매수인이 일정 금액[18] 이상의 인수 대상 기업의 지분을 취득하게 되고, 매도인과 매수인의 최상위 모회사(ultimate parent company)가 일정 금액 이상의 연간 매출이나 총자산을 보유[19]하는 경우, 독립 규제위원회인 미국 연방거래역위원회(Federal Trade Commission)와 미국 법무부 산하의 독점금지국(Antitrust Division of the Justice Department)에 기업의 인수합병이 완료되기 전 사전 통지서를 제출할 것을 의무화하고 있다.[20] 단, 인수 지분이 전체의 10% 이하이거나 투자회사의 단순 투자 목적의 지분 인수는 통지 의무 대상에서 제외된다. 통지서를 받은 후의 연방무역위원회와 독점금지국 간의 업무 분장에 대한 명확한 틀은 없으나, 양 기관이 협의하여 어느 기관이 해당 거래를 담당할 것인지를 결정한다. 당사자들은 통지서 제출 후 양 정부 기관이 해당 거래의 반경쟁적 영향력을 심사하는 30일 간 관리 기능이나 재무 기능 등의 인수/합병을 진행할 수 없다. 다만, 상기 30일의 기간 동안 실사의 수행 또는 인수 후 통합과 관련된 계획 수립은 허용된다.

HSR Act상에는 단순히 인수 금액이 일정 기준 이상의 거래인 경우 매수인의 통지 의무가 발생하고, 그러한 통지를 받은 정부 당국의 판단에 의하여 심사의 여부를 결정하도록 규정하고 있다. HSR Act 상 기업결합규제를 적용하기 위하여 매수인과 매도인 간에 경쟁적

---

17) 본 법의 정식 명칭은 Hart-Scott-Rodino Antitrust Improvements Act of 1976이다.

18) 이는 size of transaction test라 칭하며, 하기의 size of person test와 함께 HSR Act 상의 신고 의무 대상 여부 판단 기준이 된다. 상세한 금액의 기준은 다음의 소개 자료에서 확인할 수 있다. HSR threshold adjustments and reportability for 2017, Federal Trade Commission, https://www.ftc.gov/news−events/blogs/competition-matters/2017/02/hsr-threshold-adjustments-reportability-2017.

19) 이를 size of person test라고 칭한다. Clayton Act §7A(a)(2)(B)(ii). https://www.ftc.gov/system/files/documents/federal_register_notices/2017/01/clayton_7a_publishe_1-26-17.pdf

20) Hart-Scott-Rodino Antitrust Improvements Act of 1976, Federal Trade Commission, https://www.ftc.gov/enforcement/statutes/hart-scott-rodino-antitrust-improvements-act-1976.

관계(competitive link)가 존재하여야 하는지의 요건은 명시되어 있지 않다. 다만, 정부 당국의 심사에서 중요한 쟁점은 일방 회사가 타 회사의 지분을 인수한다는 사실과 그러한 인수 거래가 경쟁을 심대하게 감소시키는 결과를 초래하는지 여부뿐이다.[21] 대체로 타 법제에서는 두 회사 간에 경쟁적 관계가 있는지를 판단함에 있어 '관련 시장'이 존재하는지 여부가 중요한 요건이기 때문에 '관련 시장'의 정의가 매우 중요하게 논의되는 반면, 미국의 HSR Act 상에서는 '관련 시장'의 존재 여부가 기업결합규제를 위한 요건이 아닌 것으로 해석되고 있다.[22]

특히 상기의 독점금지 및 공정거래와 관련된 문제는 미국뿐만이 아니라 전 세계적으로 이슈가 되고 있다.[23] 유럽연합 및 중국이 적극적으로 기업결합규제[24]를 위한 새로운 입법을 추진하고 그 집행을 실시하고 있으며, 최근에는 인도와 아프리카 국가에서도 엄격한 기업결합규제 입법의 추세를 보이고 있다. 유럽이나 중국은 해당 국가 내에서 이루어지는 인수합병뿐만이 아니라 역외 거래에 대해서도 시장집중(concentration[25])의 당사자들이, 필수매출(requisite turnover) 기준상의 요건(각주 93참조)을 충족하는 경우에는 반드시 기업결합 신고(merger filing)를 하도록 의무화하고 있다.

기업결합규제에 관련한 사항은 반드시 전문 변호사의 조언을 필요로 하며, 실사가 종료되기 이전에 관련 정부 당국에 인수·합병 신고를 병행하는 등의 방법으로 클로징 전까지 허가를 취득하는 것이 바람직하다.

(2) 외국인의 기반 시설 소유 관련 법(Exon-Florio Act[26] & CFIUS)

미국에서는 외국 회사도 전력 관련 자산의 소유가 허용되나, 유틸리티 규모(utility-scale)

---

21) Spark Legal Network and Queen Mary University of London, *Support Study for Impact Assessment concerning the Review of Merger Regulation regarding Minority Shareholdings*, European Commission (2016), p. 33.

22) *Id.*

23) James Quinney, "A global view", *International Financial Law Review*, (Dec. 2016) http://www.iflr.com/IssueArticle/3646762/Supplements/A-global-view.html?supplementListId=97202.

24) Merger control이라고 일컬으며, 본고에서는 기업결합규제라 칭한다. 중국의 기업결합규제 경향에 관련해서는 박병진, "중국 반독점법상의 기업결합규제", 중국과 중국학 15호 (2012) 참고.

25) 시장집중은 한 명 이상의 당사자가 주식 또는 자산의 매입, 또는 계약이나 기타 수단으로, 한 명 이상의 다른 사업자의 전체 또는 부분적, 직접 또는 간접적인 지배력을 취득하는 경우를 의미하며, 합병, 단독 또는 공동 지배력의 취득과 합작투자법인(JV)의 설립을 포함한다. Dave Anderson & Sarah Ward, EU merger control, Practical Law, https://content.next.westlaw.com/Document/I8417d3d71cb111e38578f7ccc38dcbee/View/FullText.html?contextData=(sc.Default)&transitionType=Default&firstPage=true&bhcp=1&bhhash=1#co_anchor_a263667.

26) 본 법의 정식 명칭은 an amendment to the Defense Production Act of 1950 contained in the 1988 Omnibus Trade and Competitiveness Act이다.

의 발전 및 송배전 자산은 통상 국가 주요 기반 산업으로 분류된다. 따라서, 외국인이 기반 시설 또는 자산에 대한 지배권을 갖게 하는 결과를 낳는 거래에 대해서는 대체적으로 국가 안보와 관련된 우려가 있다고 보고, 미국 재무부 산하의 외국인투자심의위원회(Committee on Foreign Investment, CFIUS)의 심의 대상이 된다.

현행 Exon-Florio Act(2018년 8월 13일 개정안에 의하여 일부 수정된 내용은 하기 상술)에 따르면, 주식인수계약의 당사자들은 인수거래 시작 전이나 도중에 해당 거래와 관련된 정식 서면 통지를 CFIUS에 제출하여야 하고, CFIUS는 통지서 수령 후 30일 이내에 심의를 개시하여야 한다. 심의를 통해 CFIUS가 국가 안보와 관련된 리스크가 없다고 판단하는 경우에는 해당 거래를 승인하고, 리스크의 우려가 있는 경우에는 정식 조사를 착수할 것을 결정한다. CFIUS는 조사 착수 후 45일 내에 해당 거래를 조사한 후 결정을 내려야 한다. 미국 대통령은 15일 이내에 CFIUS의 결정에 대해 검토 및 승인을 하여야 한다.[27] CFIUS 가 상기의 정해진 기간 내에 절차를 개시하지 않는 이상, 지분 매매는 정부의 개입 없이 진행된다.

현행 Exon-Florio Act 상, 해당 지분 매매에 대하여 CFIUS에 통지를 하는 것은 2018년 8월 13일 개정안에 의하여 정해진 대상을 제외하고는 비강제적, 자발적 통지이다. 상기의 절차를 통하여, CFIUS가 국가 안보 문제가 없다고 판단한 경우에 해당 거래는 safe harbor (안전항)[28]로 인정되고, 향후 Exon-Florio Act와 관련하여 정부의 개입 없이 거래를 진행할 수 있게 된다.[29] 그러나 Exon-Florio Act에 의거한 통지를 하지 않은 거래에 대해서도 CFIUS가 언제든지 조사를 개시할 수 있고, 이러한 조사는 거래가 완결된 이후에도 개시될 수 있다.[30]

2017년 미 국회에 제출된 CFIUS의 보고서[31]에 의하면 2009년과 2015년 사이의 광업, 전기 수도 등의 유틸리티 사업, 건설업에 관련된 외국 투자자의 미국 회사 지분 매매와 관련된 CFIUS에의 통지는 전체의 약 18%에 이르며, 제조업이 전체의 42%로 가장 큰 비중을 차지하고 있다.[32] 그중 상기의 심의·조사 절차를 거쳐 국가 안보와 관련된 리스크로 인하

---

27) Process Overview, U.S. Department of the Treasury, https://www.treasury.gov/resource-center/international/ foreign-investment/Pages/cfius-overview.aspx.

28) Safe harbor란 통상 '안전항'으로 한역되며, 일정한 행위가 법이나 규제에 위반되지 않는 것으로 본다 는 일종의 면책적 효과를 가지는 조항을 의미한다.

29) Office of Investment Security, *Guidance Concerning the National Security Review conducted by the Committee on Foreign Investment in the United States*, Department of the Treasury (Dec. 8, 2008), p. 74569, 73 Fed. Reg. 236.

30) *Id.*

31) 2018년 11월 현재, 2017년 국회에 제출된 2015년 결산 보고서가 가장 최근 제출된 보고서이다.

32) CFIUS, *Annual Report to Congress for CY 2015*, pp. 3-4, https://www.treasury.gov/resource-center/ international/foreign-investment/Documents/Unclassified%20CFIUS%20Annual%20Report%20-%20 (report%20period%20CY%202015).pdf.

여 미 대통령이 실제 불승인 결정을 내린 건은 2012년의 1건[33]으로 집계된다.[34]

상기 자료에서 파악된 통계 외에도 여기서 CFIUS의 간접적인, 그러나 매우 강력한, 영향력을 간과해서는 안 될 것이다. CFIUS와 관련된 논의는 실제로 정부 당국에 통지를 하거나 심의/조사 과정을 거치기 전에 활발히 이루어지며, 이들은 공식적으로 발표되거나 집계되지 않으므로 CFIUS 심의/조사가 지니는 위축효과(chilling effect)를 고려하여야 한다. 특히 CFIUS의 30일 간의 심의와 45일 간의 정식 조사를 거치는 동안 부정적인 여론, 기업 이미지에 대한 악영향, CFIUS의 불승인에 대한 불안감 등이 다수의 외국 투자자들로 하여금 진행되던 거래를 자발적으로 취소, 철회하게 하는 결과를 초래하고 있다는 분석이 제기되고 있다.

실제로, 중국해양석유총공사(China National Offshore Oil Corporation, CNOOC)가 추진하던 유노컬(Unocal Corporation)[35]의 인수합병은 중국해양석유총공사의 자진 철회로 백지화된 바 있는데, 이는 CFIUS의 조사로 인한 부정적 영향에 대한 우려에 일부 원인이 있는 것으로 알려지고 있다.[36] 상기 CFIUS 보고서에 따르면 약 90%에 달하는 지분 매매가 CFIUS의 승인을 받았고 단 1건 만이 대통령의 불승인 결정을 받은 것으로 나타나지만, 실제 나머지 거래들은 심사 전 또는 심사 과정 중에 자발적으로 거래가 취소되었다고도 해석될 수 있어 논란이 되고 있다.[37]

상기의 최종 대통령 불승인 결정이 내려진 사안은 다음과 같다. 2012년 중국 Sany 그룹의 자회사인 Ralls Corporation가 인수한 오리건주 소재의 풍력발전소[38]가 미 해군의 훈련장에 근접해 있어 미국의 국가 안보에 심대한 영향을 끼칠 수 있다는 이유로 모든 발전소 공사 및 운영 중지 및 현장의 철거, 현장에서의 완전 철수를 명한 대통령 행정명령이 내려졌다. 이에 불복한 Ralls Corporation은 워싱턴DC 연방지방법원(U.S. District Court for the District of Columbia)에 불복 소송을 제기하였고, 워싱턴DC 연방항소법원(U.S. Court of Appeals for the District of Columbia Circuit)에서 대통령의 결정이 헌법상 보장된 Ralls Corporation의 적법절차권을 침해하였다고 판단, 원심 결정을 파기 환송한 사건이다.[39]

---

33) 후술하는 Ralls Corporation Case 참고.
34) CFIUS, *supra* note 34.
35) 2005년 셰브런과 합병한 뒤 현재는 셰브런의 자회사인 유니언오일컴퍼니오브캘리포니아(Union Oil Company of California)로 영업을 하고 있는 미국의 대형석유회사.
36) James K. Jackson, *The Committee on Foreign Investment in the United States (CFIUS)*, CRS Report, p. 22, Congressional Research Service (April 6, 2017), https://fas.org/sgp/crs/natsec/RL33388.pdf.
37) *Id.*
38) 당시 클로징이 이미 이루어져 발전소가 운영되고 추가 공사가 진행되던 중이었다.
39) *Chinese group wins Cfius legal case*, Financial Times (July 17, 2014). 결국 파기환송심이 진행되던 도중인 2015년 10월 9일 CFIUS와 Ralls Corporation은 화해계약을 체결하고 Ralls Corporation이 CFIUS와 오바마 전대통령을 상대로 한 소송을 취하하였다(쇠최하서에 따르면 화해계약 상 당사자간 CFIUS와 오

워싱턴DC 연방항소법원은 Ralls Corporation이 대통령 결정의 근거가 된(기밀이 아닌) 증거를 통지받고 그러한 증거에 대하여 반박할 기회를 가질 권한이 있다고 판시하였다. 그러나 법원은 이에 더하여, 향후 대통령이 타 투자 거래를 검토함에 있어 국가 안보와 관련된 민감한 문제에 대하여 그 판단의 근거가 되는 기밀 자료에 대해서는 공개할 의무가 없다고 판시하였다.[40] 항소법원의 이 결정은 CFIUS 심사 및 대통령의 행정명령의 근거가 되는 기밀 증거를 통지하거나 공개할 의무가 없다고 예외를 둠으로써 외국투자자에게 불공평하게 적용될 여지를 남겼다고 볼 수 있다. 또한, 이 사안이 화해로 종결되면서 소송의 중심이 되었던 실체법적인 쟁점에 대한 판단은 여전히 불확실한 상태로 남아있게 되었다.

이와 같이, 최근 미국 CFIUS가 국가 안보를 넓게 해석하고 결정의 근거가 되는 정보를 모두 공개하지 않으며 외국인 투자에 대한 검토를 엄격히 행하는 경향에 더불어 새로운 미 행정부의 불예측성에 대한 불안, CFIUS 심의·조사에 따른 부정적 영향에 대한 우려로 많은 투자자들이 유럽으로 눈길을 돌리고 있다.[41] 특히, 2018년 8월 13일 트럼프 미대통령은 CFIUS의 권한을 강화하고 심사 대상을 확대한 개정안이 포함된 외국인투자위험검토현대화법(FIRRMA)에 서명하였다.[42]

이 개정안 중 한국 기업의 미국 에너지 사업 인수에 직접적으로 영향을 미칠 주요 사항은 크게 두 가지로 볼 수 있다. 즉, CFIUS가 심사권한을 가지는 외국인 투자의 범위가 확장되고, 지금까지 자발적 통보였던 CFIUS 심사를 특정 투자의 경우 의무적 신고로 변경하는 것이다.

이번 개정은 외국인 투자자가 해당 투자/인수거래를 통하여 피인수기업의 지배권을 가지지 않는 경우에도 CFIUS 심사의 대상이 되도록 한 점에서 종전의 법에 비하여 심사 대상이 넓어졌다. 외국인이 비수동적투자(non-passive investment)를 하는 회사가 미국의 핵심 인프라를 소유, 운용, 제조, 공급 또는 이에 서비스제공을 하는 경우, 핵심 기술을 생산, 설계, 시험, 제조, 조립, 개발하는 경우, 미국 국민의 민감한 개인정보를 수집, 보유하는 경우에는 CFIUS가 그러한 투자를 심사하는 권한을 지닌다. 비수동적투자(non-passive investment)란, 이

바마 대통령의 인수불허결정에 대한 취소나 수정이 불필요하다고 합의를 하였다). 화해계약의 구체적인 내용은 일반에 공개되지 않았으나, 일부 공개된 자료에 의하면 Ralls Corporation은 인수한 풍력발전소를 제3자에게 매도하기로 CFIUS와 합의하였다고 한다. John Marciano, Keith Martin & Amanda Rosenberg, *Wind Developer Ralls Corp. vs. U.S. Government: Case Settled*, North American Windpower, (Dec. 10, 2015) https://nawindpower.com/wind-developer-ralls-corp-vs-us-government-case-settled.

40) Jackson, *supra* note 38.
41) Brian Yap & Jessia Shum, "IFLR Asia M&A Forum day two: key takeaways", *International Financial Law Review*, (Mar. 6, 2017).
42) MP McQueen, Trump Signs CFIUS Reform Bill: What Dealmakers Need to Know, The Recorder, (Aug. 13. 2018), https://www.law.com/therecorder/2018/08/13/081018cfius-403-19984/?slreturn=20180720005037.

사회 상 일정한 지위를 갖는 것으로 단순 이사회에의 참관권, 의사결정권, 주요 비공개 기술정보에 접근권을 갖는 경우를 포함한다.[43] 부동산 투자에 대한 심사권도 강화되어, 항구 내의 동산 또는 민감한 미국 정부의 부동산에 인접한 부동산을 외국인이 구입, 임대, 인가권을 득하는 경우에도 CFIUS가 그러한 투자를 심사하는 권한을 지닌다.[44]

FIRRMA상 CFIUS에게 의무적 신고 대상 거래의 종류를 규정할 권한이 주어졌다. 다만, 외국 정부가 실질적인 이해관계(substantial interest)를 가지는 외국 기업의 투자 거래의 결과로 인하여 외국 정부가 미국의 핵심 인프라 사업 또는 핵심 기술기업에 관한 실질적인 이해관계를 획득하게 되는 경우에는 거래 당사자는 반드시 CFIUS에 서면으로 신고할 것이 의무화 되었다.[45] 여기서의 "실질적인 이해관계"는 추후 CFIUS에 의하여 구체적으로 정의될 예정이다.

이번 법안의 시행은 구체적인 규정이 제정되고 CFIUS 관련 직원을 늘리고 난 후부터 단계적으로 실시될 수 있으므로, 준비과정이 일년 이상 소요될 것으로 예상된다. 그러나 이번 법안이 외국 기업의 미국 내 민자발전프로젝트와 관련된 투자/인수거래에 크게 영향을 줄 것은 명확하다. 따라서 향후 CFIUS의 동향을 주시할 필요가 있다.

현재 유럽의 각국에서는 미국의 CFIUS에 상응하는 제도를 각 국가가 개별적으로 두고 있으나, 유럽연합 차원의 통일된 규제는 존재하지 않는다.[46] 최근의 과도한 중국 투자자의 유입으로 유럽의 국가적 안보상 또는 산업상 주요 노하우가 외국으로 유출된다는 점을 우려하여 유럽연합 차원에서 통일적이고 종합적인 심사 제도법안이 2017년 9월 13일 독일과 프랑스의 주도로 유럽연합에 제출되었다.[47] 통상적인 유럽연합 입법을 담당하는 유럽의회와 유럽연합 이사회의 승인을 득해야 하나, 입법과정이 지연되고 있다고 알려지고 있어 언제 채택·시행될지, 어떤 입법 형식을 취할 것인지 현재로서는 분명하지 않다.[48]

(3) Federal Power Act와 미연방에너지규제위원회(FERC)

발전 프로젝트 회사의 지분인수는 Federal Power Act에 의거, 일정한 인허가가 필요하

---

43) Baker McKenzie, President Trump Expected to Sign the Foreign Investment Risk Review Modernization Act, Most Important Reform to CFIUS in Thirty Years (Aug. 8, 2018), https://www.bakermckenzie.com/en/insight/publications/2018/08/president-trump-expected-to-sign-the-foreign.

44) *Id.*

45) *Id.*

46) Foo Yun Chee, *EU executive says open to review of EU foreign investment rules*, CNBC (Feb. 15, 2017).

47) 그리스와 포르투갈 등 일부 회원국의 반대가 있었다고 전해지고 있다. Kyriakos Fountoukakos & Molly Herron, "Merger control and the public interest: European spotlight on foreign direct investment and national security", *Competition Policy International*, (Dec. 2017), p. 3.

48) *Id.* at p.10.

다. Federal Power Act를 근거로 1977년 설립된 미연방정부 에너지부 산하의 기관인 U.S. Federal Energy Regulatory Commission(미연방에너지규제위원회, FERC)이 미국 에너지 시장을 담당하고 있다. 각 주 사이의 발전, 송배전과 전력 도매, 천연가스의 수송과 판매, 파이프라인을 통한 석유 수송 등에 관한 규제, 수력발전의 면허, 전력·가스·석유 산업과 관련된 환경 문제 등을 주 업무로 한다.[49]

  FERC는 다양한 업무 중에서도 에너지 시장을 전반적으로 감시·감독하고, 전기 가격 책정 및 민간 발전소와 송배전 유틸리티 간의 계약 조건의 허가를 포함한 송배전 및 전력 도매 시장의 규제, Federal Power Act 203(a)(1)항에 의거한 기업의 인수합병의 검토[50], 각종 처벌 또는 벌금을 통한 규제의 집행 등을 수행한다.

  트럼프 행정부 출범 초기 1년 동안 FERC 위원의 임명에 있어 어려움이 있었고, 이로 인하여 업무의 차질이 있었다. 현재에는 인허가 승인에 필요한 정족수가 충족되어 있으나, 위원 중 일부의 임기 만료 등의 경우 다시 위원수의 변동 및 정족수 불충족의 위험이 예상된다. 이와는 별도로 FERC 인허가 취득에는 다양한 정보 제출과 FERC의 검토 등에 당한 시간이 소요될 수 있으므로 적절한 시간 안배가 필요하다.

(4) 부정부패방지법

  인수거래가 실행되는 국가에 관계없이, 매수인이나 그 모회사의 증권이 미국 증권거래위원회(Securities and Exchange Commission)에 등록되어 미국 내에서 거래되고 있는 경우, 인수대상기업인 미국 국내기업(미국 시민이나 미국 법에 의거하여 설립되었거나 주사업소가 미국에 위치한 회사, 파트너십, 협회, 합자회사, 비법인 기구 또는 자영업자를 포함함)[51]에 대해서는 반드시 미국 부정부패방지법(FCPA)[52]과 관련된 실사가 수행되어야 한다. 이는 인허가를 취득해야 하는 사안은 아니지만, 미국 밖에서의 거래이더라도 일부 국가에서는 실제로 부정부패 문제가 발생할 가능성이 크고, 그러한 문제에 대하여 FCPA의 집행 기관인 미 법무부나 증

---

49) U.S. Federal Energy Regulatory Commission, *What FERC Does*, https://www.ferc.gov/about/ ferc-does.asp.
50) 기업의 인수합병과 관련하여 FERC의 인허가가 필요한 거래의 규모 등에 대한 상세한 규정은 다음의 FERC 웹사이트를 통하여 확인 가능하다. Federal Energy Regulatory Commission, Mergers and Sections 201 and 203 Transaction, http://www.ferc.gov/industries/electric/gen-info/mergers.asp.
51) 회사의 증권이 미국 증권거래위원회에 등록되어 미국 내에서 거래되고 있는 기업, 미국국내 기업(domestic concern) 이 외에도 미국 영토상에서 이루어진 일체의 뇌물 수수 행위(에이전트를 통한 수수 행위 포함)에 대해서도 미국 부정부패방지법이 적용되나, 본고에서 다루는 한국 기업의 해외 발전 지분 인수거래와 관련하여서는 관련성이 적다고 판단하여 열거하지 않기로 한다. U.S. Department of Justice & US Securities and Exchange Commission, *A Resource Guide to the US Foreign Corrupt Practices Act* (Nov. 14 2012), available at https://www.justice.gov/sites/default/files/criminal-fraud/leg-acy/2015/01/16/guide.pdf.
52) US Foreign Corrupt Practices Act 1977, 통상 FCPA라 칭한다.

권거래위원회가 혐의를 두게 되면 거액의 벌금 또는 철저한 조사가 진행될 가능성이 높기 때문에 매우 민감한 사안이라 할 수 있다.

특히 소수 지분을 매수하는 경우에는 소수주주가 다른 회사와 파트너십을 맺거나 합작회사를 설립하여 매수하는 경우가 많고, 파트너 회사 중 일부가 상기 열거한 FCPA의 적용을 받는 경우에는 한국 기업인 소수주주에게도 직·간접적 영향을 줄 수 있으므로 주의가 필요하다. 아울러, 최근에는 미국 증권거래소에 상장되어 있는 외국 기업의 외국 공무원에 대한 뇌물 수수 행위에 대해서 미 사법 기관이 FCPA를 적극적이고 광범위하게 해석·적용하는 경향이 보인다. 2016년, 네덜란드 회사로서 미국 증권거래소에 상장되어 있는 다국적 기업 VimpelCom Limited가 우즈베키스탄의 전기통신 시장에서 유리한 지위와 당국의 인허가를 얻기 위하여 우즈베키스탄 공무원에게 최소 114만 달러의 뇌물을 지불하였다. 이를 은폐하기 위하여 회계 장부를 조작함은 물론, 부정부패와 관련한 내부 규정을 마련하지도 않았다. 이를 이유로 미국과 네덜란드 사법 당국이 VimpelCom Limited를 상대로 민·형사법 상 제소한데 대하여 VimpelCom Limited이 약 800만 달러의 벌금 지불하기로 합의(plead guilty)한 사안이 대표적이다.[53]

이는 비단 미국 법상의 문제만이 아니며, 여러 국제기구[54]와 영국[55]에서도 FCPA와 유사한 광범위한 부패방지협약이나 부정부패방지법을 두고 있다. 예를 들어, 인도네시아에서는 에너지 부분 투자가 매우 활발하지만, 다수의 투자자들이 인도네시아의 정부, 문화 및 에너지 산업의 특성상 인허가에 관련된 부정부패의 가능성이 크다는 사실을 염려한다. 따라서 대부분의 대기업은 매수 대상인 프로젝트 회사 및 그의 자회사가 미국 FCPA나 영국의 Anti-Bribery Act 또는 OECD 등 각종 국제기구의 반부정부패 정책을 위반하지 않았음을 확인하는 진술 및 보장 조항을 주식인수계약에 두기도 한다. 또한, 매수인 회사의 본사 또는 모회사의 사내 반부패 정책을 인도네시아 프로젝트 회사의 정책으로 채택할 것을 의무화하는 조항을 주주간계약에 두기도 한다. 일본국제협력은행(Japan Bank for International Cooperation(JBIC), 일본의 수출입은행에 해당함)이나 World Bank 등의 공적수출신용이나 다자간개발은행의 금융이 포함된 경우, 각 기관이 당해 기관의 반부패 정책이 인수거래 자체 및 프로젝트 회사의 운영에 반영될 것을 금융 조달의 조건으로 요구하는 경우도 흔하다.

---

53) Department of Justice, *VimpelCom Limited and Unitel LLC Enter into Global Foreign Bribery Resolution of More Than $795 Million; United States Seeks $850 Million Forfeiture in Corrupt Proceeds of Bribery Scheme*, Justice News (Feb. 18, 2016), https://www.justice.gov/opa/pr/vimpelcom-limited-and-unitel-llc-enter-global-foreign-bribery-resolution-more-795-million.
54) Organization of Economic Co-operation and Development(OECD)의 Convention on Combating Bribery of Foreign Public Officials in International Business Transactions 또는 United Nations Convention against Corruption 등을 예로 들 수 있다.
55) United Kingdom Anti-bribery Act 2010.

(5) 기   타

이 밖에도 산업안전보건청(Occupational Safety and Health Administration)이 특정 발전소 설비의 안전 기준을 규제하기도 하고, 발전소 설비에 라디오 시스템을 설치할 예정이거나 설치되어 있는 경우에는 연방 통신위원회(Federal Communication Commission)의 인허가를 받아야 하는 경우도 있다. 또한, 발전소 설비의 고도와 위치에 따라 연방 항공국(Federal Aviation Administration)에 통지를 하여야 하는 경우도 있다.

다. 제3자 동의 또는 양해(Third Party Consents/Waiver)

통상 주식인수계약 상의 실사에서 일컫는 제3자란 주로 정부 기관이나 주요 프로젝트 관련 문서 상 상대방을 의미한다. 예를 들어, 앞에서 살펴본 바와 같이 전력 시장을 감독하고 인허가를 발행하는 정부 기관으로부터 해당 프로젝트의 지분 매매 거래 및 외국인이 프로젝트에 신규투자를 함에 있어서 승인을 득해야 하는 경우를 제3자 동의의 대표적 예로 들 수 있겠다. 특히 재생에너지 개발과 관련하여 전력당국의 발전차액지원제도(feed in tariff) 또는 금융조달의 혜택을 받는 프로젝트 회사는 모회사 또는 기업구조의 변동이 있는 경우 그러한 변동 사항을 관련 정부 당국에 신고할 의무를 부과하는 것이 일반적이다.

주요 계약(특히 전력구매계약) 상 프로젝트 회사에 대한 모회사의 지분 소유 비율이나 프로젝트 회사의 지배구조변동[56]에 대하여 계약 상대방(전력구매자)이 사전에 동의를 하지 않는 경우에는 해당 계약의 계약위반이 되도록 규정하는 경우가 많다. 이 경우 해당 계약 상대방으로부터 지분 소유 비율 또는 지배 구조 변동에 대하여 서면 상의 사전 동의를 받는 것이 필수적이고 이 역시 제3자 동의의 예로 들 수 있다. 주요 계약의 상대방은 프로젝트 회사의 모회사의 신용을 보고 전력구매계약, 금융계약, 연료공급계약 등을 체결하는데, 만약 지배구조에 변경이 생기는 경우에는 계약의 대전제에 변경이 생기게 되므로 실무상 매우 중요하게 다루어지는 문제이다.

제3자 동의는 실무적으로 각별한 주의를 요하고 실제로 동의를 받는 데까지 상당한 시간이 소요된다. 이는 프로젝트 회사가 보유하고 있는 각종 인허가와 프로젝트 관련 문서를 꼼꼼히 검토하고 해당 문서 상 제3자의 동의가 필요한지를 우선적으로 파악하여야 한다. 때로는 프로젝트 관련 문서상 제3자 동의 여부가 명확히 기재되어 있지 않은 경우가 있는데, 이때에는 법률적 판단이 필요하며 제3자 동의를 받기 위한 각종 서신이나 동의 계약서 등을 작성하는 데에도 법률가의 개입이 반드시 필요하다. 또한, 평소 제3자와 가까운 관계를 유지하고 있지 않은 매도인 또는 매수인이 제3자와 경쟁관계에 있는 경우에는 지분 매매에

---

56) Change of control 또는 change in control의 한역으로 회사의 경영권 변경이라고도 일컬음. 본고에서는 지배구조변동으로 칭한다.

대한 사전 동의를 받는 것이 용이하지 않은 경우가 있으며 이는 곧 예상치 못한 거래의 지
연으로 연결될 수 있다.

　　실무적으로 제3자 동의 또는 양해는 매도인의 의무로써 매수인이 직접적으로 관여하지
않는 것이 일반적이나, 합법적으로 지분 인수를 하기 위해서는 매도인으로부터 모든 제3자
동의를 받았다는 확인 또는 진술 및 보장을 받는 것이 바람직하다. 더불어 거래 종결까지
예상치 않은 지연이 발생할 수도 있으므로 사전에 매도인과 긴밀히 지속적인 협의를 하는
것이 바람직하다 하겠다.

라. 프로젝트 계약(Project Documents)

　　실무상 프로젝트 파이낸스가 수반되는 발전사업의 경우 프로젝트 관련 문서를 '프로젝
트 계약'과 '금융계약'으로 나눌 수 있다. 일반적으로 발전사업과 관련하여서는 프로젝트 계
약은 주로 부지임대차계약, 전력구매계약, 연료공급계약, 송배전접속계약, 건설계약 및 운
영관리계약 등을 예로 들 수 있고, 금융계약은 대출계약, 담보/보증문서 등을 예로 들 수 있
다. 본고에서는 프로젝트 계약과 금융계약을 아우르는 프로젝트에 관련된 제문서를 '프로젝
트 관련 문서'라 칭한다.

(1) 전력구매계약(Power Purchase Agreement, PPA)

　　민자발전프로젝트 지분 인수에 있어서 가장 중요한 프로젝트 계약 중 하나가 전력구매
계약이라고 할 수 있다. 이는 얼마나 장기적으로 안정적인 전력구매계약을 체결할 수 있는
지 또는 이미 전력구매계약을 체결하여 보유하고 있는지에 따라 지분의 가치가 달라지기
때문이다. 특히 프로젝트 파이낸스가 수반된 지분 인수의 경우 대주단이 금융지원타당성을
검토할 때에도 전력구매계약이 곧 프로젝트 회사의 주요 수입원이 되므로 주요 검토 항목
중 하나이다.

　　지분 인수에 있어서 중점적으로 검토되어야 하는 전력구매계약 상의 조항은 계약기간,
전력요금, 공급 전력량, 가동대기율[57], 출력 억제, 발전차액지원제도, 지분 이전 시 전력구
매자의 동의의 필요 여부, 신용 보강(credit support) 등이다. 이 외에도 발전소의 운영 보고서
가 반드시 검토되어야 한다. 또한, 정부와 독점적인 구매계약을 체결하지 않는 이상, 한 개
의 발전소가 여러 곳의 거래처와 전력구매계약을 체결하는 경우가 보통이므로, 이때 각 계
약서상의 조건의 차이점을 파악하는 것도 중요한 실사 항목 중의 하나이다. 통상 전력구매
계약의 금전적 가치, 즉, 계약기간, 전력 요금, 정부 보조금은 상업적인 검토와 판단이 필요

---

57) 정홍식, "해외 민자발전사업에서 전력구매계약의 주요 쟁점과 관련 계약서들에 미치는 영향", 통상법
　　률 (2018. 2), 41면.

한 부분이므로, 투자자문사(financial advisor)나 세무 담당자(또는 세무 변호사)가 지분의 가격 결정 시 필요한 현금흐름예측(cash flow projection)을 작성하거나 관련 세금의 금액 산정을 통하여 검토한다.

법무의 관점에서는 보통 계약의 해지는 극단적인 경우에 적용되므로 계약의 해지 이외에 발전소가 계약서에 정해진 전력의 생산량 또는 최소 가동률(availability)에 부합하지 못한 경우, 구매자가 생산된 전력을 정해진 시간에 인수하지 못하는 경우에 프로젝트 회사(또는 전력구매계약서 상 전력 판매인)에게 어떠한 권리나 책임이 있는지를 파악하는 것이 중요하다. 통상 발전량이 미달되는 경우와 관련하여 해당 발전소 이외의 주변 발전소에서 미달된 전력을 충당할 수 있도록 허락하는 조항이나 최소 가동률에 미치지 못하는 경우 손해배상의 예정(liquidated damages) 조항을 검토하여야 한다. 구매자가 전력구매계약에 의거하여 생산된 전력을 인수하지 못하는 경우에는 발전소가 제3자에게 전력을 판매할 수 있도록 하는 권리, 전력 생산량의 감축, 출력 억제 등의 조항을 검토하여야 한다. 불가항력의 경우 계약 상 채무불이행의 면책을 허용하거나 시장 상황 변화가 있는 경우 사정변경에 따른 계약조건의 조정을 허락하는 조항을 두는 경우가 종종 있으나, 모든 계약서가 이러한 조항을 두는 것은 아니므로 이에 대한 검토 역시 필수적이다.

앞서 언급한 바와 같이, 실질적으로 지분 인수 법무 상 가장 중요시 되는 과정 중 하나는 전력구매자(제3자)의 지분 매매 거래에 대한 동의 의무의 존재 여부를 파악하고 동의를 받는 작업이다. 즉, 프로젝트 회사의 지분을 매도하는 경우 전력구매자의 입장에서는 프로젝트 회사의 신용도에 변화가 있을 수 있으므로 통상적으로 전력구매계약에 전력구매자의 사전 동의가 없이는 지분의 매도를 금지하는 제한을 둘 것을 선호한다. 따라서, 지분의 인수거래 전 반드시 전력구매자의 동의가 필요한지 여부를 살피는 것이 필요하며, 지분 매수인의 경우 지분 매도인이 전력구매자로부터 각종 동의를 받을 것을 적극적으로 요청하고 긴밀히 협의하는 것이 바람직하다.

상기의 전력구매자의 동의와 같은 선상에서 매수인의 새로운 주주로서의 신용보강 의무를 확인하여야 한다. 전력구매계약서 상 프로젝트 회사의 주주에게 신용 보증을 의무화하는 조항은 통상적이다. 이 경우 지분 매수인은 매도인과 동일한 지위로 동일한 의무를 승계 받으므로 동일한 신용 지원을 하여야 하는 경우가 많다. 신용 지원은 신용장 제출, 모회사 보증(corporate security), 계약이행보증서(performance security/guarantee) 등 다양한 형태로 나타나며, 지분 매수인에게 가장 적합한 신용 지원 방식을 파악한 후 매도인에게 전력구매자와 협상하도록 요청하거나 전력구매자와 직접 협의를 진행하는 것이 바람직하다 하겠다.

기술적인 측면에서 봤을 때에는 발전소의 운영 상태 또는 현 상황이 매우 중요한데, 이는 정기적으로 작성되는 운영 보고서의 검토를 통하여 파악한다. 예를 들어, 발전소의 일정부분이 정기적 또는 지속적으로 고장이 난다거나, 이상 기후 등의 영향으로 불가항력적 상황이 지속되어 발전이 불가능한 경우가 나타나는 경우에는 이에 대한 상세한 검토(예. 지분 매도인과의 면담, 현장 답사, 기술단의 조사 등)를 실시하여야 하겠다. 만약, 이러한 문제점들이 주식인수계약 체결 전에도 해결되지 않는 경우에는 이러한 리스크를 가격에 반영하거나 진술 및 보장 조항이나 사후손실보전 조항에 적절히 반영하는 것이 중요하다.

끝으로, 통상 전력구매계약의 준거법은 발전소 소재지 국가(또는 주)의 법으로 정하는 경우가 많다. 이는 전력구매 및 공급 사업의 특성상 해당 지역의 다양한 법규와 규제를 따라야 하기 때문이다. 따라서 실사 시 이러한 법규 및 규제를 검토하여 파악하는 것 역시 중요하다.

(2) 연료공급계약(Fuel Supply Agreement)과 송배전접속계약(Utility Interconnection Agreement/ Transmission Service Agreement)

특히, 가스 혹은 석탄 화력발전소의 경우, 안정적 전력 생산 및 송전을 위해서는 장기적이고 안정적인 연료공급계약과 송배전접속계약이 매우 중요하다. 연료공급자가 프로젝트 회사의 주주의 일원으로 참여하는 경우가 종종 있으며 이 경우에는 연료 공급선이 확실히 보장되므로 발전 프로젝트의 가치를 높이는 요소 중의 하나이다.

전력은 생산뿐만 아니라 생산된 전기를 어떻게 구매자에게 전달할 것인지가 중요하다. 발전소는 현장의 위치에 따라 장기적이고 안정적으로 송배전 시설에 접속할 수 있는지의 여부가 영향을 많이 받는다. 따라서, 장기적인 송배전접속계약의 존재 여부도 중요하지만, 실제로 발전소 소재지의 송배전 회사와 협력적 관계를 유지하고 있는지, 주변에 타 송배전 시설이 존재하는지도 검토하는 것이 필요하다. 만약 해당 송배전 시설에 문제가 발생한 경우 타 송배전 시설을 통하여 전력 구매자에게 정해진 시간에 전력을 공급할 수 있는지도 프로젝트에 큰 영향을 미치기 때문이다. 전력구매계약과 유사한 관점에서 송배전접속계약의 준거법은 통상 발전소 소재지 국가(또는 주)의 법으로 하는 경우가 많으므로 현지 법규 및 규제를 검토, 파악하는 것이 중요하다.

(3) EPC 건설계약 및 운영관리계약(O&M Agreement)

개발 단계의 발전 프로젝트의 경우에는 발전소 건설 계약이 매우 중요하다. 발전소 건설이 계획된 기간 내에 추가 비용이 발생하지 않고 완성되는 것이 발전 프로젝트의 수익에 대단히 큰 영향을 주기 때문이다. 특히 프로젝트 파이낸스를 통하여 대규모의 대출금을 프로젝트 개발에 투입한 경우에는 그 중요성은 더욱 크다. 일반적으로 프로젝트 회사의 주주로서는 EPC 시공자에게 건설에 관련된 리스크를 최대한 전가하는 것이 가장 이상적이다.

다만 최근에는 건설사가 프로젝트 회사의 주주로 참여하면서 투자자와 EPC 시공자의 두 가지 역할을 수행하는 경우가 종종 보인다. 이는 프로젝트 회사의 주주와 EPC 시공자 역할 간의 이해관계 상충이 있을 수 있어 매수인의 면밀한 검토가 요구된다. 즉, 프로젝트 회사 주주의 입장에서는 공기의 지연이나 추가 비용의 발생이 된 경우에는 EPC 시공자에게 책임을 묻는 것이 이상적인 반면, 시공자의 입장에서는 공기의 연장이나 추가 비용을 프로젝트 회사에게 요구하는 것이 이상적이기 때문이다.

운영단계의 발전소 지분을 인수하는 경우 발전소가 아직 EPC 시공자의 하자보증기간 내에 있는지 여부 및 공사가 시작된 이후 지분을 인수하기 전까지 제기된 각종 클레임 및 소송(발전소 부지나 일부 시설, 부품에 대한 유치권의 유무, 특정 부품의 하자 유무, 하도급자 미지급금 관련 등), 이행보증서 또는 하자보수보증서의 지급 청구 가능 여부 등의 검토가 필요하다. 특히 건설 하자와 관련한 소송은 다양한 요인으로 인하여 발생하므로 전문가의 조사 및 의견을 구하는 데에 장기간이 소요되고 소송 비용도 예상치 못하게 증가할 가능성이 있으므로 주의가 필요하다.

발전소의 운영관리계약은 운영단계의 발전소의 현금 유동성에 큰 영향을 주는 만큼 실사 과정에서 면밀한 검토가 필요하다. 발전소의 기대수명에 부합하도록 장기의 계약기간이 보장되어 있고 필요한 경우 계약 갱신이 용이한지, 계약금액이 어떻게 산정되는지(확정금액 계약방식, 확정금액 플러스 비용방식, 포상금 및 위약금 방식), 얼마나 경험이 있는 운영기술자가 운영을 담당하고 있는지의 검토가 중요하다.[58] 만약 프로젝트 회사가 직접 운영을 하고 있다면 프로젝트 회사 주주 중 일방이나 타 전문 운영자와 기술용역계약을 맺고 있는지의 확인이 필요하다.

특히 운영단계의 프로젝트의 경우에는 현재 운영 상황, 예비품의 재고 현황, 향후 유지 보수 계획 등을 확인하는 것이 중요하며 이를 위해 운영자와의 면담을 진행하기도 한다. 더불어 일부 하자나 운영상의 문제점은 재발하는 경우가 있으므로, 현시점뿐만 아니라 과거에 있었던 운영자의 운영·관리의 수행에 대한 클레임이나 소송, 또는 운영자가 성능 저하나 미달로 인하여 손해배상의 예정액을 지불하였거나 청구보증서에 의거한 지급 청구가 있었는지 여부 및 그 세부사항을 확인하여야 한다. 일부 주요 부품(터빈 등)의 경우 제조사로부터 적절한 성능 및 하자 보증을 확보하고 있는지 역시 확인되어야 하며, 특히 제조사가 직접 운영 관리에 참여하고 있다면 매우 이상적이라 할 수 있다.

특히 한국 시공사가 참여하는 EPC 건설 계약의 준거법은 발전소 소재지 국가의 법으로 하는 사례가 많은데 이는 해당 국가마다 건설 산업과 관련한 특유의 강행법규가 존재하

---

58) 손송이, "해외 민자발전 프로젝트 운영계약의 구조와 주요 쟁점", 국제거래법연구 제25집 제1호 (2016. 7), 94면.

고 이러한 발전소 소재지의 강행법규는 계약서의 준거법이 아닌 경우에도 적용되기 때문이다. 반면, 운영관리계약의 준거법은 주요 부품 제조사(예. General Electrcis, Siemens 등)가 참여하는 경우에는 주요 부품 제조사가 발전소 소재지 법규와 관련한 리스크를 수용할 수 없다고 판단하여 발전소 소재지 국가의 법을 준거법으로 정하지 않는 경우가 왕왕 보인다. 이 경우에는 발전소/프로젝트 회사가 준거법과 발전소 소재지 법규의 차이와 관련한 리스크를 부담하게 되므로 매수인의 면밀한 실사가 필요하다.

마. 금융계약(Financing Documents) 및 담보/보증 문서(Security Documents)

금융 및 담보/보증 문서는 상환청구권이 제한되는 프로젝트 파이낸스(limited recourse project finance)[59]를 통하여 자금을 확보한 프로젝트 회사의 경우 가장 중요한 문서 중 하나라 할 수 있다. 통상 프로젝트 회사의 완공 보증, 성능 보증, 프로젝트 회사 주주들의 후순위대출계약, 현물 출자 등을 통한 출자 의무 또는 신용보강의무를 규정하는 계약 문서들을 포함한다. 따라서, 프로젝트 회사 또는 주주의 대출금, 현재의 남아있는 대출액, 대출 상환 계획, 상환 완료 시기, 그 밖의 주요 대출 조건을 실사 시에 파악하여야 한다. 이를 위해서는 대출계약, 보증 문서, 출자 계약, 프로젝트 상 주요계약, 부지 관련 문서, 보험 관련 정보 등을 포함한 프로젝트 파이낸스 당시의 모든 클로징 문서철(closing binder) 및 부속서류를 매도인으로부터 입수하여 검토하는 것이 바람직하다. 다만, 금융계약은 통상 영미법을 준거법으로 하는 경우가 많으므로 발전소 소재지의 법을 준거법으로 하는 EPC 건설 계약 또는 부지 관련 계약에 비하여 계약서 준거법에 따른 리스크는 예측가능하고 정형화되어 있다고 하겠다.

만약 매도인이 모든 대출원리금을 지분인수 클로징 전에 완납하기로 약속한 경우에는 이를 클로징의 선행 조건으로 정하는 것이 바람직하다. 만약 매수인이 금융계약을 승계하는 경우에는 금융계약 상 대주단의 동의가 필요하다면 지분 인수에 대하여 대주단의 사전 동의를 서면으로 받아야 하며, 각종 보증서나 신용장의 제출 등 차주의 의무를 이행하여 클로징과 동시에 모든 금융계약상의 권리/의무의 이전이 마쳐질 수 있도록 준비하여야 한다.

상기의 라항에서 살펴본 바와 같이 매수인은 프로젝트 회사의 새로운 주주로서 각종 프로젝트 계약상에서 요구되는 보증 제공이나 금융 지원 의무 역시 면밀히 검토하여야 한다. 프로젝트 회사가 기체결한 각종 계약의 상대방은 매수인이 매도인이 이전에 제출하였던 보증이나 신용장과 실질적으로 유사(substantially similar)하거나 동일한 조건의 보증 또는 신용장의 제출을 요구하는 것이 보통이다. 매수인은 사전에 이러한 조건을 검토하고, 만약

---

59) 진홍기, "프로젝트 파이낸스(PF)의 현행법상 몇 가지 문제점", 경영법률 제20집 제1호 (2009), 523면.

동일한 조건의 수용이 힘든 경우에는 매도인에게 계약 상대방과 협의를 할 수 있는 기회를 마련할 것을 요청하거나 협상력에 따라서는 직접 계약 상대방과 협의를 할 수 있도록 하는 방안도 검토할 수 있겠다.

바. 부지 관련 문제(Real Property)

발전 프로젝트에 있어서 특히 중요한 실사 항목 중의 하나가 부지 관련 문제이다. 개발 단계의 프로젝트의 경우 새로운 부지에 새롭게 발전소를 건설하게 되므로 해당 부지의 소유권 또는 장기 임차권을 확보하였는지를 확인하는 것이 매우 중요하다.

운영단계의 프로젝트를 인수하는 경우에는 현재까지 과거 이전받은 소유권 또는 장기 임차권이 법적으로 요구되는 필요한 절차에 따라 이전되었는지, 현재에도 유효한 권리인지, 제3자(특히 부지의 실질 소유자 또는 소유권을 주장하는 자)로부터 소송이나 클레임의 제기가 있었는지 등에 대한 조사가 반드시 수반되어야 한다. 특히 부동산이 체계적으로 정리되지 않았거나, 정부가 부동산 소유권 등기에 대해 보증을 하지 않는 국가에 소재해 있는 부동산의 경우 문제가 될 가능성이 있다. 예를 들어, 미국에서는 정부가 부동산 소유권(소유권 증서)에 대해 보증을 하지 않으므로, title search를 실행한 후 title insurance에 가입함으로써 이러한 리스크를 보험으로 커버할 것을 권장한다.[60]

토지관련 문제는 법제뿐만 아니라 해당 국가의 역사적 배경이나 문화가 관련 계약에 큰 영향을 미친다. 예를 들어, 최근 일본에서 정부의 적극적인 신재생에너지 진흥 정책에 따라 프로젝트가 급증하고 있음에 비하여 다수의 외국 투자자들(보통법제 국가 출신)이 일본 법제(대륙법제)와 문화를 이해하지 못하고 토지 등기등본 및 장부의 미비, 오류, 등본상의 토지 경계와 실제 경계의 불일치, 그리고 지역주민(문중, 부락 등의 단체 포함)과의 마찰 등 다양한 어려움을 겪고 있다. 예를 들어, 경계의 불일치나 문서의 오류의 경우 투자자가 본인의 비용으로 토지측정기사를 고용하여 경계를 재측정해야 한다. 만약 토지의 소유자가 문중 또는 촌락 단위의 공동 소유의 경우, 모든 소유자의 동의를 받아 임대차계약(또는 지상권설정계약)을 체결하기 힘든 경우가 많다. 이는 지역주민의 외국인 투자자에 대한 불신도 영향을 미치고 있다. 자연스럽게 프로젝트 일정의 지연이 빈번히 발생하고 있다. 또한, 지역 정부, 주민 단체 등과 협의를 하거나 주요 토지 계약 이외에 보조 계약을 체결하여 법적으로 리스크의 해결방안을 모색하지만, 모든 리스크가 완전히 해결되지는 않는다. 특히 미국과는 달리 title insurance라는 개념이 없으므로 미국 투자자의 경우 특히 향후 발생할 리스크에 대하여 크게 염려하는 경우가 많다.

---

60) David Malliband & Lewis Popoff, *Global Mining Guide*, Baker McKenzie (2013), p. 436; Roger Bernhardt & Ann M. Burkhart, *Real Estate in a Nutshell*, 7th Ed, Chap. 11.

끝으로, 부지에 관한 소유권은 부동산 소재지법에 의하여 규율되므로 개발도상국이나 정치적으로 불안정한 국가에서 정부로부터 부지의 장기 임차권을 이전받은 경우에는 정권이 바뀌더라도 그러한 권리가 보장되는지, 각 정부 부처 간 이러한 임차권을 적법한 것으로 인정하고 이를 확인·보장하는 적절한 문서 작업이 이루어져야 한다. 특히 정부 부처 간에 프로젝트 관련 문서를 상이하게 해석하거나 적용하는 경우가 있으므로, 이에 대한 선례나 대처방안을 미리 검토하는 것이 중요하다.

3. 애로사항 및 유의사항

실사 과정 상 매도인과 관련된 가장 큰 애로사항은 주요 정보 제공이 지연되거나 정보가 제공되지 않는 것이다. 이것은 비단 발전 프로젝트 주식 인수거래에서만 적용되는 것은 아니지만, 운영단계의 프로젝트의 경우 실사가 요구되는 문서나 정보가 오래되어 분실 또는 소실의 위험이 높고 매도인도 문서의 위치를 파악하지 못하는 상황이 발생하기도 한다. 예를 들어, 저자가 수행한 미국 내의 발전소 인수거래의 경우 전력구매계약이 평균 30년으로 매우 오래되었고 그동안 수차례에 걸쳐 계약 갱신 및 변경이 있어 어떤 수정 계약이 현재 효력이 있는 계약인지 매도인조차 파악을 하지 못하는 경우가 있었다.

실사는 주식인수계약 체결을 위한 기초 작업으로 어떤 문서 및 정보가 매도인으로부터 제공되었고, 요청을 했음에도 제공되지 않았는지를 명확하게 실사 보고서에 기재하고 이를 주식인수계약에 반영하여야 한다. 최근에는 인수 대상 기업의 각종 문서 및 정보를 인터넷 상의 데이터베이스에서 공유하는 것이 일반적이지만, 자료가 오래되었거나 타 거래상에서 매도인에게 비밀보호의무가 있는 경우에는 온라인 데이터베이스에 자료를 게재하지 않고 직접 현장 또는 매도인 회사에 방문하여 자료를 열람하게 하고 자료의 저장이나 인쇄를 금지하는 경우도 왕왕 있다. 이러한 제약은 실사 기간을 현저히 지연시키고 정확하고 면밀한 실사를 어렵게 하므로 실사 시작 전에 이러한 제약이 있는지 여부를 매도인과 협의하여 효율적인 방안을 모색하는 것이 바람직하다 하겠다.

발전 프로젝트의 경우에는 발전소의 위치나 사업주(스폰서) 또는 운영자의 경험이 매우 중요하므로, 필요에 따라(비밀유지협약을 반하지 않는 범위 내에서) 현장 방문이나 관련자 인터뷰 등을 진행하기도 한다. 특히, 관련자 인터뷰는 구두로 진행되므로 결과 보고서를 충실히 작성하는 것이 바람직하다. 그러나 지분의 인수 사실 자체가 기밀인 경우 또는 매도인이 종업원의 동요를 회피하고자 하는 경우에는 극소수의 경영진과의 인터뷰만 허락할 가능성도 있다.

어떠한 방식으로 자료가 제공되었는지에 관계없이 모든 기검토된 문서의 목록은 최종 실사 보고서에 첨부하는 것이 보통이다. 또한, 기검토 문서 목록을 DVD에 수록하여 공증인 또는 에스크로 에이전트 등의 제3자에게 위탁하기도 한다. 이러한 정보는 향후 주식인수계약에서 Disclosure Schedule과 매수인이 알고 있었던 사실(purchaser's knowledge)의 기초가 되어 진술 및 보장과 사후손실보전 청구 조항의 적용에 영향을 미치므로 중요한 작업 중의 하나이다. Disclosure Schedule에 대해서는 하기 주식인수계약의 진술 및 보장 조항에서 상술하기로 한다.

정보 수집과 관련하여 또 다른 이슈는 매매 거래의 완료 일정이라 할 수 있다. 해당 거래가 얼마나 빠른 시일 이내에 완료되어야 하는지에 따라 실사의 범위에 영향을 미치며, 인수거래의 전반적이 스케줄에 여유가 없는 경우는 제한적인 실사로 이어진다. 빠른 시일 내에 모든 과정이 완료되어야 하는 경우, 중대한 리스크나 채무가 클로징까지 발견되지 않거나, 기존 사업과의 연결성, 기업 문화의 어울림, 거래의 핵심 동인 등을 간과하는 경우가 있다. 반면, 지나치게 오랜 시간을 들이는 경우에는 경제적/정치적 환경이 변화하거나, 작은 리스크가 중대한 리스크로 변하거나, 모든 관련자가 상당한 시간을 소요하게 되므로 이에 따른 비용이 증가할 수 있다. 따라서 적절한 시간 안배와 실사의 깊이 및 범위를 정하여 각 단계의 실행 계획을 사전에 수립하는 것이 실사의 성공에 큰 영향을 미친다.

실사 보고는 최종 보고서의 형식으로 작성되나, 중간 중간 중대한 리스크가 발견된 경우에는 반드시 매수인에게 보고되어야 한다. 이에 따라 실사의 범위나 방향을 중간 수정하는 과정이 필요하다. 만약 모든 실사 사항을 동일한 수준의 깊이로 진행한다면, 실사 기간의 제한이 있기 때문에 중대한 리스크가 있는 사항이나 좀 더 구체적인 조사가 필요한 부분에 대해서는 필요한 만큼의 조사가 이루어지지 않게 되기 때문이다.

국제 거래의 경우에는 실사와 매매 거래의 범위와 규모가 다양한 실무적 문제를 야기하기도 한다. 즉, 각 국가의 법제도, 문화, 회계 기준, 경영진의 구조 등의 차이, 언어, 몇 개의 국가가 관련되어 있는지, 각 자문사 간의 관계, 시간 및 비용 등이 대표적인 실무적 이슈이다. 특히, 법제도의 차이는 법률 용어의 상이함과도 연관이 있는데, 예를 들어, 유럽에서는 "transfer of a going business"는 모든 자산 및 종업원의 자동적 이전(한국 상법상의 영업양도)을 의미하는 반면, 미국에서는"transfer of a going business"는 통상 단순 자산 이전(asset transfer)으로 이해되며 이 경우에는 매수인으로부터 정식 동의가 없는 한 종업원은 이동하지 않는 것이 통상적이다. 이러한 동일 용어에 대한 실질적 의미의 차이는 미국인 매수인에게는 예상치 못한 큰 문제가 될 수 있다. 즉, 종업원이 이동하는 경우, 매도인이 기존에 종업원에게 제공하던 보수 수준과 복지혜택을 동일하게 유지하여야 하기 때문에 상당 비용이 소요되고 이러한 비용이 가격 책정에 반영되지 않았을 가능성이 크기 때문이다.

또한, 일반적 사회 및 비즈니스 문화도 지분 인수거래에 큰 영향을 미친다. 특히 아시아 문화 상 매도인과의 장기적 관계 또는 향후의 동업가능성, 매도인의 시장에서의 우위 또는 협상력 우위, 매도인의 타 당사자와의 비밀보호의무 등 여러 가지 요인이 거래에 영향을 미친다. 이러한 요인에 의해 매도인이 실사에 필요한 정보를 제공하지 않거나, 매수인이 필요 정보를 요구하지 못하는 상황이 실제로 빈번히 나타난다. 이는 양 당사자 간 및 매수인의 리스크 안배에도 영향을 미치며 영미법 중심으로 발전된 인수합병 실무에 익숙한 외국 법무자문사는 거래 자체가 아닌 제반 상황을 고려하여 리스크를 안배하는 문화를 이해하지 못하는 경우가 많다.

이어 더하여 각 당사자 회사의 기업 문화도 거래에 큰 영향을 미친다. 종종 매수인의 기업 문화가 실사 보고의 결과를 변경하거나 리스크의 보고 수준을 정하는 요인이 되기도 한다. 예를 들어, 앞서 언급한 매도인과의 관계를 바탕으로 또는 전략적으로 일정 프로젝트의 지분을 인수하는 경우, 이미 경영진에서 매수를 정한 상황에서 실사는 필요 절차이기 때문에 요식행위로 진행하는 경우가 있다. 이 경우에는 중대한 리스크가 발견되더라도 리스크의 위험성을 경영진의 필요에 맞게 수위를 조정하여 보고서에 기재하도록 주문하기도 한다.

정해진 시간 내에 필요한 자료의 실사가 완료되지 않는 경우 실사의 질에 영향을 미치므로 이는 주식인수계약의 진술 및 보장 조항으로 매수인을 보호하는 것이 바람직하다. 그러나 이 역시 제반 상황, 특히 매도인과 매수인의 관계 및 협상력의 우위에 따라 적절히 반영되지 않는 경우가 흔하므로 주의가 필요하다.

Ⅳ. 주식인수계약(Share Purchase Agreement, SPA)

1. 목 적

주식인수계약 작성 시에는 실사에서 파악된 리스크를 최대한 계약에 반영하는 것이 법무적으로 가장 중요한 사항이다. 특히, 진술 및 보장, 특별약정(covenants)[61]과 클로징 선행조건 조항은 시장에서 유사한 타 주식인수계약에 포함되는 조항들을 제외하고는 실사를 바탕으로 그 내용이 구체화된다고 할 수 있다. 또한, 운영단계의 프로젝트의 경우에는 현재 발전소의 운영 및 보수/유지 상태에 따라 진술 및 보장 또는 특별약정 조항이 변경되게 된다.

간단히 말해 기업이라는 상품은 단순 제조품처럼 쉽게 현재 상태나 하자의 파악이 어려우므로 기업의 각종 정보에 대한 매도인의 약속을 함께 구매하는 것이라고 볼 수 있다. 따라서, 진술 및 보장 조항과 정보공개(disclosure)가 매우 중요하며 이를 둘러싼 다양한 조항들이 발전되어 왔다. 이에 더해, 주식의 매매는 계약의 서명 이후 클로징 사이에 클로징 선행조건을 충족하기 위해 짧게는 수일, 길게는 수개월이 소요되는 경우가 보통이므로 이

---

61) Covenants는 확약 또는 특별약정으로 번역되는데, 본고에서는 특별약정이라 한다.

기간 동안 일어나는 일을 규율하는 특별약정을 둔다. 또한, 주식인수계약의 당사자는 해당 거래를 위하여 서로 협력하며 상당한 시간, 비용과 노력을 투입했으므로 중대한 계약의 불이행이 없는 한은 쉽게 해지할 수 없도록 정하거나, 상당한 금액의 계약파기위약금(break fee 또는 break-up fee)[62]을 의무화하는 경우도 있다.

통상 주식인수계약서는 인수대상 회사의 비즈니스나 업계에 크게 상관없이 유사한 서식과 내용을 바탕으로 구성된다. 특히, 구매 가격/가격 조정(purchase price/price adjustment), material adverse effect, 사후손실보전, 계약 해제 및 파기위약금 등의 조항은 미국을 중심으로 한 기업 인수합병 실무자들에 의해 매우 구체적이고 상세하게 발전되어 왔다. 각각의 조항에 관련한 연구 내용이 심도 깊고 방대하므로,[63] 본고에서는 실사에서 파악된 리스크를 어떻게 주식인수계약의 진술 및 보장, 특별약정, 클로징 선행 조건 조항에 반영할 것인지에 대한 일반적인 내용과 발전/에너지 관련 지분을 인수할 경우에 특히 주의하여야 할 점을 중심으로 다루도록 한다. 더불어 주식인수계약은 실사와 주주간계약에 비하여 준거법을 기준으로 영국계와 미국계 계약의 내용 및 양식이 다소 상이한 경향이 있고, 미국계 계약은 뉴욕법을 준거법으로 하는 경우가 많으므로 본고에서는 미국의 예를 중점적으로 다루도록 한다.

2. 주요 쟁점 및 유의사항

가. 진술 및 보장

(1) 일반적 진술 및 보장

매수인의 입장에서는 매도인이 제공하는 진술 및 보장 조항에 의존하여 인수대상기업의 지분을 구입하게 되므로 진술 및 보장 조항은 상당한 시간을 소요하여 철저히 협상되는 조항이다. 매도인의 진술 및 보장은 매수인이 무엇에 대금을 지급하고 구입하는지를 확인하고, 거래 완료 후에 일어날 수 있는 특정한 문제들로부터 매수인을 보호하는 기능을 한다.

---

62) 거래가 파기 또는 해제되거나 대상회사가 제3자에게 매각되는 경우에 매수인에게 위약금을 지급하기로 하는 조항을 말한다. 다양한 용어로 한역되고 있으나 본고에서는 파기위약금으로 칭한다. 송종준, "기업인수계약상 거래보호조항의 유효성(미국 판례의 태도와 시사점을 중심으로)", 인권과 정의 통권 394호 (2009), 42면.

63) 실무에서 자주 인용되는 저서로는 다음과 같은 논문 및 실무가이드가 있다. David J. Denis & Antonio J. Macias, *Material Adverse Change Clauses and Acquisition Dynamics*, 48 J. Fin & Quantitative Analysis 819-847 (June 2013); Market Trends Subcommittee, Mergers & Acquisitions Committee of the American Bar Association's Business Law Section, *2017 ABA Private Target Mergers Acquisitions Deal Points Study* (Dec. 2017), https://apps.americanbar.org/dch/committee.cfm?com=CL560003 (Available only to members of the ABA Mergers and Acquisitions Committee); Practical Law Corporate & Securities, *What's Market: Indemnification Provisions in Acquisition Agreements*, Practical Law (Jun. 30, 2018), https://1.next.westlaw.com/Document/Ibb0a11d5ef0511e28578f7ccc38dcbee/View/FullText.html?context Data=(sc.Default)&transitionType=Default&firstPage=true&bhcp=1&OWSessionId=ace61f0ccc05417f b080831619a57dc8&isplcus=true&fromAnonymous=true.

매도인의 입장에서는 이러한 진술 및 보장 조항의 항목을 최소화하는 것이 중요하며, 다양한 방법으로 매도인의 진술 및 보장을 제한한다. 통상, 매수인은 매도인에게 인수 대상 기업에 대한 상당한 양의 진술 및 보장 조항을 요구하는데, 만약 진술 및 보장 조항에 열거된 항목 중 어떤 것이든 추후 사실이 아닌 것으로 밝혀진 경우에는 매수인은 해당 거래를 종결하지 않아도 되거나, 만약 종결된 경우에는 매도인이 주식인수계약을 위반한 것이므로 매수인은 매도인에게 손해배상의 청구를 할 수 있다. 거의 모든 인수 대상 기업은 문제점이나 부채를 가지고 있으므로 매도인은 일정한 예외 조항이나 조건을 두지 않고는 방대한 진술 및 보장 조항의 모든 항목을 약속할 수 없다.

이같은 문제를 해결하기 위해 다양한 방법을 통하여 매도인의 진술 및 보장에 제한을 두거나 조건을 둔다. 진술 및 보장 조항의 적용을 일정한 기간으로만 제한하거나, 당사자가 기인식하고 있었던 정보 (seller's or purchaser's knowledge) 또는 공개된 정보 중 예외적인 사항을 Disclosure Schedule에 열거하여 주식인수계약에 첨부함으로써 매도인의 진술 및 보장 조항의 적용을 제한하는 경우가 많다.[64]

Disclosure Schedule은 진술 및 보장 조항을 보충하는 문서로서, 예외적인 상황(문제가 있는 경우)을 공개하거나 계약서에 기술하기 힘들 정도로 긴 정보를 공개하는 목적으로 사용한다. 이는 매도인의 진술 및 보장 조항의 항목에 일정한 단서나 조건을 더하는 작용을 한다. 예를 들어, "환경 문제와 관련된 의무나 부채가 전혀 없음"이라고 진술하는 것보다는 "Disclosure Schedule에 열거한 사항을 제외하고는 환경 문제와 관련하여 중대한 의무나 부채가 없음"이라고 진술하는 것이 일반적이다.[65]

통상 다음의 항목이 진술 및 보장 조항에 포함된다.

매도인 및 인수 대상 기업과 관련하여 가장 기본적이고 근본적인 진술 및 보장 조항을 Fundamental Representation이라고 하는데, 이러한 사항들에 대한 진술 및 보장은 일반적으로 주식인수계약 해제의 사유가 되거나, 거래 완료된 후에도 영원히 유지되어 만약 이에 위반하는 사실이 발생하는 경우에는 매수인이 매도인에 대하여 계약 위반에 대한 손해배상책임을 물을 수 있다.

Fundamental Representation에는 다음의 사항이 포함될 수 있다. 매도인, 매수인, 인수 대상인 법인이 설립지 법에 의하여 적법하게 설립되었고, 현재도 유효한 등록 상태(in good standing)로 존재하고 있다는 사실을 보장한다. 미국은 관할 주 당국에 등록된 회사가 설립

64) Disclosure Schedules: Mergers and Acquisitions, Practical law, https://1.next.westlaw.com/Document/ I1559f735eef211e28578f7ccc38dcbee/View/FullText.html?originationContext=document&transitionType= DocumentItem&contextData=(sc.Default).

65) Id.

등록 이후 필요한 서류를 모두 제출하고 이후에도 법정 수수료 납부 등의 의무를 준수한 경우를 good standing이라고 일컫는데, 주별로 구체적인 요건이 다르므로 실사가 필요하다. 또한, 매도인이 대상 회사의 주식을 합법적으로 소유하고 있음 증명하는 주권(share certificate)를 확인하고, 매도인이 각종 회사 내부 문서에 의거하여 이사회 승인 등의 내부 허가 절차를 밟아 주식인수계약을 체결할 권한이 있음을 확인한다. 매매 대상 회사의 주식의 현재 총 발행 수 및 가치와 자회사 상황 등도 Fundamental Representations에 포함된다.

이 밖에도, 전형적인 진술 및 보장 조항으로는 Disclosure Schedule에 기재되어 있지 않는 이상, 프로젝트 모든 계약 상 요구되는 제3자 동의, 정부의 인허가 및 필요 서류 제출 및 등록 등을 완료하였다는 사실, 매도인에 대하여 계류 중인 소송이나 분쟁이 없다는 사실, 발전소가 각종 적용 법규와 환경 기준 등을 준수하며 운영되고 있다는 사실 등을 보장한다. 종업원과 관련하여 노동 계약, 보수 조건, 노동조합과의 단체협약 등이 모두 공개되었고, 법적으로 의무화되어 있는 종업원에 대한 후생복지 시스템을 구축/운영하고 있다는 사실, 종업원과의 분쟁이 있는 경우 그 상세를 공개하였다는 사실을 보장한다. 공개된 각종 재무제표와 장부 및 보고서가 일반적인 실무 기준을 통하여 작성되었고 현재 프로젝트 회사의 수입이나 지출 등의 상세를 정확히 기재하고 있음을 보장한다. 프로젝트 회사의 세금과 관련된 현재 상황과 운영상 필요한 보험에 가입, 유지하고 있음을 확인하는 것도 통상 진술 및 보장 조항에 포함된다.

(2) 발전 프로젝트 관련 주요 진술 및 보장

일반적으로 진술 및 보장 조항의 상당수는 대부분의 주식인수계약에 포함되는 표준계약조항[66]의 성격을 띠지만, 각 인수대상기업의 성격에 맞게 협상, 수정되어야 한다.[67] 발전 프로젝트와 관련된 주요 진술 및 보장 조항으로 다루어지는 사항은 아래와 같다.

기본적으로 발전소를 운영하는 프로젝트 회사의 합법적 설립과 존재 여부, 발전소 운영에 대한 인허가, 면허 취득 및 보유 사실을 매도인으로부터 확인받는 것이 바람직하다. 또한, 발전소 부지와 관련하여 적절한 임대차계약이나 기타 사용에 관한 계약 또는 소유권(title)이 완전하게 존재하며 해당 임대/사용 계약의 위반이나 부채 등의 법적 책임이 없음을 확인하는 것은 다른 업계의 주식인수계약에 비하여 발전 프로젝트에서는 더욱 중요한 문제 중 하나라고 해도 과언이 아니다.

---

66) Boilerplate Clause의 국문번역이다. 일반적으로 계약의 마지막에 포함되는 조항을 일컫는 용어로 주로 완전합의조항, 양도 관련 조항, 준거법 및 분쟁해결 조항 등을 포함한다. 본고에서는 표준계약조항으로 칭한다.

67) 손영진, (주 17), 61면.

추가적으로 모든 발전소가 정상적으로 운영되며, 예상하지 못한 정전이나 폐쇄의 가능성 및 장기간의 유지 보수의 필요성이 없다는 사실, 필요한 모든 송배전 시설과 관련된 유효한 계약을 유지하고 있다는 사실을 확인하는 진술 및 보장 조항을 삽입하는 것도 발전 프로젝트 회사의 지분을 인수하는 매수인을 보호하는 사항이라 하겠다. 그러나 이 항목은 매도인의 입장에서는 매수인이 실사 단계에서 전문가를 통하여 충분히 검토하고 그 리스크를 받아들였기 때문에 주식인수계약서에 서명하는 것으로 보고, 매도인이 수용하지 않는 경우가 많다.

지적재산권 역시 표준계약조항 중의 하나이지만, 만약 발전소의 운영에 있어서 매도인이 특별히 소유하고 있는 지적재산권은 클로징 시에 매수인과 라이선스 계약을 체결하거나, 해당 지적재산권을 포함하여 구매한다는 사실을 확인하여야 한다. 끝으로, 환경 규제 준수 및 인허가 취득 등에 대한 진술 및 보장도 필요하다. 구체적으로는, 매수 대상 프로젝트 회사의 환경법 저촉 행위에 대하여 당국의 조사, 경고, 가처분, 법원의 명령 등이 없었고, 불법행위에 대하여 고소를 당하거나 민원이 제기된 사실이 없으며 행정규제 또는 명령이 없었음을 확인받아야 할 것이다.

진술 및 보장 조항은 주식인수계약서 서명 당시에 열거된 모든 사항이 사실에 부합함을 확인하나, 보통 계약 서명과 클로징의 사이에 상당한 시간이 소요되는 경우가 많으므로 클로징 당시에도 모든 진술 및 보장 조항에 열거된 사항이 여전히 사실과 부합함을 재진술/재보장하는 것이 매수인에게 유리하다. 클로징 시 재진술/재보장을 긍정하는 입장은 미국, 일본, 중국 등에서 실무상 폭넓게 받아들여지는 것으로 보인다. 반면, 영국 및 독일에서는 이러한 입장이 일반적이지 않으며, 실무상 계약 서명 당시에만 사실에 부합함을 확인하는 경우가 많아 매도인에게 좀 더 유리한 경향을 띤다.

(3) Warranty & Indemnity 보험

최근에는 Warranty & Indemnity Insurance라는 보험이 인수합병거래에 있어 점차 빈번하게 활용되고 있는 추세이다(이하 "W&I 보험"이라 칭한다). W&I 보험은 진술 및 보장 조항 위반에 따라 발생하는 재정적 손실로부터 매도인이나 매수인을 보호하도록 설계된 보험이다. 이는 매도인이나 매수인이 아닌 보험회사가 진술 및 보장 조항의 위반에 따른 손해 배상 비용을 부담함으로써 계약 당사자의 리스크의 전부나 일부를 제거하는 효과를 가진다. 이 W&I 보험은 전통적으로 영국, 미국, 호주가 주 시장이었으나 최근에는 아시아나 유럽에서도 해외 프로젝트 경험이 많은 회사를 중심으로 국제적 인수합병거래 상 인기를 얻고 있다.[68] W&I

---

68) Jeremy White, *Client Alert*, Baker McKenzie Tokyo (Mar. 2015), http://www.bakermckenzie.co.jp/e/material/dl/supportingyourbusiness/newsletter/corporatema/ClientAlert_201503_Corporate_W&I_Insurance_E.pdf.

보험은 각 매수인과 매도인이 가입할 수 있으며, 진술 및 보장 조항의 위반의 결과로 발생되는 손실과 이에 따르는 분쟁/소송비용까지 커버하는 것이 일반적이다.

매수인 보험은 주식인수계약서 상에 열거된 진술 및 보장 조항의 위반으로 인하여 매수인이 입은 손해를 부보 대상으로 하고, 매도인 보험은 보장 조항에 근거하여 매수인이 클레임을 제기하는 경우 매도인에게 발생하는 손해를 부보 대상으로 한다. 다만, 기인지하고 있는 사실, Disclosure Schedule에 열거되어 있는 사실, 고의적인 비공개 사실, 형사법 상 벌금이나 형사적 책임, 부정부패, 환경, 건설 결함, 세금 등과 같은 사항은 통상 W&I 보험의 부보 대상에서 제외된다.

현재는 매수인이 W&I 보험에 가입하는 것이 좀 더 일반적인 것으로 보인다. 이는 매도인을 사후손실보전 청구 절차에 끌어들이지 않음으로써 좀 더 단순하게 절차를 진행할 수 있고 매도인이 추후 파산 또는 청산하는 경우에도 손해를 배상받을 수 있는 장점이 있다고 하겠다. 반면, 만약 보험에 의하여 커버되지 않은 손해의 경우에는 전액을 배상받을 수 없으므로 손해를 완전히 만회하기가 힘들다는 단점이 있다.

최근 5-10년 간 W&I 보험료가 낮아지고 있고, 주요 보험사에서는 W&I 보험을 제공하기 위하여 인수합병 전문가를 대거 투입하고 있는 추세이다. 보험료는 거래가 이루어지는 국가에 따라 상이하지만 아시아의 경우 대개 부보 금액의 1.2%에서 2.5% 정도가 주를 이루는 것으로 보인다. 이에 더하여 보험사들은 실사가 제대로 행해졌고, 주식인수계약과 진술 및 보장 조항에 적절히 협상되었음을 담보하기 위하여 유보금(retention)을 요구하기도 한다. 유보금은 공제금액으로도 칭하는데 이는 부보 당시 부보자가 일정 금액을 에스크로 계좌에 넣어두고, 진술 및 보장 조항의 위반으로 인하여 손해가 발생한 경우 이 금액으로부터 배상금을 지급하고 이 유보금이 전액 소진된 이후에 보험사가 보험금을 지급하도록 하는 제도이다. 유보금은 일반적으로 거래 금액의 1% 정도가 흔하나, 거래 자체의 리스크, 거래가 이루어지는 국가, 보험 기간 및 보험 증서 내용, 부보 범위 등에 따라 달라진다고 하겠다. 이 밖에도 세금, 보험의 손해사정사(underwriter)의 실사 비용, 중개인 수수료 등이 고려되어야 하겠다.

W&I 보험 가입을 고려하는 경우 법무의 관점에서는 주식인수계약 상의 진술 및 보장 조항과 보험 증서 내용이 최대한 합치하도록 조정하는 것이 중요하다. 즉, 매도인으로부터 보전이 가능하나 부보는 불가능한 책임 사항에 대하여 당사자 간에 어떻게 리스크를 분담할 것인지 사전에 협의하는 것이 필요하다. 이러한 사항은 보험사에 지급하는 유보금, 주식인수계약 상의 책임 한도와 W&I 보험 상의 책임 한도가 불일치하는 부분, 보험 규정 상 통상 배제되는 사항(불확정 책임 등)을 예로 들 수 있겠다.

인수합병 보험을 취급하는 대표적 보험사인 AIG의 최근 보고서에 따르면 W&I 보험 중

18% 정도가 W&I 보험에 근거하여 사후손실보전 청구를 제기하는 것으로 보이며, 약 23%의 대형 프로젝트(거래 금액 US $1,000,000,000 이상)에서 W&I 보험 상 클레임이 제기되었다고 파악된다.[69] 또한, 대부분의 클레임은 클로징 이후 6개월 이내에 제기되는 것으로 파악되었고, 특히 아시아 지역의 경우 66.6%의 클레임이 재무제표와 주요 계약에 대한 진술 및 보장 조항의 위반을 근거로 제기되었다.[70]

나. 특별약정(Covenants)

앞서 언급한 바와 같이, 특별약정은 계약 서명 시점과 클로징 사이의 기간을 규율한다. 일반적으로 양 당사자가 클로징을 위하여 반드시 수행하여야 하거나(affirmative covenants), 해서는 안되는 일(negative covenants)을 열거하며 이를 통하여 당사자를 보호하는 역할을 한다. 특히, 발전소의 운영은 지역의 인프라(전력망 등), 전력구매계약자 및 지역 주민과의 관계 등에 비추어 계약 서명 후에도 지장없이 지속적이고 안정적으로 매끄럽게 연결되어야 하므로 특별약정이 매우 중요하다. 아래에서는 발전소 주식인수계약에서 주로 다루어지는 특별약정을 살펴본다.

(1) 긍정적 또는 적극적 특별약정(Affirmative Covenants)

매도인은 클로징 전까지 과거와 동일하게 각종 계약과 부지임대차계약을 유지하고 일상의 업무를 통상적으로 운영하며 모든 설비를 양호한 상태로 유지·보수하여야 한다. 이러한 운영에 따르는 비용은 매도인과 매수인이 일정 비율로 분담하여 납부하는 것이 보통이고, 만약 일정한 금액을 넘는 비용의 지출 또는 세금 신고/납부 등에 대해서는 매도인이 반드시 매수인과 사전 협의를 거쳐야 한다.

특히 발전소와 관련한 다양한 정보를 입수하기 위하여 매도인과의 협력이 필수적이다. 이 기간 동안 매도인은 매수인에게 현재의 운영 상황과 발전소와 관련된 모든 업무에 대한 정보를 제공하여야 한다. 이 때 업무를 방해하지 않는 범위 내에서 현장에의 접근권을 포함하는 것이 매수인에게 유리하다. 모든 장부나 보고서는 매수인의 조사나 검토가 가능하도록 제공되어야 하며, 매수인이 매도인에게 이러한 장부나 보고서의 실사를 요청하는 경우에는 매도인은 반드시 이에 협력, 지원하여야 한다. 매도인이 프로젝트 회사에 영향을 미치는 클레임, 분쟁, 소송 또는 임대차계약상의 채무불이행의 통지를 받거나, 알게 된 경우에는 즉시 매수인에게 보고하여야 한다. 소수주주의 경우 흔히 발생하는 문제는 아니지만, 소

---

69) AIG, *M&A insurance comes of age* (2017), p. 3, http://www.aig.com/content/dam/aig/america-canada/us/documents/insights/aig-manda-claims-intelligence-2017.pdf.

70) AIG, *Id.*, p. 4.

수주주가 운영자로 참여하는 경우 등 운영자가 변경되는 경우, 매도인은 원활한 인수인계를 위하여 상업적으로 합리적인 노력을 기울여 새로운 운영자를 지원하여야 한다.

(2) 소극적 또는 제한적 특별약정(Negative/Restrictive Covenants)

매도인은 매수인의 사전 동의를 얻지 않는 한, 발전소의 어떠한 부분도 방치하여서는 아니 되며, 과도한 비용이 예상되는 사업을 허락하거나 진행해서도 안 된다. 더불어 발전소 또는 기타 자산의 전부나 일부를 담보로 제공하거나, 제3자에게 처분 또는 인도하는 행위도 금지된다. 각종 설비와 관련된 보험이 만기가 되도록 방치하거나 주요 계약을 개정, 해제/해지하는 행위도 금지된다. 매도인은 이 기간 동안 각종 계약의 수정이나 분쟁의 합의 등을 결정하여서는 안된다.

매도인은 매매 대상 회사와 관련하여 제3자에게 또 다른 매매 계약을 제안, 협상, 허락, 체결하여서는 아니 되며, 제3자에게 매매 대상 회사의 사업이나 소유권, 운영 등에 대한 정보를 제공하여서도 안된다. 만약 매도인이 제3자로부터 이러한 제안을 받은 경우 그 사실을 즉시 매수인에게 통지하여야 한다.

통상 경업금지(non-compete)와 임직원 또는 고객 유인 금지(non-solicit) 의무 역시 특별약정에 포함시킨다. 이러한 의무는 매도인의 직업/영업의 자유를 제한한다는 면에서 기간, 지역, 업무 범위 등이 합리적인 경우에만 유효한 것으로 보는 것이 일반적이다. 발전 사업의 경우 일정 기간 동안 일정 지역에서의 전기의 생산, 공급, 판매 사업을 금지하는 경우를 들 수 있다. 금지 기간은 주로 영미에서는 2-3년, 일본 또는 중국에서는 2-5년 정도로 정하고 있는 것으로 보인다. 그러나 해당 국가의 독점금지법의 영향을 받는 경우도 있으므로 해당 거래에 적용되는 독점금지법을 면밀히 살펴볼 필요가 있다.

(3) 상호 특별약정(Mutual Covenants)

긍정적 또는 적극적 특별약정과 소극적 또는 제한적 특별약정은 주로 매도인의 의무를 다루나, 이 밖에도 양 당사자가 동일하게 수행하여야 하는 상호 특별약정으로는 다음과 같은 예를 들 수 있다.

양 당사자는 각종 정부의 인허가나 등록과 관련한 조치를 취하고 클로징 선행 조건의 충족을 위하여 협력하여야 한다. 이 기간 동안 상호 간에 주식인수계약 상의 불이행이나 위반이 있다고 판단하는 경우 즉시 상대방에게 알려야 하며, 만약 매수인이 실사 기간 동안 매도인의 진술 및 보장 조항의 위반을 발견한 경우 클로징이나 클로징 이전에 매도인에게 통지하여야 한다. 비밀유지 의무는 클로징까지 유지되는 것이 통상적이나, 만약 양 당사자가 합의한 경우에는 해당 거래에 대한 대언론 사전 발표에 관하여 협의하기도 한다.

이 밖에도 분쟁이나 해당 거래에 영향을 미치는 상황에 대하여 긴밀하게 정보를 상호 교환하여야 하며, 클로징 전까지 주식인수계약 상의 진술 및 보장 조항을 위반하지 않기 위하여 최대한의 조치를 취하여야 한다.

다. 사후손실보전(Indemnification)

앞서 언급한 바와 같이 fundamental representations의 위반의 경우에는 매도인이 클로징 이후에도 영원히 책임을 지는 것이 보통이나, 매도인의 타 진술 및 보장 조항과 특별약정의 위반의 경우에는 클로징 이후 일정 기간 동안만 사후손실보전 책임을 지는 것이 일반적이다. 매수인의 입장에서는 최대한 이 기간을 길게 협상하는 것이 유리하고, 매도인의 입장에서는 최소한으로 협상하는 것이 유리할 것이다. 특히, 세금이나 환경 문제처럼 클로징 이후에 변경될 수 있는 일부 진술 및 보장의 경우에는 해당 소멸시효 이후 일정 기간 동안에만 사후손실보전 청구를 할 수 있도록 협상하는 것이 일반적이다. 예를 들어, 세금에 관련한 사후손실보전 청구 기한은 보통 적용 소멸시효[71] 종료 이후 짧게는 60일에서 길게는 6개월 정도로 정하는 경우가 흔하다.

라. 선행조건(Conditions to Closing)

클로징의 선행조건에는 안건에 따라 다양한 항목이 있다. 통상적으로, 제3자 동의와 정부 인허가의 취득, 자금의 확보(프로젝트 파이낸스의 경우 금융계약의 클로징), 클로징 시 요구되는 서류의 제출(closing deliveries), 매도인/매수인의 계약 이행에 대한 보증서 제출 등을 들 수 있다. 특히 자회사를 통하여 지분을 인수하는 경우 최상위 모회사의 보증을 제출하는 것이 일반적이다. 이 밖에도 매수인이 매도인 회사에서 인수하는 종업원을 위한 복리후생 시스템을 설립하도록 하거나, 발전소 운영에 필요한 일정 계약의 체결 등을 선행조건으로 두는 경우도 있다. IV.2.가.(2)항에서 언급한 바와 같이, 진술 및 보장 조항에 열거된 사항이 계약 서명 당시뿐만 아니라 클로징 시에도 사실과 합치함을 재진술/재보장 하는 것이 매수인에게 유리하다.

클로징 시 요구되는 서류에는 주권(share certificate), 매도인의 주식인수계약 체결 및 지분 매도에 대한 이사회 의결서, 클로징 시의 최종 장부 및 보고서, 경우에 따라서는 프로젝

---

71) 예를 들어, 미국의 세무제도는 자진신고제를 따르고 있으므로 모든 납세의무자는 매년 소득 신고서를 제출할 것을 의무화하고 있다. 이러한 신고를 바탕으로 연방 세무당국(U.S. Internal Revenue Service, IRS)에서 세금 징수액이나 환급액을 결정하는데(United States, Corporate-Tax Administration, PWC, Dec. 21, 2016 참고), 법인 소득세에 대한 소멸시효는 신고 마감일로부터 3년 또는 실제로 신고서가 접수된 이후 3년 중 나중의 일자를 기준으로 하여 산정한다(Chapt. 6 Statute of Limitations, Part 25. Special Topics, Internal Revenue Manual, IRS, https://www.irs.gov/irm/part25/irm_25-006-001r.html 참고).

트 회사의 현 경영진의 퇴사 계약서 등이 있다.

V. 주주간계약(Shareholders' Agreement, SHA)

주식인수계약에 의하여 해당 회사의 주식의 일부를 매수한다는 것은 곧 그 회사의 주주가 되는 것을 의미한다. 발전 프로젝트의 경우, 매수인이 프로젝트의 개발 및 운영을 위하여 설립된 특수목적법인(special purpose company/vehicle)의 주주가 되는 사례가 대부분이라고 해도 과언이 아닐 것이다. 이 경우 SPC의 주주간계약은 Joint Venture Agreement(JVA)와 상호 대체적으로 쓰이는 경우가 많다.

본고에서는 한국 기업이 해외 발전 프로젝트에 소수주주[72]로 참여하는 경우 이들을 최대한 보호하기 위하여 주주간계약 체결시 주의하여야 할 사항을 중점적으로 살펴본다. 특히 소수주주는 주주협약을 통하여 프로젝트의 실제 운영에 참여하면서 발생할 수 있는 리스크를 줄이고 다른 프로젝트 스폰서와의 협력적인 관계를 수립하게 되므로 출자, 운영상의 정보 확보, 의사결정, 추후 지분 양도가 주주간계약의 주요 협상 포인트이다.

1. 주주간계약에서 근본적으로 고려되어야 할 쟁점

주주간계약은 지분 인수를 위한 실사가 일단 종료되어가고 본격적으로 주식인수계약의 주요거래조건(term sheet)의 협상을 마무리해 가는 단계에서 주주간계약의 주요거래조건의 협상을 시작하는 것이 보통이다. 운영단계의 프로젝트의 경우 이미 존재하는 주주간계약이 있기 때문에 소수주주로서는 여기에서 크게 벗어나는 새로운 주주간계약을 체결하는 것이 곤란한 경우가 많다. 다만, 프로젝트 회사의 재정상태가 악화되어 소수주주의 자금 투입이 반드시 필요하거나 주주 간의 전략적 이유(소수주주의 전문성 또는 시장에서의 영향력 등)를 바탕으로 지분 참여를 하는 경우에는 소수주주라도 강한 협상력을 가질 수 있는 경우도 있다. 특히, 한국 기업의 경우 한국수출입은행, 일본 기업의 경우 JBIC의 금융조달을 받는 경우 또는 국내에서 독점적 지위를 가지는 유틸리티 회사들[73]의 경우에는 소수주주라고 하더라도 어느 정도의 협상력을 가지는 것이 보통이다.

---

72) 단, 본고에서는 소수주주는 20~30%의 지분을 가지고 있는 경우를 의미하며 5% 이하 또는 49%에 달하는 지분을 소유하고 있는 주주의 경우는 고려하지 않는다. 5%이하의 소수주주는 해외투자 또는 해당 산업의 경험이 적은 기업이 전략적으로 프로젝트 회사에 참여하기 위하여 극히 적은 비율의 지분을 인수하는 경우가 흔하며 프로젝트 회사 내에서의 영향력이 미미하다. 반면, 49%이상의 소수주주는 대주주와 거의 대등한 지위 또는 영향력을 지니므로 본고에서는 이러한 양극단의 경우는 배제하기로 한다.

73) 앞서 언급한 바 있는 일본 내 10대 전력회사, 도쿄 가스, 오사카 가스, 한국의 경우 한국전력공사, 수력원자력공사 또는 가스공사 등을 예로 들 수 있다.

　　주주간계약을 준비·검토하는 데에 있어서 가장 큰 쟁점은 주주간의 관계가 주주간계약에서 어떻게 작용하는지, 대주주와 소수주주 간의 역학 관계가 어떻게 반영되어야 하는지이다. 주주간의 관계는 다양한 요소에 의하여 좌우될 수 있으나 그 중에서도 다음의 쟁점을 협상 초기에 전략적으로 고려하고 주주간계약에 반영되도록 하는 것이 바람직하다

　　가. 대주주와 프로젝트 회사 간의 이해관계의 상충이 있는 경우, 즉 대주주(또는 그의 특수관계인)가 프로젝트 회사와 유사한 영업 행위를 하는 경우에는 경업금지 의무를 설정하여야 한다.

　　나. 대주주가 향후에 제3자에게 지분을 매도하기를 원할 때 소수주주 역시 함께 매도에 참여하도록 강제하여 제3자가 프로젝트 회사 전체의 지분을 매수할 수 있게 하는 경우, 제3자로서는 소수주주와 직접적인 거래 없이 대주주로부터 프로젝트 회사 전체의 지분을 매수할 수 있는 용이함이 있다. 이를 위해서는 동반매각요청권[74](drag-along right) 또는 지분양도참여권[75](tag-along right)을 주주간계약 상에 설정하여야 한다.

　　다. 대주주가 일부 또는 전부의 지분을 매도하는 경우 소수주주가 참여할 수 있는 권리를 부여하는 경우: 신주인수권 또는 주식선취권(pre-emptive right)[76], 우선매수청구권(right of first offer)[77] 또는 우선적거절권(right of first refusal)[78]을 주주간계약에 설정하여야 한다.

　　상기의 각 쟁점에 대해서는 아래에서 상세히 다루도록 한다.

---

74) Drag-along right은 대주주의 권리로서, 소수주주가 보유한 지분을 매각하는 과정에서 대주주 지분의 전부 또는 일부를 함께 매각할 수 있는 권리를 의미한다. Piggy back right, drawback right으로도 표기하며, 동반매각요청권 또는 동반매도청구권으로도 한역하는 것이 보통이다. 본고에서는 동반매각요청권으로 칭한다. 이해진, "회사형 조인트벤처에서 소수지분 당사자 보호 – 계약법상의 보호방안을 중심으로", 고려법학 제67호(2012), 371면.

75) Tag-along right은 소수주주의 권리로서, 통상 지분양도참여권으로 한역되며, 대주주가 제3자에게 보유지분을 매도하고자 하는 경우 소수주주도 본인의 보유지분을 대주주와 동일한 조건으로 제3자에게 양도할 수 있는 권리를 의미한다. 이해진, 상동, 370면.

76) 통상 회사의 설립 후 신주를 발행할 경우에 그 전부 또는 일부를 타인에 우선하여 배정 받을 수 있는 권리를 의미한다(이정원, "신주의 제3자 배정의 적법성: 대법원 2009. 1. 30. 선고 2008다50776 판결의 평석을 겸하여", 홍익법학 제13권 제3호 (2012), 751면). 그러나 본고에서는 신규 발행되는 주식의 인수보다는 기존 주식의 인수를 중심으로 다루므로 pre-emptive right을 좀 더 포괄적 의미에서 '주식선취권'이라 칭한다.

77) 우선매수권으로도 불리는데, 일방 주주가 주식을 제3자에게 양도하기 전에 우선매수청구권이 있는 타주주에게 일정 가격으로 매수할 것을 청구하는 방식을 의미한다. 염미경, "계약에 의한 주식양도제한의 효력", 경영법률 제19권 제3호 (2009), 40면.

78) Right of first refusal은 주식을 양도하려는 주주가 제3자와 협상한 조건대로 우선 회사나 타주주에게 자기의 주식을 매수할 권리를 주고, 타주주가 매수를 거절한 경우 비로소 협상을 하였던 제3자에게 주식을 양도할 수 있는 방식을 의미한다. 염미경, 상동, 41면.

2. 주요 쟁점 및 유의사항

가. 주주간계약 당사자

주주간계약은 통상 프로젝트 회사의 기존 주주, 매수인과 프로젝트 회사 자체[79]가 당사자가 된다. 매수인이 별도의 특수목적회사를 설립하여 주주간계약의 당사자로 참여하는 경우가 있는데 이때에는 당해 특수목적회사가 신용도가 없는 경우가 대부분이므로 모회사를 주주간계약의 당사자로 포함시켜 좀 더 강력한 보증 의무를 지우기도 한다. 만약 해당 법인 설립에 상당한 시간이 소요되는 국가에서는 우선 매수인이 모회사로서 주주간계약을 체결한 후, 법인 설립이 완료된 때에 특수목적회사가 모회사로부터 주주간계약을 그대로 인수[80]하는 경우도 흔하다. 이 경우 모회사가 완전히 프로젝트 회사에서 빠져나가는 것을 방지하기 위하여 모회사의 보증서 제출을 요구하거나, 양도받은 특수목적회사가 장래에 모회사의 지배 구조에서 탈퇴하는 경우에는 다시 모회사가 해당 지분을 인수하도록 강제하는 경우도 있다.

나. 타 주주와의 관계 설정

(1) 특수관계인 거래(Related Party Transactions) 및 경업 금지 의무

보통 프로젝트의 사업주는 경험이나 전문성에 따라 민자 발전소의 개발 및 운영상에서 각자 다른 역할을 담당하는 경우가 흔하다. 예를 들어, 대주주는 유사한 프로젝트의 경험을 바탕으로 자금력과 운영 경험이 풍부한 경우가 많으며 주로 연료 공급자나 전력 구매자인 경우가 많다. 반면, 소수주주 중에는 특수한 기술을 가지고 있어 프로젝트 회사에 발전 기술에 관련된 기술 컨설턴트 또는 건설 계약자이거나, 금융 보강은 가능하나 발전소가 위치한 국가에 기진출한 실적이 없거나 적은 경우가 많다.

---

79) 주주간계약에 규정된 프로젝트 회사(엄밀히는 이사회)의 의무를 프로젝트 회사가 준수하도록 하기 위하여 여러 방안이 있는데, 미국에서는 실무상 프로젝트 회사를 주주간계약의 당사자로 포함시키는 방안을 택하는 것이 일반적이다. 영국에서는 상이한 방안을 택하는 경향이 있으나 저자는 영국변호사가 아닌바, 본고에서는 다루지 않는다.

80) 영미법 실무상으로는 novation이라고 칭하며, 특히 영국법에서는 계약상의 권리와 의무를 함께 이전하는 경우를 npvatino이라 칭한다. 미국에서는 assignment and assumption이라는 용어 - 즉, 권리의 양도와 의무의 부담 - 를 사용하기도 한다. Novation은 민자발전프로젝트 지분인수에서 기존의 투자자가 프로젝트 회사에서 탈퇴하고 새로운 투자자가 참여하는 경우 또는 기존의 투자자인 모회사가 프로젝트 회사에서 탈퇴하고 자회사나 타 계열사를 새로운 투자자로 참여시키고자 하는 경우에 많이 활용되고 있다. 이 때 권리·의무를 이전하는 탈퇴 투자자는 계약상의 모든 의무와 책임의 이행에서 면제된다. 통상 타 투자자들이 이에 대하여 명시적으로 동의한다는 조항을 novation 계약에 기재하는 경우가 많다. *Contracts: novation*, Practical Law, https://uk.practicallaw.thomsonreuters.com/5-381-7510?originationContext=knowHow&transitionType=KnowHowItem&contextData=%28sc.Default%29 참고.

따라서 주주간계약 상에 타 발전 프로젝트와 관련하여 이해관계가 있는 주주들의 특수관계인 거래를 규율하는 조항이 필요하다. 주로 당해 주주나 그가 추천하는 이사의 이해관계를 투명하게 공개할 것을 요구한다. 특히나 국제 민자 발전소 사업주(스폰서)의 경우 다양한 국가에 다양한 프로젝트 포트폴리오를 가지고 있는 경우가 많으므로 당해 프로젝트와 이해관계가 상충되는 발전소를 보유하고 있는 주주들도 있다. 이 경우 당해 프로젝트와 경쟁 관계에 있는 모든 프로젝트 관련 정보를 공개하고, 프로젝트 간 차별적인 대우를 하지 않도록 하는 조항을 두는 것이 바람직하다. 또한, 대주주가 연료 공급자이거나 공공 사업자로서 전력 구매자인 경우, 연료 공급의 우선순위를 차등하거나 출력 억제를 통하여 최대한의 이익을 내는 방향으로 운영하는 경우가 있으므로 소수주주의 경우 강력한 정보 공개 조항이 필요하다.

정보 공개와 관련하여서는 프로젝트 회사의 주주 중 일부가 상장기업인 경우, 해당 주주의 설립지 국가의 회사법 또는 이 회사가 상장되어 있는 증권거래소 소재의 증권거래법 상에 특수관계인 또는 이해관계자인 주주에게 해당 특수관계인 거래와 관련된 정보의 공개를 요구하는 강행규정이 있는 경우가 있다. OECD에 따르면 소수주주의 권리를 보호하는 수단 중의 하나로 특수관계인 거래의 투명성을 확보하려는 국가가 많아지고 있고, 특수관계인 거래에 관련한 정보를 공개할 것을 회사법 또는 증권거래법상 의무화하고 있는 추세이다.[81]

프로젝트 회사의 상장기업 여부를 떠나, 주주간계약 상에 다음과 같은 특수관계인 주주의 권리 남용을 방지하는 조항을 둘 수 있다. 예를 들어, 특정 특수관계인 거래가 일정 금액 이상의 가치를 지는 경우, 프로젝트 회사가 일부 주주의 특수관계인과의(통상 일정 금액 이상의) 계약을 체결, 개정 및 해제할 때에 주주총회의 만장일치의 승인을 득하도록 하는 조항을 삽입할 수 있다. 소수주주의 좀 더 강력한 권한을 보장하기 위해서, 비특수관계인 주주의 결정에 특수관계인 주주가 반드시 따르도록 하는 규정을 두거나, 소수주주의 과반수의 승인을 득하도록 하는 규정[82], 또는 특수관계인의 권리 포기 등의 조항을 둘 수도 있다.

---

81) OECD에 따르면, 최근 몇 년간 아르메니아, 브룬디, 그리스, 온두라스, 슬로베니아, 튀니지, 아랍 에미리트, 베트남 등이 특수관계인 거래의 정보 공개와 관련한 법규를 도입하였다. 유럽이나 미국과 같은 OECD의 고소득 수준의 국가에 비하여 동아시아, 남미, 중동, 북아프리카 지역은 소수 투자자 보호 지수가 낮은 것으로 조사되었다. World Bank, Protecting Minority Investors Good Practices, Doing Business (http://www.doingbusiness.org/data/exploretopics/protecting-minority-investors/good-practices).

82) 흔히 "majority of the minority" shareholder approval이라 일컬으며, 지배 주주가 흔하지 않은 미국 델라웨어 주법이나 영국법 상에서는 잘 알려진 제도이나, 지배 주주가 현저한 의결권을 자기는 유럽 대륙에서는 잘 발달되지 않았다. Luca Enriques, Gerard Hertig, Hideki Kanda & Mairna Pargendler, *Related-Party Transactions, The Anatomy of Corporate Law*, 3rd Ed., Oxford University Press (2017), p. 157.

(2) 동반매각요청권/지분양도참여권

대주주가 전체 지분을 처분하고자 하는 경우 대주주가 소수주주에게 프로젝트 지분의 매도에 참여하도록 요구하는 경우가 종종 있다. 이 경우 대주주는 소수주주를 상대로 동반 매각요청권을 행사한다. 이 동반매각요청권은 특히 소수주주의 지분이 낮은 경우에는 반드시 고려하여야 할 상업적 쟁점이다. 이 경우 대주주는 소수주주가 그의 소수 지분 상의 권리를 통하여 대주주가 프로젝트에서 빠져나가지 못하도록 방해하는 것을 원치 않을 것이다.

지분양도참여권은 대주주가 지분을 변경하는 경우 소수주주도 대주주가 지분을 조정할 때에 함께 지분을 줄이고 같은 가격을 적용받을 수 있는 권리를 의미한다. 지분양도참여권에는 여러 가지 종류가 있는데, 가장 약한 것이 대주주가 소수주주를 잠재적 구매자에게 소개만 하는 것이다. 만약 잠재적 구매자가 당해 소수주주로부터 구매하기를 원하지 않는 경우에는 그로써 구매 협상이 종료된다. 이때 대주주는 독자적으로 해당 구매자에게 지분을 매도할 수 있다. 반대로, 강력한 지분양도참여권 조항은 만약 잠재적 구매자가 소수주주로부터 지분을 구매하기를 원하지 않는 경우에는 대주주 역시 해당 구매자에게 지분을 매도할 수 없도록 금지한다. 주주 간에서 강제적으로 타 주주의 지분을 함께 매도 또는 양도하여야 하는 상황이 발생할 가능성이 있기 때문에 주주의 입장에서는 탈퇴가 용이하지 않은 부담이 생긴다.

소수주주의 경우에는 타 주주의 동반매각요청권이 본인의 의무가 되고, 지분양도참여권은 본인의 권리가 된다. 따라서, 소수주주의 경우에는 지분양도참여권을 보유할 수 있도록 협상하는 것이 바람직하다. 통상 상호 간에 동등한 권리/의무를 갖도록 양자를 모두 규정하는 것이 일반적이지만, 소수주주와 대주주 모두 수용하지 않거나 예외적으로 일방 주주만 동반매각요청권 또는 지분양도참여권을 갖도록 설정하는 경우도 간혹 보인다.

다. 출   자

(1) 완공 전 개발 단계의 출자 의무

특히 개발 단계의 프로젝트의 경우, 대주단은 사업주들(장래 프로젝트 회사의 주주가 될)이 일정 자본을 투자할 것을 약속하는 지분참여계약(equity contribution agreement)을 체결하고, 자본 투자 의무를 이행하지 않을 경우를 대비하여 일정한 형태의 보증을 제출하도록 요구한다. 보통 모회사보증, 정부 보증, 은행 보증서, 신용장 또는 다른 형태의 청구보증[83])이

---

83) On-demand bond 또는 demand guarantee는 독립적 은행보증 또는 청구보증 등의 용어로 번역될 수 있는데 본고에서는 청구보증으로 칭한다. 채동헌, "UDRP 758을 중심으로 한 국제거래에서의 청구보증(demand guarantee)에 관한 해석론", 민사판례연구 35호 (2013), 893-990면, 민사판례연구회 참고. 통상 보증서를 가지고 있는 자가 상대방이 계약상의 의무 불이행이 있다고 믿을 때에 상대방을 상대로 소송을 제기하거나 계약 불이행의 입증 없이 보증서 발급 은행에 지급청구를 할 수 있고, 이러한 지급

주를 이루며, 만약 투자 의무 불이행이 발생하는 경우에는 이러한 보증을 바탕으로 자금을 조달하여 프로젝트를 완공할 수 있도록 한다.

만약 일방 사업주(스폰서)가 지분참여계약 상의 의무를 불이행하면 이는 곧 주주간계약 상에서도 동시에 타 주주에 대한 채무불이행이 되도록 규정[84]하는 것이 일반적이다. 이러한 cross-default 조항은 채무불이행 주주를 상대로 타 주주가 권리를 행사할 수 있도록 하고 주주간계약이나 기타 법상의 구제를 받을 수 있도록 한다. 즉, 출자 의무를 이행하지 않은 주주가 타 주주에게 발생한 손해를 배상, 보전해 주도록 강제하는 것이다.

(2) 완공 후 운영단계의 출자 의무

건설 공사가 완료되고 상업 운전이 개시된 경우 또는 기존 프로젝트의 지분을 인수하는 경우에는 프로젝트의 수익으로 운영되는 것을 원칙으로 하고 주주의 추가적인 출자를 기대하지 않는 것이 일반적이다. 소수주주는 만일의 경우를 대비하여 추가 출자가 필요한 경우에는 반드시 소수주주의 승인이 필요하도록 주주간계약에 명시하는 것이 바람직하다. 또한, 소수주주는 추가 출자 금액의 상한을 두고, 추가 출자를 하지 않더라도 소수주주의 지분이 희석되지 않도록 강제하는 조항을 두는 것이 바람직하다.

타 주주가 출자 의무를 다하지 않은 경우 소수주주가 특히 어려움에 처할 수 있는데 이 경우에는 step-in,[85] forfeiture,[86] buy-out,[87] sell-out[88]과 같은 방안을 고려할 수 있겠다. 다만, 준거법에 의거하여 따라 각 방안이 현실적으로 집행가능한지 검토하여야 한다. 다시 말해, buy-out이나 sell-out을 실시할 때, 공정한 과정(fair process)을 통하여 공정한 가격(fair price)을 산정할 것을 원칙으로 취하는 국가(또는 주)의 법[89]을 주주간계약의 준거법으로 채

청구를 받은 은행은 보증서 상의 금액을 청구인에게 지급하여야 함이 원칙이다. 보통의 보증과 가장 큰 차이점이 바로 상대방을 상대로한 소송에서의 승패여부나 계약 불이행의 입증과 무관하게 은행이 보증서의 주채무자로서 지급 의무를 진다는 점이다. 이러한 청구보증의 성격을 강화하고 확인하기 위해 보증서 상에 "irrevocable and unconditional(취소불능하며 무조건적으로)"이라는 문구를 삽입하기도 한다. Karen Spencer & Sarah Sabin, *Bonds, guarantees and standby credits: overview, Introduction*, https://uk.practicallaw.thomsonreuters.com/4-107-3649?originationContext=document&transitionType=DocumentItem&contextData=(sc.Default)#co_anchor_a861081 참고.
84) 이렇게 타 계약상의 채무불이행이 해당 계약상의 채무불이행으로 간주하는 것을 cross-default라고 한다.
85) 대출과 같은 형태로 채무불이행 주주를 대신하여 출자를 해주고 추후에 채무불이행 주주의 배당금으로부터 충당하는 경우를 일컫는다.
86) 채무불이행 주주의 프로젝트 참여 권리를 박탈하고 프로젝트에서 탈퇴할 것을 요구하는 경우를 일컫는다.
87) Call option 행사를 통하여 채무불이행 주주의 지분을 상당히 낮은 가격으로 매수하는 경우를 일컫는다.
88) Put option의 행사를 통하여 채무불이행 주주에게 모든 지분을 프리미엄을 붙인 가격으로 매도하는 경우를 일컫는다.
89) Fairness principle이라 칭하며, 미국 뉴욕 또는 델라웨어 주법, 영국법 또는 유럽 국가의 법에서 이러한 원칙을 취하고 있다 (Take over Guide, European Directive, p. 14 (2014) file:///C:/Users/tokjxh/ Down

택하는 것이 바람직하다. 매매 대상 주식의 가격이 지나치게 높거나 낮게 거래된 경우 불공
정한 거래로 판단되어 거래 완료 후에 법원이 가격을 무효화하고 새로운 가격을 책정할 가
능성이 있다.[90]

따라서, 최선의 구제책은 사전에 채무 변제 불능의 위험성이 있는 주주로부터는 은행
의 보증서나 변제 능력이 충분한 모회사로부터 보증서를 받아두는 것이다. 또는, 타 주주의
재산이나 타 프로젝트의 지분 상에 담보 권리를 설정하는 것도 고려할 수 있다.

출자의무와 대응하여 배당과 관련된 조항도 치열한 협상의 대상이 되기도 한다. 특히,
개발도상국의 프로젝트는 대주주가 현지 회사인 경우가 흔하며 자금력이 있는 소주 주주에
게 추가적인 출자 또는 프로젝트 회사에 주주 대출을 요구하는 경우가 비일비재하다. 따라
서, 소수주주는 반대 급부로 배당금의 일정 부분은 장래 프로젝트 개발 또는 설비 정비에의
투자 등을 위하여 프로젝트 회사의 자금으로 유보하게 하는 조건을 내걸거나 배당금에서
소수주주의 출자분을 우선적으로 변제할 것을 요구하는 것이 바람직하다.

라. 정보 접근권

보통 소수주주는 프로젝트 회사의 일상적 업무에 대하여 어떠한 역할도 하지 않는 경
우가 대부분이므로, 프로젝트 개발, 비용, 운영, 수행 실적에 관한 최대한의 정보를 확보하
는 장치를 마련하는 하는 것이 주주간계약상의 주요 쟁점 중 하나이다. 예를 들어, 프로젝
트와 관련된 정보가 없는 상태에서 갑자기 상기 언급한 추가 출자의 요구를 받는 경우 소수
주주로서는 이러한 요구가 정당한 것인지를 파악하기 위하여 각종 정보를 검토하여야 하는
데, 주주간계약 상에 정보를 요구할 권한이 없는 경우에는 정당한 사유 없이 추가 출자를
거부함으로써 계약 위반의 결과를 초래하는 극단적인 상황이 발생할 수도 있기 때문이다.

정보의 종류(통상 재무제표, 운영 보고서 등)나 정보를 제공받는 시기를 소수주주의 내외
부 보고 의무(이사회 보고, 감사, 증권거래소 보고 등)와 긴밀히 연결되도록 정하는 것이 좋다.
특히, 지주회사에 투자하는 경우에는 각 자회사들의 정보를 지속적이고 신속하게 제공받는
권리를 설정하는 것이 바람직하다. 예를 들어, 소수주주가 선임한 이사가 지주회사 및 각

---

loads/31183672_2_2014%20-%20Takeover%20Guide%20-%20European%20Directive.pdf), 일본 (Squeeze-Outs in
Japan, Baker & McKenzie Newsletter, p.3 (April 2009, http://www.bakermckenzie.co.jp/e/material/dl/supporting
yourbusiness/newsletter/corporatema/CS_Newsletter_Outbound_April.pdf) 등을 예로 들 수 있다.

90) 미국 델라웨어 주법이 이와 같은 입장을 취하고 있는데, 대주주가 소수주주의 지분을 매입할 때 가격
책정을 위한 특별 위원회를 설치하였으나, 대주주의 지배를 받던 이사회와 주주 총회가 공정한 가격
책정을 위한 리서치나 새로운 전문가의 의견을 통하지 않고 대주주가 정한 가격으로 소수주주의 주식
의 가격을 결정한 사안에서, 공정한 과정을 통하여 공정한 가격을 산출하지 않았기 때문에 해당 거래
에 적용된 가격을 폐기하고 새로운 가격을 책정하여 그 차액과 이에 해당하는 이자를 소수주주에게 배
상할 것을 결정하였다(*Gesoff v. IIC Industries, Inc.*, 902 A. 2d 1130 (2006, Del. Ct of Chancery) 참고).

단계의 자회사의 이사회의 이사가 되도록 규정하거나, 참관인 자격으로 참석하는 방법이 흔히 쓰인다. 이는 아래에서 논의될 의사 결정 및 지배 구조에도 밀접한 관련이 있다.

마. 의사 결정 및 지배 구조

소수주주의 경우 의사결정에 더 큰 영향력이나 권리를 가질수록 소수주주에게 좀 더 다양한 보호 장치가 마련되기 때문에 프로젝트 회사의 의사 결정에 있어 최대한의 영향력을 확보하는 것이 매우 중요하다. 이는 주로 이사의 선임 권한과 거부권(veto right) 조항을 통하여 확보하는 것이 보통이므로, 이들 권리를 아래에서 상세히 살펴보도록 한다. 또한, 거부권을 통하여 프로젝트 회사의 업무를 제한하고 이에 반하여 이루어진 의사 결정으로 인한 회사 또는 주주에게 발생한 손해에 대해 보상청구권을 설정하는 방식이 많이 활용되므로 아래에서 살펴본다.

(1) 이사회 및 주주 총회

주주간계약은 지분율을 기준으로 각 주주가 일정 숫자의 이사를 선임하도록 규정하는 것이 일반적이다. 그러나 이는 주주의 지분이나 주주 자체가 변경될 가능성을 고려할 때 가장 바람직한 방법이라고는 할 수 없다. 소수주주의 권한을 좀 더 강화하기 위해서는 소수주주 간에 의결권 행사 계약을 맺어 소수주주의 지분을 합산하여 의결권을 행사하는 방안도 고려할 수 있다. 만약 소수주주가 이사를 선임할 권리가 없다고 하더라도 정보의 신속한 입수를 위하여 이사회 회의에 참관인 자격으로 참여할 권리를 두는 것이 바람직하다.

주주간계약은 반드시 주주의 승인이 필요한 사안을 규정하여야 하며, 주주총회에서 단순 과반수(지분의 50% 이상) 의결, 초과반수의결(supermajority[91]), 만장일치 의결을 요하는 사안 등으로 구분하여 규정한다. 주로 다수결로 정해지는 사안이 많으며, 특히 만장일치가 필요한 사항은 reserved matter[92]로서 별도 리스트를 작성하여 주주간계약에 첨부한다. 이는 소수주주에게는 거부권을 부여하므로 협상에 있어 매우 중요하고 첨예하게 대립되는 사안이다.

소수주주는 최대한의 거부권을 갖기 위하여 협상하는 것이 일반적이다. 그러나 최근에

---

91) 미국 또는 영국법 상 명문 규정이 없으며, 주로 전체 지분의 3분의 2, 75%, 60% 또는 50% 이상 등 개별 계약 상 특정 비율을 규정하는 것이 일반적이다.

92) Reserved Matter(유보사항/예외사항)는 주로 사업 목적 또는 계획의 결정 및 수정, 예산의 책정 및 수정, 신주의 발행, 신규 상장, 정관의 변경, 회사의 인수 또는 합병, 회사 주식이나 자산의 처분, 자회사의 설립 및 폐지, 파산 또는 사업의 폐쇄, 주요 소송 또는 중재의 제기 또는 합의, 일정 금액 이상을 빌려주거나 대출을 받는 경우, 관련자 거래, 주요 계약의 체결, 수정 또는 해제 등을 주주 총회와 이사회의 만장일치가 있어야만 승인이 되는 항목을 포함한다.

는 유럽연합의 기업결합규제93)에 의거하여 주요 업무 사항에 대하여 소수주주가 거부권을
행사할 수 있는 경우,94) 인수 대상 프로젝트 회사에 대한 지배권을 갖는 것으로 보고 해당
인수거래에 대하여 기업결합규제를 적용하는 경우가 있다. 이러한 리스크를 경감하기 위하
여 전략적으로 일정 수준 이상의 거부권을 설정하지 않는 소수주주도 종종 눈에 띈다. 예를
들어, 필자가 참여한 안건 중, 일본 기업이 독일 풍력 발전소의 일부 지분을 취득한 사안에
서 매수인이 프로젝트 회사의 약 25%의 지분을 보유하게 됨에도 불구, 유럽연합의 기업결
합규제의 적용을 피하기 위하여 주요 업무 사항을 포함하고 있는 유보사항에 대한 의사결
정을 만장일치 의결이 아닌 단순다수결로 결정하는 것에 합의를 한 경우가 있었다. 이 사안
은 일견 매수인에게 불리한 조건으로 종결된 거래로 보이지만, 그룹회사 전체의 비즈니스
전략상 기업결합규제를 준수하기 위하여 소요되는 클로징의 지연과 타계열사의 향후 유럽
비즈니스 수행에서 발생할지 모를 리스크를 회피하기 위한 상업적 결정이었다.

    이사회와 주주 총회의 reserved matter를 각각 결정하여 주주간계약에 열거하는 것이
일반적이지만, 경우에 따라서는 소수주주의 간섭을 배제하기 위하여 이사회의 reserved
matter를 삭제해 버리는 주주간계약도 간혹 보인다. 이는 결국 소수주주의 권한을 극단적으
로 제한하는 것이므로 바람직하다고 할 수 없다. 또는, 소수주주의 간섭을 최소화하기 위하
여 의제에 따라 상한선/하한선을 지나치게 높거나 낮게 정하는 경우도 있다. 예를 들어, 프
로젝트 회사의 신규 계약 체결시, 초과반수의결을 필요로 하는 계약 금액을 매우 높게 정하
여 소수주주의 동의 없이도 대주주의 의지대로(단순 과반수 의결을 통하여) 계약 체결이 가능
하게 하는 경우가 있다. 또는, 보증 또는 대출을 하는 경우나 비용이나 예산을 승인할 경우
에도 초과반수의결을 필요로 하는 보증 또는 대출금과 비용이나 예산을 높게 설정하여 소
수주주의 동의를 배제하는 경우를 들 수 있겠다. 이는 각 프로젝트 회사의 싱격 및 수입/지
출에 따라 신중하게 검토·결정되어야 할 사항이지만, 일부 투자자는 소수주주이므로 이러
한 상하한 금액에 대한 숙고없이 동의해 버리는 경우가 종종 있어 주의가 필요하다.

    앞서 표1에서 살펴본 바와 같이 지주회사의 지분을 인수하고 이를 통하여 하단의 프로
젝트 회사 또는 여러 개의 발전소에 투자하는 경우에는, 주주간계약 상에 지주회사에서 결

---

93) Council Regulation (EC) No 139/2004 of 20 January 2004 on the control of concentrations between
   undertakings (the EC Merger Regulation). 유럽연합의 기업결합규제는 결합하는 두 개 이상의 기업의
   전 세계 매출이 €5,000 million 이상이고, 각 당사자 기업의 유럽연합 내 매출이 €250 million 이상인
   경우의 인수거래에 대하여 심사를 실시한다. 이와 더불어 해당 지분 인수거래로 인하여 장기적으로 인
   수 대상 기업에 대한 지배권이 변경되는 경우(change of control)에는 매수인이 지배권을 가지는지의
   여부에 따라 기업결합규제의 적용을 받을 가능성이 높아진다(즉, 매수인이 인수거래를 통하여 인수 대
   상 기업의 지배권을 가지면 유럽연합 기업결합규제의 적용을 받을 가능성이 높음).
94) 예산, 프로젝트 회사의 사업 내용 및 연간 계획, 주요 투자, 주요 임원의 선임 등에 소수주주가 거부권
   을 행사할 수 있는 경우 소수주주가 인수 대상 기업에 대하여 지배권을 갖는 것으로 본다.

정된 사항이 프로젝트 회사 및 발전소의 운영에도 그대로 반영되도록 메커니즘을 설정하여야 한다. 즉, 주주간계약에서 명시적으로 지주회사가 선임한 이사가 프로젝트 회사나 자회사의 이사로서 지주회사에서 결정된 사항과 일치하도록 의결권을 행사할 것을 강제하거나, 지주회사 수준에서 결정된 사항이 자회사에 그대로 적용되도록 하는 규정을 두는 것이 바람직하다.

끝으로, 프로젝트 현지의 회사법 상 프로젝트 회사 내에 이사회 및 주주총회 이외에 의사결정 권한을 갖는 기관이 추가적으로 정해져 있는지 검토가 필요하다. 예를 들어, 인도네시아 회사법 상 인도네시아 회사는 주주총회와 이사회 이외에 커미셔너 회의(Board of Commissioners)의 설치가 강제된다.[95] 커미셔너 회의는 이사회의 일부 결의에 대하여 승인권을 갖고 이사회가 행하는 회사의 일상업무를 감독하며, 때로는 주주들의 의사결정에 조언을 하는 조직이다. 커미셔너는 반드시 21세 이상의 현지인으로서 지난 5년간 파산한 적이 없고(또는 파산한 회사의 이사로서 그 회사의 파산에 대한 책임이 있는 이사가 아니었고), 유죄판결을 받은 경제사범이 아닌 자로 구성된다. 커미셔너 개인의 자격 또는 소속에 대한 규정은 없으나 실무상 주주의 개인적 또는 업무상의 지인이 선출되는 것이 보통이다.

(2) 거부권 및 의사 결정의 교착상태(Deadlock)

교착상태란 이사 간 또는 주주 간의 대립으로 회사의 의사결정이 이루어지지 않아 회사의 업무가 정체되는 상태를 일컬으며, 만약 이러한 상태가 지속되면 회사를 정상적으로 운영하는 것이 곤란한 상태로까지 이어질 수 있다. 따라서 주주간계약에서는 이러한 상황을 타결하기 위한 조항을 둔다.

교착상태의 빠른 해결을 위하여 대다수의 주주간계약이 단순히 이사회나 주주총회에서 소수주주가 거부권을 행사한 사안을 모두 의사 결정의 교착상태라고 규정하고 있는 것이 일반적이다. 그러나, 통상 교착상태에 관한 조항은 소수주주에게 불리하게 작용하거나 심지어 소수주주를 프로젝트에서 배제하는 결과로 나타나는 경우가 많다.

통상 교착상태는 분쟁 해결 절차와 유사하게 정해진 기간 내에 여러 단계의 복잡한 과정을 거쳐 해결하도록 하므로 상당한 시간과 노력이 소요된다. 만약 소수주주가 거부권을 행사하는 것을 교착상태로 규정한다면, 소수주주가 거부권을 행사하는 때마다 교착상태 해결 과정을 거쳐야 한다. 소수주주의 거부권 행사가 지속되고 당사자 간에 교착상태의 해결에 대한 합의가 조속히 이루어지지 않는 경우, 최악의 상황에서는 소수주주의 정당한 권리 행사임에도 불구하고 대주주가 소수주주의 거부권이 프로젝트 진행에 차질을 빚어 손해를

---

95) Law No. 40 of 2007 on limited liability companies (Company Law) of Indonesia.

입었다고 주장하는 경우를 생각해 볼 수 있다. 또한, 교착상태 해결 과정을 통하였으나, 소수주주가 원하지 않은 결과가 나온 경우(즉, 소주 주주가 반대한 사항을 승인하는 결정이 도출된 경우)에는 소수주주는 그러한 결과에 승복하거나, 승복할 수 없는 때에는 프로젝트 회사에서 탈퇴하는 것 이외에 다른 선택지가 없는 결과를 낳을 수 있다. 소수주주를 프로젝트 회사에서 탈퇴시키기 위하여 대주주가 교착상태와 그 해결 과정을 활용하는 경우가 있다.

따라서, 소수주주가 거부권을 행사한 경우는 해당 사안이 승인되지 않은 것으로 규정하는 것이 소수주주에게 유리하다. 즉, 거부권 행사가 곧 분쟁을 의미하는 것이 아니라 단순히 '불승인'을 의미함을 분명히 하여야 한다.

교착상태에 빠질 수 있는 사항은 최대한 한정적으로 정하는 것이 좋고, 주로 예산이나 프로젝트 회사의 사업 내용 및 연간 계획으로 한정하는 것이 바람직하다. 이러한 장치를 통하여 대다수의 사안의 경우 소수주주가 거부권을 행사하는 것이 곧 당해 사안에 대한(교착상태가 아닌) 불승인으로 인정될 수 있도록 장치를 마련하여야 하겠다. 또한, 프로젝트 회사의 업무 내용의 변경에 대해서 반드시 소수주주의 승인이 필요하므로 소수주주의 의견에 반하여 프로젝트를 확장하거나 개발할 수 없게 하는 효과도 기대할 수 있다.

그러나, 실질적으로는 모든 유보사항이 만장일치 의결로 승인되지 않는 경우를 한꺼번에 교착상태라고 규정하는 주주간계약이 많다. 이는 소수주주에게 매우 불리한 상황을 초래한다. 이를 해결하기 위한 방안으로 만약 소수주주의 거부권 행사에 반하여 의사결정이 이루어진 경우에는 대주주에게 소수주주의 지분을 매입하도록 강제하거나, 당해 의사결정을 승인한 주주들로부터 손해배상을 받을 수 있는 규정을 두는 것이 바람직하다.

예를 들어, 대주주가 소수주주의 거부권 행사에도 불구하고 프로젝트 회사의 제3자에 대한 소송 제기를 승인한 경우, 소수주주는 프로젝트 회사가 제3자에 대한 소송에서 패소한 경우에는 이로 인한 손해를 보전 받을 수 있는 권리를 규정할 수 있다. 또한, 대주주가 소수주주의 거부권 행사에도 불구하고 현지 정부로부터 받은 투자 허가나 대주단의 요구 사항에 반하는 사업에 참여하고자 하는 경우, 대주주가 소수주주의 지분을 높은 가격에 매입하거나, 만약 그러한 사업에 참여하여 손해를 본 경우에는 프로젝트 회사와 소수주주에게 손해를 배상해 주도록 규정하는 것이 바람직하다.

끝으로, 의사 결정의 교착상태가 발생한 경우 주주간계약 상에 반드시 프로젝트 회사는 교착상태의 존재 여부와 무관하게 평소와 같이 운영되어야 한다는 조항을 삽입하는 것 역시 중요하다.

바. 지분 양도/탈퇴권

소수주주는 프로젝트 회사의 의사결정을 좌지우지할 수 없고, 교착상태 해결방안 역시 통상 소수주주에게 유리한 방향으로 작용하지 않는다. 따라서 소수주주는 프로젝트 회사에서 용이하게 탈퇴할 수 있도록 다양한 방안을 마련해 두는 것이 좋다. 또한, 소수주주는 보통 대주주와의 관계나 대주주의 경험 또는 자본력을 보고 프로젝트에 투자를 하는 경우가 흔하므로 대주주가 자유롭게 탈퇴할 수 없도록 방안을 마련하는 것도 소수주주를 보호하는 한 방법이라고 할 수 있다.

통상적으로 주주간계약에는 다양한 방법으로 지분의 양도를 제한한다. 이는 보통 지분의 양도에 다음과 같은 다양한 조건을 조합하여 추가한다.

(1) Lock-In 기간

일정 기간 동안 프로젝트 회사의 지분을 제3자에게 매각하거나 탈퇴할 수 없도록 제한을 두는 것을 lock-in 기간이라 한다. 더불어, lock-in 기간이 종료한 후에도 최소한의 지분을 보유하도록 강제하는 경우도 있다.

(2) 주식선취권

또한 주주간계약에는 일방 주주가 제3자(계열사 또는 자회사는 제3자에서 제외하는 것이 일반적)에게 지분을 매도하기 전에 반드시 타 주주에게 본인의 지분을 우선적으로 인수할 수 있는 기회를 주도록 하는 규정을 두는 것이 보통이다.

주식선취권에는 아래와 같이 여러 종류가 있으며, 소수주주는 어떤 권리가 본인에게 가장 적합한지 고려한 후 주주간계약에 명확하게 기재하여야 한다.

• 우선적 거절권(right of first refusal): 일방 주주가 지분을 제3자에게 매도하기 전, 반드시 다른 주주에게 먼저 매도 제안을 하고, 타 주주가 수락이나 거절을 할 때까지 일정기간 대기하도록 하며 타 주주가 매수를 거절하는 경우에만 제3자에게 지분을 매도할 수 있다. 이 경우 매도 조건은 타 주주들에게 제시한 조건보다 제3자 매수인에게 더 유리해서는 안 된다.

• Matching Right: 일방 주주가 제3자로부터 매도 제안을 받았을 때, 그러한 제안을 수락할 의사가 있는 경우에는 실제로 매도 과정에 착수하기 전 반드시 주식선취권을 가지고 있는 타 주주들에게 제3자로부터 받은 매도 제안과 동일한 수준의 조건으로 맞추어(matching) 본인의 지분을 매도할 것을 제안하여야 한다. 타 주주들이 그러한 제안을 거절한 경우에만 타 주주들에게 제시한 매도 조건보다 더 유리하지 않은 조건으로(일정 기간 내에) 제3자 매수인에게 매도할 수 있다.

• 우선매수청구권(right of first offer): 일방 주주가 지분을 매도하고자 하는 경우 우선매수청구권을 가지고 있는 타 주주들에게 우선적으로 매도 제안을 하고 매도 조건을 제시하

도록 요청하여야 한다. 만약 매도인 주주가 타 주주들이 제안한 매도 조건을 수락하지 않고자 하는 경우, 더 높은 가격을 제시하는 제3자 매수인에게(일정 기간 내에) 매도할 수 있다.

(3) 가격과 정보 공개

위에서 살펴본 우선적거절권과 우선매수청구권의 경우, 매도인 주주는 본인의 지분을 타 주주들에게 공정 시장 가격으로 매도할 것을 제안할 수 있다. 이 경우 공정 시장 가격을 책정하는 데에 소요되는 비용은 매도인이 부담하는 것이 보통이다. 또는 매도인 주주가 타 주주들에게 가격을 제시할 것을 요청하는 경우도 있다.

만약 매도인 주주가 공정 시장 가격이나 타 주주로부터 제안받은 가격보다 좀 더 높은 가격으로 제3자에게 매도하기를 원하는 경우, 타 주주들이 매도인 주주의 영업비밀 공개를 허락할 것인지가 문제가 될 수 있다. 즉, 매도인 주주와 타 주주들 간의 지분 이전 문제 및 프로젝트 운영 관련 정보는 비밀 정보에 해당되며 타 주주들의 동의 없이 제3자에게 공개할 수 없다. 그러나 위에서 살펴본 바처럼 필연적으로 타 주주들이 제시한 가격과 프로젝트에 관련된 정보가 제3자에게 공개될 수밖에 없고, 만약 타 주주들이 매도인 주주의 정보 공개 동의 요청에 협조해 주지 않는 경우, 매도인 주주에게 예상치 못한 지연이나 정보 공개가 불가능한 상황이 발생할 가능성이 있다. 이는 소수주주로서는 타 주주들의 협조 여부에 따라 탈퇴 가능 여부가 정해지므로 매우 큰 리스크이다. 타 주주들의 주식선취권 행사 이후 제3자에게 매도할 수 있는 권리를 확보하고자 하는 경우에는 주주간계약상 반드시 타 주주의 동의가 없이도 정보 공개를 할 수 있는 예외 조항을 규정하는 것이 소수주주에게 유리하다.

(4) 타 지분 양도 제한 조항과의 관계

주주간계약은 IV. 마항에서 다룬 주식선취권 이외에도 지분양도참여권, 동반매각요청권, call/put option, 지배구조 변동 등 다양한 지분 이전의 가능성을 포함하고 있다. 다양한 메커니즘이 혼재하는 경우, 어떤 메커니즘이 우선적으로 적용되는지 당사자 간 의견이 불일치하여 분쟁이 발생하는 경우가 많다. 따라서, 예를 들어 주식선취권 조항이 다른 지분양도 제한 메커니즘이 작동하는 경우에는 적용되지 않음을 명시하는 것이 바람직하다 하겠다.

Call/put option은 보통 교착상태가 주주간계약상 열거된 메커니즘을 거치고도(중재나 소송을 통하여 해결하는 경우 제외) 해결되지 않거나, 주주간계약 상 채무불이행이 있는 경우 또는 일방 주주가 파산하는 경우 일방 주주가 행사할 수 있는 권리이다. 일방 주주가 call option을 행사하는 경우에는 상대방(통상 채무불이행 주주)의 보유 지분을 모두 구입하겠다는 의사표시를 하고 주주간계약상 정해진 가격으로 일정기간 내에 채무불이행 주주/탈퇴하는 주주의 모든 지분을 매입한다. Put option 행사의 경우는 put option을 행사하는 주주가 본인이 보유하고 있는 지분 전부를 채무불이행 주주/탈퇴하는 주주에게 매도하게 된다.

(5) 지배구조변동

일반적으로 발전 프로젝트는 모회사가 자회사를 설립하여 참여하고 타 주주들은 모회사의 신용도를 바탕으로 프로젝트 회사에의 참여를 허락하는 경우가 많으므로 주주의 모회사 레벨(또는 그 상위 레벨)에서의 지분 변경이 프로젝트의 주주간계약에서도 종종 다루어진다. 모회사의 신용에 타 주주들이 전적으로 의존하는 경우에는 자회사(프로젝트 회사의 일방 주주)가 동일한 신용을 유지한다는 특별약정이나 보증이 없는 한 타 주주들의 동의 없이 모회사의 프로젝트 회사에 대한 지분 변경이 불가능하도록 규정하는 경우가 흔하다.

사. 정관과의 관계

정관은 반드시 프로젝트 회사 설립지 현지법에 따라 작성되어야 하며, 일부 조항은 현지 회사법에 의하여 강제되고 쉽게 변경될 수 없다. 따라서, 현지 회사법에 대한 충분한 이해 없이 주주간계약의 준거법만을 고려하였을 때에는 정관과 주주간계약 간 충돌이 생기는 경우가 있다. 또한, 주주간계약은 주주가 변경되거나 주식의 수가 변경되는 등 상황에 따라 손쉽게 개정할 수 있지만, 정관은 개정 시 주주총회에서 만장일치 또는 압도적 다수의 찬성이 필요하고 현지 정부 기관에 재등록을 하여야 하는 번거로움이 있어 회사의 현재 상황을 제대로 반영하지 않는 경우가 왕왕 보인다. 특히, 일부 아시아 국가 중 각종 등록 요건이 까다롭거나 시간이 소요되는 경우에는 주주간계약이 여러 번 개정된 이후에도 정관이 회사 설립 이후 한 번도 개정되지 않은 경우도 종종 보인다.

상기의 정관과 주주간계약 간의 충돌은 주주간의 분쟁을 유발하는 경우가 많고 프로젝트 회사의 운영에 지장을 줄 수 있다. 이러한 충들이 있는 경우, 정관과 주주간계약 중 하나의 문서를 우선적으로 적용되도록 규정하는 경우가 흔하다. 또한, 정관에는 일반적으로 흔히 사용되는 표준정관을 활용하여 현지 회사법상의 강행규정에 요구되는 정도의 규정만을 두는 반면, 주주간에는 좀 더 광범위한 사항에 대하여 구체적으로 당사자 간의 상황을 반영한 규정을 두는 경우가 많다. 이는 주주간계약은 상장기업이 아닌 한 정부 기관에 제출하여야 할 의무가 없고, 주주 간에 각자의 상황에 맞게 준거법을 선택할 수 있으며, 프로젝트 회사의 현지 강행법규에 반하지 않는 이상 당사자 간에 협의 및 개정이 용이하기 때문이다.

실무적으로 주주간계약의 준거법은 현지법으로 하지 않는 사례가 많다. 이는 현지인이 아닌 외국인 주주인 경우 프로젝트 회사 설립지 현지법에 익숙하지 않고, 설립지에 따라 법이 정립되어 있지 않거나, 정권이 교체됨에 따라 입법이나 정책이 빈번히 바뀌는 경우가 있어 이러한 리스크를 방지하기 위해서이다.

Ⅵ. 발전 프로젝트 지분 인수 전반에 관한 코멘트

국제 지분인수거래의 경우에는 문화적 사회적 규범을 파악하여 적절히 대처하고 거래에 실제적으로 적용하는 것이 매우 중요하다. 특히 발전 프로젝트는 거래의 규모가 크고 다양한 배경을 가진 이해관계자가 관여하는 경우가 많으므로 문화적 사회적 규범은 간과할 수 없는 인수거래 성사에 있어 중요한 요소 중의 하나이다.

인수거래 당사자 기업 및 각 담당자의 언어, 연공서열/연장자, 출신 지역 또는 국가 등이 기업 인수에 있어 중요한 요소로 작용한다. 따라서 경험이 풍부한 전문가라 함은 전문 지식 뿐만이 아니라 이러한 제반 상황적 요소를 숙지하고 이를 각 거래의 특성에 맞게 적절히 활용할 수 있는 자를 의미한다 하겠다. 거래 당사자 또는 관련자들이 국가 및 지역적으로 분리되어 있고 서로 상이한 규범에 따라 업무를 처리하고 협상에 참여한다. 거래를 성사시키 위하여 상대방의 비즈니스 관례, 각 국의 법적/제도적 차이점, 각 국의 기업 인수 실무 상의 차이점을 파악하고, 다국적 금융 조달의 경우 장기간이 소요됨을 이해하여 실사, 계약의 협상 등을 진행하는 데에 적절히 반영하여야 하겠다.

실사에서 파악한 주요 쟁점들은 주식인수계약서와 주주간계약에 반영되어야 한다. 특히 주식인수계약서는 영미국가를 중심으로 고도로 발달된 계약의 하나로서, 내용이 대개 정형화되어 있고 계약당사자나 비즈니스의 성격에 맞게 다소 수정을 하여 사용하는 경향이 뚜렷하다. 그러나 최근에는 지분 인수거래의 규모가 더욱 커지고 있고 아시아 기업의 국제적 지분 인수에의 참여가 활발해지면서 아시아 매수인 특유의 문화 및 리스크 분배 정책이 계약서의 내용에 큰 영향을 미치고 있다.

주주간계약에는 주주들의 프로젝트 회사에 대한 전체적인 비즈니스 의도, 주주 및 계열회사 간의 관계 및 비즈니스 관례가 고려되어야 한다. 각 단계의 의사결정 메커니즘과 추가 출자, 탈퇴 등 만약의 상황을 사전에 파악하고 일관성 있게 작성하여야 한다. 특히 인수거래 성사 후 초기에는 주식인수계약 상의 사항들이 회사 운영에 영향을 미칠 가능성이 크므로, 주주간계약과 주식인수계약간의 상호 작용도 반영되어야 한다.

이러한 상호 작용 중 중요한 쟁점 중 하나가 분쟁 해결 조항이라고 하겠다. 지분인수계약과 주주간계약 상의 준거법과 지분 인수와 주주 간의 관계에서 발생한 분쟁의 해결에 관하여 충분한 검토가 필요하다. 준거법과 분쟁해결 조항은 표준계약조항으로서 해당 거래나 프로젝트 회사 설립지, 각 당사자(법인)의 주영업지 또는 국가, 주요 사업이 진행되는 국가 등 관련 법역의 특성을 전체적으로 파악하지 않은 채 합의되어 버리는 경우가 종종 보인다. 특히, 일부 아시아 국가의 경우 여전히 거래 상대방(예. 매도인 또는 프로젝트 회사의 타 주주)을 상대로 소송이나 중재를 제기하는 것을 회피하고자 하는 회사들이 많고 이들은 종종 준거법이나 분쟁해결 조항을 상대가 제시하는 대로 합의해 버리는 경향이 있다.

특히 최근에는 점점 인수거래의 구도가 복잡해지면서 발전소가 위치하고 있는 국가, 이를 소유/운영/관리하는 프로젝트 회사의 설립지, 프로젝트 회사의 주주(법인)의 설립지, 그 주주들이 사업을 영위하는 국가가 각각 다른 사례가 증가하고 있다. 단순히 발전소가 위치하고 있는 국가나 프로젝트 회사가 설립된 국가의 법을 준거법으로 정하거나 중재지로 결정하게 되면, 실제로 중재 판정을 집행하는 것이 어려울 수 있다. 특히, 일부 아시아 국가에서 규모가 작은 거래에 관한 계약서에는 국제 중재를 분쟁 해결 방안으로 채택하기가 힘든데, 이는 국제 중재의 중재 판정을 해당 국가에서 집행하는 것이 현실적으로 어렵기 때문이다.

그러므로 분쟁해결 조항을 협의하기에 앞서 우선 인수 대상 프로젝트 회사, 매도인, 그리고 주주간계약의 당사자가 될 타 파트너사를 실사하는 단계에서 소송 판결이나 중재 판정의 집행력이 검토되어야 한다. 구체적으로는 당사자들의 주요 사업이 무엇인지, 그들의 자산이 어느 국가에 위치하여 있는지, 해당 국가의 법원 및 법제가 외국에서 결정된 중재 판정을 집행하는 데에 호의적인지,[96] 당사자들이 프로젝트가 위치한 국가에 설립된 회사가 아니라 역외에 설립된 단순 지주회사(shell corporation)인지, 프로젝트 회사 또는 당사자들이 충분한 자산을 보유하고 있고 이 자산이 현재 운영되고 있는 자산인지 등을 검토하여야 한다. 실무적으로는 중재 상대방의 자산이 위치한 국가를 파악하여 해당국의 법원을 통하여 집행하는 것을 추천하고 있다.

발전 프로젝트의 경우에는 일부 주주가 정부산하기관이거나 정부소유기업인 경우가 흔하다. 이때 베트남, 스리랑카, 인도, 인도네시아 등 일부 국가에서는 중재 판정을 집행하는 법원이 정부의 편에 서는 경우가 있어 주의가 필요하다. 최근 국제투자분쟁해결센터

---

96) 외국에서 내려진 중재 판정의 경우 The Convention on the Recognition and Enforcement of Foreign Arbitral Awards of 1958 (New York Convention, 뉴욕 협약)에 가입한 국가에 한하여 중재 판정을 존중하고 이를 국내 법원을 통하여 집행하게 된다. 2018년 5월 현재 159개국이 뉴욕 협약에 가입해 있다 (Status of Convention on the Recognition and Enforcement of Foreign Arbitral Awards (New York, 1958), http://www.uncitral.org/uncitral/en/uncitral_texts/arbitration/NYConvention_status.html 참고). 그러나, 뉴욕 협약에 가입한 국가이더라도 실무적으로는 외국 중재 판정이 용이하게 집행되고 있지 않는 것이 현실이다. 특히 정치적으로 불안정하거나 국내 법원이 외국 중재 판정의 집행을 승인하지 않는 경향이 있는 국가에서는 설사 한국 기업이 국제 중재를 통하여 유리한 중재 판정을 받았다 하더라도 실제로 이를 해당 국가에서 집행하는 데에 상당한 어려움이 따르거나 해당 중재 판정의 집행이 불가능한 경우가 있다.

(International Centre for Settlement of Investment Disputes)를 통한 국제투자중재를 활용하여 불공정한 중재 판정 집행에 대하여 다투는 투자자가 늘어나는 경향이 있으나, 필자의 경험상 (특히 일본 기업) 타방 정부에 대하여 문제를 제기하는 경우는 드물어 보인다.

끝으로, 파트너 선정 및 시장 상황의 판단은 상업적 판단이기는 하지만, 파트너사의 변제 능력과 신용 등급, 해당 분야의 경험을 면밀히 따져보아야 하며 향후 시장 상황이 변할 때 발생할 수 있는 리스크를 어떻게 처리할 것인지를 인수거래의 초기 단계부터 고려하는 것이 중요하다. 특히 주주간계약은 장기적인 안목으로 프로젝트 회사에 전략적으로 투자하는 경우가 많으므로 한 번 체결하면 쉽게 탈퇴하지 못할 가능성이 매우 높다.

극단적인 예로써, 파트너의 재정 상황에 따라 우선매수청구권/우선적거절권, 주식선취권 을 활용하더라도 결국에는 투자금의 회수가 불가능한 경우가 많다. 발전 시장의 예는 아니지만 최근 원자재의 가격이 급락하면서 광산 사업에 투자했던 다수의 일본 사업자들이 지분을 처분하기를 원하지만, 이러한 상황을 예상하지 못한 시점에서 체결된 주주간계약 상의 엄격한 주식 양도 제한 조항으로 인하여 프로젝트 회사에서 탈퇴하지 못하는 경우가 많다. 따라서, 계약 체결시 미래에 발생할 수 있는 다양한 상황(특히, 시장 상황 또는 정부 규제 변화 등)을 고려하여 계약서에 반영하는 것이 바람직하다.

PART **II**

국제 프로젝트 파이낸스

[6] 해외 프로젝트 파이낸스 금융계약의 채무불이행 조항
- 채무불이행 사유 및 효과를 중심으로 -

김 채 호

I. 서   론

프로젝트 파이낸스(project finance, PF)[1]는 프로젝트의 완공 및 운영을 통한 현금창출전망, 사업 자산 가치 등의 종합적인 평가를 통해 금융지원타당성(bankability)[2]이 확보된 사업성 있는 프로젝트에 대해 필요자금을 지원하는 금융방식을 의미한다. 특히 인프라, 원유 및 가스개발, 정유, 석유화학, 자원개발 등 대규모 자본집약시설의 건설 및 운영을 위한 국제 자금조달에 널리 활용되고 있다.

이와 같은 PF 방식의 국제자금조달에서는 개별 금융기관이 단독으로 대출을 취급하기에는 자금부담의 규모가 크고 대출원리금 상환과 관련하여 부담하여야할 위험 또한 크기 때문에 이를 복수의 금융기관에 분산할 필요가 있다. 따라서 일반적으로 다수 금융기관이 대주단(lenders)을 구성하여 신디케이티드론(syndicated loan) 방식으로 자금을 지원한다.[3] 차

---

* 이 장은 필자가 국제거래법학회 2017년 춘계학술대회에서 발표한 글을 보완해 국제거래법연구 제26집 제1호에 게재한 논문을 좀 더 수정·보완한 것임을 밝힌다.

1) Scott L. Hoffman, *The Law and Business of International Project Finance*, 3rd ed., Cambridge University Press (2008), p. 4.에서는 "The term project finance is generally used to refer to a nonrecourse or limited recourse financing structure in which debt, equity, and credit enhancement are combined for the construction and operation, or the refinancing, of a particular facility in a capital-intensive industry, in which lenders base credit appraisals on the projected revenues from the operation of the facility, rather than the general assets or the credit of the sponsor of the facility, and rely on the assets of the facility, including any revenue-producing contracts and other cash flow generated by the facility, as collateral for the debt."로 프로젝트 파이낸스를 정의하고 있다.

2) "금융지원타당성"이란 PF 대주의 입장에서 프로젝트의 제반 조건이 대출 의사를 결정하기에 만족스러운 구조를 갖추고 있는 지 여부를 의미한다. 다만, 이는 확고하게 정립된 개념이 아니라 시장의 변화에 따라 변화하는 유동적 개념이며, 거래의 특성에 따른 차이도 심한 편이다. 자세한 내용은 김채호, "해외 프로젝트 파이낸스(PF)의 금융지원타당성(bankability) 확보방안-금융계약 및 프로젝트계약에서의 대주 이익보호방안을 중심으로", 국제건설에너지법-이론과 실무 (정홍식 외), 박영사 (2017), 559-589면 참조.

3) 이미현·고훈, "국제대출계약의 특징과 구조-신디케이티드론을 중심으로", 「BFL」 제5호, 서울대학교 금융법센터 (2004), 107면.

주 입장에서는 다수의 금융기관과 금융 관계를 형성하고 공통의 금융조건을 하나의 금융계약으로 포괄하는 것이 가능한 장점이 있으며 대주단의 입장에서는 차주의 신용위험(credit risk), 채무불이행위험(default risk) 등의 분산효과를 얻을 수 있는 장점이 있다.[4]

일단 사업성 평가를 통해 금융지원타당성이 확인된 경우 대주단은 구체적인 금융조건에 관해 차주와 협상을 진행하고 최종 합의된 금융조건을 반영한 금융계약들을 체결하는데 이러한 계약들을 통칭하여 프로젝트 금융계약(finance documents)이라고 한다. 프로젝트 금융계약은 다양한 사업위험 경감방안, 금융조건, 각종 담보 관련 사항 등 참여자들의 이해관계와 프로젝트의 특성 등을 종합적으로 반영하여 작성되므로 계약의 구조가 매우 복잡하고 분량이 방대하며 협상과 계약서 작성에 많은 시간이 소요된다는 특징이 있다.[5]

프로젝트 금융계약에서 채무불이행조항(event of default)은 프로젝트에 문제가 발생할 경우 문제 해결방안을 마련할 법적 기초가 될 뿐만 아니라 프로젝트 구조조정(restructuring) 개시와도 직접적인 관련이 있다는 점에서 계약당사자 모두에게 중요한 조항이라고 할 수 있다.

이 장에서는 프로젝트 금융계약 협상시 실제 쟁점이 되는 사안을 중심으로 채무불이행 조항에 관해 자세히 살펴보고자 한다. 우선 주요 프로젝트 금융계약인 공통금융조건계약, 대출계약 및 대주간 계약의 구조 및 내용을 간략하게 소개하고 프로젝트 금융계약에서 채무불이행조항의 의의와 취지를 살펴본 후, Loan Market Association(LMA)[6]의 표준계약서[7] 내용을 중심으로 채무불이행사유를 일반적 금융계약조항으로서의 사유와 프로젝트 금융의 특성에 따른 사유로 나누어 분석하여 정리하고자 한다. 마지막으로 PF에서의 담보의 종류 및 행사에 관한 내용을 중심으로 채무불이행의 효과에 대해 자세히 살펴보고자 한다.

II. 프로젝트 금융계약 개요

1. 프로젝트 금융계약 구조

프로젝트 금융계약은 일반적인 금융계약과 같이 채권자와 채무자간의 금융거래에 관한 계약관계의 구체적인 내용을 기록한 법률 문서이다. 따라서 기본적으로 PF 채권자의 프

---

4) 상동.
5) Vicky Cox and Patrick Holmes, "Principal Loan Finance Documentation", In John Dewar (Ed.), *International Project Finance*, 2nd ed., Oxford University Press (2015), para. 8.01.
6) 1996년 설립된 영국에 본사를 두고 있는 협회로서 60여 개국 630개 이상 기관이 가입되어 있다. 대부분의 국제로펌이나 국제금융기관 등이 LMA에서 회원에게 제공하는 표준계약서를 바탕으로 금융계약서를 작성하고 있다. http://www.lma.eu.com/about-us, LMA(홈페이지) 소개 글 참조.
7) LMA, "Single Currency Term Facility Agreement", (2016. 11. 18.)

로젝트 회사에 대한 대출 의무와 프로젝트 회사의 대출 원리금 상환의무에 관한 사항을 중심으로 선행조건, 진술 및 보장, 특별약정, 채무불이행 등을 부수적으로 규정하고 있다.[8]

　　PF에서는 필요한 자금 규모가 크기 때문에 다수의 금융기관이 PF 채권단[9]을 구성하여 신디케이티드론(syndicated loan) 방식으로 추진하는 것이 일반적이다. 신디케이티드론의 경우 복수의 채권자들이 이자율, 이자기간, 만기 등 동일한 조건하에 단일의 신디케이트(syndicate)를 구성하는 것이 기본적인 방식이지만, 신디케이트 내에서 대출금별로 적용되는 이자율 등 조건의 적용을 달리하거나 채권자별로 제공하는 신용공여의 형태가 상이한 경우도 있을 수 있다.[10]

　　PF에서는 후자의 경우가 대부분인데 다수의 채권자가 통화나 신용공여의 형태가 다른 수개의 tranche[11]를 구성하여 참여한다. 따라서 모든 tranche에 공통으로 적용될 금융조건들을 공통금융조건계약(common terms agreement, CTA)에서 규정하고 tranche별로 상이한 금융조건은 개별 대출계약(loan agreement, LA)에서 규정한다. 그 밖에 PF 채권단의 의사결정원칙 등에 관한 사항은 대주간 계약(intercreditor agreement, IA)에서 규정하는 방식으로 프로젝트 금융계약을 작성하는 것이 일반적이다.[12]

[그림 1] 주요 프로젝트 금융계약 기본구조

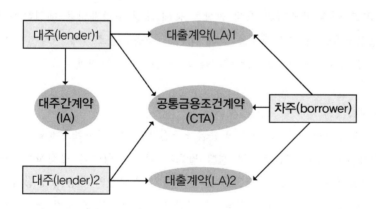

---

8) Vicky Cox and Patrick Holmes, *supra note* 5, para. 8.04.
9) 이하에서는 PF 참여 금융기관들을 'PF 채권단'으로 각각의 채권자를 'PF 채권자'로 기술한다.
10) 이미현·고훈, (주 3), 111면.
11) 프랑스어로 조각(slice)을 의미하며 하나의 금융계약에서 다수의 채권자들이 각기 다른 금융조건으로 대출하는 경우 그 개별 대출부분을 의미한다(E. R. Yescombe, *Principles of Project Finance*, 2nd ed., Academic Press (2014), Glossary and Abbreviations, p. 537).
12) Vicky Cox and Patrick Holmes, *supra note* 5, para. 8.06.

실무에서는 이와 같은 프로젝트 금융계약의 작성에 LMA에서 작성한 다양한 표준계약서(이하 "LMA 표준계약서")가 널리 활용된다. 이는 LMA 표준계약서에서 규정하고 있는 내용이 시장 참여자들 간에 일반적으로 합의된 시장관행을 반영하여 작성되었으므로 이른바 '표준조항(boilerplate terms)'의 협상에 불필요한 시간이나 노력을 기울이지 않아도 되는 장점이 있기 때문이다.13) 주요 프로젝트 금융계약의 기본구조는 위 [그림 1]과 같다.

2. 주요 프로젝트 금융계약

가. 공통금융조건계약

공통금융조건계약(common terms agreement, CTA)은 모든 채권자에게 공통적으로 적용될 금융구조 및 금융조건을 규정하는 가장 핵심적인 프로젝트 금융계약인데 PF 채권단과 프로젝트 회사 간에 체결되며 여기에서 정하지 아니한 채권자별로 상이한 금융조건은 개별 대출계약(loan agreement)에서 규정하게 된다. 이는 PF 사업의 금융구조가 복잡해지고 다양한 채권자들이 참여하고 있는 최근 경향을 고려할 때 모든 채권자에게 공통으로 적용될 금융조건을 하나의 계약에서 포괄적으로 규정하고, 기관별로 상이한 금융조건에 관해서만 개별 대출계약을 체결하는 방식으로 금융협상을 진행하는 것이 시간이나 비용 측면에서 효율적이기 때문이다.

실무에서는 PF 채권단과 사업주 및 프로젝트 회사가 협상을 통해 우선 공통금융조건계약을 체결하고 그 이후 채권자별 개별 협상을 통해 개별 대출계약을 체결하는 것이 관행화되어 있다. 공통금융조건계약 체결을 통해 적어도 공통금융조건에 관해서는 tranche 간에 계약내용의 불일치나 충돌이 발생할 여지를 최소화한다는 측면에서도 그 의미가 있다.14)

나. 개별 대출계약

개별 대출계약(loan agreement)은 공통금융조건 이외에 이자율, 대출 원리금 상환계획 등 개별 채권자별로 상이하여 별도로 정할 필요가 있는 사항들을 규정하는 계약으로 해당 PF 채권자와 프로젝트 회사 간에 체결된다.15) 개별 대출계약의 내용이 공통금융조건계약의 내용과 일치하지 않거나 충돌하는 경우 PF 채권단과 프로젝트 회사가 당사자로 체결한 공통금융조건계약의 내용이 우선하게 되는데 이러한 내용도 주로 공통금융조건계약에 규정되어 있다.16)

---

13) E. R. Yescombe, *supra note* 11, §14.1.
14) Vicky Cox and Patrick Holmes, *supra note* 5, para. 8.06.
15) *Ibid.*
16) 프로젝트 금융계약 간에 내용의 충돌이 있는 경우 우선 적용순서는 대주간 계약, 공통금융조건계약, 개별 대출계약의 순서가 일반적이다(김채호, (주 2), 33면, 각주 30).

다. 대주간 계약

대주간 계약(intercreditor agreement)은 PF 채권자들 간에 체결되는 계약으로서 PF 채권단의 주요 의사결정에 관해 규정하고 있다. PF에는 각국의 공적수출신용기관(export credit agency, ECA), 다자개발은행(multilateral development bank, MDB), 상업은행(commercial bank) 등 다양한 금융기관이 채권자로 참여하고 있다.[17] 각 기관마다 부담하는 위험의 수준이 다르고 담보권 실행 등과 관련하여 이해관계가 매우 복잡하므로 채권자 간의 권리 및 의무, PF 채권단 의사결정 원칙(intercreditor principle) 등에 관해 프로젝트 금융계약에서 자세하게 규정할 필요가 있다.

예를 들면 담보권실행, 권리행사 유예(waive), 계약의 수정(amend) 등은 다수 채권자의 동의에 의해서 가능하며, 프로젝트 회사로부터 대출 원리금을 상환받으면 대출비율(*pro rata*)에 따라 이를 분배하기로 하는 조항 등이 대표적이다. 이러한 내용을 규정한 프로젝트 금융계약이 대주간 계약이다. 신디케이티드론 방식 금융에서는 신디케이티드론 대출계약이 대주간 계약의 내용을 포함하고 있기 때문에 별도의 대주간 계약 체결이 필요하지 않은 경우가 많다. PF에서도 공통금융조건계약에서 필요한 사항을 규정함으로써 대주간 계약을 체결하지 않을 수 있으나 최근에는 다양한 채권자들의 참여와 금융구조의 복잡화로 인해 별도의 대주간 계약을 체결하는 것이 일반적이다.[18]

Ⅲ. 프로젝트 금융계약의 채무불이행 조항 개요

1. 채무불이행 조항의 구조

채무자의 대출 원리금 미상환, 프로젝트 금융계약 위반 등 채무불이행 사유가 발생하면 채권자는 변제기가 도래하지 않았더라도 채무자에게 대출 원리금 전액의 즉시 상환을 요구할 수 있다.[19] 그리고 필요시 담보권을 실행하는 등 추가 조치를 취할 수 있는데 이러한 내용들은 프로젝트 금융계약의 채무불이행 조항에서 규정한다. 이러한 채무불이행 조항은 크게 두 부분으로 나눌 수 있는데 첫 번째는 어떠한 사유들이 채무불이행 사유에 해당하

---

17) ECA는 자국 산업의 수출촉진, 자국 기업의 해외진출을 금융 제공을 통해 지원할 목적으로 정부가 설립하는 금융기관이며, MDB는 개발도상국 등의 경제발전을 촉진하기 위해 다수 국가 정부들의 출자로 설립된 국제기구이다. 개발도상국에서 진행되는 PF의 경우 그 지역의 정치적 위험을 경감시킬 수 있는 방안의 마련이 필요한데 ECA나 MDB는 일종의 정치적 기구로서 사업에 직접 자금을 지원하거나 상업은행의 자금지원에 대한 보증을 제공함으로써 이러한 위험을 경감시키는 역할을 하고 있다(Graham Vinter, Gareth Price and David Lee, *Project Finance*, 4th ed., Sweet & Maxwell (2013), para. 14-001).

18) Vicky Cox and Patrick Holmes, *supra note* 5, paras. 8.151-8.152.

19) 우리법상의 개념으로 표현하자면 채무자가 기한의 이익을 상실하는 것을 의미한다(사법연수원, 「금융거래법」 (2013), 346면).

는지 그 개별사유를 나열한 부분이며, 두 번째는 그러한 채무불이행 사유가 발생한 경우 채권자가 취할 수 있는 조치들과 구제수단 등 채무불이행의 효과를 기술한 부분이다. 실무에서는 주요 내용을 공통금융조건계약에 규정하고 개별 대출계약에서는 이를 참조하도록 근거조항만을 두는 것이 일반적이다.

2. 채무불이행 사유 및 효과 일반

채무불이행 사유란 채무자가 금융계약상의 의무를 이행하지 못할 가능성을 높이고 이로 인해 채권자가 채무자에 대한 대출을 중단하도록 만들 수 있는 일련의 사건이나 상황을 의미한다.[20] 이는 해당 거래의 특성에 따라 달라지지만, 그 성격에 따라 크게 분류하면 (ⅰ) 지급의무 불이행과 관련된 사유와 (ⅱ) 진술 및 보장 조항이나 특별약정 조항 등 금융계약 주요 조항의 위반과 관련된 사유로 나눌 수 있다. 한편, 구조에 따라 분류하면 (ⅰ) 특정 사유가 발생하면 바로 채무불이행 사유에 해당하는 경우와 (ⅱ) 특정 사유가 발생하고 일정한 치유기간(cure period 또는 remedy period라고 한다)이 경과하도록 치유가 되지 아니할 때 채무불이행 사유가 되는 경우로 구분할 수 있다.[21]

프로젝트 금융계약도 금융계약의 일종이기 때문에 일반적인 금융계약상의 채무불이행 사유가 프로젝트 금융계약에 포함되어 있으며 사업의 특성과 관련된 채무불이행 사유들이 추가적으로 규정되어 있다. 우선 일반적 금융계약 조항으로서의 채무불이행 사유들로는[22] (ⅰ) 원리금 상환의무 미이행, (ⅱ) 진술 및 보장(representations and warranties) 조항 위반, (ⅲ) 특별약정(covenants) 조항 위반, (ⅳ) 채무자(또는 관계회사)의 지급불능 또는 회생이나 파산절차 개시, (ⅴ) 교차 채무불이행(cross default), (ⅵ) 중대하고 부정적인 변화(material adverse change, MAC)[23]의 발생 등이 규정되어 있다. 프로젝트 금융의 특성에 따른 채무불이행 사유로는[24] (ⅰ) 주요 프로젝트 계약[25]과 관련된 사유, (ⅱ) 재무약정(financial covenants)[26] 위반,

---

20) Richard Wight, *The LSTA's Complete Credit Agreement Guide*, McGraw Hill (2009), para. 9.1.

21) 이미현·고훈, (주 3), 119-120면.

22) Vicky Cox and Patrick Holmes, *supra note* 5, para. 8.91.

23) 채무자는 MAC 조항의 내용이 주관적이고 모호하며 채무자의 계약상 의무이행 능력은 특별약정 조항을 통해 점검받게 되므로 특별약정 조항과 내용상 충돌한다고 주장하면서 채무불이행 사유에 포함시키는 것에 반대하는 경우가 많다(Richard Wight, *supra note* 20. para. 9.1.12).

24) Vicky Cox and Patrick Holmes, *supra note* 5, para. 8.92.

25) EPC 계약(EPC contract), 원재료 공급계약(feedstock supply agreement), 제품 판매계약(offtake contract), 운영·유지계약(operation & maintenance agreement) 등을 포함한 주요 프로젝트 계약들을 의미한다(E. R. Yescombe, *supra note* 11, §8.11).

26) 재무약정은 신디케이티드론을 포함한 모든 국제금융계약에서 항상적으로 규정되는 중요한 구속약정 (특별약정)으로서 "채무자가 재무비율을 일정수준 이상으로 유지하여야 한다"와 같이 채무자의 사업 관련 재무비율 유지의무를 규정하게 된다(자세한 논의는 이미현·고훈, (주 3), 119면 참조). 따라서 재무약정 위반을 일반적 금융계약 조항으로서의 채무불이행 사유로 보는 것이 타당하다고 할 수 있지만,

(iii) 주요 인허가의 취소 또는 변경, (iv) 사업주의 출자의무 불이행 등 사업주 관련 사유, (ⅴ) 사업 완공 실패, (ⅵ) 사업 중단, 포기 또는 멸실, (ⅶ) 정치적 위험 등이 규정되어 있다.

일단 채무불이행 사유가 발생하면 채권자는 채무자에 대하여 (ⅰ) 채무불이행 사유가 치유될 때까지 추가 대출의 중단 또는 취소, (ⅱ) 대출 원리금 전액에 대한 기한의 이익 상실 조치, (ⅲ) 현금흐름의 통제, 프로젝트 개입권(project step-in right)27) 행사, 담보 자산 매각 등 담보권 실행 조치를 단계별로 취할 수 있다.28) 실무에서는 채무불이행 사유의 구성에 관해 PF 채권단과 채무자인 프로젝트 회사가 첨예하게 대립하는 경우가 많다. 이는 PF 채권단은 필요시 추가 대출집행 중단, 신속한 담보권 실행 등 목적 달성을 위해 가급적 프로젝트 회사의 채무불이행 사유를 폭넓게 규정하고자 하지만, 프로젝트 회사는 그 범위를 가급적 줄이고자 하기 때문이다.29) 다음에서는 주요 채무불이행 사유를 일반적 금융계약 조항으로서의 사유와 프로젝트 금융의 특성에 따른 사유로 나누어 살펴보고자 한다.

Ⅳ. 일반적 금융계약 조항으로서의 사유

1. 원리금 상환의무 미이행

원리금 상환의무 미이행(non payment)은 금융계약에서 가장 기본적인 채무불이행 사유로서 상환기일이 도래한 대출원금, 이자, 수수료 등 채무자가 채권자에게 상환하여야할 금액을 지급하지 못한 경우를 의미한다. 채무자의 임의적 조기상환(voluntary prepayment)의 경우에도 채무자가 상환하기로 한 기일에 상환하지 못하면 채무불이행이 발생한 것으로 본다.30) 다만, 그러한 미상환이 일시적이거나 기술적인 오류(technical default)로 인한 것이며 상환기일로부터 통상 2~3일 정도의 기간 내에 상환된 경우에는 채무불이행 사유가 치유된

PF가 사업성을 기반으로 하는 금융이며 사업의 정상적 운영여부를 정확하게 평가하는 방법으로 재무약정의 중요성을 고려할 때 저자는 오히려 프로젝트 금융의 특성에 따른 채무불이행 사유로 분류하는 것이 보다 더 타당하다고 본다.

27) PF 채권단은 프로젝트 회사가 체결하는 각종 프로젝트 계약(project contracts)상의 모든 권리에 대하여 계약양도 방식으로 담보권을 설정하고 필요시 PF 채권단이 해당 계약에서 프로젝트 회사를 대신하여 계약의 당사자가 될 수 있는 권리를 확보하는데 이를 '프로젝트 개입권' 또는 '개입권'이라고 한다. PF 채권단이 개입권을 확보하는 이유는 프로젝트 회사가 채무불이행 상황에 직면하는 경우 사업 자산을 처분하여 대출 원리금을 회수하기 위해서라기보다는 개입권을 행사하여 프로젝트 회사의 모든 자산 및 계약상의 모든 권리를 인수하여 사업 전체를 새로운 구매자에게 양도할 수 있도록 하기 위해서이다(김동은·김광열, "프로젝트 파이낸스에 있어서 개입권의 유형과 내용-민간투자사업을 중심으로", 「BFL」 제37호, 서울대학교 금융법센터 (2009), 26면). PF에서의 개입권에 관한 자세한 내용은 김채호, (주 2), 48-50면 참조.

28) Vicky Cox and Patrick Holmes, *supra note* 5, para. 8.95.

29) 이미현·고훈, (주 3), 119면.

30) Richard Wight, *supra note* 20. para. 9.1.1.

것으로 본다.[31]

2. 진술 및 보장 조항 위반

가. 진술 및 보장 조항의 의의 및 취지

금융계약에서 채권자가 대출 의사를 결정함에 있어 가장 중요한 고려사항은 대출 원리금의 정상적 상환 여부라고 할 수 있다. 이를 판단하기 위해 채권자들은 채무자의 기업 현황 및 재무상태, 채무자의 자회사에 관한 정보, 재무제표 및 주요 계약현황, 우발 채무의 존재 여부 또는 소송 관계 등과 같은 사실관계의 파악 및 관련 자료 확보를 목적으로 금융계약 체결 이전에 채무자에 관해 법적 실사, 시장현황 실사를 포함한 다양한 조사를 하게 된다.[32]

이 같은 조사는 기본적으로 채무자가 제공한 자료와 진술내용에 근거할 수밖에 없으므로 채권자들로서는 채무자가 공개한 자료 등이 특정 시점(즉, 계약체결 시점)에서 진실하고 정확한 것임을 채무자로 하여금 확인하고 보장하게 할 필요가 있다.[33] 금융계약에서 채무자로 하여금 자신이 제공한 자료를 '진술'하고 그 진실성을 '보장'하게 하는 것이 이른바 진술 및 보장(representations and warranties) 조항이다.[34]

이러한 진술 및 보장 조항 위반이 가지는 법률효과는 계약의 유형에 따라 다소 달라진다. 예를 들면 M&A 계약에서는 계약 체결 당시 및 종결일 현재 진술 및 보장이 진실할 것을 거래 종결의 선행조건의 하나로 하는 것이 일반적이므로 계약 체결일과 종결일 사이에 새로운 사정이 발생하여 당초의 진술 및 보장이 더 이상 진실하지 않게 되면 매수인은 선행조건 미충족을 이유로 이행을 거절할 수 있게 된다. 다만, 이 경우 매도인에게 지나치게 가혹한 결과를 초래할 수 있으므로 매도인은 계약 협상 시에 공개목록(disclosure schedule)을 갱신(update)할 수 있는 권한을 요구하여 계약 체결 이후 생긴 사유들을 공개목록에 추가함으로써 진술 및 보장 위반을 피할 수 있다.[35]

이는 대출계약에서 진술 및 보장 조항 위반의 치유를 매우 까다롭게 인정하는 것과는 다소 차이가 있는 점이다.[36] 한편, 거래 종결이후에는 진술 및 보장 조항이 거래 종결일 현

---

31) *Ibid.*

32) 이미현·고훈, (주 3), 115면.

33) 상동.

34) 프로젝트 금융계약상 진술 및 보장은 계약체결 시점을 기준으로 이루어지지만 일부 특정 진술 및 보장은 대출집행(drawdown) 시점 또는 이자기일(interest period)의 시작 시점에 반복 재생산되기도 한다 (Vicky Cox and Patrick Holmes, *supra note* 5, para. 8.63).

35) 천경훈, "진술보장조항의 한국법상 의미", 「BFL」 제35호, 서울대학교 금융법센터 (2009), 85-86면.

36) 대출계약에서 진술 및 보장 조항 위반의 경우에도 치유를 인정할지 여부에 관해서는 소극적으로 보는 견해가 일반적이다. 왜냐하면 채권자가 대출 의사를 결정함에 있어서 주요한 근거가 된 채무자의 제공 정보 등이 허위였음이 계약 체결 이후 드러나는 경우 비록 그 이후에 올바른 정보를 제공한다 하더라도 이를 진술 및 보장 조항 위반의 치유로 인정하기는 어려울 것이다. 따라서 치유가 가능하며 그러한

재 진실이 아님이 드러난 경우 매수인은 매도인에 대해 손해배상을 청구할 수도 있다.[37] 금융계약에서는 진술 및 보장이 진실할 것을 대출집행의 선행조건으로 규정하고 진술 및 보장이 중요한 점에서[38] 사실과 다른 경우를 채무불이행 사유로 규정하고 있다. 따라서 진술 및 보장이 진실하지 않은 경우 대출집행을 거부할 수 있으며 이미 집행된 대출에 대해서는 기한의 이익을 상실시킬 수 있다. 이를 통해 채무자가 진실한 진술 및 보장을 하도록 간접적으로 강제할 수 있는 측면이 있다.[39]

나. 프로젝트 금융계약에 특유한 진술 및 보장 조항의 주요 내용

프로젝트 금융계약은 일반적으로 LMA 표준계약서를 바탕으로 작성된다. 따라서 기본적으로 LMA 표준계약서의 진술 및 보장 조항을 포함하고 있으며, 해당 사업의 특성을 반영한 진술 및 보장 조항을 추가하여 작성된다.[40] 아래 [표 1]은 LMA 표준계약서 진술 및 보장 조항의 주요 내용이다.

[표 1] LMA 표준계약서의 진술 및 보장 조항[41]

1. 채무자는 적법하게 설립되어 유효하게 존속하는 법인이다.
2. 금융계약상의 의무는 합법적이고 구속력 있는 유효한 의무이다.
3. 채무자의 금융계약 체결 및 이행은 법령, 정관, 기타 채무자가 체결한 계약 등을 위반하지 아니한다.
4. 채무자는 금융계약의 체결 및 이행에 필요한 권한을 가지고 있다.
5. 금융계약의 체결 및 이행 관련 합법성 확보 등을 위해 필요한 조건 등이 충족되었고 법적으로 유효하다.
6. 영국법의 준거법 채택과 영국법원의 재판관할 합의는 유효하며 영국법원의 판결은 채무자의 법역(또는 국가)에서 집행력을 가진다.
7. 원천징수의 의무가 없다.
8. 금융계약이 법원 등에 등록될 것이 요구되지 않으며 인지세를 납부할 필요가 없다.
9. 채무불이행 사유가 없으며 다른 계약 등에서 채무자나 관계회사에 중대하고 부정적인 영향을 미칠[42] 채무불이행 사유가 없다.

위반이 중대하지 아니한 극히 일부 경우를 제외하고는 진술 및 보장 조항 위반에 대해서는 치유를 인정하지 않는 것이 타당하다(Richard Wight, *supra note* 20. para. 9.1.2).

37) 천경훈, (주 35), 87면.

38) '중요한 점에서(in material respect)' 또는 '중대하고 부정적인 영향을 미치는 경우(material adverse effect, MAE)'와 같은 내용으로 진술 및 보장 조항에 부가되는 전제조건을 '중요성 조건(materiality qualifier 또는 materiality limitation)'이라고 한다(이미현·고훈, (주 3), 117면, 각주 28).

39) Richard Wight, *supra note* 20. para. 9.1.2.

40) Vicky Cox and Patrick Holmes, *supra note* 5, para. 8.62.

41) LMA, *supra note* 7, pp. 50-52.

10. 제공된 정보는 중요한 점에서 사실이며 정확하다.
11. 채무자나 관계회사의 재무제표는 일반적으로 인정되는 회계원칙에 의해 적법하게 작성되었으며 중요 내용에 누락이나 허위가 없다.
12. 채무자의 채권자에 대한 채무는 다른 무담보 채무와 적어도 동순위이다.[43]
13. 채무자 또는 관계회사에 대해 중대하고 부정적인 영향을 미칠 소송 등이 진행되고 있지 않으며 진행될 것으로 예상되지 않는다.
14. 일부 진술 및 보장 사항은 특정 시점에 반복되는 것으로 간주된다.

LMA 표준계약서에 규정된 내용 이외에 프로젝트 금융의 특성을 반영한 진술 및 보장 사항[44]으로 (i) 채무자는 각종 사업 자산 및 계약 등에서 소유권, 임차권 등 필요한 권리를 보유하고 있을 것, (ii) 채무자 및 해당 사업이 중요한 측면에서 법령 등에 위반하지 않을 것, (iii) 사업수행에 필요한 모든 정부 인허가를 적법하게 보유하고 있을 것, (iv) 채무자는 환경 관련 법령 등을 준수하고 있을 것, (v) 사업 예산은 적정할 것, (vi) 채권자에게 제공된 담보는 적법하게 제공되었으며 유효하게 존재하고 있을 것, (vii) 채무자는 해당 사업 이외에 추가 사업을 수행하고 있거나 수행할 예정이 아닐 것, (viii) 뇌물, 금지된 거래 등에 해당하지 아니할 것 등이 추가되는 것이 일반적이다.

프로젝트 금융계약 협상 과정에서 PF 채권단은 가능한 많은 사항에 대한 진술 및 보장을 얻어내고자 하지만, 프로젝트 회사는 '인식 조건'[45]이나 '중요성 조건'을 부가하는 방법으로 진술 및 보장의 제공범위를 제한하고자 한다.[46] 따라서 진술 및 보장사항의 범위를 정하는 것은 PF 채권단과 프로젝트 회사가 첨예하게 대립하는 주요 쟁점 중 하나이다.

3. 특별약정 조항 위반

가. 특별약정 조항의 의의 및 취지

채권자는 프로젝트 금융계약 체결 이후 대출 원리금이 전부 상환될 때까지 채무자가

---

42) MAE 조건의 경우에는 진술 및 보장 조항뿐만 아니라 특별약정 조항, 채무불이행 조항 등에도 중요성 조건으로 부가되기도 한다(Graham Vinter, Gareth Price and David Lee, *supra note* 17, para. 8-014).
43) 'pari passu' 조항이라고 한다. 채무자는 해당 금융계약에 따른 채무가 담보가 설정된 채무나 후순위 채무(subordinated debt)를 제외한 채무자의 다른 채무와 동일한 순위에 있음을 확인한다. LMA 표준계약서에서는 "Its payment obligations under the Finance Documents rank at least pari passu with the claims of all its other unsecured and unsubordinated creditors, except for obligations mandatorily preferred by law applying to companies generally"라고 규정하고 있다(LMA, *supra note* 7, p. 52).
44) John Dewar (Ed.), *International Project Finance*, 2nd ed., Oxford University Press (2015), Appendix 1.
45) '채무자가 아는 한(to the knowledge of the borrower)', '채무자가 최대한 아는 바로는(to the best knowledge of the borrower)'과 같은 내용으로 진술 및 보장 조항에 부가되는 전제조건을 '인식 조건 (knowledge qualifier 또는 knowledge limitation)'이라고 한다(이미현·고훈, (주 3), 116면, 각주 27).
46) Vicky Cox and Patrick Holmes, *supra note* 5, para. 8.63.

원리금 상환능력을 유지하도록 할 목적으로 채무자에게 일정한 행위를 하여야 할 의무를 부과하거나 채무자의 일정한 행위를 금지하는 조항을 프로젝트 금융계약에 포함시키는데 이를 특별약정(covenants[47]) 조항이라고 한다. 채무자의 특별약정 조항 위반은 채무불이행 사유가 되므로 채권자는 채무자의 기한의 이익 상실 선언 등 조치를 취할 수 있다는 점에서 진술 및 보장 조항과 공통점이 있다. 그러나 특별약정 조항은 프로젝트 금융계약 체결이후 장래에 대한 일정한 의무 이행 또는 불이행의 약정이라는 점에서 과거로부터 계약체결 시점까지의 사실 및 상태를 설명하는 진술 및 보장 조항과는 차이가 있다.[48]

나. 프로젝트 금융계약 특별약정 조항의 주요 내용

프로젝트 금융계약의 특별약정 조항 역시 진술 및 보장 조항과 같이 LMA 표준계약서의 내용을 중심으로 프로젝트 금융의 특성을 반영한 사항들을 추가적으로 규정하고 있다. PF 채권단은 보수적인 관점에서 매우 광범위한 사항들을 포함시키고자 하지만, 채무자인 프로젝트 회사는 사업수행 중 발생하는 문제들에 대해 적기에 효율적으로 대응할 수 있도록 충분한 재량권을 확보하기를 원하기 때문에 특별약정 조항의 확대에 대해 부정적 입장을 견지한다.[49]

기본적으로 프로젝트 금융계약의 특별약정 조항도 내용상으로는 크게 적극적 구속약정, 소극적 구속약정 및 재무약정의 세 가지 항목으로 나누지만, LMA 표준계약서는 특별약정 조항을 정보제공약정(information undertakings), 재무약정(financial covenants) 및 일반약정(general undertakings)으로 구분하여 규정하고 있다. 아래 [표 2]는 LMA 표준계약서 특별약정 조항의 주요 내용이다.

[표 2] LMA 표준계약서의 특별약정 조항[50]

1. 정보제공약정
  1) 재무제표의 제출(연말, 반기, 분기)
  2) 재무약정준수 확인서 제출
  3) 재무제표 작성 시 회계기준 준수
  4) 기타 정보의 제공
  5) 채무불이행 사유 발생 시 통보
  6) 이메일 또는 웹서버 자료 게시 관련 확인

---

47) undertaking 이라고도 한다.
48) 김채호, "국제대출계약서의 주요 조항 및 법적 쟁점−Loan Market Association 표준계약서를 중심으로", 「금융법연구」 제12권 제2호, 한국금융법학회 (2015), 138면.
49) Vicky Cox and Patrick Holmes, *supra note* 5, paras. 8.64-8.67.
50) LMA, *supra note* 7, pp. 53-60.

7) Know your customer(KYC)[51] 관련 정보 제공 등

2. 재무약정

3. 일반약정

　　1) 금융계약 또는 사업 관련 필요한 인허가의 취득 및 유지

　　2) 계약이행 관련 법령 등의 준수

　　3) 담보제공 금지[52]

　　4) 자산처분 금지[53]

　　5) 합병 금지

　　6) 사업 변경 금지 등

　　LMA 표준계약서에 규정된 내용 이외에 프로젝트 금융의 특성을 반영한 주요 사항들로는 우선 적극적 구속약정으로 (ⅰ) 산업관행에 맞는 사업의 유지 및 운영, (ⅱ) 자산 등에 대한 적절한 수준의 보험 가입, (ⅲ) 사업 운영에 필요한 각종 인허가의 취득 및 유지, (ⅳ) 사업 자산에 대한 소유권 등 취득 및 유지 등이 있다.

　　정보제공약정으로는 (ⅰ) 건설 관련 주요한 사양 변경 또는 계약 조건 변경 통보, (ⅱ) 공사일정의 주요한 변경 통보, (ⅲ) 분기/반기 운영현황 통보 등이 있으며 소극적 구속약정으로는 (ⅰ) 사업 자산에 대한 추가 담보제공 금지, (ⅱ) 일정 금액 이상의 사업 자산 처분 등 금지, (ⅲ) PF 채권단 사전승인 없는 프로젝트 계약 체결 금지, (ⅳ) 해당 사업과 무관한 신규 사업 추진 금지 등이 있다.[54]

4. 채무자(또는 관계회사)의 지급불능 또는 회생이나 파산 절차 개시

　　채무자의 지급불능 상태 발생으로 인해 법원 등에 의한 법적 절차가 개시되는 경우 채권자의 채무자에 대한 영향력이 급감하고 프로젝트 금융계약상의 권리행사가 제한되는 등 채권자의 채권보전에 심각한 영향을 준다. 따라서 프로젝트 금융계약에서는 채무자 또는

---

51) 금융정책으로 금융기관의 대출금 등이 자금세탁(money laundering)이나 범죄단체에 대한 자금지원 (terrorist financing) 등 불법행위에 이용되지 않도록 채무자에 관한 정보를 금융기관이 확인하도록 강제 하는 제도를 know your customer(KYC) 제도라고 한다. 채권자는 필요시 프로젝트 금융계약상의 특별약정 조항중 KYC 정보제공 의무를 근거로 채무자에게 채무자 관련 정보의 제공을 요청할 수 있다 (Latham & Watkins, *The Book of Jargon, Project Finance*, 2nd ed., (2013), p. 51).

52) negative pledge 조항으로서 채무자가 채권자들에게 이미 고지한 것과 프로젝트 금융계약에 명시적으로 허용된 경우를 제외하고는 다른 채권자에게 담보를 제공하지 않겠다는 약정이다. 그러나 채권자들에게 동일한 담보를 제공하는 경우에는 예외적으로 다른 채권자에게도 담보를 제공할 수 있다. 이 약정을 통해 채권자들은 채권자들 간의 동등한 순위(pari passu ranking)를 보장받을 수 있다. 자세한 내용은 김채호, (주 48), 142-143면 참조.

53) 실무에서는 모든 자산의 처분을 금지하기보다는 사업수행에 필요한 주요 자산(material assets)이나 일정 금액 이상의 자산 처분을 제한하는 방식으로 규정하는 것이 일반적이며 예외적으로 PF 채권단의 사전 승인이 있는 경우에는 제한 없이 자산처분이 가능하도록 허용한다.

54) John Dewar(Ed.), *supra note* 44, Appendix 1, pp. 622-625.

관계회사의 지급불능 또는 회생이나 파산 절차 개시를 채무불이행 사유로 규정한다.[55] 특히 동 조항은 법원에 의한 법적 절차 진행뿐만 아니라 지급불능 상태 발생 및 이에 준하는 유사 상황의 발생도 포함할 수 있도록 다소 포괄적으로 규정되는 경우가 많다.[56]

LMA 표준계약서에서는 채무자 또는 관계회사가 기일이 도래한 채무의 상환이 불가능하거나 이를 인정한 경우, 채무의 상환을 연기한 경우, 또는 채권자와 채무재조정에 관해 협의를 개시하는 경우 등을 채무불이행 사유로 규정하고 있다.[57] 이러한 사유가 발생하면 즉각적으로 채무불이행이 발생한 것으로 보고 채무자에게 치유기간을 인정하지 않는 것이 일반적이다.[58]

또한, LMA 표준계약서에서는 지급중단, 청산절차의 개시, 법정관리인이나 파산관재인 등의 선임, 담보권의 실행 등 회생이나 파산 관련 법적 절차가 개시되는 경우도 채무불이행 사유로 본다. 다만, 악의의 제3자로부터 채무자를 보호하기 위하여 제3자에 의해 근거 없이 관련 절차들이 개시된 경우에는 일정 치유기간 내에 이를 중단시키게 되면 채무불이행 사유로 보지 않을 수 있도록 규정하고 있다.[59]

5. 교차 채무불이행

실무에서 채권자와 채무자가 가장 첨예하게 대립하는 채무불이행 사유 중 하나가 교차 채무불이행(cross default)이다.[60] 이는 비록 해당 대출계약상 채무불이행 사유는 발생하지 않았더라도 채무자와 다른 채권자와의 대출계약에서 채무불이행 사유가 발생한 경우 이를 해당 대출계약상의 채무불이행 사유로 간주하는 것이다. 이 경우 해당 대출계약의 채권자들은 다른 계약상의 채권자들과 같은 시기에 채무불이행을 행사근거로 하는 권리를 행사할 수 있게 된다.[61]

채무자는 계약의 종류와 채무불이행 규모를 고려하지 않고 단순히 다른 계약에서 채무불이행 사유가 발생하였다는 사실을 해당 계약에서의 채무불이행 사유로 간주하는 것은 채무불이행 사유가 과도하게 확대된다는 점을 주장하면서 이를 수용하지 않으려고 한다.[62] 또는 교차 채무불이행 대신 교차 기한의 이익 상실(cross acceleration)[63]을 채무불이행 사유

---

55) Richard Wight, *supra note* 20. para. 9.1.5.
56) *Ibid.*
57) LMA, *supra note* 7, p. 61.
58) Richard Wight, *supra note* 20. para. 9.1.5.1.
59) LMA, *supra note* 7, p. 62.
60) 김채호, (주 48), 144면.
61) 사법연수원, (주 19), 347면.
62) 김채호, (주 48), 144면.
63) 교차 기한의 이익 상실(cross acceleration)은 다른 계약상의 채무불이행 사유가 발생한 것을 해당 계약상의 채무불이행 사유로 보는 것이 아니라, 다른 계약상 채무불이행 사유가 발생하고 실제로 기한의

로 포함시킬 것을 주장하기도 한다.

실무에서는 금액 조건[64] 등의 추가를 전제로 cross default를 수용하는 경우가 많다. 다만, PF 채권단이 프로젝트 금융계약상의 채무불이행 사유 발생을 선언하는 경우 채무자의 다른 채권자들에 대한 계약에서 교차 채무불이행 조항에 의해 채무불이행 사유가 발생한 것으로 간주될 수 있다. 따라서 채무자의 영업활동에 부정적 영향을 초래할 수 있다는 점을 고려하여 충분한 실익 검토를 통해 채무불이행 사유 발생을 주장하여야 한다.[65]

6. 중대하고 부정적인 변화의 발생

채권자는 프로젝트 금융계약 체결 이후 채무자에게 중대하고 부정적인 변화(material adverse change, MAC)가 발생하였다고 판단되는 경우 이를 채무불이행 사유로 간주하고 추가적인 채권보전 조치를 취할 수 있기를 원한다. 이를 반영한 조항이 바로 MAC 조항이다.[66] MAC 조항은 프로젝트 금융계약에서 규정하지 아니한 상황의 발생을 채권자가 임의적인 판단에 따라 채무불이행 사유로 볼 수 있게 해줌으로써 채무자 입장에서는 불확실성이 증가되는 측면이 있다. 반면, 채권자 입장에서는 프로젝트 금융계약에 명시되지는 않았으나 채무자에게 부정적 영향을 미칠 수 있는 상황의 발생에 대비하여 일종의 포괄조항(catch all provision)인 MAC 조항을 근거로 채무불이행 조항을 적용할 수 있는 장점이 있다.[67]

채권자의 MAC 발생 주장에 대해 채무자가 오히려 계약 체결 당시 예상하지 못한 상황이 발생하였다고 주장하면서 '사정변경의 원칙'을 근거로 채무불이행 사유 발생 주장을 부인할 수 있는지에 대해 생각해볼 수 있다. 우리 판례[68]는 사정변경의 원칙을 "채권을 발생시키는 법률행위 성립 후 당시 환경이 된 사정에 당사자 쌍방이 예견 못하고 또 예견할 수 없었던 변경이 발생한 결과 본래의 급부가 신의형평의 원칙상 당사자에 현저히 부당하게 된 경우, 당사자가 그 급부의 내용을 적당히 변경할 것을 상대방에게 제의할 수 있고, 상대

이익이 상실된 경우 이를 해당 계약에서의 채무불이행 사유로 보는 조항이다. 교차 채무불이행과 비교할 때 채무불이행 인정 시점이 더 늦기 때문에 채무자에게 유리하다(Richard Wight, *supra note* 20. para. 9.1.4).

64) 예를 들면, "다른 계약에서 천만 불 이상의 채무불이행이 발생한 경우 이를 해당 계약상의 채무불이행 사유로 본다."와 같이 금액 조건을 추가하는 것을 말한다.

65) Practical Law Finance, "Practice Note: Enforcing security(overview)"(2017), p. 9.

66) 채무자는 MAC 조항이 계약에 포함될 경우 채권자가 자의적인 판단에 의해 채무불이행 사유 발생을 주장하면서 기한의 이익 상실 및 대출 원리금 상환을 요구할 위험성이 있으며 회계적으로도 대출 자체가 유동부채로 인식될 가능성이 있다는 점, 이로 인해 경영불안이 조장될 수 있다는 점 등을 들어 MAC 조항의 채무불이행 사유 포함에 부정적인 입장을 견지하는 것이 일반적이다(Richard Wight, *supra note* 20. para. 9.1.12).

67) E. R. Yescombe, *supra note* 11, §14.12.

68) 대법원 1955. 4. 14. 선고 4286민상231 판결.

방이 이를 거절하는 때에는 해당 계약을 해제할 수 있는 규범"이라고 한다. 우리나라에서는 학설이 이를 인정하는 데 반해, 판례는 대체로 부정적이다.[69]

사정변경의 원칙 인정 여부에 대한 국가별 태도는 다양한데 독일은 채무현대화법(2002년)에서 사정변경의 원칙을 인정하고 있다. 반면, 프랑스, 벨기에, 룩셈부르크법은 행정계약을 제외하고는 사정변경의 원칙을 인정하지 않는다. 또한 영국법은 이행불능에 도달할 정도가 아닌 사정변경에 대한 구제수단을 제공하지 않는다.[70] 이와 같이 독일을 제외한 국가들에서는 사정변경의 원칙을 인정하지 않는 경우가 많고 특히 프로젝트 금융계약의 준거법으로 널리 채택되는 영국법에서도 사정변경의 원칙을 인정하는 데 소극적인 것을 알 수 있다.

그뿐만 아니라, MAC 조항은 그 자체가 계약 체결 당시 예상하지 못했지만 향후 발생할지도 모르는 부정적 상황의 발생을 가정하여 사전적으로 채무불이행 사유로 규정한 조항이다. 따라서 채무자는 이미 계약 체결 시점에 MAC 조항을 수용하였으며 이를 추후에 사정변경의 원칙을 근거로 부정하는 것은 사정변경 원칙의 취지에 부합하지 않는다고 보는 것이 타당할 것이다. 한편, 금융계약상 채무자의 의무는 불가항력적인 사유 발생에도 면제되지 않는 의무라는 점을 고려한다면 채무자가 MAC 조항 관련하여 사정변경의 원칙을 주장하는 것은 받아들여지기 어려울 것으로 보인다. 다만, 실제로는 포괄적으로 규정된 MAC 조항은 그 모호성으로 인하여 법원의 해석의 여지를 넓히고, 법원이 계약의 체결 등을 둘러싼 사실관계로부터 당사자의 본래 의사가 어떤 것이었는지를 파악하는 과정에서 당사자들이 예상하지 못했던 결론이 도출될 가능성이 있다.[71] 아래 [표 3]은 MAC 조항의 예시이다.[72]

[표 3] Material Adverse Change 조항 예시

A "Material Adverse Change" may be defined as an event, change, or occurrence which, individually or together with any other event, change of occurrence
　(i) has (or would have) (or may have) (or may reasonably be likely to have) (or causes) (or may be reasonably likely to cause)
　(ii) a material adverse effect (or a material adverse change)
　(iii) on the financial position, business, properties, assets or results of operations (or prospects) (or value)
　(iv) of the Company and its subsidiaries (taken as a whole)

---

69) 김준호, 민법강의(제23판), 법문사 (2017), 52-53면.
70) 김승현, 국제건설계약의 법리와 실무(초판), 박영사 (2015), 161면.
71) 최경선, "Material Adverse Change 조항", 「BFL」 제35호, 서울대학교 금융법센터 (2009), 67면.
72) Joseph B Alexander Jr., "The Material Adverse Change Clause(with Sample Language)", *American Law Institute* (2005), 최경선, (주 71), 66면에서 재인용.

MAC 조항 관련 가장 논란이 되는 것은 MAC 조항을 근거로 채무불이행을 주장할 경우 단순히 추가 대출집행을 거절하는 수준을 넘어서 적극적으로 기한의 이익 상실 조치 및 담보권의 실행까지도 가능한지 여부에 대한 것이다. MAC 조항이 주관적인 판단요소를 포함하고 있는 점을 고려할 때 순수하게 MAC 조항만을 근거로 적극적으로 채무자의 기한의 이익을 상실시키고 담보권을 행사하는 등의 조치를 취할 경우 채무자로부터 오히려 손해배상청구를 당할 수 있는 내재적 위험이 있다고 보는 것이 일반적인 견해이다.[73] 따라서 채권자는 채무자에게 부정적인 영향을 미칠 수 있는 사유가 발생했을 때 MAC 조항을 근거로 채무불이행 사유가 발생하였다고 주장하면서 대출집행을 거절하거나[74] 기한의 이익 상실 선언을 할 수는 있지만, 채권자가 MAC 조항을 부당하게 적용함으로 인해 채무자에게 손해가 발생한 경우 이를 배상하여야 할 책임을 부담하게 된다.

MAC 조항을 근거로 기한의 이익 상실 선언을 하는 것은 쉽지 않으며 설령 기한의 이익 상실 선언을 한다 하더라도 채무자가 이를 인정하고 대출금을 전액 상환할 것을 기대하기 어렵기 때문에 기일 이전의 상환으로 인해 채무자에게 실제 손해가 발생할 가능성은 매우 낮다. 그러나 MAC 조항을 근거로 대출집행을 거절하는 경우에는 채무자의 자금조달 및 사용계획에 차질이 불가피하기 때문에 이로 인해 손해가 발생할 가능성이 있다.

다만, 이러한 사유로 손해배상청구를 당하더라도 실제로는 책임소재나 그 손해범위가 객관적으로 분명한 경우에만 가능[75]할 것이므로 설령 손해배상청구가 인정된다 하더라도 PF 채권단이 책임져야 할 수준이 높지는 않을 것으로 보는 것이 일반적이다. 특히 MAC 조항을 근거로 대출집행을 거절하는 경우에는 채무자가 PF 채권단의 이러한 주장이 전혀 근거가 없는 권리의 남용임을 입증하기는 쉽지 않을 것으로 보인다.

MAC 조항 적용 여부에 대해 법원은 사실관계를 파악한 후 종합적으로 판단하여 결정을 내리게 되므로 어떤 사항이 MAC에 해당하는 것으로 판단될 것인지에 대해 법률적인 면에서의 확실성은 없고 이를 소송에서 다투게 될 경우 시간과 비용이 많이 소요될 수밖에 없다.[76] 결국 채권자는 MAC 조항에 따른 권리 행사 여부를 결정할 때 채무자에게 미치는 영향 및 그로 인해 채권자가 부담할 지도 모르는 손해배상책임 등을 고려하지 않을 수 없다.[77]

---

73) Nick Angel and Kate Colman, "Defaults and Workouts: Restructuring Project Financings", In John Dewar (Ed.), *International Project Finance*, 2nd ed., Oxford University Press (2015), para. 14.53.
74) MAC 사유가 발생했다고 주장하면서 'No Default' 조건 위반에 따른 선행조건 미충족을 근거로 대출집행을 거절할 수 있다(E. R. Yescombe, *supra note* 11, §14.12). 실제에 있어서도 2010년에 수은이 이란과의 대출계약에 따른 대출집행을 이러한 사유를 들어 거절한 사례가 있다.
75) Nick Angel and Kate Colman, *supra note* 73, para. 14.54.
76) 최경선, (주 71), 68면.
77) 상동, 69면.

7. 잠재적 채무불이행

현재 채무불이행 사유가 발생한 것은 아니지만 채무불이행 사유가 조만간 발생할 것으로 전망되는 경우를 잠재적 채무불이행(potential event of default)이라고 하는데 채무자가 가장 수용하기를 꺼리는 채무불이행 사유 중 하나이다.[78] 채권자는 채무불이행 사유의 확정적 발생 이전에 사전적 조치를 취할 수 있는 여지를 확보하기 위해 이를 채무불이행 사유에 포함시키고자 한다.[79] 그러나 채무자는 적용 범위가 넓고 채무불이행 사유가 채권자의 주관적인 판단에 의해 결정될 수 있다고 보아 이를 제외할 것을 주장하는 경우가 많다.

V. 프로젝트 금융의 특성에 따른 사유

1. 주요 프로젝트 계약 관련 사유

가. 주요 프로젝트 계약의 해지 또는 중대한 변경

기본적으로 해당 사업에서 창출되는 미래의 현금흐름 및 수입을 대출 원리금의 주요 상환재원으로 하고 사업 자산 및 권리만을 담보로 취득하게 되는 PF 채권단 입장에서는 사업의 지속적인 운영 여부가 채권의 회수와 직결된다. 따라서 채무자인 프로젝트 회사가 사업의 근간이 되는 계약인 주요 프로젝트 계약을 위반함에 따라 해당 계약의 상대방이 이를 해지하게 되는 경우 사업이 중단될 수 있으며 이로 말미암아 정상적인 채권 회수가 불가능하게 될 수 있다. 이러한 이유로 프로젝트 금융계약에서는 주요 프로젝트 계약이 PF 채권단의 사전 동의 없이 해지되거나 중대하게 변경되는 경우를 채무불이행 사유로 규정하고 있다.[80] 주요 프로젝트 계약의 해지 위험이 있는 경우 PF 채권단은 필요시 프로젝트 회사의 프로젝트 계약에 대해 개입권(step-in right)을 행사하고 프로젝트 회사를 대신하여 해당 계약의 당사자로서 프로젝트 계약을 유지함으로써 사업의 지속을 도모할 수 있다.

나. 주요 프로젝트 계약 당사자의 지급불능 또는 회생이나 파산 절차 개시

PF 채권단 입장에서는 대출기간 동안 주요 프로젝트 계약의 유지와 이를 통한 사업의 정상 운영이 채권 회수에 있어서 무엇보다 중요하다. 따라서 주요 프로젝트 계약 당사자들이 지급불능 또는 이에 준하는 상태에 빠질 경우 프로젝트 계약의 유지를 통한 사업 지속에도 부정적 영향을 미칠 수 있다는 것을 의미하므로 프로젝트 금융계약에서는 이러한 사유

---

78) E. R. Yescombe, *supra note* 11, §14.12.
79) *Ibid.*
80) 김동은·김광열, (주 27), 26면.

의 발생을 채무불이행 사유의 하나로 규정하고 있다.

2. 재무약정 위반

가. 프로젝트 금융계약 재무약정의 의의 및 취지

전술한 바와 같이 재무약정(financial covenants)은 신디케이티드론을 포함한 모든 국제금융계약에서 항상적으로 규정되는 중요한 특별약정이다. PF에서도 채무자 및 사업의 재무적인 성과와 지속 가능성을 확인하고 채무 상환에 충분한 수익 창출능력이 있는지를 파악할 수 있는 중요한 수단으로 활용된다.[81] PF에서 재무약정의 대상이 되는 재무비율의 종류 및 수준은 사업의 종류 및 민감도에 따라 다양하지만 PF 채권단은 채권보전에 유리하도록 보수적 관점에서의 비율 수준을 유지하도록 의무를 부과하고자 한다.[82]

가장 일반적으로 재무약정의 대상으로 포함시키는 재무비율로는 부채자본비율(debt/equity ratio)과 대출원리금상환계수(debt service coverage ratio, DSCR), 대출기간 중 대출원리금상환계수(loan life coverage ratio, LLCR) 등이 있다. 프로젝트 회사가 준수해야 할 재무비율의 수준을 결정하는 것도 실무에서 PF 채권단과 프로젝트 회사가 가장 첨예하게 대립하는 주요 쟁점 중 하나이다. 프로젝트 회사가 프로젝트 금융계약상의 재무비율 유지의무를 이행하지 못하면 재무약정 위반으로 채무불이행 사유가 된다.

나. 부채자본비율

부채자본비율(debt/equity ratio)은 총사업비 중 차입금과 자본금의 조달비율을 말하는데 이 비율이 높다는 것은 PF 채권단의 익스포져(exposure) 및 위험이 크다는 것을 의미한다.[83] 따라서 사업주는 이 비율을 낮게 설정하여 자본금 투입 부담을 줄이고자 하지만 PF 채권단은 높게 설정하고자 한다.[84]

이 비율은 PF 채권단 및 사업주의 사업비용에 대한 분담 수준을 정한다는 점에서 중요

---

81) Vicky Cox and Patrick Holmes, *supra note* 5, para. 8.70.
82) E. R. Yescombe, *supra note* 11, §12.3.
83) 서극교, 프로젝트 파이낸스 원리와 응용(초판), 한국수출입은행 (2004), 156면.
84) 사업 위험이 높을수록 PF 채권단은 높은 부채자본비율을 선호한다. 사업별로 일반적으로 권장되는 부채자본비율 수준은 아래 표와 같다(E. R. Yescombe, *supra note* 11, §12.4).

90 : 10	병원, 학교, 호텔 사업
85 : 15	제품 판매계약이 있는 플랜트 사업
80 : 20	사업권 양허 방식의 교통 사업
70 : 30	PPA 없는 시장 전력판매 발전 사업
50 : 50	자원 개발 사업

한 의미가 있다. 가령 자원 개발 사업 등 사업 위험이 다소 높은 경우에는 50 : 50 수준에서 정해지기도 하고 발전 사업과 같이 사업 위험이 다소 낮은 경우에는 80 : 20 수준에서 합의 되기도 하지만 80 : 20보다 부채비율이 더 높아지는 경우는 매우 드물다.[85]

이는 사업주가 충분하게 자본금을 투자한 경우 비록 사업에 문제가 발생하더라도 사업 을 쉽게 포기하기보다는 추가 투자를 통해 이를 극복하고 사업을 지속하는 것을 선택할 가 능성이 높다는 점을 고려하여 PF 채권단이 사업주의 사업 지속 유지를 유도하기 위해 적어 도 20퍼센트 이상의 자본금을 투자할 것을 요구하는 것이 일반적이기 때문이다.[86]

다. 대출원리금상환계수

대출원리금상환계수(debt service coverage ratio, DSCR)는 현금흐름으로 대출 원리금을 상 환할 수 있는 정도를 측정하기 위한 것으로서 대출 원리금 상환가능 현금흐름에서 대출 원 리금을 나누어 계산한다.[87] 일반적으로 완공일로부터 매 12개월 기간 동안의 대출원리금상 환계수를 계산하는데 비율이 높을수록 사업의 대출금 상환 전망이 긍정적이라고 볼 수 있 다. 사업 위험이 비전형적이거나 신용위험이 높은 국가에 소재하는 사업의 경우 다른 사업 에 비해 높은 수준의 대출원리금상환계수가 요구된다.[88]

라. 대출기간 중 대출원리금상환계수

대출기간 중 대출원리금상환계수(loan life coverage ratio, LLCR)는 대출기간 중의 현금흐 름으로 대출 원리금의 상환 가능성을 판단하기 위한 것으로 대출기간 중 현금흐름의 합계 액을 대출기간중의 상환 예정 대출 원리금 합계액으로 나누어 계산된다.[89] 대출기간 중 대 출원리금상환계수는 사업성 평가 초기 단계에서 사업의 원리금 상환 능력을 평가하기 위해

---

85) 부채자본비율은 운영 기간보다는 사실상 완공 시점까지 적용되는 것이 일반적이다. 왜냐하면 부채자 본비율은 완공 시점에 최대가 되었다가 완공이후에는 대출 원리금이 지속적으로 상환됨에 따라 점점 낮아져 대출금 만기 시점에는 0으로 수렴하기 때문이다(*Ibid.*).
86) Vicky Cox and Patrick Holmes, *supra note* 5, para. 8.74.
87) 서극교, (주 83), 153면.
88) 사업별로 일반적으로 권장되는 연간 대출원리금상환계수 수준은 아래 표와 같다(E. R. Yescombe, *supra note* 11, §12.3).

1.20 : 1	병원, 학교, 호텔 사업
1.25 : 1	제품 판매계약이 있는 플랜트 사업
1.50 : 1	제품 판매계약이 없는 자원 개발 사업
1.75 : 1	사업권 양허 방식의 교통 사업
2.00 : 1	PPA 없는 시장 전력판매 발전 사업

89) 서극교, (주 83), 153면.

활용되지만 현금흐름의 급격한 변동 가능성이 있는 사업에서는 유의미한 지표로 활용되기 어려운 단점이 있다.[90]

3. 주요 인허가의 취소 또는 변경

PF에서는 사업의 건설 및 운영과 관련하여 넓은 범위에서 다양한 인허가가 필요한데 사회·자연 환경 관련 인허가, 토지사용권, 안전 관련 인허가 등이 대표적인 주요 인허가(material licenses)이다. 이와 같은 인허가가 확보될 수 있는지 그리고 사업 기간 중 과다한 비용이나 지연 없이 갱신될 수 있는지 여부는 사업의 지속 여부에 매우 중요한 조건이다.[91] 따라서 주요 인허가의 취소 또는 중단, 새로운 제한이나 조건의 부과, 중요한 점에서의 부정적인 내용 수정, 갱신 불허 등의 경우 이를 채무불이행 사유로 본다.

4. 사업주 관련 사유

가. 사업주의 출자의무 불이행

사업주는 사업의 실질적인 주체로서 사업에 대해 자본금을 출자할 뿐만 아니라 경우에 따라서는 토지 또는 기술 제공, 사업 운영자, EPC 계약자, 원재료 공급자, 제품 구매자 등의 역할을 수행한다.[92] 사업주의 출자금과 PF 대출금은 사업의 건설 및 운영에 필요한 자금으로 사용되는데 PF 채권단은 사업주의 사업에 대한 지속적인 지원의지를 이끌어내기 위해 적어도 20퍼센트 이상의 사업 소요자금을 사업주가 자본금으로 투자할 것을 요구하는 것이 일반적이다. 사업주는 프로젝트 회사에 대한 직접적인 자본금 출자(direct equity investment) 또는 후순위대출 방식(subordinated loan)으로 자본금을 투자한다.[93]

사업주가 자본금 출자의무를 이행하지 못하면 자금조달 부족(funding shortfall)이 발생하고 사업의 적기 완공 및 정상적인 운영이 어렵게 된다. 따라서 PF 채권단은 사업주의 자본금 출자의무를 강제할 수 있는 권리를 확보하기 위해 사업주와 자본금출자약정(equity sub-scription agreement)을 체결한다. 사업주가 동 약정에 따른 자본금 출자의무를 이행하지 아니한 경우 이를 채무불이행 사유로 본다.

나. 사업주의 지분유지약정 위반

사업주의 사업 지속 의지를 유도하기 위해서 PF 채권단은 사업주에게 자본금 투자금액

---

90) E. R. Yescombe, *supra note* 11, §12.3.2.
91) Phillip Fletcher, "Approaching Legal Issues in a Project Finance Transaction", In John Dewar (Ed.), *International Project Finance*, 2nd ed., Oxford University Press (2015), para. 1.26.
92) 서극교, (주 83), 34면.
93) E. R. Yescombe, *supra note* 11, §3.62.

을 높여줄 것을 요구하는 한편 대출기간 동안 사업주의 프로젝트 회사에 대한 지분유지약정을 부과한다. 이를 위반할 경우를 강제적 조기상환(mandatory prepayment)사유로 분류하기도 하지만 경우에 따라서는 특별약정 위반에 따른 채무불이행 사유로 보기도 한다.[94]

5. 사업 완공 실패

PF에서 사업 완공(project completion)은 매우 중요한 의미가 있다. 우선 예정된 기한 내에 적정예산으로 사업을 완공함으로써 대출 원리금 상환에 필요한 현금흐름을 창출할 수 있으며, 사업 자산에 대한 PF 채권단의 담보권 확보도 가능하기 때문이다.[95] 사업이 프로젝트 금융계약에서 규정하고 있는 최종 기한(long stop date) 이내에 완공되지 못하는 경우 이를 채무불이행 사유로 본다.

여기에서 완공의 의미는 단순히 기계적 구성요소가 사업의 시방서에 따라 설치, 건설되어 시운전 및 시운전 테스트를 할 수 있는 상태(ready for start-up and testing)인 기계적 완공(mechanical completion)[96]을 의미하는 것이 아니며 적어도 PF 채권단의 기술 전문가에 의한 성능 테스트(performance test)를 거쳐 사업이 당초 예정된 성능요건을 충족하고 상업생산이 가능한 수준임을 확인해 주는 시점을 의미한다.[97]

6. 사업 중단, 포기 또는 멸실

사업 운영이 일정 기간 이상 중단(suspension)되거나, 프로젝트 회사가 사업의 건설 또는 운영을 일정 기간 이상 포기(abandon)한 경우 또는 사업이 복구 불가능한 수준으로 멸실(destruction)된 상황의 발생도 채무불이행 사유가 된다. 이러한 사업 중단이나 포기에는 중요성 조건이 적용되는 경우가 많다.

7. 정치적 위험

가. 사업 자산의 수용 또는 국유화

사업 자산의 수용(expropriation) 또는 국유화(nationalisation)는 정치적 위험의 일종으로서 사업 소재국 정부가 프로젝트 회사나 사업주에게 공정한 보상을 하지 않고 사업 자산을 차별적이고 독단적으로 수용하거나 국유화하는 것을 말한다.[98] 사업 소재국 정부가 법에 의

---

94) Vicky Cox and Patrick Holmes, *supra note* 5, para. 8.32.
95) John Dewar and Oliver Irwin, "Project Risks", In John Dewar (Ed.), *International Project Finance*, 2nd ed., Oxford University Press (2015), para. 4.08.
96) 서극교, (주 83), 216면.
97) E. R. Yescombe, *supra note* 11, §9.5.8.
98) 서극교, (주 83), 86면.

해 직접 수용하거나 여러 가지 적대적인 일련의 조치를 지속적으로 취함으로써 사업주가
스스로 사업을 포기하도록 유도하는 것을 모두 포함한다. 이러한 적대적 조치의 형태로는
법률변경을 통한 불합리한 조세 부과, 수입 또는 수출의무 과다 부과, 사업에 필요한 인허
가의 지연 또는 불허, 가격조정의 방해, 외국인 투자제도의 변경 등이 있을 수 있다. 국유화
는 에너지, 석유 및 가스, 공공 서비스 등과 같은 국가 전략산업 분야에서 발생하는 경우가
많으며 국수주의 정책으로 정부가 사업을 수용하는 것을 말한다.[99]

　　이러한 상황이 발생할 경우 PF 채권단이 정상적인 사업 운영을 통해 대출 원리금을 상
환 받는 것은 사실상 불가능하므로 이를 채무불이행 사유로 본다. 이 경우 투자자는 국제투
자협정중재 제도를 통해 사업 소재국 정부를 상대로 직접 보상을 청구할 수 있다.[100]

나. 환전 또는 송금 불능

　　사업 수익은 사업 소재국 현지 판매 또는 수출을 통해 얻어진다. 수출의 경우 수출계약
에서 대금 지급을 미국 달러화나 환전(convertibility)이 자유로운 다른 통화로 규정하는 것이
일반적이지만 현지판매의 경우 수익의 일부가 현지통화(local currency)로 발생하는 것을 피
할 수 없다.[101] 한편, 프로젝트 금융계약에서는 대출 및 상환 통화를 미국 달러화나 유로화
등 환전이 자유로운 통화로 제한함에 따라 현지통화로 상환하는 것이 불가능하다. 만약 사
업 소재국 정부가 법령이나 외환정책을 변경함에 따라 사업 수익을 다른 통화로 환전하지
못하거나[102] 국외로의 송금이 제한되는 경우[103] 채권자는 프로젝트 금융계약에 따른 통화
로 대출 원리금을 상환 받지 못하게 된다. 따라서 이와 같은 환전 또는 송금 불능 상황 발
생을 채무불이행 사유로 본다.

8. 치유기간과 중요성 조건

　　전술한 채무불이행 사유 모두가 발생과 동시에 채무불이행 사유가 되는 것은 아니다.
비록 채무불이행에 해당하는 사실이 발생했다고 하더라도 치유기간(cure period)이 경과하

---

99) 상동, 86면.
100) 국제투자협정중재 제도에 관한 자세한 내용은 신희택·김세진, 국제투자중재와 공공정책: 최신 국제중
　　 재판정례 분석(초판), 서울대학교출판문화원 (2014) 참조.
101) John Dewar and Oliver Irwin, *supra note* 95, para. 4.42.
102) 다수의 채권자가 역외 소재 금융기관이기 때문에 사업 소재국이 외환위기 또는 정치적 결정에 따라 자
　　 국통화의 외화로의 환전을 제한하는 경우 프로젝트 금융계약에 따른 대출 원리금 상환이 곤란하기 때
　　 문에 채무불이행 사유가 된다. 정치적 위험 보험(political risk insurance)으로 이러한 환전 불능 위험을
　　 회피할 수도 있지만 상당한 비용이 들기 때문에 가입이 일반적이지는 않다(*Ibid.*, para. 4.46).
103) 환전이 가능하거나 혹은 프로젝트 회사가 외국 통화를 보유하고 있음에도 불구하고 사업 소재국 정부
　　 의 외환정책 등에 의해 역외 송금이 제한되는 경우 역시 역외 소재 채권자들은 대출 원리금을 상환 받
　　 을 수 없기 때문에 채무불이행 사유가 된다. 이러한 위험을 회피하기 위해 사업 수익 입금계좌를 역외
　　 에 두고 계좌에 담보권을 설정하는 경우가 많다(*Ibid.*, para. 4.47).

도록 치유가 되지 아니할 때 비로소 채무불이행 사유가 되는 경우도 있고 중요성 조건 (materiality qualifier)이 부가되어 이를 충족할 경우 채무불이행 사유가 되는 경우도 있다.

가. 치유기간

특별약정 조항 위반이나 기타 계약내용 위반으로 인한 채무불이행 사유가 발생하면 채무자에게 그러한 사유를 치유할 수 있는 기간을 인정해 주는 것이 일반적인데 일률적이지는 않지만 보통 약 30일 정도의 치유기간을 허용하는 경우가 많다. 다만, 전술한 바와 같이 원리금 상환의무 미이행은 단순한 기술적인 오류(technical error)로 인한 미이행만을 치유 할 수 있는 것으로 보고 길어도 2~3영업일 정도 치유기간만을 인정해주는 것이 일반적이다.[104]

한편, 진술 및 보장 조항 위반에 대해서는 치유기간을 인정하지 않거나 인정하더라도 매우 까다로운 조건에서만 허용하는 것이 일반적이다. 이는 진술 및 보장 조항의 내용은 채권자가 대출 의사를 결정함에 있어서 주요한 근거가 되는 것이 대부분이므로 그 내용이 허위이거나 누락된 것이 드러날 경우 단순히 그 내용을 수정한다고 해서 이를 위반행위의 치유로 보기는 어렵기 때문이다.[105] 따라서 치유가 가능하며 위반이 중대하지 않은 극히 일부 경우를 제외하고는 진술 및 보장 조항 위반에 대해서는 치유 자체를 인정하지 않는 것이 타당하다.[106]

나. 중요성 조건

"중요한 점에서(in material respect)"또는 "중대하고 부정적인 영향을 미치는 경우(material adverse effect, MAE)"[107] 등과 같은 '중요성 조건'은 채무불이행 사유에 대한 전제조건으로 부가되어 채부불이행 사유에는 해당하지만 계약 전반에 미칠 영향이 미미한 경우 등을 채무불이행 사유에서 제외하는 역할을 한다. 진술 및 보장 조항 위반, 사업의 중단이나 포기 등의 사유에 대해 중요성 조건이 부가되는 경우가 있다.

---

104) E. R. Yescombe, *supra note* 11, §14.12.
105) 예를 들면 분식된 재무제표나 잘못된 사업 정보를 채권자에게 제출하였고 채권자가 이를 바탕으로 대출 여부를 결정하고 대출금을 집행한 경우 비록 그 이후에 올바르게 정정된 재무제표나 사업 정보를 제공한다 하더라도 이를 진술 및 보장 조항 위반에 대한 치유조치로 보기는 어려울 것이다.
106) Richard Wight, *supra note* 20. para. 9.1.2.
107) 채권자의 합리적인 판단에 의할 경우 (ⅰ) 프로젝트 금융계약이나 프로젝트 계약 이행; (ⅱ) 프로젝트 회사의 사업, 자산, 재무상태 또는 장래 전망, (ⅲ) 프로젝트 금융계약의 유효성 또는 강제가능성, (ⅳ) 담보의 유효성, 집행가능성 또는 우선순위, (ⅴ) 프로젝트 금융계약에 의한 권리 및 구제수단 등에 중대하고 부정적 영향을 미치는 경우 등을 의미한다(Graham Vinter, Gareth Price and David Lee, *supra note* 17, para. 8-015).

Ⅵ. 프로젝트 금융계약 채무불이행의 효과

1. 프로젝트 금융계약 채무불이행 효과 일반

채무불이행 사유가 발생한 경우 그 효과와 관련하여 (ⅰ) 채권자가 기한의 이익 상실 선언을 해야만 채무의 변제기가 도래하는 경우와 (ⅱ) 별도의 선언 없이 당연히 기한의 이익이 상실되고 모든 채무의 변제기가 도래하는 경우로 구분할 수 있다.[108] 다만, PF에서는 채무불이행 사유 발생에 따라 당연히 기한의 이익이 상실된다고 규정하지는 않고 채권자가 기한의 이익 상실 선언을 해야만 비로소 기한의 이익이 상실되는 것으로 규정하는 것이 일반적이다.

이는 채무불이행 사유가 발생한 경우 비록 채권자가 기한의 이익을 상실시키고 채무자에게 대출 원리금의 즉시 상환을 요구할 수는 있지만, 현실적으로 채무자가 상환의무를 이행할 능력이 없는 경우가 대부분이므로 기한의 이익 상실 조치에도 불구하고 상환이 이루어지지 않고 오히려 채무자의 재무적인 위기를 고조시킬 가능성이 크기 때문이다.[109]

실무에서는 일단 채무불이행 사유가 발생하면 채권자는 채무자에게 채무불이행 사유 발생 사실을 통지하고 이를 치유하기 위한 조치를 우선 요구하게 된다. 이러한 요구에도 불구하고 채무불이행 사유가 지속되면 채권자는 (ⅰ) 추가 대출집행의 중단 및 미집행 대출약정(commitment)의 취소, (ⅱ) 대출 원리금 전액에 대한 기한의 이익 상실 선언 또는 (ⅲ) 담보권 실행[110] 등의 조치를 취할 수 있다.

PF에서의 채무불이행 사유 발생은 PF 채권단이 사업의 상업적 조건들을 재평가하고 이를 바탕으로 프로젝트 회사와 새로운 협상을 진행할 근거가 된다.[111] 채무불이행 사유가 발생하면 PF 채권단과 프로젝트 회사는 프로젝트 금융계약의 수정을 위한 협상을 진행하게 되고 상황 개선을 위해 필요한 금융조건을 추가 또는 변경하여[112] 프로젝트 금융계약을 수정하기도 한다. 매우 심각한 채무불이행 사유 발생은 사업 구조조정 추진의 계기(trigger

---

108) 이미현·고훈, (주 3), 120면.
109) 채권자의 기한의 이익 상실 조치는 채무자 및 채무자의 다른 대출계약의 채권자들에게도 부정적 영향을 주게 되므로 경우에 따라 채무자가 선제적으로 파산절차를 신청할 수도 있으며 채무자의 거래 상대방들이 채무자와의 거래를 꺼리게 만들면서 채무자의 유동성 위기를 악화시키는 결과를 초래할 수도 있다. 따라서 채무불이행 사유가 발생하였다고 해서 즉시 기한의 이익을 상실시키기보다는 채무자와의 채무재조정 등에 관한 협의를 진행하게 되는 것이 일반적이다(Richard Wight, *supra note* 20, para. 9.2).
110) 자산매각, 개입권 행사 등이 있다(Vicky Cox and Patrick Holmes, *supra note* 5, para. 8.95).
111) *Ibid.*, para. 8.96.
112) 이를테면 정보제공약정 추가, 특별약정 조항의 강화, 추가적인 사업주의 지원 등을 예로 들 수 있다(*Ibid.*).

event)가 된다.113)

2. 건설 기간 중 채무불이행 사유 발생의 효과

PF 사업의 건설 기간 동안에는 사업주의 자본금과 PF 대출금을 공정 단계별로 건설비용으로 투입하는데 PF 대출금을 인출하기 위해서는 프로젝트 금융계약에서 규정한 매우 까다로운 선행조건(conditions precedent)이 충족되어야 한다. 이와 같은 선행조건은 사업의 특성을 반영하여 자세하게 정해진다. 예를 들면 공사의 공정별 진행율 등을 바탕으로 공사가 당초 계획에 맞게 차질 없이 진행되고 있으며 당초 전망된 예산으로 예정 시점까지 완공이 가능할 것인지 여부에 대한 기술 전문가의 독립적인 검토 의견도 선행조건의 일부이다. 또한, 대출금 인출 시점에 채무불이행 사유가 발생하지 않았으며 가까운 시일 내에 발생할 것이 전망되지 않아야 한다는 상황 조건114)도 선행조건의 하나로 포함되는 것이 일반적이다.

프로젝트 금융계약에서 규정한 선행조건이 충족되지 않으면 PF 채권단은 대출집행을 거부할 수 있다. 이 경우 프로젝트 회사는 사업의 완공에 반드시 필요한 PF 대출금을 건설비용으로 사용하지 못하게 되므로 자체자금이나 외부 자금조달을 통해 부족한 건설비용을 확보하지 못할 경우 완공 위험을 가중시킬 수밖에 없다. 반면, PF 채권단의 입장에서는 선행조건이 충족되지 못한 상황은 사업이 정상적으로 진행되고 있지 않다는 점을 의미하기 때문에 향후 채무불이행으로 이어질 가능성이 높다는 점에서 대출집행을 중지함으로써 손실의 확대를 사전에 방지할 수 있는 측면이 있다. 그러나 실제로는 프로젝트 회사가 대출금을 건설비용으로 사용하지 못하게 됨에 따라 완공 위험이 현재화되고 사업 전망이 불투명해짐으로써 기존 대출금의 회수도 어려워질 수 있다. 따라서 대출집행 중단이 문제를 해결하기보다는 오히려 완공 위험을 가중시켜 PF 채권단의 손실을 현실화하는 것 이상의 효과는 없다고 보는 것이 일반적이다.115)

그럼에도 불구하고 만약 PF 채권단이 선행조건 미충족 및 채무불이행 발생 가능성을 근거로 대출집행 중단이 불가피하다고 판단하는 경우에는 이와 같은 대출집행 중단 사유가 분명하고 확실해야만 할 필요가 있다. 왜냐하면 프로젝트 회사는 중단 사유가 실제로 발생하지 않았음을 주장할 수 있으며 아울러 PF 채권단이 명확한 근거 없이 대출집행을 중단함

---

113) *Ibid.*
114) 선행조건의 하나로서 'No Default'조건이라고 한다. 대출집행 시점에 채무불이행 사유가 발생하지 아니하여야 하고 가까운 시일 내에 발생할 것으로 전망되지도 않을 경우 충족된 것으로 본다. 따라서 일단 채무불이행 사유가 발생하면 본 조건을 위반한 것이므로 선행조건이 충족되지 않은 것으로 본다.
115) Steven T. Kargman, "Project Finance Restructuring and Corporate Debt Restructurings in the Emerging Markets: A Comparative Overview", *The Journal of Structured and Project Finance* (2003), p. 47.

으로써 프로젝트 회사에 손해를 발생시켰다고 주장할 수 있기 때문이다.116) 이러한 점을 고려할 때 PF 채권단은 선행조건 미충족을 근거로 대출집행을 즉각 중단하여 완공 위험을 심화시키기보다는 협상을 통해 프로젝트 회사가 대출집행 중단 사유를 해소하도록 유도하고 사업의 완공을 위해 필요한 대출집행을 허용하는 것이 궁극적으로 손실을 방지할 수 있는 합리적인 대응 방안이라고 볼 수 있다.117)

3. 운영 기간 중 채무불이행 사유 발생의 효과

PF 사업이 운영단계에 도달한 이후 채무불이행 사유의 발생은 주로 사업주에 대한 배당을 제한하는 근거로 사용된다. 따라서 채무불이행 사유가 발생하고 지속되는 경우 사업주의 사업계좌에 대한 접근이 차단되고 배당이 금지된다. 이와 같은 계좌 접근 제한에 관해서는 계좌관리약정(accounts control agreement)에서 자세하게 규정하고 있는데 자금의 이체에 관한 원칙과 사업계좌에서 자금이 어떠한 방식으로 이체되고 어떤 용도와 목적으로 사용되어야 하는지에 관해서도 자세하게 규정하고 있다. 전형적인 계좌관리약정은 채무불이행 사유가 발생한 경우 후속조치로써 프로젝트 회사의 수익금 관리를 제한할 수 있고, PF 채권단 전체의 이익을 위해서 모든 지출에는 PF 채권단 대리인(agent)의 사전 승인이 필요하다고 규정하고 있다.118)

4. 대출집행의 중단 및 미집행 대출약정의 취소

채무불이행 사유가 발생하면 이는 대출집행을 위한 선행조건(conditions precedent)을 충족시키지 못하는 것이 되므로 채권자는 미집행 대출약정 금액의 집행을 중단하고 동 사유가 해소되기 전까지 집행을 보류할 수 있다. 이러한 집행 중단 조치는 그 자체로는 큰 효과가 없는 것처럼 보이지만 경우에 따라서는 채무자에게 매우 심각한 결과를 초래하기도 한다. 예를 들면 단기 자금조달에 크게 의존하는 채무자는 대출집행이 중단됨에 따라 유동성의 위기를 겪게 되고 이로 인해 채무자의 대금결제능력에 의구심을 가지게 되는 원자재 판매자 등이 물품 인도를 거부하게 되면 필요한 원자재를 확보하지 못하게 되므로 결국 영업에 큰 타격을 받을 수 있다.119)

또한, 채권자는 미집행 대출약정을 취소할 수 있다. 이러한 미집행 대출약정 취소는 일반적으로 개별 채권자에 의해 취해질 수 있는 조치라기보다는 적어도 대출금액 기준 과반수

---

116) Nick Angel and Kate Colman, *supra note* 73, para. 14.118.
117) *Ibid.*, para. 14.117.
118) *Ibid.*, para. 14.119.
119) Richard Wight, *supra note* 20. para. 9.2.1.

채권자(majority lenders)에 의해 취해질 수 있는 조치이다. 다만, 일부 급박하고 심각한 상황 하에서는 대리은행(agent bank)[120]도 취소권을 행사할 수 있도록 허용하는 경우도 있다.[121]

5. 기한의 이익 상실 선언

채권자가 기한의 이익 상실 선언을 하면 채무자는 대출금을 만기까지 사용할 수 있는 권리를 상실하고 대출 원리금 전액을 즉시 상환하여야 한다. 기한의 이익 상실 선언도 일반적으로 개별 채권자가 독자적으로 취할 수 있는 조치가 아니며 대출금액 기준 과반수보다 많은 채권자들의 의결이 있어야만 가능한 조치이다.[122] 다만, 전술한 바와 같이 기한의 이익 상실 선언이 현실적으로 대출 원리금 전액 상환을 보장해주지는 않기 때문에 동 조치는 일종의 최후의 수단으로서 채무자를 협상테이블로 끌어내기 위한 협상 전략으로 활용하는 것이 바람직하다.

6. 담보권 실행

가. PF 담보 개요

PF는 사업 자체의 현금흐름을 상환재원으로 하고 사업 자산을 담보로 하여 제공되는 금융이다. 따라서 PF 채권단은 채권보전을 위하여 가능한 한 프로젝트 회사의 모든 사업 자산과 각종 계약상의 권리 등에 대해 담보권을 설정하는데[123] 이와 같이 설정된 각종 담보권을 모두 묶어서 담보장치(security package)라고 한다.[124]

PF 채권단은 일반적인 금융거래에서처럼 담보의 교환가치 또는 담보권 실행을 통한 채권회수를 일차적 목표로 담보장치를 확보한다. 그러나 채무불이행 사유가 발생한 이후에는 사업 자산의 가치가 급격히 낮아지게 되어 매각을 통한 대출 원리금 전액 회수가 현실적으로 불가능하다.[125] 이런 이유로 단순한 자산 매각보다는 사업을 지속시켜 충분한 현금흐름

---

120) PF 사업은 다수의 금융기관이 참여한다는 특성 때문에 PF 채권단을 대리하여 자금관리, 기술관리, 담보관리 등 사후관리를 담당할 대리은행이 필요하다. 대리은행은 대출금 인출과 상환 등 자금관리, 통상적인 사후관리 등을 담당한다(반기로, 프로젝트 파이낸스(제10판), 한국금융연수원 (2017), 37면).

121) Richard Wight, *supra note* 20. para. 9.2.2.

122) *Ibid.*, para. 9.2.3.

123) PF 채권단이 담보를 취득할 때는 취득의 실익이 있는지 여부를 먼저 확인할 필요가 있는데 담보권 설정비용이 담보의 가치에 비해 과다한 경우, 원자재 등과 같이 소유나 보관이 용이하지 않은 담보의 취득, 담보권 설정에 제한이 따르는 경우 등은 담보 취득의 실익이 있다고 보기 어려운 경우이다(Philip Benger and Patrick Holmes, "Ancillary Finance Documentation", In John Dewar (Ed.), *International Project Finance*, 2nd ed., Oxford University Press (2015), para. 12.65).

124) 서극교, (주 83), 175면.

125) 사업 자산이 공공 인프라 사업의 한 부분인 경우에는 매각조차 불가능한 경우가 있다(E. R. Yescombe, *supra note* 11, §2.2).

을 창출할 수 있는 방안을 모색하는 것이 채권회수에 있어서 실질적이고 효과적이라고 보는 견해가 많다.126) 이런 이유로 PF 채권단은 프로젝트 회사가 직면한 상황이 치유 불가능하고 도저히 사업의 지속적 운영이 어려운 경우에만 담보권을 실행하고자 하며 구조조정을 통해 사업 지속이 가능한 경우에는 담보권 실행을 지양하는 경향이 있다.127)

　　담보권에 관해서는 담보계약서(security documents)128)에서 규정하고 있으며 담보장치를 구성하는 담보의 종류에 관해서는 여러 가지 방식의 분류가 가능하다. 이 장에서는 E. R. Yescombe의 분류129)와 같이 (ⅰ) 현금흐름의 통제, (ⅱ) 개입권 확보, (ⅲ) 프로젝트 회사의 자산 및 계약상 권리에 대한 담보권 설정 또는 양도 그리고 (ⅳ) 프로젝트 회사 지분에 대한 담보권 설정의 4가지 담보로 구분하고 이하에서 그 내용에 관해 살펴보기로 한다.130)

나. 담보의 내용
(1) 현금흐름의 통제

　　PF에서 현금흐름은 대출 원리금 상환의 핵심 재원이므로 PF 채권단은 채권보전 측면에서 이러한 현금흐름을 엄격히 통제하고 관리하고자 한다. 이를 위해 다양한 목적의 사업계좌(project accounts)를 개설하고 계좌의 운용을 통제하는 한편 계좌에 담보권(이는 법제에 따라 다르나 우리 법상의 질권에 유사한 권리일 수 있다)을 설정하여 담보권을 확보한다. 이와 같이 개설된 계좌를 통한 현금흐름을 cash waterfall 또는 cash cascade라고 한다. 아래 [그림 2]는 PF 사업 현금흐름의 예시이다.

　　현금흐름을 살펴보면 운영비 및 세금 등의 지출이 원리금 상환보다 우선하는데 이는 사업 운영에 필수적인 비용이 정상적으로 정산되어야 사업 운영에 지장이 없기 때문이다. 운영 기간중 현금흐름은 일반적으로 (ⅰ) 운영비 및 세금, (ⅱ) PF 채권단 대출금의 원리금 상환, (ⅲ) 대출 원리금 상환준비금 계좌(debt service reserve account, DSRA), (ⅳ) 기타 준비금 계좌의 순서로 이루어진다.131)

　　이는 비록 충분한 현금흐름이 창출된다 하더라도 사업주나 프로젝트 회사가 정해진 용도 이외의 다른 용도에 사용할 경우 대출 원리금 상환재원이 부족해지는 상황이 발생할 수

126) *Ibid.*, §14.7.
127) Philip Benger and Patrick Holmes, *supra note* 123, para. 12.107.
128) 담보계약서에서는 프로젝트 금융계약상의 채무불이행 사유가 발생하면 PF 채권단의 담보권이 실행 가능하다고 규정하고 있으므로 담보권을 실행하기 위해서는 일단 채무불이행 사유가 발생하여야 하고 PF 채권단이 프로젝트 회사에 대하여 기한의 이익을 상실 시키고 대출금의 전액 상환을 요구하여야 한다(Practical Law Finance, *supra note* 65, p. 8).
129) E. R. Yescombe, *supra note* 11, §14.7.
130) 담보장치를 크게 (ⅰ) 사업주의 프로젝트 회사 지분에 대한 담보와 (ⅱ) 현재와 미래의 모든 자산에 대한 담보 두 가지로 분류하기도 한다(Philip Benger and Patrick Holmes, *supra note* 123, para. 12.57).
131) 한국수출입은행, 「Project Finance 여신 감리 실무 가이드라인」 (2017), 89-90면.

[그림 2] PF 현금흐름(cash waterfall) 예시

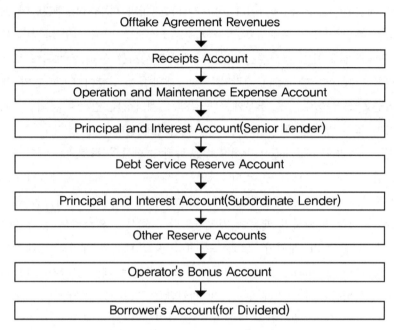

출처: Milbank, A Legal Guide to International Project Finance (2013)

있기 때문에 프로젝트 회사의 지출을 감시하고 이를 통제할 수 있는 계약구조[132]를 확립하는데 그 목적이 있다.[133] 이러한 목적으로 계좌관리약정(accounts control agreement)[134]이 체결되는데 PF 채권단은 사업이 정상적으로 운영되는 한 계좌관리약정에서 허용하는 범위 내에서는 프로젝트 회사가 계좌의 현금을 관리할 수 있도록 허용해 준다. 그러나 채무불이행 사유가 발생하거나 채무불이행 사유 발생 가능성이 높아지는 경우에는 일정 금액 이상의 현금 지출 및 사업주에 대한 배당은 PF 채권단의 승인이 있어야만 가능하도록 규정하고 있다. 상황이 악화되면 모든 현금 지출에 대해 PF 채권단의 승인이 필요하며 종국에는 PF 채권단은 계좌에 남아 있는 모든 현금을 대출 원리금 상환에 충당할 수 있다.[135]

(2) 프로젝트 개입권 확보

PF 채권단은 대출채권에 대한 담보를 보전하기 위해 필요한 경우 프로젝트 회사가 당

---

132) E. R. Yescombe, *supra note* 11, §14.4.
133) Vicky Cox and Patrick Holmes, *supra note* 5, para. 8.98.
134) PF 채권단 대리 은행, 프로젝트 회사 및 계좌 개설 은행이 당사자인 계약으로서 담보계약(security documents)의 일종이며 프로젝트 회사가 개설한 사업 계좌의 관리에 관한 사항을 규정하고 있다 (Latham & Watkins, *supra note* 51, p. 3).
135) Vicky Cox and Patrick Holmes, *supra note* 5, para. 8.99.

사자인 주요 프로젝트 계약에서의 프로젝트 회사의 지위를 인수하는 권리를 확보하는데 이를 프로젝트 개입권(project step-in right) (이하 "개입권")이라 한다. PF 채권단이 개입권을 확보하고자 하는 주된 이유는 프로젝트 회사의 구조조정으로 인해 사업 매각이 불가피할 경우 잠재적 구매자에게 사업 자산뿐만 아니라 개입권 행사를 통해 확보된 프로젝트 회사의 계약상 권리를 함께 양도함으로써 매각가치를 극대화하기 위함이다.136) 만약 PF 채권단이 이러한 개입권을 보유하지 않을 경우에는 프로젝트 계약상의 권리를 제외한 사업자산만을 매각할 수밖에 없기 때문에 매각가치가 크게 낮아지게 된다.137)

개입권은 계약양도(assignment) 방식으로 프로젝트 회사의 프로젝트 계약 당사자로서의 지위를 양도받음으로써 확보할 수 있다. 다만, 실제로는 프로젝트 계약들의 내용이 복잡·다양하고 프로젝트 계약의 준거법과 양도의 대상이 되는 권리 또는 자산을 규율하는 법령이 다른 경우가 자주 발생하기 때문에 계약양도의 실효성을 확보하는 것이 쉽지 않다.138)

이런 이유로 통상 PF 채권단, 프로젝트 회사 및 프로젝트 계약의 상대방이 당사자가 되어 직접계약(direct agreement)139)을 체결함으로써 프로젝트 계약 당사자는 PF 채권단이 개입권을 확보하고 있음을 확인하게 된다. PF 채권단은 프로젝트 계약에서 채무불이행 사유가 발생한 경우 개입권을 행사하여 프로젝트 회사의 프로젝트 계약 당사자로서의 지위를 인수하고 해당 채무불이행 사유를 치유함으로써 프로젝트 계약의 취소로 인한 사업 중단을 막을 수 있다.

(3) 프로젝트 회사 자산이나 계약상 권리에 대한 담보권 설정 또는 양도

전술한 바와 같이 사업 자산을 담보로 하며 사업의 현금흐름을 상환재원으로 하는 PF의 특성 때문에 PF 채권단이 프로젝트 회사의 모든 자산이나 계약상의 권리에 대해 담보권을 설정하는 것은 지극히 일반적이다. 사업의 종류나 사업 자산의 특징에 따라 달라지겠지

---

136) 서극교, (주 83), 271면.

137) 일반적으로는 PF 채권단은 주요 프로젝트 계약(principal project contracts)에 대해 개입권을 확보하고자 하지만, 경우에 따라서는 주요 하도급계약(key subcontracts)에 대한 개입권도 확보하는 것이 필요할 수 있다(John Dewar and Chris Taufatofua, "Allocation of Risks in Project Documentation", In John Dewar (Ed.), *International Project Finance*, 2nd ed., Oxford University Press (2015). para. 5.13).

138) 정부가 주도하는 인프라 사업의 경우 프로젝트 회사에게 부여한 사업권이나 인허가 등의 제3자에 대한 양도나 담보권 설정을 사업 소재국 정부가 사전에 승인하지 않는 경향이 있어서 현실적 제약 요인으로 작용한다(김채호, (주 2), 48면).

139) PF 채권단의 프로젝트 계약에 대한 개입권을 보장받기 위해 PF 채권단, 프로젝트 회사, 프로젝트 계약 당사자 간에 체결되는 계약이다. 이 계약에서 PF 채권단은 프로젝트 계약당사자가 아님에도 불구하고 프로젝트 계약에서 채무불이행이나 계약의 취소사유가 발생하는 경우 이를 통지받을 수 있고 필요시 PF 채권단이 직접 프로젝트 회사 대신 계약 당사자가 되어 하자를 치유하고 계약을 유지할 수 있게 된다. 'consent' 또는 'tripartite deed'라고 부르기도 한다(상동, 48면, 각주 82).

만 이러한 담보에는 통상 (i) 사업 자산140)에 대한 담보권, (ⅱ) 사업 계좌에 대한 질권, (ⅲ) 사업주가 제공하기로 한 자본금에 대한 청구권, (ⅳ) 프로젝트 계약의 양도, (v) 주요 프로젝트 계약 당사자들로부터의 각종 약정사항, (ⅵ) 각종 인허가의 양도, (ⅶ) 보험계약상의 권리 양도 등이 포함된다.141)

사업 자산에 대한 담보권은 해당 자산들이 주로 도로, 항만, 발전소 등 사회기반시설인 경우가 많아 교환가치의 산정이 어렵거나 매각이 자유롭지 않은 경우가 있기 때문에 그 자체로는 담보가치가 크지 않은 경우가 많다. 다만, PF 채권단은 주요 사업 자산에 대해 선순위 담보권을 설정함으로써 적어도 다른 제3의 채권자들이 그 자산에 대해 권리를 실행할 가능성을 줄이는 효과는 있다.142) 이와 같은 담보권 설정은 담보권의 준거법에 따라 이루어지는데 이는 대체로 담보계약의 체결과 등기 기타 담보 자산 소재국법(local law)에 따른 담보권 설정절차를 통해 이루어진다. 사업이 개발도상국에 소재하는 경우 고유의 법 제도(legal system)143) 등을 고려하여 유효한 담보권의 설정 및 실행을 위해서는 반드시 해당 국가 소재 변호사(local counsel)의 자문을 받아서 절차를 진행할 필요가 있다.

(4) 프로젝트 회사 지분에 대한 담보권 설정

PF 채권단은 사업주가 보유하는 프로젝트 회사 지분에 대해 담보권(이는 법제에 따라 다르나 우리 법상의 질권에 유사한 권리일 수 있다)을 설정하는 것이 일반적이다. 이는 채무불이행 사유 발생 시 프로젝트 회사의 개별 사업 자산 및 프로젝트 계약에 대해 각각 담보권을 실행하는 것보다 프로젝트 회사의 지분에 대한 질권 행사를 통해 프로젝트 회사에 대한 통제권을 확보하는 것이 훨씬 더 신속한 개입을 가능하게 해주기 때문이다.144) 또한, 사업 매각을 통한 채권회수가 불가피한 경우 프로젝트 회사의 지분 자체를 매각함으로써 구매자로 하여금 사업 자산 및 관련 계약상의 모든 권리를 한 번에 확보할 수 있도록 해줄 수 있으므로 PF 채권단 입장에서는 매각가치를 극대화할 수 있는 수단으로 활용할 수 있다.145)

---

140) 프로젝트 회사가 소유하고 있는 사업부지(project site), 건물(building), 기자재(equipment) 등을 의미한다.
141) E. R. Yescombe, *supra note* 11, §14.7.1.
142) 허익렬·김규식·김건호, "프로젝트 파이낸스에서의 담보에 대한 검토", 「BFL」 제37호, 서울대학교 금융법센터 (2009), 52면.
143) 예를 들면 사업 자산 소재국법에서 외국인의 부동산 소유권 취득을 금지하는 경우, PF 채권단의 담보권보다 늘 우선할 수 있는 우선적 권리가 존재할 가능성이 있는 경우, 장래 자산에 대한 담보권 설정이 허용되지 않는 경우, 담보권 실행이 비용이나 절차적 측면에서 매우 과도한 부담을 수반하는 경우 등이 있다(E. R. Yescombe, *supra note* 11, §14.7.1).
144) *Ibid.*, §14.7.1., §14.7.2.
145) Philip Benger and Patrick Holmes, *supra note* 123, para. 12.66.

7. PF 채권단 의사결정 방식

신디케이티드론 방식 대출에서 채권단 의사결정 원칙 및 절차에 관한 규정은 필수적이다. 이는 사업에 문제가 발생한 경우 채권단이 문제의 해결방안을 모색하는 와중에 개별 채권자가 전체 채권단의 이해관계나 의도를 무시한 채 일방적으로 개별행동을 하는 것을 방지하는 데 그 목적이 있다.

PF에서는 대주간 계약에서 이러한 사항을 규정하는데 특히 채무불이행 사유의 면제, 프로젝트 금융계약의 수정, 기한의 이익 상실 선언, 담보권 실행 등과 같은 조치에 필요한 PF 채권단 의결정족수 등이 포함되어 있다.146)

의결정족수는 3가지 정도로 나누는 것이 일반적인데 (i) 대출만기의 변경이나 이자율 인하와 같이 모든 채권자에게 중요한 사항은 PF 채권단 만장일치(unanimous)로만 가능하고, (ii) 주요 프로젝트 계약의 해지 등의 경우에는 초다수결(super majority) 조건을 적용하며, (iii) 기타 일반적인 사항의 의결은 다수결(majority)로 가능하다.147) 아래 [그림 3]은 대주간 계약 주요 의결정족수의 예시148)이다.

실무에서는 특히 기한의 이익 상실 선언 및 담보권 실행에 필요한 PF 채권단 의결정족수 결정에 관해 첨예하게 대립하는데 통상적으로 단계별 필요 비율 변경 방식149)을 사용한다. 예를 들면 우선 채무불이행 사유가 발생하면 PF 채권단은 만장일치로 기한의 이익 상실 선언을 할 수 있고 만장일치가 이루어지지 않은 때에는 일정 기간(standstill period, 약 90일)이 경과한 후 다시 표결절차를 거쳐 이때는 초다수결(super majority)만으로도 기한의 이익 상실 선언을 할 수 있다. 이 때 역시 의결정족수를 충족하지 못하면 다시 일정 기간(약 90일) 경과 후 표결절차를 거치는 방식으로 의사결정에 필요한 PF 채권단 의결정족수를 낮춰간다.150) 다만, 예외적으로 채무불이행 사유가 중대하고 채권자가 다수라서 의견 합치가 쉽지 않은 경우에는 이를 고려하여 상당한 기간(대략 180일)이 경과한 후에는 과반수 미만 PF 채권단(또는 단일 PF 채권자) 의결만으로도 기한의 이익 상실 선언을 할 수 있도록 허용해 주기도 한다.151)

---

146) E. R. Yescombe, *supra note* 11, §14.13.
147) 초다수결(super majority)은 대략 66⅔에서 85퍼센트 범위에 있고 다수결(majority)은 대략 50에서 66⅔ 퍼센트까지의 범위에서 정해진다(Vicky Cox and Patrick Holmes, *supra note* 5, para. 8.175).
148) *Ibid.*, para. 8.178. figure 8.1.
149) 'sliding scale of voting'이라고 하기도 하고(E. R. Yescombe, *supra note* 11, §14.13.) 'stepped voting structure'라고도 한다(Vicky Cox and Patrick Holmes, *supra note* 5, para. 8.176).
150) E. R. Yescombe, *supra note* 11, §14.13.
151) 김채호, (주 48), 146면.

[그림 3] 대주간 계약 주요 의결정족수 예시

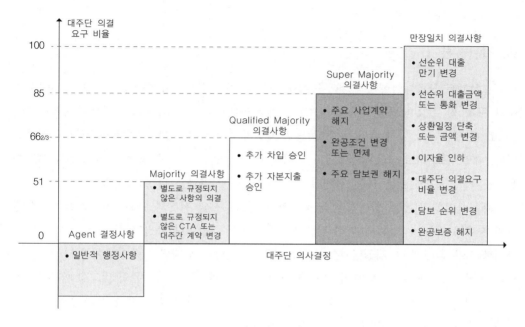

출처: John Dewar (Ed.), International Project Finance, 2nd ed., Oxford University Press (2015), para. 8.178. figure 8.1.

8. 구조조정의 개시

위에서 살펴본 바와 같이 사업 건설 또는 운영에 어려움이 발생하고 채무불이행 사유가 발생 또는 발생할 가능성이 높은 경우 PF 채권단은 선제적으로 채무재조정 협상을 진행하거나 개입권을 행사하여 사업에 당사자로 참여할 수도 있다. 그리고 이러한 방안만으로 사업의 정상화가 어려울 경우 궁극적으로는 담보권을 실행하여 사업 또는 사업 자산을 매각하는 방식으로 채권회수의 극대화를 도모하게 된다. 이를 위해 PF 채권단은 사업 참여자들과의 협상을 통해 프로젝트 회사 자본구조 또는 PF 대출의 금융조건을 조정하는 일련의 작업을 진행함으로써 사업의 정상화를 추진하는데 이러한 일련의 작업을 PF 사업 구조조정이라고 한다.152)

PF에서는 프로젝트 금융계약이 광범위하고 다양한 내용의 특별약정을 포함하고 있으며 특히 PF 채권단은 정보제공약정에 따라 사업의 진행 상황 및 잠재적 위험에 관한 사전 정보를 입수할 수 있는 유리한 입장에 있다. 따라서 채무불이행 사유가 실제 발생하기 전에

---

152) Nick Angel and Kate Colman, *supra note* 73, para. 14.01.

그러한 징후153)를 미리 파악하고 사업 구조조정에 대비할 수 있다.154)

Ⅶ. 결 론

프로젝트 금융계약에서의 채무불이행 조항도 일반적인 금융계약에서의 채무불이행 조항과 구조 및 주요 내용은 유사하다. 먼저 채무불이행 사유를 나열하고 있으며, 그 다음에는 그러한 채무불이행 사유가 발생할 경우 채권자가 취할 수 있는 조치들에 관해 규정하고 있다. 다만, 프로젝트 금융계약에서는 거기에 더하여 PF 사업의 특성에 따른 채무불이행 사유가 추가로 포함되어 있다는 점에서 일반적인 금융계약과는 다소 차이가 있다.

채무불이행 사유는 일반적인 금융계약 조항으로서의 사유와 프로젝트 금융의 특성에 따른 사유로 나눌 수 있는데 특히 진술 및 보장 조항 위반이나 특별약정 조항 위반 등 채무불이행 사유에 대해 PF 채권단과 프로젝트 회사가 첨예하게 대립하는 경향이 있다. 이는 원리금 미상환 등 사유가 명백하여 다툼의 여지가 없는 채무불이행 사유와 비교할 때 위반 여부가 객관적으로 명백하지 않은 경우가 많아서 계약서 작성 시 당사자들 간의 입장 차이로 인해 주관적인 요소가 포함될 가능성이 높기 때문이다.

프로젝트 금융의 특성에 따른 채무불이행 사유는 사업의 특성을 반영하여 규정된다. PF가 프로젝트 계약을 기반으로 하는 금융인 점을 고려할 때 프로젝트 회사가 프로젝트 계약상의 의무를 이행하지 못하거나 이로 인해 프로젝트 계약이 해지되는 등 사유를 프로젝트 금융계약에서의 채무불이행 사유로 포함시키게 된다. 또한, 사업의 정상적인 운영을 위해 반드시 필요한 인허가의 취소나 변경 등도 채무불이행 사유로 포함하는 것이 일반적이다.

일단 채무불이행 사유가 발생하면 PF 채권단은 추가 대출집행을 중단할 수 있으며 기한의 이익을 상실시키고 담보권을 실행할 수 있다. 다만, 채무불이행 사유가 발생한 경우 이미 프로젝트 회사가 재무적으로 취약해진 상태일 것이며, PF 사업 특성을 고려할 때 채무불이행 사유 발생 즉시 담보권을 실행하는 것은 채권 회수에 오히려 도움이 되지 않는 조치일 수 있다. 따라서 PF 채권단의 입장에서는 일단 채무불이행 사유가 발생하면 우선 현금흐름을 통제하고 프로젝트 계약이 해지될 위험이 있는 경우에는 적극적으로 개입권을 행사하여 사업을 정상적으로 유지하면서 프로젝트 회사와 구조조정 협상을 추진하는 것이 바람직하다.

---

153) 구조조정의 개시 시점을 명확히 정의하기는 어렵지만 사업 부진(underperformance), 재무상황의 악화(distress), 채무불이행 위기(crisis)의 3단계로 부실이 진행되는 경우 구조조정의 개시가 불가피해진다 (Chris Howard and Bob Hedger, *Restructuring Law & Practice*, 2nd ed., LexisNexis (2014), para. 1.83).

154) Nick Angel and Kate Colman, *supra note* 73, para. 14.51.

PART **III**

국제건설계약

[7] 독립적 보증과 그 부당한 청구에 대한 대응방안 연구

김 승 현

I. 머 리 말

통상 국제건설계약에서는 시공자의 의무이행을 담보하기 위해 보증[1](Guarantee)[2]이 제공되는데, 입찰보증, 선급금보증, 이행보증, 하자보증, 유보금보증, 모기업보증 등이 그것들이다. 이러한 보증들은 시공자인 주채무자가 국제건설계약상의 의무이행을 하지 않는 경우, 보증인(guarantor)이 그 의무이행을 대신하거나, 그 의무불이행으로 인한 손해를 배상하기 위해 체결되는 약정들이다. 이러한 보증들은 통상 채권자인 수익자와 보증인간의 계약으로 체결된다.[3]

그런데 국제건설계약에 수반되는 이러한 보증들은 모기업보증을 제외하고는 대체로 독립적 은행보증의 형태로 제공된다.[4] 전통적인 담보 수단인 종속적(accessory) 보증이나

---

* 이 장은 무역상무연구 제69권(2016. 2. 오원석 교수 정년기념호)에 게재된 논문을 일부 수정·보완한 것임을 밝힌다.

1) 통상 guarantee와 bond 두 용어가 아무런 차이가 없는 것으로 혼용되고 있으나, Bertrams는 bond라는 단어는 법적으로 정의되지 않은 용어이며, 단순한 금전적 약정을 의미하기 때문에 그 사용에 대해 부정적인 입장을 취한다. 특히 이행보증(performance bond or surety bond)은 미국, 영국, 캐나다에서 특수 보증보험회사들에 의해 건설계약과 관련하여 발급되고 있는데 여기서 이행보증은 건설회사의 채무불이행 시에 프로젝트가 다른 시공자에 의해 완공이 되거나 그렇지 않으면 발주자가 금전적 보상을 받을 것이라고 약정하는 것이다. 이러한 이행보증은 혼합형 담보로서 독립성이나 종속성이라는 견지에서 논하기 어려운 것이다. 또한 이는 결코 청구만으로는 지급되지 않으며 채무불이행의 증거를 요구한다. 그리고 독립성의 정도나 Suretyship 계약과의 유사성은 전적으로 bond 계약조건에 달려있다(Roeland F. Bertrams, *Bank Guarantees in International Trade - The Law and Practice of Independent (First Demand) Guarantees and Standby Letters of Credit in Civil Law and Common Law Jurisdictions*, 4th, ed., Kluwer Law, 2013, pp. 4~5.

2) 이를 FIDIC 계약조건에서는 담보(security)라고 표현한다. FIDIC 계약조건 제4.2조[performance security] 참조.

3) 하지만, 계약이라고 보기 위해서는 청약과 승낙의 의사표시가 합치되어야 하는데, 독립적 보증에는 보증을 발행하는 보증인의 의사를 단지 청약의 의사표시에 불과하다고 보는 것이 부자연스럽고, 수익자의 승낙에 해당하는 의사표시를 찾기 어렵다는 점을 이유로 독립적 보증은 보증인의 단독행위라고 주장하는 견해가 있다(허해관, "국제건설계약상 청구보증", 국제거래법연구 제22집 제1호, 국제거래법학회 (2013), 190~192면 참조).

4) 독립적 보증은 1960년대 중반 미국 국내시장에서 최초로 등장하였으나 본격적으로 사용되기 시작한

2- 261 -

suretyship은 보증인이 주채무자가 제기할 수 있는 모든 항변을 행사할 수 있기 때문에 채권 자에게 불리하고 부담스러운 면이 있다. 또한 이러한 보증은 종종 채권자가 보증인을 상대 로 소를 제기하도록 만들어 보증인 입장에서는 불편하고 위험하다. 따라서 은행은 종속적 보증인이 되기를 꺼리는데, 이는 그들이 어떠한 상황에서 지급을 해야 하는지 판단하기가 어렵고, 원인계약 당사자들간의 분쟁에 휘말려 들게 될 여지가 많기 때문이다.5)

이러한 종속적 보증의 단점을 보완하기 위해 은행처럼 신용이 있고 재무적으로 튼튼한 금융기관에 의해 발행되는 독립적 보증이 고안되었다. 특히, 국제건설계약에서는 계약 당사 자들이 동일한 법역에 속하지 않는 경우가 많다. 따라서 시공자가 의무이행을 제대로 하지 않을 경우 발주자가 시공자를 상대로 의무이행 또는 손해배상을 청구하는 것이 그리 수월 하지 않기 때문에 신용도가 높은 은행과 같은 금융기관이 발급한 보증서가 중요한 의미를 지닌다. 이러한 맥락에서 독립적 보증은 흔히 국제상거래의 생혈(lifeblood of international commerce)이라고 일컬어진다.6)

독립적 보증은 독립성의 원칙이라든가 엄격일치의 원칙 등 여러 가지 측면에서 화환신 용장과 매우 유사하다. 실제 미국에서는 물품매매의 지급수단으로 이용되는 전통적인 신용 장에서 도출된 보증신용장(standby letter of credit)이 독립적 보증의 역할을 하는데, 그 이유는 미국에서는 법에 의해 은행이 보증(guarantee)을 발행하는 것이 허용되지 않기 때문이라고 한다.7) 따라서 보증계약의 조건이 충족되면 은행은 보증금을 무조건 지급해야 하고 원인계 약상의 항변으로 보증금 지급을 거절할 수 없다. 독립적 보증이 화환신용장과 다른 점은 독 립적 보증은 담보장치이기 때문에 주채무자의 채무불이행 시 금전적인 보상을 약속한다는 점이다.

그러나 국제건설 발주자는, 최종적으로는 독립적 보증의 발급 비용이 결국 계약금액에 반영되어 자신이 부담하게 되므로 그 비용 대비 이점을 면밀하게 분석해볼 필요가 있다.8)

것은 1970년대 중동 산유국들이 사회기반시설, 공공시설, 산업플랜트 등의 대규모 프로젝트를 건설하 기 위해 서구회사와 계약을 체결할 때였다고 한다. Bertrams, *op. cit.*, p. 1.

5) *Ibid.*, p. 2.

6) RD Harbottle (Mercantile) Ltd v National Westminster Bank Ltd [1978] 1 QB 146 at 155; Edward Owen Engineering Ltd v Barclays Bank International Ltd (CA) [1978] 1 QB 159 at 171; Britten Norman Ltd (in Liquidation) v State Ownership Fund of Romania [2000] Lloyd's Rep bank 315; Croup Josi Re Co SA v Walbrook Insurance Co Ltd [1995] 1 Lloyd's Rep 153(Giuseppe Broccoli, "On-Demand Bonds: A Review of Italian and English Decisions on Fraudulent or Abusive Calling", *ICLR*, 2015, 주1에서 재인용).

7) 1933년의 Glass-Steagall Act에 따라 미국은행은 상업은행과 투자은행으로 구분되었고, 상업은행은 보증 서 발행이 금지되었다. 이 법은 1999년 폐지되었으나 2007년의 미국 금융위기로 2010년 3월 Volcker Rule에 따라 미국은행은 다시 상업은행과 투자은행으로 구분되고 있어, 상업은행은 보증서를 발행할 수 없게 되었다(박세운 외, ICC 청구보증통일규칙, 대한상공회의소 (2010), 12면).

8) Atkin Chambers, *Hudson's Building and Engineering Contracts*, 12th ed., Sweet & Maxwell, 2010, para. 17-003 at p. 1497.

발주자는 시공자의 독립적 보증에 의해 시공자의 재무적 지급불능 위험으로부터 보호받고, 시공자가 채무불이행을 할 경우 그러한 채무불이행을 긴급하게 치유하고 그러한 채무불이행으로부터 발생하는 추가적인 지연과 공사방해(disruption)를 줄이기 위한 자금을 쉽게 확보할 수 있다. 하지만 궁극적으로 그러한 독립적 보증의 비용은 발주자의 부담이 될 뿐만 아니라 프로젝트 수행 도중 발주자의 보증금 청구는 시공자의 파멸을 초래하거나 심각하게 타격을 주어 공사를 완공하지 못하게 할 수도 있다.9)

시공자들은, 보증금 청구를 위해서 중재판정이나 기타 발주자의 배상 권한을 입증하는 증거 제시를 요구하는, 보다 전통적인 보증을 선호하지만, 경쟁입찰 절차에서 이러한 독립적 보증을 제공요청을 수용할 수밖에 없는 형편이다.10) 특히 시공자의 관점에서 독립적 보증은 발주자가 부당한 압력을 가하기 위한 수단으로 행사하거나 또는 아무런 근거 없이 부당하게 청구하는 등 남용되기 쉽다는 위험이 있다.

최근 해외건설사업을 수행하고 있는 많은 한국건설업체들이 해외 발주자로부터 독립적 보증 청구를 당하고 있는 형편이다. 그중에는 원인계약상 정당한 사유가 없는 경우도 자주 있는 것 같다. 그럼에도 불구하고 우리나라 기업들은 공사를 수주할 당시에는 그냥 관행에 따라 남용의 위험성에 대해서 별로 생각 없이 독립적 보증을 발행했다가 막상 청구를 당하고 나서야, 독립적 보증이 어떤 것인지를 깨닫게 되는 경우를 자주 목격한다. 과연 독립적 보증은 국제상거래를 활성화하기 위해 필수불가결한 생혈인가 아니면 시공자가 공사를 수주하기 위해 어쩔 수 없이 마셔야 하는 독배인가?

한국건설업체들은 공사계약과 관련하여 발주자에게 이행보증 등의 독립적 보증을 제공하는 경우가 더 많을 것이지만, 경우에 따라서는 자신의 하수급인 또는 주기기 공급업체들로부터 독립적 보증을 제공받기도 하므로, 독립적 보증에 대해서 어느 한 입장에서 일방적으로 가치편향적인 판단을 내리는 것은 곤란하다. 따라서, 독립적 보증이 무엇인지, 그리고 부당한 청구에 대해 어떠한 대응이 가능한지에 대한 정확한 이해를 통하여, 독립적 보증에 대해 보다 신중하게 접근하는 것이 필요해 보인다.

이하에서는 먼저 독립적 보증이 의의와 법적 성격을 먼저 살펴 본 후에(II), 독립적 보증의 종류에는 어떠한 것들이 있으며(III), 부당한 독립적 보증 청구를 막기 위한 방법으로는 어떠한 것들이 있는지(IV)에 대해서 살펴보기로 한다.

---

9) Philip Dunham, "The Use and Abuse of First Demand Guarantees in International Construction Projects", *ICLR*, 2008, p. 274.
10) Stephan Furst and Vivian Ramsey, *Keating on Construction Contracts*, 9th Edition, 2011, para 10-036.

Ⅱ. 독립적 보증의 의의와 법적 성격

1. 전통적인 보증

원래 전통적인 보증11)은 보증인의 지급의무가 발생하기 위해서는 원인계약12) 하에서 계약위반이나 채무불이행이 있어야 한다는 의미에서 이차적(secondary)이고 부종적(accessory)이다. 또한 보증인은 채권자에 대해 주채무자가 가진 항변권을 그대로 행사할 수 있으며 (부종성) 보증인에게 보증채무 이행을 청구할 경우 주채무자에게 먼저 청구할 것을 요구하는 이른바 최고검색의 항변권을 행사할 수 있다(보충성). 전통적인 보증 하에서 수익자가 보증인으로부터 보증금을 지급받기 위해서는 종국적으로 주채무자의 채무불이행을 입증해야 하는데 이와 관련하여 다툼이 있는 경우 수익자는 중재 또는 소송절차에서 그러한 불이행을 입증해야 한다.

영미에서는 전통적인 보증을 suretyship라 부른다. suretyship은 주채무자가 채무불이행을 할 경우 surety가 일단 먼저 주채무를 그대로 이행하거나 제3자로 하여금 이행하도록 할 수 있다. 이러한 이유로 suretyship은 전체 계약금액을 기준으로 해서 발행되므로 수수료가 매우 비싸다.13)

전통적 보증 또는 suretyship과 관련하여 채무보증인은 두 가지 문제에 직면한다. 첫째, 보증인은 보증을 제공하기 전에 주채무자가 채무불이행을 할 확률을 계산해야 한다는 점이고, 둘째 보증제공 후로는 채무불이행이 발생했는지를 판단해야 한다는 점이다. 그런데 이 두 가지 다 통상적인 은행업무가 아닐 뿐만 아니라 발주자와 시공자의 분쟁에 휘말려 들 가능성이 농후하기 때문에 은행들은 이러한 보증을 취급하기를 꺼리는 경향이 있다.14) 우리 나라 건설계약 실무에서 널리 사용되는 보증보험은 전통적 보증의 일종인데, 건설공제조합이나 서울보증보험과 같은 전문 보증보험회사가 이를 취급하고 있다.

2. 독립적 보증

가. 독립적 보증의 의의

전통적 보증 하에서 보증채무가 원인계약 상의 주채무에 대해 가지고 있는 부종성과 보충성 때문에 채권자들이 전통적 보증의 이용을 꺼리게 되자, 이에 대한 대안으로 등장

---

11) 영미에서는 전통적인 보증을 accessory, secondary, dependent 또는 conditional guarantee라고 한다.
12) 원인계약이라 함은 보증이 발행되게 된 원인이 된 거래계약, 즉 건설공사계약을 말한다.
13) 자세한 사항은 Roeland Bertrams, "The New Forms of Security in FIDIC's 1999 Conditions of Contract", *ICLR*, 2000, pp. 370~371 참조.
14) Bertrams, *op. cit.*, p. 12.

한 것이 독립적 보증이다. 여기서 독립적이라는 것은 "보증채무가 원인계약상의 주채무로부터 독립되어 있다. 즉, 주채무에 대한 부종성과 보충성이 없다"는 의미이다. 따라서 독립적 보증에서는 보증금 지급요건으로 보증서에 적시되어 있는 서류가 제시되면, 보증인은 실제 원인계약 하에서 주채무자의 채무불이행이 있었는지 여부를 따지지 않고, 무조건 보증금액을 지급해야 한다. 통상의 독립적 보증에서는 수익자가 주채무자가 채무불이행을 하였음을 진술하는 서면을 제출하여 보증금액을 청구하는 것이 보통이다. 보증금 지급요건의 충족여부를 서류상으로만 심사한다는 점에서 화환신용장의 법리와 유사한데, 요구되는 서류가 수익자가 작성한 서면뿐이라는 점에서 화환신용장과 다르고 보증신용장의 법리와 동일하다.

나. 독립적 보증의 법적 성격

독립적 보증은 손해담보계약(Garantievertrag)15)과 유사한 측면이 있다. 즉, 보증책임이 원인이 되는 채무자의 불이행 여부와는 무관하게 독립적이라는 점에서 그러하다. 우리 민법상 손해담보계약이란 당사자의 한쪽이 다른 쪽에 대하여 일정한 사항에 관한 위험을 떠맡기로 하고, 그로부터 생기는 손해를 담보하는 것을 목적으로 하는 계약16) 또는 일방 당사자가 상대방에게 일정한 결과의 발생을 보장하고 그 결과가 도래하지 않는 경우 발생할 손해를 인수하는 의무를 부담하는 계약을 말한다.17)

손해담보계약은 상당히 광범위한 개념이기는 하지만, 특히 원인계약이 존재하지 않거나 손해담보계약의 수익자가 원인계약의 채권자가 아니거나 보증인이 자신의 계산으로 행위할 경우에도 적용된다. 예를 들어 현지 정부가 사업을 유치하기 위하여 투자자가 손실을 입게 될 경우 이를 보상해준다는 약정을 할 경우 또는 엔지니어가 발주자를 위해 건설프로젝트의 총사업비가 일정금액을 초과하게 되면 발주자의 손해를 보전하겠다고 약정하는 경우를 들 수 있다. 이러한 보증은 양 당사자 관계이며 원인계약의 존재를 필요로 하지 않는다는 점에서 독립성은 확연히 드러난다. 하지만 현대의 은행보증은 수익자는 원인계약에서 채권자이며, 주채무자는 원인계약의 보증조항에 따라 은행에 자신의 계산과 위험으로 보증을 발급해 줄 것을 요청하는 다수 당사자 관계로 작동한다. 이러한 현대의 은행보증은 종종 일반적인 개념의 손해담보계약의 일종으로 이야기된다.

일반적으로 손해담보계약은 그 이전 국제거래에서 활용되던 현금예탁을 대신하기 위

---

15) 손해담보계약은 독일법상의 개념으로 suretyship과 다르게 부종성이 없다. 영미법에서는 indemnity가 손해담보계약과 유사한 개념이다.

16) 곽윤직, 채권총론(민법강의IV) 제6판, 박영사 (2013), 209면.

17) 김형석, "보증계약과 손해담보계약", 저스티스 통권 제77호, 한국법학원 (2004. 2), 49면.

하여 등장한 것으로 이해되고 있다. 현금예탁과 동일한 효과를 달성하면서도 채무자의 현금흐름에 악영향을 미치지 않는 것이 바로 손해담보계약이다.[18] 손해담보계약은 통상 특정 급부가 실현되지 않았다는 사건 자체만을 담보 실행의 요건으로 하며 이러한 의미에서 주채무에 대한 부종성이 없다. 이는 급부가 실현되지 않은 경우 채권자는 그 원인이 무엇이든 주채무관계에서 합의된 급부가 객관적으로 실현되지 않았다는 사실만을 입증하면 손해담보계약상 의무자에게 약정된 금액을 청구할 수 있다. 이처럼 손해담보계약은 적어도 채권자가 급부가 제공되지 않았음을 입증해야 한다.[19] 이는 현금예탁에 비하여 손해담보계약이 채권자에게 불리한 부분이다. 또한 이러한 입증의 요구는 은행의 입장에서도 바람직한 것이 아니다. 불필요하게 주채무관계의 복잡한 법률관계에 말려들어갈 수밖에 없기 때문이다.

손해담보계약은 이와 같이 독립적 보증과 유사한 면이 있지만, 채권자가 손해담보계약에서 특정되어 있는 급부가 실현되지 않았다는 사정을 입증해야 한다는 점에서 단순히 채무자의 채무불이행 사실을 진술하는 서류의 제시만을 요구하는 독립적 보증과 다르다. 뿐만 아니라 독립적 보증 중에는 후술하는 바와 같이 채무자의 채무불이행 사실을 진술할 필요도 없는 단순청구보증(on simple demand guarantee)도 있다는 점에서 더욱 그러하다.[20] 손해담보계약에서 채권자가 채무불이행을 입증해야 하는 불편을 해소하기 위해 청구조항(on-demand)을 삽입하기 시작했다고 한다. 이에 따라 채무의 이행을 담보하는 은행은 아무런 이의의 제기 없이 단순히 채권자의 청구에 기하여 약정된 금액을 지급하여야 하며, 채권자는 담보의 실행시기가 도래하였음을 입증할 필요가 없이 단순히 이 사실을 일방적으로 주장함에 의하여 자신의 손해담보계약상의 권리를 행사할 수 있다. 우리 대법원은 1994. 12. 9. 93다43873 판결에서 이러한 청구조항과 결합한 손해담보계약을 '독립적 은행보증'이라 명명하였다.

다. 독립적 보증에 대한 적용규범

한국에는 독립적 보증을 규율하는 성문법은 없고 법원 판례에 의해 그 법리가 형성되어 가고 있다. 독립적 보증을 규율하는 국제규범으로는 UN이 1995년 제정한 독립적 보증과 보증신용장에 관한 협약(Convention on Independent Guarantees and Stand-by Letters of Credit: 이하 "UN협약")이 있는데, 독립적 보증과 보증신용장에 적용되는 것으로 체약국에서 조약으로서 효력을 가진다.[21]

---

18) 상동, 51면.
19) 상동, 56면.
20) 허해관, (주 3), 198~199면 동지.
21) 2016. 1. 현재 체약국은 8개국이다. 한국은 아직 가입하지 않고 있다. 이 협약의 전문과 그에 대한 간략한 해설은 http://www.uncitral.org/pdf/english/texts/payments/guarantees/guarantees.pdf에서 입수할 수

국제상업회의소가 1991년에 발간한 청구보증통일규칙(Uniform Rules for Demand Guarantees: 이하 "URDG 458")이 2009. 12. URDG 758로 개정 공표되어 2010. 7. 1부터 시행되고 있는데, 이는 원칙적으로 동 규칙을 적용하기로 명시한 경우에만 적용 가능하다.

신용장통일규칙(Uniform Customs and Practice for Documentary Credits, 2007 revision, ICC Publication No. 600: 이하 "UCP 600")은 원래 화환신용장을 규율하기 위해 ICC가 발간하였으나, UCP 400부터 보증신용장(Standby Letter of Credits)에도 적용된다. 신용장통일규칙은 국제적인 상관습법의 지위를 획득한 것으로 이야기된다.[22] 한편 미국에서는 보증신용장이 독립적 보증의 일반적인 형태로 이용되게 되면서 미국 국제은행법실무연구소(Institute of International Banking Law & Practice)가 1998년에 "보증신용장통일규칙(International Standby Practices: ISP 98)"을 제정하였고 이는 1998년 4월 6일 ICC 은행위원회 기술실무위원회에 의해 ICC Publication No. 590으로 채택되었다.

Ⅲ. 독립적 보증의 분류

1. 직접보증 - 3자보증

보증의뢰인(applicant)의 의뢰에 따라 보증인이 수익자에게 보증을 발행하는 경우와 같이 세 당사자가 관여하는 구조 하에서 발행되는 보증을 직접보증(direct guarantee)이라 한다. 세 당사자가 관여하므로 3자보증이라고 부르기도 한다. 국제건설계약에서 계약조건에 따라 채무자인 시공자(보증의뢰인)가 채권자인 발주자에게 채무이행에 대한 담보를 제공하기 위해 보증인에게 보증의 발행을 의뢰하고, 그에 따라 보증인이 그 채권자인 발주자(수익자)에게 보증을 발행하는 경우가 여기에 해당한다. 이러한 직접보증은 보증인의 국가에 있는 보증의뢰인의 거래은행 또는 다른 은행에 의해 발행된다. 수익자가 외국에 소재하는 경우에는 수익자 국가에 있는 제2의 은행이 편의상 통지은행의 역할을 한다.[23]

있다. 이 협약에 관한 상세는, 김선국, "독립적 보증 및 스탠바이 신용장에 관한 UN협약", 비교사법 제3권 제1호, 한국비교사법학회 (1996), 93~119면; 박석재, "독립적 보증 및 스탠바이 신용장에 관한 UN협약," 상사법연구 제22권 제5호, 한국상사법학회 (2004), 315-337면 참조.

22) 채동헌 변호사는 URDG를 일반적인 거래약관에 가까운 것으로 보고, URDG의 구체적 규정내용에 따라 국제적 상관습에 해당한다고 볼 여지도 있다고 한다(채동헌, "URDG 758을 중심으로 한 국제거래에서의 청구보증(demand guarantee)에 관한 해석론", 민사판례연구 XXXV, 민사판례연구회 (2013), 907면)

23) Bertrams, *op. cit.*, p. 17.

[그림 1] 직접보증(3자보증): 이행보증(통지당사자가 있는 경우)

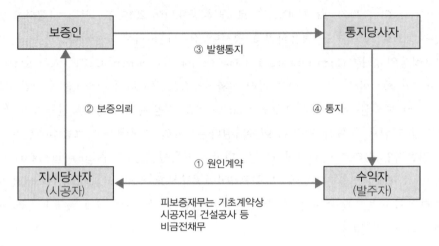

2. 간접보증 - 4자보증

간접보증(indirect guarantee)은 네 당사자(보증의뢰인, 구상보증인, 보증인, 수익자)가 관여하는 구조 하에서 발행되는 보증을 일컬으며, 4자보증이라고 부르기도 한다. 간접보증은 국제거래에서 가장 흔히 볼 수 있는 형태로서, 발주자인 수익자가 해외의 은행이 아니라 자국의 은행(보증인)으로부터 보증을 받기를 원하는 경우에 발행된다. 간접보증의 경우에 보증의뢰인은 대개 자신과 거래관계가 있는 자국 내 은행(구상보증인)을 이용하여 해외에 있는 은행(보증인)으로 하여금 수익자를 위하여 보증을 발행하도록 한다. 이 때 보증인으로서는 자신의 상환청구권을 보장받기 위하여 시공자(보증의뢰인)가 아닌 외국의 은행(구상보증인)으로부터 지급확약(구상보증)을 받기를 원하므로 간접보증에서는 두 개의 보증이 발행된다.[24] 이와 같이 간접보증에서 구상보증인이 보증인을 수익자로 하여 발행하는 보증을 구상보증(counter-guarantee)[25]이라 하며, 이는 보증상의 보증의뢰인인 구상보증인이 자신에 대한 보증인의 원보증상 상환청구권을 담보할 목적으로 발행된다.

원보증이 보증의뢰인의 원인계약상의 의무를 이행하지 않은 경우에 청구하는 것임에 비해 구상보증은 보증인이 수임인으로서의 자신의 의무를 이행한 경우에 지급청구한다. 따라서 지급청구 시에 원보증의 수익자는 보증의뢰인의 원인계약상의 채무불이행을 진술하여 지급청구를 하고, 보증인은 자신의 원보증상의 이행을 진술하여 구상보증의 수익자로서의 지급청구를 한다.

---

24) Bertrams, *op. cit.*, p. 19.
25) 이는 흔히 '역보증'이라고도 하는데, URDG 758 공식번역은 구상보증이라고 번역한다.

[그림 2] 간접보증(4자보증): 이행보증

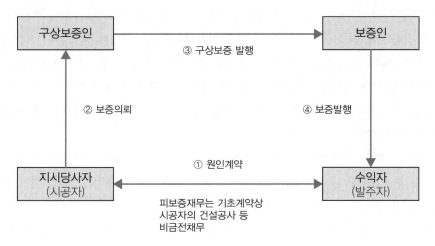

Ⅳ. 독립적 보증과 그 부당한 청구에 대한 대응

1. 지급 전 대응

가. 임시적 또는 보전적 처분

(1) 지급금지가처분[26] – 법원

1) 지급금지가처분의 법적 성격과 요건   실무상으로는 발주자의 부당한 청구에 대해 은행이 지급하지 못하도록 하기 위해서는 보증의뢰인인 시공자가 보증인인 은행을 상대로 법원에 보증금 지급금지가처분을 신청하게 된다.

한국법상 이러한 가처분이 계쟁물에 관한 가처분인지,[27] 임시지위를 정하기 위한 가처분인지에 대해 견해 대립이 있을 수 있다. 학설상으로는 후자로 보는 견해가 다수이며[28],

---

26) 우리나라에서는 Injunction 또는 Restraining Order를 가처분으로 흔히 번역하는 경향이 있는데, 엄밀히 살펴보면 영미 절차법에서 Interim(또는 Temporary) Injunction 또는 Interim Restraining Order라고 가처분에 해당하는 용어가 있으므로, Injunction 또는 Restraining Order는 금지명령 또는 유지명령이라고 하는 것이 옳을 것이지만, 용어의 혼동을 피하기 위하여 가처분이라는 용어를 그대로 사용하기로 한다.
27) 이는 채권자가 금전 이외의 물건이나 권리를 대상으로 하는 청구권을 가지고 있을 때 그 강제집행시까지 다툼의 대상(계쟁물)이 처분·멸실되는 등 법률적·사실적 변경이 생기는 것을 방지하고자 다툼의 대상의 현상을 동결시키는 보전처분이다(민사집행법 제300조 제1항).
28) 윤진수, "독립적 은행보증과 지급금지가처분 신청금지 약관의 효력", 민사재판의 제문제(상): 송천 이시윤박사 화갑기념논문집 (1995), 407면; 김용균, "은행보증서상 보증의뢰인의 보증은행에 대한 보증금 지급금지가처분의 허부 및 미리 그 가처분신청권을 배제시킨 은행약관조항의 효력 유무", 대법원판례해설 22호, 법원행정처 (1995. 5), 137면.

실무상으로도 후자로 보고 있다.[29] 임시지위를 정하기 위한 가처분은 당사자간에 현재 다툼이 있는 권리 또는 법률관계가 존재하고 그에 대한 확정판결이 있기까지 현상의 진행을 그대로 방치한다면 권리자가 현저한 손해를 입거나 급박한 위험에 처하는 등 소송의 목적을 달성하기 어려운 경우에, 그로 인한 위험을 방지하기 위해 잠정적으로 권리 또는 법률관계에 관하여 임시의 지위를 정하는 보전처분이다.[30] 은행을 상대로 보증금 지급금지를 구하는 가처분에서 다툼이 있는 법률관계는 보증 발행의 원인이 된 보증의뢰인과 보증인간의 보증발행의뢰계약이다.

우리나라 법원이 이러한 지급금지가처분을 허용하기 위해서는 민사집행법 제300조 제2항에 따른 두 가지 요건, 즉 피보전권리와 보전의 필요성이 존재해야 한다. 먼저 피보전권리가 인정되기 위해서는, 보증의뢰인이 보증인에 대해 수익자에게 지급하지 말 것을 청구할 수 있는 권리, 즉 부작위청구권을 가질 것이 요구된다. 이를 위해서는 독립적 보증의 준거법상 보증인이 수익자에게 지급을 거절할 수 있는 권리가 있고, 나아가 보증의뢰인과 보증인간의 법률관계의 준거법상 보증의뢰인이 보증인에 대해 지급을 거절할 것을 요구할 수 있는 부작위청구권이 있어야 한다는 것이다.[31]

한편 보전의 필요성과 관련하여 보증인이 수익자에게 보증금을 지급하게 되면 보증의뢰인은 현저한 손해를 입게 된다. 엄밀히 말하면 보증인이 수익자에게 보증금을 지급하고, 보증의뢰인을 상대로 구상권을 행사할 때 보증의뢰인이 손해를 입게 되지만, 통상 보증인은 보증의뢰인을 상대로 예금 질권 등의 담보를 갖고 있는 경우가 많아 손쉽게 구상을 받을 수 있으므로, 실무적으로 보증인이 수익자에게 보증금을 지급할 때 손해를 입는다고 본다.[32]

이와 같은 임시의 지위를 정하기 위한 가처분에 있어서는 원칙적으로 변론기일 또는 채무자가 참석할 수 있는 심문기일을 열도록 되어 있기 때문에(민사집행법 제304조 본문), 법원으로서는 편면 심리가 아닌 쌍방 심리를 할 수 있다는 장점이 있다. 그러나 채무자인 보증인은 형식적으로만 가처분 신청기각을 구하면서 실질적으로는 다투지 않거나, 보증의뢰인과 수익자의 원인관계에 대해서 알 수 없어서 법원에서 결정하면 그에 따르겠다고 하는 경우가 대부분이라고 한다.[33] 물론 실질적 이해당사자인 수익자가 보조참가하여 적극적으로 다투면 실질적인 쌍방 심리가 이루어질 수 있을 것이다. 하지만 신용장 대금 등 지급금

---

29) 심승우, "신용장 및 독립적 은행보증 관련 지급금지가처분 – 우리나라 법원의 하급심 결정례를 중심으로 – ", 민사집행법연구 제11권, 한국민사집행법학회 (2015), 388~389면.
30) 법원행정처, 법원실무제요 민사집행[Ⅳ]-보전처분, 법원행정처 (2003), 8면.
31) 석광현, "국제신용장거래와 사기의 원칙에 관한 소고 – 한국법상의 법리를 중심으로", 한양대학교 법학논총, 한양대학교 법학연구소, (2014. 10), 14~15면.
32) 대법원 1994.12.9 선고 93다43873 판결.
33) 심승우, (주 29), 389면.

지가처분 사건은 접수일로부터 심리기일까지 불과 1주일도 채 걸리지 않는 경우가 상당히 많아서 수익자가 가처분 절차가 개시된 사실조차 모르는 경우가 다반사이다. 설령 수익자가 가처분 절차가 개시된 사실을 알고 있다고 하더라도 통상 수익자는 외국회사나 외국은행이라는 점을 감안할 때, 우리나라에서 이루어지는 가처분 절차에 참여하거나 관여하기란 시간상으로나 거리상으로 쉽지 않아서 수익자가 보조참가를 통해서 다투는 경우 또한 그리 많지 않아 보인다.[34] 뿐만 아니라, 임시지위를 정하기 위한 가처분이 인용되는 경우, 보증인이 불복하는 경우도 상당히 낮다고 한다.[35]

　　2) 사기 또는 권리남용의 법리　　독립적 보증채무의 독립성으로 인하여 원인계약인 건설계약 하에서 수익자인 발주자가 독립적 보증채무이행을 청구할 정당한 사유가 없음에도 불구하고 일단 보증금의 지급을 청구하면, 보증인인 은행은 원인계약 하에서 시공자의 채무불이행이 실제로 있었는지 묻지 않고 발주자에게 지급해야 한다. 하지만 예외적으로 이러한 발주자의 청구가 "사기적인 청구" 또는 "권리남용"에 해당한다면 은행은 그 지급을 거절할 수 있고, 또 거절할 의무를 부담한다는 것이 국제적으로 널리 인정되고 있다.

　　URDG 758, UCP 600 또는 ISP 98은 사기적인 청구에 대해 별도로 규정하지 않는다. ISP 98 1.05(c)는 사기적인 청구는 준거법에 따를 사항이라고 규정한다. 원래 독립적 보증은 거래의 필요에 의해 자연적으로 발생한 것으로서, 초기에는 이에 관한 직접적인 법규범이 없었고, 오늘날도 대부분의 나라에서는 판례에 의하여 규율되고 있다. 다만 미국은 통일상법전(UCC) 제5편에서 보증신용장을 포함한 신용장을,[36] 프랑스는 민법 제2321조에서 독립적 보증(garantie autonome)을 규정하고 있다.[37] 현재 독립적 보증에 관하여 국제적으로 구속

---

34) 심승우, (주 29), 390면.
35) 심승우, (주 29), 390면.
36) 미국 UCC 제5-109조는 "사기 및 위조"라는 표제 하에서 (b)에서 "보증의뢰인이 요구된 서류가 위조되었거나, 중대하게 기망적이거나 또는 지급청구에 응하는 것이 보증신용장의 발행인이나 개설의뢰인에 대한 수익자 측의 중대한 사기(material fraud)를 조장하게 된다고 주장하는 경우에는, 법원은 일정한 조건이 갖추어진 때에 한하여 법원은 발행인이 지급청구에 응하는 것을 잠정적으로 또는 영구적으로 금지하거나, 발행인 또는 다른 사람에 대한 비슷한 구제를 부여할 수 있다"고 규정한다. 여기서 금지명령이나 다른 구제수단이 발령될 수 있는 조건 가운데 중요한 것은, "손해를 입을 수 있는 수익자나 발행인 등이 금지명령 등에 의하여 발생할 수 있는 손해로부터 충분히 보호될 수 있을 것"과 "법원에 제출된 정보에 의하면 개설의뢰인의 주장이 받아들여질 가능성이 그렇지 않을 가능성보다 더 커야 한다"는 점이다.
　　미국에서 신용장에 관하여 사기가 지급거절 사유가 될 수 있다는 Sztejn v. J. Henry Schroder Banking Corp. 뉴욕주 법원판결이 그 효시이다(김선국, "독립적 은행보증의 법리", 재산법연구 제25권 제1호, 한국재산법학회 (2008), 312면 이하 참조).
37) 프랑스 민법 제2321조
　　① 독립적 보증은 제3자가 약정한 채무에 관하여 독립적 청구나 또는 약정된 방법에 따라 일정한 액을 이행하여야 할 의무가 있는 의무부담약정을 말한다.
　　② 독립적 보증인은 채권자의 명백한 남용이나 사기 또는 채권자와 주채무자와의 공모의 경우에는 의

력이 있는 협약으로서는 앞에서 언급한 UN협약이 있는데 이는 1995년 유엔총회에서 채택되어 2000년 1월 1일 발효되었지만 현재 가입국이 8개국에 불과하여 실제로 적용되는 범위가 넓지 않다.38)

영미법계에서는 독립적 보증 하에서의 이러한 발주자의 부당한 청구에 대한 지급거절 법리를 "사기법리(fraud rule)"로 설명하지만, 대륙법계에서는 "권리남용의 법리"에 의해 설명한다. 참고로 UN협약 제19조는 국가에 따라 그 개념이 상이한 "사기(fraud)"나 권리남용(abuse of rights)이라는 용어의 사용 대신에 "지급의무에 대한 예외(exception to payment obligation)"라는 일반적인 표현을 사용하여 독립성에 대한 예외 사유를 규정하고 있다.

영미법계의 "사기법리"와 대륙법계의 "권리남용의 법리"의 이동에 대해서 이 둘은 사실상 동일한 기준이라는 견해39)와, 전자가 후자보다 훨씬 더 엄격한 기준이라는 견해40) 대립이 있다. 영미법계나 대륙법계 내에서도 국가마다 다소 다른 기준이 적용되고 있는 상황에서 일률적으로 말하기는 어렵겠지만, 유럽대륙과 영국은 일치하여 사기 또는 권리남용의 증거는 명백하고 합리적인 의심이 없어야 하고, 법원 심리절차의 속행 없이 원인법률관계를 자세히 들여다보지 않고, 즉시 제출될 수 있는 것임을 요구하고 있다. 또한 사기 또는 권리남용의 개념은 원인된 법률관계에 기해 인정될 수 있으며, 영국을 제외한 유럽대륙과 미국에서는 실제 수익자의 기망의 의사가 요구되지 않기 때문에 사기, 남용(abuse) 또는 악의(bad faith)라는 용어가 호환적으로 사용되고 있다는 점에서 큰 차이가 없다고 한다. 하지만 영국 판례는 은행을 상대로 한 보증금 지급금지가처분 사건에서 반복해서 보통법(common law)상의 일반적인 사기의 개념으로부터 도출된, 수익자의 주관적인 '부정직(dishonesty)' 또는 '악의(male fide)'를 언급하고 있다는 점에서 차이를 보인다.41)

은행을 상대로 보증금지급금지 가처분을 구하는 것과 관련하여 첫째, 은행이 수익자의 사기 또는 권리남용을 알아야 한다는 점과 둘째, 보증의뢰인의 손해는 은행이 수익자에게 보증금을 지급하는 때 발생하는 것이 아니라 보증의뢰인의 계좌에서 구상금을 인출할 때 발생한다는 점으로부터 보증금지급금지 가처분을 인용하는데 이론적인 어려움이 발생한다.

무가 없다.

③ 독립적 보증인은 채권자의 명백한 남용이나 사기 또는 채권자와 주채무자와의 공모의 경우에는 의무가 없다.

④ 반대의 합의가 없는 한, 이 보증은 피담보채무에 수반하지 아니한다.

38) 윤진수, "독립적 은행보증의 경제적 합리성과 권리남용의 법리", 법조 통권 제692호, 법조협회 (2014. 5), 13면.

39) 김정호, "독립적 은행보증의 법률관계(대법원 1994. 12. 9. 선고 93다43873 판결의 평석을 겸하여)", 동천 김인섭 변호사 화갑기념논문집, 박영사 (1996. 12), 316면.

40) 김선국, "신용장과 독립적 은행보증에 있어서의 지급금지가처분: 가처분 법원의 판단범위를 중심으로, 세계화시대의 기업법: 횡천 이기수선생 정년기념 (2010), 655면.

41) Bertrams, *op. cit.*, para. 14-17 at pp. 372~373.

하지만, 영국을 제외한 대부분의 법역에서 아직 은행이 보증금을 지급하기 전인 경우에는, 은행이 수익자의 사기 또는 권리남용을 알아야 한다는 요건은, 최종적으로 법원이 사기 또는 권리남용의 증거가 있다고 판단하면 충족되는 것으로 받아들여지고 있다.

하지만 영국법원(최근의 독일법원도)은 수익자의 사기가 은행의 보증금 지급 시에 은행에게 알려졌다면, 보증의뢰인은 은행을 상대로 손해배상을 청구할 수 있다는 근거로 가처분을 인용하지 않았는데, 이러한 영국법원의 태도는 매우 형식논리적이고 비현실적이라는 비판이 제기되고 있다. 왜냐하면 은행은 보증금을 지급함과 동시에 보증의뢰인의 계좌에서 구상금을 인출해 갈 것이고 보증의뢰인은 은행이 인출해 간 그 구상금을 되찾기 위해 매우 어렵고 오래 걸리는 싸움을 해야 하기 때문이다. 만약 보증의뢰인이 수익자의 사기를 입증하는데는 성공했으나, 은행이 보증금을 지급할 시에 수익자의 사기를 알았다는 사실을 입증하는데 실패한다면, 보증의뢰인이 승소하기는 어려울 것이기 때문이다.[42]

구체적으로 어떠한 경우에 외관상 일치하는 지급청구가 부당한 청구에 해당하는지는 국가마다 다소 차이가 있으며, 간단히 말하자면 대체로 사기적 청구 또는 권리남용에 해당하는 것이 명백한 경우에 한하여 지급거절을 허용한다고 할 수 있다. 참고로 유엔협약에 의하면, ① 지급청구 시에 제시된 서류가 진정한 것이 아니거나 위조된 경우, ② 지급청구서나 그 보강서류에서 주장된 근거에 의할 때 지급할 것이 아닌 경우 또는 ③ 당해 보증의 유형과 목적에 따라 판단할 때 지급청구가 아무런 기초가 없는 경우에 부당청구가 긍정된다.[43] 원인계약상 보증의뢰인의 의무가 충분히 이행되었음이 의심의 여지가 없는 경우나 수익자가 보증의뢰인의 원인계약상의 의무이행을 고의적으로 방해하였음이 명백한 경우, 특히 구상보증에 있어서 구상보증의 수익자가 원보증상 지급청구에 대해 악의로(in bad faith)로 지급한 경우에는 위의 지급청구가 생각할 수 있는 아무런 기초가 없는 경우에 해당한다.[44]

실무상 독립적 은행보증의 경우 수익자는 때때로 보증인에게 보증서의 만기를 연장해주던가 아니면 지급을 하라는 요구를 하는 경우가 드물지 않은데, 이러한 청구가 항상 부적절한 것은 아니다. 수익자로서는 지급청구를 할 수 있는 상황이 발생하였음에도 그렇게 하지 않고 오히려 보증기간을 연장하려고 하는 것이므로 이는 보증의뢰인에 대한 일종의 관용이라고 볼 수도 있기 때문이다. 사실 경우에 따라서 보증서에 수익자는 연장지급선택부 청구를 할 수 있다고 명시되기도 한다. 물론 보증의뢰인이 아무런 불이행도 하지 않았고 그에 따라 수익자가 지급청구를 할 권리를 갖지 못한다는 사실을 수익자가 알았던 경우에 그

---

42) Bertrams, *op. cit.*, para 16-9 at p. 446.
43) UN 협약 제19조 제1항.
44) UN 협약 제19조 제2항; UNCITRAL Secretariat, *Explanatory Note*, p. 25 참조.

지급청구는 권리남용이 된다.[45]

　　다만 입찰보증은 입찰자가 입찰에 참가한 후 낙찰 전에 입찰을 철회하거나, 그의 입찰이 낙찰된 후 계약체결을 거부하거나 계약에서 요구하는 이행보증을 제출하지 않을 위험에 대해 발주자를 보호하기 위한 보증이므로 낙찰 전에 입찰자가 입찰을 철회하지 않는 한 입찰자의 의무불이행을 생각하기 어렵다. 통상 입찰자는 응찰 시에 발주자가 제시한 계약조건 등에 여러 가지 수정을 요구하는 조건부 응찰을 하는 경우가 대부분인데, 설령 최저가로 우선협상대상자가 된 입찰자라 하더라도 발주자와 이러한 수정 요구사항들에 대해 합의가 잘 이루어지지 않을 경우 계약 협상이 길어질 수 있다. 이렇게 입찰기간이 길어지면 견적금액의 기초가 된 기자재가격이나 인건비 등의 인상요인이 발생하기 때문에, 입찰자가 무한정 입찰보증을 연장할 수는 없다. 이 경우 발주자가 입찰기간을 연장하면서 입찰보증을 연장하지 않으면 청구하겠다고 하는 것은, 특별한 사유가 없다면 권리남용에 해당한다고 볼 수 있을 것이다.

　　한편, 직접보증에 비해 간접보증에서는 보증의뢰인이 수익자의 부당한 청구에 대해 법원으로부터 지급금지가처분을 얻기가 힘들 것이다. 왜냐하면 보증인이 수익자의 지급청구가 부당하다는 것을 알면서도 지급한 경우가 아닌 한, 보증인의 구상보증인에 대한 구상보증청구가 사기 또는 권리남용에 해당하는 경우는 생각하기 어렵다.[46] 보증인은 자신이 원보증상의 의무이행을 하였음을 진술하여 청구하면 되기 때문이다. 보증의뢰인은 수익자가 보증인을 상대로 원보증을 부당하게 청구한 사실을 알았다 하더라도, 외국법원에서 신속하게 부당한 청구임을 입증해서 지급금지가처분을 구하는 것이 쉽지는 않을 것이다.

　　3) 권리남용의 명백성　　은행을 상대로 하는 지급금지가처분 사건에서 독립성의 예외를 인정하기 위해서는 ① 수익자의 청구가 권리남용에 해당할 것과 ② 이 점이 객관적으로 명백할 것이라는 두 가지 요건이 충족되어야 하는데, 실무상으로는 이 두 번째 요건의 판단이 더욱 중요한 의미를 지닌다.[47]

　　권리남용이 명백하다는 것은 형식적 법적 지위의 남용이라는 사실이 누구에게나 의심 없이 인식될 수 있는 상태라야 한다는 것인데, 제출된 자료에 비추어 단 하나의 가능한 추

---

45) 오원석·허해관·김중년 공역(Roy Goode 저), 국제상업회의소 청구보증통일규칙 가이드, 두남 (2008), 130면.
46) 참고로 한국에서는 대법원 1994.12.9 선고 93다43873 판결이 내려지기 전 서울고등법원 1993. 7. 13. 선고 91나44225 판결에서 한국에 있는 구상보증은행(제1은행)을 통해 보증금 청구 이후 가처분 심리절차를 통해 예멘에 소재하는 원보증 발행은행(제2은행)에게 실체적인 원인사실관계가 다 현출되었으므로, 수익자의 청구가 기망적임을 객관적인 자료에 의하여 명확히 알면서 지급하는 것이 되고 따라서 제2은행이 제1은행에 역보증계약에 의해 지급요구를 하는 것도 기망적인 요구라고 판단하였는데 이는 독립적 보증의 법리를 이해하지 못한 잘못된 판결이다(윤진수, (주 38), p. 53 참조).
47) Bertrams, *op. cit.*, para. 14-17 at p. 372.

론이 권리의 남용으로 귀결되는 경우에만 명백성이 인정될 수 있다고 한다.[48] 따라서 그 자체로 즉시로 대답될 수 없는 사실적, 법적 다툼이 원인관계에 있는 경우라면 명백한 권리남용이라고 볼 수 없으므로, 이러한 해답이 자명하지 않은 문제들로는 독립적 은행보증에 기한 보증금지급청구를 거절할 수 없고, 은행이 보증금을 선지급한 뒤 사후적인 반환청구로 해결하여야 한다.[49]

권리남용의 명백성 여부를 판단하기 위한 증거는 즉시 입수할 수 있는 명백한 것이어야 한다. 이는 지체 없이 입수할 수 있고, 권리남용을 명백하게 보여줄 수 있는 증거를 말한다. 이는 통상 구두 주장에 대비되는 것으로서, 제3자 또는 수익자의 진술서 또는 확인서 등의 서면 증거 및 다툼이 없거나 이미 확립된 사실관계를 의미한다.[50]

독립적 보증은 수익자가 마치 현금을 보유하고 있는 것과 같은 담보적 기능을 수행하는데, 수익자와 보증은행 사이의 본안소송이라고 하여 사실심 변론종결 시까지 수익자의 권리 없음이 밝혀지기만 하면 된다는 것은 이러한 담보적 기능이나 국제분쟁해결절차에 필연적으로 수반되는 불확실성으로부터 채권자를 보호하려는 독립적 보증의 목적에 어긋난다.[51]

4) 지급금지가처분의 요건의 준거법   한편, 은행을 상대로 한 보증금지급금지 가처분 사건에서 사기 또는 권리남용을 판단하는데 적용되는 준거법과 관련하여, 보증의뢰인과 보증인간에는 보증발행의뢰계약의 법률관계가 존재하므로, 이 계약의 준거법이 적용될 것이다. 하지만 그렇다고 해서 독립적 보증금 지급금지가처분 사건에 있어서 보증의 법률관계에 따른 준거법을 전혀 고려할 필요가 없다는 것을 뜻하지는 않는다. 예를 들어, 독립적 은행보증 사안에서 국내은행이 발행한 보증서에는 준거법이 영국법으로 지정되어 있는 반면, 보증발행의뢰계약에는 준거법에 대한 아무런 규정이 없다고 가정해 보자. 이 때 보증의뢰인과 보증은행 간에 법적 분쟁이 발생하면, 보증발행의뢰계약에 따른 준거법이 적용될 것인데, 보증발행의뢰계약에서 준거법이 지정된 바 없다 하더라도, 묵시적 지정에 의하여 한국법이 준거법이라고 볼 수 있을 것이다. 그렇지 않다 하더라도 '보증발행의뢰계약과 가장 밀접한 관련이 있는 국가', 즉 특징적인 이행을 하는 보증은행의 영업소 소재지의 법률이 적용될 것이어서(국제사법 제26조), 결국 우리나라의 법률이 준거법이 된다.

하지만 그렇다고 해서, 보증의뢰인(채권자)이 보증은행(채무자)을 상대로 독립적 보증금 지급금지가처분 신청을 하는 경우에 있어서 우리나라 법률이 준거법인 이상 우리나라가 채택하고 있는 '신의칙이나 권리남용의 법리'를 별다른 고민 없이 적용하는 것은 문제다. 왜

---

48) 김기창, "보증채무의 부종성과 독립성", 민사법학 29호, 한국민사법학회 (2005. 9), 82~83면.
49) MüKo/Habersack Vorb., §765 BGB, 6. Aufl. 2013, Rn. 34(김진오, "독립적 은행보증에 있어 권리남용 법리의 적용 범위와 한계", 사법 제33호, 사법발전재단 (2015. 9), 주 64에서 재인용).
50) Bertrams, op. cit., para. 14-7 at pp. 358~359.
51) 김진오, (주 49), p. 355.

냐하면 '보증의뢰인이 보증은행에 대하여 지급금지를 구할 수 있는 권리'는 반드시 피보전 권리 즉 '보증은행이 수익자에 대하여 지급거절할 수 있는 권한'이 전제되어야 하는데, 보증은행에 그러한 권한이 있는지 여부는 하나의 선결문제로서 보증의 법률관계에 정해진 준거법(즉, 영국법)에 따라 결정되고, 영국법의 사기의 법리가 적용되기 때문이다. 즉, 이러한 선결문제를 판단함에 있어서는 무조건 우리나라가 채택하고 있는 '신의칙이나 권리남용의 법리'를 적용할 것이 아니라, 보증의 법률관계에 적용되는 준거법이 적용됨에 유의하여야 한다.52)

독립적 보증이 간접보증인 경우 수익자가 외국에 있는 독립적 보증 발행은행에 청구를 한 경우에 외국 법원에서 그 은행을 상대방으로 지급금지가처분을 구하는 것은 장소적 또는 시간적 제약 때문에 현실적으로 매우 어려울 것이다. 따라서 실무상으로는 한국의 시공자가 외국 발주자의 부당한 독립적 보증 청구에 대해 한국 법원에서 한국의 보증 발행은행(직접보증의 경우) 또는 구상보증은행(간접보증의 경우)을 상대방으로 해서 보증금 지급금지가처분을 구하는 것이 주로 문제가 되고 있다.

5) 한국 판례의 태도   한국 대법원 1994.12.9 선고 93다43873 판결은53), 한국에서 독립적 보증의 지급금지가처분과 관련하여 권리남용의 법리를 정립하는 계기가 된 중요한 판결이다.54)

사실관계를 간략하게 요약하면, 1984. 2. 발주자(수익자)인 사우디 보건성과 한국건설사 사이에 담맘 병원신축공사 도급계약이 체결되었고, 한국건설사의 보증발행 의뢰에 의해, 한국의 은행이 사우디 보건성을 수익자로 해서 선급금 보증서 및 이행보증서를 발행하였다. 그 후 사우디 보건성이 보증은행에게 보증기간을 연장해주지 않으면 보증금을 지급해 줄 것을 요청하자55), 보증의뢰인이 보증금지급가처분을 신청한 사건이다. 1심에서는 보증금지급금지가처분이 인용되었고, 2심에서는 보증의뢰인과 보증은행간의 보증발행의뢰계약상 가처

---

52) 심승우, (주 29), 393~394면; 윤진수, (주 38), 402면; 석광현, "화환신용장거래에 따른 법률관계의 준거법", 국제사법과 국제소송 제1권, 박영사 (2002), 161면도 동지.

53) 은행을 상대로 한 독립적 보증 지급금지가처분 사건이 인용되면, 은행은 실질적인 이해관계의 당사자가 아니기 때문에, 수익자가 보조참가를 통하여 이의를 하지 않는 한 은행이 이의를 제기하지 않음에 비해, 본 건은 이례적으로 은행이 이의를 제기하여 2심에서 가처분이 취소되었고(서울 고등법원 1993. 7. 9. 선고 92나18337), 다시 보증의뢰인이 대법원에 상고를 하여 원심이 파기환송된 사건이다. 파기환송심은 서울고등법원 1995. 5. 11. 선고 95나3239 판결인데, 지급금지가처분이 확정되었다.

54) 본 판결에 대한 평석으로는 김선국, "독립적은행보증에 있어서의 지급금지가처분", 상사판례연구, 법원공보 제984호, 215면 이하; 윤진수, (주 38), 387면 이하; 김동훈, "독립적 은행보증과 권리남용금지의 원칙", 법조 제44권 4호, 법조협회 (1995. 4), 141면 이하; 김용균, (주 28), 120면 이하 참조 바람.

55) 한편 발주자가 "연장하지 않으면 지급하라"고 은행에 요구한 것을 대법원이 권리남용으로 본 것으로 이해하고 이를 비판하는 견해가 있는데(김선국, (주 54), 292면), 대법원 판결문 어디에도 그러한 취지의 설시는 보이지 않으므로 정당한 비판으로 생각되지 않는다.

분 신청 등을 금지하는 부제소특약이 있음을 이유로 가처분결정이 취소되었는데, 신청인이 이의를 하여 대법원까지 오게 된 사건이다. 본 사건에서 대법원은 부제소특약이 한국 약관 규제법 제14조 고객에 대하여 부당하게 불리한 소제기금지 조항에 위반하여 무효라고 보아 원심을 파기환송하며, 다음과 같이 독립적 보증과 관련한 권리남용의 법리를 정립하였다.

> 독립적 은행보증의 경우에도 신의성실의 원칙 내지 권리남용금지의 원칙의 적용까지 배제되는 것은 결코 아니라고 할 것이므로 수익자가 실제에 있어서는 보증의뢰인에게 아무런 권리를 가지고 있지 못함에도 불구하고 위와 같은 은행보증의 추상성 내지 무인성을 악용하여 보증인에게 청구를 하는 것임이 객관적으로 명백할 때에는 이는 권리남용의 경우에 해당하여 허용될 수 없는 것이고, 이와 같은 경우에는 보증인으로서도 수익자의 청구에 따른 보증금의 지급을 거절할 수 있다고 보아야 할 것이다.
>
> 보증의뢰인과 보증인 사이의 은행보증서의 발행을 위한 보증의뢰계약은 그 보증에 따른 사무처리를 내용으로 하는 민법상의 위임계약에 다름 아닌 것으로서, 보증인은 그 수임인으로서 상대방인 보증의뢰인의 당해 보증서에 관한 이익을 보호하여야 할 의무를 부담하게 되고, 따라서 보증인은 특히 수익자의 보증금 지급청구가 권리남용임이 객관적으로 명백할 때에는 보증의뢰인에 대한 관계에 있어서 마땅히 그 지급을 거절하여야 할 보증의뢰계약상의 의무를 부담하고, 그 반면에 보증의뢰인으로서도 보증인에 대하여 위와 같이 수익자의 청구가 권리남용임이 명백하다는 것을 입증하여 그 보증금의 지급거절을 청구할 수 있는 권리를 가진다고 보아야 할 것이다.
>
> 수익자가 권리남용적인 보증금의 지급청구를 하는 경우에는 보증의뢰인은 그 보증금의 지급거절을 청구할 수 있는 권리에 기하여 직접 그 의무자인 보증인을 상대방으로 하여 수익자에 대한 보증금의 지급을 금지시키는 가처분을 신청할 수 있다고 볼 것이고, 보증인이 수익자의 그러한 권리남용적인 보증금청구에 응하여 보증금을 지급하여 버리게 되면, 그에 따라 보증인의 보증의뢰인에 대한 상환청구가 당연히 수반될 것이고, 나아가 보증의뢰인이 보증인의 위 보증금 지급을 무효라고 주장하여 상환을 거절하는 경우에는 보증인으로부터 각종 금융상의 제재조치를 받게 되는 등의 사실상 경제적인 불이익을 감수할 수밖에 없게 될 것인 점 등에 비추어 볼 때, 위와 같은 보증금의 지급거절을 둘러싼 권리관계의 분쟁으로부터 생길 수 있는 현저한 손해를 방지한다는 측면에서 그 보전의 필요성도 충분히 인정될 여지가 있다.

하지만, 본 판결은 독립적 은행보증에 있어 권리남용 법리의 일반론을 설시한 것일 뿐 해당 사안이 권리남용에 해당하는지에 관하여 구체적인 판단을 내리지는 않았고, 파기환송심에서 그 구체적인 판단이 이루어졌고 사우디 보건성의 보증금 청구를 권리남용으로 확정했다.56)

---

56) 파기환송심(서울고등법원 1995. 5. 11. 선고 95나3239 판결)은 사우디 보건성의 기성미지급, 설계 및 자재 승인의 지체 그리고 이라크 쿠웨이트 침공 및 걸프전 등의 사유로 공사가 지연됨에 따라 공사기간을 3차례나 연장하는데 합의한 사실, 그리고 신청인이 이로 인해 입게 된 피해에 관하여 사우디 보

한편, 최근 독립적 보증에서 권리남용 법리의 적용 한계를 판시한 대법원 판결이 나왔는데, 권리남용이 어느 정도로 명백해야 하는지 기준을 제시하는 최초의 대법원 판결이다.[57]

먼저 사실관계를 요약하면, 이란에 소재하는 자동차부품 생산회사인 원고는 2007. 12. 국내에 있는 소외 회사로부터 자동차용 플레이트형 실린더를 수입하는 계약(이하 "이 사건 수입계약")을 체결하였고, 피고는 소외 회사의 요청에 따라 독립적 보증인 이행보증서를 발행하였다. 이 사건 수입계약에 따라 소외 회사는 2008. 5. 원고에게 1차 공급분 2,400개를 선적 발송하였다. 그런데 2008. 5. 소외 회사가 이란의 다른 업체에게 공급한 파이프형 실린더가 폭발하는 사고가 발생하였는데, 이란 국영기관이 소외 회사가 제작한 실린더의 수입을 승인하지 않을 것이며, 위 실린더가 관련 기준에 부합할 때까지 이란 내 사용 및 판매를 금지한다는 공문을 발송하였다. 원고와 소외 회사는 2009. 5.에 이미 공급받은 실린더에 대한 원고의 손해액을 342,000유로로 정하고, 그중 142,000유로는 소외 회사가 원고의 청구를 받은 날로부터 3일 이내에 지급하고, 나머지 200,000유로는 원고가 추가 구매하기로 한 실린더 대금에서 공제하기로 합의하였다. 그 후 이란 국영기관은 2009. 8. 플레이트형 실린더의 경우에는 제조자가 품질을 보증하면 이란에서 사용할 수 있음을 고지하였고, 원고는 2009. 9. 경 소외 회사로부터 수입한 플레이트형 실린더 2,400개를 사용하였으나 아무런 문제가 발생하지 않았다. 참고로 원고는 이 사건 소제기 후 2010. 7. 부산지방법원에 보증의뢰인인 소외 회사를 상대로 원인관계(이 사건 수입계약)상의 채무불이행을 원인으로 별도의 손해배상청구소송을 제기한 이래 3년여에 걸친 치열한 공방 끝에 2013. 9. 패소확정판결을 받았다.

제1심은 피고는 원고에 대해 독립적 은행보증을 한 것이므로 소외 회사가 원고에 대하여 채무불이행책임을 부담하는지 여부를 불문하고 원고의 서면에 의한 청구가 있으면 피고는 그 보증서에 기재한 금액을 지급할 책임이 있다고 판시하였고, 제2심은 독립적 은행보증이지만, 원고는 보증의뢰인에게 아무런 권리를 가지고 있지 않음에도 이 사건 보증서의 추상성·무인성을 악용한 청구임이 객관적으로 명백하다고 판시하였다. 대법원은 2심 판결의

건성에 대해 미화 8,250여만 불 상당의 클레임을 제기한 사실, 이에 대하여 사우디 보건성 법무실은 위 클레임 액 중 미화 5,500만불에 관해서는 타당성이 있다는 의견을 제시하였으나, 사우디 아라비아 왕국 재무성에서 이를 인정하려 들지 아니하고 있어 화해가 성립되지 못하고 있었던 사실을 인정하고, 또한, 걸프전 종전 후 사우디 보건성은 다시 신청인에게 공사 재개를 요청하여옴에 따라, 신청인과 사우디 보건성 사이에 클레임 액 중 6,000만불 정도를 인정하여 주는 것과 관련하여 협상을 벌이다가, 갑자기 사우디 보건성이 신청인에게 아무런 조건없이 공사를 재개할 것을 요구하였고, 이러한 요구를 신청인이 받아들이지 않자, 사우디 보건성은 이 사건 보증서들의 보증기간을 1992. 9. 11. 까지 연장할 것을 요구하고 만일 연장하지 아니할 경우에는 보증금 전액을 지급할 것을 요청한 사실을 인정한 다음, 사우디 보건성의 보증금청구가 권리남용에 해당한다고 하여 지급금지가처분을 확정하였다.

57) 대법원 2014. 8. 26. 선고 2013다53700 판결. 최근 대법원 2015. 7. 9. 선고 2014다 64442 판결도 이 판결을 따랐다. 이 판결의 평석은 김진오, (주 49), 327면 이하 참조.

결론을 뒤집으며, 다음과 같이 설시하고 있다.

원심이 여러 간접사실에 기초하여, 원고가 보증의뢰인인 소외 회사에 대하여 권리를 가지고 있지 못함을 알았다는 사실을 추인한 다음, 원고의 이 사건 청구는 권리남용에 해당한다고 판단하고 있는데, 이는 보증의뢰인의 수익자에 대한 채무가 존재하는지 여부를 밝히기 위하여 원인관계에 관한 실체심리를 한 것으로 그 결론이 누구에게나 명백한 경우에 해당한다고 볼 수 없고, 실질적으로 원심이 원고와 소외 회사 사이의 원인관계에 기초하여 원고의 이행보증금청구를 배척한 것과 다르지 않으므로, 독립적 이행보증의 기본적 특성에 반한다고 보아야 한다고 판시하였다.

권리남용의 항변을 인정하기 위해서는 보증금 청구를 받은 때에 보증은행인 피고에게 권리남용이 명백하여야 하고, 보증금청구 당시 권리남용 여부가 명백하지 않은 경우 보증은행은 일단 보증금을 지급하여야 한다. 따라서 이 사건 소제기 후 3년 6개월 가량이 경과한 후에 관련 사건에서 원고가 소외 회사에 대하여 권리를 가지고 있지 않음이 밝혀졌다고 하여 피고의 보증금지급 거부가 정당화될 수는 없다.

원심은 이 사건 청구가 마치 원고와 소외 회사를 당사자로 하는 원인관계상의 분쟁인양 원인관계의 세밀한 부분에 대한 판단을 거침없이 함으로써 독립적 은행보증에서 권리남용 여부의 판단을 마치 원인관계상의 분쟁에서 당사자의 잘잘못을 따지듯이 운용하고 있다. 하지만 권리남용 여부에 대한 판단은 분명하고, 의심의 여지가 없으며, 당장 확보할 수 있는 자료에 의하여 이루어져야지 원인관계상 분쟁에 대한 자세한 탐구를 거쳐야 비로소 알 수 있는 사정을 토대로 이루어져서는 아니 된다.

이처럼 독립적 은행보증의 수익자가 한 지급요구의 권리남용 여부에 대한 판단이 원인관계상의 분쟁에 대한 실질판단으로 변질되는 것은 바람직하지 않다. 보증금을 지급한 은행은 보증의뢰인에 대하여 구상할 수 있으므로, 만약 수익자가 주원인관계상의 권리가 없음에도 보증금을 지급받은 경우 보증은행에 구상금을 지급한 보증의뢰인은 수익자로부터 이를 반환받아야 하는 위험을 부담하게 되나, 이러한 위험은 보증의뢰인이 독립적 은행보증제도를 선택하였을 때 스스로의 의사에 기하여 인수한 위험이다.

원심판결은 독립적 은행보증이라는 거래수단을 선택한 당사자의 의사와 이러한 은행보증이 국제상거래에서 수행하는 기능을 간과한 것이고, 나아가 이러한 사태가 반복된다면 궁극적으로 국제거래에서 한국금융기관의 위상이 실추됨은 물론이고, 그들이 국제거래에 참여할 기회 역시 주어지지 않을 것이다.

수익자의 청구가 권리남용에 해당하지 않는 한 보증은행의 지급은 정당하며 이로써 보증은행은 완전히 면책된다. 이때 보증금을 지급한 은행은 보증의뢰인에 대하여 구상할 수 있는 반면, 보증의뢰인은 수익자와의 소송이나 중재를 통하여 분쟁의 해결을 시도할 수밖에 없고, 이를 통하여 만족스런 배상을 받을 수 있을지 불분명하다. 그러나 이러한 위험은 보증의뢰인이 독립적 은행보증 제도를 선택하였을 때 당연히 인수한 위험이자 이 제도의 본질적 기능이므로, 이러한 위험이 있다고 하여 보증은행의 지급의무를 부정한다면 독립적 은행보증제도의 존속 자체를 부정하는 것이라고 보아야 한다.

우리 법원 하급심에서 보증금 지급금지가처분이 인용된 사례를 살펴보면, 선급금을 받고 공사를 일정 정도 수행하였으나 발주자가 공사지연을 이유로 선급금보증서 전액에 대해 지급청구를 하고 계약해지를 통지한 경우에, 선급금 중 일부는 기성금에서 공제되는 것이 일반적인 거래관행이라는 점을 들어 가처분을 인용한 사건58)이 있다. 필자의 견해로는 일반적인 거래관행이라는 논거보다는 발주자 또는 엔지니어가 서명한 기성지급확인서에 선급금을 공제한 사실이 확인될 수 있다는 점이 더 객관적이고 명백한 논거일 것이다. 또한 리비아에서 수행 중이던 공사가 현지 내전 등 외부적인 원인에 의해 일시적으로 중단된 경우에 발주자가 공사계약상의 채무불이행을 이유로 보증신용장을 청구한 사례에서 권리남용을 인정하여 가처분을 인용하였다.59) 이 사건에서도 시공자의 공사계약 불이행이 불가항력적인 사정 때문임이 언론보도 등을 통해 객관적으로 확인될 수 있었기 때문에 가처분이 인용된 것으로 보인다.60)

(2) 청구금지가처분 – 법원

1) 사기 또는 권리남용법리 적용 여부   보증의뢰인인 시공자가 수익자를 상대로 보증금 청구금지가처분을 구하는 경우에는 다툼이 있는 권리 또는 법률관계가 보증의뢰인과 보증인간의 보증발행의뢰계약도 아니고, 보증인과 수익자간의 보증계약도 될 수 없다. 이 경우 가처분의 근거가 되는 다툼이 있는 법률관계는 시공자와 발주자(수익자)간의 공사계약이다.

여기서 시공자와 발주자 간의 공사계약상 당사자들 간에 다툼이 생기면 중재로 해결하기로 합의한 경우에 이와 같이 국가의 법원에 보전처분을 구하는 것이 허용되는지 의문이 생길 수 있다. 이 점에 대해서 한국 중재법 제10조는 "중재합의의 당사자는 중재절차의 개시 전 또는 진행 중에 법원에 보전처분을 신청할 수 있다"고 규정하고 있는데, 이는 UNCITRAL 모델 중재법 제9조의 내용과 동일하다. ICC 중재규칙 제28조[보전 및 임시처분(Conservatory and Interim Measures)] 또한 당사자들은 중재합의에도 불구하고 관할권이 있는 국가법원에 보전 및 임시처분을 신청할 수 있으며, 이러한 신청이 중재합의에 대한 포기나 침해에 해당

---

58) 서울남부지방법원 2013. 12. 27.자 2013카합789 결정.
59) 서울중앙지방법원 2012. 3. 16.자 2012카합553 결정.
60) 참고로 독일연방대법원(BGH) 1984. 3. 12. 선고 판결도 영국에 사는 이란인들이 테헤란에 있는 부동산을 임대하고, 임차인이 목적물 인도의무를 이행하지 않을 경우를 대비하여 은행으로부터 독립적 은행보증을 받았는데, 그 후 호메이니의 이란혁명으로 임차목적물이 국유화되어 임차인이 목적물 인도의무를 이행하지 못하자, 원고들이 은행을 상대로 보증금을 청구한 사안에서, 독일연방대법원은 "테헤란 시장의 편지나 다른 문서에 의해 이란의 관청이 임대차목적물인 부동산을 이른바 수용을 원인으로 강제로 빼앗았다는 사실이 명백히 밝혀졌고 불가항력을 규정한 독일 민법 제275조에 따라 임차인의 부동산 인도의무가 소멸하였으므로, 보증인의 보증금 청구가 권리남용에 해당한다"고 판시한 바 있다 (BGH, Urt. V. 12. 3. 1984, NJW 1984, 2030 ff., BGHZ 90, 287 ff).

하지 않으며, 중재판정부의 권한에 영향을 미치지 아니한다고 규정하고 있다. 다만, 국가법원의 보전 및 임시처분은 즉시 사무국에 통지되어야 하며, 사무국은 중재판정부에 통지해야 한다. LCIA 중재규칙 제25.3조에 의하면, 중재판정부가 구성되기 전에는 당사자들은 국가법원에 자유로이 보전 및 임시처분을 신청할 수 있고, 중재판정부가 구성된 후에는 예외적인 경우에 중재판정부의 허락을 받아서 보전 및 임시처분을 국가법원에 신청할 수 있다. 그리고 이러한 보전 및 임시처분은 중재판정부 구성 전에는 사무국에, 구성 후에는 중재판정부에 즉시 통지되어야 한다.

이와 같이 가처분의 근거가 되는 법률관계가 공사계약이면 법원이 청구금지가처분 인용 여부를 판단할 때 당연히 공사계약상 보증금 청구사유가 있는지 여부를 들여다 볼 수 있는 것 아닌가하는 의문이 제기된다.

영국에서는 은행을 상대로 한 보증금 지급금지가처분 대신에 수익자를 상대로 한 보증금 청구금지가처분이 많이 활용되고 있다. 그리고 은행을 상대로 한 보증금 지급금지가처분에 비해서, 수익자를 상대로 한 보증금 청구금지가처분의 인용가능성이 훨씬 더 높다고 본다. 이는 보증금 청구금지가처분의 경우에는 은행의 입장이 고려될 필요가 없으며, 독립성의 원리에 대한 훼손이 덜 문제가 되고, 사기에 대한 입증 요건이 덜 엄격하기 때문에 그렇다는 것이고 이러한 견해에 입각한 판례들도 있다.[61] 특히 최근 영국 기술건설법원(Technology and Construction Court)에서 내려진 독립적 보증에 관한 두 판결도 그러하다.

Simon Carves v Ensus 사건[62]에서 공사계약서상 독립적 보증은 인수확인서의 발급으로 현존하거나 이전에 존재하는 클레임을 제외하고 무효가 된다(the bond was to become null and void upon the issue of an Acceptance Certificate)고 규정하고 있었다. 그런데 위 사건에서 인수확인서는 발급되었으나 인수확인서의 발급 전에 현존하거나 통지된 클레임이 존재하는지에 대한 분쟁이 발생했다. Simon Carves는 법원에 수익자인 발주자를 상대로 독립적 보증에 기한 청구를 금지하고, 이미 이루어진 청구를 철회하는 명령을 신청하였다. Akenhead 판사는 독립적 보증이 담보의 목적으로 발행된 원인계약이 명시적으로 분명하게 수익자가 독립적 보증 하에서 청구를 하지 않도록 규정하고 있는 경우, 그리고 신청인이 본안에 대한 심리는 아니더라도 설득력 있는 주장이 있음을 보여준 경우에(demonstrate that it has a strong case albeit that the merits of the case would not need to be determined at that stage) 법원이 청구금지 가처분을 내릴 수 있다고 판시하였다.

Doosan Babcock Limited v Comercializadora de Equipos y Materiales Mabe Limitada 사

---

61) Themehelp Ltd. v. West and Others [1996] QB 84; Potton Homes v. Coleman Contractors [1984] 28 Build. L.R. 19.
62) [2011] BLR 340.

건에서 2개의 이행보증이 독립적 보증 형태로 시공자인 Doosan의 의무이행을 담보하기 위해 발급되었는데, 그 이행보증은 보일러에 대한 인수확인서의 발급 또는 2013년 12월 31일 중에 빨리 도달하는 날에 만료하는 것으로 되어 있었다. Doosan은 두 개의 보일러가 2012년 11월 30일과 2013년 5월 10일에 각각 발주자인 Mabe에 의해 사용되고 있었기 때문에 인수확인서를 받을 권한이 있었으나, 발급되지 않았으므로 발급된 것과 동일한 법적 효력이 발생하였다고 주장하였다. 이에 Mabe는 보일러가 "임시 조치(temporary measure)"로 사용되고 있는 경우에는 인수확인서 발급을 보류할 수 있다는 계약조항을 근거로 들면서 인수확인서 발급과 같은 동일한 효력이 인정되어서는 안 된다고 주장하였다. Mabe는 Doosan을 상대로 하여 손해배상 청구권이 있다는 점을 들어 보증금 청구를 할 수 있다고 하였다. 이에 Doosan은 영국 High court에 Mabe를 상대로 보증금 청구금지가처분을 구하였다. 영국 법원은 보일러가 일시적 조치로 발주자에 의해 사용되고 있는 것이 아니라고 하면서 Doosan의 주장이 설득력이 있으며, 보일러가 일시적 조치로 사용되고 있는 것이라는 Mabe의 주장은 거의 터무니없는(little short of ludicrous) 것으로 판단하였다. 법원은 Mabe의 보증금 청구를 허용하게 되면, Mabe가 인수확인서를 발급하지 않은 자신의 계약위반을 이용하도록 하는 결과를 초래하는 것이라고 하면서 청구금지가처분을 인용하였다.

영국뿐만 아니라 싱가포르에서도 보증금 청구금지가처분을 인용하는 기준으로 엄격한 사기예외의 법칙 외에도 비양심성(unconscionability)을 들고 있다. 비양심성이란 한마디로 정의하기는 어렵고, 구체적인 사건에 따라 판단되어야 하지만, 사기와 구별되는 것으로 양심을 가진 법원이 일방 당사자의 청구를 금지하지 않으면 안 될 정도의 신의를 결여하거나, 비난할 만한 행위로서 불공정성(unfairness)을 수반하는 것으로 이해된다.[63] 또 다른 사건에서는 비양심성을 선의의 결여(lack of bona fides)와 같이 폭넓은 개념으로 정의되기도 한다.[64]

한편, 수익자를 상대로 보증금 청구금지가처분을 구하는 경우, 보증의뢰인과 수익자간에 적용되는 독립성의 원리 및 사기예외의 법칙은, 은행과 수익자 또는 보증의뢰인과 은행 간에 적용되는 독립성의 원리 및 사기예외의 법칙과는 다른 의미와 법률효과를 지닌다고 이해하는 것은 잘못이다. 은행과 수익자간의 보증계약에 내포되어 있는 "일단 지급하고 나중에 다퉈라(pay first, argue later)"라는 원칙은 보증의뢰인과 수익자간의 위험배분에 관한 합의를 반영하는 것이기 때문에 동일하게 적용되어야 한다.[65] 특히 공사계약에서 시공자가 발주자에게 이행보증 등을 무조건적이고 취소불가능한 독립적 보증을 제공하여야 한다는

---

63) Raymond Construction Pte Ltd v. Low Yang Tong & Anor [1996] SGHC 136.
64) Dauphin Offshore Engineering & Trading Pte Ltd v. The Private Office of HRH Sheikh Sultan bin Khalifa bin Zayed Al Nahyan [2000] 1 SLR(R) 117.
65) Bertrams, op. cit., para 16.2.1 at p. 433.

명시적인 문구를 두고 있는 경우에는 이러한 견해가 더욱 설득력 있을 것이다. 이러한 입장은 여러 독일판결들66)과 영국 Deutsche Ruckversicherung AG v. Walbrook Insurance Co. 판결67)과 Group Josi v. Walbrook Insurance Co. 판결68)에서 명시적으로 확인되었다. 또한 UN협약과 독일, 벨기에, 프랑스 법원도 은행을 상대로 지급금지가처분을 구하는 경우와 수익자를 상대로 청구금지가처분을 구하는 경우에 적용하는 기준에 대해 아무런 차이를 두지 않는다고 한다.69)

한국에서는 수익자를 상대로 보증금 청구를 금지하는 가처분은 매우 드물다고 한다.70)

2) 국제재판관할권   대부분의 국제건설계약에서 발주자인 수익자는 시공자 국가가 아닌 다른 국가에 있을 것이다. 따라서 만약 시공자가 있는 국가의 법원에서 외국에 있는 수익자를 상대로 가처분 재판을 하기 위해서는 먼저 해당 국가의 법원에 국제재판관할권이 인정되어야 한다. 만약 수익자가 그 국가에 영업소를 두고 있거나, 재산을 두고 있는 등 국제재판관할권을 인정할 만한 연결점이 없는 경우에는 시공자 자신의 국가의 법원에서 외국의 수익자를 상대로 청구금지가처분을 구하기는 어렵다.

참고로, 독일은 토지관할에 관한 규정을 국내재판관할을 정함과 동시에 국제재판관할을 정하는 것으로 판례와 학설은 해석하고 있는데, 그중에서도 특히 재산소재지에 관할권을 인정하는 독일 민사소송법 제23조71)는 "재산권상의 청구로 인한 소"라고 하는 매우 광범위한 소에 대한 국제재판관할규정으로 이용되고 있어서 과잉관할의 전형으로 비판을 받고 있다고 한다.72) 그런데 여기서 독립적 보증 하에서의 청구권이 제23조에서 말하는 자산(assets)인지 여부인데, 이 점에 대해서 독일 판례는 엇갈리고 있다. 독립적 보증 하에서의

---

66) OLG Köln, 30 October 1997, WM 1998, p. 707, OLG Düsseldorff, 9 August 2001, WM 2001, p. 2294. Bertrams, *op. cit.*, para 16-2 p. 433 주 8에서 재인용.

67) [1994] 4 All ER 181, 196-197.

68) [1996] 1 Lloyd's Rep. 345, [1996] 1 WLR 1152.

69) *Ibid.*

70) 서울중앙지방법원 2013. 2. 12 결정 2013카합179(보증은행이 수익자를 피공탁자로 하여 독립적 은행보증금을 공탁하자, 보증의뢰인이 수익자를 상대로 그 공탁금의 출급, 즉 사실상의 추심행위를 금하고자 하는 사건으로 동일한 구조라고 할 수 있다.); 인천지방법원 부천지원 2011. 10. 19. 결정 2011카합869; 인천지방법원 부천지원 2011. 10. 19 결정 2011카합872(심승우, (주 29), 387면 주35 재인용).

71) Section 23, Civil Procedure Code
"For monetary complaints brought against a person who has no place of residence in Germany, that court shall be competent in the jurisdiction of which assets belonging to that person are located, or in the jurisdiction of which the object being laid claim to under the action is located. Where claims are concerned, the debtor's place of residence and, in cases in which an object is liable for the claims as collateral, the place at which the object is located shall be deemed to be the location at which the assets are located".

72) 석광현, 국제재판관할에 관한 연구 – 민사 및 상사사건에서의 국제재판관할의 기초이론과 일반관할을 중심으로, 서울대학교 출판부 (2001), 82~85면 참조.

청구권을 제23조에서 말하는 자산에 해당한다고 본 판례도 있고,[73] 그렇지 않은 판례도 있다.[74] 하지만 아직 이 부분을 다룬 연방대법원 판례는 없기 때문에, 독일 판례가 정립된 것으로 보기는 어렵다.[75]

영국에서 피신청인이 비거주자이거나 EU국가 국민이 아닌 경우에, 그가 영국 내에 소재할 경우에 소장을 직접 송달하면 국제재판관할권이 생긴다. 법인의 경우에는 그러한 법인이 영국 내에서 직간접적으로 거래를 하는 경우에 영국 내 소재한다고 본다.[76] 하지만, 피신청인이 영국 내에 소재하지 않을 경우에는 영국 법역 밖으로 소장을 송달하기 위해서는 법원의 허가를 받아야 한다.[77] 법원의 허가를 받기 위해서는 신청인이 본안에 관하여 주장할 만한 유력한 근거(good arguable case on the merits)를 가지고 있다는 점과 영국 법원이 분쟁과 가장 실질적인 관련이 있다는 점을 보여주어야 한다. 예를 들어, 계약이 영국 내에서 체결되었다거나, 계약이 영국법을 준거법으로 하고 있다는 점 등이 있으면 실질적 관련이 있는 것으로 인정될 수 있다.

　3) 편면심리　　어떠한 경우이든 청구금지가처분이 가능하려면 가처분 절차법과 실무가 일방(ex parte) 심리를 허용해야 한다. 만약 쌍방(inter partes) 심리를 개최하도록 되어 있는 경우에는 가처분 상대방에게 기일출석 통지를 해야 하는데, 가처분 상대방이 외국에 있는 경우에는 송달하는데 오랜 시간이 걸리므로, 사실상 긴급성을 요하는 청구금지가처분의 목적을 달성하기가 어렵다.

한국 민사집행법 제304조[임시의 지위를 정하기 위한 가처분]에서는 구술변론 또는 채무자가 참석할 수 있는 심문기일을 여는 것을 원칙으로 하되, 그 기일을 열어 심리할 경우 가처분의 목적을 달성할 수 없는 사정이 있는 때에는 심문기일을 열지 않고 재판하도록 하고 있다. 실제로 우리나라 법원 실무상으로도 기일을 열지 않고 서면으로만 심문하는 경우도 있다고 한다.[78]

영국은 원칙적으로 소 제기 후에 보전처분을 신청할 수 있는데 가처분의 경우에는 양 당사자를 소환하여 주장을 들어 결정하고, 다만 긴급한 때에는 소제기 전에 원고의 주장만을 듣고 재판한다고 한다.[79]

---

73) OLG Dusseldorf, 28 January 1999, BeckRS 1999, 02807.

74) OLG Frankfurt, 8 December 1986, NJW-RR 1988, 572, 573.

75) 이 부분에 대해 독일 판례와 법리에 대해 조언을 해준 CMS 쾰른사무소에 근무하는 Dr. Benjamin Lissner 독일 변호사에게 감사드린다.

76) H.R.H Maharanee Seethadevi Gaekwar of Baroda v Wildenstein [1972] 2 W.L.R 1077; Colt Industries Inc. v Sarlie [1966] 1 W.L.R 440.

77) Civil Procedural Rules 6.36, Practice Direction 6B. 3.1 (2).

78) 심승우, (주 29), 396면.

79) 김능환·민일영(집필대표), 주석 민사집행법 제7권, 사법행정학회 (2012. 5), 784면의 권창영 집필부분.

독일은 보전처분의 신청에 대하여 법원은 구술변론을 거치지 않고 재판할 수 있는데, 구술변론을 거친 경우에는 판결로, 그 밖의 경우에는 결정으로 재판하는바, 가압류와 가처분 사이에 심리방식에 차이를 두지 않는다고 한다.[80]

(3) 지급 및 청구금지가처분의 결합 – 법원

이미 수익자가 은행을 상대로 보증금을 청구한 경우에, 수익자에게 보증금 청구금지가처분을 내린다 하더라도 은행의 수익자에 대한 보증금 지급의무는 소멸되지 않는다. 특히 외국에 있는 수익자가 자신을 상대로 내려진 청구금지가처분에도 불구하고, 은행에 청구를 한다면 은행은 청구금지가처분결정의 수명 당사자가 아니므로, 지급에 응하지 않을 이유가 없다. 하지만 이 경우 보증의뢰인은 수익자를 상대로 내려진 청구금지가처분을 근거로 이번에는 은행을 상대로 지급금지가처분을 구하는 방안을 고려할 수 있다.

(4) 청구금지 임시적 처분 – 중재판정부 또는 긴급중재인

1) 중재판정부의 임시적 처분   보증의뢰인인 시공자와 수익자인 발주자간에 분쟁이 발생하여 이미 중재판정부가 구성되어 있는 경우 중재판정부에 이러한 독립적 보증에 대한 부당한 청구를 막기 위한 임시적 처분(interim measure)을 구하는 것을 생각해 볼 수 있다. 일반적으로 중재판정부는 이와 같이 임시적 처분을 내릴 권한을 행사할 수 있다.[81] 중재판정부는 독립적 보증에 대해서는 중재합의가 없기 때문에 독립적 보증의 효력에 대해 판단할 권한은 없지만, 독립적 보증의 원인계약과 관련하여 보증 청구가 정당한지를 판단할 수 있다.[82]

발주자를 상대로 법원에서 청구금지가처분을 구하는 것은 외국에 있는 발주자를 상대로 어떻게 국제재판관할권을 인정할 수 있는지 그리고 그 법원의 실무가 이러한 가처분 결정을 위해 쌍방 심리를 개최하도록 요구하는 경우에 어떻게 외국에 있는 발주자에게 송달할 것인지의 문제가 있어서 쉽게 활용되기 어렵다. 반면, 중재판정부에 청구금지 임시적 처분을 구하는 것은, 이미 시공자와 발주자는 건설공사계약에서 중재합의를 하였으므로, 중재판정부의 관할권 성립에 특별한 의문이 없고, 일반적으로 국제상사중재에서는 서류 송달 시에 어떤 특정한 법역의 송달제도를 따를 필요가 없기 때문에 중재절차의 틀 내에서 자유롭게 송달할 수 있는 장점이 있다. 당연한 이야기이지만 법원과 마찬가지로 중재판정부도

---

80) ZPO 제921조, 제922조 제1항, 제936조.
81) 당사자들이 달리 합의하지 않는다면, 중재판정부는 일반적으로 이러한 임시적 또는 보전적 처분을 내릴 수 있다(ICC 중재규칙 제23.1조; LCIA 중재규칙 제25조; UNCITRAL 중재규칙 제26조 참조).
82) Donald Francis Donovan, "Powers of the Arbitrators to Issue Procedural Orders, Including Interim Measures of Protection, and the Obligation of Parties to Abide by such Orders", *10 ICC Bulletins 57*, 1999.

임시적 처분을 내릴지 여부를 판단할 때, 보증의 발행구조가 직접 보증인지 간접 보증인지에 따라 달라지지 않는다.

또한, 법원으로부터 시공자가 임시적 처분을 얻기 위해서는 발주자의 사기 입증이라는 높은 문턱을 넘어야 하지만 중재판정부에게는 원인계약상 아무런 계약위반이 없다는 사실만 보여주면 된다고 하는 견해가 있다.[83] 예를 들어 FIDIC 계약조건 제4.2조 (c)는 채무불이행을 치유하라는 발주자의 통지를 받은 지 42일 내에 시공자가 그 채무불이행을 치유하지 않은 경우에 이행보증을 청구할 수 있도록 하는데, 발주자가 시공자에게 42일의 치유기간을 부여하지 않고 보증을 청구한 경우 법원에서는 이러한 발주자의 청구를 사기로 보기는 어려울 것이지만 중재판정부는 발주자가 보증을 청구할 권한이 없다고 판단할 수 있다는 것이다. 하지만, 앞서 법원에서의 청구금지가처분에서 논의한 바와 같이 시공자와 발주자간의 공사계약 하에서 "일단 지급하고 나중에 다퉈라(pay first, argue later)"라는 위험배분에 관한 합의가 이루어졌고, 이러한 합의가 은행과 수익자간의 보증계약에 반영된 것이라고 보는 견지에서는 상기 견해가 반드시 옳다고 보기는 어렵다. 중재판정부는 중재합의의 당사자가 아닌 보증인인 은행을 상대로 임시적 처분을 내릴 수는 없고 수익자인 발주자를 상대로 청구금지 임시적 처분을 내릴 수 있을 뿐이며 수익자인 발주자가 그러한 임시적 처분에 따르도록 강제할 힘이 없다.[84] 하지만, 중재판정부가 보증금 청구금지 임시적 처분을 내렸음에도 불구하고 수익자가 보증인인 은행을 상대로 보증금 청구를 하는 것은 중재판정부에게 발주자에 대한 부정적인 인상을 주게 되므로, 중재를 앞둔 발주자가 중재판정부의 보증금청구금지 임시적 처분을 정면으로 위반하기는 쉽지 않을 것이며, 실제 억제 효과가 있는 것으로 나타나고 있다.

2) 긴급중재인의 긴급처분   발주자가 독립적 보증에 따른 청구를 할 시점에는, 아직 중재판정부가 구성되어 있지 않은 경우가 대부분일 텐데, 중재 신청 후 중재판정부가 구성되기까지에는 통상 수개월이 걸리기 때문에, 중재판정부에 독립적 보증청구금지에 대한 임시적 처분을 구하기가 현실적으로 어렵다는 문제점이 있다. 이와 같이 중재판정부 구성 전에 긴급한 필요에 따른 임시적 처분을 구하여야 할 경우에는 대부분의 국제중재규칙에서 도입하고 있는 긴급중재인 제도를 활용할 수 있다. 이하에서는 중요 중재규칙들에서의 긴

---

83) Philip Dunham, *op. cit.*, pp. 282~283.
84) 2016년 5월 29일 개정되어 시행되고 있는 현행 중재법은 2006년에 개정된 국제상사중재에 관한 UNCITRAL 모델법(UNCITRAL Model Law on International Commercial Arbitration) 제17H조를 받아들여, 중재판정부의 임시적 처분에 대해 집행력을 인정한다(제18조의7). 다만, 우리 중재법은 중재지가 한국인 경우에 적용되므로(중재법 제2조), 외국에서 중재판정부가 내린 임시적 처분의 승인 및 집행은 여전히 뉴욕협약에 의하게 되므로 우리나라에서 뉴욕협약의 해석이 달라지지 않는 한 외국에서 중재판정부가 내린 임시적 처분은 승인 및 집행되기가 어려울 것으로 보인다.

급중재 제도를 간략하게 설명하기로 한다.[85]

긴급중재인 제도는 중재판정부가 구성되기 전에 발생하는 긴급한 상황을 처리할 수 있게 만든 제도이므로, 중재판정부의 구성이 완료되면, 선정되었던 긴급중재인의 권한은 상실되고 중재판정부가 임시적 처분 여부를 심리한다.[86] 긴급중재 신청 시점과 관련하여 중재신청과 함께 또는 그 이후에만 긴급중재를 신청할 수 있도록 하는 중재규칙이 있는가 하면[87], 중재신청 제기 전에 긴급중재신청이 가능하나, 긴급중재신청 이후 일정 기간 내에 중재를 신청하도록 하는 중재규칙이 있다.[88] 긴급중재신청이 접수되면 접수 시로부터 정해진 기간 내에 신속하게 1인의 단독 긴급중재인을 선정하도록 한다.[89] 긴급중재인의 선정권한은 SIAC과 ICC는 중재법원장(President of the Court)에게 LCIA는 중재법원(Court)에 부여하고 있다.

당사자의 합의에 의하여 진행하는 중재 절차의 본질상 일방 당사자의 긴급중재 신청은 상대방에게 반드시 통지되어야 하며, 상대방에게 긴급중재인에 대한 임시적 처분의 신청에 대해서 다툴 수 있는 공평한 기회를 주어야 하므로 쌍방 심리(inter partes hearing)가 개최되어야 한다. 하지만 이로 인해 절차가 불필요하게 지연되지 않도록 보통 긴급중재인이 선정된 날로부터 일정기한 내에 임시적 처분에 대한 결정을 하도록 요구된다.[90] 이와 관련하여 긴급중재 절차가 신속하게 진행될 경우, 특히 신청인은 긴급중재 신청을 준비하는데 아무런 시간적 제약이 없으나, 피신청인 입장에서는 긴급중재 신청서를 받으면 즉시 사안을 파악하여 대응해야 하므로 큰 부담을 가지게 된다는 점에서 신청인 입장에서는 유리하지만,

---

85) 2006년에 미국 국제분쟁해결센터(International Center for Dispute Resolution, ICDR)이, 2010년에 스톡홀름상업회의소 중재기관(Arbitration Institute of the Stockholm Chamber of Commerce, SCC)이 각각 긴급중재인 제도를 도입하였고, 아시아·태평양 지역의 경우 2010년 싱가포르국제중재센터(Singapore International Arbitration Center, SIAC)가, 2011년에는 호주국제상사중재센터(Australian Center for International Commercial Arbitration, ACICA)가, 2013년에는 홍콩국제중재센터(Hong Kong International Arbitration HKIAC)가, 2014년에는 일본상사중재협회(Japan Commercial Arbitration Association, JCAA)가 각각 긴급중재인 제도를 도입하였다. 우리나라의 경우 2015년 하반기 현재 대한상사중재원 국제중재규칙의 개정을 논의 중인바, 긴급중재인 제도의 도입이 예상되고 있다. 긴급중재인 제도에 대한 상세는 정교화, "긴급중재인(Emergency Arbitrator) 제도에 대한 고찰", 법학평론 제5권, 서울대학교 (2015. 2), 68~107면 참조하시기 바란다.

86) SIAC 중재규칙 Schedule 1, 제7조; HKIAC 중재규칙, Schedule 4, 제20조.

87) SIAC 중재규칙 Schedule 1, 제1조.

88) ICC 중재규칙, Application V, 제1조 6항은 긴급중재신청서 제출일로부터 10일 이내 본안 중재신청서를 제출하도록 하고 있다.

89) SIAC 중재규칙은 1영업일, ICC 중재규칙은 2영업일, LCIA 중재규칙은 3일로 규정하고 있다. 다만, 현실적으로 이 기간을 지키기가 어려울 수 있기 때문에, "합리적인 노력을 한다"거나 "해당기간에 안에 선정되도록 노력한다"거나, "가능한 한 신속하게"와 같은 문구를 사용하고 있다.

90) ICC 중재규칙은 15일, LCIA는 14일. 물론 상황에 따라서 연장할 수 있다. 참고로 SIAC 중재규칙은 결정 기한을 두지 않는다.

여기에 대응해야 하는 피신청인 입장에서는 불리하다는 지적이 있는데, 이는 타당한 지적이라고 생각한다.[91]

한편 긴급중재인의 결정이 명령(order)의 형태를 띨 것인지 아니면 중간 판정(Interim Award)의 형태로도 가능한지 여부는 긴급중재인 결정의 집행력과도 관계가 있고, 긴급중재인을 중재법상 중재인에 해당한다고 볼 수 있는지 여부와도 관계가 있다. 한국 2016년 중재법은 긴급중재인에 관한 근거 규정을 두지 않았고, 개념적으로 중재법상 긴급중재인은 중재인이 아니며, 긴급중재인의 긴급처분은 중재판정부의 임시적 처분이 아니므로 이는 중재법에 따른 승인 및 집행의 대상이 되지 않는다.[92] SIAC과 HKIAC 및 LCIA는 '판정'과 '명령' 중 긴급중재인이 그 결정 형식을 선택할 수 있도록 규정하고 있으나, ICC는 명시적으로 명령으로만 결정하도록 정하고 있다. 싱가포르와 홍콩은 관련법 개정을 통하여 긴급중재인의 판정뿐만 아니라 명령도 법원의 결정과 같이 집행가능하도록 입법적으로 해결하였다.[93] 참고로 법원이 긴급중재인의 긴급처분에 대한 집행명령을 내렸음에도 그 명령을 받은 당사자가 이를 따르지 않을 경우, 싱가포르와 홍콩과 같은 영연방국가에서는 민사상 모독죄(Civil Contempt)라는 제도에 의해 이에 대한 강제집행이 이루어지지만, 한국과 같은 대륙법계 국가에서는 만일 강제집행이 가능하다면 간접강제 제도에 의해 강제집행이 이루어진다.

중재판정부의 임시적 처분에도 집행력을 부여하는 2006년 UNCITRAL 모델법 제17H조도 '중재판정부(arbitral tribunal)'가 내린 '임시적 처분(interim measure)'만이 집행력을 갖는다고 규정하고 있기 때문에 설령, 어떤 국가의 입법이 모델법을 받아들인다 하더라도 긴급중재인이 중재판정부에 해당하는지 하는 문제는 여전히 남게 된다. 따라서 앞에서 언급한 싱가포르와 홍콩의 경우처럼 입법적 해결이 필요한 것으로 보인다.

실제 SIAC 긴급중재를 통한 보증금청구금지 임시적 처분을 구한 사례들에서 긴급중재인들에 의해 임시적 처분이 인용되는 비율이, 법원에서 은행을 상대로 지급금지가처분이 인용되는 것보다 훨씬 더 높은 것으로 알려져 있다. 저자의 견해로는 이는 긴급중재인이 독립적 보증의 법리에 구속되지 않거나, 독립적 보증의 법리에 대해 법관보다 유연한 접근을 하기 때문이라기 보다는 통상 은행을 상대로 하는 지급금지가처분 절차에서 수익자가 보조참가를 하지 않는 한, 법원이 실질적인 이해관계의 당사자인 수익자의 이야기를 들어볼 기회가 없다. 따라서 법원은 신청인에게 수익자의 보증금 청구가 사기 또는 권리남용에 해당한다는 객관적으로 명백한 증거 제출을 요구하는데, 실제 사기 또는 권리남용이라 하더라

---

91) 정교화, (주 86), p. 79.
92) 석광현, "2016년 중재법에 따른 중재판정부의 임시적 처분: 민사집행법에 따른 보전처분과의 정합성에 대한 문제 제기를 포함하여", 국제거래법학회지 제26집 제1호 (2017. 7.), 117면.
93) 정교화, (주 86), p. 82.

도 사실상 이러한 증거를 제출하기가 극히 어렵기 때문에 은행을 상대로 하는 지급금지가
처분이 인용되기는 매우 어려운 편이다. 반면, 긴급중재절차에서는 쌍방심리를 열어 신청인
의 사기 또는 권리남용 주장에 대해 피신청인이 반박할 기회가 주어진다는 점에서, 긴급중
재인이 일방의 주장만 듣는 것보다 오히려 용이하게 수익자의 청구가 실제 사기 또는 권리
남용에 해당하는 경우를 판단할 수 있다는 점이 그 원인이 아닌가 생각한다.

(5) 보증금지급청구권 가압류

만약 시공자가 발주자에 대해 미수금 및 손해배상 등의 청구권을 가지는 경우에는 이
를 피보전권리로 해서 발주자가 독립적 보증 청구에 의해 보증은행에 대해 가지게 되는 보
증금 채권을 가압류하는 방안이 있을 수 있다. 가압류란 대륙법계의 민사보전절차의 하나
로서 채권자(원고)가 판결을 얻을 때까지 채무자(피고)가 자신의 자산을 처분해 버리는 위험
을 막고자 채무자(피고)의 자산을 보전하는 것을 목적으로 한다.94) 한국법상 가압류의 대상
은 채무자의 예금을 포함한 동산이나 부동산 같은 물적 자산 또는 은행으로부터 지급받을
채권을 포함한다. 가압류의 요건으로, 채권자(원고)의 채무자(피고)에 대한 피보전권리가, 금
전채권이나 금전으로 환산할 수 있는 채권이어야 하며, 가압류 재판시까지는 성립하여 있
어야 한다. 하지만, 가압류의 피보전권리는 가압류신청 당시 확정적으로 발생되어 있어야
하는 것은 아니고, 이미 그 발생의 기초가 존재하는 한 조건부 채권이나 장래에 발생할 채
권도 가압류의 피보전권리가 될 수 있다.95)

프랑스 파리 대심법원의 1980년 5월 13일자 판결(Trib.gr. inst. Paris, 13 may 1980)에서 사
건에서 시공자인 신청인은 발주자이자 이행보증의 수익자로부터 공사계약 하에서 완성된
공사 부분에 대해 지급받아야 할 금액을 확보하기 위해 법원으로부터 가압류 명령을 획득
했다. 법원은, 신청인은 독립적 보증의 성격과 양립하기 어려운, 보증 하에서의 수익자의
권리 행사를 저지하려는 것이 아니라, 오히려 수익자가 보증금을 지급받을 권리가 있다는
것을 전제로 하고 있으며, 신청인이 독립적 보증 하에서 수익자의 지급받을 권리에 대해 항
변권을 행사하지 않겠다고 약속하는 것이, 확실하고 변제기에 있는 반대청구권을 확보하기
위한 실질적인 수단인 보증금을 가압류하는 것을 막지는 않는다고 판시하였다.96) 여기에
대해서 프랑스 학설은 찬반이 나뉘고 있다.97) 또한 네덜란드 1심법원은 1992년 7월 22일 판
결(Rb Breda, 22 july 1992)에서 이러한 가압류는 독립적 보증의 원래 취지와 효과를 좌절시키

---

94) Bertrams, *op. cit.*, para 17-1, p. 471.
95) 대법원 1993. 2. 12. 선고 92다29801 판결.
96) D. 1980 J. p. 488. Bertrams, *op cit.*, para 17-4 p. 476 각주19에서 재인용.
97) Bertrams, *op. cit.*, para 17-4, p. 476.

는 것으로, 신청인과 수익자간에 보증이 무조건적인 효력이 있다고 합의한 취지와 양립하지 않기 때문에 허용되지 않는다고 판시하여, 앞선 프랑스 결정과 반대의 결론을 내렸다.[98]

현재 한국법원 가압류 실무상으로는 가압류는 신청인의 엄격한 권리 소명을 요하지 않고, 편면 심리(ex parte hearing)에 의해 쉽게 인정되는 편이지만, 불법적인 가압류로 인해 초래될지 모르는 피고의 손해를 담보하기 위한 담보제공명령이 통상 수반된다.

그러나 우리나라에서는 제3채무자인 은행 입장에서는 금전채권이 가압류되어도 그 채권의 이행기가 도래한 때에는 제3채무자는 그 지체책임을 면할 수 없다.[99] 이에 따라 민사집행법은 가압류된 채권의 제3채무자로 하여금 공탁을 할 수 있도록 하였는바(민사집행법 제291조, 제248조 1항), 공탁에 의하여 제3채무자는 채무를 면하고 가압류의 효력은 청구채권액에 해당하는 채무자의 공탁금출급청구권에 대하여 존속하게 된다(민사집행법 제297조). 따라서 은행 입장에서는 가압류된 채권의 지체책임을 면하기 위해 가압류된 보증금 채권액을 공탁하고, 보증의뢰인에게 구상금을 청구하는 것이 가능하다. 여기에 대해 보증의뢰인은 은행에 추후 보증금 가압류로 인하여 은행이 지연이자를 부담하게 된다면, 이에 대한 손해보전을 해주겠다는 약정을 제공함으로써, 은행이 공탁을 하지 않도록 설득할 수 있다.

은행의 보증금 지급을 막기 위한 가압류 제도의 활용은 간접 보증인 경우에는 상당히 어렵다. 발주자가 가지고 있는 외국의 은행에 대한 보증금 채권을 가압류하기 위해서는 외국의 은행이 있는 법원에 신청해야 하는데, 영미법계 국가에서는 이처럼 대물적 효력을 가지는 가압류 제도를 알지 못하고[100], 대륙법계 국가라 하더라도 가압류 제도를 운용하는 실무가 각자 다르기 때문이다.

나. 부당한 청구를 막기 위한 장치에 대한 제안

발주자가 보증청구를 하기 위해서는 적임의 독립적인 제3자가 시공자가 계약위반을 했다고 하는 결정을 조건으로 하는 것이다.[101] 예를 들어 독립적 보증에 FIDIC 계약조건 상의 분쟁재정위원회(Dispute Adjudication Board)의 결정을 제출하는 것을 조건으로 규정하는 것이다. 분쟁재정위원회의 결정은 84일 내에 내려지도록 규정되어 있다.

아마도 발주자 입장에서 보다 수용가능할 수 있는 또 다른 장치로는 ICC에서 제안한

---

98) KG 1992, 301. Bertrams, *op cit.*, para 17-4 p. 476 각주22에서 재인용.

99) 대법원 1994. 12. 13. 선고 93다951 전원합의체 판결.

100) 영국에서는 Mareva(freezing) 금지명령(injunction)이 가압류와 유사하다. 하지만, Mareva 금지명령은 대인적 처분(action in personnam)임에 비해 가압류는 대물적 처분(action in rem)이라는 점이 차이가 있다.

101) Giles Dixon, Georg Gösswein & Roger Button, "On-Demand Performance Bonds in the International Market and Adjudication as a Means of Reducing the Risks", *ICLR*, 2005, pp. 286~288.

보증 및 구상보증 방안(ICC Guarantee and Counter-Guarantee Scheme)을 들 수 있다. 수익자의 보증청구에 의해 지급은 즉시 이루어지지만 수익자는 구상보증을 제공하여야 한다. 건설공사계약 하에서 수익자의 보증청구권리가 다투어지는 경우 시공자는 중재전 심판절차를 위한 ICC 규칙(ICC Rules for a Pre-Arbitral Referee Procedure) 하에서 심판(Referee)이 임명되도록 절차를 진행할 수 있고 이 심판이 보증청구가 부당한 것이었음을 확인하는 경우에 시공자는 구상보증에 의해 자신의 손실을 회복할 수 있다. 심판에 의한 이러한 결정은 임명 후 30일 내에 내려지도록 되어 있다.

2. 지급 후 대응

그런데 독립적 보증 하에서 발주자의 부당한 청구에 대해 이미 지급이 이루어져버린 경우에 시공자는 어떻게 대응할 수 있는가? 시공자는 발주자를 상대로 불법행위에 기한 손해배상청구를 하거나 발주자를 상대로 부당이득반환 청구를 할 수 있을 것이다. 시공자가 계약상의 청구를 할 수 있는지 여부는 건설계약의 구체적인 문구에 따라 다를 것이다. 통상 발주자가 독립적 보증 하에서 청구사유를 구체적으로 명시하지 않으면 발주자가 이렇게 부당한 청구를 하더라도 발주자의 계약위반이라고 주장하기 어려울 수도 있다. FIDIC 계약조건은 제4.2조[이행보증] 하에서 발주자가 이행보증을 청구할 수 있는 사유를 예시적으로 열거하고 있으며 발주자가 이러한 사유에 기하지 않고 부당한 청구를 했을 경우에 시공자가 발주자를 상대로 손해보전(indemnification) 청구를 할 수 있다고 규정한다.

V. 결   론

이상과 같이 독립적 보증의 의미와 종류 그리고 독립적 보증의 부당한 청구에 대한 대응 방안에 대해 살펴보았다. 독립적 보증은 국제 상거래를 활성화하기 위해 필수불가결한 생혈(lifeblood)로서, 독립적 보증의 청구가 사기 또는 권리남용이라는 객관적으로 명백한 증거가 없는 한, 보증금은 지급되어야 한다는 원칙이 국제적으로 널리 통용되고 있다. 우리나라 법원도 이러한 원칙에 입각하여 은행을 상대로 한 보증금 지급금지가처분 사건에서, 수익자의 청구가 권리남용에 해당하는 객관적이고 명백한 증거를 요구함으로써 가처분을 극히 신중하게 인용하고 있는 편이다. 은행은 실질적인 이해관계의 당사자가 아닐 뿐만 아니라, 원인계약 상의 사실관계를 잘 모르기 때문에, 가처분 절차에서 적극적인 항변을 하지 않는 것이 보통이므로, 수익자가 보조참가를 하지 않는 한 수익자의 이야기를 들어볼 기회가 없다. 따라서 보증의뢰인의 일방적인 이야기만 듣고 가처분 결정을 내려야 하기 때문에 법원으로서는 수익자의 보증금 청구가 권리남용에 해당한다는, 객관적이고 명백한 증거를 요구하게 되는 것이다. 이에 비해, 발주자를 상대로 하는 보증금 청구금지가처분은 실질적인 이해관계자들 간의 절차라는 점에서 법원이 양 당사자들의 주장을 들어볼 수 있는 장점이 있다. 하지만, 독립적 보증이 주로 활용되는 국제적 맥락에서 발주자를 상대로 하는 청구금지가처분은 외국에 있는 발주자를 상대로 시공자가 소재한 국가의 법원에서 국제재판관할권이 인정되기 어렵고, 설령 국제재판관할권이 인정된다 하더라도 이와 같은 가처분 절차에서 쌍방심리를 개최하도록 하는 재판실무에서는 외국 피신청인에게 송달을 하여야 하는 문제가 있어서 활용되기 어렵다는 한계를 지니고 있다.

한편 앞서 살펴본 바와 같이 대륙법계에서 활용되고 있는 보전처분의 하나인 가압류를 활용하여 은행의 보증금 지급을 막을 수도 있으나, 이는 보증의뢰인인 시공자가 수익자인 발주자에게 기성미수금 등 채권을 가지고 있어야 하고, 간접보증인 경우에는 수익자가 있는 외국법원에 가압류를 신청해야 한다는 점에서 활용되기 어렵다는 한계가 있다.

이처럼 법원에서의 지급금지가처분이나 청구금지가처분 또는 가압류 절차를 활용하여 발주자(수익자)의 보증금 청구를 막는 것에는 각각 나름대로의 한계가 있음에 비해 긴급중재인을 포함한 중재판정부의 임시적 처분을 활용하여 발주자의 보증금 청구를 저지하는 방안은, 아직까지 몇몇 국가의 경우를 제외하고는 발주자로 하여금 이러한 중재판정부의 임시적 처분에 따르도록 강제할 힘이 없다는 점 이외에는, 이러한 한계가 비교적 적은 편이다. 중재판정부의 임시적 처분에 강제력이 없다는 점과 관련하여서도 단심으로 끝나는 중재 절차에서 긴급중재인 또는 중재판정부가 내린 임시적 처분을 당사자 일방이 처음부터 무시하고 가기는 실제 쉽지 않을 것이며, 많은 경우 중재절차의 당사자들이 그러한 처분이나 명령을 잘 따르고 있는 것으로 알려져 있다.

하지만, 발주자가 악의적이고, 그 발주자가 속한 국가가 이른바 뉴욕협약으로 알려져 있는 외국중재판정의 승인 및 집행에 관한 UN협약(UN Convention on the Recognition and Enforcement of Foreign Arbitral Awards)의 가입국이 아니거나, 가입국이라 하더라도 그 국가의 법원에서 외국중재판정의 원활한 승인 및 집행을 기대하기 힘든 경우에는, 긴급중재인 또는 중재판정부가 내린 임시적 처분을 발주자가 순순히 따를 것이라고 기대하기는 어렵다.

독립적 보증을 관통하는 원칙은 "먼저 지급하고, 나중에 다퉈라(pay first, argue later)"라는 원칙이다. 하지만, 이 원칙이 성립하려면, 설령 독립적 보증의 청구에 의해 보증금 지급이 이루어졌다 하더라도, 나중에 원인계약인 공사계약 하에서 정한 분쟁해결 방법에 의해 그 청구가 부당한 것이었다고 밝혀지면, 이미 지급된 보증금을 회수할 수 있다는 것이 전제되어야 한다. 그러나, 한국 법원에서의 보증금 지급금지가처분 절차에서 일단 보증금이 지급되면, 나중에 원인계약 하에서 중재판정 등에 의해 발주자의 보증금 청구가 부당한 것임이 밝혀진다 하더라도 발주자 국가의 사법체계의 문제로 사실상 보증금을 회수할 가능성이

희박하다는 주장만으로는 보전의 필요성이 인정되지 않는다는 것이 판례의 태도이다.[102]

　　마지막으로 시공자 입장에서 독립적 보증은, 특히 발주자가 사법체계를 신뢰하기 어려운 국가에 존재하는 경우, 공사수주를 위해 어쩔 수 없이 마셔야 하는 독배에 가깝다. 따라서 이러한 경우에는 가급적 독립적 보증이 아니라, 일반적 보증을 발행하도록 협상해야 할 것이며, 어쩔 수 없이 독립적 보증을 발행하더라도 한국의 금융기관이 발행하는 직접보증의 형태로 발행하는 것이 그나마 향후 독립적 보증의 부당한 청구를 막을 수 있는 가능성을 높이는 방법이다.

---

102) 대법원 2014. 8. 26. 선고 2013다53700 판결.

[8] 국제건설계약에서 공사변경(variation)에 따른 공사범위의 계약해석
- 영국판례를 중심으로 -

정 홍 식

I. 서   론

국제적으로 널리 통용되는 건설표준계약조건에서는 당사자들 간 계약상 합의에 의해 발주자에게 공사도중 일방적으로(unilateral) 공사변경(variation or change order)을 지시할 수 있는 권리를 부여하고 있다.[1] 이러한 발주자의 권리는 '합의에 의하여 유보된 일방적 변경권'이며, 그에 의하여 계약내용이 일부 변경된다. 보통 국제상사계약의 계약변경(modification or amendment)이 계약체결 이후 변경 당시 당사자들 간 합의에 의해 이루어지는 '합의에 의한 계약내용의 변경'과는 구분된다.

FIDIC에서도 발주자가 공사변경 지시를 내리면 시공자는 그 지시를 따르도록 의무화하고 있다. 대신 공사변경 지시를 따른 결과 공기지연이 발생하면 공기연장(extension of time)을 부여받고, 계약대금의 증감 시 그 대금이 조정된다.[2]

보통 3~5년간 계속되는 건설공사 도중 계약상 공사범위(scope of works)를 변경하거나 혹은 추가공사를 수행하는 경우는 비일비재하다. 거의 모든 공사에서 공사변경[3]이 일어난

---

* 이 장은 법조협회가 발간하는 法曹, Vol. 713 (2016. 2) 66면 이하에 게재된 글을 수정·보완한 것임을 밝힌다.

1) Richard Wilmot-Smith QC, *Construction Contracts － Law and Practice*, 2nd ed. Oxford University Press, 2010, para. 14.1; John Uff, *Construction Law*, 11th ed. Sweet & Maxwell, 2013, p. 279.

2) *Hudson's Building and Engineering Contract*, 12th ed. Atkin Chambers, 2010, para. 5-023. FIDIC 상 공사변경에 관한 국내 문헌으로는 정홍식, "FIDIC 건설표준계약에서 발주자 일방의 공사변경(variations)권한", 국제거래법연구 제24집 제1호 (2015. 7.)와 이를 추가 보완한 정홍식 집필, "FIDIC 표준건설계약조건에서 발주자 일방의 공사변경권", 정홍식 외, 국제건설에너지법－이론과 실무, 제1권, 박영사(2017)(이하, "정홍식 집필부분"으로 칭함)를 참조.

3) 여기에서 공사변경(variation 혹은 change order)이라는 용어는 넓게 보아 설계변경을 포함한 공사변경을 의미한다. 실무에서는 '설계변경'이라는 용어도 쓰이나 조금 좁은 의미이며, '계약변경'이라는 용어도 생각할 수 있으나 계약변경(amendment or modification)에는 여기 공사변경 뿐 아니라 건설계약의 다른 조건변경을 모두 포괄하는 개념으로 본다. 따라서 variation이 계약변경의 일부에 속하는 개념

다 해도 과언이 아니다. 예컨대 극심한 계절변화, 법규변동, 예견하지 못한 현장조건(지반조건), 설계하자, 계약문서들 중 기술상의 하자나 오류의 발견 등을 들 수 있다. 이러한 상황에서 발주자는 공사변경권을 행사하여 공정상 발생한 예상하지 못한 문제들을 바로잡기 위해 공사범위(scope of works), 공사순서(sequence of works), 공사방식(method of works), 설계(design) 등에 대한 변경을 가하게 된다.4)

국제건설계약 상 공사변경을 둘러싼 발주자와 시공자 간 다툼은 클레임 및 분쟁과정에서 가장 많은 쟁점이다. 시공자 입장은 대개 발주자 지시가 공사변경에 해당하기에 공기연장과 아울러 추가공사비 보상이 이루어져야 한다는 것이다. 반면 발주자의 입장은 해당 공사가 시공자의 급부에 해당하는 원래 공사범위(scope of works) 내의 공사이기 때문에 공기연장과 추가공사비는 인정될 수 없고, 기 합의된 계약대금 이내에서 이루어져야 한다는 입장이다.

일단 공사변경으로 인정되기 위해서는 발주자의 지시가 원래의 공사범위를 벗어난 것이어야 한다. 그런데 문제는 발주자와 시공자 간에 이를 둘러싼 이견이나 다툼이 자주 발생한다는 점이다. 발주자와 시공자 간에 다툼은 때론 교착상태(impasse)로까지 귀결된다. 즉 시공자는 발주자(혹은 엔지니어)의 정식 공사변경 지시가 서면으로 내려지기 전까지는 공사를 진행할 수 없다는 입장이고, 발주자는 이는 공사범위를 벗어난 것이 아니고 공사범위의 일부이기 때문에 공사변경 지시를 내릴 수 없다는 입장이 팽팽히 맞서는 상황이다. 결국 양측의 이견과 다툼은 본질적으로 공사범위에 대한 해석의 문제로 귀결된다. 따라서 건설계약서에 포함된 여러 가지 문서들의 종합적인 검토와 판단이 필요한 사안인데, 이는 상당히 복잡한 문제이다.

이에 본 장에서는 공사변경 여부를 둘러싼 교착상태와 그 해결방안, 계약해석의 국제적 및 영국법 상의 일반원칙을 살펴보고, 건설계약 상 공사범위의 계약해석 쟁점들을 다룬

이기는 하나, 계약변경으로 번역하게 되면 공사변경을 의미하는 것인지 아니면 다른 계약내용의 변경을 의미하는 것인지 혼동될 수 있기에 그 사용은 적절하지 않은 것으로 본다. 결정적으로 FIDIC의 Red Book과 Yellow Book에서는 발주자로 하여금 반드시 엔지니어를 선임하도록 하면서 공사변경권은 엔지니어에게 수권되어 있으나, 엔지니어의 역할들 중 "엔지니어는 계약을 변경할 권한은 없다"(Red & Yellow Books, Clause 3.1)라는 문구가 분명히 기재되어 있다. 즉, 발주자가 엔지니어에게 공사변경권은 수여하고 있으나, 계약변경권은 수여하고 있지 않음을 알 수 있다. 따라서 국제건설계약에서 공사변경과 계약변경은 엄밀히 구분되어야 할 개념이다. 정홍식, (주 2), 60-61면.

4) 공정상의 문제에서 비롯된 공사변경 뿐 아니라 발주자 자신의 자발적 선택에 따라 공사변경이 발생하기도 한다. 예컨대 심미적인 이유로 건축물 외관을 바꾸는 것과 같이 단순히 발주자의 마음이 바뀐 경우이다. 또한 공사발주 후 시장상황이 변경되어 그에 따른 공사변경이 필요하거나 아니면 공사변경을 통해 발주자는 좀 더 가치있는 공사목적물을 보유하려는 경제적인 이유에서 비롯되기도 한다. Michael Sergeant & Max Wieliczko, *Construction Contract Variations*, Informa Law from Routledge (2014), paras. 1.14-1.15.

영국판례들을 중점적으로 검토하고자 한다. 우리 건설사들이 체결하는 국제건설계약의 준거법으로 영국법이 대략 절반 정도를 차지하는 것으로 보기 때문에, 공사범위 해석에 대한 영국판례는 가장 중요한 *法源*이기도 하다. 최근 우리나라 건설사들이 해외에서 발생하는 엄청난 손실 중 상당부분은 추가공사가 공사변경으로 인정받지 못해 공기연장과 추가공사비 보상이 이루어지지 않는 원인에 기인하기도 한다.

Ⅱ. 공사변경을 둘러싼 발주자와 시공자 간 교착상태 및 해결방안

1. 공사변경 일반론

시공자는 건설계약 상 계약대금을 대가로 공사범위(scope of works) 이내로 시공하여 공사목적물을 완공할 의무가 있다. 공사범위는 본계약서 및 계약문서의 일부가 되는 도면, 시방서(specification), 물량명세서 및 그 밖의 기술관련 문서들에 드러나 있다. 따라서 시공자는 발주자의 공사변경 지시가 없더라도 공사범위 내의 시공의무는 계약체결 시 이미 존재한다. 한편 발주자 혹은 엔지니어가 공사도중 공사범위 이내에 대해 현장에서 내리는 지시는 공사변경에 해당하지 않고, '현장지시(site instruction)'에 해당한다.[5] 현장지시는 공사변경 지시와는 달리 공사대금의 증감과 공기에 영향을 미치지 않는다.

발주자 일방의 공사변경은 계약상의 공사범위를 벗어난 지시를 의미한다. 이러한 공사변경은 시공자에게 지시(instruction) 또는 명령(order)에 의해 구체화된다. 그 지시는 처음부터 서면에 의해 내려지거나, 아니면 현장에서 구두지시에 뒤이어 수 시간 내에 서면확인을 하는 것이 보통이다. 유효한 공사변경 지시가 내려지면 FIDIC을 비롯한 거의 대부분의 건설표준계약에서는 시공자로 하여금 그 지시를 따르도록 의무화하고 있다.

유효한 공사변경 지시라 함은 공사범위를 벗어난 지시이지만 원 계약목적 및 계약범위를 벗어나지 않아야 한다는 의미이다. 다시 말해서, 발주자의 공사변경권 행사[6]는 계약 당시 당사자들이 상정한 계약목적 및 계약범위 내에서만 가능하다는 의미이다.[7] 발주자가 주

---

5) Axel-Volkmar Jaeger & Götz−Sebastian Hök, *FIDIC −A Guide for Practitioners,* Springer (2010), p. 264.

6) 발주자는 보통 자신의 계약관리자(contract administrator)에게 공사변경 권한을 수여한다. Red Book과 Yellow Book에서는 발주자가 반드시 엔지니어를 선임하도록 하고 있다. FIDIC Silver Book에도 계약상으로는 발주자가 공사변경을 지시하도록 되어 있지만, 거의 대부분은 발주자의 대리인인 PMC(project management consultant)에게 그 권한을 수여한다. 그 경우 계약관리자는 발주자의 대리인으로서 공사변경 지시를 내릴 수 있는 임의대리권을 수여받게 된다. 정홍식, "FIDIC 건설표준계약에서 엔지니어의 이중적인 역할과 책임−발주자의 대리인? 조정인? 또는 공정한 결정자?", 법조(통권 707호) (2015. 8.), 223면 이하 참조.

7) Jaeger & Hök, *supra* note 5, p. 264; Wilmot-Smith QC, *supra* note 1, para. 14.04 동지; Uff, *supra* note

문한 공사변경 지시는 계약의 핵심적인 내용 그 자체를 변경시키는 것이 아니어야 한다.[8]
한편, 해당 공사변경 지시가 발주자의 공사변경권 이내의 것이었는지 그렇지 않은지의 판
단기준은, 계약체결 시 당사자들이 그러한 유형의 공사변경 지시가 내려질 것으로 합리적
으로 기대될 수 있었던 유형이었는지 여부에 달려 있다고 보는 견해도 있다.[9]

　　한 가지 예를 들면, 초고층 건축에서 원 계약은 약 500미터 높이의 건축물 공사였는데,
발주자가 공사도중 800미터로 높이라는 지시를 했다고 가정하자. 500미터짜리 건축물 공사
를 도중에 800미터로 높이로 바꾸는 것은 기초공사부터 다시 해야 하고, 기존의 대부분 공
정이 달라져야 해서 공사변경 지시만으로 이를 달성하기는 불가하다고 한다. 즉 800미터 높
이로 올리라는 공사변경 지시는 그 계약목적 및 계약범위를 벗어난 것이기에 공사변경 대
상이 될 수 없다.[10] 그럼에도 불구하고 만일 시공자가 800미터 높이의 건축물 공사를 하였
다면, 이는 계약목적 및 계약범위를 벗어난 것이기에 사실관계 여하에 따라 두 당사자 사이
에는 새로운 계약이 체결되었거나 계약변경이 된 것으로 봐야 할 것이다. 그것이 아니라면
500미터 공사와 800미터 건축물 공사에 들어간 비용의 차액은 발주자의 부당이득(unjust
enrichment)으로 봐서 시공자에게 그에 상응하는 합리적이고 정당한 비용을 보상해야 한다.

　　상기 내용을 정리하면, 발주자의 공사변경은 '공사범위를 벗어나 변경하거나 추가할
것을 지시하는 것이지만, 전체 계약범위 이내로 제한되는 것'임을 알 수 있다. 발주자가 유
효한 공사변경 지시를 하게 되면 시공자는 그에 따라 공사할 의무가 있다.[11] 발주자의 공사
변경 지시는 공사대금과 공기에 영향을 미쳐, 공사대금의 증감을 가져올 수 있고 공기지연
을 야기할 수 있다.

　　FIDIC 표준계약에서는 시공자로 하여금 공기연장을 클레임하고 추가공사비를 보상받
도록 하고 있다.[12] 발주자의 지시가 공사변경에 해당하여 이러한 시공자의 권리가 발생하
는지 여부에 대한 입증은 영국법상 시공자가 부담한다.[13] 한편 만일 계약범위가 무엇인지
그리고 공사범위가 무엇인지 여부에 대해 양자 간 이견이 발생하여 클레임과 분쟁으로 비
화된다면, 이는 결국 계약해석 및 공사범위 해석의 문제로 옮아가게 되는 것이다.[14]

　　공사변경 지시가 전술한 공사범위 내의 현장지시와 구분되어야 하는 것 이외에 명확히

　　1, p. 282 동지.

　8) Wilmot-Smith QC, *supra* note 1, para. 14.06.

　9) *Ibid.* para. 14.07.

　10) 이런 유형의 공사변경 지시를 건설실무에서는 cardinal change라 부른다. 정홍식, (주 2), 62면.

　11) 그러나 발주자의 유효한 공사변경 지시에 따르는 것은 때때로 시공자에게 너무 가혹한 결과를 초래할
　　　수 있기 때문에 FIDIC에서는 시공자에게 공사변경 지시를 거부할 권리를 계약상 유보하거나 발주자의
　　　공사변경 권한행사를 제한하기도 한다. 그 사유에 대해서는 정홍식, (주 2), 69면.

　12) FIDIC, Red Book, Yellow Book & Silver Book, Cl. 13.

　13) *Keating on Construction Contracts*, 9th ed., Sweet & Maxwell (2012), para. 4-023.

　14) 정홍식, (주 2), 62-63면.

구분되어야 할 다른 것이 있다. 그것은 발주자가 시공자에 의해 제안된 공사범위의 변경을 인정하나, 공사변경 지시 대신 공사변경에 대한 "단순 승인(concession)"이 그것이다. 예컨대 원 계약상의 특정 자재를 구하기 어려워 시공자가 계약과 다른 유형의 자재를 사용하기 원한다고 가정하자. 이 경우 공사변경에 해당되지만, 단지 시공자의 편의를 위해 발주자가 단순 승인해주는 것에 지나지 않는다. 이러한 발주자의 단순 승인에는 공기연장이나 추가공사비가 인정되지 않는다.

원래 영국법 상 시공자가 발주자로부터 공사변경 승인을 득하지 않고 공사변경을 하게 되면 시공자의 과실여부와 상관없이 계약위반이 된다. 그런데 시공자가 단순한 공사변경 승인(concession)을 득하게 되면, 계약상 공사범위와 다른 시공을 하더라도 계약위반 책임을 지지 않는 효과가 발생한다.[15] 즉 발주자는 시공자의 필요에 의한 공사변경을 단순히 승인 해줌으로써 난관에 처한 시공자를 돕는 의미이다.[16] 또한 시공자는 그 변경에 대한 책임을 전적으로 부담하기 때문에 그에 대한 비용은 시공자가 부담한다.

이러한 발주자의 단순승인은 계약상 규정되어 있지 않기 때문에 발주자의 공사변경 (variation) 지시의 제한요건이 적용되지 않는다. 즉, 서면에 의한 공사변경 지시와 같은 계약 상의 형식적 요건에 구속되지 않기 때문에, 구두에 의한 발주자 승인도 유효하다.[17] 그러나 발주자는 단순승인(concession)을 의도했으나, 자칫 잘못하면 공사변경 지시로 간주될 수도 있기 때문에 유의해야 한다.[18]

2. 교착상태의 발생 및 그 원인

앞서 간단히 설명한 대로 발주자와 시공자는 공사변경 지시 여하를 둘러싸고 종종 교착상태(impasse)에 빠질 수 있다. 시공자는 발주자가 공사변경 지시를 내려야 한다고 주장하나, 발주자는 공사변경 지시 대상이 아니라는 상반된 입장 하에 지시를 내리지 않는다. 그럼 시공자는 공사변경 지시 없이는 공사를 진행할 수 없다고 주장하며 공사를 중지한다. 왜냐하면 발주자 정식 공사변경 지시 없이 변경하거나 추가한 공사에 대해서는 보상받지 못

---

15) Sergeant & Wieliczko, *supra* note 4, para. 9.34.

16) *Hudson's Building and Engineering Contracts*, para. 5-046.

17) Sergeant & Wieliczko, *supra* note 4, para. 2.72.

18) 이와 관련한 사례들로서는 *Hudson's Building and Engineering Contracts*, para. 5-046의 나열된 다음 판례들을 참조. *Kirk and Kirk Ltd v. Croydon Corp* [1956] J.P.L. 585; *Simplex Concrete Piles Ltd v. St Pancras BC* (1958) BLR 80; *Charon (Finchley) v. Singer Sewing Machine Ltd* [1968] 112 SJ 536; *Pearce v. Hereford Corp* [1968] 66 LGR 647; *Gloucestershire CC v. Richardson* [1969] AC 480; *Holland Hannen & Cubitts (Northern) Ltd v. Welsh Health Technical Services Organisation* (1981) 18 BLR 80; *Yorkshire Water Authority v. Sir Alfred McAlpine & Son (Northern) Ltd*, (1985) 32 BLR 114; *John Jarvis Ltd v. Rockdale Housing Association Ltd* [1983] 3 Const. LR 24; *Holland Dredging (UK) Ltd v. Dredging and Construction Co Ltd* (1987) 37 BLR 1.

하기 때문이다. 이러한 이유로 쌍방이 팽팽히 맞서는 상황이 교착상태이다.

발주자가 공사변경 지시를 내리지 않는 이유를 종합적으로 정리하자면 다음 세 가지를 들 수 있다. 첫째, 문제가 된 특정 작업은 계약 상 공사범위(scope of works) 이내의 것이어서 시공자가 이행해야 할 급부의 일부로 보기 때문이다. 공사범위 내의 작업인지 그렇지 않은 지 여부를 판단하는 것은 때론 어렵고 복잡하며, 후술하는 것처럼 종종 공사범위 해석의 문 제로 전환된다.

둘째, 시공자가 발주자의 의도된 목적에 부합하는 공사목적물을 완공할 의무를 부담할 때, 시공자 의무에는 공사범위를 벗어난 추가공사도 포함할 수 있다고 보아 그 추가공사에 대해 공사변경 지시를 내리지 않는 경우이다. 발주자 입장에서 그 추가공사는 시공자가 부 담하는 위험의 일부로 보는 것이다. 예컨대, 시공자가 설계 및 시공의 모든 책임을 부담하 는 EPC턴키계약에서 시공자는 발주자의 요구조건서 상 기준을 충족해야 하는데, 이를 위해 때론 자신이 만든 도면과 시방서로부터 벗어난 작업도 수행해야 할 수도 있다. 만일 시공자 의 설계가 발주자의 요구조건서 상 기준을 충족하지 못하는 것으로 판명나면, 그로 인한 설 계변경은 시공자가 부담하기로 한 위험이기 때문에 시공자는 공사도중 자신의 비용으로 설 계변경을 해야 한다는 것이다. 이는 공사변경 대상이 아니라는 것이 발주자의 입장이다.[19]

셋째, 발주자가 공사범위에 대한 변경을 인정하나, 시공자가 그 변경에 대한 전적인 책 임을 지는 사항이기에 공사변경 지시 대신 공사변경에 대한 단순 승인(concession)이면 충분 하다고 보기 때문이다. 전술한 것처럼 계약상의 공사변경 지시가 아닌 단순한 발주자의 공 사변경 승인에는 추가공사비를 보상하지 않는다. 시공자는 그에 수반되는 비용을 부담한다. 다만 발주자는 원래 계약상 공사범위와 다른 시공에 대해 계약위반의 책임을 물을 수 없다.

반면 시공자는 이러한 발주자의 입장에 대해 동의하지 않는다. 시공자는 발주자(혹은 엔지니어)의 단순승인에 기초한 공사변경을 거부하고 공사변경 지시를 요구하면서 공사를 중지하는 경우도 있다. 공사변경 지시가 내려져야 추가공사비 보상을 받을 수 있기 때문이 다. 만일 발주자(혹은 엔지니어)가 공사변경 지시를 거부하면 상호간 교착상태에 빠지는 것 이다. 교착상태는 시공자뿐 아니라 발주자에게도 큰 위험이 될 수 있다. 왜냐하면 발주자의 공사변경 지시를 먼저 득하기 위해 시공자의 공사중지권이 인정된다고 추후 판명되면, 그 로 인해 발생한 지연은 발주자의 프로젝트 비용증가를 가져오기 때문이다.

한편 발주자가 공사변경 작업이 공사범위 밖의 것임을 인정하나 이를 시공자 책임의 일부로 보아 공기연장을 불허하고 추가공사비 지급을 거절한다면 문제가 복잡해진다. 그 경우 발주자는 어떠한 형태의 합의나 지시를 내리기 주저하게 된다. 만일 시공자가 발주자

---

19) 이러한 상황의 예에 대해서는 *Davy Offshore v. Emerald Field Contracting Ltd* (1991) 55 BLR 1를 참조.

의 지시가 없다는 이유로 공사를 중지하였으나, 나중에 자신의 책임범위 이내였음이 판명되면 시공자는 그로 인해 야기된 공기지연에 대해 책임을 지게 된다. 공기가 지연되면 시공자는 계약상 규정한 지체상금을 물 수밖에 없다.[20] 최종 결론이 어떻게 나든지 간에 공사중지는 시공자에게 상당한 비용을 초래할 수 있다. 때로는 공사 중지가 현장인부나 제3자의 안전을 위협할 수 있기에 공사 중지가 오히려 어려울 수도 있다.[21] 보통의 시공자 선택은 정식 공사변경 지시를 기다리는 동안 공사를 계속 진행하는 것이다. 그런데 문제는 공사를 진행하고 있어도 발주자의 공사변경 지시가 끝내 나오지 않으면 그 공사에 대한 대가를 인정받지 못한다는데 있다.

발주자가 공사변경 지시를 내려야 하는지 여부의 문제는 대부분 공사범위의 해석에 달려있다. 그런데 공사범위는 아주 길고 어려운 기술관련 문서들에 규정되어 있는데, 그들 문서들 간 불일치와 애매한 문구들로 인해 그 판단이 어려울 수 있다. 더구나 신속하게 돌아가는 공사현장에서 당사자들이 외부 법률자문을 구하는데 충분한 시간도 없거니와, 빠른 결정을 내려야 하는 압박감이 작용한다. 대부분의 한국 시공자들은 이러한 교착상태에서 발주자(혹은 엔지니어)에게 공사변경 지시를 요구하며 공사를 중지하기 어렵다고 한다. 만일 공사변경 지시를 얻지 못하고 공사를 진행하는 경우, 추후 공사변경을 인정받지 못해 공기연장과 추가공사비 보상을 받지 못하는 경우가 허다하다고 한다.

3. 교착상태의 해결방안 및 예방대책

만일 발주자가 요구한 특정 작업이 계약상 공사범위 내인지 아니면 그 밖인지에 따른 이견이 발생하면, 발주자(혹은 엔지니어)는 공사변경 지시를 조건부로 내리고 시공자로 하여금 공사를 진행하게 하는 방안이 있다. 그런 다음 계약상 합의된 분쟁해결절차[22]에서 재정인(adjudicator) 혹은 중재인이 그 특정 작업은 공사범위를 벗어난 것이라고 결정하면 시공자에게 공기연장이 부여되고 추가공사비 대금채권을 인정하는 것이다. 반대로 공사범위 이내라고 결정하면 시공자에게는 아무런 구제가 주어지지 않는다. 이러한 조건부 해결방식은

---

20) 공기지연과 지연손해배상금 그리고 공기연장 등의 메커니즘에 대해서는, 정홍식 집필 "국제건설계약에서 완공의 지연", 정홍식 외, 국제건설에너지법-이론과 실무, 제1권, 박영사 (2017), 87면 이하를 참고. 더불어 시공자의 공기지연과 발주자의 책임있는 사유가 중첩적 혹은 동시적(concurrently)으로 발생하여 결과적으로 공기지연을 야기하는 '동시발생 공기지연(concurrent delay)'에 대해서는 정홍식 집필 "동시발생 공기지연", 정홍식 외, 국제건설에너지법-이론과 실무, 제1권, 박영사 (2017), 113면 이하를 참조.

21) Sergeant & Wieliczko, *supra* note 4, paras. 2.28-2.30.

22) 계약상 합의된 분쟁해결절차라면 통상은 분쟁재정위원회(dispute adjudication board) 아니면 중재절차를 말한다. 당사자들 간 이견이 클레임 단계에서 해결되지 않으면 결국 이러한 분쟁해결절차로 옮아가게 된다.

시공자로 하여금 발주자 요구대로 공사를 진행하게 되고, 그 특정 작업에 대한 공기연장 부여나 보상 여부는 추후 결정하도록 하는 방안이다.23) 이러한 조건부 해결방식을 채택하면 그 당시 이러한 합의내용을 문서화할 필요가 있다.

교착상태의 예방대책으로서 계약 상 미리 그 해결절차를 규정해 두는 방법도 있다. 예컨대 공사를 계속 진행하는 것이 법률상 또는 물리적으로 불가능한 상황에 봉착하게 되면, 발주자에게 공사변경 지시를 내리도록 능동적 의무를 부과하는 식이다.24) 다른 예방법으로는 계약상 특정된 사건이 발생하면 공사변경이 의제(deemed)된 것으로 간주하는 것이다. 예컨대 법규의 변동으로 인해 기존 설계나 시공방식대로 공사하면 불법 건축물이 되는 것이라면, 발주자가 실제 공사변경 지시를 내리지 않아도 그 사건발생 자체로 인해 공사변경 지시가 내리진 것으로 간주하는 것이다. 시공자는 법규의 변동에 부합할 의무가 있고, 그로 인해 증액된 공사비를 보상받게 된다.25)

한편 실측계약(measurement contract) 또는 단가계약(unit rate contract)에서의 공사대금 책정방식을 사용하는 경우, 일부 상황에서는 아예 공사변경 자체가 필요하지 않을 수 있다. 예컨대 터널공사에서 시공자는 암반상태를 미리 정확히 파악할 수 없기 때문에 공사개시 후 부딪치게 될 암반상태가 강하거나 약한 정도에 따라 요구되는 라이닝작업(lining work)의 양이 많거나 혹은 적을 수 있다. 계약상 다양한 암반상태에 따라 요구되는 라이닝 작업에 대해 하나의 단가책정 비율을 정해두면, 착공 후 발견한 암반상태에 따라 작업의 양이 결정될 것이고 시공자는 미리 정해둔 단가비율에 따라 공사대금을 지급받게 된다. 이 경우 발주자에 의한 공사변경 지시는 필요 없다.26) 물론 이는 총액확정계약 방식이 아닌 실측계약방식의 경우에 그러하다.

Ⅲ. 계약해석의 국제적 동향과 영국법 상의 계약해석 일반원칙

시공자의 공사범위를 정확히 결정하는데 있어 계약의 준거법 상 계약해석 원칙이 적용된다. 따라서 이 장에서는 계약해석의 국제적 동향과 영국법 상 계약해석에 관한 일반원칙을 규정한 판례들을 살펴본다. 국제건설계약에서 영국법이 준거법으로 많이 지정되는 어쩔 수 없는 현실에서 영국판례는 구속력있는 *法源*이기에 그러하다.

---

23) Sergeant & Wieliczko, *supra* note 4, para. 2.27.
24) *Ibid.*, para. 2.38.
25) *Ibid.*, para. 2.40.
26) *Ibid.*, para. 2.39.

1. 계약해석의 국제적 동향

국제물품매매협약(Convention on Contracts for the International Sale of Goods, "CISG"), 국제 상사계약법원칙(Principles of International Commercial Contracts 2016, "PICC") 및 유럽계약법원칙 (Principles of European Contract Law, "PECL")의 계약해석에 관한 규정을 검토해보면, 다소 차 이가 있지만 기본적으로 동일한 사고에 바탕을 두고 있다.[27] 일단 계약해석이 문제되는 경 우 계약의 문언에서 출발하나, 그 문언의 내용이 명백하지 않거나 또는 애매하다면 다음의 계약해석 원칙에 따라 해결하고 있다.

첫째, 계약당사자들이 공통된 의도를 가졌을 때에는 그 의도가 단어의 문자적 의미와 다르더라도 계약은 그러한 공통된 의도에 따라 해석되어야 한다.[28]

둘째, 계약당사자들이 서로 다른 의도를 가진 경우에 각 규정 사이에는 약간의 미묘한 차이가 있다. 즉 CISG 제8조 제1항과 PICC 제4.2조 제1항은 "당사자의 진술과 그 외의 행 동" 즉 의사표시에 초점을 맞추어, 의사표시의 상대방이 표의자의 의도를 알았거나 모를 수 없었을 때에는 그 표의자의 의도에 따라 해석되어야 한다고 규정하여 일차적으로 자연적 해석에 의할 것을 규정한다. 반면 PECL은 표의자의 의도를 상대방이 알았거나 모를 수 없 었던 경우뿐만 아니라 그 반대의 경우, 즉 표의자가 자신의 의사표시를 상대방이 자신의 의 도와 달리 이해한다는 것을 알았거나 모를 수 없었던 경우도 마찬가지로 규정하고 있다.[29]

셋째, 당사자들의 계약체결 당시의 의도를 확인할 수 없는 경우에는 당사자들과 동일 한 부류의 합리적인 사람이 동일한 상황에서 이해하였을 바에 따라 해석되어야 한다.[30] 이 를 객관적 기준 또는 규범적 해석이라 부르기도 한다.[31]

넷째, 각 규정들은 계약을 해석함에 있어 당사자들 사이의 교섭경위, 당사자 간 확립된 관례(practices), 계약의 성격과 목적, 관행(usages) 및 당사자의 후속행위[32] 등의 제반 사정을 고려할 것을 요구하고 있다.[33] 이 중 당사자들 사이의 교섭경위,[34] 당사자들 사이에 확립된

---

27) 계약해석의 방법에 관한 보다 자세한 국제적 동향은 윤진수, "계약 해석의 방법에 관한 국제적 동향과 한국법", 비교사법, 제12권 제4호 (2005. 12), 27면 이하 참조.
28) PICC 제4.1조(1); PECL 제5:101조(1). 또한 미국의 Restatement (Second) of Contract §201(1) 참조.
29) Restatement (Second) of Contract, §201(2)도 비슷한 방식으로 규정하고 있다.
30) CISG 제8조 제2항; PICC 제4.1조(2), 4.2조(2); PECL 제5:101조(3).
31) 석광현, 국제물품매매계약의 법리, 박영사 (2010), 70면.
32) 계약체결 이후 당사자의 행동도 당사자들이 그 계약을 어떻게 이해했는가를 보여준다는 점에서 계약 해석의 기준이 될 수 있다.
33) CISG 제8조 제3항, 제9조; PICC 제4.3조; PECL 제5:102조.
34) 계약체결의 경위 내지 계약체결에 이르게 된 사정, 특히 계약체결 과정에서 있었던 당사자들 사이의 교섭내용은 계약의 의미를 확정하는데 중요한 참고자료가 될 수 있다. 이와 관련해 언급할 필요가 있 는 것은 이른바 통합조항(merger clause), 흡수조항 또는 완전합의조항(entire agreement)의 문제이다. 이는 계약서가 당사자들이 합의한 내용을 완전히 구현하고 있다는 내용의 조항을 말한다. 이는 주로

관례, 계약체결 이후의 당사자들의 후속행동은 주로 당사자의 주관적 의사가 어떠했는가를 탐구하는 것이다. 그리고 나머지 계약의 성격과 목적 그리고 관행은 당사자의 주관적 의사보다는 합리적인 당사자라면 어떻게 이해했을까 하는 것을 탐구하는 것이라 할 것이다.[35]

다섯째, PICC와 PECL은 누락된 조항의 공급 또는 묵시적 조항이라는 이름으로 보충적 해석을 허용하는 규정을 두고 있다.[36]

여섯째, PICC와 PECL은 이외에도 여러 가지 계약해석의 준칙들을 열거하고 있다. 즉 계약전체에 비추어 해석할 것,[37] 유효해석의 원칙,[38] 계약서 작성자불이익(contra proferentem) 원칙,[39] 언어의 불일치에 관한 규정[40] 등이다.[41]

이러한 계약해석의 국제적 동향에도 불구하고 영국에서는 그 나름의 계약해석 원칙을 가지고 있는데 국제적 동향과 그 우선 순위가 다름을 알 수 있다. 아래 영국법 상 계약해석에 관한 핵심적인 일반원칙들을 소개한다.

2. 영국법 상 계약해석 일반원칙

영국법 상 건설계약에 특별히 적용되는 계약해석의 규칙은 존재하지 않는다. 일반적인 계약해석 규칙이 건설계약에도 대체로 적용된다. 영국법 상 계약해석의 원칙 첫 번째는, 당

종전의 당사자의 계약교섭 과정을 근거로 하여 계약서와 상충되는 내용을 주장하지 못하게 하기 위해 이용된다. 미국의 구두증거배제의 법칙(parol evidence rule)과 같은 목적을 달성하기 위해 국제계약에서 많이 활용된다. 따라서 이러한 통합조항이 있는 서면계약의 경우에 계약은 종전의 진술이나 합의에 관한 증거에 의하여 반박되거나 보충될 수 없다.

35) 윤진수, (주 27), 28면.
36) PICC 제4.8조; PECL 제6:102조.
37) PICC 제4.4조; PECL 제5:105조.
38) PECL 제5:106조; PICC 제4.5조(유효해석의 원칙이란 불명확한 계약조건이라도 그 효과를 박탈하도록 해석하기 보다는 모든 계약조건에 효력을 부여하는 쪽으로 해석되어야 한다는 원칙이다).
39) PICC 제4.6조; PECL 제5:103조.
40) PICC 제4.7조(두 개의 다른 언어로 작성되어 체결된 계약서지만 어느 하나가 다른 버전보다 우선하여 해석된다는 합의가 없이 동일한 효력을 갖도록 규정된 경우, 먼저 작성된 언어의 계약서에 우선 효력을 부여한다는 내용이다); PECL 제5:107조.
41) 윤진수 교수는 앞의 논문에서 계약해석의 방법에 관한 새로운 서술 체계를 모색하면서 5단계로 분류하고 있다. 제1차적으로 계약의 문언에서 출발한다. 그러나 그 문언의 내용이 명백하지 않거나 또는 문언의 내용이 당사자의 의사에 부합하지 않는다는 의문이 있는 경우에는 제2단계로 여러 가지의 제반 사정을 종합하여 계약의 의미를 탐구한다. 이때에는 합리적인 당사자라면 계약 조항에 어떠한 의미를 부여하였을까 하는 점이 기준이 된다. 이를 객관적 해석이라 부른다. 이러한 두 번째 단계의 탐구 결과 계약 문언과는 다른 당사자의 일치된 의사가 인정되는 경우에는 그에 따라야 한다. 만일 계약 당사자가 서로 상이한 의사를 가졌다고 인정되면 어느 당사자의 의사를 계약의 의미로 볼 것인가가 문제된다. 이는 제3단계로 주관적 해석이라 부르고 있다. 그리고 이러한 방법에 의하여도 계약의 의미를 확정할 수 없을 때에는 법원이 어느 해석이 규범적으로 가장 바람직한가를 결정할 수 밖에 없다. 이것은 규범적 해석이라 하며, 제4단계에 해당한다. 다른 한편으로 계약에 공백 내지 흠결이 있으면 보충적 해석의 방법을 동원해야 하고, 이는 제5단계라 할 수 있다. 윤진수, (주 27), 22면 이하 참조.

사자들이 선택한 문구에 대해 그들이 무엇을 의도했는지 객관적인 차원에서 의미를 파악하는 것이다.42) 1998년 영국 최고법원인 귀족원 판례인 Investors Compensation Scheme Ltd. v. West Bromwich Building Society (No.1)에서는 이러한 객관적 해석방식의 채택을 확인하고 있다.43) 이러한 객관적 해석시 영국법원은 계약체결을 둘러싼 전후 배경이나 당사자들에게 알려진 모든 상황 등을 고려하여 합리적인 사람이 동일한 상황에서 이해하였을 바에 따라 계약문언을 해석하고 있다.44)

두 번째 원칙은 상사계약에서 당사자들이 선택한 문구가 상거래의 기본상식에 어긋나는 것이라면, 영국법원은 그 상거래의 기본상식을 우위에 두어 계약문구를 객관적인 견지에서 해석하기도 한다.45) 여기에서 객관적인 해석이란 계약문언의 내용이 명백하지 않거나 또는 문언내용이 당사자 의사에 부합하지 않는다는 의문이 있는 경우, 여러 가지 제반 사정을 종합하여 계약의 의미를 탐구하는 방식이다. 주어진 상황에서 합리적인 당사자라면 계약조항에 어떤 의미를 부여했을까 하는 점이 기준이 된다.46)

하지만 예외적으로 당사자가 실제 원하는 결과였음을 분명히 명시한 경우는 그 문구대로 해석한다.47) 즉 전혀 상업적이지 않은 교섭은 당사자의 의사로 간주되지 않을 수 있으나, 그 의도가 분명히 기술되어 있는 경우는 당사자의 의사로 간주한다는 태도이다.48) 이와 관련해 항소법원 판례 하나는 계약 전반의 목적에 반하는 특정 조항에 비중을 두기보다 상사계약의 경우에는 당사자들의 상업적 의도에 중점을 두어 그에 부합하는 해석을 내리기도 했다.49) 그렇다고 계약문언이 분명하고 명확한데도 불구하고 이를 좀 더 공평하고 비즈니스적인 결과를 도출하기 위해 법원이 그 문언을 다시 쓰는 것처럼 해석해야 한다는 의미는 아니라는 항소법원 판례50)도 있다. 즉, 당사자들이 의도적으로 비상업적인 교섭을 한 것이 분명한 경우라면 그대로 인정한다. 상기 두 가지 원칙과 하나의 예외는 영국법 상 거의 모든 계약해석을 지배하는 개념이라 할 수 있다.

계약문구의 객관적인 해석에 있어 유념해야 할 것이 있다. 그것은 당사자들이 언급한

---

42) Wilmot-Smith QC, *supra* note 1, para. 1.75; 이호정, 영국 계약법, 경문사 (2003), 100면 동지.
43) [1998] 1 WLR 896, at 912-913.
44) H.G. Beale, *Chitty on Contracts*, (31st ed.), Sweet & Maxwell (2012), para. 12-043.
45) Wilmot-Smith QC, *supra* note 1, para. 1.76. (이러한 원칙은 귀족원 판례인 *Antaios Compania Naviera SA v. Salen Rederierna AB*, [1985] AC 191 at 201에 잘 드러나 있다).
46) Beale, *supra* note 44, para. 12-043.
47) Wilmot-Smith QC, supra note 1, para. 1.76. (이러한 원칙은 또 다른 귀족원 판례인 *Wickman Machine Tool Sales Ltd v. L Schuler AG*, [1974] AC 235 at 251에서 Lord Reid가 잘 기술하고 있다).
48) Wilmot-Smith QC, *supra* note 1, para. 1.89.
49) *Ravennavi SpA v. New Century Shipbuilding Co. Ltd.*, [2007] EWCA Civ 58, para 12; *Antaios Compania Naviera SA v. Salen Rederierna A.B.* [1984] AC 191, 201.
50) *Skanska Rashleigh Weatherfoil Ltd v. Somerfield Stores Ltd* [2006] EWCA Civ 1732.

것으로부터 그들이 의미한 바를 찾아내는 것이지, 당사자들이 실제 합의한 바가 아닌 판사 견해가 개입되어 더 나았을 상황으로 대체하여 해석하는 것을 경계하고 있다. 법원은 결국 그 두 가지 결과 사이에서 균형을 찾아야 한다[51]는 점을 귀족원 판례에서는 분명히 하고 있다. 이는 계약의 맥락(context)에서 합리성(reasonableness)이 고려되어야 함을 의미하고, 그 맥락상 계약문구가 합리적이지 않다면 수정되거나 심지어는 아예 제거될 수 있다[52]는 의미 이다. 이러한 계약 해석 원칙은 영국법이 준거법인 건설계약에도 동일하게 적용될 것이다.

　이 이외에 영국법 상 다른 개별적인 계약해석 규칙을 정리하면 다음과 같다. 첫째, 계 약해석 시 계약 전체를 검토해야 한다.[53] 귀족원 판례 중 하나는 특정 계약문언의 의미가 문제될 때, 계약목적과 전체조항의 내용에 비추어 해석하도록 하고 있다.[54] 이는 앞서 살펴 본 국제적인 계약해석 동향과 일치하는 항목이다. 둘째, 계약문구의 오류와 실수에 대해서 는 당사자의 의사와 맞게 그 내용이 수정될 수 있다.[55] 셋째, 대부분 건설계약들이 표준계 약조건에 기반하고, 당사자들은 그 효력을 대체하는 합의된 특수조건을 부가하는 점을 감 안하여, 특수조건은 표준계약 조건보다 해석상 우위에 둔다. 넷째, 항소법원 판례 하나는 계약조항들이 서로 불일치(inconsistency)할 때, 계약 전체의 맥락에서 판단해 당사자들의 의 사가 반영된 조항을 쫓아 해석[56]하도록 하고 있다. 다섯째, 계약상 당사자의 의도가 애매하 고 불명확할 때, 계약서 맨 앞의 전문(recital)은 거래 그 자체의 목적을 기술하는 것이기는 하나 이를 참고할 수 있다.[57] 여섯째, 계약서 문구가 애매하고 불명확할 때는 그 계약서를 작성한 당사자에게 불리하게 해석된다는 이른바 계약서 작성자불이익(contra proferentem) 원 칙이 있다.[58] 그러나 당사자가 아닌 제3자가 작성한 표준계약서를 사용하여 체결하는 건설

---

51) *Charter Reinsurance Co Ltd v Fagan*, [1997] AC 313 at 388.
52) Wilmot-Smith QC, *supra* note 1, para. 1.78; 이호정, (주 42), 103면 동지 (하나의 예로서 Wickman Machine Tool Sales 사건의 사실관계를 들고 있다. 독일회사는 영국회사와 계약을 체결하면서 영국회 사로 하여금 영국 내에서 자사의 패널프레스(panel presses)를 독점적으로 판매할 권한을 부여한다. 계 약상 "영국회사 직원이 매주 물품주문을 위해 여섯 개의 지정된 장소를 방문해야 하는 것이 '본 계약 의 조건(condition)'이다"는 문구가 있다. 독일회사는 영국회사 직원이 몇 번 해당 장소에 방문하지 않 았다는 이유로 자신의 계약이행을 거절(repudiate)하였고, 귀족원에서는 '본 계약의 조건이다'라는 문 구가 과연 법률가들이 이해하는 계약의 효력이 발생하기 위해 충족되어야 하는 조건인지 여부에 대해 판단하였다. 결론적으로 귀족원은 그 문구를 '계약의 조건'으로 해석하게 되면 상당히 불합리한 바, 당 사자들은 그런 의도를 갖지 않았을 것이라 판시했다. 따라서 독일회사가 자신의 계약이행을 거절할 정 도의 것은 아니라고 보았다).
53) Wilmot-Smith QC, *supra* note 1, para. 1.87.
54) *The North Eastern Railway Company v. Lord Hastings*, [1900] AC 260, p. 267.
55) Wilmot-Smith QC, *supra* note 1, para. 1.88.
56) *Glynn v. Margeston & Co.*, [1893] AC 351, p. 357; *Taylor v. Rive Droite Music Ltd* [2005] EWCA Civ 1300.
57) Wilmot-Smith QC, *supra* note 1, para. 1.93.
58) *Ibid*, para. 1.96.

계약에서 이 원칙은 적용되지 않을 가능성이 농후하다.

Ⅳ. 건설계약 상 공사범위 해석을 둘러싼 다양한 쟁점에 관한 영국 판례

전술한 대로 발주자의 공사변경 지시를 둘러싼 다툼의 상당수는 계약상 공사범위 (scope of works)의 해석을 둘러싸고 발생한다. 공사범위를 판단하는데 있어 중요한 것은, 첫째 시방서(specification)와 도면(drawings)과 같은 기술문서에 포함된 공사범위 그 자체와, 둘째 시공자가 계약상 부담하기로 되어 있는 위험이 무엇인지이다.[59]

그런데 계약서에 들어가는 다양한 계약문서들[60] 간 불일치와 오류 및 특정 부분의 해석이 애매할 때가 많다는 것이 문제이다. 이러한 공사범위 기술의 부정확성 및 오류가 나타나는 이유는 다음과 같다.[61] 첫째, 계약문서를 작성하는데 충분한 시간을 들이지 않았거나, 계약문서 작업이 형편없이 이루어졌기 때문이다. 둘째, 당사자들이 추구하는 목표를 계약문서에 어떻게 잘 반영해야 하는지에 대한 이해가 부족하기 때문이기도 하다.

아래에서는 영국판례들을 중심으로 건설계약 문서들 간 불일치와 오류 및 그 밖에 여러 가지 공사변경을 둘러싼 다툼의 해결이 어떻게 이루어졌는지 살펴보도록 하겠다. 계약상 해석의 우선순위가 명확히 기재되어 있다면 그에 따라야 할 것이다. 그러나 그렇지 않은 경우 계약의 준거법 상의 계약해석 원칙에 따른다.

1. 계약문서들이 서로 모순되거나 명확하지 않고 애매한 경우

계약서 문언이 서로 모순되거나 명확하지 않고 애매한 경우 영국법원은 이를 어떻게 해결하는지 살펴보자. 건설계약 상 두 개의 별첨문서 내용과 다른 계약문서인 '발주자 요구조건서(employer's requirements)' 사이에 모순이 존재하였다. 이에 시공자는 그 별첨문서들대로 시공하는 것이 어렵다는 이유로 수정되어야 한다며, 이는 공사변경에 해당한다고 주장하며 추가공사비 보상을 구하였다. 계약서에 계약문서들 간 우선순위를 제공하는 조항은 없었다. 영국 1심법원에서는 별첨문서들이 공사범위의 일부를 구성하지만, 그 문서들이 발

59) Sergeant & Wieliczko, *supra* note 4, para. 3.3(시공자가 부담하기로 한 위험이 무엇인지에 따라 시공자는 기술문서들 상의 공사범위 그 이상의 작업을 해야 할 수도 있다).
60) FIDIC 계약조건에 나오는 계약구성문서들에는 계약합의서(contract agreement), 낙찰서(letter of acceptance), 입찰서(letter of tender), 낙찰서 또는 계약합의서에 첨부된 메모랜다(memoranda annexed to the letter of acceptance or contract agreement), 계약일반조건(general conditions)과 특수조건(particular conditions of contract), 명세서(specification), 도면(drawings), 발주자 요구조건서(employer's requirement), 시공자 제안서(contractor's proposal), 스케줄(schedules), 입찰(tender), 추가입찰서류(addenda) 등이 있다. 각각에 대한 설명에 대해서는 김승현, 국제건설계약의 법리와 실무, 박영사 (2015), 47-49면 참조.
61) Sergeant & Wieliczko, *supra* note 4, para. 3.12.

주자 요구조건서 상의 시공자 의무사항과 충돌된다면 별첨문서 내용은 무시되어야 한다고 판시하였다. 발주자 요구조건서는 프로젝트 전반의 목적을 담고 있기 때문이고, 시공자는 별첨문서 상의 세밀한 기술적인 요건을 충족해야 하나 프로젝트의 주된 목적을 달성하는 한에서만 그러해야 한다는 것이다.[62]

다른 영국 판례에서 시공자는 계약상 두 개 블록의 주택을 철거하면서 '석면으로 만들어진 자재(materials)'를 제거하도록 되어 있었다. 계약서에는 발주자의 컨설턴트가 제출한 석면리포트가 포함되어 있었는데, 그 리포트에는 석면성분이 들어간 종이는 언급되어 있었으나 석면페인트 및 마감재에 대해서는 언급이 없었다. 시공자는 공사도중 석면성분이 페인트에 들어가 그 페인트가 칠해진 천장, 벽 그리고 바닥의 마감재에서도 석면이 검출되어 석면오염 정도가 예상보다 크다고 판단하였다. 따라서 시공자는 이를 모두 제거하는 작업은 공사범위를 벗어나는 것이기에, 이는 공사변경에 해당한다고 주장하며 추가공사비 보상을 구하였다. 반면 발주자는 석면이 첨가된 모든 마감재까지 제거하는 것이 공사범위라고 주장하였다. 영국 법원은 '석면으로 만들어진 자재'의 의미는 전체 혹은 주요 부위가 석면으로 만들어진 자재를 의미하는 것이기에 '석면성분이 들어간 종이'의 제거는 포함하나, 소량의 석면성분이 포함된 페인트 마감까지 포함하는 것은 아니라고 판시하면서 시공자의 공사변경 클레임이 유효하다고 판시하였다.[63]

상기 Demolition 사건에서 영국법원은 당사자의 계약상 의무의 범위를 해석하면서, 상업적 측면에서 그 의무부담의 타당성 여부를 고려한 것 같다. 즉, 시공자가 페인트를 매개로 소량의 석면이 검출된 모든 자재를 제거할 위험을 부담한다는 것은 통상의 비즈니스 관점에서 볼 때 설명하기 어렵다고 보았던 것이다.

그러나 다른 항소법원 판례[64]에서는 상업적 목적을 고려하는 것의 위험성을 지적하고 있다. 즉 법관은 계약상 문언이 당사자가 의도했을 것으로 추정하는 상업적 의미와 상충된다는 이유로 그 문언의 자연적 의미를 벗어나 해석하는 것을 경계해야 한다는 것이다. 모든 법관이 항상 상업적인 마인드를 가지고 있는 것이 아니고 상업적 경험이 많은 경우는 드물 수 있기 때문이었다. 따라서 해당 거래의 상업적 목적을 고려하는 것이 계약해석에 도움이 될 수는 있으나 반드시 그런 것만은 아님을 알 수 있다.

62) *Davy Offshore v. Emerald Field Contracting Ltd* (1991) 55 BLR 1, para. 3.58-3.70.
63) *Demolition Services Ltd v. Castle Vale Housing Action Trust*, (1999) 79 Con LR 55. (발주자는 계약상 시공자가 현장조사를 하도록 한 요건을 들어 시공자는 현장조사를 통해 석면의 오염범위를 계약체결 이전에 충분히 파악할 수 있었다고 주장하였다. 그러나 법원은 현장조사시의 '석면'의 오염범위 파악은 석면이 주된 재료로 만들어진 자재를 의미하는 것이지 소량의 석면이 들어간 모든 자재를 의미하는 것은 아니라고 보았다.)
64) *Skanska Rashleigh Weatherfoil Ltd v. Somerfield Stores Ltd* [2006] EWCA Civ 1732, para. 22.

국제건설계약에서 한국 시공자들은 아주 상당한 위험을 부담하는 경우도 종종 있고, 정확히 진단하기 어려운 정도의 위험도 실제 부담하는 것이 사실임을 감안할 때, 위의 Demolition과 Skanska 판례에서 영국 항소법원이 취한 입장은 한국 시공자들에게 불리하게 작용할 여지가 커 보인다.

만일 계약상 계약해석의 원칙을 명시적으로 규정하고 있다면, 보통은 그 규정에 따라 계약문구의 해석이 이루어진다. 예를 들어 EPC계약서에 여러 가지 문서들이 들어가는데 상호간 모순이나 상충되는 경우 이를 해결하기 위한 해석의 우선순위를 정해두는 경우이다. 그러나 영국 1심법원은 이러한 계약해석 조항이 있다 하더라도 상위문서가 하위문서의 문언을 자동적으로 배제하라는 의미는 아닌 것으로 보기도 했다.[65] 즉 계약해석 우선순위 조항은 두 개 혹은 그 이상의 계약문서 상 애매함과 불일치가 존재할 때만 정해진 순위를 감안해야 한다는 것이다.[66] 예컨대, 한 문서에서는 검은색 페인트를 칠하도록 하는 반면 다른 문서는 흰색으로 칠하도록 되어 있다면, 우선순위 조항이 이 문제는 손쉽게 해결할 수 있을 것이다. 그러나 이렇게 명확히 대비되는 상황이 아니라면 상위문서가 하위문서의 문언을 자동적으로 배제하는 것은 아니게 될 것이고, 계약서 전체의 맥락에서 해석해야 한다.

계약문서들 사이에 발생할 수 있는 불일치를 해결하기 위한 방식으로서 특정 작업이 의제된 공사변경으로 보는 것이 있다. 이는 계약상 불일치에 따른 위험을 발주자에게 부담시키는 수단이 된다. 예를 들어 JCT Standard Form Contract with Quantities 2011[67]에는 도면상의 공사범위와 물량명세서(bill of quantities) 사이에 불일치한 부분이 있으면 이를 변경하기 위한 의제된 공사변경 조항이 있다. 이 JCT 표준계약서는 발주자가 도면을 준비할 뿐 아니라 물량명세서 작성을 책임지도록 되어 있고, 시공자는 발주자가 제공한 물량명세서에 공사단가를 기입해 대략의 공사대금을 책정하여 제시하게 된다. 만일 발주자가 특정 작업을 도면에는 반영시켰지만 물량명세서에는 포함하지 않았다면, 시공자가 제시한 공사대금은 그 해당 작업을 빼고 계산된 꼴이 된다. 이 경우 시공자 입장에서는 도면에는 작업이 들어가 있으나 공사대금에는 반영되지 않았기에 당연히 공사변경이 이루어져야 한다.[68] 따라서 물량명세서를 변경하여 도면과 일치시켜야 한다. 이렇게 의제된 공사변경 조항을 계약서에 넣으면 시공자는 계약문서들 사이의 불일치를 조정 시 발주자로부터 공사변경 지시를

---

65) *RWE Npower Renewables Ltd v. JN Bentley Ltd*, [2013] EWHC 978 (TCC)
66) Sergeant & Wieliczko, *supra* note 4, para. 3.38.
67) JCT Standard Form Contract는 영국 내 프로젝트에서 많이 사용되는 건설표준계약 유형이다. "JCT Standard Form Contract with Quantities"는 발주자가 건축사를 고용해 전체 설계를 맡기고 물량견적사 (quantity surveyor)가 입찰을 실시하기 이전에 완전한 물량명세서(bill of quantities)를 만들어 제공하는 형태의 표준계약 유형이다. Roger Knowles, *200 Contractual Problems and their Solutions*, 3rd ed., Wiley-Blackwell (2012), para. 1.8.2.
68) Sergeant & Wieliczko, *supra* note 4, para. 3.257.

득할 필요가 없다는 장점이 있다.[69] 물론 발주자 입장에서는 흔쾌히 반영할 조항은 아니다.

2. 시공자가 공사범위에서 명시적으로 규정되지 않은 작업을 수행할 의무

간혹 계약상 명시적으로 언급되지 않은 작업은 시공자가 수행할 의무가 없는 것인지 여부가 문제된다. 그 경우 일단 시공자의 수행의무가 없도록 한 것이 당사자들의 의사인지 판단해야 한다. 그 판단이 어려운 경우를 다룬 영국 판례들이 있다. 우선 명시적으로 언급되지 않은 작업이라 하더라도 본공사 완성을 위해 필요하다면 묵시적으로 포함된다고 본 판례가 있다.

주택건축계약의 시방서(specification)에서 본공사 내용을 일반적으로 서술하면서 총 몇 층인지만 밝히고 각 층 공사에 대한 세부사항은 기술하지 않았다. 이에 시공자는 각 층의 세부작업을 공사변경으로 간주해 추가공사비를 구했고, 영국법원은 각 층의 시공은 공사범위에 포함된 것으로 공사변경 대상이 아니라고 보았다.[70] 한편 사전공사 내역은 시공자가 수행할 공사범위에서 언급되지 않았는데, 사전공사는 시공자가 약정한 본공사 완성을 위해 필요한 공사범위의 일부라고 본 사례도 있다.[71]

시공자는 도로 밑 지하에 새로운 하수관을 구축하는 작업과정에서 기존 하수관을 건드려 균열이 발생하였고, 그 결과 현장 일대는 물에 잠기게 되었다. 이에 시공자는 기존 하수관을 보수하고 사고의 영향을 최소화하기 위한 별도 작업을 해야 했는데, 시공자는 이 별도 작업이 추가공사이기에 공사변경 지시 및 보상을 구한 사건이 있었다. 영국법원은 시공자가 자신의 과실에 의해 발생한 위험을 인수한 것으로 보았고, 책정된 계약대금은 그 위험극복을 위해 필요한 모든 비용을 커버한다고 판시하였다.[72] 따라서 법원은 시공자의 추가공사가 공사변경에 해당한다는 주장을 배척하였다.

시공자는 도면과 시방서에 기술된 작업과 다른 작업 혹은 추가 작업을 수행해야 할 수도 있다. 예를 들어 턴키 방식의 설계 및 시공계약(design and build contract)에서 시공자는 발주자 요구조건서에 규정된 이행기준에 따라 시공해야 한다. 따라서 도면과 시방서의 내용이 발주자 요구조건서의 이행기준에 부합하지 않으면, 발주자 요구조건서에 부합하도록 도면과 시방서 내용과 달리 시공해야 한다. 발주자 요구조건서의 이행기준 충족은 도면이나 시방서 상의 설계보다 더 우위에 있는 것이다. 결국 그 이행기준 충족을 위해 필요한 추가작업 내지 변경공사는 계약상의 공사범위 이내의 것이기에 공사변경으로 간주되지 않

---

69) 예를 들어, JCT Design and Build Contract 2011, Clause 2.10.1 에서는 발주자가 제공한 문서에서 현장 경제에 관한 기술에 오류가 있을 때 공사변경이 발생한 것으로 간주하기도 한다.

70) *Williams v. Fitzmaurice*, (1858) 3 H&N 844.

71) *Strachan & Henshaw Ltd v. Stein Industrie (UK) Ltd (No. 2)* (1997) 87 BLR 52.

72) *Pearce (CJ) Co Ltd v. Hereford Corp* (1968) 66 LGR 647.

는다.73)

왜 그러한 것인가? 설계 및 시공계약에서 시공자는 본계약서 상 발주자의 의도된 목적에 부합하도록 시공할 의무를 갖기 때문이다. 예를 들어 시방서와 도면상에는 특정한 형태의 지붕 설계를 하도록 되어 있지만, 본계약 조건에는 시공자가 발주자의 의도된 목적적합성 보장의무를 갖는다고 가정해 보자. 시공자는 가급적 그 상세한 지붕설계에 따라야 하지만, 무엇보다 그 지붕은 발주자의 의도된 목적이 잘 드러나 있는 발주자 요구조건서와 부합하도록 시공해야 한다. 만일 시방서와 도면대로 시공하면 방수가 제대로 되지 않는다고 가정할 때, 이는 발주자의 의도된 목적과 부합하지 않게 되고 그 결과 시공자는 시방서와 도면상의 지붕설계와 달리 시공해야 한다. 이 경우 공사변경의 대상이 되지 않는다.74)

그러나 시공자가 발주자의 요구조건서에 부합하기 위해 시방서나 도면에서 규정한 작업내역에서 벗어나야 한다 하더라도, 가급적이면 그 시방서의 내용에 근접하게 시공해야 한다. 예를 들어, 시방서에 기술된 대로 건축물을 시공한다면 발주자의 요구조건서에 적시된 에너지 효율요건을 충족시킬 수 없다고 가정하자. 발주자의 요구조건서가 시방서보다 더 우선하기 때문에 시공자는 시방서와 달리 공사하더라도 발주자 요구조건서 상의 에너지 효율요건을 달성해야 한다. 그렇다고 시공자가 시방서를 완전히 무시하고 이와 전혀 다른 집을 지을 수 있는 것은 아니다. 가능한 한 원래 시방서를 따르되, 에너지 효율요건을 맞추기 위해 필요한 최소한의 조정만 가해야 한다.75)

3. 공사범위대로 시공하는 것이 일시적 급부장애에 해당하는 경우

시공자가 공사범위대로 시공하는 것은 급부장애에 해당함에도 불구하고, 이를 계약상 합의하였다면 공사변경이 가능한지 의문이다. 예컨대 설계에 본질적인 결함이 있는데 이를 인지하지 못하고 당사자들이 계약을 체결한 경우이다. 그렇다고 시공자가 아예 시공조차 할 수 없는 원시적 이행불능상태는 아니다. 설계변경만 이루어진다면 급부장애 사유가 소멸되어 시공은 가능하기에 종국적 불능상태도 전혀 아니다. 이 상황은 급부장애라 할 수 있지만, 설계변경만 이루어지면 그 상태가 해소된다. 만일 발주자가 설계위험을 부담하여 설계를 시공자에게 제공하였다면, 이는 공사변경 대상이 될 것이기에 발주자는 설계변경 지시를 내려야 한다. 반대로 시공자가 설계하였다면 이는 시공자가 부담한 위험범위에 속하기 때문에 공사변경의 대상이 될 수 없고, 시공자는 설계의 하자와 그 후속조치를 자신의 비용으로 치유해야 한다.

---

73) Sergeant & Wieliczko, *supra* note 4, paras. 3.91－3.92.
74) *Davy Offshore v. Emerald Field Contracting Ltd* (1991) 55 BLR 1.
75) Sergeant & Wieliczko, *supra* note 4, para. 3.102.

　　설계결함은 아니지만 발주자가 제공한 시방서에 본질적인 결함이 있었던 상황을 다룬 캐나다 대법원 판례가 있다. 발주자가 제공한 시방서 상에는 Curadex라고 하는 접착제를 사용하여 천장 마감재를 부착하도록 하였고, 계약상 시공자의 의무사항에 '모든 작업은 계절변화에 끄떡없고 모든 자재와 시공기술(workmanship)은 최고 수준이어야 하고 하자가 없도록 한다'는 약정이 있었다. 시공자는 시방서에 따라 Curadex라는 접착제를 사용하여 천장마감을 하였으나, 공사도중 폭우와 비바람이 몰아쳐 천장마감재가 날아가는 사고가 발생하였다. 그 원인은 시방서 상 사용하도록 되어있는 Curadex라는 접착제의 근본적인 하자로 인한 것이었다. 따라서 시공자는 애초에 자신의 급부를 제대로 달성할 수 없는 내용이 포함된 계약을 체결한 경우이다.

　　이 사건의 쟁점은 발주자가 제공한 시방서 상의 Curadex 접착제를 사용해서 발생한 사고이기에, 그 사고보수가 공사변경에 해당되어 추가공사비 보상어 주어져야 하는지 여부였다. 다만 시공자가 제공한 별도의 이행보증서상에 '천장마감재는 도면과 시방서가 허락하는 한 계절변화에 끄떡없이 시공'할 것을 보증하고 있었다. 즉 이러한 이행보증은 앞서 언급한 시공자의 의무사항과 모순되는 상황이다. 이에 캐나다 대법원은 '도면과 시방서가 허락하는 한'이라는 제한문구는 계약서에는 포함되지 않았던 시공자가 별도 제공한 이행보증서의 내용을 제한하는 문구이지, 시공자가 전체 공사목적물에 대해 부담하고 있는 시공의무를 제한하는 것은 아니라고 보았다. 즉 발주자가 제공한 시방서에 Curadex를 사용하도록 한 요건은 시공자의 공사목적물에 대한 전체 의무사항에 영향을 미치지 못한다고 보았던 것이다. 따라서 캐나다 대법원은 시공자의 사고보수를 공사변경 대상으로 간주하지 않아 시공자의 청구를 기각하였다.[76] 생각건대, 시공자가 제공한 이행보증서의 내용과 본계약서 상의 시공자 의무사항이 모순될 때 캐나다 대법원은 후자를 우선하고 있음을 알 수 있다.

　　여기 캐나다 Steel Co of Canada 사건은 앞서 검토한 사례인 Davy Offshore에서 시공자는 발주자의 요구조건서 기준을 달성하기 위해 기존 설계로터 약간 벗어날 수도 있도록 한 상황과 대비된다. 그러나 두 사건에서는 프로젝트 성격에서 차이가 있었다. Davy Offshore에서는 발주자의 주된 관심사는 공사목적물의 최종 성능에 관한 것이었지, Steel of Canada에서처럼 건축물의 미학적 부분이 아니었다. 그렇다면 발주자의 요구조건서 및 성능검사를 충족할 수 있는 한에서는, 시공자 스스로 발주자의 승인 없이도 시방서 요건에서 약간 벗어나 시공해야 한다. 그러나 반대로 발주자가 공사목적물의 외향을 중시하여 특정 자재를 사용하도록 하였다면, 계약서상 시공자는 발주자의 승인 하에서만 시방서 요건에서 벗어날 수 있을 것 같다.

---

76) *Steel Co of Canada v. Willand Management*, [1966] SCR 746.

이러한 두 가지 접근방식의 구분을 잘 보여주는 영국판례가 있다. 본 사건에서도 발주자가 특정 자재를 사용하도록 하였다. 그러나 그 자재 설치에 심각한 기술상의 문제가 드러나 당사자들 의도대로 그 자재를 사용하는 것이 거의 불가능하였다. 본 사건 계약서 제13조는 '시공자는 법률적 또는 물리적으로 불가능한 경우를 제외하고 계약요건에 따라 시공해야 한다'고 되어 있었다. 발주자는 상기 자재 설치의 문제점은 아주 불가능한 경우가 아니기 때문에 시공자는 시방서로부터 벗어나 가능한 해결책을 찾아야 한다고 주장하였다.[77] 그러나 영국법원은 발주자의 주장을 배척하면서 그 근거로 제13조의 예외문구를 들었는데, 즉 시공자는 그 자재를 사용하는데 물리적으로 불가능한 상황에 처했기 때문에 이를 극복하기 위해 시방서와 다른 방식을 동원할 의무가 없다고 보았다.[78] 즉 시공자가 다른 방식을 동원해야 한다면, 이는 공사변경에 해당되어 발주자는 그 지시를 내려야 하고 시공자에게 보상해주어야 한다는 것이다.

이 Turriff 사건은 국내 건설사들에게 시사하는 바가 크다. 만일 이 사건의 제13조 예외문구인 "법률적 또는 물리적으로 불가능한 경우를 제외하고 계약요건에 따라 시공해야 한다"를 시공자의 시공의무에 부가한다면, 시공자는 공사변경을 통한 추가공사비 보상의 가능성이 훨씬 높아질 것으로 보인다. 물론 발주자는 그 반대의 입장이라 하겠다.

상기 세 가지 사례로부터 도출한 원칙을 정리하면 다음과 같다. 만일 계약서 상 공사범위대로 시공하는 것이 급부장애에 해당하고 그 위험부담이 시공자에게 있다면, 시공자는 공사범위로부터 벗어나기 위해서는 발주자의 승인을 득해야 한다. 이러한 발주자의 승인은 계약서 내용에 따라 공사변경이 될 수도 있고, 아니면 발주자가 공사변경에 대한 "단순 승인(concession)"에 그칠 수도 있다. 물론 전자의 경우라면 시공자의 추가공사비가 인정되지만 후자라면 그렇지 않다. 반면 계약서 상 공사범위대로 시공하는 것이 급부장애에 해당하고 그 위험부담을 발주자가 지고 있다면(Turiff 사건에서처럼) 이는 공사변경이 되어 시공자는 추가공사비에 대한 보상을 받게 된다.

4. 발주자와 시공자 간 시공상의 위험배분에 따른 공사변경 가능성

시공자는 시공의무를 지는데, 이는 시공절차가 아주 어렵다거나 발주자가 설계를 제공했다거나 여부와는 상관없이 공사목적물을 완공해 발주자에게 인도할 의무이다. 이를 위해 시공자는 시공방식을 변경해야 할 수도 있으며, 그로 인해 수행해야 할 추가 작업에 대한 책임도 지게 된다. 현장조건에 대해 발주자가 달리 확인해주거나 별도의 약정이 없는 한, 예상한 것보다 현장조건, 예컨대 지반조건 또는 조수간만의 차이 등이 좋지 않더라도 그로

---

77) 발주자의 주장은 앞서 다룬 *Davy Offshore* 사건의 판시내용과 부합한다.
78) *Turriff Ltd v. The Welsh National Water Development Authority*, [1994] Const LY 122.

인해 발생하는 추가 공사비용의 부담을 시공자가 진다.79) 그럼에도 불구하고 당사자들은 위험배분에 대해 자유로이 합의할 수 있다. 예를 들어, 계획된 시공방식이 발주자가 고안한 것이고 대체로 새로운 것이라면 시공자는 그 시공방식의 적절성에 대해 책임지지 않도록 합의하는 것이다. 그렇다면 발주자가 시공방식의 위험을 부담하게 된다. 만일 예견하지 못한 지반조건이 발견되어 시공방식을 변경해야 한다면, 발주자는 공사변경 지시를 내려야 하고 시공자는 그에 따라 시공방식을 변경하게 되면 보상도 받는다.80)

다른 형태의 위험배분도 있다. 시공자가 특정 시공방식을 따르도록 하나 만일 그 방식대로 공사진행이 불가능하다고 판명되면 그 방식을 따르지 않도록 하는 것이다. 영국 1심법원은 이런 상황에서 어느 당사자가 공사방식 변경에 따른 책임을 부담하는지 아래와 같이 판시한 바 있다.81)

댐 밑에 출구터널(outlet tunnel)을 만들어 물의 흐름을 바꾸는 공사에서 원래 고안된 방식은 출구터널을 상류쪽으로 향하도록 하는 것이었다. 그러나 시공자는 이 공사방식은 불가능하기에 터널을 하류방향으로 해야 한다고 주장하였다. 계약상 시공자가 따라야 할 시공방식은 상류쪽으로 터널을 만드는 것이었다. 계약서 제8조에서는 '시공자가 모든 시공방식과 적절성에 대해 책임을 진다'는 문구가 있었다. 그런데 제13조에서는 '법률적으로 또는 물리적으로 불가능한 경우를 제외하고, 시공자가 계약조건에 따라 공사목적물을 시공하고 완공해야 한다'로 되어 있었다.

제8조와 제13조에 대한 해석을 함에 있어, 영국 1심법원은 제8조가 시공자의 시공방식에 대한 일반적 위험부담에 관해 기술하고 있으나, 제13조의 '불가능성' 조항이 더 우선하여 해석되어야 한다고 판시하였다. 더구나 계약서 상 공사변경 조항에서 '엔지니어는 공사완공에 필요하다고 판단되면 공사일부에 대한 공사변경 지시를 내려야 한다'고 되어 있음에 주목하여, 법원은 공사가 원래의 공사방식에 따라서는 완공하기 불가능한 사실에 비추어 발주자는 공사변경 지시를 내려야 했다고 판시하였다.82) 이 판례도 국내 건설사에게 시사하는 바가 있는데, 앞서 살펴본 판례에서처럼 "법률적으로 또는 물리적으로 불가능한 경우를 제외하고"의 문구가 존재하면, 공사변경 지시의 가능성이 더 커질 수 있다는 점이다.

다른 예로서 착공 후 예상하지 못한 어떤 사건이 발생하였고 그로 말미암아 계약상의 설계대로 시공할 수 없는 경우이다. 이것이 공사변경 대상이 되는지 여부는, 계약상 어느 당사자가 그런 유형의 예상치 못한 사건의 발생 위험을 부담했느냐에 달려 있다. 만일 착공

---

79) Sergeant & Wieliczko, *supra* note 4, paras. 3.166-3.168.
80) *Ibid.*, para. 3.175.
81) *Yorkshire Water Authority v. Sir Alfred McAlpine & Son (Northern) Ltd*, (1985) 32 BLR 114.
82) Sergeant & Wieliczko, *supra* note 4, paras., 3.176-3.180.

후 법규변동으로 인해 공사범위에서 사용하기로 되어 있는 자재 혹은 시공방식이 위법이 된다고 가정하자. 계약상 법규변동의 위험을 발주자가 부담하기로 하였다면 실제 법규변동의 발생은 공사변경 대상이 되어 발주자는 그 지시를 내려야 한다. 반면 그러한 위험을 시공자가 부담하기로 하였다면 시공자는 발주자로부터 공사변경 승인을 득해야 한다.[83] 그러나 발주자의 공사변경 '단순승인'은 앞서 설명한 대로 정식 공사변경이 아니다. 왜냐하면 시공자가 법규변동의 위험을 인수했었고 그로 인한 공사변경이기에, 발주자는 시공자의 편의를 봐주는 것이기 때문이다.

공사진행 또는 시공이 법률에 반하는 위법인 경우도 있다. 예컨대 약정된 시공방식이 위생 및 안전에 관한 법률에 위반하는 경우나 또는 정부가 프로젝트를 승인하기 위한 요건에 위반되는 경우를 들 수 있다. 어느 한 사건에서는 해수욕장 정비공사를 하는데, 지역주민들이 법원으로부터 하루 중 공사시간에 제한을 가하는 가처분 결정을 얻은 경우가 있었다. 이에 발주자는 계약상 규정된 공사시간을 준수할 수 없기 때문에 공사변경의 지시를 내려야 했다.[84]

V. 설계위험 및 설계변경[85]

설계 및 시공계약에서 시공자는 발주자가 의도한 목적적합성에 부합할 의무를 진다. 이러한 시공자의 의도된 목적적합성(fitness for the intended purpose) 보장의무는 무과실책임으로서, 과실책임인 합리적인 전문가의 숙련기술 및 주의(reasonable professional skill and care) 의무와 대비된다. 따라서 턴키 방식의 설계 및 시공계약에서 발주자는 시공자에게 자신이 의도한 목적을 분명히 밝혀야 한다. 발주자는 자신의 의도된 목적을 공사목적물의 성능에 두기도 하는데, 시공자는 발주자의 의도된 성능에 부합할 의무가 있다. 따라서 시공자는 요구된 성능요건을 충족하기 위해 성능검사를 통과해야 한다.[86]

한편 시공자는 설계 및 시공계약을 맺고 나서 제3의 설계사에게 설계를 맡기곤 하는데, 설계사는 합리적인 전문가의 숙련기술 및 주의의무를 부담한다. 설계사의 의무는 과실책임이기에, 설계사가 합리적인 숙련기술과 주의의무를 다하는 한 시공자가 의도한 결과가 나오지 않아도 책임을 지지 않는다. 이러한 설계사의 의무는 시공자의 의도된 목적적합성

---

83) *Ibid.*, para. 3.123.
84) *Havant BC v. South Coast Shipping Ltd*, (1998) 14 Const LJ 420.
85) 공사변경 사유중 설계변경에 관한 항목을 별도로 구분하여 설명하는 이유는 실무에서 설계변경 자체가 공사변경으로 자동 간주되도록 해석되는 경향이 있는데, 어떠한 경우에 그러하고 그렇지 않은 경우는 어떤 경우인지 명확히 구분해 보기 위해서이다.
86) Sergeant & Wieliczko, *supra* note 4, paras., 3.201-3.203.

보장의무와 대비된다.[87] 여기에서 시공자가 발주자에 대한 설계책임 범위와, 설계사가 시공자에 대한 설계책임 범위에 간극이 발생한다. 그것은 바로 설계사는 합리적인 전문가의 숙련기술 및 주의의무를 부담하여 설계했으나, 그 설계대로 완공된 공사목적물이 발주자의 의도된 목적에 부합하지 않는 결과가 나오는 것이다. 이 간극은 오로지 시공자가 부담하게 되고, 의도된 목적적합성 보장의무에 대해서는 보험가입도 되지 않는다. 그런 이유에서 발주자는 설계에 대한 단일책임을 시공자에게 부과하려고 한다.

설계의 결함이든 혹은 다른 문제로 인해 설계변경이 이루어져야 하고, 이것이 공사변경으로 간주될 수 있는지 여부는 결국 어느 당사자가 설계책임을 지고 있느냐에 달려있다. 시공자가 설계책임을 지도록 되어 있다면 이는 공사변경 대상이 아니고, 발주자는 공사변경에 대한 '단순 승인(concession)'을 해주는데 그친다. 반면 발주자가 설계책임을 부담하는 계약에서 설계변경이 이루어져야 한다면 시공자는 발주자로 하여금 공사변경 지시를 하도록 한 후 설계변경을 하도록 해야 할 것이다.[88] 이 때 발주자가 공사변경 지시를 내리기 거부한다면 교착상태가 발생할 수 있고, 이에 대해서는 전술한 바와 같다.

시공자가 설계책임을 지는 유형의 계약에서 중요한 것은 발주자 요구조건서 상의 의도된 목적에 관한 정보이다. 발주자가 제공하는 정보는 두 가지 유형으로 구분할 수 있다. 첫째는 입찰단계에서 발주자가 제공하는 개략적인(outline or indicative) 형태의 설계이다. 시공자는 이를 바탕으로 상세설계를 구비하여 입찰 시 제안하게 된다. 둘째는 발주자가 현장에 대해 제공하는 정보와 통계(data)인데, 시공자는 이를 신뢰하여 공사목적물을 설계하게 된다.[89] 문제는 발주자가 제공한 정보나 통계에 오류나 부정확성이 판명될 시, 발주자가 이에 대해 책임을 지는지 여부이다.[90]

만일 발주자가 그 현장데이터의 정확성을 보장했다면 그것의 오류나 부정확성의 발생은 발주자의 계약위반이 된다. 때문에 발주자는 요구조건서를 변경하면서 현장데이터를 수정하게 되고, 시공자는 변경된 정보에 기해 설계변경을 하게 된다. 이러한 설계변경은 공사변경 대상이 되어 시공자는 설계변경에 따라 발생한 추가공사비를 보상받는다. 이렇게 발주자는 요구조건서를 변경함으로써 공사변경을 지시하게 되면, 시공자는 공사범위를 재설계하는 것이다.[91]

---

87) 이 두 가지 의무의 차이 및 그 효과에 대한 자세한 설명은, 김승현, (주 60), 67면 이하 참조.

88) Sergeant & Wieliczko., *supra* note 4, para. 3.214.

89) *Ibid.*, paras. 3.205–3.207.

90) FIDIC Silver Book, 5.1에서는 Yellow Book에 비해서 시공자의 설계책임을 가중하고 있는데, 시공자로 하여금 자신이 만들지 않은 발주자 요구조건서의 내용에까지 책임을 지도록 하고 있다. 따라서 발주자 요구조건서의 하자 또는 오류를 포함하여 설계의 어떤 하자나 오류에 대해서도 시공자가 책임지기를 요구한다.

91) 그러나 시공자는 발주자가 제공한 설계대로 시공만 하는 단순시공계약에서 발주자가 특정한 공사범위

시공자의 재설계와 관련해 그 수위의 적절성이 문제될 수 있다. 만일 시공자가 과도한 재설계를 하게 되면 보상가능한 추가공사비가 높게 산정되고 공기가 늘어날 수도 있기 때문이다. 따라서 발주자는 시공자에게 재설계안을 요청하여 미리 검토할 수 있는 권리를 확보하려 한다. 그럼으로써 시공자로 하여금 추가 비용 대비 최적의 재설계를 하도록 강제한다.[92] 이러한 절차를 계약서에 반영하면 공사변경 지시가 발주자 일방에 의해 이루어지는 것이 아니라 쌍방간 협의하여 결정하는 효과를 가져오게 된다. 그럼 발주자는 프로그램의 변경 및 완공일 그리고 지급하게 될 추가공사비에 대한 예측가능성을 높이게 되고 그 과정에서 비용을 최소화 할 수 있다.[93]

한편, 공사도중 발주자가 추가 정보나 요구사항들을 제공하여 설계변경이 이루어져야 할 때, 이를 공사변경으로 봐야 할지 아니면 설계에 대한 보다 상세한 정보여서 공사변경이 되지 않는 것인지 여부가 쟁점이었던 영국 항소법원 판례가 있었다. 본 사건 계약서의 공사변경 조항만을 보면 발주자의 요구조건서 변경으로 인한 설계변경은 공사변경에 해당한다고 볼 수 있다. 그러나 계약서의 발주자 요구조건서 상에는 발주자가 착공 이후 시공자의 설계지원을 위해 추가 정보를 특정 시한 내에 제공할 권리를 갖도록 되어 있었다.

착공 후 발주자는 자신의 요구조건서를 변경하였고 이에 시공자는 설계변경을 해야 했다. 시공자는 자신의 설계변경이 공사변경에 해당된다는 이유로 추가공사비를 청구하였다. 반면 발주자는 설계개발(design development) 과정이 기존 발주자 요구조건서를 변경하는 것이 아니라 시공자가 설계를 최종화 하는데 필요한 정보를 추가로 제공한 것이기에, 공사변경에 해당되지 않는다는 입장이었다. 영국 항소법원은 발주자의 요구조건서 변경은 계약상 규정되어 있던 설계개발 과정의 일환이기 때문에 공사변경 지시가 아니라고 결론내리면서 시공자의 추가공사비 청구를 기각하였다.[94] 결국 발주자의 권리행사에 따른 위험은 시공자가 부담하는 것으로 판단한 것이다.

발주자가 시공자의 도면이 발주자 요구조건서와 합치하더라도 이를 변경하도록 요구하는 경우는 어떠한가? FIDIC에서는 시공자가 제시한 도면이 발주자 요구조건서에 부합하지 않는 경우에 한해, 발주자는 시공자에게 도면변경을 요구할 권리행사가 가능하도록 하고 있다.[95] 따라서 이 범위를 넘어선 발주자의 요구는 공사변경으로 간주될 공산이 크다.

에 대한 변경을 지시하는 접근방식은 여기에서의 방식과는 다르다. 여기 접근방식은 시공자가 차후 추가공사나 변경된 공사에 대한 설계책임이 없다고 주장할 여지를 차단하기 위해서다. Sergeant & Wieliczko, *supra* note 4, paras., 3.218-3.219를 참조.

92) FIDIC Silver Book 1999, Clause 13.3에서는 발주자의 이러한 권리가 잘 확보되어 있다.
93) Sergeant & Wieliczko, *supra* note 4, paras., 3.220-3.223.
94) *Skanska Construction UK Limited v. Egger (Barony) Limited (No. 2)*, [2002] All ER (D) 271.
95) FIDIC Silver Book, 1999, Clause 5.2 ("which allows the employer to give notice of a necessary drawing change where the contractor's document ... fails ... to comply with the Contract").

이와 관련해 영국 1심법원에서는 시공방식에 대해 시공자가 갖는 옵션에 제한을 가하는 발주자의 지시는 공사변경이 된다고 판시한 바 있다.[96]

　　생각건대 설계변경과 관련해서는 발주자 요구조건서상의 내용이 어떤지가 가장 중요함을 알 수 있다. 턴키 방식의 설계 및 시공계약에서는 단순시공계약(시공자는 발주자가 제공한 설계에 기해 시공만 하는 방식)보다 발주자 요구조건서와 다른 문서들(도면과 시방서) 사이의 관계가 상당히 복잡하다. 그러기에 기술문서들에 오류가 있으면 계약상 의도한 당사자들의 의무분담이 제대로 작동하지 않을 위험이 크다.

　　예컨대 발주자 요구조건서는 입찰단계에 제공되는데 개략적인(indicative) 설계를 수반한다. 낙찰된 시공자는 이러한 개략적인 설계상의 문제점들을 발견하면 이에 대한 보다 효율적인 해결책을 제시해야 한다. 그렇지 않고 오류있는 발주자 요구조건서가 그대로 계약의 일부로 편입된다면 시공자의 시공의무가 도대체 무엇인지 불명확해질 수 있다. 또한 대부분 발주자 요구조건서가 다른 기술문서들보다 우선하기 때문에 시공자는 오류있는 발주자 요구조건서 대로 시공할 의무를 부담하게 되는 문제도 발생한다.

VI. 결　론

　　상기와 같이 국제건설계약에서 발주자와 시공자 간 주요 다툼의 원인이 되는 발주자의 일방적인 공사변경 지시 권한에 따른 공사변경 해석의 문제에 대해 영국판례를 중심으로 살펴보았다. 공사변경을 둘러싼 갈등에서 발주자는 추가공사나 설계변경 등이 공사범위 이내의 것이기 때문에 시공자가 그 위험을 부담해야 한다는 입장이고, 반면 시공자는 공사범위 밖의 것이기 때문에 계약상의 공사변경 지시가 내려져야 함을 주장하며 상호간에 교착상태에 종종 빠질 수 있다. 많은 경우에 시공자는 발주자의 공사변경 지시에 따라 이를 수행하면 공기에 영향을 미치기 때문에 공기연장을 받고 그리고 공사대금에도 영향을 미치기 때문에 추가공사비를 지급해 달라는 입장이다. 이것이 받아들여지지 않으면 결국 시공자는 공기지연에 따른 손해배상예정액을 물게 되고 추가공사비의 부담을 전부 떠 안아야 한다는 문제가 발생한다. 이러한 문제는 결국 공사범위 해석, 즉 계약해석의 문제로 귀결된다.

　　앞서 자세히 살펴보았지만, 결국 계약해석의 문제로까지 비화되지 않기 위해서는 수백 페이지에 달하는 국제건설계약서에 들어가는 여러 문서들이 불일치하거나 오류가 발생하지 않도록 정치하게 규정하는 것은 매우 중요하다. 그리고 교착상태가 발생하는 것을 예방하고 설사 발생했더라도 이를 신속히 해결할 수 있도록 적절한 규정을 계약에 포함시킬 필요

---

96) *English Industrial Estates v. Kier Construction* (1991) 56 BLR 93, QBD.

가 있다.

　이 장에서 분석한 여러 가지 다양한 공사범위 해석의 경우에 영국법원이 내린 판결에는 시공사 입장에서 참고하여 계약서에 반영할 부분이 적지 않다. 대표적으로 문제가 된 부분에 대한 해석상의 위험을 어느 당사자가 부담하도록 합의했느냐가 중요하다. 설계 및 시공계약에서는 발주자의 의도된 목적적합성을 충족할 의무가 시공자가 부담하는 가장 중요한 의무이자 요건이므로, 발주자의 요구조건서에 다른 계약문서들이 부합하는지 여부를 꼼꼼히 살펴봐야 할 것이다. 이는 설계변경 부분에도 해당된다.

　마지막으로 시공자는 건설계약 체결 시 '법률적으로 또는 물리적으로 불가능한 경우를 제외하고'라는 문구의 삽입을 시도해볼 필요가 있다. 이 문구가 계약상 포함되어 있고, 만일 시공자체가 법률적으로나 혹은 물리적으로 불가능한 상황에 맞닥뜨리게 되면 영국법원은 공사변경을 인정할 소지가 높기 때문이다. 물론 발주자 입장이라면 그 반대의 경우라 할 것이다.

[9] 국제건설계약에서 하자담보책임

Ⅰ. 서　론

　　건설계약의 수급인이 목적물을 완공하였으나 목적물에 문제 내지 결함이 있는 경우, 이를 해결하는 가장 바람직하고 효율적인 방법은 목적물을 완공한 수급인 스스로가 문제나 결함을 해결하도록 하는 것이다. 이는 국제건설계약의 경우도 마찬가지인데, 특히 당사자들이 속한 국가의 법제가 서로 다른 국제건설계약에서는 수급인이 부담하는 의무의 내용을 계약에서 명확하게 규정하여 둘 필요성이 더 크다. 이러한 이유로 국제건설계약의 대표적인 표준계약조건인 FIDIC 계약조건도 제11조에서 수급인의 하자보수의무에 대한 자세한 규정을 두고 있다.

　　그러나 구체적으로 어떤 문제 내지 결함이 하자에 해당하는지는 이를 국제건설계약에서 정하여 두지 않는 경우가 훨씬 많고, 따라서 이 문제는 당해 계약의 준거법에 따라 결정되는 경우가 많다. 또한, 수급인이 부담하는 하자담보책임의 구체적인 성질이나 범위, 존속기간 등도 역시 당해 계약의 준거법에 따라 결정되는 경우가 많다.

　　이 장에서는 하자의 개념, 하자담보책임의 성질, 하자담보책임을 부담하는 기간, 수급인이 하자보수에 실패한 경우에 도급인이 취할 수 있는 조치 등에 대하여 우리에게 익숙한 대한민국법의 내용을 먼저 검토한 뒤, 영미법계 국가인 영국, 대륙법계 국가인 독일과 프랑스 및 일본 등의 법이 정하고 있는 내용을 간단히 비교하며 살펴보기로 한다.

　　마지막으로, 국제건설계약에서 하자담보의 목적으로 흔히 발급되는 하자보증증권이 독립적 은행보증으로 발급된 상황에서 수급인이 그 증권에 따른 보증금의 지급을 거절할 수 있는 조건이 어떤 것인지에 대하여도 간단하게 살펴보기로 한다.

---

　*　이 장은 중앙법학회, 중앙법학 제20집 제3호(2018. 9.)에 게재된 논문 "국제건설계약에서 하자담보책임의 비교법적 고찰"을 수정·보완한 것임을 밝힌다.

II. 하자의 개념

1. 서   론

국제건설 표준 계약조건 중에서는 NEC3 계약조건과 같이 하자에 관한 정의를 두고 있는 것도 있으나,[1] 대부분의 표준 계약조건들은 이를 규정하지 않고 있고 실제 체결되는 국제건설계약들 자체도 하자의 개념을 정의하여 두는 경우가 드물다. 따라서 하자의 개념을 정의하기 위해서는 개별 국제건설계약의 준거법을 살펴보아야 한다. 그런데 대한민국 민법은 하자의 개념 자체를 법에서 정의하여 두고 있지는 않으며 이는 영미법의 경우도 마찬가지이다.

매매의 하자담보책임 제도의 기원이 되는 로마매매법상의 안찰관소권(按察官訴權, *actio aedilis curulis*)은 시장에서 거래되던 가축 및 노예에 대한 것이었다. 일반적으로 가축과 노예가 튼튼하고 도둑이나 행려자가 아니라는 보증이 인정되었고, 따라서 결격과 질병이라는 결함만이 목적물의 하자였다고 한다.[2] 이러한 객관적 하자의 개념은 대륙법에만 국한되는 것이 아니라 영국의 법원에서도 condition과 별도의 제도로서 warranty를 인정하기 전까지 계속해서 사용되었다.[3]

한편, 로마법에는 매매와 구분되는 계약 유형으로 널리 임약(賃約, *locatio conduction*)이라고 불리던 계약 유형이 있었는데, 이러한 임약에 노무의 임약(*location conduction operarum*, 고용-), 일의 임약(*location conduction operis*, 도급), 물건의 임약(*location conduction rei*, 임대차)이 포함되었다는 점은 도급의 특성을 이해하는 데에 도움이 된다.[4] 이렇듯 도급계약의 본질적 특성이 매매와는 다르기 때문에, 도급계약에서의 수급인의 담보책임은 매매와 달리 그 기원이 로마법에 있는 것이 아니라 "합리적 필요"에 기인한 것이라고 이해되고 있고, 그래서 수급인의 급부의무의 채무불이행에 대한 책임을 기본으로 하되 일반 채무불이행의 불충분함을 보충하기 위하여 매도인의 하자담보책임의 내용을 부분적으로 가져온 것으로 보고 있다.[5]

이와 같은 이유로, 도급계약에서의 하자 개념과 관련하여서는 당사자들이 약정한 계약

---

1) NEC3 계약조건은 하자를 "① Work Information에 부합하지 않는 공사 부분 또는 ② 적용 법률 또는 Project Manager가 승인한 수급인의 설계에 부합하지 않는 설계에 따른 공사 부분"으로 정의한다(NEC 3rd edn).

2) Haymann, *Die Haftung des Verkaufers für die Beschaffenheit der Kaufsache* (1912), SS 29. 31., 이준형, "수급인의 하자담보책임에 있어 하자의 개념", 한국민사법학회, 민사법학 25 (2004), 78면에서 재인용.

3) Rebel, *Das Recht des Warenskaufs*, Bd II (1967), SS 115 ff., 이준형, (주 2), 78면에서 재인용.

4) 이준형, (주 2), 81-82면.

5) 상동, 87면.

의 내용이 주된 역할을 담당하되 당사자들이 계약에서 명시적이나 묵시적으로 정하지 않은 부분에 대하여 객관적 기준이 어떻게 추가로 적용되는지가 각국에서 논의의 대상이 되고 있다. 그리고 그 결과 기본적으로 당사자들이 약정한 내용을 하자의 기준으로 보고 예외적으로만 객관적 기준을 고려하는 영미법계의 하자 개념과 당사자들의 약정과 함께 목적물의 통상의 용도 등 객관적 기준도 하자의 기준으로 고려하는 대륙법계의 하자 개념은 구체적인 내용에 있어서 차이를 보이고 있다.

2. 비교법적 검토

이하에서는 우선 대한민국법에 따른 하자의 개념을 먼저 살펴본 후, 영국법상의 하자 개념과 독일, 프랑스, 일본법의 하자 개념을 구체적으로 비교하여 검토한다.

가. 대한민국법의 경우

민법 제667조는 "완성된 목적물 또는 완성 전의 성취된 부분에 하자가 있는 때" 도급인은 수급인에게 그 하자의 보수를 청구할 수 있도록 정하고 있으나, 민법은 하자의 개념을 정의하여 두고 있지는 않다. 우리 학설상 도급계약에서 말하는 하자란, "완성된 일이 계약에서 정한 내용대로가 아니고, 불완전한 점이 있는 것"으로 이해되고 있는데, 여기서 "불완전한 점"이란 목적물의 사용가치나 교환가치를 감소하게 하는 결점이라든가 또는 약정한 성질의 결여를 말한다.[6] 이렇듯 도급계약에서 하자의 개념 자체는 계약 내용과 밀접하게 연관되어 있고, 하자의 판단 기준도 이에 따라 해석되고 있다. 민법 제667조 제1항에서 하자의 보수를 정면으로 인정하고 있고, 학설도 제667조 제2항에 규정된 손해배상의 범위에 이행이익의 배상이 포함된다고 해석하고 있으며, 현존하는 특정물을 계약의 목적물로 정하는 매매와 달리 도급의 경우에는 수급인이 계약체결 당시 미완성인 목적물을 완성할 의무를 부담하므로, 도급계약에서의 하자를 위와 같이 해석하는 것은 타당한 것으로 보인다.[7]

대법원은 "건축물의 하자라고 함은 '일반적으로 완성된 건축물에 공사계약에서 정한 내용과 다른 구조적·기능적 결함이 있거나, 거래관념상 통상 갖추어야 할 품질을 제대로 갖추고 있지 아니한 것'을 말하는 것으로, 하자 여부는 당사자 사이의 계약 내용, 해당 건축물이 설계도대로 건축되었는지 여부, 건축 관련 법령에서 정한 기준에 적합한지 여부 등 여러 사정을 종합적으로 고려하여 판단되어야 한다"고 판시함으로써,[8] 하자를 판단함에 있어서는 ① 해당 건축물이 당사자 사이의 계약의 내용에 따라 시공되었는지 여부와 ② 거래관

---

6) 곽윤직, 채권각론, 박영사 (2009), 258면.
7) 곽민희, "건축수급인의 하자담보책임에 있어서 약정위반의 하자", 동아법학 제52호 (2011), 607-608면.
8) 대법원 2010. 12. 9. 선고 2008다16851 판결.

념에 따라 객관적으로 정한 기준에 적합하게 시공되었는지 여부를 함께 보아야 한다는 입장을 명확히 하고 있다.

한편, 아파트 입주자대표회의가 아파트 단지 사업주체를 상대로 아파트의 창호가 사업승인도면이나 착공도면과 다르게 시공된 하자가 있다고 주장하며 손해배상을 청구한 사건에서, 하자 해당 여부의 판단을 위하여 당사자 사이의 공사계약이 정한 내용을 결정하는 기준으로 삼아야 하는 도면이 무엇인지에 대하여 대법원은 '미시공, 변경시공, 오시공의 판단기준이 되는 도면은 사업승인도면이 아니라 원칙적으로 사용승인도면(준공도면)'이라는 취지의 주목할 만한 판결을 하였다.9) 대법원은 위 판결에서, "수급인이 아파트 분양계약 당시 사업승인도면이나 착공도면에 기재된 특정한 시공내역과 시공방법대로 시공할 것을 수분양자에게 제시 내지 설명하거나 분양안내서 등 분양광고나 견본주택 등을 통하여 그러한 내용을 별도로 표시하여 분양계약의 내용으로 편입하였다고 볼 수 있는 등의 특별한 사정이 없는 한, 아파트에 하자가 발생하였는지 여부는 원칙적으로 준공도면을 기준으로 판단함이 타당하다"고 하면서, "아파트가 사업승인도면이나 착공도면과 달리 시공되었더라도 준공도면에 따라 시공되었다면 특별한 사정이 없는 한 이를 하자라고 볼 수 없다"고 판단하였다. 결국 원칙적으로 준공도면이 하자의 판단 기준이 되는 도면에 해당하나, 수급인과 수분양자 사이의 특별한 사정이 있다면 사업승인도면 또는 착공도면이 하자 판단의 기준이 될 수 있을 것으로 보인다.

나. 영국법의 경우

(1) 하자의 개념

영국법에서도 무엇이 하자를 구성하는지에 관하여 법률상 명확한 정의가 존재하지 않는다.10) 건설 분야의 영국 판례법은 일반적으로 하자란 '계약상 공급되었어야 할 목적물과 상이한 것'을 의미하는 것으로, 그 차이가 중요한 것인지 여부를 불문하고 실제로 공급된 목적물이 당사자들의 약정과 차이가 존재하는 상태를 의미한다. 이러한 정의에 따르게 되면 공사 목적물이 도면이나 시방서(specifications)를 포함하여 당사자들이 약정한 계약의 내용과 상이하거나 품질, 공사기술, 성능 또는 설계에 관한 당사자들 사이의 묵시적 조건과 일치하지 아니하는 경우에는 하자가 존재한다고 본다.11)

이와 같이 영국법에서는 하자를 계약상 의무불이행의 관점에서 파악하므로, 하자가 공

---

9) 대법원 2014. 10. 15. 선고 2012다18762 판결.

10) *Lancashire & Cheshire Association of Baptist Churches Inc v Howard & Seddon Partnership* [1993] 3 All ER 466 at 469, per Judge Kershaw QC.

11) Atkin Chambers, *Hudson's Building and Engineering Contracts*, 12th ed., Sweet & Maxwell (2010), para 4-107 at p. 717.

급된 목적물에 계약과 무관한 어떠한 객관적인 기능상 문제가 있는 상태를 의미하는 것은 아니다.12) 다만, 영국법은 수급인의 의무 내용에 따라 수급인이 의도된 목적적합성 보장의무(fitness for purpose)를 부담하는지 여부에 대한 판단을 달리 하고 있다.

영국법상 단순 시공만을 맡은 수급인은 계약에서 특별히 정하지 아니하는 이상 목적물을 특정 사용 목적에 적합하도록 완성할 의무를 부담하는 것은 아니므로, 그러한 수급인이 계약에서 정한 설계에 따라 건물을 완성하였다면, 가사 그 건물이 의도된 용도에 따라 사용될 수 없는 경우(예컨대, 집을 지었으나 외벽이 물의 침투를 막지 못하는 경우)라도 그것만으로 하자가 있다고 할 수는 없다고 본다.13)

또한 설계만을 제공하기로 한 수급인의 경우에도 명시적인 약정이 없는 이상 합리적인 기술과 주의를 기울일 의무가 있을 뿐이므로, 그러한 수급인이 제공한 설계가 의도된 목적에 적합하지 않는 경우라고 하더라도 도급인이 수급인의 주의 의무 위반을 입증하지 못하는 이상 설계가 목적물의 의도된 용도에 적합하지 않다는 이유만으로 수급인에게 책임을 물을 수 없다.14)

그러나 설계·시공 계약(design build contract) 내지 설계·시공 일괄계약(turnkey contract)을 체결한 경우라면, 명시적인 약정이 없는 경우에도 수급인은 목적물이 의도된 용도에 적합하도록 완성할 의무를 부담하기로 묵시적으로 약정한 것으로 본다.15) 따라서 준거법이 영국법으로 정해진 경우에도 위와 같은 계약의 경우 마치 우리 대법원이 설시한 하자의 개념과 유사하게, 거래관념상 통상적으로 갖추어야 할 품질을 제대로 갖추지 아니한 경우 의도된 목적적합성 보장 의무를 위반하여 하자가 있는 것으로 본다. 이처럼 단순 시공 내지 단순 설계 제공 계약과 설계·시공 일괄계약 사이에 차이가 있는 이유는 영국 법원이 역사적으로 설계 제공 계약의 수급인은 전문적인 서비스를 제공하는 반면, 설계 시공계약의 수급인은 마치 물품을 공급하는 것과 유사하게 의도된 용도에 따른 특정한 사용 목적에 맞는 완성된 건축물을 제공하는 것으로 보기 때문이다.16)

이와 관련하여, 수급인이 세부 시방서와 표준 등을 따라야 할 의무와 특정한 결과에 맞는 목적물을 설계·시공할 의무를 부담하고 있는데 도급인이 제공한 시방서 등에 오류가 있는 경우, 수급인이 어떠한 책임을 부담하는지 문제가 될 수 있다. 영국법상 일반적으로 수급인이 특정한 목적에 적합한 목적물을 설계 시공할 의무는 세부 시방서와 표준 등을 따를 의무보다 우선하므로, 공사 목적물이 특정한 목적에 적합하지 않은 경우 수급인은 시방서

12) Julian Bailey, *Construction Law*, Volume II, Informa Law (2011), p. 1080.
13) 예컨대, *Lynch v. Thorne* [1956] 1 All ER 744 사건의 경우.
14) *Bolam v Friern Hospital Management Committee* [1957] 2 All ER 118.
15) *Independent Broadcasting Authority v EMI Electronics Limited* [1980] 14 B.L.R. 1.
16) 박기정, 국제건설 계약법의 이해, 도서출판 자유미디어 (2018), 198면.

등에 따라 공사를 수행하였는지 여부에 관계없이 그 책임을 진다.[17)

　영국 대법원은 최근 여기서 더 나아가 수급인이 계약상 공사 목적물이 의도된 용도에 적합하도록 할 의무가 있을 경우, 비록 도급인이 지정한 설계 표준에 오류가 있어 공사 목적물에 문제가 발생하였다고 하더라도 목적물의 목적적합성을 정한 계약의 내용에 비추어 볼 때 수급인이 공사 목적물에 발생한 문제에 대하여 책임을 부담한다는 판결을 하였다. 즉 영국 대법원은, 계약상 '공사가 전체로서 공사 목적에 부합하여야 한다', '설계가 20년의 수명을 보장하여야 한다'는 내용의 명시적 규정이 있는 반면 '설계가 특정 국제 표준에 따라 이루어져야 한다'는 내용의 명시적 규정이 있는데 해당 국제 표준에 오류가 있어서 위 국제 표준에 따라 이루어진 설계에 기초한 공사에 시공 후 2~3년 만에 문제가 발생한 사안에서 수급인에게 책임이 없다는 항소심의 결정을 뒤집고 결국 수급인에게 하자에 대한 책임이 있다고 판단하였다.[18)

　국제건설계약의 당사자들은 준거법을 영국법으로 정하는 경우가 많은데, 이 경우 계약상 목적적합성에 관한 명시적 규정을 두거나 그렇지 않더라도 설계·시공 일괄 계약을 체결하였다면, 수급인으로서는 목적물의 의도된 용도에 적합하도록 공사를 수행하여야 하는 점을 늘 염두에 두어야 할 것이다.

(2) 수급인의 경고 의무

　목적적합성에 부합하지 않는 공사에 대한 하자담보책임과 별도로, 수급인의 경고 의무(duty to warn)를 기초로 완성한 목적물이 의도된 용도에 적합하지 않을 경우 도급인에 대하여 별도의 책임을 부담할 여지가 있다.[19)

　영국법에 따르면, 시공 또는 설계를 통하여 건설 공사를 이행하는 자는 공사의 수행에 있어서 합리적인 기술과 주의를 기울일 의무가 있다. 이러한 의무의 일부로 수급인은 계약에 정한 내용에 따라 공사를 진행할 경우 완성되는 건축물이 가치 없는 것이 되거나, 중대한 재작업을 요구하는 것이 되거나, 기타 사유로 도급인에게 손해를 입히거나 제3자에게 상해를 유발할 수 있는 것이 아닌지 여부를 살펴보아야 한다. 수급인은 이와 같은 위험이 명백한 경우에는 도급인에게 이를 경고하고 이에 대한 결정을 구할 의무가 있다.[20) 그러나 영국법은 위와 같은 문제가 사람의 상해를 유발하거나 공사 목적물 외에 '다른 자산'에 대한

17) Atkin Chambers, Ibid., para 3-103.
18) MT Højgaard v. E.ON Climate & Renewables [2017] UKSC 59, 박기정, (주 16), 194면에서 재인용.
19) Jan-Bertram Hillig, "The contractor's quality obligations: Different concepts under English and German contract law", *Proceedings CIB World Construction Congress: Construction for Development* (2007), p. 2170.
20) Julian Bailey, Ibid., p. 1089.

손실을 유발하지 아니하는 이상 이러한 경고의무를 수급인에 대한 '일반적인 의무'로 인정하고 있는 것은 아니고, 수급인에게 경고의무를 인정하는 데에 있어서 매우 신중한 접근을 하고 있으며, 최소한 당해 사안의 정황 하에서 그러한 의무를 부과하는 것이 합리적일 경우에만 경고의무를 인정하고 있다.[21] 경고의무는 하자담보책임과는 별개의 의무로, 수급인의 경고의무 위반이 인정될 경우 수급인은 손해배상책임을 부담한다.

(3) 일시적 불일치와 하자[22]

우리 민법 제667조, 제668조는 완성된 목적물과 완성 전 성취된 부분의 하자에 관하여 명문으로 수급인의 책임을 달리 정하고 있는데, 영국법에는 이러한 명문의 구분은 없다. 다만, 공사가 완공되기 전 특정 시점에 수급인이 공사계약이 정한 요건을 충족하지 못하고 있는 상황을 하자로 보아 이에 대한 도급인의 구제책을 인정할 것인지의 문제로 "일시적 불일치(temporary disconformity)" 이론이 논의되고 있다.

일시적 불일치 이론은 *P & M Kaye Ltd. v Hosier & Dickinson Ltd.* 판결에서 Lord Diplock이 '완공 전 목적물에 어떠한 문제가 있더라도 수급인이 제 때에 이 문제를 해결하기만 한다면, 이러한 일시적 불일치를 수급인의 의무불이행으로 취급하려고 하는 것이 당사자들의 의사였다고 보기 어렵다'는 취지의 소수의견을 내면서 촉발되었다. 위 견해는 그 후 30년 동안 도급인 측, 학자, 판사들에 의하여 많은 비판을 받았고, 이와는 반대되는 판단을 담은 판결들도 선고되었다.[23] 특히 영국 건설법에 관하여 가장 권위 있는 서적 중 하나인 Hudson's Building and Engineering Contracts는 '일시적 불일치 이론을 인정한다고 하더라도 이는 하자가 진정으로 일시적인 경우로 제한되어야 하고, 수급인이 적정한 시기에 하자를 보수하기를 거절하거나 만족스럽지 못한 공사를 덮거나 그 위에 공사를 계속하거나, 하자가 이미 지연 또는 손실을 야기할 만큼 심각하거나 그 수가 많은 경우에는 적용될 수 없다'고 하여 Lord Diplock과는 반대되는 입장을 취하고 있다.[24]

영국의 건설법 학회인 Society of Construction Law의 2005. 4.의 런던 미팅과 2006. 10.의 브리스톨 미팅에서 이 문제가 논의되었는데, 브리스톨 미팅에서는 "일시적 불일치가 생긴 경우 이를 수급인의 의무불이행으로 취급할 것인지의 문제는 수급인이 위와 같은 불일

---

21) Julian Bailey, Ibid., p. 1090.
22) Ellis Baker, Anthony Lavers, "Temporary Disconformity Revisited", *Society of Construction Law* (2007) 참조.
23) 예컨대, *Lintest Builders v Roberts* 사건에서 Roskill LJ판사는 "Lord Diplock이 위와 같은 의견을 일반적으로 적용하려고 의도하였을지는 의문"이라고 하면서, "하자 있는 작업이 이루어진 시점에 도급인은 수급인에 대한 권리를 바로 취득하게 되는 것"이라는 입장을 취하였다.
24) Atkin Chambers, Ibid., para 4-075.

치 상태를 해소 내지 치유할 수 있는지 여부의 문제와 연결하여 해결할 수 있지 않겠느냐"
는 견해가 제시되었다. 이 견해를 내세운 Ellis Baker와 Anthony Lavers는 Lord Diplock의 위
소수의견 자체도 '수급인이 제 때에 문제를 해결하는 경우에만 일시적 불일치가 수급인의
의무불이행을 구성하지 않는다'고 판단하였다는 점을 강조하였다. 또한 이 기준을 적용하면
일시적 불일치의 문제에 대하여 종전의 영국 판결들의 입장을 모두 포섭하면서 동시에 문
제가 되는 여러 경우들에 대하여 합리적인 해결책을 제시할 수 있다고 주장하였다. 이러한
견해에 대하여 과반수의 참석자들이 동의를 하였던 것으로 보고되었다.

수급인이 공사 완공 전까지 하자를 치유할 수 있다면, 수급인은 도급인에게 손해배상
책임을 부담할 이유가 없고 일시적 불일치의 경우 도급인의 원칙적인 구제수단은 손해배상
청구가 아니라 하자보수를 요구하는 것이 될 것이다.[25] 가사 도급인이 손해배상을 청구하
더라도 수급인이 '잔존 공사에 영향을 미치지 아니하고 완공 기한 전에 제대로 그 불일치를
바로 잡을 의도였다'는 점을 입증할 수 있다면, 도급인에게 인정될 수 있는 손해배상은 고
작해야 명목상의 손해일 것이다.[26]

다. 독일법의 경우

(1) 민법 개정 전의 논의

2001. 12. 31.까지의 독일 민법은 도급계약의 하자담보책임에 관하여 "완성된 일의 가
치 또는 통상적인 사용이나 계약상 전제된 사용에의 적합성을 소멸시키거나 감소시키는 하
자를 가진 경우에는 도급인은 하자제거를 청구할 수 있다"고 규정하고 있었다(§633 BGB a.
F.). 위와 같은 하자의 개념에 대하여는 객관적 하자 개념과 주관적 하자 개념에 대한 여러
논의가 있었지만, 통상 물건의 성상(Beschaffenheit)에 대해서 당사자 사이의 합의가 없으면
객관적 기준에 따라 하자가 정해진다고 보았다.[27]

(2) 개정 민법의 규정

2002. 1. 1. 시행된 "채권법 현대화 법"을 통하여 유럽 공동체의 소비재매매입법지침을
약간 변형해서 수용하는 내용으로 '물건하자(Sachmangel)'의 개념이 도입되었고, 이 개념은
매매계약과 도급계약에서 거의 유사하게 규정되었다.[28]

개정 민법 하에서의 도급계약의 하자의 첫 번째 판단 기준은 "일이 합의된 성상을 갖

25) 김승현, 국제건설계약의 법리와 실무, 박영사 (2015), 106면.
26) 상동, 106면.
27) Dirk Looschelders, Schuldrecht Besonderer Teil (2007), Rdnr. 34. 전경운, "독일법상 매매와 도급에서의
하자담보책임과 기술표준", 비교사법 제17권 1호 (2010), 162면에서 재인용.
28) 전경운, (주 27), 162면.

추면 그에는 물건하자가 없다(§633 Abs. 2 S. 1 BGB)"라고 규정되어 있는데, 이는 '인도받은 물건의 현재의 성상과 계약적으로 합의된 성상 사이에서 매수인에게 불리한 상이'를 하자로 본다는 기존의 통설적 견해를 받아들인 것이다.29) 계약당사자가 일의 성상에 대하여 특별하게 합의하지 않은 경우의 하자의 판단 기준은 "일이 계약에서 전제가 된 용도에 적합한 경우 하자가 없다(§633 Abs. 2 Nr. 1 BGB)"는 것으로 규정되어 있다. 이러한 하자 판단의 기준은 객관적 하자 개념에 기초한 것으로, 주관적 하자 개념을 보조하는 것이라고 한다.30) 마지막으로, 일의 성상에 대하여 당사자 사이의 합의도 없고 그 전제가 된 용도도 없는 경우의 하자 판단의 기준은 "일이 통상의 용도에 적합하고 동종의 일에 통상적이고 도급인이 일의 종류에 따라 기대할 수 있는 성상을 갖춘 경우에는 하자가 없다(§633 Abs. 2 Nr. 2 BGB)"라고 규정되어 있다. 이 조항은 객관적 하자 개념을 규정한 것이라고 보며, 무엇이 통상의 용도와 통상의 성상으로 기대될 수 있는지는 거래관념에 의하여 정해질 것이고, 이를 정함에 있어서는 평균적인 도급인의 기대가 고려될 수 있다고 본다.31)

(3) 무하자 성상의 척도로서 기술적 표준

한편 독일에서는 독일표준화연구소(Deutsches Institut für Normung e. V.: DIN), 독일기술자협회(Verein Deutscher Ingenieure: VDI) 등 약 150개의 사법상의 단체가 기술적 표준(technische Normen)을 작성하고 공표하고 있다. 이러한 기술적 표준들은 위와 같은 하자 판단 기준인 '계약적으로 합의된 성상', '계약에서 전제된 성상', '일의 통상의 성상'을 각각 판단함에 있어 모두 판단 기준으로 고려될 수 있다.32)

우선, 당사자들이 계약의 내용을 명확하게 하기 위하여 기술적 표준을 명시적으로 인용한 경우에는 기술적 표준은 '계약적으로 합의된 성상'의 판단 기준으로 고려될 수 있다. 두 번째로, 당사자 사이에 일의 성상이 기술적 표준에 부합해야 하는지 여부에 대하여 분명한 합의는 없더라도, 계약의 해석에 따라 당사자들 사이에 일의 성상이 기술적 표준에 상응해야 한다고 전제하였다고 추정할 수 있는 경우에는 기술적 표준이 '계약에서 전제된 용도'의 판단 기준으로 고려될 수 있다. 마지막으로, 당사자들 사이에 일의 성상이 기술적 표준의 부합하여야 한다는 명시적, 묵시적 합의가 모두 없는 경우라 하더라도 기술적 표준이 '일의 통상의 성상'을 판단하는 데에 기준으로 사용될 수 있는 경우에는 기술적 표준이 고려될 수 있다.33)

---

29) 전경운, (주 27), 162면.
30) Hans Brox/Wolf-Dietrich Walker, a. a. O., §4 Rdnr. 12., 전경운, (주 27), 163면에서 재인용.
31) 전경운, (주 27), 163-164면.
32) 상동, 178면.
33) 상동, 175-181면.

다만, 일반적으로 승인된 기술적 표준을 준수하지 않으면 독일법상 하자에 해당하지만 수급인이 기술적 표준을 모두 준수하였다고 하여 하자가 항상 부정되는 것은 아니라는 점에 주의할 필요가 있다. 예를 들어, 전기제품이 기술적 표준의 전기안전규정을 모두 충족하더라도 전기제품이 정상적으로 작동하지 않거나 통상의 용도에 필요한 충분한 기능을 가지고 있지 않는 경우가 있을 수 있기 때문이다.[34]

독일 판례 역시 Sauerland 고속도로에 철근콘크리트 건설 방식으로 설치된 Blastbachtal 다리의 하자가 문제된 사안에서, 기술적 표준을 준수하였다고 하더라도 하자가 인정될 수 있다고 판단하였다. 위 다리는 그 당시에 알려진 건설기술 지식, 특히 관련 기술적 표준을 준수하였고 수급인인 건설회사는 더 나아가 다리의 균열을 방지하기 위하여 그 당시의 유효한 표준상의 요구 조건 이상으로 철근을 보강하였으나 완공 후 다리에 균열이 발생하였는데, 이에 대하여 1심은 다리가 계약상 합의에 부합하고 그 당시의 일반적으로 승인된 기술의 규정을 충족한다는 이유로 균열이 존재하더라도 이는 하자가 아니라고 판단하였으나, 항소심은 균열을 하자로 인정하여 수급인에게 균열을 제거하라는 판결을 내렸다.[35]

라. 프랑스법의 경우

프랑스법은 건축수급인의 하자담보책임에 대하여 민법 제1792조 이하에서 규정을 두어 건축 공사 후 발생할 수 있는 하자를 세 가지로 구분한 뒤, 그 유형에 따라 완성담보책임, 10년 담보책임, 2년 담보책임의 세 가지 내용으로 각각 다른 내용의 담보책임을 부과하고 있다.[36] 또한 이와는 별도로, 완성된 일이 계약의 내용에 부합하지 않는 경우에는 수급인은 도급계약의 불이행에 따른 일반 채무불이행책임도 부담할 수 있다.

우선 도급인이 목적물을 인수하면서 유보한 하자와 인수 후 1년 내에 발견된 모든 하자는 프랑스 민법 제1792조의 6의 '완성담보책임'의 대상이 된다. 다만, 그중 인수 후 1년 내에 발생할 수 있는 하자는 동시에 2년 담보책임 및 10년 담보책임의 적용대상이 될 수도 있다.[37] 완성담보책임의 대상이 되는 하자는 그 성질이나 발생원인, 경중을 불문하고 건축물에 대해서 발생한 모든 하자를 말하고, 다만 마모 또는 정상적인 사용에 의하여 발생한 하자만이 제외된다(제1792조의 6 제6항).

두 번째로 프랑스 민법 제1792조 및 제1792조의 2가 규정하는 10년 담보책임에 있어서

---

34) Vorwerk, Mangelhaftung des Werkunternehmers und Rechte des Bestellers nach neuem Recht, BauR (2003), S. 4., 전경운, (주 27), 182면에서 재인용.
35) OLG Frankfurt NJW 1983, S. 456(항소심 판결은 1982. 10. 연방대법원의 최종판결을 통하여 상고 기각으로 확정되었다). 전경운, (주 27), 182면에서 재인용.
36) 프랑스의 경우 2016년 채권법에 관하여 대대적인 개정을 단행하였으나 하자담보책임에 관한 민법 제1792조 이하의 규정은 개정되지 아니하였다.
37) 박수곤, "프랑스법에서의 건축수급인의 하자담보책임", 한양법학회, 한양법학 제14집 (2003), 42면.

의 하자란, ① 건축물의 견고성 침해, ② 건축물의 용도부합성 침해, 그리고 ③ 건축물과 불가분한 일체를 이루는 부속설비의 견고성 침해를 의미한다.

그중 ① 건축물의 견고성 침해와 ③ 건축물과 불가분한 일체를 이루는 부속설비의 견고성 침해란, "건축물의 구조부분에 해당하는 요소들(즉 지반공사, 골조공사 또는 천정 및 벽공사 등과 관련된 부분에서의 중대한 균열 및 누수 등) 및 이러한 부분과 불가분의 관계에 있는 부속설비(건축물 내·외부의 다양한 설비공사와 관련하여 그 설치·조립·이전이 건축물의 일부의 제거 내지 손상을 수반하는 시설공사)의 안전성에 위협을 주는 하자"를 의미한다.[38] 또한, ② 건축물의 용도부합성 침해란 "건축물의 예정된 용도에 따른 사용이 방해되는 것"으로서, 프랑스 법원에서는 이 기준에 따라 10년 담보책임이 적용되는 사례가 증가하였고 그 범위도 점점 더 확대되고 있으며, 이러한 하자의 성질에 대한 판단은 전적으로 사실심 판사의 재량권에 속하는 것으로 이해되고 있다.[39]

마지막으로, 프랑스 민법 제1792조의 3의 2년 담보책임에 있어서의 하자란, '건축물과 가분적인 부속설비의 기능상 결함'을 의미한다. 2년 담보책임은 가분적인 부속설비의 원활한 기능을 담보하기 위한 것으로서, 가분성, 건물, 기능이라는 세 가지 요건을 갖추어야 한다.[40] 그러나 판례는 법문에 구속되지 않고 위 규정을 넓게 해석하고 있어 건축물과 분리가 불가능한 요소에 대해서도 2년 담보책임을 인정한 경우가 있고[41] 분리가 가능한 단순한 내장적 시설에도 2년 담보책임을 적용하고 있다.[42]

마. 일본법의 경우

일본에서 수급인의 하자담보책임의 하자 개념에 대해서는 학설상 ① 거래상 일반적으로 기대되고 통상적으로 가지고 있어야 하는 품질 또는 성능을 기준으로 판단하여야 한다는 객관설과, ② 구체적 계약내용과 관련해서 하자를 파악해야 하고 계약당사자가 계약에 예정한 적합성의 결여 여부를 기준으로 판단해야 한다는 주관설이 대립하여 왔다.[43] 통설은 주관설의 입장에서 '목적물에 하자가 있다고 하는 것은, 완성된 일이 계약에서 정한 내용대로가 아닌 불완전한 점을 가지는 것'이라고 하고[44] 대부분의 판례도 이에 따르고 있다.

---

38) 상동, 44-45면.
39) Cass. civ. 3e, 19 mars 1985, R.D.I., 1985, p. 259., 박수곤, (주 37), 45면에서 재인용.
40) 박수곤, (주 37), 48-49면.
41) C.A. de Rouen, 20 mai 1986, Jurisdata no 41140; C.A.A. de Paris, 19 jan. 1993, Dr. Adm., 1993, no 177., 박수곤, (주 37), 49면에서 재인용.
42) Cass. civ. 3e, 7 dec. 1988, Bull. civ. III. no 174; Cass. civ. 3e, 22 juin 1993, R.G.A.T., 1993, p842; C.A. de Paris, 29 mai 1986, Jurisdata, no 23660, etc., 박수곤, (주 37), 49면에서 재인용.
43) 곽민희, (주 7), 609-610면.
44) 我妻栄, 債権各論(中), 内山尚三, 新注釈民法(16)(有斐閣, 1989年) 137頁, 곽민희, (주 7), 609면에서 재인용.

통설에 따르면, 예컨대 설계도에 반하는 공사가 행해진 경우와 같이 도급인과 수급인과의 사이에 미리 정한 내용에 반하는 공사가 이루어진 경우에는, 이러한 변경이 당사자 사이에 미리 양해한 범위 내에서 이루어진 것이라고 할 수 있는 정도가 아닌 한, 하자 있는 공사로 해석된다.[45]

일본 최고재판소는 학생용 원룸 건물 건축을 위한 공사도급계약에서 건축 의뢰인(도급인)이 다수의 사람이 거주하는 건물이고 지진으로 인한 사망 사고가 발생한 직후였기 때문에 건물의 안전성 확보를 위하여 당초의 설계내용을 변경하여 단면 두께 300mm × 300mm 정도의 두꺼운 철골을 사용할 것을 건축업자(수급인)에게 요구하여 건축업자의 승낙을 받았음에도, 건축업자가 의뢰인의 양해를 얻지 아니하고 구조 계산상 안전하다는 것을 이유로 250mm×250mm 규격의 철골을 사용하여 원룸 건물을 시공한 사건에서, 당사자들 사이에 안전성이 높은 건물을 짓기 위하여 300mm×300mm 정도의 철골을 사용할 것이 특히 약정되었고 이것이 계약의 중요한 내용이 되었다고 판단하여, 250mm×250mm의 철골을 사용한 것은 하자에 해당한다고 판단하였다.[46]

Ⅲ. 하자담보책임의 성질과 관련된 몇 가지 쟁점

1. 특정이행이 허용되는지 여부

국제건설계약의 경우, 하자에 대하여 수급인이 부담하는 담보책임의 구체적인 내용이 무엇인지는 대부분 계약에서 정하여 두게 되고, 그 외에 해당 계약에 적용되는 준거법이 있는 경우 그 준거법에 따라 인정되는 책임이 추가로 적용될 것인지 여부가 문제된다. 건축물 등의 완공 후 하자가 발견된 경우 이를 건축한 수급인이 그 하자를 해결하는 것이 가장 효율적이기 때문에, 국제적인 표준계약들에서는 도급인이 수급인에게 하자의 보수 자체를 요구하는 특정이행(specific performance)을 요구할 수 있도록 정하여 두는 경우가 대부분이다.

그러나 계약에서 예컨대 FIDIC 계약조건 제11.1조 이하의 규정들과 같은 내용으로 하자보수청구권이라는 특정이행 청구권을 도급인에게 보장하여 두더라도, 수급인이 하자보수를 임의로 이행하지 아니하는 경우, 도급인이 수급인을 상대로 특정이행을 법적으로 강제하는 것이 허용되는지 여부는 당해 계약의 준거법에 따라 달라진다. 특정이행을 허용하는 독일법이나 대한민국법이 준거법이라면 원칙적으로 도급인은 특정이행을 청구하고 법원이나 중재판정부도 이를 명할 것이며 나아가 법원이 이에 대한 집행도 허가할 것이나, 영미법

---

45) 곽민희, (주 7), 611면.
46) 判例タイムズ1138호 74頁, 判例時報1840号 18頁, 곽민희, (주 7), 611-612면에서 재인용.

은 계약위반에 대해 원칙적으로 손해배상만을 허용하고 극히 예외적인 경우에만 법원이 특정이행을 명할 수 있다. 따라서 영미법이 준거법이면 예외사유가 인정되지 않는 한 도급인은 수급인에 대하여 하자담보책임으로서 특정이행을 청구할 수 없게 된다.[47] 결국, 영미법에서도 특정이행을 구할 수 있을 정도의 예외적 사유가 충족되는 경우(다른 수급인으로 하여금 공사를 하게 하기가 어렵고, 보수 방법 등이 아주 상세하게 특정되어 있는 경우 등)에는 특정이행을 청구하고 명할 수 있을 것이다.

다만, 계약의 준거법과 법정지법이 다른 경우, 어느 법에 따라 특정이행이 가능할 것인지 여부는 특정이행을 실체의 문제로 보느냐 아니면 절차의 문제로 보느냐에 따라 달라질 수 있다는 점에 유의하여야 한다. 예를 들어 계약의 준거법이 영국법이고 한국이 법정지인 사안에서, 특정이행을 실체의 문제로 보는 대륙법계의 입장을 따르게 되면 대한민국법원은 특정이행의 가부에 대하여 준거법인 영국법에 따라야 하므로 원칙적으로 특정이행을 명할 수 없게 될 것이고, 이를 절차의 문제로 보는 영미법계의 입장을 따르게 되면 대한민국법원은 특정이행의 가부에 관하여 법정지법인 대한민국법을 적용하게 되므로 특정이행을 명할 수 있다.[48]

한편, 소송이 아닌 중재에서 중재판정부가 실제로 특정이행을 명하고 있는지 여부를 살펴보면, 비록 대부분 국가의 중재법(영국의 1996년 중재법은 예외[49])은 중재판정부가 명할 수 있는 구제수단에 대하여 정하고 있지 않지만 실제로 중재판정부는 준거법이 허용하는 경우 특정이행을 명하고 법원도 이러한 실무를 지지하고 있다.[50]

다만, 대륙법계에 따라 특정이행을 일반적으로 허용하는 경우든 영미법계에 따라 특정이행을 예외적으로 허용하는 경우든, 하자 보수를 명하는 특정이행 판결이나 판정을 함에 있어서는 하자의 보수 방법까지 특정되어야 하는지, 수급인의 하자보수의무가 대체적인 것인지, 대체적인 것이 아닐 경우 간접강제를 명할 것인지 등의 문제가 항상 대두될 수 있다는 점을 염두에 두어야 한다.

---

47) 원칙적으로 영국과 미국에서는 건설계약에 관하여 특정이행이 허용되지 않는데, 그 이유는 세 가지로 설명되고 있다. 첫째, 도급인이 다른 수급인으로 하여금 보수를 하게 할 수 있는 경우에는 손해배상이 적합한 구제수단이라는 점, 둘째, 계약이 이행 방법에 관하여 충분히 상세하게 기술하고 있지 않으면 법원이 특정이행을 명하기에 너무 모호할 수 있다는 점, 그리고 셋째, 건설계약의 특정이행은 법원에 대하여 지나치게 장시간의 감독을 요한다는 점이 그 이유들이다. 김승현, (주 25), 108면.
48) 석광현, "FIDIC 조건을 사용하는 국제건설계약의 준거법 결정과 그 실익", 국제건설에너지법 이론과 실무, 제1권, 박영사 (2017), 32면.
49) 영국중재법 제48조 제5항은 특정이행을 명함에 있어서 중재판정부는 법원과 동일한 권한을 가진다고 규정한다.
50) Gary B. Born, International Commercial Arbitration Vol. II (2009), p. 2481.

2. 무과실책임인지 여부

가. 대한민국법의 경우

대한민국법에 따른 하자담보책임은 채무자의 귀책사유를 요건으로 하지 않는 무과실책임으로 인정되고 있다. 따라서 도급인이 하자의 존재사실만 입증하면 수급인은 이에 대한 담보책임을 부담하게 된다. 다만, 당사자들은 일정한 하자 외의 하자에 대하여는 면책약정을 할 수 있고, 그러한 면책약정은 일반적으로 유효하다고 인정되고 있다.

나. 영국법의 경우

앞서 살펴본 것처럼, 영국법에서의 하자는 일이 계약의 내용에 따라 완성되지 않은 경우에 인정되는 등, 영국법에 따른 하자담보책임은 기본적으로 계약불이행을 이유로 한 채무불이행책임에 해당한다. 이와 관련하여, 설계가 잘못된 결과 하자가 발생한 경우에 도급인과 건축을 맡은 수급인 또는 설계를 맡은 수급인 사이에 누가 책임을 부담할 것인지가 문제될 수 있다. 도급인이 설계 수급인을 상대로 설계에 하자가 존재하는 것을 이유로 손해배상을 청구하기 위해서는 채무불이행책임의 일반 원리에 따라 설계 수급인의 주의의무 위반사실을 주장하고 입증할 책임을 부담한다. 이때 설계를 맡은 수급인이 준수하여야 하는 주의의무는 동종의 전문적인 설계사에게 요구되는 일반적인 주의의무가 기준이 되기 때문에, 설계를 맡은 수급인이 일반적으로 업계의 실무에 따라 그의 의무를 이행한 경우에, 일반적으로 인정되는 실무에 반대하는 견해가 있더라도 설계 수급인에게 어떠한 주의의무 위반이 존재한다고 볼 수는 없다('Bolam 원칙').51) 다만, 설계를 맡은 수급인이 특별한 기술 또는 지식을 가지고 있다고 하여 도급인과 계약을 체결하고 설계를 제공한 경우에는 설계사의 주의의무 위반 여부에 관하여 일반적인 경우보다 더 높은 기준이 적용된다.

이렇듯, 도급인이 설계 수급인의 주의의무 위반을 입증하여야 하고 공사가 복잡할수록 도급인은 이러한 입증을 하기 어렵기 때문에 도급인은 설계를 맡은 수급인과의 사이의 계약 자체에 목적물이 목적에 적합하게 설계되어야 한다는 점을 명시적으로 포함시킴으로써, 입증책임을 완화하고자 하는 경우가 종종 있는 것으로 보인다. 즉, 설계의 목적적합성을 계약의 내용으로 포함시키게 되면, 도급인은 설계 수급인의 구체적 주의의무의 내용과 그 위반사실에 대한 입증 없이 설계가 건축의 목적에 부합하지 아니한다는 사실만 입증하면 하자담보책임을 물을 수 있다. 뿐만 아니라, 설계 수급인이 주의의무를 다한 것을 주장·입증하더라도 목적적합성이 인정되지 않는 경우에는 여전히 도급인에 대하여 책임을 부담하게

---

51) *Bolam v Friern Hospital Management Committee* [1957] 2 All ER 118.

된다.[52]

추가로 유념해야 할 점은, 앞에서 살펴본 것처럼 설계·시공 일괄계약의 경우에는 목적적합성 의무에 관하여 당사자들 사이의 계약에 명시적인 규정이 존재하지 아니하더라도 당사자들이 목적적합성에 관하여 묵시적으로 합의를 하였다고 보며, 이에 따라 도급인은 수급인에게 목적적합성을 이유로 책임을 물을 수 있다는 점이다.[53] 설계·시공일괄계약에 대하여 일반 설계 용역의 경우보다 훨씬 무거운 책임을 인정하는 이유는 설계사는 단순히 전문적인 서비스를 제공하는 것이지만 설계·시공 입괄계약의 수급인은 도급인에게 특정 사용을 위한 완성된 목적물을 공급하는 자이고 그러한 수급인에게는 목적물이 만족스러운 품질과 목적적합성을 가질 것을 기대하는 것이 합리적이기 때문이다. 또한 설계·시공일괄계약은 일반적으로 고정된 금액을 공사비로 정하는 경우가 많은데, 그러한 경우 수급인이 비용을 절약하고 이익을 극대화하기 위하여 설계를 최소한의 기준에 맞추어 진행할 우려가 있기 때문에 이를 견제하기 위하여 수급인에게 목적적합성 의무가 인정된다.[54] 그런데 실제로는 설계·시공일괄계약 자체에서도 목적적합성을 명문으로 규정하는 경우가 많고, FIDIC Silver Book과 Yellow Book 역시 목적적합성에 관한 규정을 두고 있다. 이처럼 목적적합성을 계약상 명시하였거나, 그렇지 않더라도 설계·시공 일괄계약을 체결하여 목적적합성에 관하여 묵시적 합의가 있는 것으로 다루어질 경우, 수급인으로서는 목적물이 용도에 적합하여야 한다는 점을 늘 염두에 두고 공사를 수행하여야 할 것이다.

다. 독일법의 경우

독일법에 따르면 완성물에 하자가 있는 경우 도급인은 원칙적으로 추완이행청구권을 행사할 수 있고, 하자를 스스로 제거하고 그에 소요된 비용을 요구할 수도 있으며, 추완이행청구권에 갈음하여 계약을 해제하거나 보수를 감액할 권리를 갖게 된다. 이러한 권리는 모두 수급인이 귀책사유를 요건으로 하지 않고 부담하는 무과실책임에 근거하는 권리로 이해되고 있다.[55]

라. 프랑스법의 경우

프랑스 민법이 정하고 있는 수급인의 하자담보책임도 원칙적으로 무과실책임이라고 보고 있는데, 우리 법과 다른 점은 건축 분야에 있어서는 당사자 간의 담보책임에 대한 면

---

52) Herbert Smith, Construction Dispute Avoidance Newsletter, The scope of designer's liability under construction contracts, December 2011, p. 1.
53) *Independent Broadcasting Authority v EMI Electronics Limited* [1980] 14 B.L.R. 1
54) Herbert Smith, 위 Newsletter. p. 2.
55) 소재선, 김기영, "독일채권법개정과 도급계약", 비교사법 제10권 1호 (2003), 222면.

책약정이 효력을 갖지 않는다는 점이고 담보책임에 기한 손해배상의 범위에 대하여도 완전보상이 원칙이라는 것이 학설과 판례의 입장이다.56)

좀 더 구체적으로, 완성보증의 경우는 수급인이 무하자 완성의 보증책임을 부담하는 대상이 물건의 하자와 노무의 하자를 모두 포함하는 '장애(desordre)'이고 법적 성질은 면책 가능성이 인정되지 않는 객관적 책임이라고 이해되고 있다.57) 또한 10년 담보책임과 2년 담보책임의 경우도 불가항력의 입증으로만 복멸할 수 있는 책임추정을 본질로 하는 책임이라고 이해되고 있다.58)

3. 채무불이행책임과의 관계

가. 대한민국법의 경우

대한민국법상 공사목적물의 하자가 수급인의 도급계약상 의무 위반으로 발생하게 된 경우, 수급인은 무과실책임인 하자담보책임의 성립 여부와는 별도로 일반적인 채무불이행 책임으로서 불완전이행의 책임도 부담하게 된다고 보는 것이 타당하다. 다만, 수급인의 하자담보책임의 일부로 손해배상책임이 인정되고 수급인의 채무불이행책임의 일부로도 손해배상책임이 인정되고 있는데, 하자담보책임으로 인정되는 손해배상책임의 범위에 대하여는 그에 관한 근거규정이 마련되어 있지 않아 두 책임의 관계에 대하여 문제가 발생할 수 있다. 어떠한 경우이든 수급인의 과실이 없더라도 인정되는 담보책임으로 인한 손해배상의 범위는 수급인의 귀책사유를 요건으로 인정되는 일반 채무불이행책임에 따른 손해배상의 범위보다 넓을 수는 없다고 봄이 타당하다.59) 또한 같은 논리에서 수급인의 귀책사유가 명백히 밝혀진 경우가 아니라면, 수급인은 일반 채무불이행책임에 대한 특칙인 하자담보책임을 부담하는 것이 타당하다.60)

대법원도 액젓 저장탱크의 제작·설치공사 도급계약에 의하여 완성된 저장탱크에 균열이 발생한 사안에서, "보수비용은 민법 제667조 제2항에 의한 수급인의 하자담보책임 중 하자보수에 갈음하는 손해배상이고, 액젓 변질로 인한 손해배상은 위 하자담보책임을 넘어서 수급인이 도급계약의 내용에 따른 의무를 제대로 이행하지 못함으로 인하여 도급인의 신체·재산에 발생한 손해에 대한 배상으로서 양자는 별개의 권원에 의하여 경합적으로 인정된다"고 판시하여 양 책임의 경합을 인정하는 한편 양 책임의 적용 범위를 명확히 하였다.61)

---

56) 박수곤, (주 37), 52면.
57) 이준형, "프랑스에서의 건축수급인 등의 하자담보책임법의 변천", 비교사법 제12권 3호 (2005), 80면.
58) 상동, 80면.
59) 정광수, "수급인의 하자담보책임으로서 손해배상의무에 관한 고찰", 비교사법 제13권 3호 (2006), 143면.
60) 상동, 143면.
61) 대법원 2004. 8. 20. 선고 2001다70337 판결.

나. 영국법의 경우

영국법 하에서는 하자책임 조항이 있더라도 특정이행에 관한 명시적인 규정이 없는한, 수급인은 채무불이행을 이유로 한 손해배상책임을 부담한다.[62) 이는, 영국법 하에서 하자담보책임은 기본적으로 계약위반 책임이나, 당사자들이 계약에서 일반 손해배상책임과는 별도로 하자담보책임을 규정하는 이유가 도급인이 수급인에게 (채무불이행에 따른 손해배상 외에) 하자보수라는 특정이행을 청구할 수 있도록 하기 위한 것이라는 점에 비추어보면 이해가 된다. 따라서 수급인은 도급인에게 하자보수로도 복구되지 않는 손해에 대해서 당연히 손해배상책임을 부담하게 되고, 계약에 명시적으로 정한 대부분의 하자책임 조항은 오히려 수급인에게 하자보수를 할 권리와 의무를 추가적으로 부과하는 것으로 해석될 것이다.[63)

다만, 도급인이 하자 통지를 하지 않거나, 하자조항을 원용하지 않거나, 또는 하자를 보수하겠다는 수급인의 제안을 받아들이지 않은 경우 손해경감의무(duty of mitigation of loss)의 원리에 입각해서 통상 인정이 되었을 손해배상이 감액되기도 하고, 수급인이 그 의무를 이행하였더라면 들었을 비용 이상을 청구할 수는 없다는 제한이 적용되기도 한다.[64)

다. 프랑스법의 경우

프랑스의 경우, 기능상의 하자라고 보기는 어렵지만 계약에 부합하지 않는 건축이 이루어진 경우 법정 하자담보책임인 완성담보책임을 물을 수도 있지만, 동시에 계약의 내용에 따른 이행이 아니라는 이유로 채무불이행책임도 물을 수 있으며, 이 경우 두 책임의 경합이 인정된다고 본다.[65)

반면, 2년 담보책임이나 10년 담보책임의 경우는 일반 채무불이행책임과의 관계에서 특수책임이라고 보아, 위 법정담보책임이 우선 적용되는 것으로 보고 있다.[66) 따라서, 프랑스법원은 하자담보권이 시효로 소멸할 경우 일반 채무불이행을 근거로 하는 손해배상 청구도 할 수 없다는 입장을 취하고 있다.[67)

---

62) *Hancock v Brazier (Anerley) Ltd* [1996] 1 W.L.R. 1317, CA; *Billyack v Leyland Construction Co Ltd* [1968] 1 W.L.R. 471. 김승현, (주 25), 120면에서 재인용.
63) 김승현, (주 25), 120면.
64) Stephen Furst & Vivian Ramsey, Keating on Building Contracts 9th ed., Sweet & Maxwell (2012), para 11-023 at p390. 김승현, (주 25), 120면에서 재인용.
65) 곽민희, (주 7), 621면.
66) 상동, 621면.
67) 상동, 621면.

Ⅳ. 하자담보책임 기간

1. 들어가며

하자책임기간이 종료하여 수급인이 도급인으로부터 이행확인서(performance certificate)를 수령한 후에 도급인에 대하여 어떠한 책임을 부담하는지에 대하여는 계약에서 따로 정하여 둔 내용이 있다면 그 내용과 함께 계약에서 정한 준거법이 정한 내용, 그리고 경우에 따라서는 건설현장이 있는 국가의 법률이 정한 내용 등이 적용된다.

다만, 당사자들이 하자담보책임 기간을 별도로 정하여 수급인이 하자담보책임 기간 동안 하자보수책임을 부담하기로 하는 약정을 한 경우, 이러한 당사자의 약정이 ① 수급인으로 하여금 당해 기간 동안에만 하자보수 업무를 수행하도록 하고 그 기간 후의 하자보수 업무는 도급인이 자신의 노력과 비용으로 수행하기로 하는 약정으로 해석될지, 아니면 ② 당해 기간 동안에 발생한 하자는 그 기간이 경과한 후에도 수급인이 하자보수책임을 부담하기로 하는 '하자발생기간'에 관한 약정으로 해석될지 문제가 된다. 또한 당해 기간 동안 하자가 외부로 드러나지 않는 경우에 이러한 하자에 대한 책임을 물을 수 있는지 문제가 된다.

이러한 문제는 기본적으로 계약의 해석 문제에 해당하겠으나, 계약의 내용과 함께 계약에서 정한 준거법에 따라 그 판단이 달라질 수도 있다.

2. 영미법계

가. 하자책임기간

전술한 바와 같이 영국법상으로는 완성된 공사목적물에 하자가 있으면 이는 계약위반이고, 계약위반에 대한 원칙적 구제수단은 손해배상이다. 이는 다른 영미법계 국가들의 경우도 마찬가지이다. 이렇듯, 손해배상이 원칙적인 구제수단이고 특정이행을 당연히 청구할 수는 없기 때문에, 영미법을 준거법으로 하는 건설 계약은 일반적으로 도급인이 준공 후 일정한 기간 동안 수급인에게 목적물의 하자에 관한 보수를 요구할 권리를 보유한다고 별도 규정을 둔다. 따라서 이 기간 동안에는 하자를 보수하라는 요청이 있으면 수급인이 현장으로 복귀해서 하자를 보수하여야 하는데, 실제로는 수급인이 현장에 복귀하여 하자를 스스로 보수하면 손해배상책임을 면할 수 있다는 면에서 이러한 규정은 수급인에게 스스로 하자를 보수할 수 있는 권리를 부여하는 역할도 하고 있다. 이와 같이 도급인이 수급인에 대하여 하자의 보수를 요구할 수 있는 기간은 계약에 따라 달라질 수 있는데, 일반적으로 하자책임기간(defect liability period)으로 지칭되고 있다.[68]

---

68) 이에 대하여는 당사자들이 설정한 기간이 경과하더라도 하자담보책임이 소멸하는 것은 아니므로, 하자

나. 이행확인서

하자책임기간이 종료하는 경우에 도급인은 이행확인서를 발급하여 모든 하자가 보수되었고 목적물이 계약의 내용에 따라 완성되었다고 확인하는 것이 일반적이다. 이행확인서는 일반적으로 도급계약에 따른 작업이 계약에 따라 이루어졌음을 표시하고, 목적물에 표면상 드러난 하자에 관하여 수급인은 더 이상 하자담보책임을 부담하지 않게 하며, 도급인이 보유하고 있는 모든 보증서를 반납하도록 하는 등으로 계약의 이행이 완성되었음을 나타내게 되는데, 하자책임기간은 준공확인서를 발급한 때로부터 시작하여 이행확인서를 발급할 때 종료한다.

그러나 이행확인서를 발급받은 이후에 비로소 드러나는 하자에 관하여는 이행확인서의 발급으로 수급인의 책임이 면제되는 것이 아니다. 도급인이 수급인에게 직접 현장에 돌아와 하자의 보수를 요구할 권리는 하자책임기간 동안에 나타나는 하자에 대해서만 적용되기 때문에 그 후에 하자가 나타난다고 하더라도 도급인이 수급인에게 직접 이를 보수할 것을 요청할 수는 없지만, 위 기간 이후에 발견되는 하자가 수급인의 계약 위반을 구성하게 되면 수급인은 이에 대하여 소멸시효기간이 만료할 때까지 책임을 부담한다.[69] 그렇기 때문에, 영미법에서 하자책임기간이 시효기간을 바로 대체하는 것은 아니다.

영국법상으로는 계약에 정한 하자담보책임 기간이 경과하더라도 원칙적으로 1980년 시효법(Limitation Act)에 의해 정해진 기간까지, 즉 수급인에 대해 소송원인이 발생한 날로부터 단순 계약의 경우에는 6년, 권리증서(deed)가 있는 계약의 경우에는 12년 동안 수급인의 책임이 소멸하지 않는다. 당사자들은 합의를 통하여 위 기간을 증감할 수 있고,[70] 이러한 당사자들의 합의는 원칙적으로 유효하나, 다만 영국의 1977년 불공정 계약 조건법(Unfair Contract Terms Act)에 따라 당사자들이 설정한 기간이 불공정하고, 당사자들 사이에 협상력에 차이가 있으며, 우세한 당사자가 불합리한 기간을 주장한다는 등의 사정이 인정되는 경우에는 당사자들이 합의한 기간이 적용되지 않을 수도 있다.[71]

수급인이 전체 계약상 공사를 완공해야 할 책임이 있는 경우에 하자에 대한 시효기간은 그 하자가 있는 공사가 수행된 날이 아니라 공사의 완공일로부터 진행된다는 것이 영국의 판례이다.[72] 따라서 가사 공사 목적물에서 뒤늦게 잠재적 하자(latent defects)가 발견된다

담보책임 기간(defects liability period)이 아니라 하자통지기간(defects notification period)이라고 지칭하여야 한다는 견해가 있다. [Defects "Liability" Periods — Why they shouldn't be called that!, Baker-McKenzie (2014)] 한편, FIDIC은 1999년 Rainbow Suite에서 '하자통지기간'이라는 표현을 채택하였다.
69) *Pearce & High v John P Baxter & Mrs A Baxter* [1999] BLR 101, 김승현, (주 25), 112면에서 재인용.
70) *New Islington & Hackney Housing Association v Pollard Thomas & Edwards* [2001] BLR 74.
71) Christopher Wong, "Liability after take-over: the English position", *White & Case*, November 2009.
72) *Tameside Metropolitan B.C. v Barlow Securities Group Ltd* [2001] B.L.R. 113, CA; *The Oxford Partnership v The Cheltenham Ladies College* [2007] B.L.R. 293, TCC.

고 하더라도 나머지 부분에 대한 하자책임의 소멸시효 기간 진행에는 아무런 영향을 주지 않는다.

한편 도급인은 잠재적 하자에 대해서 수급인을 상대로 불법행위 책임을 물을 수 있는데, 이러한 불법행위 책임에 관하여는 별도의 시효가 존재한다. 영국의 1986년 잠재손해법(Latent Damage Act, 1986)에 따르면 과실이 있는 설계나 시공에 의해 야기된 불법행위 클레임에 대한 소멸시효 기간은 a) 손해가 발생한 날로부터 6년과 b) 클레임을 청구하는 자가 i) 관련 손해에 관한 중요한 사실, ii) 그러한 손해가 타인의 과실로 인하여 발생한 것, iii) 피고가 누구인지에 대해서 알았거나 알 수 있었을 때로부터 3년 중 먼저 도래하는 기한이 완료될 때 시효가 완성되고, 어떠한 경우에도 손해의 원인이 된 과실 행위가 있었던 날로부터 15년이 경과하면 불법행위 책임은 시효로 소멸한다.[73]

3. 대륙법계

전술한바와 같이 대륙법계에서는 일반적으로 하자담보책임으로서 특정이행을 청구할 수 있으므로, 대륙법계에서는 하자책임기간 내지 하자통지기간이 영미법상 갖는 의미(특정이행 청구가 가능한 시기)가 없다. 따라서 대륙법을 준거법으로 하면서 계약상 FIDIC 계약조건을 따르는 등 계약상 하자통지기간이 설정된 경우에 해당 규정이 어떠한 의미를 갖는지가 문제될 수 있다.

이에 관하여 FIDIC 계약조건에서의 하자통지기간을 제척기간 또는 소멸시효기간으로 해석하기는 어렵다고 보면서, FIDIC 계약조건 하에서는 수급인이 하자통지기간의 만료 후에도 미이행된 의무에 대한 책임을 부담하기 때문에(제11.10조) 하자통지기간이 특별한 의미가 없다고 보는 견해가 있다.[74]

그러나 하자통지기간이 만료하기 이전에 이미 하자가 발생하였음에도 불구하고 하자통지기간이 만료될 때까지 도급인이 수급인에게 통지를 하지 않았다면, 이러한 경우에도 도급인이 해당 하자에 관하여 보수를 청구하거나 손해배상을 구할 수 있다고 보는 것은 하자통지기간 및 이행확인서 발급에 관한 규정을 두고 있는 FIDIC 계약조건의 취지에 부합하지 않는 것으로 보인다.

따라서 대륙법을 준거법으로 할 경우라도 계약상 하자통지기간을 설정하고 해당 기간이 만료되었을 때 수급인의 이행을 확인하는 조건이 있다면, 하자담보책임으로서 특정이행을 구하는 것은 하자통지기간 설정과 무관하게 할 수 있는 것이다. 그러나 하자통지기간이 만료될 때까지 하자가 드러났음에도 계약에 따라 통지를 하지 아니할 경우 도급인은

---

73) Stephen Furst & Vivian Ramsey, Ibid., para 16-017 at pp. 583-584.
74) 김승현, (주 25), 115면.

수급인에 대하여 하자담보책임을 묻는 것을 포기한 것으로 보는 것이 타당한 것으로 보인다. 다만, 하자통지기간이 만료될 때까지 그 존재 여부를 알 수 없는 잠재적 하자의 경우에는, 명시적으로 그러한 하자에 대한 수급인의 책임을 묻지 않기로 하는 규정이 없는 이상 하자통지기간의 만료만으로 수급인의 하자담보책임이 소멸하는 것으로 보기 어렵다. 결국 FIDIC 계약조건 등에서 수급인이 하자통지기간의 만료 후에 하자와 관련하여 미이행된 의무에 대한 책임을 부담하는 것은 하자통지기간 중에 적법하게 통지를 하였거나 하자통지기간 중에는 하자의 발생을 알 수 없는 잠재적인 하자가 발생한 경우로 한정되는 것으로 보인다.

한편, 준거법에 따라서는 이행 확인서의 발급에도 불구하고 수급인을 현장으로 불러 수급인에게 하자의 보수를 요구할 수 있는 경우도 있다.[75] 따라서 계약 체결 단계에서 준거법에 따른 하자책임 기간을 확인하고 하자보수의 방법에 관하여 계약에 명문으로 규정을 해 둘 필요가 있다.

V. 하자보수의 실패와 도급인의 해제권

1. 들어가며

FIDIC 계약조건 제11.4조에서는 하자로 인해 도급인이 입은 손해와 관련하여 수급인이 하자보수에 실패한 경우에 도급인이 직접 또는 제3자로 하여금 하자를 보수하게 한 경우 그 비용을 수급인이 도급인에게 배상하거나{제11.4조 (a)}, 계약금액을 합리적으로 감액하거나{제11.4조 (b)} 또는 하자나 손해가 도급인에게 실질적으로 공사 목적물의 전체 이익을 박탈하는 경우에 계약을 해제할 수 있도록{제11.4조 (c)} 규정하고 있다. 이와 같은 내용은 독일을 비롯한 대륙법계에서 인정되는 하자보증책임의 내용과 여러 면에서 유사하기도 한데, 그 중 특히 해제권에 관하여는 준거법에 따라 그 행사가 제한되는 경우가 있다.

2. 대륙법계

대한민국 민법 제668조 단서는 "도급계약에서 일의 목적물이 건물 기타 공작물인 경우에는 하자로 인하여 계약의 목적을 달성할 수 없더라도 계약을 해제할 수 없다"고 규정하고 있다. 입법례 중 이러한 취지의 규정을 둔 경우는 스위스(민법 제368조)와 일본(민법 제635조

---

75) 예컨대, 사우디아라비아의 경우, 공공부문의 건축에 있어서 사우디 건축법(Saudi Contract) 제41.5조 및 조달 규칙(Procurement Regulation) 제30조는 하자에 관하여 10년의 책임기간을 부담한다고 정하고 있다[Robert Knutson, FIDIC An Analysis of International Construction Contract, Kluwer Law International (2005), p. 272].

단서) 등이 있다.[76] 우리 나라에서는 종래 위 규정을 강행규정으로 해석하여 건물 기타 공작물은 아무리 중대한 하자가 있어도 계약을 해제할 수 없다는 데에 이견이 없었으나, 하자가 중대하여 건물 또는 공작물의 사용목적을 물리적으로 달성할 수 없는 경우라면 오히려 그 건물을 방치하는 것이 사회·경제적으로 더 큰 문제점을 야기할 수 있으므로 계약해제를 허용하는 것이 상당하다고 보는 견해가 있다.[77]

스위스에서는 학설상 "경제적 가치가 있는 것은 가능한 한 유지되어야 하고 파괴되어서는 안 된다는 전제에서, 건물 기타 토지의 공작물이라도 하자로 도급인에게 소용이 없고 또 그 하자가 제거될 수 없을 정도로 중대한 것인 경우에는 도급인의 해제권을 인정할 수 있다"고 한다. 판례 역시 "조잡하게 축조된 건축물의 토대가 너무 약하여 건축물이 무너질 위험성이 클 때"에는 해제권을 인정하고 있다.[78]

3. 영미법계

FIDIC 계약조건과 같이 수급인에게 원상회복의무를 부과하는 도급인의 계약해제권은 일종의 핵무기 같은 것으로, 통상의 영국 계약법 원칙에 따르면 도급인은 손해배상의 원칙을 정하고 있는 Hadley v. Baxendale 판례와 Victoria Laundry 판례의 예견가능성 원칙 하에서 보통의 구제수단에 대한 권리가 있고 손해경감의무의 적용을 받는 것이 일반적이고, 그처럼 강력한 권리를 갖는다고 생각하기는 어렵다.[79]

이와 관련하여, 도급인의 계약해제권을 인정하는, 1999년에 추가된 FIDIC 계약조건 제11.4조 (c)는 부적절하며 영국법 하에서 문자 그대로 적용이 되기는 어렵고, 아울러 도급인이 실질적으로 공사목적물의 모든 이익을 박탈한다는 점을 입증하는 것도 매우 어려울 것이라는 견해가 유력하다.[80]

VI. 하자보수증권

1. 독립적 은행보증의 추상성 내지 무인성

도급인과 수급인이 서로 다른 국가에 소재하고 있는 국제건설계약의 경우 외관상 공사가 완료되었다고 하더라도 하자의 존재 여부는 일정한 기간이 경과해야 확인할 수 있는 경

---

76) 구욱서, 주석민법, 채권각칙(4), 251면.
77) 이상태, "건축수급인의 하자담보책임에 관한 연구", 서울대학교 대학원 법학박사학위 논문 (1991), 93면.
78) 구욱서, (주 76), 252면.
79) 김승현, (주 25), 133면.
80) Robert Knutson(General Editor), Ibid., pp. 62-63., 김승현, (주 25), 133면에서 재인용.

우가 있어 도급인은 하자책임에 대한 보증조로 일정 금액의 대금지급을 하자보증기간이 완료되는 기간까지 유보하거나 아니면 수급인으로부터 독립된 은행보증서 형태의 하자보증서 (maintenance bond)를 제공받게 된다. 대금을 모두 지급받는 대신 보증서를 제공하고자 하는 수급인은 거래은행 등으로 하여금 도급인을 수익자로 하여 위와 같은 은행보증서를 발행하도록 의뢰하여 이와 같은 보증서를 제공한다.[81]

이러한 은행보증의 조건을 어떻게 정할 것인지는 계약에서 정하여 두게 되는데, 도급인의 입장에서는 다른 나라에 소재한 수급인을 상대로 소송이나 중재를 통하여 권리행사를 하는 것이 쉽지 않기 때문에 가능한 한 보증금의 지급을 위한 조건을 간단하게 정하려고 하는 반면, 수급인은 무조건적인 지급이 이루어지는 것을 가능한 한도 내에서 피하려 하기 때문에, 결국 개별 계약에서 보증서의 조건을 어떻게 정하는지는 보증수익자인 도급인과 보증의뢰인인 수급인의 협상력 등에 의하여 정해지게 된다. 그런데 계약 및 이에 따라 발행된 은행보증서는 계약에 따른 수급인의 항변 내용을 보증서에 담지 않고 독립추상성 내지 무인성(無因性)[82]을 갖는 것으로 정하는 경우가 대부분이다.

그런데 보증의뢰인은 자신의 의무불이행이 없음에도 불구하고 보증인이 수익자의 청구에 의하여 수익자에게 보증금을 지급한 후 자신에게 이를 구상하는 위험을 부담하게 되므로, 독립적 은행보증은 수익자의 부당 청구에 대한 위험을 보증의뢰인이 부담하도록 한다. 보증수익자의 부당한 청구로 보증금이 지급되는 경우, 보증의뢰인이 수익자를 상대로 반환청구를 할 수 있는지 문제가 되고, 보증의뢰인이 부당이득 등을 이유로 수익자가 지급받은 금액을 반환할 것을 청구할 수 있을지 여부에 대한 위험은 보증의뢰인이 부담하게 된다.[83] 이러한 속성 때문에 수익자가 권리가 전혀 없음에도 불구하고 보증책임의 무인성을 악용하여 보증인에게 보증금의 지급을 청구하는 것이 가능하고, 실제로 수익자가 이러한 방법으로 독립적 은행보증의 추상성, 무인성을 남용하는 사례들이 발생하고 있다.

---

81) 이러한 은행보증의 명칭은 실로 다양하게 사용되고 있다. 국제거래계에서는 'Bond', 'Letter of Guarantee', 'Demand Guarantee', 'Independent Bank Guarantee', 'Independent Guarantee', 'Demand Performance Guarantee' 등이 사용된다[김상만, "선박수출거래에서 환급보증(Refund Guarnatee)의 특성과 문제점에 대한 연구", 서울대학교 법학 제52권 제3호 (2011), 453면].
82) 대법원 1994.12. 9. 선고 93다43873 판결.
83) 독일에서는 독립적 은행보증의 이러한 속성을 가리켜 "우선 지급하고 나중에 소송을 한다(Erst zahlen, dann prozcssicren)"고 표현한다(Graf von Westphalen und Jud (hrsg.), Die Bankgarantie im internationalen Handelsverkehr, 3. Aufl., Verl. Recht und Wirtschaft, 2004, S. 3 f., 윤진수, 위 논문, 17면에서 재인용.

2. 독립적 은행보증에 따른 보증금의 지급 거절 가능성에 대한 경향[84]

가. 지급 거절의 필요성과 국제적 경향

대륙법계 국가에서는 독립적 은행보증의 독립추상성 내지 무인성은 절대적인 것이 아니라는 전제 하에 독립적 은행보증의 경우에도 신의성실의 원칙 내지 권리남용금지의 원칙의 지배를 받고, 따라서 수익자의 청구가 형식적으로는 보증금 지급청구의 요건을 갖추기는 하였으나 실질적으로 전혀 청구할 수 없는 것임이 밝혀진 경우에는 권리남용이 되어 허용될 수 없다는 법리를 발전시켜 왔다. 또한 영미법계 국가에서도 보증의뢰인이 발행은행에 대한 보증금지급금지의 금지명령(injunction)을 구할 수 있다는 점이 널리 승인되고 있다.[85]

우리나라의 건설사들로서는 해외 발주처의 부당한 보증금 청구에 대항하기 위한 방법으로, 우리나라 법원에서의 가처분[86] 및 중재절차에서의 임시적 처분을 고려할 수 있을 것이다.

나. 대한민국 대법원의 태도

우리 대법원도 국제거래에서 은행보증제도가 악용될 위험에 대비하여 위와 같은 법리를 우리 법의 해석론으로 받아들이고 있다. 즉, 대법원은 사우디아라비아법을 준거법으로 하여 발행된 보증서가 문제된 사안에서 "독립적 은행보증의 경우에도 신의성실의 원칙 내지 권리남용금지의 원칙의 적용까지 배제되는 것은 결코 아니라고 할 것이므로, 수익자가 실제에 있어서는 보증의뢰인에게 아무런 권리를 가지고 있지 못함에도 불구하고 위와 같은 은행보증의 추상성 내지 무인성을 악용하여 보증인에게 청구를 하는 것임이 객관적으로 명백할 때에는 이는 권리남용의 경우에 해당하여 허용될 수 없는 것이고, 이와 같은 경우에는 보증인으로서도 수익자의 청구에 따른 보증금의 지급을 거절할 수 있다고 보아야 할 것"이

---

84) 김세연, 우재형, "독립적 은행보증의 독립성과 권리남용의 관계", 율촌판례연구, 박영사 (2016).

85) 미국통일상법전(Uniform Commercial Code) 제5-109조는 사기적인 청구 및 지급거절사유에 관하여 규정하고 있는데, 동조 (b)항은 "만일 개설의뢰인이 요구된 서류가 위조되었거나, 중대한 사기가 있거나 또는 제시된 보증서를 인수·지급할 경우 수익자의 개설인 또는 의뢰인에 대한 중대한 사기를 용이하게 된다고 주장하는 경우에는, 관할권이 있는 법원은 법률이 정한 일정한 요건이 충족되었다고 판단되면 개설인에 대하여 잠정적으로 또는 영구히 제시된 보증서의 인수·지급을 금지하거나 개설인 또는 다른 당사자에 대하여 이와 유사한 구제수단을 명할 수 있다"고 규정하고 있다.

86) 보증서 상에 우리나라 법원 외의 법원을 관할 법원을 정하고 있는 경우에, 보증금의 지급 금지를 구하는 가처분 신청에 우리나라 법원의 국제재판관할이 인정되는지 여부가 문제될 수 있다. 보증서에 기재된 관할합의는 수익자와 보증인 사이에서 보증서 자체에 대하여 발생하는 분쟁에 대한 관할합의이므로, 보증서의 발행을 의뢰하기 위하여 보증의뢰인과 보증인 사이에 체결된 보증의뢰계약에 대하여 이러한 관할합의가 바로 적용되지는 않을 것으로 보인다. 따라서 국내 은행이 보증인인 경우, 그를 채무자로 하는 가처분 신청은 대한민국의 당사자 사이의 분쟁으로 대한민국과 실질적 관련성이 있으므로 이에 대하여 우리 법원이 국제재판관할권을 갖는다(국제사법 제2조).

라고 판시하였다.[87]

나아가 위 대법원 판결은 "수익자가 권리남용적인 보증금의 지급청구를 하는 경우에는 보증의뢰인은 그 보증금의 지급거절을 청구할 수 있는 권리에 기하여 직접 그 의무자인 보증인을 상대방으로 하여 수익자에 대한 보증금의 지급을 금지시키는 가처분을 신청할 수 있다"고 판시하였다.

다만, 대법원은 최근 위와 같은 권리남용의 요건을 점점 더 엄격하게 보고 있는 것으로 보인다. 대법원은 이란의 자동차 부품 생산 업체가 국내 자동차 부품 공급업체와 계약을 체결하며 국내 은행으로부터 이행보증서를 발급 받은 후 이란 내 해당 부품의 판매 금지 등을 이유로 은행에 대한 보증금을 청구한 사안에서, 권리남용을 근거로 독립적 은행보증의 독립성에 대한 예외가 인정될 수 있다는 것은 인정하였으나, 독립적 은행보증에 있어 원인관계와 단절된 추상성 및 무인성이라는 본질적 특성을 강조하여 수익자가 보증금을 청구할 당시를 기준으로 보증의뢰인에게 아무런 권리가 없음이 객관적으로 명백하여 수익자의 형식적인 법적 지위의 남용이 별다른 의심 없이 인정될 수 있는 경우가 아닌 한 권리남용을 쉽게 인정하여서는 아니 된다고 판단하였다.[88]

다. 긴급중재인 절차의 고려

2012. 1. 1. 발효된 ICC 국제중재 규칙 등 대부분의 기관중재규칙(AAA, SIAC, SAC, JCAA 등)은 긴급중재인(emergency arbitrator) 제도를 도입하여 중재판정부가 구성되기 전에도 신속한 보호를 필요로 하는 분쟁 당사자가 긴급중재인을 선정하여 임시적 처분을 받을 수 있게 하였다. 위와 같은 기관중재규칙에 따른 중재합의를 한 경우에는 수급인으로서는 중재신청과 동시에 또는 중재신청에 앞서 긴급중재인 제도를 이용하여 도급인의 부당한 보증금 청구에 대항할 수 있을 것이다.

대부분의 기관중재규칙상 긴급중재인의 선정 및 처분은 신속하게 이루어지도록 되어 있다. 예컨대 ICC 중재규칙의 경우, 사무국은 2일 내로 긴급중재인을 선정하여야 하고, 긴급중재인은 2일 내로 절차 일정을 정하고 원칙적으로 15일 내에 임시적 처분을 내려야 하는 것으로 정하고 있다.[89]

---

87) 대법원 1994. 12. 9. 선고 93다43873 판결.
88) 대법원 2014. 8. 26. 선고 2013다53700 판결. 대법원은 "원고의 청구가 권리남용에 해당하기 위해서는 국내 자동차 회사의 채무불이행이 인정되지 아니하여 원고의 국내 자동차 회사에 대한 권리가 존재하지 않는다는 것만으로는 부족하고, 원고가 국내 자동차 회사에 대하여 아무런 권리가 없음을 잘 알면서 독립적 은행보증의 추상성과 무인성을 악용하여 청구를 하는 것임이 객관적으로 명백한 경우이어야 한다"고 판단하였다.
89) ICC 중재규칙 제29조 제1항, 부칙V 긴급중재인 규칙 제2조 제1항, 제5조 제1항, 제6조 제4항 참조.

이러한 긴급중재인의 임시적 처분은 향후 중재절차에서 변경될 수도 있다는 점에서 최종적인 구속력을 갖는 것은 아니고, 법원을 통해 이러한 처분의 집행을 인정하는 나라도 많은 편은 아니나, 도급인이 중재절차의 진행 과정에서 받게 될 불이익 등을 고려하여 이를 자발적으로 이행할 것이라는 점에서 큰 도움이 될 수 있다. 또한, 독립적 은행보증을 대상으로 한 가처분의 경우는 보증인인 은행을 상대로 하는 것인 반면, 이러한 임시적 처분은 계약 당사자인 도급인을 상대로 하는 것이기 때문에 도급인의 보증금 청구가 잘못된 것이라는 점만 소명하면 된다는 점에서, 수익자의 청구가 권리남용임이 명백함을 은행을 상대로 소명해야 하는 가처분보다 처분을 받기가 수월한 면이 있다.

다만, 수급인이 위와 같은 절차를 활용할 경우, 임시적 처분을 신청한 날부터 일정 기한 내에 중재신청서를 제출하지 않으면 임시적 처분 절차는 취소되므로 긴급중재인의 임시적 처분이 이루어지기 전부터 사실상 중재신청서를 준비하여야 되기 때문에 긴급처분 신청과 중재신청을 동시에 또는 순차적으로 진행하여야 하는 부담이 있고, 긴급중재인의 임시적 처분에 대한 신청 자체가 도급인에게 송달되기 때문에 절차의 진행에 밀행성이 없어 임시적 처분의 결정이 이루어지기 전에 도급인이 독립적 은행보증에 기한 보증금 청구를 해올 가능성도 염두에 두어야 한다.

Ⅶ. 결 론

이상으로 국제건설계약에서 하자담보책임을 둘러싼 여러 문제에 관하여 살펴보았다. 하자담보책임에 관하여 크게는 대륙법계와 영미법계에서 그 내용을 달리 정하고 있고, 하자의 개념, 수급인이 부담하는 하자담보책임의 구체적인 성질이나 범위, 존속기간 등 하자담보책임의 구체적인 내용에 있어서는 각 국가별로 특유한 내용을 두고 있는 경우를 볼 수 있었다.

영국법을 준거법으로 할 경우, 하자는 기본적으로 계약상 약정과 차이가 존재하는 상태로 파악되므로, 하자담보책임은 계약상 의무불이행으로 보고, 제3자를 통한 하자 보수가 어렵고 하자 보수의 방법이 계약상 아주 상세하게 특정되어 있는 등 특별한 사정이 없는 한 도급인은 수급인을 상대로 하자 보수에 관한 특정이행을 법적으로 강제하기 어렵다. 또한 명시적 규정이 없는 이상 하자담보책임을 묻기 위해서는 도급인이 수급인의 주의의무 위반을 입증하여야 하며, 하자담보책임기간은 '도급인이 수급인에게 하자보수를 요구할 수 있는 기간'이라는 의미 외에도 '수급인이 하자를 직접 보수할 수 있는 기간'이라는 특유한 의미를 가진다.

반면 대한민국, 독일, 또는 프랑스 일본법을 준거법으로 할 경우, 구체적인 내용에 있어 일부 차이는 있으나 대체로 하자의 개념에는 주관적 하자뿐만 아니라 객관적 하자도 포함되는 것으로 보고, 도급인은 수급인을 상대로 하자 보수에 관한 특정이행을 법적으로 강제하는 것이 원칙적으로 허용되며, 이러한 하자담보책임은 무과실책임이다. 하자담보책임 기간과 관련하여, 대륙법계의 경우 원칙적으로 하자 보수에 관한 특정이행 청구가 가능하다는 점에서 영미법을 준거법으로 할 경우보다 그 의미가 낮을 수는 있겠으나, 하자통지기간은 '도급인의 하자담보책임에 대한 권리를 행사 내지 포기할 수 있는 기간'으로서 여전히 의미를 가지는 것으로 보인다. 결국, 국제건설계약을 체결하고 공사를 진행하는 당사자로서는 계약의 준거법 및 공사 현장이 있는 국가의 법률을 정확하게 파악하고 당사자에게 최대한 유리한 계약 조건을 설정하기 위한 노력이 필요할 것이다.

한편, 국제건설계약에서 수급인이 하자담보의 목적으로 보증인으로부터 독립적 은행보증으로 하자보증증권을 발급 받은 경우, 보증인은 독립적 은행보증의 독립추상성 내지 무인성에 따라 수익자의 보증금 지급 청구에 대하여 거절을 할 수 없는 것이 원칙이다. 다만, 수익자가 실질적으로 보증금을 청구할 권리가 없음에도 불구하고 청구를 한 경우 등 청구가 명백히 권리남용적인 것임이 밝혀진 예외적인 경우에는 수급인으로서는 법원에서의 가처분 및 중재절차에서의 임시적 처분 등을 통하여 수익자의 보증금 청구에 대항할 수 있을 것이다.

[10] 국제건설계약에서 불가항력 조항에 관한 고찰
- FIDIC 표준계약조건을 중심으로 -

이 훈

I. 들어가며

국제건설계약에서 불가항력 조항은 다른 국제계약에서와 마찬가지로 어느 당사자의 계약상 의무를 면제해 주는 조항이다. 불가항력이란 계약체결 후 계약당사자 일방 또는 쌍방이 약정한 계약상 의무를 이행하는데 일반적으로 필요하다고 인정되는 모든 수단을 행하여도 그 자신의 힘으로는 채무불이행을 회피할 수 없는 후발적 이행불능 상황을 말한다.[1] 즉 국제건설계약을 체결한 당사자들은 계약의 대원칙인 "약속은 지켜져야 한다"라는 라틴어 법 격언을 따라 약정한 계약상 의무를 이행하여야 하지만, 유일하게 그러한 의무이행을 면책해주는 기능을 하는 것이 불가항력 조항인 것이다.

갈수록 다양하고 복잡해지는 국제건설프로젝트에서 시공자가 해당프로젝트를 완료하는 과정에서 부닥칠 수 있는 여러 가지 위험요소들을 고려할 때, 불가항력 조항은 매우 중요한 조항이라고 생각된다. 하지만, 국제건설계약의 당사자들은 대부분의 경우 계약조건에서 흔히 볼 수 있는 불가항력 조항에 대해 개략적인 의미는 파악하고 있지만, 그에 대한 충분한 이해와 지식을 가지고 국제건설계약 협상에 임하고 있다고 보이지는 않는다. 더군다나, 계약당사자들은 계약서 내 상업적 조건들을 포함한 다른 조건들을 협의하는 데 많은 시간을 할애하다가 시간에 쫓겨 불가항력 조항은 별다른 수정 없이 그대로 확정하여 계약을 체결하는 경우가 많다.

만일 어느 국제건설계약에서 불가항력 조항을 갖고 있지 않는 경우, 불가항력 사유에 의한 의무면제를 받을 수 있을 지 의문이 들 수 있다. 이 같은 의문에 대해 명확한 답변은 나올 수가 없는데, 그 이유는 어느 국가가 대륙법계 또는 영미법계인지에 따라 불가항력에 의한 의무면제를 인정하는 범위가 다를 수밖에 없고, 또한 법원 등 분쟁해결기관의 성향에

---

* 이 장은 필자가 국제거래법연구 25권 2호(2016. 12)에 게재한 원고를 다소 수정·보완한 것임을 밝힌다.
1) 김승현, 국제건설계약의 법리와 실무, 박영사 (2015), 204면.

따라 불가항력 상황을 어떻게 해석할 지 예측하기 어렵기 때문이다.

다시 말해, 대륙법계 국가들의 경우 법률로 불가항력에 대한 규정들을 갖고 있어 계약에 불가항력 조항이 없어도 해당 법률 규정들에 의존할 수 있기는 하다. 하지만, 국가별로 불가항력에 의한 의무면제를 인정하는 범위는 달라질 수 있기 때문에[2], 계약에서 해당 법에 저촉되지 않는 구체적인 불가항력 조항을 명시하는 것이 의미가 있다. 또한, 계약의 엄격책임(strict liability) 원칙을 존중하는 영미법을 준거법으로 채택한 국제건설계약의 경우에는 불가항력의 조항 없이 구제를 받으리라는 보장이 없기 때문에[3], 불가항력 조항을 계약에 삽입하는 것이 꼭 필요하다고 본다.

이와 같이 불가항력 사유에 의한 의무면제를 받기 위해 국제건설계약 내에 불가항력 조항이 꼭 필요한 것이라면, 당사자들은 국제건설계약조건 협의 시 처음부터 잘 작성된 불가항력 조항을 갖고 협상에 임하는 것이 중요하다고 생각된다.[4] 더 나아가 가능하다면 해당 국제건설프로젝트의 상황에 맞게 불가항력 조항을 수정 또는 보완하여 체결한다면 최상이라 할 것이다.

이 글의 주요 목적은 국제적으로 널리 사용되고 있는 국제건설표준계약 조건인 FIDIC[5] (국제컨설팅 엔지니어링 연맹, 프랑스어 Fédération International des Ingénieurs Conseil의 약자이다) 계약조건에서 불가항력 조항인 제19조를 구체적으로 논의하는 데 있다. FIDIC 계약조건 제19조는 불가항력 사유에 대한 정의를 내리는 규정을 포함하여, 당사자들의 통제를 벗어나는 사유에 의해 사실상 또는 법적으로 계약상 의무를 이행하지 못하게 되는 경우에, 그 의무불이행의 책임으로부터 면제받을 수 있는 구체적인 규정을 담고 있다.[6] FIDIC은 오랫동

---

2) David Thomas QC, Frustration and Force Majeure: A Hard Line in English Law, *Construction Law International* (June 2011), p. 1

3) Jeremy Glover and Simon Hughes, *Understanding the NEW FIDIC Red Book: A Clause-by-Clause Commentary*, Sweet & Maxwell (2012), p. 362. '보장이 없다'는 의미는 본문에서 더 자세히 논의를 하겠지만, 영미법계에서 불가항력 법리로 인정을 받고 있는 Impracticability법리 또는 Frustration법리에서는 어느 당사자의 의무를 면제해주는 불가항력 사유를 엄격히 제한하고 있다는 점을 고려한 표현이다. 또한 국제건설계약에서 불가항력 조항이 있다 하더라도, 영미법계 국가의 법원들은 불가항력 조항을 Impracticability법리 또는 Frustration법리선상에서 엄격히 해석하려 하므로, 당사자들이 계약체결시점에 상정할 수 있는 불가항력 사유가 있다면 계약서에 명시를 함으로써 미리 법원의 엄격한 해석을 배제할 필요가 있을 것이다.

4) 시공자의 입장에서는 특히 더 그러하다 할 것이다.

5) FIDIC은 1913년에 전세계 컨설팅 엔지니어링 업계의 공동의 이익을 증진시킬 목적으로 설립되었고, 각국의 컨설팅엔지니어링 협회들을 그 회원으로 하고 있다. FIDIC의 주요목적 중 하나는 윤리적이고 권위 있는 업무표준을 확립하는 것인데, 이러한 목적을 위하여 여러 가지 종류의 건설관련 국제표준계약조건을 작성하여 보급하고 있다 신현식·정수용·최대혁, "국내기업의 FIDIC 이용실태와 유의사항", 국제거래법연구 제22편 제1호 (2013), 65면 참조.

6) 여기서 논의되는 FIDIC 계약조건은 1999년에 공표된 계약조건이다. FIDIC은 주로 설계 책임을 누가 부담하는지, 또 부담하면 어느 정도로 부담하는지를 기준으로 1999년 Red/Yellow/Silver/Green Book 네

안 발주자와 시공자의 어느 한쪽의 이익에 치우치지 않고 균형 잡힌 태도를 견지하는 표준
계약조건을 발표해온 것으로 정평이 나 있어서, FIDIC 계약조건내 불가항력 조항의 규정들
역시 국제건설계약에서 사용될 수 있는 모범규정으로 충분히 인식될 수 있다고 본다.[7]

따라서, 아래 본문에서는 FIDIC 계약조건 제19조의 구성과 그 개별적인 내용에 대해
살펴보면서, 또한 해당규정들을 좀 더 유리하게 활용하는 방법을 찾아보려 한다. 아울러,
FIDIC 계약조건의 불가항력조항이 FIDIC 계약조건의 다른 조항들 중에 발주자의 위험과 관
련한 조항과 어떻게 연결되어 있는지도 논의해 보겠다. 그 이유는 FIDIC 계약조건이 대표적
인 국제건설표준계약조건으로서 건설공사를 시행하는 데 있어서 발생할 수 있는 위험들을
발주자와 시공자간에 나눈 계약이기 때문에, 불가항력 조항도 시공자와 발주자간에 위험배
분의 맥락에서 바라보아야 할 필요가 있기 때문이다.

한편, 위와 같은 FIDIC 계약조건의 불가항력 규정의 구체적인 논의에 앞서서, 이 글에
서는 먼저 영미법계 및 대륙법계의 불가항력 관련 법 논리와 국제거래규범하의 불가항력
관련 원칙에 대해 살펴보고자 한다.[8] FIDIC 계약조건에 담긴 불가항력 규정이 작성되기 이
전에, 불가항력적인 사유 발생으로 인한 의무면제는 우리나라를 포함하여 전세계 국가들이
일정한 법리를 통해 인정하여 왔다. 또한 CISG[9], PICC(UNIDROIT원칙)[10] 등 국제거래 규범

개의 계약조건을 공표하였는데, 이 1999년 FIDIC 계약조건에 대한 개정판(Green Book을 제외하고)이
지난 2017. 12월에 공표되었다. 2017년 계약조건은 1999년 계약조건과 거의 동일한 조항 체계를 유지
하고 있지만, 1999년 계약조건에서 다소 불명확했던 조항들을 가능한 한 명확하고 세밀하게 규정하려
는 의도에 따라 일반조건의 분량이 대폭 증가하였다. 하지만, 불가항력에 관해서는 조항이 기존의 19
조에서 2017년 계약조건에서는 18조로 이동하였고, 불가항력(Force Majeure)이라는 용어 대신 예외적
인 사건(Exceptional Events)이라는 용어를 사용할 뿐 그 내용은 거의 바뀌지 않았다. 2017년 FIDIC 계
약조건 때문에 1999년 계약조건이 바로 해외건설시장에서 사라지리라고 보지는 않는다. 기존의 1999
년 계약조건을 채택하여 현재 진행되고 있는 프로젝트가 많이 있으며, 신규 프로젝트라 하더라도 2017
년 계약조건에 대해 어느 정도 확실한 파악이 끝날 때까지 여전히 1999년 계약조건이 사용될 가능성이
높다. 김승현, "2017 FIDIC 계약조건 주요내용 해설", 2018. 9. 10. 개최된 국제건설·에너지법연구회 정
기세미나 발표문 2면; Hasan Rahman, Constructive Thinking: FIDIC 2017-Risk Allocation (DLA Piper;
March 2018), p. 1 참조.

7) FIDIC 계약조건 외에도 ENAA(일본엔지니어링 진흥협회; Engineering Advancement Association of
   Japan) 계약조건, EIC(유럽국제시공자협회; European International Contractors) 계약조건, ICC(국제상
   업회의소; International Chamber of Commerce) 계약조건 등이 있다. 여러 국제건설표준계약조건에 대
   해서는 김승현, "국제건설계약에서 시공자 책임제한법리", 국제거래법연구 제22편 제1호 (2013), 1-3
   면 참조.
8) 이 같은 논의는 학구적인 논의보다는 실무적인 관점에서 접근할 수밖에 없는데, 이 글의 목적 중에 하
   나는 국제건설표준계약(FIDIC 계약조건)의 불가항력 조항에 대한 이해를 돕고, 그러한 조항을 해당 국
   제건설프로젝트에 맞게 충분히 활용할 수 있도록 하는데 있다.
9) CISG는 1980년 유엔주최로 개최된 비엔나 국제회의에서 제정된 "국제물품매매계약에 관한 UN협약
   (UN Convention on Contracts for the International Sale of Goods)"을 의미한다.
10) PICC는 사법통일을 위한 국제협회(International Institute for the Unification of Private Law)에서 1994년
   에 최초 제정된 "국제상사계약에 관한 UNIDRIOT원칙(UNIDROIT Principles of International Commercial

들에서도 일반적인 계약원칙으로 자리잡아 왔다. 각국 국가들의 이러한 법리 및 국제거래 규범상 불가항력 원칙들이 FIDIC 계약조건을 포함한 국제건설표준계약 조건에 담긴 불가항력 조항의 근간이 되었다고 볼 수 있기 때문에,11) 대륙법 체계 국가들 및 보통법체계 국가들의 불가항력 법리의 비교법적인 논의와 국제거래 규범들에 대한 논의는 FIDIC 계약조건의 불가항력 규정을 이해하는데 도움이 될 수 있다. 또한, 이 같은 논의는 국제건설계약에서 불가항력 조항과 준거법의 관계를 이해하는 데도 도움이 된다고 필자는 생각한다.

II. 불가항력 법리에 대한 비교법적 논의

불가항력에 관한 법리는 거의 모든 국가들의 국내법에서 인정되고 있다.12) 법리형성 초기(20세기 초)에는 물리적 불능(physical impossibility), 계약목적의 좌절(frustration of purpose)에 기반한 법리로 시작되어 현대에 이르러서는 경제적 불능(commercial impracticability 또는 economic impossibility)까지 불가항력 법리에 포함하는 추세이다.13)

물리적 불능은 계약의 목적물이 멸실됨으로써 당사자의 계약의무 이행이 객관적으로 불가능하게 되는 경우이다. 계약목적의 좌절은 계약이행은 가능할 수 있으나, 당초 당사자들이 의도했던 계약의 목적이 상실된 경우를 말한다. 만일 계약의 물리적 이행도 가능하고 계약의 목적 달성도 가능하지만, 상황이 변경하여 어느 당사자가 계약을 이행하는 것이 경제적으로 대단히 곤란해져 해당 당사자의 의무이행이 불가능한 것으로 간주되는 경우가 경제적 불능이다.14)

전술한 바와 같이 불가항력 법리의 가장 큰 주안점은 계약체결 후에 계약당사자들에게 계약체결 시 상정했던 상황들과 근본적으로 다른 사건 또는 상황이 발생하였다는 점이다. 즉 불가항력 법리는 "약속은 지켜져야 한다"(pacta sunt servanda)는 원칙이, 약속에 대한 이행은 "상황이 변하지 않았음을 전제로 한다"(rebus sic stantibus)라는 조건과 충돌하면서 전개되어 온 법리라고 할 수 있다.15) 불가항력 법리구성 및 해석은 해당 국가가 대륙법계인지

Contracts)"을 의미한다.

11) 예를 들면, 국제계약 규범들에서 불가항력 사유를 정의하는 데 있어서, 예측이 불가하였을 것(예측불가성), 통제가 불가하였을 것(통제불가성), 회피가 불가하였을 것(회피불가성) 등, 세 가지 원칙에 기반하고 있는데, FIDIC 계약조건 19.1항에서도 이와 유사한 기준으로 불가항력 사유에 대한 추상적인 정의를 내리고 있다.

12) World Bank Group Report, Guidance on PPP Contractual Provisions, 2017 Edition, p. 16.

13) William Cary Wright, "Force majeure clauses and the insurability of force majeure risks", *Construction lawyer* (Fall 2003), p. 1.

14) *Ibid.*

15) John W. Hinchey and Erin M. Queen, "Anticipating and managing projects: Changes in law", *Construction lawyer* (Fall 2006), p. 2.

또는 영미법계인지에 따라 차이가 있을 수 있고, 또한 유사한 법체계하의 국가들이라도 불가항력에 의한 의무이행 면제를 인정하는 범위나 이론이 조금씩 다를 수 있으므로, 아래에서 좀 더 자세히 살펴보기로 한다.

1. 영미법계 국가의 불가항력 법리

영미법계 국가들에 공통되는 보통법(common law) 체계에서는 모든 계약을 보증(guarantee)의 개념으로 간주하며[16], 계약의 책임은 엄격책임주의에 기반한다. 따라서, 계약에서 약정된 의무를 이행하지 않았을 경우, 그러한 보증이 지켜지지 않았으므로 채무자에게 귀책사유가 있는지에 상관없이 의무불이행에 대한 책임을 져야 한다.[17] 영미법이 엄격책임주의에 기초하고 있기는 하지만 의무불이행에 대한 책임을 언제나 면제 받을 수 없는 것은 아니다. 이러한 면제는 주로 의무를 불이행한 당사자의 계약적 보증에 내재한 한계를 인정하는 Impracticability법리 또는 Frustration법리에 입각하여 이루어진다.[18]

Impracticability법리는 미국법의 Impossibility법리에서 발전된 법리다. 즉, 당초 미국법원은 채무자를 의무이행으로부터 면제시키는 경우를, 계약목적물이 멸실 되는 경우를 포함하여 계약이행이 물리적으로 또는 객관적으로 완전히 이행불능이 되는 경우(Impossibility)로만 제한하였다.[19]

그런데, 시간이 경과하면서 미국법원은 계약체결 후에 발생한 상황으로 인해 계약이행이 현저히 곤란해졌거나 또는 (계약체결 시점에) 본래 예정했던 방식대로 이행이 가능하지 않게 된 경우에도 채무자가 의무로부터 면제되는 것을 인정하기 시작했다. 미국법원은 이렇게 이행불능이 아닌 이행곤란에 기인한 의무면제에 대해 일정 기간 동안 다른 적절한 용어를 찾지 못해 이행불능(impossibility)으로 간주하여 판결을 내려왔다. 그러나 현대에 이르러, 법원과 많은 학자들이 이행곤란(Impracticability)이라는 용어를 사용하면서부터 이행곤란의 법리가 정착하게 된 것이다.[20]

---

16) Christopher Brunner, *Force Majeure and Hardship under General Contract Principles: Exemption for Non-Performance in International Arbitration*, Kluwer Law International (2009), p. 62.

17) *Ibid*.

18) 김승현, (주 1), 205-206면 참조.

19) Gordon D. Schaber and Claude D. Rohwer, *Contracts in a Nutshell*, Third Edition (West Publishing, 1990). p. 366

20) *Ibid*. 예를 들면, 제2차 미국계약법 Restatement 조문(Restatement(2d) of Contracts) 제261조에서는 "계약체결 후, 채무자의 계약의무 이행이 자신의 귀책사유 없이 계약체결 당시 발생하지 않았을 것을 기본전제로 한 사태가 발생하여 의무이행이 곤란하게 된 경우, 의무이행을 하는 것으로부터 면제된다…"라고 규정되어 있다. 영문으로는 "Where, after a contract is made, a party's performance is made impracticable without his fault by the occurrence of an event the non-occurrence of which was a basis assumption on which the contract is made, his duty to render that performance is discharged…"라고

　　미국법에서는 불가항력의 법리가 이행불능(impossibility)의 법리에서 시작하여 이행곤란 (impracticability)의 법리로까지 확장된 반면, 영국법은 Frustration(좌절)법리에 기반하여 계약 이행은 보증되어야 한다는 원칙에서 이행책임 면제를 상당히 제한적인 경우에만 인정하고 있다. 영국법에서의 Frustration법리는 1863년 Taylor v. Caldwell[21]라는 판례를 통해 약속의 이행을 완전히 보증하는 보통법(common law)의 엄격성을 완화하기 위해 출발되었다고 볼 수 있는데, 이 사건은 계약의 대상 목적물이 멸실되는 경우를 다루었다.[22] 그 이후 점차 이 frustration법리는 계약의 목적물이 멸실된 경우뿐만 아니라 계약체결시점에 계약당사자들이 의도했던 목적이 좌절(또는 방해)되는 사안에까지 확장되어 적용되었다.[23]

　　Frustration법리와 이행곤란(Impracticability)법리의 차이는, 이행곤란 법리는 계약의무의 이행을 현저히 곤란하게 만드는 외부적인 상황의 발생을 요구하고 있는 반면, Frustration 법리는 외부적인 상황이 계약당사자들이 당초 의도했던 계약의 목적을 좌절 또는 방해하 였는지에 초점을 맞추고 있다는 점이다. 따라서, 같은 보통법계 국가들이라 할지라도 미국 법와 영국법간에 법리적인 차이가 존재한다고 할 수 있다. 미국법은 계약체결 이후 예견되 지 않은 외부적인 상황의 발생으로 인해 의무 이행은 물리적으로 가능하지만 의무이행이 채무자에게 매우 큰 부담을 주는 경우(또는 그 이행으로 채권자가 취할 수 있는 경제적인 이익 이 현저히 감소하는 경우)에 미국법은 채무자를 의무이행으로부터 면제하는 경제적 이행곤 란/불능(economic impossibility)을 인정하고 있는 반면,[24] 영국법은 원칙적으로 그러한 상황 을 면제의 상황으로 인식하는 법리를 가지고 있지 않다.

되어 있다. 이 같은 Impracticability법리는 주로 물품매매계약에 적용되는 미국통일상법전(Uniform Commercial Code) 제2-615에도 나타나 있다.
21) 3 B & S 826 (1863), 2 New Rep. 198. 보통법하에서 frustration의 법리를 확립시킨 대표적 영국계약법 판례이다.
22) 이 사건은 피고들이 원고들에게 뮤직홀(music hall)을 4일 동안 사용하도록 한 계약이었으나, 계약체결 후 뮤직홀이 첫날이 도래하기도 전에 불에 타서 멸실된 상황을 다루었다.
23) 대표적인 판례로 1874년 Jackson v. Union Marine Insurance Co., Ltd.가 있다. 한 개의 선박이 리버풀에 서 뉴포트까지 화물(이 화물은 궁극적으로 샌프란시스코의 철도에 사용될 철선이었다)을 싣고 가는 선 박용선계약이 있었는데, 리버풀을 출발하자마자 선박은 가라앉았고, 그 선박을 건져 올려 수리를 하는 데 만 6개월 이상의 시간이 걸렸다. 이 사건에서 영국법원은 선박의 장기간 수리로 인한 지연으로 인 해 선박대여계약이 당초 의도한 상업적 목적을 상실했다고 판단하여 계약이 종료되었음을 선언한 배 심원단의 결정이 맞다고 판단하였다. Brunner *supra* note 17, p. 89의 각주 449 참조.
24) 일반적으로는 그렇다 하더라도, 미국법도 여전히 계약책임은 엄격책임원칙을 존중하는 보통법 체계법 으로써, 경제적불능/곤란을 이유로 인한 채무자의 이행책임 면책은 아주 엄격하게 해석하여 상당히 제 한적으로 인정하고 있다는 것을 이해할 필요가 있다. 예를 들면 금액이 확정된 공사계약(fixed-price contracts)에서 계약체결 이후 당사자들의 지배밖에 있는 외부적인 상황(예: 공사자재가격을 상승시키 는 정부의 조치)으로 인해 시공자에게 계약의 가치가 현저히 감소하였다 하더라도, 당사자들간에 계약 내에서 배분된 위험의 균형을 깨트리면서까지 미국법원들이 시공자를 의무이행으로부터 면제하지는 않을 것이다. John W. Hinchey and Erin M. Queen, *supra* note 15, pp. 4-5 참조.

2. 대륙법계 국가들의 불가항력 법리

영미법계 국가들이 계약불이행 책임에 대해 엄격책임원칙을 취하고 있는 반면, 많은 대륙법계 국가들은 채무자의 귀책사유를 요건으로 하는 과실책임원칙을 택하고 있다.[25] 즉 대륙법체계계하에서는 채무자가 채권자에게 채무의 내용에 좇은 이행을 해야 할 의무를 그의 귀책사유로 위반한 경우 채무자에게 채무불이행책임이 성립한다. 따라서 채무자의 귀책사유 없이 채무의 이행이 불가능하게 된 때에는 채무불이행책임이 발생하지 않는다.

귀책사유라 함은 우리나라 민법에서는 원칙적으로 고의 또는 과실을 말한다고 이해되고 있다.[26] 우선, 일반적으로 이러한 귀책사유에 대한 입증책임은 채무자에게 있으므로, 채무자는 자신에게 채무불이행에 대한 고의 또는 과실이 없음을 입증하지 못하는 한 채무불이행책임을 부담한다.[27] 여기에서, 계약불이행에 대한 책임요건으로서의 귀책사유, 특히 "과실"이 무엇을 의미하는지 살펴볼 필요가 있다. 그 의미를 우리나라 민법상 불법행위요건으로서의 과실에서 찾아보는 경우, "사회생활상 요구되는 주의를 기울였다면 객관적 채무불이행이 일어나는 것을 예견하거나 회피할 수 있었을 것인데 그 주의를 하지 아니함으로써 그러한 결과가 발생하게 된 것"을 의미한다고 할 수 있을 것이다.[28]

하지만, 불법행위 제도는 대개 서로 모르는 사람 사이에서 발생한 사고로 인한 손해를 배분하는 것이지만, 계약의 경우는 상호간에 의무를 미리 정하여 약정하였다는 점에서 차이가 있다. 그러므로, 계약의무 이행에 있어서 채무자는 사회가 어느 사람에게나 요구하는 것 이상으로 채무불이행의 결과를 회피하여야 할 주의의무를 지닌다고 할 수 있을 것이다.[29] 이와 같이, 채무불이행 요건으로서의 과실은 불법행위의 경우보다 다소 넓게 인정되기 때문에, 채무자가 계약불이행으로부터 책임을 면하는 경우는, 대체로 채무자가 예상하거나 회피할 수 없는 불가항력적인 상황이 발생하거나 채권자에게 고의 또는 과실이 있는 경우 등과 같이 아주 제한적인 경우에만 인정될 수밖에 없을 것이다.[30]

따라서 영미법 하에서 채무자의 불가항력에 해당하지 않는 채무불이행으로 인해 채무자가 엄격책임원칙에 따라 책임을 지는 것은, 과실책임주의를 취하는 대륙법 하에서 계약의무 불이행의 경우에는 채무자가 불가항력 상황이 아니라면 자신에게 과실이 없었다는 것을 입증하기가 사실상 어렵게 되어 책임을 지게 되는 것과, 별반 차이가 없게 된다.[31] 즉,

25) Brunner, *supra* note 16, p. 65.
26) 양창수, 민법입문, 제4판, 박영사 (2004), 205면.
27) 상동, 206면.
28) 상동, 207면.
29) 상동, 207면.
30) 상동, 207면.
31) Brunner, *supra* note 16, p. 67 참조.

영미법 또는 대륙법이든 채무자가 채무불이행 책임에서 벗어나기 위해서는 채무자가 최선의 주의를 다하였다 하더라도 예견하거나 회피할 수 없었던 외부적인 요인, 즉 채무자의 지배영역 밖에서 발생한 상황으로 인해 채무자의 이행을 합리적으로 기대할 수 없었다는 불가항력 사유를 입증(또는 채권자의 고의 또는 과실)해야만 채무자는 채무불이행 책임에서 벗어날 수 있다고 할 수 있다.

　　위와 같은 맥락에서 프랑스는 같은 대륙법계 국가일지라도, 불가항력적인 사유가 받아들여지는 경우에만 채무자가 채무불이행에 기인한 손해배상책임으로부터 벗어날 수 있다고 함으로써 엄격책임에 가까운 법체계를 가지고 있다.32) 우리나라의 경우, 불가항력을 천재지변이나 전쟁 등과 같은 극히 비일상적인 사고를 가리키는 것으로 좁게 해석하는 견해가 있지만, 불가항력을 무과실의 개념과 같은 것으로 이해하여, 채무자가 예견의무 및 회피의무를 합한 주의의무를 다하였음에도 채무불이행을 야기한 (채무자 지배영역밖의) 모든 사유를 불가항력 사유와 동일시 하는 견해도 있다.33)

　　한편, 대륙법 또는 영미법 국가들이 갖고 있는 이행불능 또는 불가항력 법리를 통일하고자 하는 국제적인 노력이 지속되어 왔다. 이러한 노력의 결과로 국제상사계약원칙(PICC) 또는 유럽계약법원칙과 같은 국제거래규범들에 담긴 불가항력에 관한 법리들이 거의 유사하다는 점을 알 수 있는데 아래에서 이에 대해 좀 더 자세히 살펴보고자 한다.

Ⅲ. 국제거래규범 하에서 불가항력 원칙

　　국제거래와 관련된 일반적인 계약원칙(General Contract Principles)을 통일화 하는 작업에 있어서 CISG가 가장 많은 영향을 끼쳤다 할 수 있는데, 특히 불가항력 법리에 관해서는 더더욱 그렇다고 할 수 있다. CISG는 제79조에서 엄격책임원칙에 입각하여 불가항력적인 상황으로 인한 채무불이행으로부터의 책임면제와 그 면제를 제한하는 사항들을 다루고 있는데, PICC(UNIDROIT원칙), 유럽계약법원칙(PECL)34) 등 다른 국제거래규범들에서 불가항력 조항을 작성할 때에 CISG 제79조를 참조하였으므로 그 내용이 거의 유사하다.35) 따라서,

---

32) *Ibid.*
33) 정홍식 외, 국제건설에너지법-이론과 실무, 박영사 (2017), 33면; 김승현·정경화, 한국에서의 FIDIC 계약조건 적용과 관련된 법률적 문제점, 법조 65권 4호 (2016. 4), 187-189면 참조
34) 유럽계약법위원회(the Commission on European Contract Law)에서 발표한 유럽계약법원칙(the Principles of European Contract Law)이다. 여기서는 PECL이라고 칭하기로 한다.
35) 김선국, 불가항력 및 사정변경원칙에 관한 계약과 관련한 주요 국제적인 규범들 규정의 비교검토, 기업법연구 제13편 (2003), 229-230면 참조. 아래에서 보듯이 CISG, PICC, 그리고 PECL의 불가항력에 대한 기본적인 정의는 Unforeseeability(예측불가성), Uncontrollability(통제불가성), Unavoidability(회피불가성)의 세 가지로 거의 비슷하다.

불가항력 법리를 다루는 국제거래규범인 CISG 제79조, PICC 제7.1.7조, 그리고 PECL 제8:108조에서 의무불이행으로부터 채무자의 책임을 면제하는 조건들을 해석하는 기준이 같다고 볼 수 있다.[36)

위 국제거래규범들에서 불가항력적인 상황으로 인한 채무불이행 면제요건을 요약하면 다음과 같다:[37)

A. 채무자가 장애(impediment)가 발생할 것에 대한 위험을 부담하지 않았을 것과, 특히, 계약체결 시 그러한 장애가 발생할 것을 염두에 두었다고 합리적으로 기대되지 않았을 것;

B. 그 장애가 채무자의 (통상적인) 지배의 범위밖에 있었을 것;

C. 그 장애가 채무불이행의 원인이었을 것; 그리고

D. 그 장애 또는 그로 인한 결과가 합리적으로 회피할 수 있었거나 극복할 수 없었을 것

위 요건 중에서 채무자가 장애의 발생에 대해 위험을 부담하지 않았을 것이라는 요건은 CISG 제79조, UPICC 제7.1.7조, PECL 제8:108조에 명시적으로는 규정되어 있지는 않다. 하지만 해당 요건은 채무불이행 면제를 위한 주요 요건임에 틀림 없고, 해당 장애가 "채무자의 지배 범위 밖"의 장애였을 것이라는 요건 또는 "계약 체결 시 그러한 장애가 발생할 가능성을 염두에 두었다고 합리적으로 기대되지 않았을 것"이라는 요건(즉, 암묵적으로 그 장애에 대한 위험을 감수하지 않았을 것)으로부터 이끌어낼 수 있는 요건이다.[38)

CISG Article 79. (1) A party is not liable for a failure to perform any of his obligations if he proves that the failure was due to an impediment beyond his control and that he could not reasonably be expected to have taken the impediment into account at the time of the conclusion of the contract or to have avoided or overcome it or its consequences.

PICC Article 7.1.1. (1) Non-performance by a party is excused if that party proves that the non-performance was due to an impediment beyond its control and that it could not reasonably be expected to have taken the impediment into account at the time of the conclusion of the contract or to have avoided or overcome it or its consequences.

PECL Article 8:108. (1) A party's performance is excused if it proves that it is due to an impediment beyond its control and that it could not be reasonably have been expected to take into account at the time of the conclusion of the contract, or to have avoided or overcome the impediment or its consequences.

36) 이러한 국제거래규범은 국제중재사건에서 불가항력 사유를 심리할 때 참고될 수 있다. 실제 어느 한 국제중재사건(ICC Case No. 11265)에서 불가항력 사유가 예시만 되어 있고, 일반적인 정의가 없었던 계약에 대해, 중재인단은 계약의 불가항력 조항이 UNIDROIT원칙에 입각하여 해석되어야 한다고 하였다. Michael Polkinghorne and Charles B. Rosenberg, "The EBOLA Epidemic and Force Majeure: Expecting the Unexpected", Alternatives to the High Cost of Litigation (December 2014), p. 3 참조.

37) Brunner, *supra* note 16, pp. 111-112.

38) *Ibid.*, p. 112. 한편, 여기에서 논의되는 (불가항력 상황으로 인한 의무면제 요건 중) "채무자가 장애

　　그리고 사실상 계약이란 것이 당사자들 간에 계약이행에 수반되는 위험들을 배분하는 것이고, 국제건설계약도 원칙적으로는 시공자와 발주자간에 해당 프로젝트에 관한 각종 위험을 배분하는 계약이라고 해도 과언이 아닐 것이다. 그렇다면, 일반적으로 불가항력적인 상황으로 인식되는(예를 들면 천재지변, 전쟁 등) 사유로 인해 채무자의 의무이행이 어려워졌다 해도, 해당 계약에서 그러한 상황에 대한 위험을 명시적 또는 암묵적으로 감수한 것으로 인식될 수 있다면, 채무자가 의무불이행 책임으로부터 면제를 받기는 어려울 것이다.[39]

　　다시 정리하면, CISG, UPICC, PECL에서 의무불이행에 대한 책임은 귀책사유(fault)의 존재를 요건으로 하지 않고, 의무불이행 면제의 주요 요건은 의무불이행이 외부적인 장애에 원인이 있다면, 그 해당 장애가 채무자의 지배 밖에 있어야 하고 또한 채무자가 해당 장애에 대한 위험을 명시적 또는 암묵적으로 감수하지 않았어야 한다는 기준이다.

　　CISG 제79조, UPICC 7.1.1조 등에 담긴 불가항력적인 상황에서의 의무불이행 책임 면제 요건들은 전세계적으로 통용될 수 있는 일반적인 계약원칙으로 자리잡게 되었고, 중국, 동유럽, 아프리카 등 여러 나라의 현대 계약법의 불가항력 법리 구성에도 상당한 영향을 미친 것으로 알려지고 있다.[40] 그리고 이러한 일반적인 계약원칙은 ICC 불가항력 조항, FIDIC 계약조건 내 불가항력 조항, 그리고 다른 여러 표준계약들의 불가항력 조항 내에서 핵심적인 요건으로 나타나게 되었다.

Ⅵ. FIDIC 계약조건 불가항력조항에 대한 논의

　　아래에서는 FIDIC 계약조건 중에서, 소위 Yellow Book이라고 불리는 "FIDIC Conditions of Contract for Plant and Design-Build and for Construction"과 소위 Silver Book이라고 불리

　　(impediment)가 발생할 것에 대한 위험을 부담하지 않았을 것"은 당초 Impracticability법리 또는 frustration법리의 주요 부분인 "예측이 불가하였을 것(unforeseeability)"과도 관련이 있다. 즉, 어느 당사자가 계약체결 시점에 예측이 가능하였던 불가항력 상황이 있었다면, 그러한 상황에 대비해서 계약 내에 규정을 만들었을 것인데, 그러한 규정이 없다는 것은 그 위험을 안고 계약을 체결한 것으로 간주될 수 있다는 것이다. 하지만, 시간이 흐르면서 불가항력 사유로 인한 면제요건 중 "예측불가성"에 대한 중요도는 많이 감소하였다고 할 수 있다. 즉 계약체결 시점에 예측이 가능한 상황이었거나 또는 어떠한 위험이 감지될 수 있었는데, 그러한 상황/위험에 대해 계약에 규정이 없다 하더라도, 그것이 자동적으로 해당 당사자가 위험을 안고 계약을 체결하였다고 단정지을 수 없다는 것이다. 따라서, 최근에 들어서는 오히려 모든 불가항력 사유가 예견될 수 있다는 전제에서 그러한 예견가능성(foreseeability)이 어느 정도(degree)였는지가, 불가항력 사유로 인한 의무이행 면제 판단의 하나의 고려대상으로 되고 있다. 본문 아래에서 곧 논의되는 FIDIC 계약조건의 불가항력 조항에 규정된 불가항력 정의에도 예견성(foreseeability)의 요건은 빠져있다. John W. Hinchey and Erin M. Queen, *supra* note 15, pp. 5-6 참조.

39) 다시 말해서, 불가항력 법리는 강제적인 성격의 법리는 아니고, 계약에 의해서 얼마든지 조정될 수 있다는 의미이다.

40) Brunner, *supra* note 16, p 105.

는 "FIDIC Conditions for EPC/Turnkey Projects"를 중심으로 불가항력 조항에 대해 살펴보기로 한다.[41] "FIDIC Conditions of Contract for Plant and Design-Build and for Construction"은, Mechanical Plant 및 Electrical Plant용으로 작성되었다고 하고, 시공자가 발주자가 제공한 설계사양에 따라 설계업무를 수행하지만, 해당 설계사양이 적합한지에 대해서는 책임을 지지 않는다(여기서는 FIDIC Design-Build 계약조건이라고 줄여서 쓰기로 한다). "FIDIC Conditions for EPC/Turnkey Projects"는, 확정적인 금액으로 시공자가 설계사양을 포함하여 설계업무부터 공사 완료까지 모든 책임을 부담하는 형태이다(여기서는 FIDIC EPC/Turnkey 계약조건으로 줄여서 부르기로 한다).

FIDIC 계약조건 불가항력 조항인 제19조의 규정들은 Yellow Book과 Silver Book이 모두 동일하나, 발주자와 시공자에게 각기 배분된 위험들에 대비하여 발생하는 불가항력의 효과 측면에서 FIDIC Design-Build 계약조건과 FIDIC EPC/Turnkey 계약조건 사이에 약간의 차이가 있으므로, 아래에서는 이 두 조건을 가지고 논의하는 것이 의미가 있다고 생각된다. 그리고, 여기서 "FIDIC 계약조건"이라는 용어를 사용하는 경우 어떤 유형이던 상관없이 공통적으로 사용되는 계약조건을 의미한다.

1. FIDIC 계약조건 제19조 규정에 대한 개별적 논의[42]

FIDIC 계약조건에서 불가항력 관련 조항들은 제19조(Force Majeure)에 나열되어 있는데, 그 구성은 19.1항의 불가항력의 정의로부터 시작해서, 불가항력에 관한 통지(19.2항), 불가항력으로 인한 효과(19.3항), 불가항력 사유 발생에 의한 해지(19.5항) 등을 포함하여 총 7개 조항으로 나누어져 있다. FIDIC 계약조건 제19조의 규정을 요약한다면 다음과 같다. 먼저 제19.1항에 정의된 불가항력 사유에 의하여 영향을 받은 당사자는 이를 알게 된 때 또는 알았어야 하는 때로부터 14일내에 상대방 당사자에게 통지하여야 하고(제19.2항), 그러한 통지를 한 당사자는 불가항력 사유로 인한 불이행 책임으로부터 면제를 받게 된다. 그리고, 제19.3항 불가항력 효과(Consequences of Force Majeure)에 의하면, 불가항력 사유가 발생한 시공자는 공사기간의 연장을 받을 수 있고, 또한 불가항력의 사유가 특정조건을 만족시키는 경우라면 추가비용의 지급에 대한 권리까지 갖는다. 한편, 불가항력 사유로 인하여 시공자가 특

---

41) FIDIC 계약조건은 시공자가 설계책임을 부담하는지 여부 및 그 정도에 따라 크게 Conditions of Contract for Construction, Conditions of Contract for Plant and Design-Build, 그리고 Conditions of Contract for EPC/Turnkey Projects의 세 가지 주요 계약조건으로 나누고, 편의상 그 겉표지의 색깔을 따라 각각 Red Book, Yellow Book, Silver Book으로 나뉜다. 국제건설계약은 FIDIC 계약조건을 직접 사용하지는 않는다고 하더라도 건설공사의 종류에 따라 적절한 FIDIC 계약조건을 선택한 후, 이를 기초로 해서 당사자들간 계약조건 협상을 하는 경우가 많다고 한다. 신현식·정수용·최대혁, (주 5), 65-66면 참조.

42) 앞에서 언급한대로, FIDIC 계약조건은 2017년 FIDIC 개정판이 발간되었는데, 여기에서의 논의는 2017년 개정판 전의 1999년 FIDIC 계약조건을 가지고 논의한다.

정기간을 초과하는 시점까지 공사를 완공할 수 없게 된 때에는 일방당사자는 상대방에게 통지함으로서 계약을 해지할 수 있다(제19.5항). 이러한 계약해지시 발주자가 시공자에게 지급할 금액은 제19.6항이 정한 바에 따라 결정된다. 제19조의 마지막을 구성하는 제19.7항은, 제19.1항에서 정한 불가항력 사유가 아니라도 예외적인 상황의 발생 또는 준거법이 시공자를 추가적인 의무이행으로부터 면책시키는 경우, 그 의무 불이행에 대해서 당사자들이 책임을 면할 수 있도록 규정하고 있다.

불가항력 조항 제19조의 특징을 얘기하자면, FIDIC 계약조건은 전체적으로는, 시공자가 계약을 위반하면 귀책사유의 유무와 관계없이 채무불이행에 따른 손해를 배상하여야 하므로 기본적으로 영미법계의 엄격책임주의를 취하고 있으나, 불가항력 사유가 발생하는 경우에는 제19조의 규정에 따라 시공자의 책임을 면제하고 있으므로 프랑스법적인 요소도 포함하고 있다고 할 수 있다.[43] 또한, FIDIC 계약조건 불가항력 조항 규정은 우리 민법과 비교해볼 때 시공자를 상당히 더 보호하고 있음은 명백하다.[44] 즉, 우리 민법상 일반적인 도급계약하에서 불가항력 사유가 발생하면 채무자는 그 채무를 이행할 책임으로부터 면제받는다.[45] 하지만, 일반건설계약에서 별도의 규정이 없는 경우, 시공자는 건설공사목적물을 완성하여 인도할 의무를 면하기는 하지만, 발주자로부터 대금을 지급받을 수 없게 되어, 결국 불가항력으로 인한 경제적 위험부담은 시공자가 부담하게 된다.[46] 하지만, FIDIC 계약조건은 불가항력의 경우 시공자에게 완공이 지연되는 만큼 공기를 연장해줄 뿐만 아니라 불가항력에 의해 발생한 비용까지 보상해 주도록 하고 있어, 시공자에 대한 보호가 이례적이라 할 수 있다.[47]

그러나 이와 같은 FIDIC 계약조건의 불가항력 규정도 제대로 그 내용을 파악하지 못하면, 시공자들은 그 조항의 보호를 받지 못하는 경우가 종종 발생할 수 있다. 또한 제19조의 규정을 발주자와 협상을 통해서 시공자가 수행하는 해당 국제건설공사에 더 부합되게 수정할 수 있는 여지도 있을 텐데, 이는 제19조의 규정을 제대로 파악하지 못하고서는 어려운 일일 것이다. 그래서 아래에서 제19조를 구성하는 개별 조항들에 대해서 구체적으로 살펴보면서, 필요한 경우 불가항력 조항을 좀 더 유리하게 활용할 수 있는 방안을 논의해보기로 한다.

---

43) 프랑스법에서는 수단채무와 결과채무를 구분하고, 결과채무에 대해서는 원칙적으로 과실이 있는 것으로 추정하고 채무자가 불가항력 내지 우연사를 입증하는 경우에만 책임을 면하게 하고 있다고 한다. 정홍식 외, (주 33), 23면; 김승현·정경화, (주 33), 188면 참조.
44) 신현식·정수용·최대혁, (주 5), 89면.
45) 상동, 89면.
46) 상동, 89면
47) 김승현, (주 1), 203면.

가. 19.1항(Definition of Force Majeure)

FIDIC 계약조건상 어떠한 사유가 불가항력으로 간주되려면, 먼저 19.1항에 규정된 불가항력에 관한 정의를 충족하여야 하는데, 19.1항의 첫 부분은 불가항력으로 인식되기 위한 예외적인(exceptional) 상황의 요건을 다음과 같이 4가지로 명시해 놓고 있다.

A. 어느 당사자의 지배[통제]밖에 있었을 것,

B. 그 당사자가 계약체결이전에 합리적으로 대비하지 못하였을 것,

C. [해당상황이] 발생한 이후에, 그 당사자가 회피하거나 또는 극복하지 못하였을 것, 그리고

D. [해당상황이] 다른 당사자로부터 실제적으로 기인되지 않았을 것.

FIDIC 계약조건 제19조의 불가항력에 대한 정의는 기본적으로 위에서 설명된 CISG 제79조, PICC 제7.1.7조, PECL 제8:108조 등 국제거래규범상 불가항력에 대한 일반적인 계약원칙으로 자리잡은 원칙을 따르고 있는 것을 볼 수 있다.[48] 즉, 의무불이행 당사자가 FIDIC 계약조건 제19조에서 계약 체결 이후에 발생한 예외적인 사유로 인해 의무불이행으로부터 면제를 받으려면, 불가항력적인 상황이 (i) 해당 당사자 통제범위 밖에 있었을 것, (ii) 계약 체결 시점에 그러한 상황의 발생을 염두에 두었다고 합리적으로 기대되지 않았을 것, 그리고 (iii) 해당 사유를 피할 수가 없었을 것 등, 세 가지 핵심요건을 충족하여야 한다. 또한 예외적인 상황이 다른 당사자에 의해 상당하게 기인된 것이라면 불가항력적인 상황이라 할 수 없다. 즉, 불가항력에 의한 채무불이행 면제는 양 당사자의 통제를 벗어난 상황 또는 사건으로 인해 당사자 일방이 자신의 의무를 이행하지 못하게 된 경우에, 불가항력의 영향을 받은 당사자에게 부여하기 위한 것이 전제되어 있으므로, 만약 해당 상황이 다른 당사자의 통제가 가능했음에도 불구하고 그 당사자의 행위 또는 부작위에 의해 실질적으로 발생한 것이라면 불가항력 상황이라고 할 수 없을 것이다.

FIDIC 계약조건 19.1항은 위와 같이 불가항력에 대한 추상적인 정의를 내린 후, 나아가 다음과 같이 불가항력에 해당하는 구체적인 사유를 예시하고 있다.

A. 전쟁, 교전 (전쟁이 선포되었는지 상관없이), 침투, 외적의 행위,

B. 반란, 테러, 혁명, 폭동, 무력 또는 정권찬탈, 또는 내전

C. 난동, 소요, 소란, 시공자 또는 하도급업자의 직원, 근로자들이 아닌 자들에 의한 파업 또는 영업장 폐쇄

---

48) Brunner, *supra* note 16, pp. 107-108.

　　D. 시공자의 군수품, 폭발물, 전리방사선 또는 방사선 사용으로 기인한 경우를 제외한,
　　　　군수품, 폭발물, 전리방사선 또는 방사선오염, 그리고
　　E. 지진, 허리케인, 태풍, 화산활동과 같은 자연재해"

　　위에 명시된 불가항력 상황 리스트는 예시에 불과한 것이고, FIDIC 계약조건에서 허용
되는 모든 불가항력 상황을 명시한 것은 아니다. 즉, 19.1항에서는 불가항력적인 사건의 경
우들을 특정해서 나열하기에 앞서 "불가항력은 다음의 예외적인 사태들 또는 상황들을 포
함하나, 위 (a) 내지 (d)의 조건들이 충족된다면 거기에 국한되지 않는다("…include, but not
limited to…")"라고 명시함으로써, 19.1항에 예시되지 않은 예외적인 상황들도 불가항력 사유
로 간주될 수 있음을 분명히 하였다. 특히, "…include, but not limited to…"라는 문구는, 조
항에서 이미 예시된 불가항력 상황들과 전혀 다른 불가항력 상황들도, 불가항력의 기본적
인 요건들을 갖추면 불가항력 상황으로 법원이 넓게 해석할 수 있도록 하는 목적을 가지고
있다.[49]

　　위 19.1항에 담겨 있는 불가항력의 정의를 볼 때, 최근 중동지역에서 Islamic State를 수
립할 목적으로 각종 테러행위를 자행하고 있는 ISIS의 행위들이 "테러"로 인정될 수 있을
것이고, 그에 대응하는 서방국가들의 조치들은 19.1항내에서 예시하고 있는 "전쟁", "교전"
으로도 인정될 수 있을 것이다. 그런데, 지난 2014년에 아프리카 지역에서 유행한 전염병인
에볼라의 경우, 해당 아프리카 지역에서 프로젝트를 수행중인 시공사들이 에볼라 사건을
불가항력 상황으로 인정받을 수 있을지 검토해 본다.

　　우선, 에볼라는 급속히 확산되는 전염병으로서 많은 국제계약 내의 불가항력 정의에
"Epidemic"으로 명시되나, FIDIC 계약 19.1항에서는 명확히 불가항력의 경우로 예시되어 있
지는 않다. 그렇다면, 에볼라를 불가항력 상황으로 보기 위해서는 19.1항에 규정된 네 가지
요건을 충족하는지 살펴보아야 할 것인데, 에볼라가 예외적인 상황으로서 불가항력을 주장
하는 당사자의 지배 밖에 있었다거나, 발생한 이후에 회피할 수 없었다는 점을 설득하는 것
은 문제가 없으리라 본다.[50] 그럼, 관건은 에볼라를 계약체결 이전에 합리적으로 대비할 수

---

49) 덧붙이면, 계약서 해석에 있어서, 영미법계 법원들은 "ejusdem generis"라는 해석원칙(동종제한의 원
　　칙)에 의해서, 계약서 문구를 가능한 한 좁게 해석하려는 경향이 있다. 가령 어느 국제건설계약의 불가
　　항력 조항에서 불가항력 사유를 예시한 후 "other events beyond its control"라는 문구를 사용하여 조
　　항에서 예시되지 않은 다른 불가항력 사유를 포함하도록 할 수 있다. "ejusdem generis"원칙은 이같은
　　문구를 이미 예시된 불가항력 사유들과 유사한 불가항력 사유들로만 제한하려 한다. 영미법계 법원들
　　의 이러한 해석을 배제하기 위해 "included, but not limited to"가 사용되는 것이 바람직 할 것이다.
　　Brunner, *supra* note 16, p. 388 참조.
50) Howard Barrie and Dominic Lacey, "Force Majeure: Analysis of the Ebola Outbreak and its Impact on
　　Project Finance Contracts in Africa", Butterworths Journal of International Banking and Financial Law

없었다는 점을 입증하는 것으로 보이는데, 이것은 계약체결 당시에 해당 프로젝트 수행지역에서 에볼라가 발생했었는지 또는 (발생하지 않았다고 하더라도) 발생가능성을 예측할 수 있었던 상황인지, 그리고 발생한다면 어느 정도까지 심각한 수준이 될 것인지 등에 관한 여러 정황을 고려해서 판단해야 할 것이다.[51]

만일 에볼라 사태가 공사수행에 지장을 줄 수 있는 상황을 예견하고서도 불가항력 조항 등의 계약서 내에 이를 명확하게 반영하지 않았다면, 시공자가 그에 대한 위험을 묵시적으로 부담하였다고 해석될 수도 있음을 유의해야 한다.[52] 한 예로 최근의 ICSID[53]중재사건(Niko Resources v. Bangladesh Petroleum Exploration & Production Co.)은 피신청인(방글라데시 가스회사 등)이 2005년에 방글라데시 법원이 내린 지급금지명령을 불가항력 사유로 주장하며, 2006년에 체결된 가스공급계약 하에서 신청인(가스개발/공급회사)이 피신청인에게 인도한 가스에 대한 대금지급을 거부한 사안을 다루었다.[54] 피신청인은 방글라데시 계약법 56조에 의존하였는데, 해당 조항은 계약의 의무이행이 계약이 체결된 이후에 불가능하게 되거나 또는 의무이행 당사자가 피할 수 없는 사유로 인해 불법으로 된 경우에 해당의무 무효화 된다고 규정하고 있었다.[55] 하지만, ICSID중재단은 2005년 지급금지명령이 불가항력 사유가 아니라고 판단하였는데, 그 이유는 해당 지급금지명령이 2006년 계약 체결 전에 발생하였으므로, 계약당사자들은 이를 알고 있었고 예견 가능하였기 때문에 계약이행을 면제해 줄 불가항력 사유로 볼 수 없다는 것이었다.[56] 즉, 계약당사자들은 법원의 지급금지명령을 계약체결 전에 이미 인지하여 예견 가능했던 장애였으므로, 당사자들은 이러한 위험을 부담하고 가스공급계약을 체결한 것으로 간주한 것이다.

따라서, 계약체결 전에 예견된 위험이 있다면, 이를 계약서에 명시하여 그 위험에 대한

(January 2015), p. 2.

51) *Ibid.*
52) 위 각주 40에서도 잠시 논의하였지만, FIDIC 계약조건 불가항력 조항 내 불가항력 정의 요건에 "예견이 불가하였을 것"이라는 요건은 명시적으로 규정되어 있지 않다. 하지만, 해당 불가항력 사유가 예측이 충분히 가능하였던 불가항력 사유고, 계약체결 시점에 그러한 위험을 안지 않도록 계약 내에 합리적으로 규정했을 것이라는 추측이 가능하다면, 해당 당사자가 불가항력 위험에 대한 부담을 안고 계약을 체결했으리라는 해석이 나올 수 있다는 것이다.
53) International Center for Settlement of Investment Disputes. 세계은행 기관의 하나로 국가와 타국국민간의 투자분쟁해결에 관한 협약(ICSID convention)에 따라 1966년에 설립되어, 투자자-국가 간 투자분쟁에 대한 조정 및 중재절차를 제공한다. NAVER 지식경제용어사전에서 "국제투자분쟁해결센터"라는 용어에 해당하는 내용 참조.
54) Michael Polkinghorne and Charles B. Rosenberg, *supra* note 36, p. 2. 여기서 말하는 지급금지명령은 방글라데시법원이 피신청인에 대해 가스개발/공급프로젝트와 관련한 합작투자계약이 유효한지 판단이 나올때까지 신청인에 대한 지급을 금지하라는 명령(injunction)을 말한다.
55) *Ibid.*
56) *Ibid.*

부담을 어떻게 배분할지 명확히 할 필요가 있다. 물론 계약서에 불가항력으로 예시를 하지 않았다 하더라도, 19.1항의 네 가지 추상적 요건들을 충족하였다고 주장하여 불가항력으로 인정받을 수는 있다. 하지만 이러한 요건들이 충족되었다고 법원을 실제로 설득하기는 매우 어려운 일이다. 특히, 영미법계 법원들은 불가항력 조항에 정해져 있지 않은 상황을 불가항력적인 사유로 인정함으로써, 계약서에서 당사자들이 이미 합의한 위험(risk) 배분구조를 깨트리는 것을 아주 꺼려한다는 것을 이해할 필요가 있다.[57]

한편, 19.1항에 불가항력 상황으로 이미 예시되어 있는 상황들은 다소 폭넓게 열거되어 있어, 이를 좀 더 구체화 시킬 수 있는 여지가 없는 것은 아니다. 예를 들어, "terrorism"이 불가항력 사유로 예시되어 있는데, 만일 실제 테러행위가 발생하여 공사수행이 중단된 것이 아니고, 위협만 있는 상태에서 중단된 상태라면 이와 같은 상황도 "terrorism"에 포함될 수 있을 지 의문이 들 수 있다. 그런데, 이러한 의문을 아예 차단하기 위한 방안으로, 해당 문구를 "terrorism(whether actual or threatened)"와 같이 수정하면, 테러행위가 실제 발생하지 않았더라도 위협만 있는 상태에서 공사수행이 중단되는 상황도 불가항력 상황이란 것이 분명해질 수 있다.[58]

즉, 공사가 진행되는 국가의 테러행위 발생 가능성이 다른 국가들에 비해 높다면, 위와 같이 "테러"에 대한 용어를 좀 더 구체화해서 추후 법원의 해석이 엇갈리지 않도록 명확히 해두는 것이 바람직할 것이다. 시간이 다소 소요된다고 하더라도, 공사가 진행되는 국가에서 일어날 수 있는 상황으로서 공사에 지장을 줄 수 있는 것들이 무엇인지 자세히 분석한 후, 해당 사유들을 불가항력적인 사유로서 불가항력 조항에 구체적으로 규정할 필요가 있다. 또한 불가항력 조항에 이미 반영되어 있는 사유들의 경우에도 그 해석이 불분명한 사유가 있다면, 해당 사유를 좀 더 구체화하여 명확하게 규정하는 것이 바람직하다.[59]

---

57) Phillip L. Bruner and Patrick J. O'Connor, Jr., Bruner and O'Connor on Construction Law (database updated July 2013), Chapter 19 Remedies and Damages Measures, VI. Agreed Remedies and Damage Measures, p. 3. 영미법계 법원뿐만이 아니라, 국제중재인들도 불가항력 조항을 좁게 해석하려는 경향이 있다고 한다. Michael Polkinghorne and Charles B. Rosenberg, *supra* note 36, p. 3 참조.

58) Wright, *supra* note 13, p. 15.

59) East Air Lines Inc. v. McDonnell Douglas Corp.이라는 1976년 미국법원 판례(532 F.2d 957 (5th Cir. 1976))에서 법원이 McDonnell이 정부가 베트남전쟁기간동안 주문한 생산량을 소화하기 위해서, Eastern Air Line주문에 대한 생산을 지연한 책임을 면책해 주었다. 이 McDonnell 사건의 불가항력 조항에는 불가항력 사유로서 "정부행위, 정부우선순위, 자재, 그리고 장비, 시설, 또는 완성된 비행기에 영향을 끼치는 배분정책 또는 주문"("any act of government, government priorities, allocation regulations or orders affecting materials, equipment, facilities, or completed aircraft")이 포함되어 있었다. 법원은 이행 불이행 사유가 불가항력 사유에 예시된 "정부우선순위"에 의한 주문으로 인해 납품이 지연된 것이므로 McDonnell이 의무이행으로부터 면제(즉, 민간업체 주문에 대해 정부주문이 우선한다는 명시적 문구가 있으므로)된다고 판결하였다. 계약의 불가항력 조항에 단순히 "정부행위"로만 예시하지 않고, 정부행위의 종류를 구체적으로 예시한 것이 McDonnell이 의무이행으로부터 면제된 주요이유가 된 것이다.

나. 19.2항(Notice of Force Majeure)

FIDIC 계약조건 19.2항은 어느 당사자가 불가항력적인 상황으로 계약의 의무를 이행 못하게 되는 경우("If a Party is or will be prevented from performing any of its obligations under the Contract by Force Majeure….."), 해당 당사자는 불가항력적인 상황을 인지하였거나 또는 인지했었어야 하는 시점으로부터 14일 이내에 상대방 당사자에게 불가항력 사유에 대한 내용, 그리고 불가항력 사유로 이행을 못하게 되는 의무들을 명시하여 통보하도록 하고 있다. 이와 같은 14일 이내에 통지를 하고 난 이후에는, 19.3항에 따라 불가항력 사유가 종결되는 시점에서의 통지 이외에는, 추가적으로 통지를 할 의무를 부과하고 있지 않다. 따라서, 불가항력에 대한 통지는 불가항력 기간 동안에 어떠한 의무로부터 면제되는지를 결정하게 되므로, 해당 통지문은 매우 신중하게 작성할 필요가 있다고 본다.[60] 19.2항의 통지가 이루어지면, 불가항력으로 영향을 받은 당사자는 해당 의무 이행으로부터 벗어나게 된다. 단, 불가항력으로 인한 의무면제의 범위에 대금지급의무는 포함되지 않으므로, 어느 당사자도 계속해서 대금 지급의무 이행을 하여야 한다.[61]

여기서 주목해야 할 점은 불가항력으로 인해 의무이행이 불가능("…prevented from performing…")하게 되어야 불가항력으로 인한 구제를 신청할 수 있다는 점이다. 만일 불가항력적인 상황이 시공자의 비용을 상당히 상승시키기는 했지만, 의무자체는 계속해서 이행할 수 있다면, FIDIC 계약조건 제19조에서 불가항력으로 기인한 구제를 요청할 수 없을 것이다. 하나의 예를 들자면, 미국과 영국법원들이 1950년대 수에즈 사건 발생으로 해상운송의무 이행으로부터 벗어나고자 했던 운송사들의 불가항력으로 인한 구제 요청을 거부한 것이다. 법원들이 운송사들의 구제 요청을 거부한 이유는 수에즈운하를 통과해서 물건을 운송하지 못한다고 하더라도, 비용은 더 상승하겠지만 희망봉(Cape of Good Hope)을 통과해서라도 의무를 이행할 수 있었다는 점 때문이다.[62] 따라서, 불가항력으로 인한 구제 요청을 하

60) Jeremy Glover and Simon Hughes, *supra* note 3, p. 365. 한편, 앞서서 국제거래규범 체계하의 불가항력 원칙을 논의하였을 때 잠시 언급하였듯이, 불가항력 통지를 아니하였을 경우(또는 통지가 지연된 경우에), 채무자가 통지 미도달로 인한 손해배상책임은 부담하지만 본래의 의무를 이행하여야 할 책임은 없다고 본다.

61) 즉, FIDIC 계약조건은 금전지급채무의 경우에는 아예 불가항력 항변을 할 수 없다고 규정하고 있는 것인데, 예를 들어 천재지변에 의해 교통수단과 통신시설이 모두 파괴되어 대금지급자체가 불가능한 경우에도 발주자가 책임을 면하지 못하는 경우가 발생할 수 있는 것이다. 어떻게 보면 이러한 결과가 불합리한 결과로 보일 수 있는데, 이는 대부분의 국가에서 금전지급의무는 특별히 취급되고 있는 것에 기인한다 볼 수 있다. 가령, 일본 민법의 경우도 FIDIC 계약조건과 같은 태도를 취하고 있다고 하고, 영미법계에서는 그 통화가 소멸하지 않는 한 발주자가 자금을 조달할 수 없었다는 사정은 불가항력에 해당하지 않는다고 한다. 한편, 한국 민법 제397조 제2항 후단에서는 "금전채권의 채무자는 과실 없음을 항변하지는 못한다"고 규정하고 있는데, 금전지급의무 이행지체가 불가항력에 의한 것임을 증명하면 채무자는 그 책임을 벗어난다고 하는 견해도 있다. 김승현·정경화, (주 33), 189-192면 참조.

62) Jeremy Glover and Simon Hughes, *supra* note 3, p. 365. 이와 관련하여, 앞서서 잠시 논의한 에볼라의

기 위해서는 불가항력으로 인해 의무이행이 완전히 불가능한 상황이어야 하고, 불가항력으로 인해 의무이행을 방해 받는다거나 혹은 경제적 비용이 상승한다는 점과 같은 사유로는 불가항력에 따른 구제 요청을 할 수가 없다고 본다.

다. 19.3항(Duty to Minimize Delay)

19.2항에 따른 불가항력 통지 이후에, 19.3항은 각 당사자로 하여금 불가항력으로 인한 의무이행 지연을 최소화하도록 모든 합리적인 노력을 기울이도록 하고 있다. 그리고, 불가항력적인 상황이 종료되면, 한 당사자는 다른 당사자에게 통지하여야 한다. 불가항력으로 인한 공사지연이나 다른 손실을 최소화 하기 위한 조치를 취하여야 하는 의무는 대부분의 국가의 법령에서 규정하고 있다고 할 수 있다. 시공자 입장에서는 발주자와 협력해서 의무이행 지연을 최소화할 수 있는 부분이 있다면, 당연히 그러한 노력을 하는 것이 합리적이라 할 것이다.

라. 19.4항(Consequences of Force Majeure)

19.4항은 19.1항에서 정의된 불가항력 사유 발생 시 시공자가 갖는 공사기간 연장 청구권과 추가비용 청구권에 관해 규정하고 있다. 그런데, 이 19.4항은 시공자와 발주자간 위험분배 내용을 담은 FIDIC 계약조건 제17조와 밀접한 관계가 있다. 제17조는 주로 공사가 수행되는 국가에서 일어나는 상황으로 인해 공사가 지연되는 경우들을 발주자가 부담하는 위험들로 규정하고 시공자에게 공사기간 연장 또는 추가비용 청구를 허용한다.[63] 반면에 제19조는 공사가 수행되는 지역과 상관없이 발생하는 불가항력적인 상황들에 대해 규정해 놓은 것이고, 이러한 상황들의 경우 공사기간 연장은 허용되지만, 추가비용 청구는 제17조에 규정된 발주자 부담위험의 경우와 일치하는 경우에만 허용된다.

좀 더 자세히 살펴보면, FIDIC EPC/Turnkey 계약조건 17.3항(Employer's Risks)에 정의된 발주자 부담 위험들에는 다음과 같은 것들이 있다.

A. 전쟁, 교전(전쟁이 선포된 여부에 상관없이), 침투, 외적의 행위

경우도 마찬가지이다. 에볼라 사태가 불가항력 정의의 요건을 충족한다 하더라도, 그 사유로 인해 의무이행이 완전히 불능해져야만이 불가항력 조항에 의한 구제를 받을 것이다.

63) 2017년 개정된 FIDIC 조건에서는 17조의 제목을 "위험 및 책임"(Risk and Responsibility)에서 "공사목적물에 대한 보전 및 면책"(Care of the Works and Indemnities)으로 변경하면서, 명시적으로 발주자의 위험에 대한 개념을 삭제하였다. 하지만, 여전히 발주자는 현장을 시공자가 공사업무를 수행할 수 있도록 제공(현장에 대한 정보 제공 포함)하는 것과 현장에서 예측이 불가한 상황에 기인하여 시공자의 비용이 상승하는 것 관련한 위험에 대해 부담하는 개념은 2017년 계약조건에서도 변함이 없어 보인다. Hasan Rahman, *supra* note 6, p. 1 참조.

B. 공사가 수행되는 국가 내, 반란, 테러, 혁명, 폭동, 무력 또는 정권찬탈, 또는 내전

C. 공사가 수행되는 국가 내, 난동, 소요, 소란, 시공자 또는 하도급업자의 직원, 근로자들이 아닌 자들에 의한 파업 또는 영업장 폐쇄

D. 공사가 수행되는 국가 내 시공자의 군수품, 폭발물, 전리방사선 또는 방사선 사용으로 기인한 경우를 제외한, 군수품, 폭발물, 전리방사선 또는 방사선오염, 그리고

E. 음속 또는 초음속으로 비행하는 비행기 또는 비행장치에 기인하는 프레셔웨이브 (pressure waves)

그런데, 디자인 업무를 포함하여 공사완성에 대한 전적인 책임을 시공자가 부담하는 FIDIC EPC/Turnkey 계약조건에 비해, FIDIC Design-Build 계약조건하에서는 발주자가 다음의 위험들을 추가로 부담한다.

• 계약에서 달리 정하는 경우를 제외하고, 발주자가 공사목적물의 사용 또는 점거
• 공사목적물 일부에 대해 발주자 직원 또는 발주자가 책임을 지는 자에 의한 디자인
• 예측불가하였거나 또는 경험있는 시공자가 적절한 예비방책을 조치하였을 것으로 합리적으로 기대되지 않았던 자연 재해(forces of nature)의 작용

그렇다면, 위에서 보는 바와 같이 이미 발주자 부담 위험들 내에 전쟁, 교전, 소요, 자연재해(FIDC Design-Build 계약조건의 경우)와 같은 불가항력 사유들이 포함되어 있는데, FIDIC 계약조건 내 불가항력 조항인 제19조와는 불가항력의 범위 및 효과적인 측면에서 어떤 차이가 있는 것인지 알아볼 필요가 있다. FIDIC 계약조건 19.4항에서는 위와 같은 불가항력 상황이 발생하면 FIDIC 계약조건 17.4항(Consequences of Employer's Risks)에서와 마찬가지로 공사기간 연장 또는 추가비용을 청구할 수 있다. 하지만, 19.4항에서 추가비용을 청구할 수 있는 경우는 19.1항에 예시된 불가항력 중 (i) 내지 (iv)[64]까지만 적용되고, 또한 (ii) 내지 (iv)의 경우는 해당 불가항력 사유들이 공사수행 국가 내에서 발생했을 경우에만 추가비용 청구권이 시공자에게 발생한다. 결국, 추가 비용 청구측면에서 불가항력 조항 제19조에 따라 발주자가 시공자에 대해 비용을 추가로 부담할 수 있는 사유들은, 17.2항(Employer's

---

64) 19.1항에서 예시된 불가항력 사유를 여기서 다시 나열하면 다음과 같다: (i) 전쟁, 교전(전쟁이 선포되었는지 상관없이), 침투, 외적의 행위; (ii) 반란, 테러, 혁명, 폭동, 무력 또는 정권찬탈, 또는 내전, (iii) 난동, 소요, 소란, 시공자 또는 하도급업자의 직원, 근로자들이 아닌 자들에 의한 파업 또는 영업장 폐쇄, (iv) 시공자의 군수품, 폭발물, 전리방사선 또는 방사선 사용으로 기인한 경우를 제외한, 군수품, 폭발물, 전리방사선 또는 방사선오염, 그리고 (v) 지진, 허리케인, 태풍, 화산활동과 같은 자연재해.

Risk)에 정의된 발주자 부담 위험들에 관련된 사유들과 동일하다.[65]

단, 위에서 보았듯이 FIDIC Design-Build 계약조건의 경우 17.2항에서 자연재해를 발주자가 부담해야 하는 위험으로 보고 있으므로, FIDIC EPC/Turnkey 계약조건과는 달리 자연재해에 대해서도 추가비용 청구를 불가항력 조항에서가 아니라, 발주자 부담위험의 하나로서 17.4항(Consequences of Employer's Risks)에 준하여 시공자가 청구할 수 있는 점에서 차이가 난다.[66] 물론, FIDIC EPC/Turnkey 계약조건 제19조에서 자연재해 전체 또는 일부에 대해서도 추가비용을 청구할 수 있도록 수정한다면 본래 FIDIC EPC/Turnkey 계약조건이 의도하는 위험배분과는 다르지만, 이러한 변경이 당사자간에 합의된 사항이라면 변경하지 못할 이유도 없다.

마. 19.5항(Force Majeure Affecting Subcontractors)

19.5항은 시공자의 하청업자가 원청계약에 기재된 불가항력의 범위보다 넓은 하청계약조건에 의해 의무이행으로부터 면제를 받는 경우, 그러한 넓은 불가항력 사유로 인하여 시공자가 원청계약상 의무이행으로부터 면제를 받을 수 없다고 규정하고 있다. 이 19.5항은 시공자가 원청계약에서 가지고 있는 의무들을 하청업자와의 계약에 그대로 반영하여야 하는 이유이고, 설사 하청계약에서 불가항력을 넓게 규정한다고 하더라도, 시공자가 FIDIC 계약조건에서 그와 같은 사유에 의존할 수 없음은 명확하다.[67]

바. 19.6항(Optional Termination, Payment and Release)

19.6항은, 19.2항에 의해 통지된 불가항력 사유가 84일 연속으로 지속되거나 또는 같은

---

65) 여기서 비용은 FIDIC 계약조건의 "Cost" 정의에 의하면, 간접비용 및 유사한 비용을 포함하여 시공자에 의해 공사현장 또는 공사현장 밖에서 합리적으로 발생되는(또는 발생될) 지출을 의미하되, 이익은 포함되지 않은 비용을 의미한다. 더 명확하게 얘기하면, 불가항력에 의해 공사목적물이 손상되거나 멸실되는 경우, 발주자의 위험 부담을 다루는 FIDIC 계약조건 17.3항 및 1.7.4항에 따라, 시공자가 해당 손상/멸실을 복구하기 위한 직접적으로 지출되는 금액을 발주자로부터 보상받으면 된다. 한편, 이러한 직접적인 지출이외에 불가항력으로 인해 발생하는 추가 비용은 FIDIC 계약조건 17.3항과 17.4항에서도 다루고 있지만, FIDIC 계약조건의 19.4항에서도 제17조에 규정된 발주자 부담위험의 경우와 일치하는 경우에 추가비용 청구를 허용하고 있는 것이다. 예를 들면, 불가항력이 지속되는 동안 공사수행을 하지 못하고 시공자의 현장인력이 대기해야만 했을 때 발생하는 시공자의 간접비가 FIDIC 계약조건 19.4항에서 언급되는 비용에 포함될 수 있다. 김승현, (주 1), 203-204면 참조.
66) 달리 얘기하면, FIDIC EPC/Turnkey 계약조건은 시공자가 확정된 금액(fixed lump−sum price)을 가지고 디자인을 포함한 프로젝트 수행 모든 것에 대한 책임을 지는 것을 상정하고 있으므로, 시공자가 프로젝트 수행을 하면서 예측 불가한 상황으로 인해 비용이 상승되는 부분을 발주자가 부담하는 것을 최대한 제한하려는 의도가 보인다. 즉, FIDIC EPC/Turnkey 계약조건 4.12항은 "계약서 내에서 달리 정한 경우를 제외하고는", 시공자가 프로젝트에 관련한 모든 정보를 습득하였고, 모든 어려움(difficulties)을 예측하였으며, 또한 계약금액은 예측 불가한 어려움까지도 감안한 금액인 것을 인지한 것으로 명시하고 있다.
67) Jeremy Glover and Simon Hughes, *supra* note 3, p. 369.

불가항력 사유가 전체적으로 140일 이상 계속되는 경우에는 시공자 또는 발주자가 상대방에게 통지를 하여 계약을 해지할 수 있고, 계약의 해지는 통지 이후 7일 이후에 효력이 발생된다고 규정하고 있다. 이러한 경우, 시공자는 계약해지 시점까지 완성한 공사목적물에 대한 대금, 시공자에게 이미 인도되었거나 인도를 거절하지 못하는 공사자재에 대한 비용, 또한 공사를 완공하기 위해 시공자가 합리적으로 발생한 비용 등에 대해서도 지급을 받을 수 있다. 물론 이와 같은 시공자의 지급요청에는 구체적인 증빙자료가 수반되어야 할 것이므로, 불가항력을 포함하여 계약이 해지될 경우에 대비하여, 시공자가 공사를 진행하면서 발생되는 비용에 대한 자료를 체계적으로, 또한 구체적으로 정리해 두는 것이 필수적이라 하겠다.

2. FIDIC 계약조건 불가항력 조항과 준거법과의 관계

현대 국제건설계약의 추세는 준거법에 크게 상관없이 국제거래규범하의 불가항력 관련 일반계약법칙에 의거한 표준조항들이 널리 사용되고 있는 것으로 보인다. FIDIC 계약조건 불가항력 조항 역시 그렇다. 계약자유의 원칙을 최대한 존중함으로써 준거법에 의한 영향을 최소화하고, 국제거래규범하의 불가항력 표준조항을 기준으로 당사자들의 권리의무를 최대한 동일하게 규정하려고 한 것으로 보인다.[68] 특히, 준거법 영향을 최소화 하는 측면에서는, 국제건설계약의 준거법이 과실책임주의를 취하는 있는 대륙법이라면 FIDIC 계약조건의 불가항력 조항은 불가항력 사유 존재 시 채무자의 과실 없음을 명확히 하는 기능을 하고, 준거법이 엄격책임주의를 취하는 영국법이라면 그 경우 frustration의 법리에 관계없이 채무자가 면제된다는 점을 명확히 하는 기능을 한다고 할 수 있다.[69]

그렇다고 하더라도, FIDIC 계약조건에 기반을 둔 국제건설계약에 있어, 준거법이 전혀 상관이 없는 것은 아니다. 상당수의 대륙법 국가들은 불가항력에 관해 민법 등에 규정하고 있어서, 대륙법 국가의 법이 준거법인 국제건설계약에서는 불가항력 조항이 해당 준거법과 불일치되는 면은 없는 지 확인할 필요가 있다.[70] 다른 한편으로는, 불가항력 법리가 좀 더 엄격하게 인정되는 영미법계 국가들의 법이 준거법으로 적용되는 계약에서는 필요에 따라 불가항력 조항을 좀 더 세밀하게 협의하여 작성할 필요가 있다고 본다.[71]

또한 FIDIC 계약조건 19.7항(Release from Performance Under the Law)에서는 불가항력에 국한되지 않은 예외적인 상황이 의무이행을 불가능하게 하거나 불법으로 만드는 경우, 또

---

68) 정홍식 외, (주 33), 34면.
69) 정홍식 외, (주 33), 34면.
70) FIDIC Design-Build 계약조건의 Guidance for the Preparation of Particular Conditions의 19조에서는 발주자가 발주를 내기 이전에 불가항력 조항이 준거법과 일치되는지 확인을 하도록 하고 있다.
71) 한낙현, 국제상거래에서의 불가항력조항의 시사점에 관한 연구, 관세학회지 제10권 제3호 (2009), 287면.

는 준거법이 추가적인 의무이행으로부터 시공자를 면책시키는 경우, 시공자는 의무불이행으로부터 면제되고 19.6항에 따라 공사대금도 지급 받을 수 있도록 규정하고 있다. 이 규정은 19.1항에 명시된 불가항력에 대한 엄격한 정의를 충족하지는 못하지만 의무이행을 불가능하게 하거나 불법으로 만드는 아주 예외적인 상황을 상정해서 만든 조항으로 보이고, 또한 제19조가 아닌 해당 계약의 준거법에 의존하여 법적 구제를 받을 수 있는 여지를 담고 있는 것으로 생각된다.[72] 따라서, 19.1항의 불가항력 요건에 충족되지 않거나 예시된 불가항력 사유에 해당되지 않더라도, 예컨대 대륙계법 국가들의 불가항력에 관한 법령에 의존하여 청구할 수 있는 법적 구제가 있다면 19.7항에 따라 의무이행으로부터 면제가 가능하다할 것이다.

하지만, 위에서 언급하였듯이 영미법계 국가들은 경제적 비용상승을 포함하여 경제적 곤란을 불가항력으로 보지 않는다는 점,[73] 또한 대륙법계 국가들은 이행곤란을 사정변경의 원칙 등 다른 법리로서 다루고 있으므로 불가항력에 의한 법적 구제는 허용하고 있지 않다는 점을 유념해야 한다.

V. 결 어

국제건설계약 협상 시 우선순위에서 뒷전에 놓이게 되는 것이 불가항력 조항이다. 때로는 시간에 쫓겨 불가항력에 대해서는 별도의 문구 조정 없이 그대로 체결되는 경우도 있을 것이다. 하지만, 공사기간이 장기간이고 공사에 참여하는 당사자들이 많을 수밖에 없는 국제건설프로젝트에 있어서는 공사에 영향을 줄 수 있는 예기치 않은 상황을 대비하는 것이 중요할 수밖에 없다. 앞서 논의된 바와 같이 FIDIC 계약조건의 불가항력 조항은 불가항력 정의 및 (불가항력) 사유 예시부터 시작해서 불가항력으로 인해 계약 이행 책임을 면제받는 절차와 효과까지 담고 있으므로, 국제거래규범 또는 어느 국가의 불가항력 관련한 규정에 비해 명확하고 합리적인 기준을 갖고 있다 할 것이다. 따라서, 불가항력의 위험으로부터 최대한 방어할 수 있는 최선의 방법은, FIDIC 계약조건과 같이 이미 자세하게 규정되어 있는 불가항력 조항을 사용하되, 개별 국제건설프로젝트에 맞게 해당 조항을 좀 더 구체적으로 보완하는 것이라고 할 수 있다. 특히 국제건설계약 준거법이 보통법 체계 국가의 법이라면, 대륙법 체계 국가의 법이 준거법인 경우보다, 특히 더 불가항력 조항의 작성에 신경써야 할 필요가 있다고 본다.

---

72) Jeremy Glover and Simon Hughes, *supra* note 3, p. 372.
73) 미국법은 극히 제한적으로 인정하고, 영국법의 frustration법리는 경제적 불균형에 의한 이행곤란은 아예 불가항력으로 인정하지 않는다.

　　아울러, 유념해야 할 것은 FIDIC 계약조건은 시공자와 발주자간에 위험(risk)을 자세하게 배분한 표준계약이므로, 불가항력 조항 19조를 해석할 때에는 발주자의 위험과 같은 다른 계약조건들과 연계해서 해석해야 한다. 따라서, 불가항력 조항을 수정할 경우 다른 계약조건들과 배치되지 않도록 수정해야 하며, 아울러 그러한 수정이 해당 준거법에도 상충되는 면이 없는지 확인할 필요가 있다. "What we anticipate seldom occurs; what we least expect generally happens"라는 영어 격언이 있다. 우리가 예상하는 것은 거의 일어나지 않고, 우리가 가장 적게 기대하는 것이 일어난다는 의미이다. 모든 것에 늘 철저히 대비하라는 말이겠지만, 불가항력 조항을 검토하고 협의할 때 특히나 떠올려야 하는 말이다.

[11] 국제건설계약에서 공기지연 및 방해/간섭요인 분석

임 정 주

Ⅰ. 들어가는 말

해외건설 프로젝트에서 발생하는 입찰 당시 예측할 수 없었던 리스크는 계약적인 관점에서 공사변경(Variation 또는 Change Order)으로 처리되는 것이 합리적이다. 그러나 많은 경우 통상적인 공사변경으로 원만하게 합의되지 못하고 클레임 또는 분쟁절차로 진행되기도 한다. 이런 상황에서 발주자는 아래와 같이 시공자에게 대응하는 편이다.

"Lump sum[1] 계약에 그러한 내용은 다 포함되므로 공사변경으로 처리할 수 없다."

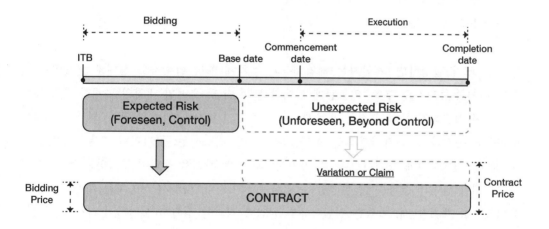

그러나 아무리 Lump sum 계약이더라도 그 금액은 입찰시점에 예측 가능한 리스크를 포함하는 금액이며, 예측할 수 없었던 리스크는 당연히 공사변경 등으로 처리되어야 할 것이다. 이러한 예상, 예측할 수 없었던 리스크는 시공자에게 예상치 못한 금전적 손실을 발

---

* 이 장은 2017년 7월 8일 개최된 국제건설에너지법연구회 제25회 세미나에서 발표된 글을 수정 · 보완한 것임을 밝힌다.

1) 시공자가 발주자의 계획이나 입찰서에 정해진 대로 업무나 공급품 전부를 일괄하여 총액으로 제공하는 것을 약정하는 계약을 의미한다.

생시키고, 프로젝트가 어려운 상황에 놓이게 되어 결국 발주자에게도 그 피해가 돌아가게 된다. 아래의 내용은 프로젝트에서 자주 발생하여 공사지연과 방해/간섭을 발생시키는 리스크에 해당한다.

- 발주자의 작위 또는 부작위(Acts and/or omissions of the Employer)
- 대금미지급(Failure to pay)
- 시공자의 통제범위를 벗어난 사정변경(Circumstances beyond Contractor's control)
- 불가항력(Force Majeure)
- 발주자가 제공하는 문서의 오류나 불일치(Errors and inconsistencies)
- 가혹한 기후조건(Adverse Weather Condition)
- 예측 불가능한 현장조건(Unforeseen site conditions)
- 현장접근(Site Access)
- 공사 중단(Suspension)
- 3자의 행위(Acts of third parties)
- 지연된 지시(Delay in receiving instructions)
- 유물의 발견(Antiquities)

리스크가 발생하면, 시공자는 계약내용과 절차에 따라 발주자를 상대로 클레임을 제기해야 하나, 증거자료 부족, 인과관계에 대한 분석 미흡, 클레임 내역의 구체화 부족 등으로 인하여 해결하지 못하고 결국 프로젝트에 부정적인 영향을 끼치게 된다. 일부 리스크는 비용만을 순수하게 증가시키기도 하나, 대부분의 리스크는 공기지연 또는 방해/간섭(Disruption)[2]을 동시에 발생시킨다. 즉 공기지연과 방해/간섭을 정확히 분석하는 것이 그 리스크에 대한 원인과 결과를 잘 설명할 수 있다는 의미이다. 따라서 시공자는 계약조항에 따라 클레임을 제기할 때, 발생한 위험사유의 원인과 결과를 정확히 설명하여 자신의 권리를 확보하는 것이 중요하기에 공기지연과 방해/간섭을 정확히 이해하고 분석해야 한다. 아래 Ⅱ에서는 공기지연에 대한 분석을 그리고 Ⅲ에서는 방해/간섭에 대한 분석을 자세히 설명하고자 한다.

---

2) Disruption은 공기지연과는 다른 의미의 용어로서 작업에 대한 방해, 간섭을 의미한다.

Ⅱ. 공기지연 분석(Delay Analysis)

1. 개   요

공기연장 클레임에서 자주 사용되는 방법이 공기지연 분석(Delay Analysis)인데, 이는 지연이 발생한 원인과 결과 및 그 인과관계를 밝혀서 그에 따른 계약적 책임을 종합적으로 분석하는 과정이다.

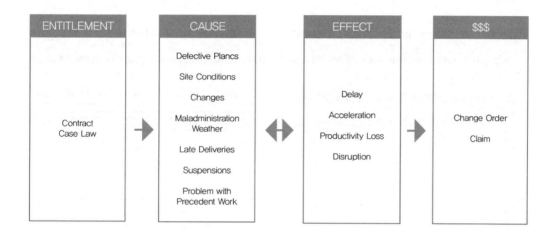

공기지연 분석은 대부분 주경로분석(Critical Path Method, 이하 'CPM')으로 구성된 프로그램을 기반으로 한다.3) 공기지연 분석을 정확히 수행하기 위해서는 최소한의 스케줄 관련 지식을 보유하고 건설계약 및 관련 법 지식 등을 종합적으로 갖추는 것이 필요하다. 왜냐하면 공기지연 분석가, 계약관리자, 변호사 등이 각각 개별적인 시각에서 공기지연 분석을 수행하면 클레임의 전체적인 구성 및 이를 뒷받침하는 논거를 설명하는데 있어 한계에 부딪힐 수밖에 없기 때문이다. 따라서 충분한 역량을 갖춘 공기지연 분석가가 종합적인 관점에서 공기지연 분석을 수행하고 공기연장 클레임 서류를 작성하는 것이 바람직하다.

2. 공기지연(Delay)

가. 공기지연의 개념

공기지연 분석을 이해하는데 있어 먼저 필요한 것은 공기지연에 대한 정확한 개념이다. 지연에 관한 정의는 여러 가지가 있는데, 일반적으로 아래와 같은 상황에 사용되고 있다.

---

3) 이러한 공기지연 분석을 수행하는 사람을 소위 'Delay Analyst'라고 부르기도 한다.

- 예상했던 것보다 늦게 발생한 경우
- 계획했던 것보다 늦게 수행된 경우
- 적절한 시기에 수행되지 않은 경우[4]

대부분 계획 대비 실적의 표현으로 공기지연 기간을 분석하는데, 어떤 비교대상을 기준으로 차이값을 분석하는 것이 공기지연을 확인하는 과정이다. 그럼 어떤 것을 비교대상으로 할 것이냐의 문제가 발생하는데, 많은 경우 Baseline[5]을 기준으로 공기지연을 판단한다.

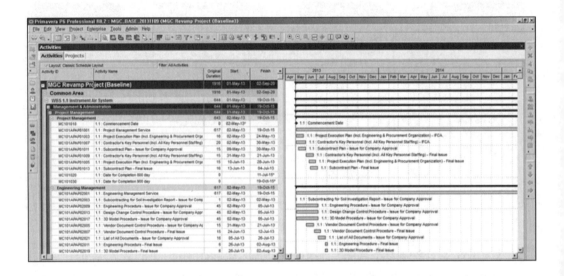

위 그림은 프리마베라(Primavera)로 작성된 프로그램이며, 이 프로그램에 나타난 단위작업(Activity)의 계획시작일 또는 계획종료일을 기준으로 실제 진행된 단위작업의 실제시작일 또는 실제종료일을 비교해서 그 차이를 인식하는 것이 공기지연 기간을 확인하는 과정이다.

나. 공기지연의 분류

위 단계까지는 일반적인 공정관리자도 충분히 확인할 수 있는 내용이나, 공기지연의 원인이 무엇인지 또는 그 원인에 대한 책임이 누구에게 있는지를 분석하는 과정이 추가로 필요하다. 아래는 공기지연에 대한 일반적인 분류이다.

---

4) Theodore J. Trauner, *Construction Delays*, 2nd Edition, Elsevier Inc. (2009), p. 25.
5) 프로젝트 개설시 만드는 프로그램으로 기준공정표로 불리운다.

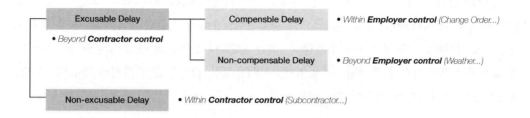

공기지연의 구분은 시공자 입장에서 면책가능한(Excusable) 공기지연 또는 면책불가능한(Non-excusable) 공기지연으로 나뉘는데, 면책가능한 공기지연인지 아닌지를 구분하는 가장 중요한 기준은 시공자가 지연사유를 통제할 수 있었는지의 여부이며, 아래와 같이 3가지를 중요한 기준으로 판단하는데, 어느 하나에 해당하면 면책가능한 공기지연으로 볼 수 있다.

- 예기치 못한 사안이었는지의 여부(Unforeseen events)
- 시공자가 통제할 수 있었는지의 여부(Beyond the contractor's control)
- 시공자의 귀책 없이 발생했는지의 여부(Event occurring without fault or negligence by the contractor)

면책불가능한 공기지연의 예시는 다음과 같다.[6]

- 계약 체결시 예견 가능했던 현장조건, 설계 또는 시공 상의 어려움들
- 시공자 통제하의 하수급인 또는 기자재 공급업자들에 의한 면책불가한 이행지체
- 시공자가 하수급인과 기자재 공급업자들을 선정하고 관리감독 미비로 인해 발생한 이행지체
- 시공자의 공사착공 지체
- 시공자의 재정적 어려움
- 계약 체결시 예견 가능했던 통상의 기후조건
- 계약 체결시 예견 가능했던 파업과 그 밖의 노사문제
- 하자있는 혹은 부적합한 공사수행
- 공사에 필요한 자재 혹은 설비를 적시에 구비하지 못한 사유
- 시공자 설계상의 하자 혹은 설계의 지연

---

6) 정홍식, "국제건설계약에서의 완공의 지연", 국제건설에너지법 이론과 실무, 박영사 (2017), p. 89.

면책가능한 공기지연은 다시 보상 가능한 공기지연(Compensable Delay) 또는 보상 불가능한 공기지연(Non-Compensable Delay)으로 나뉘는데, 중요한 기준은 발주자의 통제 범위에 있는지의 여부이다. 즉 발주자가 통제할 수 있는 범위 내에 있으면 보상 가능한 공기지연으로 해석되고 발주자가가 통제할 수 없었던 지연은 보상 불가능한 공기지연으로 해석된다. 보상가능한 공기지연의 정의를 참고하면,

"A compensable delay is one where a contractor is entitled to financial recovery in the form of direct and indirect time related costs arising from an employer risk event."[7]

발주자가 부담하는 사유로 인하여 발생한 직접비, 간접비에 대하여 보상권리가 시공자에게 있는 공기지연을 보상 가능한 공기지연이라고 설명한다. 보상 가능한 공기지연의 예시는 다음과 같다.[8]

• 공사대금, 지급절차, 공사변경 절차, 검사 및 승인절차 등의 사안을 효율적으로 관리
• 시공자가 적시에 현장에 접근할 수 있는 모든 필요한 조치
• 시공자가 공사를 진행하는데 필요한 사전작업 완료
• 완공검사를 실시하고 거절권을 적시에 그리고 합리적으로 행사
• 적절한 설계 자료를 제공하고 설계상의 오류를 즉시 교정
• 다른 제3자의 시공자와의 작업을 잘 조정
• 발주자가 제공하기로 되어 있는 자재나 설비를 적시 공급
• 발주자만이 제공할 수 있는 정보나 자료를 제때 제공
• 합리적인 기간의 공기연장을 제때 부여
• 요구된 발주자의 지침 및 통지를 제때 제공
• 사전 현장조사와는 중대하게 다른 현장조건의 발견

보상 불가능한 공기지연의 예시는 다음과 같다.[9]

• 비정상적인 가혹한 기후조건

---

7) P. J. Keane & A. F. Caletka, *Delay Analysis in Construction Contracts*, 2nd Edition, Wiley Blackwell (2008) p. 89.
8) 정홍식, "국제건설계약에서의 완공의 지연", 국제건설에너지법 이론과 실무, 박영사 (2017), p. 91.
9) 상동, p. 90.

- 계약 체결 시 예견할 수 없었던 파업과 그 밖의 노사문제
- 공사지 국가의 주권행위
- 천재지변에 의한 예견 불가능한 자연재해
- 공사에 꼭 필요한 자재를 조달 할 수 없는 경우

다시 정리하자면 아래 표와 같이 공기지연의 형태에 따라 공기연장과 추가공사비 보상이 각각 다르게 적용된다.

구분		공기연장	지연에 대한 보상
면책 불가능한 지연		×	×
면책 가능한 지연	보상 가능한 지연	○	○
	보상 불가능한 지연	○	×

다. 동시지연(Concurrent Delay)

동시지연(Concurrent Delay)은 발주자와 시공자의 책임소재를 구분하기 어렵기 때문에 공기지연 분석을 수행하는데 있어서 여전히 어려운 문제로 남아있다. 동시지연(Concurrent Delay)에 관한 정의를 보면,

"a *period of project over-run which is caused by two or more effective causes of delay Which are of equal causative potency*"[10]

동일한 영향을 발생시킨 유효한 2개 이상의 원인에 의해서 지연이 발생한 기간이라고 정의하고 있다. 동시지연(Concurrent Delay)에 대해서 보상을 받기 위해서는 동시지연(Concurrent Delay)을 분석해서 나눠야 하는데, 영국의 SCL[11] (Society of Construction Law)에서 발간한 Delay and Disruption Protocol을 참고하면,

"*14.3 Where an Employer Delay to Completion and a Contractor Delay to Completion are concurrent, the Contractor may not recover compensation in respect of the Employer Risk Event unless it can separate the loss and/or expense that flows from the Employer Risk*

---

10) P. J. Keane & A. F. Caletka, *Delay Analysis in Construction Contracts*, 2nd Edition, Wiley Blackwell (2008) p. 195.
11) 영국의 건설법학회로 1983년 설립된 이후로 건설 관련 중재, 판결, 교육, 연구 등의 분야에서 활동하고 있다.

Event from that which flows from the Contractor Risk Event."[12]

　　시공자는 동시지연(Concurrent Delay)을 분리해서 분리한 기간에 해당하는 추가공사비 보상을 받을 수 있으나, 그렇지 못하면 추가공사비에 대한 보상을 받기 어렵다. 동시지연 (Concurrent Delay)을 해석하기 위해서 여러 가지 방법들이 적용되었는데, 가장 많이 활용되는 방법은 4가지 정도이다.

- Dominant cause approach
- Delvin approach
- Malmaison approach
- Apportionment (City Inn)

(1) Dominant Cause Approach

　　지연을 발생시킨 여러 원인 중에서 지배적인 원인을 주요한 원인으로 해석하고 지배적 사유(Dominant Cause)가 지연기간을 결정하는 원인으로 해석하는 접근방식이다.

　　"*The Dominant Cause Approach which contends that if there are two causes, the effective, dominant cause is to be the deciding factor.*"[13]

　　자주 활용되는 방법이나, 모든 상황에 적용할 수 있는 것은 아니며, 상황에 따라 다르게 적용될 수 있는 여지가 있다. 이 접근방식에 대한 동시발생 공기지연을 참고하면,[14]

　　"*일반적으로 동시발생 공기지연을 해결하는데 이러한 접근방식의 적용에 반대하는 논거는 다음 두 가지가 꼽힌다. 첫째, 발주자와 시공자의 지연사유의 인과관계 정도가 거의 동등해서 어느 것이 지배적인지 구분하기 어려운 경우, 이 접근방식은 바람직한 해결책이 되지 않는다는 지적이다. 또 다른 반대이유는 이 접근방식이 방해원칙과 상충된다는 점이다.*"

　　결국 지배적 사유(Dominant Cause)를 어떻게 판단하느냐가 가장 중요하며, 명확하게 설

---

12) Society of Construction Law, Delay and Disruption Protocol 2nd Edition (2017), p. 40.
13) Stephen Furst and Vivian Ramsey, *Keating on Building Contracts*, 7th edition, Sweet & Maxwell (2001), p. 243.
14) 정홍식, "동시발생 공기지연", 국제건설에너지법 이론과 실무, 박영사 (2017), p. 121.

명되지 않는 한 적절한 접근방식이라고 보기는 어려울 것이다.

(2) Delvin Approach

두 가지 원인이 발생했을 때 계약위반(Breach)이 원인인 경우, 계약위반(Breach)에 대하여 책임이 있는 계약참여자가 그 손실에 대하여 책임이 있다는 접근방식이다.

"The Devlin Approach which broadly contends that if there are two causes operating together and one is a breach of contract, the party responsible for the breach will be liable for the loss."[15]

여러 법정에서 인용되고 있으나, 건설관련 분쟁에서 만족스럽게 적용되는 편은 아니다.

(3) Malmaison Approach

영국에서 가장 적합한 해석방법으로 인정받고 있는 방식이다. 동시지연(Concurrent Delay) 중에서 적절한 또는 연관된 지연(Relevant Delay)이 있다면 다른 지연과 관계없이 공기연장권리를 부여받을 수 있다는 것이다. 이를 위한 가정은 다른 지연이 발생하지 않았더라도, 적절한 또는 연관된 지연(Relevant Delay)이 발생하면 지연이 발생했을 것이라는 가정이다. 영국의 많은 Case Law에서 Malmaison Approach가 인용되고 있으며, SCL(Society of Construction Law)도 이러한 주장을 뒷받침하고 있다.

"It is widely represented as a principle of English law on concurrent delay, known as the Malmaison approach"[16]

이러한 접근방식과 관련하여 동시발생 공기지연을 참고하면,[17]

"이러한 Malmaison 접근방식의 근거는 다음과 같다. 계약상 특정사유 발생 시 시공자에게 공기연장을 부여하도록 명시적으로 합의했을 때, 당사자들은 그 사유만이 아니라 다른 사유들 (즉 공기연장을 불허하는 사유들) 과 중복하여 발생할 수 있는 상황을 가정했다는

15) Stephen Furst and Vivian Ramsey, Keating on building Contracts, 7th edition, Sweet & Maxwell (2001), p. 243.
16) Matthew cockling, *the Society of construction Law, International approaches to the legal analysis of concurrent delay,* (2013), p. 3.
17) 정홍식, "동시발생 공기지연", 국제건설에너지법 이론과 실무, 박영사 (2017), p. 118.

논리이다. *설사 공기연장을 불허하는 (즉, 면책불가능한) 사유가 동시에 발생했다 하더라도 시공자는 기존 합의대로 공기연장을 부여받아야 한다는 것이다. 이는 시공자의 이행지체로 인한 공기지연과 발주자의 방해행위로 인한 공기지연이 동시에 혹은 겹쳐서 발생한 상황에도 방해원칙이 적용되도록 한 것에 다름 아니다.*"

(4) Apportionment(City Inn)

City Inn 소송에서 해석된 방법으로, 동시지연(Concurrent Delay)이 발생하면 지연에 끼친 영향과 중요성을 고려하여 각 원인에 대하여 기간을 배분해야 한다는 해석방법이다. All or nothing과 같은 일방적인 결정에서 벗어나 Malmaison approach의 대안으로 제시되었다. 중요한 원칙을 참고해 보면,

"*... where there are concurrent causes of delay, none of which can be described as dominant, the delay should be apportioned between the Relevant Events and the contractor's risks events.*"[18]

동시지연(Concurrent Delay)이 발생했을 때 어떤 원인도 지배적이지 않다면, 지연을 발생시킨 각각의 원인에 대하여 지연기간을 배분해야 한다고 설명하고 있다. 어떤 방법을 선택하느냐의 문제는 상황, 계약조건, 판결사례 등에 달려있으며, 특히 동시지연(Concurrent Delay)이 발생한 원인의 종류, 발생 시기 등이 우선적으로 고려되어야 한다. 동시발생 공기지연을 참고하면,[19]

"*City Inn 판례가 앞서 살펴본 Malmaison 과 경쟁하는 접근방식으로 볼 필요가 없다는 주장이 있다. 그들은 City Inn 사건 판사가 '배분해야 한다 (Should)' 라는 의미로 판결문을 쓴 것이 아니고 '배분할 수 있다 (may)' 라는 용어를 썼으며, 그 배분이 '종종 (frequently) 적절할 것이다.' 라고 하였음을 지적한다. 따라서 그 의미는 책임배분이 '항상' 적절한 것은 아니라는 추론이 가능하다고 주장한다.*"

라. 지연(Delay)과 방해/간섭(Disruption)의 차이

지연(Delay)과 방해/간섭(Disruption)의 차이점에 대해서 먼저 이해할 필요가 있다. 방해/

---

18) Matthew cockling, *the Society of construction Law, International approaches to the legal analysis of concurrent delay*, (2013), p. 7.
19) 정홍식, "동시발생 공기지연", 국제건설에너지법 이론과 실무, 박영사 (2017), p. 120.

간섭(Disruption)은 작업수행에 있어서 작업효율의 저하, 작업손실 등을 발생시킨 여러 가지 방해(Disturbance 또는 Hindrance)행위를 의미하는데, 지연(Delay)과 혼동해서 사용하거나 그 차이를 명확히 구분하지 않는 경우가 많다.

"Disruption may be defined as an interruption to the flow, continuity or sequence of planned work; a bringing of disorder to an activity or project."[20]

리스크가 발생하면, 그 영향으로 인하여 지연 또는 방해/간섭(Disruption)이 발생하는데, 지연이 발생했다고 해서 항상 방해/간섭(Disruption)이 발생하는 건 아니며, 방해/간섭(Disruption)이 발생했다고 해서 항상 지연이 발생하는 것은 아니다. 때문에 지연과 방해/간섭(Disruption)은 상호간에 필요충분 조건이 아니다.

방해/간섭(Disruption)은 반드시 생산성 저하(Loss of Productivity)를 발생시키며 직접적인 손실[21]을 발생시킨다는 점에서 지연과 다르다.

구분	Duration	1/1	1/2	1/3	1/4	1/5	1/6	1/7	1/8	1/9	1/10
Plan	3일			■■■■■■							
Actual	3일					■■■■■■					
비고	2일 Delay			← 2일 Delay →							

위 그림은 지연만 2일이 발생하였으며, 방해/간섭(Disruption)은 발생하지 않았다. 즉 계획기간은 3일이었는데, 실제기간도 동일하게 3일이었으므로 생산성 저하는 발생하지 않았다. 물론 초기 2일에 장비, 인원 등이 동원되어 작업대기가 발생했다면, 생산성이 0일수도 있기 때문에 전체 기간의 평균생산성을 고려하여 방해/간섭(Disruption)을 주장할 수 있다.

구분	Duration	1/1	1/2	1/3	1/4	1/5	1/6	1/7	1/8	1/9	1/10
Plan	3일			■■■■■■							
Actual	4일		■■■■■■■■								
비고	0일 Delay				1일 Disruption ←→						

---

20) P. J. Keane & A. F. Caletka, *Delay Analysis in Construction Contracts*, 2nd Edition, Wiley Blackwell (2008) p. 92.
21) 여기서 의미하는 직접적인 손실이란 생산활동에 직접적으로 참여한 인원, 장비 등의 손실을 의미하며, 간접적인 손실이란 생산활동에 직접적으로 참여하지는 않았으나 관리업무를 수행하는 간접적으로 참여한 인원 또는 공통간접시설 설치등에 투입된 손실을 의미한다.

위 그림은 계획했던 3일의 작업기간이 생산성 저하로 인하여 4일로 작업기간이 증가했기 때문에 방해/간섭(Disruption)만 1일이 발생하였다. 그럼에도 불구하고 일찍 시작했기 때문에 지연은 발생하지 않았다. 이와 같이 방해/간섭(Disruption)이 발생했다고 해서 항상 지연이 발생하는 것은 아니며, 학습곡선(Learning Curve)[22]과 같이 생산성은 항상 변하기 때문에, 방해/간섭(Disruption)이 항상 지연을 발생시키는 것은 아니다.

구분	Duration	1/1	1/2	1/3	1/4	1/5	1/6	1/7	1/8	1/9	1/10
Plan	3일										
Actual	5일										
비고	4일 Delay			2일 Delay					2일 Disruption		

위 그림은 지연이 4일 발생하였는데, 2일은 시작시점의 지연으로 인한 것이며, 2일은 방해/간섭(Disruption)으로 인하여 발생한 2일이 합쳐진 것이다. 작업물량의 변화가 없다는 조건하에서 계획한 3일이 5일로 증가하였다면, 이는 생산성의 저하를 나타내는 것이며, 방해/간섭(Disruption)이 발생했다는 것을 알 수 있다.

공기지연분석을 수행하면, 대부분의 경우 위의 형태가 나오는 것이 일반적이다. 즉 시작시점의 지연, 작업기간의 증가가 복합적으로 나타나는데, 이 2가지를 같이 분석하는 과정이 필요하며, 어느 하나만 분석하면 적절한 분석이 이루어진 것이라고 볼 수 없다. 위와 같은 경우에 시작이 2일 지연된 내용에 대하여 특별한 설명 없이, 4일을 공기연장 클레임으로 제출하면, 2일에 해당하는 지연은 인정받지 못하거나 시공자의 책임으로 판단될 수 있다.

3. 주경로분석(Critical Path Method)

가. 개 요

주경로분석(Critical Path Method, 이하 'CPM')은 플랜트의 설계, 건설용으로 Dupont사와 Remington사가 공동으로 1956년도에 개발하였으며, 작업소요시간과 작업간의 순서관계에 의한 공기의 최장경로(Critical Path, 이하 'CP')를 찾고 이를 중점적으로 관리하는 기법이다. 건설업에서 활발하게 사용하고 있는 Primavera제품은 이러한 CPM기법을 기반으로 하는 프로그램으로써, 계약서에 구체적으로 언급될 정도로 널리 인정받고 있으며, 대부분의 건설프로젝트에서 사용되어 왔기 때문에 자료의 축적, 활용에 용이하여 범용적으로 사용되고 있다.

국내는 CPM기법을 다양하게 활용하고 있지는 않으나, 건설사업관리 시장이 지속적으

---

22) Learning Curve란 작업이 계속적으로 진행될수록 일반적으로 작업에 대하여 익숙해지기 때문에 특정한 생산량을 달성하기 위한 작업시간은 초기에 많아도 그 후 차츰 감소하게 되는 경향을 의미한다.

로 증가함에 따라 점차 증가추세에 있다. 해외 건설사업에는 계약서에 CPM을 사용해야 한다는 내용이 대부분 포함되어 있어서 필수적으로 CPM을 활용하여 공정표를 작성/제출하고 있다. CPM공정표는 WBS[23](Work Breakdown Structure)와 작업(Activity)으로 구성되며, 발주자에게 인도해야 하는 공사목적물(Deliverables)의 정의와 분류가 필요하다.

PMI[24]를 참고하면, 공사목적물을 정확히 정의해야 하며, 공사목적물을 합리적인 WBS로 구분하는 과정이 필요하다. WBS가 완료된 이후에는 공정표를 만든다. 먼저 중요한 완료일(Milestones)을 확인/정의한 이후에 각 WBS에 포함되는 세부적인 작업(Activity)을 구성한다. 그리고 그 작업(Activity)간의 순서(Logic)를 지정하고 작업(Activity)별로 자원과 작업기간을 할당한다.

공정표를 작성하는데 있어서 중요하게 검토해야 할 부분은 시공자의 의도이다. 공정표는 시공자가 어떠한 공사순서와 방법을 통하여 어떠한 의도를 가지고 프로젝트를 완료할지를 포함해야 한다. 이런 내용은 프로젝트에서 작성되는 실행계획(Execution plan)과도 연계되어야 하며, 합리적이고 실현 가능한 범위에서 공정표가 작성되어야 한다.

나. 주경로(Critical Path)

공기지연분석은 주로 주경로(Critical Path, 이하 "CP")를 분석하는데, CP에 대한 다양한 정의가 있기 때문에 프로젝트에 참여하는 이해관계자들이 CP에 대한 정의와 기준을 미리 통일해야 할 필요가 있다.

"All activities on the critical path must start and finish on the planned early start and finish times. Failure of a critical path activity to start or finish at the planned early and late finish times will result in the overall Project duration being extended."[25]

CP상의 모든 작업은 계획일정에 따라 진행되어야 하며 이러한 계획일정을 지키지 못하면, 프로젝트의 전체 일정에 지연을 발생시킨다고 설명하고 있다. AGC[26]는 CP에 대해서 아래와 같이 설명하고 있다.

1. The critical path is a continuous chain of activities through the network schedule.

---

23) Work Breakdown Structure의 약자로서 프로젝트의 계약된 인도물을 작은 단위로 분할해서 구성하는 체계이다.
24) Project Management Institute의 약자로서 PMP 등을 관리하는 PM 분야의 국제적인 기관이다.
25) Theodore J. Trauner, *Construction Delays*, 2nd Edition, Elsevier Inc. (2009), p. 13.
26) The Associated General Contractors of America.

2. A delay to a critical path activity will result in a corresponding extension to the overall Project duration.

3. Zero or negative float values are predictors of the critical path."[27]

CP는 프로젝트 전체일정과 연관된 의미로 해석할 수 있으며, 이는 공기지연분석과도 관련이 있다. 대부분의 공기지연분석이 전체 일정을 위주로 분석하기 때문에, CP에 대한 올바른 해석과 적용이 필요하다.

다. 전진계산(Forward Pass)과 후진계산(Backward Pass)

CP는 전진계산[28]과 후진계산의 차이가 0인 경로를 의미하는데, 전진계산과 후진계산에 대한 이해가 먼저 필요하다. 전진계산은 시작시점을 고정한 상태에서 가장 빠르게 시작하는 일정을 결정하는 계산방식인데, 이 계산으로 결정되는 값은 ES(Early Start), EF(Early Finish)라고 하며, 각 작업별로 가장 빠르게 시작하고 가장 빨리 끝나는 일정계산방식을 말한다. 이와는 반대로 종료시점을 고정한 상태에서 가장 늦게 시작하는 일정을 계산하는 방식은 후진계산이며 이 계산으로 결정되는 값은 LS(Late Start), LF(Late Finish)이다. 아래와 같은 제약조건이 있는 경우를 예를 들어보자. 전체일정은 11일 이내로 완료하는 간단한 일정과 조건을 가지고 있다.

• 각 작업은 아래그림의 길이에 해당하는 각 작업기간을 필요로 한다.
• B, C, E작업은 A작업이 끝나고 시작할 수 있다.
• D작업은 B, C작업이 끝나고 시작할 수 있다.
• F작업은 D, E작업이 끝나고 시작할 수 있다.

이상의 조건들을 포함하여 아래와 같은 간단한 일정표를 작성하였다. 간단한 일정표이기 때문에 전체 일정을 결정짓는 작업은 A→B→D→F 경로임을 알 수 있다. 이러한 경로를 CP로 부르며, A, B, D, F작업에 지연이 발생하면 전체 작업기간에 지연을 초래하게 된다. 따라서 이 경로에 있는 작업(Activity)이 Critical Activity이다.

27) Theodore J. Trauner, *Construction Delays*, 2nd Edition, Elsevier Inc. (2009), p. 12.
28) 전진계산이란 작업(Activity)과 순서(Logic)가 연결된 공정표를 프로그램이 자동적으로 각 작업의 일정을 계산하는 과정 중 빠른 일정(가장 빨리 완료할 수 있는 일정)을 의미한다.

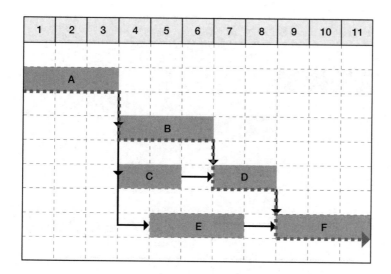

아래 그림과 같이 전진계산(Forward pass)에서 E작업은 당초에 세운 계획보다 1일 빨리 작업을 시작할 수 있기 때문에 5일째가 아닌 4일째에 작업을 시작하는 것으로 계산되었다.

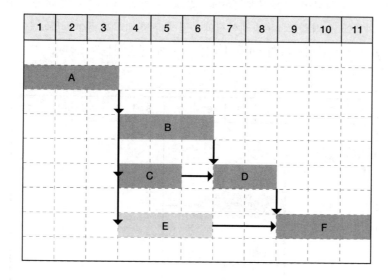

아래 그림과 같이 후진계산(Backward pass)에서 E작업은 하루 늦게 시작해도 전체일정에 지장을 초래하지 않기 때문에, 당초 일정과 비교했을 때 시작시점이 늦어졌다. C작업도 마찬가지로 하루 늦게 시작해도 후속작업인 D작업에 영향을 초래하지 않기 때문에 시작시점이 늦어졌다.

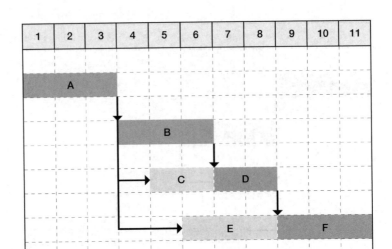

Total Float는 전진계산과 후진계산의 차로 계산되는 값인데, 위 예에서 A, B, D, F작업은 전진계산과 후진계산 어느 방법으로도 변경되지 않기 때문에 CP로 정의된다. C작업은 전진계산시에 4일에 시작하고 후진계산시에 5일에 시작하므로 Total Float는 1이다. E작업은 전진계산시에 4일에 시작하고, 후진계산시에 6일에 시작하므로 Total Float는 2이다. C작업에 지연(Delay)이 2일 발생했다면 전체일정은 어떻게 변경되는지 살펴보자.

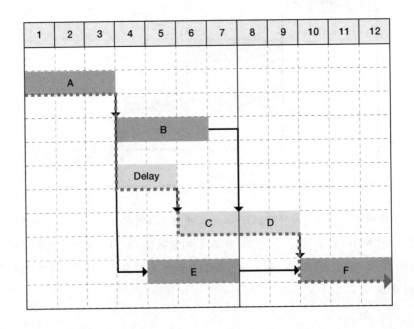

지연(Delay)은 C작업을 2일 지연, D작업은 1일 지연을 발생시키고, 전체 일정은 1일 지연되었다. 바뀐 일정표의 CP는 A → 지연(Delay) → C → D → F의 경로로 변경되었다. 즉 1일의 Total Float를 가지고 있던 C작업에 2일의 지연(Delay)이 발생하여, 1일의 Total Float를 소진하고 나머지 1일은 전체일정이 지연된 것이다. 당초에 Critical Activity였던 B작업은 1일의 Total Float가 발생하였고, E작업의 Total Float는 1일이 증가해서 3일이 되었다.

라. 공 정 표

(1) Baseline

계약이 완료된 후에 시공자는 자신의 의도를 반영하여 Baseline을 제출해야 한다. 제출된 Baseline은 승인을 거쳐서 지연이나 공사변경의 영향을 측정할 수 있는 예측 가능한 도구로 사용된다. 계획(Plan)값은 Baseline을 기준으로 한다고 볼 수 있다.

(2) Updated Program

Updated Program이란 프로젝트에서 진행한 실적을 Baseline에 입력하는 과정에서 만들어지며, 보통 월간단위로 작성된다. 그러나 대부분의 프로젝트에서 Baseline이 제출된 이후 공정표관리가 많이 부족하며, 공정관리자가 아니면 CP가 어떻게 바뀌는지에 대한 관심이 부족한데, 업데이트를 적절하게 수행하는 것이 시공자의 의무를 수행한 것으로 볼 수 있다. 업데이트과정 없이 프로젝트가 종료된 이후에 클레임을 위하여 Updated Program을 만드는 행위는 그 내용의 정확성을 확인하기 어렵기 때문에, 클레임에 대한 권리를 인정받기 어렵다.

(3) Revised Program

프로젝트가 진행되면 공사범위에 대하여 재산정이 필요하거나 또는 재작업을 해야 하는데, 이 때 작성되는 공정표를 수정공정표(Revised Program)라고 한다. 국제적인 계약에서도 만회공정표(Recovery Program)와 수정공정표(Revised Program)를 혼동해서 쓰는 경우가 있는데, 수정공정표(Revised Program)는 수정의 의미가 더해진 공정표로써 새로운 완료일이 정의되거나 또는 공기연장 클레임이 받아들여지는 경우 새로운 완료일이 합의될 때 만들어진다. 수정공정표(Revised Program)가 만들어지고 승인되면, 새로운 Baseline으로 활용된다.

(4) Recovery(Catch up) Schedule

일반적으로 만회공정표(Recovery Schedule)가 수정공정표(Revised Program)와 다른 점은 완료일이 당초계획과 동일하다는 점이다. 수정공정표(Revised Program)는 새로운 완료일이 정의될 때 만들어지며, 만회공정표(Recovery Schedule)는 지연이 발생했을 때 당초 완료일을 준수(만회)하기 위하여 제출되는 공정표이다. 대부분의 계약에서는 일정이 늦어지면, 시공자가 만회공정표(Recovery Schedule)를 제출하도록 되어있는데, 공기연장 요청이나 공기지연 분석 없이 만회공정표(Recovery Schedule)를 제출하는 것은 시공자의 지연을 인정하는 것이나 다름없다. 따라서 발주자가 시공자에게 만회공정표(Recovery Schedule)를 요청할 때는, 지연에 대한 원인을 정확하게 분석하는 작업을 먼저 수행해야 한다. 이에 따라 시공자가 책임지는 공기지연은 스스로 만회하고, 발주자가 발생시킨 지연은 공기지연분석을 통해서 공기연장을 신청하는 것이 적합한 대응 방법이라고 볼 수 있다.

(5) Impacted Program

Impacted Program은 계약적 용어는 아니며, 공기지연분석을 수행할 때 지연사건(Delay Event)에 의하여 영향이 계산되는 공정표를 의미한다.

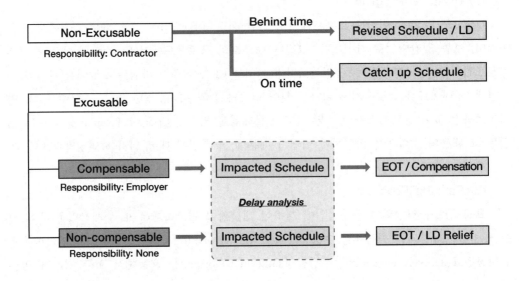

4. 공기지연 분석 방법(Delay Analysis Method)

가. 개   요

공기지연 분석의 중요한 목적은 지연사건(Delay Event)의 영향을 분석하여 완료일을 조정하고 그 기간에 대한 논리적인 근거를 확보하는 것이다. 시공자는 공기연장의 권리와 근거를 확보함으로써 연장된 기간을 주장하고, 발주자가 시공자에게 부과할 수 있는 지체상금을 면하게 된다. 발주자는 조정된 완료일로부터 발생하는 추가지연에 대하여 여전히 지체상금을 부과할 수 있게 된다. 공기지연 분석방법으로 가장 많이 사용되는 방법은 아래의 4가지이다.

- Impacted As-Planned(이하 'IAP')
- Collapsed As-Built(이하 'CAB')
- As-Planned vs As-Built(이하 'APAB')
- Time Impact Analysis(이하 'TIA')

이외에 Windows Analysis 방법이 있으나, 이는 단지 분석되는 기간을 구분하는 것에 불과하며 Window Analysis 자체는 분석기법이라고 할 수 없다. Window Analysis는 Window[29]를 사용하여 분석기간을 나누고, 위의 4가지 기법을 같이 활용하여 분석한다. 자주 사용되는 위의 4가지 방법은 더하기(Add), 빼기(Subtract), 분석(Analytic)에 따라 아래와 같이 구분된다.

Approach	Base	Method
Additive	As-Planned	Impacted As-Planned Time Impact Analysis
Subtractive	As-Built	Collapsed As-Built
Analytic	-	As-Planned vs As-Built

더하기 방식은 Baseline을 기준으로 Fragnet[30]을 더하거나 또는 실적값을 입력해서, 지연을 분석하는 개념이다. IAP와 TIA방법이 이에 해당하는데, 먼저 합의한 Baseline을 비교대상으로 정의하고 그 Baseline을 근거로 지연을 계산하는 방식이다. 빼기 방식은 As-Built를 기본으로 차이에 대한 값을 설명하는 개념으로 CAB방법이 이에 해당한다. 분석적 방식은 Fragnet을 더하거나 특정 기간을 빼는 것이 아니라 계획과 실적의 차이를 비교하여 분석하는 방식으로서 APAB방법이 이에 해당한다.

위의 설명과는 약간 다른 개념으로도 분류할 수 있는데, 분석시점을 기준으로 장래에 대한(Prospective) 관점과 과거에 대한(Retrospective) 관점으로 분류하는 것이다. Prospective는 아직 일어나지 않은 미래의 상황을 예상하여 분석하는 방식이며, Retrospective는 이미 일어

---

29) Window란 공기지연 분석을 위해서 프로젝트 전체 기간을 특정 몇 구간으로 나누고 각 구간에 대해서 세부적으로 분석할 때 각 구간을 의미한다.
30) Impact 기간을 확인하기 위하여 Baseline에 새롭게 들어가는 작업(Activity)의 집합.

난 상황을 인식한 상태에서 과거로 돌이켜 분석하는 방식이다. Prospective 방법에는 IAP와 TIA가 해당하는데, Data date[31](공정표의 시간 기준선)를 기준으로 미래의 상황을 분석한다.

Approach	Method
Prospective	Impacted As-Planned Time Impact Analysis
Retrospective	Collapsed As-Built As-Planned vs As-Built

Retrospective관점으로는 CAB방법과 APAB방법이 있는데, 이미 모든 상황을 알고 있는 상황에서 과거로 분석하는 개념이다. TIA방법은 Prospective, Retrospective 둘 다 사용되기도 하는데 Retrospective관점으로 분석하면 지연기간이 비상식적으로 많이 나오는 경향이 있다. 예를 들면, 발생 후 10개월 이후에 문제가 해결되었는데, 발생 당시에는 이렇게 많이 지연될 것이라고 예상하지 못하기 때문에 초기에 예상하는 지연기간은 약 1~2개월로 분석되지만(이러한 분석개념이 Prospective관점에 가깝다), 이미 10개월이 지연되었다는 상황을 알고 있는 시점에서 과거로 Retrospective하게 분석하면, 10개월을 지연기간으로 한 번에 분석하는 것이다. 따라서 과도하고 불합리한 지연기간이 산출될 수 있다.

나. Impacted As-Planned(IAP)

IAP는 지연사건(Delay Event)을 나타내는 Fragnet이 Baseline에 더해지는 형태이다. 즉 기존의 Baseline에 추가로 작성된 Fragnet을 관련된 Impacted Activity에 연결하는 형태로 분석한다. 이후에 나타나는 변동값이 그 지연사건(Delay Event)의 지연기간으로 계산된다. 분석 전에 분석가는 공정표가 합리적인지, 근본적인 오류가 없는지 확인해야 한다. 이 방법은 가장 간단하고 비용이 저렴한 분석방법으로 알려져 있으나, 공사중에 발생하는 공사변경이나 실제 발생하는 상황을 고려하지 못하는 한계를 가지고 있다. 제한적인 상황에서만 공기연장을 인정받을 수 있는 방법으로 사용될 수 있다. 이러한 한계는 IAP방법이 공기연장에 대한 권리는 부여받더라도, 지연을 정확히 분석할 수 없기 때문에 추가공사비에 대한 권리 확보는 어려울 수 있다.

---

31) 실적을 업데이트하는 시점(특정날짜)을 의미하며, 업데이트시점마다 공정표가 만들어진다. Updated program 별로 업데이트 시점의 특정날짜인 Data date가 있다.

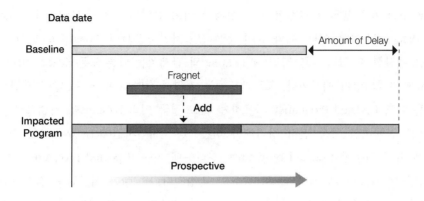

장점	단점
• 이해하기 쉽다. • As-Built, Progress를 필요로 하지 않는다. • 고정된 시점에서 문제를 한 번에 분석한다.	• Logic, Duration의 변화를 고려하지 않는다 • 가설을 전제로 이론적인 결과를 만든다. • 동시지연을 확인할 수 없다.

다. Time Impact Analysis

TIA와 IAP는 Baseline에 Fragnet을 더한다는 점에서 동일하며, TIA는 IAP가 진화한 형태로 보면 된다. IAP는 하나의 Baseline으로 지연을 분석하나, TIA는 여러 개의 Baseline으로 지연을 분석한다. 아래 그림은 간단한 TIA방법의 도해인데,

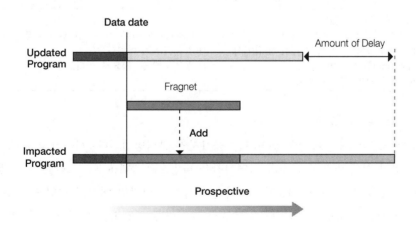

Fragnet을 입력하는 공정표는 Baseline이 아니고 Updated Program이다. 즉 어떤 지연사건(Delay Event)이 발생하기 직전의 모든 상황이 이미 반영된 시점의 Updated Program을 기준으로 비교한다는 의미이다. 이와 같이 분석하면 지연사건(Delay Event)으로 인한 순수한 지연기간을 계산할 수 있다. 지연사건(Delay Event)과 관계없는 다른 모든 상황은 이미 Updated Program에 반영되었기 때문이다. 프로젝트에는 지연사건(Delay Event)이 많이 발생하기 때문에 TIA는 여러 Updated Program을 사용하게 되고 결국 여러 Baseline을 기준으로 분석한다.

TIA를 진행하면 가장 먼저 정리해야 하는 것이 지연사건(Delay events)의 시작일이다. 시작일에 따라 적용할 Updated program을 정하는데, 어떤 Updated program을 정하느냐에 따라 지연일수가 다르게 계산되므로 중요한 과정이다. 즉 빠른 시작일로 결정하면 지연기간이 길게 결정될 수도 있고, Updated Program의 상황에 따라서 예측되는 완료일이 달라질 수 있다. 일반적으로 아래의 2가지 기준으로 지연사건(Delay events)의 시작일을 지정한다.

- When the event was first identified
- first had an effect on the work

첫 번째 기준은 영향이 발생할 것이라고 예측되는 리스크에 가깝다. 이미 인식은 되었지만 어떤 영향을 발생시킬지는 아직 모르는 상황이다. 두 번째 기준은 이미 발생하여 작업에 영향을 발생시킨 상황이다.

장점	단점
• 실시간으로 실행될 수 있다. • 다양한 CP에 대한 고려가 가능하다. • As-Built를 요구하지 않으며, 가능한 범위에서 Update program만 있으면 된다. • Concurrency를 확인 할 수 있다.	• Baseline과 다른 이론적인 결과를 만든다. • 기술적으로 어렵다. • 많은 시간을 필요로 한다.

라. Collapsed As-Built

CAB는 As-Built공정표에서 분석되는 공기지연 분석방법이다. 시공자의 계획이나 의도와는 관계없이 실제 발생한 순서와 지연기간을 바탕으로 "What if" 시뮬레이션을 통해 계산한다. "What if"란 지연사건(Delay events)이 발생하지 않았다면 어떻게 되었을까" 또는 "그러한 지연사건(Delay events)이 없었다면 프로젝트는 언제 완료되었을까"와 같은 가정적인 조건에서 시작한다. 따라서 이 방법은 예측기법과 같은 것이 아니라 다분히 이론적이고 가정적인 결과를 발생시킬 수 있다.

CAB는 Baseline을 필요로 하지 않으며, As-Built 공정표를 필요로 한다. 그러나 실제 계

획한대로 진행되는 프로젝트는 거의 없기 때문에, 순서 확인, 순서의 재구성 등이 필요한
데, 이는 매우 시간이 많이 소요되는 작업이다.

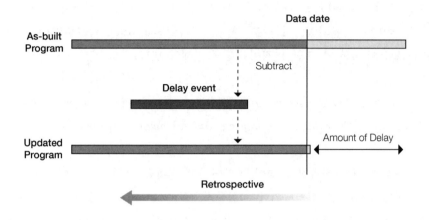

장점	단점
• 단순하고 원칙을 이해하기 쉽다. • As-built에만 의존한다. • Baseline을 필요로 하지 않는다.	• As-Built를 재구성하는데 인력이 많이 소요된다. • As-Built를 재구성하는 것이 주관적이다. • As-Built의 주경로를 식별하는 것이 어렵다.

아래 표는 CAB의 결과값을 정리한 표이다. 표 상단에 있는 완료일(18-Jan-09)과 관련된
공정표가 As-Built 공정표이며, 시간의 역순대로 EDE(Employer Delay Event)와 CDE(Contractor
Delay Event)를 제거하면서 완료일이 감소되는 것을 확인할 수 있다. 모든 지연사건(Delay
Event)을 제거하고 나면 완료일은 1-Jan-09이고 이는 계약적 완료일이다.

[표] Collapsed As-Built table

Event (Frag-net)	Event Type	Event Actual Start Date	Event Actual Finish Date	Event Duration (Days)	CAB Base Schedule	Base Schedule Data Date	Projected Completion Date	Net Loss/ Gain	EDE	CDE	Concurrent
									Cumulative Delay		
					CAB	31-Aug-08	18-Jan-09				
001	EDE	7-Sep-08	11-Sep-08	4	CAB	31-Aug-08	18-Jan-09	0			
002	CDE	4-Sep-08	5-Sep-08	1	CAB	31-Aug-08	15-Jan-09	3		3	
					UD03	31-Aug-08	14-Jan-09	1		1	
003	CDE	15-Aug-08	24-Aug-08	9	CAB	14-Aug-08	9-Jan-09	5		5	
					UD02	31-Jul-08	6-Jan-09	3		3	
004	EDE	2-Jul-08	7-Jul-08	5	CAB	30-Jun-08	1-Jan-09	5	5		
005	CDE	2-Jul-08	5-Jul-08	3	CAB	30-Jun-08	1-Jan-09	0			
					UD01	30-Jun-08	5-Jan-09	−4		−4	
006	EDE	5-Jun-08	8-Jun-08	3	CAB	1-Jun-08	5-Jan-09	0			
007	EDE	3-Jun-08	6-Jun-08	3	CAB	1-Jun-08	2-Jan-09	3	3		
				Contract Completion Date:			1-Jan-09	1		1	
							Totals:	17	8	9	0

마. As-Planned vs As-Built

가장 단순한 형태이며 최초에 세운 계획과 실적을 단순하게 비교하는 형태이다. 이 기법은 주로 각각의 Window로 나뉘어 분석되는데, 계획과 실적을 비교한 후 계획이 왜 지연되었는지, 얼마나 지연되었는지를 분석한다. 시작일(Start date), 종료일(Finish date), 연장된 기간(Extended duration)에 대한 변경이유를 설명해야 한다.

"The analysis should advance through the comparison by identifying for each activity: (a) delayed starts, (b) extended durations, and (c) delayed finishes."[32]

이 3가지에 대한 정확한 설명이 이루어져야 정확한 분석이 이루어졌다고 할 수 있는데, 많은 작업(Activity)을 설명하기에는 현실적으로 매우 어렵다. 물론 CP를 위주로 분석하면 간단하겠지만 CP는 특정 시점별로 어떻게 바뀔지 예상하기 어렵기 때문에 Window를 사용해서 구간을 나눈 이후에 각 시점 별로 분석하는 과정이 필요하다. 따라서 APAB는 소규모 프로젝트 또는 CP가 명확한 프로젝트에서 제한적으로 적용이 가능하다.

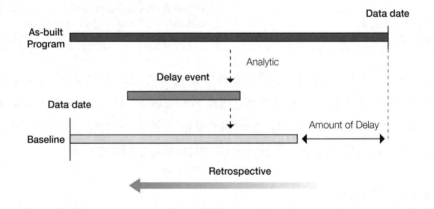

장점	단점
• 결론이 As-Built에 의거하여 쉽게 확인된다. • Update Program을 필요로 하지 않는다. • 단순하게 비교되고 이해하기 쉽다. • 동시지연을 쉽게 파악할 수 있다.	• As-built의 순서가 As-planned의 순서와 관계가 있어야 한다. • As-built의 기록이 필요하다. • As-built 공정표를 구성해야 한다.

아래 그림은 처음 작업(Activity)과 마지막 작업(Activity)의 시작일이 늦은 것이 확인되었고 2, 3번째 작업(Activity)은 중간에 특정 사유로 인하여 당초 작업기간이 증가하였다. 따라서

---

32) AACE International Recommended Practices, No.29R-03 Forensic Schedule Analysis, (2011), p. 40.

1+2+3+4 기간의 합이 프로젝트의 지연기간이며, 각 지연기간의 원인을 분석해야 한다.

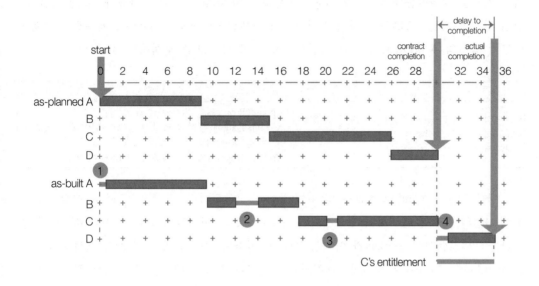

바. Window Analysis

Window Analysis는 그 자체로는 분석기법은 아니며, 단지 주어진 분석기법을 다루는 관점을 의미한다. 즉 전체 프로젝트기간을 특정한 기간으로 나눠서 분석하는 방법이다.

"*Windows*" *and* "*watersheds*" *are not methods of analysis in themselves; they are merely processes in the conduct of a given method of analysis.*"[33]

이 방법은 분석가가 작업의 진행현황을 확인해서 신뢰할 만한 Updated Program을 확인하고, 특정한 구간으로 나눈다. 분석가가 Window내에 발생한 실제적인 CP를 결정하고 프로젝트의 기록을 확인해서 어떤 지연사건(Delay Event)이 CP에 영향을 미쳤는지 결정한다. Window를 나누는 기준은 아래와 같다.

- 중요한 Milestone 또는 중요한 사건
- 시공자의 의도, 방법, 순서가 바뀐 구간
- 진행실적이 계산된 단위구간
- 주요한 변화, 작업중단, 지연이 발생한 구간

33) Keith Pickavance, *Delay and Disruption in Construction contracts*, 3rd Edition, MPG Books (2016), p. 572.

Window Analysis는 분석방법이나 또는 무엇이 분석되느냐의 문제가 아니라, 분석하는 특정 기간을 정의하는데 있다. Window Analysis는 APAB방법을 같이 사용하기도 하지만, 가장 효과적인 방법은 TIA와 같이 일정시점까지 진행된 Updated Program을 기준으로 구분한 이후에 각각의 Window에 발생한 지연사건을 정의하고 CP를 분석하는 것이다.

장점	단점
• 현시점에서의 Progress와 CP를 기반으로 한다. • Multiple CP를 인식하는 것이 가능하다. • 직관적이고 이해하기 쉽다.	• Update Progress를 필요로 한다. • As-built Data에서 각 작업간의 간격이 벌어질 수 있으므로 이에 대한 합리적인 설명 필요. • Update Program에서 수정해야 할 Logic이 있을 수 있다.

아래 그림은 Window Analysis와 CAB방식이 적용되었다. 각각의 Window 시점은 Data date 이전의 결과를 분석하여 프로젝트의 계획완료일과 비교를 하였다. CAB와 비슷하게 보이나, 그 비교대상이 As-Built가 아니라 Baseline이라는 점에서 약간 다르다. 결과정리는 최초 Window의 지연이 분석되면 그 결과가 다음 Window의 새로운 Baseline으로 가정되고 두 번째 Window의 독립적인 지연을 분석한다.

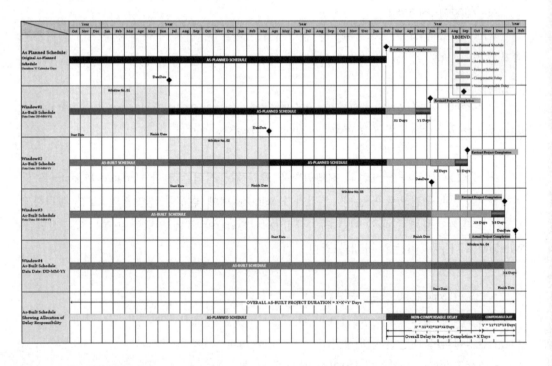

사. 분석방법의 결정

어떤 분석방법이 적합한 분석방법인지는 분석작업의 시점이나 프로젝트의 상황에 따라서 다르게 적용되는데, 실제 법원에서 중요하게 보는 것은 분석기법의 적정성이 아니라 인과관계를 얼마나 잘 효과적으로 설명하는지의 여부이다. SCL Protocol은 다음을 고려하여 공기지연분석방법을 선택할 수 있다고 설명한다.

- 관련 계약조항(The relevant conditions of contract)
- 지연사건의 성질(The nature of the causative events)
- 프로젝트의 성질(The nature of the Project)
- 가능한 시간(The time available)
- 가능한 기록의 성질과 양, 품질(The nature, extent and quality of the records available)
- 가능한 프로그램의 성질과 양, 품질(The nature, extent and quality of the programme information available)[34]

계약조건, 지연사건(Delay Event), 시간, 기록, 프로그램의 상태 등을 참고하여 방법을 결정할 것을 권장하고 있다. 분석방법이 다양하기 때문에 동일한 상황이더라도 채택한 분석기법에 따라 결과가 틀릴 수 있으며, 어떤 결과를 보여줄 것이냐에 따른 시공자의 전략적인 판단과, 발주자의 대응에 따라 신중하게 방법을 결정해야 한다. 또한 분석작업을 시작하기 전에 프로젝트의 상황이나, 지연을 어떻게 인식하느냐에 따라 분석방법을 결정해야 한다. 아래의 절차를 참고하여 분석방법을 결정할 수 있다.

[그림] 공기지연분석방법 결정절차

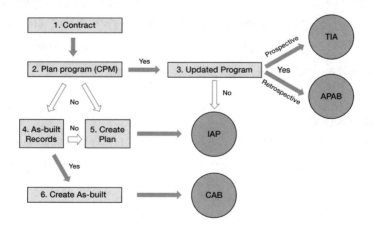

---

34) Society of Construction Law, Delay and Disruption Protocol, 2nd Edition (2017), p. 32.

(1) Contract

분석방법을 결정하는데 있어서 가장 먼저 확인해야 할 부분은 계약서이다. 계약서에 특정한 방법을 따르도록 명시되어 있다면, 방법의 유, 불리 및 적합성을 떠나 계약상 요건을 따라야 한다.

EPC Contract를 참고하면,

"If and when requested by the Employer in connection with any proposed or instructed contract variation, prepare and submit time impact analysis to demonstrate the effect of proposed or instructed variation on the overall project schedule."

해당 계약은 공사변경(Variation)을 요청할 때 TIA를 사용하여 영향을 입증하라는 내용이 포함되어 있다. 다른 EPC Contract를 참고하면,

*"The Contractor will not be entitled to an extension of time unless it is demonstrated to the satisfaction of the Employer, that the delay has affected the Contractor's critical path by reference to the **current schedule**."*

Current Schedule을 참고해서, 지연이 CP에 영향을 미쳤는지 입증해야 한다고 되어 있는데, 여기서 Current Schedule이란 현재 유지되고 있는 Updated Program을 의미한다. 즉 지연이 발생한 시점을 기준으로 분석이 필요함을 설명하고 있다. Current Program 또는 Current Schedule을 사용하라는 의미는 일정시점까지 발생한 내용이 반영된 프로그램에서 미래시점을 분석하는 방법인 TIA방법과 비슷하다. 이런 경우에는 IAP방법보다는 TIA를 사용하는 것이 계약적 요구사항에 적합하다고 볼 수 있다.

(2) Plan Program(CPM)

계약적인 요구사항을 확인하면, 다음에 확인해야 할 사항은 CPM Network으로 구성된 계획공정표(Plan program)가 있는지 여부이다. 규모가 작은 프로젝트는 계획공정표(Plan program)가 없는 경우도 많은데, 이 경우는 입찰서류를 참고하여 새로 만들거나 실적기록이 있는지 확인해야 한다. 계획공정표(Plan program)을 새로 만들면, 발주자와 합의, 동의 과정이 필요하기 때문에, 공기지연분석이 가능한 선에서 최소화하여 작성하는 것이 필요하다.

(3) Updated Program

계획공정표(Plan Program)가 있다면, 다음으로 확인해야 할 사항은 주기적으로 업데이트 된 Updated Program이 있는지 여부이다. 없다면 IAP 방법을 사용할 수밖에 없으며, 있다면 TIA방법이나 APAB방법을 사용할 수 있다. 대부분의 계약은 프로그램을 주기적으로 모니터링하고 유지하는 것이 시공자의 중요한 의무로 설명하기 때문에 추후에 문제가 발생하는 경우에는 시공자에게 불리하게 작용할 수 있다. 따라서 프로젝트 진행 중에 주기적으로 공정표를 유지하고 관리하는 것이 중요하다. 계획공정표(Plan program)와 Updated Program이 있는 상태에서 미래에 대한(Prospective) 관점으로 접근한다면, TIA방법을 적용할 수 있고, 과거에 대한(Retrospective) 관점으로 접근한다면, APAB방법을 사용할 수 있다.

(4) As-Built Records

계획공정표(Plan Program)가 없다면 다음에 확인해야 할 내용은 As-Built Records 여부이다. As-Built Records가 있다면, 완료공정표(As-Built Program)를 작성한 후에 CAB방법을 사용할 수 있다. 어떤 프로젝트는 발주자가 계획공정표(Plan Program)을 계속 승인하지 않고 지속적으로 변경을 요청하여, 승인되지 않은 채로 공정표가 계속 변경되었는데, 이런 경우에는 As-Built Records를 확인해서 CAB방법을 사용할 수밖에 없다.

(5) Create Plan

계획공정표(Plan program)가 없다면 새로 만드는 방법을 고려할 수 있으나 바람직한 방법은 아니다. Baseline을 승인 받는 과정이란 시공자의 작업방법, 순서, 작업기간에 대하여 발주자와 합의하는 과정이고 프로젝트의 참여자들이 계획에 대해서 적절히 진행되고 있는지를 모니터링하는 것에 중요한 의미가 있다. 그런데 그러한 과정이 생략되고 클레임만을 위해서 공정표를 작성하는 것은 시공자의 일방적인 주장으로 해석할 수밖에 없다. CPM은 아니더라도 비슷한 형태의 작업(Activity)으로 구성된 공정표가 있다면 CPM으로 구성하여 공정표를 새로 만들 수 있으나, 대부분의 경우에 합리적으로 인정받기 어렵다.

(6) Create As-Built

계획공정표(Plan program)가 없고 As-Built Records만 있다면 As-Built Records를 활용하여 완료공정표를 만들 수 있다. 완료공정표를 만들면 CAB방법으로 활용이 가능하다. As-Built Records가 어느 수준까지 있는지에 따라 완료공정표의 작성 여부가 결정되는데, 네트웍 구성이 가능한 500개 이상의 작업기록(Activity's Records)이 확보되면 공기지연분석을 진행하는데 큰 어려움은 없을 것이다.

　　각 분석방법의 장, 단점을 살펴보면, IAP방법은 작성하기에 가장 용이하나, 최초의 Data date시점에서 거리(시간)가 멀수록 정확성이 떨어지며, 실제상황을 고려하지 않는다는 점에서 적절한 방법으로 보이지는 않는다. APAB방법은 단순하게 비교한다는 점에서 작성은 용이하나, 시작시점과 완료시점이 왜 지연되었는지에 대한 정확한 원인과 결과를 추가적으로 입증해야 하므로 정확한 인과관계를 밝히기 어렵다. TIA와 CAB는 시간의 흐름만 다를 뿐 기본적으로는 비슷한데, TIA는 시간의 흐름대로 분석을 진행하고 CAB는 시간의 반대 흐름으로 분석한다. TIA방법은 지연사건(Delay Event)의 영향, 돌관작업, 책임을 정확하게 분석하는 편이나, Prospective관점으로 접근하기 때문에 법적인 분석으로는 부정확하다는 의견도 있으며, 이를 보충하기 위해서는 TIA방법을 활용하더라도 실제 진행상황에 대한 검토, 보완 작업이 병행되어야 할 것이다. 각 분석방법에 대한 장, 단점을 정리하면 다음과 같다.

구분	장점	단점
Impacted As-Planned	• 이해하기 쉽고 작성하기 용이함 • 실제 진행내용이 필요 없음	• 지연의 개별적 분석이 어려움 • 실제 진행상황을 반영하지 않음
Time Impact Analysis	• 개별적인 지연의 영향을 정확히 파악 • 누적적 분석이 정확함	• 시간이 많이 소요됨 • Fragnet에 대한 확인(합의)이 필요함.
As-Planned vs As-Built	• 가장 사용하기 쉬운 방법 • 이해하기 쉽고 실제 진행상황을 고려함	• 지연의 영향을 측정하기 어려움 • 논리적인 설명이 추가되어야 함
Collapsed As-Built	• 영향의 정도를 파악하기 용이 • 실제 진행상황을 고려하므로 합리적	• 가정에 대한 합의가 필요함 • 계획공정표에 대한 설명이 없음

　　앞서 설명한 바와 같이 여러 가지 분석방법이 있는데, 한 개의 지연사건(Delay event)을 분석할 때에는 그 결과값의 차이는 거의 없으나, 여러 개의 지연사건(Delay event) 또는 누적적인 영향을 계산할 때는 추가적으로 고려할 것이 있다. 일반적으로 프로젝트에는 다수의 지연사건(Delay event)이 발생하고, 이러한 지연사건(Delay Event)은 서로 영향을 미치게 되는데, 지연사건(Delay event)의 지연기간을 합치는 방법은 2가지가 있다.

구분	NET	GROSS
특징	시간의 흐름에 따라 이전의 프로젝트 상황과 비교하여 순수하게 증가한 지연사건(Delay Event)의 영향만 더하여 계산	각 지연사건(Delay Event)의 개별적인 영향을 합쳐서 계산
장점	합리적인 계산방법	빠르게 계산이 가능하고 간단함
단점	시간이 많이 소요됨	법원에서 인정받지 못하며, 비합리적임

Gross방식은 과거에 많이 사용했던 방식으로 개별적인 각 지연사건(Delay event)의 지연기간이 정해지면 각각의 지연기간을 한 번에 다 합쳐서 누적적인 지연기간으로 결정하는 방식이다. 총 영향 분석기법(Global impact approach)으로 알려지고 사용되었으나, 이러한 방식은 동시지연(Concurrent delay)을 설명하지 못하고, 누적기간이 비정상적으로 과도하게 나타난다. 결국 Gross방식은 여러 판례를 통하여 누적적인 지연기간으로 계산하기에는 적절하지 않은 것으로 판단되고 있다.

Net방식은 위에서 설명했던 TIA, CAB 등에서 계산되었던 방식과 비슷하다. 각 지연사건(Delay Event)의 영향기간을 Baseline과 비교하여 계산하는 것이 아니라, 바로 직전의 Updated Program과 비교하여 순수하게 증가된 기간만큼만 더해주는 방식이다.

5. 공기연장비용(Prolongation Cost)

가. 개   요

공기연장에 대한 권리를 확보하면, 연장된 기간 동안 발생한 공기연장비용(Prolongation Cost)을 보상받을 수 있다고 이해하는 경우도 있으나, 면책가능한 공기지연 중에서 보상 불가능한 지연(Non-Compensable Delay)도 있기 때문에 공기연장이 되었다고 해서 곧바로 공기연장비용에 대한 보상을 받는 것은 아니다. 아래 그림이 이러한 상황을 설명하고 있다.

"*12. Link between EOT and compensation*

Entitlement to an EOT does not automatically lead to entitlement to compensation"[35]

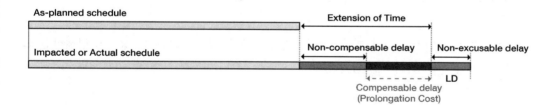

또한 동시지연이나 불가항력의 경우 일반적으로 공기연장은 인정되더라도 공기연장비용에 대한 보상은 되지 않기 때문에 공기연장비용 클레임을 제기하지 않는다.

Time Bar[36] 이내에 클레임을 제기하지 못해서 공기지연클레임에 대한 권리가 박탈되는 상황에서 시공자는 공기연장이 되지 않기 때문에 LD를 지불해야 한다. 그러나 공기연장

---

35) Society of Construction Law, Delay and Disruption Protocol, 2nd Edition (2017), p. 38.
36) Claim 제기시 명시된 기간 내에 통보하지 않으면 그에 따른 권리가 박탈되는 시간 제약조건.

이 되지 않았다고 해서 발주자의 잘못한 행위로 인하여 지연된 기간에 대한 공기연장비용 (Prolongation Cost)까지 박탈된다는 의미[37])까지 확대되지 않을 수도 있기 때문에 Time Bar 관련 조항을 잘 살펴야 한다.

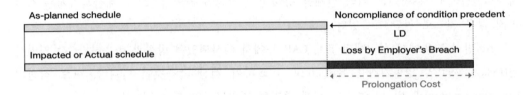

나. 정 의
SCL Protocol은 Prolongation에 대해서 아래와 같이 정의하고 있다.

"*Prolongation is the extended duration of the works during which costs are incurred as a result of a delay*"[38])

Prolongation은 지연의 결과로 인해 비용이 발생한 늘어난 작업기간으로 설명하고 있으며, 다른 참고자료는 Prolongation Claim을 아래와 같이 정의하고 있다.

"*A claim made by a contractor for financial reimbursement on the ground that the contract period has been extended as a result of some action, or the default of the employer or of someone for whom the employer is responsible.*"[39])

발주자가 책임지는 어떤 행위에 대한 결과로 계약기간이 늘어나는 경우에 경제적인 보상을 요구하는 클레임이라고 설명하고 있다.

다. 발생시점
공기연장에 따른 비용이 발생함에 따라 보상이 측정되는 시점이 어느 시점인지에 대한 논쟁이 있는데, 지연사건(Delay event)이 발생한 시점인지 또는 계약기간이 연장된 마지막 시점인지에 대한 문제이다. SCL Protocol은 아래와 같이 정의하고 있다.

---

37) Time Bar와 관련된 계약조건은 각 계약별로 상이하므로 해당 내용을 잘 확인해야 한다.
38) Society of Construction Law, Delay and Disruption Protocol, 2nd Edition (2017), p. 70.
39) David Chappell, *Building Law Encyclopaedia*, Wiley-Blackwell (2009), p. 441.

"22. Period for evaluation of compensation

Once it is established that compensation for prolongation is due, the evaluation of the sum due is made by reference to the period when the effect of the Employer Risk Event was felt, not by reference to the extended period at the end of the contract"[40)]

즉 아래 그림의 기간 중에 공기의 끝이 늘어난 B기간이 아니라, 지연사건(Delay event) 의 영향이 인식되는 A 기간을 Prolongation에 대한 보상시점으로 정의하고 있다. 예를 들어서 발주자의 설계변경으로 인하여 철골공사에 지연사건(Delay event)이 발생했다면, 관련된 지연기간에서 발생한 공기연장비용(Prolongation cost)을 고려해야 한다는 의미이다.

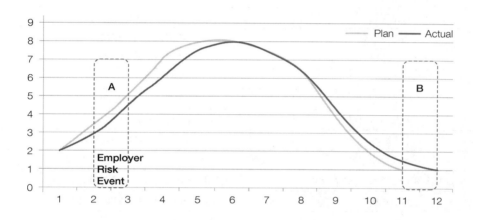

그럼에도 불구하고 다양하게 해석될 수 있는데, 철골공사가 지연된 영향은 해당공사가 진행된 구간에서 나타나지만, 최종적인 결과로 마지막 연장된 구간에서 나타날 수도 있기 때문이다. 또한 실제 손실을 파악하는 시점은 어떤 공기지연 분석방법을 사용하느냐에 따라 해석이 달라질 수 있다. 그렇기 때문에 마지막에 언급된 "계약기간의 끝에서 연장된 시점을 고려하는 것이 아닌"이라는 표현을 그대로 해석을 할 필요는 없을 것이다. 단 Prolongation 보상에 대한 측점시점을 계약기간이 연장된 끝 시점으로만 한정해서 고려해서는 안 되고, 영향이 실제 발생한 기간을 포함하여 종합적으로 고려하는 접근방식이 필요하다.

---

40) Society of Construction Law, Delay and Disruption Protocol, 2nd Edition (2017), p. 53.

라. 공기연장비용(Prolongation Cost) 보상항목

공기연장비용 클레임은 시간의 연장과 관련되어 발생한 비용을 청구하는 것이기 때문에 원칙적으로는 공사에 직접적으로 관여한 직접노무비는 포함되지 않고 간접노무비 등과 같은 비용만 포함된다. 직접노무비는 생산성 저하와 관련된 Disruption Claim 또는 개별적인 공사변경 등으로 계산하여 청구한다. 아래는 최근 국내에서 정리된 간접비의 항목 및 비율 사례이다. 적용된 비율은 하나의 예시로서 계약서에 언급된 적용비율이다.

항목	적용비율
간접노무비	직접노무비×8.7%
환경보전비	(재료비＋직접노무비＋산출경비)× 0.4%
산재보험료	노무비×3.7%
고용보험료	노무비×1.24%
국민건강보험료	직접노무비×1.70%
국민연금보험료	직접노무비×2.49%
노인장기요양보험료	건강보험료×6.55%
퇴직공제 부금비	직접노무비×2.30%
산업안전보건관리비	(재료비＋직접노무비)×2.02%×1.2
기타경비	(재료비＋노무비)×6.37%
공사이행보증수수료	[(재료비＋직접노무비＋산출경비)×0.016%]×공사기간
하도급대금 지급보증서 발급수수료	(재료비＋직접노무비＋산출경비)×0.058%
일반관리비	(재료비＋노무비＋경비)×4.20%
이윤	(노무비＋경비＋일반관리비)×4.739%

해외 EPC 프로젝트에서 공기연장비용의 내용을 보면 아래와 같다.

No.	Description
1	Field Management & Supervision
2	TEMPORARY WORK
3	Accommodation and Food Supply
4	INDIRECT COST
5	VEHICLES
6	VENDOR SPECIALIST
7	OFFICE EXPENSES
8	BOND Charge
9	Insurance, Tax

Head office Overhead and Profit에 아래와 같은 내용을 포함할 수 있다.

- Executive and administrative salaries
- Home office rent and expenses
- Legal and accounting expenses
- Marketing, sales and advertising
- Company insurance
- Utilities, telephone, fax and computers for the home office
- Interest on company's borrowings
- Travel for home office staff
- Depreciation of Company assets
- Professional fees

그러나 Head Office Overheads and Profit을 정확하게 분리해서 항목별로 계산하는 것은 실질적으로는 어렵기 때문에 아래와 같이 3가지의 공식을 활용한다.

Hudson Formula

$$\frac{\text{HO Overheads/profit\%}}{100} \times \frac{\text{Contract Price}}{\text{Contract Price Period (weeks)}} \times \text{Period of delay (Weeks)}$$

Emden's Formula

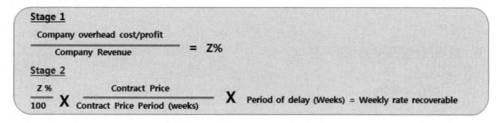

Stage 1

$$\frac{\text{Company overhead cost/profit}}{\text{Company Revenue}} = Z\%$$

Stage 2

$$\frac{Z\%}{100} \times \frac{\text{Contract Price}}{\text{Contract Price Period (weeks)}} \times \text{Period of delay (Weeks)} = \text{Weekly rate recoverable}$$

Eichleay Formula

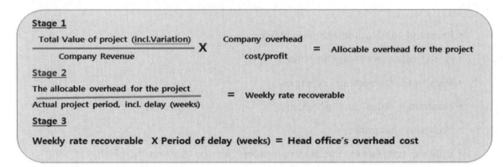

SCL Protocol은 이러한 방법 중에서 아래와 같이 Emden과 Eichleay 방법을 추천하고 있다.

"2.11 In the limited circumstances where a formula is to be used, the Protocol prefers the use of the Emden and Eichleay formulae. However, in relation to the Eichleay formula, if a significant proportion (more than, say, 10%) of the final contract valuation is made up of the value of variations, then it will be necessary to make an adjustment to the input into the formula, to take account of the fact that the variations themselves are likely to contain a contribution to head office overheads and profit."[41]

그러나 이 2가지 방법만 적용하면 입력되는 값에 의하여 비정상적인 값이 계산될 수도 있으므로, 가능하다면 3가지 방법을 다 계산해 보고 그중 최소값으로 결정하거나 또는 실제 손실비용(Actual cost)을 계산해서 비교하여 합리적인 비용을 선택해야 한다.

Ⅲ. 방해/간섭(Disruption) 분석

1. Introduction

지연(Delay)과 방해/간섭(Disruption)을 혼동해서 사용하는 경우가 있으나 두 개의 단어는 다르게 해석되어야 한다. SCL Protocol은 아래와 같이 정의하고 있다.

"18.1 Disruption (as distinct from delay) is a disturbance, hindrance or interruption to

---

41) Society of Construction Law, Delay and Disruption Protocol, 2nd Edition (2017), p. 56.

a Contractor's normal working methods, resulting in lower efficiency. Disruption claims re-late to loss of productivity in the execution of particular work activities. Because of the dis-ruption, these work activities are not able to be carried out as efficiently as reasonably planned (or as possible). The loss and expense resulting from that loss of productivity may be compensable where it was caused by disruption events for which the other party is con-tractually responsible.[42]

방해/간섭(Disruption)은 시공자의 일반적인 작업방법에 방해, 장애, 간섭을 일으키는 행위로서 방해/간섭을 초래한다. 계약상대방이 책임져야 하는 Disruption Events는 보상 받을 수 있다고 설명하고 있다.

지연(Delay)과 방해/간섭(Disruption)의 가장 큰 차이점은 방해/간섭(Disruption)이 항상 완료일의 지연을 발생시키지는 않는다는 점인데, SCL Protocol의 Guidance Part A를 참고하면,

"7…It is possible for work to be disrupted and yet for the works still to be completed by the contract completion date. In this situation, the Contractor will not have a claim for an EOT, but it may have a claim for the cost of the lost productivity."[43]

방해/간섭(Disruption)이 발생한 상황에서 공사가 여전히 완공일 이내에 준공이 가능하다면 시공자는 공기지연클레임을 할 수 없고, 감소된 효율에 대한 보상클레임을 제기할 수 있다. 즉 완료일의 지연을 발생시키지는 않더라도, 발주자에 의하여 생산성 감소 현상이 발생했다면 이에 대한 보상을 청구할 수 있다는 의미이다. 한 가지 확인해야 할 것은 단순하게 시작시점이나 종료시점에 발생한 지연은 여유시간의 소모로만 간주될 수 있기 때문에 방해/간섭(Disruption)의 대상이 아니며, 생산성 감소(일시적 중지를 포함하는 개념)로 인한 작업기간의 증가가 확인되어야 한다. 또한 방해/간섭(Disruption)과 관련된 인과관계가 같이 분석되어야 한다.

2. Loss of Productivity

생산성(Productivity)은 투입인력을 기준으로 일정량을 생산하는 기준이라고 볼 수 있는

---

42) Society of Construction Law, Delay and Disruption Protocol, 2nd Edition (2017), p. 44.
43) Society of Construction Law, Delay and Disruption Protocol, 2nd Edition (2017), p. 10.

데, 예를 들어서 $100m^2$의 경량벽체를 하루에 5명이 작업한다고 가정하면,

$$Productivity=100/5=20m^2/labor\text{-}day$$

경량벽체작업의 생산성은 $20m^2$/labor-day이다. 이 비율을 계획생산성이라고 가정하고 실적생산성을 확인했더니 $15m^2$/labor-day가 확인되었다면,

$$Efficiency=15m^2/20m^2=75\%$$

생산효율은 75%가 계산되고 이에 따라 생산성 손실(Loss of Productivity, 이하 'LOP')은 25%가 계산된다. LOP에 대한 보상을 받기 위하여, 아래 내용을 효과적으로 입증해야 한다.

- 책임성(Liability)
- 인과관계(Causation)
- 발생한 손실 또는 비용(Loss or Expense suffered)

LOP에 대한 책임관계를 정확히 확인하고 인과관계를 분석하고 발생한 손실을 계산해서 LOP의 보상을 주장해야 한다. 종종 합리적인 비용을 산출하기 위한 계산방법 위주로만 검토하는데, 이것만으로는 발주자에 의해 발생한 책임성(Liability), 인과관계(Causation)를 정확히 설명하지 못하기 때문에 부족하며, 아무리 좋은 방법을 사용해도 발주자가 발생시킨 사건이 LOP에 어떤 영향을 끼쳤는지를 정확히 설명하지 않으면 좋은 결과를 얻기 힘들다.

3. 주요 요인

LOP를 발생시키는 주요요인은 아래와 같다.
- 공사변경(Change)
- 돌관작업(Acceleration)
- 오류 및 생략(Error and omissions)
- 부분적인 점유(Partial Possession)
- 재동원(Re-mobilization)
- 불리한 기후(Adverse weather)
- 동시작업(Concurrent operations)
- 인력 재배치(Reassignment of manpower)

- 비효율적 규모(Size inefficiency)
- 학습곡선(Learning curve)
- 파급효과(Ripple effect)
- 누적효과(Cumulative Impact)

이러한 요인들은 개별적으로 발생하기도 하지만 대부분의 경우 다른 요인들과 같이 발생한다. 특히 돌관작업(Acceleration)은 2차적으로 Trade stacking, Fatigue, Overtime과 같은 다른 요인들을 발생시킨다. 따라서 보상을 청구할 때에는 LOP를 발생시킨 1차 요인뿐만 아니라 2차 요인도 함께 고려해야 한다.

가. 공사변경(Change)

공사변경(Change)은 가장 빈번히 발생하는 형태인데, 시공자는 최대한 빨리 공사변경(Change)의 전체 영향에 대해 판단하는 것이 매우 중요하다. 공사변경(Change)이 합의되지 못해서 프로젝트가 지연되는 경우가 많기 때문이다. 공사변경(Change)의 직접 비용은 명백한 반면에, 간접 비용은 불분명하기 때문에 가능하면 사전에 공사변경(Change)에 대하여 추정할 수 있는 공기연장비용, 공기연장기간, 공정표의 수정을 동의하고 수행하는 것이 좋다.

공사변경(Change)을 수행하기에 앞서서 가장 먼저 해야 할 일은 영향을 받는 작업을 확인하고, 이 작업이 완료되기 위해 필요한 자원의 생산성을 식별하는 일이다. 다음으로는 변경된 작업에 필요한 자원의 생산성을 확인하고, 마지막으로 전, 후 비교를 통해 자원의 효율성에 미치는 영향과 LOP를 포함하여 공사변경(Change)에 대한 영향을 정리한다.

나. 돌관공사(Acceleration)

돌관공사가 비용을 증가시킨다는 가정이 일반적으로 알려져 있는데 이는 항상 맞는 말이라고는 할 수 없다. 돌관작업을 통해 공사기간이 단축되면 그 기간만큼 고정비가 절감되는데, 이 금액이 추가로 투입되는 돌관비용보다 크면 비용이 증가하지 않을 수도 있기 때문이다. 그러나 돌관작업이 진행되면 비용이 증가하는 것이 일반적인데, 아래의 여러 가지 현상으로 인하여 LOP가 항상 발생하기 때문이다. 돌관작업을 수행하는 방법은 3가지 방법이 있다.

- 초과작업(Overtime)
- 초과인원투입(Overmanning)
- 교대작업(Shift work)

(1) 초과작업(Overtime)

• 초과작업(Overtime)은 돌관작업의 가장 흔한 형태이다.

• 초과수당 때문에 비용이 증가한다.

• 추가적인 관리 비용과 작업을 지속적으로 유지하기 위한 지원이 필요하다.

초과작업(Overtime)은 투입시간의 증가를 통하여 생산량을 높일 수 있는 가장 쉬운 방법이다. 초과작업(Overtime)은 인원을 추가적으로 고용할 필요가 없고, 현재인원의 작업시간만 늘리면 되기 때문이다. 그러나 초과작업(Overtime)은 필연적으로 생산성의 저하를 발생시키는데, 위의 그림과 같이 주당 작업시간이 40시간인 경우에 100%의 효율이면, 30시간이 늘어난 주당 작업시간이 70시간인 경우에는 70%의 효율만 발생하여 30%의 손실이 발생한다.

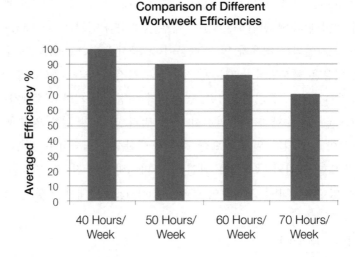

(2) 초과인원투입(Overmanning)

초과인원투입(Overmanning)도 돌관작업의 흔한 형태이다. 이 방법은 초과작업(Overtime)보다 유리한데, 초과수당이나 물리적 피로가 수반되지 않기 때문이며, 같은 시간, 같은 공간 안에 일을 더 많이 할 수 있다는 이점이 있다.

아래 그림은 한 명의 근로자에게 제공되는 작업면적이 $300ft^2$일 때 100%의 작업 효율을 나타내는 것으로 계산되나, $100ft^2$일 때는 약 63% 정도로 낮은 효율이 나타나서 약 37%의 LOP가 발생한다. 즉 특정한 공간에 근로자가 과투입되면 간섭, 혼잡 등으로 인하여 작업 효율이 감소함을 보여주고 있다.

(3) 교대작업(Shift Work)

- 교대작업(Shift work)은 사용빈도가 적은 돌관작업의 형태이다
- 일반적으로 작업 시간에 규칙이 적용되지 않는다

아래 그림은 전체작업량 대비 교대작업(Shift work)의 작업이 차지하는 비율에 따른 생산성 손실을 보여 준다. 아주 적은 비율로 (5%보다 낮은) 교대작업(Shift work)을 사용하면 생산성이 증가하나, 5% 이상의 교대작업(Shift work)을 사용하면 생산성이 감소한다. 교대작업(Shift Work)이 전체 작업비율의 50%일 때 최대 17%의 LOP가 나타난다.

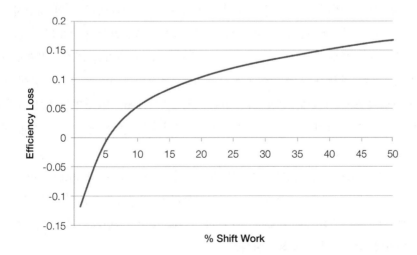

다. 오류 및 누락(Errors and Omissions)

설계작업에 갑자기 발견된 오류(Error), 누락(Omission) 및 불일치(Discrepancy)는 그에 따른 설계변경을 발생시키며, 계획 당시에는 고려되지 않은 사항이다. 이런 내용이 증가하면 감독소홀(Dilution of supervision) 현상도 추가로 발생하며, 관리자의 업무집중을 분산시킴으로써 추가적인 LOP를 발생시킨다.

라. 부분적인 점유(Partial Possession)

발주자가 프로젝트의 특정지역을 부분적으로 점유하면 프로젝트의 완료일에 부정적인 영향을 초래할 수 있다. 이러한 문제는 추가적인 안전시설, 어느 지역의 제한, 작업시간이나 소음의 제한을 발생시켜서 작업효율을 감소시킨다. 또한 예상하지 못한 방문자의 발생에 따라 접근 및 통제를 위한 시간이 발생할 수 있는데, 이는 계획 시에 고려하지 않은 예기치 못한 상황이며, 시공자가 통제할 수 없는 상황이다.

마. 재동원(Remobilization)

작업중단 후 작업재개를 위하여 인력, 장비 등을 재동원하는 상황에서 LOP가 발생한다. 이러한 상황에서는 근로자가 교체되어 새로운 근로자가 투입되어 발생하는 학습곡선(Learning curve)과 같은 2차적인 LOP가 발생하기 때문에 관련된 작업에 적응할 때까지 추가시간이 필요하다.

바. 불리한 기후(Adverse Weather)

일반적인 계약조건하에서 예외적인 기후조건(Exceptionally Weather Condition)으로 인해 발생하는 공기지연은 인정되나 손실은 보상되지 않는다. 그러나 발주자의 지연사건으로 인하여 불리한 기후조건으로 작업일정이 이동되면, 그에 따라 발생한 LOP와 관련된 보상은 주장해 볼 수 있다. 예를 들어서 혹한, 혹서와 같은 극도의 불리한 기후조건으로 작업일정이 이동됨으로 인해 발생하는 추가적인 손실에 대한 보상이다. 아래 그림과 같이 온도의 변화에 따라 작업효율이 다른데, 보통 화씨 60도 근처에서 100%의 작업효율이 나타나며, 60도를 기준으로 온도가 높아지거나 낮아지면 이에 따라 생산성이 저하된다. 최대 화씨 −40도에서는 10%의 작업효율만 나타난다.

불리한 기후(Adverse Weather)는 예외적 기후조건(Exceptionally Weather Conditions)과 혼동되기도 하는데, 불리한 기후(Adverse Weather)는 '불리한 기상조건으로의 작업기간 이동'에 해당하고 예외적 기후조건(Exceptionally Weather Conditions)은 일반적으로 '10년 평균 기상데이터보다 높거나 낮은' 상황에 해당한다.

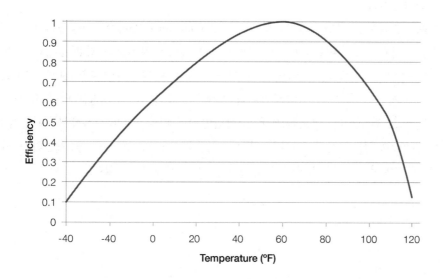

사. 동시작업(Concurrent Operations)

당초에는 연속적인 작업 순서로 계획했으나 동시작업으로 변경되면, 추가적인 운영 및 추가적인 작업관리를 발생시킨다. 또한 동시에 발생하는 작업은 서로간의 간섭과 혼잡 같은 상황을 발생시킬 수 있기 때문에 LOP상황이 발생하기 쉽다.

아. 인력 재배치(Reassignment of Manpower)

인력의 재배치 상황이 발생했을 때 작업을 원활하고 효율적으로 진행하기 위한 충분한 시간이 주어지지 않으면, LOP가 발생하기 쉽다. 주로 공사변경이 발생하면 나타나는 경향이 있는데, 적절한 대응을 하기 위한 준비과정, 순차적인 계획 수립 등의 과정을 거쳐야 작업효율을 최대한 높일 수 있을 것이다

자. 비효율적 규모(Size Inefficiency)

장비나 인원은 효율적인 운영을 고려하면, 특정작업을 수행하기 위한 어떤 적절한 규모를 가지고 있다. 예를 들어서 특정작업을 하기 위해서 숙련공 5명, 비숙련공 10명, 굴삭기 2대의 조합과 규모가 적절한데, 숙련공이 모자라면 비숙련공이 효율적으로 작업을 진행하지 못하거나 또는 장비가 부족하면 숙련공이 효율적으로 작업을 진행하지 못하는 상황이다. 즉 어떤 원인으로 인하여 인원이 부족, 초과하는 경우 또는 장비가 부족한 경우 조합과 규모가 비효율적으로 구성되면서 발생하는 생산성 저하현상이다.

차. 학습곡선(Learning Curve)

생산성을 분석하면 작업 초기에 학습곡선(Learning curve)과 같은 현상을 확인할 수 있다. 즉 적응이 필요한 초기에는 생산성이 낮게 나타나며, 일정이상의 경험이 쌓이면 생산성이 향상되는 현상을 학습곡선(Learning curve)이라고 한다. 아래 그림과 같이 1개의 Unit을 만들기 위한 소요시간이 처음에는 100시간이나, 반복적으로 100개의 Unit을 만들면, 소요시간은 약 40시간으로 감소한다. 이러한 비율은 작업인원의 비율, 작업의 복잡성, 장비 등의 여러 요소를 같이 고려해야 한다. 간단한 작업은 학습곡선(Learning Curve)을 확인하기 어려우며, 복잡한 작업에서 초기에 비하여 생산성의 향상을 기대할 수 있다.

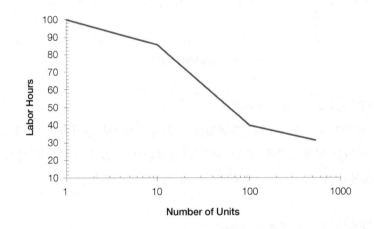

카. 파급효과(Ripple Effect)

하나의 작업에 발생한 공사변경(Change)은 연관된 다른 작업에 영향을 일으키기 쉽다. 또는 초과인원투입(Overmanning)은 그 자체로도 LOP 상황을 발생시키지만, 시간이 지나면 초과인원투입(Overmanning)으로 인하여 비효율적 규모(Size Inefficiency)나 학습곡선(Learning Curve)과 같은 2차적인 LOP 현상이 발생할 수 있다. 이와 같은 현상이 파급효과(Ripple Effect)로 설명될 수 있으며, 처음에는 예상하지 못했으나 시간이 지날수록 발생하는 추가적인 LOP현상을 의미한다. 다음 항목인 누적효과(Cumulative Impact)와도 유사하다.

타. 누적효과(Cumulative Impact)

위에서 언급한 요인들은 독립적으로 발생하기보다는 거의 중복해서 또는 연속적으로 발생한다. 특히 공사변경(Change)은 여러 가지 요인들이 동시에 발생하거나 연속적으로 영향을 미치게 된다. 따라서 이러한 영향은 독립적으로 계산할 수 없으며 다른 방식이 적용되어야 한다. 많은 연구가 있었는데 Leonard's curve를 참고하면, Leonard's curve는 Civil/Arch

공사와 Mechanical/Electrical 공사로 나누어지며, 각각의 공사는 3개의 Type으로 나뉜다.

- Type 1 : Change Orders
- Type 2 : Change Orders + One major cause of delay
- Type 3 : Change Orders + Two or more major cause of delay

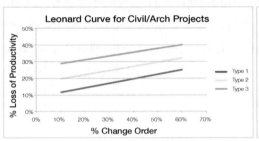 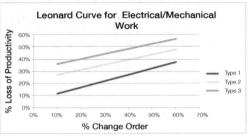

"% change order"는 전체계약의 투입인원 대비 공사변경(Change)의 투입인원 비율을 의미한다. Change Order가 많을수록 Elec/Mech 작업의 작업효율이 Civil/Arch 작업보다 더 크게 저하되는 것으로 조사되었다. (위의 그림을 보면 Elec/Mech 작업효율의 기울기가 더 급격하게 감소하기 때문이다.) 또한 Type 3과 같이 복합적인 요인이 동시에 많이 발생할수록 작업효율은 더욱 많이 저하되었다.

다른 참고자료를 보면 Change Order와 생산성과의 관계를 분석하기 위해서 169개 프로젝트를 조사했는데, 아래 그림과 같이 Change가 많아질수록 생산성이 떨어지는 것으로 정리되었으며, 생산성이 떨어지는 비율은 약 40%선에서 수렴하고 있다.

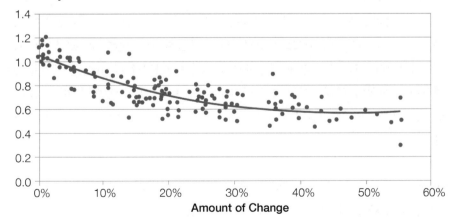

4. 방해/간섭 분석방법(Disruption Analysis Method)

방해/간섭(Disruption)으로 인하여 발생한 LOP를 증명하는데 있어서 가장 중요한 점은 자원사용에 대한 변경(Disruption으로 인하여 발생한 변경)을 정확히 보여주고, 방해/간섭(Disruption)이 없었으면 그 자원이 어떻게 사용될 수 있는지를 보여주는 것이 필요하다.

생산성은 상대적인 개념이기 때문에 방해/간섭(Disruption)의 결과로써 생산성을 계산하기 위해서는 두 가지 측정 기준이 필요하다. 하나는 방해/간섭(Disruption)이 없었다면 어떤 생산성을 나타냈을 것인가, 다른 하나는 방해/간섭(Disruption)으로 어떤 생산성이 나타났는지를 확인해서 비교해야 한다. 아래와 같은 생산성 중 하나를 선택해서 참고할 수 있다.

- 계획 생산성
- 방해/간섭(Disruption)이 없을 때 실제로 달성된 생산성
- 다른 프로젝트의 자료를 참고하여 달성할 수 있을 것이라고 기대하는 생산성

이러한 생산성을 선택하는 방법에 따라 아래와 같은 방법으로 분석이 가능하다.

- Plan vs Actual (Disrupted)
- Actual (Undisrupted) vs Actual (Disrupted)
- Historic (on other Project) vs Actual (Disrupted)
- Industry norms vs Actual (Disrupted)

가. Plan vs Actual

생산성을 정리할 때 가장 많이 사용되는 방법이며, 가장 간단한 분석방법이다. 계획이 a일로 산정되어 있고 실적이 b일로 진행되었다면 단순히 b-a 기간이 방해/간섭(Disruption)의 영향으로 계산된다. 그러나 이렇게 계산하기 위해서는 2가지를 확인해야 하는데, 계획 수립 시에 계산된 생산성이 합리적이고 현실적인지의 여부와, 실적기간이 방해/간섭(Disruption)으로 영향을 받은 순수한 기간만이 포함되었는지의 여부이다. 따라서 아래의 내용을 입증해야 한다.

- 입찰 시에 포함된 비용과 작업기간이 정상적인 상황과 비슷하다.
- 그 당시 상황을 기본으로 적절히 계산되었다.
- 제시할 수 있는 객관적인 자료가 있다.

대부분의 시공자는 내부 생산성과 관련된 자료를 외부에 공개하는 것을 좋아하지 않으며, 따라서 이러한 내용을 객관적으로 입증하기는 쉽지 않다. 발주자 입장에서는 입찰 시에 언급된 작업기간과 정상적인 상황에서의 작업기간, 누적적인 실적자료를 비교하고 그 차이를 통하여 계획의 합리성을 검토할 수 있다.

나. Actual vs Actual('Measured Mile')

계획과 실적을 비교하는 것이 가장 쉬운 방법이나, 가장 정확한 분석방법으로 알려져 있는 방법은 Actual vs Actual('Measured mile')이다. SCL Protocol을 참고하면,

"*18.25…The most reliable and accurate are project-specific studies, particularly a properly implemented measured mile analysis.*"[44]

방해/간섭(Disruption)을 설명할 수 있는 가장 적합한 방법으로 Measured Mile을 소개하고 있으며, 이 방법은 방해/간섭을 받은 기간과 방해/간섭을 받지 않은 기간을 비교하는 것이다. Measured Mile은 반복적이거나 주기적인 작업에 적용하기 좋다. Measured Mile 방법의 특징은 계획값을 기준값으로 사용하지 않고, 실적값을 기준으로 한다는 점이다. 아래 그림은

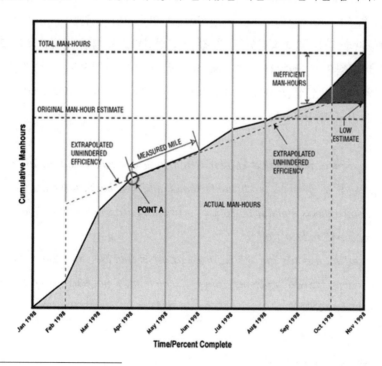

---

44) Society of Construction Law, Delay and Disruption Protocol, 2nd Edition (2017), p. 50.

시간의 경과에 따라 누적 투입인원의 변화를 보여주는 그래프인데, 투입인원이 증가한다는 의미는 생산성이 떨어진다는 의미이기 때문에, 그래프의 기울기가 완만할수록 생산성이 좋다는 의미이다. 아래 Measured Mile이라고 표현된 구간은 기울기가 가장 완만하기 때문에 생산성이 좋은 구간으로 볼 수 있다. 이 구간을 제외한 다른 구간은 기울기가 급격하게 증가하기 때문에 생산성이 좋지 않은 구간이며, 영향을 받지 않은 구간(Measured Mile)과 비교하여 과투입된 인력을 계산할 수 있다.

Measured Mile 방식을 적용하기 위해서 필요한 가정은 아래와 같다.

• 방해/간섭(Disruption)을 받지 않은 구간이 있어야 한다.
• 방해/간섭(Disruption)을 지속적으로 받은 구간이 있어야 한다.
• 방해/간섭(Disruption) 구간은 단일한 원인에 의하여 결정된 구간이다.

Measured Mile은 이러한 가정들을 전제로 하지만, 여러 요인들이 복합적으로 발생하기 때문에 실제로 이러한 조건들을 완벽하게 충족하는 상황은 존재하지 않는다. 따라서 이런 경우에 "Modified measured mile" 또는 "Baseline Productivity"와 같은 수정된 방법을 사용하기도 한다. 즉 Measured Mile 구간을 선정할 때 연속적인 단일한 구간을 선정하는 대신 확률적인 평균값과 같은 불연속적인 구간 값을 선정한다. 또 다른 방법으로는 프로젝트 기간에서 보통 10% 정도는 방해/간섭(Disruption)을 받지 않은 구간으로 볼 수 있기 때문에, 상위 10% 정도의 평균생산성을 Measured Mile로 사용한다. 그러나 Measured Mile은 아래와 같은 약점을 가지고 있다.

"1. The measured mile period chosen is not long enough, could be an anomaly, and was "cherry-picked" to show a productivity that could not be sustained.

2. The period reflects simplified work or work that was materially different from work outside the measured mile period.

3. The actual man-hours and costs in the analysis include work that was not impacted by the alleged owner-caused problems, some of which may not show a cost overrun in the contractor's cost report."[45]

---

45) Richard J. Long, *Cumulative Impact Claims*, Long International (2013), p. 28.

Measured Mile 구간이 'Cherry-picked'처럼 유리한 구간만 선택할 수 있으며, 지속적으로 유지될 수 없는 가정적 생산성을 선정할 수 있다. 또한 Measured Mile 구간의 작업이 다른 구간의 작업과 전혀 다르거나 단순한 작업을 나타낼 수도 있다. 분석에 포함된 인원, 손실이 발주자가 원인을 제공하지 않은 작업이 포함되기도 하며, 시공자의 보고서상에 손실이 나타나지 않을 수도 있다고 지적하고 있다.

다. Industry Productivity Norms vs Actual

생산성에 영향을 미치는 요인들에 대해서 많은 연구가 이루어졌는데, 'The Mechanical Contractors Association of America(MCAA)'에서 아래와 같은 가이드를 정리하였다. 이 가이드는 계획단계나 공사변경(Change)의 영향을 측정하기 위해서 유용하게 사용되는데, LOP의 계산을 위해서 사용될 때는 단지 참고용으로만 사용되는 것이 바람직하다.

Factor	Percent of Loss if Condition		
	Minor	Average	Severe
STACKING OF TRADES	10%	20%	30%
MORALE AND ATTITUDE	5%	15%	30%
REASSIGNMENT OF MANPOWER	5%	10%	15%
CREW SIZE INEFFICIENCY	10%	20%	30%
CONCURRENT OPERATIONS	5%	15%	25%
DILUTION OF SUPERVISION	10%	15%	25%
LEARNING CURVE	5%	15%	30%
ERRORS AND OMISSIONS	1%	3%	6%
BENIFICIAL OCCUPANCY	15%	25%	40%
JOINT OCCUPANCY	5%	12%	20%
SITE ACCESS	5%	12%	30%
LOGISTICS	10%	25%	50%
FATIGUE	8%	10%	12%
RIPPLE	10%	15%	20%
OVERTIME	10%	15%	20%
SEASON AND WEATHER CHANGE	10%	20%	30%

보통 위의 Industry Standard만 정리해서 클레임을 제기하는 것은 인정받기 어려우며, LOP를 구체적으로 설명할 수 있는 생산성 기록과 수치가 같이 주장되어야 한다.

라. Historic vs Actual

대규모 프로젝트일수록 작업이 많고, 단일한 사건이 여러 작업에 영향을 주기 때문에 독립적인 사건의 영향을 분석하기가 쉽지 않은 편이다. 따라서 Baseline으로 사용될 영향 받지 않은 기간을 독립적으로 산정하기 어려운 경우에는 유사한 프로젝트의 데이터를 비교하는 방법을 사용할 수 있다.

- 방해/간섭(Disruption) 작업과 비슷한 형태의 작업
- 기상조건이 유사한 작업기간
- 비교할만한 지역적인 장소/작업자의 조직상태

위와 같은 조건들이 비슷하면, 다른 프로젝트의 과거자료와 해당 프로젝트에서 실제적으로 발생한 자료를 비교할 수 있을 것이다.

5. 분석사례

LOP를 분석할 때 필수적으로 필요한 것은 투입인원과 생산량이다. 이 두 가지 중에 일부가 누락된 상황에서 이론적인 수치 등으로 정리하는 것은 데이터의 신뢰성을 확보하기 어렵다. 일일보고서, 주간보고서, 월간보고서, Updated Program의 참고자료로 데이터를 정리해야 하며, 이 자료들은 프로젝트 진행 중에 공식적인 경로를 통해서 발주자에게 제출되어야 한다.

가. Example 1

아래 계산 사례는 Subdrill과 관련되어 방해/간섭(Disruption)이 발생한 지역과 그렇지 않은 지역의 평균생산성을 비교하여 LOP를 계산한 사례이다. 사건이 발생한 'Relocated Railroad Cut to Route 29 Business Fill' 지역의 10'*10' Drill의 평균생산성은 671.6Cu.M이고, 12'*12' Drill의 평균생산성은 641.1Cu.M으로 계산되었다. 비교를 위한 표준 생산성은 'Wideville Bypass Cut to Disposal Site D' 지역의 740.9Cu.M이다.

10'*10' Drill의 생산성은 9.36%가 저하된 것으로 계산되었고 12'*12' Drill의 생산성은 13.48%가 저하된 것으로 계산되었다. 10'*10' Drill을 분석하면 전체 작업량이 41,721Cu.M 이기 때문에 약 62일 동안 작업이 진행된 것으로 추정할 수 있으며, 표준생산성인 740.9Cu.M으로 진행되었다면 56일에 작업이 끝났을 것이다. 따라서 10'*10' Drill은 6일이 초과 투입되었고 6일에 해당하는 보상을 청구하였다. 같은 논리로 12'*12'는 9일이 초과 투입되었다. 이 사례는 동일한 프로젝트에서 영향을 받은 지역과 영향을 받지 않은 지역을 비

교했는데, 비교된 표준생산성이 해당 프로젝트에서 실제로 발생한 것이기 때문에 계획생산성이나 Industry Practice의 생산성보다 훨씬 합리적이라고 볼 수 있다.

Haulpak 210M (50 Ton Dump Truck)					
Hauling Location	**Total Hauled**	**Production Rate Per Drill Pattern (Per Day)**			**Average Production Rate**
		7' x 7'	10' x 10'	12' x 12'	
Hauling from Subdrill Issue Areas					
Relocated Railroad Cut to Disposal Site 'D'	36,919 Cu. M.	N/A	604.2 Cu. M.	680.2 Cu. M.	677.2 Cu. M.
	(Quantity Represented):		(8,733.6 Cu. M.)	(28,185.6 Cu. M.)	(Represents 36,919 Cu. M.)
Relocated Railroad Cut to Route 29 Business Fill	105,504 Cu. M.	887.2 Cu. M.	671.6 Cu. M.	641.1 Cu. M.	680.9 Cu. M.
	(Quantity Represented):	(21,292.8 Cu. M.)	(41,721.6 Cu. M.)	(42,489.6 Cu. M.)	(Represents 105,504 Cu. M.)
Hauling from Non-Subdrill Issue Areas					
Wideville Bypass Cut to Disposal Site 'D'	32,122 Cu. M.				740.9 Cu. M.
Ramp B/Loop B Cut to Route 29 Bus./Disp Site D	26,278 Cu. M.				688.1 Cu. M.

Decreased Production:	10' x 10' pattern	12' x 12' pattern	
	9.36%	13.48%	10'x10' Pattern: (740.9 - 671.6)/740.9 = 9.36%
			12'x12' Pattern: (740.9 - 641.1)/740.9 = 13.48%

나. Example 2

영향을 받지 않는 North Cross 지역의 생산성이 표준 생산성으로 제시되었다. 영향을 받은 South Cross는 51,969Manhour가 투입되고 281,746m²의 포장작업이 진행되어 1m²당 투입 Manhour는 0.184로 계산되었다. 영향을 받지 않은 North Cross는 10,116Manhour가 투입되고 102,256m²의 포장작업이 진행되어 1m²당 투입 Manhour는 0.099이다. 따라서 생산성의 감소는 0.086Manhour/m²으로 계산되고, 이 비율에 South Cross의 작업량을 곱하면 손실 Manhour는 24,096이다. 계약단가인 $22.79를 곱하면 손실비용은 $549,155가 계산된다.

	Actual North Cross Taxiway Production	Actual South Cross Taxiway Production
Hours	10,116.00	51,969.00
Square Metres Produced	102,256.00	281,746.60
Hours/Square Metre	.099	.184
Increase in Unit Labour Rate		0.086
Quantity Affected by Blockout and Light Change		281,746.60
Increased Rate		0.086
Manhour Increase Due to Change		24,096.32
Labour Cost per Manhour		$22.79
Total Additional Labour cost		$549,155.17

Ⅳ. 결　론

위와 같이 프로젝트에 영향을 미치는 공기지연과 방해/간섭요인들에 대해서 살펴보았다. 이러한 요인들은 직접적, 간접적으로 프로젝트의 공사기간을 지연시키고 원가를 상승시키는데, 프로젝트의 참여자들이 이러한 현상에 대한 원인과 결과를 정확히 인식하고 그에 따른 대책을 수립하는 것이 중요하다고 할 것이다.

아래 자료는 Aracadis라는 유럽의 Design & Consultancy가 분쟁의 원인을 조사하여 가장 빈번하고 중요한 원인별로 정리한 자료이다.

2016 RANK	DISPUTE CAUSE	2015 RANK
1	Failure to properly administer the contract	1
2	Poorly drafted of incomplete and unsubstantiated claims	2
3	Employer/Contractor/Subcontractor failing to understand and/or comply with its contractual obligation	5
4	Errors and/or omissions in the contract document	3
5	Incomplete design information or employer requirements (for Design-Build and Design & Construction)	4

분쟁의 주요 원인 중 가장 순위가 높은 것은 'Failure to properly administer the contract'으로, 계약관리가 분쟁에 있어서 중요하다는 점을 알 수 있다. 또한 다음 내용은 'Poorly drafted or incomplete and unsubstantiated claims'인데, 결국 클레임 문서의 구체화가 분쟁의 주요한 원인으로 정리되었다. 여러 분쟁상황, 클레임 협의 상황에서 이러한 클레임 문서의 부족한 내용, 덜 구체화된 내용 등으로 인하여 분쟁이 장기화되거나 협상이 잘 해결되지 않기도 한다. 따라서 클레임의 주요원인인 공기지연과 방해/간섭요인을 정확히 분석하여 클레임 문서를 작성하는 것이 분쟁을 최소화할 수 있을 것이다.

[12] 해외건설중재 사례연구

김갑유 · 한민오

I. 들어가며

한국 건설회사들이 대규모 해외건설 프로젝트에 활발하게 참여한 지도 20년이 넘었다. 이에 따라 한국 건설회사나 주기기 제조업자가 당사자인 해외건설 분쟁의 수도 최근 10년간 급증하게 되었다. 일련의 해외건설 분쟁을 분석해보면, 당사자가 제기하는 청구나 주장이 몇 가지 유형으로 분류된다는 것을 쉽게 관찰할 수 있다. 예컨대 시공자의 경우 발주자를 상대로 (i) 미지급 기성금 청구, (ii) 공기연장 청구 및 이에 따른 추가공사비 청구, (iii) 공사변경(variation)에 따른 추가비용 및 공기연장 청구 등을 주로 제기한다. 이에 반해 발주자는 시공자를 상대로 (i) 지체상금 청구, (ii) 하자에 따른 손해배상청구, (iii) 선수금 반환청구 등을 주로 제기한다.

해외건설 분쟁의 대부분은 중재로 해결된다. 소송과 달리 중재는 그 결과가 대외적으로 공개되지 않는다. 그 결과 해당 중재의 당사자가 아닌 한 어떤 중재에서 다투어진 법적 쟁점에 대해 해당 중재판정부가 어떤 판단을 내렸는지 파악하기가 어렵다. 그래서 해외건설 분쟁에서 시공자나 발주자의 청구가 상당 부분 유형화되어 있음에도 불구하고 각각의 분쟁에서 배울 수 있는 교훈('lesson learned')이 한국 건설 업계 내에서 잘 공유되지 않고 있음을 목격하게 되었다.

이에 필자들은 최근 5~6년간 수행했던 해외건설 분쟁 사건 중 가장 전형적이라고 보이는 5건을 선정하여, 여기서 첨예하게 다투어진 법적 쟁점이 무엇이었고 이에 대해 중재판정부가 어떤 판단을 내렸는지 소개하고자 한다. 본 논문에서 소개할 주된 쟁점은 다음과 같다.

• 사례 1 – 발주자가 발전소를 사실상 인수하여 상업 운전을 개시하였는데, 그럼에도 발주자가 시공자를 상대로 약정 준공 요건 불구비를 이유로 지체상금을 부과하는 것이 영국법상 허용되는지 여부(이하 II.장 참고)

• 사례 2 – 발주자가 공사목적물의 일부 구간을 인수한 후에도 최초 약정한 지체상금의 요율·금액을 지연된 일부 공사목적물에 그대로 적용하여 부과하는 것이 영국법상 허용

되는지 여부(이하 Ⅲ.장 참고)

　• 사례 3 – 시공자가 발주자를 상대로 미지급 기성금 등의 지급을 구하는 중재를 신청한 사건에서, 발주자가 시공자를 상대로 선수금반환을 구하는 반대신청을 하면서 이에 대한 절차의 분리(bifurcation)를 구할 수 있는지 여부(이하 Ⅳ.장 참고)

　• 사례 4 – 원도급계약 및 하도급계약에 중재 참가(joinder)에 관한 명문 규정이 없는데, 그럼에도 발주자가 하수급인을 상대로 중재를 제기하거나 하수급인을 중재 절차에 참가시킬 수 있는지 여부(이하 Ⅴ.장 참고)

　• 사례 5 – 양자투자협정(BIT)에 이른바 'umbrella 조항'이 있는 경우, 시공자가 국영기업인 발주자의 건설계약 위반을 이유로 체약국인 투자유치국을 상대로 투자자중재를 신청할 수 있는지 여부(이하 Ⅵ.장 참고)

　참고로 중재의 비공개성을 고려하여 이 글에서 소개되는 사례의 사실관계는 모두 조금씩 각색하였음을 밝혀둔다.

Ⅱ. 발주자가 발전소를 사실상 인수하여 상업 운전을 개시한 후에도 시공자를 상대로 약정 준공 요건 불구비를 이유로 지체상금을 부과할 수 있는지 여부 - 영국법상 포기(waiver)와 금반언(estoppel) 법리를 중심으로(사례 1)

[사례 1] 발주자 E1과 시공자 C1은 A국에서 화력발전소를 건설하는 내용의 건설계약을 체결하였다. 이 계약의 준거법은 영국법(Laws of England and Wales)이고, 계약 일반조건은 FIDIC Silver Book을 따르고 있다. 이 계약에는 준공(Practical Completion) 달성을 위한 요건이 구체적으로 명시되어 있는데 그중 한 가지가 A국에서 정한 보건·안전 및 환경법령을 준수하는 것이다.

시공자 C1은 준공 기한 내에 화력발전소 건설 및 시운전을 성공적으로 마쳤다. 다만 화력발전소에서 방류되는 냉각수가 A국법상 수질오염 한도를 소폭 초과하여 계약에서 정한 준공 요건이 모두 충족되지는 않았다. 그럼에도 발주자 E1은 시공자 C1과 협의 후 그 상태에서 화력발전소를 인수한 다음 상업 운전을 개시하였다.

두 달 후 발주자 E1은 계약상 준공 요건이 모두 충족되지 않았다고 하면서, 시공자 C1에게 약정 준공 기한 다음 날부터 계약에서 정한 요율에 따라 계산한 지체상금을 납부하라고 요구하였다. 이에 대해 시공자 C1은 발주자 E1이 준공예정일에 화력발전소를 인수하여 상업 운전을 이미 개시하였으므로 이제 와서 지체상금을 납부하는 것은 부당하다는 입장이다.

1. 문제의 제기

FIDIC Silver Book (1999) 일반조건 8.7조는 지체상금에 관한 규정이다. 이에 따르면 시공자는 준공 기한(Time for Completion)에 관한 8.2조에서 정한 의무를 불이행할 경우 발주자에게 지체상금을 납부해야 한다.[1] 한편 FIDIC Silver Book 일반조건 8.2조에 의하면, 시공자는 준공 기한(Time for Completion) 내에 (i) 준공을 위한 시운전을 모두 통과하고, (ii) 준공 및 인수에 필요한 계약상 역무를 모두 완료할 의무가 있다.[2] 공사목적물의 준공 및 인수에 필요한 역무의 내용과 범위는 발주자와 시공자가 계약에서 정하기 나름인데, 여기에는 건설이 수행되는 국가의 환경 법령 준수 등 조건도 포함될 수 있다. 즉 [사례 1]에서 시공자가 준공예정일까지 계약에서 정한 준공 요건인 환경 법령 준수를 충족시키지 못하였다면 발주자 입장에서는 원칙적으로 FIDIC Silver Book 일반조건 8.7조에 기하여 시공자에게 지체상금 납부를 요구할 수 있다.

문제는 [사례 1]에서와 같이 발주자가 실제로 화력발전소를 인수한 다음 상업 운전을 개시한 경우이다. 이때도 계약 문언을 엄격하게 해석·적용하여 시공자가 발주자에게 위 일반조건 8.7조에 따라 지체상금을 납부하거나 부담해야 한다면 시공자 입장에서는 몇 가지 점에서 부당할 수 있다: (i) 발주자가 발전소에 대한 상업 운전을 한다는 것은 일반적으로 전력 생산 및 판매가 이루어지고 있음을 의미한다. 이 경우 발주자가 특별히 어떤 지연 손해를 입고 있다고 보기 어렵다. (ii) 오히려 발주자는 발전소 상업 운전을 통하여 수익을 내고 있다. 시공자가 발주자에게 지체상금까지 지급하게 된다면 발주자가 부당하게 (이중으로) 이득을 취하게 될 수 있다. (iii) 더욱이 시공자가 가장 중요한 담보물이라고 할 수 있는 발전소를 발주자에게 인도할 때는 더 이상 지체상금을 납부하지 않으리라는 기대가 생겼다고 볼 여지도 있다. 이 상황에서 시공자가 발주자에게 지체상금을 납부하는 것은 시공자 입장에서 부당한 측면이 있다.

[사례 1]에서 상정한 건설계약의 준거법은 영국법이다. 영국법은 일반적으로 계약의 문언을 충실하게 따르는 법계로 알려져 있다. 그럼에도 시공자 C1이 영국법상 포기(waiver) 또는 금반언(estoppel) 법리에 기하여 발주자 E1의 지체상금 납부 요구에 대항할 여지가 있는지 살피기로 한다.

---

1) FIDIC Silver Book (1999)(이하 'FIDIC Silver Book'), 8.7조. 참고로 FIDIC Silver Book 개정판이 2017. 12. 출간되었으나, 개정된 내용은 본 논문에 영향을 미치지 않으므로 이하에서는 FIDIC Silver Book 1999년판을 중심으로 법리를 검토하기로 한다. 한편 FIDIC Red Book (1999) 일반조건 8.2조 및 8.7조는 위 FIDIC Silver Book 일반조건 8.2조 및 8.7조와 문언이 동일하다. 따라서 [사례 1]의 논의는 FIDIC Red Book (1999) 일반조건이 사용되는 경우에도 그대로 적용이 가능하다고 본다.

2) *Ibid.*, 8.2조.

2. 영국법상 포기(waiver)

영국법상 포기(waiver)의 법리는 계약의 일방 당사자(E1)가 상대방(C1)에게 상대방이 이행해야 할 어떤 계약상 의무를 더 이상 요구하지 않기로 자발적으로 동의한 경우에 적용된다.[3] 이 경우 계약의 일방 당사자(E1)는 상대방(C1)에 대한 계약상 권리를 포기한 것으로 간주된다.[4]

이와 같은 포기(waiver)의 법리는 영국법에서 크게 두 가지 유형으로 나눌 수 있다: (i) 금반언에 기한 포기(waiver by estoppel), (ii) 선택에 의한 포기(waiver by election).[5]

전자(waiver by estoppel)는 계약의 일방 당사자가 상대방에게 권리를 포기하겠다는 의사표시 또는 행동을 하고, 계약 상대방이 위 의사표시 또는 행위를 신뢰한 경우에 적용된다.[6] 한편 후자(waiver by election)는 계약의 일방 당사자에게 양립할 수 없는 선택지가 있는데 그가 한 가지 선택지를 선택함으로써 다른 선택지를 포기한 것으로 간주되는 경우에 적용된다. 예컨대 계약해지권이 있는 당사자가 계약을 해지하지 않기로 하고 오히려 계약을 승인하면서 상대방의 의무 이행을 요구하는 경우, 위 계약해지권에 대한 포기가 있다고 간주되는 것이다.[7] 영국법상 선택에 의한 포기(waiver by election) 법리는 영국 최고법원으로 기능했던 귀족원(House of Lords)이 1990년에 *Motor Oil Hellas* (Corinth) *Refineries SA v. Shipping Corporation of India* 사건에서 설시한 바 있다.[8] 이 판례에 의하면 일방 당사자에게 양립할 수 없는 두 가지 선택지가 있고, 그가 각 선택지가 있음을 알고 있는 상태에서 한 가지 선택지만 택하여 이에 따른 행동을 한 다음, 그 선택의 의사표시를 상대방에게 전달한 경우 '선택(election)'이 이루어진 것으로 본다. 이때 선택을 한 당사자는 다른 선택지를 포기한 것으로 간주된다.[9]

이에 따라 [사례 1]의 경우 시공자 C1은 (i) 발주자 E1에게 (발전소를 인수하고) 시공자에게 지체상금을 부과하지 않는 방안과, (발전소를 인수하지 않고) 시공자에게 지체상금을 부과하는 방안 두 가지 선택지가 있었고, (ii) E1은 위 두 가지 선택지를 인식하고 있었으며, (iii) 그 상태에서 E1이 이 사건 발전소를 인수함으로써, (iv) E1이 C1에게 지체상금을 청구할 수

---

3) J. Beatson and Andrew S. Burrows, *Anson's Law of Contract*, 30th ed., Oxford University Press (2016), p. 490.

4) *Ibid.*, p. 490.

5) H. G. Beale, *Chitty on Contracts*, 32nd ed., London: Sweet & Maxwell (2015), paras. 24-007, 24-008.

6) *Ibid.*, para. 24-007. 금반언에 기한 포기(waiver by estoppel)는 영국법상 금반언(estoppel)의 원칙에서 파생된 것으로 평가된다. 따라서 이 법리의 요건 및 효과에 관해서는 아래 II.3.항에서 살피기로 한다.

7) *Ibid.*

8) *Motor Oil (Hellas) Corinth Refineries SA v Shipping Corporation of India* (The Kanchenjunga) [1990] 1 Lloyd's Rep 391.

9) *Ibid.*

있는 계약상 권리를 포기한 것이라고 주장해볼 수 있다.

다만 시공자 C1이 영국법상 선택에 의한 포기 법리를 원용하려면 주의해야 할 사항이 있다. 발주자 E1이 한 선택의 내용이 시공자 C1에게 명확하고 분명하게 전달되어야 한다는 점이다.[10) 예컨대 [사례 1]에서 E1이 발전소를 인수하면서 C1에게 명시적으로 (i) A국 환경 법령 준수 의무를 더 이상 요구하지 않겠다고 하거나, (ii) 이 사건 건설계약상 요구되는 준공 요건이 모두 충족된 것으로 보겠다고 하거나, (iii) C1을 상대로 더 이상 지체상금을 청구하지 않겠다고 하는 등 발주자가 지체상금 청구권을 포기했다고 볼만한 명확한 내용을 C1에게 분명하게 표시 및 전달하였어야 한다. 그렇지 않고 오히려 양 당사자가 발전소 인수 협의 과정에서 지체상금이나 준공 요건 충족에 관한 사항은 추후에 논의하기로 유보한 경우에는 C1의 선택에 의한 포기(waiver by election) 법리 주장이 배척될 수도 있다.

참고로 발주자와 시공자의 건설계약에는 포기 간주를 불허하는 규정(이른바 'no waiver 조항')이 존재할 수도 있다. 이 경우 여전히 영국법상 선택에 의한 포기(waiver by election) 법리가 적용 가능한지 (또는 no waiver 조항에 기하여 배제되는 것인지) 문제될 수 있다.[11) 이 쟁점은 *Tele2 International and others v Post Office Limited* [2009] 사건에서 다루어졌다.[12) 위 사건에서 영국 항소법원(Court of Appeal)은 위와 같은 no waiver 조항만으로는 선택에 의한 포기(waiver by election) 법리가 배제되지 않는다고 판시하였다.[13) 즉 영국 항소법원은 (i) 계약해지권 행사가 지연되는 경우와 (ii) 계약해지권이 불행사되는 경우를 구별하면서 'In no event shall any delay, neglect or forbearance on the part of any party in enforcing (in whole or in part) any provision of this Agreement be or be deemed to be a waiver thereof (…)'라는 일반적이고 통상적인 문구를 사용한 non-waiver 조항은 전자, 즉 계약해지권 행사가 지연된 경우 등에만 적용되지, 후자의 경우에까지 적용되지 않는다고 보았다. 이에 따라 위 법원은 계약의 당사자가 계약해지권을 불행사하기로 선택(election)한 경우 선택에 의한 포

---

10) 위 Kanchenjunga 사건에서 영국 귀족원은 '(…) *he will only be held to have [made his election] if he has so communicated his election to the other party in clear and unequivocal terms.*'이라고 설시하여 선택에 의한 포기(waiver by election) 법리는 선택의 내용이 상대방에게 명확하고 분명하게 전달된 경우에만 적용된다는 점을 분명히 하였다.

11) FIDIC Silver Book 일반조건에는 no waiver 조항이 포함되어 있지 않다. 다만 당사자는 따로 합의하여 계약 특수조건(particular conditions)에 no waiver 조항을 포함시킬 수 있다.

12) *Tele2 International and others v Post Office Limited* [2009] EWCA Civ 9. 위 사건에서 문제된 계약에는 no waiver 조항이 포함되어 있었는데 해당 문언은 다음과 같다: '*In no event shall any delay, neglect or forbearance on the part of any party in enforcing (in whole or in part) any provision of this Agreement be or be deemed to be a waiver thereof or a waiver of any other provision or shall in any way prejudice any right of that party under this Agreement.*' 이는 상사계약에 포함되는 통상적인 no waiver 조항이라고 평가된다.

13) *Ibid.*

기(waiver by election) 법리가 적용 가능하며, 위와 같은 no waiver 조항만으로는 이 법리의 적용이 배제되지 않는다고 보았다. 현재 이 쟁점에 관한 영국 대법원 판결은 발견되지 않는다. 따라서 Tele2 International 사건의 판시에 따라 통상적인 no waiver 조항만으로는 선택에 의한 포기(waiver by election) 법리의 적용이 배제되지 않는다는 것이 현재 영국 법원의 입장이라고 파악된다.14)

3. 영국법상 금반언(estoppel)

영국법상 금반언(estoppel)의 원칙은 형평법상 인정되는 법리라고 보는 것이 일반적이다.15) 이는 금반언의 원칙을 신의성실의 원칙(good faith)에서 파생된 것이라고 보는 대륙법계의 입장과 구별된다. 영국법상 금반언은 개별 판례를 통하여 유형화 되었는데, 그중 (i) 약속에 의한 금반언(promissory estoppel), (ii) 진술에 기한 금반언(estoppel by representation), (iii) 공통의 가정에 기한 금반언(estoppel by convention)이 대표적이다.16) 이하에서는 각 유형별로 요건 및 효과를 살피기로 한다.

가. 약속에 기한 금반언(promissory estoppel)

영국법상 약속에 기한 금반언(promissory estoppel)이란 일방 당사자가 상대방에게 어떤 약속을 하였고, 상대방이 그 약속을 신뢰하고 그에 터 잡아 행동을 한 경우, 당초 약속을 한 당사자가 그 약속에 상반되는 행동을 하는 것을 금지하는 내용의 법리이다.17) 이 법리의 인정 취지는 일방 당사자가 상대방에게 한 약속이 계약에 이르지는 않았더라도, 상대방이 그 약속을 신뢰하고 이에 근거하여 어떤 행동을 하였다면 그 약속을 뒤집는 것이 형평에 반한다는 데 있다.18)

약속에 기한 금반언(promissory estoppel) 법리는 *Central London Property Trust Ltd v High Trees House Ltd* [1947] 사건 판결의 방론(obiter dictum)으로 자세히 설명되었다.19) 이

---

14) 참고로 통상적인 no waiver 조항의 문구를 사용하지 않고, 영국법상 선택에 의한 포기(waiver by election) 법리의 적용을 배제한다는 내용의 구체적인 계약 조항이 있는 경우, 그러한 조항으로 선택에 의한 포기(waiver by election) 법리 적용을 배제할 수 있는지 문제될 수 있다. 현재 이에 관한 명시적인 영국 판례는 발견되지 않는다.

15) Edwin Peel and G. H Treitel, *The Law of Contract*, 14th ed., London: Sweet & Maxwell/Thomson Reuters (2015), para. 3-077.

16) Stephen Furst and Vivian Ramsey, *Keating on Construction Contracts*, 10th ed., London: Sweet & Maxwell (2017), paras. 12-001 to 12-004; John Cartwright, *Formation and Variation of Contract*, 1st ed., London: Sweet & Maxwell (2014), paras. 10-05 to 10-08.

17) J. Beatson and Burrows, *supra* note 4, pp. 125-127; Edwin Peel and G. H Treitel, *supra* note 16, para. 3-080.

18) J. Beatson and Burrows, *supra* note 4, p. 122.

19) *Central London Property Trust Ltd v High Trees House Ltd* [1947] KB 130.

판결에 따르면 약속에 기한 금반언의 적용 요건은 다음과 같다: (i) 일방 당사자가 언어 또는 행동을 통하여 명확한 내용의 약속을 상대방에게 전달하였을 것, (ii) 약속을 받은 상대방이 그 약속을 신뢰하고 그에 터 잡아 어떤 행동을 하였을 것[20], (iii) 약속을 한 당사자가 약속을 뒤집는 것이 형평에 반할 것.[21] 이후 여러 영국 판례에서 위 요건이 재확인되면서 약속에 기한 금반언(promissory estoppel)은 영국법상 법리로 자리를 잡았다.[22]

한편 약속에 기한 금반언(promissory estoppel)에서 말하는 약속은 '명확'하고 '모호하지 않'아야 한다.[23] 이 점은 영국 귀족원이 *Tool Metal Manufacturing v Tungsten* [1955] 사건에서 분명히 하였다.[24] 따라서 [사례 1]에서 시공자 C1이 약속에 기한 금반언(promissory estoppel) 법리에 기대어 발주자 E1의 지체상금 청구를 배척하려면, 발주자 E1이 시공자 C1에게 지체상금을 청구하지 않겠다고 하는 등의 명확한 약속을 하였다는 점이 입증되어야 한다.[25]

나. 진술에 기한 금반언(estoppel by representation)

일방 당사자가 상대방에게 어떤 약속(promise)을 하지 않았더라도 영국법상 금반언의 원칙이 적용되는 경우가 있다. 즉 일방 당사자가 상대방에게 어떤 사실에 관한 진술을 하고, 상대방이 그 진술을 신뢰하고 그에 터 잡아 어떤 행동을 하였다면 당초에 진술을 한 당사자는 이에 상반되는 행동을 하는 것이 금지되는데, 이를 진술에 기한 금반언(estoppel by representation) 법리라고 일컫는다.[26]

이 법리는 약속(promise) 대신 사실에 관한 진술(representation on fact)이 요구된다는 점을 제외하면, 적용 요건이 약속에 기한 금반언과 동일하다. 따라서 진술에 기한 금반언에서 말하는 진술 역시 '명확'하고 '모호하지 않'아야 한다.[27]

---

20) 약속에 기한 금반언(promissory estoppel)은 약속을 받은 상대방이 그 약속을 신뢰하고 그에 터 잡아 어떤 행동을 해야 된다는 점에서 영국법상 포기(waiver)와 구별된다. 포기(waiver)의 경우 위 요건이 필요하지 않다. H. G. Beale, *supra* note 6, pp. 493-494.

21) *Ibid.*

22) J. Beatson and Burrows, *supra* note 4, pp. 125-127; Edwin Peel and G. H Treitel, *supra* note 16, para. 3-080. 미국법을 중심으로 영미법상 약속에 기한 금반언(promissory estoppel) 법리의 연혁을 소개한 논문으로는 이덕환, "영미법상 약속적 금반언의 법리", 법학논총 제24편 제3호 (2007), 714-720면 참조.

23) J. Beatson and Burrows, *supra* note 4, p. 125; H. G. Beale, *supra* note 5, p. 493-494에 의하면 약속에 기한 금반언(promissory estoppel)에서 말하는 약속은 'must be clear or unequivocal, or precise and unambiguous'이어야 한다.

24) *Tool Metal Manufacturing Co Ltd v Tungsten Electric Co Ltd* [1955] 2 All ER 657.

25) 이처럼 영국법상 약속에 기한 금반언(promissory estoppel)은 상대방의 청구를 배척하기 위한 방어 수단으로 사용될 수 있다. 그러나 위 법리에 터 잡아 적극적으로 신뢰비용을 배상하라고 청구할 수는 없다(Combe v Combe [1951] 2 KB 215 참조).

26) Edwin Peel and G. H Treitel, *supra* note 16, para. 3-090.

27) H. G. Beale, *supra* note 6, p. 493-494.

다. 공통의 가정에 기한 금반언(estoppel by convention)

영국법상 공통의 가정에 기한 금반언(estoppel by convention) 법리에 의하면, 명시적인 약속이나 사실에 관한 진술이 없었더라도 거래의 양 당사자가 동일한 전제나 가정을 가지고 어떤 행동을 하였다면 추후 이에 상반되는 행동을 하는 것이 금지된다.28) 여기서 양 당사자가 동일한 전제나 가정을 가지기까지 어떤 묵시적인 합의가 있었다고 간주된다.

공통의 가정에 기한 금반언(estoppel by convention)은 *Amalgamated Investment and Property v Texas Commerce International Bank* [1982] 사건에서 인정된 금반언의 한 유형이다.29) 이후 이 법리는 영국 항소법원에서 내린 *The Vistafjord* [1988] 사건 등에서 재확인되었다.30) 최근에 영국 항소법원은 *Dixon & EFI v Blindley Heath Investments Ltd & others* [2015] 사건에서 가정적 합의에 기한 금반언에서 말하는 '가정'이란 양 당사자가 공통적으로 상정하고 있는 가정이면 충분하고, 그 '가정'이 당사자의 착오, 무지 또는 무관심에 기하여 형성되었는지는 상관이 없다고 판시하였다.31)

공통의 가정에 기한 금반언(estoppel by convention)의 경우 명시적인 약속(promise)이나 진술(representation)이 요구되지 않고, 그 대신 당사자 사이에 공통의 전제나 가정이 있었다는 점이 입증되어야 한다. 이러한 공통의 전제나 가정은 당사자 간의 의사표시뿐만 아니라 행동으로도 추단할 수 있다.32)

이를테면 [사례 1]에서 (i) E1이 발전소를 인수한 다음 상업 운전을 개시한 점, (ii) E1이 C1에게 하자보수보증증권(warranty bond) 발급을 요구하는 등 발전소 준공 후 발주자가 취할 만한 통상적인 행동을 하였다면 그러한 사정, (iii) E1이 상업 운전 개시 전후로 C1에게 지체상금에 관하여 별다른 언급을 하지 않았다면 이러한 사정, (iv) 오히려 E1과 C1이 발전소 인수 후에는 지체상금은 더 이상 부과하지 않겠다는 취지의 협의를 하였다면 그러한 내용이 기록된 회의록이나 교신 자료, (v) 만약 위 프로젝트에서 발전소 일부에 대한 단계별 준공이 이루어진 적이 있다면 이러한 부분 준공 당시 당사자가 환경 법령 준수 요건을 어떻게 다루었는지 등의 사정이 모두 공통의 전제나 가정을 추단하는 단서가 될 수 있다.

---

28) J. Beatson and Burrows, *supra* note 4, p. 134.
29) *Amalgamated Investment and Property Co Ltd v Texas Commerce International Bank Ltd* [1982] 1 Lloyds Rep 27.
30) *Norwegian American Cruises A/S (formerly Norwegian American Lines A/S) v Paul Munday Ltd* (The Vistafjord) [1988] 2 Lloyds Rep 343.
31) *Dixon & EFI (Loughton) Ltd v Blindley Heath Investments Ltd & others* [2015] EWCA Civ 1023.
32) Edwin Peel and G. H Treitel, *supra* note 16, para. 3-095.

4. 사안의 검토

[사례 1]에서 시공자 C1은 발주자 E1을 상대로 (i) 발전소를 인수한 행위 자체가 발주자의 선택에 의한 포기라고 하거나, (ii) 발주자의 약속이나 진술이 있는 경우라면 약속에 기한 금반언이나 진술에 기한 금반언을 주장해볼 수 있다. 다만 C1이 포기, 약속에 기한 금반언, 진술에 기한 금반언의 원칙을 원용하려면 그러한 취지의 발주자 의사표시나 행동이 명확하고 분명해야 한다. 이는 실무적으로 입증이 쉽지 않을 수 있다. 따라서 (iii) 발주자의 명확하고 명시적인 약속이나 진술이 없다고 판단될 경우, 영국법상 공통의 가정에 기한 금반언(estoppel by convention)을 주장·입증하는 방안이 C1에게 보다 효과적인 대응 전략이 될 수 있다. 이때 C1은 당사자의 가정적 합의를 추단할 만한 교신 문서 또는 회의록 등을 서증으로 제시하는 것이 바람직하다.

반대로 E1 입장에서 C1의 포기 또는 금반언의 원칙 주장을 미연에 차단하려면, E1이 계약상 지체상금 청구권을 포기하는 것이 아니라는 점을 교신 문서 또는 회의록 등으로 미리 명확하게 기록해둔 다음 이를 소송이나 중재에서 서증으로 제시하는 것이 바람직할 것이다.

참고로 필자들이 국내 시공자를 대리하여 수행했던 ICC 국제중재 사건에서 유사한 쟁점이 문제된 바 있다. 당해 사건에서 건설계약의 준거법은 영국법이었다. 그 사건에서 발주자는 시공자가 현지 환경 법령을 준수하지 않았다는 이유로 시공자에게 지체상금을 부과하였는데, 이에 대해 시공자는 발주자가 발전소를 이미 인수하여 상업 운전을 하고 있다는 점을 들어 위 지체상금 부과는 부당하다고 반박하였다. 시공자는 이 주장을 뒷받침하는 법리로 영국법상 (i) 선택에 의한 포기(waiver by election), (ii) 약속에 기한 금반언(promissory es-toppel), (iii) 공통의 가정에 기한 금반언(estoppel by convention)을 내세웠다. 이에 대해 중재판정부는 (i) 발주자가 발전소를 인수하고 상업 운전하기 전 발주자와 시공자가 협의한 내용, (ii) 해당 프로젝트에서 발전소 일부에 대한 단계별 준공이 이루어진 적이 있었는데 그 당시 발주자가 환경 법령에 대하여 별다른 문제를 삼지 않은 사정 등을 들어 공통의 가정에 기한 금반언(estoppel by convention) 법리가 적용된다고 보아 시공자의 주장을 받아들이고 발주자의 지체상금 청구를 배척하였다.[33) 위 사건에서 중재판정부는 시공자의 포기 주장과 약속에 기한 금반언 주장에 대해 별다른 판단을 내리지 않았다.

---

33) 이 사건 중재판정은 2015년에 내려졌다.

Ⅲ. 발주자가 공사목적물의 일부 구간을 인수한 후에도 최초 약정한 지체상금의 요율을 지연된 일부 공사목적물에 그대로 적용하여 부과할 수 있는지 여부 - 영국법상 penalty 이론을 중심으로(사례 2)

[사례 2] 발주자 E2와 시공자 C2는 풍력발전소를 건설하는 내용의 건설계약을 체결하였다. 이 계약에서 정한 준거법은 영국법(Laws of England and Wales)이다. 이 계약에 의하면, C2는 위 풍력발전소의 일부 구역(Phase 1)을 2017. 6. 30.까지, 그 외 나머지 구역을 2017. 12. 31.까지 각 준공하기로 하였다.

한편 위 계약에는 지체상금 조항이 있는데 해당 문언은 다음과 같다: "*The Contractor shall be liable to pay delay damages on the following basis: Delay damages shall be assessed at the rate of 0.5% of the Total Contract Value per week for each week of delay in achieving any milestone. The first milestone for application of delay damages shall be completion of Phase 1 by 30 June 2017. The second milestone for application of delay damages shall be completion of all areas by 31 December 2017. The parties agree that such damages are a genuine pre-estimate of damages and not a penalty.*"

C2는 Phase 1을 2017. 6. 30. 준공하여 이를 E2에게 인계하였으나, 나머지 구역은 3개월 늦은 2018. 3. 31.에야 준공하였다. E2는 C2를 상대로 전체 계약대금의 0.5%에 지연된 주수를 곱하여 지체상금을 부과하였다. 이에 대해 C2는 E2가 Phase 1 부분을 이미 인수하였음에도, 계약에서 정한 요율을 그대로 적용하여 지체상금을 산정하고 부과하는 것은 과도하다는 입장이다.

1. 문제의 제기

　　건설 프로젝트에서 (i) 공기 지연으로 인하여 발주자가 입은 금전적 손해나, (ii) 발전소의 경우 발전소 성능 미달로 인하여 발주자가 입은 금전적 손해를 일일이 산정하는 게 어렵거나 상당히 번거로울 수 있다. 그래서 이 두 가지 경우에는 손해액 산정의 편의 등을 위하여 건설계약에 손해배상의 예정 조항을 두는 것이 일반적이다. 특히 시공자가 공기를 준수하지 못한 경우 발주자에게 일정한 요율에 따라 지체상금을 납부하도록 하는 조항은 대부분의 건설계약에서 발견된다.

　　영국법 상으로도 계약 당사자는 계약 자유의 원칙에 따라 지체상금 요율과 금액 등을 계약에서 자유롭게 정할 수 있음이 원칙이다. 다만 이하 2.항에서 살피는 바와 같이 영국법상 위약벌(penalty) 약정은 무효이다. 따라서 영국법상 유효하다고 간주되는 손해배상액 예정 조항과 무효라고 취급되는 위약벌 약정을 구별하는 것이 대단히 중요하다. 특히 [사례 2]에서는 발주자 E2가 공사목적물을 부분 인수하였는데 이 경우에도 전체 계약대금에 비례하여 지체상금을 산정하도록 한 지체상금 조항이 유효한 손해배상액 예정인지 아니면 무효인 위약벌 약정에 해당하는지 문제된다.

2. 영국법상 penalty 이론

가. 영국법상 penalty 이론 개관

계약의 당사자가 계약을 위반한 경우 상대방에게 약정 손해배상금을 지급하도록 하는 조항을 흔히 손해배상의 예정(liquidated damages) 조항이라고 일컫는데 이는 영국법상 유효하다.[34]

한편 계약의 일방 당사자가 계약을 위반한 경우 그로 인하여 상대방이 입은 또는 입게 될 손해의 정도와는 상관 없이 계약 상대방에게 일정 금액을 일종의 벌금처럼 지급하게 하는 약정이 있을 수 있는데 이를 위약벌(penalty) 약정이라고 한다.[35] 영국법상 위약벌 약정은 무효이다.[36] 다시 말해 준거법이 영국법인 건설계약에 위약벌 조항이 있는 경우 발주자는 이 조항에 기하여 시공자에게 위약벌 금액 지급을 청구할 수 없다. 이 경우에는 발주자가 공기 지연으로 인하여 입은 실손해를 입증하여 시공자를 상대로 일반 손해배상청구만 할 수 있을 뿐이다.[37]

영국법상 유효한 손해배상액 예정 조항과 무효인 위약벌 약정을 구별하는 기준은 영국 판례법으로 정립되어 왔다. 영국 법원은 해당 조항에서 사용된 용어가 손해배상의 예정(liquidated damages)인지 위약벌(penalty)인지는 크게 중요하지 않게 취급한다.[38] 오히려 해당 조항의 실질이 위약벌인 경우에는 조항의 표제가 'liquidated damages'라고 하더라도 그 조항은 위약벌 조항이라고 평가된다.[39] 이처럼 영국 법원은 계약 조항의 실질이 위약벌에 해당하는지에 주목하였는데, 이에 관한 보다 구체적인 심사 기준은 아래와 같다.

나. 기존 심사기준 - Dunlop 사건을 중심으로

영국법상 지체상금과 위약벌을 구별하는 전통적인 심사기준은 당사자가 약정한 배상 금액이 손해에 대한 진정한 예상액(genuine pre－estimate of loss)인지 여부이다. 이 기준은 *Dunlop Pneumatic Tyre v New Garage and Motor* [1914] 사건(이하 'Dunlop 사건')에서 설시되었고, 그 후 2015년까지 지체상금과 위약벌을 가르는 기준으로 통용되어 왔다.[40]

---

34) Edwin Peel and G. H Treitel, *supra* note 16, para. 20-129.
35) J. Beatson and Burrows, supra note 4, p. 598; Edwin Peel and G. H Treitel, *supra* note 16, para. 20-129.
36) Edwin Peel and G. H Treitel, *supra* note 16, para. 20-129.
37) *Ibid.*
38) J. Beatson and Burrows, *supra* note 4, pp. 599-600.
39) *Ibid.*
40) Dunlop Pneumatic Tyre Co Ltd v New Garage & Motor Co Ltd [1914] UKHL 1. 한편 영미법계 국가와 대륙법계 국가에서 각각 손해배상액의 예정 조항을 어떻게 취급하는지에 관하여 김승현, 국제건설계

당사자가 계약에서 정한 손해배상 금액이 '손해에 대한 진정한 예상액'인지를 판단하는 것은 결국 계약 해석의 문제인데 이에 관하여 일률적으로 적용되는 세부 기준은 없다.[41] 다만 영국 법원은 Dunlop 사건에서 '손해에 대한 진정한 예상액' 판단시 참작할 수 있는 사정을 예시적으로 나열하였는데 이는 다음과 같다: (i) 어떤 채무불이행으로 인하여 채권자가 입을 수 있는 최대한의 손해보다 손해배상액 예정액이 과도하게 많고 불합리한 경우 이는 위약벌이라고 평가된다.[42] (ii) 계약당사자가 상대방에게 일정한 금액을 지급할 의무가 있는데, 그 채무불이행에 대한 손해배상 예정액이 위 금액을 초과할 경우 이는 위약벌이라고 평가된다.[43] (iii) 채무불이행으로 인하여 발생할 손해가 중대하든 사소하든 간에 채무불이행 사실이 있기만 하면 일정한 확정 금액을 지급하도록 약정된 경우 이는 일단 위약벌로 추정된다.[44] (iv) 다만 채무불이행에 대한 손해배상액을 계약 체결 전에 완벽하게 예측할 수 없더라도 그 사정만으로 손해배상액 예정을 위약벌이라고 볼 수는 없다.[45]

공사목적물이 분할 가능하고 발주자가 그중 일부를 먼저 인수하였는데 그 공사목적물의 나머지 부분만 준공이 지연된 경우, 발주자는 시공자를 상대로 전체 계약대금의 일정 비율에 따라 산정한 지체상금을 손해배상의 예정으로 청구할 수 있을까? 이 쟁점은 *Bramall & Ogden v Sheffield City Council* [1983] 사건에서 다루어졌다.[46] 이 사건에서 문제된 건설계약에는 공사목적물 전체에 대한 준공이 지연될 경우 시공자가 발주자에게 주당 20파운드를 지급하기로 하는 손해배상액 예정 조항이 있었다. 다만 이 계약에는 공사목적물 부분 인수시 지체상금 산정 기준액이 줄어든다고 규정되어 있지는 않았다. 이 사건에서 발주자는 건축물의 일부를 인수한 후 나머지 부분에 대한 준공이 지연되었다는 점을 들어 시공자를 상대로 주당 20파운드로 계산한 지체상금을 부과하였다. 이에 대해 영국 1심법원(High Court)은 위 지체상금은 위약벌에 해당한다고 판단하였다. 건축물 부분 인수가 이루어졌다면 지체상금 산정 기준액도 줄어들어야 하고, 그렇지 않고 전체 계약대금을 기준으로 산정된 지체상금은 '손해에 대한 진정한 예상액'이 아니라고 본 것이다.[47] 이후 영국 법원은 공사목적물의 부분 인수 후 지체상금 산정의 기준액이 감축되지 않을 경우 해당 지체상금은 위약벌에 해당한다고 거듭 판시하였다.[48]

약의 법리와 실무 – FIDIC 계약조건을 중심으로, 박영사 (2015), 98-99면 참조.
41) Edwin Peel and G. H Treitel, *supra* note 16, paras. 20-130 to 20-131.
42) *Clydebank Engineering Co v Castaneda* [1904] UKHL 3.
43) *Kemble v Farren* [1829] EngR 590.
44) *Lord Elphinstone v Monkland Iron and Coal Co* [1886] 11 AC 332.
45) *Webster v Bosanquet* [1912] AC 394.
46) *Bramall & Ogden Ltd v Sheffield City Council* [1983] 1 Con LR 30.
47) *Ibid*.; Nicholas Dennys and others, *Hudson's Building and Engineering Contracts*, 13th ed., London: Sweet & Maxwell/Thomson Reuters (2015), para. 6-024(1).
48) Taylor Woodrow Holdings Ltd v Barnes & Elliott Ltd [2004] All ER (D) 204 (TCC); *Avoncroft*

Bramall & Ogden v Sheffield City Council 판결의 기준에 따르면, [사례 2]에서 발주자 E2가 시공자 C2를 상대로 전체 계약대금의 0.5%에 지연된 주수를 곱하여 산정한 금액은 영국법상 '손해에 대한 진정한 예상액'이 아니라 위약벌(penalty)이라고 평가될 가능성이 높다.[49] 반대로 위 Bramall & Ogden 판결에 설시된 논리에 의하면, 만일 E2가 (전체 계약대금이 아니라) 완공이 지연된 구간에 해당하는 계약대금에 대해서만 주당 0.5%를 곱하여 지체상금을 산정하였다면 이는 위약벌이 아니라고 평가될 가능성이 높다고 본다.

다. 2015년 이후 심사기준 - Cavendish 사건을 중심으로

영국법상 위약벌에 대한 심사 기준으로 '손해에 대한 진정한 예상액(genuine pre-estimate of loss)' 기준이 약 100년간 통용되었는데, 영국 대법원은 2015년 *Cavendish v Makdessi* [2015] 사건(이하 'Cavendish 사건')에서 위 심사기준을 변경하였다.[50] 위 사건에서 영국 대법원은 위약벌인지 여부를 판단함에 있어 2단계의 심사를 거쳐야 한다고 하였다.

이에 따르면 우선 (i) 계약상 금전 지급의무가 계약의 목적 달성을 위한 1차적 의무(primary obligation)인지 또는 계약상 1차적 의무 위반에 따른 손해를 배상하기 위한 2차적 의무(secondary obligation)인지 따져보아야 한다. 일반적으로 계약의 목적을 달성하기 위하여 이행해야 되는 주된 급부를 1차적 의무라 하고, 이러한 1차적 의무의 이행을 유도하거나 강제하게 위하여 부과되는 의무를 2차적 의무라고 한다.[51] Cavendish 사건 판결에 의하면, 계약상 금전 지급 의무가 1차적 의무인 경우 이는 위약벌이라고 볼 수 없다.

한편 (ii) 계약상 금전 지급 의무가 2차적 의무인 경우(예컨대 지연손해를 배상하기 위하여 지체상금 약정이 있는 경우) 해당 지체상금이 위약벌인지 여부는 그 금액이 '손해에 대한 진정한 예상액'인지 여부로 더 이상 판단하지 않는다. Cavendish 사건 판결에서는 채무자가 손해배상 예정액을 납부하는 것이 채권자의 '적법한 이익(legitimate interest)'에 비추어 채무자에게 과도한 손실('a detriment on the contract-breaker out of all proportion')을 주는지 여부가 새로운 심사기준으로 제시되었다.[52] 영국 대법원은 *ParkingEye Ltd v Beavis* [2015] 사건에서도 손해배상액 예정이 위약벌인지 여부는 채권자의 적법한 영업 이익('legitimate business

---

Construction Ltd v Sharba Homes (CN) Ltd [2008] EWHC 933 (TCC).

49) 위 금액이 영국법상 위약벌로 평가될 경우 발주자 E2는 시공자 C2를 상대로 준공 지연으로 입은 실손해만 청구할 수 있을 뿐인데, 이 경우 실손해에 대한 입증책임은 E2에게 있다.

50) *Cavendish Square Holding BV v Talal El Makdessi* [2015] UKSC 67. Cavendish 사건에 대한 평석으로는 Joanna Smith, "Liquidated Damages or Penalty: Cavendish v Makdessi", *Society of Construction Law* no. 195 (2015), pp. 9-19 참조.

51) 예컨대 1차적 의무를 위반하였을 때 발생하는 손해배상의무가 대표적인 2차적 의무이다. 다만 양자의 구별이 언제나 명확한 것은 아니고 경우에 따라서 면밀한 계약 해석이 요구되기도 한다.

52) Cavendish 사건에서 문제된 손해배상액 예정 조항은 위약벌 조항이 아니라고 판단이 내려졌다.

interest')에 비추어 판단되어야 한다고 하면서 Cavendish 사건 판결에서 제시된 심사 기준을 사실상 그대로 적용하였다.53)

　　참고로 Cavendish 사건에서 새로 제시된 심사 기준이 사용된다고 하여 손해배상액 예정이 '손해에 대한 진정한 예상액'인지 여부가 완전히 무의미해진 것은 아니다. 이는 여전히 위약벌 심사에 있어 중요한 참작 요소로 작용할 것으로 전망된다.54) 다만 Cavendish 사건 판결이 내려진 후부터는 손해배상의 예정이 '손해에 대한 진정한 예상액'이 아니라고 하더라도 그 점만으로 영국법상 위약벌이라고 단정지을 수 없게 되었다. Cavendish 사건과 ParkingEye 사건 모두 건설사건은 아니다. 그렇지만 향후 영국법에 따라 규율되는 건설사건에서도 위에서 설명한 penalty에 관한 새로운 심사기준이 적용될 것으로 예상된다.55) [참고로 태양광 발전소 건설 프로젝트의 발주자가 시공자에게 부과한 지체상금이 영국법상 위약벌에 해당하는지 문제된 사건에서 영국 1심법원은 최근(2018. 11. 7.) Cavendish 사건의 심사기준을 적용하여 판결을 선고한 바 있다.]56)

　　[사례 2]에서 새로운 심사기준을 적용하면, 발주자 E2가 시공자 C2를 상대로 전체 계약대금의 0.5%에 지연된 주수를 곱하여 산정한 손해배상액 예정은 시공자가 예정된 공기에 준공을 완료할 1차적 의무를 지키지 못한 경우에 발생하는 2차적 의무와 관련된 것이라고 평가된다. 이 때 위 손해배상액 예정이 E2의 적법한 이익을 고려하여 C2에게 과도한 손실을 야기한다는 점이 입증되어야만 위 손해배상액 예정이 영국법상 위약벌로 평가될 것이다.

3. 사안의 검토

　　종래 Dunlop 사건 및 *Bramall & Ogden v Sheffield City Council* 사건에서 적용된 심사 기준에 의하면 [사례 2]의 지체상금은 위약벌(penalty)이므로 이를 청구하는 것은 영국법상 무효라고 판단될 가능성이 있다.

　　한편 2015년 이후부터는 Cavendish 사건에서 제시된 심사기준이 적용된다. 이에 따르

---

53) *ParkingEye Ltd v Beavis* [2015] UKSC 67. 이 사건에서도 문제된 손해배상액 예정 조항은 채권자의 영업 이익에 부합한다고 보아 위약벌 조항이 아니라고 판단이 내려졌다.
54) J. Beatson and Andrew S Burrows, *supra* note 4, p. 599; Mathias Cheung, "Shylock's Construction Law: The Brave New Life of Liquidated Damages?", *Society of Construction Law* no. 199 (2016), p. 15.
55) Cavendish 사건의 심사기준이 건설 분쟁(특히 지체상금 조항이 위약벌인지 여부)에 적용 가능하다는 점에 대해서는 특별히 반대 의견이 발견되지 않는다. 더 자세한 내용은 위 Cheung 논문 참조.
56) GPP Big Field LLP v Solar EPC Solutions SL (Formerly Prosolia Siglio XXI) [2018] EWHC 2866 (Comm). 이 사건에서 영국 법원은 지체상금이 시공자의 적법한 이익에 비추어 과도한지('out of all proportion to any legitimate interest') 및 지체상금이 지나치게 과도하거나 불합리한지('extravagant, exorbitant or unconscionable') 살핀 다음, 당해 사건 지체상금은 위약벌에 해당하지 않는다고 판단을 내렸다.

면 위 지체상금은 발주자의 적법한 이익을 고려하여 그 금액이 비례적으로 과도하다고 판단되어야 영국법상 무효이다. 그런데 공사목적물의 일부가 이미 인수된 상황에서 나머지 공사목적물의 인수가 늦어졌다고 하여 계약금액 전체를 기준으로 지체상금을 산정·부과하는 것이 발주자 입장에서 과연 어떠한 정당한 법적 이익이 있다고 할 수 있는지 의문이다. 즉 Cavendish 사건의 기준을 적용한다고 하더라도, 위 발전소의 일부를 인수한 것이 발주자 E2에게 아무런 이익도 되지 않는다든지 등의 사정이 없는 한, [사례 2]의 지체상금은 여전히 무효인 위약벌(penalty)로 평가될 가능성이 충분히 있다고 보인다. 다만 만일 Phase 1을 제외한 나머지 단계의 지연과 관련하여 지체상금 요율이 '나머지 단계'가 전체 프로젝트에서 차지하는 비율에 맞게 환산되도록 하는 부가 조항이 있다면 [사례 2]의 지체상금 조항은 정당한 법적 이익이 있는 조항이라고 평가될 가능성이 높다고 보인다.

참고로 필자들이 국내 시공자를 대리하여 수행했던 ICC 국제중재 사건에서 유사한 쟁점이 문제된 바 있다. 당해 사건에서 건설계약의 준거법은 캐나다 온타리오주법이었고, 지체상금 조항의 문언은 [사례 2]에서 제시된 것과 크게 다르지 않았다. 위 사건에서 시공자는 영국 *Bramall & Ogden v Sheffield City Council* 사건 및 이와 비슷한 취지의 캐나다 온타리오주 *Meunier v Cloutier* 사건57) 등의 법리를 들어 해당 지체상금 조항이 위약벌 조항이라고 주장하였고, 중재판정부는 시공자의 위 주장을 받아들였다. 즉 중재판정부는 발주자가 시공자에게 부과한 지체상금 청구는 무효인 위약벌 조항에 기초한 것이라고 하면서 발주자의 지체상금 청구를 기각하였다. 참고로 위 중재 사건의 심리(evidentiary hearing)는 2014. 11.에 9일간 진행되었고 중재 절차가 종결된 것은 2015. 2.이었는데, 이는 영국 대법원이 2015. 11.경 Cavendish 사건 및 Parking Eye 사건 판결을 선고하기 전이다.

4. 보론 - 건설계약의 준거법이 한국법인 경우

만일 [사례 2]에서 건설계약의 준거법이 영국법이 아니라 대한민국법인 경우에 결론이 어떻게 되는지 간단히 살펴보도록 한다.

대한민국 민법 제398조 제4항에 의하면 위약금 약정이 있는 경우 이는 손해배상액의 예정으로 추정된다.58) 이를 바탕으로 한국 대법원은 위약금이 위약벌로 해석되기 위해서는 특별한 사정이 주장·증명되어야 한다고 보면서, 계약을 체결할 당시 위약금과 관련하여 사용하고 있는 명칭이나 문구뿐만 아니라 계약 당사자의 경제적 지위, 계약 체결의 경위와 내용, 위약금 약정을 하게 된 경위와 교섭과정, 당사자가 위약금을 약정한 주된 목적, 위약금을 통해 이행을 담보하려는 의무의 성격, 채무불이행이 발생한 경우에 위약금 이외에 별도

---

57) *Meunier v Cloutier* [1984] Carswell Ont. 911 (HC).
58) 대한민국 민법(이하 '민법') 제398조 제4항.

로 손해배상을 청구할 수 있는지 여부, 위약금액의 규모나 전체 채무액에 대한 위약금액의 비율, 채무불이행으로 인하여 발생할 것으로 예상되는 손해액의 크기, 당시의 거래관행 등 여러 사정이 종합적으로 고려되어야 한다고 하였다.[59]

만일 위 심사기준에 따라 위약금 약정이 단순 손해배상액의 예정이라고 판단되면, 법원이나 중재판정부는 그 금액이 부당히 과다한 경우[60] 민법 제398조 제2항에 의거 손해배상 예정액을 직권으로 감액할 수 있다.[61]

한편 위약금 약정이 위약벌로 판단되더라도 한국 대법원은 이를 원칙적으로 유효하다고 보고 있다. 다만 대법원은 의무의 강제로 얻어지는 채권자의 이익에 비하여 약정된 벌이 과도하게 무거울 때에는 위약벌의 일부나 전부가 무효로 될 수 있는 가능성을 열어두었다.[62] 나아가 대법원은 위약벌 약정과 같은 사적 자치의 영역을 공서양속을 통하여 제한적으로 해석할 때에는 매우 신중을 기하여야 한다고 하면서[63], 위약벌 약정이 공서양속에 반하는지를 판단함에 있어, (i) 당사자 일방이 독점적 지위 내지 우월한 지위를 이용하여 체결한 것인지 등 당사자의 지위, (ii) 계약의 체결 경위와 내용, (iii) 위약벌 약정을 하게 된 동기와 경위, (iv) 계약 위반 과정 등을 고려해야 한다고 보았다.[64] 아울러 대법원은 단순히 위약벌 액수가 많다는 이유만으로 섣불리 위약벌이 공서양속에 반하여 무효라고 판단할 일은 아니라고 판시하였다.[65][66]

살피건대 [사례 2]에서 건설계약의 준거법이 대한민국법이라면 특별한 사정이 없는 한 해당 지체상금 약정은 손해배상액 예정이라고 추정될 것이다. 다만 이 경우 법원이나 중재판정부는 공사목적물이 부분 인수된 사정 등을 고려하여 시공자에게 부과된 손해배상 예정액이 부당하게 과도하다고 판단할 경우 직권으로 지체상금을 감액할 수 있다.

---

59) 대법원 2016. 7. 14. 선고 2012다65973 판결.
60) 여기서 '금액이 부당하게 과다한 경우'란 (i) 위약금 약정에 따른 위약금 산정기준이 과다한 경우와 (ii) (위약금 요율이나 산정기준과 무관하게) 최종적으로 산정된 위약금 금액 그 자체가 여러 사정에 비추어 과다한 경우를 모두 포함한다.
61) 민법 제398조 제2항.
62) 대법원 2015. 12. 10. 선고 2014다14511 판결.
63) *Ibid.*
64) 대법원 2016. 1. 28. 선고 2015다239324 판결.
65) *Ibid.*
66) 한국법상 위약벌은 원칙적으로 유효하므로, 이는 법원에 의해 직권으로 감액될 수 있는 손해배상액 예정보다 발주자에게 유리하다고 볼 여지도 있다. 그러나 위약벌이 공서양속에 반한다고 평가될 경우 위약벌 전체가 무효라고 평가될 가능성이 있는바, 위약벌 조항의 유불리는 이러한 리스크를 충분히 고려하여 신중하게 판단할 필요가 있다.

Ⅳ. 시공자가 발주자를 상대로 미지급 기성금 등의 지급을 구하는 중재를 신청한 사건에서, 발주자가 시공자를 상대로 선수금반환을 구하는 반대신청을 하면서 이에 대한 절차의 분리(bifurcation)를 구할 수 있는지 여부(사례 3)

[사례 3] 시공자 C3는 발주자 E3를 상대로 미지급 기성금 및 손해배상금을 구하는 중재를 신청하였다. C3와 E3 사이에 체결된 건설계약의 일반조건은 FIDIC Red Book을 따르고 있다.[67] 이 계약에서 정한 준거법은 영국법(Laws of England and Wales)이고, 이 계약상 모든 관련 분쟁은 ICC 국제중재로 해결하기로 규정되어 있다.

한편 E3는 위 중재에서 C3를 상대로 프로젝트에서 공제하고 남은 선수금(Advance Payment)에 대한 반환을 구하는 반대신청(counterclaim)을 하였다. E3는 위 선수금 반환청구가 중재에서 제기된 다른 청구나 쟁점과 분리가 가능하다고 하면서, 이 부분만 조기에 심리하여 중간판정을 내려달라고 중재판정부에 요청하였다. 이에 대해 C3는 발주자의 선수금 반환청구만 분리하여 심리하는 것은 적절하지 않고, 이 중재에서 제기된 모든 쟁점은 최종판정에서 한 번에 심사 및 판단되어야 한다는 입장이다.

1. 문제의 제기

국제중재 절차는 필요한 경우 당사자의 합의 또는 중재판정부의 결정으로 단계별로 분리(bifurcate)해서 진행할 수 있다. 중재 절차의 분리는 중재를 신속하고 효율적으로 진행하고자 할 때 주로 이루어진다.[68] 예컨대 (i) 채무불이행에 대한 심리를 먼저 진행하여 판단을 내린 후 손해액에 대한 심리를 진행하는 경우, (ii) 관할 항변에 대한 심리를 먼저 진행하여 판단을 내린 후 본안에 관한 심리를 진행하는 경우, (iii) 본안에 관한 심리를 먼저 진행하여 판단을 내린 후 중재비용에 관한 심리를 진행하는 경우에 중재 절차의 분리가 주로 이루어진다.

중재판정부가 중재 절차를 분리할지 여부를 결정함에 있어 획일적으로 적용 가능한 기준은 없다. 다만 중재 절차의 분리시 실무에서 통상적으로 고려되는 요소는 있는바 이하 2.항에서 이를 살피기로 한다. 이러한 고려 요소에 비추어 [사례 3]에서 중재판정부가 E3의 선수금 반환청구 부분만 분리하여 조기 심리를 하는 것이 적절하고 합리적인지 이하 3.항에서 검토하기로 한다.

---

67) FIDIC Silver Book과 마찬가지로 FIDIC Red Book 1999년판 일반조건은 2017. 12.에 개정된 바 있다. 다만 이하 논의와 관련하여 FIDIC Red Book 개정판의 내용은 크게 상관이 없는바, 이에 본 논문에서는 편의상 FIDIC Red Book 1999년판을 중심으로 분석을 하기로 한다.

68) Born, *International Commercial Arbitration* (vol. II), 2nd ed., Kluwer Law International (2014), p. 2243.

2. 국제중재 절차의 분리(bifurcation)

가. ICC 국제중재 절차의 경우

ICC 중재규칙 22조 1항에 의하면 중재판정부와 중재의 당사자는 중재를 신속하고 경제적인 방식으로 진행해야 한다.[69] 또한 위 규칙 22조 2항에 의하면 중재판정부는 당사자가 달리 합의하지 않는 한 효율적인 사건 진행을 위하여 절차 명령 등 적절한 조치를 취할 권한이 있다.[70] 한편 ICC 중재규칙 첨부(Appendix) IV에는 효율적인 사건 진행 요령이 예시적으로 열거되어 있다. 그중 가장 먼저 a)항에 절차의 분리(bifurcating the proceedings)가 제시되어 있다.[71] 요컨대 ICC 중재에서 중재판정부는 사건의 효율적인 진행을 위하여 필요하다고 판단하면 중재 절차를 쟁점별로 분리하여 심리를 진행할 권한이 있다.

물론 중재판정부가 중재 절차를 분리할 결정 권한이 있더라도 그 권한 행사에는 한계가 있다. 특히 ICC 중재규칙 22조 4항에 의하면 중재판정부는 어떤 경우에도 공정성을 잃으면 안 되고, 사건의 양 당사자가 자기 사안에 대한 변론을 충분히 할 수 있도록 합리적인 기회를 부여하고 보장해야 한다.[72] 이 원칙과 한계는 중재판정부가 중재 절차를 분리할지 여부를 판단함에 있어서도 적용된다. 그러므로 당사자의 변론권이 침해될 우려가 있는 경우 중재판정부는 절차 분리 결정을 내리는 데 있어 대단히 신중해야 한다.

한편 ICC 중재규칙 22조 2항에는 중재판정부가 절차를 신속하고 경제적으로 진행해야 한다고 규정되어 있다.[73] 이 점 또한 중재 절차 분리 여부를 판단함에 있어 중요한 고려 요소이다. 예컨대 쟁점 A가 쟁점 B와 밀접하게 연결되어 있는 경우, 쟁점 A에 대한 심리만 먼저 진행하고 추후 쟁점 B에 대한 심리를 따로 진행하는 것은 절차 비효율을 가져올 가능성이 높다. 쟁점 B에 대한 심리를 진행할 때 쟁점 A에 대한 심리를 전부 또는 일부 중복해서 다시 해야 될 가능성이 높고, 그 경우 변론이나 증인신문 등을 이중으로 해야 될 가능성이 있기 때문이다. 따라서 여타 쟁점과 선명하게 분리가 가능한 쟁점에 대해서만 중재 절차의 분리를 허용하는 것이 바람직하다고 본다.

---

69) ICC Rules of Arbitration (2017)(이하 'ICC 중재규칙'), clause 22(1).
70) *Ibid.*, clause 22(2).
71) *Ibid.*, Appendix IV(a).
72) *Ibid.*, clause 22(4).
73) *Ibid.*, clause 22(2).

나. SIAC 국제중재 절차의 경우[74)]

SIAC 중재규칙에 따라 중재를 진행하는 경우에도 중재판정부는 절차를 분리할지 여부를 재량으로 결정할 권한이 있다. 위 규칙 19.4조에 의하면 중재판정부는 절차 분리를 비롯하여 중재 절차에 관한 사항을 직권으로 결정할 수 있다고 명시하고 있다.[75)] 또한 같은 규칙 32.5조에 의하면 중재판정부는 서로 다른 쟁점에 관하여 부분 판정을 내릴 권한이 있다.[76)] 이는 중재판정부가 중재 절차를 쟁점별로 분리하여 각 쟁점마다 심리와 판단을 개별적으로 할 수 있음을 의미한다.

SIAC 중재 절차를 분리할지 여부를 결정할 때도 (ICC 중재의 경우와 비슷하게) 중재판정부는 몇 가지 요소를 고려해야 한다. SIAC 중재규칙 19.1조에 의하면 중재판정부는 중재를 진행함에 있어 공정하고, 신속하며, 경제적인 분쟁 해결을 보장해야 한다.[77)] 이러한 요소는 중재판정부가 중재 절차를 분리할지를 판단할 때 고려되어야 한다.

3. 해외건설 중재 사건에서 발주자의 선수금 반환청구를 분리 심리하기 위하여 중재판정부가 고려해야 할 사항

가. 선수금 잔액에 대한 다툼이 있는지 여부

[사례 3]의 경우 발주자 E3와 시공자 C3 사이에 체결된 건설계약에 FIDIC Red Book 일

---

74) 참고로 LCIA Rules (2014)에는 절차 분리(bifurcation)에 관한 명시적인 규정이 없다. 다만, 동 규칙 14.4(ii)조에 의하면 중재판정부는 중재 절차의 불필요한 지연을 막기 위한 적절한 조치를 취할 권한과 의무가 있는바(14.4 Under the Arbitration Agreement, the Arbitral Tribunal's general duties at all times during the arbitration shall include: (...) (ii) a duty to adopt procedures suitable to the circumstances of the arbitration, avoiding unnecessary delay and expense, so as to provide a fair, efficient and ex-peditious means for the final resolution of the parties' dispute.), 이 조항에 기하여 중재판정부가 절차 분리 결정을 내릴 수 있다고 보는 것이 일반적이다.

HKIAC Rules (2013)도 LCIA Rules와 마찬가지로 절차 분리에 관한 명시적인 규정을 두고 있지는 않다. 다만 동 규칙 13.1조에 의하면 중재판정부는 중재 절차의 불필요한 지연을 막기 위한 적절한 조치를 취해야 되고(13.1 Subject to these Rules, the arbitral tribunal shall adopt suitable procedures for the conduct of the arbitration in order to avoid unnecessary delay or expense, having regard to the com-plexity of the issues and the amount in dispute, and provided that such procedures ensure equal treatment of the parties and afford the parties a reasonable opportunity to present their case.), 13.5조에 의하면 중재판정부와 당사자들은 중재의 공정하고 효율적인 진행을 위해 필요한 노력을 다할 의무가 있는바, 이 규정들에 기하여 중재판정부가 절차 분리 결정을 내릴 수 있다고 보는 것이 일반적이다. 한편 KCAB 국제중재규칙(2016)은 절차 분리에 관한 명문 규정을 두고 있다. 동 규칙 16조 2항에 의하면 중재판정부는 절차를 분리하거나 당사자들로 하여금 사건의 전부 또는 일부의 해결과 관련된 쟁점에 대하여만 논의하도록 지시할 수 있다(16(2) The Arbitral Tribunal may, in its discretion, bifurcate proceedings and direct the parties to focus their submissions to those issues that could dispose of all or part of the case.).

75) SIAC Rules 2016 (이하 'SIAC 중재규칙'), clause 19.4.

76) *Ibid.*, clause 32.5.

77) *Ibid.*, clause 19.1.

반조건이 편입되어 있다. FIDIC Red Book 일반조건 14.2조는 발주자가 시공자에게 지급하는 선수금에 관한 규정이다. 이에 따르면 시공자는 공사를 수행하면서 기성금을 받을 때마다 당사자가 합의한 비율로 계산하여 선수금을 발주자에게 분할하여 반환해야 한다.[78] 실무적으로는 시공자가 발주자에게 선수금을 현금으로 반환하는 대신 해당 회차 선수금 반환액을 기성금에서 공제하는데 이와 같은 메커니즘을 흔히 amortization of Advance Payment 라고 한다.

그런데 만일 공사를 진행하면서 (i) 발주자나 발주자가 지명한 엔지니어가 계약에서 정한대로 선수금 반환공제 절차를 엄격하게 준수하지 않은 경우, 또는 (ii) 여하한 이유로 시공자가 발주자에게 반환해야 될 선수금 잔액 액수가 불분명한 경우가 있을 수 있다. 이러한 경우 잔여 선수금 금액에 대한 정확한 산정이 필요한데 이를 위해 전문가증인이 평가나 감정을 해야 될 수도 있다. 뿐만 아니라 잔여 선수금 액수 산정을 위하여 제반 사실관계에 대한 검토 및 심리가 필요할 수도 있고 이를 위하여 사실증인에 대한 신문이 필요할 수도 있다.

이처럼 반환되어야 할 선수금 잔액에 대하여 다툼이 있고, 이를 정확하게 산정하는 데 있어 제반 사정에 대한 심리가 필요한 경우 발주자의 선수금 반환청구를 미리 분리하여 심리하는 것은 절차의 비효율을 초래할 가능성이 높다. 이 경우 중재판정부에서 절차의 분리를 신중하게 결정하는 것이 타당하다고 보인다.

나. FIDIC Red Book 일반조건 14.2조의 문언에 대한 검토

선수금에 관한 FIDIC Red Book 일반조건 14.2조에는 준공 증서(Taking—Over Certificate) 발급 전 또는 계약 해지시 시공자가 발주자에게 선수금 전액을 이미 반환하지 않았다면 시공자는 발주자에게 잔여 선수금을 즉시 반환할 의무가 있다고 규정되어 있다.[79] 발주자는 '즉시 반환'이라는 위 계약 문구에 비추어 중재판정부가 발주자의 선수금 반환청구를 분리 심리해야 된다고 주장할 수도 있다.

그렇지만 실체법적으로 발주자가 시공자에 대해 잔여 선수금 즉시 반환 의무가 있다고 하여, 절차적으로 선수금 반환청구에 관한 쟁점이 조기에 분리 심리되어야만 하는 것은 아니다. 양자는 엄연히 분리하여 접근할 필요가 있다. 즉 발주자의 선수금 반환청구만 분리하여 심리할지 여부는 절차에 관한 사항으로서 중재 절차의 신속, 경제 및 당사자의 변론권 보장 등을 종합적으로 고려해서 판단하는 것이 적절하다. 단순히 계약에 시공자가 발주자

---

78) FIDIC Red Book, clause 14.2.
79) *Ibid.*, clause 14.2. 이 조항에 의하면 시공자는 선수금 반환에 관하여 다음과 같은 의무가 있다: (...) the whole of the balance then outstanding shall immediately become due and payable by the Contractor to the Employer.

에게 잔여 선수금을 '즉시' 반환해야 한다고 규정되어 있다고 하여 [사례 3]에서 중재판정
부가 다른 절차적 요소에 대한 고려 없이 이 쟁점만 분리하여 심리하려고 한다면 이는 중재
절차의 신속 및 경제를 해할 수도 있다.

다. 시공자가 발주자를 상대로 상계(set-off) 항변을 할 여지가 있는지 여부

채무자가 채권자에 대하여 채권이 있는 경우 채무자는 영국법상 일정한 경우에 상계
(set-off)를 주장할 수 있다. 영국법에서 인정되는 상계(set-off)의 유형으로는 대표적으로
(i) 계약에 채무자의 상계권이 명시되어 있는 계약상 상계(contractual set-off), (ii) 채권자와
채무자의 채권이 모두 확정금전채권이고 두 채권 모두 이행기가 도래한 경우 채무자가 소
송 또는 중재에서 주장할 수 있는 법적 상계(legal set-off), (iii) 채권자와 채무자의 채권이
모두 확정금전채권이 아니더라도 상호 같은 거래에서 발생하였거나 견련성이 있는 경우 채
무자가 주장할 수 있는 형평법상 상계(equitable set-off) 등이 있다.80)

[사례 3]에서 시공자 C3는 중재에서 발주자 E3를 상대로 미지급 기성금 및 손해배상금
지급을 청구한 상황이다. 따라서 C3는 위 채권 상당액을 가지고 E3의 선수금반환청구에 대
하여 상계(set-off)를 주장할 수 있다. 실제로 시공자는 공사 초반에 선수금 상당 부분 또는
전액을 조기에 소진하는 경우가 많기 때문에 시공자 입장에서는 선수금을 현금으로 반환하
기 보다, 시공자가 발주자에 대하여 가지는 채권으로 상계를 주장하려고 할 가능성이 높을
것이다.

그런데 시공자가 발주자에 대해 상계(set-off)를 행사할 권리가 있는지 판단하려면 일
단 시공자가 발주자에 대하여 일응 (i) 확정된 채권이나 즉시 그리고 어려움 없이 확인될 수
있는 금전채권이 있는지 및 (ii) 그 금액은 얼마인지 여부가 선행적으로 판단되어야 한다.
또한 시공자에게 형평법상 상계권이 인정되는지 살피려면 시공자의 채권과 발주자의 선수
금 반환청구권 사이에 견련성이 있는지 여부도 판단되어야 한다.81) 이러한 점에 대한 종합
적인 판단을 내리려면 중재판정부는 제반 사실관계에 대한 종합적인 검토를 해야 될 가능
성이 높다. 경우에 따라 이를 위하여 사실증인에 대한 신문이 필요할 수도 있다.

이를 고려하면 [사례 3]에서 중재판정부가 시공자의 상계(set-off)권 행사 가부 및 행사

---

80) Frances Pigott, "Equitable Set-off – A New Direction After Geldof?", *Society of Construction Law* no. 180 (2015), pp. 6-7.
81) 시공자가 발주자를 상대로 건설계약상 청구를 하는 경우 이는 발주자의 선수금 반환청구권과 견련성
이 인정될 가능성이 비교적 높다고 보인다. 다만 만일 시공자의 청구 중 일부가 예컨대 발주자의 불법
행위에 기한 손해배상청구라면 이는 발주자의 선수금 반환청구권과 견련성이 부정될 가능성이 충분히
있다고 보인다. 이처럼 발주자와 시공자의 각 채권에 견련성이 인정되는지 여부는 채권의 권원과 성질
에 따라 개별적이고 구체적으로 판단할 필요가 있다.

여부 등을 살피지도 않고 E3의 선수금 반환청구만 분리 심리하여 조기에 판단을 내리는 것은 적절하지 못하다고 평가된다.[82]

라. 발주자의 선수금 환급보증서(Advance Payment Bond)에 기한 선수금 반환청구가 가능한지 여부

발주자에게 선수금 환급보증서(Advance Payment Bond)가 있는 경우 발주자는 이를 실행하여 잔여 선수금 상당액을 보증서 발행 은행으로부터 지급받을 수 있다. 이 경우 발주자는 굳이 중재에서 선수금 반환청구에 대한 반대신청을 제기할 필요도 없고, 제기하더라도 이에 관하여 절차 분리를 요청할 필요성이 없다고 예상된다.

문제는 (i) 발주자의 위 선수금 환급보증서의 유효 기간이 도과되었거나, (ii) 시공자가 위 보증서 발행 은행 관할 법원에서 가처분 등 보전처분을 받아 발주자의 선수금 환급보증서 실행(call)이 법률상 불가능해진 경우이다. 이 경우 발주자가 선수금 환급보증서에 기한 보증금 지급청구가 불가능해졌다는 사정을 들어 중재에서 선수금 반환청구에 관한 조기 분리 심리를 요청할 수 있는지 문제될 수 있다.

생각건대 (i) 발주자가 은행을 상대로 하는 보증금 지급청구와 발주자가 시공자를 상대로 하는 선수금 반환청구는 (그 금액이 동일하다고 하더라도) 법적으로 별개의 청구권이다. 따라서 전자가 법률적으로 불가능해졌다고 하여 특별히 후자에 대한 조기 분리 심리가 필요하다고 볼 필연적인 이유가 없다. 또한 (ii) 만약 발주자 입장에서 시공자의 보전처분이 부당하다고 생각될 경우 발주자는 해당 관할 법원에서 이의 절차를 밟을 수 있다. 만일 (iii) 발주자가 시공자의 보전처분이 부당하다고 (법원이 아니라) 중재에서 다투려고 하는 경우에도 중재판정부가 이를 판단하려면 선행적으로 관련 사실관계에 대한 종합적인 심리 및 판단을 해야 될 가능성이 있다. 이러한 점을 모두 고려하면 발주자가 선수금 환급보증서 (Advance Payment Bond)를 실행시킬 수 있는지 여부와는 상관 없이 [사례 3]에서 발주자 E3의 선수금 반환청구만 조기에 분리 심리판단하는 것은 적절하지 못하다고 보인다.

4. 사안의 검토

중재 절차를 분리할지 여부는 원칙적으로 중재판정부의 직권 재량에 따라 결정된다. 개별 사건마다 구체적 사정이 다를 수 있어 어느 경우에 중재 절차를 분리하는 것이 적절한

---

82) 한편 E3는 FIDIC Red Book 일반조건 14.2조의 문언에 'immediately'라는 문구가 있다는 이유 등으로 시공자가 상계권을 계약상 포기하였다고 주장해볼 수는 있다. 살피건대 상계권 포기에 대한 별다른 명시적인 문언 없이 FIDIC Red Book 일반조건 14.2조의 'immediately'라는 문언만으로는 시공자가 상계권을 포기하였다고 해석할 근거가 빈약하다고 보인다. 그렇다면 특별한 사정이 없는 한 발주자의 위 주장은 배척될 가능성이 더 높다고 예상된다.

지 일도양단으로 단정지을 수는 없다.

다만 [사례 3]과 같은 건설중재 사건에서 발주자의 선수금 반환청구는 시공자의 각종 청구와 동시에 심리가 되어야 할 필요가 있고, 특히 시공자가 중재에서 상계권을 행사하려는 경우에는 더더욱 그렇다. 이 경우 중재 절차의 신속, 경제 및 당사자의 변론권 보장을 모두 고려하면 중재 절차의 분리(bifurcation)가 불허될 가능성이 충분히 있다고 예상된다.

참고로 필자들이 국내 시공자를 대리하여 수행했던 SIAC 국제중재 사건에서 발주자가 반대신청으로 잔여 선수금 반환을 구하면서 이에 대한 조기 분리 심리를 요청한 바 있다. 특히 발주자는 (i) 선수금 반환청구에 관한 FIDIC Red Book 일반조건 14.2조에 즉시(immediately)라는 문구가 있고[83], (ii) 한국 법원의 보전처분 결정으로 인하여 발주자의 선수금 환급보증서 실행이 불가능해져, 위 중재에서 절차 분리 결정이 내려져야 한다고 주장하였다. 이에 대해 시공자는 (i) 잔여 선수금 금액에 대한 다툼이 있고, (ii) 시공자가 발주자에 대해 채권이 있는데 이 채권으로 추후에 상계(set-off)권을 행사하려면 절차를 분리하여 선수금 반환청구에 대한 조기 심리를 하는 것은 적절하지 않다고 주장하였다. 위 사건에서 중재판정부는 시공자의 주장을 받아들여 발주자의 선수금 반환청구에 대한 조기 심리를 허용하지 않는다는 결정을 내렸다. 결국 발주자의 선수금 반환청구는 중재에서 제기된 다른 쟁점과 함께 심리기일에서 다루어졌다.

V. 원도급계약 및 하도급계약에 중재당사자 참가(joinder)에 관한 명문 규정이 없는 경우, 발주자가 하수급인을 상대로 중재를 제기하거나 하수급인을 중재 절차에 참가시킬 수 있는지 여부 - 기관중재를 중심으로(사례 4)

> [사례 4] 발주자 E4와 시공자 C4는 2015년에 교량을 조립하고 설치하는 내용의 건설계약을 체결하였다. 이 계약에 의하면 이 계약상 모든 분쟁은 ICC 국제중재로 해결하기로 규정되어 있다. 한편 C4는 하수급인 S4와 위 교량의 조립에 필요한 철골 구조물을 공급받기로 하는 하도급계약을 체결하였다. 이 하도급계약 역시 분쟁을 ICC 국제중재로 해결하기로 규정되어 있다.
> 위 건설 프로젝트가 진행되던 중 S4가 공급한 철골 구조물에 중대한 하자가 발견되었다. E4는 이 하자를 수리하면서 지출한 추가 비용에 대한 손해배상청구를 하고자 하는데, C4는 무자력 상태다. 이에 E4는 S4를 상대로 중재를 제기할 방안을 모색하고 있다. 그런데 E4와 S4 사이에 직접 체결된 계약이 없다. 또한 원도급계약이나 하도급계약 모두 중재 절차 참가(joinder)에 관한 명문 규정도 없다.

---

83) 이 사건에서 문제가 된 건설계약의 일반조건은 FIDIC Red Book (1999)을 따른 것이었고, 계약의 준거법은 싱가포르법이었다.

1. 문제의 제기

사적 분쟁해결 절차인 중재를 제기하려면 당사자 사이에 분쟁을 중재로 해결하겠다는 계약이 존재해야 한다. 이를테면 중재조항이 포함된 계약의 일방당사자는 그 계약의 상대방을 상대로 중재를 제기할 수가 있다. 그러나 원칙적으로 중재합의나 계약의 상대방이 아닌 제3자를 상대로 중재를 제기할 수는 없다. 그런 점에서 중재는 당사자 사이에 분쟁해결조항이 요구되지 않는 소송과 구별된다.

한편 대부분의 해외건설 프로젝트에서 관련 당사자가 복수인 경우가 많다. 비교적 간단한 공사에서도 발주자, 시공자, 하수급인 3당사자가 관여되는 경우가 일반적이다. 그런데 대부분의 경우 발주자는 시공자와 계약 관계가 있을 뿐, 하수급인과는 계약 관계가 없다. 따라서 발주자와 하수급인 사이에 어떤 분쟁이 있더라도 이를 중재로 처리할 수 없다는 것이 전통적인 견해이다.

이 점을 해결하기 위하여 발주자와 시공자간 원도급계약에 중재의 병합(consolidation)이나 참가(joinder)에 관한 특약을 삽입하고, 이와 동일한 규정을 하도급계약에 포함시켜 발주자가 하수급인을 상대로 중재를 제기하거나 하수급인을 중재 절차에 참가시키는 방안을 모색할 수 있다.[84] 그러나 아직 해외건설 실무에서는 다수당사자 중재를 위한 이러한 계약상 메커니즘이 원도급계약과 하도급계약에 정확하게 반영되는 경우가 많지 않다.

그러한 경우 ICC 중재규칙과 같은 기관중재규칙의 명문 규정에 기하여 발주자 E4가 하수급인 S4를 상대로 중재를 제기하거나 S4를 E4와 시공자 C4 사이의 중재 절차에 참가시킬 수 있는지 문제된다.

2. ICC 국제중재규칙의 경우[85]

ICC는 2012년에 중재규칙을 개정하면서 참가(joinder)에 관한 규정을 추가하였다.[86] 위 규칙 7조 1항에 의하면 중재의 일방당사자는 ICC 사무국(Secretariat)에 (제3자를 피신청인으로 하는) 중재신청서를 제출함으로써 제3자를 중재에 참가시킬 수 있다. 이 때 사무국은 (i) 신청인, 피신청인 및 제3자를 모두 구속하는 하나의 중재합의가 있는지,[87] 또는 (ii) 신청인—

---

84) D. Kondev, "Do Recent Overhauls of Arbitration Rules Respond to the Need for Multi-party Arbitration in the Construction Industry?", *International Construction Law Review*, Vol. 32 (2015), pp. 63-64. 원도급계약과 하도급계약과 같이 상호 관련된 계약에서 각각의 분쟁해결조항을 일치시키고, 경우에 따라 참가(joinder)에 관한 조항을 포함시키는 것이 새로운 추세인 것으로 이해된다.

85) Stavros Brekoulakis and Ahmed El Far, *Subcontracts and Multiparty Arbitration in Construction Disputes, The Guide to Construction Arbitration* (ed. by Stavros Brekoulakis and David Brynmor Thomas), Law Business Research Ltd (2017), pp. 97-99.

86) 위 규정은 2017년에 개정된 ICC 중재규칙에도 그대로 포함되어 있다.

87) ICC Rules (2012), article 6(4)(i).

피신청인간 중재합의 및 신청인－제3자간 중재합의가 있는지 판단해야 한다.[88] 두 가지 경우 중 어느 한 가지에 해당하면 사무국은 제3자의 중재 참가를 허가할 수 있다.[89] 그렇지 않고 두 가지 중 어느 경우에도 해당하지 않을 경우 사무국은 당사자참가신청을 불허해야 한다.

한편 ICC는 2012년에 중재규칙을 개정하면서 절차 병합(consolidation)에 관한 규정도 추가하였다.[90] 여기서 중재 절차의 병합이란 이미 제기된 복수의 중재 절차를 하나의 중재 절차로 통합하는 것을 의미한다. ICC 중재규칙 10조에 의하면 중재의 일방당사자는 다음과 같은 경우에 ICC Court에 중재 절차 병합 신청을 할 수 있다: (a) 당사자가 모두 중재 절차 병합에 동의한 경우, 또는 (b) 각 중재에서 제기된 청구와 관련된 분쟁해결조항이 모두 동일한 중재합의인 경우, 또는 (c) 각 중재에서 제기된 청구와 관련된 분쟁해결조항이 모두 동일한 중재합의는 아니지만 중재의 당사자가 동일하고, 중재의 대상이 되는 분쟁이 동일한 법률관계에서 나오는 것이며, ICC Court에서 보기에 각 중재합의가 서로 병존(compatible) 가능한 경우.

3. 사안의 적용

[사례 4]의 경우 발주자 E4와 하수급인 S4 사이에 아무런 계약 관계가 존재하지 않는다. 즉 E4와 S4 사이에 유효한 중재합의가 존재하지 않는다. 따라서 E4가 ICC 중재규칙 7조에서 정한 당사자참가의 방식으로 S4를 상대로 중재를 제기하는 것은 어렵다고 보인다.

[사례 4]에서 E4가 시공자 C4를 상대로 ICC 중재(제1중재)를 신청하고, C4가 S4를 상대로 ICC 중재(제2중재)를 신청하였다고 가정했을 때, E4가 제1중재와 제2중재에 대한 병합 신청을 할 수 있는지 검토하기로 한다. 살피건대, 제1중재와 제2중재의 중재합의가 다르기 때문에 ICC 중재규칙 10조 (b)호는 적용이 어려울 것으로 보인다. 나아가 제1중재와 제2중재의 당사자가 다르므로 동조 (c)호 또한 적용이 어려울 것으로 보인다. 따라서 10조 (a)호에 기하여 당사자가 모두 동의를 한 경우에만 제1중재와 제2중재에 대한 병합이 가능할 것으로 보인다. 이 때에도 ICC Court는 중재 절차 병합 허부에 대한 재량이 있는데, 그 재량권을 행사함에 있어 각 중재 절차에서 중재인이 이미 선정되었는지 여부, 만약 그렇다면 각 중재 절차에서 선정된 중재인이 동일인인지 여부 등이 고려되어야 한다.[91]

88) *Ibid.*, article 9.
89) 이 경우 제3자도 중재의 한 당사자가 된다.
90) 위 규정 역시 2017년에 개정된 ICC 중재규칙에도 그대로 포함되어 있다.
91) ICC Rules (2012), article 10 ((...) In deciding whether to consolidate, the Court may take into account any circumstances it considers to be relevant, including whether one or more arbitrators have been confirmed or appointed in more than one of the arbitrations and, if so, whether the same or different

4. 다른 기관중재의 경우

SIAC 중재규칙(2016) 7.1조에 의하면 (i) 제3자가 중재합의의 당사자이거나 (ii) 제3자와 기존 중재 당사자가 모두 동의를 한 경우, SIAC 사무국(Registrar)은 제3자의 당사자참가를 허용할 수 있다.[92] 같은 규칙 8.1조에 의하면 다음과 같은 경우 SIAC 사무국(Registrar)은 중재 절차 병합을 허용할 수 있다: (a) 당사자가 모두 동의한 경우, (b) 각 중재에서 제기된 청구가 모두 동일한 중재조항과 관련이 있는 경우, (c) 제1중재와 제2중재의 중재합의가 서로 병존(compatible) 가능한 경우.[93] 이에 비추어보면 [사례 4]에서 중재합의에 명시된 규칙이 ICC 중재규칙이 아니라 SIAC 중재규칙이더라도 결론이 크게 달라지지 않을 것으로 예상된다.

한편 LCIA 중재규칙(2014)은 22(viii)조에서 당사자참가를, 22(ix)조에서 중재 절차 병합을 허용하고 있다. HKIAC 중재규칙(2013) 역시 27조에서 당사자참가를, 28조에서 중재 절차 병합을 허용하고 있고, KCAB 국제중재규칙(2016)도 21조에서 당사자 추가를, 22조에서 복수계약에 따른 단일 중재신청을, 23조에서 청구의 병합을 허용하고 있다. 위 각 중재규칙의 문언은 대동소이하다고 판단되는바, 따라서 [사례 4]에서 중재합의에 명시된 규칙이 ICC 중재규칙이 아니라 LCIA 중재규칙, HKIAC 중재규칙, KCAB 국제중재규칙이더라도 결론이 크게 달라지지 않을 것으로 예상된다.

Ⅵ. 양자투자협정(BIT)에 이른바 'umbrella 조항'이 있는 경우, 시공자가 국영기업인 발주자의 건설계약 위반을 이유로 체약국인 투자유치국을 상대로 투자자중재를 신청할 수 있는지 여부(사례 5)

[사례 5] 대한민국 시공자 C5는 B국의 국영기업인 발주자 E5와 대규모 주거 단지 건축을 내용으로 하는 건설계약을 체결하였다. E5의 대주주는 B국 내 국가기관이다. 이 계약에 의하면 E5에게는 프로젝트 수행에 필요한 B국 인허가를 취득할 의무가 있다. 이 계약에서 정한 준거법은 B국법이고, 이 계약상 모든 관련 분쟁은 ICC 국제중재로 해결하기로 규정되어 있다.

프로젝트가 진행되던 중 E5는 (i) C5에게 기성금을 일부 미지급하였고, (ii) B국 국토부에서 받아야 할 토지개발허가 신청을 차일피일 미루고 있었다. 그 결과 C5는 당초 예상하지 못한 현장 유지 관리 비용을 계속 지출하게 되었다.

한편 대한민국과 B국 사이에는 양자투자협정(bilateral investment treaty, BIT)이 체결되어 있다. 이

---

persons have been confirmed or appointed. When arbitrations are consolidated, they shall be con-solidated into the arbitration that commenced first, unless otherwise agreed by all parties.).

92) SIAC 중재규칙, article 7.1.
93) *Ibid.*, article 8.1.

협정에는 (i) *Each Contracting State shall fulfil any other obligations it may have entered into with regard to investments in its territory by investors of the other Contracting State.*라는 규정과, (ii) 이 협정상 분쟁은 ICSID 중재에 회부한다는 중재조항이 포함되어 있다.

C5는 E5가 건설계약상 의무를 이행하지 않았으므로 B국이 BIT상 위 조항을 위반하였다고 하면서 (E5를 상대로 상사중재를 신청하는 방안과는 별개로) B국을 상대로 투자자중재를 신청하는 방안을 검토 중이다.

1. 문제의 제기

ICSID 투자자중재를 신청하려면 'ICSID 협약 체약국의 투자자'와 'ICSID 협약의 다른 체약국' 사이에 '투자(investment)'에 관한 분쟁이 존재해야 한다.[94] 해외 건설공사의 경우 우선 ICSID 협약상 '투자'에 해당하는지 문제되는데 ICSID 협약에 '투자'의 개념이나 요건은 정의되어 있지 않다. 현재 실무에서는 *Salini Costruttori SpA and Italstrade SpA v Morocco* 사건에서 정립한 이른바 Salini test에 따라 '투자'가 있었는지를 판단하는 것이 일반적이다.[95] 위 기준에 따르면 ICSID 협약상 투자는 다음과 같은 요소를 필요로 한다: (i) 투자자의 공헌 또는 실질적 기여가 있을 것, (ii) 프로젝트가 일정 기간 지속될 것, (iii) 투자자가 어떤 리스크를 인수하였을 것, (iv) (해당 투자가) 투자유치국의 발전에 기여할 것. 일반화시킬 수는 없으나 대부분의 해외 건설공사는 Salini test에서 제시된 위 네 가지 요건을 충족시킬 것으로 평가된다. 참고로 Salini test가 설시된 위 Salini 사건도 해외에서 고속도로 공사를 수행하던 시공자가 제기한 투자자중재이다.

오히려 [사례 5]에서 문제가 되는 것은 국영기업인 발주자 E5가 건설계약상 의무를 이행하지 않았을 때 이러한 채무불이행을 이유로 시공자 C5가 B국을 상대로 BIT 위반을 주장할 수 있는지 여부이다. 특히 BIT에 포함된 umbrella 조항에 대한 위반이 있었는지가 문제되는바, 이와 관련하여 BIT에 포함된 umbrella 조항의 의미와 법적 효과에 대해 먼저 간략히 살피기로 한다.

2. Umbrella 조항의 개념과 취지

BIT 등에서 발견되는 이른바 'umbrella 조항'은 '의무 준수 조항(observance of under-takings clause)'이라고도 하는데, 이는 투자유치국이 투자자에 대해 지닌 어떠한 의무라도 준

---

94) Bart Ceenaeme, "ICSID arbitration as an option for international construction disputes", *International Construction Law Review*, Vol. 28 (2011), pp. 223-227; Andrew Newcombe and Lluis Paradell, *Law and Practice of Investment Treaties, Standards of Treatment*, Kluwer Law International (2009), pp. 65-68.

95) *Salini Costruttori SpA and Italstrade SpA v Kingdom of Morocco*, Decision on Jurisdiction of 23 July 2001, (2003) 42 ILM 609.

수하겠다는 내용을 담은 조항을 의미한다.[96] 이와 같은 조항을 BIT에 특별히 포함시키는 이유는 무엇일까? 이는 투자유치국과 투자자 사이에 계약이 체결되어 있는 경우 투자유치국이 그 계약에 따른 의무를 모두 준수하도록 강제하기 위함이라고 설명하는 견해가 있다.[97] 즉 umbrella 조항을 BIT에 포함시킴으로써 투자자가 보다 두텁게 보호를 받을 수 있다는 것이다. 다만 투자유치국이 건설계약상 의무를 불이행한 경우 실제로 이를 곧바로 BIT상 umbrella 조항 위반이라고 볼 수 있는지의 문제는 이하 3.항에서 더 면밀히 검토하기로 한다.

3. 투자계약 위반이 곧바로 umbrella 조항 위반에 해당하는지 여부

2003년 전까지는 투자계약 위반이 곧바로 umbrella 조항 위반에 해당하는지 학계에서만 논의되었을 뿐, 이에 관한 명시적인 ICSID 판정례는 없었다.[98] 이후 2003년에 *SGS Socit Gnrale de Surveillance S.A. v. Islamic Republic of Pakistan* (이하 'SGS v Pakistan') 사건에서 투자유치국의 계약 위반이 곧바로 BIT상 umbrella 조항 위반을 구성하는지 문제되었다.[99] 위 사건에서 ICSID 중재판정부는 투자유치국의 계약 위반이 곧바로 BIT상 umbrella 조항 위반을 구성하지 않는다고 판시하였다. 그 주된 이유로는 (i) 투자유치국의 계약 위반이 곧바로 BIT상 umbrella 조항 위반을 구성한다고 볼 경우 투자자중재의 신청이 과도하게 범람할 수 있어 이는 바람직하지 않다는 점(이른바 'floodgate argument'), (ii) umbrella 조항의 적용 범위를 지나치게 확장하면 공정하고 공평한 대우(fair and equitable treatment) 의무 등 BIT상 다른 의무가 무의미해질 수 있다는 점[100], (iii) 단순 투자계약 위반이 있다고 하여 투자자중재의 길을 열어두면 투자계약에 포함된 상사중재조항이 무의미해진다는 점 등이 제시되었다.[101]

한편 2003년에 위 SGS v Pakistan 사건 결정이 내려진 후, 투자유치국의 계약 위반이 곧바로 BIT상 umbrella 조항 위반에 해당하는지에 대하여 여러 ICSID 판정이 내려졌는데,

---

96) Ceenaeme, *supra* note 93, p. 242.
97) Christoph Schreuer, "Travelling the BIT Route: Of Waiting Periods, Umbrella Clauses and Forks in the Road", *The Journal of World Investment & Trade*, Vol. 5 No. 2, (April 2004), p. 250.
98) Ceenaeme, *supra* note 93, pp. 242-243. 학계에는 umbrella 조항이 BIT에 포함된 취지에 비추어 투자유치국이 투자계약을 위반하면 그것이 곧바로 BIT상 umbrella 조항 위반에 해당한다고 보는 견해가 있었다.
99) *SGS Societe Generale de Surveillance S.A. v Islamic Republic of Pakistan*, ICSID Case No. ARB/01/13.
100) 대부분의 BIT는 투자유치국이 투자자를 공정하고 공평하게 대우(fair and equitable treatment)해야 된다는 의무 등을 규정하고 있다. 투자자로서는 원칙적으로 위 의무에 대한 위반을 입증해야 투자유치국을 상대로 손해를 배상받을 수 있다. 그런데 umbrella 조항의 적용 범위를 지나치게 넓히면 투자자 입장에서는 굳이 BIT상 다른 의무에 대한 위반을 입증하지 않더라도 투자유치국을 상대로 상대적으로 손쉽게 손해배상청구를 할 수 있게 되는 것이다.
101) *SGS v Pakistan*, *supra* note 98.

각 중재판정부에서 내린 결론은 다소 상이하였다. 우선 (i) 투자유치국의 계약 위반이 있는 경우 이는 BIT상 umbrella 조항 위반에 해당한다고 보는 일련의 ICSID 판정례가 내려졌다. 2005년에 *Eureko BV v Republic of Poland* 사건,[102] 같은 해에 *Noble Ventures Inc v Romania* 사건[103], 2007년에 *Siemens AG v Argentine Republic* 사건[104] 등에서 각 중재판정부는 위 입장을 견지하였다. (ii) 한편 *SGS Societe Generale de Surveillance SA v Republic of the Philippines* (이하 'SGS v Philippines') 사건의 중재판정부는 투자유치국의 계약 위반은 BIT상 umbrella 조항 위반에 해당한다고 보면서도, 구체적인 손해배상액에 대한 심리와 판단은 투자자중재에서 다룰 수 없고 이는 계약에서 정한 분쟁해결절차에 따라 별도 심리해야 된다고 하였다.[105] (iii) 한편 2006년에 내려진 *El Paso Energy International Company v The Argentine Republic* 사건[106]이나 같은 해 내려진 *Pan American LLC and BP Argentina Exploration Co v Argentine Republic* 사건[107]에서는 각 중재판정부가 '상인으로서의 국가'와 '주권을 행사하는 국가'를 나눈 다음, 후자의 경우에만 투자유치국의 계약 위반이 BIT상 umbrella 조항 위반을 구성한다고 판시하였다.

　(ii) 견해에 의하면 손해액에 대한 판단은 투자자중재가 아니라 투자계약에서 정한 분쟁해결절차(주로 소송 또는 상사중재)에서 따로 받아야 한다. 그 경우 투자자 입장에서 투자자중재의 실효성은 낮아질 수밖에 없다. 그래서 이 견해에 따르면 umbrella 조항이 빈 껍데기(empty shell)가 된다는 비판이 제기되고 있는바, 이 지적은 일응 타당하다고 보인다.[108] (iii) 견해에 의하면 '상인으로서의 국가'와 '주권을 행사하는 국가'를 구별해야 되는데 현재 이에 대한 구별 기준이 명확하게 확립되지 않은 난점이 있다. 나아가 BIT 협약에 포함된 일반적인 umbrella 조항의 문언을 보더라도 양자를 구별할 명문 근거가 빈약하다는 맹점도 있다.[109] 특히 조약 해석의 일반 원칙을 천명한 비엔나조약법협약 31조 1항에 의하면 조약 해석의 출발점은 조약 문언의 일반적인 의미에 있는데,[110] 이에 비추어보면 umbrella 조항이

---

102) *Eureko BV v Republic of Poland*, Partial Award of 19 August 2005, 12 ICSID Reports 335.

103) *Noble Ventures, Inc. v Romania*, ICSID Case No. ARB/01/11.

104) *Siemens A.G. v The Argentine Republic*, ICSID Case No. ARB/02/8.

105) *SGS Societe Generale de Surveillance S.A. v Republic of the Philippines*, ICSID Case No. ARB/02/6. 참고로 이 사건의 투자자는 BIT에 기한 투자자중재를 신청하기 전에 이미 투자계약에 따른 상사중재를 신청한 상태였다. 이에 투자자중재를 심리 중인 중재판정부는 두 절차의 사실 판단이 상충되지 않도록 손해배상액에 대한 심리·판단은 선행 상사중재에서 해야 한다고 본 것이다.

106) *El Paso Energy International Company v The Argentine Republic*, ICSID Case No. ARB/03/15.

107) *Pan American Energy LLC and BP Argentina Exploration Company v The Argentine Republic*, ICSID Case No. ARB/03/13.

108) Ceenaeme, *supra* note 93, p. 244.

109) *Ibid.*, p. 245.

110) Vienna Convention on the Law of Treaties, article 31(1)은 'A treaty shall be interpreted in good faith in accordance with the ordinary meaning to be given to the terms of the treaty in their context and in

'주권을 행사하는 국가'의 행위에만 적용되고 '상인으로서의 국가'의 행위에 적용되지 않는다고 볼 BIT 문언상 근거가 없다. 그런 점에서 조약 해석의 일반 원칙에 가장 충실한 것은 (i) 견해라고 생각된다. 참고로 ICSID 판정례의 현재 흐름을 보면 *Siemens AG v Argentine Republic* 사건 등에서 원용한 (i) 견해가 우세하다고 평가된다.[111]

위 (i) 견해에 따르면 [사례 5]에서 C5는 국영기업인 E5가 건설계약상 의무를 이행하지 않았다는 이유로 B국이 BIT상 umbrella 조항을 위반하였다고 주장할 수 있을 것으로 평가된다. 다만 (i) 견해를 따르더라도 umbrella 조항 위반을 주장하려면 'Each Contracting State shall fulfil any other obligations (...)'라는 문언에 비추어 투자유치국에 귀속시킬 수 있는 계약 위반이 있어야 한다. 따라서 투자자중재를 신청하려는 투자자로서는 발주자가 국가기관이거나, 국가나 국가기관이 지배적인 영향을 미치고 있는 국영기업이거나, 적어도 발주자의 행위가 국가에 귀속될 수 있는지 살필 필요가 있다.

4. 기타 고려사항 - 건설계약에 상사중재 조항이 있는지 여부

만일 투자계약(예컨대 [사례 5]의 경우 건설계약)에 상사중재 조항이 있는 경우에도 투자자인 시공자가 위 계약에 따른 상사중재를 신청하지 않고, ICSID 체약국을 상대로 투자자중재를 신청할 수 있는지 문제될 수 있다. 즉 건설계약에 중재조항이 포함된 경우 BIT협약상 투자자중재 조항의 적용이 배제되는지 문제된다.

이 쟁점은 *Compai de Aguas del Aconquija S.A. and Vivendi Universal S.A. v Argentine Republic* 사건에서 다루어졌다.[112] 이 사건 중재판정부는 투자계약에 상사중재조항이 있더라도, 투자자가 투자유치국을 상대로 투자자중재를 신청하는 것은 허용된다고 판시하였다. 투자자가 발주자를 상대로 상사중재를 제기할 때 바탕이 되는 청구권의 요건·효과와 투자자가 (BIT협약에 포함되어 있는) umbrella 조항이나 기타 협약상 의무 위반을 이유로 투자자중재를 제기할 때 바탕이 되는 청구권의 요건·효과가 상이하기 때문이다. 따라서 투자자는 각 분쟁해결 절차에서 요구되는 적법 요건을 구비하면 원하는 분쟁해결 절차에 따라 중재를 신청할 수 있는 것이다. 이는 설령 상사중재와 투자자중재 절차에서 다툼이 되는 사실관계가 일부 또는 상당 부분 중복되더라도 마찬가지이다.

---

the light of its object and purpose.'라고 규정하고 있다.

111) Ceenaeme, *supra* note 93, pp. 247-248; Andrew Newcombe and Lluis Paradell, *supra* note 93, pp. 470-471. Andrew Newcombe and Lluis Paradell은 같은 책 471면에서 SGS v Pakistan 판정례의 법리는 isolated and probably already abandoned position이라고 평가하고 있다.

112) *Compai de Aguas del Aconquija S.A. and Vivendi Universal S.A. v Argentine Republic*, ICSID Case No. ARB/97/3. Ceenaeme, *supra* note 93, pp. 249-251.

5. 사안의 검토

Eureko BV v Republic of Poland 사건 및 *Siemens AG v Argentine Republic* 사건 등에서 중재판정부가 채택한 입장에 따르면, [사례 5]에서 시공자 C5는 국영기업인 발주자 E5가 건설계약상 의무를 이행하지 않았다는 점을 들어 B국을 상대로 투자자중재를 신청하면서 BIT상 umbrella 조항 위반을 주장할 수 있을 것으로 보인다.

다만 ICSID 판례상 아직 이 부분 법리가 완벽하게 통일되지 않았다고 볼 여지도 있다. 이에 경우에 따라 E5의 건설계약상 의무 위반이 B국의 주권적 기능 행사에 따른 것이라는 점을 입증하라고 요구하는 중재판정부가 있을 수도 있다. 이 경우 C5는 이 점에 관한 자료를 중재판정부에 제출할 필요가 있는바, 따라서 C5는 투자자중재를 신청할 때 이러한 가능성까지 염두에 두는 것이 바람직하다고 생각된다.

Ⅶ. 나 오 며

건설계약의 준거법이 영국법이나 영국법계 국가의 법인 경우 계약의 문언만 중요하고 계약에 기재되지 않은 사항은 크게 중요하지 않다고 오해할 수도 있다. 전통적으로 영국법계에서 계약의 문언 해석이 강조되는 것은 맞지만, 계약에 규정되지 않은 구제 수단도 다수 있다는 점을 기억할 필요가 있다.

예컨대 **[사례 1]**에서 살핀 바와 같이 발주자의 지체상금 청구를 차단하는 수단으로 영국법상 포기(waiver)나 금반언(estoppel)의 법리가 존재한다. 포기(waiver) 법리의 경우 크게 (i) 금반언에 기한 포기(waiver by estoppel), (ii) 선택에 의한 포기(waiver by election)가 있는데, 그중 선택에 의한 포기는 '선택'의 내용이 상대방에게 명확하고 분명하게 전달되어야만 원용 가능하다는 점을 유의할 필요가 있다. 금반언(estoppel)은 대표적으로 (i) 약속에 의한 금반언(promissory estoppel), (ii) 진술에 기한 금반언(estoppel by representation), (iii) 공통의 가정에 기한 금반언(estoppel by convention) 법리가 있는데, 그중 약속에 의한 금반언과 진술에 기한 금반언의 경우 약속이나 진술의 내용이 상대방에게 명확하고 분명하게 전달되어야만 원용 가능하다는 점을 유의할 필요가 있다.

또한 **[사례 2]**에서 살핀 바와 같이 지체상금 조항을 무력화시키는 방안으로 영국법상 위약벌(penalty) 이론이 존재한다. 위약금이 영국법상 위약벌에 해당하는지는 종래 손해에 대한 진정한 예상액(genuine pre−estimate of loss)인지 여부를 기준으로 판단하였다. 그러나 2015년에 선고된 Cavendish 사건 판결 이후부터는 채권자의 적법한 이익('legitimate interest')에 비추어 위약벌인지 여부가 판단된다는 점을 주의해야 한다. 이처럼 계약의 준거법이 영국법이라고 하더라도 시공자 입장에서는 법적으로 어떤 구제 수단이 있는지 면밀히 살핀 다음 발주자의 청구에 대응을 하는 것이 바람직하다.

한편 해외건설 분쟁의 당사자는 어떤 절차적 구제 수단을 활용할 수 있는지도 검토할 필요가 있다. 중재 절차의 분리(bifurcation)는 일면 중재판정부의 직권 재량 사항이라고 보일 수도 있으나, 해당 중재에 적용되는 중재규칙 또는 관련 실무례 등을 살피면 중재 절차의 분리에 주로 참작되는 요소나 사정이 몇 가지 있음을 알 수 있다. [사례 3]에서 본 바와 같이 중재의 당사자는 이러한 사정을 중재판정부에 적절히 소명하여 중재 절차에 보다 적극적으로 참여하는 것이 바람직할 것으로 보인다.

대부분의 해외건설 프로젝트는 다수의 당사자가 참여하고 있고 이에 따라 관련 분쟁도 다수당사자가 관여된 경우가 많다. 다수당사자의 분쟁을 하나의 중재에서 해결해야 되는 경우가 발생할 수 있는데, 이를 절차적으로 가능케 하는 방안을 모색해볼 필요가 있다. 우선 발주자와 시공자간 원건설계약에 중재의 병합(consolidation)이나 참가(joinder)에 관한 특약을 삽입하고, 이와 동일한 규정을 하도급계약에 포함시키는 방안을 생각해볼 수 있다. 이처럼 관련된 계약의 분쟁해결조항을 일치(align)시키고 필요한 경우 참가(joinder)에 관한 조항을 포함시키는 것이 새로운 추세인 것으로 이해되고, 이는 분쟁의 일괄 해결 측면에서 바람직하다고 생각한다. 다만 원도급계약과 하도급계약에 이와 같은 명문 규정이 존재하지 않을 수도 있다. 이 때에는 [사례 4]에서 살핀 바와 같이 ICC 중재규칙, SIAC 중재규칙, LCIA 중재규칙, HKIAC 중재규칙, KCAB 국제중재규칙과 같은 기관중재규칙에 의거 일정한 요건이 충족되면 중재당사자의 신청으로 제3자의 중재절차 참가 또는 복수의 중재 절차 병합을 시도해볼 수 있다.

해외건설 분쟁 특히 국제상사중재에서 시공자가 원용할 수 있는 실체법적 주장 및 절차적 구제 수단만으로는 시공자의 권익이 충분히 보호되지 않을 수도 있다. 이에 따라 [사례 5]에서와 같이 시공자가 투자유치국을 상대로 투자자중재를 신청할 수 있는지 검토되어야 할 수도 있다. 이 경우 투자자인 시공자는 (i) 투자자중재의 적법 요건이 구비되었는지, (ii) BIT상 (umbrella 조항 위반을 비롯하여) 의무 위반이 있었는지 면밀히 검토하는 것이 바람직하다고 본다.

[13] NEC3 표준건설계약조건 소개

정 홍 식

I. 서 론

2010년 이후 엄청난 규모의 해외건설 수주 행진을 이어가던 대형 건설사들은 해당 프로젝트에서 발주자와 분쟁일로로 치닫고 있는 경우가 허다했다. 각각의 대형 건설사마다 공사 중인 해외현장을 수십 개씩 보유하고 있기 때문에, 가까운 장래에 잠재적인 분쟁가능성이 있거나 현재 분쟁해결 절차가 진행 중인 해외건설 프로젝트들이 줄잡아 수백 군데나 된다는 의미이다. 왜 이렇게 된 것인가?

여러 가지 원인이 있을 것이다. 발주자와 시공자 간 체결된 국제건설계약서가 시공자에게 일방적으로 불리하게 되어 있거나, 발주자가 시공자에게 계약상 허용범위를 넘어선 공사변경(variation)을 요구하거나 억지주장을 하는 경우가 있다. 발주자의 계약관리자(FIDIC에서는 엔지니어)가 시공자의 공기연장 그리고/또는 추가공사비 클레임에 대해 편파적인 결정을 내리거나 아예 전문성이 떨어져 제대로 역할을 하지 못해 그러할 수도 있다. 또한 시공자는 예견하지 못한 현장조건이나 예외적으로 가혹한 기후조건 등의 사정변경에 맞닥뜨렸으나, 공기연장이나 추가공사비 인정이 가능한지 여부에 대한 계약상 해석이 문제될 수도 있다.

그렇다고 한국 시공자들이 계약상의 권리를 찾고자 발주자를 상대로 과감히 분쟁재정위원회(dispute adjudication board)나 국제중재 신청을 제기하지도 못하는 것 같다. 발주자의 부당한 요구에도 계약서가 정한 분쟁해결절차로 나아가지 못하고 대부분 수용하면서 혹시나 뒤이은 다른 수주기회를 엿보기도 한다. 아니면 공사진행 과정에서 계약상 합의한 여러 계약내용의 준수 여부 등을 들여다보니 분쟁해결 절차로 가 보았자 승산이 별로 없다고 판단하고 그냥 포기하기도 한다. 또한 국제건설중재가 경제적이고 신속하며 효율적으로 진행되는 것이 어렵다는 점도 중재신청 포기의 원인이 되는 것도 같다. 그로 인한 건설사들의 해외사업 손실은 눈덩이처럼 불어났고, 2015년부터 불어 닥친 저유가로 인한 해외수주 급

---

* 이 장은 국제거래법연구 제25집 제1호 (2016. 7.)에 게재된 논문을 수정·보완한 것임을 밝힌다.

감은 엎친 데 덮친 격으로 건설사들을 압박하고 있다.

　이러한 상황에서 발주자와 시공자가 대립적이고(adversarial) 서로 경쟁적인 이익추구만을 하도록 되어 있는 표준건설계약 조건 말고, 보다 합리적이고 공정한 형태의 표준계약조건에 기반해 건설계약을 체결하는 일은 불가능한 것인가라는 의문이 생긴다. FIDIC 혹은 이를 기반으로 하지만 발주자 편의에 의해 변형된 형태의 표준계약조건이 장기간의 건설공사계약 당사자들 사이의 원만한 관계를 구조적으로 방해하는 것은 아닌지 되짚어 볼 필요가 있다.

　이러한 전통적인 건설표준계약과는 사뭇 다른 패러다임의 표준계약조건이 있는데, 영국에서 만들어진 NEC3[1]가 그것이다. NEC3은 발주자(employer or owner)와 시공자(contractor) 간 대립적 구도가 아닌 상호 신뢰를 바탕으로 한 협력적(co-operation) 관계를 강조하고 있어, 발주자와 시공자가 계약의 이행과정에서 발생한 예상치 못한 위험사유들을 상호 협력하여 해결하도록 하는 규정을 두고 있다. 이러한 NEC3는 소위 '관계적 계약이론(relational contract theory)'에 기반해 만들어진 것이고, 그에 관한 근거는 후술한다.

　이 장은 일단 기존 전통적 계약이론과 관계적 계약이론의 차이와 그 핵심개념을 간략히 살펴보고, NEC3 특징 및 전체구조에 대해 개략적으로 소개하고자 한다. 그런 다음 NEC3에서 관계적 계약관계의 요소가 무엇인지 그 핵심내용을 상세히 정리하면서 기존 FIDIC[2]과 다른 점들을 집중적으로 조명해 보고자 한다. 그럼으로써 NEC3가 하나의 대안적인 형태의 해외 건설공사계약으로 자리매김할 수 있는지 살펴본다. NEC3는 프로젝트 파이낸스가 수반되는 건설계약에는 적절하지 않다고 천명하고 있기에 FIDIC과의 비교연구에 있어서는 FIDIC Red Book과 Yellow Book에 집중한다.

---

1) NEC3 표준건설계약조건의 성공에 기반하여 2017년 6월 NEC4가 발간되었다. 그러나 본 장의 IV에서 자세히 설명하고 있는 NEC3가 구비한 기본적인 요소들, 즉 상호신뢰와 협력의무 부과, 보다 적정하고 공정한 위험배분 및 위험사유의 해결을 위한 독특한 절차들의 근간은 거의 그대로 유지되고 있다. 다만 NEC3가 2005년 발간된 이래 십수년 넘게 활용되면서 수집한 부분적인 보완사항이 NEC4에 반영된 것으로 보인다. 해서 이 장은 세계 건설업계에 상당한 파장을 일으킨 NEC3의 독특한 계약체계를 소개하고, NEC4에서 업데이트된 내용은 추후 논문을 통해 다루고자 한다.
2) 이 장에서 NEC3와 주된 비교대상으로 분석하는 FIDIC 표준건설계약조건의 경우 2017년 개정된 버전이 아닌 1999년 FIDIC 버전으로 삼는다. 그 이유는 2017년 개정 FIDIC에 대한 저자 나름의 충분한 분석이 이루어지지 않았고, 개정본에 대한 많은 비판과 우려가 상존하고 있다는 점, 그리고 현재까지도 기존의 1999년 버전이 폭넓게 쓰이고 있다는 점을 감안하여 이 장에서는 기존 FIDIC 버전과의 비교를 통해 NEC3를 고찰하고자 한다. 추후 NEC4에 대한 논문을 쓸 때, 개정 FIDIC에 대한 연구를 병행하여 이를 비교하고자 한다.

II. 전통적 계약이론 vs. 관계적 계약이론

1. 고전적 및 신고전적 계약이론

고전적 계약이론은 계약 당사자의 자유의사에 맡겨 계약을 체결하고 그 계약에 구속되도록 하였다. 이는 계약자유의 원칙에 따르자는 것이며, 당사자들의 자기결정이 핵심이다. 자기결정을 법개념화한 것이 의사표시의 개념이었다. 이러한 자율 패러다임 아래에서 계약 당사자의 의사의 지위는 절대적이었다.[3] 고전적 계약이론의 기초인 의사주의의 사상은 프랑스, 독일, 스위스, 오스트리아 등 주요 대륙법계 민법전에 고스란히 담겼다.[4] 또한 이러한 사고는 대륙을 넘어 영국을 거쳐 미국에도 영향력을 행사하였다.[5]

그 후 미국에서는 고전적 계약법에 대한 비판이 가해졌다. 그 계기는 사회경제적 변화와 함께 지배적 혹은 우월적 지위를 갖는 계약 당사자로 인한 불공정한 계약현상의 출현 때문이었다. 그로 인해 의사이론으로서의 고전적 계약법은 너무 경직적이라는 비판을 받았다. 그 과정에서 '계약을 둘러싼 사정이나 맥락'에 중점을 둔 새로운 계약법 체계가 형성되었는데, '신고전적 계약법(neo-classical contract law)'이 그것이다. 신고전적 계약법 체계는 통일상법전(uniform commercial code) 제2장과 1979년 제2차 계약법 리스테이트먼트(Restatement (Second) of Contract)에 집약되었으며 오늘날 미국 계약법의 주류를 이루고 있다.[6] 신고전적

---

3) 권영준, "계약법의 사상적 기초와 그 시사점 – 자율과 후견의 관점에서", 저스티스 통권 제124호, 한국법학원 (2011), 172면 (권영준 교수는 고전적 계약이론이 기초하는 계약자유의 원칙을 자율 패러다임으로 표현하고 있다); 고전적 계약이론의 핵심을 이루는 의사이론이란, 18세기부터 19세기에 걸쳐서 발전한 자유시장경제와 이것을 전제로 하는 고전파 경제학 그리고 자유주의적 정치사상을 배경으로 하여 발생한 이론이다. 의사이론은 '계약의 본질은 합의에 있고, 당사자의 의사가 법적의무를 발생 시킨다'는 사고에 기초한다. 이를 기반으로 하는 일반적인 계약법이론은 대륙법계 국가들에서 발생한 것으로, 영미법계의 고전적 계약이론은 이러한 대륙법계의 의사이론이 도입되어 그것이 독자적 발전을 이룩한 것이라고 한다. 변용완, "계약구속력의 근거로서 관계적 계약 이론에 관한 연구", 중앙대학교 박사학위논문 (2013), 7-8면.
4) 가령, 프랑스 민법 제1134조 제1항은 "적법하게 형성된 합의는 이를 성립시킨 당사자 사이에서는 법률을 대신한다"라고 규정하였고, 독일 민법은 의사표시를 필수적 구성요소로 하는 법률행위의 개념을 민법의 초석 중 하나로 삼았고, 이로부터 숱한 조문과 법리들이 뻗어 나왔다. 권영준, (주 3), 172면.
5) 미국에서의 고전적 계약법(classical contract law)은 일반적으로 19세기 말부터 20세기 초반에 걸쳐 일반화, 체계화되어 1920년 Samuel Williston의 계약법(Treatise on the Law of Contracts)과 1932년 제1차 계약법 리스테이트먼트(Restatement (First) of Contracts)에 집약된 법리 체계를 가리킨다. 고전적 계약법에서는 계약자유의 원칙이 중요하게 작용하면서 계약책임의 근거를 구하는데 있어 당사자의 의사가 강조된다. 김현수, "미국에서의 관계적 계약이론 – Ian Macneil 이론의 학설사적 지위와 논지를 중심으로 –", 재산법연구 제32권 제4호, 한국재산법학회 (2016), 154면.
6) 상동, 154-155면. ('신(新)고전적' 계약법이라는 명칭에서 의미하는 바대로 새로운 계약법 체계는 고전적 계약법의 관념을 전면적으로 부정하는 것이 아니라, 계약법의 체계 내에서 사회경제적 변화와 계약을 둘러싼 사정이나 맥락을 포섭함으로써 현실 세계의 현상인 계약에 대해 고전적 계약법이 가지는 경직성을 보완한 차원이라고 설명할 수 있다).

계약법에서는 계약자유의 원칙과 당사자의 의사 중시라는 고전적 계약법상의 핵심적 가치
는 그대로 유지하면서도, 계약 당사자의 합의가 아닌 '공정성', '신뢰'와 같은 가치가 '신의
칙(good faith principle)'[7]으로 투영되어 계약의 성립, 이행, 구제의 측면에서 법원의 개입을
일정 범위에서 허용하고 있다.[8]

2. 관계적 계약이론

신고전적 계약법 이후로도 미국에서는 계약법의 기초이론 또는 일반이론에 대한 회의
적 시각이 계속되면서 여러 다양한 접근법들이 주창되었다. 대표적으로 Grant Gilmore 교수
의 주장[9], Duncan Kennedy를 중심으로 발전된 '비판법학 이론'[10], Macneil의 '관계적 계약
이론'을 들 수 있다. Macneil의 이론은 계약을 일회성의 단발적 계약(discrete contract)[11]과 관
계적 계약(relational contract)으로 구분하고,[12] 고전적 계약법 이론은 단발적 계약을 규율하
기 위한 법체계에 불과한 것으로 본다. Macneil은 고전적 계약법이나 신고전적 계약법이 현
대 사회의 계약현실에 부합하지 않는다[13]고 주장하면서 1980년대 관계적 계약이론을 고안
하여 제시하면서[14] 새로운 논의를 촉발하였다. 한국 계약법에서는 일시적 계약과 계속적

---

7) 미국 계약법상 good faith 원칙의 논의에 관한 상세는 윤진수, "미국 계약법상 Good Faith 원칙", 서울대
   학교 법학, 제44권 제4호 (2003) 참조.

8) Robert Hillman, "The Crisis in Modern Contract Theory", 67 Tex. L. Rev. 103 (1988) (김현수, (주 5),
   155면에서 재인용).

9) Gilmore 교수는 고전적 계약법상의 '교환거래법리[약인]'을 부정하는 판결례 또는 약인이 존재하지 않
   는 경우에도 수약자의 신뢰를 보호하도록 고안된 '약속적 금반언(promissory estoppel)' 법리는 약인이
   론을 핵심으로 하는 '고전적 계약이론'이 붕괴된 것을 의미한다고 주장하였다. Gilmore의 논지 및 문제
   의식의 상세에 대해서는 김현수, "미국 계약법의 현대적 이론에 관한 서론적 고찰 − Grant Gilmore의
   'The Death of Contact' − 을 중심으로", 비교사법 제21권 제1호 (2014) 참조.

10) 비판법학(critical legal studies) 이론은 법적 판단이라는 것이 정치적 결정과 다르지 않기 때문에 계약
    법의 역할은 사회현상의 유지를 위한 정당화에 불과("law is politics")한 것으로 평가한다. 그리하여
    Kennedy는 종래의 계약법 이론을 대신하는 새로운 계약법 이론이 필요하다고 주장한다. Duncan
    Kennedy, "Form and Substance in Private Law Adjudication", 89 Harv. L. Rev. 1685 (1976) (김현수,
    (주 5), 156−157면에서 재인용).

11) 단발적 계약은 계약체결 시점에 계약으로 인한 법률관계가 확정되는 일시적 계약으로서 고전적 계약
    이론이 잘 작동하는 계약이다. 이를 spot contract라고 부르기도 한다. D. Gordon Smith & Brayden G.
    King, "Contracts as Organizations", 51 Ariz. L. Rev. 1 (2009), p. 4.

12) Macneil은 단발적 계약과 관계적 계약을 구별짓는 요소들, 즉 개인적 관계(personal relations), 관련 당
    사자의 수, 산정성과 특정성(measurement and specificity), 계약적 연대(contractual solidarity), 계약의
    성립·기간·종료, 계획, 장래의 협력관계, 이익과 부담의 공유와 분배, 양도성, 거래와 관계에 대한 당
    사자의 종합적 태도 등을 검토하고 있다. Ian Macneil, *The New Social Contract* 5 (1980), pp. 10-35.

13) 이에 대한 사례로 Macneil은 고전적 계약법 하에서 평범한 보험계약의 당사자는 그가 읽지 않았거나
    읽었다고 하더라도 이해하지 못할 보험증권 상의 모든 계약조건들에 동의한 것으로 간주하는 점을 들
    고 있다. Ian R. Macneil, "Contracts: Adjustment of Long-Term Economic Relations under Classical,
    Neoclassical, and Relational Contract Law", 72 Nw. U. L. Rev. 854 (1978), pp. 883-884.

14) Macneil의 관계적 계약이론은 미국의 '고전적 계약법'과 '신고전적 계약법'이 기초로 하고 있는 '고전

계약을 구분하는데, Mcneil에 의한 단발적 계약-관계적 계약의 구분에서 관계적 계약은 계속적 계약을 포괄하나 분석하는 관점이나 맥락이 약간 다른 개념으로 이해한다.

　Macneil은 우선 계약의 속성에 대한 연구를 바탕으로 계약을 "교환을 행했거나, 교환을 행하고 있거나 장래에 교환을 행할 것을 예정하고 있는 사람들의 관계, 환언하면 교환관계"[15]로 정의한다. 계약 당사자 간의 '관계'[16]에 초점을 맞추는 관계적 계약이론은 계약의 무게중심을 '자기 자신의 결정'에서 '상대방과의 사회적 관계'로 옮기려는 이론이다. 즉 관계적 계약에서는 당사자의 내적 의사보다는 법률, 거래관행, 상대방의 기대, 평판 등에 규정되는 당사자 사이의 사회적 관계에 초점을 맞추어 계약관계를 규정한다는 특징을 가진다.[17] 한편, Macneil과 비슷하지만 관계적 계약은 계약으로 인한 법률관계가 동적으로 변화, 발전하는 계속적 계약으로서, 특히 당사자 간의 관계가 계약에 큰 영향을 미치는 유형의 계약을 의미한다고 정의하는 견해도 있다.[18] 또한 다른 견해로 "계약관계는 역동적으로 파악되고, 계약관계의 진행과 더불어 권리의무 관계가 발생할 뿐만 아니라 변화하게 된다"[19]고도 한다. 보다 간단하게 관계적 계약은 "계약당사자들 사이의 교환(exchange)과 관계(relationship)를 수반하는 계약"이라고 정의하는 견해도 있다.[20]

　결국 관계적 계약은 계약의 당사자, 계약의 내용을 이루었던 사정의 변화 또는 변경, 계약 관계에 주위 사정의 변동 등으로 인하여 기존 계약 관계를 유연하게 변경하여 계약을 지속적이고 계속적으로 유지하려는 새로운 이론이라는 견해[21]가 있으나, 이는 계속적 계약

적 계약 모델(classical model of contract)'을 비판하면서, 모든 계약에 공통하는 관계적 구조(relational constitution)를 밝히는 것을 핵심적인 내용으로 한다. 김현수, (주 5), 153면.
15) Ian R. Macneil, "Relational Contract Theory: Challenges and Queries", 94 Nw. U. L. Rev. 877 (2000), p. 878. ("relations among people who have exchanged, are exchanging, or expect to be exchanging in the future – in other words, exchange relations")
16) Macneil의 연구 기초는 '관계'라는 개념으로 이해할 수 있으나, 실제로 초기의 연구에는 오히려 '협력'이라는 개념이 중요한 지위를 점하고 있었다. 초기의 저작에서 Macneil은 근본적으로 계약이 협력적이라는 점에 대해 다음과 같이 서술하고 있다. "계약에 대해서 우선 지적해야 할 것은 그것이 사회적 행동에 관한 점이다. … 다음으로 이러한 사회적 행동은 협력적인 것으로, 그 행동은 다른 사람과 협력하려고 하는 사람들 사이에 성립하는 것이다." David Campbell, "Ian Macneil and the Relational Theory of Contract", in *The Relational Theory of Contract: Selected Works of Ian Macneil* 5 (David Campbell ed., 2001)(김현수, (주 5), 각주 36에서 재인용).
17) 권영준, (주 3), 178면.
18) 상동.
19) 변용완, (주 3), 126면.
20) M A Eisenburg, "Relational Contracts", in Jack Beatson and Daniel Friedmann (eds), *Good Faith and Fault in Contract Law*, Oxford: Clarendon Press(1995), p. 293.
21) 관계적 계약은 장기간에 걸쳐 복잡한 거래 관계를 통해서 상호적인 이익을 실현하는 특징이 있고, 당사자 사이의 인적 신뢰관계에 근거하는 상호 협력을 위한 유연성이 그 요소이다. 박기주, "금융거래계약의 관계적 특성에 관한 연구 – 고전적 계약이론과 관계적 계약이론의 비교를 중심으로 –", 은행법연구 제8권 제1호, 통권15호, 은행법연합회 (2015), 95면.

에서 사정변경의 원칙을 허용하는 것과 유사한 결과가 되기에 그와 같이 단정하기는 어려울 수도 있다. 다만 Macneil은 비판의 대상이 되는 고전적 계약법의 일반이론에서는 설명하기 어려웠던 현실적인 계약을 정합성 있게 설명할 수 있는 계약이론 즉, 설명이론으로서의 관계적 계약이론을 정립함으로써 현대 계약법의 일반이론에 대한 대체이론으로서도 평가할 수 있을 것이다.22)

　　NEC3 본문이나 Guidance Note에는 관계적 계약이론에 대한 언급은 보이지 않지만 이러한 관계적 계약이론은 아래 소개할 NEC3 표준건설계약에 대한 이론적 토대를 제공한다고 볼 여지가 있으며 NEC3의 태도를 이해하는 데 도움이 된다. NEC3가 기반하고 있는 이론적 토대의 핵심은 당사자간 상호 '협력(co-operation)'이라는 개념에 있다. 당사자들 사이 '협력'이라는 개념은 관계적 계약이론의 맥락에서는 '신의성실(good faith)'과 '공정성(fairness)'이라는 개념들로부터 도출된다. '협력'은 NEC3 그 자체뿐 아니라 건설계약 또한 재개념화시키는 최상의 기반이 되기도 한다.23) 아래에서는 관계적 계약 형태로서의 NEC3에 대한 개괄적인 소개와 아울러 NEC3의 어떤 부분이 관계적 계약의 특징을 나타내는지를 중심으로 살펴보고자 한다.

Ⅲ. NEC3의 소개와 주요 특징

1. NEC3의 연혁

　　'New Engineering Contract'로 불리는 NEC 제1판은 Institution of Civil Engineers(ICE) 산하의 상업기구인 Thomas Telford Ltd.가 주도하여 1993년에 발간하였다. NEC계약은 보통의 계약문서들뿐 아니라 현존하고 있던 건설표준계약들과는 완전히 다른 형태로 작성되었는데, 일단 평이한 언어들을 사용하고 거의 대부분 현재시제로 이루어진 문장들로 구성되어 있다. 그리고 프로젝트 관리에 중점을 둔 새로운 진보적인 설계 및 시공계약이었다. NEC 제2판은 1995년에 발간되었는데, 계약조건의 이름을 'NEC Engineering and Construction Contract'로 변경하였다. 이는 NEC 계약조건이 단지 설계(engineering)에만 국한된 것이 아니라는 사실을 강조하기 위함이었다.24) 그 후 10년 동안 영국 내에서는 많이 사용되기 시작하였고 주로 공공시설물 건설계약으로 채택되었다. 또한 민간영역에서도 NEC 계약조건을 채

---

22) 김현수, (주 5), 171면.
23) Arthur Mcinnis, "The New Engineering Contract: Relational Contracting, Good Faith and Co-operation – Part I" *ICLR* Vol. 20 (2003), p. 128.
24) Martin Bridgewater & Andrew Hemsley, "NEC3: A Change for the Better or a Missed Opportunity?", ICLR, Vol. 23 (2006), p. 39.

택하기 시작하였고, 영국이외 국가의 대형 건설프로젝트에서도 성공적으로 사용되어 왔다.[25] 이렇게 10년 동안에 걸쳐 NEC 제2판의 사용이 점증한 이후, 2005년에 'NEC3'가 발간되었다.

2. NEC3의 개요 및 전체 구조

NEC3는 영국 JCT[26]나 ICE[27] 그리고 FIDIC에서 발간한 기존의 전통적인 표준건설계약조건과 다음 세 가지가 다르다. 첫째, NEC3 계약조건은 현재 시제와 비법률적 영어로 아주 평이하게 쓰여 졌다는 점이다.[28] 이에 대해서는 특정 조문의 의미를 파악하는데 불확실성을 야기한다는 비판이 있다. 특히 현재시제 그 자체는 그냥 사실의 기술인지 아니면 해당 당사자에게 특정한 이행의무를 부과한 것인지 명확하지 않다고 비판받는다.[29]

둘째, NEC3는 프로젝트 전반에 걸쳐 선제적인 프로젝트 관리에 중점을 둔다. 예를 들어 계약체결 시 시공자가 작성해야 할 계약데이터(contract data) 중 공정표가 적시되어 있지 않으면, 그 공정표가 제출될 때까지 지급해야 할 공사대금의 4분의 1을 유보하도록 하는 예가 있다. 또는 발주자의 대리인인 프로젝트 매니저(project manager)가 공사 관리에서 선제적인 조치를 취하도록 한다. 예컨대 공기지연이나 공사대금에 영향을 미칠 수 있는 사안들을 시공자에게 조기경보(early warning)하거나, 계약문서들에서 불명확한 부분에 대해 해석하도록 하거나, 공정표의 승인 등을 들 수 있다.[30]

셋째, 계약당사자들이 선택하여 계약내용으로 포함할 수 있는 여러 다양한 구성단위들이 있다. 일단 NEC3의 Engineering Construction Contract는 9가지의 핵심 계약조문(core clauses)[31]을 두고 있다. 이 핵심 계약조문은 당사자들이 아래 기술하는 6가지의 주요 선택사항들과 부수적 선택사항들 중 어느 것을 택하더라도 공통적으로 포함된다. 즉 시공자가 설계책임을 부담하든지 여부와 상관없이 핵심조항은 변함없이 반영된다는 점이 특이하다.

25) NEC의 다양한 사용례에 대해서는 Bridgewater & Hemsley, *supra* note 24, p. 39; Humphrey Lloyd, "Some Thoughts on NEC3", ICLR, Vol. 25 (2008), pp. 469-469; https://www.neccontract.com/About-NEC/History(마지막 접속일자 2016.02.27.) 참조.

26) JCT(The Joint Contracts Tribunal)은 1931년 이래 영국의 표준건설계약조건과 가이드 노트 및 다른 표준문서들을 개발해 왔고, 영국 내에서는 아주 많이 사용되어 왔다.

27) ICE(Institution of Civil Engineers)은 1836년 설립된 이래 토목 엔지니어링 분야에서 많은 책들과 논문들 그리고 표준건설계약들을 개발해 왔다.

28) Bridgewater & Hemsley, *supra* note 24, p. 40.

29) Nicholas Downing, Miranda Ramphul & Tim Healey, "Is NEC3 a Realistic Alternative to FIDC for Major International Projects?" ICLR, Vol. 30 (2013), p. 453.

30) Bridgewater & Hemsley, *supra* note 24, p. 40.

31) 9가지 핵심 계약조문에는 제1조 일반조항, 제2조 시공자의 주요 의무사항, 제3조 공사기한, 제4조 완공검사 및 하자책임, 제5조 공사대금지급, 제6조 보상가능한 사유(compensation events), 제7조 소유권, 제8조 위험부담 및 보험, 제9조 계약해지가 있다.

이 점은 FIDIC에서 시공자가 설계책임을 부담하느냐 여부에 따라 실질적으로 다른 계약조건을 갖도록 하는 점과 대비된다.

    NEC3에서 당사자들은 공사대금 책정방식에 따라 분류된 6개의 주요 선택사항(main options) 중 자신들의 상황에 맞는 하나를 선택하도록 되어 있다. 그 여섯 가지는 활동스케줄(activity[32] schedule)에 기초한 총액확정계약 방식(Option A), 총액확정과 물량내역서의 물량에 기초한 단가계약 방식의 결합(Option B), 활동스케줄에 기초한 목표금액계약 방식(Option C), 물량내역서를 가진 목표금액계약 방식(Option D), 비용상환계약 방식(Option E), 그리고 관리계약 방식(Option F)이다. 즉 NEC3는 하나의 표준계약 내에서 공사대금 방식을 선택하도록 하고 있는데, 이는 전통적인 표준계약조건들 각각이 하나의 특정한 방식에 적용되도록 만들어진 것과 대비된다. 또한 FIDIC 계약조건에서는 NEC3의 목표금액계약 방식, 비용상환계약 방식 또는 관리계약 방식이 존재하지 않는다. 그만큼 NEC3가 기존의 표준건설계약들보다는 다양한 형태의 공사대금 방식을 제시하여 당사자들로 하여금 선택의 폭을 넓히고 있는데, 이점은 긍정적인 측면이라고 본다.

    NEC3는 FIDIC에서 프로젝트 금융에 의해 자금조달이 이루어지는 건설공사계약에 쓰이도록 의도한 Silver Book과 유사한 표준계약조건을 제공하고 있지 않다. FIDIC Silver Book은 기존 FIDIC의 다른 표준계약조건들과는 위험배분이라는 측면에서 상당히 이질적인 유형이다. Silver Book은 서문에서 밝히고 있듯이, 최근에 프로젝트 금융에 의해 자금조달이 이루어지는 BOT 유형의 프로젝트가 증가하면서 공기와 공사비의 확실성이 보장되는—즉 공기연장과 공사비 증액이 이루어지지 않는—건설공사계약에 대한 수요에 부응하고자 고안되었다.[33] 프로젝트 금융을 제공하는 대주는 차주에게 보통 완공보증(completion guarantee)[34] 혹은 완공보증을 요구하지 않을 정도의 건설공사계약을 체결하도록 요구한다. 대주가 완공보증을 요구하지 않을 정도로 프로젝트 금융이 가능한 건설공사계약이란 한마디로 말해서 공기연장과 공사비 증액이 되지 않도록 가능한 한 많은 위험을 시공자에게 전가시키는 계약이다.[35]

---

32) 활동(activity)이란 공정표상 공사 경로를 구성하는 개별 공사단위를 말한다.
33) FIDIC Silver Book, Introductory Note to First Edition.
34) 완공보증(completion guarantee)은 특정일까지 프로젝트의 완공을 보증한다는 프로젝트 사업주가 대주에게 하는 약속이라고 한다. 이에 대한 자세한 논의는 김승현, "프로젝트 금융 하에서의 건설공사계약과 완공보증을 둘러싼 법률문제", 국제거래법연구, 제23집 제1호 (2014), 56면 이하 참조. 그러나 국제 프로젝트 금융 하에서 completion guarantee의 실제 사용례는 완공 자체를 보증한다기보다, 공사목적물의 완공이 이루어지지 않으면 대주에게 대출금을 일시에 조기상환 하겠다는 사업주들의 확약인 것으로 이해된다.
35) Graham Vinter, *Project Finance – A Legal Guide*, Thompson Sweet & Maxwell (2006), para. 5-015 (김승현, (주 34), 66면에서 재인용).

반면 NEC3는 발주자와 시공자 간 보다 공정한 위험배분 원칙을 취하고 있기 때문에 프로젝트 금융이 수반되는 건설공사계약으로 사용되기에는 적절하지 않다.[36) 따라서 프로젝트 금융이 수반되는 해외 인프라 투자개발에서는 NEC3가 사용될 가능성은 현저히 낮다. 이 점은 FIDIC과 큰 차이점 중 하나이다.

당사자들이 여섯 가지 중 하나를 선택하여 공사대금 책정 방식을 정하고 나면, 두 가지의 분쟁해결방식 중 하나를 선택하도록 하고 있다. 그중 하나인 W2 옵션은 영국의 1996년 "주택보조금, 건설 및 재건법(Housing Grants, Construction and Regeneration Act: HGCRA)"[37)이 적용되는 상황, 즉 공사지가 영국 또는 웨일즈 내에 있는 건설계약에 사용되도록 되어 있다. 나머지 옵션인 W1은 상기 W2가 적용되지 않는 그 밖의 경우에 선택될 수 있다. 따라서 공사지가 영국 내가 아니면서 한국 건설사가 NEC3를 사용하는 계약당사자라면 당연히 W1을 선택할 수밖에 없다. W1의 분쟁해결은 분쟁재정위원회(dispute adjudication board)와 중재절차 순서를 거치도록 되어 있어, FIDIC의 경우와 동일하다.

계약당사자들은 상기 주요 선택사항(main option) 하나와 분쟁해결 옵션을 선택한 후, 22개의 다양한 부수적 선택사항들(secondary options) 중 합의에 의해 자유로이 원하는 사항들을 선택하여 핵심 계약조문에 추가할 수 있다. 그 부수적 선택사항들은 다음과 같다: Option X1(인플레이션에 따른 공사대금 조정)[38), Option X2(법규변동), Option X3(복수 통화의 사용), Option X4(모회사 보증), Option X5(일부공사 완공요건), Option X6(조기완공에 따른 보너스), Option X7(지체상금), Option X12(파트너링), Option X13(이행보증서), Option X14(시공자에게 선급금 지급), Option X15(설계에 대해 합리적인 숙련기술 및 주의의무를 부담하도록 하는 시공자의 책임제한), Option X16(유보금), Option X17(성능미달에 따른 손해배상예정액), Option X18(시공자의 책임제한), Option X20(핵심 이행지표) 등이 있다. 이 중 지체상금과 성능미달에 따른 손해배상예정조항 그리고 책임제한조항들의 경우, 다른 표준계약조건에는 필수사항으로 들어가는 항목이지만 여기에서는 선택사항이라는 점이 특이하다. 이러한 점이 전통적인 표준건설계약과 대비되는 NEC3의 고유한 특성이다.

NEC3의 이러한 구성방식에는 몇 가지 불만들이 제기된다. 당사자들의 다양한 선택을 통해 계약내용을 결정하는 방식은 최종 계약내용을 정확히 파악하기 어려울 수 있다는 점

---

36) Downing, Ramphul & Healey, *supra* note 29, p. 442.
37) 동법 제정 이후 공사지가 영국 또는 웨일즈 내에 있는 경우 건설계약의 당사자는 의무적으로 동법에 따른 분쟁해결을 규정하도록 하는데, 동법은 건설 분쟁을 소송이나 중재가 아닌 분쟁재정위원회의 결정에 의해 해결하도록 하고 있다. 영국법원은 분쟁재정위원회의 결정에 대해 분쟁재정위원회가 관할권을 가지는지 여부와 그 결정이 자연적 정의에 부합하는지에 대해서는 심사를 한다. 김승현, 국제건설계약의 법리와 실무, 박영사 (2015), 334면.
38) 이 부속 선택사항은 주요 선택사항들 중 Options A, B, C, D의 경우에만 같이 사용될 수 있다.

[표 1]

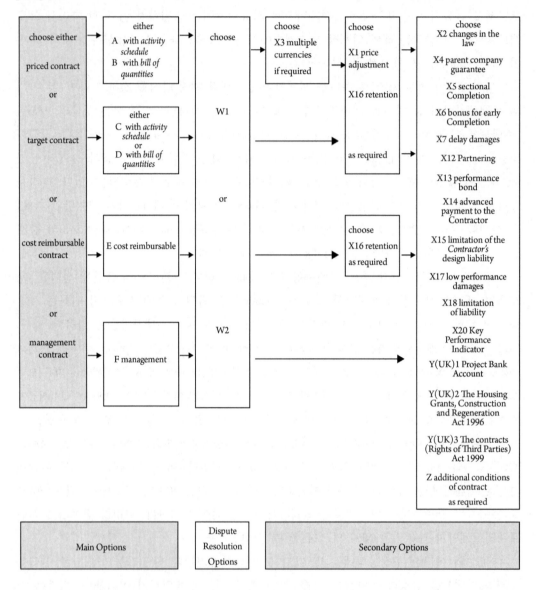

이다. 특히 계약체결 이후 계약내용의 변경이 가해지는 경우 그러할 수 있다. 또한 당사자들 스스로 세부적인 선택사항들의 내용을 파악해야 하고, 그들 중에서 결정하도록 하는 것이 어렵고 불편하다는 불만이 있어 왔다. 즉 하나의 세트로 완결되어 있는 기존의 표준계약조건들과 비교했을 때, NEC3는 당사자들 스스로가 세부적인 계약내용을 알아서 결정하도록 되어있어 그 체계에 어려움을 호소한다. 그리고 모든 선택이 완료된 후 당사자들은 선택된 전체 조문들을 전반적으로 파악해서 이해해야 하는데, 그렇지 않고 개별 선택사항들만 보는 경우 전체 합의내용의 맥락을 잘못 이해할 수 있다는 점이 지적된다.39) 더욱이 만일 당사자들이 선택사항을 선택하지 않게 되면 그 사항은 준거법에 의하게 될 것인데, 당사자들은 그에 따른 대비책이 있어야 할 것이다.

반면 긍정적인 측면의 견해도 존재한다. 이러한 선택과정이 계약준비과정이라 할 수 있기 때문에 NEC3는 효율적인 계약관리를 가능하게 한다는 점이다. 왜냐하면 선택과정에서 프로젝트에 필요한 모든 정보들을 수집해 검토해 볼 뿐만 아니라 프로젝트 관리를 위한 좋은 기법으로 활용될 수 있기 때문이라고 보는 견해도 있다.40)

상기 주요 선택사항들과 부수적 선택사항들의 결정 순서와 그 범위를 알기 쉽게 원문 형식의 표로 정리하면 상기 [표 1]과 같다.41)

상기 [표 1]을 보면 주요 선택사항의 결정에 따라 계약 조건이 일률적으로 획정되어 진다기 보다는 부수적 선택사항들도 당사자들 간 협의에 의해 결정하도록 되어 있다. 또한 NEC3는 계약 당사자들 사이를 하나의 공동사업을 하는 조합원 같이 취급하는 접근방식을 취한 최초의 표준건설계약이기도 하다. 이는 기존 건설계약에서 서로 간에 경쟁적으로 책임을 묻고 클레임하는 것이 일상화되어 있던 건설산업의 경향을 탈피하려는 움직임과 그 맥락을 같이 한다.42)

3. 발주자의 대리인인 프로젝트 매니저와 감독관

NEC3에서는 발주자의 대리인으로서 프로젝트 매니저(project manager)를 두도록 하고 있고, 계약관리를 포함한 핵심적인 역할과 책임을 부여한다. 보통 프로젝트 매니저는 발주자의 직원 또는 외부인 중에서 발주자가 선임한다. 프로젝트의 타당성 조사 단계에서 프로젝트 매니저를 임명하기 때문에 입찰에 참여하는 시공자들은 해당 공사의 프로젝트 매니저가 누구인지 미리 알 수 있다. 프로젝트 매니저의 역할은 공사완공이라는 발주자의 목적을 달성하기 위해 전반적인 계약관리를 하는 것이다. 그렇기에 발주자는 프로젝트 매니저에게 상당한 정도의 권한을 위임한다. 프로젝트 매니저는 발주자에게 설계에 관한 자문과 아울러 대략의 공사비용과 공사기간의 산정, 여러 가지 공사대안의 장·단점들 및 가장 적절한 계약방식 선정에 대해 자문할 의무를 갖는다.43) 또한 프로젝트 매니저는 핵심조항 제5조(공사대금)에서는 기성금의 지급을 확인하고, 제6조(보상가능한 사유)에서는 그 사유를 평가하여

---

39) Bridgewater & Hemsley, *supra* note 22, p. 40.
40) *Ibid.*, pp. 40−41.
41) NEC3, Engineering and Construction Contract, Guidance Notes, p 17.
42) Bridgewater & Hemsley, *supra* note 22, p. 41.
43) NEC3, Guidance Notes, p. 10.

시공자에게 추가 공사비 지급 여부를 결정하는 역할을 한다.

프로젝트 매니저의 권한범위는 어떠한 유형의 주요 선택사항(main option)이 채택되었느냐에 따라 달라질 수밖에 없다. 예컨대 턴키계약 방식인 Option A가 선택되었다면 아무래도 프로젝트 매니저의 역할은 다른 방식에서보다 축소될 것이다. 반면 총액확정과 물량내역서의 물량에 기초한 단가계약 방식의 결합인 Option B의 경우라면, 프로젝트 매니저의 역할은 최대로 확대될 것이다. 어떠한 옵션을 취하더라도 프로젝트 매니저의 결정이 계약내용과 부합하지 않다고 판단하면, 시공자는 프로젝트 매니저의 결정을 분쟁재정위원회에 회부할 수 있도록 하고 있다. 이는 앞서 설명한 분쟁해결방식 옵션에서 어떤 것을 선택하더라도 동일하다.

한편 발주자는 프로젝트 매니저를 교체할 수 있는 권리를 가지는데, 이 때 FIDIC에서처럼 시공자의 합리적인 범위 내에서의 반대[44]가 허용되지 않는다. 단지 발주자는 시공자에게 프로젝트 매니저의 교체 통지만 제공하면 된다.[45] 그러나 자유롭게 프로젝트 매니저를 교체할 수 있다고 하여도, 발주자는 핵심조항 제10조에 규정되어 있는 당사자들 간 상호 신뢰와 협력의무를 훼손할 정도의 프로젝트 매니저 교체는 허용되지 않는다고 본다.

이러한 프로젝트 매니저의 역할은 FIDIC에서의 엔지니어의 그것과 유사하다. FIDIC에서 엔지니어처럼 NEC3의 프로젝트 매니저도 계약당사자는 아니지만 프로젝트 자체의 성패를 좌우하는 아주 중요한 역할을 담당한다는 측면에서는 동일하다. 그러나 FIDIC의 엔지니어는 발주자의 대리인으로서만 머무르지 않는다. 발주자와 시공자간 클레임 과정에서 양측의 상반된 입장을 조정하는 역할뿐 아니라 조정에 실패한 경우 시공자 클레임에 대한 공정한 결정자의 역할을 하도록 명시되어 있다.[46]

반면 NEC3에서는 FIDIC에서처럼 프로젝트 매니저가 '공정한' 결정을 해야 한다는 명시적인 의무가 부과되어 있지 않다는 점에서 차이가 있다. 그렇다면 NEC3에서는 기성금액 확정에 있어 프로젝트 매니저는 확인자(certifier) 역할도 하는데, 이 때 프로젝트 매니저는

---

44) FIDIC, Red & Yellow Books, Cl. 3.4.(FIDIC에서 발주자의 엔지니어 교체권한 행사에 대해 시공자의 반대권을 행사하도록 한 이유는 다음과 같다. 엔지니어는 건설프로젝트에서 아주 중요한 역할을 하기 때문에 입찰 시 공지된 엔지니어의 공사 도중 교체는 시공자에게 매우 큰 영향을 미치기 때문이다. 또한 시공자는 공지된 엔지니어의 전문성이나 기술적 역량 및 명성이 입찰 참여 여부를 결정하는데 하나의 중요한 고려사항으로 삼기 때문이다. 만일 원래 엔지니어가 시공자가 신뢰할 만한 전문가였음에도 불구하고 발주자가 엔지니어를 교체하려 한다면 그 타당한 이유가 있어야 할 것이고, 만일 그렇지 않다면 시공자는 엔지니어 교체를 반대할 수 있는 것이다. 정홍식, "FIDIC 건설표준계약에서 엔지니어의 이중적인 역할과 책임 – 발주자의 대리인? 조정인? 또는 공정한 결정자? –", 법조 64권 8호, 법조협회 (2015), 229-230면.

45) NEC3 Core Clause, 14.4.

46) 이러한 점에서 보았을 때 FIDIC의 엔지니어는 발주자의 대리인과 동시에 조정인과 결정자라는 이중적인 역할을 갖는다. FIDIC 엔지니어의 이중적인 역할과 그 책임에 대해서는 정홍식, (주 44) 논문 참조.

발주자와 시공자 사이에서 공정한 결정을 내려야 할 의무가 있는지 의문이다. 이에 대해 영국 1심법원은 NEC3에서 보상 가능한 사유의 절차 상 시공자가 제출한 견적금액의 평가에 있어서 프로젝트 매니저는 공정한 평가를 내려야 할 의무가 있다고 판시한 바 있다.[47] 또한 NEC3가 영국의 보통법 체계를 따른 법을 준거법으로 사용된 경우라면 더욱 그렇게 해석되어야 한다는 입장도 있다.[48]

이러한 법원판결과 해석에 비추어 볼 때, NEC3에서는 명시적으로 프로젝트 매니저의 '공정한' 결정의무가 부과되어 있지는 않지만 묵시적인 의무가 부과되어 있다고 보여진다. 더구나 아래에서 설명할 NEC3 핵심조항 10.1에서 프로젝트 매니저와 감독관을 포함한 당사자들 간 '신뢰'와 '협력관계'라는 최대 명제에 비추어 볼 때, 이러한 해석은 타당해 보인다. 그러나 NEC3와 그 지침서에서는 프로젝트 매니저의 의무 범위에 대해 좀 더 구체적인 제시가 이루어지지 않은 점이 아쉽다.

프로젝트 매니저 이외 발주자의 또 다른 대리인으로서 감독관(supervisor)이 있다. 감독관 또한 발주자가 지명하는데 발주자의 컨설턴트社 직원이 종종 임명된다고 한다.[49] 감독관의 주된 역할은 기 마련된 공사정보(works information)에 따라 공사가 이루어지는지 여부를 기술적인 측면에서 관리감독하는 것이다. 예컨대 사용되는 자재와 시공방식을 검사하고, 시공자가 수행하는 완공검사에 참관하여 감독하는 것 등을 말한다. 또한 감독관은 하자를 판명하기도 하며, 추후 하자증명서(defects certificate)[50]를 발부할 때 사소하게 남은 하자들을 결정하여 시공자로 하여금 추후 보수하도록 한다.[51]

프로젝트 매니저와 감독관은 서로 독립적이며, 상하관계가 아니다. 따라서 시공자가 감독관의 관리감독 및 그 결정에 대해 불만을 가진다고 해서 프로젝트 매니저한테 그 결정을 번복해달라고 할 수는 없다. 시공자가 프로젝트 매니저나 감독관의 결정이나 판단에 대해 불만족하게 되면, 분쟁재정위원회로 회부하는 것이 유일한 방법이다.[52] FIDIC은 엔지니어 단독으로 계약관리를 하도록 되어 있지만, NEC3에서는 프로젝트 매니저와 감독관으로 이원화하여 그 역할을 달리 규정하고 있는 것이 특색이다. 이 점은 FIDIC이 엔지니어에게 너무 과도한 역할을 부여하여 그 역할을 제대로 수행하지 못할 경우 전체 프로젝트에 크나큰 악영향을 미치는 점과 대비된다. 따라서 NEC3에서처럼 기술적인 부분에 대해서 독립된

---

47) *Costain Ltd v. Bechtel Ltd* [2005] EWHC 1018 (TCC).
48) Lloyd, *supra* note 23, p. 476.
49) NEC3, Guidance Notes, p. 8.
50) defects certificate의 발부는 당사자들 의무의 대부분이 이행되었음을 증명하는 것이다. defect certificate에 기재된 아직 보수되지 않은 하자들은 핵심 조항 45조에 적시된 절차에 따라 시공자가 보수하게 된다. NEC3, Guidance Notes, p. 32.
51) NEC3, Guidance Notes, p. 36.
52) NEC3, Guidance Notes, p. 36.

감독관을 두어 프로젝트 매니저의 부담을 덜어주도록 한 것은 바람직하다고 본다. 그리하여 보다 원활한 계약관리와 공정관리가 이루어질 수 있도록 하고 있기에 프로젝트의 성공 가능성이 높아질 것으로 기대된다. 다만 프로젝트 매니저와 감독관의 업무범위를 명확하게 획정하여 혼란의 여지를 없애야 할 것이다.

Ⅳ. NEC3에서 관계적 계약관계의 요소

1. 상호신뢰와 협력의무 부과

NEC3는 고전적 및 신고전적 계약이론에는 잘 들어맞지 않는다. NEC3에 들어맞고 또 잘 설명할 수 있는 이론적 토대는 관계적 계약이론이다.53) 이렇게 규정할 수 있는 이유는, 관계적 계약이론의 기본에는 계약 당사자 상호간 신뢰에 따른 원만한 협력관계가 전제되는데, NEC3가 당사자들 간 '협력(co-operation)' 의무를 명시적으로 부과하고 있기 때문이다. NEC3 핵심조항 제10.1조에서는 "발주자, 시공자, 프로젝트매니저 그리고 감독관은 이 계약에 규정된 대로 아울러 상호신뢰와 협력의 정신에 따라 이행해야 한다"54)고 규정하고 있다. NEC3에서 상호신뢰와 아울러 협력의무를 부과하는 것은 보통 '신의성실(good faith)'에 따른 계약이행에 다름 아니며,55) '공정성(fairness)'의 개념에서 도출된다.56)

한국 민법상으로도 채권자와 채무자 간의 협력의무가 당연히 부정되는 것은 아니고 논란이 있다. 이는 특히 채권자지체의 법적 성질을 둘러싸고 논의되고 있다. 즉 채권자지체의 법적 성질에 관하여 다수설인 채무불이행설은 계약당사자 사이에서 채권자가 목적물을 수령할 권리를 가지지만, 채권관계는 당사자들의 신뢰를 바탕으로 하기 때문에 그와 함께 신의칙에 기한 협력의무로서 목적물을 수령할 의무를 부담한다고 해석하고 이를 위반하면 채권자지체 즉 채무불이행이 성립한다는 취지로 해석한다.57)

앞에서 살펴본 관계적 계약이론은 신의성실과 협력의 요소를 강조하고 있는데, 이 두 가지 개념들이 NEC3에 명시적으로 반영되어 있기에 NEC3는 관계적 계약이론이 반영된 표준계약조건이라고 본다. 결국 관계적 계약형태로서 NEC3를 관통하는 키워드는 '신의성실', '공정성', 그리고 '협력'이라는 세 가지 개념으로 요약할 수 있다.58)

---

53) Arthur Mcinnis, "The New Engineering Contract: Relational Contracting, Good Faith and Co-operation-Part 1", [2003] *International Construction Law Review*, Vol. 20, p. 128.

54) 원문은 다음과 같다. "The Employer, the Contractor, the Project Manager and Supervisor shall act as stated in this contract and in a spirit of mutual trust and co-operation." NEC3 Core Clause 10.1.

55) Lloyd, *supra* note 23, p. 474.

56) Mcinnis, *supra* note 51, p. 128.

57) 지원림, 민법강의, 제13판, 홍문사 (2015), [4-94]

58) Mcinnis, *supra* note 51, pp. 135-136.

가. 신의성실(good faith)

미국 계약법인 통일상법전(uniform commercial code)[59]에서는 신의성실의 원칙이 명시적으로 반영되어 있다. 이는 대륙법의 영향을 받은 것이다. 통일상법전의 일반규정인 제1-203조에서는 "이 법상의 모든 계약이나 의무는 그 이행이나 집행에 있어서 신의성실의 의무를 부과한다"라고 규정하고 있다. 이 조문은 통일상법전 전체를 관통하는 기본 원칙을 규정하고 있는데, 상사계약에 있어서는 모든 약정이나 의무의 이행 및 집행에 있어서 good faith가 요구된다는 것이다. 그러나 이행이나 집행에 있어서 good faith를 지키지 않았다고 하여 독립된 소송권원이 인정되는 것은 아니며, 이행이나 집행에 있어서 good faith를 지키지 않으면 당해 계약위반이 되거나 구제의 권리나 권한을 행사할 수 없게 된다는 의미이다.[60]

good faith의 정의규정인 제1-201조(19)에서 "good faith는 행동이나 당해 거래에 있어서의 사실에 관한 정직성(honesty in fact)"을 의미한다고 하여 주관적인 기준만 제시하고 있다.[61] 그러나 물품매매를 규율하는 제2장에서는 상인에 대하여 제1장과 달리 주관적인 기준과 아울러 객관적인 기준도 채택하고 있다. 제2-103조(1)(b)에서 "상인의 경우 good faith는 정직성과 아울러 해당 영업 분야에서 공정한 거래를 위한 합리적인 상업적 기준을 준수하는 것을 의미한다"고 규정하고 있다. 2003년 개정된 통일상법전 제1-201조(20)은 기존의 주관적 기준에 더해 객관적 기준까지 아울러 채택하였다: "good faith는 정직성과 공정한 거래를 위한 합리적인 상업적 기준을 준수하는 것을 의미한다."

한편 1981년 공포된 제2차 계약 리스테이트먼트[62]도 good faith에 관한 규정을 두고 있다. 리스테이트먼트 제205조에서는 "모든 계약은 각 당사자에게 그 이행과 집행에 있어서 신의성실과 공정한 거래의 의무를 부과한다"고 규정하고 있다.

영국 계약법에서는 미국법과 달리 good faith 의무를 명시적으로 부과하고 있지 않고, 영국법원 판결들에서도 이를 인정하고 있다.[63] 이처럼 영국법에서 신의성실을 일반원칙으로

---

59) 통일상법전은 1952년에 "통일주법을 위한 위원들의 전국회의(national conference of commissions on uniform state laws)"와 미국법학원(american law institute)이 만든 상사거래에 관한 모범법안이다. 통일상법전은 그 자체로는 법률적인 효력을 가지지 않으나, 미국의 거의 모든 주가 - 다소 간의 수정은 있지만 - 이를 자체의 법률로 채택하였다.

60) 윤진수, (주 7), 46면.

61) 그러나 통일상법전 초안에서는 이러한 주관적 기준뿐만 아니라 "당사자가 종사하는 어느 거래나 영업 분야에 있어서의 합리적인 상업적 기준"을 준수해야 한다는 객관적인 기준도 포함되어 있었으나 최종안에서는 제외되었다고 한다. 윤진수, (주 7), 46면.

62) 제2차 계약 리스테이트먼트는 미국법학원의 주도 아래 만들어진 것으로서 공식적인 법률의 효력을 가지지는 않지만, 그 제정에 관여한 사람들의 권위 때문에 법원에서도 이를 참조하는 경우가 많다.

63) *Interfoto Picture Library v. Stiletto Visual Programmes Ltd* [1989] QB 433 at 439 (CA); *Banque Keyser Ullmann SA v. Skandia (UK) Insurance Co Ltd* [1990] 1 QB 665 (CA), affired [1991] 2 AC 249 (HL); affirmed [2001] 2 Lloyd's Rep 483.

규정하지 않는 데에는 5가지 정도의 이유 및 두려움 때문이라는 견해가 있다: (1) 계약체결 과정에서 각 당사자는 자신의 이익을 최대한 확보하도록 협상해야 하는데, good faith는 이타적으로 행동할 것을 요구하는 측면이 강하다는 점; (2) 예측가능성이 낮아질 가능성을 우려; (3) 계약당사자의 심리상태는 주관적인 요소인데 이에 대한 판단의 어려움; (4) 당사자자치 원칙에 대한 침해; (5) good faith가 모든 범주에 다 들어맞는 것은 아니라는 점을 든다.[64]

보통법 체계의 원조인 영국법은 미국법과 달리 good faith 의무를 명시적으로는 부과하지 않는다. 그러나 실상은 여러 영국법원 판결들에서 당사자들 간의 신의성실 원칙은 하나의 묵시적인 의무로서 인정한다고 한다.[65] 설사 영국법 하에서 당사자들 간 신의성실 의무를 명시적으로 인정하지 않는다고 하더라도, Llyod 판사에 따르면 계약상 당사자들이 신의성실 의무에 따르겠다고 명시적으로 합의한 경우, 영국법원에서 이를 인용하지 않을 이유가 없다고 한다.[66] 따라서 당사자들이 NEC3를 채택하면서 계약의 준거법으로 영국법을 지정하면, NEC3 상 신의성실 의무부과는 영국법원이 인용하는데 아무런 문제가 없다.

한편 우리나라에서 신의성실 원칙은 법체계 전체의 일반원칙으로 격상되어 있다.[67] 이러한 점에서 미국법 상의 good faith 원칙은 그 적용범위가 계약의 이행과 집행에 국한되어 있기에 그 범위에서 차이가 있다.[68] 이렇게 신의성실 원칙이 일반원칙인 한국법이 국제건설계약의 준거법으로 지정되면, 그 건설계약은 관계적 계약이 되어야 할 수도 있을 것이라는 논리가 성립할 여지도 있어 보인다. 왜냐하면 당사자들이 합의로써 신의성실의 원칙의 적용을 배제할 수 없기 때문이다. 그러나 후술할 관계적 계약이론의 다른 요소인 협력의무까지 한국의 일반 원칙이라고 하기에는 무리가 있기에 위와 같은 등식은 논란의 여지가 있다.

나. 공정성(fairness)

NEC3에 녹아들어가 있는 '공정성(fairness)'의 원칙은 good faith에 포함되는 하나의 원칙으로 간주되는 것이 보통이다. 앞서 살펴본 미국 계약법 상의 good faith에는 '공정한 거

---

64) R Brownsword, "Positive, Negative, Neutral: the Reception of Good Faith in English Contract Law", in R Brownsword, N J Hird & G Howells, *Good Faith in Contract: Concept and Context*, Aldershot: Dartmouth(1999), p. 21.

65) Mcinnis, *supra* note 51, p. 139. (영국 Steyn 대법관의 판결내용을 인용하고 있다. Steyn J, "The Role of Good Faith and Fair Dealing in Contract Law: A Hair-Shirt Philosophy?" *Denning L J* (1991), p. 133.)

66) Llyod, *supra* note 23, p. 474; *David Thomas QC, Keating on NEC3*, 1st ed., Sweet & Maxwell(2012), p. 11 동지.

67) 윤진수, (주 7), 90면; 대판 2003. 3. 28., 2002두11028(公 2003상, 1090) 등 참조.

68) 윤진수, (주 7), 90면. (윤진수 교수는 그럼에도 불구하고 미국에서의 good faith 논의는 우리나라에 시사하는 바가 크다고 하면서, 우선 실제에 있어 미국에서 good faith가 적용되는 결과가 우리나라와 유사한 경우가 적지 않다고 한다).

래(fair dealing)' 원칙이 같이 수반됨을 확인할 수 있었다. NEC3가 공정성의 원칙을 담보하는 데 그 이유는 다음과 같다. 즉 NEC3가 예상되지 못한 사정변경에 대해 계약내용이 조정되도록 하는 것이 특징인데, 당사자들 간 자발적 합의에 의해 계약내용을 조정하는 것보다 더 공정한 것은 없다는 입장이다.[69]

아래 살펴볼 NEC3의 여러 조문들에서는 공정성의 원칙이 대거 반영되어 있기도 하다. 한편 영국 계약법에서는 판사가 판단하기에 불공정한 계약조항이라 하더라도 판사로 하여금 해당 조항을 무효화하거나 재구성하도록 하는 권한을 부여하지는 않는다. 그러나 영국법은 점차 그러한 불공정한 계약조항의 무효화 혹은 재구성 권한을 판사에게 부여하는 방향으로 나아가고 있다는 견해도 있다.[70]

다. 협력(co-operation)

당사자들 간 '협력'은 관계적 계약이론에서 뿐만 아니라 NEC3에서도 핵심적인 용어이다. 고전적 및 신고전적 계약이론에서는 계약이행 과정에서 당사자들 간 협력의무를 부과하지 않으나, NEC3 핵심조항 10.1조에서는 그 협력의무를 명시적으로 부과한다. 계약상 명시적인 협력의무의 부과는 당사자들 간 상충되는 모든 이해를 좀 더 투명하게 조율할 수 있도록 한다.[71] 더 나아가 명시적인 협력의무 부과는 공사과정에서 맞닥뜨리게 된 예상치 못한 위험 사유들에 대해 당사자들 사이에 그 위험을 적절히 배분하도록 하는 추가적인 의무를 부과한다.[72] 즉, 계약 당사자에게 단순한 계약상의 의무 이행을 구속하는 것이 아니라, 변경된 상황에 대하여 상호 신뢰와 협력을 바탕으로 계약관계를 그에 맞게 바꾸어 이행하도록 하는 관계적 계약(relational contact)의 근거를 제시하고 있다.

한편 '협력'과 '신의성실'을 거의 동일한 개념으로 보는 견해도 있다.[73] 그러나 그렇게 본다면 신의성실의 원칙을 명시적으로 법제화 한 법계에서는 협력의무 또한 그런 것인지에 대해 논란을 야기할 수 있다. 따라서 이에 대해서는 앞으로 좀 더 많은 논의가 필요해 보인다.

FIDIC의 경우에도 '협력(co-operation)'을 규정한 조항이 있기는 하다. 그 내용은, "시공자는 계약에 규정되었거나 또는 엔지니어에 의해 지시되었다면 공사를 수행하기 위한 적절한 기회를 다음의 당사자들에게 허용해야 한다: (a) 발주자의 구성원, (b) 발주자에 의해 고용된

---

69) Mcinnis, *supra* note 52, p. 148.
70) H Collins, *The Law of Contract*, 2nd ed., London: Butterworths(1993), p. 252.
71) Arthur Mcinnis, "The New Engineering Contract: Relational Contracting, Good Faith and Co-operation-Part 2", [2003] *International Construction Law Review*, Vol. 20, p. 293.
72) *Ibid.*, p. 308.
73) 이러한 견해들의 소개에 대해서는 Mcinnis, *supra* note 68, pp. 304−307 참조.

다른 시공자, 그리고 (c) 공공기관의 구성원…"이다.74) 이 조항의 제목은 "co-operation"이라고 규정하고 있으나, 시공자로 하여금 발주자에게 일방적으로 협조하도록 되어 있어 NEC3와 관계적 계약에서 의도하는 당사자들 쌍방 간 협력과는 구분된다.

라. 소 결

앞서 살펴본 대로 NEC3에는 세 가지의 핵심 요소인 신의성실, 공정성 그리고 협력의 정신이 녹아들어가 있기에 프로젝트에 관여하는 모든 당사자들(프로젝트 매니저, 감독관, 하수급인 포함)은 주어진 시간과 예산 범위 내에서 성공적으로 공사를 완공해야 한다는 공동의 목표를 가지게 된다. 그러나 자신의 이익을 최대화하기 위해서는 상대방의 희생을 전제로 하는 지극히 대립적(adversarial)이고 경쟁적인 계약구도인 FIDIC이나 다른 표준건설계약 조건하에서는 이러한 공동의 목표를 가지고 협력하기는 쉽지 않다. 그간 발생된 수 많은 건설분쟁(기존의 표준건설계약 조건에 기반했던)이 이를 방증한다.

NEC3는 이러한 공동의 목표를 추구하도록 두 가지 구체적인 방식을 제시하고 있다. 첫째는 기존 표준건설계약 조건들과 비교하여 발주자와 시공자 사이에 적정하고 공정한 위험배분이 이루어질 수 있는 여러 조문들을 제공하고, 둘째는 위험 사유들이 발생한 경우 이를 적절히 해결하기 위한 합리적인 절차를 제공하고 있다. 그럼 이 두 가지 방식에 대해 구체적으로 살펴보도록 하겠다.

2. 보다 공정한 위험배분

NEC3에서는 기존 FIDIC보다 상대적으로 보다 공정한 위험배분 조문들이 들어가 있다. 여기에서는 크게 네 가지 대표적인 경우만 살펴보도록 하겠다. 첫 번째 유형은 시공자에게 주어지는 구제범위의 평가기준과 방식의 차이이다. 두 번째 유형은 예외적으로 가혹한 기후조건에서의 차이이다. 세 번째 유형은 불가항력의 해결방식에서의 차이이다. 네 번째 유형은 예견하지 못한 현장조건의 취급을 달리하고 있다.

가. 시공자에게 주어지는 구제범위의 평가기준

FIDIC과 NEC3 모두 '발주자의 위험(employer's risks)' 조항을 가지고 있다. FIDIC 제17.3조와 NEC3 핵심조항 80.1이 그러하다. 물론 발주자가 부담하는 위험 사유들이 완전히 동일하지는 않지만 두 표준계약조건 모두 그러한 사유가 발생하면 시공자로 하여금 공기연장과 아울러 추가공사비 청구를 할 수 있도록 허용하는 점은 같다. 그러나 시공자에게 주어지는

---

74) FIDIC Red & Yellow Books, Clause 4.6 Co-operation.

구제의 범위를 평가하는 기준과 그 방식은 다르다.

　NEC3, 핵심조항 60.1조에서는 80.1조 상 나열되어 있는 발주자의 위험사유들뿐만 아니라, 무려 19가지의 '보상가능한 사유(compensation event)'를 구체적으로 적시하고 있고 이는 후술한다. 이러한 사유들이 발생했거나 혹은 발생할 것으로 예상되는 경우, 시공자는 공기연장뿐 아니라 추가공사비를 프로젝트 매니저에게 클레임할 수 있다. 여기에는 FIDIC에서 단지 공기연장만 부여하도록 되어 있는 항목들도 포함되어 있다. 더욱이 추가공사비 보상에는 시공자의 이윤까지 포함시킬 수 있도록 하고 있기에 FIDIC과 대비된다. FIDIC에서 시공자의 이윤은 공사변경(variation)의 경우와 발주자의 특정한 위험[75])에 대해서만 보장되도록 하고 있다.

나. 예외적으로 가혹한 기후조건

　FIDIC 8.4조에서는 '예외적으로 가혹한 기후조건(exceptionally adverse climate conditions)'의 경우 공기연장 사유로 적시하고 있으나, 추가공사비의 클레임 대상은 아니다. 더욱이 이 사유의 구체적인 정의를 제공하지 않고 일반적이고 주관적인 기준 하에서 판단하도록 하고 있기 때문에, 예외적으로 가혹한 기후조건 여부의 판단에서 해석의 문제가 상존한다.

　그러나 NEC3 핵심조항 제60.1(13)조에서는 이상기후의 경우 공기연장과 더불어 추가공사비 청구 대상으로 하고 있다. 그간 시공자에게 커다란 부담으로 작용하던 이상기후 현상과 그 결과가 공정하게 작용하도록 하고 있다. 핵심조항 제60.1(13)조에서는 과거 10년 동안 공사현장 지역의 기후를 측정하였던 독립된 기후관측소의 기후데이터를 제공하도록 한다. 그리고 공사기간 동안 매달 측정된 기후가 과거 10년 동일 기간의 평균적인 기후데이터와 비교했을 때, 한번 있을까 말까 한 정도의 이상기후라면 보상가능한 사유로 보는 것이다. 그리고 평균을 초과한 이상기후 부분에 한해 추가공사비 산정에 고려되도록 하고 있다.[76]) 반면 그러한 기후가 10년에 한번 혹은 그 이상 발생할 가능성이 있는 정도라면, 그 기후 위험은 시공자가 부담하도록 하고 있다.[77]) 이처럼 NEC3에서는 FIDIC과 달리 판단기준에 있어 상당히 객관적인 지표를 제공하고 있기에 해석의 문제를 완화하고 있다.

다. 불가항력

　NEC3 핵심조항 제19조는 '방해(prevention)'라는 폭넓은 사유를 규정하고 있는데 이는 다름 아닌 NEC3 유형의 '불가항력' 조항이다. 제19조의 내용은 다음과 같다.

---

75) FIDIC Red Book, 17.3(f) & (g), 17.4. 참조.
76) NEC3, Guidance Notes, p. 72.
77) NEC3, Guidance Notes, p. 71.

시공자의 공사목적물 완공을 중지하게 하거나 또는 승인된 공정표 상의 일자까지 공사목적물 완공을 중지하게 만드는 사건이 발생하고, 그리고 어떤 당사자도 그러한 사건을 방지할 수 없었으며 아울러 경험있는 시공자가 계약체결 시점에 그러한 사건이 발생하는 것을 합리적으로 예견할 수 없었던 경우, 프로젝트 매니저는 그 사건을 어떻게 취급할 것인지에 대해 시공자에게 지시를 내려야 한다.[78]

NEC3의 제19조는 불가항력의 범위를 상당히 넓게 규정하고 있다. FIDIC이나 다른 표준계약조건들과 달리 그 구체적인 사례를 나열하지도 않기 때문에 상기 요건에만 들어맞으면 불가항력으로 인정된다. 따라서 그 범위가 상당히 포괄적일 수 있다. 심지어 하수급인의 지급불능 혹은 파산의 경우까지 포괄하는 것으로 해석하는 견해도 있다.[79] 핵심조항 제19조는 제60.1(19)조에 보상가능한 사유로 포함되어 있다. 따라서 핵심조항 제19조의 조건에 부합하는 사유가 발생하면 시공자는 공기연장과 더불어 추가공사비와 이윤까지 구할 수 있도록 하고 있다.[80]

이 점은 FIDIC 제19조의 불가항력 조항들과 상당히 다르다. FIDIC에서도 불가항력 사유가 발생하면 시공자에게 공기연장과 추가공사비를 부여하나, 추가공사비의 경우 모든 불가항력 사유에 대해서 지급되지는 않는다.[81]

라. 예견하지 못한 현장조건

예견하지 못한 현장조건과 관련해서도 FIDIC의 Red & Yellow Books 그것과 미세한 차이가 있다.[82] FIDIC 제4.12조에서는 발견된 현장조건이 예견되지 못했을 때, 즉 경험있는 시공자가 입찰시점에 합리적으로 예견하지 못했을 때, 공기연장과 추가공사비가 보상된다. NEC3에서도 이와 유사한 조문은 핵심조항 제60.1(12)조에 기술되어 있고, 예견하지 못한 현

78) 원문은 다음과 같다("If an event occurs which stops the Contractor completing the works or stops the Contractor completing the works by the date shown on the Accepted Programme, and which neither Party could prevent and an experienced contractor would have judged at the Contract Date to have such a small chance of occurring that it would have been unreasonable for him to have allowed for it, the Project Manager gives an instruction to the Contractor stating how he is to deal with the event.")
79) Downing Ramphul & Healey, *supra* note 29, p. 444.
80) NEC3 Core Clauses, 19.1 & 60.1(19).
81) FIDIC 제19조 불가항력 사유 및 그 효과에 대한 자세한 사항은 김승현, (주 34), 196면 이하 참조.
82) 예견하지 못한 현장조건에 대한 태도는 Red Book과 Yellow Book은 거의 동일하지만, Silver Book의 경우는 앞의 두 계약조건과 상당히 다르다. 이는 Silver Book이 프로젝트 금융으로 자금이 조달되는 프로젝트 공사에 사용되기 위해 만들어졌다는 사실과 밀접한 관련이 있다. Silver Book의 관련 조문과 문제점에 대해서는 김승현, (주 34), 168면 이하 참조. 이 장에서는 FIDIC상의 예견하지 못한 현장조건은 Red & Yellow Books의 해당 조항과 NEC3와의 비교만을 검토한다.

장조건은 보상가능한 사유로 포함되어 있다. 다만 시공자가 현장 내에 실제 접하게 된 현장조건과 시공자가 합리적으로 예견할 수 있었던 현장조건의 차이에 한해서만 공기연장 및 추가공사비 산정시 고려하도록 하고 있다.

그런데 NEC3 핵심조항 제60.3조에서는 발주자가 시공자에게 제공한 현장정보(site information)가 실제 현장조건과 불일치하거나 부정확한 경우, 시공자는 공사를 수행하는데 있어 시공자에게 유리한 쪽으로 해석하도록 하고 있다. 이는 '작성자 불이익의 원칙(contra proferentem)'이 적극 반영된 결과이며, FIDIC과 상반된다.

FIDIC 제4.10조에서는 발주자의 책임부인(waiver) 조항을 두고 있다. 즉 발주자는 시공자에게 현장정보와 자료를 제공하지만, 시공자는 제공된 정보와 자료를 해석하고 진실임을 확인할 책임이 있도록 한다. 더욱이 시공자는 입찰 전에 현장조사를 수행하였고 발주자가 제공한 모든 정보와 자료에 대해 충분히 조사하였다고 진술하도록 하고 있다.[83]

이처럼 FIDIC에서는 NEC3에서와 같이 작성자 불이익의 원칙이 반영되어 있지 않다. 이 차이는 미세하지만 그로 인한 결과 및 효과는 상당히 크다. 왜냐하면 시공자는 발주자가 제시한 현장정보나 자료를 토대로 견적을 내게 되는데, 그 정보나 자료가 부정확 또는 불분명하거나 오류 또는 누락된 부분이 있어서 시공자가 견적을 잘못 내게 된 경우, FIDIC에서는 책임부인 조항 때문에 공기연장과 추가공사비 보상이 어려울 수 있는 반면 NEC3에서는 공기연장 및 추가공사비를 온전히 보상받을 수 있기 때문이다.

상기 네 가지 상황에서 NEC3와 FIDIC을 비교해 보았을 때, 주요 위험배분에 있어 NEC3가 상대적으로 공정하게 이루어지고 있음을 확인할 수 있다. 따라서 NEC3는 관계적 계약의 특징인 '공정성'이라는 요건에 부합한다고 본다.

3. 위험 사유들의 해결을 위한 독특한 절차

가. 조기경보(early warning) 체계

NEC3 핵심조항 제16조에서는 조기경보(early warning)라는 혁신적인 계약조건을 두고 있다.

시공자와 프로젝트 매니저는 (i) 총 공사대금의 증가, (ii) 공기지연, (iii) Key Date 달성 지연, (iv) 공사목적물(works)의 성능에 악영향을 미칠 수 있는 모든 사유를 인지하자마자 타방 당사자에게 통지함으로써 조기경보를 제공해야 한다. 시공자는 총 공사비용이 증가될 수 있는 기타 모든 사안들에 대해 프로젝트 매니저에게 통지함으로써 조

---

83) FIDIC Red & Yellow Books, 4.10.

기경보를 제공해야 한다. 프로젝트 매니저는 위험등록부(risk register)에 조기경보된 사안들을 기록해야 한다.[84]

이 조문의 목적은 총 공사대금, 완공일, Key Date[85] 및 공사목적물의 성능에 영향을 미칠 수 있는 모든 사안들을 조기경보 할 의무를 부과하는 것이다. 시공자가 이러한 조기경보 의무를 불이행하거나 지체하면, 해당 사안과 관련하여 추후 시공자가 보상가능한 사유로 클레임할 때, 지급될 보상금이 감액되도록 되어 있다.[86] 달리 해석하자면 시공자의 조기경보 지체는 아래에서 살펴볼 '기간도과 권리상실(time-bar)' 대상은 아닌 것으로 보인다. 이러한 조기경보 체계는 위험요소들을 조속히 해결할 수 있다는 장점으로 인해, 이 체계의 반영은 상당히 성공적인 것으로 평가된다고 한다.[87]

조기경보의 통지시점의 기산과 관련해서 각 당사자가 그 해당 사유를 주관적으로 인지했을 때부터인지 아니면 객관적으로 인지했어야 하는 시점부터인지가 의문이다. 상기 핵심조항 제16.1조 문면상으로만 파악하면 시공자가 프로젝트 매니저 모두 관련 사유를 인지하자마자 통지하도록 하고 있기에 주관적인 판단기준인 것처럼 보인다. 그러나 핵심조항 제61.5조를 보면 시공자의 조기경보 통지시기의 판단은 객관적으로 인지가능한 시점부터로 해석될 수 있다. 즉 핵심조항 제61.5조에서 프로젝트 매니저는 경험있는 시공자라면 능히 조기경보를 통지했을 수 있었는데도 그러하지 못했다고 판단하면, 보상가능한 사유를 평가함에 있어 이를 감안하도록 하고 있다. 따라서 객관적인 견지에서 보았을 때 시공자는 그 사유를 인지했어야 했을 시점부터 곧바로 조기경보를 통지해야 한다.[88]

반대로 프로젝트 매니저 또한 객관적인 견지에서 경험있는 프로젝트 매니저라면 능히 조기경보를 통지했을 수 있었는데도 그러하지 못했다면, 이는 계약위반이 되고 시공자에게 보상가능한 사유로 작용할 수 있다.[89] 프로젝트 매니저 또한 조기경보를 함으로써 시공자와 문제해결을 위한 최대한의 시간을 확보하여 발주자의 이익을 보호하게 하려는 의도이다.[90]

---

84) NEC3, Core Clause, 16.1.
85) Key Date는 NEC3에서 발주자가 기입해야 할 계약데이터(contract data) 중에 발주자가 내건 특정 조건(condition)에 대해 시공자가 그 조건을 달성해야 할 일정 내지는 데드라인을 의미한다. Key Date는 둘 혹은 그 이상의 시공자들이 발주자와 별도의 건설계약을 맺고 동일한 프로젝트를 시공할 때 사용되며, 한 시공자가 특정 공사 혹은 작업을 완성해야 다른 시공자가 뒤이어 자신의 작업을 적시에 진행할 수 있기에 이런 경우를 대비하여 특정 작업을 'condition'이라 칭하고, 그 작업의 완성일을 Key Date라 부르고 있다. NEC3 Core Clause, 11.2(9); NEC3, Guidance Notes, pp. 32-33.
86) NEC3, Core Clause, 63.5.
87) Downing Ramphul & Healey,, *supra* note 29, p. 446.
88) Thomas QC, *supra* note 63, para. 2-147.
89) *Ibid.*, para. 2-147; NEC3 Core Clause, 60.1(18).
90) NEC3. Guidance Notes, p. 37.

요약하자면, 조기경보 체계는 당사자들로 하여금 공사에 중요한 영향을 미칠 수 있는 위험사유들을 신속히 파악하고 이를 조기에 상대방에게 통지하여 서로 협력해서 문제를 해결하도록 하자는 취지이다. 즉 그 위험사유들을 가능한 조속히 관리, 해결할 수 있도록 하는 것이 핵심이다.

FIDIC Red Book과 Yellow Book에서는 조기경보 체계가 존재하지 않으나, 소규모의 건설계약에 사용되도록 고안된 Green Book에만 조기경보 규정이 있다.[91] 그러나 Green Book은 소규모 건설계약에 사용되도록 고안되었기에 대규모의 복잡한 건설공사에 사용가능한 NEC3와는 차이가 있다. 또한 Green Book의 조기경보는 공기지연과 추가공사비를 야기할 사유에 대해서만 조기경보의 의무를 부과하고 있으나, NEC3에서는 공정 전체에 걸쳐 조기경보 의무를 부과하고 있는 점에 차이가 존재한다.

나. 위험경감회의

뒤이어 핵심조항 제16.2조에서는 프로젝트 매니저나 시공자에게 위험경감회의(risk reduction meeting)를 소집할 권한을 부여하고 있다. 상대방이 회의소집에 응하지 않으면 이는 계약위반이 된다. 보다 구체적으로는 만일 프로젝트 매니저가 회의소집에 응하지 않으면, 이는 시공자에게 보상가능한 사유가 된다.[92] 반면 시공자가 회의소집에 응하지 않아 그 결과 공사비 증가 또는 공기지연을 야기하게 되면, 프로젝트 매니저는 추후 시공자가 제시한 보상가능한 사유에 대한 견적평가 시 시공자의 회의 불참을 감안하여 감액해 결정할 수 있다.[93]

위험경감회의에서는 계약체결 당시 위험요소로 감지해 양 당사자가 작성한 위험등록부(risk register)[94]에 기재된 위험들 뿐 아니라, 조기경보로 파악된 위험을 해결할 목적으로 논의한다. 위험요소들의 예는 예상하지 못한 지반조건의 발견, 중요 기자재 공급의 지연, 전력청 혹은 다른 시공자들에 의해 야기된 지연, 예외적으로 가혹한 기후변화, 하도급업체

---

91) 원문의 내용은,
   "Green Book, 10.3 Early Warning;
   A Party shall notify the other as soon as he is aware of any circumstance which may delay or disrupt the Works, or which may give rise to a claim for additional payment. The Contractor shall take all reasonable steps to minimise these effects.
   The Contractor's entitlement to extension to the Time for Completion or additional payment shall be limited to the time and payment which would have been due if he had given prompt notice and taken all reasonable steps."
92) NEC3, Core Clause, 60.1(18).
93) Thomas QC, *supra* note 63, para. 2-149.
94) 위험등록부는 계약체결 시 Contract Data에 기재된 위험들과 아울러, 프로젝트 매니저와 시공자가 조기경보 체계를 통해 서로 간에 통지한 위험들을 모두 정리해 놓은 문서를 의미한다. 위험등록부는 각각의 위험에 대한 세부사항과 아울러 위험을 피하거나 경감하기 위해 취할 조치들까지 포함한다. NEC3, Core Clause, 11.2(14).

의 채무불이행 및 설계문제 등을 들 수 있다.95) 이 회의에는 상황에 따라 제3자들, 즉 하도급업체, 주기기 공급자, 전력청 관계자 등도 참석할 수 있도록 하고 있다. 그러나 발주자를 제외하고 다른 제3자들의 참석은 의무사항으로 강제할 수는 없다. 반면 발주자는 핵심조항 제10.1조에 따른 상호신뢰와 협력의 정신에 따라 계약당사자로서 회의소집에 참여할 묵시적인 의무를 부담한다고 본다.96)

위험경감회의의 참석자들은 서로 협력할 의무를 지며, 아래 사항들을 논의하도록 하고 있다: (i) 등록된 위험들의 효과를 어떻게 하면 피할 수 있는지 또는 경감시킬 수 있는지에 대한 여러 방안들을 모색하고 검토하거나, (ii) 그 위험들로 인해 피해를 입게 될 당사자들을 위한 다른 해결책을 모색하거나, (iii) 앞으로 취할 조치들과 누가 그러한 조치를 취할 것인지를 결정하고, (iv) 현재까지 어떤 위험들을 피하게 되었는지 그리하여 위험등록부로부터 그 위험들을 삭제할 수 있는지 여부이다.97)

위험경감회의의 요체는 문제해결을 위한 것이지, 누가 책임져야 하는지 혹은 앞으로 취해질 조치에 대해 누가 비용부담을 하는 것에 대해 결정하는 자리가 아니다.98) 즉, 참석자들 상호간에 반드시 협력이 이루어져야지만 위험경감회의의 목적이 달성될 수 있는 것이다. 그렇다면 프로젝트 매니저 혹은 시공자의 경우 협력하지 않는다면 계약위반이 될 것이고, 프로젝트 매니저가 협력하지 않는 경우 이는 시공자에게 보상가능한 사유로 간주될 수 있다는 점이 중요하다.99)

그 후 프로젝트 매니저는 위험경감회의에서 내려진 결정을 반영하여 위험등록부를 갱신해야 한다. 그리고 그 결정에 의해 '공사정보(works information)'100)를 변경할 필요가 있다면 프로젝트 매니저는 위험등록부를 갱신하면서 동시에 '공사정보'의 변경지시를 내려야 한다.101) 공사정보의 변경은 결국 공사변경(variation)에 다름 아니다. 이런 절차를 몇 번 거치게 되면 위험등록부에 기재된 위험들 모두가 해소될 수 있고, 그 결과 당초 의도한 공기 및 성능에 부합하는 공사목적물이 완공될 수 있도록 하자는 취지이다.

FIDIC에서는 NEC3의 조기경보 체계나(Green Book 제외) 위험경감회의와 같은 조문이

---

95) NEC3, Guidance Notes, p. 37.
96) Thomas QC, *supra* note 63, para. 2-149.
97) NEC3, Core Clause, 16.3.
98) NEC3, Guidance Notes, p. 38.
99) Thomas QC, *supra* note 63, para. 2-151.
100) 공사정보(works information)는 (i) 공사정보에 관해 자세히 기술하거나, (ii) 시공자가 공사를 어떻게 수행하는지 그 방식에 제한을 가하고 있는 정보들 중 하나를 의미하고, 그리고 (iii) Contract Data가 공사정보라고 언급하는 문서들이거나 (iv) 계약에 따라 내려진 지시문서 중 하나를 의미한다. NEC3 Core Clause, 11.2(19). NEC3에서의 공사정보는 결국 보통 FIDIC에서의 공사범위(scope of works)에 다름 아니라고 본다.
101) NEC3, Core Clause, 16.4.

존재하지 않는다. 다만 FIDIC 8.3조(공정표)에서 시공자가 엔지니어에게 공사, 공사대금 또는 공기에 악영향을 미칠만한 사유들이나 상황에 대해 이를 특정해 사전통지를 하도록 하고 있기는 하다. 그러나 이러한 요건은 시공자에게만 요구하고 있는 것이며, 그러한 통지를 하지 못한데 대해 NEC3에서와 같은 별도 제재조치는 없다. 즉 FIDIC에서는 발주자나 엔지니어로 하여금 위험요소에 대해 경고하도록 하는 의무를 부과하고 있지 않다는 데서 NEC3와 차이점이 있다. 이는 FIDIC이 당사자들 간 대립적인 계약형태를 띠고 있기 때문에, 시공자에게 특정 위험사유들을 책임지도록 하며 시공자로 하여금 그 위험에 대한 해결책을 제시하도록 한다.[102] 반면 NEC3는 시공자뿐 아니라 발주자(프로젝트 매니저 포함)에게도 위험경감의무를 부담하도록 하여 쌍방 간 협력체계를 구축하고 있다.

조기경보 체계는 다른 표준계약조건에서의 클레임과 엄연히 다르다고 본다. 클레임 절차만을 규정한 표준계약조건에 따르면, 발주자와 시공자는 계약의 내용을 이행해야 하는데 그에 대한 미이행 또는 불완전이행이 있을 경우 클레임 규정에 따라 통지하고 공기연장 그리고/또는 추가공사비 보상을 받게 된다. 그러나 조기경보는 추가공사비 보상을 받기 위하여 상대방에게 통지한다는 개념보다는 프로젝트 매니저(발주자를 대리하는)와 시공자 간에 공사에 영향을 미칠 수 있는 위험사유들을 신속히 파악하고 손실이 발생하기 전에 이를 해결해 나가는 과정의 일환이다. 그러한 견지에서 볼 때, 조기경보와 뒤이은 위험경감회의 체계는 '신의성실'과 '협력'의 개념을 강조한 관계적 계약의 특징이 가장 잘 나타나는 부분이라고 볼 수 있다.

다. 기간도과 권리상실(time-bar)과 보상가능한 사유

NEC3에서도 FIDIC에서처럼 '기간도과 권리상실(time-bar)' 조항을 두고 있으나, 통지기간에서 두 배의 차이가 있다. FIDIC 제20.1조에서 시공자는 늦어도 클레임을 발생시키는 사건이나 상황을 알았거나 알았어야만 하는 날로부터 28일 이내에 통지하도록 하고 있다. 시공자의 28일 통지의무는 실제 아직 추가 공사비를 초래하지 않았다 하더라도 그가 추가 공사비를 초래할 것이라는 사실을 아는 순간 발생한다고 해석해야 안전하다.[103] FIDIC에서 28일이라는 시공자의 통지기간은 시공자의 추가공사비나 공기연장 클레임의 선행조건이고, 28일 내에 통지하지 못하면 시공자는 클레임을 제기할 권리를 박탈당한다. 따라서 FIDIC에서 시공자의 28일 통지의무는 '기간도과 권리상실(time-bar)' 조항이라 부른다.

반면 NEC3에서는 FIDIC보다 2배가 긴 8주의 기간도과 권리상실 조항을 두고 있다.[104]

---

102) Downing Ramphul & Healey, *supra* note 29, p. 447.
103) 김승현, (주 34), 308면.
104) NEC3, Core Clause 61.3.

시공자 클레임은 하기에서 기술하는 보상가능한 사유들에 대해서는 그 사유를 인지한 후 8
주 이내에 이루어져야 한다. FIDIC과 비교할 때 2배가 긴 기간이기에 시공자 입장에서는 유
리하다고 보여진다. 다만 FIDIC에서처럼 시공자는 엔지니어에게 구체적인 사실관계와 함께
클레임에 대한 상세한 내용을 클레임을 발생시키는 사건이나 상황을 알았거나 알았어야만
하는 날로부터 42일 내에 송부하여야 하는 요건이 NEC3에는 존재하지 않는다. 따라서
NEC3 상 8주의 기한은 기간도과 권리상실의 기능뿐 아니라, 시공자가 상세한 클레임 내역
까지 같이 제출해야 하는 기간으로 파악된다.

　　보상가능한 사유들 중 8주 이내 클레임 제기 사유들은 다음 세 가지 유형들로 분류한
다. 첫 번째 유형은 발주자, 프로젝트 매니저, 감독관 또는 제3자가 자신의 의무사항을 이행
하지 않는 경우들이다. 여기에는 발주자가 시공자에게 현장접근을 허용하지 않는 경우(핵심
조항, 제60.1(2)조), 발주자가 공정표상 시공자에게 무언가를 제공하기로 한 날짜까지 제공하
지 않는 경우(핵심조항, 제60.1(3)조), 발주자와 제3자가 공정표상의 일정 내에 작업을 수행하
지 않는 경우(핵심조항, 제60.1(5)조), 프로젝트 매니저나 감독관이 계약상 요구된 기한 내에
시공자에게 답변하지 않는 경우(핵심조항, 제60.1(6)조), 감독관에 의한 검사나 조사가 불필요
한 지연을 초래하는 경우(핵심조항, 제60.1(11)조), 발주자가 공사정보(works information)에 기
술된 검사나 조사를 위해 필요한 자재, 설비 및 샘플을 제공하지 않는 경우(핵심조항, 제
60.1(16)조), 다른 보상가능한 사유들이 아니면서 발주자의 계약위반 상황(핵심조항, 제
60.1(18)조)이다.

　　두 번째 유형은 프로젝트 매니저가 계약상 허용되지 않는 이유로 승인을 유보하는 경
우이다(핵심조항, 제60.1(9)조).

　　세 번째 유형은 어느 당사자에 의해서도 야기되지 않은 사건의 경우로서 예견하지 못한
현장조건(핵심조항, 제60.1(12)조), 예외적으로 가혹한 기후조건(핵심조항, 제60.1(13)조), 계약상
발주자가 부담하는 위험들(핵심조항, 제60.1(14)조), 방해(즉 불가항력)(핵심조항, 제60.1(19)조)의
경우이다.

　　한편 시공자의 기간도과 권리상실이 적용되지 않는 예외사유들이 있는데, 이 경우 시
공자의 기한 내 통지의무는 면제된다. 프로젝트 매니저가 공사변경이나 공사중단 지시를
내리거나, 각종 확인서를 발부하는 경우, 그리고 계약상 수권된 사항들에 대해 내린 기존
결정이나 가정[105]을 번복하는 경우가 그것이다.[106] 이는 프로젝트 매니저의 책임범위 중

---

105) 여기에서 가정(assumption)이란 프로젝트 매니저가 보상가능한 사유를 평가함에 있어 기반이 되는 가
　　정이나 전제를 의미한다. 추후 이 가정이 잘못된 것으로 판명되어 이를 수정하게 될 경우, 보상가능한
　　사유의 평가결과 그 자체도 바뀔 수 있기에 이 또한 보상가능한 사유로 보고 있다. NEC3, Core Clause,
　　60.1(17).
106) NEC3, Core Clause 61.3 후단.

핵심 사항에 해당하는 것으로서, 프로젝트 매니저가 시공자에게 통지할 의무를 부담한 다.[107] 이러한 예외적인 경우 시공자는 8주 기한 이후 뒤늦은 클레임이 가능하지만, 완공 이후 하자보증기간이 개시되기 이전에 클레임을 제기해야 한다.[108] 그러나 시공자가 뒤늦 은 클레임을 한다 하더라도 NEC3의 기본원칙인 당사자들 간 신뢰와 협력의 정신에 위배되 지 않는 한에서 허용됨을 강조할 필요가 있다.

이렇듯 기간도과 권리상실의 대상이 되는 보상가능한 사유들과 그렇지 않은 사유들의 구분, 그리고 통지주체의 뒤바뀜은 시공자 입장에서는 매우 공정한 위험배분인 것으로 보 인다. 그러나 FIDIC에서는 이러한 내용을 찾을 수 없다.

라. 프로젝트 매니저의 의제 승인(deemed acceptances)

시공자가 보상가능한 사유에 근거해 클레임을 제기하였으나, 프로젝트 매니저가 가부 간에 답변하지 않는 경우, 시공자는 경고를 줄 수 있다. 그 후 2주 내에 프로젝트 매니저가 답변하지 않으면 보상가능한 사유로 자동 승인된다.[109] 프로젝트 매니저는 이러한 의제승 인에 대해 추후 분쟁사유로 삼을 수 없도록 하고 있다.[110] 그 후 시공자는 추가 공사비의 견적제출 절차를 밟게 된다. 만일 제출된 견적에 대해서도 프로젝트 매니저가 아무런 답변 이 없게 되면, 시공자는 다시금 경고를 줄 수 있다. 그럼에도 불구하고 프로젝트 매니저가 2주 이내에 아무런 답변을 하지 않게 되면, 제출된 견적은 승인된 것으로 간주된다.[111] 다 만 프로젝트 매니저가 이 견적에 대해 불만족 한다면 분쟁재정위원회에 회부하는 구제절차 를 거칠 수 있다. 그럼 분쟁재정위원회는 그 견적내용의 적정성 여부를 판단해 시공자가 제 출한 견적을 조정할 수도 있다.

NEC3의 이러한 태도는 FIDIC의 그것과 대비된다. FIDIC에서는 엔지니어가 시공자의 클레임에 대한 상세한 내용을 제공받은 날로부터 42일 이내에 상세한 내용과 함께 승인 또 는 불승인의 답변을 하도록 되어 있다.[112] 하지만 엔지니어가 상기 기간 내에 승인 또는 불 승인의 답변을 하지 않는다 하더라도 아무런 제재 수단이 없다. 더구나 시공자가 분쟁재정 위원회에 회부하기 위해서는 클레임의 불승인이 요구되는데, 기간 내 답변을 하지 않는 것 이 클레임의 불승인으로 간주된다는 조항조차 없다.

---

107) NEC3, Core Clause, 61.1.
108) NEC3, Core Clause, 61.7.
109) NEC3, Core Clause, 61.4.
110) 즉, 차후 프로젝트 매니저가 분쟁재정위원회에 회부한다고 하여도 프로젝트 매니저는 그 사유가 보상 가능한 것이 아니라고 주장할 수 없고, 재정인은 보상가능한 사유 여부에 대해서는 판단할 수 없다는 의미이다. 쌍방 간 어느 정도 공정하게 처리된 조문으로 보인다.
111) NEC, Core Clause, 62.6.
112) FIDIC, 20.1, 6번째 이하 단락.

FIDIC과 비교해 보았을 때, NEC3 상 프로젝트 매니저의 의제 승인 형식은 상당히 공정하고 보다 진일보한 것으로 평가할 수 있다. 이 또한 관계적 계약의 유형을 잘 나타내고 있다고 본다.

V. 결론 및 시사점

이상 전통적인 계약이론과 관계적 계약이론과의 차이, NEC3의 소개와 전체 구조에 대해 살펴보았다. 그리고 NEC3 상 관계적 계약관계의 요소들인 당사자들 간 신뢰와 협력의무 부과, 보다 적정하고 공정한 위험배분 조건들, 그리고 위험사유들의 해결을 위한 독특한 절차들을 중점적으로 살펴보았다. 관계적 계약관계의 핵심개념인 '신의성실', '공정성', '협력'이라는 키워드는 NEC3에 여러 가지 형태의 조문으로 녹아들어가 있음을 확인할 수 있었다.

기존의 표준건설계약조건들보다 보다 공정한 위험배분 조건들, 즉 시공자에게 주어지는 구제의 평가기준과 방식, 예외적으로 가혹한 기후조건, 불가항력, 예견하지 못한 현장조건 등에서는 발주자와 시공자 간 보다 공정한 위험배분이 이루어지고 있음을 확인할 수 있다. 또한 조기경보와 위험경감회의와 같은 혁신적인 위험관리 체계는 프로젝트 목적달성에 영향을 미칠 수 있는 여러 가지 위험사유들을 조기에 파악하여 당사자들 간 협력에 의해 이를 해결하거나 그 영향을 최소화하도록 하고 있다. 이는 관계적 계약의 핵심요소임에 틀림없다.

오랜 기간 동안에 발생할 수 있는 수많은 위험들을 거의 대부분 시공자에게 전가하고 있는 기존의 표준건설계약조건과 비교했을 때, 이러한 관계적 계약의 요소들은 시공자 뿐 아니라 발주자에게도 긍정적으로 작용할 수 있다고 본다. 발주자 입장도 결국은 의도한 공사목적물이 적기에 최소한의 비용으로 완공되어 이를 활용하는 것이 목적이기 때문에 공사가 도중에 좌초하고 시공자와 분쟁으로 비화되는 것을 원치 않는다.

그러나 NEC3는 고정된 공사비를 추구하는 발주자 입장에서 볼 때, NEC3를 사용하게 되면 당초 의도했던 공사비를 상당부분 초과하게 되고 이를 발주자가 전적으로 부담하는 것이 아니냐는 우려를 가질 수 있다. 하지만 NEC3에서 시공자가 조기완공에 따른 보너스 항목도 부수적인 선택사항으로 되어 있기에 이를 선택하면 시공자에게 어느 정도의 동기는 부여한다고 본다. 또한 조기경보나 위험경감회의를 통해 선제적이고 사전적으로 위험을 최소화하고 회피할 수 있는 방안들에 대한 모색을 하도록 하고 있기에, 발주자가 우려할 만큼의 과도한 추가 공사비가 수반되리라고는 볼 수 없을 듯하다.

따라서 발주자 입장에서도 NEC3에 기반해 건설계약을 체결하는 것도 고려해볼 만하다고 본다. 그렇다면 시공자 입장인 한국 건설사들도 기존의 대립적이고 상호 경쟁적인 계약구조에서 벗어나 상호신뢰와 '협력'을 기반으로 하는 NEC3로 해외건설 공사계약을 체결하는 것은 환영할 만한 부분이라고 본다.

NEC3의 약점으로 지적될 수 있는 것들이 있다. 일단 프로젝트 매니저의 경험과 역량이 부족하여 조기경보나 시공자의 보상가능한 사유에 대한 클레임 상황을 제대로 대처하지 못한다면(특히 다수의 보상가능한 사유들이 일시에 발생하는 경우) NEC3가 의도한 절차들과 목적이 와르르 무너질 수 있다는 약점이 존재한다. 그렇기에 아주 역량이 뛰어나고 풍부한 경험을 가진 프로젝트 매니저가 선정되었는지 살펴보고 그렇지 않다면 발주자에게 교체를 요구해야 할 것이다. 그리고 위험등록부의 갱신이 제대로 이루어져야 하는데, 프로젝트 매니저가 이를 갱신하지 아니하면 실제 발생했던 위험을 파악할 수도 없고 잠재적인 위험 또한 파악하기 어려워진다는 단점이 있다. 마지막으로 양 당사자들 간 협력이 이루어지지 않고 규정된 절차대로 이행하지 않게 되어 쌍방과실이 존재하게 되면 서로 간의 분쟁은 피할 수 없게 된다. 그렇기 때문에 프로젝트 성공을 위해서는 양 당사자가 NEC3에서 규정한 절차를 그대로 따라야 한다는 확고한 의식과 준수가 필요하다.

발주자 입장에서 보았을 때 둘 이상의 시공자들이 공동수급체를 결성한 경우 각 구성원에게 연대책임을 부과하는 것이 일반적인데[113], 여기 NEC3에는 그러한 연대책임 문구가 없다. 따라서 발주자는 공동수급체의 경우 연대책임 문구를 넣어야 할 필요가 있어 보인다. 또한 시공자가 설계책임을 부담하는 경우, NEC3에서는 시공자의 의도된 목적적합성(fitness for the intended purpose) 보장의무가 명시적으로 규정되어 있지 않다. 영국법에 따르면 건축사는 설계를 함에 있어 합리적인 전문가의 숙련기술 및 주의의무를 부담하는 것으로 보나, 설계 및 시공계약에서 시공자가 설계를 제공할 때 시공자는 발주자의 의도된 목적적합성 보장의무를 지도록 되어 있다.[114]

NEC3는 이러한 영국법상의 기본 입장을 묵시적으로 반영하고 있는 듯하다. 왜냐하면 부수적 선택사항들 중 하나인 Option X15를 사용하게 되면, 시공자는 설계에 대해 합리적인 숙련기술 및 주의의무를 부담하는 책임제한을 가하고 있기 때문이다. 따라서 Option X15가 선택되지 않으면 계약의 준거법이 영국법인 이상 시공자는 설계에 대해 의도된 목적적합성 보장의무를 부담하는 것으로 해석된다. 그러나 발주자는 이 부분을 보다 확실히 해둘 필요는 있어 보인다.

NEC 표준계약이 1993년도부터 제정되어 사용되어 왔는데, 영국에서는 아직 NEC3가

113) 복수의 시공자의 구성하는 건설공동수급체의 법적 함의와 효과 그리고 책임부담에 대한 자세한 사항은 정홍식, "해외건설프로젝트에서 시공자들의 건설공동수급체" 국제거래법연구, 제23집 제1호 (2014), 85면 이하를 참조.
114) *Trebor v. ADT* [2012] EWCA 23.

채택된 건설공사계약의 분쟁사례가 그리 많지 않은 듯하다. 왜냐하면 NEC3 조건에 대한 해석을 다룬 영국 판결례가 거의 없기 때문이다. NEC3가 채택된 공사사례가 상대적으로 적을 수는 있겠으나, 다른 해석으로는 그만큼 NEC3를 사용하여 성공적으로 공사가 진행되어 왔다는 것을 방증하기도 한다. 아직 섣불리 단정할 수는 없지만 이러한 성공에 힘입게 되면, 앞으로 해외 발주자들은 NEC3의 활용을 점차적으로 늘릴 것으로 예상한다.

한국의 건설사 입장에서는 NEC3에 기반한 건설공사계약 체결은 전혀 나쁠 것이 없어 보인다. 하지만 NEC3 활용에 따라 보다 성공적인 프로젝트 운용이 가능하려면 NEC3에 대한 보다 구체적인 내용을 파악해야 하고, 실제 이를 기반으로 한 공사진행 시 보다 선제적이고 협력적인 위험관리 태도가 요구된다 하겠다. 과연 한국 건설사들이 이러한 선제적이고 협력에 기반한 계약관리와 공정관리에 잘 적응할 수 있을지 여부는 앞으로 두고 볼 일이다. 만일 그것이 가능하다면 FIDIC 같이 쌍방 간 경쟁적이고 대립적인 계약구조를 탈피하고, NEC3로 대체하여 발주자와 시공자 모두에게 호혜적인 건설계약 이루어질 수 있을 것으로 기대한다.

[14] FIDIC 표준계약조건의 해석 관련 영국 판례 동향

전 동 옥

Ⅰ. 서   론

이번 장은 FIDIC[1] 건설 표준계약조건의 해석에 실질적 영향을 미친 영국법원의 판례 동향을 소개하는 것이 주안점이다. 국제 건설 프로젝트에서 채택되는 계약유형은 프로젝트 시장의 진화뿐만 아니라 국제 정세와 경제적인 영향으로 인하여 변화하고 있다.[2] 특정 계약 당사자 사이의 협의에 의해서만 작성된 맞춤형 계약보다 FIDIC과 같은 표준계약조건에 기반을 둔 계약이 보편화되고 있다.[3]

이와 더불어 국제건설계약의 해석에 있어서 영국법의 영향력은 부인하기 어렵다. 계약의 준거법이 영국법이 아닌 경우에도 사건의 중재인이나 재판부가 영미법계인 경우 건설 관련 경험이 많은 영국법원의 판례를 참고하는 경우가 많기 때문이다. 따라서 해외 프로젝트를 수행하는 국내 발주자 또는 시공자가 영국 법원의 판결 경향을 인지하는 것은 분쟁 예방 또는 해결에 많은 도움이 된다. 영국 법원의 판결을 예의 주시해야 하는 다른 이유는 FIDIC 건설 표준계약조건의 해석과 관련한 판결이 많지 않다는 사실이다.[4] 이것은 FIDIC 건설 표준계약조건의 분쟁해결 조항에서 소송이 아닌 중재를 분쟁해결 수단으로 채택한 것과 무관하지 않다.[5]

---

1) FIDIC은 원래 "엔지니어 국제연맹"을 의미하지만, FIDIC 표준계약조건이라는 의미로도 사용되고 있다. 이 중 필자는 가장 보편적으로 활용되는 Red Book (Building and Engineering Works Designed by Employer), Yellow Book (Plant Design & Build), Silver Book (EPC Turn Key) 조항을 살펴본다.

2) 기타 건설 표준계약조건으로는 ENAA (Engineering Advancement Association of Japan), ICE Contract (Institution of Civil Engineers, Conditions of Contract Design and Construct, 2001), EIC Contract (European International Contractors, Conditions of Contract for Design and Construct Projects), AIA Contract (American Institute of Architects, Standard Form of Agreements between Owner and Design/Builder), DBIA Contract (Design-Build Institute of America), AGC Contract (Associated General Contractors of America) 등이 있다.

3) 예로 아랍에미리트에서는 FIDIC 표준 약관의 수정본을 정부계약 표준 약관으로 선정하였다.

4) 2010년 이후 출판된 FIDIC 관련 사건은 30건 정도이다.

5) Cl 20.6 FIDIC Red Book, Yellow Book, Silver Book. 중재 판정의 경우 당사자들이 허락하지 않거나 법원에서 중재 판정을 심리하기 이전에는 사건 내용이 대중에게 공개되지 않는다.

이러한 맥락에서 FIDIC 표준계약조건의 해석에 관련된 세 건의 판결을 중심으로 다섯 가지 쟁점을 정리해 본다. 엄밀히 말하면 그중 직접적으로 FIDIC 표준계약조건 조항이 문제가 되었던 판결은 두 건이며 나머지 한 건은 예정된 손해배상액(liquidated damages)에 관한 것으로 FIDIC 표준계약조건 제8.7조의 해석에 영향을 끼친다.[6] 필자가 선정한 판결들은 다음과 같다.

- NH International (Caribbean) Limited v National Insurance Property Company Limited [2015] UKPC 37[7]
- Obrascon Huarte Lain SA v Her Majesty's Attorney General for Gibraltar [2015] EWCA Civ 712[8]
- Cavendish Square Holding BV v Talal El Makdessi; ParkingEye Limited v Beavis [2015] UKSC 67[9]

본 장에서는 위 3개 판결을 중심으로 다음의 쟁점들을 살펴본다.

1) 공사대금 지급보장을 위한 합리적 증거 제출 의무
2) 공사 현장 자료와 예측 불가능한 물리적 조건에 관한 시공자의 의무
3) 시공자의 채무불이행에 대한 발주자의 정정 요구 권리의 한계
4) 발주자의 반대 클레임에 대한 통지 의무
5) 예정된 손해배상액의 비위약벌성 요건 완화

또한 판례의 변화에 대한 논의와 더불어 계약 협상단계에서 여러 위험을 완화하기 위한 대응방안도 함께 논의한다.

---

6) 영국 대법원의 *Cavendish v El Makdessi* 와 *ParkingEye* 사건은 별개사건이었으나 그 사안의 유사성 때문에 대법원이 하나의 판결로 통합하였다.
7) *NH International (Caribbean) Limited v National Insurance Property Company Limited* [2015] UKPC 37 available at http://www.bailii.org/uk/cases/UKPC/2015/37.html.
8) *Obrascon Huarte Lain SA v Her Majesty's Attorney General for Gibraltar* [2015] EWCA Civ 712 available at http://www.bailii.org/ew/cases/EWCA/Civ/2015/712.html.
9) *Cavendish Square Holding BV v Talal El Makdessi; ParkingEye Limited v Beavis* [2015] UKSC 67 available at http://www.bailii.org/uk/cases/UKSC/2015/67.html.

Ⅱ. 발주자의 공사 대금 지급보장을 위한 합리적 증거 제출 의무

1. 관련 FIDIC 조항

본 장에서 우선 논의할 조항은 1999년 FIDIC Red Book, Yellow Book, Silver Book의
표준계약조건 제2.4조이다. 제2.4조는 발주자가 공사 대금을 확보하였는지 여부를 시공자가
확인할 수 있는 권리에 대한 것이다. 본 조항은 재정적 여건이 불확실한 발주자로부터 공사
를 수주한 시공자가 공사 대금을 받지 못하는 리스크를 사전에 줄이는 것이 목적이다. 특히
공사 대금을 지불하는 주체가 발주자가 아닌 경우 (예를 들어 발주자는 정책 관련 정부 기관이
지만 대금 지급 책임은 재무부처가 담당할 경우) 본 조항은 시공자의 리스크 관리에 있어 매우
중요하다.[10]

해당 제2.4조는 1999년 FIDIC Red Book, Yellow Book, Silver Book에서 그 내용이 모
두 동일하다. 발주자는 계약금액 및 지급 관련 조항에 따라 그 당시 추산된 공사 대금을 지
불할 수 있는 재정이 확보되어 있다는 합리적 증거를 시공자의 요청에 따라 28일내에 제출
하여야 한다.[11]

발주자의 제2.4조 불이행은 심각한 결과를 초래할 수 있다. 제16.1조에 의하면 시공자
의 요청에도 불구하고 28일 이내에 자금이 확보되었다는 합리적 증거를 제출하지 못하면,
시공자는 통지 21일 이후에 자신의 이행을 정지할 수 있다.[12] 제16.2(a)항은 시공자가 요청
한 합리적 증거를 발주자가 42일내에 제공하지 못하면 시공자는 계약을 일방적으로 해지할
수 있다.[13] 발주자가 재정 확보에 대한 합리적인 수준의 증빙 자료를 제출하지 못한다면 시
공자는 공사를 중단할 수 있다는 것이다.[14]

2. 핵심 쟁점

해석에 따라 이렇게 심각한 결과에 이를 수 있음에도 불구하고 그동안 "합리적 증거"
(reasonable evidence)의 의미가 불명확하였다.[15] FIDIC 표준계약조건 내에도 이것에 관한 정

10) Nael Bunni, The FIDIC Form of Contracts, (2005) para 23.3.2.
11) FIDIC 1999 Red Book, Yellow Book, Silver Book, Cl 2.4, stipulating *The Employer shall submit, within
28 days after receiving any request from the Contractor, reasonable evidence that financial arrange-
ments have been made and are being maintained which will enable the Employer to pay the Contract
Price (as estimated at that time) in accordance with Clause 14 (Contract Price and Payment).*
12) Cl 16.1, FIDIC 1999 Red Book, Yellow Book, Silver Book.
13) FIDIC 1999, Red Book, Yellow Book, Silver Book, Cl 16.2(a).
14) C.R. Seppala, "FIDIC'S New Standard Forms of Contract, Force Majeure, Claims, Disputes and Other
Clauses" FIDIC Task Group for updating the FL9IC International Conditions of Contract available at
http://fidic.org/sites/default/files/18%20int_construction_law_feb04.pdf.
15) Nael Bunni, *supra,* para 23.3.2.

의 규정은 따로 없다. 더구나 이것이 법률상 증거 요건 *(evidentiary standard)*의 문제인지 아니면 사실 관계의 문제인지도 명확하지 않았다. 그러나 약 10년간의 법적 공방 끝에 영국 Privy Council[16]은 *NH International (Caribbean) Limited v. National Insurance Property Development Company* 사건에서 합리적 증거의 의미에 대한 해석을 제시하였다.

3. NH International 사건의 사실관계

NH International 사건의 사실관계를 요약하면 다음과 같다.

NH International(Caribbean) Limited *(NH)* 라는 시공자는 트리니다드 토바고 정부 기관인 National Insurance Property Development *(NIPD)* 사로부터 병원 건설을 수주하였다. 계약 서명 1년 6개월이 지난 후 트리니다드 정부의 공사 대금 지불 능력이 의심된 NH는 1999 FIDIC Red Book을 기초로 합의한 약관 제2.4항을 제기하면서 발주자 NIPD로부터 재정이 확보되었는지에 대한 증빙을 요구하였고 3개월이 지난 이후에야 트리니다드 정부로부터 "내각" *(cabinet)*[17]이 5900만불을 추가 지원할 것이라는 서류를 제출 받았다. 그러나 공사 금액 2억불에 턱없이 부족하여 그 이듬해 다시 제2.4조를 근거로 증빙자료를 요청하였고 2개월이 지나도 답장이 없자 NH는 작업 속도를 늦추기 시작하였다. 약 한 달이 지나 발주자는 전체 공사 금액에 대해 "without prejudice" 조건으로 지원할 수 있다는 서신을 발송하였다. 3일 뒤 NH는 "without prejudice"의 의미에 대한 질의를 하였으나 여기에 대한 답장이 더 이상 없자 약 2달 후에 공사를 전면 중단하였다. 공사 중단 약 1년후에 정부는 공사 재개가 "highest priority"라고 하면서 공사 대금 2억 2천 4백만 불에 대한 재정자원이 확보되었고 정부가 지불을 약속한다는 서신을 보냈다. 이에 대한 답신으로 NH는 "내각"에 의한 보증을 요청하였지만 NIPD로부터 답신은 없었고 NH는 바로 계약 해지를 통지하였다.[18]

---

4. NH International 사건 중재판정

단독 중재판정부 Dr Robert Gaitskell QC는 제2.4조에서 요구하는 합리적 수준의 증거가 제공되지 못함에 따라 계약해지 사유가 충분하다고 판정을 내렸다. 당시 트리니다드 토바고 정부의 기타 발주 공사에서 내각의 서신이 어김없이 발행되었다고 한 관계자 증언이

---

16) 영국 Privy Council 사법위원회는 트리니다드 토바고를 포함한 31개 기존 영국 식민지 관할 지역의 최고 사법 기관 역할을 하고 있다. Privy Council의 판결은 개별 관할 지역에 대해서 구속력이 있으나 기타 영국과 다른 지역에 대해서는 설득적 효력이 있다.

17) 내각은 내각제 기반으로 한 국가의 기능 중에서 입법과 사법 기능을 제외한 행정 기능을 담당하는 최고의 합의체이나, 행정권의 수장이 대통령인 국가에서는 내각은 반드시 행정권을 담당하는 최고기관이 아니므로 이 점을 감안하여 넓게 정의한다면, 내각이란 대신(大臣) 또는 장관(長官)이라고 불리는 몇몇 각료로 이루어지는 합의체의 행정관청이라 할 수 있다.

18) *NH International (Caribbean) Limited v National Insurance Property Company Limited* (2015) UKPC 37, paras 10 to 19.

결정적인 증거로 인정되었다.[19] 이에 발주자는 중재판정부의 판정을 취소하기 위해 트리니다드 1심 법원에 취소의 소를 제기하였지만 재판부는 중재인의 판정을 지지하면서 취소의 소를 기각하였다.[20] 이에 발주자는 현지 항소법원에 항소하였고 항소심에서는 중재인의 판정과 1심 재판부의 판결에 오류가 있었다고 지적하고 중재판정을 취소하였다.

항소심 재판부의 판결내용을 요약하면 다음과 같다.

> "합리적 증거"의 의미는 "최고의 또는 완벽한 수준의 형태의 증거"가 아니다. 내각의 승인을 담은 서신은 의심의 여지 없이 재정확보가 되어 있다는 최고의 증빙이다. 그러나 관련 정부 책임자가 재정확보에 대해 보증을 한 이상 내각의 승인은 반드시 필요하지 않다. 적절성 여부는 시공자의 만족 여부와는 관계가 없으며, 중요한 것은 책임 있는 관계자가 보증하였다는 것이다. 따라서 서면 보증은 합리적 수준의 증빙으로서 충분하고 에스크로 또는 지급 보증을 필요로 하지 않는다. "합리적 증거"란 최고 수준의 증거 보다는 상당히 낮은 수준의 증빙수준을 필요로 한다.[21]

5. NH International 사건 상고심의 결정

NH의 상고로 사건은 영국 Privy Council에서 최종 심리[22]하게 되었고 재판부는 항소법원의 판단을 뒤집고 중재판정부의 판정을 확정하였다. 5인 재판부[23]는 다음과 같이 판시하였다.

> "합리적 증거"의 올바른 해석은 법적 쟁점이 아닌 사실 판단의 문제이기 때문에 중재판정부는 법률적 오류를 범하지 않았고 따라서 중재 판정을 취소할 만한 근거가 없다. 중재판정부의 결정은 충분한 증거로 뒷받침되었고 그 결론에 도달하는 추론은 일관되고 분명하였다."[24]

---

19) *NH International (Caribbean) Limited v National Insurance Property Company Limited* (2015) UKPC 37, para 18.

20) 트리니다드 토바고 1심 법원은 Civil Proceedings Rule 1998 60.1 항에 의해 중재판정을 파기할 수 있는 권한을 가지고 있다.

21) "Clause 2.4 speaks of "reasonable" evidence. It does not require the best or purest form of evidence." *NH International (Caribbean) Limited v. National Insurance Property Development Company*, C.A. No. 281 of 2008, para 91.

22) 트리니다드 토바고에서 대법원이라고 함은 1심 법원과 항소법원을 일컫고 최종 심리는 영국 Privy Council 사법위원회로 상고하게 되어 있다. Constitution of Trinidad and Tobago Cl 109.

23) 재판부는 Lord Neuberger, Lord Mance, Lord Clarke, Lord Sumption, Lord Reed로 구성되었다. 영국에서는 중요한 사건일수록 다수의 재판관이 담당한다.

24) *NH International (Caribbean) Limited v National Insurance Property Company Limited* (2015) UKPC 37, para 30.

즉 Privy Council 사법위원회 재판부는 트리니다드 항소법원이 중재판정부의 판정을 취소할 만한 근거가 없음에도 불구하고 과도하게 "합리적 증거"의 의미를 자의적으로 해석하여 당사자들 사이에서 합의한 중재 조항을 무시한 경우라고 보았다.

6. NH International 사건 의의

본 사건에서 Privy Council이 내린 FIDIC 제2.4조에 대한 해석은 시공자에게 유리한 것으로 보인다. 최종심리에서 발주자의 재정 확보 의무에 대한 의문이 제기될 경우 합리적 증거란 사건 현지 확립된 절차(normal procedure)상 요구되는 수준의 재정 확보에 대한 증명을 요구하는 것이라고 판단하였기 때문이다. 더구나 "합리적 증거"의 제시여부는 법적 판단의 문제가 아니라 사실상의 판단의 문제임이 확인되었다. 따라서 시공자로서는 영국법이 계약의 준거법인 경우, 발주자가 자의적으로 판단하는 수준의 증빙 자료에 만족하지 않고 확립된 절차에 상응하는 재정 확보에 대한 증명을 요구할 수 있게 되었다.

7. 대응 방안

발주자 관점에서는 제2.4조에서 발생되는 리스크를 최소화하고 싶다면 발주 단계에서 제2.4조를 삭제한 계약서를 제시할 수 있다. 계약 협상 단계에서 시공자가 제2.4조를 요구한다면 합리적 증거의 정의를 구체적으로 합의해서 계약서에 반영하는 것이 중요하다. 또한 증빙 자료 요청 28일내에 제출을 요하는 기한을 늘려 보는 것도 고려해 볼 수 있다.

시공자 입장에서도 제2.4조의 공사대금 재정 확보에 대한 증거 요건을 구체화 하는 것이 좋다. 의무를 구체화 하는 것은 이행 가능성을 높여주기 때문이다. 그러나 터무니 없이 높은 수준의 증빙서류를 약속한다면 계약 이행 자체가 어려울 수 있으니 시공자는 발주자가 제출할 수 있는 정도의 서류 수준이 어느 정도 인지, 기존의 사업 절차에서는 어느 수준의 재정적 능력의 증명이 요구되었는지를 사전에 질의를 통해 파악하고 이행 가능성 여부를 면밀히 검토하는 것이 중요하다. 제2.4조는 FIDIC 표준계약조건상 드문 시공자의 강력한 초기 권리이기 때문에 이를 적절히 활용한다면 계약 이행 기간 동안 유리한 위치를 선점 할 수 있다.

8. 2017년 FIDIC 표준계약조건

2017년 12월에 FIDIC 표준계약조건이 Red, Silver, Yellow Book, Silver Book으로 새로 발간되면서 최신 표준계약조건을 채택한 건설계약의 당사자라면 개정에 따른 변화를 인지해야 할 것이다.[25] 개정 제2.4조의 경우 발주자가 공사대금 확보 여부를 계약 자료(Contract Data)에

---

25) 2017년에 개정판이 발간되었다 하더라도 향후 계약이 반드시 개정판을 기반으로 이루어지지는 않는다. 특히 대형 발주자의 경우 기존 표준계약조건을 사용할 가능성이 크기 때문에 당분간 1999년 표준

처음부터 포함하여야 한다. 개정 취지는 공사 대금 지급 능력을 사전에 의심할 여지가 없도록 한 것으로 발주자는 공사 기획 단계부터 공사 대금 조달 방법을 확정하지 않으면 안 되도록 한 것이다. 다만 최초 공지한 공사 대금 확보 여부에 중대한 변화가 있을 경우 발주자는 이에 대한 통지 의무만 있을 뿐 시공자의 권리는 확충되지 않아 실질적으로 시공자의 권리 보호에 실질적으로 얼마나 도움이 될지는 미지수이다. 더불어 시공자가 향후 공사 대금 확보 여부를 확인하고 싶을 경우 1999년 표준계약조건에 없던 세 가지 전제조건이 신설되었다. 이 세 가지 전제조건은 특정 규모 이상의 공사 변경이 발생할 것, 대금 미지급 상황이 발생할 것, 그리고 발주자의 대금 확보 여부에 중대한 변화가 생겼으나 이를 시공자에게 미통지한 경우이다. 이를 종합하여 볼 때 실질적으로 시공자의 권한은 축소된 것으로 볼 수 있다.

따라서 2017년 FIDIC 표준계약조건을 기반으로 계약을 협의하는 경우 시공자는 우선적으로 계약 자료에 공사 대금 확보 여부가 적절하게 기재되었는지를 확인하여야겠지만 최적의 방편은 1999년 FIDIC 조항을 되살리는 것일 것이다.

Ⅲ. 공사 현장 자료와 예측 불가능한 물리적 조건에 관한 시공자의 의무

1. 관련 FIDIC 조항

다음은 1999 FIDIC 표준 약관 제4.10조에 등장하는 발주자의 공사 현장 자료 제출 의무와 이에 대한 시공자의 해석에 관한 조항에 대해서 살펴본다. 제4.10조의 첫째 문단의 요지는 다음과 같다.[26]

> 발주자는 입찰 28일 전에 공사 대상 현장의 환경적 요소를 포함한 지질학적 정보에 대해 시공자에게 자료를 제공할 필요가 있고 입찰 이후에 습득하는 정보를 제공할 필요가 있다. 시공자는 이를 해석할 의무가 있다.[27]

계약조건이 지속적으로 사용될 것으로 보인다.

26) 2017년 FIDIC Red Book, Yellow Book, Silver Book에서는 제4.10조와 제2.5조로 발주자/시공자의 의무로 분할하여 게재되었다. 차이라면 2017년 개정판에는 "sub-surface and hydrological conditions at the Site, including environmental aspects" 보다 좀 더 구체적으로 "topography of the Site and on sub-surface, hydrological, climatic and environmental conditions"라고 기재한 것이다. 본 장에서 관건이 되는 시공자의 의무 범위는 달라지지 않았다.

27) Cl 4.10, 1999 FIDIC Red Book, Yellow Book, Silver Book stipulating *"The Employer shall have made available to the Contractor for this information, prior to the Base Date, all relevant data in the Employer's possession on sub-surface and hydrological conditions at the Site, including environmental aspects. The Employer shall similarly make available to the Contractor all such data which come into the Employer's possession after the Base Date. The Contractor shall be responsible for interpreting all such data."*

위 문단만으로는 시공자 의무의 범위가 무엇인지 불분명할 뿐 아니라 시공자의 "해석"
이란 과연 어느 정도의 능동성을 요구하는지 불명확하다.

제4.10조의 마지막 문단을 살펴보면 위 첫 번째 문단의 의미를 파악하는데 도움을 준
다는 것을 알 수 있다.[28] 이 문단의 요지는 시공자가 입찰하기 앞서 공사 현장과 주변 여건
에 대해 조사를 마쳤고 그 결과에 만족한다는 일종의 진술(representation)이다. 따라서 시공
자의 해석 의무에도 어느 정도의 능동성이 요구된다는 해석에 무게가 실린다. 그러나 시공
자가 공사 초기 단계에 현실적으로 현장과 그 주변 환경을 사전 조사하기에는 제약이 많기
때문에 시공자가 실제 현장조건을 만족하기는 어렵다. 특히 현장 접근이 어려운 경우 또는
다른 시공자가 사전 공사를 하고 있는 경우 더 더욱 현장 여건을 확인하기는 어려운 일이
다. 현장 환경 실사를 진행한다고 하여도 그 비용이 막대하고 오랜 시간이 소요되기 때문에
제4.10조를 그대로 수용하는 것은 시공자에게 굉장히 부담스러운 일이 분명하다. 이런 심각
한 결과를 어느 정도 완충하기 위해 제4.12조는 시공자가 공사 진행 중에 예측 불가능한 물
리적 악조건을 발견하고 그 악조건이 공기연장과 추가공사비를 초래한다면 이에 대해 발주
자에게 사전 통지를 한 이상 보상받을 수 있도록 하고 있다.[29]

2. 핵심 쟁점

FIDIC 표준계약조건에서 *unforeseeable*의 의미는 경험 있는 시공자가 입찰 당시 합리적
으로 예측할 수 없는 것이라고 정의하고 있다. 다만 이것의 범위가 무엇인지에 대해서는
2015년 6월에 확정된 *Obrascon Huarte Lain SA v AG for Gibraltar* (TCC, April 2014; Court of
Appeal, June 2015) 사건 이전까지는 불분명하였다.

---

28) Cl 4.10, 1999 FIDIC Red Book, Yellow Book, Silver Book stipulating *"To the extent which was practi－
cable (taking account of cost and time), the Contractor shall be deemed to have obtained all necessary
information as to risks, contingencies and other circumstances which may influence or affect the
Tender or Works. To the same extent, the Contractor shall be deemed to have inspected and examined
the Site, its surroundings, the above data and other available information, and to have been satisfied
before submitting the Tender as to all relevant matters, including (without limitation):*
　(a)　the form and nature of the Site, including sub-surface conditions [⋯]"

29) 30Cl 4.12, 1999 FIDIC Red Book, Yellow Book stipulating *"If and to the extent that the Contract en-
counters physical conditions which are Unforeseeable, gives such a notice, and suffers delay and/or
incurs Cost due to these condition, the Contractor shall be entitled subject to Sub-Clause 20.1
[Contractor's Claims] to:*
　*3.1.1.　an extension of time for any such delay, if completion is or will be delayed, under Sub-Clause
　　　　8.4 [Extension of Time for Completion], and*
　3.1.2.　payment of any such Cost, which shall be included in the Contract Price."

3. Obrascon 사건 배경

스페인의 시공자 Obrascon은 공항 활주로 밑으로 지하터널을 뚫는 공사를 지브랄타 정부[30]로부터 수주하였다. 공사가 25% 정도 진행되었을 쯤 입찰 단계에서 예측하였던 것 보다 훨씬 많은 양의 오염된 토질이 발견되었고 시공자는 이런 오염된 토질에 대해 합리적으로 사전에 예측할 수 없었다(unforeseeable)고 하면서 공기연장(extension of time)과 추가 공사비(additional costs)를 청구하였다.[31]

4. 법원의 판정

Technology and Construction Court (TCC)에서는 Obrascon이 토질 오염을 합리적으로 예측 가능했는지 여부가 핵심 쟁점으로 떠올랐다. 재판부는 다음과 같이 판시하였다.

Obrascon이 오염물질 존재에 대한 예고를 사전에 발주자로부터 받았지만 Obrascon이 이에 대해 충분히 고려하지 못하였다. Obrascon이 계약체결 이전에 이런 문제를 고민하였는지 여부에 대한 증거가 없다. Obrascon이 입찰 전 최소한의 "intelligent assessment and analysis"를 했어야 했는데 이를 전혀 수행하지 않았고 만약 제대로 수행하였다면 사전에 다량의 오염물질을 발견하였을 것이었다. 이 경우 이 비용을 반영한 입찰가격이 높아져 수주가 불분명해지거나 입찰을 포기했을 것이다. 시공자는 단순히 발주자가 제공하는 자료에만 의존할 수 없고 참고 가능한 모든 자료를 토대로 스스로 판단해야 한다.[32]

TCC 법원은 발주자의 자료에 오류가 있다 하더라도 시공자는 자체 조사를 해야 하고 나아가 최악의 상황까지 고려해야 한다고 하였다.[33] 항소 법원은 시공자는 단순히 발주자 자료에만 의존할 수 없고 참고 가능한 모든 자료를 토대로 스스로 판단해야 한다는 TCC 법원의 판결을 인용하였다.[34]

---

30) 1713년 Utrecht 협약에 의해 스페인은 영국에게 지브랄타 섬을 양보하였고 그 후 1780년 나폴레옹에 의해 공격을 받아 영국으로서는 중요한 전략적 기지로 자리잡았다. 20세기에는 독일군과 이태리 군으로부터 공습을 받았다. 이러한 이유로 지브랄타 공항은 군사-민간 혼용으로 사용되어 왔다. 현재 인구는 약 3만 명이며 관광지로 유명해져 공항 주변이 개발되어 왔다. 지금도 공항 활주로를 가로지르는 도로가 섬의 양 쪽을 이어주고 있다.

31) *Obrascon Huarte Lain SA v Her Majesty's Attorney General for Gibraltar* (2014) EWHC 1028 (TCC) para 1.

32) Obrascon Huarte Lain SA v Her Majesty's Attorney General for Gibraltar (2014) EWHC 1028 (TCC) para 213.

33) *Obrascon Huarte Lain SA v Her Majesty's Attorney General for Gibraltar* (2014) EWHC 1028 (TCC) para 223, confirmed by CA at paragraphs 94 to 96.

34) *Obrascon Huarte Lain SA v Her Majesty's Attorney General for Gibraltar* (2015) EWCA Civ 712 para 90.

5. 대응 방안

Obrascon 판결에 의하면 공사 입찰자들은 입찰 전 발주자의 제공 자료 또는 추후 요청 자료에만 의존할 수 없고 자체 조사를 수행해야 한다. 조사 범위에는 환경적 요소뿐만 아니라 제4.12조에서 요구하듯이 합리적인 범위 내에서 알려진 위험 요소에 대해 상세한 사전 실사를 마쳐야 한다. 특히 재판부는 오염 물질이 애초부터 존재하는 이유와 RFP 자료로 알려진 정도보다 오염 물질이 추가로 발견될 가능성이 있었는지를 시공자가 조사할 필요가 있었다고 하였다. 결과적으로 이 판결은 시공자들의 계약 전 입찰 단계의 비용과 책임을 크게 증가시킬 것으로 본다. 수주가 불확실한 상황에서 시공자에게 이러한 비용을 부담하는 것은 한편으로는 공사 미완 위험을 줄이려는 공공정책적 태도를 반영한 것이면서 비용 절감을 통해 가격 경쟁력을 높이려는 입찰자들에게는 타격을 주게 되었음이 분명하다. 이 판결로 인해 앞으로 사전 실사를 충분히 거치지 않고 공기 지연이 발생하거나 추가 비용이 발생한다면 이에 대한 보상을 구하는 것에 어려움이 예상된다. 또 시공자는 이로 인한 발주자의 계약 해지 가능성도 염두에 두어야 할 것이다.

IV. 시공자의 채무불이행에 따른 발주자의 계약 해지권의 범위

Obrascon 판례의 재판부는 시공자의 채무불이행에 따른 발주자의 계약상 채무이행 요청의 범위와 이를 근거로 한 계약 해지권에 대하여도 판시하였다.[35] 사건의 쟁점은 발주자인 Gibraltar의 계약해지 근거인 제15.1, 제15.2(a)조의 구성 요건이 충족되었는지 여부, 즉 발주자의 계약 이행 요청 통지에 Obrascon이 적절히 대응했는지 여부였다.

1. 관련 FIDIC 조항

FIDIC 표준계약조건 제15.1조는 발주자가 엔지니어를 통하여 채무불이행 통지와 그에 따른 이행을 구할 권리를 명시하고 있다.[36] 제15.2(a)조에 따르면, 제15.1조의 발주자의 계약 이행 요청에도 불구하고 시공자가 이를 제대로 이행하지 않는다면 발주자는 14일 전 통지 후 계약을 해지할 수 있다.[37]

---

35) *Obrascon Huarte Lain SA v Her Majesty's Attorney General for Gibraltar* (2014) EWHC 1028 (TCC), para 317 to 324.

36) Cl 15.1, 1999 FIDIC Yellow Book, Red Book, Silver Book stipulating *"If the Contractor fails to carry out any obligation under the Contract, the Engineer may by notice require the Contractor to make good the failure and to remedy it within a specified reasonable time."*

37) Cl 15.2(a), 1999 FIDIC Yellow Book, Red Book, Silver Book stipulating *"Employer may terminate upon*

2. 법원의 판시

재판부는 다음과 같이 판시하였다.

> 공기가 과도하게 지연된 점, 공기 지연이 Obrascon의 귀책사항이었던 점, 그리고 발주자의 계약이행 요구에 있어서 시공자가 합리적으로 기대할 수 있는 수준에 (reasonable expectations) 이르지 못하였기 때문에 지브랄타 정부의 계약해지는 타당하다. 다만 중대한 계약 위반의 경우만 계약해지가 가능하다. 그리고 발주자가 채무이행 요청을 통지할 때 불이행이 향후 발생할 가능성이 있는 사항이 아닌 현존하는 불이행임을 증명해야 한다. 예를 들어 공사현장에 잘못된 시멘트가 주문되어 도착한다면 불이행 발생 시점은 잘못된 시멘트의 도착 시점이 아니라 그 시멘트를 사용하는 시점이다.[38]

　시공자가 불이행을 시정할 수 있도록 주어지는 시간도 당시 상황에 비추어 볼 때 합리적이어야 한다. 예를 들어 시공자 노동력의 상당수가 콜레라에 의해 입원한 경우라면 정정 기간도 이 상황에 맞게 합리적으로 주어져야 한다. 합리적 기간이란 정정 요구 통지가 최초 통지인지 아니면 지속된 논의에도 불구하고 시공자가 이를 무시했는지 여부에 따라서도 합리적 기간이 달라진다.[39] 제15.1조의 기본 취지는 시공자에게 기존에 이행이 미흡했거나 위반하였던 사항에 대해서 시공자에게 정정할 수 있는 기회를 주는 것이다. 시공자에게 불이행 사항을 정정 할 수 있는 기회가 주어지지 않거나 발주자가 방해한다면 불이행을 근거로 한 발주자의 계약해지는 무효이다.[40]

3. 의의 및 대응 방안

　본 판결로 인해 발주자는 경미한 불이행으로 시공자에게 계약해지 엄포를 놓을 수 없

the giving of 14 days' notice, including if the contractor, fails to comply… with a notice under Sub-Clause 15.1"

38) *Obrascon Huarte Lain SA v Her Majesty's Attorney General for Gibraltar* [2014] EWHC 1028 (TCC), para 318(a), "Something may have not yet become a failure; for instance the delivery to site of the wrong type of cement may not become a failure until the cement is or is about to be used."

39) b), citing *Shawton Engineering Lts v. DGP International Ltd* [2005] EWCA Civ 1359 [69], stating, "The specified time for compliance with the Notice to Correct "must be reasonable in all the circumstances prevailing at the time of the notice", "if 90% of the workforce had gone down with cholera at that time, the period given for compliance would need reasonably to take that into account, even if that problem was the Contractor"s risk."

40) *Obrascon Huarte Lain SA v Her Majesty's Attorney General for Gibraltar* [2014] EWHC 1028 (TCC), para 318(c), stating, "[Clause 15.1] is designed to give the Contractor an opportunity and a right to put right its previous and identified contractual failure."

게 되었다. 그 반면에 중대한(material) 계약위반 또는 불이행 사항에 대해서 계약해지 통지는 발주자의 최종 방아쇠가 아닌 여러 권리 보호 장치 중 한 가지일 뿐이라는 것을 확인하였다. 이에 따라 시공자는 당장은 경미한 계약 위반 사항이어도 이것이 중대해짐으로 인한 발주자의 계약해지 가능성을 항시 염두에 두어야 할 것이다.

4. 2017년 FIDIC 표준계약조건

2017년 FIDIC 표준계약조건에서는 기존 1999년 조건의 제15.2조가 15.2.1조, 15.2.2조 등의 세부항목으로 분리되었으나 통지 요건은 제15.2.1조, 제15.2.2조는 해지, 제15.2.3조는 해지 후 시공자의 의무, 제15.2.4조는 계약해지 후 발주자의 권리로 나누어 기재함으로써 계약해지 요건에 큰 변경 사항이 있지는 않다. 다만 제15.2.2조에 불이행의 중대성을 계약을 해지하기 위한 요건으로 만들면서 Obrascon 판결의 취지를 채택하였다고 볼 수 있다.

Ⅴ. 발주자의 반대클레임에 대한 통지 의무

1. 관련 FIDIC 조항

FIDIC 건설표준계약조건 제2.5조는 발주자가 시공자를 상대로 클레임을 제기할 수 있는 경우를 상세히 나열하고 있다.[41] 제2.5조에 의하면 발주자는 시공자로부터 계약상 보상을 받길 원하거나 하자통지기간(Defects Notification Period)을 연장할 수 있다고 간주하는 경우, 발주자 또는 엔지니어는 시공자에게 이를 통지하고 그 내용을 전달하여야 한다. 발주자는 청구의 원인이 되는 사건이나 상황에 대해서 인지한 후 가능한 신속히 통지를 해야 한다. 하자통지 기간 연장에 관한 통지는 그 통지 기간이 종료되기 이전에 시공자에게 전달되어야 한다.

2. 핵심 이슈

NH International 사건 이전에는 시공자가 발주자에게 클레임을 제기한 이후 이에 대해 발주자가 반대 클레임(counterclaim)을 제기할 경우, 제2.5조에 의해 상계(set-off)와 반대클레임에 대한 통지를 제공할 필요가 있는지 불명확하였다.

---

41) Clause 2.5, FIDIC Red Book, Yellow Book, stipulating, *"If the Employer considers himself to be entitled to any payment under any Clause of these Conditions or otherwise in connection with the Contract, and/or to any extension of the Defects Notification Period, the Employer or the Engineer shall give notice and particulars to the contractor. However, notice is not required for payments due under Sub-Clause 4.19 [Electricity, Water and Gas], under Sub-Clause 4.20 [Employer's Equipment and Free-Issue Material], or for other services requested by the Contractor."*

3. NH International 중재 판정부 및 법원의 판정

반대 클레임 통지 요건에 있어 NH International 사건의 중재판정부는 상계,42) 감액43) (abatement) 권리에 대해서 명시된 합의 없이 이를 제한하기 어렵다고 하면서 상계와 감액에 대해서는 사전 통지가 없어도 청구가 유효하다고 판시하였다.44) 트리니다드 항소법원도 제 2.5조의 통지 요건은 선행조건(condition precedent)이 아니기 때문에 발주자는 기존에 통지하지 않은 사안에 대해서도 반대클레임을 할 수 있다고 판시하였다.45) 그러나 Privy Council 은 다음과 같이 상반된 판단을 내렸다.

발주자의 반대 클레임은 시공자 클레임과 마찬가지로 상계의 청구인지 여부와 관계없이 가능한 신속히 통지되지 않으면 제기될 수 없다. 제2.5조의 목적은 발주자 클레임도 통지 의무 하에 있음을 명확하게 하기 위함이다. 발주자가 통지 없이 언제든지 클레임을 제기할 수 있다면 이를 엔지니어가 적시에 판단할 수 있는 방법은 없을 것이다. 클레임의 구체적 내용(particulars) 또한 가능한 빨리 전달되어야 한다.46)

따라서 제2.5조의 취지는 모든 청구에 적용되는 것이다. 적시에 통지되지 않은 청구는 반대 클레임의 일부라고 하여도 무효이다. 다만 감액 청구에 대한 클레임에 대해서는 사전 통지 의무가 없다.47)

---

42) '상계'란 채권자와 채무자가 서로 동종의 채권·채무를 가지는 경우에 채무자의 일방적 의사표시에 의하여 그 채권·채무를 대등액에서 소멸시키는 것을 의미한다.

43) '감액'이란 일반적으로 채무나 손해배상금을 경감하거나 세금의 미지급분의 일부 또는 전부를 취소하는 것을 말하지만 건설계약에서는 시공자의 작업의 품질이 현격히 떨어져 공사대금 전부를 지불할 수 없는 것을 의미한다.

44) See *Federal Commerce v Molena* [1978] QB 927.

45) *NH International (Caribbean) Limited v National Insurance Property Company Limited* [2015] UKPC 37, paras 36 to 37, "Mendonç JA stated that, while the closing part of clause 2.5 "prohibits the employer from setting off any sum against any amount certified in a Payment Certificate", it "does not prevent the employer from exercising his right of set-off in any other way", and in particular "against amounts that are not certified".

46) *NH International (Caribbean) Limited v National Insurance Property Company Limited* [2015] UKPC 37, para 38 *"Its purpose is to ensure that claims which an employer wishes to raise, whether or not they are intended to be relied on as set—offs or cross—claims, should not be allowed unless they have been the subject of a notice, which must have been given "as soon as practicable". If the Employer could rely on claims which were first notified well after that, it is hard to see what the point of the first two parts of clause 2.5 was meant to be. Further, if an Employer's claim is allowed to be made late, there would not appear to be any method by which it could be determined, as the Engineer's function is linked to the particulars, which in turn must be contained in a notice, which in turn has to be served "as soon as practicable".*

47) *NH International (Caribbean) Limited v National Insurance Property Company Limited* [2015] UKPC

4. 의의 및 대응 방안

본 사건의 의의는 발주자도 향후 청구 가능한 클레임에 대해서는 가급적 신속히 시공자에게 제2.5조 상의 통지를 해야 한다는 것이다. 발주자 입장에서는 표준계약조건에서 통지 요건을 삭제한 채로 협상을 시작하거나 통지가 보상의 선결 조건이 아니라는 조항을 추가하는 것과 상세 내용을 포함하지 않도록 수정하는 것도 고려할 수 있다. 시공자에게 이 판결은 유리하게 작용하겠지만, 시공자 역시 발주자의 클레임 제출 여부를 면밀히 확인해야 하는 부담도 갖게 되었다.

VI. 예정된 손해배상액의 비위약벌성 요건의 완화

1. FIDIC 관련 조항 및 판례

건설계약의 핵심 이슈인 예정된 손해배상액(liquidated damages)에 관한 것으로 FIDIC 표준계약조건 제8.7조(예정된 손해배상액) 외에도 일반적인 손해배상액에 대한 이해에 상당한 영향을 끼치기 때문에 본 장에 포함하였다. 계약상 예정된 손해배상 조항이 위약벌(penalty)의 성격을 가지는 경우 이를 무효로 하는 *Dunlop Pneumatic Tyre Company Ltd v New Garage & Motor Company Limited* [1915] 판결은 지난 100년 동안 유효하였다. Dunlop 판결에서 예정된 손해배상액이란 손실에 대한 진정한 예상액*(genuine pre-estimate of loss)*이라고 정의하면서 예정된 손해배상액이 실제 증명될 수 있는 손실액 보다 비정상적으로 높다면 위약벌로 간주되어 무효라고 한 것이다.[48] 그러나 100년간 지속되어왔던 예정된 손해배상액의 위약벌성 문제의 해석에서 2015년 11월 영국 대법원은 *Cavendish v El Makdessi*와 *ParkingEye v Beavis* 두 사건을 한꺼번에 판결하면서 중대한 변화를 일으켰다.

2. El Makdessi 사건의 배경

El Makdessi 사건의 배경은 대략 다음과 같다.

37, para 41 citing *Mellowes Archital LTd v Bell Products Ltd (1997) 58 Con LR 22, 25−30*, "Failure to notify does not prevent claims for abatement (a claim that work done to badly that it does not justify any payment, or is worth significantly less than the contractor is claiming due to defects)."

48) *Dunlop Pneumatic Tyre Co Ltd v New Garage & Motor Co Ltd* [1914] UKHL (HL), "*Liquidated damages must be a genuine pre−estimate of loss. If the sum stipulated is extravagant or unconscionable in comparison with the greatest loss which could conceivably be proved to have followed from the breach, it will be held to be a penalty and be unenforceable*". See also *Murray v Leisureplay Plc* [2005] EWCA Civ 963 (CA).

Makdessi는 중동의 대형 광고 및 마케팅 커뮤니케이션 그룹지주 회사의 지분을 Cavendish사에 매각하기로 합의하였다. 계약상 Makdessi는 경쟁 제한 조항을 위반할 경우 Cavendish로부터 받을 최종 2회의 분할 매각대금을 포기하고 Cavendish에게 나머지 주식을 good will을 제외한 가격으로 매각해야 한다고 규정하였다.[49]

Makdessi는 추후 경쟁 제한 조항을 위반하였으나 매각대금 포기와 지분 강제 매각은 그 성격이 위약벌이기에 무효라고 주장하였다. 1심 법원에서는 해당 조항들에 위약벌성이 없다고 판결하였다. 그러나 항소법원은 문제의 조항들이 위약벌 성격이 강하다고 하면서 무효라고 판시하였고, 결국 Cavendish는 영국 대법원에 상고하였다.

3. ParkingEye v Beavis 사건의 배경

ParkingEye v Beavis 사건의 배경은 대략 다음과 같다.

ParkingEye라는 주차관리회사는 특정 상가 운영자들과 주차장 관리 계약을 맺었다. ParkingEye는 주차장 사용자가 2시간까지의 주차 제한을 위반할 경우 85파운드의 추가 비용을 지불해야 한다는 표기를 주차장 여러 곳에 해 두었고, Beavis라는 손님이 이를 위반하자 85파운드를 물렸다. Beavis는 이것이 위약벌이라고 주장하였으나 1심 법원과 항소법원은 이러한 주장을 받아들이지 않았고 결국 Beavis는 대법원에 상고하였다.

4. 대법원 판결

7인으로 구성된 대법원 재판부[50]는 Makdessi건의 상고를 받아들이고 ParkingEye의 것은 기각함으로써 손해배상의 성격에 대해 다음과 같이 정립하였다.

사건의 핵심 법리였던 손해배상 조항의 비위약벌성 요건, 즉 손해배상 조항은 계약 위반에 대한 벌의 성격이 아닌 발생할 수 있는 손해에 대한 진정한 예상액을 반영하여야 한다는 법리는 그 동안 지나치게 문언적으로 해석되었다.[51]

법의 목적은 당사자들 사이에서 합의한 것 이상으로 한 당사자가 과도한 손해를 입는

---

49) El Makdessi의 위반 행위로 good will 만큼의 가치가 떨어진다는 논리가 전제되어 있다.

50) Lord Neuberger, Lord Mance, Lord Clarke, Lord Sumption, Lord Carnwath, Lord Toulson, Lord Hodge.

51) *Cavendish v El Makdessi; ParkingEye Limited v Beavis* [2015] UKSC 67, para 22, "Lord Dunedin's tests in *Dunlop Pneumatic Tyre Company Ltd. v New Garage and Motor Company Ltd.* [1915] AC 79 have too often been treated as a code."

것을 방지하는 것이기 때문에 *genuine pre-estimate of loss*와 같은 개념은 도움이 되질 않고 이를 대신할 수 있는 진정한 잣대는 문제의 손해배상 조항이 당사자들의 1차적 의무와 관계 없는 과다한 2차적 책임을 묻는지 여부이다.[52]

　　Makdessi건과 관련하여 문제가 된 매각대금 포기 조항은 가격 조정 조항이라고 규정하면서 당사자들의 1차적 의무에 대한 합의를 벗어난 것이 아니기 때문에 유효하다.[53] 주식 강제 매매 조항 또한 goodwill을 제외한 가격으로 매도할 것으로 규정하였기 때문에 각 당사자가 그러한 결과에 이르지 않을 상업적 인센티브가 충분히 내재되었음을 반영한 것이다. ParkingEye건과 관련하여 표면적으로 85파운드의 위약금은 위약벌로 보일 수 있으나 이것은 계약당사자들(주차 관리 회사와 상업시설 운영주)에게 있어 각각의 상업적 이해 관계를 반영한 것이다. 즉 계약 당사자들로서는 85 파운드의 위약금이 원활한 상업 시설 운영에 도움을 줄 것이라는 기대감에 합의를 한 부분이고 대다수의 소비자들 역시 이 위약금을 위약벌로 보지 않기 때문에 위약금은 유효하다.

5. 대응 방안

　　이 두 사건의 판결에서 도출된 위약벌성에 대한 결론은 100년 동안 지속되어 왔던 Dunlop 판결을 대체하는 것으로, 예측가능한 손해 이상의 손해배상 조항도 각 당사자의 상업적 목적(*commercial purpose*)을 반영한 것이라면 유효하다는 것이다.

　　지금까지 건설 상황에서 공기지연 또는 성능미달에 대한 예정된 손해배상액은 1차적 책임 외에 당사자들 사이에서 2차적인 약속이라고 보여졌기 때문에 손해의 예측가능성 요건을 충족해야 유효성이 인정되어 왔다. 위 판결을 통해서 예측 가능성의 범위보다 더 포괄적인 상업적인 이유(*commercial justification*)가 있다는 것 만으로도 예정된 손해배상액은 그 유효성이 인정될 수 있을 것으로 보인다.

　　이 판결은 예정된 손해배상액의 비위약벌성 요건을 완화하면서 예정된 손해배상액이 무효화 될 가능성이 낮아졌다고 볼 수 있다. 발주자 입장에서 환영할 만한 것이지만 시공자 입장에서는 더욱 더 엄격한 공사 기간 엄수가 요구되는 판결이다. 공기 지연에 따른 지체상금에 대한 시공자의 항변 중 가장 기본이 되어 왔던 전제가 타격을 입은 셈이다.

　　발주자의 입장 또는 하도급업체와 계약하는 시공자 입장에서는 예정된 손해배상액의 상업적 논리와 이해 관계를 계약 내에 언급하는 것이 바람직하다. 또한 예정된 손해배상액을 적시하는 표에 구체적으로 작용 논리를 설명하는 것도 좋은 방법일 것이다. 예를 들어 "Whereas the parties share a commercial interest in preventing delay, the following liqui-

---

52) *Cavendish v El Makdessi; ParkingEye v Beavis* (2015), UKSC 67, para 32.
53) *Cavendish v El Makdessi; ParkingEye v Beavis* (2015), UKSC 67, paras 73 to 75.

dated damages have been agreed"라고 표기하는 것을 고려해 볼 수 있다. 각 당사자는 대등한 협상력 하에서 변호사의 의견을 충분히 받았다는 사실을 적시하는 방법도 예정된 손해배상액의 유효성을 보호하는데 도움이 될 것이다. 예로 다음과 같은 문구를 삽입하는 것을 고려할 수 있다:

"The parties to this Agreement are sophisticated commercial parties of equal bargaining power acting under legal advice."

다만 위와 같은 문구를 넣었다는 사실만으로 위약금조항의 유효성을 보장하는 것은 아님으로 당사자는 포괄적인 상호 상업적 이해관계를 확보하는 것을 우선시 해야 할 것이다.

시공자 입장에서는 계약상 예정된 손해배상액이 과다하다고 판단된다면 그 액수와 상업적 이해관계가 부족하다는 이유로 그 금액을 줄이는 것에 주력하는 것이 최우선적인 방법으로 보인다. 다만 충분한 상업적 이유의 범위가 무엇인지에 대한 논쟁은 앞으로도 계속적으로 벌어질 것으로 예상된다.

Ⅶ. 결 론

이 장에서는 최근 영국 법원이 해석한 FIDIC 표준계약조건의 5가지 쟁점에 대해 다루어 보았다. FIDIC 표준계약조건을 주제로 한 법원 판결이 희소한 관계로 5가지 주제의 상호연결성이 부족한 것은 아쉬운 부분으로 남는다. 국제 중재의 비밀성으로 인해 중재판정이 공개되지 않는 상황은 모두가 알고 있고, 이 분야가 더 발전하기 위해서는 각 중재법원의 무기명 판정 공개가 시급한 것이 현실이다.

FIDIC 제2.4조가 규정하는 발주자의 공사 대금 재정 확보에 대한 합리적 증거 제출 및 시공자의 요구 권리는 시공자에게 유리하게 정립되었다고 볼 수 있으나 이 판결로 인해 계약 당사자들은 증거 요건을 더욱 더 구체화 할 것으로 보인다. 이에 따라 관습적으로 받아들여진 기존의 증거 제출 의무가 무엇인지에 대해 파악하고 이에 대하여 사전 준비를 해야 할 것이다.

2017년 개정판에서는 공사 대금 재정 확보 여부를 사전 계약 자료에 포함시키도록 하였으나 이것이 변경될 경우 발주자는 통지 의무만 있고 합리적 수준의 증거를 제출 받기 위해서 시공자는 특정 사유에 대한 대응을 통해서만 해당 자료를 받아 볼 수 있기 때문에 시공자에게 다소 불리하게 개정된 것으로 보인다. 2017년 개정판을 기본으로 계약을 하는 경우 시공자는 눈여겨 볼 필요가 있는 부분이다.

　　제4.10조, 제4.12조가 요구하는 공사 현장 자료 및 상태 인지 의무는 시공자에게 불리하게 해석되었다. 시공자는 단순히 발주자가 제공하는 자료에만 의존 할 수 없고 참고 가능한 모든 자료를 토대로 공사 여부를 스스로 판단해야 한다. 필요하다면 사전 실사도 진행해야 하기 때문에 입찰 비용은 예전 보다 더 높아졌다고 보아야 할 것이다. 따라서 리스크를 관리하는 시공자 입장에서는 더더욱 프로젝트의 수익성과 이에 수반되는 리스크를 신중히 계산하여야 할 것이다.

　　제15.1조, 제15.2조가 규정하는 발주자 하자 보수 요청 권한과 관련하여 법원은 발주자 권한의 한계를 분명히 하면서 시공자에게 유리한 판결을 내렸다. 중대한 위반만 계약 해지 사유가 될 수 있고 하자는 이미 발생한 것이어야 하며 하자 보수기간도 합리적으로 부여해야 한다는 것이다. 그러나 하자에 의한 계약 해지 요건이 까다로워진 만큼 발주자가 해지요건이 성립된다고 판단되면 해지를 이행할 가능성도 높아질 수 있음으로 그만큼 엄격한 계약관리가 필요할 것이다. 2017년 개정판에서는 불이행의 중대성을 계약해지 사전 조건으로 만들면서 Obrascon 판결의 취지를 채택하였다고 볼 수 있다.

　　제2.5조의 발주자 청구에 대한 통지 의무는 반대 클레임에도 적용된다는 법원의 판결은 발주자도 시공자만큼 철저한 계약관리를 하지 않으면 안 된다. 따라서 발주자는 반대 클레임에 대한 통지가 제외되도록 표준계약조건을 수정하려고 할 것이고 시공자는 이를 저지할 필요가 있다.

　　마지막으로 손해배상조항에 대한 심리에 있어 위약벌성 여부 보다 상업적 합의를 평가 잣대로 삼은 판결은 당사자들 사이에 협의된 예정된 손해배상액의 유효성을 보다 더 강화시킬 것으로 보인다. 발주자로서는 상업적 협의를 구체화하는 한편 시공자로서는 예정된 손해배상액의 성격을 보다 면밀히 파악하는 것이 요구된다. 이처럼 FIDIC과 같은 표준계약조건의 해석은 항상 진화하고 있다. 이러한 변화를 인지하지 못한 채 공사에 임한다면 당사자들 사이에서 분쟁이 일어날 수밖에 없고 변화를 인지하지 못한 측이 피해를 볼 수밖에 없다. 따라서 해외 건설 프로젝트에 임하는 당사자로서는 해외 법원의 판례 동향을 주시하고 그 파급효과를 적시에 인지해야 할 것이다.

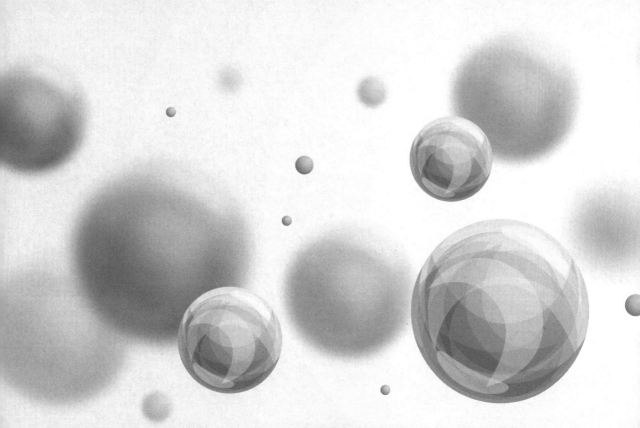

PART **IV**

해외자원개발

[15] 해외 석유·가스 자원의 탐사·개발·생산을 위한 다양한 계약형태 및 새로운 경향

류 권 홍

I. 서 론

기후변화 대응과 지속가능한 개발이라는 환경차원의 국제적 제약에도 불구하고 인류의 생존과 경제 개발을 위해 필수 불가결한 에너지원, 석유와 가스 등 화석연료에 대한 의존은 향후 최소 100년 이상 지속될 수밖에 없을 것이다.

우리나라는 총 에너지원의 97%를 수입에 의존하고 있으며, 아래 [표 1]에서 보는 것처럼 석탄·석유·LNG의 비중이 2010년 약 85%에서 2015년 83%로 약간 감소했으나 여전히 중요한 에너지원으로 자리 잡고 있다.[1]

[표 1] 우리나라 1차 에너지원 구성비

연도	총에너지	석탄	석유	LNG	수력	원자력	신재생
2001	100	23	50.6	10.5	0.5	14.1	1.2
2005	100	24	44.4	13.3	0.6	16.1	1.7
2009	100	28.2	42.1	13.9	0.5	13.1	2.3
2010	100	28.9	39.7	16.4	0.5	12.2	2.3
2011	100	30.2	38.0	16.7	0.6	12.0	2.4
2012	100	29.1	38.1	18.0	0.6	11.4	2.9
2013	100	29.2	37.8	18.7	0.6	10.4	3.2
2014	100	29.9	37.1	16.9	0.6	11.7	3.9
2015	100	29.7	38.1	15.2	0.4	12.1	4.5
2016	100	27.7	40.0	15.5	0.5	11.6	4.6

---

* 이 장은 2014년 7월 발간된 국제거래법연구에 발표된 논문을 다시 정리한 것이며, 최근 이란의 새로운 석유·가스 개발계약의 내용을 새롭게 추가하였음을 밝힌다.

1) 통계청, 1차 에너지 소비(구성비), 홈페이지 <http://kosis.kr/statHtml/statHtml.do?orgId=339&tblId= DT_F_Y132> 내용을 반영하여 재구성.

하지만, 2017년 12월 산업통상자원부가 발표한 제8차 전력수급계획에 따르면, 2017년 6.2%인 신재생에너지의 발전량 비중을 2030년까지 20%로 향상시키는 것을 정책목표로 하고 있다.[2] 안전을 원인으로 하는 원자력 발전 감축, 온실가스와 대기오염을 원인으로 하는 석탄 화력의 감축이 현실화된다면 석탄의 발전용 소비량은 감축될 수 있다. 다만, 신재생의 간헐성 등에 대한 대안으로, 또한 천연가스의 상대적 친환경성이 강조되어 천연가스의 발전용 소비가 점증하게 되면 전체적인 화석연료의 소비는 여전히 중요한 위치를 점할 수밖에 없다.

석유나 가스는 다른 보통의 재화와는 다른 고도의 정치성, 경제적 민감성, 문화적 관련성 등이 복합된 특수한 재화로 분류된다. 즉, 석유나 가스의 개발은 자원보유국의 정치적 이해관계, 국가적 목적, 경제적 상황, 국제 정치적 상황 등과 직결되어 있으며, 동시에 국제시장에서의 유가, 석유 생산국 단체(OPEC)의 행태, 소비국들의 단결력 기타 경제적 상황 등과도 밀접한 관련성을 가지고 있다. 따라서 해외자원개발을 목적으로 하는 개발회사(IOC)들은[3] 석유·가스의 개발과 관련된 정치적, 기술적, 재정적 위험을 포함한 수많은 위험들을 감수하지 않을 수 없다.

국제적 석유 개발의 초창기 모델은 양허계약(Concession)의 형태였으며, 이 모델은 멕시코에서 미국의 스탠더드 오일(Standard Oil)이 취득한 개발권과, 중동에서의 개발권 등에 적용되었다. 그 이후 자원 주권개념의 형성과 초기 양허계약의 악용에 대한 반동으로 자원 국유화 또는 자원 보유국의 지분 참여 형식으로의 변화가 이루어졌다. 그 후 양허계약과 다른 생산물분배계약(Production Sharing Agreement)이라는 새로운 방식이 널리 사용되게 되었다. 이는 자원보유국의 헌법 또는 법률이 외국인에게 개발권을 부여하는 것을 금하는 경우 사용되는 개발 방식이다. 일체의 권리를 개발회사에 부여하는 대가로 로열티와 세금 등을 취득하던 기존 양허방식에서, 석유·가스의 소유권이 국가에 귀속됨을 전제로 생산물에서 개발비에 해당하는 부분을 제외한 나머지는 자원보유국과 개발회사가 일정한 비율로 배분하는 방식으로 변화하게 된 것이다. 한편, 서비스제공계약(특히, Risk Service Contract)이 남미 또는 이라크 등에서 사용되고 있다. 이런 기본적인 계약의 형태들은 석유나 가스의 개발이라는 공통된 목적을 위해 이용되지만, 근본적으로 그 성격과 내용을 달리함에도 불구하고 많은 경우 혼합된 형태로 사용되고 있다는 점도 미리 지적해두고자 한다.[4]

---

2) 산업통상자원부, 보도참고자료-제8차 전력수급기본계획(2017-2031)(안) 국회 보고, 2017년 12월 14일, 5면.
3) 대부분이 다국적 회사들로 개발회사라는 표현을 사용한다. 이를 영어로는 'International Oil Company'라 하고 간단히 'IOC'라 한다. 이런 다국적 개발회사를 상류부터 중류, 하류에 이르는 수직계열화된 구조를 유지하는 메이저와, 그 중 어느 한 분야라도 계열화하지 못한 독립계 회사로 구분할 수 있다.
4) 대부분의 서유럽과 중동에서는 양허계약 방식을, 그리고 아프리카나 아시아 지역에서는 생산물 분배계약 방식을 주로 사용하고 있으며, 중앙 및 남아메리카 지역에서는 서비스제공계약을 택하고 있다.

아래에서 에너지 산업의 현황에 대해 살펴보고, 양허계약·생산물분배계약·서비스제공계약 등을 정리한 다음, 최근 국제 석유·가스 개발계약에서의 변화 경향을 검토한다.

Ⅱ. 국제 석유·가스 개발계약

1. 석유·가스 개발계약의 종류와 비교

석유·가스의 개발계약은 양허계약(Concession)·생산물분배계약(Production Sharing Agreement)·서비스제공계약(Service Contract)로 크게 그 형태를 구분할 수 있다. 여기에 참가협정(Participation Agreement)이 하나의 개발계약으로 추가되는 경우가 있다. 그러나 참가협정은 지분취득을 위한 특별한 조항에 불과할 뿐 석유나 가스의 개발과 관련된 독립된 형태의 계약이 아니기 때문에 보통 별도의 개발계약으로 다루지 않는다.

아래에서 구체적으로 각 계약의 특성을 살펴볼 것이지만, 이렇게 구분하는 기준으로는 지하에 있는 그 자체의 석유·가스에 대한 소유권이 누구에게 속하는가의 문제와 전체적인 개발에서 주도권이 자원보유국에[5] 부여되어 있는가 아니면 개발회사에게 부여되어 있는가에 있다. 우선 양허계약은 석유·가스에 대한 소유권 및 통제권이 거의 전적으로 개발회사에 부여되는 구조인 반면, 생산물분배계약과 서비스제공계약에서는 석유·가스의 소유권은 여전히 자원보유국에 귀속시키면서 동시에 개발의 주도권도 자원보유국이 행사하려는 경향이 강한 계약 형태이다.

자원보유국들이 어떤 형태의 석유·가스 개발계약 유형을 택하고 있는지는 다음 그림에서 살펴볼 수 있다.

미국과 유럽, 호주 등 선진국에서는 주로 양허계약의 형태를 유지하고 있으며, 식민지 시대를 경험한 인도네시아, 아프리카의 많은 국가들에서는 생산물 분배협정을, 남미의 베네수엘라, 페루 등에서는 서비스제공계약의 형태를 주로 사용하고 있다.

그러나 필리핀을 포함한 다수의 국가들에서 생산물분배계약과 서비스제공계약 양자 모두를 인정하고 있으며, 러시아 또한 생산물분배계약과 양허계약을 상황에 따라 구분하여 적용하고 있다. 따라서 일괄적으로 특정 국가와 특정 개발계약 형식을 도식화할 수는 없다. 한편, 최근 이라크와 이란을 중심으로 기술서비스제공계약이 적극적으로 활용되고 있다는 점도 중요한 변화 중 하나이다.

Frank L. Cascio, A Practical Look at the Major differences between Domestic and International Exploration Agreements, 43, Rocky Mountain Mineral Law Institute (1997).

5) 자원보유국 정부보다 자원보유국의 국영석유회사 또는 국영가스회사가 정부를 대신하여 석유·가스 등 자원을 관리·통제하고 있다.

[그림 1] 석유·가스 개발계약의 유형

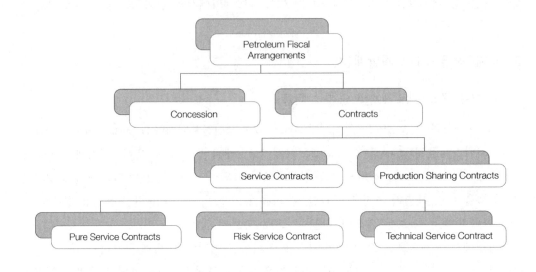

2. 석유. 가스 개발계약의 비교

가. 양허계약과 생산물분배계약

양허계약과 생산물분배계약이 개발회사에게 개발권역에서의 배타적 탐사·생산에 대한 권한을 부여한다는 점과 개발회사의 몫에 해당하는 생산물에 대한 처분권을 부여받는다는 점에서는 양자의 공통점이 존재한다. 하지만, 양허계약에서는 석유나 가스가 지하에 존재하는 상태 그대로 또는 생산되는 순간 개발회사에게 그 소유권이 귀속되지만 생산물분배계약에서는 지하에 존재하는 석유의 소유권은 국가에 귀속되며 개발회사는 단지 생산된 석유 중 일정한 비율 또는 양에 따른 생산물을 취득할 수 있을 뿐이라는 점에서 근본적 차이기 있다. 2003년 리비아의 표준 생산물분배계약(Model Exploration Production Sharing Agreement 2003 (EPSA Ⅳ)) 제2조를 그 예로 들 수 있는데, 생산물분배계약으로 인해 개발구역에 존재하는 그 상태로의 탄화수소에 대한 소유권이 개발회사에 부여되는 것이 아니라는 점이 강조되어 있다. 즉, 개념상 생산물분배계약에서의 개발회사는 생산된 석유를 특정지점에서 합의된 바에 따라 취득하기 전까지 지하에 존재하는 석유에 대한 소유권을 취득할 수 없다.

생산에 필요한 시설물 등에 대한 소유권 귀속과 관련하여, 양허계약에서는 특별한 약정이 없는 한 개발회사에 귀속하는 반면 생산물분배계약에서는 원칙적으로 자원보유국에 귀속되도록 하고 있다. 자원보유국과 개발회사에 분배되는 몫에서도 차이가 있는데, 양허계약에서 자원 보유국은 로열티, 보너스와 세금이 주된 부분이지만, 생산물분배계약에서는 기본적으로 생산물 중 일정한 부분이다. 보너스는 협약에 서명하면서 지급하는 Signing Bonus,

석유를 발견했을 때 지불하는 Discovery Bonus, 생산량에 따라 지불하는 Production Bonus 등이 있으며, 구체적으로는 당사자들의 협의에 의해 지불방법, 지불횟수, 지불금액 등이 결정된다. 마지막으로 개발 과정에 대한 통제권에서의 차이점인데, 양허계약에서는 거의 전적으로 개발회사의 재량에 의해 생산이 통제되는데 반해, 생산물분배계약에서는 경우에 따라서는 명목적일뿐이라도 자원보유국이 개발 및 생산에 대한 통제를 하도록 되어 있다.

[그림 2] 석유·가스 개발계약 유형별 자원보유국과 개발회사의 몫 비교

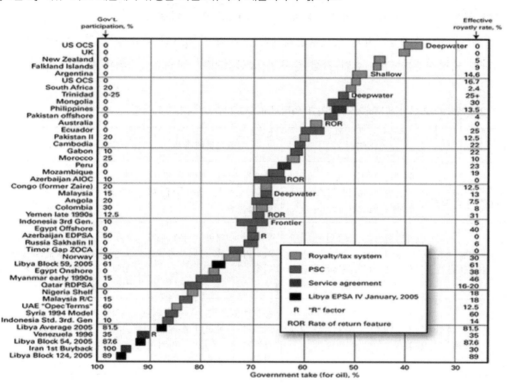

나. 생산물분배계약과 서비스제공계약

멕시코와 같이 자국의 역사·정치적 현실·자원민족주의 및 이에 따른 헌법 규정에 의해 양허계약이나 생산물분배계약과 같은 형식의 개발계약을 금지하는 경우가 있다. 이런 국가들은[6] 석유·가스 등의 자원에 대한 소유권은 국가에게 귀속시키면서 동시에 그 탐사·생산·정유·수송·판매 등 일련의 행위를 국가 또는 국영석유회사가 수행하도록 법적으로 강제하고 있다.

하지만, 석유나 가스를 개발할 수 있는 자본과 기술이 부족한 국가적 현실이 '필요악'

---

6) 현재는 아르헨티나, 볼리비아, 브라질, 이란 및 이라크가 서비스제공계약 방식을 택하고 있다.

으로써 외국의 석유 개발회사에 대한 의존을 하지 않을 수 없는 현실적 어려움이 동시에 존재하게 된다. 따라서 이런 자원보유국들에 의해 새로이 탄생하게 된 개발형식이 바로 서비스제공계약이다.[7]

이런 서비스제공계약은 일정한 서비스를 제공하고 그 대가로 대금을 지급받는다는 점에서 우리 민법상의 용역계약과 유사하며, 세부적으로는 제공되는 서비스의 성공 여부를 묻지 않고 대가를 지급받는 '순수서비스제공계약(Pure Service Contract)'과 개발회사가 석유의 개발에 필요한 모든 자본과 기술을 제공하며 동시에 개발 실패로 인한 일체의 위험을 부담해야 하는 '위험서비스제공계약(Risk Service Contract)'으로 나뉜다.

이런 서비스제공계약과 생산물분배계약은 지하에 매장된 석유·가스의 소유권이 개발회사에 속하지 않는다는 점이 가장 중요한 공통점이다. 자원민족주의의 영향에 의해 석유

[표 2] 양허계약과 생산물분배계약 그리고 위험서비스제공계약의 구분

	양허계약	생산물분배계약	위험서비스제공계약
개발회사에 주어지는 권리	배타적 탐사, 개발 권 및 생산된 석유 및 가스에 대한 처분권	배타적 탐사, 개발권 및 대가로 취득한 생산물에 대한 처분권	배타적 운영권 및 성공 여부에 기초한 보수
자산에 대한 소유권	개발회사의 소유임 - 다만 약정에 따라 개발의 종료 시기에 자원보유국에 귀속되는 경우 있음	투자비에 대한 비용회수가 이루어진 때 자원보유국에 귀속	자산이 설치됨과 동시에 또는 개발의 상업적 타당성이 인정됨과 동시에 자원보유국에 귀속
운영에 대한 통제	개발회사가 관련 규정에 따라 임의적인 통제권을 보유함	자원보유국 또는 국영석유회사가 명목적인 통제권을 가지거나, 경우에 따라서 실질적인 통제권을 행사함	자원보유국 또는 국영석유회사가 통제권 보유
자원보유국의 몫	보너스, 차임, 세금, 로열티	보너스, 생산물의 일부(세금)	보너스, 모든 생산물(세금)
생산물의 소유권 귀속	압력조절장치(Wellhead) 또는 지하에 있는 상태 그대로(in situ, 전통적 양허계약에서) 석유 및 가스의 소유권이 개발회사 속함-내수공급의무 존재	생산이 이루어진 후 개발회사에게 귀속되는 생산물에 대한 소유권 취득 - 내수 공급의무	개발회사는 생산물에 대한 권리가 없음 - 다만 현물로 서비스료를 제공하거나 생산물에 대한 우선매수권을 규정하는 경우는 예외가 있음(Buy-Back Agreement)

---

7) 여기에서의 서비스는 기술적 서비스 뿐 아니라 금융의 조달을 포함하는 개념이다. 예를 들어, 1997년 체결된 이란의 Bow Valley Energy Service Contract 2.는 제공되는 서비스의 내용을 정하고 있는데, 2.2.에서 개발회사는 모든 자본, 기계, 장비, 기술, 및 숙련된 기능을 제공하도록 하고 있다.

나 가스는 자원보유국의 절대적 소유이므로 그 개발과 처분 또한 자원보유국의 결정에 따라야 한다는 점이 확인되면서 서비스제공계약과 생산물분배계약은 그 정치적 목적 실현을 위한 계약적 수단으로 발생되었고 그 목적에 맞게 기능을 수행해 오고 있다.

하지만, 이런 공통점에도 불구하고 서비스제공계약에서는 서비스제공의 대가로 생산된 석유나 가스가 아닌 대금을 지급받는 반면, 생산물분배계약에서는 생산물 자체로 지급받는다는 점에 가장 중요한 차이점이 있다. 동시에 서비스제공계약은 생산물분배계약보다 훨씬 강화된 자원보유국의 통제가 이루어지며, 서비스제공계약에서는 생산에 필요한 시설 및 자산도 그 설치 또는 건축과 동시에 자원보유국에게 귀속되도록 하고 있다. 즉 서비스제공계약은 자원보유국의 입장이 가장 많이 반영된 형태의 개발계약인 것이다.

[표 2]는 양허계약과 생산물분배계약 그리고 위험서비스제공계약을 구분하여 정리하고 있다.

다. 생산물분배계약과 Farm-in[8] 계약

Farm-in 계약은 주로 미국에서 사용되어 온 개발계약의 형태인데, 개발권을 가진 Farmer가 Farmee에게 개발구역 내에서의 시추정 굴착 또는 시험 등에 대한 대가로 당해 개발구역에 대한 개발권의 전부 또는 일부를 양도하는 계약을 의미한다. 그 기원은 국가가 개인에게 세금 등의 징수에 대한 권한을 부여하면서 개인은 그 징수에 대한 대가로 일정한 서비스료를 지급하는 로마 제국의 제도에 두고 있다.

Farm-in 계약에 의하면, Farmee가 유정을 시추하는 등 일정한 행위를 하게 되면, 이에 대한 대가로 당해 개발구역에 대한 개발권을 부여받게 되는데, 개발이 성공하는 경우 그 이익의 배분은 우선 개발에 소요된 비용을 Farmee가 먼저 회수한 다음[9] Farmer와 Farmee가 사전에 합의된 방식에 따라 생산물을 분배하게 된다. 생산물분배계약과 Farm-in 계약의 차이점은 개발구역에 대한 권리의 이전 여부에 있다. 즉 생산물분배계약에서는 자원보유국이 개발회사에게 개발구역 내에서 개발을 할 수 있는 권리·비용을 회수할 수 있는 권리·이익을 생산물로 취득할 수 있는 권리를 부여할 뿐, 개발구역 자체에 대한 권리를 이전하지 않는다. 하지만 개발에 필요한 시추공 굴착 등의 행위를 제3자가 시행한다는 점, 제3자는 굴착 등에 소요된 비용을 먼저 회수한다는 점 그리고 나머지 생산물이 합의된 방식에 따라 분배된다는 점 등에서 더 많은 공통점을 찾을 수 있다.

---

8) Farm-in을 영어 표현 그대로 사용한다. 그 이유는 한국어로 표현하기 곤란한 의미를 가지고 있으며, 석유 업계에서 통상 사용되고 있는 표현이므로 그대로 써주는 것이 더 효과적으로 이해될 수 있기 때문이다. Farm-in과 Farm-out은 개발권을 양도하는 주체의 입장에서는 'out'이고, 인수하는 주체의 입장에서는 'in'이기 때문에 별도의 구분 없이 혼용되어 사용되고 있다.

9) 미국에서는 이를 'Payout'이라 표현하고 있다.

3. 양허계약(Concession)

가. 전통적 양허계약의 중요한 요소들

석유가 개발된 이후부터 1970년대 초까지 일반적인 석유 개발 계약인 양허계약은 다음과 같은 성격을 가지고 있었다. 첫째, 양허권은 광대한 영역에 대한 개발권이었으며 둘째, 상대적으로 아주 긴 양허 기간 동안 셋째, 개발회사에게 개발에 관한 스케줄과 방법을 결정할 수 있는 권한이 있었고 넷째, 자원보유국은 생산량에 비례해서 지급되는 로열티의 수령을 제외하고, 아주 제한적인 권한만을 행사할 수 있었다.[10]

구체적으로 양허기간의 경우, 이란, 이라크, 쿠웨이트 및 사우디아라비아 4개 나라에서는 약 60년에서 75년에 이르는 아주 장기의 계약 기간을 두고 있었다.[11] 페르시아로부터 개발권을 부여 받은 다르시(D'Arcy)는 66년 동안의 개발권을 취득했고,[12] 쿠웨이트와 아부다비의 경우, 그 계약 기간이 75년이었으며,[13] 99년에 이르는 계약이 쿠웨이트와 체결된 경우도 있었다.[14] 오만(Oman)의 경우, 1937년 개발 계약서 제2조는 '이 계약 기간은 서명일로부터 75년이다'[15]라고 명시하고 있다.[16] 이렇게 장기간의 양허기간을 정하고 있음에도 불구하고 계약기간을 수정하기 위한 절차가 없었으며, 오만 양허의 경우 오히려 계약의 불변성이 강조되었다.

양허권자들은 개발권이 부여된 지역에서 발견된 석유자원(Petroleum Reserves)에 대한 배타적 소유권과 스스로의 판단에 따라 석유를 처분할 수 있는 권리를 취득했다. 자원 주권 개념의 형성 전에 이루어진 전통적 양허계약에서는 자원의 소유권 자체가 개발권자들에게 이전되었다는 것은 위에서 본 바와 같다. 오만의 1937년 양허계약의 경우, 국왕(Sultan)에게

---

10) Ernest E. Smith, John S. Dzienkowski, Own L. Anderson, Gary B. Conine, John S. Lowe, Bruce M. Kramer, International Petroleum Transaction 412, (2000).

11) Ibid, 60.

12) 물론 1901년 체결된 D'Arcy의 계약이 최초의 석유 개발계약은 아니지만, 이 계약은 전통적인 양허 계약의 전형으로 인정되고 있다.

13) Ernest E. Smith, John S. Dzienkowski, Own L. Anderson, Gary B. Conine, John S. Lowe, Bruce M. Kramer, above n 11, 412.

14) Claude Duval, Honoré Le Leuch, André Pertuzio, Jacqueline Lang Weaver, International Petroleum Exploration and Exploration Agreements 60, (2009).

15) Agreement between Petroleum Concessions, LTD and Sultan of Muscat and Oman, Article 2 ; The period of this agreement shall be 75(Gregorian) Calendar years from the date of signature.

16) 이 1937년 계약은 2012년까지 유효했으나, 1967년의 후속 협약에 의해 대체되었다. 이 계약은 오만 전체 석유 생산의 80% 이상을 차지한다. 그 이후에도 계속 계약의 수정이 있었으며, 주된 내용은 조세제도의 변경과 1975년에 25%의 오만 정부 지분 참여에 대한 합의이다. 이 합의는 후에 60%까지 확대되었다. 2004년 겨울에는 2044년까지 양허기간을 연장하는데 합의가 되었으며, 이 합의에 의한 양허지역은 114,000㎢에 이르며 현재 유효한 면적의 약 90%에 이른다. 이런 계약 변경에 대한 대가는 영허권자의 생산에 대한 대규모 투자였다.

일정한 로열티를 지급하는 반대급부로 약정기간 동안 양허권이 부여된 구역 내에 존재하는 석유에 대한 탐사, 탐색, 시추정의 굴착 생산, 취득, 정제, 수송, 판매, 수출, 거래 또는 처분에 대한 배타적 권리와 이상의 모든 또는 어떤 목적 수행에 필요한 일체의 행위를 할 수 있도록 하고 있다.

전통적 양허계약에서 투자비용은 전적으로 개발회사에 의해 제공되었으며, 자원보유국의 참여(Participation)에 관한 규정도 없었다. 정부의 참여가 이루어진 것은 1950년대부터 1960년대 이후이며, 본격적인 참여는 1970년대에 이루어졌다. 개발회사는 양허지역에서의 탐사, 개발활동에서 과도한 특권과 독점적인 운영상의 자유를 누리는 반면, 자원보유국은 운영과 관련된 내부 결정절차의 직접 참여가 배제되었다.[17]

양허권 부여에 대한 대가로 자원보유국이 취득하는 몫은 극단적으로 적었다. 자원보유국 또는 그 통치자가 취득했던 것은 약간의 보너스와 로열티에 불과했다. 다르시와 페르시아 사이에 체결된 양허계약에서는 16%의 로열티를 지급했으나, 다른 양허계약에서는 생산물 자체의 시장가치나 매출액을 기준으로 하지 않고, 톤당 일정한 비율의 양에 대해 산출된 금액을 지급했다.[18] 아랍에미레이트의 아부다비 양허계약을 예로 들면, 톤당 약 3루피(Rupee)(당시 달러로 약 75센트) 또는 배럴당 약 8센트 정도의 로열티를 지급하도록 되어 있었다. 오만 1937년 양허에 있어서도 초기 5년 동안은 매년 84,000루피 또는 톤당 3루피를 지급하고, 6년차 이후에는 매년 96,000루피 또는 톤당 3루피를 로열티가 지급되었다.

이들 계약에서 주어진 석유 개발권의 대상 범위는 자원보유국의 영토 중 상당한 부분을 차지했으며, 경우에 따라서는 포기조항(Relinquishment clause)도[19] 없이 거의 전 국토에 권한이 미치는 경우도 있었다. 위 오만 계약에서도 다르시와 체결한 1901년 계약은 500,000 평방 마일에 이르는 면적에 대한 개발권이, 1939년 아부다비나 쿠웨이트 계약의 경우 아부다비 육상과 해상 모든 지역에 대한 개발권이 부여되었다.

나. 전통적 양허계약에 대한 비판과 변화

이상과 같은 내용의 개발권 양허계약이 체결되고, 거대한 양의 석유가 발견된 후, 자원보유국인 주권국가들은 다국적 회사인 개발회사들과 일방적이고 불공평한 계약을 체결했다는 사실을 인식하게 되었다.

그 비판의 가운데에 양허계약이 위치했으며, 비판의 내용은 개발회사에 주어진 권한에

---

17) Atef Suleiman, The Oil Experience of the United Arab Emirates and its Legal Framework 2, (1988).
18) Ernest E. Smith, From Concession to Service Contract, *Tulsa Law Journal* 497, (1992).
19) 이처럼 광대한 영역에 대한 개발권을 가지고 있는 개발회사에게 주어진 기간 내에 상업성이 인정되는 개발을 하거나 일정한 지역을 자원보유국에 다시 반환하도록 하는 약정을 의미한다. 반환조항 또는 반납조항이라고도 해석할 수 있다.

비해 자원보유국에 귀속되는 대가가 너무 미미했다는 점, 자원보유국은 개발의 운영과 관련하여 통제나 참여권이 부여되지 않았다는 점, 개발회사가 제공하는 자원 개발과 관련된 인력의 양성이나 정보의 제공이 미흡했다는 점, 양허 대상 구역이 극히 광범위했다는 점, 과도한 장기계약이 체결되었다는 점 등이었다. 그 중 개발회사에 주어진 가장 중요한 특권은 석유, 가스의 개발과 관련된 운영과 통제에서의 절대적 권한이었다. 이런 비판은 개발회사가 주권의 일부를 박탈했다는 주장에까지 이르게 되었으며, 결국 전통적 양허계약은 자원 주권의 원칙과 양립할 수 없는 것으로 간주되게 되었다.[20]

이런 비판에 대한 자원보유국들의 대응은 3 가지 방식으로 나타났다. 첫째는 1938년 멕시코와 같이 석유 산업 전체를 국유화하고 이와 관련된 모든 것을 국영회사에 이전시키는 방식이었고, 둘째는 자원보유국이 아무런 조치를 취하지 않고 기존의 계약을 존중하는 방식이며, 마지막으로는 중동의 여러 나라의 예와 같이 계약의 균형을 맞추기 위해 새로운 협상을 추진하는 것이었다.[21] 특히 중동의 경우 1950년대부터 1960대까지는 재정적 조항의 변화를 추구했는데, 주로 이익의 분배·세율의 상승 등에 중점을 두었으며, 1970년대에는 자원보유국의 지분참여 확대로 그 방향이 전개되었다.

다. 새로운 양허계약

전통적 양허계약의 문제점이 지적되고, 이에 대한 개선이 이루어지면서 제2차 세계대전 이후, 특히 1970년대부터 새로운 내용의 양허계약이 등장하게 되었다. 새로운 형식의 양허계약은 기존 특권부여(Conceded)의 개념에서 허가(License)의 개념으로 전환을 의미한다. 하지만 개발회사에게 석유·가스에 대한 개발권을 부여하면서 개발과 관련된 상당한 정도의 재량권을 부여한다는 의미에서 본질적 부분에 변화가 있는 것은 아니었다.

새로운 양허계약의 개괄적 내용은 석유의 탐사와 생산에서 자원보유국의 좀 더 활동적인 감독권의 확보, 개선된 재정적 조건들, 개발회사들의 최소탐사의무 확인 등을 들 수 있다.[22] 여기에 개발계약 체결의 주체,[23] 개발권역 및 이에 관련된 포기조항, 개발기간, 최소탐사의무, 자원보유국이 취득하는 몫, 자원보유국의 통제 및 정보의 제공 등에 대해 살펴볼 필요가 있다.

---

20) Claude Duval, Honoré Le Leuch, André Pertuzio, Jacqueline Lang Weaver, above n 14. 62-63.

21) Ernest E. Smith, John S. Dzienkowski, Own L. Anderson, Gary B. Conine, John S. Lowe, Bruce M. Kramer, above n 10, 418.

22) Claude Duval, Honoré Le Leuch, André Pertuzio, Jacqueline Lang Weaver, above n 14. 63.

23) 전통적 양허방식에 의한 시절에는 국왕 또는 통치자와 개발회사의 비밀스러운 협약에 의해 계약이 체결되었으나, 새로운 양허방식의 등장과 더불어 기존의 협상 방식과 달리 입찰 방식에 의한 개발권 부여가 이루어지게 되었다.

그러나 새로운 양허계약이 전통적 양허계약과 다른 점을 가지고 있다 하더라도 본질적으로 동일한 종류의 개발계약이라는 점을 인식해야 한다. 이는 아부다비의 예에서 보듯이 자원보유국은 개발회사에게 개발 권역 내에서 석유의 탐사, 생산, 저장, 수송 및 판매에 관한 배타적 권한을 부여하고 있기 때문이다.24) 또한 새로운 양허방식은 전통적 양허방식의 문제점과 단점들을 상당부분 제거하여 자원보유국의 입장에서 상당히 만족스러운 계약형식으로 받아들여지고 있다.25) 왜냐하면 개발권역·개발기간·자원 보유국 권한의 확대 등 세부적 사항에서 자원보유국에 유리한 방향으로의 변화가 이루어졌기 때문이다.

4. 새로운 양허계약의 주요 내용

가. 계약주체의 변화(Parties to the Contract)

자원보유국의 측면에서, 전통적 양허계약에서의 계약주체는 국가의 수장이었으나, 새로운 양허계약에서의 계약주체는 에너지 담당 장관·대리인·국영석유회사(National Oil Company, 이하 'NOC')로 바뀌었다.26) 한편, 개발권을 취득하는 개발회사의 경우 전통적 양허계약에서는 특별한 요구사항이 없었으나, 새로운 양허계약에서는 자원보유국의 법이나 규정에 의해 자원보유국에서 설립된 법인일 것을 요구하는 경우가 많다.27) 따라서 석유개발회사들은 개발권을 취득하기 위해서 자원보유국에 자회사를 설립하거나, 자원보유국의 국영석유회사와 함께 합작회사를 설립하도록 강제되기도 한다.28)

나. 개발권역과 포기조항(Concession Area and Relinquishment)

전통적 양허방식에서는 거의 국가의 전역에 이르는 지역에 대한 개발권이 부여된 반면, 새로운 양허방식에서는 개발구역이 블록 단위로 구분하여 부여된다. 즉, 대부분의 자원보유국은 개발권과 관련된 협상 또는 입찰 절차에서 개발권이 부여되는 구역을 특정하기 위한 서술과 도면을 첨부한다. 어떤 방식으로 개발권역을 표시할 것인가는 각 국가에 따라 다를 수 있지만,29) 새로운 양허방식에서는 이렇게 개별적 구역을 확정하고 그에 대한 개발

---

24) The Government grants to the company the exclusive rights to explore, search and drill for, produce, store, transport and sell Petroleum within the Concession Area.
25) Atef Suleiman, above n 17, 6.
26) 물론 이런 경향은 생산물분배계약 및 서비스계약의 형태에서도 나타나게 된다.
27) Ernest E. Smith, above n 18, 4.
28) Atef Suleiman, n 17, 6. 전형적인 새로운 양허방식을 택하고 있는 아부다비의 경우, 정부가 60%에 이르는 지분 참여에 대한 참여권이 보장되어 있다. 다만 이런 참여는 석유의 개발에서 그 상업성이 인정된 이후에 실행할 수 있다.
29) 위도상의 표시 방법을 택할 것인지, 아니면 지도상에 표시하는 방법을 택할 것인지 또는 양자 모두를 택할 것인지의 판단 문제이다. 많은 경우 양자를 모두 이용하되, 불일치가 발생하는 경우 무엇이 우선하는지에 대한 기준을 사전에 명시하고 있다.

권을 부여한다.

개발권역과 관련하여 전통적 양허방식에는 없었던 조항이 새로운 양허계약에 추가되었는데 이것이 포기조항(Relinquishment)이다.[30] 포기조항은 개발권의 포기를 의미하는데, 자국 내의 자원을 최대한 빠른 시간 내에 개발하려는 자원보유국의 이해와 한정된 인력·기술·재정을 세계적으로 어떻게 합리적으로 배분하여 투자할 것인가를 고려해야 해야만 하는 개발회사의 이해가 합치되어 나타난 조항이다. 포기조항의 추가로 인해, 개발회사는 주어진 개발기간 내에 상업화 가능한 자원을 개발하거나 또는 당해 개발구역을 자원보유국에 다시 반환해야 하는 선택의 문제에 처하게 된다.

포기의 방식은 강제적인 방법(Mandatory)과 자발적인 방법(Voluntary)이 있으며, 포기되는 개발구역의 획정, 원래의 개발구역을 기준으로 할 것인지 아니면 잔존 개발구역을 기준으로 할 것인지에 대한 문제 등이 포기약정과 관련된 중요한 쟁점들이다.[31]

다. 탐사·개발기간(Duration)

새로운 양허방식에서 탐사·개발기간은 확정기간인 경우가 많다. 다만 당사자들의 합의에 의해 기간이 연장될 수 있다는 것을 전제로 한다. 많은 경우 새로운 양허방식에서 개발기간은[32] 20년에서 30년으로 정해지며, 특수한 경우 40년으로 확정된 경우도 있다. 가장 대표적인 아부다비 양허계약은 35년의 개발기간을 정하고 있으며,[33] 터키는 석유법에서 20년을 개발기간으로 정하고 있다.[34] 다만 심해저의 개발과 같이 개발기간을 장기로 부여할 필요가 있는 경우 50년에 이르기도 한다.

라. 최소탐사의무(Minimum Exploration Commitments)[35]

석유협상가협회(The Association of International Petroleum Negotiators. AIPN)의 정의에 따르

---

30) 'Surrender'라는 표현을 사용하는 경우도 많다. Licensing Terms Summary for Offshore Oil & Gas Exploration Development & Production, 2007, Section 17 (3) Surrender of acreage : At the end of the first phase of the license the licensee shall surrender 50% of the licensed area.

31) AIPN(1999), Host Government Contract Handbook 62-101.

32) 이 기간은 탐사기간에 대한 것이 아니라, 생산기간에 대한 것이다.

33) 1981년 아부다비와 독일의 데미넥스(Deminex)에 의해 주도된 합작개발회사와 체결된 양허계약의 개발기간은 35년이며, 또한 1990년에 체결된 개발계약에서도 'The term of this Agreement shall be a period of thirty-five(35) years, from and after the Effective Date.'이라고 명시하여 35년의 개발기간을 지켜오고 있다.

34) Turkish Petroleum Act Article 65 : The validity of a lease, as of date the lease enters into effect, is 20 years.

35) 최소작업의무(Minimum Work Program)라고도 하지만, 작업의무와 비용지출의무를 포함하여 최소탐사의무로 정리한다.

면 최소탐사의무란 탐사의 각 단계에서 개발회사가 시행하는 최소의 작업 프로그램 또는 재정적 투자를 의미한다.[36) 전통적 양허계약에서는 탐사의 실행 여부, 실행 방법, 재정적 투자 방법 등은 모두 개발회사의 판단에 따랐으나, 새로운 양허방식에서는 개발계약에 개발회사가 실행해야 하는 최소 작업범위를 구체화하고 있다.

최소탐사의무는 개발회사의 계약상 의무를 정함과 동시에 개발회사의 다음 단계 탐사로 진행하기 위한 조건으로서 기능을 한다. 대부분의 약정은 지질조사·지진파(탄성파) 조사 및(또는) 탐사정의 굴착 등 구체적 작업의무 사항을 담고 있기도 하나, 이와 달리 최소투자 비용을 정하는 방식이 있다. 최소탐사의무 위반에 대한 효과로는 손해배상액의 예정(Liquidated damages)에 관한 규정을 두는 경우가 많다. 이로 인해 최소탐사의무는 개발계약의 체결 여부에 있어서 개발회사가 검토해야 할 가장 중요한 요소 중 하나이다.

마. 자원보유국의 몫(Government Take or Financial Benefits)

전통적 개발계약의 내용 중에서 자원보유국들의 가장 큰 불만이었던 부분이 이 부분이었으며, 새로운 개발계약에서는 상당히 자원보유국에 유리한 조항들이 추가되었다. 자원보유국의 몫으로 돌아가는 항목은 생산량에 기초한 로열티(Royalty)·세금(Tax), 사용료(Rental Royalty)와 다양한 보너스(Bonus)[37) 등이 있다.

바. 자원보유국의 통제(Control)

전통적 양허계약에서는 개발회사에게 탐사·개발에 관한 재량권이 부여되어 있었고, 자원보유국은 이에 대한 통제를 할 수 없었다. 이로 인해 개발회사가 생산에 필요한 유정을 하나만 굴착하더라도 아무런 문제가 되지 않았다. 과거 국영석유회사들은 재정적·기술적 능력의 결여로 많은 양허계약에서 개발회사에게 상당한 재량권을 부여할 수밖에 없었는데, 이런 과다한 재량권 부여는 자원보유국의 주권을 침해한다는 주장이 강하게 제기되었다.[38) 새로운 양허계약에서는 이런 문제를 해소하기 위해 자원보유국이 탐사·개발관련 정책 결정 과정에 참여하고, 관련 계획과 예산을 승인하는 권한을 유보하게 된다. 물론, 위에서 본 것처럼 최소탐사의무도 일종의 재량권 통제의 기능을 한다.

---

36) AIPN, above n 31, ix.
37) 보너스는 서명(Signing), 석유의 발견(Discovery of Petroleum), 상업성 선언(Commerciality Declaration), 일정한 생산 단계에 이르렀을 때(Reaching certain level of Production) 등을 지급시기로 정할 수 있으며, 구체적 합의에 따라 제공 시기와 금액이 정해진다.
38) Ernest E. Smith, John S. Dzienkowski, Own L. Anderson, Gary B. Conine, John S. Lowe, Bruce M. Kramer, above n 10, 432.

사. 자원보유국에의 정보 제공(Information to the Government)

새로운 양허계약은 전통적 양허계약보다 개발회사의 정보제공의무를 강화하고 있다. 탐사·개발 등의 과정에서 취득하게 되는 정보는 자원보유국 입장에서 아주 중요한 가치를 가지는데, 이는 자원보유국의 탐사·개발능력 개발, 향후 인근 지역의 개발 가능성 판단 및 탐사 비용의 감소 등의 효과를 가져오기 때문이다.

5. 생산물분배계약

가. 생산물분배계약의 특징

생산물분배계약의 주요 특징을 살펴보면 다음과 같다.

첫째, 자원보유국 정부 또는 자원보유국 정부로부터 권한을 위임받은 국영석유회사와 생산물분배계약에 의해 개발회사는 약정기간 동안 특정된 구역 내에서 배타적인 개발을 실시할 수 있는 권리, 즉 개발권을 부여받게 된다.[39]

둘째, 개발회사는 자원보유국의 통제 하에서, 스스로 일체의 비용·기술·자원을 조달할 책임을 지며 동시에 이에 따르는 모든 위험도 부담한다.

셋째, 개발에 성공하게 되면, 모든 생산물의 소유권은 자원보유국에 귀속된다. 다만 개발회사는 약정에 따라, 투자비 회수와 이익 분배의 명목으로 생산물 중 일부를 현물로(in kind) 취득할 수 있다.

넷째, 이렇게 취득한 개발회사의 수입에 대하여 생산물분배계약에 달리 정하지 않는 한 자원보유국은 세금을 부과할 수 있다.

다섯째, 석유개발을 위해 설치한 장비나 시설은 투자비 회수의 진행 정도에 따라 자원보유국에 귀속된다. 다만, 개발계약에 따라 장비나 시설이 설치됨과 동시에 자원보유국에 그 소유권이 귀속될 수도 있고, 단계적으로 귀속될 수도 있으며, 개발회사가 투자비용을 완전히 회수했을 때 귀속될 수도 있다.

나. 대표적인 생산물분배계약 - 인도네시아

식민지의 아픔을 겪었던 인도네시아가 네덜란드로부터 독립했을 때, 국내적으로 민족주의 감정이 팽배해있었다. 이로 인해 외국계 개발회사들이 바로 민족주의 운동의 공격대

---

39) 2000년 미얀마와 대우인터네셔널이 체결한 생산물분배계약 제2조 제2항이 그 예이다. 이에 따르면, 개발회사는 협정서에 따라 탄화수소를 개발할 의무가 있으며, 또한 개발회사는 당해 지역에서의 배타적 개발권한이 있는 자로 지정되고 또한 간주된다. Section 2 Scope 2.2 : Contractor shall be responsible to MOGE for the execution of Petroleum Operation in accordance with the provisions of this Contract, and is hereby appointed and constituted the exclusive company to conduct Petroleum Operation in the Contract Area.

상이 되었으며, 그들 개발회사와 인도네시아 사이에 체결되었던 양허계약이 개발회사들에게 과도하게 유리한 것으로 받아들여졌다. 인도네시아 정부는 기존에 체결된 양허계약의 효력을 중단시키는 조치를 취했지만, 석유 개발의 중단은 개발회사 뿐 아니라 필요한 재원과 기술이 부족한 인도네시아에게도 부정적인 결과를 가져왔다. 이런 과정에서 인도네시아 정부가 택한 방법이 생산물분배계약이라는 새로운 개발형식의 채택이었다. 이를 통해 인도네시아 정부는 석유의 소유권을 개발회사에 이전하지 않고 보유하게 되었으며, 국영석유회사들이 개발에 대한 통제권을 행사하게 되었다.

인도네시아 생산물분배계약의 주요 특징은 개발회사가 석유의 탐사·개발과정에서의 위험을 모두 부담한다는 점, 개발회사는 일정한 한도 내에서 투자된 비용을 생산물로 회수할 수 있으며, 투자회수 생산물을 제외한 나머지 생산물은 국영석유회사와 개발회사 사이에 분배된다는 점, 개발과 관련하여 개발회사가 도입하는 모든 장비와 시설의 소유권이 인도네시아에 들어오는 순간 국영석유회사에 이전된다는 점 등이다.

인도네시아의 제1세대 생산물분배계약은 미국계 컨소시엄인 IIAPCO와 체결된 것이다. 이 계약에서 매년 투자비용으로 회수 가능한 생산물의 한도는 40%까지 허용되었으며, 국영석유회사와 개발회사 사이의 이익분배 비율은 65 : 35로 국영석유회사에게 유리하게 되어 있었다. 또한 개발회사는 이익분 석유의 25%를 인도네시아 국영석유회사에게 판매해야 하는 의무를 부담했으며(내수판매의무), 그 가격은 시장가격의 15%로 결정되었다. 나아가 국영석유회사가 개발회사로부터 취득할 수 있는 석유의 비율이 35%에서 46%까지 증가되었다. 다만, 제1세대 생산물분배계약에서는 로열티와 세금이 부과되지 않았다.

제2세대 생산물분배계약은 1976년을 기점으로 시작되었으며, 개발이 어려운 지역에 대한 개발계약에서는 비용회수에 대한 한도를 삭제했다. 한편 1977년 협정의 경우 이익분에 대한 분배비율이 65.0901 : 34.0909이었으며, 개발회사는 이익분에 대한 세금을 납부하게 되었다. 또한, 내수판매 의무분에 대한 가격이 첫 5년 동안은 시장 가격에 따라 결정되도록 현실화하였다. 이런 변화의 원인은 첫째, 1973년 유가의 급격한 상승과 그 지속성에 대한 신뢰에 있었으며, 이로 인해 인도네시아 정부가 자신의 몫을 높이게 되었다. 둘째, 제1세대 생산물분배계약에서는 개발회사가 미국의 과세규정에 따른 세제혜택을 볼 수 없었는데, 이를 해소하기 위해 생산물분배계약에 과세에 관한 규정을 추가하게 되었다.

1988년에 도입된 제3세대 생산물분배계약은 과거의 것들보다 훨씬 유연했다. 이번에는 제2세대 생산물분배계약을 도래한 원인과 정반대의 현상이 시장에서 나타났기 때문이다. 즉, 유가는 하락하고, 생산비용은 증가하며, 개발에 필요한 자본을 끌어들이기 위한 국가 간의 경쟁이 치열했기 때문에 개발회사에게 유리한 내용의 생산물분배계약이 이루어지게 된 것이다. 가장 중요한 변화는 1차 할당분(First Tranche Petroleum) 제도의 도입이며, 이를 통해 개발회사와 국영석유회사는 총생산물의 20%에 해당하는 생산물을 이익분 분배비율에 따라 우선 취득할 수 있게 되었다. 1차 할당분은 개발회사의 이익이 일정 한도 내에서 보장되는 기능을 하였다.[40] 더불어 이익 분배비율도 개발회사에 유리하게 수정되었으며,[41] 내수 판매 의무분에 대한 가격도 훨씬 현실화되었다.

1992년, 인도네시아는 천연가스의 성공적 개발을 위해 '새로운 패키지(New Package)'라는 제도를 도입했다. 그 중요한 내용은 이익분배 비율이 일반적인 가스전의 경우 70 : 30에서 65 : 35로 개발회사에 유리하게 결정되었으며, 가스 개발회사는 투자비용의 회수에 제한을 받지 않게 되었다.[42]

6. 서비스제공계약

가. 서비스제공계약의 출현

서비스제공계약은 역사적, 정치적 상황과, 자원 민족주의의 전개에 바탕을 두고 있으며, 많은 나라들이 헌법 또는 하위 법령에 자원의 소유권이 국가에 속한다고 명시하면서 동시에 이에 대한 개발 방식은 생산물분배계약 또는 서비스제공계약으로 제한하게 되었다. 이런 서비스제공계약은 1950년대 남미를 중심으로 발달하였으나 1960년대에는 중동까지 전파되었다. 서비스제공계약에서는 탐사·생산·수송·정제·판매의 모든 단계에 대한 통제권이 자원보유국 또는 국영석유회사에 귀속된다는 점이 중요한 특징이다. 그럼에도 불구하고 자원보유국들은 투자 자금, 기술 및 노하우의 부족으로 인해 외국 개발회사의 도움을 받을 수밖에 없는 상황이었다. 일종의 필요악 같은 존재인 것이다.

서비스제공방식에서 개발회사는 '투자자'가 아니라 '서비스 제공자'의 지위를 갖는 점이 가장 중요한 특징이다. 서비스 제공자로서의 개발회사는 석유·가스의 개발에 필요한 자금과 기술을 제공하고 이에 대한 대가로 석유나 가스를 현물로 취득하는 것이 아니라 서비스료(Service Fee)를 받게 된다.[43]

서비스제공계약은 통상 순수서비스제공계약(Pure Service Contract)과 위험서비스제공계약(Risk Service Contract)으로 구분된다. 순수서비스제공계약에서는 탐사·개발의 성공 여부를 묻지 않고 서비스에 대한 대가를 수령하는 반면, 위험서비스제공계약에서는 사업에 실패하는 경우 개발회사는 아무런 경제적 대가를 취득할 수 없으므로 실패의 위험이 모두 개발회

---

40) 반면, 나머지 80%의 범위 내에서 개발비용을 회수할 수 있게 된다는 점에서 개발비용을 무제한으로 회수할 수 있는 경우 100%가 아닌 80% 범위 내에서만 이를 회수할 수 있다는 부정적인 효과도 있었다.
41) 보통의 경우 80 : 20으로, 생산량이 적은 한계 유전(marginal field)에서는 75 : 25로 변경되었다. 한계 유전에 대한 비율은 1994년 65 : 35로 더 낮아졌다.
42) 이는 인도네시아 정부의 최소 수익마저도 보장되지 않게 되었다는 것을 의미한다.
43) 우리 민법상의 도급과 유사한 구조이다.

사가 부담한다는 점에서 차이점이 있다. 한편 최근 중동 국가들 특히 쿠웨이트·카타르·이라크 등에서는 기술서비스제공계약(Technical Service Contract)의 형태를 사용하고 있다. 기술서비스제공계약은 위의 순수서비스제공계약이나 위험서비스제공계약과 달리 개발회사가 투자자로서 개발에 직접 참여하는 것이 아니라, 생산중인 광구 또는 장래 개발될 광구의 개발과 관련하여 국영석유회사에게 기술적 자문이나 지원을 제공하는 것이 주된 내용이다. 아래에서 서비스제공계약의 대표라 할 수 있는 위험서비스제공계약에 대해 살펴본다.

나. 위험서비스제공계약

이 계약유형은 남아메리카에서 사용되어 온 자원개발계약의 방식이다. 헌법에 의해 외국인들에게 석유·가스의 소유권과 개발권을 직접 부여하는 것이 금지된 상황에서 개발회사가 탐사, 개발 및 생산에 참여하도록 개발된 계약 형태이다.

1950년대와 1960년대에 남미의 멕시코나 아르헨티나 등에서 사용된 경우를 제외하고는, 사실상 위험서비스제공계약은 주요 개발회사들에 의해 그 사용이 거부되고 있었다. 하지만, 프랑스의 ERAP(Entreprise d'Activités et de Recherches Pétrolières)가[44] 이란 및 이라크에서의 석유개발을 목적으로 위험서비스제공계약의 형태를 사용하게 된다.

통상 위험서비스제공계약의 주체는 해당 광구에 대한 개발권을 가지고 있는 국영석유회사와 개발회사이다. 통상 위험서비스계약의 주된 내용은 개발회사가 개발구역의 전부 또는 일부에 대한 탐사와 평가에 대한 서비스를 제공할 의무와 아울러 석유 또는 가스가 발견되고 상업성(Commerciality)이 인정되는 경우 생산을 시작해야 하고, 경우에 따라서 추가적인 유정(Drilling)을 굴착해야 한다는 것 등이다.

석유·가스의 개발과 관련된 서비스 제공에 대한 대가로 개발회사가 취득하는 것은 서비스의 제공과 관련된 비용에 대한 회수(Reimbursement)와 서비스 제공 자체에 대한 대가인 서비스료(Service Fee) 두 가지로 구분될 수 있다. 비용회수와 관련된 쟁점은 비용의 인정에 관한 객관성을 확보하기 위한 회계처리(Accounting Procedure) 방식과 비용으로 처리되는 비용의 범위 문제에 있다. 예를 들어, 간접비(Overhead Costs)를 어느 정도 비용으로 인정해 줄 것인가를 두고 상당한 이견이 발생할 수 있는데, 최대한 간접비를 인정하지 않으려는 국영석유회사와 이를 인정받으려는 개발회사 사이에 적절한 합의가 필요하다. 따라서 회계처리 방식과 비용으로 인정되는 범위가 위험서비스제공계약의 경제적 타당성을 결정하는 가장 중요한 요소라 할 것이다.

개발의 상업성이 인정되지 않는 경우 그 모든 위험은 개발회사가 부담해야 한다. 위험

---

44) 후에 ELF가 되었다가 Total과 합병하여 현재의 Total이 된 회사이다.

서비스제공계약에서 개발회사에게 가장 위험한 상황은 개발이 실패한 경우이다. 개발회사는 일체의 투자비를 회수할 수 없게 되기 때문에 막대한 손실이 수반된다.

한편 서비스료(Service Fee)를 어느 정도 인정받느냐의 문제도 민감한 문제이며, 통상 협상과정에서 광구의 개발 성공가능성·매장량·생산기간 등이 종합적으로 반영되어 결정된다. 서비스료의 결정 방식은 총액을 정하는 방식, 생산 배럴 당 일정한 금액을 지급하는 방식을 기본으로 하여 협상을 통해 정한다. 다만, 위에서 본 것처럼, 서비스료를 현금으로만 지급받지 않고 생산물의 일부를 취득할 수 있게 하는 특약을 두는 경우가 있으며, 그 대표적인 사례가 이란의 'Buy-Back 협정'이다.

서비스료와 관련된 또 하나의 쟁점은 개발회사 내부의 회계처리 문제이다. 서비스료를 현금(in Cash)으로 받을 때는 석유·가스에 관한 일반적 국제 관행상 '매장량(Reserves)'으로 기재할 수 없는 반면, Buy-Back 협정과 같이 현물(in Kind)로 취득하는 경우는 '경제적 이익(Economic interest)'으로 기재하여 매장량과 유사한 취급을 받게 된다.

Ⅲ. 국제 석유·가스 개발계약의 새로운 경향

1. 개발계약의 변화

가. 개발계약의 혼화

기존에는 양허계약, 생산물분배계약, 서비스제공계약이 뚜렷한 차이를 보이며 구분되어 사용되었다. 그러나 최근에는 양허계약의 주된 특징이던 세금과 보너스에 관한 규정을 생산물분배계약에서 찾아 볼 수 있게 되었으며, 위험서비스제공계약에서는 서비스 제공에 대한 대가로 현금을 받았는데 이란의 Buy-Back 협정에서 보는 것처럼 생산물인 원유를 서비스 제공의 대가로 받을 수 있도록 하는 등 각 협정들이 혼용되는 경향을 보이고 있다.

이란의 Buy-Back 협정은 생산물분배계약과 서비스제공계약이 혼합된 개발계약으로 이해되고 있다. 다만, 본질적으로는 서비스제공계약에 더 가깝다.[45] Buy-Back 협정이라 불리게 된 이유는 개발회사가 서비스제공에 대한 대가로 생산물인 석유의 일부를 매수할 수 있는 권리를 보유하기 때문이다.

1995년 이란 국영석유회사(National Iranian Oil Company, 이하, 'NIOC')와 프랑스의 석유회사 Total 사이에 Sirri A·B 지역 개발을 위해 체결된 서비스제공계약에서 Buy-Back 규정이 포함되었으며, 이 후 캐나다의 Bow Valley Energy와 Balal 유전개발에서도 사용되었다.

---

45) 서비스제공계약의 성격이 강하기 때문에 생산물분배계약에서 다루는 것이 적절하지 않아 보일 수 있지만, 개발회사가 생산물의 일정 비율을 취득할 수 있는 권리가 주어진다는 점에서 생산물분배계약과 유사한 점이 있으므로 생산물분배계약적인 내용에 대한 검토가 요구된다.

나. 기술서비스제공계약의 활용: 이라크의 사례

이라크에서는 석유·가스 개발이 정부재정수입에 가장 큰 기여를 하기 때문에 법적 및 계약상 어떻게 적절히 관리하느냐가 중요한 쟁점이었다. 이라크 헌법에는 석유·가스 개발의 최고원칙으로 집단적 소유권의 원칙, 공평성과 이라크 국민에 대한 최고 수익 창출의 원칙, 협동과 민간참여 장려의 원칙이 반영되어 있다.

비록 새로운 석유법(안)이 2007년 제출된 이래로 국내 정치적 상황 때문에 교착상태에 빠져 있지만, 이라크는 석유·가스의 생산 증대를 위한 제도적 방안들을 만들어 오고 있으며 그 대표적인 것이 기술서비스제공계약이다.

2004년에서 2008년 사이 이라크의 에너지부는 다국적 석유회사들과 약 50건의 양해각서를 체결하여, 공동 기술연구·인력양성 및 개발·기술자문에 대한 활동을 적극적으로 추진했다. 그리고 기술서비스제공계약 형태의 개발계약을 통해 루말리아(Rumaila), 주바이르(Zubair) 등의 주요 유전지역에서의 생산량 감축 문제를 해결했다.

초기의 기술서비스제공계약은 성공적으로 진행되었으나, 서비스제공자들과의 의견 불일치로 인해 최종적인 계약이 체결되는데 상당히 오랜 시간이 걸렸다. 이라크 에너지부는 이런 문제를 해결하기 위해 계약기간을 1년으로 제한하게 되었지만, 1년이라는 단기간의 기술서비스제공계약에는 참여할 수 없다는 서비스제공자들의 반대에 부딪혔다.

이라크 에너지부는 2009년 표준 계약서를 작성하여 이를 통해 서비스제공자와의 관계를 재정립하게 되었다. 특히 1997년 중국국영석유회사와 체결한 기존의 생산물분배계약을 2008년 11월 서비스제공계약으로 변경하기에 이르렀으며, 이는 기존의 생산 유전은 물론 새로운 유전에 대한 장기적 개발이 가능하게 되는 바탕이 되었다.

대표적인 이라크 표준 기술서비스제공계약은 석유·가스의 소유권이 이라크 국민, 국민의 대표자인 국가에 귀속됨을 확인하며, 석유·가스의 개발권이 국영석유기업에게 배타적으로 부여되고 있다. 이라크에서 석유·가스를 개발에 대한 서비스를 제공한 자는 석유·가스전의 재생, 생산량 증대 등에 대한 기술서비스제공계약을 체결하도록 하고 있다.[46)]

---

46) 2008년 Model Technical Service Contract for ---- Oil Field

WHEREAS, all oil and gas resources within the territory and offshore areas of Iraq are owned by all the people of Iraq; and the State of Iraq, being the sole representative of the whole people; acting through the Iraqi Government, has sole right to explore, develop, extract, exploit and utilize such natural resources, therefrom; and

WHEREAS, ROC, in its role as an Iraqi State oil and gas company, is exclusively entrusted with and authorized for development and production of Oil Field, in accordance with applicable laws and regulations in force in Iraq; and

WHEREAS, Contractor has sound financial standing, technical competency, and professional skills to provide any and all of the technical services warranted for rehabilitation, improved production, enhanced recovery, and generally all and any Petroleum Operations as defined herein; and

이라크 기술서비스제공계약에서 개발회사의 가장 중요한 책임은 주어진 유전에서 합의에 의해 정해진 생산량 목표를 달성하기 위해 필요한 최신 기술과 서비스를 제공하는 것이다.[47] 즉, 기술서비스제공계약은 이라크의 기존 노후화된 석유·가스전에 최신 기술과 운영노하우를 적용하여 생산량을 늘리기 위한 개발계약이다. 서비스제공자는 서비스제공에 대한 대가로, 운영행위에 대한 비용과 생산량 증대에 대한 보상의 2원적 수수료를 수령하게 된다.[48]

이상을 종합할 때, 이라크나 이란에서의 기술서비스제공계약은 형식상 서비스제공계약으로 분류될 수 있지만, 그 실질은 위험서비스제공계약에 가깝다. 기술서비스제공계약에서 중요한 고려사항은 제공하는 서비스의 내용, 그에 대한 대가 산정의 방법, 경제적 타당성 판단의 요소인 세금·투자비용·보너스 등은 물론, 계약 체결의 사전 단계에서 이란이나 이라크의 지정학적 위험까지 충분히 검토되어야 한다.

다. 이란의 새로운 표준 석유개발계약

2014년 2월 이란의 국영석유회사는 새로운 석유개발계약의 철학에 대해 발표했다. 그 주된 내용은 외국인 투자를 유치하기 위해 2009년부터 사용되어 온 Buy-Back방식의 개발계약을 새로운 석유개발계약으로 대체한다는 것이었다.[49]

이란의 새로운 석유개발계약은 2013년 11월 24일 체결된 제네바 공동행동계획 등 미국 주도의 이란에 대한 제재 완화에 따라 도입되었다. 이란 내 강경파들의 반대로 인해 새로운 석유개발계약과 관련된 법률이 의회를 통과할 수 있을지 많은 의심이 있었음에도 불구하고 이란 정부는 새로운 석유개발계약을 통한 석유·가스 개발을 시행해오고 있다. 대표적인 것

WHEREAS, the Parties mutually represent that they have the power, authority and desire to enter into this Technical Service Contract for the Oil Field as defined herein;

47) 2008년 Model Technical Service Contract for ---- Oil Field
ARTICLE 2 – SCOPE OF CONTRACT
– 중간 생략 –
2.2 Contractor, subject to the provisions herein contained, shall:
(a) Provide or arrange to provide state-of-the-art services and technologies to rehabilitate, further ap-praise, and re-develop the Field for improved production and enhanced recovery of Petroleum from the Field in order to achieve the production targets set out below, which may be revised from time to time in accordance with approved Plans: –이하 생략 –.

48) 2008년 Model Technical Service Contract for ---- Oil Field
ARTICLE 19 – SERVICE FEES
19.1 For the Petroleum Operations performed under the Contract, Contractor is entitled to Service Fees comprising: (i) "Petroleum Costs" and (ii) "Remuneration Fees". – 이하 생략 –

49) Adrian Creed, Amir Kordvani, Iran's new Integrated Petroleum Contracts (May 11, 2014) at <https://www.lexology.com/library/detail.aspx?g=f135f837-8227-49b5-9071-25044757c028>.

이 2017년 프랑스 토탈(Total)과 체결한 이란 남해(South Pars)의 천연가스 개발에 대한 협정이다.[50]

새로운 석유개발계약의 도입 배경에는 해외 투자의 유인 외에 기존 Buy-Back방식이 이슬람 국가인 이란의 헌법적 원칙에 위반된다는 신학적·헌법적 논쟁이 존재한다.[51] Buy-Back방식에서 비용은 자본비용, 비자본비용, 운영비와 은행수수료(Bank Charges)가 포함되어 있다. 여기서 은행수수료는 런던은행간대출금리(LIBOR)에 기초하여 산정되었는데, 이는 일종의 이자(Reba)에 해당한다는 것이다. 이슬람 경전인 코란에 따르면 이자는 신의 전능에 반하는 것으로 해석되어 금지되고 있다. 이란 내부에서 은행수수료에 대한 반종교성 논쟁을 해소하기 위한 방안으로 새로운 석유개발계약을 도입하게 된 것이다. 로하니 대통령은 새로운 석유개발계약에 대한 국민적 지지를 통해 2015년 2월 총선에서 상당한 정치적 승리를 하게 되었다.

새로운 석유개발계약은 기존에 사용해오던 Buy-Back방식과 생산물분배방식(Production Sharing Contract)의 혼합으로 해석된다.[52] 이란 정책 당국은 오랜 동안 개발권자 또는 운영권자에게 우호적인 방향으로 기존의 Buy-Back방식을 개선하려는 노력을 꾸준히 해오고 있었다. 그리고 새로운 석유개발계약에서의 대가 산정방식은 이라크의 기술서비스제공계약의 내용과 아주 유사하다.[53]

새로운 석유개발계약에서 가장 중요한 변화는 Buy-Back방식에는 개발권자의 비용회수에 한도를 두었으나 그 제한을 삭제했다는 것이다.[54] 즉, 기존의 Buy-Back협정에 따르면 개발행위와 관련하여 초과비용이 발생하는 경우 이를 회수하는 것이 불가능했지만, 새로운 석유개발계약에서는 초과비용의 회수가 가능하게 되었다. 또한 생산이 시작된 첫해부터 비용회수가 가능하며, 생산의 시작 이전에 지출된 비용에 대해서는 5~7년 동안 분할 회수가 가능하다.

새로운 석유개발계약에 따르면, 총 수익에서 정부의 수익을 제외한 나머지에서 직접자본비용(Direct Capital Cost), 간접비용(Indirect Cost), 금융비용(Cost of Money)[55] 및 운영비

50) Reuters, Iran to sign new IPC gas deal with Total for South Pars on Monday (July 2, 2017) at <https://www.reuters.com/article/us-iran-total-deal/iran-to-sign-new-ipc-gas-deal-with-total-for-south-pars-on-monday-idUSKBN19N0BI>.
51) Mostapha Maddahinasab, Negar Rahimi, The Risk in Bank Charges Mechanism of Iranian Petroleum Buyback Contract: Regarding Islamic Approach toward Financing, OGEL (July, 2017) 1.
52) Hamed Sahebonar, Ali Taheri Fard, Fazel M. Farimani, Economic Analysis Of New Iranian Petroleum Contract (IPC): The Case Study Of Caspian Sea Fields, International Association of Energy Economics Conference (IAEE), Baku, Azerbayjan (June 2016) 1.
53) Ibid.
54) James Dallas & Alistair Black, New model Iranian petroleum contract (2016) 2.
55) 프로젝트 관련 금융을 일으키면서 발생한 비용을 의미하며, 이자의 색채를 삭제하였다.

(Operating Cost)의 비용(Cost Petroleum)과 개발행위에 대한 보상(Remuneration Fee)이 개발회사에 귀속되는 몫으로 구성되어 있다.[56]

또 한 가지 중요한 사항은 이란에서는 자원주권주의가 강조되기 때문에 새로운 석유개발계약에 의하더라도 개발회사의 지분 51% 이상이 이란 측 당사자들에게 주어져야 한다.[57] 분쟁의 해결과 관련하여 준거법은 여전히 이란의 법률이지만, 분쟁의 해결 방식에 대해 국제중재를 허용할 것인지에 대해서는 분명하지 않다.[58]

새로운 석유개발계약을 통해 해외 자본을 유치하려는 이란의 의도를 잘 파악하고, 새로운 석유개발계약에 대한 분석을 철저히 하여 우리 기업들의 이란 상류전 참여가 활발하고 안전하게 진행될 필요가 있다.

2. 환경규제 및 인권보호

자원개발은 상당한 양의 폐기물을 생산하며 동시에 환경문제를 야기한다. 따라서 개발회사로서는 생산되는 폐기물의 양을 최소화하거나 환경오염의 발생을 사전에 방지하기 위한 노력을 해야 한다. 폐기물 감축과 오염방지는 이미 널리 이루어지고 있지만 더욱 강화된 기준과 실천이 요구된다.

자원개발 산업에서의 국제적 환경기준이 다양한 방법으로 개발되어 오고 있다. 따라서 이런 자원개발 관련 환경기준들을 관심 있게 연구하여 사전에 충분히 대응하기 위해 노력해야 한다.

환경문제를 사전에 감지하고 관리하며, 문제가 발생했을 때 신속히 조치할 수 있는 내부적 기구와 기준을 정립해야 한다. 환경경영 시스템, 친환경적 계획의 수립, 환경감시 및 보고, 환경법 준수에 관한 교육, 환경에 관한 내부 기준의 수립 등이 구체적 실천방안이다. 환경피해에 대한 민사·형사적 책임 문제에 대한 조속한 조치, 원인자 책임의 원칙에 대한 인식 등은 자원개발회사가 시행해야 하는 중요한 사후적 조치이며 원칙이다.

최근에는 녹색회계(Green Accounting)라는 새로운 회계기준이 등장하고 있는데, 환경의 외부비용을 내부화 해야 한다는 것을 주된 내용으로 하고 있다. 녹색회계가 국제적인 기준이 되는 경우, 자원개발회사들은 녹색회계의 실현에 있어서 상당히 심각한 어려움에 처하게 될 수 있다. 물론 자원개발과 관련된 이산화탄소의 문제 및 지속가능한 개발 차원에서의 쟁점들은 과학적 확실성이나 그 정도의 문제를 떠나서 자원개발의 모든 과정에서 핵심적 고려사항이 되어야 한다.

---

56) Hamed Sahebonar, Ali Taheri Fard, Fazel M. Farimani, above n 52, 3.
57) James Willn, Iran Petroleum Contract (December 1, 2015) 2.
58) *Ibid.*

자원개발회사는 우선 국제법적으로 또는 개별 자원보유국이 수립한 환경에 관한 기준을 정확히 이해해야 한다. 널리 공개되는 국제환경법과 달리, 개발도상국에서 환경관련 법령을 문서로 취득하는 것이 상당히 어려운 경우가 많다. 또한 법령을 취득했다 하더라도 법령이 문구대로 집행되는지의 문제는 전혀 다른 차원의 쟁점이다. 비록 자원보유국이 실질적 '법치국가'가 아니라 할지라도 법령의 수집과 그 해석은 환경기준의 준수와 관련된 국제분쟁에서 결정적으로 유리한 증거가 될 것이기 때문에 반드시 사전 그리고 사후적으로 검토되고 준수되도록 해야 한다. 또한 자원개발과 관련된 국제적 기준 및 개발 국가의 기준이 어떻게 변화하고 있는지도 꾸준히 추적하여 이에 대응해야 함은 물론이다.

환경관련 입법절차에 적극적으로 참여하고, 입법 또는 행정기구와 우호적인 관계를 유지하는 것은 자원개발회사에게 반드시 필요한 활동이다. 로비차원의 부정적 활동을 의미하는 것이 아니라, 자원보유국 정부에게 국제적 동향을 이해하게 해주고, 자국의 사정에 맞는 환경기준을 정립하게 함으로써 자원보유국에 도움이 될 수 있어야 한다. 이런 과정을 통해서 자원개발회사는 사전에 정보를 취득하고 우호적인 관계를 통해 환경문제를 해결하게 될 것이다.

국제사회는 자원개발에서의 환경문제를 지속가능한 개발이라는 차원으로 접근하면서, 국제금융기구 특히 세계은행 산하의 국제금융센터가 주도적으로 작성한 이행기준(Performance Standard)59) 및 적도원칙(Equator Principles)을60) 통해 실현해오고 있다. 이런 국제기구들의 환경에 대한 원칙과 기준은 동시에 인권문제까지 포괄적으로 다루고 있다.

---

59) Performance Standard 1 – Assessment and Management of Social and Environmental Risks and Impacts
 Performance Standard 2 – Labor and Working Conditions
 Performance Standard 3 – Resource Efficiency and Pollution Prevention
 Performance Standard 4 – Community Health, Safety and Security
 Performance Standard 5 – Land Acquisition and Involuntary Resettlement
 Performance Standard 6 – Biodiversity Conservation and Sustainable Management of Living Natural Resources
 Performance Standard 7 – Indigenous Peoples
 Performance Standard 8 – Cultural Heritage
60) 2013년 6월부터 유효한 적도원칙 Ⅲ를 정리하면 다음과 같다.
 Principle 1: Review and Categorisation
 Principle 2: Environmental and Social Assessment
 Principle 3: Applicable Environmental and Social Standards
 Principle 4: Environmental and Social Management System and Equator Principles Action Plan
 Principle 5: Stakeholder Engagement
 Principle 6: Grievance Mechanism
 Principle 7: Independent Review
 Principle 8: Covenants
 Principle 9: Independent Monitoring and Reporting
 Principle 10: Reporting and Transparency

환경문제에 대한 국제적 공조를 위해 동종의 업체들이 구성한 조직에 적극적으로 참여해야 한다. 또한, 자원개발회사는 자체적인 환경경영 시스템을 구축해야 한다.

환경과 관련된 가장 중요한 이해관계자는 지역주민이다. 그리고 환경문제에 대해 가장 큰 목소리를 내는 조직이 환경단체들이다. 따라서 지역주민들과 환경단체와의 관계를 어떻게 가져가느냐는 자원개발 프로젝트의 성패와 직결되는 문제이다. 자원개발회사로서는 이에 대한 전담부서를 통한 관계 형성 및 유지에 최선을 다해야 한다.

그리고 자원개발회사의 법무관련 조직은 최근의 환경관련 분쟁의 결과가 어떻게 이루어지고 있는지 모니터링할 필요가 있다. 판례나 중재판정은 환경법규의 가장 권위 있는 해석기준이기 때문에 이에 대한 연구를 통해 환경분쟁의 발생에 대비해야 한다.

또한, 최근에는 원주민을 포함한 인권문제가 자원개발에서 중요한 쟁점으로 대두되고 있다. 이런 현상을 보여주는 대표적인 사례가 2005년 코피아난 사무총장에 의해 지명된 하바드 대학의 러기(Ruggie) 교수가 작성한 인권에 관한 지도원칙(Guiding Principles on Business and Human Rights: Implementing the United Nations "Protect, Respect and Remedy" Framework)이다. 이 원칙은 2011년 6월 11일 유엔 인권위원회에 의해 만장일치로 승인되었으며, 기업을 포함한 제3자에 의한 인권침해로부터 국민을 보호할 국가의 의무, 기업의 인권을 존중할 책임, 기업의 활동과 관련된 인권 피해자의 효과적인 구제의 필요성이 가장 중요한 3대 원칙임을 강조하고 있다.

3. 다자기구를 활용한 위험 분산[61)

저개발국에서의 자원개발은 석유·개발에 있어서 고유한 기술·금융·법률 등의 위험뿐만 아니라 자원보유국 내부의 정치적 불안, 일방적 제도 변경으로 인한 사업적 손실의 위험성이 높을 수밖에 없다. 세계은행 계열의 국제기구들은 프로젝트 사업자 또는 자원보유국의 입장이 아니라, 세계은행 스스로 수립한 빈곤퇴치, 저개발국에 대한 지원, 환경보호 등의 목적을 달성하기 위해 활동하려는 경향을 보이고 있다.

다자개발은행의 참여는 저개발 자원보유국이 다자개발은행과의 관계를 지속적으로 유지해야 하는 동기를 활용하여 이러한 정치적 위험을 저감할 수 있는 효과적인 방안이 될 수 있다. 다자개발은행의 참여로 인한 혜택은 정치적 위험으로 인해 참여를 꺼리던 상업계 은행의 참여가 원활해질 수 있으며, 세계은행의 참여로 대출에 대한 이자율이 낮아지고, 프로젝트에 대한 신뢰성 증가로 인해 대출기간이 장기화될 수 있다.

상업계 은행들은 다자개발은행 참여를 통해 프로젝트에 대한 신뢰성 증가로 인해 투자

---

61) 이성규, "다자개발은행을 활용한 에너지사업 진출확대 방안연구", 지식경제부 에너지경제연구원 (2011), 144-161면 재정리.

환경이 개선되기를 바라며, 다자개발은행이 주주 또는 대주로 참여함으로써 자원보유국이 상업계 은행들을 공정하게 대우하리라는 기대감이 높아지게 된다. 즉, 다자개발은행의 존재 감과 다자개발은행이 일종의 독이든 약(Poison Pill)의 기능을 함으로써 프로젝트의 성공가능 성을 높이고 정치적 위험을 감소시킬 수 있다는 것이다.

　다자개발은행을 활용한 위험감소의 대표적인 사례가 1996년 차드－카메룬 프로젝트이 다. 특히 차드는 지구상에서 가장 위험한 투자 대상국 중의 하나였다. 프로젝트 사업자들은 다자개발은행의 참여가 차드 또는 카메룬에 대한 투자에 따르는 정치적 위험을 감소시키는 하나의 중요한 방법이라고 판단하였으며, 엑손모빌의 재무담당자도 개발도상국에서의 대규 모 투자와 관련하여 정치적 위험은 프로젝트 계획단계에서 사려 깊게 검토되고 주의 깊이 다루어져야만 하는 현실적인 문제라고 하였다. 그리고 다자개발은행의 참여는 당사자가 많 아지기 때문에 복잡한 구조가 형성되지만, 다자개발은행의 존재가 투자 대상 국가의 약속 이행을 담보하고 정치적 위험을 완화할 수 있을 것이라는 기대감도 표현하였다.

　다자개발은행 중 세계은행이 개발도상국에 대한 폭넓은 대출경험과 경험을 가지고 있 으며, 오랫동안 차드 및 카메룬과 관례를 유지해오고 있었기 때문에 가장 합리적인 참가 대 상 기구였다.

　세계은행은 그 산하에 각자의 기능을 달리하는 5개의 기관을 두고 있는데, 중간 소득 국가의 정부에 대한 지원을 담당하는 국제부흥개발은행·빈곤국들에 대한 대출, 기술지원, 정책자문 등을 제공하는 국제개발협회(International Development Association)·투자보험 등에 관 한 다자투자보장기구(Multinational Investment Guarantee Agency)·외국인 투자자와 국가 간의 분 쟁의 해결을 담당하는 국제투자분쟁해결센터(International Center for Settlement of Investment Disputes)·개발도상국에서의 사적 영역 프로젝트에 자금을 대출해주거나 또는 자본적 투자 를 시행하는 국제금융공사(International Finance Corporation) 등이 그것이다. 특히 국제금융공 사는 공적부분과 사적부문의 공정한 거래가 가능하게 해주는 "정직한 중개인(Honest broker)" 의 역할을 하고 있다는 평가를 받고 있다.

　당시 세계은행은 세계의 다양한 프로젝트에 참여하고 있었지만, 아프리카와 석유·가 스 분야에서의 프로젝트에서는 낮은 수익률을 보이고 있었고 다른 프로젝트들에 비해 더 많은 문제점들을 가지고 있었다. 세계은행은 차드－카메룬 프로젝트에의 참여를 제안 받았 을 때, 차드의 석유 매장량의 상업성이 충분하며, 많은 자원보유국들이 개발에 따르는 위험 을 감수할 만큼의 충분한 수익을 취득했다는 사실을 차드와 카메룬 정부가 신뢰할 수 있게 할 수 있다는 점, 그리고 프로젝트의 수행으로 인해 극빈국인 차드의 경제를 살릴 수 있다 는 점 등에 끌리게 되었다. 당시의 세계은행 총재는 차드－카메룬 프로젝트를 통해 차드 대 부분 국민들의 심각한 빈곤문제를 완화할 수 있는 유일하고 최적의 기회가 될 것이며, 차드

[그림 3] 차드-카메룬 프로젝트

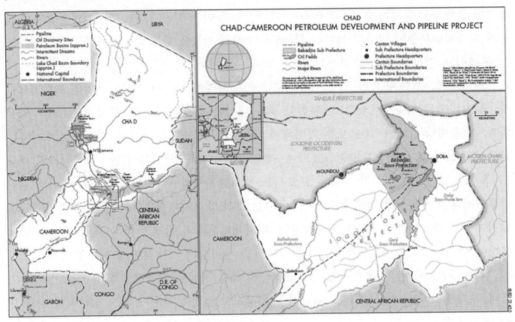

의 경제적 개발은 반드시 자원의 개발을 통해서만 이루어 질 수 있다는 점을 지적했고 동시에 차드-카메룬 프로젝트에는 상당한 위험이 존재한다는 점도 강조했다. 또한 다른 많은 나라들의 예에서 보는 것처럼, 석유에서 발생하는 수익을 빈곤층을 위해 직접 사용되도록 전환하는 것은 쉽지 않은 모험일 것이지만, 세계은행 같은 개발기구들은 이런 위험을 감수해야 한다고 강조했다.

세계은행이 관심을 가지게 된 또 다른 원인은 세계은행이 프로젝트에서 환경보호와 원주민의 보호를 위해 중요한 역할을 할 수 있다는 목적에 있었다. 석유 수송망은 17개의 강과 5개의 환경서식지를 통과하도록 되어 있었다. 이들 지역은 희귀식물과 멸종위험 종(種)들의 중요한 서식지였다. 또한 삼림지역은 11,000명이 넘는 피그미라 불리는 부족의 영역이었으며, 사냥꾼이고 채집자들인 이들에게는 식물 채집, 농업, 사냥 등이 생존의 주된 방식이었다.

나아가 세계은행이 차드-카메룬 프로젝트에 참여하지 않는 경우에 발생할 수 있는 큰 위험이 있었다. 그 위험은 프로젝트 사업자들이 차드나 카메룬 이외의 좀 더 안전한 국가로 투자처를 변경하리라는 것이다. 이와 관련하여 세계은행의 연구원은 차드가 미개발된 석유를 가지고 있는 유일한 나라가 아니며, 석유를 찾기 위한 탐사가 아프리카 대륙 전체에서 이루어지고 있기 때문에 만약 차드가 이번 기회를 잡지 않으면, 투자자들은 다른 나라로 가

버릴 것이라는 점을 우려했다.

　여기에 추가된 우려는 차드가 만약 다른 나라와 개발을 진행하는 경우 이로 인한 수익이 내전을 위한 전비로 사용되는 등의 최악의 결과였다. 예를 들어, 인접국 수단이 세계은행의 관여 없이 석유를 개발하여 전비에 사용하였으며, 리비아의 카다피는 수단 대통령에게 서방의 참여를 배제하고 리비아를 통해 해로로 수출하라고 부추기기도 했다. 이 두 나라는 미국의 제재에도 불구하고 하나의 중요한 수출통로로의 대안이었다. 다만 차드의 북쪽지역은 대다수의 반군이 주둔하는 지역이기 때문에 이에 따르는 위험이 상당히 높았다.

　이런 모든 요소들을 고려한 세계은행은 1995년 차드－카메룬 프로젝트에 참여하기로 결정한다. 차드·카메룬 정부관계자들과의 광범위한 논의절차에서 45명의 환경전문가 및 과학자들로부터 의견을 들었고, 250개의 국제 비정부단체(NGO)와 145차례의 회의 그리고 900번의 마을 단위 회의가 개최되었다.

　세계은행, 관련 정부 및 프로젝트 사업자들은 모든 절차가 투명하고 공개적으로 진행되어야 한다는 점에 동의했고, 이를 위해 환경조사 결과물인 일체의 정보들을 홈페이지에 공개했으며, 영향권 및 그 주변지역의 17개 열람실에 프로젝트 관련 정보가 비치되었고 거의 700부의 환경영향평가(Environmental Assessment) 초안이 복사되어 배부되었다. 그 후 5년의 재검토와 공개토론을 거쳐 프로젝트 사업자들은 약 3,000페이지에 달하는 최종 환경영향평가 보고서를 발행하게 된다. 여기에는 프로젝트의 거의 모든 단계에 대한 19권의 응급조치 방안이 담겨져 있었다. 중요한 항목을 예로 들면, 폐기물 처리(Waste Management)·석유유출(Oil Spill)·지역개발(Regional Development)·원주민(Indigenous)·인접지역 환경개선(Offsite Environmental Enhancement)·보건(Community Health)·보상(Compensation)·이주대책(Resettlement)·생산종료(Decommissioning)·문화재(Cultural Properties)·환경감시 및 관리(Environmental Monitoring and Management) 등이다.

　이런 분석과 조치의 핵심 가치는 환경·원주민·장기적 지속가능성에 주어졌다. 이 가치들을 존중하기 위해 초기 계획은 수많은 수정을 거치게 되었다 예를 들어, 인공위성 및 항공촬영 후, 기존 엠브레(Mbre) 단층지역과 뎅뎅(Deng Deng) 삼림지역을 지나던 수송망 루트가 동·식물 서식지와 주민 거주지를 보호하기 위해 다른 지역으로 이전하게 되었다. 그리고 보상 및 이주계획(Compensation and Resettlement Plan)에 의해 원주민들에게 보다 많은 혜택이 주어지도록 노력했다.

　또한 지속가능성을 확보하기 위해 차드와 카메룬 모두에 대한 역량강화 프로그램을 두었다. 이 프로그램을 통해 재정·법률·규제·운영·사회기반시설 등이 개발되어 석유 분야의 개발을 촉진함과 동시에 개발로 인한 부정적 효과가 최소화되었다. 결국 지속가능성이 가장 심각한 문제로 제기되었고 이를 해결하기 위한 수단으로 전례가 없던 수익관리계획

(Revenue Management Plan)이 제안되었다.

다자개발은행의 참여를 통한 차드—카메룬 프로젝트의 결과를 부정적으로 보는 시각은 자원보유국의 일방적 약속위반을 방지하지 못했다는 점을 강조한다. 그러나 세계은행의 참여와 강력한 재정적, 외교적 조치로 인해 프로젝트가 성공적으로 수행되고 있다는 긍정적 측면은 부정할 수 없다.

다만 수익관리계획을 좀 더 유연하게 적용하였다면 훨씬 긍정적인 결과에 이르게 되었을 것이라는 지적과 함께, 차드—카메룬 프로젝트를 둘러싼 정치적 분쟁은 차드 정부와 세계은행 사이에서만 발생하였고 프로젝트 사업자들은 이들 분쟁으로부터 격리될 수 있었다. 때문에 프로젝트의 성공이라는 차원에서 바라볼 때 상당히 성공적인 차단효과가 있었다는 평가가 가능하다.

Ⅳ. 결   어

이상에서 에너지 산업의 특성과 현황, 기본적인 석유·가스 개발계약의 종류 및 석유·가스 개발에서의 최근 경향 등에 대해 살펴봤다. 또한 인권, 환경, 부패방지 등 최근 국제적 관심사항에 대해 간략하게 설명했으며, 석유·가스 개발계약의 방식이 혼합적 사용은 물론 이라크와 이란을 중심으로 활용되고 있는 기술서비스제공계약 및 이란의 새로운 석유개발계약의 내용을 살펴보았다.

석유·가스의 개발은 국제정치적·경제적·문화적·법적·기술적· 환경적·인권적 위험 및 건설과 운영위험 등이 복합적으로 나타나기 때문에 이를 어떻게 효과적으로 분산하거나 해소시키느냐에 따라 사업의 성공여부가 결정되는 산업이다. 또한 최소 20년 이상의 장기적 시각에서 고도의 기술적, 경제적 판단에 따라 투자가 결정된다. 자원의 대부분을 수입에 의존하는 우리나라로서는 더욱 적극적인 해외자원개발이 필요하며, 이를 통해 에너지 안보를 튼튼히 하고 동시에 에너지 관련 산업의 발달을 통해 새로운 일자리창출과 기술개발 및 중요한 국가적 수입원이 될 수 있도록 올바른 정책적 방향이 수립되고 추진되어야 한다. 한편, 성공적인 해외자원개발을 위해서는 지질, 경제성 등에 대한 분석과 함께 정치·법제도·문화·역사 등에 대한 종합적이고 체계적인 검토까지 요구된다.

[16] 자원 탐사개발의 공동운영계약 상 비운영자의 보호 방안

오 정 환

I. 서 론

1. 공동운영계약의 목적

석유 등의 자원에 대한 탐사개발 사업을 하는 경우 공동운영위원회의 구성원인 운영자와 비운영자를 당사자로 하여 체결하는 주요 계약 중 하나가 공동운영계약(joint operating agreement)이다.[1] 공동운영계약은 탐사개발권을 공동으로 소유하고 있는 운영자 또는 비운영자인 당사자들 사이의 권리 의무 관계를 정하고 있는 계약으로서,[2] 통상 20년 내지 30년의 탐사개발 기간 동안 탐사, 매장량 평가, 개발, 생산 등[3]을 규율한다.[4] 일반적으로 공동운영계약은 탐사개발계약을 작성할 무렵 그 계약의 부속서류의 한 종류로서 주요조항합의서(Term Sheet) 형태로 그 주요 내용이 미리 정해진다. 그러나 완결된 형태의 공동운영계약은 자원보유국과 탐사개발권자 사이에 체결되는 탐사개발계약의 내용이 확정된 이후 이를 토대로 그 내용이 구체화되므로, 탐사개발계약이 체결된 이후 운영자와 비운영자 사이의 협상을 통해 이뤄진다.

공동운영계약의 일차적 목표는 탐사개발권을 공동으로 소유하는 당사자들 사이의 권리의무 관계를 명확히 정하여 당사자들의 예측 가능한 사업 운영을 도모하는 것이다. 사전적으로는 탐사개발계약에서 정하고 공동운영계약에서 구체화하는 운영자와 비운영자의 금전출자 등 각종의 권리의무 사항을 미리 준비하고, 사후적으로는 자원보유국에 대한 손해

---

1) A. Timothy Martin, "Model Contracts: A Survey of the Global Petroleum Industry", *22 J Energy & Natural Resources I* (2004), p. 291.
2) Eduardo G Pereira, *Joint Operating Agreements: Risk Control for the Non-Operator*, Globe Law and Business (2013), p. 13.
3) 석유 사업은 보통 상류와 하류로 구분하고, 공동운영계약이 담당하는 부분은 바로 상류 사업에 해당한다. 그러므로 저장, 운송, 정제, 판매, 소비 등의 하류 사업들은 별개의 계약으로 규율해야 한다. Charles J. Wright and Rebbeca A. Gallun, *Fundamentals of Oil & Gas Accounting*, 5th ed., PennWell (2008), pp. 1-2.
4) Charez Golvala, *Upstream Joint Ventures-Bidding and Operating Agreements, Oil and Gas: A Practical Handbook*, Globe Law and Business (2009), p. 45.

배상책임 등의 법적 문제가 발생할 때 운영자와 비운영자 사이에 어떻게 그 책임을 분배할지에 대해 구체적으로 규율하는 기능을 한다.

공동운영계약은 계약당사자들이 연대책임을 부담하는 합자투자계약이나 조합계약과는 달리 지분 또는 약정에 따른 비연대의 개별 책임을 부담하는 특이한 형태의 계약이므로 어떤 내용으로 계약을 정하는가에 따라 당사자들의 권리의무 관계가 크게 달라질 수 있다. 공동운영의 사업 참여자들에게 비연대의 개별책임을 지도록 하는 내용이 준거법에 따라 그 유효성이 문제될 여지가 전혀 없는 것은 아니지만, 분쟁해결 기관인 주요 국제중재판정소에서 준거법으로 많이 이용되는 영, 미의 주법 등에 따라 그 유효성을 문제삼은 바가 없기 때문에 아직까지 보편적으로 이용되고 있다.

공동운영계약은 일반적으로 투자자들 중 1인을 운영자로 지정하고 나머지 투자자들을 비운영자로 하여 공동운영위원회 등의 각종 회의체의 구성원이 되게 하고, 회의체의 주요 의사 결정에 참여하는 내용으로 규정돼 있다.5) 운영자는 공동운영위원회의 의사결정 내용에 따라 집행 내지 운영을 하므로 그 범위 내에서 비운영자는 운영자의 운영행위에 대한 견제와 감독을 한다. 그러나 공동운영계약에서 특별히 제한을 두지 않는 한 운영자는 독자적인 의사결정에 따라 운영행위를 할 수 있고, 대부분의 일상적인 운영행위는 공동운영위원회의 견제와 감독의 대상에서 자유로운 영역에 속해 있다. 그러므로 운영자와 비운영자의 견제와 균형을 위해 공동운영계약을 구체화하고, 양자 간의 권리의무를 합리적으로 배분해야 한다.6)

공동운영위원회의 의사결정 방법은 공동운영계약에서 정하는 바에 따라 달라질 수 있다. 일반적인 회의체의 경우 50% 초과의 찬성으로 의사결정이 이뤄지는 단순 다수결이 대부분을 차지한다. 그러나 단순 다수결에 의한 의사결정을 하는 경우 지분 50% 이상을 보유하는 탐사개발 사업자가 운영자로서 모든 의사결정을 전횡하는 불합리가 발생할 수 있다. 공동으로 사업을 운영하고 그 운영의 책임을 나눈다는 공동사업의 취지에 맞지 않음은 물론이다. 그러므로 의사결정 방법을 다양화할 필요가 발생하는데, 의안의 중요도에 따라 만장일치, 초과다수결, 단순다수결 등의 다양한 의사결정 방법을 정할 수 있다. 그런데 만장일치의 경우에는 작은 지분을 가진 사업자가 의안을 부결시킬 수 있으므로 의사결정이 큰 지분을 보유하고 있는 사업자에게 불리하게 운용될 수 있고, 반면 단순 다수결의 경우에는 50% 초과의 지분을 보유하고 사업자가 의제에 대한 의사결정을 독단적으로 정할 수 있으므로 소수 지분자에게 불리할 수밖에 없다. 그러므로 공동운영계약은 주로 운영자의 역할을

5) 오일석, "원유가스 탐사개발 계약에서의 계약설계에 관한 연구", 고려대학교 대학원 박사학위논문 (2012), 164면.
6) Peter Roberts, *Joint Operating Agreements: A Practical Guide*, Global Law and Business (2010), p. 245.

맡는 다수 지분자와 비운영자인 소수 지분자 사이에 의결권의 힘을 어떻게 배분해야 할지가 관건이다.

자원의 탐사개발 사업을 운영하기 위해서는 대단위 자금이 필요하다. 물론 사업 내용을 구체적으로 담당하여 이행할 수 있는 노무의 제공도 필요하다. 이러한 내용들을 정하는 것도 공동운영계약의 목적의 하나임은 물론이다. 특히 공동운영계약은 그 기본이 되는 탐사개발계약에 따라, 탐사개발권자가 그의 의무와 책임을 원활히 이행하는 데 이바지해야 한다. 탐사개발계약에서 정하는 각종 의무, 즉 자원보유국에 대한 서명보너스의 지급의무나 최소한 작업의무를 이행하기 위해 운영자 및 비운영자 그 분담비율에 따라 자금을 출연해야 하고, 2D, 3D의 탐사의무를 이행하여야 하며, 탐사나 생산 목적의 채굴 작업을 위해 인적, 물적 자원을 조달해 현장에 투입해야 한다. 그러한 탐사개발계약 상의 의무를 제대로 이행하기 위해서 그에 이바지할 수 있는 내용의 공동운영계약을 체결해야 한다.

2. 공동운영계약의 주요내용

공동운영계약은 앞서 살핀 바와 같은 계약의 목적을 구현하기 위해 정의 조항, 계약의 효력 조항, 비밀준수 조항, 불가항력 조항, 통지 조항, 분쟁해결 조항, 준거법 조항 등의 계약의 일반적 규정을 둔다. 또한 원유 가스 등의 자원개발에 고유한 특수한 규정들을 두는데, 그 범위를 어디까지로 할 것인지는 탐사개발계약의 내용과 당사자들의 합의에 따라 달라질 수 있다.

먼저 액화사업, 생산물의 마케팅 등 중류 및 하류 사업을 포함시킬지 여부 등을 규정하는 공동운영의 범위 조항을 들 수 있다. 탐사개발계약은 본래 자원의 탐사와 개발, 생산을 본질적 내용으로 하고 있고 규율의 범위도 이에 국한되는 것이 일반적이다. 그럼에도 불구하고 탐사개발과 관련한 배관망, 도로, 항만시설 등의 사회적 기반시설이 부족한 경우에 탐사개발권자에게 그에 대한 투자 의무 내지 투자 선택권을 부여하는 경우가 있다. 물론 탐사개발권과 관련하지 않더라도 공동운영 참여자들 간의 자발적 합의에 의해 천연가스 액화를 위한 시설 투자 사업에 참여할 수 있고, 생산되는 원유나 LNG에 대한 마케팅을 함께 할 수도 있다. 이러한 공동운영 사업의 범위를 규정하는 데 당사자 간의 협력과 합의가 요구된다.

지분에 대한 규정도 일반적 방식과 다르게 규정될 수 있다. 첫 번째로, 탐사개발계약에서 운영자로 하여금 일정 지분 이상을 보유하도록 요구하는 규정을 두는 경우이다. 그 이유는 탐사개발 사업의 경우 운영자의 권한이 워낙 크기 때문에 이에 상응한 다수의 지분 보유를 강제함으로써 부실 운영에 따르는 위험을 그 만큼 많이 부담하도록 하는 것이다. 두 번째로, 비운영자가 되기 위해서는 최소 지분을 보유해야 하는 의무를 부과하는 것이다. 극소수의 지분 보유를 용인하는 경우 사업자 수가 많아질 수 있어 사업자 간 의견 불일치의 위험이 커져 공동사업의 효율적 수행이 어려워지는 문제가 있고, 극소수 지분 보유자가 다수결 의안에 대한 의결의 교착을 유도하면서 대다수 지분 보유자의 이익을 해할 수 있기 때문이다.

공동운영계약의 당사자는 원칙적으로 소요 자금을 부담하고 기술과 경험을 제공하는 수평적 사업 참여자들로 구성돼야 한다. 그럼에도 불구하고 자원보유국이 공기업을 설립하여 그 공기업으로 하여금 공동운영계약의 당사자로 참여할 수 있도록 요구하는 경우가 적지 않다.[7] 이런 경우 해당 공동운영에 국가의 간섭이 있을 수 있고, 자유로운 수평적 의사결정이 이뤄지는 데 방해 요인이 될 수 있음은 자명할 것이다. 더욱이 해당 공기업은 자금 제공의무를 부담하지 않고 다른 사업자들로부터 자금을 대위 지급받으므로 사업에 따른 손실을 부담하지 않는다. 그러므로 다른 사업 참여자들은 그만큼 재정적 의무과 위험을 더 부담할 수밖에 없다.[8]

운영자의 책임 규정도 일반적인 계약과 다른 점이 있다.[9] 일반적인 책임 규정은 고의, 과실의 유책 행위가 있으면 그에 따라 책임을 부담하게 한다. 그러나 자원의 탐사개발이 심해나 오지 등의 어려운 자연, 사회 환경 조건 하에서 많이 이뤄지고 있고, 그러한 어려운 환경에서는 사소한 잘못으로 해양 오염 등의 크나 큰 피해 등을 야기하여 막대한 책임을 부담할 수 있다. 그러기에 기업들은 열악한 환경에서 이뤄지는 탐사개발 사업의 참여에 주저할 수밖에 없고, 이로 인해 세계적으로 자원개발 사업의 전반적인 위축을 가져올 수 있고, 자원 가격의 급격한 상승 요인이 될 수도 있다. 그래서 열악한 환경에서 탐사개발을 촉진하기 위해 운영자의 책임을 제한 내지 배제하는 방향으로 계약 내용이 이뤄지고, 운영자의 중과실, 악의적 행위로 인한 손해가 아닌 한, 운영자의 책임을 배제하는 내용으로 공동운영계약을 규정하는 경우가 많다. 이 규정을 통해 운영자와 비운영자 사이에 손해배상책임의 합리적 배분을 도모할 수 있다. 더 나아가 어떤 공동운영계약에서는 운영자의 악의적 행위, 법령 위반의 행위에 대해서도 책임을 제한하는 규정이 나타나고 있고, 운영자의 감독권한이 있는 상위 직급 직원의 악의, 중과실의 행위에 대해서만 책임을 부담하게 하는 책임 조항도 쉽게 발견할 수 있다.[10]

단독운영 또는 운영참여거부 등의 고유한 운영 방식도 있다. 일반의 공동사업은 전부

---

7) 이란, 이라크, 나이지리아, 노르웨이, 사우디아라비아 등이 이에 해당하는 나라들이다.
8) Eduardo G Pereira, *supra* note 2, pp. 40-41.
9) 공동사업을 운영하면서도 상호 간에 연대책임을 부인하고 개별책임을 원칙으로 하고 있다. Anthony Jennings, *Oil and Gas Exploration Contracts*, 2nd ed., Sweet & Maxwell (2008), p. 23.
10) 이와 관련해 기존에 통용되는 면책약정 또는 보상약정 대신에 무손보장약정(Indemnity)이란 새로운 개념으로 공동계약의 위험 배분에 대해 연구한 논문도 있다. 오일석, (주 5), 170면.

참여하거나 전부 참여하지 않는 것이 일반적이다. 그러나 원유, 가스 등의 자원 탐사개발 사업은 대단위 자금을 필요로 하고 사업의 성공 가능성도 10~20%에 불과한 위험 사업인 만큼 사업 참여를 강제하는 것이 불합리할 수 있다. 그러기 때문에 일부 공동 사업자가 반대하더라도 나머지 찬성 당사자들만이 탐사개발 사업을 진행할 수 있는 길을 열어 둘 필요가 있다. 반대로 대다수의 사업자가 탐사개발 사업을 다수결 절차에 의해 의결하더라도 이에 반대하는 소수 지분의 사업자가 사업 참여를 거부할 수 있는 길도 열어둘 필요가 있다. 이러한 자원 탐사개발의 현실적 필요성을 반영하여 단독개발 내지 운영참여 거부의 규정을 두기도 한다.[11]

공동사업자의 우선매수청구권 규정도 자원의 탐사개발 사업에 많이 사용되는 특별 규정이다.[12] 공동사업 참여자는 원칙적으로 자신의 지분을 제3자에게 자유롭게 양도할 수 있어야 한다. 그러나 자원탐사개발 사업의 공동 참여는 사업자의 기술적 능력, 금융 능력, 마케팅 능력 등 각자의 특별한 능력이 결합돼 이뤄지고 있고, 또한 공동사업 참여는 결혼과 마찬가지로 서로 용인되는 사업자가 아니면 함께 공동사업을 운영하는 게 어렵기 때문에 지분 양도로 인해 원치 않는 제3자가 공동사업자로 참여하는 것을 막을 필요가 있다. 만약 그 양수인이 기존 사업자와 경쟁관계에 있다면 양도의 제한의 필요성은 더욱 커질 수밖에 없다. 그래서 공동운영계약에서 특별히 두고 있는 것이 공동사업자의 우선매수청구권 내지 우선매수협상권이다. 지분을 전부 또는 일부 양도하고자 하는 공동사업자가 있는 경우 나머지 공동사업자에게 그 양도 부분을 우선해 매수 내지 매수 협상할 권리를 주는 것이다. 모든 잔존 공동사업자가 우선매수청구권을 행사하지 않거나 포기한 경우에만 제3자에게 지분을 양도할 수 있도록 하는 제도이다.

사업자의 탈퇴권 규정도 일반의 계약과 다르게 규정하고 있다. 탈퇴권은 공동사업의 참여를 사업진행 중간에 포기할 수 있는 공동사업자의 권리이다. 그런데 탐사개발계약에서 정하고 있는 최소 작업 의무를 이행하기 전에는 탈퇴권이 제한된다거나 운영자는 다른 사업자 내지 자원보유국 정부의 사전 승인이 없으면 탈퇴할 수 없다는 등의 일정한 제한을 가하고 있다. 또한 탈퇴를 하는 경우에도 탈퇴 시점 이전에 발생한 지출의무에 대해서는 탈퇴한 이후에도 그 의무를 이행해야 하는 추가적 부담을 안고, 탈퇴 후에는 자신의 지분을 나머지 당사자들에게 무상으로 각 지분에 비례하여 양도할 의무를 부담하는 규정을 둔다.

---

11) Anthony Jennings, *supra* note 9, p. 25.
12) 오정환, "원유가스 탐사개발권의 취득에 관한 법적 연구 ─ Farmout 거래를 중심으로 ─ ", 한양대학교 대학원 박사학위논문 (2011), 50-52면

3. 운영자의 지위

공동운영계약은 앞서 살펴본 바와 같이 특별한 구조를 띠는데 그 중심에는 운영자가 있다. 운영자는 탐사개발 사업을 배타적으로 운영할 수 있는 권한을 갖고 있고, 탐사개발계약 및 공동운영계약에서 정하는 바에 따라 제반 운영 행위를 직접 수행한다.[13] 운영을 독점적으로 하기 때문에 비운영자들에 대한 일정한 의무를 부담하게 되는데,[14] 그 주요 의무를 살펴보면 다음과 같다.

먼저 공동운영의 역무를 수행해야 한다.[15] 운영자의 업무는 비운영자의 대리인 자격에서 이뤄지지 않고 그 업무의 책임이 비운영자에게 미치지 않는 경우가 있으므로 우리 민법 상의 업무집행조합원에 다르고, 같은 이유에서 공동운영계약은 합작투자계약과 다르다.

비운영자에게 공동운영의 일부를 분담하도록 요구하거나, 운영자 자신의 운영 의무를 포기할 수 없다. 공동운영과 관련하여 생산하거나 취득한 정보를 비운영자에게 전달해 줄 의무도 부담한다. 정확하고 시의적절한 정보를 제공해야 그 정보에 기초하여 비운영자가 공동운영위원회에 참여하여 올바른 의사결정을 할 수 있기 때문이다. 탐사개발계약 상 공동사업자들에게 부과하는 각종의 의무를 제대로 이행해야 한다. 로열티나 세금을 납부할 의무나 최소 작업 의무 등이 그 일부에 해당한다. 또한 운영자는 비운영자들을 대표하여 자원보유국 정부와 협상하고 합의하여 비운영자의 이익을 보호할 의무를 부담한다. 환경과 관련한 손해배상책임을 합리적으로 배분하는 규정을 두거나, 비운영자의 인력을 파견하여 운영에 관여할 수 있는 근거가 되는 규정을 만들어 효율적이고 안정적인 탐사개발 사업 운영의 기초를 다져야 하는 것도 운영자의 의무 중 하나이다. 환경, 인허가 등에 대한 정부 규제 등 각종의 관련 규정을 준수해야 함은 물론, 최적화된 사업 운영을 위해 각종 규정을 만들어 이에 따르는 것이 사업의 예측 가능성을 높이는 길이기 때문이다.

공동운영계약에서 운영자의 권한과 의무를 구체적으로 합의하여 이에 따르도록 하는 것은 아주 중요하다. 그러나 그 규정이 때론 예기치 않은 불측의 상황에 유효적절하게 대처하지 못하게 만드는 경우도 적지 않다. 그러므로 일반적이고 추상적인 권한과 책임 규정 또는 포괄적인 행위준칙을 둠으로써, 운영자에게 공동운영계약과 탐사개발계약 등에서 구체적으로 정하지 않은 상황에 대처할 권한과 의무를 주고, 이에 위반할 때는 법적 책임을 묻는 게 필요하다. 공동운영계약에서 흔히 볼 수 있는 내용으로는, "운영자가 운영을 할 때는

---

13) 운영자의 권한과 책임이 크기 때문에 통상 최대 지분을 가진 사업 참여자가 운영을 담당한다. Eduardo G Pereira, *supra* note 2, p. 17.
14) 윤상직, 국제석유개발계약의 이해, 세경사 (2009), 150면.
15) 회사를 설립하여 운영을 담당하게 하는 경우도 있다. Anthony Jennings, *supra* note 9. p. 24.

관련 법, 탐사개발계약, 공동운영계약, 공동운영위원회 결의에 따라야 한다."라는 것과 "운영은 면밀하고 안전하고 효율적인 방법으로 이뤄져야 하고, 자원 탐사개발 사업의 올바르고 신중한 관례[16)]에 따라야 하고, 일반적으로 통용되는 방법을 채택해야 하고, 현장보호의 원칙을 준수하여야 하며, 유사한 상황에서 마땅히 기대되는 방법으로 운영이 이뤄져야 한다." 등이 있다. 다만 면밀, 신중, 효율 등의 미확정적인 추상적 의무 기준에 의해 그 위반의 가능성이 커질 수밖에 없고, 그에 따라 운영자의 책임은 무한히 확대될 수 있는 여지가 있다. 그러한 이유로 공동운영계약에서 이러한 규정을 두는 것에 대해 반대하고 보다 구체화된 규정 및 예측 가능성이 높은 문언의 사용을 요구하는 운영자들이 적지 않다. 그러나 비운영자는 운영자의 운영에 대한 견제의 일환으로 이와 같은 추상적 규정을 두는 것이 더 유리할 수 있다.

4. 비운영자의 운영에 대한 참여

자원의 탐사개발 사업은 대단위의 자금이 요구되고 위험과 책임이 큰 사업이기 때문[17)]에 사업 참여자들의 운영에 대한 적극적 관심과 참여가 필요하다. 공동사업이라는 표현에서 보듯이 운영자와 비운영자 모두가 적극적으로 사업에 관심을 갖고 참여해야만 사업 경제성이 극대화된다. 사업의 경제성은 사업기간 내 투입된 비용과 산출된 수익의 차액으로 결정되는데, 운영자의 방만한 운영이 이뤄지면 비용이 늘어나고 수익의 전제가 되는 생산이 줄어들게 되므로 결국 사업 참여자 모두에게 손해가 된다. 그러므로 공동으로 참여하고 공동으로 수익을 극대화할 수 있는 방안에 대해 고민하고 이를 운영자와 비운영자들 사이의 권리관계에 반영해 운영해야 한다. 운영자와 비운영자는 가장 적은 비용으로 최대의 원유, 가스 생산을 기대하는데, 이는 계약을 통한 올바른 권리관계 설정으로만 가능하다.[18)]

비운영자들이 운영에 참여하는 방식은 제한적이고 간접적이다. 운영자에게 모든 운영의 권한이 주어져 있고 비운영자들은 공동운영계약에서 정하고 있는 공사계약자 선정 추천, 예산 초과 지출에 대한 승인 등의 제한적인 권한을 갖고 있고, 공동운영위원회에 참석하여 위원 자격으로 의안에 대하여 의견을 제시하고 의결권을 행사할 수 있는 등의 간접적인 참여 권한만이 있을 뿐이다.

---

16) good and prudent petroleum industry practices를 말한다. "the operator should act prudently, diligently and reasonably" 등으로 비슷한 문언도 많이 사용되는데, 이는 결국 석유 자원개발 사업에 있어 비운영자들의 운영자의 운영행위에 대한 통제를 목적으로 한다고 볼 수 있다. Eduardo G Pereira, *supra* note 2, pp. 59-60.

17) 고위험, 고비용 구조의 사업이므로 이를 분담할 여러 사업자의 참여가 필요한 것이고, 사업 참여자 사이의 협력과 조화를 이룰 수 있는 공동운영계약이 필요한 것이다. Eduardo G Pereira, *supra* note 2, pp. 30-34.

18) Peter Roberts, *supra* note 5, p. 17.

비운영자가 운영에 적극 참여한다는 이유로 운영자의 일상 운영에 대한 권한을 일부 나눠 행사한다는 것은 운영의 비효율성을 가져올 수 있다. 국가의 삼권분립과 마찬가지로 자원 탐사개발 사업은 기능별로 분화될 필요가 있고, 일반의 회사의 대표이사, 이사회, 주주총회처럼 회의체 기관과 집행 기관을 구분할 필요가 있다. 그러므로 국가의 행정부와 회사의 대표이사에 비견되는 운영자에게 일상의 운영을 전담하게 하고, 비운영자는 헌법이나 정관의 유사한 기능을 하는 공동운영계약이 정하는 바에 따라 그 역할을 충실이 하여 공동운영의 효율을 극대화하면 되는 것이다.

운영자가 운영을 독점적으로 한다는 것이 물론 비운영자의 운영 참여 가능성을 전혀 배제한다는 것은 아니다. 비운영자의 직원을 운영자에게 파견하여 간접적으로 운영에 참여한다거나 기술특별위원회 등 각종의 운영자를 보좌하기 위에 설치된 소위원회 내지 특별위원회의 위원으로 참여하여 집행 기능의 일부를 담당할 수도 있다. 극단적인 경우에는 비운영자가 일상 운영의 기능 중 일부, 예를 들어 재정, 인사 등을 책임지는 이사를 파견하여 비운영자의 의지에 따라 해당 부분의 운영을 수행할 수도 있다.

비운영자가 운영에 참여하는 것은 운영을 합리적, 효율적으로 진행하여 위험을 최소화하고 수익을 극대화하기 위한 목적에 이바지하기 때문에 필요하다. 일반의 자원 탐사개발 사업이 운영자에 의해 비합리적으로 전횡되는 사례가 있고, 비운영자의 역할이 마치 단순 투자자의 역할에 그쳐 운영의 비효율을 제거하는 데 전혀 무기력하므로 이를 바로 잡기 위해 비운영자의 운영에 대한 참여를 고민하지 않을 수 없는 것이다. 사업 참여자 모두의 지식과 기술, 경험을 함께 사용하고 공유함으로써 공동의 이익을 극대화시킬 수 있기 때문이다.[19]

비운영자의 이익을 보호하기 위한 방안의 일환으로서 운영 참여를 강구할 수 있음은 물론이다. 대체적인 것들을 보면, 앞서 간략히 살펴본 바와 같이 파견 제도를 활용할 수 있고, 정보에 대한 접근권의 확대, 분쟁에 대한 참여권 보장, 운영자의 배상책임 강화, 적정한 보험가입, 운영자의 해임에 대한 권한 확보, 공동운영위원회 기능 확대, 의결권의 다양화, 서면투표제의 도입, 탐사개발 관련 계약자 선정에 대한 참여, 예산지출의 통제 확대, 단독의 탐사개발권[20] 활용, 자유로운 지분 양도의 확대 등을 들 수 있다. 비운영자의 이익 내지 지위 보호를 위해 활용될 수 있는 제도들은 공동운영계약에서 관련 규정을 둠으로써 그 실효성을 확보할 수 있는데, 그 하나하나를 개별적으로 살펴보기로 한다.

---

19) Eduardo G Pereira, *supra* note 2, p. 19.
20) 다른 사업자들이 사업위험을 이유로 탐사사업개발을 포기할 때, 잔존 사업자가 자기의 비용과 위험으로 기존 탐사개발권을 통해 탐사개발하는 것을 말한다.

Ⅱ. 비운영자의 이익 보호 방안

1. 파견 제도의 활용

파견 제도는 비운영자의 직원 내지 대리인을 선정하여 탐사개발 사업이 이뤄지는 현장 또는 운영자의 회사로 보내 운영자의 관리 감독 하에 운영의 일상적 업무를 담당하게 하는 제도이다. 비운영자는 이를 통해 탐사개발의 노하우 등 새로운 지식이나 기술을 습득할 수 있고, 해당 운영 사업에 대한 이해도를 높여 운영자에 대한 보다 효율적 견제 내지 감시를 할 수 있게 된다. 그리하여 비운영자는 공동운영위원회 등의 회의체 기구에서도 운영 사업에 대한 정확한 이해에 기초하여 합리적인 의사결정을 하는 데 도움을 받을 수 있다.

파견자의 선정은 비운영자가 하고, 관리 감독은 운영자에 의해 이뤄지고 있으므로, 파견자의 위법한 행위로 인해 공동운영 사업에 대해 손실을 끼친 경우 누가 책임을 부담하는지 문제될 수 있다. 이에 대해 선정의 잘못을 물어 비운영자가 책임져야 한다는 견해가 있고, 관리 감독의 책임을 이유로 운영자가 손실을 부담해야 한다는 견해가 있다. 그러나 공동운영사업에 대한 참여 일환으로 이뤄지는 파견제도이니만큼, 일반적인 운영자의 책임 제한 내지 완화의 법리를 적용하여 원칙적으로 공동사업자의 지분 비율에 따라 대내외적인 책임을 부담하게 하는 것이 바람직하다 할 것이다.

비운영자가 파견 제도를 활용하기 위해서는 공동운영계약에서 비운영자의 직원에 대한 파견 권리를 규정하여야 할 것이고, 파견자 선발의 객관성을 확보하기 위해 공동위원회에서 파견 관련 규정을 제정하여 운영해야 할 것이다.

2. 정보 접근권의 확대

공동운영 사업의 정보를 많이 알면 알수록 그 정보를 기초로 효율적인 사업을 위해 견제와 균형이 필요하다. 그러므로 탐사개발 사업과 관련한 핵심적인 정보는 물 흐르듯 자연스럽게 운영자로부터 비운영자들에게 전달돼야 한다. 정보에는 운영자나 비운영자가 기왕에 보유하고 있던 것을 운영자에게 전달하여 운영자가 보관하고 있던 것뿐만 아니라 운영 사업을 진행하면서 새롭게 생성되거나 가공된 정보들 및 사업 관련 제3자 등 외부로부터 취득한 정보도 있을 것이다. 그 정보의 출처가 어디인지 상관없이 운영자가 보유하고 사업 운영에 관련된 정보는 비운영자가 접근하여 이용하도록 해야 할 것이다.

정보의 전달에 대해 만연히 운영자의 자율에 맡기는 것은 위험할 수 있다. 만일 정보가 운영자의 책임과 관련이 있다면 운영자는 그 정보의 전달을 주저할 수 있기 때문이다. 그러므로 공동운영계약에서 운영자가 비운영자에게 전달해야 하는 핵심 정보의 범위를 확정해

둘 필요가 있다.

비운영자가 운영자에게 요구할 수 있는 관련 권리를 구체적으로 보면, 정보청구권뿐만 아니라 상세정보 청구권, 정보실사 청구권, 불분명한 정보에 대한 설명 청구권, 정보 조사 및 감사권 등을 들 수 있다.[21]

3. 분쟁에 대한 참여권 보장

운영사업과 관련한 분쟁을 어떻게 해결하느냐는 사업 자산의 처분과 같다. 제3자와의 분쟁에서 승소를 하면 자산의 유지 내지 확대로 이어질 수 있고, 분쟁에서 패소하게 되면 자산의 손실로 이어질 수 있기 때문이다. 그러므로 분쟁에 대한 처분 권한을 운영자에게 전속적으로 두는 것은 위험할 수 있다. 비운영자도 운영 사업과 관련한 분쟁에 적극 참여할 수 있는 길을 열어둘 필요가 있다.

운영자가 운영을 하면서 분쟁을 야기한 경우 운영자가 그 분쟁해결의 실마리를 제공하는 것이 맞을 것이다. 그러나 분쟁의 승패에 따라 앞서 본 바와 같이 운영 사업 자산의 증감이 발생하므로, 일정액을 넘는 분쟁의 경우에는 비운영자의 동의를 필요로 해야 할 것이다. 또한 운영자의 소극적 방어를 제어하는 방안으로 비운영자가 자기 비용을 들여 소송이나 중재에 참여할 수 있는 길도 열어 둘 필요가 있다.

4. 운영자의 손해배상책임 강화

AIPN,[22] CAPL[23] 등 모범 공동운영계약들[24]과 이에 기초하여 작성된 공동운영계약들은 운영자의 책임을 최소화 하는 방향으로 발전해 왔다. 최근에는 운영자의 악의나 중과실의 위법행위로 인해 제3자나 비운영자에게 발생한 손해에 대한 배상책임을 부담하지 않음은 물론 법령 위반의 행위로 인한 손해에 대해서도 공동운영자들이 지분비율에 따라 떠안는 경우가 많아지고 있다. 또한 운영자의 악의, 중과실의 행위에 대해 책임을 부담하는 경우에도, 운영자가 책임을 부담하는 행위자의 범위에 일반의 직원들을 배제하고 있고, 감독 권한이 있는 상위 직급의 직원들[25]의 악의나 중과실의 위법행위에 한해서만 손해배상책임

---

21) Eduardo G Pereira, *supra* note 2, pp. 60-61.
22) Association of International Petroleum Negotiators으로 국제 석유개발과 관련해 계약서 개발, 교육 등의 선도적 역할을 하는 비영리 국제조직이다.
23) Canadian Association of Petroleum Landmen으로 다음 각주에 있는 미국의 AAPL에 유사한 조직이다.
24) AIPN, CAPL 이외에도 American Association of Professional Landmen(AAPL), Rocky Mountain Mineral Law Foundation(RMMLF), British National Oil Corporation(BNOC), Australian Petroleum Production and Exploration Association(APPEA) 등에서 모범 공동운영계약들을 작성하여 일반에 공개하고 있다.
25) Operator's senior supervisory personnel로 표현되고 그 범위에 대해서도 최상위급의 직원으로 제한하는 실무적 경향이 적지 않다.

을 제한하고 있다.

　자원 탐사개발 계약에서 운영자는 비운영자에게 운영자의 행위로 발생한 특별손해 내지 간접손해에 대하여 책임을 부담하지 않도록 규정하는 것이 일반적이다. 무엇이 특별손해인지 여부에 대해 논의가 있지만 일반적으로 영업 손실, 영업 기회의 상실, 유정의 유실 등이 포함돼 있다. 그러나 이에 더 나아가 근자의 공동운영계약에서는 환경손해까지 포함시키고 있다. 물론 사소한 실수로 크나 큰 환경적 재해를 야기할 수 있고, 그 회복을 위해 천문학적 비용이 소요되므로, 그러한 큰 손해를 운영자에게 모두 부담시키는 것이 정당한가에 대한 논의가 있을 수 있다. 그러나 앞서 살핀 바와 같이 운영자의 직원들이 법령을 위반하는 행위로 인해 환경적 손해를 야기한 경우에도, 운영자는 아무런 책임이 없다고 한다면 도덕적 해이 등의 문제는 별론으로 하더라도 불법행위의 억제책이 없어 문제가 아닐 수 없다. 운영자는 위와 같은 환경 책임의 분배 구조 하에서는 금전적 손실 등의 피해를 보지 않기 때문에 준법운영의 필요성을 절감하지 못한다. 운영자가 불법의 운영으로 손해를 야기해도 비운영자들이 지분 비율에 따라 손해를 분담해 주기 때문이다. 그러므로 운영자의 손해배상책임 등의 제재 규정을 둠으로써 운영자의 적법한 운영행위를 도모할 필요성이 크다.

　운영자에게 보다 책임 있는 운영을 기대하기 위해서는 잘못한 만큼 책임을 부담하게 해야 한다. 그러므로 적어도 악의, 중과실로 인한 행위에 대해 책임을 부담하게 해야 하고, 운영자의 관리 감독 하에 있는 직원은 지위 고하를 불문하고 잘못하면 운영자가 그 행위 책임을 부담하여야 한다. 또한 일반적 법리에 따라 행위 당시 합리적으로 예측할 수 없는 특별손해 내지 간접손해에 대해 책임을 배제한다 하더라도 통상 예견 가능한 환경손해에 대해서는 운영자가 마땅히 행위 책임을 부담하도록 공동운영계약 상 손해분담의 구조를 짜야 할 것이다.

5. 적정한 보험 가입

　운영자는 운영 사업의 위험을 줄이기 위해 각종 생명보험 및 손해보험에 가입해야 한다. 보험을 통해 사업과 관련해 발생하는 인적, 물적 손해 등에 대한 위험을 보험사에 전가시키고 사업의 안정적인 경제성을 확보해야 한다. 통상 운영사업에 종사하는 사람들을 위한 사망보험, 상해보험 등의 인보험, 운영사업 자산에 대한 불측의 손해를 보전하기 위한 화재보험, 기계보험 등의 재산보험, 제3자의 손해를 보상하기 위한 손해배상보험 등에 들어야 한다. 특히 환경오염에 따라 제3자에게 발생한 손해를 커버하기 위한 환경책임보험은 그 중요성이 점점 커지고 있다. 자원의 탐사개발 사업이 위치한 국가, 지역, 사업의 종류, 금융방법에 따라 위험의 종류가 다를 것이므로 보험전문가에 의한 실사를 거쳐 가입해야 할 보험의 종류와 부보 범위 등을 확정해야 할 것이다.

사업 위험에 비해 보험 가입이 적으면 사업 참여자들의 위험에 대한 노출은 더욱 커질 것이므로 사업의 안정성을 해칠 것이다. 반면 위험만큼 보험을 모두 가입하면 천문학적인 보험료로 인해 사업의 경제적 이익은 대부분 보험사가 가져가고 사업 참여자들의 경제성이 그만큼 낮아져 사업의 지속 가능성을 어렵게 할 것이다. 그러므로 보험 가입에 대한 문제를 운영자에게 모두 일임하는 것은 사업의 위험과 그 회피에 대한 비운영자의 운명을 운영자에게 맡기는 것과 마찬가지로 위험하기 짝이 없다. 비운영자들은 사업 지분만큼 보험료의 납입책임을 부담하지만, 무엇보다도 앞서 살핀 바와 같이 자신들의 사업 참여의 경제성을 어느 정도 확보하기 위해 어떤 종류의 보험을, 얼마만큼 부보할 것인지 여부를 운영자와 함께 고민해야 할 것이다.

6. 운영자의 해임에 대한 권한 확보

누가 탐사개발 사업의 운영을 담당하는가에 따라 사업의 안정적 운영이 달라질 수 있다. 관련 경험이 풍부하고 기술수준이 높아야 하며, 유사한 공동사업의 성공적 이력이 있어야 한다. 그러므로 일반적인 자원 탐사개발계약에서는 운영자 선정에 대해 자원보유국의 승인 등의 일정한 관여를 필요로 한다. 그리고 안정적 목표 생산량을 일정 기간 유지할 때까지 운영자를 변경할 수 없다는 등의 운영자 변경에 대해 제한을 가하기도 한다.

운영자의 역할이나 기능이 중요하지만 운영자의 책임이 따르지 않는 운영은 위험하기 짝이 없다. 책임을 부담하는 방법 중 가장 강력한 것 중의 하나가 그 지위를 박탈하는 것이다.[26] 타의에 의해 강제로 운영자 지위에서 배제되는 것은 운영자로서 대외적 신인도에 치명적일 것이므로, 향후 운영자로서 또 다른 사업을 진행하는 데 많은 어려움에 직면할 수밖에 없다. 그러므로 운영자에 대한 해임에 대해 운영자의 의결참여를 제한하는 대신, 비운영자들의 의결권 행사만으로 해임이 가능하도록 하는 등으로 운영의 견제와 균형을 도모하는 것이 바람직하다. 더 나아가 공동운영위원회의 의결정족수에서 이해당사자인 운영자를 완전히 배제하는 규정을 두거나 특별한 이유 없이도 임의로 운영자의 지위에서 축출할 수 있도록 한다면, 비운영자의 운영자에 대한 견제 역할은 극대화될 것이다.

7. 공동운영위원회의 기능 확대

탐사개발 사업의 운영은 운영자, 공동운영위원회, 자원보유국 정부 등의 협력과 견제에 의해 이뤄지고 있고, 각 기능이 적정하게 구분돼 분담되거나 전속돼 있다. 특히 공동운영위원회는 운영을 지도하고 감독하는 기관이고 운영에 대한 주요 의사를 결정하는 역할을

---

26) 윤상직, (주 14), 150면.

수행하기에 그 중요성이 대단히 크다. 그러나 앞서 본 바와 같이 운영자, 공동운영위원회, 자원보유국 정부 등 3자 사이에 자원 탐사개발사업의 운영에 대한 역할과 기능이 분담돼 있으므로, 공동운영위원회에서 누가, 어떤 기능과 역할을 맡느냐에 따라 운영자의 역할은 상대적으로 정해질 수밖에 없다. 공동운영위원회의 역할이 커지면 운영자가 임의로 정할 수 있는 권한 범위가 줄어드는 대립 관계에 있다.[27]

비운영자들의 일상적인 운영의 참여는 앞서 살핀 바와 같이 극히 제한적이고 간접적으로 이뤄지고 있고, 공동운영위원회를 통한 운영 참여가 일반적이어서 공동운영회의 권한이 커지는 만큼 비운영자의 의사가 운영에 반영되는 정도가 커진다.[28] 그러므로 공동운영위원회의 권한 범위를 확대하고 그 기능을 적극적으로 강화함으로써 비운영자의 지위와 권익이 확대되고 강화될 수 있으므로, 공동운영계약에서 공동운영위원회의 권한과 역할을 정할 때 이를 유념하여야 할 것이다.

공동운영위원회를 운영하는 절차적 측면에서 비운영자의 역할이 확대될 수 있는 방안은 다음과 같다. 비운영자들에게 공동운영위원회에서 논의하고 결정할 의안에 대한 제안권을 준다거나, 충분히 사전에 안건 관련 정보를 이해하고 회의에 참석할 수 있도록 회의 전에 충분한 시일을 두고 안건에 대한 정보나 자료를 교부할 의무를 운영자에게 부과하거나, 의안이 교착 상태에 있어도 운영자에게 결정권을 유보하지 않고 재의결을 반드시 거치도록 한다거나, 운영자에게 위원회에서 논의된 사항을 자세히 기록하는 회의록 작성 의무를 두는 방안이 있다. 이처럼 비운영자가 공동운영위원회에 대해 보다 많은 관심과 책임 의식을 갖고 참여하여 자신의 이익은 물론 공동사업자 전체의 이익을 향상시킬 수 있도록 해야 할 것이다.

8. 의결권 요건 또는 의결권 정족수의 다양화

공동운영위원회에서의 의결권은 크게 단순 다수결과, 초과 다수결, 조건부 다수결, 만장일치 등으로 나눌 수 있다. 의사결정의 신속성과 효율성을 확보하기 위해서는 단순 다수결처럼 좋은 것이 없다. 그러나 의결의 정당성을 담보하기 위해서는 단순 다수결 이외의 것도 고려해야 할 것이다. 왜냐하면 모든 사업자의 동의를 얻어야 비로소 의결의 정당성을 확보할 수 있는 의안이 있고, 만장일치는 아니라고 하여도, 예를 들어 80% 이상의 사업자가 찬성해야 의결의 집행에 있어 안정성을 확보할 수 있는 경우도 있을 것이다. 또한 사업자

---

27) 공동운영위원회에서 운영자를 선정하여 배타적 책임 운영을 하도록 하면서도, 운영에 대한 주요 사안에 대한 결정을 공동운영위원회의 권한으로 유보해 둠으로써, 운영자와 공동운영위원회는 갈등 내지 대립관계에 있다고 볼 수도 있다. Peter Roberts, *supra* note 5, p. 96.

28) 윤상직, (주 14), 145면.

중 적어도 2인 이상 또는 운영자의 찬성과 더불어 일정 비율 이상을 보유한 사업자의 찬성도 요구하는 등 복수의 조건을 만족하는 경우에만 의안에 대한 선택의 정당성과 안정성을 확보할 수 있는 경우도 있다.

실무상 작성되는 공동운영계약에서는 위와 같은 의안의 다양한 찬성 절차가 반영돼 있고, 의안의 중요도에 따라 만장일치제, 조건부 다수결, 초과 다수결, 단순 다수결 등 다양한 방식으로 운용하고 있다. 그러나 만장일치의 찬성을 요하는 경우에는 최소한의 지분만으로도 의안을 부결시킬 수 있으므로, 광구의 반납, 공동운영계약의 변경 등 그 중요성이 매우 큰 것에 한 해 인정해야 할 것이다. 반면 단순다수결의 경우에는 운영자 단독 또는 우호 지분의 확보만으로 모든 의안을 통과시킬 수 있으므로 이에 대한 적절한 견제 장치가 필요하다. 단순 다수결 대상의 의안을 줄이는 것도 그 방안 중 하나일 것이다.

9. 서면 투표제의 도입

공동운영위원회에서 의결권의 행사는 원칙적으로 정해진 회의 장소에 모여 의안에 대해 충분히 의견을 교환하고 일체화 시키는 과정을 거쳐야 한다. 의결의 기능은 다수 의견이 소수자에 대한 의사를 강제하는데 있지 않다. 다수자도 소수자의 의견을 청취하고 기왕에 갖고 있던 의견을 변경할 수 있는 기회를 가져야 하고, 소수자도 다수자의 합리적 설명을 듣고 다수 의견을 존중하고 따를 수 있는 기회를 가져야 하기 때문이다.

자원의 탐사개발 사업은 대단위 자금을 필요로 하고 위험이 크기 때문에 여러 회사가 자금과 기술 등을 투여하여 공동사업 형태로 진행한다. 국제적으로 이와 같은 자금력과 기술력을 가진 회사들이 많지 않기 때문에 탐사개발 사업에 참여하는 회사들은 소수의 기업만이 있을 뿐이다. 그리고 동일 국가 내의 기업들 사이에는 서로 경쟁 관계에 있기에 국제적인 탐사개발 사업에 좀처럼 함께 들어가지 않는다. 그러다 보니 사업의 컨소시엄을 구성하고 있는 참여사들은 대개 복수의 국가에서 온 설립지 국가를 달리하는 기업들인 경우가 대부분이다.

서로 멀리 떨어져 있는 국가들에 소재한 기업들이 의안이 있을 때마다 회의에 참여한다는 것은 용이한 일이 아니다. 공동운영위원회의 경우 기업을 대표하는 자가 기업별로 지정돼 있어 그들의 참여만 있으면 충분하지만 전속적으로 해당 사업에만 매달리는 것이 아니기 때문에 회의 소집에 모두 응한다는 것은 현실적으로 어렵다. 그러므로 의안에 따라서는 회의에 직접 출석하지 않고 서면에 의한 의사결정이 가능해야 한다. 그렇지 않고 출석에 의한 의결만을 고집하게 되면 상당수의 경우 불출석으로 인한 결의의 어려움이 발생할 것이고, 이런 문제로 인해 공동운영위원회의 기능이 축소될 우려가 있다. 그러므로 서면투표제를 도입하여 공동운영위원회를 활성화해야 할 것이고 이로 인해 비운영자의 역할을 증진시켜 공동운영의 효율성을 제고할 필요가 있다.

10. 계약자 선정에 대한 참여

자원의 탐사개발 사업을 하는 데 있어 운영자의 인력과 기술만을 이용하여 사업을 수행하는 경우는 거의 없고 바람직하지도 않다. 자원 탐사개발 사업은 탐사, 시추, 건설, 수송 등의 여러 복잡한 과정을 통해 이뤄지고, 각 과정마다 전문적 지식과 기술력을 가진 회사들이 있으므로 그들을 활용하는 것이 보다 효율적이다. 만약 운영자가 모든 과정에 필요한 최고의 인력과 장비를 보유해 이를 활용해 사업을 수행하면 효율적이겠지만, 상시적 보유에 따른 기회비용이 적지 않기 때문에 차라리 외부의 전문 회사를 활용하는 것이 비용을 절감할 수 있다. 운영자의 기회비용이 크면 비운영자에게도 그 일부가 전가될 수밖에 없을 것이기 때문에 비운영자의 이해관계와도 부합한다. 운영자는 상시적 기회비용을 회수하기 위해 장비구매계약, 고용계약, 토목공사계약 등을 통해 자신의 인력과 장비의 가격을 높게 하는 가격 정책을 채택할 가능성이 높고 자원보유국 정부에 해당 비용의 상환을 청구하더라도 합리적 금액을 초과하는 범위의 것은 상환을 거부당할 수 있고, 그 상환 실패 부분은 비운영자에게도 지분에 따라 전가될 수 있기 때문이다.

외부의 전문기업을 사업에 활용하는데 있어 수의계약 방식도 있겠지만 대부분 경쟁계약을 통해 정해진다. 공동운영계약에서 이를 정하는 경우가 일반적이고 자원보유국의 국내법에 의하여 강제되는 경우도 있다. 경쟁절차에 의해 계약자를 선정하게 되면 절차적 비용이 많이 들 수 있지만, 계약금액이 경쟁적으로 정해지기 때문에 최소한의 비용으로 계약자를 선정할 수 있다. 그러므로 수의계약, 특히 운영자의 관계 회사와의 수의계약은 최대한 억제하도록 공동운영계약에서 정하고 경쟁관계에 의한 계약자 선정을 원칙적인 방법으로 채택하는 것이 바람직하다. 계약 내용의 합리성을 검증할 필요도 있으므로 일정 금액 이상의 계약의 경우에는 공동운영위원회의 승인을 거치도록 해야 한다. 비운영자에게도 경쟁기업을 추천할 수 있는 권한을 주도록 하여 운영자가 우호적 기업만을 상대로 한 제한경쟁절차에 의해 계약자를 선정하지 않도록 예방할 필요가 있다.

11. 예산지출에 대한 비운영자의 통제의 확대

공동운영위원회는 매년 운영자가 작성하여 제출한 연간 사업 내용과 그에 필요한 예산안에 대해 승인을 한다. 비운영자들은 위원회의 일원으로 사업 내용과 예산의 적정성을 살펴 그 승인 여부 결정에 참여하므로 간접적으로 예산안에 대한 통제를 할 수 있다. 운영자는 위와 같이 승인된 예산안을 기초로 연간 사업을 수행하는데, 예산의 지출이 있을 때마다 비운영자들에게 사업의 구체적 내용과 소요 예상 지출금액을 표시하여 예산지출 승인서²⁹⁾를 교부한다.

예산지출 승인서라고 부르고 있지만, 연간 예산안에서 이미 승인받은 내용을 집행하는 것에 지나지 아니하므로 그 법적 성격에 대해 논의가 있다. 일설에 의하면 비운영자에게 정보 전달하는 것에 지나지 않으므로 비운영자는 예산지출 승인서를 거부할 권리가 없다고 한다. 그러나 운영자가 예산지출 승인서를 별도로 작성해 비운영자에게 제출하는 점, 승인서의 문언적 의미로도 비운영자에게 이에 대해 거부 의견을 제시할 여지를 두는 점, 예산안을 승인하는 시점과 집행의 시점이 상이하여³⁰⁾ 지출의 필요성이 달라질 수 있는 점, 지출 금액 또한 더 지출되거나 적게 지출될 수도 있어 이에 대해 통제할 필요성도 있는 점 등을 종합하면 단순 정보의 제공이 아니라 승인 여부의 대상이 된다고 보는 것이 타당하다.

비운영자는 예산안을 작성할 때 공동운영위원회의 일원으로 통제권을 행사할 수 있을 뿐만 아니라 예산의 집행에 즈음해서도 예산지출 승인권의 행사를 통해 운영자의 예산지출에 대한 적정한 견제를 도모할 수 있을 것이다. 그러므로 공동운영계약에서 예산지출의 승인서가 단순히 정보를 통보하는 문서로서 인정될 뿐이라는 문구를 지양해야 할 것이고, 적극적으로 비운영자의 승인 대상이 되는 사항임을 분명히 규정할 필요가 있다. 통상 공동운영위원회에서 승인할 때는 지출항목이 개괄적으로 이뤄지고 지출비용도 총액으로 구성돼 있는 문제가 있으므로, 지출단계에서 지출이 자의적으로 이뤄질 가능성이 적지 않다. 그러므로 지출항목과 그 비용이 특정되는 지출단계에서 다시 승인 절차를 거치게 되면 지출의 투명성을 제고할 수 있다.

12. 일부 사업자의 단독 탐사개발

자원의 탐사개발 사업은 성공 가능성이 크지 않기 때문에 위험이 높은 사업에 해당한다. 위험이 계량화되고 객관화되어야 하나, 위험은 본질적으로 주관적이기 때문에 각 참여 사업자의 위험에 대한 판단은 상이할 수밖에 없다. 그러므로 어떤 사업자가 충분히 감당할 수 있는 정도의 사업 위험이라고 판단하더라도, 다른 사업자는 인수하지 않을 높은 위험의 사업이라는 견해를 가질 수 있다. 이러한 위험도에 대한 상이한 견해에도 불구하고 다수결에 의해 위험 사업의 추진을 강제하는 것은 불합리할 수밖에 없다. 그래서 탐사개발 사업에서는 사업 내용의 위험 때문에 반대하는 사업자들을 배제하고 찬성하는 사업자들만이 탐사개발 사업을 할 수 있도록 허용하는 '단독의 탐사개발 제도'를 두고 있다.

단독의 탐사개발에는 두 가지 유형이 있다. 하나는 위험 사업을 의결하는 데 필요로 하

---

29) Authorization for Expenditure로서 이를 줄여 일반적으로 AFE라고 부른다.
30) 일반적으로 1년 예산안의 집행이 원칙이지만, 사업 내용에 따라 여러 해의 예산안이 한 번에 정해져 몇 년에 걸쳐 예산이 집행되는 예도 있다.

는 다수결을 충족하지 못하더라도 그 위험할 인수할 의사가 있는 사업자들끼리 부결된 사업을 수행하는 것을 내용으로 하는 '단독 위험 사업(sole risk)'이다. 다른 하나는 사업 의결에 필요로 하는 다수결을 충족하였지만, 이에 반대 의결권을 행사한 사업자가 의결된 사업 내용에 참여를 거부할 수 있는 것을 내용으로 하는 '부동의 사업의 참여 거부(non-consent)'이다. 양자 모두 전체 사업자가 모두 사업에 참여하지 않아도 공동사업의 일환으로 일부 사업자만이 특정 탐사개발 사업에 참여하여 수행하는 것을 내용으로 한다는 점에서 동일하다.

　　단독의 탐사개발은 사업에 '찬성하는 사업자만'이 단독 내지 배타적으로 참여하므로, '모든 사업자'의 참여를 필요로 하는 탐사개발계약 상의 최소 작업의무(minimum work obli-gation)[31]에는 적용될 수 없다. 최소 작업 의무 중 일부[32]를 제외하고는 최소 작업 의무가 완성된 이후에만 단독의 탐사개발이 가능한 것이 원칙이다.

　　사업자의 일부만 참여하는 사업이다 보니 모든 사업자가 참여하는 공동 사업에 손해를 끼치면 안 된다. 만약 피해를 보게 하였다면 비참여 사업자들에게 그 손실을 보상해줘야 한다. 물론 단독 사업에 소요되는 비용은 단독 사업 참여자들이 모두 부담해야 할 것이지만, 필요에 따라 비참여자를 포함한 공동 사업자 전부의 소유 내지 이용 대상이 되는 시추 설비 등을 사용할 권리를 갖게 할 수도 있다. 물론 이 경우 단독 사업 참여자들은 합리적 범위의 사용료를 지급해야 한다.

　　단독의 탐사개발은 표면상 일부의 공동사업에 해당하지만, 잠재적으로는 사업자 모두의 공동사업으로 전환할 수 있는 여지를 갖고 있는 잠재적 공동사업이다. 그러기 때문에 비참여 사업자들도 단독의 탐사개발과 관련한 탐사자료 등의 정보를 수령할 권리를 갖고 사업 진행 중에 의사를 변경하여 사업에 참여할 수 있는 권리를 갖는다. 물론 단독의 탐사개발 사업에 사후적으로 참여하여 그 사업 지분의 일부를 인수하는 경우에는 그 대가를 지급해야 할 것이고, 그 대가에는 기왕에 투입된 비용뿐만 아니라 일정한 프리미엄도 포함된다. 프리미엄의 규모는 단독 사업의 진척 정도에 따라 달라질 것인데, 그 시기가 늦어지면 늦어질수록 그 금액은 점점 커질 수밖에 없을 것이다.

　　단독의 탐사개발 제도는 비운영자의 지위를 강화하는 기능을 한다. 통상 상당수의 지분을 보유하고 있는 운영자가 다수결을 이용하여 비운영자들의 반대를 무릅쓰고 고위험 사업을 감행할 수 있는데, 단독의 탐사개발 제도가 있으면 비운영자는 의결된 사업임에도 불구하고 그 사업 참여를 거부할 수 있기 때문이다. 더욱이 단독 사업의 진행으로 위험이 점차 줄어들지만 안정적인 수익성 내지 경제성이 예견될 때, 비운영자는 사후적으로 단독 사

---

31) 탐사가 조속하고 충실하게 이행되도록 보장하기 위한 수단으로 이용되는 규정이라고 한다. 류권홍, 국제석유·가스 개발과 거래 계약, 한국학술정보 (2011), 162면.
32) 시추작업 중 연장시추(deepening)나 우회시추(sidetracking) 등을 일컫는다.

업에 참여할 수 있으므로 자신의 이익을 확대할 수 있다. 그러므로 공동운영계약에서 단독의 탐사개발에 대해 상세한 규정을 두어 단독 개발의 예측 가능성을 높이고 절차적 안정을 기하는 것이 중요하다. 이는 결국 공동 사업 참여자, 특히 비운영자의 경제적 이익을 제고하는 방향으로 기능할 수 있을 것이다.

13. 비운영자의 지분양도 자유의 확대

자원의 탐사개발 사업은 사업 참여자의 자금, 기술 등의 능력을 상호 결합하기 위해 또는 사업 참여자 사이에 신뢰관계가 형성돼 있기 때문에 컨소시엄을 구성하여 사업을 진행한다. 그래서 사업자들은 위와 같은 능력이 부족하거나 신뢰관계에 있지 않은 제3자가 지분 매입을 통해 사업자로 참여하는 것에 대해 거부감이 높다. 이러한 이유로 공동운영계약에서는 사업자의 지분 양도에 대해 제한을 가하는 것이 일반적이다.

사업자의 지분 양도를 제한하는 방법은 여러 가지인데, 양도에 대한 사전 승인 제도가 일반적이고, 더 나아가 잔존 사업자의 해당 지분의 우선매수청구권의 행사를 통해 자유로운 처분을 제한할 수 있다. 우선매수청구권은 제3자와 양도 협상을 진행하기 전에 먼저 잔존 사업자에게 처분하고자 하는 지분의 전부 또는 일부에 대하여 우선적으로 매수할 의사를 타진하고 그 의사가 있는 경우 협상을 진행하되, 이에 실패한 경우에만 제3자에 대한 양도를 인정하는 '우선 인수 거절권(Right of first refusal)'이 있다. 또한 제3자와의 가격 등 매매 조건에 대한 합의가 이뤄진 경우 동일 조건으로 매수할 의사가 있는지 잔존 당사자들에게 의사 타진하여 그들이 거절한 경우에만 제3자에게 양도할 권리가 생기는 '협의의 우선매수청구권'[33]도 있다.

사업 지분의 양도를 제한하는 또 다른 방법은 양도인이 지분 양도 이후에도 공동운영계약 상의 의무와 책임을 양수인과 더불어 연대책임을 부담하게 하는 것이다. 일반적인 면책적 양도를 인정하지 않음으로써 사업자의 양도를 간접적으로 제한하는 효과를 거둘 수 있다.

지분의 직접적인 양도제한 이외에도, 사업자의 지분 내지 주식을 직접 또는 간접적으로 50% 이상 소유함으로써 사업자를 지배하는 모회사 내지 관계 회사가 사업자에 대한 지분을 양도하는 경우에도, 사업자에 대한 지배권의 양도(change of control)로 보아 다른 잔존 사업자들에게 우선매수청구권을 인정하기도 하는데, 이 또한 사업자의 지분을 고정화시키는 효과가 적지 않다.

공동 사업의 목적은 사업에 투자하여 나중에 배당금 수령, 잔여재산 분배 등을 통해 투

---

33) Preferential right 또는 preemptive right이라고 부르는데, 다른 자에 우선하여 권리를 양수할 수 있다는 측면이 강조되고 있다.

자금 이상의 수익을 회수하는 데 있다. 그러나 사업 진행 중에 자산의 포트폴리오 일환으로 사업 지분을 처분할 수 있고, 보다 좋은 사업에 투자할 자금을 마련하기 위해 사업 지분을 처분할 수도 있으며, 모회사의 재무 능력이 악화됨으로 인해 재무 구조를 개선할 목적으로 지분을 양도해야 하는 등 다양한 사업 지분 처분의 필요성이 존재한다.

　사업 지분의 처분을 제한하게 되면 위와 같은 지분 처분의 필요성에 응할 수 없고 결국 사업 기간 동안 대규모의 투자 자금이 묶이는 투자의 항정이란 역효과가 발생한다. 이렇듯 투자 자금의 회수 유연성을 저해하는 경우 사업자로서는 대규모 자금의 투자를 주저할 수밖에 없게 되고, 결국 자원의 탐사개발 사업에 대한 전반적 투자 감소로 이어질 위험이 있다. 특히 비운영자의 경우에는 운영자와 달리, 자신의 물품을 고가로 매도하거나 자신의 유휴 인력을 고용되게 하는 등의 운영에 따른 부수적 경제이익을 향유하지 않고 경우에 따라서는 단순 투자자에 불과하므로 그 지분의 양도를 제한하는 것은 더욱 불합리하다. 그러므로 비운영자의 경우 지분 처분의 자유는 보다 강화돼야 할 것이다. 통상 운영자에게만 일정 기간 동안 처분을 제한하고 최소한도의 지분 보유를 의무화 하고, 비운영자에게는 그런 처분 제한을 두지 않는 이유가 바로 그 때문이다. 그러므로 비운영자의 사업 지분의 양도의 자유를 대폭 확대할 필요가 있다.

　비운영자의 사업 지분 양도 자유를 확대하는 방안은 양도 제한을 보다 완화하는 방법으로 달성할 수 있다. 아니면 우선매수청구권의 인정 범위를 최소화거나 아예 인정하지 않는 것도 한 가지 방법일 것이다. 양도의 경우 잔존 당사자의 사전 승인 제도를 둠으로써 부적격 양수인이나 이해관계가 대립되는 외부인의 지분 양수를 충분히 제한할 수 있기 때문이다. 모회사가 사업자의 지배권을 양도하는 경우 다른 사업자들에게 우선매수청구권을 인정하는 것도 지나친 감이 없지 않다. 지배권의 양도는 사업자 지분의 간접적인 양도에 지나지 않으므로 직접적인 지분 양도와 동일하게 취급할 이유가 없다. 또한 지분 양도의 사전 승인도 일정 한도로 제한할 필요가 있는데, 양수인의 기술력과 자금력 등이 인정되는 경우에는 원칙적으로 승인을 거부하지 못하도록 하여 사업 지분의 처분을 보다 자유롭게 확대할 필요가 있다. 또한 사업자의 투자 자금 여력을 확대하기 위해서는 재무적 투자를 활용할 필요가 크다. 따라서 재무적 투자자에 대한 양도의 경우, 사업운영에 실질적으로 관여하기 원하는 전략적 투자자에 대한 양도와 달리 사전 승인이 필요 없도록 하는 것도 사업 지분 양도의 자유를 확대하는 또 하나의 방안이 될 것이다.

III. 결 론

사업 참여자들 사이의 권리관계를 정하여 책임과 위험의 배분을 목적으로 하는[34] 공동운영계약은 그 주안점이 운영자와 비운영자의 관계에 모아지고 있다. 공동운영계약에서 운영자와 비운영자의 관계에 대해 조합, 대리, 신인(fiduciary) 관계 등이 논의되고 있지만,[35] 일반적인 모범 계약 및 실무상 사용되는 계약에서 보면 이와 같은 관계를 명시적으로 부인하고 있다.[36] 그러므로 운영자의 비운영자에 대한 행위 책임이 제한되므로 비운영자의 적극적인 운영 참여와 그 책임이 요구되는 것이다.

자원의 탐사개발 사업에 있어 종래 비운영자의 지위는 앞서 살핀 바와 같이 소극적이고 제한적인 역할에 지나지 않았다. 그러나 비운영자도 수평적 지위를 갖는 공동운영자 컨소시엄의 일원으로서 탐사개발 사업의 공동 운영에 적극적인 역할을 해야 한다. 단순 투자자로서 운영자의 노력의 과실만을 따 먹겠다는 소극적 자세로 공동운영에 참여할 수는 없다. 비운영자의 적극적 운영 참여가 공동운영계약의 내재적 법률관계에 의해 인정되고 있고, 또한 그로 인하여 공동운영의 효율성이 증대되고 그에 따른 비용 절감과 생산성 향상을 기대할 수 있기 때문이다.

비운영자가 공동운영에 적극적으로 참여할 수 있는 길은 앞서 본 바와 같이 여러 방식으로 고민해 볼 수 있다. 비운영자의 직원을 운영의 현장에 직접 파견하여 일상적 운영에 간여할 수 있는 길을 열어야 할 것이고, 운영자가 수집, 생산하여 관리 중인 탐사개발 관련 정보에 대한 적극적인 공유로 사업에 대한 이해도를 높여 공동운영위원회에서 충분한 논의 및 올바른 의결에 참여할 수 있도록 해야 할 것이다. 또한 운영과 관련한 분쟁이 발생한 경우에 당사자로 참가할 있는 권리를 확보하는 등으로 소송, 중재 등의 분쟁에 대한 적극적 참여로 공동 자산의 유지, 증가에 일조하여야 할 것이다. 운영자의 행위책임의 원칙도 강화하여 직원들의 악의, 중과실로 인해 발생한 손해에 대해서는 배상책임을 인정하는 규정을 둬야 할 것이다. 그리고 운영 사업의 위험을 적정히 보장할 수 있는 정도의 보험을 가입하여 운영사업의 안정적인 경제성을 확보해야 할 것이고, 법령을 위반하는 등으로 위법한 운영을 하여 손해를 끼친 경우 등에 대해서는 운영자를 적극적으로 해임할 수 있도록 함으로써 운영자의 적법 운영을 적극적으로 유도해야 할 것이다. 공동운영위원회에서 논의하여 의결할 수 있는 사안을 확대하여 공동운영위원회의 적극적인 감시, 감독 기능을 제고하여

---

34) 류권홍, (주 30), 191면.
35) Eduardo G Pereira, *supra* note 2, pp. 41-57.
36) 운영자와 비운영자의 관계를 principal과 agent의 관계로 이해하고 논의하는 의견도 있다. 윤상직, (주 14), 150면.

주요 사안들에 대한 의사 결정 권한을 확대해야 할 것이다. 단순 다수결, 초과 다수결, 조건부 다수결 등의 공동위원회의 의결 방식을 다양화함으로써 효율적이고 합리적인 의결이 가능하도록 해야 할 것이다. 또한 탐사개발 사업을 위해 건설 등의 용역을 제공하는 계약자를 선정할 때 승인권, 추천권 등을 이용하여 비운영자의 계약자 선정에 대한 적극적 관여를 도모해야 할 것이고, 연간 예산안의 승인뿐만 아니라 예산의 지출에 대해서도 적극적으로 승인권을 행사하여 자금 지출의 합리성, 정당성을 확보하는 데 도움을 줘야 할 것이다. 그리고 다수결에 의해 사업이 의결되더라도 소수 지분자인 비운영자가 참여를 거부할 수 있는 등의 단독의 탐사개발을 적극 활용하여 비운영자를 사업 위험으로부터 회피할 수 있는 방안을 강구해 주는 것이 필요하고, 비운영자의 탐사개발 사업의 지분에 대한 보다 자유로운 양도를 확보하기 위해 다른 사업 참여자들의 우선매수청구권 행사를 제한하고, 지배권 양도 등을 원칙적으로 자유롭게 하는 방안들이 강구돼야 할 것이다.

비운영자의 지위를 보호하고 권익을 제고하기 위해 앞서 제기한 방안들은 1차적으로는 비운영자의 지위를 보호, 강화하는 것으로 기능할 수 있으나, 비운영자의 적극적 참여는 운영의 비효율을 줄이는 순기능을 하기 때문에 운영자를 포함한 전체 사업 참여자의 이익의 확대에도 도움이 된다. 비판과 감시가 없으면 운영이 나태해 지기 쉽고 견제와 균형이 따르지 않으면 독단적이고 이기적인 운영이 되기가 쉽기 때문이다. 그러므로 운영 전반의 효율성을 확보하고 합리적 운영이 정착할 수 있도록 비운영자의 운영에 대한 관심을 높일 필요가 있고, 그 첫 걸음마로 공동운영계약에서 비운영자의 운영에 대한 적극적 참여를 보장하여 주는 관련 규정들이 정비돼야 할 것이다.

[17] 국제 LNG 공급계약의 유형 및 유형별 주요 쟁점

김 규 진

I. 서   론

해외 발전프로젝트의 수익성을 좌우하는 중요한 계약 중 하나로 연료공급계약을 들 수 있다. 발전용 연료의 대표적 예로는 석유, 석탄, 천연가스(및 액화천연가스)와 같은 화석연료를 들 수 있다. 그런데 이러한 여러 발전용 연료 중에서도 최근 들어 관심이 더욱 집중되는 것이 액화천연가스, 즉 LNG(liquefied natural gas)이다. LNG는 기체 상태의 천연가스(이하 "원료가스")를 섭씨 -161도 이하에서 액체상태로 만든 물질이다. 이렇게 액화된 가스는 기체상태와 비교해서 부피가 확연히 작기 때문에 되어 운송이 용이하고, 운송 가능 지역의 범위도 획기적으로 넓다.

이러한 LNG를 이용한 발전사업에 대한 관심에 힘입어 LNG 시장은 질적인 측면과 양적인 측면을 아우르며 역동적으로 성장하고 있다. 수입국의 측면에서 살펴보면, 동남아, 아프리카, 중남미 등의 신흥국들은 최근의 경제 성장에 따른 전력부족을 해결하기 위한 방안으로 LNG 발전을 적극 고려하고 있다.[1] 또한 LNG의 친환경성을 이유로 기존의 주요 수입국인 일본, 한국, 유럽 국가들과 중국의 수요도 늘어날 전망이다. 수출국 측면에서는 기존의 중동지역 국가들 외에 호주 및 미국의 생산 증가가 주목할 만한 변화라고 할 수 있다.[2] 특히 2016년부터 시작된 미국 본토의 LNG 수출 물량은 목적지 제한 조항이 없는 등 기존에 비해 상당한 유연성을 제공하는 반면, 해당 물량 중 상당수가 우리에게는 생소한 톨링계약 방식을 취하고 있다.[3]

이 장에서는 LNG 수출사업의 대표적인 사업구조에 대한 개괄적인 이해를 바탕으로 발전용 연료로 LNG를 선택할 경우 취할 수 있는 도입의 대표적인 방법으로 매매계약 방법과

---

* 이 장은 국제거래법연구 제27집 제1호 (2018. 7.)에 게재된 논문을 수정·보완한 것임을 밝힌다.
1) 박지연, "세계 LNG 구매자시장 변화와 유틸리티 기업의 해외사업전략", 계간 가스산업 제14권 제3호 (2017. 9.), 37면.
2) 유시호, "미국산 LNG와 파나마운하", 계간 가스산업 제14권 제3호 (2017. 9.), 25면.
3) 도현재, "미국산 LNG 도입환경과 국내 가스시장 파급효과 분석", 에너지경제연구원 기본 연구 보고서 2015-16 (2015), 3-4면.

톨링계약 방법을 소개한다. 특히 이들 도입 방법의 각각의 장단점을 알아보고 각 도입 방법에 사용되는 연료공급계약의 주요 계약조건들은 무엇인지를 알아보기로 한다.

Ⅱ. LNG 프로젝트 개요

1. 개   요

LNG 사업은 크게 나누어 볼 때 LNG 수출사업과 LNG 수입사업으로 나누어 볼 수 있다. 이 글에서 언급하는 LNG 수출사업이란 천연가스 가스전이 위치한 나라에서 생산된 천연가스를 LNG의 형태로 국외로 내보내는 것이 주가 되는 사업을 의미한다. 이 글에서 언급하는 LNG 수입사업이란 앞에서 언급한 천연가스를 가스전이 위치한 나라 이외의 국가에서 소비하거나 재판매할 목적으로 LNG의 형태로 도입하는 것이 주가 되는 사업을 의미한다. LNG 사업은 경우에 따라서는 원료가스 탐사 및 개발을 상류(upstream) 사업으로, 파이프라인을 통한 원료가스 수송 및 액화 사업을 중류(midstream)사업으로, LNG 인수 이후 재기화 및 배송하는 사업을 하류(downstream) 사업으로 분류하기도 한다.

이러한 LNG 사업에 대한 정형화된 사업구조는 존재하지 않는다. LNG 사업은 사업의 참가자가 누구인지, 각 참가자의 사업목적은 무엇인지, 사업과 관련된 세제 및 법규가 무엇인지, 이해관계자 간에 어떻게 위험과 이익을 분배할지, 가스 이전가격(transfer price)을 어떻

[표 1] LNG 사업의 Value Chain[4)]

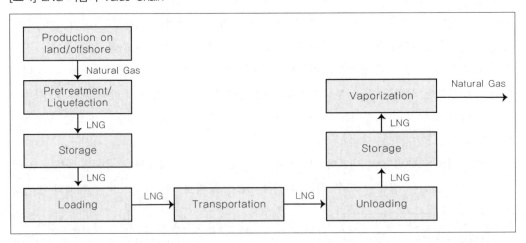

---

4) Phillip Weems and Monica Hwang("Weems·Hwang"), "Overview of issues common to structuring, negotiating and documenting LNG projects", *Journal of World Energy Law and Business*, Vol. 6 No. 4 (2013), p. 269.

게 처리할지, 자금조달을 어떻게 할지 등 여러 요인에 의하여 매우 다양한 구조로 구성될 수 있다.[5]

다만 크게 분류해 보았을 때, 가장 자주 사용되는 LNG 사업 구조로는 아래에서 살펴볼 일관체제(integrated) 모델, 상인(merchant) 모델, 그리고 톨링(tolling) 모델의 세 가지를 들 수 있다.[6] 이러한 분류는 LNG 수출사업의 경우에는 LNG 액화설비를 운영하는 사업자 입장에서, 그리고 LNG 수입사업의 경우에는 LNG 재기화 설비를 운영하는 사업자 입장에서 해당 당사자가 전체 LNG 사업의 가치 사슬에서 어떠한 역할을 하는지에 따라 구분한 것이다. 상류 단계의 LNG 수출사업자가 발전용 연료를 도입하고자 하는 LNG 수입사업자에게 LNG를 공급하는 계약에 대하여 알아보는 것이 이 장의 주된 주제이므로 아래에서는 LNG 수출 프로젝트를 중심으로 위 세 개의 사업 구조에 대하여 알아보도록 한다.[7]

2. LNG 수출[8] 사업모델

위에서 언급한 바와 같이 LNG 수출 사업의 구조 중 대표적인 것으로 일관체제모델, 상

---

5) *Ibid.*, p. 280; U.S. Department of Energy("DOE"), *Understanding Natural Gas and LNG Options Handbook*, (2016), p. 60-62, energy.gov/ia/downloads/understanding-natural-gas-and-lng-options-handbook.
6) Thomas E. Holmberg, "Comparison of project structures in an LNG liquefaction plant", *Oil & Gas Financial Journal*, Vol. 9, Issue 3 (2012), www.ogfj.com/articles/print/volume-9/issue-3/features/comparison-of-project.html; Michael Addington Drummond, "Relative valuations of merchant and tolling LNG models considering alternate capital structures", *Ph.D. Dissertation, the University of Texas at Austin* (2013), p. 30; Michael D. Tusiani·Gordon Shearer("Tusiani·Shearer") 저, 김재민·박진표 역, LNG (세상을 바꾸는 연료), 시그마프레스 (2017), 230면; DOE, *supra* note 5, p. 55; Weems·Hwang, *supra* note 4, p. 281; 도현재, (주 3), 37면. 이 세 가지 사업 구조를 지칭하는 명칭은 아직까지 통일되어 있지 않으나 각 사업방식의 내용에 대한 이해는 대체로 동일하다.
7) LNG 수입 사업과 관련해서 최근 부유식 저장 및 재기화 설비(floating storage and regasification units, FSRU) 사업이 아프리카 국가들과 같은 개발도상국의 LNG 발전 프로젝트와 관련해서 주목받고 있다. DOE, *supra* note 5, p. 202. 따라서 후속 연구에서는 이러한 개발도상국의 LNG 발전 프로젝트를 중심으로 LNG 수입사업의 유형에 대하여 알아보고자 한다.
8) 수출(export)의 통상적 의미는 국내의 '물품'을 외국으로 매도하여 내보낸다고 이해되어 거래의 형식이 매매에 국한되는 것으로 오해받기 쉽다. 그러나 우리나라의 대외무역법 및 미국의 수출규제관련 법령 및 판례에서도 볼 수 있듯이 수출 거래의 형식을 물품매매에 특정하는 내용을 포함하는 법 규정은 찾아보기 힘들다. 일례로, 미국의 국방 관련 미 군수품 목록에 대한 수출입을 제어하는 목적으로 제정된 국제무기거래에 대한 규정(International Traffic in Arms Regulations, 약칭 ITAR) § 120.17에서 제시하는 "export"의 정의를 살펴보면 export란 "(1) An actual shipment or transmission out of the United States, including the sending or taking of a defense article out of the United States in any manner; ***(5) Performing a defense service on behalf of, or for the benefit of, a foreign person, whether in the United States or abroad;***"라는 표현을 사용하고 있는 것을 발견할 수 있다. 즉 이 법에 따르면 수출에 해당하는 거래는 국제물품매매에 국한되지 않고 외국인을 위한 서비스의 제공도 포함된다. 이처럼 역동적인 국제거래의 특성상 수출의 거래형식은 매우 다양할 수 있기 때문에, 수출의 의미를 국어사전적 의미보다 유연하게 이해하는 것이 필요하다. 따라서 서비스 사업의 일종인 톨링모델 또한 수출사업의 한 가지 유형으로 사용될 수 있음을 유의하여야 한다.

인모델, 톨링모델을 들 수 있다. 이 중 일관체제모델이란 LNG 수출사업자를 포함한 LNG 가치사슬의 모든 이해관계자들이 상류단계의 가스전 개발부터 원료가스의 액화, 판매까지의 모든 단계에 대해 동일한 지분을 가지고 참여하는 경우를 뜻한다. 상인모델이란 LNG 수출사업자가 원료가스를 상류단계의 공급자로부터 구입하여 액화한 후 생산된 LNG를 매도하는 방식으로 LNG 사업에 참여하는 경우를 뜻한다. 톨링모델이란 LNG 수출사업자가 단순히 원료가스에 대한 액화 처리 서비스만을 제공하는 방식으로 LNG 사업에 참여하는 경우를 뜻한다.[9]

일관체제모델은 가스전 자산 등 상류단계의 자산(이하 "상류자산")의 보유 및 액화설비 건설을 할 수 있는 여력이 있는 기업의 참여가 필요하기 때문에 아래 두 모델보다 덜 선호되는 모델이고, 액화 프로젝트의 관점에서 보았을 때에는 특히 원료가스의 공급처를 사업 참여자의 상류 생산자산으로부터 주로 공급받기 때문에 원료가스 공급의 유연성이 상당히 제약되는 모델이다.[10] LNG 수출자가 아닌 LNG 수입자의 입장에서 보는 경우에도 일관체제모델은 LNG 매수인(수입자) 입장에서 위험부담은 보다 단순하지만 유연성은 떨어지는 모델이라고 할 수 있다.

상인모델이나 톨링모델의 경우는 LNG 액화사업에 참가하고자 하는 사업자는 액화의 대상이 되는 원료가스를 직접 개발, 생산하지 않아도 된다. 즉 이 두 모델은 일관체제모델에 비하여 상류 및 중류 단계에 필요한 투자비를 절감할 수 있고 원료가스의 공급처와 관련해서도 보다 유연하게 사업모델을 구축할 수 있다는 장점이 있다. 아래에서 더 자세히 살펴보겠지만 수출자가 누릴 수 있는 이와 같은 유연성은 수입자 입장에서도 함께 공유될 수 있다. 그러나 이에 대한 반대급부로서 상류와 중류 단계가 연계되어 있지 않기 때문에 원료가스의 확보, 원료가스 수송을 위한 파이프라인 등의 설비 및 서비스 확보 등의 업무를 조율하는 것과 관련하여 부담하여야 하는 위험도 존재한다.[11] 특히 톨링모델을 사용하여 LNG를 인수하는 경우 LNG를 인수하고자 하는 톨링 서비스의 고객(toller, tolling customer)은 원료가스를 확보하고 이를 톨링 서비스를 제공하는 톨링 회사(tolling company)의 액화설비까지 수송하는 책임을 직접 부담하며, 이 과정의 위험을 스스로 부담하게 된다. 따라서 매매계약을 통해 LNG를 단순히 매입하는 방식으로 인수하는 경우 LNG 인수 이후 단계의 위험만을 부담하게 되는 일관체제모델 혹은 상인모델에 비해 LNG 수입자는 보다 많은 위험에 노출되게 된다.[12] 아래에서는 각각의 사업 유형의 구조 및 장단점에 대하여 보다 자세히 살펴보도록 한다.

---

9) Holmberg, *supra* note 6.
10) 도현재, (주 3), 39-40면.
11) 상동, 40면.
12) 상동, 39면.

[표 2] LNG 수출 사업 모델

	일관체제모델	상인모델	톨링모델
LNG 수출방식	LNG 매매계약 방식.	LNG 매매계약 방식.	서비스 계약 방식(톨링계약).
LNG 수입업자 입장에서의 장점	단순한 계약관계. LNG 인수 이후의 위험만 부담.	단순한 계약관계. LNG 인수 이후의 위험만 부담.	유연한 사업구조.
LNG 수입업자 입장에서의 단점	경직적인 사업구조.	경직적인 사업구조. (일관체제모델보다는 유연함.)	계약관계가 복잡함. 원료가스조달 단계부터 위험을 부담.

가. 일관체제모델(Integrated Model)

(1) 의   의

순수한 의미의 일관체제모델은 LNG 생산 및 판매 사업을 하는 LNG 사업자가 상류단계의 가스전을 소유하고 원료가스 개발, 생산 및 판매 사업을 하는 원료가스 사업자와 완전히 일치하는 사업구조를 의미한다.[13] 만약 LNG 수출에 참여하는 상류자산의 소유자가 복수인 경우 각 당사자는 LNG 프로젝트 회사(project company)를 만들어서 법인형 합작투자 방식으로 사업에 참여할 수도 있고 非법인 합작(unincorporated joint venture)투자 방식으로 참여할 수도 있다.[14] 그러나 어떠한 방식으로 사업을 구성하든지 간에 각 당사자가 LNG 수출 사업의 모든 단계에 대하여 동일한 지분을 갖는다.[15] 이와 같은 일관체제모델을 택하는 LNG 수출업자로부터 LNG를 도입하는 수입자는 LNG 매매계약의 방식을 취하게 된다.

일관체제모델에서 사업 참가자가 원료가스 액화설비를 건설하는 주된 목적은 자신이 보유한 상류자산을 수익화 하기 위해서이다. 따라서 일관체제모델에서 원료가스탐사 및 생산 프로젝트의 수익은 LNG 액화 및 수출 프로젝트의 수익에 달려있다.[16] 사업 참가자 각각

---

13) DOE, *supra* note 5, p. 55-56. 순수한 의미의 일관체제모델 하에서는 LNG 수출사업에 참가하는 모든 당사자의 지분비율이 일치하므로 참가자들의 전체프로젝트에 대한 이해관계가 일치하게 된다. Tusiani·Shearer, *supra* note 6, p. 231.

14) 합작 투자는 어떠한 방식으로 합작을 하는지에 따라 非법인 합작(또는 계약형 합작)과 법인형 합작으로 나뉜다. 이 중 非법인 합작투자 방식은 사업 참가자들이 별도의 합작법인을 설립하지 않고 계약상의 합의에 기초하여 특정 프로젝트를 진행하고, 해당 프로젝트가 완수되면 합작은 해소되게 되는 방식을 의미한다. 반면에 법인형 합작투자 방식은 사업 참가자들이 별도 합작법인을 설립하여 해당 법인을 통해 장기적인 사업목적을 달성하는 방식을 의미한다. 정홍식 외, 국제건설에너지법(이론과 실무), 박영사 (2017) 수록 논문 중, 정홍식, "해외건설프로젝트에서 시공자들의 건설공동수급체", 167-173면.

15) Tusiani·Shearer, *supra* note 6, p. 231. 그러나 실제로는 상류자산 소유자와 액화사업 참가자가 완전히 일치하지 않거나 일치하더라도 각각이 각 사업단계에 갖는 지분 비율이 서로 다른 경우가 있을 수 있다. 이 경우에는 특히 원료가스 이전가격(transfer price)에 관하여 참가자 간에 이해상충이 발생할 위험이 있다. 도현재, (주 3), 42면.

16) DOE, *supra* note 5, p. 55-56.

이, 혹은 사업 참가자들이 설립한 프로젝트 회사가 있다면 해당 회사가 체결한 LNG 매매계약에서 발생하는 수익으로부터 가스 탐사·생산 및 액화 사업 전체의 수익이 발생하는 것이다.[17] 또한, 일관체제모델에서는 상류자산 소유자가 자신의 액화사업을 위해 액화설비를 건설한 것이기 때문에 해당 액화설비는 해당 소유자만이 사용하게 되는 것이 보통이다.

　　이러한 방식은 관련 국가가 가스개발 및 LNG 사업에 상대적으로 적게 관여하는 경우(즉 로열티나 세금 징수 정도의 방식으로만 개입하는 경우) 선택 가능한 방식이고 또한 상류자산을 소유할 수 있는 여력이 있는 자만이 참여할 수 있으므로 LNG 사업에서는 아주 흔히 사용되는 방식은 아니다.[18] 일관체제모델을 채용한 대표적인 사례는 호주(North West Shelf Project, Darwin Project), 러시아(Sakhalin Island Project), 파푸아뉴기니, 노르웨이(Snohvit Project), 인도네시아(Tangguh Project) 및 알레스카에서 찾아볼 수 있다.[19] 그중 非법인 합작투자 방식을 사용한 호주의 Northwest Shelf Project[20]을 예로 들어보면 상류단계의 가스전의 탐사 및 개발권을 보유한 각 사업 참가자들은 액화설비에 대해서도 각각 동일하게 6분의 1의 지분을 소유하고, 원료가스(feed gas)의 6분의 1을 공급할 의무가 있으며, 액화설비에서 생산된 LNG 및 LNG 판매에서 발생한 수익에 대하여 6분의 1의 지분을 갖도록 사업이 구성되어 있음을 발견할 수 있다.[21]

(2) 장　　점

　　LNG 수출사업자 입장에서 일관체제모델의 가장 큰 장점은 상류단계 사업부터 LNG 생산 및 판매 사업까지를 망라하는 전체 LNG 수출 사업에 참가하는 사업 참가자들의 이해관계가 일치한다는 점이다. 일관체제모델의 이러한 특징은 각 참가자간의 이해관계 조율에 필요한 복잡한 문제를 피할 수 있도록 도와준다.[22] 또 다른 장점으로는 사업과 관련해서 소요되는 비용을 각 당사자가 동일한 비율로 함께 나누어 부담할 수 있다는 점을 들 수 있다. 이 같은 특징은 특히 세금 절감과 비용회계 측면에서 장점이 될 수 있다. 예를 들어, 사업 참가자들은 LNG 판매 수익에서 액화설비 건설비용을 공제하도록 합의할 수 있고 이로 인해 각 당사자의 로열티 및 세금 부담을 경감할 수 있다.[23] 그 밖에도 원료가스 공급자와 액

17) *Ibid.*
18) Weems·Hwang, *supra* note 4, p. 284.
19) 이 중 호주의 North West Self Project를 비롯하여 노르웨이 및 알래스카의 프로젝트는 프로젝트 파이낸스 방식을 채택하지 않았다. 반면에 파푸아뉴기니 및 인도네시아 탕구 프로젝트는 모두 프로젝트 파이낸싱 방식으로 자금을 조달하였다. DOE, *supra* note 5, p. 56; Weems·Hwang, *supra* note 4, p. 284.
20) North West Gas Development (Woodside) Agreement Act 1979, www.slp.wa.gov.au/legislation/statutes.nsf/main_mrtitle_643_homepage.html.
21) Weems·Hwang, *supra* note 4, p. 284.
22) DOE, *supra* note 5, p. 56; Tusiani·Shearer, *supra* note 6, pp. 231-232; Holmberg, *supra* note 6.
23) Holmberg, *supra* note 6.

화사업자가 동일하기 때문에 원료가스 이전가격(移轉價格, transfer price)[24]을 판단해야 할 필요도 없고[25] 액화사업자가 제3자인 매도인과 장기 원료가스 공급계약 하에 묶여있는 경우보다 시장 기회를 보다 잘 포착할 수 있는 이점이 있다.[26]

　　LNG 수입사업자의 입장에서 일관체제모델을 택하는 수출사업자를 통해 LNG를 전통적인 매매계약 형식으로 인수하는 경우, LNG 판매업자가 원료가스를 제3자로부터 조달하는 경우와 비교하여 원료가스 공급처 확보와 관련한 안정성이 더 높다. 그리고 LNG를 톨링계약과 같이 서비스 계약 형식으로 도입하는 경우에 비해서 계약관계가 더 단순하고 부담해야 할 위험도 LNG 인수 이후의 위험만을 부담하면 된다는 장점이 있다.

(3) 단　　점

　　LNG 수출사업자 입장에서 일관체제모델의 가장 큰 단점은 액화설비 원료가스의 공급처를 해당 LNG 수출사업자의 상류자산에만 의존하여 원료가스 공급 유연성이 상당히 떨어진다는 점이다.[27] 그리고 일관체제모델을 선택하기 위해서는 사업 참가자들은 상류단계의 원료가스 생산과 액화설비 등 LNG 수출설비 건설을 추진할 수 있는 충분한 자금력을 보유해야 하는데, 이는 일관체제모델하의 사업에 참가할 수 있는 당사자의 대상 범위를 상당히 축소시킨다. 그 밖에도 순수한 일관체제모델을 유지하기 위해서는 LNG 수출사업 전 단계에 대한 각 사업 참가자의 지분비율이 동일해야 하므로 사업구조를 유연하게 구성하는 데에도 제약이 있다.[28]

　　일관체제모델 하에서 LNG 수출사업자가 부담해야 하는 이와 같은 경직성은 LNG 수입사업자 입장에서도 단점이 될 수 있다. 특히 일관체제모델을 택한 LNG 수출사업자의 입장에서는 본인이 부담하는 가스전 탐사에서 액화에 이르는 과정에서 장기간에 걸쳐 발생하는 비용을 LNG 수입사업자에게 전가하고자 할 것이고, 이는 결과적으로 아래에서 상세히 설명할 take-or-pay 의무 및 목적지 제한 등 유연성을 제한하는 조건을 부과될 가능성이 늘어날 수 있다는 단점이 있다.

---

24) 이전가격이란 다국적기업이 모회사, 자회사 등 해외의 특수관계자와 원재료, 제품 및 용역 등에 대한 거래를 하면서 적용하는 가격을 의미한다. 거래 당사자간 특수관계를 바탕으로 이전가격을 정상가격보다 높거나 낮게 설정하면 해당 다국적기업의 과세소득을 감소시키는 방법으로 악용될 수 있으므로 이전가격 발생 시 과세당국의 조사 대상이 될 수 있다. 네이버 지식백과, 이전가격세제, 매일경제, 매경닷컴.
25) DOE, *supra* note 5, p. 59.
26) Holmberg, *supra* note 6.
27) 도현재, (주 3), 39-40면; Drummond, *supra* note 6, p. 30.
28) DOE, *supra* note 5, p. 59.

나. 상인모델(Merchant Model)

(1) 의   의

상인모델이란 LNG 수출사업자가 원료가스를 별도의 상류단계의 공급자로부터 구입하여 자신이 소유한 액화설비를 통해 액화한 후, 거기서 생산된 LNG를 제3자에게 매도하는 방식으로 LNG 사업에 참여하는 구조이다. 이 때 LNG 수출사업자는 종종 별개의 LNG 프로젝트 회사를 설립하여 수출사업을 행하기도 한다. 상인모델을 택하는 LNG 수출사업자로부터 LNG를 도입하는 수입사업자는 LNG 매매계약의 방식을 취하게 된다.

상인모델과 일관체제모델의 가장 큰 차이점은 상인모델의 LNG 수출사업자는 상류자산을 보유하지 않는 다는 데에 있다.[29] LNG 수출사업자는 LNG 수출사업을 위하여 LNG 액화 프로젝트 회사를 설립하며 이렇게 설립된 프로젝트 회사는 액화설비만 소유할 뿐이다.

LNG 액화설비를 소유한 LNG 프로젝트 회사는 상류단계의 회사와 가스매매계약(Gas Sales Agreement)을 체결하여 원료가스를 조달 받는다.[30] 상인모델에서는 상류자산의 소유자와 LNG 수출사업자가 서로 다르기 때문에 LNG 수출사업자는 천연가스를 여러 공급자로부터 조달 받을 수 있다. LNG 수출사업자는 조달 받은 원료가스를 자신이 소유한 액화설비에서 처리하여 LNG를 생산하고, 생산된 LNG를 FOB(free on board, 본선인도조건), DAP(delivered at place, 목적지 인도조건), CIF(cost, insurance and freight, 운임보험료 포함 조건), CFR(cost and freight, 운임포함조건) 등의 방식으로 제3자에게 매도한다.[31] 이 때 LNG 수출사업자의 수익은 자신의 액화설비를 통해 생산한 LNG를 제3자에게 판매한 수익에서 액화설비운영과 관련된 비용 및 원료가스 조달비용을 제한 금액이 된다.[32] 그리고 이러한 매매로부터 발생한 수익은 프로젝트 회사의 주주에게 배당의 방식으로 지분 비율대로 분배되고 귀속되게 된다.[33]

이러한 상인모델은 LNG 수출사업의 대표적인 구조이다.[34] LNG 수출 사업에서 상인모델을 채용한 사례는 트리니다드, 앙골라, 나이지리아, 적도기니, 말레이시아, 호주, 페루, 카타르, 러시아, 예멘 및 오만 등 다수의 국가에서 발견된다.[35]

---

29) *Ibid.*, pp. 56-57; Holmberg, *supra* note 6.
30) 따라서 LNG 수출사업자가 상인모델을 채택할 경우 상류단계 사업자의 수익은 원료가스를 LNG 프로젝트 회사에 판매한 데에서 발생하게 된다.
31) 원래 전형적인 LNG 매매계약에서 전통적으로 사용되던 인도조건은 DES(delivered ex-ship, 착선인도조건)과 FOB이었다. 이후 CIF 및 CFR조건이 추가적으로 사용되게 되었고, Incoterms 2010에서 기존의 DES 조건을 DAP 조건에 흡수시킴에 따라 오늘날에는 본문에서 언급한 네 가지 방법이 가장 많이 활용되고 있다. John Cogan, "LNG Sales and Shipping: The Evolution of Delivery Terms from the Empirical to the Existential", *Texas Journal of Oil Gas & Energy Law*, Vol. 2 (2007), pp. 35-55.
32) DOE, *supra* note 5, pp. 56-57.
33) Weems·Hwang, *supra* note 4, p. 281.
34) Tusiani·Shearer, *supra* note 6, p. 231.
35) Weems·Hwang, *supra* note 4, p. 282; DOE, *supra* note 5, p. 57.

(2) 장   점

상인모델의 가장 큰 장점은 LNG 수출사업에 참가하는 당사자들이 사업구조를 유연하게 선택할 수 있는 방식이라는 점이다. 특히 사업 참가자들이 LNG 수출사업의 상류단계를 포함한 모든 단계에 참가해야 하는 일관체제모델과 비교하여 유연한 선택이 가능할 수 있도록 해준다.[36] 따라서 상인모델은 (i) 상류 단계의 참가자와 액화 사업 단계의 참가자의 구성이나 지분 비율이 달라 일관체제모델을 선택하게 되면 각 당사자 간에 이해상충의 문제가 발생할 여지가 많은 경우; (ii) 상류자산을 소유한 당사자가 액화설비에 투자할 여력이나 의사가 없는 경우; (iii) 액화설비 소유자가 상류부문에 지분이 없고 참가할 여력이나 의사가 없는 경우 등 일관체제모델 선택이 불가능한 경우에도 사용될 수 있다. 이에 더하여 상류단계 사업과 액화 사업을 분리하는 것이 조세부담 측면에서 유리한 경우나 관련 법규에 의하여 LNG 설비가 정부 측 소유로 운영되어야 하는 경우에도 사용될 수 있다.[37]

상인모델을 선택한 LNG 수출사업자는 원료가스 구매에 대해서도 일관체제에 비해서 높은 유연성을 누릴 수 있다. 일관체제모델에서 LNG 수출사업자는 자신이 보유한 상류자산인 가스전으로 공급원이 국한되는 반면, 상인모델에서는 원료가스 구매 시 여러 공급자로부터 공급받을 수 있어 물량과 관련한 공급위험을 방어할 수 있고, 또 다양한 공급가격 중에서 가장 경쟁력 있는 가격을 선택할 수 있다는 장점이 있다.[38]

한편, 상인모델은 프로젝트 금융을 받는 데도 유리할 수 있다. 상인모델을 택한 LNG 수출사업자들은 지분투자를 통해 별개의 LNG 프로젝트 회사를 설립하여 수출사업을 행하게 되므로 관련 자산과 부채가 이 프로젝트 회사에게만 귀속되게 되는데, 이 같은 특징 때문에 비상환청구(non-recourse) 방식의 프로젝트 파이낸싱을 통해 자금을 조달하기에 유리하다.[39]

위와 같이 LNG 수출사업자가 누릴 수 있는 유연성에 의해 LNG 수입사업자 또한 유사한 종류의 유연성을 누릴 수 있다. 즉 상인모델로 인해 보다 다양한 사업자들이 LNG 수출사업에 참가할 수 있으며, 이는 LNG 수출시장에서의 경쟁을 촉진하고 이 같은 경쟁은 결과적으로 LNG 수입사업자에게 유리하게 작용할 수 있다. 공급원이 다양하다는 측면은 원료가스를 매입하는 LNG 수출사업자뿐만 아니라 LNG 수입사업자 입장에서도 공급위험 및 공급가격을 경감시킬 수 있는 장점이 된다. 이에 더해서, 일관체제모델에서와 마찬가지로 상인

---

36) 도현재, (주 3), 44면; Weems·Hwang, *supra* note 4, p. 282.
37) Holmberg, *supra* note 6; 도현재, (주 3), 44면.
38) Drummond, *supra* note 6, p. 32; 도현재, (주 3), 44면.
39) Weems·Hwang, *supra* note 4, p. 282. 그러나 다른 한편으로는 가스전을 소유하는 상류단계의 사업자가 아니고 LNG 액화사업에만 참여하는 독립적인 사업자는 사업의 수익원이 한정적이고 부채 위험도 높을 수 있기 때문에 액화설비 건설에 필요한 투자비용을 위한 자금조달이 일관체제를 선택할 수 있는 사업자보다 어려울 수도 있다. Drummond, *supra* note 6, p. 32.

모델이 사용되는 경우 LNG 수입사업자에 대한 LNG 공급은 매매계약을 통해 이루어지므로, 매수인인 수입사업자 입장에서는 (특히 톨링모델과 비교하여) 매매목적물인 LNG에 대하여 계약상 합의한 인도조건 상 위험이전 분기점 이후부터의 위험만을 인수한다는 장점이 있다.

(3) 단　점

그런데 위에서 살펴본 유연성은 상인모델의 단점을 구성하기도 한다. 먼저, 상인모델에서 LNG 수출사업자는 제3자로부터 원료가스를 공급받아야 하는데, 이 때 원료가스 공급계약과 관련한 협상이 문제가 될 수 있다. 특히 프로젝트 회사의 수익에 대한 이익 분배에 참가할 수 있도록 요구하는 등, 상류단계의 원료가스 공급자들이 LNG 수출사업자에게 불리한 계약조건을 부담하도록 하여 시장위험을 전가시킬 위험이 있기 때문이다.[40] 또한 다수의 제3자로부터 원료가스를 공급받는 상인모델은 일관체제모델에 비해서 상대적으로 거래 상대방의 채무불이행 위험에 더 크게 노출된다.[41] 여기에 더하여 상인모델에서 LNG 수출사업자는 직접 원료매입과 LNG 판매를 담당하므로 상류와 하류단계 모두에서 가격변동 위험을 직접 부담하게 된다는 단점도 있다.[42] 그리고 이러한 위험으로부터 발생하는 비용은 모두 LNG 매매계약을 통해 LNG 수입사업자에게도 이전이 될 수 있음을 예측할 수 있다.

다. 톨링 모델(Tolling Model)
(1) 의　의

톨링모델이란 LNG 수출사업자가 단순히 원료가스에 대한 액화 처리 서비스만을 제공하는 방식으로 LNG 사업에 참여하는 경우이다.[43] 톨링모델에서의 LNG 사업자는 상인모델과 마찬가지로 LNG 액화설비를 소유하며, 상류자산은 소유하지 않는다. 그러나 상인모델과는 달리 원료가스를 직접 매수하지도 않고, 자신의 액화설비로부터 생산된 LNG에 대한 소유권을 갖고 이를 매도할 권리도 갖지 않는다. 톨링모델에서 LNG 수출사업자는 단지 액화서비스를 제공하는 톨링회사(tolling company)를 설립하여 톨링고객(tolling customers, toller)과 통상 20년 이상의 장기간의 액화서비스 톨링계약(liquefaction tolling agreement)을 체결하고 액화서비스를 제공할 뿐이다.[44] 이 때 원료가스 생산자로부터 필요한 원료가스를 매입하여 조달하는 의무를 부담하는 주체는 톨링고객이며, 원료가스와 그로부터 생산된 LNG의 소유권 모두는 톨링고객이 보유한다. 따라서 LNG의 마케팅 및 판매 역시 톨링고객이 담당하게

---

40) Holmberg, *supra* note 6.
41) 도현재, (주 3), 45면.
42) Drummond, *supra* note 6, pp. 32-33.
43) Holmberg, *supra* note 6.
44) DOE, *supra* note 5, p. 57; Holmberg, *supra* note 6.

된다.[45] 그리고 통상적으로 각 톨링고객은 자신이 조달한 원료가스에 상응하는 만큼의 LNG 물량만을 분배받을 권리가 인정되고, 동시에 톨링계약상 약정한 일정에 맞추어 생산된 LNG를 인수(lifting)할 의무를 부담한다.[46] 이처럼 톨링모델 하에서 LNG 수출사업자는 서비스만 제공할 뿐이고 어떠한 단계에서도 물품매매상의 기능은 하지 않기 때문에 천연가스 및 LNG의 수요, 공급, 비용 등과 관련해서 발생하는 가격위험을 부담하지 않는다.[47] 대신 이러한 위험 및 원료가스 조달, 파이프라인 수송 위험과 물품멸실 위험은 모두 톨링고객이 부담하게 된다.

톨링모델 하에서 LNG 액화사업의 수익은 해당 서비스 이용 고객이 지불하는 톨링요금 (tariff, tolling fee)으로부터 발생한다. 이러한 이용요금은 일반적으로 용량예약요금(reservation fee)과 사용량요금(commodity charge)이라는 두 개의 요금으로 구성되어 있다.[48] 용량예약요금은 실제 톨링고객이 예약한 액화설비 용량을 사용하였는지 여부와 관계없이 매월 고정적으로 지급되도록 설정된 비용으로, 톨링회사의 운영 및 유지, 채무상환 등에 필요한 고정비용을 충당하도록 설정되어 있다. 이에 비해 사용량요금은 실제로 사용된 액화설비용량에 비례하여 지불하는 비용으로 전력비용과 같이 톨링회사의 변동비용을 충당하도록 설정되어 있다.[49] 톨링모델을 채택할 경우 톨링 서비스 이용 고객의 신용도가 LNG 수출 사업의 재무적 기초를 제공한다.[50]

톨링모델은 트리니다드(Train 4), 이집트(Damietta), 인도네시아(Bontang), 미국(Freeport LNG, Cameron LNG, Cove Point) 등에서 사용되고 있다.[51] 이 중 톨링모델을 처음으로 성공적으로 채용한 사례는 인도네시아에서 찾아볼 수 있다.[52] 그러나 위에서 설명한 것과 같이 톨링회사가 고객에 대하여 액화서비스를 제공하고 그로부터 받는 이용요금을 LNG 수출사업의 수익원으로 하는 전형적인 톨링모델은 주로 미국의 LNG 수출사업에서 발견할 수 있다.[53]

---

45) 통상적으로 하나의 톨링회사에 대해서는 여러 명의 톨링고객이 존재하는데, 각각의 고객의 원활한 서비스 사용을 위해서는 각 톨링고객들 간에 별도의 고객협력계약(customer coordination agreement)을 체결하는 것이 필요할 수 있다. Kathryn Marietta, "LNG Third Party Tolling Agreements: Issues to Consider", *Thomson Reuters Practical Law*, p. 1, uk.practicallaw.thomsonreuters.com/1-614-6067?__lrTS=20170408110829023&transitionType=Default&contextData=(sc.Default)&firstPage=true&bhcp=1.
46) *Ibid.*
47) DOE, *supra* note 5, p. 57.
48) *Ibid.*; 도현재 (주, 3), 47면; Drummond, *supra* note 6, p. 35.
49) DOE, *supra* note 5, p. 57.
50) *Ibid.*
51) *Ibid.*, p. 58.
52) 1973년 LNG 프로젝트를 처음 시작할 때 인도네시아 정부는 액화설비에 대하여 직접 자금조달을 하고 소유권을 보유하며 이를 비영리로 운영하도록 결정하였다. 그 계획에 따라 설립된 톨링회사인 두 개의 국영회사는 액화설비를 소유하고 운영하였지만 해당 회사들이 생산한 LNG 판매에서 발생한 수익은 모두 상류 가스전의 지분을 보유한 인도네시아 정부 및 생산물분배계약 당사자들에게 귀속되어 분배되었다. Weems·Hwang, *supra* note 4, p. 282.
53) *Ibid.*, 도현재, (주 3), 46면.

(2) 장 점

LNG 수출사업자 입장에서 톨링모델의 가장 큰 장점은 본인에게 직접 원료가스를 매입하여 조달하거나 자신의 액화설비에서 생산된 LNG를 판매할 의무가 없기 때문에 부담하여야 하는 위험이 일관체제모델이나 상인모델에 비하여 획기적으로 낮다는 점이다. 그러한 구체적 예로, 톨링모델을 사용하는 LNG 수출사업자는 원료가스 및 LNG 공급물량과 시장가격과 관련된 대한 상품위험(commodity risk), 원료가스 수송에 사용되는 파이프라인과 관련된 위험(pipeline capacity risk), 그리고 원료가스 및 LNG에 대한 소유권 및 멸실과 관련된 위험(title and risk of loss)을 직접적으로 부담하지 않아도 된다.[54] 이러한 위험감소에 따라 톨링모델을 선택하는 경우 다른 두 모델과 비교하여 자금조달 및 규제기관의 사업인허가를 득할 때 유리할 수 있다.[55]

이에 더해서 LNG 수출사업자 입장에서 톨링모델은 상대적으로 단순한 수익모델을 제공하며, 이 단순성은 전체 LNG 수출사업에 더 큰 유연성을 제공할 수 있다는 장점도 있다. 톨링모델에서 LNG 수출사업자의 수익은 톨링 고객의 서비스이용료에서만 발생하고, 대부분의 투자비용은 서비스 이용료 중 용량예약요금을 통해 대체로 회수가 가능하다. 따라서 LNG 수출사업자는 톨링고객이 실제로 계약한 액화서비스를 이용하는지, 톨링고객이 생산된 LNG를 최종적으로 누구에게 매도하는지 등을 고려할 필요가 없다. 따라서 톨링모델 하의 톨링계약에서는 아래에서 살펴볼 내용에서와 같이 기존의 매매계약에서 발견되는 무조건인수지급(take-or-pay) 조항이나 목적지 제한(destination restriction) 조항이 삽입되어야 할 필요가 없다는 점을 의미한다.[56] 이를 LNG 수입사업자인 톨링고객의 시각에서 해석해보면 액화서비스를 실제로 사용하지 않는 경우 물어야 하는 패널티가 기존의 take-or-pay 의무에 비해서 서비스 용량예약요금수준으로 낮아진다는 의미이고, 따라서 시장 상황에 따라 서비스를 이용하지 않는 선택을 할 수 있어 유연성이 높아진다.[57] 그리고 목적지제한 조항이 없다는 측면은 LNG 수입사업자가 기존에 단순히 LNG를 최종목적지에서 인수하여 소비하는 역할만 담당할 수 있었던 것에서 벗어나 LNG 재판매 등 트레이딩 영역으로 사업 영역을 넓힐 수 있는 기회를 갖게 된다.[58]

이 외에도 톨링모델은 상류자산 소유자에게도 또한 유연한 사업기회를 제공한다. 일관

---

54) Marietta, *supra* note 45, p. 1; Drummond p. 35-36.
55) Drummond, *supra* note 6, pp. 35-36; Holmberg, *supra* note 6.
56) 도현재, (주 3), 46, 113면. 이러한 특징은 특히 최근 수출이 시작된 미국 본토산 LNG 도입계약에서 자주 발견되며 비단 LNG 수출사업자가 톨링모델을 채택한 경우가 아니라 상인모델을 선택한 경우에도 발견된다.
57) Marietta, *supra* note 45, p. 2.
58) 도현재, (주 3), 112-113면.

체제모델이나 상인모델 하에서 상류자산 소유자가 자신의 가스전에서 생산된 원료가스로부터 수익을 창출하기 위해서는 단순히 원료가스만을 액화설비를 가진 LNG 프로젝트 회사 등 제3자에 판매하던지 혹은 직접 액화설비에 투자해서 그로부터 나온 LNG를 판매하는 방법 밖에는 선택할 수 없다. 그러나 톨링모델을 사용하면 상류자산 소유자는 액화설비에 투자하지 않아도 LNG를 생산해낼 수 있고 이로부터 수익을 창출할 수 있다. 그리고 이처럼 더 넓어진 사업기회는 상류 원료가스 시장의 발전을 촉진할 수 있다는 장점이 있다.[59]

(3) 단   점

LNG 수출사업자 입장에서 톨링모델의 가장 큰 단점은 다른 사업 방식에 비해 기대할 수 있는 수익이 낮다는 점이다.[60] 원료가스 및 LNG의 가격변동위험 등 상품위험을 부담하지 않는 대신 기대할 수 있는 수익도 톨링요금으로 국한되기 때문이다. 따라서 LNG 수출사업자에게 톨링모델은 저위험 저수익(low risk low return) 사업 방식이라고 할 수 있다. 그리고 톨링모델은 사업 방식의 특성상 채택할 수 있는 지리적 위치가 제한적이다. 톨링회사가 톨링고객을 유치하기 위해서는 톨링고객이 원료가스를 무리 없이 수송할 수 있는 위치에 액화설비를 두어야 한다. 그러기 위해서는 액화설비 자체가 충분한 양의 원료가스를 쉽게 구할 수 있는 곳에 위치하여야 한다.[61]

이에 더해서 수익모델은 단순하지만 톨링모델이 다른 사업방식에 비하여 상대적으로 복잡한 측면도 존재하는데, 이러한 점도 단점이 될 수 있다. 톨링회사는 통상적으로 여러 톨링 고객과 톨링계약을 체결하게 되는데, 톨링회사 입장에서는 각 고객과의 계약상 의무 이행에 문제가 없도록 계약내용을 설계해야 한다. 특히 원료가스 조달, 액화 일정, 생산된 LNG의 분배 등 주요 계약 조건에서 각 톨링고객과 톨링회사가 갖는 권리의무 관계가 충돌하지 않도록 하는 것이 중요한데, 이를 위한 계약 협상이 복잡하고 장시간을 소요할 수 있다.[62]

LNG 수입자 입장에서 톨링모델은 가장 많고 복잡한 위험을 부담하여야 하는 단점이 있다. 일관체제모델이나 상인모델 하에서 LNG 수입자는 생산된 LNG를 매수한 이후의 위험만 부담하였던 것과 비교하여 톨링모델 하에서 LNG 수입자는 액화설비의 건설 및 운영 단계를 제외한 LNG 사업의 모든 단계의 위험을 직접 부담하여야 한다.[63] 그런 위험의 예로는 우선 원료가스의 공급 및 가격변동과 관련된 위험을 들 수 있다. 톨링모델에서 LNG 수입사업자는 원료가스를 직접 매수하여 톨링회사에 원료가스를 공급해야할 의무를 부담한다. 따

---

59) Drummond, *supra* note 6, pp. 35-36.
60) Weems·Hwang, *supra* note 4, p. 283.
61) Marietta, *supra* note 45, p. 2.
62) Weems·Hwang, *supra* note 4, p. 283.
63) Marietta, *supra* note 45, p. 2.

라서 원료가스의 공급 단계에서 설비 고장 등의 이유로 공급 차질이 빚어지면 이에 따른 위험을 톨링고객인 LNG 수입사업자가 부담해야 한다. 또한 원료가스 매수와 LNG 매도를 모두 책임지는 입장에서 LNG 수입사업자는 원료가스 자체의 가격이나 조달 비용이 변동함에 따라 발생하는 위험을 부담하여야 한다.[64]

이에 더해서 톨링모델에서 LNG 수입사업자는 액화설비까지 원료가스를 수송해야 하는 의무도 부담하므로 이 의무 이행을 위해 파이프라인설비 소유자나 운영자와 가스수송계약(gas transportation agreement)을 체결하여서 원료가스가 톨링계약상의 일정에 맞추어 공급되도록 하여야 한다. 이렇듯 원료가스를 파이프라인으로 수송하는 경우 파이프라인 운영 중단에 따른 위험이 발생할 수 있는데, 그러한 위험 또한 톨링고객이 부담해야 한다. 즉 톨링계약상 원료가스공급 의무를 이행하지 못한 톨링고객은 서비스 이용요금의 전체나 용량예약요금에 대한 지급의무를 경감 받거나 면할 수 없다.[65]

그리고 원료가스, LNG, 부산물에 대한 소유권은 톨링고객에게 있으나 그에 대한 멸실위험 또한 톨링고객이 부담한다.[66] 한편, 같은 톨링회사를 이용하는 여러 톨링고객 중 하나가 톨링계약상의 의무를 불이행하는 경우 다른 톨링고객에게도 영향을 미치게 되는 것도 톨링모델의 단점이라고 할 수 있다.

라. 혼합유형

혼합유형은 일관체제모델, 상인모델, 톨링모델의 각 특징을 혼합한 사업방식으로 LNG 수출사업을 특정한 투자유치국 및 사업 참가자의 이해관계에 부합하는 방향으로 설계하기 위해 사용된다. 혼합유형의 일례로 미국 Cheniere 사의 Sabine Pass 프로젝트와 Corpus Christi 프로젝트의 경우 상인모델과 톨링모델을 혼합한 것을 들 수 있다. 이들 프로젝트에서 각 LNG 프로젝트 회사는 상인모델에서처럼 원료가스구입과 관련한 마케팅 서비스를 제공하고 조달된 원료가스에 대한 소유권을 취득하며, 그로부터 생산된 LNG를 LNG 수입사업자에게 매도한다. 그러나 이에 더해서 LNG 프로젝트회사는 LNG 수입사업자가 실제로 LNG를 인수하였는지 여부와 무관하게 그로부터 고정된 월간 예약요금을 수취하도록 설정하여 톨링모델의 구조도 사업방식에 일부 반영 하였다.[67] 이러한 혼합유형은 "quasi-tolling"이라고도 불

---

64) 도현재, (주 3), 51-57면.
65) 다만 make-up right의 행사는 가능하다. Marietta, *supra* note 4t, p. 2.
66) *Ibid*.
67) DOE, *supra* note 5, p.58. 그중에서 Sabine Pass와 BP간의 계약을 예로 들면 매수인 BP가 Sabine Pass에 대하여 지불해야 하는 계약 가격은 계약매매가격(contract sales price), 용량고정요금(unit fixed charge), 월별매매요금(monthly sales charge)으로 구성되어 있는 것을 확인할 수 있다. LNG Sale And Purchase Agreement (FOB) between Sabine Pass Liquefaction, LLC (Seller) and Gas Natural Aprovisionamientos Sdg S.A. (Buyer), Dated 21, November 2011 ("Sabine Pass-Gas Natural SPA"), Article 9 (Contract Sales

리며, 톨링요금을 통해서 톨링회사의 가격위험을 경감하면서도 LNG 시장가격 상승에 따른 이득 또한 LNG 프로젝트 회사가 나눠가질 수 있도록 한다.[68]

3. 미국의 LNG 수출 사업모델의 특징

위에서는 전 세계에서 공통적으로 발견되는 LNG 수출사업모델의 전형적인 방식 세 가지를 알아보았다. 그런데 셰일가스 혁명의 영향으로 2016년부터 미국 본토산 LNG가 수출시장에 진출함에 따라 기존 LNG 시장의 거래방식이 상당히 영향을 받게 되었다. 기존의 LNG와 비교해 보았을 때 미국산 LNG의 가장 큰 특징은 목적지 제한(destination restriction) 및 take-or-pay 의무로부터 상대적으로 자유롭다는 점이다.[69]

미국의 LNG 수출사업자들은 대체로 톨링모델 혹은 상인모델을 채택하고 있는데, 이 중 톨링모델을 채택하는 경우에 수출사업자는 단순히 액화서비스만을 제공하므로 톨링고객이 생산된 LNG를 매매하는 것에 관여하지 않는다는 점은 위에서 살펴보았다. 목적지 제한 조항의 주요 목적은 LNG 수출사업자가 매수인과 다른 시장에서 LNG 매매와 관련된 경쟁을 최소화하기 위함이므로[70] 톨링모델을 채택할 경우 목적지 제한 조항을 삽입할 필요가 없다고 볼 수 있다. 게다가 톨링모델에서는 LNG 수출사업자는 액화설비 이용료로부터 수익을 창출하므로, 설비이용료 수입만 보장된다면 톨링고객이 생산된 LNG를 무조건부로 인수하도록 강제하는 것 또한 큰 의미가 없다.[71] 따라서 톨링모델에서 LNG 수입사업자는 기존의 take or pay 의무보다 경감된 액화서비스 이용요금만을 부담하면 된다.

그런데 Sabine Pass 프로젝트와 같이 톨링모델이 아니라 상인모델(혼합 모델)을 채용한 경우에도 목적지제한을 명시적으로 배제하고[72] LNG 물량인수 의무에 대해서도 기존의

Price), www.energy.gov/sites/prod/files/2018/05/f51/Gas%20Natural%20Aprovisionamientos% 20SDG%20S.A..pdf.

68) Holmberg, *supra* note 6.

69) 도현재, (주 3), 3면.

70) Susan Farmer, "LNG Sale and Purchase Agreements", in Paul Griffin (ed.), *The Law and Business of LNG*, 1st ed., Global Law and Business (2008), p. 52.

71) 도현재, (주 3), 40-41면.

72) 일례로, Sabine Pass 와 Gail 간에 2011년 체결된 LNG 매매계약서("Sabine Pass-Gail SPA")의 관련조항은 다음과 같다.
"3.3 Destination
Subject to Section 26.1 and notwithstanding the Discharge Terminal corresponding to any cargo in the ADP or Ninety Day Schedule, Buyer shall be free to (i) sell such LNG free on board at the Sabine Pass Facility or at any other point during a voyage, or at or after the unloading of any LNG purchased hereunder and (ii) transport the LNG to, and market the LNG at, any destination of its choosing, in accordance with the provisions of this Agreement."
LNG Sale and Purchase Agreement (FOB), Dated December 11, 2011, between Sabine Pass Liquefaction, LLC (Seller) and GAIL (India) Limited (Buyer), www.sec.gov/Archives/edgar/data/1383650 /000138365011000083/exhibit101gaillngsaleandpu.htm#sD9ABE5D213D9E608816C1A7D58FEE261.

take or pay 방식과는 달리 take or cancel 혹은 take and pay 방식을 사용하는 것이 발견된다.[73] 이처럼 유연한 조건 하에서 LNG 수입사업자는 원료가스 가격변동이나 LNG 수요의 변화 등 시장상황에 따라 유연하게 대처할 수 있다.[74]

이와 같은 미국산 LNG의 특성은 미국 내에는 이미 고도로 성숙한 국내 천연가스 시장 및 관련 인프라가 존재하고 있다는 점에서 기인한다. 그런데 이러한 측면은 LNG 수입사업자 입장에서 더 유연한 사업구조를 채택할 수 있도록 한다는 장점을 제공하는 반면 단점이 되기도 한다. 특히 톨링모델 하에서 LNG를 공급받을 경우 미국의 천연가스시장의 복잡성은 LNG 수입사업자에게 원료가스조달과 관련하여 다음과 같은 문제가 작용할 수 있다.

먼저, 톨링방식을 사용하게 되면 LNG 수입사업자는 원료가스를 직접 조달해야 하는데, 오랜 시간 동안 고도로 발달한 미국의 원료가스 매매시장에는 마케터, 브로커, 컨설턴트 등의 여러 종류의 참여자들이 존재하고 조달 방식도 매우 다양하다.[75] 따라서 미국의 천연가스시장에 대해 경험이 적은 LNG 수입사업자는 원료조달이 상당히 복잡하고 부담스러울 수 있다. 그리고 만약 도매업자나 전문 트레이더를 통해 원료조달을 하는 경우, 거래 단위당 1~4 cents/MMBtu에 달하는 비용을 추가적으로 지불하여야 하는데 이는 톨링모델을 통해 도입하는 LNG의 가격경쟁력을 약화시키는 요인으로 작용할 수 있다.[76]

또한, 톨링계약은 일반적으로 20년 이상의 장기계약으로 체결되는 것에 비하여 미국의 원료가스매매 계약은 계약 기간을 5년 이하로 두는 경우가 많다. 특히 셰일가스와 같은 비전통 가스전은 매장량 고갈이 전통 가스전에 비해 빠르기에 그러하다. 게다가 천연가스 판매자로부터 조달 받을 수 있는 원료가스의 규모 또한 톨링고객이 액화설비에 조달해야 하는 원료가스 규모에 비해 상당히 작으므로 톨링고객은 여러 판매자로부터 원료가스를 조달받아야 한다.[77] 이러한 특성에 의해 톨링고객 입장에서는 원료가스 조달이 매우 복잡하고 번거로울 수 있으며, 계약관리 측면에서도 복잡한 과제를 부담해야 할 수 있다.

이에 더해서 미국산 LNG 도입 시 주의해야 사항 중 하나로, 미국 천연가스법(Natural

---

73) Dan Rogers and Monica Hwang("Rogers·Hwang"), "The Shift Away from Take-or-Pay Contracts in LNG", King & Spalding Blog, News & Insights (September 13, 2017), www.kslaw.com/blog-posts/the-shift-away-from-take-or-pay-contracts-in-lng. 예를 들어서, Sabine Pass와 Gas Natural간에 2011년에 체결된 Sabine Pass-Gas Natural SPA Article 5,6에서 매수인의 취소권을 명시하고 있는데, 이는 "take-or-cancel"방식에 해당한다고 볼 수 있다.

74) 도현재, (주 3), 40-41면.

75) Steven P. Finizio, "Destination Restrictions and Diversion Provisions in LNG Sale and Purchase Agreements", in J William Rowley·R Doak Bishop·Gordon E Kaiser (ed.), *The Guide to Energy Arbitrations, 2nd ed., Global Arbitration Review* (2017. 6.), globalarbitrationreview.com/chapter/1142624/destination-restrictions-and-diversion-provisions-in-lng-sale-and-purchase-agreements#_ftn24.

76) 도현재, (주 3), 31면.

77) 상동, 52-54면.

Gas Act) 제3항에 따라 천연가스 수출업자는 해당 수출을 위하여 에너지부(Department of Energy) 산하 화석에너지국(Office of Fossil Energy)의 수출 승인이 필요하다는 점을 들 수 있다.[78] 따라서 LNG 수입사업자 입장에서는 미국의 LNG 수출사업자가 해당 승인을 받았는지 여부 및 승인을 유지하고 있는지 여부를 확인할 필요가 있다.

Ⅲ. 매매계약 형식의 LNG 도입방법

앞에서는 LNG 수출사업의 대표적인 사업방식 세 가지에 대하여 알아보았다. 그 중 일관체제모델과 상인모델에서 LNG 수입사업자는 LNG 수출사업자와 매매계약을 통해 LNG를 도입한다. 반면에 톨링모델에서 LNG 수입사업자는 LNG 수출사업자와 서비스계약의 일종인 톨링계약을 체결하여 LNG를 도입한다. 아래에서는 각 계약의 의의와 주요조항에 대하여 알아보며 발전용 연료를 도입하고자 하는 LNG 수입사업자 입장에서 각 계약이 어떠한 장단점을 갖는지를 살펴보고자 한다.

1. 전형적 장기매매계약 방식

가. 의   의

LNG 매매계약은 물품매매계약의 일종이다. 따라서 일반적인 물품매매계약의 골자를 이루는 당사자가 누구인지, 매매 목적물은 무엇인지, 매매 대상 물량은 얼마나 되는지, 매매목적물의 가격은 얼마인지, 매매목적물의 인도지점과 인도 방법은 무엇인지, 매매목적물의 품질은 어떠해야 하며 이를 어떻게 계량하고 검사할지에 대한 내용 등은 LNG 매매계약에서도 중요하게 다루어진다. 그러나 전형적인 LNG 매매계약은 일반적인 물품매매계약과 구분되는 몇몇 특징도 있다. 그러한 특징은 다음과 같다.

첫째로, 1970년대 이후로 발견되는 전형적인 LNG 매매계약은 20년에서 25년의 계약기간을 두는 장기계약의 형식을 취한다.[79]

둘째로, 앞에서 언급한 바와 같이 LNG 매매계약은 장기계약이기 때문에, 계약물량 또한 장기간의 계약기간 전체에 걸쳐 인도될 LNG의 총물량(contract quantity)에 대한 조항과, 매년 인도되어야 하는 연간약정물량(annual contract quantity) 조항, 그리고 매월 인도되어야 하는 월간약정물량(monthly contract quantity) 조항으로 나뉘어 규정되게 된다.[80] 그리고 통상

---

78) Natural Gas Act of 1938, 15 U.S. Code § 717b.
79) Philip Weems, "Evolution of Long-Term LNG Sales Contracts: Trends and Issues", *Oil, Gas & Energy Law*, Vol. 1 (2006), p. 3, www.ogel.org/article.asp?key=2123.
80) 류권홍, LNG 도입계약의 법적 분석, 법과정책, 18권 2호 (2012), 127-130면.

적인 경우 이 중 연간기본약정물량을[81] 기준으로 물량의 증가나 감소가 허용되며, 무조건 인수지급(take-or-pay) 의무의 발생 여부가 결정된다.[82]

셋째로, 계약물량과 관련해서 take-or-pay 조항이 삽입되는 것 또한 전형적인 LNG 매매계약의 특징이라고 할 수 있다. 1970년대 이후로 전형적인 매매계약에 자리잡은 take-or-pay 조항은[83] LNG 매매계약상의 매수인이 약정된 최소 물량에 대하여 실제로 인수하였는지 여부를 묻지 않고 이에 대한 대가를 지급할 의무를 부과하는 조항을 의미한다.[84]

넷째로, 매매목적물인 LNG의 목적항을 특정하여 매수인의 LNG 재판매 행위를 제한하는 기능을 가지는 목적지 제한 조항(destination restriction clauses) 또한 1970년대 이후로 LNG 매매계약에서 꾸준히 발견되는 특징적인 조항이라고 할 수 있다.[85]

다섯째로, LNG의 가격결정방식과 관련해서는 고정가격 방식이 아닌 변동가격 방식을 채택하는 것이 보통이나 구체적인 가격결정방식에 대해서는 아직까지 국제적으로 통일된 바가 없다는 점도 특징이다.[86] LNG의 가격결정방식은 북미, 영국, 유럽, 아시아 등 각 지역 그룹마다 다른 방식을 사용하는데, 그 중에서도 LNG 주요 수입국인 일본과 한국이 속하는 아시아 시장에서는 아직까지도 LNG 가격을 원유 혹은 석유제품 등의 시장 가격에 연동되어 변동하도록 하는 유가연동방식을 주요 가격결정방식으로 사용하고 있다.

여섯째로, 가격결정방식에 더해서 가격검토조항(price review provisions, price re-opener)이 삽입된 계약서가 특히 1990년대 이후로 자주 발견된다는 점도 전형적인 LNG 매매계약의 특징이 될 수 있다.[87]

이에 더하여 준거법과 분쟁해결 방법과 관련해서는 1980년대 이후 체결된 대다수의 LNG 매매계약에서 미국의 뉴욕주 법 혹은 영국(잉글랜드 및 웨일스) 법이 준거법으로 채택되었고, 분쟁해결 방법으로는 뉴욕과 런던에서 상사중재로 해결하는 방법이 채택되었다는 점을 발견할 수 있다.[88]

---

81) 연간약정물량은 기본약정물량(base annual contract quantity)와 조정연간약정물량(adjusted annual contract quantity)이라는 두 가지 개념으로 구성된다. 이 중 기본약정물량이란 LNG 매매계약에서 연간 인수하기로 약정한 물량을 의미하며, 조정연간약정물량이란 계약상의 추가요구 혹은 감축요구 등에 따라 기본연간약정물량을 조정한 물량을 의미한다. 상동, 127-128면.

82) 상동, 128면.

83) Weems, *supra* note 79, p. 3.

84) European Commission, *DG Competition Report on Energy Sector Inquiry* (2007. 1. 10.) pp. 47-55; Holland·Ashley, *supra* note 10, p. 29.

85) Howard Rogers, "Does the Portfolio Business Model Spell the End of Long-Term Oil-Indexed LNG Contracts?", *Energy Insight 10*, Oxford: Oxford Institute for Energy Studies (2017. 4.), p. 3; Weems, *supra* note 79, p. 4.

86) Weems, *supra* note 79, p. 1.

87) *Ibid.*, p. 9.

88) *Ibid.*, pp. 3-17; Paul Griffin, "Principles of price reviews and hardship clauses in long-term gas con—

아래에서는 전형적인 LNG 매매계약상의 특징적 계약 조항 중 대표적인 조항인 take-or-pay 조항 및 목적지 제한 조항과 가격결정방식, 그리고 준거법 조항에 대해서 살펴보기로 한다.

나. 주요 계약 조항

(1) take-or-pay 조항[89]

앞에서 설명한 바와 같이 take-or-pay 조항은 매수인이 계약상 해당 산정기간(measurement period) 동안 인수하기로 약정한 물량을 실제로 인수하였던 인수하지 않았던 간에 상관없이 해당 물량에 대한 대금을 지급하는 의무(take-or-pay 의무)를 부담함을 규정하는 조항이다. 이 때 산정기간은 통상 1년으로 설정되어 일반적인 경우 연간약정물량이 take-or-pay 의무를 판단하는 기준이 된다.[90] LNG매수인 입장에서 중요한 점은 그러한 매수인의 대금지급 의무는 일반적으로 해당 산정기간의 종료 시점에 발생한다는 것이다. 즉 해당 산정기간 내에 예정되어 있던 인수일정을 일부 준수하지 못한 경우라도 그 즉시로 매수인에게 take-or-pay 의무에 따른 대금지급의무가 발생하는 것은 아니다.[91]

Take-or-pay 의무는 기본적으로 매수인의 추가요구 혹은 감축요구 행사를 통한 연간약

---

tracts", in Paul Griffin (ed.), *The Law and Business of LNG*, 3rd ed., Global Law and Business (2017) p. 100. 중재 규칙으로는 ICC Arbitration Rule 및 Uncitral arbitration rule을 주로 사용하며 간혹 AAA in New York이 사용된 경우도 있다. 중재지의 경우 1970년대 까지는 일본, 제네바, 취리히 등이 중재지로 선택되는 경우가 있었으나 1980년대 이후로는 거의 런던과 뉴욕으로 중재지가 정해지고 있으며 간혹 파리나 제네바를 중재지로 하는 경우가 드물게 발견된다. Weems, *supra* note 79, pp. 1-17.

89) Take-or-pay 조항의 예문으로는 Universal Resources Corp. 와 Panhandle Eastern Pipe Line Co.라는 미국회사들 간에 1982년 체결한 가스매매계약 Article 4를 들 수 있다. Article 4 take-or-pay의 관련 부분은 다음과 같다.
"4.1 During each Contract Year, Seller agrees to sell and deliver to Buyer and Buyer agrees to buy and receive or failing to buy and receive, nevertheless to pay for from Seller's gas wells connected hereunder, a gas well Contract Quantity which shall be ... equal to 80 percent of each such well's maximum daily sustained capability.... * * * 4.8 If, at the end of any Contract Year, Buyer's receipts of gas well gas, during said Contract Year were less than the Contract Quantity, and said volume was tendered for delivery, then Buyer shall, within sixty (60) days thereafter, pay Seller for the deficiency at a price equal to the average of the prices in effect for such gas during the same Contract Year. Buyer during any of the five (5) ensuing Contract Years, or the balance of the term hereof, if less than five (5) Contract Years remain, may take volumes of gas, called "make-up gas", equal to those paid for but not received; provided such volumes of "make-up gas" shall be in excess of the Contract Quantity for any such year. For any "make-up gas" received, Buyer shall pay Seller any difference in price between that in effect at the time of such make-up and that paid for such deficiency."
See *Universal Resources Corp. v. Panhandle Eastern Pipe Line Co.*, 813 F.2d 77, 3 UCC 2d 988 (5th Cir.1987), paragraph 4, footnote 2.
90) 간혹 산정기간이 분기로 설정되는 경우도 존재하나 이는 상대적으로 드물게 발견된다.
91) Rogers·Hwang, *supra* note 73.

정물량의 조정을 통해 완화될 수 있다.[92] 또한 take-or-pay 의무에 따라 매수인이 실제로 인수하지 않은 계약물량에 대하여 대금지급을 완료하는 경우에는 매수인은 그에 대한 대가로 "보충권(make−up right)"을 부여 받게 된다. 보충권이란 take-or-pay 대금을 지급한 물량만큼을 향후 약정기간 내에 인수할 수 있도록 인정하는 권리이다.[93] 그러나 이러한 보충권의 행사는 다음과 같은 제한을 받을 수 있다. 먼저, 보충권은 계약 기간 내에 행사되어야 한다는 시간적 제약을 받을 수 있다. 그리고 take-or-pay 조항은 통상적으로 매수인의 보충권 행사를 위해서 매도인은 그러한 행사를 가능하게 하는 "합리적인 노력"만을 다 하면 된다고 규정하고 있다. 즉, 통상적인 take-or-pay 조항은 매수인의 보충권 행사를 위해 매도인이 적극적으로 추가 생산 능력을 확보해야 할 의무를 강제하지는 않는다는 점도 매수인에게는 제약사항이 될 수 있다.[94]

이 같은 take-or-pay 조항은 일정한 산정 기간 동안 매수인의 실제 수요와는 무관하게 각 기간 동안 약정한 물량에 대해 대금을 지급하도록 하고 있어 매수인으로 하여금 물량위험 전체를 부담하도록 하는 기능을 한다.[95] 이러한 형태의 위험분배는 매도인으로 하여금 장기간에 걸친 사업 수익을 확보하고 현금흐름을 예측하는 데에 도움을 주어 특히 프로젝트 파이낸싱 방식으로 자금조달을 할 때 도움이 된다.[96] 그런데 이러한 take-or-pay 의무는, 설령 그것이 앞서 살펴본 방법 등에 따라 유연하게 조정될 수 있다고 하더라도 매수인 입장에서는 여전히 매우 부담스러운 의무이다. Take-or-pay 조항에 따른 대금지급의무가 해당 산정기간의 종료시점에 발생한다는 점은 종료시점 전에는 매수인으로 하여금 그러한 의무로부터 자유로울 수 있는 시간적 여유를 부여하지만, 매수인은 대금지급의무가 일단 발생하게 되면 한 번에 큰 규모의 금액을 일시불로 지급해야 하는 위험에 노출되기 때문이다.[97]

(2) 목적항 조항(destination clause)과 목적지 제한(destination restriction)의 문제

전형적인 LNG 매매계약에서는 매매목적물인 LNG에 대한 위험이 이전되는 지점인 인도 지점(delivery point)을 설정하는 것에 더해서 목적항 조항(destination clause)도 함께 두는 것을 자주 발견할 수 있다.[98] 목적항 조항은 LNG 매매계약에서 해당 LNG의 하역항을 특정

---

92) Rogers·Hwang, *supra* note 73; 류권홍, (주 80), 132-133면.

93) 일반적으로 이러한 make-up right을 행사하는 경우 매수인은 추가적인 대금을 지급할 의무는 없다. 그러나 경우에 따라서는 make-up 물량을 인수한 시점과 take or pay 대금을 지급한 시점의 가격 차이에 대해서 추가 지급 의무를 부담하기도 한다. Rogers·Hwang, *supra* note 73

94) *Ibid.*; 류권홍, (주 80), 132면.

95) The Japan Fair Trade Commission("JFTC"), *Survey on LNG Trades (Chapter 4 Ensuring of fair competition in LNG trades)* (2017. 6.), p. 19.

96) Holland·Ashley, *supra* note 10, p. 29.

97) Rogers·Hwang, *supra* note 73.

98) Weems, *supra* note 79, p. 6; Farmer, *supra* note 68, p. 52.

항구로 지정하는 내용으로 구성된다.[99] 그리고 그에 더하여 매수인이 일정한 경우 매도인에 대한 통지나 매도인의 승낙 하에 목적항을 변경할 수 있는 변경권한(diversion right)을 함께 명시하는 경우도 있다.[100] 그러나 이러한 변경권한이 명시되어 있는 경우라 하더라도 권한행사 요건 충족에 대하여 매수인과 매도인의 견해가 충돌하는 경우가 있을 수 있고, 혹은 변경권한의 행사의 전제조건이 별다른 기준 없이 "매도인의 동의가 있는 경우"만으로 규정되는 경우가 있어 유명무실하게 될 위험이 존재한다.[101]

LNG 매매계약에서 목적항 조항을 두는 취지는 기본적으로 매도인의 이익보호를 목적으로, 매수인으로 하여금 해당 LNG를 특정된 시장 외의 지역에 재판매하지 못하게 하여 다른 시장에서 매도인이 매수인과 경쟁하는 것을 방지하기 위함에 있다.[102] 그런데 매수인 입장에서는 목적지를 변경하여 기존 목적지에서는 불필요하거나 저장시설의 여유가 없는 잉여 물량을 새로운 목적지에서 재판매하는 권한을 확보하는 것이 매우 중요하다. 따라서 목적항 조항의 타당성 내지 합법성에 대해서는 이미 많은 논의가 이루어졌고, 최근에는 점차로 폐지되고 있는 것을 여러 지역에서 목격할 수 있다.

(3) 가격결정방식(pricing method)

앞서 언급한 바와 같이 LNG 매매계약상 가격결정방식은 지역별로 다르다. 그 이유는 각 시장 간에 지리적 여건, 지정학적 여건, 가스시장의 발전 정도 및 시장 자유화의 정도, 수송비용 등 많은 여건이 서로 다르기 때문이다.[103]

우선 네 개의 주요 지역 중 북미와 영국에서는 LNG 가격결정에 사용될 일관된 가격지표가 존재하고, 특히 해당 지역시장의 대표적인 천연가스 거래허브(이하 "가스허브")에서 거

---

99) 류권홍, (주 80), 140면.

100) 목적항의 특정과 목적지 변경권한을 포함한 계약 조항의 예로는 Sonatrach와 Distrigas 간의 1988년 LNG 매매계약("Sonatrach-Distrigas SPA") Section 4.4.를 들 수 있다.

"SECTION 4.4. Port.

The scheduled port of destination is the port of Boston (Massachusetts) where Buyer has now at its disposal the required facilities as defined above. However, Buyer shall have the right to designate any other safe port on the East coast of the United States of America, subject to such designation being notified to Seller in writing at least 15 days prior to the scheduled date of delivery; provided, however, that all required authorizations and permits, and any delay which may result therefrom, shall be the responsibility of Buyer; provided also that the sales price stated in article 9 hereinafter shall be adjusted in such case to take into account the variations in the length of the voyage and any additional costs which would be incurred as a result therefrom.". Agreement for the Sale and Purchase of Liquefied Natural Gas between SONATRACH and Distrigas Corporation, dated February 21, 1988, www.secinfo. com/dsvRx.bmw.a.htm#1stPage.

101) JFTC, *supra* note 95, pp. 4-5.

102) 류권홍, (주 80), 140면; Farmer, *supra* note 68, p. 52; Finizio, *supra* note 75.

103) 류권홍, (주 80), 141면.

래되는 천연가스가격과 연동하여 LNG 가격을 결정하는 것이 특징이다. 미국의 경우는 루이지애나의 Henry Hub[104]의 천연가스가격이 그 대표적인 가격지표이며, 영국은 National Balancing Point(NBR)[105]의 천연가스가격을 대표적인 가격지표로 사용한다. 1973년의 유가파동(Oil Crisis of 1973) 이후 LNG의 주요 수입국인 일본과 우리나라는 전통적으로 유가연동방식을 채택해오고 있다.[106] 유럽의 경우 가스시장의 자유화가 진행되기 이전에는 동북아시아와 마찬가지로 원유가격에 연동하여 LNG 가격을 결정하는 유가연동방식을 주로 채택하였다. 그러나 1988년 6월 22일에 유럽위원회(EC)가 EU회원국의 천연가스 시장 자유화와 규제철폐에 관한 지침인 Directive 98/30/EC[107]를 공표한 이후로 발생한 몇 차례 시장의 구조적 변화에 힘입어 2000년대 후반에 들어서는 드디어 영미권과 비슷한 가스허브가격 연동방식이 상당부분 채택되게 되었다.[108]

　이렇듯 최근에는 LNG 가격결정방식이 점차로 가스허브가격 연동방식으로 변화하는 경향이 세계 곳곳에서 발견되기는 하지만, 그럼에도 불구하고 아직까지 전형적인 LNG 매매계약 상의 대표적인 가격결정방식은 유가연동방식이라고 할 수 있다. 매우 자본집약적이고 소수의 매도인과 매수인만이 참여 가능한 전통적 구조의 LNG 사업의 특징 상 LNG는 일물일가법칙이 적용되는 세계적인 상품(global commodity)이 되기 어렵기에, 자체적으로 천연가스 시장이 발달하지 못한 전통적인 주요 LNG 수입국 입장에서는 수입 목적상 LNG와 경쟁관계에 있으면서도 객관적인 가격지표가 존재하는 석유 및 석유가격을 대체품으로 사용하는 것이 최선의 가격결정방식이기 때문이다.[109]

　그러나 대체품은 필연적으로 대체품일 뿐이므로, 유가연동방식은 한계가 있다. LNG와 석유 및 석유제품은 주로 사용되는 목적에 차이가 있다. 그리고 LNG 시장과 석유 및 석유 대체시장은 엄연히 다른 시장이기 때문에 각 시장에 특수한 상황 변화가 있을 수 있는데 유가연동방식은 LNG 시장의 변화를 포착하지 못할 수도 있고, 혹은 LNG 시장과는 무관한 변

---

104) Henry Hub는 북미에서 천연가스가 물리적으로 거래되는 거래허브 중 대표적인 곳으로 미국 중서부, 동북부, 남동부 및 걸프해안 지역의 가스가 거래되는 미국 최대의 가스 파이프라인 허브이다. 도현재, (주 3), 30면.
105) NBP는 영국 내의 천연가스 거래를 위한 가상 거래공간(virtual trading point)으로 영국의 가스 및 전기 공급 회사인 National Grid가 운영하는 천연가스 거래허브이다. en.wikipedia.org/wiki/National_Balancing_Point_(UK).
106) 류권홍, (주 80), 142면.
107) eur-lex.europa.eu/legal-content/EN/TXT/?uri=uriserv:OJ.L_.1998.204.01.0001.01.ENG.
108) Stephen P. Anway and George M von Mehren("Anway·Mehren"), "The Evolution of Natural Gas Price Review Arbitrations", in Rowley·Bishop·Kaiser (ed.), *The Guide to Energy Arbitrations*, 2nd ed., Global Arbitration Review (2017. 6.), globalarbitrationreview.com/chapter/1142622/the-evolution-of-natural-gas-price-review-arbitrations.
109) *Ibid.*,; European Commission, *supra* note 82, pp. 101-110.

화를 반영하게 될 수도 있다. 따라서 매수인의 시장이 성숙함에 따라 가격결정방식은 유가연동방식으로부터 탈피할 것을 예측할 수 있고, 실제로 2000년대 후반부터 유럽에서는 가격검토조항(price review provisions)에 기초한 일련의 재협상 및 가격검토중재를 통해 이러한 변화가 진행되고 있는 것을 확인할 수 있다.

(4) 준거법 조항

앞서 언급한 바와 같이 LNG 매매계약의 준거법은 미국 뉴욕주 법 혹은 영국법으로 정해지는 경우가 대부분이다. 그런데, LNG의 매매는 대표적인 물품매매라고 할 수 있고, 천연가스를 운반이 용이한 상태인 LNG로 액화시키는 목적 자체가 원거리 거래를 염두에 둔 행위이므로 LNG 매매는 서로 다른 국가에 영업소를 둔 회사 간에 이루어지는 경우가 많다. 즉, 많은 경우 LNG 매매계약은 국제물품매매계약에 해당할 수 있으며, 따라서 준거법 적용 문제와 관련하여 1980년 "국제물품매매계약에 관한 국제연합협약"(United Nations Convention on Contracts for the International Sale of Goods, 이하 "CISG")의 적용을 받을 수 있는 가능성이 있으므로 준거법을 지정할 때 CISG의 적용 가능성 여부를 염두에 두어야 한다.

CISG 제1조에 따르면 이 협약은 (i) 계약의 양 당사자의 영업소 소재지가 모두 체약국인 경우(CISG 제1조 제1항 a호)이거나 (ii) 법정지의 국제사법규정에 따라 어느 체약국의 법이 매매계약의 준거법이 되는 경우(CISG 제1조 제1항 b호)에 적용된다.[110] 그리고 이 중 전자의 경우를 직접적용이라고 부르고 후자를 간접적용이라고 부른다. 다만, CISG 제95조에 따르면 체약국은 간접적용에 구속되지 아니한다는 취지의 유보선언을 할 수 있다. 이러한 취지의 유보선언을 한 국가의 법률을 계약의 준거법으로 지정하였다면, 직접적용의 요건을 갖춘 경우에만 CISG가 해당 국가의 법률의 일부로써 적용되게 된다.[111] 그리고 CISG 제6조의 당사자 자치원칙에 따라 계약 당사자는 CISG의 적용을 배제할 수 있는데, 이 때 명시적인 배제뿐만 아니라 묵시적 배제도 인정된다.[112]

영국법과 같이 체약국이 아닌 나라의 법률을 LNG 매매계약의 준거법으로 지정하는 것은 CISG 적용을 배제하기로 한 양 당사자간의 묵시적 합의의 한 예로 인정된다. 그리고 이러한 합의를 통해 계약 당사자는 CISG의 직접적용과 간접적용 모두를 배제할 수 있다.[113]

미국은 1988년 1월 1일부로 CISG의 체약국이 되었고, 다만 CISG 제95조에 따라 간접적

---

110) 국제중재의 경우에도 비슷한 논리로 협약의 적용범위가 결정되게 된다. 석광현, 국제물품매매계약의 법리, 박영사 (2010), 38면.
111) 석광현, (주 111), 31-32면.
112) 석광현, (주 111), 59-60면; 정홍식 "국제물품매매협약 적용하에서 매매계약 체결에 관한 실무적 고려사항", 통상법률 제94호 (2010. 8.), 15-16면.
113) 석광현, (주 111), 59-60면.

용에 대해 유보를 선언하였다. 따라서 LNG 매매계약의 준거법으로 미국의 뉴욕주 법을 지정한다면 해당 계약 양 당사자의 영업소 소재지가 모두 체약국인 경우에는 CISG가 적용된다.[114] 따라서 영국법을 준거법으로 선택하는 경우와 달리, 미국 뉴욕주 법을 준거법으로 선택하는 LNG 매매계약의 당사자는 그러한 선택에 앞서 자신과 상대방의 영업소 소재지 국가가 체약국인지 여부를 판단하여 CISG가 적용되는지 여부에 대한 판단을 선행하여야 할 것이다.

그런데 이와 관련하여서 다음과 같은 문제가 있을 수 있다. 최근 들어서 많은 개선이 있기는 했으나 아직도 미국 내에서 국제물품매매계약을 체결할 때에 CISG는 주요 관심사가 아니라는 점이다. 예를 들어 미국 뉴욕주 법을 준거법으로 하는 국제계약에 대한 미국 내 논의의 초점은 다음의 두 문구에 과연 실질적인 차이가 있는지 여부에 맞춰져 있었다.

"This contract shall be governed by New York law."

"This contract shall be governed by New York law, without regard to conflict-of-laws principles."[115]

즉 뉴욕주의 국제사법규정이 아닌 실질법만을 준거법으로 지정하기 위해서 아래 문구와 같은 표현이 필요한지가 문제가 되었다. 이에 대해 2012년 뉴욕주 최고 법원인 Court of Appeals of New York은 IRB-Brasil Resseguros, S.A. v. Inepar Investments, S.A., No. 08669, 2012 WL 6571286 (N.Y.), December 18, 2012 판결에서 이 두 문구는 차이가 없다고 판시하였다. 문제는 이러한 판례가 CISG의 적용가능성에 대해서는 아무런 해답을 제시하지 못하였다는 점이다. CISG는 직접적용에 해당하는 경우에는 연방법 우선의 원칙에 따라 뉴욕주의 실질법으로서 해당 국제계약의 준거법으로서 적용될 것이기 때문이다.[116] 이 같은 결론을 미국의 법률 실무가들이 알았는지 아니면 간과하였는지는 불분명하고, 이러한 불분명함은 향후 계약분쟁의 원인이 될 수 있다. 따라서 미국회사와 미국법을 준거법으로 하는 계약을 체결하는 경우 이러한 분쟁을 예방하기 위해서는 CISG를 적용할 것인지 혹은 배제할 것인지에 대한 당사자의 의사를 준거법 조항에서 명시하는 것이 필요하다고 본다.

---

114) 상동.
115) Sabine-Pass 프로젝트의 대부분의 LNG 매매계약의 준거법 조항이 이렇게 표현되어 있다.
116) 만약 양 당사자가 CISG의 배제를 염두에 두고 위 문구를 사용하였다면 그것은 잘못된 판단이고, CISG를 명확하게 배제한다는 의사를 명시하는 문구가 사용되어야 할 것이다. Michael W. Galligan, "Choosing New York Law as Governing Law for International Commercial Transactions", NYSBA International Law Practicum, Autumn (2013), p. 79, www.phillipsnizer.com/pdf/Article-NYSBA-IntlLaw-Practicum-Autumn2013-Galligan.pdf.

다. 발전용 연료 도입 측면에서 본 매매계약 방식의 특징

전형적인 LNG 매매계약은 전통적인 LNG 사업구조와 그러한 사업구조가 탄생하게 된 배경을 반영한다. 전통적인 LNG 사업구조는 일관체제모델이나 상인모델을 채택한다. 이 두 모델이 톨링모델에 비해 먼저 발전하게 된 이유는 LNG 사업은 수출사업자와 수입사업자 모두에게 액화, 수송 및 기화를 위한 특수 설비에 막대한 자본을 투자하여야 참여가 가능한 종류의 사업이었기 때문이다. 특히, 천연가스자원 개발이 막 시작되는 단계에서 LNG 수출사업자가 참여하게 되는 가스전의 탐사 및 액화, 수송 및 기화 설비를 설치하는 사업은 대규모의 투자금과 장기간의 설치기간이 소요되는 자본 집약적인 사업이다.[117] 따라서 매도인의 입장에서는 대규모 설비투자를 시작하기 이전에 사업의 수익성을 담보할 수단을 확보하는 것이 중요하다. 이와 동시에 전형적인 매수인은 자국 내에서는 천연가스가 충분히 생산되지 않은 국가의 정부소유 기업이나 공기업이 대부분으로 특히 가스공급권을 독점하는 경우가 많았다. 따라서 LNG 수입사업자 입장에서는 얼마나 싸게 LNG를 도입하는지가 아니라 얼마나 공급물량은 안정적으로 확보하느냐가 더 중요한 사안이 된다.[118] 이러한 양 거래 당사자의 이해관계에 따라 전형적인 LNG 매매계약은 계약기간을 20년에서 25년 정도의 장기계약으로 설정하게 되고 위에서 살펴본 take-or-pay 조항 및 목적항 조항 등을 통하여 매수인에게 물량위험을 부담시키고 대신 매수인은 안정적인 공급물량을 확보할 수 있는 구조로 설정되게 된다.

이 같은 특성을 고려하여 전형적인 LNG 매매계약방식의 LNG 도입방법을 특히 발전용 연료 판단기준 요소[119]에 비추어 LNG 수입업자 입장에서 판단해보자면, 이 방식은 물량공급안정성은 높고, 대신 잉여물량 발생 등의 사유로 인수 물량을 감축하거나 재판매할 필요가 발생할 경우를 상정해보면 유연성이 떨어지는 방식이라고 할 수 있다. 따라서 LNG 수입사업자가 취할 수 있는 사업기회에 대한 유연성도 상대적으로 낮다. 그러나 LNG 수입사업자가 부담해야 하는 전반적인 위험의 정도는 뒤에서 볼 서비스계약 방식의 도입방법보다는 더 낮고 안정적이라고 할 수 있다. 매매계약 방식 하에서는 LNG 수입사업자는 어찌되었든 LNG 인수 후의 가격변동, 수송, 멸실 위험만을 부담하면 되기 때문이다.

---

117) Holland·Ashley, supra note 10, p. 29; Weems·Hwang, *supra* note 4, p. 269; Sophia Ruester, "Financing LNG projects and the role of long-term sales-and-purchase agreements", *DIW Berlin Discussion Paper*, No. 1441 (2015. 1.), p. 4, www.econstor.eu/bitstream/10419/106474/1/816088659.pdf.
118) Anway·Mehren, *supra* note 108.
119) 정홍식 외, 국제건설에너지법(이론과 실무), 박영사 (2017) 수록 논문 중, 정홍식, "해외 민자발전프로젝트 거래구조 및 각 계약별 핵심 쟁점", 682면.

2. 최근 동향

가. 현물(spot) 매매계약의 비중 증가

위에서 살펴본 바와 같이 전통적으로 LNG 매매거래는 20년에서 25년의 계약기간을 두는 장기계약 하에서 이루어져왔다. 그러나 최근 LNG 시장에서는 현물매매계약 및 4년 이하의 단기매매계약이 계속해서 증가 추세에 있다. 현물 및 단기매매 물량은 기존의 장기매매 물량에 비해서 목적지 제한으로부터 자유롭기 때문에 재판매가 용이하다. 이러한 현물 및 단기매매시장의 성장은 1990년대 후반에서 2000년대 초반부터 시작되었다.[120] 1990년 LNG 현물 및 단기매매 시장은 거의 전무하였던 것과 비교하여 1992년에는 전체 LNG 시장의 1%를 차지하게 되었고, 이후 2002년에 이르러서는 8%로 그 비율이 늘어나게 되었다. 그리고 보다 최근에 와서는 지역 시장 별 가격 수준의 차이를 바탕으로 이 비율이 더 빠르게 증가하게 되었다. 2010년에 이르면 현물 및 단기매매는 전체 LNG 거래시장의 18.9%를 차지하게 되었고 후쿠시마 사태가 발생한 2011년에는 총 61.2 MTPA(994 cargoes)만큼이 현물 및 단기매매로 거래되었고 이는 총 LNG 거래량의 25%에 이르는 물량이었다. 2015년 기준으로 전세계 LNG 거래량은 전년도 대비 2.5% 증가한 245.2 MTPA이다. LNG 수입국은 34개 국이고 수출국은 19개 국이다. 그리고 총 거래물량 중 28%가 현물 및 단기매매로 거래되었다.

이러한 현물매매와 관련해서 일회성 매매계약을 매번 새로 협상하고 체결하는 것은 번거롭고 비효율적이다. 따라서 최근 LNG 현물매매 거래계약은 먼저 LNG 매매 기본계약서(master LNG sale and purchase agreement)를 먼저 체결하고 개별 거래는 확인통지서(confirmation notice)를 통해 행하는 방식을 취하고 있다.

이 중 기본계약서는 LNG 거래에 필요한 기본 조건을 제시하기는 하지만 매도인과 매수인에게 구체적인 매도의무나 매수의무를 부과하지는 않는다. 기본계약서는 계약 당사자 일방은 매수인으로, 다른 일방은 매도인으로 확정하는 경우도 있지만 계약의 양 당사자가 거래마다 매수인이 될 수도 있고 매도인이 될 수도 있도록 체결하는 것도 가능하다.[121]

확인 통지서는 통상적으로 기본 계약서 후반에 별첨된 양식에 따르는데 여기에 실제 LNG 현물 매매거래와 관련된 상세 조건을 기입하게 된다. 그러한 조건으로는 가격, 물량, LNG 선적선박, 체선료(demurrage), 도착 허용기간(arrival window), 정박시간(laytime), 선적항, 하역항, 품질상세, 기타 세부 조건을 포함한다.[122] 개별 거래 시 양 당사자가 확인 통지서의

---

120) DOE, *supra* note 5, p. 133.

121) Norton Rose Fulbright, "LNG spot cargo trading - Market trends and challenges", (2012) www.nortonrosefulbright.com/knowledge/publications/59905/lng-spot-cargo-trading-market-trends-and-challenges.

122) Steven Paul Barra, "LNG master sale and purchase agreements", in Paul Griffin (ed.), *The Law and Business of LNG*, 3rd ed., Global Law and Business (2017), pp. 303-304.

내용에 합의하게 되면 확인 통지서의 내용은 기본계약서의 내용과 함께(그러나 두 문서상 내용이 충돌하는 경우 통상적으로 확인 통지서의 내용이 우선한다) 해당 거래에 대한 구속력 있는 계약을 형성하게 된다.123)

나. 목적지 제한 조항의 폐기

앞서 잠시 언급한 바와 목적지 제한 조항에 대해서는 많은 LNG 수입국들이 문제 제기를 하고 있고, 따라서 점차적으로 폐기되고 있는 모습을 확인할 수 있다. LNG 매매계약상 목적지 제한 조항과 관련된 주된 쟁점은 과연 이러한 조항이 각 수입국의 독점금지법이 금지하는 불공정행위에 해당하는지 여부이다. 이를 보다 세분화 해보면 다음의 두 가지 쟁점이 주로 문제되는 것을 확인할 수 있다. 첫 번째 쟁점은 목적항 조항의 존재 자체 혹은 목적지의 명시적인 제한 조항이 합법인지 여부이다. 두 번째 쟁점은 목적지를 명시적으로 제한하지는 않지만 매수인이 목적지를 변경하여 얻게 된 차익을 매도인과 나누도록 하는 조항이 합법인가 여부이다.

목적지 제한 조항에 대한 이와 같은 논쟁은 유럽연합에서 먼저 시작되었다. LNG와 파이프라인 가스 계약에서 발견되는 목적지 제한 조항에 대한 여러 건의 조사에서 유럽위원회(European Commission)는 LNG 매매계약 등에서 발견되는 매수인의 재판매 기회를 감소시키는 목적지 제한 조항(territorial restriction clause) 및 유사한 기능을 하는 조항의 존재는 EU 독점금지법 상에서 조항하는 경쟁을 '심각하게 제한(severe restriction)'하고 있다고 판단하였다.124) 재판매 수익 분배 조항과 관련해서도 '매매계약상 합의된 목적지 외의 지역에 대해 매입한 LNG를 판매하는 경우 매수인으로 하여금 해당 판매로부터의 수익을 매도인과 나누도록 하는 조항은 목적지 제한 조항을 대체하는 조항으로서의 역할'을 하며 따라서 명시적으로 목적지 변경을 금지하지 않더라도 경쟁 제한적 효과가 있는 불공정 조항이라고 판단하였다.125) 특히, SONATRACH와 관련된 2007년 조사에서 유럽위원회는 FOB 방식의 LNG 매매계약에 포함된 수익 분배 조항은 불법으로, 허용될 수 없다고 명시하였다.126) 그러나

---

123) 기본계약서와 통지 확인서 예문은 Trafigura가 제시하는 다음의 Master LNG Sale and Purchase Agreement 샘플에서 참조할 수 있다. www.trafigura.com/media/4255/trafigura-master-lng-sale-and-purchase-agreement.pdf.

124) 목적지 제한 조항에 대한 유럽위원회 조사의 예로 다음을 참조하라. European Commission Press Release, "Commission settles investigation into territorial sales restrictions with Nigerian gas company NLNG", dated 12 December 2002, IP/02/1869.

125) 일례로, 다음의 조사 결과를 참조하라. European Commission Press Release, "Commission and Algeria reach agreement on territorial restrictions and alternatives clauses in gas supply contracts," dated 11 July 2007, IP/07/1074.

126) *Ibid.*

한 편으로 유럽위원회는 DES 방식 및 기타 하역 전까지 LNG의 소유권이 매도인에게 남아 있는 인도방식을 취하는 매매계약에서는 수익 분배 조항이 허용될 수도 있음을 시사하고 있다.127) 위와 같은 일련의 조사에 따라 유럽연합 회원국 소재 매수인과의 LNG 매매계약에는 이제 목적지 제한 조항이 삽입되는 경우가 거의 없으며 수익 분배 약정 또한 매도인이 LNG에 대한 소유권을 유지하는 동안에만 합법인 것으로 이해되고 있다.128)

일본 공정거래위원회도 지난 2017년 6월 28일 발표된 'LNG 거래 실태 조사 보고서 (Survey on LNG Trade)'를 통해 최근 유사한 사안에 대하여 일본독점금지법 상 불공정관행 여부를 조사하여 발표하였다129). 이 보고서에서 일본 공정거래위원회는 LNG 재판매를 제한하는 목적지 제한 조항 및 수익 분배 조항은 일본 독점금지법상 불공정관행에 해당할 여지가 있으므로 신규 LNG 계약 체결 및 기존 계약 갱신 시 이러한 조건을 삭제할 것을 권고하였다.130) 먼저, 목적항 조항 및 목적항 변경 제한 조항과 관련해서 일본공정거래위원회는 FOB 방식의 LNG 매매계약에서는 그러한 조항의 존재 자체가 독점금지법을 위반할 여지가 상당히 높다고 판단하였다.131) FOB 조건에서 LNG의 인도는 수출지의 선적항에서 이루어지게 되고, LNG를 본선에 인도받은 이후의 위험과 비용은 모두 매수인의 부담임에도 불구하고 목적지 제한 조항을 두는 것은 합리적이지 않다는 점이 그러한 판단의 주된 이유였다. DES방식의 경우 목적한 조항의 존재 자체가 문제되지는 않고, 목적항 변경 제한과 관련하여 변경 시 '매도인의 동의' 등 추가적인 요건을 충족하여야 한다는 조항 또한 그 자체로는 독점금지법 위반이 아니라고 판단하였다. 수입 목적항을 기재하는 것이 필요한 DES 조건 자체의 성격상 FOB 조건과의 차이를 인정한 것이다. 그러나 이러한 조건과 관련하여 매도인이 부당한 이유로 동의를 하지 않는 행위는 불공정 행위로 독점금지법 위반 가능성이 높

---

127) *Ibid.*; Finizio, supra note 75.

128) Finizio, *supra* note 75.

129) 일본공정거래위원회의 보고서에서 흥미로운 점은 Incoterms 2010이 발표됨에 따라 기존의 DES 조건이 DAP 조건으로 흡수되었음에도 불구하고 2017년에 발표된 이 보고서에서는 그러한 사정에 대한 별다른 분석 없이 바로 FOB 조건과 DES 조건 하의 문제점에 대해 논하고 있다는 점이다. 그 이유로는 아직 유효한 장기 LNG 매매계약 중 상당수가 DES 조건을 채택하고 있기 때문이라고 짐작할 수 있지만, 개정된 Incoterms 2010에 대한 언급이 있었더라면 보다 설득력 있었을 것으로 생각된다. 한편, 우리나라 공정거래위원회도 일본공정거래위원회의 해당 보고서 발표 이후 유사 사안에 대한 조사에 착수하였다. 관련 기사로는 공정위, LNG 수출국 갑질 제동건다, 서울경제, 2017. 8. 2., sedaily.com/NewsView/ 1OJLG2BL45/ 참조.

130) JFTC, *supra* note 98, p. 20. 그러나 일본과 우리나라를 포함한 다른 아시아 국가에 대한 LNG 매매계약서에서 목적지 제한 조항이 삭제되는 것은 상당한 시일이 걸릴 것으로 보인다. 해당 보고서가 공개된 후에도 LNG 수출사업자들은 권고된 대로 조치를 취하는 것에 상당히 소극적인 자세를 취하고 있기 때문이다. Osamu Tsukimori and Aaron Sheldrick("Tsukimori·Sheldrick"), "LNG producers take time to relax destination clauses despite Japan ruling" (2017. 10. 18.) www.reuters.com/article/lng-japan-con‐ tracts/lng-producers-take-time-to-relax-destination-clauses-despite-japan-ruling-idUSL4N1MT2VG.

131) JFTC, *supra* note 95, p. 9.

다고 판단하였다.[132] 수익 분배 조항과 관련해서도 비슷한 논리로, FOB 방식 하의 LNG 매매계약에서의 해당 조항은 그 존재 자체가 경쟁제한적인 효과로 인해 독점금지법 위반 가능성이 높다고 판단하였다.[133] DES방식 하의 LNG 매매계약에서의 해당 조항은 존재 자체가 독점금지법을 위반하지는 않으나 만약 해당 조항이 매도인에게 불합리할 정도로 유리하게 수익 분배를 받을 권한을 부여하고 있다면 이러한 내용의 조항은 독점금지법 위반 가능성이 높다고 판단하였다.[134]

이러한 추세에 더해서, 앞서 설명한 바와 같이 미국의 경우 LNG 수출에 대한 톨링 계약 뿐만 아니라 매매 계약에서도 목적지 제한 조항을 두고 있지 않다. 일례로, 앞서 설명한 바와 같이 Sabine Pass 프로젝트의 LNG 매매계약에서는 목적지 제한을 배제함을 명시적으로 밝히고 있다.[135]

다. 가격검토 중재 및 가격결정방식의 변화

LNG의 가격결정방식은 미국, 영국, 유럽, 아시아 등 지역별로 상이함은 앞서 살펴보았다. 이 중 미국과 영국은 일찌감치 발전한 국내 천연가스시장을 바탕으로 가스허브연동방식을 취하고 있었으나[136] 유럽과 아시아는 그보다 오랫동안 유가연동가격 체제에 의존해야만 했다. 그러나 최근 들어 유럽에서는 드디어 유가연동방식으로부터의 탈피 현상이 목격되고 있다.

1988년 6월 22일에 유럽위원회가 천연가스 시장의 자유화와 규제철폐에 관한 지침인 Directive 98/30/EC[137]를 공표한 이후 유럽연합에서는 가스시장의 자유화가 진행되기 시작한다. 그 결과 LNG 수입사업자는 최종소비시장에서의 천연가스 독점 공급권을 상실하게 되었고, 가스간 경쟁에 노출되게 되었다. 그런데, 이와 동시에 LNG 수출사업자와 체결한 LNG에 대한 장기공급계약상의 LNG 가격은 여전히 유가에 연동되어 있었는데, 이 점은 LNG 수입자에게 곤란한 딜레마를 창출하였다. 따라서 2000년대 초부터 EU의 LNG 수입사업자들은 이러한 딜레마로부터 탈출하기 위해 가격결정방식에 대한 수정 노력을 기울이게 된다.

---

132) *Ibid.*, p. 13.
133) *Ibid.*, p. 16.
134) *Ibid.*, p. 16-17.
135) Sabine Pass-Gail SPA, Article 3.3., *supra* note 70.
136) 미국의 경우 1980년대부터, 영국의 경우 1990년대부터 가스허브연동방식 체제가 자리 잡았다. Holland · Ashley, *supra* note 10, pp. 31-32; Thomas Walde and Abba Kolo, "Renegotiation and Contract Adaptation in International Investment Projects: Applicable Legal Principles & Industry Practices", *The Journal of World Investment* & Trade, Vol. 1., No. 1. (2000) , p. 5.
137) European Commission, *Opening Up to Choice: Launching the Single European Gas Market*, EU Publications (2000), p. 17.

이들의 노력은 단계적으로 결실을 맺게 되었다. 먼저, 초기의 조율과정에서 유럽 시장에 대한 LNG 매매계약의 가격결정방식은 유가연동은 유지하되 가격 수준만을 가스 대 가스 경쟁 가격을 반영할 수 있도록 인하하도록 조정되었다.[138] 그러나 그 이후 네덜란드의 TTF[139] 등 공신력있는 가격지표를 제시하는 것으로 인정되는 유럽의 가스 허브가 속속 등장하기 시작하였고,[140] 지속적인 중재와 협상을 통해 드디어 2010년을 전후로 하여 가격결정방식 자체가 유가연동방식에서 가스허브가격 연동방식으로 점차로 변화하고 있는 모습을 발견할 수 있게 되었다.[141]

위에서 살펴본 유럽의 최근 사례와 영국과 미국시장에서의 기존 사례를 검토해보면 LNG 수출사업자와 수입사업자 간의 LNG 매매계약상 가격결정방식이 대체품가격(유가)연동방식에서 가스허브가격 연동방식으로 변경되기 위해서는 다음과 같은 요건이 충족되어야 함을 알 수 있다. 첫째로, 시장자유화 등 LNG 수입사업자의 최종소비자 시장에서 가스 간 경쟁 등의 이유로 LNG 수입자가 더 이상 기존의 가격결정방식을 감당하기 어려운 계기가 있어야 한다, 즉 기존의 가격결정방식을 변경하고자 하는 동기가 존재해야 한다. 둘째로, 시장자유화가 논의될 수 있기 위해서는 충분한 인프라시설의 존재, 거래량의 존재, 초과공급량의 증가 등 LNG 수입사업자의 최종소비자가 위치한 천연가스시장이 충분히 성숙해야 한다. 셋째로, LNG의 최종 소비자가 있는 천연가스시장에 대한 객관적으로 참조할 수 있는 천연가스 가격지표가 형성되어야 한다.[142] 그러기 위해서는 마찬가지로 도입된 LNG의 최종 소비자가 있는 천연가스시장이 충분히 성숙하는 것이 선행되어야 한다. 최근 일본을 비롯한 아시아 국가의 LNG 수입사업자들도 수출사업자들에게 유가연동방식에서 벗어나 가스허브가격 연동방식을 채택하여 줄 것을 요구하는 경우도 있으나 아직까지 큰 진전이 없는 이유로는 기본적으로 이들 시장에서 위 요건이 아직 갖추어져 있지 않기 때문으로 짐작할

---

138) Anway·Mehren, *supra* note 108.
139) TTF는 Title Transfer Facility의 약어로 2003년 설립된 네덜란드 천연가스 거래에 대한 가상 거래소를 뜻한다.
140) 2012년 이후로 TTF는 네덜란드와 그 밖의 국가에서 가스 계약의 가격결정방식에서 사용되고 있다. Anway·Mehren, *supra* note 108.
141) 일례로, 가즈프롬에 대해 ENI와 Eon이 체결한 LNG 매매계약은 가스허브연동방식을 포함하도록 수정되었다. 그리고 ENI계약이 이제 100프로로 가스허브연동으로 체결된다는 점은 공표된 정보이다. 게다가 북서유럽시장에 대한 스타트오일의 lng계약의 100프로가 어느 정도 가스허브연동 방식을 포함하고 있다. Gazprom, *2012 Management Report OAO Gazprom, www.gazprom.com/investors/disclosure/reports/2012/*; Jonathan Stern, "The Dynamics of a Liberalised European Gas Market", the Oxford Institute for Energy Studies (2014. 12.), p. 19; Jason Bordoff and Trevor Houser, "American Gas to the Rescue?-The Impact of US LNG Exports and Russian Foreign Policy", *the Center on Global Energy Policy* (2014. 9.) p. 17, energypolicy.columbia.edu/sites/default/files/CGEP_American%20Gas%20to%20the%20Rescue%3F.pdf.
142) Rogers·Hwang, *supra* note 73.

수 있다.[143]

라. take-or-pay 방식의 적법성 및 대체 방식에 대한 논의

(1) 적법성 논의

전형적인 LNG 매매계약의 가장 중요한 일부분이기도 한 take-or-pay 조항은 실제로 인수하지 않은 물량에 대해서도 대금을 지급하는 의무를 부과하기 때문에 일찌감치 그 적법성이 논란이 된 바가 있다. 미국에서는 시장 자유화가 시작된 1970년대 후반에 이미 이러한 논의가 제기되기 시작하였다.[144] 그러나 대부분의 판례에서 take-or-pay 조항은 원료가스사업에서의 위험을 매도인과 매수인 사이에 적절하게 분배하는 기능을 하는 조항으로 합법이라고 판단하고 있다.[145] 그 이후 일련의 판례에서 미국 법원들은 take-or-pay 대금이 부당한 위약벌이기 때문에 집행가능하지 않다는 주장에 대해서는 매수인이 take-or-pay 대금을 지급하고 보충권을 확보하는 것은 매도인에 대하여 인도일정에 실제로 인수받지 않은 행위에 대한 위약벌이 아니라 매매계약상 인수의무의 대체이행에 해당한다고 볼 수 있다고 하면서 다시 한 번 take-or-pay 조항의 합법성을 확인하였다.[146] 최근 판례에서 미국법원은 여기서 더 나아가 make-up 권한이 명시되어 있지 않은 매매계약에 대해서도 take-or-pay 조항을 합법으로 인정하고 있는 모습을 발견할 수 있다.[147] 영국 법원 또한 구체적인 논리는 미국 법원과 약간 상이하지만 take-or-pay 조항의 적법성을 원칙적으로 인정하고 있다.[148]

그런데 최근 일본 공정거래위원회는 위에서 언급한 LNG 거래관행 보고서에서 take-or-pay 조항의 적법성에 대하여 다시금 문제를 제기하였다. 일본 공정거래위원회 측에서도 take-or-pay 조항이 원료가스 생산과 판매 사업의 위험을 매도인과 매수인간에 분배하는 기능을 하는 기존과 같은 경우에는 적법성을 인정하면서도, 매도인이 가스전 탐사비용 및 액화설비투자비용과 관련하여 부담한 초기 투자금에 대한 비용을 완전히 회수한 상황에서까지 take-or-pay 조항을 기존과 같이 유지하는 것이 독점금지법상 타당한지 여부에 대하여 문제시 한 것이다.[149]

---

143) Tsukimori · Sheldrick, *supra* note 130.

144) 류권홍, (주 80), 132면.

145) *Universal Resources Corp. v. Panhandle Eastern Pipe Line Co.*, 813 F.2d 77, 3 UCC2d 988 (5th Cir.1987).

146) *See e.g.*, *Superfos Investments Ltd. v. FirstMiss Fertilizer, Inc.*, 821 F.Supp. 432 (D.C.Miss. 1993).

147) *See e.g.*, *World Fuel Services, Inc. v. John E. Retzner Oil Co., Inc.*, 234 F.Supp.3d 1234 (D.C.Florida 2017).

148) *See e.g.*, *M & J Polymers Ltd v. Imerys Minerals Ltd*, [2008] EWHC 344 (Comm); *E-Nik Ltd v. Department for Communities*, [2012] EWHC 3027 (Comm).

149) JFTC, *supra* note 95, p. 19. 일본 공정거래위원회는 해당 보고서에서는 이 사안에 대하여 완벽한 결론을 내리지는 않았지만 이러한 문제제기를 계기로 이 사안에 대한 추가적인 검토가 진행될 것이 기대

한편, take-or-pay 방식의 적법성에 대한 논의와는 별개로, 최근 특히 현물거래 등에서 사용되는 LNG 매매계약에서는 기존의 방식에서 변형된 형태의 물량인수의무 규정을 발견할 수 있다. 그 중 하나는 이른바 "take-and-pay" 방식이며, 다른 하나는 "take-or-cancel" 방식이다.150)

(2) 대체방식 1. take-and-pay 방식

Take-and-pay 방식은 take-or-pay 방식과 마찬가지로 매수인이 인수를 약정한 물량에 대하여 무조건 인수를 하거나 지급할 의무를 부담시킨다. 다만 두 방식은 약정물량에 대한 대금지급의무의 발생 및 이행시점에 차이가 있다.151) 전체 연간약정물량에 대해 매월 1회마다 나누어 인도받기로 하는 내용의 연간인도계획이 규정되어 있는 LNG 매매계약을 예로 들어서 설명해보면 두 방식의 차이는 다음과 같다. Take-or-pay 방식에서 문제되는 것은 매수인이 해당 년도의 특정한 달에 인도받기로 한 물량을 실제로 모두 인수했는지가 문제되는 것이 아니다. Take-or-pay 방식은 전체 기간인 해당 년도에 실제로 인도받은 총 물량과 계약상의 연간약정물량에 차이가 있는지를 문제 삼으며, 이에 대한 정산도 연 1회만 실행할 뿐이다. 즉, 매수인이 3월에 인수하기로 한 약정물량보다 적은 양을 인수한 상황을 가정하면 3월에는 실제로 인수한 물량에 대한 대금을 지급하면 족할 뿐, 약정물량 전체에 대한 대금지급을 할 필요는 없다. 다만 1년이 종료되는 시점까지 매수인이 인수한 총 물량이 연간약정물량에 못 미치면 그 때 take-or-pay에 따른 대금지급의무가 발생한다. 그런데 take-and-pay 방식에서는 매수인이 연간인도계획상 특정한 달에 인도받기로 한 물량을 실제로 인수하지 않으면 곧바로 약정물량과 실제 인도물량의 차이에 대해 대금지급의무가 발생한다. 위 예와 같은 경우 3월에 인수한 물량이 약정된 물량보다 적었다면 3월에 바로 take-and-pay 약정에 기초한 대금지급의무가 발생하는 것이다.

Take-and-pay 방식에 따라 매수인이 지급의무를 부담하는 대금의 산정방식은 크게 두 가지로 나누어 볼 수 있다. 첫 번째는 이른바 "기대이익(expectation damages)" 방식이다. 이에 따르면 매수인은 실제로 인수하였든 아니든 상관없이 해당 인도일정에 인수하기로 약정한 물량에 대한 계약금액을 매도인에게 모두 지급하여야 한다. 그 후 매도인이 직접 해당 물량을 재판매하고, 매수인에게는 이미 지급한 계약금액 한도 내에서 재판매로부터 발생한 수익을 분배하고, 만약 차익이 있는 경우 차익은 매도인이 취하게 된다.152) 두 번째는 "손

되다.
150) Rogers·Hwang, *supra* note 73.
151) *Ibid.*
152) 이 방식을 취한 계약 조항의 예는 Sonatrach-Distrigas SPA Section 12.1에서 찾아볼 수 있다.
    "SECTION 12.1. Invoicing and Payment.

해배상의 예정(liquidated damages)"방식이다. 이에 따르면 매수인은 해당 인도일정에 약정된 물량 중 실제로 인수하지 않은 물량 당 정해진 손해배상금을 매도인에게 지급해야 한다.[153]

이 같은 take-and-pay 방식은 프로젝트 파이낸싱으로 자금을 조달하고자 하는 LNG 수출사업자 입장에서는 여러 장점이 있는 방식이다. 먼저, 이는 기존의 take-or-pay 방식과 비교해서 매수인의 물량인수의무 불이행에 대한 대금지급의무에 대한 해결이 보다 즉각적으로 이루어지므로 매도인의 안정적 현금흐름 확보에 도움이 된다. 또한 take-and-pay 방식 하에서는 매수인에게 make-up 권한은 통상적으로 부여되지 않으므로 매도인 입장에서는 이에 대비해서 초과 생산 용량을 확보할 필요도 없다. Make-up 권한 외에도 take-or-pay 방식에서는 매수인에게 허용되던 물량 조정권한이 take-and-pay 방식에서는 대체로 허용되지 않는다.[154]

그러나 매수인 입장에서는 위에서 본 특징 모두가 단점으로 작용하게 된다. 이에 더해서 take-and-pay 방식에서는 매도인이 직접 재판매 의무를 부담하게 되는데, 재판매 시 매도인의 손해경감의무를 다 하였는지 여부를 중심으로 매수인과 분쟁이 발생할 위험도 있고, 이러한 점은 매수인뿐만 아니라 매도인에게도 단점으로 작용할 수 있다.

(3) 대체방식 2. take-or-cancel 방식

Take-or-cancel 방식[155]은 take-or-pay 방식에 대한 또 다른 대체방식으로, 매수인 입장

***

(d) If Buyer is unable or unwilling to take delivery of one or several cargoes of LNG to be tendered to it as provided by this agreement, Buyer shall nevertheless be obligated to pay Seller for the corre‒ sponding quantities of LNG at the price indicated in Article 9. Seller shall immediately issue and deliver to Buyer for each cargo which would not be taken as indicated above an invoice for an amout equal to the sum in U.S. dollars due by Buyer to Seller. Buyer shall pay the sum invoiced by and due to Seller within ten (10) days after Buyer receives the invoice.

***

(f) Should Buyer, pursuant to this agreement, pay for an LNG cargo without taking delivery thereof, Seller shall credit Buyer with the proceeds of any sale of such cargo to a third party, after deducting the expenses reasonably incurred in connection with such sale to a third party."

Sonatrach-Distrigas SPA, *supra* note 99, Section 12.1.

153) 이 중 특히 두 번째 방법을 선택하는 경우에는 준거법상 위약벌(penalty)로 취급될 수 있음을 유의하여야 한다.

154) Rogers·Hwang, *supra* note 73.

155) Take-or-cancel 방식의 예로는 Sabine Pass와 Gas Natural 간에 2011년에 체결된 Sabine Pass-Gas Natural SPA Article 5.6을 참조할 수 있다. 이 계약에서 Article 5.6은 매수인에게 취소권을 부여하고 있으며, 취소에 대한 수수료는 물리지 않지만 대신 매수인이 무조건적으로 매월 내야 하는 Monthly Sales Charge를 부과하고 있는데, 바로 이 Monthly Sales Charge가 취소수수료의 역할을 한다고 볼 수 있다. Article 5.6의 관련부분은 다음과 같다.

"5.6 Buyer's Cancellation Right

에서는 take-and-pay보다 장점이 있는 방식이다. 이 방식은 최근 미국 LNG 수출사업에서 새롭게 고안되었다.156) Take-or-cancel 방식의 가장 큰 특징은 매수인은 매도인에게 충분한 기일 전 사전통지를 하면서 취소 수수료만 지급하면 본인이 부담하는 계약물량의 인수를 취소할 권한을 가진다.157) 법적인 관점에서 매수인은 취소 옵션을 사용함으로써 취소된 물량에 대해서 법적인 인수 의무를 완전히 면제받게 된다. 달리 말해, 이 취소수수료는 매수인이 LNG에 대한 계약물량을 인수하지 못한 것에 대한 손해배상금이 아니고, 일종의 옵션금액(option payment)으로 취급받는다. 이 때의 취소 수수료는 매도인의 관점에서 LNG 수출사업과 관련된 고정비용을 충분히 충당할 수 있도록 설정되는데, 이처럼 취소수수료가 톨링계약 하의 톨링요금과 비슷한 기능을 한다는 의미에서 이러한 take-or-cancel 방식을 채택한 사업(상인)모델을 '인공 톨링모델(synthetic tolling model)'이라고도 부른다.158)

이 같은 take-or-cancel 방식은 take-and-pay 방식과 마찬가지로 매도인의 입장에서는 기존의 take-or-pay 방식보다 현금흐름을 개선할 수 있고, 물량변동위험도 낮출 수 있는 방식이다. 그리고 위약벌 여부가 문제될 수 있는 take-and-pay 방식과 비교해서도 위험이 적은 방식이다.159) 게다가 매수인에게도 take-or-cancel 방식은 take-or-pay 방식에 대한 대체 방식으로써 장점이 있다. 취소수수료가 적정한 수준으로 설정되어 있다면 매수인은 take-or-pay 방식의 경직성을 탈피하여 공급의 안정성뿐만 아니라 유연성 또한 꾀할 수 있기 때문이다.

5.6.1 Buyer may cancel all or any portion of the Scheduled Cargo Quantity of any cargo(es) scheduled in any ADP ("Cancellation Right") only if Buyer issues a notice of cancellation to Seller on or prior to the Cancellation Deadline for the applicable cargoes.
***
5.6.3 Once Buyer has provided notice pursuant to Section 5.6.1, 5.6.2, or 5.6.4, Buyer has forfeited its right to receive the cancelled quantity and Seller has no obligation to make available to Buyer the quantity of LNG cancelled. There shall be no cancellation fee; however, Buyer shall continue to be responsible for paying the Monthly Sales Charge."
Sabine Pass-Gas Natural SPA, *supra* note 65, Article 5.6 (Buyer's Cancellation Right).

156) Rogers·Hwang, *supra* note 73.

157) *Ibid.*

158) *Ibid.*

159) 앞서 살펴본 바와 같이 취소수수료는 손해배상금이 아니라 취소옵션 행사에 대한 대가금액, 즉 약인으로 취급된다. 그리고 *Davidowitz v. Partridge* 사건 판결에서도 볼 수 있듯이, 뉴욕주법에 따르면 양 당사자의 약인은 설령 각자가 상대방에게 제공한 약인이 "심각하게 차이가 있어도(grossly unequal)" 대체로 법적 구속력이 인정된다. *Davidowitz v. Partridge*, No. 08 Civ. 6962 NRB, 2010 WL5186803, (S.D.N.Y., Dec. 7, 2010).

Ⅳ. 서비스계약 형식의 LNG 도입방법: 톨링계약(Tolling Agreement)

1. 액화서비스 톨링계약(liquefaction tolling agreement, LTA)

가. 정 의

일반적인 의미에서 톨링계약이란 톨링서비스를 이용하는 고객(tolling customer, toller)이 톨링서비스를 제공하는 톨링회사(tolling company, project company)에 대해 원료를 공급하면 톨링회사는 자신의 설비를 이용하여 이를 다른 형태의 물품으로 변형시켜주는 서비스를 제공하기로 약정하고, 이에 대한 대가로 톨링고객으로부터 서비스 이용요금을 받는 형식의 계약을 의미한다.[160] 이런 톨링계약은 발전사업 등 이미 여러 사업에서 사용되는 형식의 계약이지만 LNG 수출프로젝트에서 톨링모델이 채택된 것은 비교적 최근의 일이기 때문에 액화서비스 톨링계약 또한 아직은 생소한 내용의 계약일 수 있다.[161] 앞서 설명한 바와 같이 LNG 수출사업에서의 톨링모델은 미국 외 지역에서 통용되는 의미와 미국에서 통용되는 의미가 다를 수 있는데, 이하에서는 미국의 톨링모델에서 사용되는 톨링계약을 중점적으로 다루고자 한다.[162]

미국 톨링모델 하의 LNG 수출사업에서 사용되는 액화서비스 톨링계약은 액화설비를 소유한 톨링회사(tolling company, project company)와 LNG를 도입하고자 하는 톨링고객(tolling customer, toller)간에 체결된 계약을 의미한다. 그런데 매매계약과는 달리, 톨링고객은 톨링회사로부터 LNG를 매매의 방식에 따라 도입하는 것이 아니고, 자신이 직접 액화설비에 주입한 원료가스를 톨링회사의 액화서비스를 통하여 LNG로 변환하고 인수하게 된다. 따라서 LNG 수출사업자인 톨링회사는 오직 액화서비스 제공의무만 부담할 뿐 원료가스의 매입, 수송, 액화설비의 주입에 대한 책임을 부담하지 않으며 자신의 액화설비에서 생산한 LNG에 대한 소유권을 취득하지도 않는다. 앞서 언급한 톨링계약 상의 책임은 모두 톨링고객이 부담하게 되며, 원료가스와 LNG에 대한 소유권도 모두 톨링고객에게 귀속된다. 따라서 톨링회사와 톨링고객간의 액화서비스 톨링계약은 기존의 LNG 매매계약과는 내용적으로 많은 차이를 보이며, 오히려 가스처리계약(gas processing agreement)과 비슷한 내용을 다수 포함하

160) Graham D. Vinter and Gareth Price, *Project Finance: A Legal Guide*, 3rd ed., Thomson Sweet & Maxwell (2006), para. 5-026.
161) Steven Miles and Jason Bennett("Miles·Bennett"), "LNG Export Tolling Facilities — New Frontiers, New Solutions", *Baker Botts LLP*, (2014. 11. 4.), p. 1, www.lexology.com/library/detail.aspx?g=fea4ccf6-b3b6-4254-abfc-3454f0555884.
162) LNG 수출사업 방식으로 톨링모델을 채택한 미국의 대표적인 프로젝트로는 SK E&S와도 LTA를 체결한 Freeport 프로젝트를 비롯하여 Dominion 프로젝트, Cameron 프로젝트 등이 있다. 그런데 이들 프로젝트 회사들이 대부분 비상장사인 관계로 이들이 톨링고객과 실제로 체결한 톨링계약에 일반인이 접근하는 데에는 어려움이 있다.

게 된다.163)

나. 주요 계약 내용

톨링계약에서 톨링고객이 추구하는 기본적인 권리는 원료가스를 인도할 권리와 LNG 생산, 저장, 인수(lifting)에 대한 권리를 액화설비의 명판용량(nameplate capacity)에 비례하여 다른 기초고객(foundation customers)과 나누어 갖는 것이다.164) 이 중 원료가스 인도 권리 및 LNG 인수 권리에 대해서 톨링계약이 매매계약과 가장 다른 점은 톨링계약 하의 톨링고객은 위 권리에 상응하여 원료가스를 인도하지 않을 권리 및 LNG 인수를 거부할 권리도 있다는 점이다.165) 이러한 권리 및 거부권의 구체적인 내용은 해당 톨링계약이 "volumetric right" 방식을 채택하는지 혹은 "capacity right(reservation right)" 방식을 채택하는지에 따라 차이가 발생하게 된다.

이 중 volumetric right 방식이란 톨링고객에게 톨링회사의 액화설비에서 "정해진 부피의" 원료가스를 처리하고 액화시킬 수 있는 권리를 부여하는 방식이다. 이 방식 하에서 톨링고객은 톨링회사에 대해 정해진 양의 원료가스를 공급할 의무를 부담하고 톨링회사는 이에 대해 액화서비스를 제공해야 할 의무를 부담한다.166)

반면 capacity right 방식에서 톨링고객은 특정 양의 원료가스를 인도할 의무를 부담하지 않는다. 다만 톨링고객은 톨링회사의 액화설비 처리 용량에 대한 특정 비율에 대한 권리를 갖는다. 톨링회사는 톨링고객이 실제로 해당 설비를 사용하는지 여부와 관련 없이 해당 고객이 예약한 비율만큼의 액화설비를 이용할 수 있도록 일정에 맞추어 준비해주어야 한다. Capacity right 방식을 채택하는 경우 톨링고객은 자신이 예약한 용량 모두를 사용할 만큼 원료가스를 공급할 수도 있고 혹은 자신의 판단에 따라 그보다 적은 양을 공급할 수도 있으며 아예 공급하지 않는 것을 선택할 수도 있다. 단, 이 경우에도 액화설비의 유지를 위해(keep the plant cool) 필요한 양만큼의 최소한의 원료가스 인도의무는 부담할 수 있다.167)

톨링고객의 가장 중요한 권리 중 하나인 LNG 인수 권리는 위의 어떤 방식을 채택하는 지와 상관 없이 다음의 중요한 제한을 받는다. 첫 번째는 톨링고객은 본인이 공급한 원료가스의 양에 비례하는 비율의 LNG 생산량에 대한 인수권만을 취득한다는 점이다.168) 두 번째는 만약 톨링고객이 실제로 원료가스를 공급하였다면 그는 그로부터 생산되는 LNG에

---

163) Tusiani·Shearer, *supra* note 6, pp. 232-233.
164) Miles·Bennett, *supra* note 161, p. 4.
165) *Ibid.*
166) Marietta, *supra* note 45, p. 4.
167) *Ibid.*
168) Miles·Bennett, *supra* note 161, pp. 4-5.

대해서 인수할 "권리"뿐만 아니라 톨링계약상 정한 연간인도일정에 따라 인수해야 하는 "의무"도 함께 부담한다는 점이다.[169] 톨링고객이 일정을 준수하여 인수할 의무를 이행하지 않는다면 제한된 액화설비와 저장설비를 이용해 여러 톨링고객에 대하여 서비스를 제공하여야 하는 톨링회사 입장에서는 경우에 따라 인수할 수 있는 원료가스의 양을 감축하거나 아예 액화설비의 가동을 중단해야 하는 사태가 발생할 수도 있다. 이러한 위험을 줄이기 위해서, 톨링계약에서는 톨링고객이 인수의무를 위반한 경우 톨링회사가 해당 고객에 대해 원료가스 공급을 중단할 것을 요구할 권리, 해당 고객이 인수하지 않은 LNG나 설비에 저장된 원료가스 재고 중 해당 고객의 몫을 제3자에게 매도할 수 있는 권리 등을 명시하는 경우도 있다.[170]

톨링 서비스에 대한 대가로 톨링고객은 톨링회사에 대해 톨링요금(tolling fee)을 지급하여야 하며 이러한 이용요금은 일반적으로 용량예약요금(reservation fee)와 사용량요금(commodity charge)라는 명칭의 두 개의 요금으로 구성되어 있음은 앞에서 이미 살펴본 바와 같다.

2. 톨링계약 방식의 특징: 톨링고객간의 입장 조율 문제

LNG 사업 참가자가 기존의 일관체제모델이나 상인모델 하의 매매계약 방식을 채택하는 대신 톨링계약 방식의 채택하는 주된 목적은 다음과 같다. 수출사업자 입장에서는 LNG 사업의 여러 단계 중 중류단계의 액화서비스 제공에만 참여하여 안정적인 수익을 창출하고, LNG 생산 및 수출과 관련된 원료가스 및 LNG에 대한 가격위험, 멸실위험, 마케팅 위험 등 물품 위험은 모두 톨링 고객에게 전가하는 것이 톨링계약 방식 채택의 주된 목적이다. 수입사업자 입장에서는 LNG에 대해 경쟁력있는 가격에 안정적인 공급물량을 확보하면서도 공급유연성과 재판매기회를 최대한 확보하는 것이 톨링계약 방식을 채택하는 주된 목적이다.[171]

LNG 수출사업자가 톨링모델로 충분한 수익을 보장받기 위해서는 통상적으로 하나가 아닌 여러 톨링고객을 확보하여 여러 건의 톨링계약을 체결하여야 한다. 이렇게 개별적으로 체결된 톨링계약에 따라 각각의 톨링고객은 각자 톨링회사에 대해 원료가스를 공급한다. 그런데 톨링회사가 이들 원료가스를 액화처리하고 저장하는 설비를 포함한 제반 설비는 고객별로 제공되지는 않는다. 개별 고객에 대해서 개별적인 톨링설비를 제공하는 것은 톨링회사 입장에서 경제성이 없기 때문이다. 따라서 각 고객이 공급한 원료가스는 서로 혼합되어서 톨링회사가 소유한 액화설비에 주입되게 되고, 이로부터 생산된 LNG 역시 공동으

---

169) Marietta, *supra* note 45, p. 5.
170) *Ibid.*
171) Miles·Bennett, *supra* note 161, pp. 2-3.

로 사용하는 저장시설에 저장되고 각 톨링계약상의 선적일정과 조건에 따라 각 고객에게 벌크화물(bulk cargo)의 형태로 인도된다.172) 톨링모델을 사용한 LNG 수출 사업의 위와 같은 특징은 톨링계약에 특화된 문제를 낳는다. 바로 하나의 톨링고객의 행동이 다른 톨링고객에게 영향을 미칠 수 있다는 점과 어떠한 톨링서비스 제공과 관계된 하나의 사건이 모든 톨링고객에게 영향을 미칠 수 있는 가능성이 있다는 점이다.173) 따라서 톨링회사는 각각의 톨링고객과 계약을 체결함에 있어서 각 계약의 내용이 일관성 있게 고객과의 일정 및 권리의무를 조율할 수 있도록 하여야 한다. 톨링계약 상 계약 조건 중에서 조율의 대상이 되는 사항의 예로는 다음을 들 수 있다.174)

(a) 액화서비스 관련: (i) 각 고객이 확보할 수 있는 LNG 생산용량, 저장 및 선적가능 용량; (ii) 액화서비스 운영개시예정일, 운영기간; (iii) LNG 선적 조건, 절차, 일정; (iv) LNG 인수 거부권의 행사에 관한 사항 및 LNG 인수의무 불이행의 결과.

(b) 원료가스 관련: 원료가스 인도의무, 원료가스 인도일정, 원료가스 인도 거부권의 행사 및 인도의무 불이행의 결과.

(c) 원료가스 공급량과 LNG 분배량의 계측 방법.

(d) 원료가스 및 LNG의 품질 사양 및 사양 외 원료가스 또는 LNG 공급에 따른 톨링고객 혹은 톨링회사의 책임.

(e) 초과용량, 병목해소, 설비확장 등에 관련된 고객간 권한 분배.

(f) 준거법 및 분쟁해결.

이처럼, 여러 톨링고객에게 제한된 설비를 이용해 서비스를 제공하게 되는 톨링회사 입장에서는 LNG의 연간인도일정과 같은 일정 및 권리의무의 조정을 미리 톨링계약에서 정해야 할 필요가 있다. 그러나 그 같은 행위는 LNG 수입사업자 입장에서 톨링계약 방식을 채택하는 가장 중요한 이유 중 하나인 사업구조의 유연성을 제한하는 요소로 작용할 위험이 있기 때문에 LNG 수입사업자는 톨링계약 체결 시에 이러한 사안에 대해 신중히 판단하여서 대비하여야 한다.

위와 같은 문제를 해결하기 위한 방안으로 톨링고객 간에 협력계약(coordination agree-

---

172) *Ibid.*, pp. 4-5.
173) 예를 들어, 하나의 톨링고객이 LNG 인수의무를 불이행하여 LNG 저장설비가 가득 차게 되면 톨링회사는 LNG 생산 가동을 중단하게 될 수도 있다. 혹은 하나의 톨링고객이 품질사양 외 원료가스를 인도하여 그 결과 생산된 LNG 또한 품질사양에 벗어나게 된 경우 이를 인수할 다른 톨링고객 또한 품질사양 외 LNG를 인수받게 될 위험이 있다. Marietta, *supra* note 45, p. 3.
174) Tusiani·Shearer, *supra* note 6, pp. 232-233.

ment)를 체결하는 경우도 있다.175) 협력계약에는 통상적으로 다음과 같은 사항이 규정된다.176)

(a) 톨링고객간 원료가스 혹은 LNG 재고 대출약정.
(b) 원료가스 공급일정 및 LNG 연간인도일정(annual delivery program)의 유연성 확보를 위한 약정.
(c) 협력계약 상 합의 조건을 위반한 결과에 대한 책임 분배.

위와 같은 고객간 협력계약을 통해 각 고객은 자신에게 필요한 사업 유연성을 확보할 수 있다. 예를 들어, 고객간 약정을 통해 각자가 체결한 톨링계약 상의 연간인도일정을 변경할 수 있는 여지가 생기는 것이다.

톨링회사 입장에서는 고객간에 이러한 협력계약을 체결하는 것에 대해 반대할 이유가 적다. 먼저, 협력계약은 어디까지나 톨링고객들 간에 체결되는 것이기 때문에 톨링회사에 대해서 별도의 권리나 의무를 창설하지는 않는다. 게다가, 협력계약이 체결되면 어떤 하나의 톨링고객이 톨링회사와의 톨링계약 상 의무를 불이행하여 그 결과 다른 톨링고객에게 손해가 발생한 경우, 그러한 손해와 관련된 분쟁으로부터 톨링회사가 법적 의무를 회피할 수 있는 여지가 더 많아지기 때문이다.177)

그런데 과연 톨링고객 입장에서는 협력계약을 체결하여 위 문제에 대비하는 방식이 가장 타당한 방식인지에 대해서는 의문이 든다. 톨링모델을 채택한 LNG 수출사업자로부터 톨링계약 방식으로 LNG를 도입하고자 하는 LNG 수입사업자는 단순한 매매계약 방식을 택한 경우와 비교해서 이미 원료가스공급 및 수송과 관련된 위험을 추가적으로 부담한다. 그러한 선택의 중요한 이유 중 하나는 톨링모델이 LNG 수입사업자에게 더 유연한 사업기회를 제공하기 때문이다. 그런데 그러한 유연성 또한 톨링고객들이 서로간에 직접 확보하고 그 위험부담도 톨링고객이 부담하는 것이 타당한가? 톨링계약 방식을 선택하는 LNG 수입사업자는 이러한 점을 고려하여서, 협력계약을 체결하여 현실적으로 필요한 유연성을 확보하는 것과 동시에 다른 톨링고객의 행위를 핑계삼아 톨링회사가 톨링계약 상의 의무 불이행에 대한 책임을 부당하게 면탈하지 않도록 유의하여야 할 것이다.

3. 발전용 연료 도입 측면에서 본 톨링계약 방식의 특징

위에서 살펴본 톨링계약 방식은 미국의 발전된 국내 천연가스시장의 상황을 반영한다.

175) Miles·Bennett, *supra* note 161, pp. 4-5.
176) Marietta, *supra* note 45, p. 6.
177) Miles·Bennett, *supra* note 161, pp.2-3.

미국의 천연가스시장은 이미 자유화된지 오래되었고, 수송설비 등 인프라시설도 이미 잘 갖추어져 있다. 게다가 셰일가스 붐으로 인하여 기존에 구상되던 LNG 수입 사업이 대거 수출사업으로 전환하게 된다. 따라서 개발되지 않은 가스전을 대규모로 개발하여 수출하려던 것이 미국의 LNG 수출사업자의 주된 목적이 아니라, 이미 발전된 인프라시설을 바탕으로 액화설비 자체를 수익모델로 내세우면서 상하류 사업의 리스크로부터 자유롭고자 하는 것이 목적이다. 이러한 상황을 배경으로 미국식 톨링계약 방식이라는 독특한 사업모델이 탄생하게 된 것이다. 따라서 여전히 통상적인 계약기간은 20년으로 장기간이지만, 기존 매매계약과 비교하여 목적지 제한이나 take-or-pay 의무로부터 자유로운 것이 톨링계약의 특징이다.

다만, 미국식 톨링계약 방식은 재판매를 비롯한 사업 유연성이라는 장점에 비해 리스크도 대폭 늘어난다는 단점이 있다. 톨링계약 방식을 채택하게 되면 LNG 수입사업자는 LNG를 도입하기 위해 기본적으로 LNG 매매계약만 체결하면 되었던 기존의 방식에 비해서 원료가스매입과 수송에 대한 계약도 직접 체결해야 한다. 이에 대해 경험이 충분하고 안정적으로 사업을 구상할 수 있다면 LNG 수입사업자는 상류와 하류 단계에서 얻을 수 있는 수익을 극대화할 수 있겠지만, 현실적으로 경험이 부족한 경우에는 예상하지 못한 난관에 부딪힐 수 있으며, 이를 피하기 위해 트레이더 등 제3자의 도움을 받게 되면 결국 그에 따른 거래 비용이 발생할 수 있다. 또한 톨링계약 방식의 유연성은 제한된 설비를 이용해 여러 톨링고객에 대한 톨링서비스를 제공하는 톨링모델 사업의 특성에 의해 실질적으로 상당히 제한될 수 있다는 단점도 있다.

톨링계약 방식을 발전용 연료 판단기준에 비추어 LNG 수입사업자 입장에서 판단해 보자면 다음과 같다. 먼저 LNG 물량공급의 안정성이 확보될지 여부는 매매계약 방식에서 보다 불확실하다. 물량공급의 안정성은 먼저 원료가스 도입이 안정적으로 확보될 수 있는지 여부에 따라 달렸으며, 이는 LNG 수입자의 능력에 따라 달렸다. 게다가 앞서 설명한 바와 같이 셰일가스를 기반으로 한 미국의 천연가스 산업의 특성에 따른 어려움이 있을 수 있다. 그리고 설령 본인은 원료가스를 성공적으로 도입하여도 다른 톨링고객의 의무이행여부에 따라 LNG 물량공급의 안정성이 영향을 받을 수 있다. 그러나 LNG 물량인수의무와 관련한 유연성은 확실히 매매계약 방식에 비하여 높다. 특히 capacity right 방식으로 톨링계약을 체결하게 되면 이러한 유연성을 최대한 확보할 수 있고, volumetric right 방식을 따르더라도 다른 톨링고객과의 약정에 따라 유연성을 확보할 수 있는 방안이 있다. 가격은 톨링요금의 수준이 적정한지, 조달한 원료가스의 공급비용이 적정한지에 따라 판단이 달라질 수 있다. 기본적으로 유가가 아닌 천연가스가격에 연동한다는 측면은 긍정적일 수 있으나, 해당 천연가스가격이 최종 소비자 시장이 아닌 미국 천연가스시장 가격을 반영하기 때문에 여전히 이에 따른 미스매치가 발생할 위험이 있다. 전반적으로, 톨링계약방식은 매매계약방식보다 위험의 정도가 높은 도입방식이다. 그러나 그만큼 유연한 사업기회가 보장되기 때문에, 역량에 따라서 이를 긍정적으로 활용할 수 있는 가능성도 크다고 판단된다.

V. 결   론

　이 장은 LNG 관련 사업 전반에 대한 법적 연구가 진행되기 위한 첫 단계로 LNG 수출사업의 방식과 각 사업방식에서 사용되는 주요 계약유형에 대하여 알아보았다. 그 중 미국에서 사용되는 톨링모델과 톨링계약방식은 비단 LNG 수입자뿐만 아니라 수출자 입장에서도 새롭게 개발된 거래방식으로, 앞으로 더 지속적인 연구가 이루어져야 할 분야이다. 특히 톨링계약방식으로 생산된 LNG가 실제로 도입되는 것은 2019년 이후로 예정되어 있기 때문에 그 이후에 실제 사례가 축적됨에 따라 더욱 구체적인 연구가 가능할 것으로 기대된다. 또한, 이 장에서 다룬 LNG 수출사업에 대한 이해를 기초로 하여 해외민자발전프로젝트 등에서 발견할 수 있는 연관 주제인 LNG 수입사업의 유형, FSRU 방식의 再기화 사업, Gas-to-power 프로젝트 등에 대한 법적 쟁점에 대한 후속연구도 활발히 이루어지기를 기대한다.

　전통적인 LNG 주요 수입국인 우리나라의 기업들은 역동적으로 성장하고 있는 LNG 사업에서 이미 여러 선구적인 시도를 하고 있다. 그에 비해 관련 계약 및 법률에 대한 연구는 아직 산업의 발전 속도를 따라가고 있지 못한 실정이다. 앞으로 체계적이고 선구적인 이론 연구가 진행되어 이를 바탕으로 우리 기업이 LNG 사업에서 더욱 많은 성과를 거둘 수 있기를 바라며, 이 글이 그 같은 연구에 미약하나마 도움이 되기를 바란다.

영문색인

국문색인

공저자약력

김갑유
서울대학교 법과대학 졸업 및 동 대학원 석사(1985/1988)
미국 Harvard Law School(LL.M., 1994)
서울대학교 대학원 법학과 박사과정 수료(2000)
변호사(대한민국, 1988) / 미국 New York주 변호사(1995)
국제상업회의소 중재법원(ICC Court) 부원장(2014-현재)
국제상사중재위원회(ICCA) 상임위원 겸 감사위원회 공동의장(2014-현재)
대한상사중재원 국제중재위원회 위원장(2017.6-현재)
現 법무법인(유한) 태평양 대표 변호사

김규진
연세대학교 대학원 법학과, 법학박사(2012.9.-2017. 2.)
Cornell Law School, J.D.(2007.9.-2010.5.)
연세대학교 대학원 법학과, 법학석사(2005.3.-2007.2.)
연세대학교 법과대학 법학과, 최우수 졸업(2002.3.-2005.2.)
미국 뉴욕주 변호사
가톨릭대학교(성심교정) / 한국수력원자력 출강
GS 칼텍스 사내변호사
삼성물산 상사부문 사내변호사
現 연세대학교 언더우드 국제대학 출강

김세연
서울대학교 법과대학 졸업(1991)
미국 듀크대학교 비교법학 석사(2007)
변호사(대한민국, 1994), 미국 뉴욕주(2011)
서울지방법원 등 판사, 변호사
現 법무법인 율촌(유) 파트너 변호사

김승현
서울대학교 법과대학 졸업(1992)
미국 University of Washington Law School 졸업(LL.M.)(2000)
성균관대학교 경영대학원 무역학과 졸업(석사)(2001)
서울대학교 법과대학원 국제거래법 졸업(박사)(2014)
외국변호사(미국 New York주)
삼성물산 상사부문 법무팀 / 삼성물산 건설부문 해외법무팀 / 한화그룹 구조조정본부 법무실 /
  한화건설 법무팀 / 한화건설 플랜트업무팀 / 법무법인 광장
現 대한상사중재원 중재인
現 법무법인(유한) 태평양 국제중재소송팀 외국변호사

김채호
한양대학교 법과대학 법학과 졸업
Georgetown University Law Center, LLM
연세대학교 법학전문대학원 법무박사(SJD)
미국 뉴욕주 변호사
미국 Chadbourne & Parke LLP 파견변호사
現 중앙대학교 건설대학원 겸임교수. 연세대학교 법무대학원 겸임교수
現 대한상사중재원 중재인
現 한국수출입은행 준법법무실 국제계약팀장

류권홍

한양대 법학사
호주 Melbourne University 법학석사
변호사/변리사
에너지위원회 소속 해외자원개발전문위원회 위원
해외자원개발정책연구회 회장
사행산업통합감독위원회 위원 등
現 원광대 법학전문대학원 교수

박경애

서울대 환경대학원 도시계획학박사
現 한국개발연구원 공공투자관리센터 민간투자지원실 사업관리팀장

신지연

동아대학교 법과대학 졸업
중국 淸華大學 법학원 석사 및 박사 졸업(법학석사, 법학박사)
現 인천대학교 중국학술원 상임연구원

오정환

한양대 법과대학 학사, 석사, 박사(상법)
미국 노스웨스턴 로스쿨 LL.M(법학석사)
한국 및 뉴욕주 변호사
인천지방검찰청, 대전지방검찰청 홍성지청 검사(1997 – 1999)
법무법인 다울 구성원 변호사(2006) / AID 기업법률사무소 대표 변호사(2007 – 2008)
한국가스공사 법무팀장, 법무실장(2008 – 2014)
Ashurst 동경 및 홍콩사무소 변호사(2015 – 2016) / 법무법인 율촌 파견변호사
한양대학교 겸임교수(2012 – 2016)
現 대한상사중재원 중재인, 국제중재인
現 변호사 오정환 법률사무소

우재형

연세대학교 법과대학 졸업
사법연수원 제39기 수료
변호사(대한민국)
대전고등검찰청 공익법무관
법무부 국제법무과 공익법무관
現 서울지방변호사회 사내변호사 특별위원회 위원
現 법무부 해외진출 중소기업 법률자문단 자문위원
現 법무법인(유) 율촌 변호사

이 훈

University of Michigan(Ann Arbor) 졸업
Syracuse University College of Law, J.D.
미국 뉴욕주 변호사
삼성탈레스 사내변호사
법무법인 충정 외국변호사
방위사업청 국제계약 자문위원
現 법무부 해외진출 중소기업 자문위원단 자문위원
現 법무법인 지평 선임외국변호사

임정주

중앙대학교 공과대학 건축학과 졸업
PMP/PMI－SP/PMI－RMP
저서 : 공기연장 클레임 실무(두남, 2016)
EDRC(서울대 엔지니어링개발연구센터) 'Claim Management' 강사
삼성물산 건설부문
롯데건설
現 SK건설 계약2팀 팀장

전동옥

미국 예일 대학교 B.A.
미국 밴더빌트 대학교 J.D.
미국 뉴욕, 미국 뉴저지 주 변호사, 두바이 외국법자문사
대한민국 공군 법무관
김장 법률사무소, 변호사
現 프레시필즈 브룩하우스 데링거, 미국변호사

전호정

이화여자대학교 법과대학 졸업
University of Illinois College of Law, J.D.
미국 뉴욕주 변호사
포스코건설 법무그룹 변호사
Pillsbury Winthrop Shaw Pittman(동경사무소)
現 Baker McKenzie(동경사무소), 미국변호사, Projects Group
現 토요타 통상, Legal advisor(Secondee from Baker McKenzie)

정홍식

중앙대학교 정치외교학과 졸업(동 대학원 정치학 석사)
Indiana University Maurer School of Law(Bloomington), J.D.
미국 인디애나주 변호사
미국 Harrison & Moberly LLP / Barnes & Thornburg LLP 미국변호사
現 국제건설에너지법연구회, 회장
現 대한상사중재원, 중재인(국제중재인) 패널
現 법무부 국제거래법연구단 / 국토교통부 해외인프라 투자개발자문위원회, 위원
現 중앙대 법학전문대학원 / 건설대학원, 교수

한민오

서울대학교 법과대학 졸업(2006)
서울대학교 법과대학원 졸업(석사)(2012)
King's College London MSc(2018)
변호사(대한민국)
現 법무법인(유한) 태평양 국제중재소송팀 변호사

국제건설 · 에너지법연구회 활동 일지

	세미나 날짜	발표자	발표주제
1	2013. 09. 09(월)	정홍식 교수 (중앙대)	국제건설계약에서 완공의 지연(delay): 발주자와 시공자의 Concurrent Delay를 포함하여
2	2013. 11. 11(월)	김승현 미국변호사 (광장)	프로젝트 파이낸스 하에서 완공보증과 EPC 턴키계약과의 관계
3	2014. 01. 13(월)	정수용 변호사 (세종) (토론: 김지형 팀장, 포스코 에너지 법무팀)	해외 발전플랜트(power plant) 프로젝트의 거래구조 및 계약상 주요쟁점
4	2014. 03. 11(화)	석광현 교수 (서울대)	국제건설계약과 국제사법 – 준거법의 결정과 그 실익을 중심으로
5	2014. 05. 12(월)	최성규 부소장 (주)시엠닉스	국제건설계약과 사정변경의 원칙
6	2014. 06. 23(월)	이훈 미국변호사 (지평지성)	국제건설계약과 불가항력(Force Majeure)
7	2014. 09. 15(월)	김갑유 변호사 (태평양)	해외건설계약에 관한 분쟁절차와 실무적 쟁점
8	2014. 11. 19(수)	김세연 변호사 (율촌)	국제건설계약에서 하자담보책임
9	2015. 01. 13(화)	김지수 과장 (코리안리 재보험)	국제건설계약과 보험
10	2015. 03. 09(월)	김채호 팀장 (수출입은행)	해외 프로젝트 파이낸스(PF)의 금융지원 타당성(bankability) 확보를 위한 주요 위험분석 및 경감방안
11	2015. 04. 28(화)	정홍식 교수 (중앙대 법학전문대학원)	국제건설계약에서 공사변경(Variations)
12	2015. 07. 13(월)	김승현 미국변호사 (법무법인 태평양)	한국법역에서 FIDIC 계약조건 적용과 관련한 법률적 문제점
13	2015. 09. 21(월)	최성규 팀장 (한국 씨엠씨)	국제건설계약에서 공기변경의 법적 쟁점
14	2015. 11. 16(월)	유지연 변호사 (싱가포르국제중재센터)	Dispute Resolution Procedure under FIDIC based Contracts – DAB and Arbitration
15	2015. 12. 21(월)	김채호 팀장(수출입은행)	IPP에서 프로젝트금융의 10가지 핵심 쟁점 – Finance Documents 협상을 중심으로
16	2016. 01. 11(월)	이세중 변호사 (포스코 엔지니어링)	해외건설계약 성립과정의 제반 문제점 연구 – 영국법제를 중심으로
		전동옥 변호사 (Freshfields 두바이 사무소)	FIDIC이 사용되는 국제건설계약에서 최신 영국판례 동향
17	2016. 03. 14(월)	석광현 교수 (서울대)	FIDIC 조건과 국내 민간건설공사 표준도급계약 일반조건의 비교
18	2016. 05. 09(월)	이세중 변호사 (포스코엔지니어링)	해외건설에서 제반 Subcontractor 이슈들
19	2016. 07. 11(월)	정홍식 교수 (중앙대)	관계적 계약유형으로서 NEC3 표준건설계약조건 – FIDIC의 대안인가?
		김치관/조봉상 외국변호사 (Clifford Chance)	IPP 사업에서 주주간계약서의 주요 쟁점

20	2016. 09. 24(토)	강성진 외국변호사 (Latham & Watkins 서울)	프로젝트 파이낸스의 주요 계약서 – Common Terms Agreement, Intercreditors Agreement 등
21	2016. 11. 16(수)	권도중 변호사 (부장) (대우조선해양)	해양구조물 건조계약 상의 주요 쟁점
22	2017. 01. 19(목)	이훈 외국변호사 (법무법인 지평)	신재생에너지(풍력, 태양광, 바이오매스) 관련 EPC계약의 주요 쟁점
23	2017. 03. 20(월)	전호정 외국변호사 (Baker & McKenzie 도쿄)	해외 발전프로젝트의 지분인수를 둘러싼 법률적, 실무적 쟁점 – Due Diligence, Shares Subscription Agreement, Shareholders Agreement 을 중심으로
24	2017. 05. 16(화)	정홍식 교수 (중앙대)	해외 IPP에서 전력구매계약(PPA)의 주요 조항들과 관련 계약들에 미치는 영향
25	2017. 07. 08(토)	임재주 부장 (SK 건설 Prime Contractor Claim팀)	해외건설프로젝트에서 공기연장 클레임을 위한 공기지연 분석 및 Quantum
26	2017. 09. 27(수)	김희택 회장 (해외인프라개발협회)	해외 PPP의 거래구조, 주요 계약쟁점 및 위험배분 – 도로를 중심으로
27	2017. 11. 27(월)	이현경 상무 (SK건설)	해외건설프로젝트에서 클레임의 전략과 협상
28	2018. 01. 29(월)	김규진 박사 (토론: 김성환 호주변호사, SK E&S)	해외LNG구매계약의 주요 쟁점
29	2018. 03. 24(토)	정홍식 교수 (중앙대) (토론: 심중재 처장 (철도시설공단); 이혜묵 팀장 (도로공사, 해외사업팀); 유동완 팀장 (인천공항공사, 해외사업1팀))	해외 PPP의 전반적인 법률적·실무적 쟁점
		박경애 팀장 (한국개발연구원) (토론: 임한규 상무, SK건설)	해외 PPP의 자금조달 방안
30	2018. 05. 28(월)	윤덕근 변호사 (율촌); 이동주 컨설턴트 (Kendro JDA 파트너)	해외 PPP의 리스크 해소방안과 수주전략
31	2018. 07. 16(월)	황성현 변호사 (GS건설) (토론: 이주희 영국변호사 (Linklaters 서울사무소, 파트너)	해외 PPP 양허계약상의 계약해지금 산정 및 쟁점
32	2018. 09. 10(월)	김승현 미국변호사 (태평양) (토론: 정규철 상무, 신재동 팀장 (SK건설 해외법무실); 편영준 전무 (FTI Consulting)	개정 FIDIC 표준건설계약조건의 주요 쟁점
33	2018. 11. 02(금)	한윤준 미국변호사 (광장 베트남 법인장)	베트남의 개정 PPP 법제 소개 및 베트남의 PPP사업 수주 전략
34	2019. 01. 15(화)	Anna Chung 호주변호사/ 박세라 미국변호사 (Shearman & Sterling)	해외 Gas-to-Power 투자개발 프로젝트의 거래구조와 주요 위험 및 경감방안
35	2019. 03.	홍석환 미국변호사 (현대중공업 해외법무팀장)	국제건설계약에서 fit for purpose 개념에 관한 비교법적 분석

[제 2 권]
국제건설에너지법— 이론과 실무

초판발행   2019년 1월 30일

지은이   정홍식 외
펴낸이   안종만

편 집   한두희
기획/마케팅   조성호
표지디자인   권효진
제 작   우인도·고철민

펴낸곳   (주) **박영사**
                서울특별시 종로구 새문안로3길 36, 1601
                등록 1959. 3. 11. 제300-1959-1호(倫)

전 화   02)733-6771
f a x   02)736-4818
e-mail   pys@pybook.co.kr
homepage   www.pybook.co.kr
ISBN   979-11-303-3289-5   93360

copyright©정홍식 외, 2019, Printed in Korea

* 잘못된 책은 바꿔드립니다. 본서의 무단복제행위를 금합니다.
* 저자와 협의하여 인지첩부를 생략합니다.

정 가   46,000원